2012

浙江财政年鉴

Finance Year Book of Zhejiang

(总第12卷)

浙 江 省 财 政 厅 主 办

浙江财政年鉴编辑委员会编

中華書局

图书在版编目(CIP)数据

浙江财政年鉴. 2012 /《浙江财政年鉴》编辑委员会编.
—北京:中华书局 2012.12
ISBN 978-7-101-09134-2

I. 浙… II. 浙… III. 地方财政—浙江省—2012—年鉴
IV. F812.755-54

中国版本图书馆CIP数据核字(2013)第001390号

责任编辑:朱 慧
施惠萍
盛滢婷

浙江财政年鉴2012
《浙江财政年鉴》编辑委员会编
*
中 华 书 局 出 版
(北京市丰台区太平桥西里38号 100073)
http://www.zhbc.com.cn
E-mail:zhbc@zhbc.com.cn
浙江新华数码印务有限公司印刷

889 * 1194 1/16 33.25印张 72插页 1100千字
2012年12月第1版 2012年12月第1次印刷
印数:1 - 3000册 定价:260元

ISBN 978 - 7 - 101 - 09134-2

编辑说明

《浙江财政年鉴》是浙江省财政厅主办的省级财政专业年鉴，以文为主，辅以图表，图文并茂，全面系统反映浙江省财政工作各方面的基本情况，是资料性与史实性相结合的全省财政系统管理、研究和教学的必备工具书。

《浙江财政年鉴》每年出版一卷，2012年卷（总第12卷）以翔实的资料和图表，记载了2011年浙江省财政改革与发展情况，系统反映全省各级财政部门围绕科学发展主题和加快转变经济发展方式主线，全面实施“八八战略”和“两创”总战略，坚持依法治税、为民理财、务实创新、廉洁高效，秉承“实、稳、优”财税核心价值，按照“促进发展、保障民生、科学理财、加强监管”的新理财观，发挥财政职能作用，优化收支结构，加强社会民生保障，深化财政管理改革，为促进全省经济社会持续平稳健康发展所做的努力。

本卷年鉴主体结构继续保持以往年鉴整体架构的稳定性和内容的连续性，全卷分八篇和附录共九部分，约计110万字，依次为：重要财经文献、全省财政工作、市县（市、区）财政工作、财经统计资料、财经法规选编、重要财政文选、财政工作大事记、财政机构人员以及附录。本卷年鉴的有关编辑情况作如下说明：

一、在“财经统计资料”篇中“浙江省一般预算收入”一表收录的近三年滚动数据以2010年、2011年收支科目为基础，未对2009年的收支作同口径调整。“浙江省乡镇财政基本情况”一表的数据含按乡镇权属管理的街道。本卷选录的各项财政数据均为2011年财政决算数。

二、对“财经法规选编”篇中收录的法规文件作了必要的版式规范化及技术性处理，同时编列“财政规章及相关规范性文件目录”，以增强年鉴的检索性，增加信息量。

三、本卷年鉴的封面及版式作了适当调整。

四、本卷年鉴继续附赠全文检索数据库电子版年鉴光盘，并在光盘内收录视频内容，主要收录2011年浙江省财政工作的有关视频信息。

本卷年鉴在年鉴编辑委员会的领导下，依靠省财政厅各处室局、单位和各市、县（市、区）财政局提供大量的资料、文稿和图片，经编审各环节修改补充后成书。其间得到了省国税局、省地税局的关心和支持。在此谨向给予《浙江财政年鉴》编纂工作支持和帮助的各级财税部门及所有单位和相关人员表示感谢。为进一步提高《浙江财政年鉴》的编辑水平，欢迎读者对年鉴的不足之处给予批评指正。

《浙江财政年鉴》编委会

2012年12月

浙江省财政收支规模图

单位:亿元

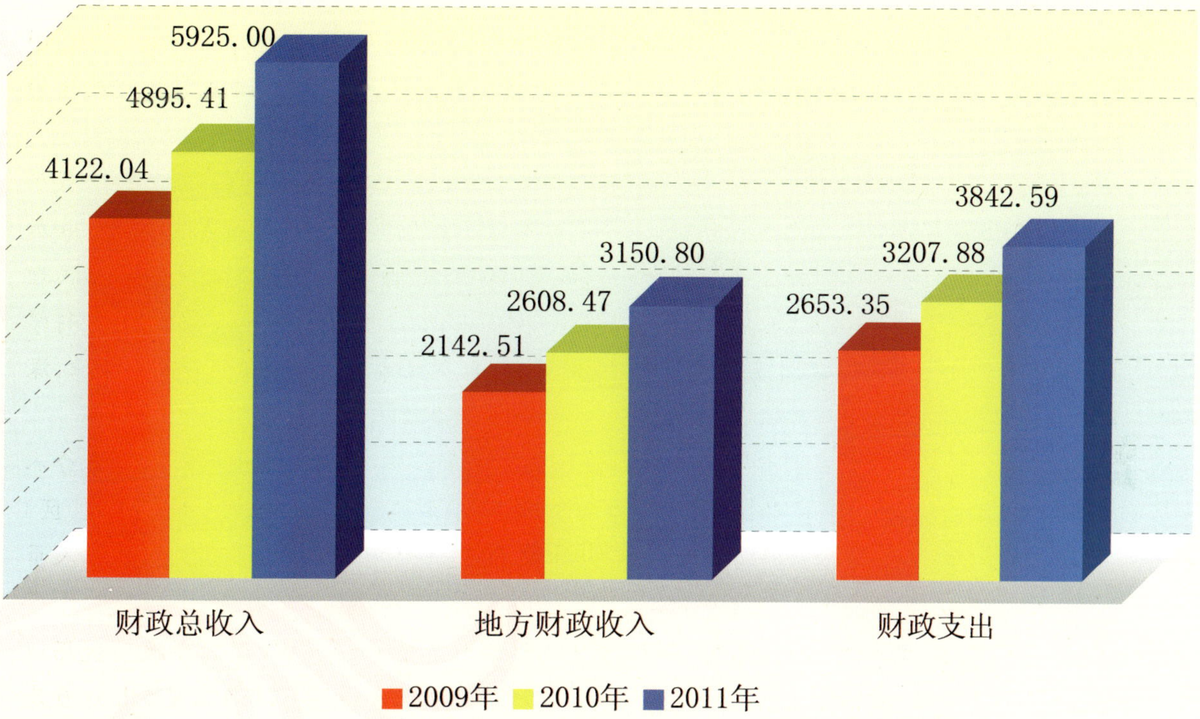

浙江省财政收支增长速度图(%)

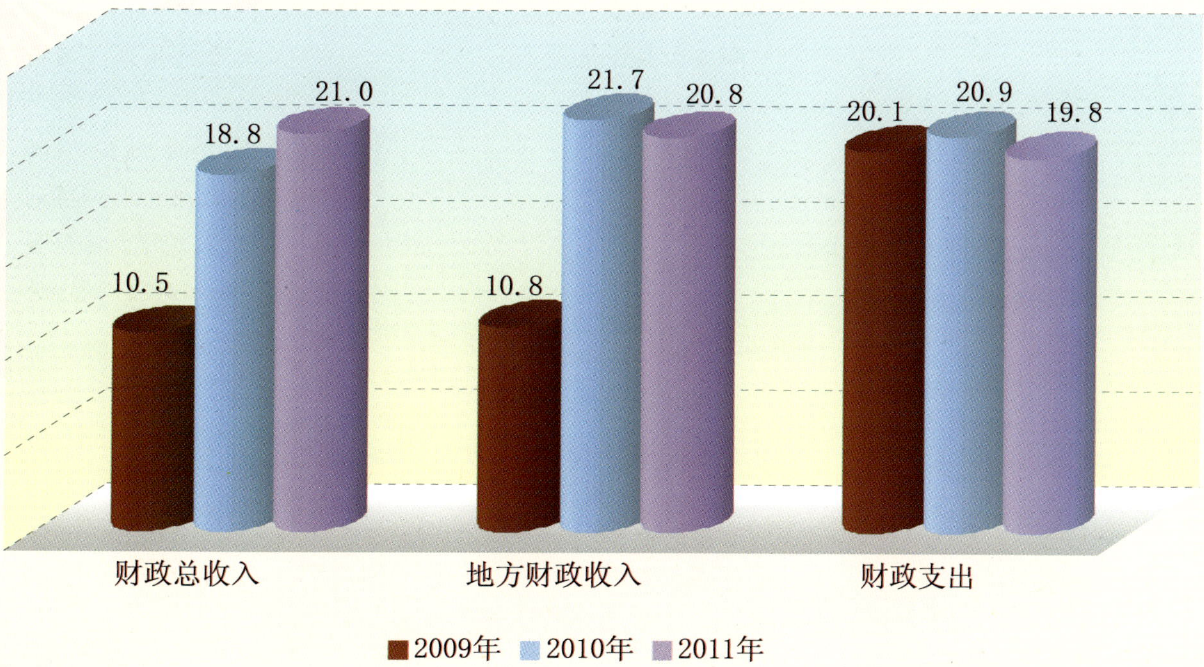

浙江省2011年地方财政收入组成图

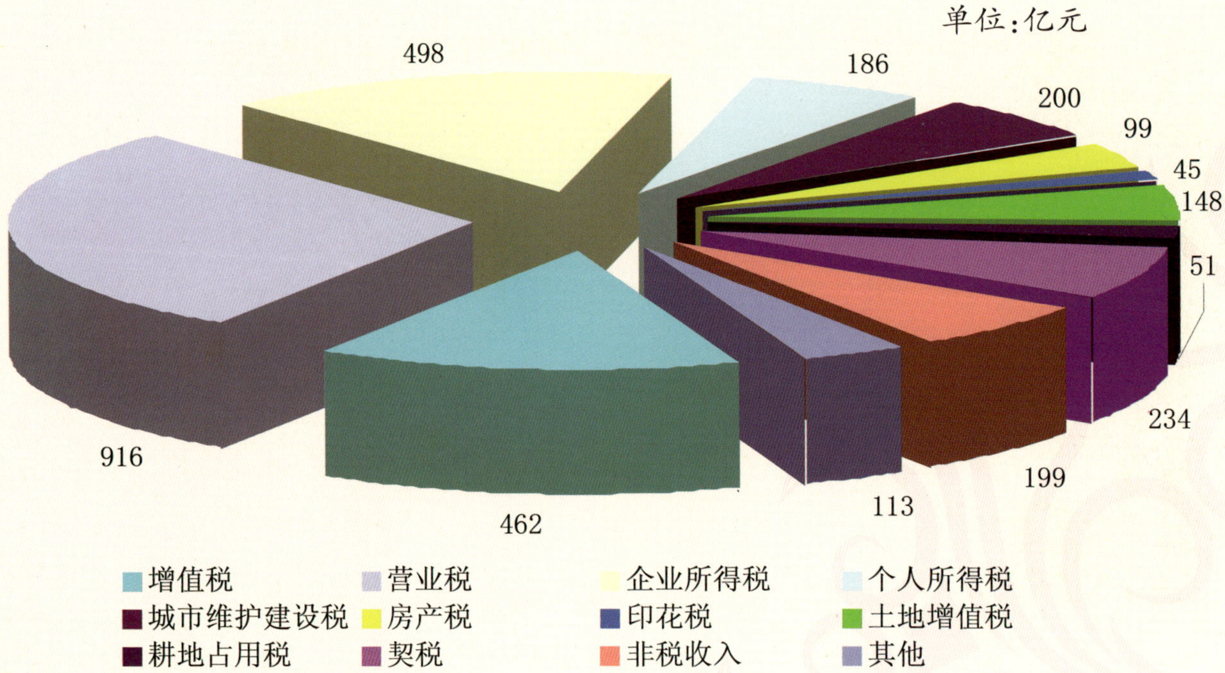

浙江省2011年财政支出组成图

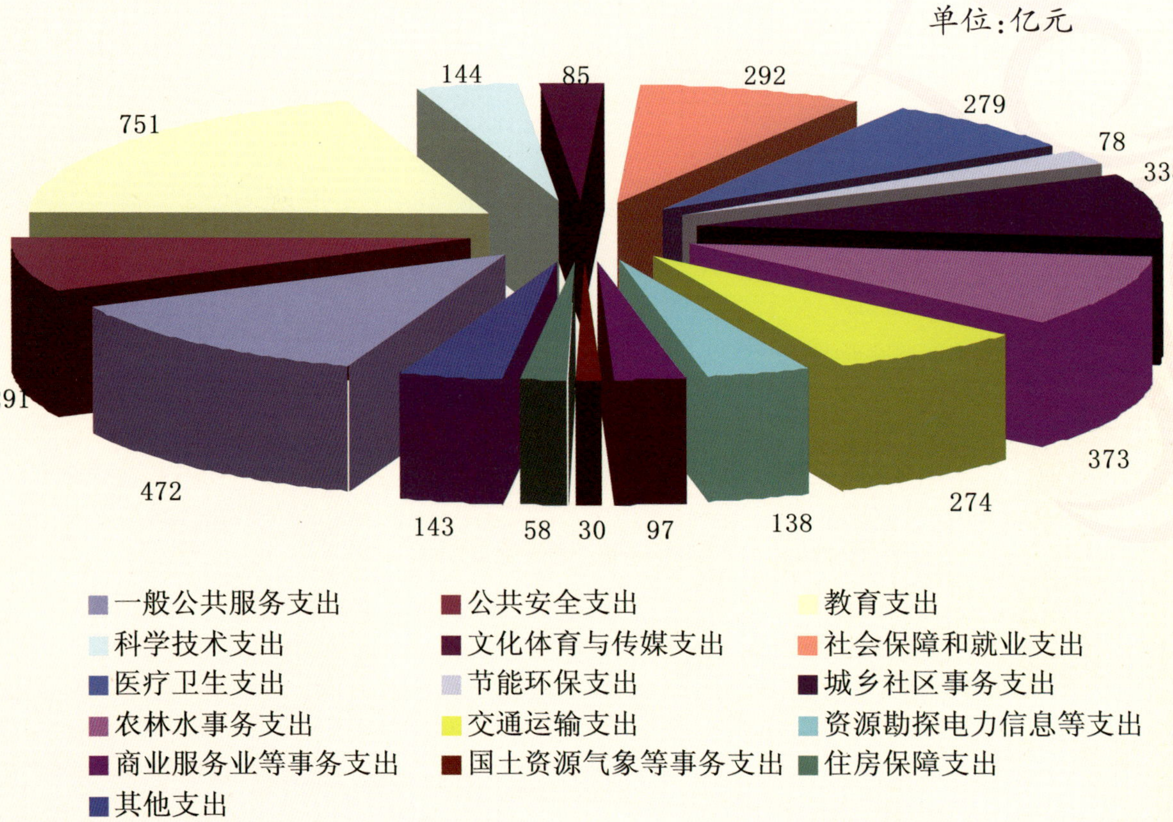

2011年2月20日，省委副书记、省长夏宝龙先后赴省财政厅、地税局调研，看望干部职工并参加厅党组民主生活会。在听取厅党组书记钱巨炎及党组各成员的工作汇报后，夏宝龙省长指出，全省财政地税部门大局意识强，工作作风实，队伍建设优，希望能够保持这种好的传统、好的做法、好的作风。他强调，要认真贯彻落实中央经济工作会议精神，突出把握好稳中求进工作总基调，以扩大内需为基点，继续实施积极财政政策，充分发挥财税宏观调控的杠杆效应，保障经济转型升级，服务科学发展大局，努力推动全省经济社会发展实现新跨越。

2012年1月5日，浙江省财政地税工作会议在杭州召开。会议深入学习贯彻党的十七届六中全会、省委十二届十次全会、全省经济工作会议、全国财政工作会议和全国税务工作会议精神，回顾总结2011年全省财政地税工作，分析当前财税工作面临的新形势，安排2012年财税收支计划，部署2012年财政地税工作任务。全省各市、县（市、区）政府领导、财政（地税）局长、省有关部门负责人、省级各单位财务处长及分管领导、省财政厅、省地税局所属各部门、各单位负责人参加了会议。省委副书记、代省长夏宝龙到会并讲话。省财政厅厅长、省地税局局长钱巨炎作工作报告。会议还对获得全国税务系统和全省地税系统文明单位、青年文明号和省级青年岗位能手的单位和个人进行了表彰。

1 厅长钱巨炎在嘉兴调研
2 副厅长罗石林在金华调研
3 纪检组长秦忠在台州调研
4 副厅长金慧群在丽水调研
5 副厅长魏跃华在温州调研
6 副厅长薛小杭在衢州调研
7 副厅长朱忠明在绍兴调研
8 总会计师赵立妙在舟山调研

结合省级机关百组基层调研活动和省委深入基层创先争优活动的要求，2011年第四季度，省财政厅组织由厅领导带队的8个调研组赴各地调研，了解财政工作情况，理清工作思路，推进财政自身建设。调研组在各地先后召开各类座谈会，认真听取省人大代表和省政协委员对财政工作的意见和建议，了解财政工作的总体情况，并就发展总部经济、缓解中小企业融资难等专题进行了调研。各调研组还深入到企业、乡镇了解基层生产情况，从一线工作中发现问题，研究对策。

浙江省农业综合开发工作以项目建设为重点，完善政策制度，强化监督检查，夯实基础工作，成效显著。2011年，全省农业综合开发财政投入12.18亿元，其中：省以上财政资金9.74亿元，比上年增长8.2%。

1 土地治理项目评审
2 桐乡市高标准农田项目现场踏勘
3 海宁市土地治理项目
4 温岭市长屿土地治理项目现场踏勘
5 桐乡市高标准农田项目
6 平湖市农业综合开发项目

省财政厅加强重大民生项目的财政支出绩效管理，选择全省农村困难群众住房救助项目（2006~2010年度）实施重点评价。评价采取全省上下联动方式，聘请省人大财经委、省政府研究室、省政府绩效管理联席会议办公室、省审计厅、国家统计局浙江调查总队、浙江工商大学等单位的专家全程参与，结合问卷调查听取社会公众意见，客观、真实地反映项目取得的绩效。

1 农村环境整治资金绩效问责现场会
2 农村基础设施建设资金绩效问责现场会
3 评价小组召集市县扶贫办、规划、国土等相关部门进行询问核实
4 评价人员深入农户实施问卷调查

1 "万村千乡市场工程"现场会
2 农家店信息化改造
3 社区店内景
4 农村店内景
5 农村商品配送中心

2011年，省财政厅会同省商务厅深入实施"万村千乡市场工程"，支持全省连锁超市龙头企业在行政村开设村级连锁便民店，加强农村商品配送中心和农村商业经营网点建设，引导农家店开展信息化改造，取得成效。全省28756个行政村，已经有23745个行政村建立了27780个农家店，覆盖面从2010年底的58.5%，扩大到2011年底的82.6%，提高了24个百分点。

为提高国有资产使用效益，改善农村中小学办学条件，省财政厅联合省教育厅开展“春泥护花”行动，将省级行政事业单位退役下来的尚具一定使用功能的电脑经维修升级后，统一捐赠给经济欠发达地区农村中小学。2011年整理修复各类计算机2445台，为61所欠发达地区农村中小学建立了计算机教室，使得国有资产使用效益最大化。

1

2

2011年，浙江省财政部门建立健全水利投入稳定增长机制，规范资金管理，保障全省水利改革和发展各项政策的有效落实。同时，进一步优化水利支出结构，突出支持农田水利建设，着力推进第一、二、三批30个小型农田水利重点县建设，新建和改造一批小山塘、小堰坝、小水池、小泵站和小沟渠，推广高效节水灌溉，加快末级渠系改造和田间工程配套，提高农田旱涝保收稳产高产能力。

1 临安市於潜镇扶西灌区工程堰坝
2 永康市东城街道小河塘综合整治工程
3 建德市杨村桥镇草莓基地微喷灌项目

3

2011 年，浙江省彩票市场平稳安全规范运行，全省彩票销售153.38 亿元，筹集彩票公益金 45.38 亿元，分别较 2010 年增长21.6%和 19.5%。各地按照彩票资金"取之于民、用之于民"的原则，采取各种措施，推进社会公益事业发展。图为各级体育彩票管理机构和福利彩票管理机构开展的各项公益活动。

1 对希望小学教师的回访
2 “体彩杯”老人体育特色项目展示大会
3 慰问青田县老党员
4 福彩资助大学新生
5 “双色球”大奖得主向湖州市社会福利院捐款
6 “我陪父母游西湖”活动
7 特困家庭专项资助活动

1

3

2

5

4

6

7

浙江财政支持海外高层次人才来浙江创业创新。2009年，省委省政府出台《关于大力实施海外优秀创业创新人才引进计划的意见》《浙江省"海外高层次人才引进计划"暂行办法》，启动海外高层次人才引进计划(简称"千人计划")。省财政设立"海外高层次人才引进专项资金"，对入选中央和省"千人计划"的人才给予每人100万元的科学技术人才奖励。2011年，为进一步完善海外引才工作体系，全省开始实施"海鸥人才计划"("千人计划"短期项目)，对入选人员给予每人50万元奖励。截至2011年，全省共引进海外高层次人才212名，省财政对实际到岗的187人发放奖励资金1.87亿元。

1 遂昌龙洋卫生院　　2 松阳大东坝镇中心卫生院
3 开化县城关中心卫生院　　4 遂昌金竹卫生院
5 普陀区蚂蚁岛乡卫生院　　6 庆元县张村乡卫生院综合楼

2008至2011年，浙江省实施以加强城乡社区卫生服务中心业务用房建设为重点的城乡社区卫生服务机构建设工程，省财政设立专项补助资金，三年累计安排7.6亿元。截至2011年末，全省乡镇卫生院和城市社区卫生服务机构标准化建设达标率分别为90%和98%，基本实现城乡社区卫生服务机构标准化建设目标。

1 财税传统文化专题讲座
2 参观财税博物馆
3 新进人员入门教育

为传承财税优良传统，使新进机关人员尽快适应岗位要求，省财政厅组织开展2011年新进人员入门教育培训，厅机关相关职能部门就公文处理和保密要求、财政机构职能、人事制度、廉政建设等内容作了介绍，副厅长朱忠明对新进人员提出要求和希望。同时，结合财政优秀传统文化教育，安排近两年新进人员参观中国财税博物馆。

目　录

重要财经文献

●省十一届人大五次会议重要文件

●省委省政府重要财经文件

●全省财政地税工作会议精神

全省财政工作

●全省财税工作概况

●财政分项工作概况

市县(市、区)财政工作

●杭州市财政工作概况

●宁波市财政工作概况

●湖州市财政工作概况

●金华市财政工作概况

●丽水市财政工作概况

财经统计资料

财经法规选编

重要财政文选

●省领导论财政

●厅领导谈财政

●处、县(市、区)领导议财政

财政工作大事记

财政机构人员

附 录

●专题经验介绍

●调研报告精选

TABLE OF CONTENTS

重要财经文献

zhejiangcaizhengnianjian

省十一届人大五次会议重要文件

政府工作报告（摘要）

——2012年1月12日在浙江省第十一届人民代表大会第五次会议上

浙江省代省长 夏宝龙

一、全面落实省十一届人大四次会议决议 “十二五”发展开局良好

2011年是国内外形势错综复杂的一年，也是全省克难攻坚、奋力推进转型发展的一年。省政府在党中央、国务院和中共浙江省委的坚强领导下，高举中国特色社会主义伟大旗帜，坚持以邓小平理论和“三个代表”重要思想为指导，深入贯彻落实科学发展观，认真实施“八八战略”和“创业富民、创新强省”总战略，大力推进“全面小康六大行动计划”，全省经济社会发展取得显著成绩，胜利完成省十一届人大四次会议确定的主要目标任务，实现了“十二五”发展良好开局。

初步预计，全省生产总值32000亿元，比上年增长9%以上；地方财政收入3151亿元，按可比口径增长15.2%；城镇居民人均可支配收入30900元，农村居民人均纯收入13071元，分别增长13%和15.6%；研究与试验发展经费支出占生产总值比重1.96%；居民消费价格总水平涨幅5.4%；城镇新增就业90万人，城镇登记失业率3.3%；人口自然增长率4.07‰；为民办实事十方面任务全面完成。

一年来，我们启动实施“十二五”规划，着力稳增长、抓转型、控物价、惠民生、促和谐，在全面建设小康社会的征程上又迈出了新步伐。

经济保持平稳较快发展。面对经济运行中的新情况新问题，切实把握工作主动权，部署落实一揽子政策措施，增强了经济发展的稳定性和协调性。着力抓好有效投资，加强基础设施和重大产业项目建设，出台加快水利改革发展实施意见。嘉兴电厂三期、绍诸高速公路、合溪水库等工程建成，杭甬、宁杭、杭长客运专线，六横电厂、仙居抽水蓄能电站、浙东引水萧山枢纽工程等项目进展顺利，固定资产投资增长24.8%。推进“浙货万里行”活动，实施万村千乡市场工程，社会消费品零售总额增长17.4%。积极培育出口品牌，加强重点出口基地和境外贸易促进平台建设，外贸出口增长19.9%。着力缓解中小企业融资难，设立10亿元省级财政中小企业再担保资金，引导金融机构加强对小微企业支持，落实差异化信贷政策措施。努力减轻企业负担，清理取消31项涉企行政事业性收费，减免符合转型升级要求的小微困难企业相关税费，实行社会保险“五缓四减三补贴”政策。落实稳定物价和调控房地产市场政策措施，抓好“米袋子”“菜篮子”工程建设，推进农产品现代流通综合试点和农贸市场改造提升，加强煤电油运调度，物价涨势得到有效遏制，城市房价逐步合理回落。

“三大国家战略”全面启动。认真贯彻国务院部署，积极谋划，狠抓落实，形成合力推进的良好局面。加快海洋经济发展示范区建设，制定实施试点方案和政策意见，设立10亿元海洋经济发展专项资金和10亿元海洋产业基金，编制海洋新兴产业发展、重要海岛开发利用与保护等规划，举办首届中国海洋经济投资洽谈会、港航物流服务体系建设推介会，大宗商品交易中心建设扎实推进，东北亚港口物流信息实现互联互通。抓好舟山群岛新区建设，制订新区发展规划和三年行动计划，一批重点项目启动实施。开展义乌国际贸易综合改革试点，建立省市联动、部省合作机制，编制改革试点实施计划，探索新型贸易方式，出台海关联网监管等措施，为国际贸易营造高效便利的环境。

产业结构调整加快。坚持增量优化与存量提升并举，加快工业化与信息化深度融合，推动产业转型升级，促进经济增长质量和效益稳步提高。加强粮食生产功能区和现代农业园区建设，培育提升农业主导产业，农业科技进步和产业化经营成效明显，“三位一体”农业公共服务体系不断健全。建成粮食生产功能区123万亩，启动建设省级现代农业综合区137个、主导产业示范区298个，粮食等主要农产品生产稳中有升。编制实施省级产业集聚区系列规划，强化推进机制和保障措施。制定发展战略性新兴产业意见，整合设立5亿元财政扶持专项资金。推进146家龙头骨干企业培育和42个产业集群示范区建设，抓好1010个重点技术改造项目。高

新技术产业和装备制造业增加值分别增长13.4%和12.1%。制定实施服务业重点行业发展规划和扶持政策，建设40个现代服务业集聚示范区，服务业综合改革试点稳步推进，服务业增加值增长9.5%。加快国家技术创新工程试点省建设，青山湖科技城、未来科技城等创新平台建设加快推进，重大科技专项和成果转化工程深入实施，高技能人才队伍建设三年行动计划和海外引智计划全面启动。财政科技投入增长18.7%，规模以上工业企业科技活动经费支出增长30%，发明专利授权量增长35%。

城乡区域发展协调性增强。积极推进新型城市化，加强新农村建设，支持欠发达地区加快发展，努力提高发展的均衡性。全面实施省域城镇体系规划，加快城市群和中心城市建设，推进200个中心镇改革发展和27个小城市培育试点。启动美丽乡村建设行动计划，优化镇村规划布局，加快培育823个中心村，建立完善3万多个村级便民服务中心，改造建设41.4万户农村住房，改善135万农村居民饮用水条件，全面完成通村公路建设任务。编制全省主体功能区规划，谋划山区发展新举措。制定实施新一轮支持欠发达地区发展政策，对12个重点欠发达县给予特别扶持，山海协作、结对帮扶、异地搬迁等工程扎实推进，低收入群众脱贫增收成效明显。欠发达及海岛地区发展环境稳步改善，衢州、丽水、舟山市呈现良好发展势头。

节能减排和环境保护取得新进展。按照建设资源节约型和环境友好型社会的要求，以“811”生态文明建设推进行动为抓手，促进可持续发展。强化重点领域监管，实施节能降耗十大工程、污染减排六大工程，建筑、交通节能等专项行动进一步展开，重点流域、区域、行业和企业污染整治全面加强。强化行业准入和源头控制，启动单位生产总值能耗和能源消费总量双控工作，加强新建项目节能评估和审查，健全行业环境准入制度，抓好25个循环经济试点基地建设。强化落后产能淘汰，深入实施铅酸蓄电池全行业排查治理，推进电镀、制革、化工等重污染高耗能行业整治提升，依法取缔、关闭一批不达标企业，淘汰落后的水泥产能1040万吨、造纸产能16.1万吨和印染产能2.1亿米。强化生态环境保护，部署实施清洁水源、清洁空气、清洁土壤专项行动，抓好首个“浙江生态日”系列活动，环境风险防控和执法监管继续加强，饮用水源安全隐患排查整治扎实推进。八大水系、运河和主要湖库地表水环境功能区水质达标率提高2.3个百分点，生态环境质量进一步改善。

社会建设全面加强。加快实施富民惠民十大工程，推动民生事业取得新突破。完善就业政策支持体系，开展大学生创业引导和就业服务，重点帮扶人群就业援助进一步加强。健全养老保险制度，提高企业退休人员和城乡居民养老保险待遇标准，全面建立高龄老人生活补贴制度，有效解决一批养老保险历史遗留问题。加快医疗保障制度建设，医保“一卡通”全面推行，所有市县新农合、城镇居民医保人均筹资标准达285元以上，政策范围内住院报销比例继续提高。完善最低生活保障制度，健全城乡低保标准与物价上涨联动机制。推进新型社会福利体系建设，建立孤儿和困境儿童基本生活保障制度。抓好保障性安居工程，开工建设保障性住房20.9万套。开展13项国家级教育改革试点，推进学前教育三年行动计划和义务教育均衡发展计划，建立普通高中助学金制度，中小学校舍安全工程稳步实施，高校学科专业建设继续加强。完成医药卫生体制改革三年五项重点任务，提前一年全面建立国家基本药物制度，基层医疗卫生服务体系不断健全，公立医院综合改革试点扎实推进。深化文化体制改革，加强公共文化服务体系建设，启动文化产业发展“122”工程，“文化下乡”和“千镇万村种文化”活动持续开展，杭州西湖文化景观被列入世界文化遗产名录。成功举办第八届全国残运会，我省代表团荣登总分榜和金牌榜首位。做好人口和计划生育工作，妇女、儿童、老龄、民族、宗教、外事、对台和侨务等工作取得新成绩。深化“平安浙江”建设，推进社会管理创新综合试点。狠抓安全生产责任制，协助做好“7·23”甬温线特别重大铁路交通事故处置工作，生产安全事故起数、死亡人数和直接经济损失保持“三下降”。加强食品药品安全监管，开展滥用食品添加剂、“地沟油”等专项整治，“十小”整治和规范工作取得新成效。健全防灾减灾体系，抓好“强塘固房”工程，有效应对历史罕见的流域性大洪水等自然灾害。国防建设、国防动员、国防教育、民兵预备役和人民防空工作得到加强，军政军民团结更加巩固。

改革开放扎实推进。坚持以改革求发展、开放促转型，健全有利于科学发展的体制机制。着力优化民营经济发展环境，举办首届世界浙商大会，制定鼓励民营经济提升发展、支持浙商创业创新政策，跳出浙江发展浙江、回归浙江反哺浙江、合心合力强浙江的氛围进一步形成。健全国有资产监管体制，加快省属企业改革重组。深化转变经济发展方式综合配套改革，开展中农办农村改革试验联系点工作。谋划建设中小企业金融服务中心和民间财富管理中心，启动丽水农村金融改革试点，出台民间融资管理指导意见和小额贷款公司改革发展等政策。加强招商选资，深化与央企战略合作和项目对接，企业“走出去”步伐加快。实际利用外资116.7亿美元，引进省外项目资金640亿元。贯彻国家区域发展战略，认真实施长三角区域规划，加强援藏援疆援青等对口支援，有效拓展了国内合作交流空间。

政府自身建设迈出新步伐。着眼于加强和创新政府管理，努力转职能、提效能，取得积极成效。大力推动政风建设，召开四级政府领导干部大会，对政府公务员倡导“六戒六要”，推动行政机关加强自身建设。开展“双服务”和“百组”基层调研活动，竭力为企业、基层排忧解难。深化行政审批制度改革，省政府网上办事大厅和电子监察系统建设扎实推进。健全财政预算管理制度，开展政府绩效管理试点，政府性债务审计和融资平台监管全面加强，地方政府自行发债工作进展顺利。坚持重大事项向人大报告和政协通报制度，办好人大代表建议和政协提案。做好政府立法工作，开展政府规章、规范性文件清理，规范执法部门行政处罚裁量权。推进廉政风险防控机制建设，深化工程领域突出问题专项整治，开展地方财政专户清理整顿。从严控制行政经费，公务接待、因公出境、公务用车等费用得到有效压缩。

我们也清醒地看到，我省经济社会发展仍存在不少困难和问题，政府工作与人民群众期待还有差距，主要是：经济增长下行压力加大，部分企业生产经营困难，产业层次较低、创新能力较弱、竞争力不强的局面没有根本改变，物价上涨压力依然较大，节能减排任务艰巨，制约发展方式转变的体制机制障碍仍然突出；城乡低收入群众持续增收难度增大，欠发达地区发展基础还比较薄弱，食品药品安全、环境保护、社会管理等方面仍存在不少群众反映强烈的问题；政府作风和效能建设需要继续加强，一些工作人员为民服务意识、依法行政能力亟待提升，形式主义、官僚主义仍不同程度地存在，极少数人甚至以权谋私、贪污腐败。我们要直面人民群众的关切，正视自身工作中的问题，切实采取措施加以解决，推动发展再上新台阶。

二、准确把握新形势新要求 努力干在实处走在前列

2012年是实施“十二五”规划承上启下的重要一年。当前，我省发展的机遇与挑战并存。随着世界经济格局大调整大变革，随着工业化、信息化、城市化、市场化、国际化持续推进，随着“三大国家战略”的加快实施，我省具备在发展中抢占先机的有利条件。但更应看到，世界经济复苏的不稳定性不确定性上升，欧债危机日趋恶化。国内一些长期矛盾与短期问题交织，发展不平衡、不协调、不可持续的问题比较突出。我省正处于经济社会转型的关键时期，多年积累的体制性、结构性、素质性矛盾凸显，影响社会和谐稳定的隐患增多。面对日益繁重的改革发展任务，面对日趋激烈的区域竞争格局，我省发展继续走在前列的压力不断加大。形势逼人，不进则退。我们必须进一步增强机遇意识和忧患意识，做好应对各种困难挑战的准备，以等不起的紧迫感和坐不住的责任感，坚定不移走创新发展之路，调动凝聚各方面智慧和力量，努力干在转型升级实处、走在科学发展前列，向全省人民交出满意的答卷。

2012年政府工作的指导思想是：认真贯彻落实党的十七大、十七届六中全会和中央经济工作会议精神，深入贯彻落实科学发展观，大力实施“八八战略”和“创业富民、创新强省”总战略，扎实推进“全面小康六大行动计划”，突出把握好稳中求进的工作总基调，紧紧围绕保持经济平稳较快发展和社会和谐稳定的目标，按照“调结构、抓转型，重投入、兴实体，强改革、优环境，惠民生、促和谐”的思路，着力推进“三大国家战略”“四大建设”“五大统筹”，切实增强发展的稳定性、协调性、普惠性和可持续性，以经济社会发展的新成绩迎接党的十八大和省第十三次党代会胜利召开。

综合考虑经济社会发展趋势和工作导向，建议2012年全省经济社会发展的主要预期目标为：地区生产总值增长8.5%；地方财政收入增长8.5%；城镇居民人均可支配收入、农村居民人均纯收入实际增长均为8.5%左右；研究与试验发展经费支出占生产总值比重2.1%；单位生产总值能耗下降4%左右，化学需氧量、氨氮、二氧化硫排放量均减少2.5%，氮氧化物排放量减少3%；居民消费价格总水平涨幅控制在4%左右；城镇新增就业70万人，城镇登记失业率控制在4%以内；人口自然增长率控制在5‰以内。

根据上述指导思想和预期目标，今年政府工作要着重把握好以下几个方面：

（一）更加注重发展速度与质量效益相统一，努力实现又好又快发展。认真贯彻中央宏观调控政策，增强经济调节预见性、针对性和灵活性。发展和壮大实体经济，坚定不移推进转型升级，未雨绸缪防范化解风险，努力保持经济平稳较快发展和物价总水平基本稳定。加快转变经济发展方式，促进速度质量效益相协调、消费投资出口相协调、人口资源环境相协调，为浙江更长时期、更高水平的发展打下坚实基础。

（二）更加注重发展经济与改善民生相促进，努力保持社会和谐稳定。坚持以人为本、富民为先，把保障和改善民生作为一切工作的出发点和落脚点，统筹推进城乡、区域发展，加快完善基本公共服务体系，促进创造财富与公平分配的协调，着力提高人民生活品质。加强和创新社会管理，促进社会公平正义，依法保障公民权益，让人民生活得更有尊严、更加幸福。

（三）更加注重制度创新与科技创新相驱动，努力增强发展动力。加快构建创新型省份，深化经济、社会、文化等各领域改革，坚决破除一切妨碍科学发展的思想观念和体制弊端，为发展注入不竭的活力源泉。牢固树立科技第一生产力和人才第一资源理念，加快科技强省、教育强省、文化强省和人力

资源强省建设，增强自主创新能力和人才支撑能力，为发展提供强大的智力保障。

（四）更加注重跳出浙江与发展浙江相协调，努力构筑竞争新优势。坚持“走出去”与“引进来”有机结合，充分利用国际国内两个市场、两种资源，在更大范围拓展发展空间、吸纳优质要素、提升竞争能力。坚持“闯天下”与“强浙江”有机统一，集聚和激发天下浙商巨大能量，推动民营经济大发展大提升，促进“浙江经济”与“浙江人经济”融合发展，开创我省经济转型升级新局面。

（五）更加注重市场机制与政府作为相结合，努力优化发展环境。进一步解放思想，充分尊重人民群众首创精神，发挥市场配置资源的基础性作用，促进各类市场主体依法平等使用要素、公平开放参与竞争。更加有为有效地履行政府职能，着力弘扬奋勇争先、干事创业的优良政风，着力构建服务政府、法治政府、责任政府和廉洁政府，着力推进政务环境、商务环境、法制环境建设，进一步形成抓转型、促发展的良好氛围。

三、实施“三大国家战略”构筑海陆联动城乡统筹发展新格局

推进浙江海洋经济发展示范区、舟山群岛新区和义乌国际贸易综合改革试点建设，是党中央、国务院从全局出发作出的战略部署，是我省加快经济转型升级的重要引擎。要举全省之力抓落实，先行先试求突破，促进海洋经济与山区经济联动发展，加快城乡经济社会一体化进程，努力形成推动区域协调发展的新增长极。

积极创建海洋经济发展示范区。围绕构建“一核两翼三圈九区多岛”的发展格局，强化各市县合作联动，共促示范区建设迈出更大步伐。扎实推进大宗商品国际物流中心建设，加强沿海港口资源整合，创新宁波—舟山港管理体制，健全沿海基础设施和海铁联运、江海联运等集疏运网络，完善港航物流服务体系，加快建设大宗商品交易平台和国家战略物资储运基地。扎实推进现代海洋产业发展，优化杭州湾、台州湾、三门湾、瓯江口等区域规划和产业布局，发展海洋新兴产业、临港先进制造业、海洋服务业和现代海洋渔业，科学开发利用海洋资源。扎实推进重要海岛高效集约开发，加强无居民海岛保护，努力培育形成一批特色岛屿。

推进舟山群岛新区规划建设。立足舟山特色优势，高标准编制新区发展规划，启动实施三年行动计划。着力打造国际物流岛，争取设立舟山保税港区，加快建设国际航运服务中心和大宗商品中转储运加工交易中心，推动舟山港域向综合物流型转变。着力建设现代海洋产业基地，吸引一批重大项目落户，积极推进海洋科技创新，加快培育现代海洋产业集群。着力构建群岛型花园城市，完善海岛基础设施和公共服务体系，优化人口和生产力布局，加快建设休闲度假基地，加强历史遗存、生态景观保护与修复，切实提高海岛居民生活质量。

加快义乌国际贸易综合改革试点。围绕提升义乌在国际贸易中的战略地位，推进改革试点三年实施计划，紧扣关键环节积极探索。着眼于构筑发展平台，继续打造国家级小商品国际贸易区，办好义博会等重要展会，加快“义乌港”和航空口岸建设，大力发展义乌商贸服务业产业集聚区。着眼于创新贸易方式，健全监管服务机制，争取设立海关特殊监管区域和保税物流中心，探索建立市场采购贸易方式和跨关区快速通关模式，促进国际贸易便利化。着眼于提升市场层次，加强品牌和营销网络建设，完善市场信用监管体系和小商品质量标准体系，促进实体市场与网络市场融合发展，充分发挥义乌市场辐射带动效应。

实施以新型城市化为主导的城乡一体化战略。坚持以城带乡、以乡促城，推进资源要素双向流动和基本公共服务均等化，提高城乡融合发展水平。一是加快发展都市区和城市群。加强杭州、宁波、温州和金华—义乌都市区建设，增强省域中心城市综合服务功能，充分发挥龙头带动作用，促进环杭州湾、温台沿海、浙中城市群培育，建立健全协调推进机制，努力形成网络化城镇发展格局。加强城市规划、建设和管理，优先发展城市公交体系，加快综合交通枢纽和快速干道、轨道交通建设，完善市政公用设施，彰显城市个性特色。二是大力培育中心镇和小城市。把中心镇和小城市作为统筹城乡发展的重要节点，完成省级中心镇总体规划修编，实施“两百双千”工程，深化行政管理、投融资、公共服务等体制改革，促进中心镇人口集中、产业集聚、功能集成。积极培育现代新型小城市，带动周边乡镇组团式发展。三是加快美丽乡村建设。围绕构建宜居宜业宜游的农村生态家园，深入实施美丽乡村建设行动计划。以中心村培育为龙头，推进村庄整治、农村联网公路、电气化和农民饮水安全等工程，健全农村社区公共服务体系，切实改善农村人居环境。

促进山区经济转型发展。把山区经济转型发展摆在突出的战略地位，完善政策措施，激活后发优势，推动山区加快走上特色发展、生态富民、科学跨越的新路子。一是优化山区开发格局。制定实施山区发展规划，扎实推进湖州“省际承接产业转移示范区”、衢州“山区科学发展试验区”、丽水“山区科学发展综合改革试验区”建设，积极培育省际区域性中心城市，完善海陆联动发展机制，拓展浙江经济发展腹地。推动山区人口内聚外迁，积极建设“小县大城”，稳步推进高山远山、重点库区、地质灾害隐患点等群众异地搬迁。二是增强山区自我发展能力。大力改善山区交通等基础设施条

件，提高基本公共服务水平。深入实施山海协作工程，加强协作园区建设，创建浙商回归产业园。加快建设生态特色产业基地，着力发展高效生态农业和绿色低碳制造业，积极发展农家乐等休闲旅游产业。三是完善扶持机制。加大对欠发达地区财政转移支付，大力扶持革命老区、民族地区、库区发展，实施重点欠发达县特别扶持计划，促进居民特别是低收入群众增收。完善生态补偿机制，加强主要流域源头地区生态保护，着力构筑生态屏障。

四、积极调整经济结构 努力推动经济平稳较快发展

以调整经济结构为主攻方向，强化创新驱动、内需拉动、项目带动，扎实推进"四大建设"，促进工业化与信息化深度融合，推动经济在转型升级的基础上实现平稳较快发展。

促进投资消费稳定增长。着眼于增强核心竞争力和长远发展后劲，深入实施"三个千亿"工程，狠抓一批对发展起支撑带动作用的重点项目，推动投资结构优化和有效投资增长。加强省级产业集聚区建设，注重产业布局统筹和项目准入管理，高标准构建产业投资发展平台。综合运用政策措施，引导支持企业加大产业转型升级投资，积极面向省外浙商、世界500强、央企和其他优势企业招商引资。加强基础设施建设，重点抓好在建、续建项目。围绕健全综合交通网，力争杭甬、宁杭客运专线和杭长高速二期、杭州萧山机场二期等工程建成，抓好杭长客运专线、金温铁路扩能改造、绍嘉通道、钱江通道、杭新景高速公路等项目实施，加大杭金衢高速公路拓宽、甬台温高速公路复线、龙浦高速公路、京杭运河等项目推进力度。围绕健全能源保障网，抓好苍南电厂、皖电东送特高压、甬台温输气管道等项目实施，抢建一批天然气热电联产项目，加快推进金丽温输气管道、台州第二电厂、华能长兴电厂等项目前期工作。围绕健全水利设施网，实施水资源保障百亿工程，基本建成浙东引水萧山枢纽、永嘉楠溪江供水等工程，抓好舟山大陆引水二期、钱塘江和瓯江治理、太湖流域水环境治理、钦寸水库等项目实施，加快千岛湖引水工程前期研究。围绕健全高速信息网，开展"智慧城市"建设试点，促进"三网"融合发展，加快推进产业集聚区、开发区(园区)宽带和IP骨干网扩容工程。实施促进居民消费的政策，努力提高居民消费能力，拓宽和开发消费领域，积极鼓励文化、旅游、健身、养老、家政等服务消费，加强城乡市场流通体系建设，推进"农超对接"，降低物流成本，切实改善城乡消费环境。

积极发展现代农业。按照工业化、城市化和农业现代化同步推进的要求，加大强农惠农富农政策力度，加快转变农业发展方式，提高农业综合生产能力，确保主要农产品供给和质量安全。一是抓好农业特别是粮食生产。多渠道增加农业投入，完善补贴机制，稳步提高粮食最低收购价，稳定粮食种植面积，切实保护农民生产积极性。坚持最严格的耕地保护制度，落实"米袋子""菜篮子"行政首长负责制，推进农业结构调整和农作制度创新，着力提高单产水平。二是加强农业基础设施建设。深化粮食生产功能区和现代农业园区建设，实施标准农田质量提升工程。新建粮食生产功能区100万亩，建成省级主导产业示范区30个。大力兴修农田水利，提高基层水利服务能力，新增旱涝保收面积52万亩。三是加快农业科技进步。推进农科教紧密结合，完善农技推广、动植物疫病防控等公共服务体系，加强基层农业公共服务中心建设，着力发展设施农业。实施现代种业发展工程，做大做强种子种苗产业。积极发展生态循环农业。四是培育现代农业经营主体。扶持一批农业龙头企业、专业大户和农民专业合作社，促进农业规模化、标准化、生态化经营。加快培育现代农业经营人才，鼓励大专院校毕业生从事现代农业，培养造就新型农民。

推进工业转型升级。坚持培育战略性新兴产业与改造提升传统产业两手抓，大力发展高端产业，抢占产业竞争制高点。加快推进项目建设，结合实施重点产业转型升级规划，抓好技术改造"双千工程"和战略性新兴产业"千百十培育工程"，广泛应用信息技术提升制造业，力争在物联网、新能源、新材料、高端装备制造等新兴产业领域取得重点突破。积极培育龙头企业，制定实施"五型企业"三年行动计划，推动企业做强做大做久。加强中小微企业扶持，引导向"专、精、特、优"发展，形成一批科技型、成长型企业。大力提升块状经济，深化现代产业集群示范区建设，开展工业大县转型升级试点，抓好特色工业设计基地建设。积极发展现代建筑业。加强政策导向和依法监管，坚决淘汰重污染高耗能行业落后产能，为产业转型升级腾出空间。

加快发展服务业。把推动服务业大发展作为调整产业结构的重点，强化目标责任制，提高服务业比重和发展水平。一是提升重点行业。加快发展生产性服务业和新兴高端服务业，统筹发展生活性服务业和公共服务业，推动金融、物流、会展、科技服务、文化创意、服务外包等成为支柱产业。深化旅游综合改革试点，促进旅游业提升发展。大力发展现代商贸业，加快商品市场转型升级。加强电子商务产业扶持，建设国际电子商务中心。二是培育产业载体。深化现代服务业集聚示范区建设，构建产业集群公共服务平台和特色产业基地，抓好服务业重大项目，积极培育重点企业和行业品牌。三是创新政策机制。实施服务业综合改革试点，放宽市场准入。完善财税、投融资、用地、用海等政策措施，为服务业发展提供有力支持。

增强自主创新能力。围绕推进科技与经济紧密结合，明确政策扶持重点，加快国家技术创新工程试点省建设，增强科

技对发展的支撑引领作用。紧扣经济转型升级需求，加大科技投入，设立创新强省专项资金，促进科技资源优化配置。建立和巩固产学研联盟，推进重大科技专项，努力突破共性核心技术，加强科技基础研究，提高原始创新能力和成果产业化水平。完善以企业为主体的区域创新体系，加快青山湖科技城、未来科技城和高新技术开发区建设，争创杭州国家自主创新示范区，大力发展创新载体、基地和成果交易平台，推进创新型城市、创新型企业建设。深入实施知识产权战略、品牌战略和标准化战略，积极鼓励发明创造，严厉打击侵犯知识产权行为，表彰对科技创新和成果产业化有突出贡献的人员。加强科普工作，提高全民科学素质。以高层次、高技能人才为重点，统筹推进人才队伍建设，优化引才聚才兴才环境，着力打造创新创业"人才高地"。

加强节约环保和生态建设。牢固树立绿色、低碳发展理念，深入开展"811"生态文明建设推进行动，切实保护好全省人民生态家园。一是打好节能减排攻坚战。建立单位生产总值能耗和能源消费总量双控管理机制，加强主要污染物排放总量控制，抓好节能减排重点工程，严格新上项目能效和环保标准。加强建筑、交通运输和公共机构节能。二是强化节地节水节材。实施"365"节约集约用地行动计划，探索建设用地投入产出考核机制，加快低效建设用地二次开发。完善水资源管理体制，落实水资源开发、用水效率控制红线，推进节水示范工程。加强重点行业原材料消耗管理。三是深化循环经济试点省建设。实施循环经济"991"行动计划，加强示范企业、示范园区建设，推行清洁生产。抓好杭州国家低碳城市试点，开展新能源汽车推广应用。四是加强环境保护和污染治理。狠抓清洁水源、清洁空气、清洁土壤专项行动，完善环境执法监管机制，健全水污染区域联防联控机制，切实维护环境安全。加强重点生态功能区建设，注重海域、海岛及海岸带环境保护。推进水土流失治理，加快生态公益林、沿海防护林和碳汇林业建设。深入开展生态文明创建活动，营造共建生态省良好局面。

五、进一步深化改革开放 再创体制机制新优势

以更大的决心和勇气深化改革开放，用创新的思维和举措开辟发展路径，用足用好改革试点政策，奋力破除体制机制障碍，为浙江科学发展提供强劲的动力源泉。

推动民营经济大发展大提升。民营企业是浙江实体经济的重要基础，浙商群体是浙江创业创新的重要支柱。要进一步优化发展环境，把省内浙商提升发展与省外浙商反哺发展结合起来，合心合力推动民营经济新飞跃。一是鼓励投资兴业。认真贯彻国家促进非公经济发展政策，落实支持浙商创业创新意见，切实降低民营资本准入门槛，破除影响民间投资的体制障碍。完善扶持实体经济的政策措施，鼓励企业加大实体经济投入，坚守实业，做强主业，夯实立身之本。二是强化要素和服务保障。健全民营企业服务机构和浙商联络组织体系，推动省外浙商回乡创业，促进资金、技术、人才等要素更多向民营企业和实体经济集聚。落实完善减负惠企政策措施，强化对小微企业服务，营造尊商、亲商、兴商氛围，着力提振企业家信心。三是推进企业转型升级。深化民营经济创新发展综合配套改革，引导企业加快制度、科技、管理创新和商务模式创新，提高浙商整体素质。发挥中心城市综合优势，打造浙商总部经济基地，培育跨省跨国集团。支持浙商营销网络建设，构建境外贸易促进平台，切实提升企业持续销售能力。

推进国有企业改革发展。加快国有经济战略性调整，增强国有经济发展活力。深化省属企业股份制改革，完善法人治理结构，积极引入战略投资者，培育一批具有较强竞争力和带动力的大企业大集团。加快国有资本优化重组，支持跨地区跨所有制联合兼并、嫁接改造，提高混合所有制经济发展水平。完善国有资产监管体制，促进国有资产保值增值。

加快金融创新发展。着眼于提高金融服务实体经济水平，紧扣解决小微企业融资难、农村金融服务不足问题，实施中小企业金融服务中心和民间财富管理中心建设行动计划，创建温州国家金融综合改革试验区，推进丽水农村金融综合改革试点，规范发展民间融资，强化发展的金融支撑。一是健全地方金融组织体系。加快建设金融集聚区、金融特色城市和金融创新示范县（市、区），大力引进国内外金融机构，培育"浙商"系列总部金融机构，推进城市商业银行和农信社改革发展，加快小额贷款公司试点，发展村镇银行、农村资金互助社等新型金融组织，稳步发展小型社区类金融机构。二是创新金融服务方式。积极争取信贷投放增量，创新金融产品和信贷模式，提高小微企业贷款比例，降低企业实际融资成本。多渠道推动企业上市，加快未上市公司股份转让试点。整合构建全省产权和金融资产交易平台，发展股权、债券、基金等融资方式。三是探索地方金融监管机制。注重与国家金融监管部门沟通协调，构建有效的区域金融监测平台。加强民间融资监督管理，严厉打击金融犯罪，切实防范金融风险。

统筹推进重点领域改革。以转变经济发展方式综合配套改革为主要抓手，深化国家发改委改革联系点工作，鼓励各市围绕试点主题积极探索，为全省改革提供借鉴。稳步实施主体功能区规划，全面实行转变发展方式综合评价制度。推进嘉善县域科学发展示范点建设。深化统筹城乡综合配套改革，做好中农办农村改革试验联系点工作，推进温州全国农村改革试验区建设，加快城乡规划、户籍和农村社区管理制度改

革，推进土地承包经营权有序流转，探索建立农村宅基地有偿使用和退出机制，创新农村集体建设用地使用制度，深化集体林权制度改革。完善资源要素市场化配置机制，规范土地、矿产市场交易平台，探索低丘缓坡综合开发利用新模式，推进居民生活用电、用水阶梯式价格改革。健全排污收费机制，推行排污权有偿使用和交易制度，探索建立碳排放交易机制。加快社会诚信体系建设，整顿规范市场经济秩序，努力营造公开公平公正的市场环境。

大力发展开放型经济。面对严峻的出口形势，切实采取有效措施，加快转变外贸发展方式，确保外贸稳定增长。围绕巩固和拓展国际市场，加强出口企业引导和服务，用好出口退税、信用保险、跨境贸易人民币结算试点等政策，培育提升重点出口基地，扩大自主品牌产品和服务贸易出口，促进出口结构升级。创新口岸管理体制机制，推进“大通关”建设，健全国际贸易摩擦预警和应对机制。以扩大进口促产业转型，鼓励先进技术装备、关键零部件和重要资源进口。围绕提高利用外资水平，创新开发区管理体制和引资机制，办好重要招商展会，推动引进外资结构优化。围绕拓展境外投资，支持企业跨国收购，“走出去”设立生产基地、研发机构、营销网络和经贸合作区。借助外事资源，加强海外联谊，充分发挥外事、侨务推动经济社会发展的作用。围绕深化国内合作与交流，进一步接轨上海，深入实施长三角区域规划，积极参与海峡西岸经济区建设，促进与中西部地区和东北地区互动发展，加强与资源富集省份战略合作，做好援藏援疆援青等对口支援工作。推进与港澳台经贸、文化合作交流，更好地实现互利共赢。

六、加强以改善民生为重点的社会建设 切实维护社会和谐稳定

围绕增进民生福祉，加快社会建设和管理创新，不懈探索为民办实事长效机制，办好顺民意、解民忧、保民安的实事好事，切实让全省人民共享发展成果。

努力增加城乡居民收入。在加快经济发展的同时，切实推动居民收入持续增长。一是以就业创业促增收。着眼于增加就业机会、提高就业质量，实施更加积极的就业政策，大力发展服务业和中小企业，多渠道开发公益性岗位，发挥创业带动就业倍增效应。加强对困难群众、特殊群体就业援助，实施大学生创业引领计划和千万农民素质提升工程，重点解决好高校毕业生、农村劳动力、城镇失业人员就业问题。二是以完善机制促增收。探索促进农民普遍增收长效机制。健全最低工资标准和养老保险待遇动态调整机制，建立企业职工工资正常增长机制，完善工资指导线、工资支付保证金等制度，推行企业工资集体协商。规范分配秩序，强化税收调节，促进收入分配结构优化。三是以救助帮扶促增收。完善扶贫开发政策，实施低收入农户收入倍增计划，逐步提高城乡居民低保和优抚对象抚恤补助标准。完善困难群众基本生活价格补贴政策，确保低收入居民日常生活不因物价上涨而受影响。

进一步健全社会保障体系。深化社会保障制度改革，探索覆盖城乡、惠及全民、功能完善的社会保障体系。加快养老等社会保险扩面，推进企业职工养老保险省级统筹，改革事业单位养老保险制度。深化城镇职工、城镇居民医疗保险和新型农村合作医疗工作，推进城乡医疗保障制度整合。完善社保关系转移接续办法。健全社会救助体系，完善分层分类救助办法。发展新型社会福利体系，推进以居家为基础、社区为依托、机构为支撑的社会养老服务体系建设。认真贯彻房地产调控政策，健全多层次住房供应体系，促进房地产市场健康发展。完善以公共租赁房为重点的城镇住房保障政策，大力实施保障性安居工程，健全分配管理办法，推进农村困难家庭危房改造。积极发展慈善事业。抓好防灾减灾救灾工作，妥善安排受灾群众生产生活。

加快发展教育卫生等社会事业。把发展社会事业作为稳增长、调结构、惠民生的重要保证。坚持育人为本、德育为先，全面落实教育改革和发展规划纲要，促进教育优质协调发展。加快中小学课程和教学改革，探索科学的教育质量评价体系。以加强农村教育为重点，优化中小学布局和师资配备，推进义务教育办学条件标准化，促进优质教育资源城乡共享和合理配置。大力发展职业教育，加强学前教育、特殊教育和继续教育，建设学习型社会。建立校车制度，强化安全管理。大力提升高等教育水平，突出创新精神和实践能力培养，加快重点学科和优势特色专业建设，继续做好高校债务化解工作。加强教师培养和管理，注重师德师风建设，努力造就高素质教师队伍。围绕提高群众健康水平，制定实施“健康浙江”发展战略，推进全民健康行动计划。深化医药卫生体制改革，健全国家基本药物制度，改革完善药品集中采购制度。推进基层医疗卫生机构综合改革，强化县乡村医疗资源统筹配置，完善医学院校毕业生到基层工作机制。加快县级公立医院综合改革，加强区域优质医院和重点专科建设。推进中医药事业发展，抓好职业病、重大传染病和重点慢性病防控。深入开展全民健身活动，发展公共体育事业，提升竞技体育水平。加强人口和计划生育工作，实施妇女健康素质提升工程和出生缺陷干预工程，遏制出生人口性别比偏高趋势，促进人口均衡发展。切实保障妇女合法权益，加强未成年人保护，积极应对人口老龄化，大力发展妇女、儿童和老龄事业。实施残疾人共享小康工程，健全残疾人服务体系。进一步做好民族工作，依法管理宗教事务，促进民族、宗教事业和谐发展。

大力推进文化强省建设。文化是一个地区凝聚力和创造力的重要源泉。要坚持先进文化引领，深入实施文化建设“八项工程”和“十大计划”，构建全省人民共有精神家园。努力建设社会主义核心价值体系，进一步弘扬浙江精神，深入开展理想信念教育，加强公民道德建设，深化群众性精神文明活动，在全社会倡导形成良好道德风尚。着力构建公共文化服务体系，完善公共文化设施网络，推进浙江图书馆新馆、档案馆新馆和浙江艺术学院等重点项目工作，实施文化惠民系列工程，积极开展群众喜闻乐见的文化活动，加强现代传播能力建设，注重文化遗产保护、传承和利用，提高公共文化资源利用率和受益面。加快构建文化产业发展体系，推进文化产业“122”工程，打造具有较高知名度和影响力的文化品牌。推进文化体制机制创新，深化国有文化单位改革，加强文化市场培育和管理。繁荣哲学社会科学，发展新闻出版、广播影视事业，不断增强浙江文化影响力。

加强和创新社会管理。按照建设“平安浙江”的总体要求，健全维护社会和谐稳定长效机制，努力形成以人为本的社会管理新模式。把稳定物价放在重要位置，落实完善价格调控措施，强化市场价格监管。健全农产品市场准入和质量可追溯制度，推进食品药品安全体系建设，严厉打击制售假冒伪劣商品行为。强化安全生产责任制，加强重大危险源安全管理，深入开展隐患排查治理，切实预防和遏制重特大事故发生。做好突发公共事件应急处置工作。推进社会管理创新综合试点，完善社会管理组织体系和运行机制。发挥社会各方协同作用，支持工会、共青团、妇联等群团组织开展工作。强化城乡社区自治功能，倡导志愿者服务，加强社会工作专业人才队伍建设，推动社会组织健康发展。进一步做好信访工作，完善群众利益诉求表达、矛盾纠纷调解和权益保障机制，积极构建和谐劳动关系。加强流动人口服务和管理，稳步解决农村务工人员融入城镇遇到的实际困难，健全特殊人群管理服务政策。完善信息网络管理体系。加强国家安全工作。抓好社会治安防控体系建设，解决突出治安问题和安全隐患，依法打击违法犯罪活动，努力营造社会安定、生活安宁的良好局面。

大力支持驻浙人民解放军和武警部队建设，各地政府要多为驻地部队办实事。完善国防动员、国防教育体系，加强国防后备力量和人民防空建设。深入开展拥军优属工作，落实优抚安置政策，推动军民融合发展。

民生是为政之本。我们要始终将群众安危冷暖放在心上，坚持不懈抓好各类惠民安民实事。一是在就业方面，引导和帮助30万城镇失业人员再就业，城镇零就业家庭发现一户援助一户。二是在养老保障方面，新增养老保险参保人数150万，继续提高企业退休人员养老金和城乡居民基础养老金水平；参照重度残疾人托养补助标准，对1.2万城乡低保失能老人提供养老服务补贴。三是在医疗保障方面，新增医疗保险参保人数65万；全面落实基本医疗保险门诊统筹，城乡居民医保政策范围内住院报销比例达70%以上；实施残疾幼儿抢救性康复项目。四是在保障性住房方面，开工建设保障性住房14.1万套，其中公共租赁住房5万套。五是在教育文化方面，全面完成中小学校舍安全工程建设任务，90%以上的乡镇（街道）建成等级中心幼儿园，中小学生均营养餐标准由350元提高到750元；送1万场戏、27万场电影、100万册图书下乡。六是在扶贫方面，完成欠发达地区高山远山、重点库区、地质灾害隐患点和偏远海岛异地搬迁6万人以上；将扶贫标准由农民人均纯收入2500元提高到4600元，年内确保70%以上低收入农户人均纯收入超过4000元。七是在新农村建设方面，完成3500个村庄整治，综合治理农村河道2000公里，建设农村联网公路1000公里；完成农房改造建设30万户，其中困难家庭危房改造4.2万户；基本实现村村建邮站。八是在饮用水保障方面，建成81个集中饮用水源地水质自动监测站，解决200万农村居民饮用水安全问题。九是在污染防治方面，完成60个建制镇污水处理设施建设任务，新增城镇污水配套管网1500公里。十是在公共安全方面，加固病险水库200座、海塘100公里、主要堤防150公里；实施公路安保工程1500公里；改造提升农贸市场200个；安全生产事故起数、死亡人数和直接经济损失实现零增长，并力争有所下降。

七、建设人民满意政府 提高推动科学发展的能力和水平

我们的政府是人民的政府，要始终紧贴群众脉搏，将人民的呼声作为第一信号，将人民满意不满意作为检验评判工作的第一标准。政府的权力是人民赋予的，要切实用人民赋予的权力为人民谋福祉。新的一年，要围绕确保完成政府各项目标任务，按照“务实、高效、公正、廉洁”的要求，以改革创新精神加强政府自身建设，更充分地全面履行政府职能，更自觉地规范行政权力运行，更有效地为经济社会发展营造良好环境，切实担当起推动浙江科学发展继续走在前列的使命和责任。

着力提高行政效能。行政效能关系人民群众满意度，也直接维系政府形象，要毫不懈怠地抓好每个环节。坚持求真务实精神，大力弘扬优良政风，戒贪图安逸、要锐意进取，戒消极怠慢、要恪尽职守，戒不学无术、要善学善思，戒坐而论道、要踏实肯干，戒松散狭隘、要团结合作，戒骄浮奢侈、要心怀敬畏，努力建设品行过硬、敢为人先、勇挑重担、朝气蓬勃的公务员队伍，在政府机关掀起“比、学、赶、创”的热潮，形成凝心聚力抓发展、坚持不懈促转型的浓厚氛围。强化效率导向，倡导立说立行、雷厉风行的作风，全面推行服务承诺、首

问负责、限时办结等制度，减少会议文件，简化行政流程，杜绝推诿扯皮，做到急事急办、要事快办、特事特办，切实提高政府的执行力和公信力。增强公仆意识，树立服务是天职的观念，抓好"双服务"和"百组"基层调研活动，深入群众了解民情，扑下身子帮困解忧，切实在加强服务中改进管理，着力解决广大群众和企业反映突出的问题，使政府工作赢得人民的信任和支持。

积极创新政府管理。建设人民满意政府，必须牢牢把握科学管理、精细管理、规范管理的要求，大力推进政府体制机制创新。进一步完善激励考评机制，健全市县政府和部门目标责任制，加强政策执行和任务落实情况督查，将绩效评估与行政问责、改进管理有机结合。进一步改革行政审批制度，按照市场优先和社会自治原则，可以精简的审批事项一律精简，可以取消的行政事业性收费一律取消，加快推行审批服务全程代理制和网上审批制，切实减少审批环节，提高办事效率。进一步健全公共财政体系，探索有利于区域统筹发展的体制机制，深化转移支付、预算绩效、国库集中收付等管理制度改革，优化财政支出结构和方式，加强专项资金整合，集中财力办大事。加强政府性债务管理和风险防控。推进事业单位分类改革。进一步推动管理重心下移，深化扩权强县和强镇扩权改革，合理划分事权，整合服务资源，增强基层政府社会管理和公共服务能力。

全面推进依法行政。建设法治政府是现代政治文明的重要标志，也是广大人民群众的共同愿望。要健全决策、执行、监督相互制约又相互协调的运行机制，确保政府行为于法有据、程序正当。着力完善行政决策机制，把公众参与、专家论证、风险评估、合法性审查等作为重大决策必经程序，加强重要政策实施的跟踪评估，健全政府立法机制，提高行政决策科学化、民主化水平。着力改革行政执法体制，健全行政执法责任制，深化相对集中行政处罚权工作，完善行政执法程序，促进规范执法、公正执法、文明执法。着力强化行政运行监督，自觉接受人大依法监督、政协民主监督，认真听取各民主党派、工商联、无党派人士和人民团体的意见，高度重视司法监督、舆论监督和社会公众监督，加强审计和行政监察。做好行政复议、行政调解、行政仲裁工作。深入开展"六五"普法。进一步深化政务公开，畅通政府与公众互动渠道，加快电子政务建设，切实保障公民知情权、参与权、表达权和监督权，让行政权力在阳光下运行。

切实加强廉政建设。清正廉洁是人民对政府的基本要求，也是政府正确履行职责的重要保证。要坚持用制度管权管事管人，从重点领域、重点环节入手，狠抓惩治和预防腐败体系建设，确保廉政要求贯穿政府工作全过程。认真贯彻领导干部廉洁从政准则，强化公共投资项目和公共资金监管，健全土地资源开发、政府采购、国有资产转让等公共资源管理，从源头上防治腐败。深入开展专项治理，坚决纠正工程建设、征地拆迁、住房保障、食品药品安全、环境保护等领域损害群众利益的不正之风，进一步治理商业贿赂，对各类违法违纪行为严惩不贷、绝不姑息。坚决反对铺张浪费，把财政资金用在刀刃上，严格控制和压缩"三公"消费，推进公务消费制度改革和信息公开，努力建设节约型机关。

关于2011年全省和省级预算执行情况及2012年全省和省级预算草案的报告（摘要）

——2012年1月12日在浙江省第十一届人民代表大会第五次会议上

浙江省财政厅

一、关于2011年全省和省级公共财政预算执行情况

（一）全省公共财政预算执行情况

2011年全省地方财政收入汇总预算为2842.00亿元，执行数为3150.80亿元，完成预算的110.9%，比上年增长（以下简称"增长"）20.8%。按可比口径计算，增长15.2%。

全省地方财政收入主要项目完成情况为：税收收入2952.01亿元，完成预算的109.9%，增长19.8%；非税收入198.79亿元，完成预算的128.2%，增长38.5%。

2011年全省财政支出汇总预算为3379.00亿元，执行数为3842.74亿元，完成预算的113.7%，增长19.8%。按可比口径计算，增长14.6%。

全省财政重点支出完成情况为：农林水事务373.32亿元，完成预算的123.2%，增长28.6%；教育751.56亿元，完成预算的114.9%，增长23.9%；科学技术144.04亿元，完成预算的108.8%，增长18.7%；文化体育与传媒85.09亿元，完成预算的109.7%，增长10.3%；医疗卫生279.00亿元，完成预算的117.4%，

增长24.3%；社会保障和就业291.82亿元，完成预算的130.4%，增长41.4%。

按照现行分税制财政体制和国家有关政策规定计算，预计2011年全省公共财政预算收支平衡。

(二)省级公共财政预算执行情况

2011年省级地方财政收入预算为255.50亿元，执行数为271.71亿元，完成预算的106.3%，增长14.8%。按可比口径计算，增长8.1%。

省级地方财政收入主要项目完成情况为：税收收入237.83亿元，完成预算的112.7%，增长22.9%；非税收入33.88亿元，完成预算的76.0%，比上年下降(以下简称“下降”)21.3%。

2011年省级财政支出预算为374.80亿元，执行数为399.86亿元，完成预算的106.7%，增长14.2%。按可比口径计算，增长7.5%。

省级财政重点支出完成情况为：农林水事务43.03亿元，完成预算的101.0%，增长9.2%；教育71.19亿元，完成预算的107.6%，增长16.3%；科学技术24.16亿元，完成预算的101.5%，增长9.7%；文化体育与传媒13.98亿元，完成预算的100.2%，增长7.8%；医疗卫生32.13亿元，完成预算的101.1%，增长8.6%；社会保障和就业15.20亿元，完成预算的204.3%，增长119.7%。

按照现行分税制财政体制和国家有关政策规定计算，预计2011年省级公共财政预算收支平衡。

二、2011年预算执行效果

(一)财政收支结构进一步优化

财政保障能力进一步增强。依法加强收入征管，提升组织收入水平，财政收入实现持续平稳增长，全年预算收入任务超额完成，收入结构保持较好，全省地方财政收入占财政总收入的比重为53.2%，税收收入占地方财政收入的比重为93.7%。切实算好政策账、体制账、改革账，积极争取中央财政支持，中央财政对我省的转移支付力度进一步加大。

财政支出结构进一步优化。坚持有保有压，坚决贯彻落实厉行节约、控制行政成本的各项规定，严格控制一般性支出，切实保障民生等各项重点支出。因公出国(境)费用、公务接待费和公务用车购置及运行维护费支出实现零增长，全省财政支出增量中用于民生的比重达77.7%。通过采取提前预拨、改革转移支付资金管理方式、建立健全限时下达预算制度、支出进度通报制度等措施，切实加强预算执行管理，加快资金拨付和支出进度，预算执行的均衡性和时效性明显提高。

(二)推进经济发展方式转变力度进一步加大

积极的财政政策得到有效落实。全省利用中央扩大内需项目资金38.79亿元，成功自行发行地方政府债券67亿元；兑付家电下乡和以旧换新财政补贴资金17.40亿元，拉动城乡消费201.63亿元；落实内外贸发展资金3.50亿元，促进内外贸稳定增长和结构优化。积极清理规范行政事业性收费，落实高新技术企业和小型微利企业所得税等优惠政策，做好小企业贷款风险补偿，支持融资性担保体系建设，加大中小企业扶持力度。省财政出资10亿元组建省中小企业再担保公司，改善企业融资和发展环境。

推进经济结构调整力度持续加大。加大人才引进等投入力度，切实保障科学技术支出法定增长，着力推进自主创新。大力支持海洋经济发展，省财政共落实海洋经济发展专项资金和海洋产业基金各10亿元，争取中央海洋经济示范区财力补助6亿元。扩大政府创业风险引导基金规模，省财政整合设立5亿元战略性新兴产业专项资金，继续安排5亿元工业转型升级资金，加大服务业发展财政支持力度，推进战略性新兴产业培育、传统产业改造提升、高新技术产业和现代服务业加快发展。省财政整合13.58亿元支农专项资金用于农业“两区”建设，促进现代农业发展。

节能降耗和生态环保进一步加强。加大生态环保和节能减排投入，做好高效节能推广财政补贴工作，推进排污权有偿使用和交易试点，支持污水处理设施建设，促进污染减排。加强农业农村面源污染防治，加大山洪地质灾害防治和易灾地区生态环境治理力度。完善森林生态效益补偿机制，省级以上森林生态效益补偿标准提高到每亩19元。完善生态环保财力转移支付政策，生态环保财力转移支付资金规模扩大到15亿元，转移支付范围覆盖至全省所有市县。

(三)基本公共服务水平进一步提高

城乡统筹力度不断加大。以加大水利投入为重点，着力建立财政支农稳定增长机制，全省各级财政投入“三农”资金1190亿元，增长26.0%。落实小城市培育试点专项资金10亿元，支持中心镇提升小城市功能。完善村级组织运转保障机制，大力推进村级公益事业建设一事一议财政奖补试点工作。各级财政投入一事一议财政奖补资金21亿元，带动农民群众投资投劳和社会力量投入16亿元。

社会事业发展全面保障。加大财政教育投入，认真落实拓宽经费渠道政策，义务教育经费保障机制进一步完善，义务教育中小学生均公用经费最低标准分别达到650元、450元。增加学前教育财政投入，省财政设立每年1亿元的学前教育专项资金。建立和完善职业教育公共财政保障制度、普通高中助学金制度、高校学生资助政策和高校学生伙食补贴动态调整机制。支持公共文化、体育服务体系建设，加快文化产业发展，推进文化体制机制改革。推动公立医院改革，提高人均基本公共卫生服务经费，推进公共卫生服务均等化。推进基本医疗保障制度建设，全省所有市县新农合、城镇居民医保人均筹资标准达到285元以上，政策范围内住院费用报销比例继续提高。

就业和社会保障扎实推进。完善失业就业联动机制，对大学毕业生从事现代农业实行省级财政补助。提高城镇企业退休人员养老金和城乡居民社会养老保险基础养老金最低标准，企业退休人员养老金待遇月人均超2000元，省定基础养老金最低标准调整为每人每月66元。调整完善困难群众基本生活价格补贴机制，各级财政安排价格补贴支出1.79亿元。支持全省保障性住房建设，全省各级财政筹措保障性住房建设资金129.45亿元。建立孤儿基本生活最低养育标准自然增长机制和重度残疾人托(安)养费用标准动态调整机制，健全社会救助和社会福利体系。做好第八届全国残运会资金筹集和财务管理工作。

对口援助顺利展开。省财政安排23亿元，对欠发达地区尤其是重点欠发达县(市、区)和贫困集中区域分类实施特别扶持，支持欠发达地区加快发展。筹集拨付对口支援新疆、西藏、青海建设资金10.56亿元、2.11亿元和5000万元，推进对口援建工作。

公共安全切实保障。筹措落实省级粮食风险基金和其他粮食资金4.74亿元，保障粮食安全体系建设。推进标准化战略和质量技术支撑体系建设，加快全省百姓食品数据查询系统项目建设，支持食品安全监管工作。落实政法经费保障，加强和创新社会管理，维护社会稳定。

(四)财政科学化精细化管理进一步加强

预算编制管理不断完善。贯彻落实《浙江省政府非税收入管理条例》，将按预算外资金管理的收入纳入预算管理。完善预算定额体系、费用标准体系和资产配置标准体系，推进项目预算管理地理信息系统建设，深化综合预算改革。细化政府公共预算和政府性基金预算，完善社会保险基金预算编制，扩大国有资本经营预算编制范围，编制政府性债务计划，健全全口径政府预算体系。

预算执行管理不断优化。推进财税库银横向联网，构建预算执行基础数据共享平台。全面推进国库集中支付改革，加快推进市县公务卡制度改革，建立公务支出监管体系。全省所有市县实施国库集中支付和公务卡制度改革，各市(含所属县市区)纳入国库集中支付改革的预算单位覆盖率达到50%以上，实施公务卡制度改革的预算单位覆盖率接近30%。加快全省政府采购信息系统一体化建设，深化协议定点项目全省联动采购，提高政府采购效率。

财政监督管理不断加强。稳妥推进预算信息公开工作，除涉密单位外，2011年上报省人代会审议的48个部门预算全部公开。全面推进“三位一体”财政组织管理机构改革，建立健全财政资金运用全过程的监督机制。推进项目绩效目标管理，对75个省级部门的138个项目进行自评，对14个部门的16个项目开展绩效目标细化论证，对17个项目实施重点评价。建立健全乡镇财政管理机构，强化乡镇财政就地就近资金监管职责。开展“小金库”专项治理全面复查、公务用车专项治理、省级行政事业单位房产专项清查和地方财政专户清理整顿。加强地方金融企业国有资产财务监管，规范省级金融企业负责人薪酬管理，完善省级金融企业激励约束机制。建立政府性债务信息管理系统，实现政府性债务动态监控和政府融资平台公司债务全口径监管，进一步加强政府性债务管理。

2011年，根据省人大常委会首次结合我省2010年财政决算报告开展专题询问的部署要求，我们积极做好各项准备工作，认真接受省人大常委会的专题询问，回答了委员询问的各项内容，主动接受各方面监督。根据省人大常委会对财政决算报告的有关决议精神，结合专题询问提出的意见和建议，我们积极做好研究、整改和落实工作，进一步提高依法行政、科学执政的能力，提高财政资金管理水平和使用效益。

在看到成绩的同时，我们也清醒地认识到，财政运行和预算执行中还存在一些需进一步研究解决的问题：一是财源建设尚需进一步加强，需要大力推动经济发展方式转变和产业结构调整，为财政可持续发展提供更加坚实的基础；二是预算编制的科学性、准确性有待进一步加强，预算支出执行进度不够均衡，财政专项支出管理还需进一步强化；三是财政管理的基础工作有待进一步加强，财政资金使用效益有待进一步提高。我们一定高度重视这些问题，通过深化财政改革、创新工作机制、严格财政管理等措施逐步加以解决。

三、关于2012年全省和省级公共财政预算草案

(一)当前财政面临的经济形势

综合分析影响我省经济社会发展和财政收支的各种因素，2012年财政收支矛盾仍然比较突出。

从财政收入看，我省经济运行基本面尚好，随着三大国家战略的启动实施，我省具备在结构调整和发展方式转变中抢占先机的有利条件，加之政府实施宏观调控和应对复杂局面的能力不断增强，落实积极的财政政策和稳健的货币政策将强化我省经济增长的稳定性和可持续性，从而为财政收入增长奠定基础。但当前国内外经济形势仍然错综复杂，经济发展存在较多不确定性，2012年财政收入增长放缓的因素也不少，主要是：房地产业及传统产业等对财政收入

的贡献率将继续下降，新兴产业短期内难以形成对经济增长和财政增收的支撑力；中央将进一步加大结构性减税力度，与已经出台的减税政策形成叠加减收效应等。收入形势不容乐观。

从支出安排看，一是确保落实国家和省重大战略决策及重点项目建设，推进三大国家战略、加快水利建设步伐、加强文化强省建设、财政教育支出达到规定比例以及扶持中心镇和欠发达地区发展等需要大量资金；二是推进改革和保障民生的支出规模大、刚性强。推进医药卫生、社会保障、事业单位绩效工资等重点领域改革，支持保障性住房建设等都需要投入大量财力；三是地方政府性债务进入还贷高峰期，还本付息支出压力较大。因此，财政减收增支的矛盾十分突出，政府性债务的资金链和财政收支平衡都面临严峻考验。

（二）2012年公共财政预算安排的指导思想

根据对2012年经济形势的分析和预测，按照中央和省委对经济工作的总体部署，我省2012年公共财政预算安排的指导思想是：高举中国特色社会主义伟大旗帜，以邓小平理论和“三个代表”重要思想为指导，深入贯彻落实科学发展观，围绕全面实施“八八战略”“创业富民、创新强省”总战略和“全面小康六大行动计划”，牢固树立“促进发展、保障民生、科学理财、加强监管”的理财观，积极组织收入，优化收入结构，夯实财政收入基础，确保收入持续平稳健康增长；进一步优化财政支出结构，加大对“三农”、教育、文化、医疗卫生、社会保障和就业、保障性安居工程、节能环保、社会管理以及欠发达地区的支持力度，促进经济增长、结构优化、区域协调和城乡统筹发展；坚持量入为出、统筹兼顾和增收节支的方针，加强财政科学管理，从严控制一般性支出，提高财政资金使用效益。

（三）2012年全省及省级公共财政预算安排

1.全省汇总公共财政预算安排

（1）收入预算

根据当前财政经济形势，2012年全省地方财政收入预算拟安排3420.00亿元，增长8.5%，其中：税收收入3207.17亿元，增长8.6%；非税收入212.83亿元，增长7.1%。

税收收入主要项目安排情况如下：增值税地方部分511.80亿元，增长10.8%；营业税1022.50亿元，增长11.7%；企业所得税地方部分560.70亿元，增长12.7%；个人所得税地方部分154.50亿元，下降16.7%；城市维护建设税221.70亿元，增长10.8%。

（2）支出预算

按照现行分税制财政体制计算，2012年当年全省地方财政可用资金为4063.00亿元。拟安排2012年全省财政支出预算4063.00亿元，比上年调减地方政府债券因素后的执行数增长8.0%。2012年全省公共财政预算收支平衡。重点支出安排情况如下：农林水事务397.95亿元，增长9.0%；教育809.28亿元，增长9.0%；科学技术157.73亿元，增长9.5%；文化体育与传媒87.82亿元，增长8.5%；医疗卫生299.47亿元，增长8.5%；社会保障和就业316.35亿元，增长8.5%。按照《预算法》规定，设置预备费50.00亿元，为总预算支出的1.2%。

2.省级公共财政预算安排

（1）收入预算

根据当前财政经济形势，2012年省级地方财政收入预算拟安排293.50亿元，增长8.0%，其中：税收收入257.96亿元，增长8.5%；非税收入35.54亿元，增长4.9%。

税收收入主要项目安排情况如下：增值税地方部分27.45亿元，增长7.7%；营业税140.00亿元，增长10.0%；企业所得税地方部分73.63亿元，增长9.0%；个人所得税地方部分6.78亿元，下降16.4%，主要是国家从2011年9月1日起对工薪所得减除费用标准等个人所得税政策进行调整，翘尾减收。

（2）支出预算

按照现行分税制财政体制计算，2012年省级财政可用资金为422.00亿元。拟安排2012年省级财政支出预算422.00亿元，比上年调减扶贫资金（按中央规定改列市县支出）因素后的执行数增长7.0%。2012年省级公共财政预算收支平衡。重点支出安排情况如下：农林水事务40.67亿元，增长8.5%；教育77.24亿元，增长8.5%；科学技术26.34亿元，增长9.0%；文化体育与传媒15.03亿元，增长7.5%；医疗卫生34.54亿元，增长7.5%；社会保障和就业16.34亿元，增长7.5%。按照《预算法》规定，设置预备费4.80亿元，为总预算支出的1.1%。

四、2012年全省财政工作的主要任务

（一）大力推进经济发展方式转变。建立有利于科学发展的财政激励奖补机制，引导地方加大固定资产有效投入，促进经济增长和转型升级。贯彻落实国家实施结构性减税和有关清费减负政策，加大帮扶企业力度。鼓励地方加快发展金融保险业，优化企业融资发展环境。积极争取国家有关财税优惠政策，统筹政策资金，推进海洋经济示范区、舟山群岛新区建设和义乌国际商贸综合试点改革等。落实支持浙商回归投资创业、发展“总部经济”等财税配套政策，大力支持海外高层次人才引进、高技能人才培养等，促进“人才、资金、项目”回归。加大对科教、人才与产业化的支持力度，新增创新强省资金，助推经济转型升级。筹措落实小城市培育试点资金、欠发达地区运行和发展资金、海洋经济发展专项资金，支持城市化、欠发达地区发展和海洋经济建设。落实省级产业集聚区财政扶持政策，推进产业集聚平台建设。完善战略性

新兴产业财政支持政策，加快战略性新兴产业发展。支持实体经济发展，促进传统工业升级提升。完善落实支持服务业政策措施，提高服务业发展水平。加大外经贸政策支持力度，加快转变外贸发展方式。支持农业“两区”建设，促进农业增产提效。加大生态环保投入，继续完善生态环保财力转移支付制度和稳定的增长机制，加快实施重点节能工程，大力支持发展新能源、可再生能源和清洁能源，促进循环经济加快发展，推进节能减排。

（二）认真落实民生保障政策。加大“三农”投入，抓好农业科技、水利改革发展等重大财政支农政策的落实，加强农业基础设施和农村饮用水安全等工程建设，改善农业农村生产生活条件。完善一事一议财政奖补机制，改进和完善村干部报酬和村级组织运转经费财政扶持办法。贯彻国家和省教育中长期规划要求，落实财政教育投入政策，确保财政教育投入达到目标比例。加大学前教育财政扶持力度，保障提高中小学营养餐标准，落实职业教育生均经费制度，加大高等教育经费投入，推动高校债务化解工作，促进全省教育均衡发展。建立稳定增长的文化投入财力保障机制，增加公共文化资源配送，完善基本公共文化服务体系；加大扶持文化产业发展力度，设立省级文化产业投资基金，发展壮大新兴文化产业，创新文化资产财政财务监管新机制。支持医药卫生体制改革，推进公立医院改革，完善基层医疗卫生机构多渠道补偿机制。适当提高新型农村合作医疗和城镇居民基本医疗保险筹资标准和财政补助标准，加大城乡医疗救助投入力度，推进基本医疗城乡统筹。完善就业政策，做好高校毕业生、失业人员、就业困难人员、退役士兵等相关群体就业扶持。健全退休人员基本养老金和城乡居民社会养老保险待遇调整机制，完善低保标准动态调整机制，确保低保对象每人每月救助金额不低于60元。加快推进社会养老服务体系建设，对低保失能老人提供养老服务补贴。加强孤儿和困境儿童基本生活保障，扩大残疾人共享小康工程受助面，全面推行残疾儿童抢救性康复制度，发挥省道路交通事故社会救助基金作用，健全社会福利和社会救助体系。加大对公共租赁住房和廉租住房建设、农村危房改造等的投入力度，加快保障性安居工程建设。加大对欠发达地区财政转移支付，完善扶持山区经济转型发展的财政政策机制，缩小地区差距。加大食品安全及消防、交通管理投入，支持公共安全应急体系建设；完善政法经费保障机制，促进“平安浙江”建设。

（三）不断深化公共财政体制改革。完善省管县财政体制，研究建立引导设区市加大对所属县（市、区）财力投入的激励奖补机制，增强基层政府基本公共服务均等化保障能力。加强专项资金整合，集中财力办大事。完善财政转移支付制度，推进专项性一般转移支付改革，强化因素分配法，提高资金使用效益。完善支出标准体系和预算定额体系，推进事业单位供给方式改革，加强公共财政预算编制管理。细化政府性基金预算，稳步推进国有资本经营预算，加强社会保险基金预算，强化政府性债务收支计划管理，完善政府采购预算，健全政府预算编制体系。深化国库集中支付改革，继续加快推进公务卡制度改革。建立完善地方政府债券自行发行工作机制，探索国库现金管理方式。健全预算绩效管理制度，稳步推进项目绩效目标管理工作，完善项目评价实施体系，实现省级部门绩效自评全覆盖，切实加强绩效管理结果应用。

（四）扎实做好增收节支工作。一是确保财政收入稳定增长。继续密切关注国家税制、财政体制改革动向，及早制定应对措施。在不折不扣落实减免税费政策的基础上，依法加强税收征管，规范政府非税收入管理，确保应收尽收。加强财政收入监测分析，着力优化税收收入结构、地方财政收入结构，努力提高地方财政收入质量，做实、做优地方财政收入。二是严格控制一般性支出。牢固树立过紧日子的思想，2012年继续实行项目支出“零增长”，除中央和省委、省政府确定的重大支出以及教育、科技、农业等重点支出外，其他项目支出预算原则上按照“零增长”控制。继续从严控制因公出国（境）费用、公务接待费和公务用车购置及运行维护费，争取支出总额有所压缩。严格执行支出开支标准，进一步控制差旅、会议、文件等一般性支出。严格控制庆典、论坛、节会等活动，继续严格控制党政机关办公楼等楼堂馆所建设，严禁超预算、超面积、超标准建设和装修。三是确保收支平衡。严格预算执行，从严控制预算追加，不断提高支出预算执行的均衡性和有效性，确保财政资金安全、规范、高效使用。加强地方政府性债务管理，健全预算稳定调节金、偿债准备金制度，确保财政收支平衡。

（五）切实强化财政监督管理。加强财政法制建设，完善财政管理法律法规体系。积极稳妥推进财政预决算信息公开，扩大部门预算公开范围，细化财政总预算公开程度，推动项目管理办法和基层财政专项支出公开。强化各项财政管理基础工作，理顺预算编制、执行、监督职能，健全工作流程和运行机制，完善“三位一体”财政组织管理。加快部门基础信息数据库和项目预算地理信息库建设，完善预算定额体系、费用标准体系、资产配置标准体系。加强行政事业单位、地方金融企业国有资产和财务监管，规范资产配置、使用、处置等各个环节的管理。推进乡镇财政规范化建设，力争年内大部分市县乡镇财政管理机构配置到位，强化乡镇财政资金统筹职能，大力推进就地就近资金监管工作。加强中介机构和会计队伍建设，提高宏观经济管理和信息质量的监管水平。

浙江省第十一届人民代表大会财政经济委员会关于2011年全省和省级预算执行情况及2012年全省和省级预算草案的审查报告

（2012年1月15日浙江省第十一届人民代表大会第五次会议主席团第四次会议通过）

浙江省第十一届人民代表大会第五次会议审议了省财政厅受省人民政府委托提出的《关于2011年全省和省级预算执行情况及2012年全省和省级预算草案的报告》。财政经济委员会根据代表们的审议意见，对预算报告和预算草案进行了审查。现将审查结果报告如下。

一、2011年，我省各级政府和财政部门坚决贯彻中央宏观调控政策措施，认真执行省十一届人大四次会议决议，以增收节支、优化收支结构、深化财政改革为重点，推动经济发展方式转变，保障和改善民生，促进经济社会平稳协调发展。预算执行情况总体良好，预计全省和省级财政收支平衡。同时，预算执行中还存在一些困难和问题，主要是：部分地方财政收支平衡难度较大；支出预算执行进度不够均衡；财政支出绩效有待提高等。对此，各级政府和财政部门要高度重视，采取切实有效措施加以解决。

二、财政经济委员会认为，省人民政府提出的2012年全省和省级预算草案，符合预算法等法律、法规的规定，体现了量入为出、量力而行，统筹兼顾、确保重点，注重绩效、勤俭节约的原则，预算草案和报告是可行的。建议批准省人民政府提出的2012年省级预算草案，同意《关于2011年全省和省级预算执行情况及2012年全省和省级预算草案的报告》。

此外，本次会议还对省人民政府提交的69个省级部门预算草案进行了审查，并对省商务厅、省文化厅部门预算草案进行了重点审查。

三、2012年是实施“十二五”规划承上启下的重要一年。做好今年的财政工作，既有很多有利条件，也面临不少困难和矛盾，特别是减收增支的因素比较多，财政收支平衡压力加大。为此，财政经济委员会建议：

（一）优化收支结构，确保财政收支平衡。积极培育财源，依法组织税收收入，加强基金征缴管理，保障收入持续稳定增长。合理安排支出，确保农业、教育、科技法定支出增长，加大对文化、卫生、就业、社会保障、环境保护及保障性安居工程等重点领域的投入，认真落实各类惠民安民实事。进一步完善生态补偿机制，支持欠发达地区发展，提高公共服务均等化水平。严肃财经纪律，严格控制和压缩“三公经费”等行政支出，建设节约型机关。

（二）完善财税政策，加快经济发展方式转变。整合优化财税政策措施，支持“三大国家战略”实施。继续落实积极的财政政策，充分发挥财政的职能作用，努力扩大内需，促进实体经济发展，培育壮大战略性新兴产业，改造提升传统产业，发展现代农业，加强文化产业建设，引导现代服务业加快发展。用足用好国家结构性减税等财税扶持政策，支持中小微企业健康发展。推动节能减排，大力发展循环经济。

（三）强化监督管理，提高财政资金使用效益。继续深化预算管理，增强预算执行的严肃性和均衡性。加大清理整合专项资金的力度，切实提高资金使用效益。健全财政支出绩效评价及绩效审计工作机制，加大绩效评价结果应用的力度。强化政府投资项目监管，提高项目资金使用的规范性和有效性。加强地方政府性债务规模控制及风险预警，规范地方政府融资行为，积极防范财政风险。

（四）推进财政改革，健全公共财政体系。深化转移支付、预算绩效、国库集中收付、政府采购等管理制度改革。进一步完善以公共财政预算、政府性基金预算、国有资本经营预算、社保基金预算等为主要内容的预算体系。细化预算编制，增强预算编制的完整性、规范性和准确性。继续做好预算信息公开工作，扩大预算公开范围，深化预算公开内容，努力提高政府理财科学化、民主化水平。

省委省政府重要财经文件

中共浙江省委 浙江省人民政府关于加快发展海洋经济的若干意见

（2011年3月18日 浙委〔2011〕31号）

为认真贯彻落实国家海洋经济发展战略和《国务院关于浙江海洋经济发展示范区规划的批复》(国函〔2011〕19号)精神，进一步发挥我省海洋资源优势，推进海洋经济科学发展，现结合我省实际，提出如下意见。

一、切实增强加快发展海洋经济的战略意识

1.加快发展海洋经济的重大意义。我省海域辽阔、海岛众多、海港优良，是国务院确定的全国海洋经济发展试点省，发展海洋经济具有明显优势和良好机遇。加快发展海洋经济是贯彻落实科学发展观、科学开发利用海洋资源、促进全省经济转型升级和可持续发展的必然要求，是完善沿海区域发展战略布局、拓展发展空间、培育新的经济增长点的现实选择，是充分利用国际国内两种资源和两个市场、保障国家战略物资供应安全和经济安全、提升我省综合实力和维护国家海洋权益的重要举措。各地各部门要统一思想认识，把加快发展海洋经济摆上重要战略位置，齐心协力抓好落实。

2.加快发展海洋经济的总体要求。认真贯彻党的十七届五中全会及省委十二届八次全会精神，坚持以邓小平理论和“三个代表”重要思想为指导，深入贯彻落实科学发展观，围绕实施“八八战略”和“创业富民、创新强省”总战略，紧扣科学发展主题和加快转变经济发展方式主线，坚持陆海联动、山海协作，统筹发展海洋经济与陆域经济、经济建设与民生保障、资源开发与生态保护的关系，以舟山海洋综合开发试验区(舟山群岛新区)、“三位一体”港航物流服务体系、现代海洋产业体系建设为重点，加强体制机制创新，推进海洋综合开发，努力把我省沿海和海岛地区建设成为国内综合实力和核心竞争力较强、空间配置合理、科教体系完善、生态环境良好、体制机制灵活的海洋经济科学发展示范区。

二、充分发挥规划引领作用

3.优化空间布局。把加快发展海洋经济作为重要内容纳入省和沿海市县中长期发展规划。各地要认真落实国务院批准的《长江三角洲地区区域发展规划》《浙江海洋经济发展示范区规划》和《浙江省重要海岛开发利用与保护规划》以及《浙江省无居民海岛保护与利用规划》等省级海洋经济专项规划，按照构建“一核两翼三圈九区多岛”海洋经济发展总体格局，结合杭州大江东、杭州城西科创、宁波杭州湾、宁波梅山国际物流、嘉兴现代服务业、绍兴滨海、舟山海洋、台州湾循环经济、温州瓯江口等九大产业集聚区的规划建设，组织制订市县海洋经济发展实施意见，明确发展目标和主要任务，特别是空间布局优化、产业结构调整、发展质量提升、生态环境改善等方面要求，切实发挥规划和实施意见的引导作用。

4.强化产业导向要求。将产业发展导向与空间区块布局有机结合起来，按照推进科学发展、加快转变经济发展方式，建设现代海洋产业体系的要求，统筹三次产业关系，立足区域比较优势，明确产业定位和培育重点，突出发展涉海现代服务业、海洋新兴产业、临港先进制造业和现代海洋渔业，合理安排重大产业项目的布局和推进时序，实现差别化竞争、特色化发展。

5.统筹规划协调衔接。海洋经济规划和实施意见要与“十二五”规划相结合，与城市总体规划、土地利用总体规划、县市域总体规划、海洋功能区划等相协调，与环境功能区规划以及交通、能源、水利、信息、滩涂围垦等相关专项规划相衔接。同时科学划分沿海及海岛产业、生态、配套服务、预留区等区块，明确各功能区块的发展导向、建设规模及空间管制要求。

三、加大财税政策支持

6.加大财政支持力度。积极争取中央财政通过集中的海域使用金，加大对我省海岸带与无居民海岛整治修复、海洋管理和海洋生态保护的支持力度；积极争取国家对我省海岛市县基础设施建设、生态环境保护和社会事业发展的支持，增加安排专项补助，适当降低地方配套资金比例。2010～2012年，省财政每年安排10亿元用于建立海洋经济发展专项资金，重点支持海岛基础设施、海洋科技研发、海洋新兴产业、公共服务平台和海洋生态环境保护等项目建设。同时，省财政再安排10亿元用于设立省海洋产业基金，引导社会资金

投向海洋新兴产业、涉海现代服务业、临港先进制造业和现代海洋渔业等。省级相关部门各类涉海专项资金的安排使用要按照国家和省海洋经济发展战略要求,有效整合,突出重点,更好地满足海洋经济重大建设项目的需要。沿海和海岛市县要统筹财力,切实加强对本地区海洋经济发展的财政资金支持。

7.加大税收政策支持力度。积极争取国家对我省海洋经济发展的税收政策支持。为鼓励海洋新兴产业发展,对海岛地区经认定的高新技术企业,减按15%的税率征收企业所得税。海岛地区企业为开发新技术、新产品、新工艺发生的研究开发费用可在计算应纳税所得额时加计扣除;符合条件的固定资产可缩短折旧年限或采取加速折旧的办法。海岛地区创业投资企业从事国家重点扶持和鼓励的创业投资,可按投资额的一定比例抵扣应纳税所得额;销售利用海洋风力生产的电力实现的增值税实行即征即退50%的政策。鼓励海岛地区软件企业发展,对增值税一般纳税人销售其自行开发生产的软件产品,按17%的法定税率征收增值税后,对其实际税负超过3%的部分实行即征即退政策;新办软件企业经认定后,自获利年度起,第一年和第二年免征企业所得税,第三年至第五年减半征收企业所得税。海岛地区新办的高新技术企业和连锁经营超市以及新引进的企业总部,按规定纳税确有困难的,可报经地税部门批准酌情减免房产税、城镇土地使用税。

支持海岛地区基础设施和环保项目建设。企业从事符合条件的国家重点扶持的公共基础设施项目的投资经营所得,自项目取得第一笔生产经营收入所属纳税年度起三年内免征企业所得税,第四年至第六年减半征收企业所得税;企业从事符合条件的环境保护、节能节水项目的所得,自项目取得第一笔生产经营收入所属纳税年度起,三年内免征企业所得税,第四年至第六年减半征收企业所得税;海岛地区企业综合利用资源,生产符合国家产业政策规定产品所取得的收入,可在计算应纳税所得额时减计收入。

扶持海岛地区小企业发展。对从事国家非限制和非禁止行业,符合条件的小型微利企业,减按20%的税率征收企业所得税。

支持海岛地区金融业发展。2011～2013年,海岛地区金融机构农户小额贷款的利息收入免征营业税,在计算应纳税所得额时,按90%计入收入总额;海岛地区的保险公司为种植业、养殖业提供保险业务取得的保费收入,在计算应纳税所得额时,按90%比例减计收入;2011年海岛地区农村信用社、村镇银行、农村资金互助社、由银行业机构发起设立的贷款公司、法人机构所在县(市、区)及县以下地区的农村合作银行和农村商业银行的金融保险业收入减按3%的税率征收营业税;海岛地区纳入全国中小企业信用担保体系试点范围的非营利性中小企业信贷担保、再担保机构,从事中小企业信用担保或再担保取得的担保业务收入按规定享受免征营业税的政策。

支持海岛地区港航物流业发展。对海岛地区符合条件的物流企业,推荐纳入国家发展改革委和税务总局试点物流企业名单,实行营业税差额征税。列为交通运输部与省政府的交通物流合作示范项目和在海岛地区内占地较大的现代物流企业,按规定缴纳城镇土地使用税确有困难的,可按照税收管理权限经批准后给予减免;对港口的码头(即泊位,包括岸边码头、深入水中的浮码头、堤岸、栈桥等)用地,免征城镇土地使用税。

海岛地区企业的设备折旧和职工培训费用可按相关规定税前扣除;海岛地区企业在合并、分立、兼并等企业重组过程中发生转让企业产权涉及的不动产、土地使用权转移行为的,不征收营业税。支持海岛地区农林牧渔业发展,企业从事农林牧渔业项目的所得可以免征、减征企业所得税。

四、增强金融要素支撑

8.加大信贷资金支持力度。积极支持金融部门参与发展海洋经济,鼓励银行业金融机构加大对海洋经济重点领域、重点项目、重点企业的信贷资金投放力度。搭建银企合作平台,建立海洋融资项目信息库,引导银行业金融机构采取项目贷款、银团贷款等多种模式,优先满足海洋新兴产业、临港先进制造业、港口物流等的资金需求。创新发展船舶融资、航运融资等金融服务业态,推动开展已建和在建船舶抵押贷款、预付保函等金融业务,推广海域使用权抵押贷款、仓单质押、供应链融资等多种抵质押融资方式。

9.拓宽直接融资渠道。鼓励和推动涉海企业在境内外资本市场上市融资。支持符合条件的企业发行企业债、公司债、可转换债、短期融资券、中期票据等融资产品,支持海洋产业中符合条件的中小企业发行中小企业集合票据,多渠道筹措发展资金。支持引导省、市政府创投引导基金主要投资于涉海新兴产业项目。鼓励境内外资金参与海洋资源开发与保护。积极支持浙商产业投资基金加大对海洋工程、船舶建造、物流仓储、海洋运输企业的投资力度,吸引国内外各类股权投资基金投入海洋经济领域。研究培育港口产业投资基金等商业化投融资渠道。大力发展船舶保险、海上货运险、保证保险,探索新型航运保险业务,培育航运再保险市场。鼓励企业参与期货市场套期保值,鼓励涉海企业在全省未上市公司股份转让试点平台挂牌交易,进行股份转让或定向融资。

10.大力推进金融创新。支持符告条件的农村合作金融机构改制组建农村商业银行,增强服务海洋经济的能力,鼓励其他银行业金融机构在符合条件的地区设立服务海洋经济的专业部门,为海洋经济发展提供专业化融资服务;研究组建支持海洋经济发展的商业银行。在沿海及海岛地区推进金融创新示范县(市、区)试点,扩大小额贷款公司、村镇银行、农村资金互助社等新型农村金融组织试点。支持符合条件的金融机构、船舶制造企业设立金融租赁公司,从事船舶租赁融资业务;支持并吸引国内外大型保险机构在我省设立专业性航运保险机构。积极争取在梅山保税港区开展离岸金融试点。探索建立规范的大宗商品中远期交易平台。推动银行、保险、信托等金融机构与风险投资、股权投资、担保机构等建立战略合作,发展海洋投贷联盟。

五、加强土地、海洋和水资源要素保障

11.加强土地要素保障。开展“渔耕平衡”探索,积极向国家争取适当调整我省土地利用总体规划控制指标。优化沿海及海岛地区用地布局和用地方式,科学控制建设用地规模和开发强度,保护海涂湿地生态环境。对列入国家和省重点的海岛保护与开发项目,积极争取享受国家重大工程建设项目的用地政策。完善耕地和基本农田保护补偿机制,积极探索重大建设项目补充耕地统筹办法和市场化方式实现耕地占补平衡,保障生态和重点产业项目用地。在年度新增建设用地指标分配中,对沿海及海岛地区的重点建设给予适当倾斜。加强土地节约集约利用和批后监管工作,建立健全评价考核和奖惩激励机制。开展工业用地出让年限分阶段实施、出让金分批缴付试点。加快渔村宅基地流转置换改革,减少审批环节和规费,保障宅基地用益物权。

12.加强海洋资源保障。严格落实海洋功能区划,保护滩涂、滨海湿地和海岛的生态环境;编制海域使用规划,实施滩涂分类管理,科学划定海域滩涂可围区、限围区和禁围区,有序开发利用滩涂资源。加强海洋矿产资源的调查与评价,编制实施海洋矿产资源开发利用规划,科学利用和保护海洋矿产资源。对列入国家和省重点的涉海工程、海洋保护、海洋生态等项目,优先安排围填海年度计划指标;保障航道、锚地、海洋环保、防灾减灾等公共基础设施建设用海(岛)需要。推进海域资源市场化配置,完善海域使用权招拍挂制度,探索建立海域使用权二级市场。做好海洋使用管理与土地管理的衔接,开展凭海域使用权证书办理项目建设手续试点,探索建立规范性制度。

13.加强水资源保障。加强沿海及海岛地区水资源保障体系建设,加快推进重大水资源配置工程的实施,提高水资源保障能力。加强水资源保护,实施最严格的水资源管理制度,完善水资源有偿使用制度,全面开展节水型社会建设。加强海洋经济发展相关规划和涉海项目建设布局的水资源论证工作,以水资源保障能力为基础条件,优化海洋经济发展布局和结构。

六、加快推进科技创新

14.深入实施“科技兴海”战略。加快构建以企业为主体、市场为导向、产学研紧密结合的开放型海洋科技创新体系。大力支持舟山海洋科学城、浙江大学摘箬山海洋科技岛、宁波海洋生物工程园、杭州国家生物高技术产业化基地、温州中德生命科技园、中国大洋勘察技术与深海科学研究开发基地、舟山海洋生物高技术产业基地、台州海洋生物医药基地等建设。积极创建海水淡化技术装备、船舶技术与装备、海洋风能潮流能开发和利用、海洋增养殖技术与装备、海洋资源勘探开发等国家级研究与开发基地。加快海洋科技中介服务体系建设,鼓励企业、社会团体和个人创办海洋科技服务机构,加快海洋科技成果的应用和转化。加大科技兴海攻关力度;重点突破一批海洋工程装备、海洋生物资源开发与精深加工、海水淡化与海水综合利用、海洋可再生能源开发利用、海洋生态环境保护和海洋现代服务业发展等关键技术和共性技术,加大省级专项经费对科技兴海的投入。

15.构建海洋科技创新平台。加强与国家海洋局合作,共建浙江省海洋科学院;加强与科技部合作,共建舟山国家海洋科技创新园。支持浙江省海洋开发研究院建设,拓展海洋平台服务功能,组建海洋产业技术创新战略联盟,争创国家级海洋区域科技创新服务平台。加强与中国科学院、中国工程院、浙江大学、国家海洋二所、中国海洋大学等科研院校的合作,进一步发挥省内涉海院校和科研院所的作用,推进海洋技术创新平台、重点实验室和工程技术中心等建设。创建科技创业投融资服务平台。积极引进境外知名企业与我省沿海市县合作共建科技创新园。

七、加快海洋教育事业发展和人才培养

16.科学规划涉海类院校布局。在充分挖掘浙江大学、宁波大学、浙江工业大学和浙江海洋学院等高校在涉海类教学研究方面现有优势的基础上,根据海洋经济发展需要,有计划整合资源,形成更高层次的涉海类高等教育发展平台,全面提升我省涉海类院校的综合发展水平。同时,加强浙江国际海运职业技术学院等涉海类高职院校建设,为海洋经济发展提供实用人才支持。

17.加强涉海类学科专业建设。根据开发海洋资源、培育海洋新兴产业的需要,重点支持建设若干个海洋类重点一级学科,扶持一批海洋类新兴、交叉学科。加快涉海类研究生教育步伐。鼓励涉海院校加大专业调整力度,增设一批海洋经济发展急需的新专业群,强化专业特色建设。

18.加强海洋类人才培养和引进。按需确保海洋类专业研究生、本专科生的招生规模。注重人才培养质量,加强涉海类专业基础和专业课教学,强化实践能力培养,增强毕业生的就业创业能力。在省钱江学者特聘教授、高校中青年学科专业带头人和青年教师资助等方面对涉海类人才给予倾斜支持;增加涉海类教师公派出国进修名额,切实增强涉海类科研、教育力量。积极发挥国家外专局与省政府合作共建的中国海洋科技创新引智园区的平台作用,大力引进和培养一批能够参与国际事务和国际竞争的涉海类高层次人才。加强渔民职业技能和职业船员培训,省千万农村劳动力素质培训工程专项资金要加大对涉海类“两创”实用人才的培训支持力度,继续支持渔民专业技能培训。

八、加强海洋生态保护

19.优化配置环境容量资源。根据全省环境保护目标要求和海洋功能区划、水功能区划、环境功能区划、区域环境质量现状和产业特点，合理配置环境容量指标，加强污染物总量控制和结构优化调整，促进海洋经济可持续发展。在确保完成主要污染物总量减排目标和满足环境质量要求的基础上，实施污染物排放指标预留调配和排污权交易调配政策，用于支持海洋经济发展示范区建设。

20.加强深水岸线和无居民海岛保护开发管理。加强海洋海底、岸线、海岛等资源测绘和调查，严格岸线审批和监管，坚持深水深用、科学利用，优先保证港口和临港产业重大项目建设需要。加强无居民海岛保护与利用的监督管理，科学划定无居民海岛主体功能，明确开发方向，实行无居民海岛有偿使用制度。

21.加强海洋环境保护和生态修复。建立以海限陆、陆海统筹、源头控制、防治结合的海洋环保监管新机制，实行海洋环保目标考核责任制。加强海洋(海岸)工程和入海排污口的监管，开展重点海湾、河口综合整治，加大违法排污处罚力度。建立海洋生态损害补偿(赔偿)制度。全面实施"碧海生态建设行动计划"。开展近岸海域环境实时监测站点建设，完善海洋环境监测预报体系。科学选划海洋废弃物倾倒区并切实加强监管。开展海岛生态修复试点工程，加强海洋渔业资源保护，严格控制近海捕捞强度；加强海洋自然保护区和海洋特别保护区建设，科学开展人工鱼礁、增殖放流、浅海贝藻栽培、滨海湿地生态系统保护等生态修复工作。

九、加快涉海重大项目建设

22.加强项目计划管理。编制《浙江省"十二五"海洋经济重大建设项目计划》，安排一批符合海洋经济发展方向和要求，具有重要带动作用的基础设施、生态保护和海洋新兴产业等重点建设项目。省"十二五"海洋经济重点建设项目优先列入省"十二五"重大项目规划，按照在建、拟建、储备等进行分类管理，省里每年组织一批项目滚动实施。各地要建立海洋经济项目建设管理长效机制，科学安排、有序实施海洋经济重点项目。

23.深化项目前期工作。各地要根据项目建设的时序安排和轻重缓急，积极推进项目前期工作特别是政府主导的重大基础设施和公共服务项目前期工作。要切实做好项目前期论证、前置审批和报批工作，为项目正式报批创造条件。相关部门要简化审批手续，提高审批效率。按照项目审批管理权限，涉及国家层面审批的项目，要加强与国家有关部门的沟通衔接工作，争取项目尽快批准，及早开工建设。

24.加大项目引资力度。充分利用我省海洋资源、区位条件、扶持政策等优势，强化项目招商，加强与世界"五百强"企业和中央直属企业对接，积极争取重大项目落户我省；鼓励和支持民营资本实施海洋经济重大项目。创新开发模式，吸引国内外财团主体进入海洋新兴产业、海洋服务业、临港先进制造业、"三位一体"港航物流服务体系、基础设施网络、海洋生态环境保护等海洋经济发展重点领域的项目投资。积极争取国家支持，组织一批收益稳定的基础设施项目通过公开发行股票、可转换债券、企业债券等方式筹集建设资金的试点，加快海洋经济重大项目建设。

25.加快推进项目建设。合理安排、有序推进政府主导的重大基础设施和公共服务项目建设，确保项目投资按计划顺利实施，确保工程质量和安全。对重大产业项目建设，项目所在地政府和有关职能部门要积极主动做好服务工作，帮助协调解决存在的困难和问题，推动项目早日竣工投产。

十、加强体制机制创新

26.推进改革试点。推进舟山海洋综合开发试验区(舟山群岛新区)和舟山海洋旅游综合改革试验区建设，积极开展海洋科技创新改革试点、港航综合配套改革试点、海洋循环经济发展改革试点、清洁能源发展改革试点、宁波港航综合配套改革试点等，创新体制机制，为全省海洋经济持续、快速、健康发展探索积累经验。

27.创新开放与合作机制。加快梅山保税港区建设，在符合条件的地区探索设立海关特殊监管区域，推进完善宁波、舟山港"大通关"合作机制。根据舟山口岸业务发展需要，积极争取增加港区开放口岸，探索低空开放直升机、低空水上飞机等岛际航空。积极争取温州航空口岸扩大对外国籍飞机开放和开放义乌航空口岸。扩大与国内外的合作交流，吸引资金、技术、人才和管理要素。加强与港澳台地区的合作交流，增加海上和空中航线、航班，扩大对台贸易和人员往来，鼓励我省海运企业积极参与经营两岸直航；扩大对台开放，在促进两岸贸易投资便利化、台湾服务业企业大陆市场准入等方面开展先行先试，加快建设海峡两岸(玉环)商品交易物流中心，在具备条件地区设立浙台农业合作区域，扩大沈家门、梅山、大麦屿、霞关等对台口岸开发。探索建立长三角海洋经济合作交流新机制，加强与珠三角、环渤海地区、海西区等的海洋经济合作。

28.健全组织协调机制。充分发挥省海洋经济工作领导小组及其办公室的作用，完善综合协调、目标考核和工作推进机制，强化对海洋经济发展的重大决策、重大工程项目以及配套措施的督促落实。沿海市县政府要落实海洋经济工作组织协调机制，制订加快发展海洋经济的扶持政策措施，加大工作力度。省级有关部门要抓好本意见的贯彻实施，研究制订具体的措施；要按照职能分工，各负其责、密切配合，加强沟通协调，提高工作效率和服务质量，为基层和企业提供方便、快捷的服务。

29.完善综合管理体制。严格实施海洋功能区划制度，强化海域、海岛、岸线使用审批管理，建立健全违法用海(岛)责任追究制度。科学划定陆海、罚海界限，明确职能分工。加快建设全省统一的重点海域环境监测监视、海洋防灾减灾、海域使用动态监管、海洋公益服务信息化应用平台。加强海洋、港航的法制建设，深化涉海行政执法体制改革，科学设置执法机构，加强执法队伍和装备建设，逐步推行联合执法，所需工作经费纳入同级财政预算，努力实现海洋综合管理的法制化、规范化、信息化，维护良好的海洋秩序。

浙江省政府投资预算管理办法

(浙江省人民政府令第286号)

第一章 总 则

第一条 为了加强政府投资预算管理，健全政府投资决策机制，提高政府投资效益，防范政府投资债务风险，根据有关法律、法规的规定，结合本省实际，制定本办法。

第二条 本办法所称政府投资预算管理，是指对本省各级人民政府用于政府投资项目建设的政府性资金所进行的预算安排、执行和监督管理等活动。政府性资金的范围依照国家和省有关规定确定。

本办法所称政府投资项目，是指按照《浙江省政府投资项目管理办法》的规定，采取直接投资、资本金注入、投资补助、贴息等方式，全部或者部分使用政府性资金的固定资产建设项目。

第三条 县级以上人民政府应当加强对政府投资预算管理工作的领导，建立健全政府投资预算安排、执行和监督管理制度，协调解决政府投资预算管理中的重大问题，督促有关部门和下级人民政府做好政府投资预算管理工作。

第四条 县级以上人民政府财政行政主管部门主管政府投资预算管理工作。

县级以上人民政府发展和改革、交通运输、水利、住房和城乡建设、国有资产监督管理和审计等有关部门依照各自职责，负责政府投资预算管理的相关工作。

第二章 预算安排

第五条 政府投资必须纳入预算安排；未经预算安排，政府性资金不得用作政府投资支出。

第六条 政府投资预算安排应当符合下列要求：

(一)符合国家宏观调控等政策的规定；

(二)符合本地区国民经济和社会发展规划；

(三)坚持量入为出、统筹兼顾、控制风险、有效约束。

第七条 政府投资预算草案是本级政府预算草案的组成部分，其组织编制应当符合下列程序和要求：

(一)县级以上人民政府财政行政主管部门应当会同同级发展和改革行政主管部门研究下一年度本级政府投资预算安排的相关工作，并在下达的下一年度预算草案编制通知中提出政府投资预算安排的总体要求、主要方向和重点投入领域等意见。必要时，应当报经本级人民政府同意。

(二)县级以上人民政府各有关部门(含所属及所管单位，下同)需要安排政府投资预算的，应当按照预算草案编制通知的规定，在本部门预算草案中列出政府投资支出项目及其所需政府性资金；有自筹资金的项目应当同时反映自筹资金有关情况。

(三)县级以上人民政府财政行政主管部门应当根据国家和省有关预算管理的规定，汇总、平衡各有关部门报送的政府投资预算安排，编制本级政府投资预算草案；采取直接投资、资本金注入方式的政府投资项目(以下简称直接投资项目、资本金注入项目)的预算安排，应当依照政府投资项目管理的有关规定，与同级发展和改革行政主管部门组织编制的政府投资项目年度计划草案相衔接。

第八条 省财政行政主管部门一般应当在每年初提出当年度本级政府投资预算总规模。

设区的市、县(市、区)参照前款规定执行。

第九条 县级以上人民政府财政、发展和改革行政主管门应当建立健全工作机制，加强联系、沟通和协商，保证政府投资预算草案和政府投资项目年度计划草案充分衔接；遇有重大问题难以协调解决的，应当及时报请本级人民政府决定。

组织编制政府投资预算草案、政府投资项目年度计划草案，应当充分听取各有关部门的意见，并可以通过适当的方式公开征求社会公众的意见。

政府投资预算草案、政府投资项目年度计划草案应当报本级人民政府常务会议审定，经依法批准后执行。经批准的政府投资预算、政府投资项目年度计划应当按照规定向社会公布。

第十条 直接投资项目、资本金注入项目所需政府性资金，按照项目的轻重缓急列入预算，并符合下列条件：

(一)从政府投资项目储备库中选择确定项目；

(二)可行性研究报告依照政府投资项目管理的有关规定报经批准，但因安排国家重大建设项目、应对重大突发性公共事件等特殊情况，无法事先报经批准的除外。

采取投资补助、贴息等方式的政府投资项目(以下简称投资补助、贴息等项目)所需政府性资金，按照国家和省有关规定列入预算。投资补助、贴息等项目属于企业投资项目的，其资金申请报告应当依照企业投资项目管理的有关规定报经批准；属于政府投资项目的，其可行性研究报告应当依照政府投资项目管理的有关规定报经批准。

第十一条 政府投资项目开展项目建议申报、勘察设计、可行性研究、标底编制、咨询评审以及征地拆迁等前期工作需要财政安排经费的，按照总额控制的原则由财政预算统筹安排，并应当按照规定纳入项目概算。

第十二条 政府投资项目确需通过贷款、发行债券等方式举债筹措资金的，应当依照省人民政府的有关规定报经批准；未经批准的，不得举债。

第十三条 政府投资预算一经批准下达，应当严格执行，不得擅自调整。确因应对重大自然灾害等突发事件和其他紧急状况等原因需要进行调整的，应当符合有关法律、法规和规章规定的程序和要求。

第三章 预算执行

第十四条 县级以上人民政府财政行政主管部门应当根据本级政府投资预算，对政府投资项目用款申请进行审核后，及时拨付资金，确保政府投资建设用款的正常需要，无正当理由不得超预算拨款、拖延拨款。直接投资项目、资本金注入项目的资金拨付，还应当以政府投资项目年度计划、项目合同进度及项目业主书面确认的实际进度为依据。

禁止截留、挪用或者以虚报、冒领、关联交易等手段骗取政府投资资金。

第十五条 政府投资所需财政资金实行国库集中支付；暂未实行国库集中支付的，其所需财政资金可实行财政专户直接支付或者拨入项目业主开立的项目资金专户并予以支付。

第十六条 项目资金专户的开立应当遵守《人民币银行结算账户管理办法》等有关规定。项目业主依照本办法第十五条规定需要开立项目资金专户的，应当依照国家有关规定报经同级财政行政主管部门批准。有关金融机构凭批准文件并报经人民银行核准后办理开户手续；对未经批准的，不得予以办理。

第十七条 直接投资项目、资本金注入项目的自筹资金，应当及时、足额地缴入项目资金专户或者财政专户；对未按规定缴存自筹资金的，县级以上人民政府财政行政主管部门应当暂停拨付资金。

直接投资项目、资本金注入项目有关自筹资金的主要合同订立或者其他重要文件签署后，应当在10日内报拨付资金的财政行政主管部门备案。

第十八条 政府投资项目的施工图设计及预算应当遵循限额设计的要求进行编制，不得任意突破项目概算；确需调整项目概算的，应当依照政府投资项目管理的有关规定重新报批。项目业主不得要求设计单位超过项目概算进行设计。

施工图设计及预算或者其基本情况应当报拨付资金的财政行政主管部门备案。

对违反前两款规定的，根据情况核减或者不予拨付资金。

第十九条 项目业主应当根据经备案的施工图预算编制项目招标文件、订立项目合同，并依照下列规定报拨付资金的财政行政主管部门备案：

(一)项目招标文件应当在发出招标文件前5日内报备；

(二)项目合同应当在合同订立后7日内报备。

项目招标标底、项目合同价不得超过经备案的施工图预算。

对违反前款规定的，根据情况核减或者不予拨付资金。

第二十条 政府投资项目不得任意变更设计及相应的工程合同价。确需变更的，其设计变更文件应当经原设计单位同意，其工程合同价变更达到一定幅度的，应当报经县级以上人民政府或者其财政行政主管部门审核批准；未达到一定幅度的，由项目业主与有关项目承包单位依照合同约定进行变更，并报县级以上人民政府财政行政主管部门备案。县级以上人民政府规定工程合同价变更一律应当报经批准的，从其规定。

工程合同价变更未经批准或者报备的，不得追加安排预算，并由县级以上人民政府财政行政主管部门在拨付资金或者审批工程结算报告、竣工财务决算报告时作相应核减；情节严重的，可以暂停拨付资金。

本条第一款规定的工程合同价变更幅度由县级以上人民政府根据本地区实际规定。

第二十一条 对本办法第十八条、第十九条和第二十条规定的施工图设计及预算编制、项目招标文件编制、项目合同订立、工程设计文件与合同价变更，以及相应的概算调整等事项，有关法律、法规和规章规定须向县级以上人民政府发展和改革、交通运输、水利、住房和城乡建设等有关部门和机构办理审批、审查等手续的，应当依照其规定执行。

第二十二条 政府投资项目结算工程价款前，有关项目承包单位应当依照规定编制结算报告。

工程价款结算报告应当经项目业主及其主管部门审核后，报县级以上人民政府财政行政主管部门审定；未经审定的，不得结算价款，不予付清资金，不得办理工程竣工验收手续。

已经依法审计的工程价款结算报告，经县级以上人民政府财政行政主管部门认定，可以作为结算价款的依据。

第二十三条 政府投资项目竣工后，项目业主应当依照规定编制竣工财务决算，经其主管部门审核后，报经县级以上人民政府财政行政主管部门或者其委托的有关主管部门批准；未经批准的，不予办理资产交付使用手续。

办理政府投资项目资产交付使用手续，应当以经批准的竣工财务决算为依据。

第二十四条 本办法第十八条至第二十三条的规定，仅适用于直接投资项目。

采取资本金注入、投资补助或者贴息等方式的政府投资项目，其资金拨付后的有关管理依照国家和省相关规定执行。

第二十五条 项目业主和有关项目承包单位应当依照规定设置财务会计机构或者指定财务会计专业人员，建立健全内部财务管理制度，规范财务管理和会计核算，接受财政、审计等有关部门的监督。

第二十六条 每一预算年度终了后，各部门在依法编制本部门决算草案时，应当列明本部门政府投资的决算事项。

县级以上人民政府财政行政主管部门应当根据本级各部门的政府投资决算内容编制本级政府投资决算草案，作为本级决算草案的组成部分。

决算草案的审查和批准，依照国家和省有关预算管理的规定执行。

第四章 监督管理

第二十七条 县级以上人民政府及其所属部门和单位应当接受本级人民代表大会及其常务委员会、有关专门委员会依法对政府投资预算的监督，按照规定报告政府投资预算安排及执行情况、接受质询，并履行有关义务。

第二十八条 县级以上人民政府及其财政行政主管部门应当组织对政府投资预算安排、执行等情况进行监督检查；对监督检查中发现的问题，应当及时督促整改。

第二十九条 县级以上人民政府财政行政主管部门依照本办法的有关规定实施审批、备案管理时，应当按照及时、规范、高效的要求明确工作责任，完善工作流程，提高办事效率和服务水平。审批、备案的具体程序、期限和材料报送要求等事项，由省财政行政主管部门另行制定。

县级以上人民政府财政行政主管部门可以根据需要，通过公开招标投标或者政府采购等形式委托具有相应能力的机构，对政府投资项目的投资估算、项目概算、施工图预算、竣工财务决算等进行评审，所需费用列入本级财政预算。

第三十条 对政府投资，按照省人民政府有关规定逐步实行绩效评价制度，评价结果作为安排政府投资预算的重要依据。

政府投资绩效评价的工作情况和评价结果，应当向本级人民政府报告。

第三十一条 县级以上人民政府审计部门应当依法对下列情况进行审计监督：

（一）本级政府投资预算执行情况和年度决算；

（二）以财政资金为主要资金来源的直接投资项目、资本注入项目的总预算或者概算的执行情况、项目竣工决算。

必要时，县级以上人民政府审计部门可以依法对与前款（二）项规定的直接投资项目、资本金注入项目直接相关的建设、勘察、设计、施工、监理、采购、供货等单位的相关财务收支进行审计监督。

第三十二条 公民、法人和其他组织对违反本办法规定的行为，有权向县级以上人民政府及其财政、审计、监察等部门举报、投诉，任何组织和个人不得压制或者打击报复。

县级以上人民政府及其财政、审计、监察等部门在接到举报、投诉后，应当及时进行调查和提出处理意见，并书面答复举报人、投诉人。对举报人、投诉人的有关信息，应当予以保密。

第五章 法律责任

第三十三条 对违反本办法规定的行为，法律、法规和规章已有处罚、处分规定的，依照其规定执行。

第三十四条 县级以上人民政府财政行政主管部门有下列行为之一的，由有权机关给予警告或者通报批评，对直接负责的主管人员和其他直接责任人员依法给予处分：

（一）违反本办法第十条规定，将不符合要求的投资项目所需政府性资金列入预算的；

（二）无预算或者超预算拨款，或者无故拖延拨款的；

（三）政府投资项目未按规定将自筹资金缴存财政专户，而未对其暂停拨付资金的；

（四）政府投资项目擅自变更工程合同价，而对其追加安排预算，或者未按规定核减、暂停拨付资金的；

（五）政府投资项目的工程价款结算报告未经审定，而对其付清资金的；

（六）未按规定对政府投资预算安排、执行等情况进行监督检查的；

（七）应当给予处分的其他行为。

第三十五条 项目业主或者其主管部门有下列行为之一的，由有权机关对该单位给予警告或者通报批评，对直接负责的主管人员和其他直接责任人员依法给予处分：

（一）未经批准，擅自举债筹措政府投资项目建设资金的；

（二）未按规定编制政府投资项目的概算、施工图设计和预算的；

（三）未按规定开立项目资金专户，不实行单独建账和核算，或者多头开户的；

（四）未按规定及时、足额缴存自筹资金，或者未将有关自筹资金的主要合同和其他重要文件报备的；

（五）未按规定将项目招标文件、项目合同报备，或者超过经备案的施工图预算确定项目招标标底、项目合同价的；

（六）变更工程合同价未按规定报备或者报批的；

（七）未按规定设置财务会计机构或者指定财务会计人员，内部财务管理制度混乱的；

（八）应当给予处分的其他行为。

第三十六条 单位和个人截留、挪用或者以虚报、冒领关联交易等手段骗取政府投资资金的，由有权机关责令改正，追回被截留、挪用、骗取的政府投资资金，没收违法所得，核减或者停止拨付资金，并依照《财政违法行为处罚处分条例》的有关规定对单位给予警告、通报批评或者罚款，对个人给予处分或者罚款。

第三十七条 违反本办法规定，构成犯罪的，依法追究刑事责任。

第六章 附 则

第三十八条 本办法所称项目合同，是指直接投资项目、资本金注入项目的设计、施工、采购、监理、代建等合同。

项目合同有关工程价款的确定、变更及资金拨付、价款结算等条款内容，应当与本办法有关规定相衔接。

第三十九条 本办法自2011年8月1日起施行。

浙江省人民政府
关于进一步加强乡镇财政建设的意见

2011年7月22日 浙政发〔2011〕52号

乡镇财政是乡镇政府履行职能的重要基础，是促进农村经济建设和社会事业和谐协调发展的重要保障。我省乡镇财政自1985年建立以来，在巩固基层政权、规范和加强乡镇政府收支管理、促进乡村经济和社会事业发展等方面起到了积极的作用。

近年来，随着经济发展和新农村建设步伐的推进，公共财政加快向农村覆盖，乡镇财政管理工作面临新的形势和任务。为进一步加强乡镇财政管理，更好服务于乡镇政府履行农村社会管理和公共服务职能，现就进一步加强乡镇财政建设提出如下意见：

一、充分认识加强乡镇财政建设的重要性

统筹城乡协调发展战略实施以来，乡镇政府职能不断转变，农村社会管理和公共服务任务日益增加。中央和地方连续出台支持新农村建设和强农惠农的政策措施，持续增加对农村经济和社会事业的资金投入。随着我省城乡基本公共服务均等化和美丽乡村建设步伐的加快，乡镇财政收支规模不断增大，对基层财政科学化、精细化管理要求也日益提高。加强乡镇财政建设，充分发挥乡镇财政职能作用，关系到党和国家民生政策在基层的贯彻落实，关系到农村广大人民群众的切身利益，关系到统筹城乡发展，具有十分重要的现实意义。

二、进一步明确乡镇财政管理职责

根据目前乡镇政府承担的职责任务，按照“一级政府、一级财政”的基本要求，当前和今后一个时期我省乡镇财政管理机构的主要职责是：认真贯彻执行党和国家的方针政策，严格遵守财政法律、法规和财经制度；负责乡镇预(决)算编制、预算执行和预算管理；统筹乡镇范围各项政府性收支管理，加强财源建设，协助税收征管工作；管理乡镇政府性债权债务，负责乡镇国有资产和政府采购监管工作；负责乡镇行政事业单位财务管理和监督，管理乡镇会计事务；负责乡镇范围各项财政性资金的使用管理；负责对村级组织财政扶持资金的监管；承担其他乡镇财政财务管理工作。

三、完善县对乡镇财政的管理体制和管理方式

各地应按照统一领导、分级管理和财权与事权相一致、财力与事权相匹配的原则，合理划分乡镇收支范围，完善乡镇财政管理体制，进一步理顺县(市、区)与乡镇的财力分配关系，体现财力适度向基层倾斜，充分调动乡镇政府聚财理财积极性，确保乡镇收支平衡，促进乡镇经济社会事业发展。

各地应根据所辖乡镇实际情况，划分不同类型，区别对待，分类管理。对经济较发达、财政收支规模较大或集聚和辐射作用明显的中心镇，要进一步完善有利于促进中心镇经济社会发展和小城市培育的财政体制，更好地发挥中心镇的辐射和带动作用。对经济发展水平中等的乡镇，要根据县乡财力实际情况，合理确定财政体制，充分调动乡镇理财积极性，确保增收节支保平衡。对经济欠发达、财政收入规模较小的乡镇，可继续实行“乡财乡用县管”，同时由县(市、区)级财政保障其必要的支出，以增强欠发达乡镇的社会管理和公共服务能力。

四、加强乡镇财政管理机构建设

各地要结合深化乡镇机构改革，进一步完善乡镇财政管理职责，设置乡镇财政管理机构，加强人员力量配备，并积极探索加强乡镇财政管理的方式。乡镇财政管理机构所需编制由县级在乡镇编制总额内调剂解决。乡镇财政管理机构以乡镇管理为主，业务上接受县级财政部门指导。乡镇对财政管理机构负责人和总预算会计人员的调整应征得县级财政部门的同意。

五、加强对乡镇财政的指导和管理

按照“省级加强指导、市级大力推动、县级抓好落实”的要求，省、市、县(市、区)财政部门要加强对乡镇财政的管理和业务指导。要建立信息沟通机制，上级财政部门要将政策动向、资金动态和管理要求及时传导给乡镇财政管理机构；要改善乡镇财政工作条件，添置必要的办公设施；要加快知识更新，做好乡镇财政人员的业务培训工作；要建立考评机制，规范乡镇财政运行，增强公共服务意识，不断提高基层财政财务管理水平。

加强乡镇财政建设是深化公共财政管理改革的需要。各级政府要高度重视乡镇财政建设工作，特别是县级政府要根据当地实际制定落实具体工作措施。各有关部门要增强全局观念，积极支持乡镇财政开展工作。各级财政部门尤其是县级财政部门要认真抓好乡镇财政管理，加强队伍建设，夯实财政管理基础。切实把我省乡镇财政建设工作推向一个新的台阶，促进全省农村经济和社会事业又好又快发展。

全省财政地税工作会议精神

全面树立科学理财观 充分发挥财税在经济转型发展中的重要作用（摘要）

浙江省代省长 夏宝龙

2011年岁末，省委召开了全省经济工作会议，大家对今年经济形势的复杂性，完成今年经济工作目标任务的艰巨性，都有了清醒的认识。财税作为宏观调控的重要手段，作为发展和民生的重要保障，理应及早谋划，力争主动。围绕贯彻落实中央经济工作会议、全国财政税工作会议、全省经济工作会议精神，一起研究部署今年的财政地税工作，就是希望大家以“等不起、坐不住、慢不得”的精神状态，扎扎实实抓落实，为我省今年开好局打下扎实的基础。

李克强副总理在全国财政工作会议上指出，财政是“庶政之母、邦国之本”，其地位作用的重要性不言而喻。长期以来，我省财税部门同时肩负着财政收入、支出和管理的重要职能，以对党和人民高度负责的态度，认真贯彻落实省委、省政府的重大决策部署，切实履行财税工作职责，很好地发挥了参谋助手和“大管家”的作用，为我省经济社会又好又快发展作出了重要贡献。突出表现在以下三个方面：一是收入基础实。2011年，全省财政总收入5925亿元，地方财政收入3151亿元，分别增长21%和20.8%；地方财政收入占财政总收入的比重达53.2%，税收收入占地方财政收入的比重达93.7%，继续保持高位稳定。二是支出结构好。全省财政总支出3843亿元，其中用于教育、医疗卫生、就业和社会保障等民生支出2632亿元，增长22.9%，特别是新增财力的77.7%用于民生，比上年提高2.7个百分点。三是财税运行稳。围绕公共财政体系建设，深化部门预算、国库集中支付、政府采购等一系列改革，加强绩效管理和政府性债务管理，确保财税平稳健康运行。与此同时，以积极向上的财税文化建设为引领，一手抓业务，一手抓队伍，突出思想政治和党风廉政建设，锤炼出一支政治坚定、业务精湛、作风扎实的干部队伍。2011年，省地税局在10个部门的行风评议中，满意率和满意度都名列前茅，很不容易。在此，我代表省委、省政府，向全省财税战线的同志们表示亲切的慰问和衷心的感谢！

2012年是实施“十二五”规划承上启下的重要一年。今年的经济形势十分复杂严峻，做好今年财税工作的任务十分艰巨。对此，我们必须有清醒的认识和正确的估价。一是财政收入增长趋缓的刚性在增大。一方面，经济下行风险加大，必然导致企业经营困难，减弱投资和消费意愿，直接影响税收收入的增长。加上房地产宏观调控效应将进一步显现，除了该行业税收会刚性减少，土地出让金等其他政府可用财力也会受到影响，过多依赖房地产的地方财政压力必然加大。另一方面，今年落实中央一系列结构性减税政策，地税诸多税种是减收的重点，与已经出台的减税政策、帮扶企业政策形成减收的叠加效应，加大了减收的刚性。二是财政支出增长的刚性在增强。一方面，这些年社会保障、医疗改革、教育事业等民生支出增长的刚性很强。另一方面，实施三大国家战略，推动经济转型升级，落实加快水利建设、深化文化体制改革等国家重大战略部署，都需要增加新的支出，形成新的支出刚性。这样的财政收支形势，决定了今年财政必然是一个紧平衡的格局。如何确保财政收支平衡、稳健运行；如何落实好积极的财政政策，确保经济平稳增长；如何推进重点领域改革，进一步改善民生，各级政府和财税部门肩负的任务很重。因此，我们要充分认识财税形势的严峻性，充分做好过紧日子的思想准备，进一步增强紧迫感和责任感，把困难估计得更充分一些，把工作考虑得更周全一些，牢牢把握财税工作主动权。

面对新形势、新任务、新要求，我们要过好紧日子，把握主动权，充分彰显财税的地位和作用，必须加快转变观念，全面树立科学理财观。去年底，我在省财政厅党组民主生活会上讲了十六个字，即“促进发展、保障民生、科学理财、加强监管”。

促进发展，就是坚持发展的第一性。把促进发展作为财税工作的第一要务，充分发挥财税杠杆的调控作用，努力推动经济社会又好又快发展，涵养财源、集聚财富，做大公共财政的“蛋糕”，从而进一步增强集中财力办大事的能力，更好地促进经济社会转型发展、科学发展、可持续发展，实现发展与富民强省的统一。

保障民生，就是坚持公共财政的普惠性。把保障和改善民生作为财税工作的出发点和落脚点，既要积极有为，着力解决群众最关心、最现实、最直接的利益问题，进一步推进基本公共服务均等化，普遍增进民众福祉；又要量力而行，坚持与发展水平相适应、与财政承受能力相匹配，确保民生事业长远可持续发展。

科学理财，就是坚持财力配置的绩效性。把提高配置绩效作为财税工作的目标导向，确立绩效目标，强化绩效评价，建立完善财力配置与使用绩效相挂钩的体制机制，进一步优化收支结构，做到“该花的一定要花、不该花的一定不花，该少花的不多花、该多花的不少花”，真正把钱花在刀刃上。

加强监管，就是坚持财税运行的稳健性。把加强监督管理作为财税工作的重要抓手，完善公共财政管理体系，强化预算刚性，加强债务治理，推进依法治税，建立覆盖财税运行全过程的监督机制，进一步提高财税科学化、精细化管理水平，切实防范财政风险，确保财税持续平稳健康发展。下面，我按照上述四条思路，就如何进一步生财、聚财、用财、理财、管财，谈几点想法，供大家参考。

一、围绕促进发展，切实把握“稳中求进”的总基调，努力在调结构中稳增长、保平衡。

按照“稳中求进”总基调，省委、省政府提出了今年“调结构、抓转型，重投入、兴实体，强改革、优环境，惠民生、促和谐”的工作思路。这也是财税工作的指导思想和工作目标，是各级财税部门必须服务好的大局。

一要更加注重财政收支平衡，实现经济与财政同步平稳较快增长。经济发展是源，财政收入是水。没有稳定的经济增长，就没有稳定的财政收入，收支平衡想保也保不住。反之，财政收入不稳定，财政收支不平衡，就会积累或导致财政风险，从而引发金融风险、经济风险，经济平稳同样也保不住。我们追求速度与质量相统一，保持经济与财政同步平稳较快增长，本身就是题中之义。根据全省经济工作会议提出的8.5%的预期经济增长目标，我们确定今年全省地方财政收入增长8.5%、财政支出增长8%的预算盘子。在今年经济下行风险加大的背景下，要完成这一目标也是不太容易的。各地要更加关注财政收支平衡，按照“既积极又稳妥”和“突出重点、兼顾一般”的原则，集中财力支持结构调整、转型升级，通过促进经济平稳增长，来确保财政收支平衡。

二要更加注重引导扩大有效投资，增强需求对经济增长的拉动。影响今年经济平稳增长，最大的问题是需求不足特别是外需不足。在消费需求缺乏新热点的前提下，投资是扩大内需见效最快的措施，尤其是有效投资，既是对经济增长的即期拉动，又是结构调整新的增量，为长远发展增强后劲。因此，财税部门既要落实好积极的财政政策，支持三大国家战略实施、重大基础设施项目、重大产业项目以及新型城市化建设，鼓励企业加大产业转型升级投资；又要研究财税激励约束机制，对市县固定资产投资规模、增长幅度、税收贡献、政府负债等进行评价，引导地方在优化投资结构的基础上扩大有效投资，尤其是扩大民间投资。同时，要用足用好各项财税政策和专项资金，继续保持消费稳定增长，努力稳定和扩大出口市场份额。

三要更加注重支持结构调整，进一步提升经济增长质量。围绕增强自主创新能力，加大对科技、教育、人才的支持力度，尤其要整合公共科技资源，重点支持产学研结合的科技创新体系、产业技术创新联盟、重大科技服务平台建设，以及关键核心技术研发和科技成果产业化项目。还要用好各类财税激励政策，鼓励企业增加研发投入，提高自主创新能力和核心竞争力。要围绕增加新的优质增量，落实财税政策，把鼓励浙商回归、引进世界500强和加强央企对接结合起来，进一步集聚“人才、资金、项目”等高端要素，加快总部经济、现代服务业、战略性新兴产业发展步伐。要围绕腾笼换鸟，落实好现有财税政策，强化节能减排倒逼机制，加快淘汰落后产能，为结构调整腾出更大的空间。

四要更加注重壮大实体经济，切实做好帮扶企业工作。这次危机给我们最大的反思是，重新认识了投资实体经济的重要性。壮大实体经济，既要大力扶优扶强，培育一批龙头骨干企业，引领产业转型升级；又要高度关注小微企业，打牢实体经济发展的基础，增强实体经济发展的活力。为此，要针对当前企业尤其是小微企业面临的困难，落实结构性减税政策和清费减负政策，鼓励金融机构增加对中小企业特别是小微企业的信贷投放，积极推进以温州金融改革试验区为重点的地方金融业改革发展，建立以省级金融控股公司为主体的金融投资管理平台，完善省级中小企业再担保机制，解决好小微企业面临的困难特别是融资难问题，促进实体经济又好又快发展。

二、围绕保障民生，切实把握“积极有为、量力而行”的总原则，努力在办好实事中惠民生、促和谐。

公共财政取之于民、用之于民，公共财政的阳光一定要普照全省人民。越是经济困难之时，社会稳定的压力越大，我们越要高度关注民生，确保社会和谐稳定。要把握“积极有为，量力而行”的总原则，加大财政对民生的投入，实施好惠民实事十大工程，扎扎实实办好十方面民生实事，确保民生事业有新突破，居民生活有新改善。要算好民生需求与财力支撑的平衡账，分清轻重缓急，合理安排预算盘子，使民生事业长远可持续发展。今年的民生工作，重点要在“富民、统筹、均等”这六个字下工夫，不断扩大受益范围，努力缩小城乡之间、区域之间、人群之间的差距，让老百姓与经济发展同富裕、共受惠。

富民方面，关键是积极扩大就业。要实施好积极的就业政策，创造更多的就业岗位，鼓励创业就业，抓好高校毕业生、困难群众、特殊群体等重点人群的就业工作，帮助农村剩余劳动力就近就地就业转移，增加城乡居民劳动收入。同时，要发挥财税在调节收入分配中的作用，落实好个税调整等政策，稳步提高最低工资标准和最低生活保障水平，实施好“低收入农民奔小康”工程，今年要较大幅度地提高扶贫标准，确保70%以上低收入农户家庭人均收入超过4000元，逐步提高居民收入在国民收入中的比重，提高劳动在初次分配中的比重。

统筹方面，关键是突出“三农”这一基础，小城市和中心镇这一节点，山区经济这一新的增长点，建立引导地级市向区、县(市)向乡镇财力下移的激励约束机制，加大省对市县特别是欠发达地区转移支付力度，加快转变农业发展方式，保障粮食等主要农产品供给和质量安全；加快形成一城带多镇、一镇带多乡的发展格局，进一步促进城乡统筹发展；探索绿色发展、生态富民的山区经济发展新路子，加快形成山区与平原、欠发达地区与发达地区协调互动发展新格局。

均等方面，关键是加强社会保障，大力发展社会事业，推动公共服务的均等化发展。围绕加快完善社会保障体系，继续扩大养老、医疗、保障性住房等政策的受惠面，继续提高企业退休人员养老金和城乡居民基础养老金水平，继续落实社会救助和保障标准与物价上涨挂钩的联动机制，使他们的生活不因物价上涨受影响。围绕发展社会事业，继续加大对教育、卫生、文化等社会事业的支持力度。今年，要重点研究文化体制改革、高校债务化解、继续推进医药卫生体制改革等问题，各级财税部门都要研究政策，筹措资金，保障重点改革领域的顺利推进。同时，还要做好加强和创新社会管理、提高防灾减灾能力等方面的财政保障工作，为群众创造一个安全稳定的生产生活环境。

三、围绕科学理财，切实把握“提升绩效”的总导向，努力在聚财用财中优结构、提效益。

在紧平衡的财政格局下，我们不仅要有过紧日子的思想，更要有会过紧日子、过好紧日子的能耐，做到我前面强调的，“该花的一定要花、不该花的一定不花，该少花的不多花、该多花的不少花”。这就要求我们当好“巧媳妇”，不仅会生财聚财，更要会理财用财，把每一分财政资金都用到刀刃上，一分钱花出两分钱甚至十分钱的效益。为此，我们要把优化财政收支结构，全面推进绩效管理作为提升科学理财能力的重点来抓。

一要进一步优化收入结构，努力做实收入盘子。健康的财政必须依托扎实的收入基础和合理的收入结构。经过多年努力，我省收入基础是打得实的，突出表现在收入结构的不断优化上。我们要继续在这方面下工夫，进一步夯实财力基础。第一，要提高地方财政收入占财政总收入的比重。目前我省这一比重比较合理，要再努力提高一点，增加我们的可用财力。第二，稳定税收收入占地方财政收入的比重。税收是最稳定的财源，目前我省这一比例已比较高了，还要加大依法治税力度，做到应收尽收，通过稳定税收来稳定财政收入。第三，优化税收行业结构。近几年，财政收入对房地产行业依赖过重，在目前房地产市场不景气的情况下，我们更要关注税收的行业结构是否合理优化。同时，要依法加强对社保基金和非税收入的征管，努力把整个收入盘子做得更实。

二要进一步优化支出结构，统筹安排好预算盘子。过好紧日子，要会巧安排，统筹安排好今年的预算盘子。第一条原则是倡导节约，各级党委政府要带头过“紧日子”，大力倡导勤俭节约之风，坚决反对铺张浪费，首先按照“零增长”的要求从严控制行政经费和一般性支出，继续压缩“三公经费”支出，规范政府采购，从小处着眼，积少成多，进一步降低行政成本，推进节约型政府建设。第二条原则是加强整合，要加大专项资金清理整合力度，调整和优化财政专项资金的设置，盘活财政存量资金，提高资金配置效率，集中更多的财力办大事。第三条原则是保障重点。在上述基础上，围绕落实今年中央和省里的大政方针，打足预算盘子，把节约和集中的财力用于发展和民生等重点支出。

三要进一步强化绩效管理，提高资金使用效益。进一步树立绩效理念，健全绩效管理制度，切实把绩效贯穿于财税工作全过程，特别是财政资金管理，要建立和完善“预算编制有目标、预算执行有监控、预算完成有评价、评价结果有反馈、反馈结果有应用”的绩效管理模式。这方面，省里将进一步强化正向激励，无论是专项资金还是转移支付，都要开展绩效评价，并将资金安排与评价结果相挂钩，变“会哭的孩子有奶吃”为“会干的孩子多吃奶”。今年开始，我们不再鞭打快牛，首先省政府重点考核目标要与财政资金挂起钩来，对会干事、能干事、干成事的地方和部门，要给予更多的支持和鼓励，让他们跑得更好更快。

四、围绕加强监管，切实把握“科学化、精细化”的总要求，努力在完善机制中防风险、稳运行。

浙江作为经济大省，全省财政预算收支、基金收支、政府投融资盘子近万亿元，体量越来越大，社会关注度也越来越高。怎么对人民负责，管好这么大的财政盘子，需要我们进一步完善财税监督管理机制，提高科学化、精细化管理水平。

加强监督管理，首先，要完善制度。财政资金不是“唐僧肉”，不能想要就要，想花就花。要钱、用钱必须有规矩、有制度、有程序。为此，要继续深化部门预算管理制度改革，加大专项性一般转移支付管理改革的范围和力度，进一步完善公共支出标准体系，以及编制、执行、监督三职分立、相互制约的工作机制，推进地税信息系统和财政地理信息系统建设，从制度上、程序上提高财税管理的科学性、精细度。第二，要强化执行。预算是有法律效力的，一经批准，就要严格执行，除特殊原因外，一律不得随意追加和调整。各地各部门特别是主要领导要强化预算的执行意识，自觉维护预算的法定性、严肃性。第三，要加强监督。要自觉接受人大的法律监督、政协的民主监督，加强审计监督和财政内部监督，积极稳妥推进财政预决算信息公开，接受社会监督和舆论监督，进一步健全覆盖所有政府性资金和财政运行全过程的监督机制。这样做，完全符合党风廉政建设的要求，有利于各地各部门管好财权，防范财政财务风险，也是对干部特别是领导干部的负责。

这里我还要讲一讲，地方政府债务问题。一方面，我们必须高度重视风险问题，切实防范化解债务风险。另一方面，在风险可控的前提下适度负债，有利于降低融资成本，多渠道筹措建设发展资金，推动重大项目建设，缓解财政收支平衡压力。由于我省较早地开展了债务治理工作，总体上债务风险是安全可控的。我还要特别提醒一下，对于超过警戒线的市县，要妥善处理存量债务，统筹安排好在建项目后续资金，防止因集中偿债造成资金链断裂。

做好财税工作，不仅仅是财税部门的事，也是各地各部门的分内事。尤其在紧平衡的格局下，各级政府更要关心支持财税工作，市县长们要多给予指导和帮助，各部门也要多一点理解和支持。财税部门自身要打硬仗。打硬仗靠硬本事。现在，我们有了一支各方面都比较过硬的队伍。要进一步加强班子和队伍建设，努力造就一支敢打硬仗、善打硬仗的队伍。

一要政治过硬。财税部门代表党委、政府和人民管家理财，首先政治上要清醒、坚定。关键是财税局长要带头，局长自身不过硬，是抓不好班子，带不好队伍的。“与其昏昏，使人昭昭”。自己睡着了，怎么能够唤醒别人？要教育财税干部坚定理想信念，牢固树立大局意识、责任意识，为党、为政府、为人民理好财、管好家。

二要作风过硬。财税部门直接和钱打交道，来不得半点的浮夸和轻忽，不仅要有严谨踏实的工作作风，还要有直面挑战、舍我其谁、敢打硬仗的勇气。面对困难，我们的市县长们、财税局长们要敢于带领广大干部在转型升级中杀出一条血路来。这方面，我们要继续深化财税文化建设，激励广大财税干部始终保持蓬勃的朝气、昂扬的锐气、浩然的正气，立足岗位，开拓创新，争创一流。

三要业务过硬。我们要科学理财，做到生财有道、聚财有方、用财有度、管财有法，不仅要在算账、管账上比本事，还要在想招、出招上比能耐。这要求我们必须狠抓业务学习培训，使广大财税干部拥有精湛的业务技能，不断提高理财治税的能力和水平；还要大力倡导深入实际、调查研究之风，进一步提高出谋划策的能力和水平，真正担当起党委政府的参谋助手和“总管家”。

四要廉政过硬。财税部门直接管着财权，是万众瞩目的焦点，工作环境风险较大。党风廉政建设必须抓得牢而又牢，廉洁从政若干规定必须落得实而又实，使反腐倡廉这根弦始终绷得紧而又紧，确保资金、干部“双安全”。

（2012年1月5日在全省财政地税工作会议上的讲话）

在全省财政地税工作会议上的讲话（摘要）

浙江省财政厅厅长兼地方税务局局长 钱巨炎

一、2011年财政地税主要工作回顾

2011年，全省地方财政收入3150.80亿元，增长20.8%；全省财政支出3842.74亿元，增长19.8%。地税部门组织各项收入4119.39亿元，增长23.6%，其中：税收收入2688.80亿元，增长20.1%；社会保险费收入1144.38亿元，增长32.3%。

（一）多措并举，努力促进财税经济平稳增长

加强组织收入管理。高度关注、及时跟踪宏观经济形势和企业经营变化，深入开展经济税源、政策效应、管理风险和预测预警分析，提高服务领导决策的能力和水平。科学制定组织收入预案，牢牢把握组织收入主动权，不断提升税收收入质量，着力保持收入持续平稳健康增长。积极推广应用营业税差额征税管理软件，开展营业税专项辅导。推进企业所得税专业化管理，加强股权转让所得等高收入者个人所得税征收管理，落实非居民所得税等国际税收管理。应用房地产评估技术，加强二手房交易税收征管。将契耕两税征收管理纳入核心征管系统，不断完善房地产交易税收一体化专业化管理。建立政府非税收入项目目录制度，稳步推进政府非税收入信息化建设，强化政府非税收入收缴管理。严格执行收支两条线，加强对国有土地使用权出让收入、国有资源（资产）性收入、彩票公益金和海域使用金的征收管理。持续推

进社会保险费、残保金征缴扩面，加强水利建设基金等规费(基金)征管。

落实积极的财政政策。全省争取中央扩大内需项目补助资金38.79亿元，成功自行发行地方政府债券67亿元，重点用于完成公益性在建项目、保障性安居工程建设和中央投资公益性项目地方配套。全面落实结构性减税政策，贯彻新个人所得税法，减轻中低收入者税收负担，全省(不含宁波)10月份入库个人所得税比前9个月平均入库数减收9.04亿元，减收52.9%；对54.22万户定期定额纳税人调整税额，减负25.4%。提高营业税起征点至上限，全省26.59万户个体工商户营业税纳税人中有24.35万户免缴相关税费。积极落实扩大内需的各项政策，做好汽车、家电下乡和以旧换新财政补贴工作，加强城乡市场流通体系建设，促进城乡消费拉动经济增长。全省兑付家电下乡和以旧换新财政补贴资金17.40亿元，拉动城乡消费201.63亿元。落实内外贸发展资金3.50亿元，促进内外贸稳定增长和结构优化。

加大帮扶中小企业力度。梳理整合促进中小企业健康发展的税费政策措施，加大政策帮扶力度。清理规范行政事业性收费，在全省范围内统一取消13个部门的31项涉企行政事业性收费，出台免征32项行政事业性收费3年免征政策和社会保险费“五缓四减三补贴”政策，落实养老保险费缴费比例调整政策，集中减征困难中小企业四项社会保险费11.4亿元(不含宁波)，切实减轻中小企业负担。支持融资性担保体系建设和小额贷款公司发展，对银行业金融机构新增小企业贷款给予风险补偿；增加中小企业发展专项资金，落实小微企业所得税优惠政策和中小企业信用担保机构营业税优惠政策，鼓励金融机构增加对中小企业特别是小微企业的信贷投放，省财政出资10亿元组建省中小企业再担保公司并开始运作，改善企业融资和发展环境。

(二)突出重点，加快推进经济发展方式转变

支持重大战略实施。围绕省委、省政府的重大战略部署，省财政安排海洋经济发展专项资金和省海洋产业基金各10亿元，并积极向中央争取税收优惠政策，支持实施海洋经济发展示范区、舟山群岛新区和义乌国际贸易综合改革试点三大国家战略。出台支持浙商创业创新、促进浙江发展的财税配套政策。加强政策资金统筹，推进“四大建设”、中心镇、产业集聚区和欠发达地区发展。省财政安排小城市培育试点专项资金10亿元，完善小城市培育激励机制；落实省级产业集聚区有关财政扶持政策，梳理整合九大类税收优惠政策，支持产业集聚区发展；省财政安排23亿元，对欠发达地区尤其是重点欠发达县(市、区)和贫困集中区域分类实施特别扶持。

促进经济结构调整。加大财政投入，落实企业研发费加计扣除、高新技术企业所得税优惠等政策，推进战略性新兴产业培育、传统产业改造提升和高新技术企业加快发展。省财政新设5亿元战略性新兴产业专项资金，并继续安排5亿元工业转型升级资金；全省(不含宁波)地税系统企业研究开发费税前加计扣除34.56亿元，增长28.6%；高新技术企业所得税优惠18.73亿元，增长23.2%。贯彻落实全省服务业发展大会精神，筹措落实省商贸服务业发展资金，细化落实营业税差额征税政策，开展支持服务业加快发展专项行动，深入推进企业分离发展服务业，加快现代服务业发展。全省新增439户企业分离发展服务业，超额完成省政府考核目标，实现营业收入156亿元，地方税费2亿元；全省已分离的2966户服务业企业，累计产生营业收入2061亿元，地方税费收入80亿元。

推进人才科技创新。加大人才资金投入，细化落实税收优惠政策，支持实施海外高层次人才“千人计划”和“海鸥人才计划”，推动人才强省。加大财政科技投入，省财政科技经费增幅高于本级财政经常性收入增幅1个百分点以上，重点用于科技创新的环境营造、人才培养、条件建设、研发支持等，提升科技创新能力，推动科技支撑经济发展方式加快转变。完善省财政补助与市县科技产出挂钩机制，进一步发挥市县推动科技进步和高新技术产业发展的积极性。扩大政府性创业风险投资引导资金规模，落实创投企业税收优惠政策，促进新兴产业培育和科技成果转化。省创业风险投资引导资金已达7.50亿元，组建9个基金，规模达到35亿元，全省各级政府已设立创业风险投资引导资金16亿元。

加强节能降耗和生态环保。加大生态环保和节能减排投入，省级生态环保资金51.20亿元，增长11.7%。积极落实鼓励节能减排相关税费政策，加大财税对重点领域、重点行业和省重点监控企业的节能技术改造支持力度，做好高效节能产品推广财政补贴工作，支持循环经济发展。实施排污权有偿使用和交易试点，支持全省污水处理设施建设，加强农业农村面源污染防治，推进污染减排。加大山洪地质灾害防治和易灾地区生态环境治理力度，完善森林生态效益补偿机制，省级以上森林生态效益补偿标准提高到每亩19元。完善生态环保财力转移支付政策，生态环保财力转移支付资金规模扩大到15亿元，转移支付范围覆盖至全省所有市县。

(三)积极有为，切实加大财税惠民力度

支持强农惠农富农。以加大水利投入为重点，着力建立财政支农稳定增长机制，落实支农惠农财税优惠政策，支持水利等农业基础设施建设、农业“两区”建设、农业新型经营主体培育和公共服务体系建设。全省各级财政投入“三农”资金预计增长22.4%；减免企业从事农、林、牧、渔业项目企业所得税1.11亿元，同比增长21.8%。加大农业综合开发力度，全省实

施农业综合开发土地治理项目107个，开发治理面积78.08万亩。完善村级组织运转保障机制，大力推进村级公益事业建设一事一议财政奖补试点工作。各级财政投入一事一议财政奖补资金21亿元，实施项目3000多个。推进实施"低收入群众增收行动计划"，支持欠发达地区实施异地搬迁和"大岛建、小岛迁"工程，开展农户异地搬迁省补助政策扩面试点工作，支持"低收入农户集中村"发展特色种养业、低收入农户发展来料加工业，拓宽增收渠道。

加快教育文化事业发展。积极征收教育费附加及地方教育附加，落实土地出让收入计提政策，拓宽教育经费渠道，按照法定增长要求加大财政教育投入；落实支持教育事业加快发展的税收减免政策。建立符合浙江实际的学前教育投入机制，省财政设立每年1亿元的学前教育专项资金，引导鼓励学前教育发展。巩固完善义务教育经费保障机制，义务教育中小学生均公用经费最低标准分别达到650元和450元。建立和完善职业教育公共财政保障制度，安排职业教育质量提升转移支付资金，促进职业教育发展。安排提升地方高校办学水平专项资金2.25亿元，支持提高高等教育质量。积极做好文化事业建设费征收，加大对基层公共文化服务的财政投入，支持实施文化下乡"三万工程"、农家书屋、"文化低保"和"广电惠民"工程，以及乡镇综合文化站和中心镇图书馆、村文化活动室设备配置等，保障博物馆、纪念馆等向全社会免费开放，推进公共文化服务体系建设；增加文化产业资金，扩大东方星空文化创投基金规模，全面落实有关税收优惠政策，加快文化创意、影视服务等文化产业发展；深化省属院团文化体制改革，支持大型文化企业集团整合资源。

推进医药卫生体制改革。加大基本医疗保障投入，全省所有市县新农合城镇居民医保人均筹资标准达到285元以上。全面建立与基本药物制度相适应的基层医疗卫生机构财政补助政策，加强基层医疗卫生人才队伍建设。建立省财政补助与省级公立医院控费水平相挂钩的激励约束机制，支持县级公立医院改革试点。支持城乡社区卫生服务机构标准化建设、欠发达地区综合性医院和全省精神卫生医疗机构建设，落实对医院、诊所和其他医疗机构提供的医疗服务免征营业税等政策，健全医疗卫生服务体系。提高全省城乡人均基本公共卫生服务经费，推进基本公共卫生服务均等化。

健全就业体系和社会保障。完善失业就业联动机制，落实大学生创业等税收优惠政策，加强职业培训促进就业和普通高等学校毕业生就业工作，对大学毕业生从事现代农业实行财政补助；积极帮扶残疾人就业，企业安置残疾人员工资加计扣除13.04亿元，同比增长11.9%。基本建立社会保险费长效征缴机制，扩大我省社会保险制度覆盖面，全省（不含宁波）企业养老保险缴费登记户数达60.6万户；企业基本养老保险参保人数达1799万人。企业退休人员养老金待遇月人均超2000元，城乡居民社会养老保险省定基础养老金最低标准调整为每人每月66元。支持全省保障性住房建设，全省各级财政筹措保障性住房建设资金129.45亿元。调整完善困难群众基本生活价格补贴机制，建立孤儿基本生活最低养育标准自然增长机制和重度残疾人托（安）养费用标准动态调整机制，及时落实油价补贴，加强道路交通事故社会救助基金管理，健全社会救助和社会福利体系。圆满完成第八届全国残运会资金筹集和财务管理工作。

加强和创新社会管理。筹措省级粮食风险基金等4.74亿元，支持粮食安全体系建设；落实省级储备补贴资金，确保粮油猪肉等重要商品保供稳价。支持推进标准化战略和质量技术支撑体系建设，加强流通领域食品安全监管，加快建设全省百姓食品数据查询系统，推进社会公共安全。加强政法经费保障，加快政法装备标准体系建设，加大对法律援助、社区矫正和人民调解工作的支持力度，维护社会稳定。高度重视税收社会化征收管理工作，稳妥处理各类涉税问题，平稳有序做好个体工商户税收定额调整和委托代征工作，保护纳税人的合法权益，减少和降低因涉税问题引发社会矛盾的风险。

（四）深化改革，全面加强财税监督管理

积极推进依法行政。推动出台《浙江省政府投资预算管理办法》，加强财税规范性文件清理，推进财税法制建设。稳妥推进预算信息公开工作，上报省人代会审议、除涉密单位外的48个部门预算全部公开；认真接受省人大常委会专题询问，依法接受监督。开展财税行政处罚裁量权落实情况专项检查和案卷评查，规范行政处罚裁量权工作。深入开展执法检查，强化层级执法监督。加强行政争议防范机制建设，妥善解决财税行政争议案件。大力做好资本交易项目税收检查业务指导，深入开展税收专项以及重点税源企业检查。配合全力打击发票违法犯罪活动，全面完成虚假发票"买方市场"综合治理目标任务。突出大要案和举报案件查处，优化稽查监督管理。

全面深化财税管理改革。贯彻落实《浙江省政府非税收入管理条例》，有序做好政府非税收入纳入预算管理工作。完善预算定额体系、费用标准体系和资产配置标准体系，推进项目预算管理地理信息系统建设。完善国有资本经营预算、社保基金预算，编制政府性债务收支计划，健全政府预算体系。全面推进国库集中支付改革，扩大省级公务卡结算范围，推进财税库银横向联网，建立公务支出监管体系。全省所有市、县（市、区）实施国库集中支付和公务卡制度改革，各市（含所属县市区）纳入国库集中支付改革的预算单位覆盖率达到50%

以上，实施公务卡制度改革的预算单位覆盖率接近30%。加快全省政府采购信息系统一体化建设，深化协议定点项目全省联动采购，提高政府采购效率。圆满完成《税友龙版》技术开发，金华市、义乌市成功上线测试，为全省地税征管改革作出重要贡献；嘉兴、绍兴、湖州等5个市局、10个县市局上线平稳运行。健全“五位一体”税源管理机制，进一步深化税源间接控管模式。完善“抓大、评中、定小”税源专业化管理办法。大力推广应用网络发票，全省应用网络发票户数同比增长52%。

切实加强财税监督管理。依托工作流，加强对税收业务的全程监控。建立预算执行动态监控系统与运行机制，加快预算支出执行进度。贯彻落实厉行节约、控制行政成本的各项规定，各级党政机关“三公”经费支出按中央政策要求实现“零”增长。推进项目绩效目标管理试点，省级部门基本实现绩效自评全覆盖，对17个项目实施重点评价。开展“小金库”专项治理全面复查、公务用车专项治理、省级行政事业单位房产专项清查和地方财政专户清理整顿。加强地方金融企业国有资产财务监管，规范省级金融企业负责人薪酬管理，完善省级金融企业激励约束机制。建立政府性债务管理考评机制和信息管理系统，进一步规范政府融资平台公司债务管理，实现政府性债务动态监控和政府融资平台公司债务全口径监管，切实防范财政风险。贯彻落实进一步加强乡镇财政建设的意见，推进乡镇财政管理机构建设。目前，全省已有40个县(市、区)乡镇设立财政所(办)。依法做好会计行政许可工作，推进地方会计领军人才的发掘、培养工作，推动企业内部控制体系建设。

积极营造良好管理氛围。健全财税宣传工作机制，规范和加强财税新闻宣传工作。深化“同心汇聚”服务品牌建设，建成全国首家集财政、国税、地税于一体的全省财税12366语音服务平台，为社会公众提供全天候规范、便捷、高效的财税语音服务。完善纳税服务标准化建设，积极开展纳税服务志愿者、纳税人之家、“四个日”纳税服务活动，为18.7万户企业提供面对面的服务，解决解答税收问题5.6万个。委托第三方开展的纳税人满意度调查显示，全省纳税人满意度平均得分为86.9分，比2009年提高7.7分。突出“以税说事(法)”主线，积极开展“服务式”税收宣传，深入企业、基层送服务、送政策。开展税企结对服务，对重点企业提供贴身辅导；每季度编发《浙江财政信息资料》，举办“浙江省自行发债试点”新闻发布会，不断提升财税宣传的针对性和实效性。密切关注涉财涉税网络舆情，探索建立网络舆情管理机构和制度体系，加强舆情监测，提升应对能力。

(五)健全机构，加强财税干部队伍建设

平稳推进系统机构改革。深化“三位一体”财政组织机构改革，目前全省有56个市、县(市、区)方案获批准，其中41个市、县(市、区)已设置三个局，并且配备到位。完成对9个市地税局及19个县(市)局机构改革三定方案的批复。全省地税系统基层编制主任科员配备总数增加到1466名(不含杭州市、宁波市)，比上年增加495名，同比增长50.8%，占实有基层编制人员比例达到17.2%，比上年底提高6.4个百分点。全省(不含宁波)58个县(市)局城区分局中45个按机构设置配备到位。

着力提高干部综合素质。紧密结合财政业务和干部队伍建设实际，举办形式多样、内容丰富的文化主题活动，隆重举行庆祝建党90周年活动，开展先进人物和先进事迹系列宣传，强化财税核心价值理念。加强分层分类培训，开展新进人员“入门教育”，建立“以师带徒”制度，完善财税干部讲坛，营造良好学习氛围。加强专业人才库建设，省级已建立财政和地税专业人才库各5个；开展以课题为纽带的专题研讨活动，积极发挥人才库“打造职业权威、引领队伍提升专业素养、解决实际问题”的作用。加大对年轻干部的交流培养力度，选派财税干部到专业对口部门、市县局、重点工程挂职锻炼。2011年全省地税系统3家单位获得全国文明单位称号、3家单位获全国青年文明号称号、36家单位获省级青年文明号称号，3名同志获得“省级青年岗位能手”称号。

提速增效优化服务。进一步转变机关作风，积极参与全省“双服务”“优环境促发展”等各类活动，深入基层和群众，听民情集民智，办实事解难题。以创先争优活动为载体，加强注册会计师行业党建工作，深入推进“两新”党组织建设。深化机关效能建设，清理规范非行政许可审批事项。推进涉税事项办理制度改革，新增90项涉税事项实行前台当场办结，59项实行限时办结，44项的主表实行免填单，涉税事项办理效率在原有审批时限基础上再提速42%以上。在10个具有执法职能的系统民主评议行风活动中，全省地税系统获得满意度第二、满意率第三(11个市局满意率在当地全部进入前三名)，并在对1万户服务对象的测评中，“履行职责”“公正执法”“政务公开”“办事效率”“服务态度”“清正廉洁”和“政风行风整体满意度”等七项指标均位列第一。

全面加强党风廉政建设。认真贯彻落实党风廉政建设责任制，积极履行“一岗双责”，建立健全责任体系，强化责任分解、考核和追究，实施年度市级党风廉政责任制考核，完善反腐倡廉的领导体制和工作机制。持续深化财税特色惩防体系建设，全面推进廉政风险防控机制建设，实现风险防控“全覆盖”。探索建立符合地税业务实际的廉政风险防控信息应用体系，提高防控科技含量。丰富廉政宣传教育的载体，开展“遵准则、倡廉风、防风险”廉政主题教育和典型案例剖析活动。加强《廉政准则》贯彻执行情况检查，完善内部反腐倡廉配套制度建设，出台工作人员廉洁自律十项禁止性规定，加大对重点部位和关键环节的监督。

在看到成绩的同时，我们也清醒地看到，财税工作中还存在一些亟待解决的问题：财税收支矛盾十分突出，收支平衡压力加大；财税运行管理的科学性、规范性、精细化以及资金使用绩效有待进一步提高；防范和化解财税风险的任务更加艰巨；一些干部职工的工作作风和执法水平有待进一步转变和提高等。我们要高度重视这些问题，继续采取有效措施，努力加以解决。

二、财政地税工作面临新要求、新任务和新挑战

（一）省委省政府对财政地税工作提出新要求

省委副书记、代省长夏宝龙在2011年12月20日参加省财政厅党组民主生活会时，对财政地税工作给予了“大局意识强、工作作风实、队伍建设优”的充分肯定，强调要树立“促进发展、保障民生、科学理财、加强监管”新的正确的理财观，充分发挥财税职能作用，促进经济社会又好又快发展。“促进发展、保障民生、科学理财、加强监管”是省政府主要领导根据新形势提出的新的理财观，是对财税职能作用的准确定位，是对财税事业未来发展的科学指引，需要我们在实际工作中深刻领悟、认真把握、积极实践。

新的理财观，涵盖生财、聚财、用财、理财、管财全过程，体现了促进发展与保障民生的高度统一，科学理财与加强监管的有机结合，体现了财税的发展观、民生观和绩效观。促进发展是根本，要坚持“发展是第一要务”，聚焦省委省政府重大战略部署和高端高效高质产业，充分发挥财税杠杆的调控作用，促进经济社会科学发展。保障民生是目的，要坚持税收取之于民、用之于民，实现财税收入可持续增长与“藏富于民”“致富于民”“源富于民”的有机统一；坚持积极而为、量力而行，加大财政民生投入，持续保障和改善民生。科学理财是基础，要再创财税体制机制新优势，坚持该花的钱一定要花、不该花的钱一定不花，该少花的钱不多花、该多花的钱不少花，花出价值、花出回报，充分发挥财税政策资金“四两拨千斤”的效用，提高财税资源配置效率。加强监管是保障，要加强财税自身建设，坚持依法行政，加强和创新财税监管，防范财税执法风险和收入流失风险，提高财税资金使用绩效。

（二）科学发展对财政地税工作提出新任务

当前，我省正处于经济社会转型的关键时期，省委省政府将紧紧围绕保持经济平稳较快发展和社会和谐稳定的目标，加快推动经济社会领域各项改革，推进浙江经济社会科学发展。我们要贯彻落实党的十七届六中全会和省委十二届十次全会精神，推动文化改革发展；不断增加有效投资，着力推进“三大国家战略”“四大建设”“五大统筹”等重大战略决策；加大扶持实体经济力度，特别是扶持“总部经济”发展、支持浙商创业创新、帮扶中小企业、加快金融创新等；统筹实施教育、医药卫生、社会保障、事业单位绩效工资等重点领域改革，不断推进社会管理创新和民生改善。

财政投入是经济社会持续发展的主要物质基础，财税政策是经济社会转型发展的重要推动力。支持经济社会各项改革和发展，全省各级财政地税部门肩负着义不容辞的重要职责和任务。我们要进一步增强责任感和使命感，紧紧围绕省委省政府的战略决策部署，立足改革发展的热点、重点和难点，抓住重点领域和重点环节，用创新务实的思维和举措，不断加强财力支撑、政策引导和机制保障，积极构筑浙江未来新优势，推动浙江加快科学发展。

（三）经济社会形势对财政地税工作提出新挑战

当前，世界经济下行压力明显加大，经济复苏的长期性、艰巨性、复杂性进一步凸显，总体形势非常严峻复杂。国内经济增速平稳但仍将继续趋缓，经济运行不确定性、不稳定性明显上升。当前我省经济运行平稳，落实积极的财政政策和稳健的货币政策将强化我省经济增长的稳定性和可持续性，但多年积累的结构性、素质性、体制性矛盾依然突出，企业生产成本上升、效益下降，金融改革任务艰巨，社会稳定隐患增多，区域竞争日趋激烈，我省保持率先发展的压力不断加大。

在宏观经济形势错综复杂、经济增长下行压力较大的情况下，今年财税收支矛盾将更加突出，财税收支平衡难度加大。从收入看，今年刚性减收因素较多，增收动力减弱。主要是房地产业及传统产业等对财税收入的贡献率将继续下降，新兴产业短期内难以形成对经济增长和财税增收的支撑力；中央将进一步加大结构性减税力度，地税诸多税种是减收重点，与已经出台的减税政策形成叠加减收效应；土地出让收入预期继续下降。总体来看，今年我省财税收入面临的形势较为严峻。从支出看，刚性支出较多，增支压力不断加大。确保国家和省重大战略决策落实，加快经济结构调整和发展方式转变，加大水利建设投入、教育支出考核以及推进重点领域改革需要投入大量资金，扶持中心镇和欠发达地区发展、支持保障性住房建设也都需要投入大量财力。地方政府性债务进入还贷高峰期，还本付息支出压力较大，以及市县换届后可能诱发新一轮政府投资冲动的影响，政府性债务的资金链和财政收支平衡都面临严峻考验。

与此同时，随着法治建设的深入推进，预算信息公开力度的不断加大，财税职能作用的有效发挥，财税管理与社会管理工作的紧密度越来越高，社会对财税工作的关注度越来越高，并通过网络等新兴媒体的传播和放大，对财税部门规范执法、

科学理财、优化服务、应急管理等工作提出了新的更高的要求。

三、2012年财政地税主要工作

(一)指导思想

根据对当前经济形势的分析和预测,按照中央和省委对经济工作的总体部署,我省2012年财政地税工作的指导思想是:高举中国特色社会主义伟大旗帜,深入贯彻落实科学发展观,全面贯彻党的十七届五中、六中全会和省委十二届八次、九次、十次全会精神,紧紧围绕"八八战略"和"两创"总战略,牢固树立"促进发展、保障民生、科学理财、加强监管"的理财观,突出把握稳中求进总基调,优化财税资源配置,加快经济发展方式转变;优化财税收支结构,强化民生保障;加强财税监管,提高财税管理绩效;加强财税自身建设,增强财税事业发展活力,为推动浙江发展继续走在前列作出应有的贡献。

按照上述指导思想,2012年全省财政收支计划初步安排如下:根据当前财政经济形势,全省地方财政收入预算拟安排3420.00亿元,增长8.5%,按照现行分税制财政体制计算,2012年当年全省地方财政可用资金4063.00亿元;安排全省财政支出预算4063.00亿元,比上年调减地方政府债券因素后的预计执行数增长8.0%;全省公共财政预算收支平衡。省级地方财政收入预算拟安排293.50亿元,增长8.0%,按照现行分税制财政体制计算,2012年省级财政可用资金为422.00亿元;安排2012年省级财政支出预算422.00亿元,比上年调减扶贫资金(按中央规定改列市县支出)因素后的预计执行数增长7.0%;省级公共财政预算收支平衡。上述安排尚待省人代会批准。全省(不含宁波)地税系统组织的税收收入预期目标是2328亿元,比上年增长8.5%。

(二)总体工作要求

做好今年财政地税工作,关键是要突出把握稳中求进的工作总基调,着力调结构、抓转型,重投入、兴实体,强改革、优环境,惠民生、促和谐,促进全省保持经济平稳较快发展和社会和谐稳定。重点把握好以下三点:

1.更加注重促进发展与保障民生的良性互动,强化财税资源配置和公共服务职能,夯实财税基础。促进发展与保障民生互为前提与条件。要优化财税资源配置,落实积极的财政政策,充分发挥财税杠杆作用,加快培育新的经济增长极,努力生好财、聚好财,为保障民生夯实基础。建立健全财政保障改善民生的长效机制,进一步优化财政支出结构,支持解决好关系群众切身利益的问题,积极扩大内需拉动经济发展,实现经济发展与改善民生的协调推进。

2.更加注重科学理财与加强监管的有机结合,深化财税管理改革和体制机制建设,稳健财税运行。科学理财和加强监管是提高财税管理绩效的方法和手段。要坚持依法行政,深化财税改革,创新体制机制,健全公共财政体系,加快推进金财工程建设和《税友龙版》的全面应用,推进财税管理专业化信息化,稳步提高财税科学化精细化管理水平。

3.更加注重业务建设与作风建设的两轮驱动,提升财税干部工作水平和综合素质,优化财税队伍。业务与作风是抓好干部队伍建设不可或缺的两个方面。要以"务实、高效、廉洁、公正"为目标、"六戒六要"为准则,以财税文化建设为引领,以"三位一体"组织管理框架为支撑,以加强系统管理为保障,以行风作风廉政建设为抓手,建立健全干部队伍管理长效机制,努力打造一支业务精干、作风精良、干事创业的优秀财税干部队伍。

(三)主要工作任务

1.坚持稳中求进,促进平稳增长和转型发展

确保财税收入稳定增长。针对复杂严峻的组织收入形势,将"稳收入增长"摆在更加突出的位置。密切关注营业税改增值税试点、房产税改革试点等重大税制改革进程,结合我省实际,提前分析、测算相关改革进一步实施可能对地税收入、征收管理及行业经济等带来的各种影响,并及早制定应对预案。依托"信息管税"提高征管效率,强化各类税费管理,进一步提高收入质量。贯彻无居民海岛使用金征收管理政策,完善地方水利建设基金征集政策,强化国有土地使用权出让收入、住房资金和彩票公益金管理,拓展国有资源(资产)性收入征收渠道,建立政府非税收入可持续增长机制。

积极改善经济发展环境。贯彻落实国家实施结构性减税和有关清费减负政策,对小型微型企业免征部分行政事业性收费,落实提高营业税起征点、差额征税和小型微利企业所得税优惠政策,依法及时做好困难企业减免税、缓缴税款审批,加大帮扶企业力度。建立以省级金融控股公司为主体的金融投资管理平台,鼓励地方加快发展金融保险业,完善中小企业再担保体系建设和小企业贷款风险补偿政策,加强涉税风险指引和政策服务,健全金融机构组织体系,做大做强地方金融业,优化企业融资环境。

着力促进经济平稳增长。落实积极的财政政策,加大投资力度,建立有利于科学发展的财政激励奖补机制,鼓励加大固定资产有效投入,发挥投资对经济发展的持续拉动作用。优化投资结构,着力支持"四大建设"、中心镇改革发展和小城镇培育、海洋经济发展、自主创新能力建设等方面的重点项目。落实促进居民消费的各项政策,支持加强城乡市场流通体系建设,切实改善城乡消费环境,积极扩大消费需求。加大外经贸政策支持力度,支持提升中小外贸企业竞争实力,加快国际服务贸易发展,促进外贸出口稳定增长和结构调整。探索解决产业集聚区跨行政区所带来的税收征管体制机制、机构设置等问题,落实省级产业集聚区财税扶持政策,加快推进

产业集聚平台建设。加大中小企业扶持力度,增强中小企业发展的内生动力,推动企业专注于实体经济。

加快推进经济发展方式转变。落实支持浙商回归投资创业、发展"总部经济"等财税配套政策并加大考核力度,大力支持海外高层次人才引进、高技能人才培养等,促进"人才、资金、项目"回归,加快经济发展方式转变。加大对科教、人才与产业化的支持力度,新增创新强省资金,助推经济转型升级。完善落实相关政策措施,加快战略性新兴产业发展,持续推进企业分离发展生产性服务业。加大生态环保投入,继续完善生态环保财力转移支付制度和稳定的增长机制;加快实施重点节能工程,大力支持发展新能源、可再生能源和清洁能源,促进循环经济加快发展,推进节能减排。

2.坚持统筹兼顾,加强民生保障和社会事业发展

大力发展社会事业,不断扩大受益范围,逐步缩小城乡差距。认真落实促进教育、文化、医疗、卫生等社会事业发展的税收优惠政策。贯彻国家和省教育中长期规划要求,落实财政教育投入政策,确保财政教育投入达到目标比例。扩大教育支出分类改革试点,加大学前教育财政扶持力度,进一步提高中小学营养餐保障水平,落实职业教育生均经费制度,加大高等教育经费投入,推动高校债务化解工作,促进全省教育均衡发展。增加财政文化投入,建立稳定增长的财力保障机制,加强重点文化领域经费保障,完善基本公共文化服务体系;加大扶持文化产业发展力度,设立省级文化产业投资基金,发展壮大新兴文化产业;推进文化体制改革,创新文化资产财政财务监管新机制。支持医药卫生体制改革,推进公立医院改革,完善基层医疗卫生机构多渠道补偿机制。适当提高新型农村合作医疗和城镇居民基本医疗保险筹资标准和财政补助标准,加大城乡医疗救助投入,推进基本医疗城乡统筹。加快保障性安居工程建设,加大对公共租赁住房和廉租住房建设、农村危房改造等的投入力度,构建一体化住房保障体系。完善政法经费保障机制,加大政法办案装备投入,加强政法基础设施建设。加大食品安全、质量强省及消防交通管理投入,支持公共安全应急体系建设。

推进收入分配制度改革,健全社会保障制度,逐步缩小群体差距。继续实施好新个人所得税法,切实降低中低收入者的税负。多渠道筹措就业资金,做好高校毕业生、失业人员、就业困难人员、退役士兵等相关群体就业扶持,推动家庭服务业发展,深入推进实施"低收入群众增收行动计划",促进增加居民收入。落实好《社会保险法》及配套政策,巩固和完善社会保险费长效征缴机制。加强各类养老保障制度的衔接整合,健全退休人员基本养老金和城乡居民社会养老保险待遇调整机制,做好企业等相关群体的待遇调整,规范机关事业单位收入分配,推动形成合理有序的收入分配格局。完善低保标准动态调整机制,确保低保对象每人每月救助金额不低于60元。加快推进社会养老服务体系建设,加强孤儿和困境儿童基本生活保障。扩大残疾人共享小康工程受助面,全面推行残疾儿童抢救性康复制度。发挥道路交通事故社会救助基金作用,保障道路交通事故受害人合法权益。

建立激励引导机制,推进区域统筹发展,逐步缩小地区差距。建立引导设区市向区、县(市)向乡镇财力下移的激励约束机制,加大省对市县特别是欠发达地区转移支付力度,增强基本公共服务均等化保障能力。结合小城市培育、中心镇建设,实行分类管理的乡镇财政管理体制,强化乡镇财政资金统筹职能。落实从土地出让收益计提农田水利建设资金等政策,加大"三农"投入,抓好支持农业科技、水利改革发展等重点领域建设,推进农村交通基础设施建设和农村环境综合整治,提高村级组织运转经费最低保障标准,进一步推进一事一议财政奖补工作,促进农业增产提效、农民增收致富和农村条件改善。

3.坚持深化改革,推进财税管理创新

深入推进依法行政。认真贯彻全国税务系统依法行政工作会议精神、省政府关于加强法治政府建设实施意见,扎实推进依法行政。完善财税制度体系,做好省级规范性文件清理后续工作,深入开展"六五"普法活动,提高财税法治化水平。规范财税行政强制行为,依法处理财税行政争议。强化世贸规则意识,积极开展反补贴调查的应对工作。继续开展行业税收专项检查,加大省、市、县局稽查联动,依法查处各类涉税违法行为,积极开展企业发票违法行为综合治理工作,研究建立重点税源企业分级分类检查机制,着力维护税法刚性,营造公正、公平税收环境。

深化预算管理改革。完善省对市县财政体制,推进专项性一般转移支付改革,改革转移支付分配方法,增强县级基本财力保障。加快金财工程建设,推进财政项目预算地理信息系统管理建设。完善部门基础信息数据库和支出标准体系、预算定额体系和资产配置标准体系,推进事业单位供给方式改革,完善公共财政预算编制管理。细化政府性基金预算编制,合理安排基金收支。稳步推进国有资本经营预算编制,适当扩大省本级国有资本经营预算编制范围,并适当提高省本级国有独资企业国有资本收益的收取比例。加强社会保险基金预算编制,强化省级政府性债务计划管理,完善政府采购预算编制。加强预算执行管理,所有预算单位全面实施国库集中支付改革,继续加快公务卡制度改革。健全预算绩效管理制度,稳步推进项目绩效目标管理,积极探索绩效跟踪与监控,完善项目评价实施体系,切实加强绩效管理结果应用。

推进税收管理改革。全面推广应用《税友龙版》并安全、平稳运行,进一步加大后台信息数据增值利用,健全运维体系建设。深化信息管税,对外推进涉税信息共享机制建设,拓展

横向联网部门范围；对内深化“五位一体”税源管理互动机制。进一步完善以“抓大、评中、定小”为抓手的税源专业化管理办法，实施税源分类分级管理。组织开展文化体育和娱乐业、教育等行业纳税评估工作，完善行业纳税评估模型。全面推广应用网络发票，加强发票开具信息的采集分析和增值利用。加强营业税分行业分税目税源管理，开展营业税专项辅导；加强高收入者个人所得税征管，持续推进企业所得税专业化管理；完善国际税收服务和管理措施。做好新车船税法实施工作。全面推广应用房地产评估技术，加强二手房交易税收征管；积极落实新的企事业单位改制重组及房地产调控差别化契税政策；完善契耕两税征管制度。

推进财税服务创新。创新“同心汇聚”服务品牌建设，继续开展创新项目评选，强化创新项目推广应用。深化办税服务厅规范化建设，推行办税服务厅标准化管理，提升办税服务厅综合服务功能。健全12366语音系统运营及日常管理制度，拓展12366应用功能。完善财税新闻宣传机制，大力推进税收宣传“进学校、进社区、进农村”，深化纳税人宣传辅导，增强税收宣传的说服力和感染力。深入落实“提速增效”服务，强化纳税人需求分析，快速有效处理投诉、举报问题，维护纳税人合法权益。重视网络宣传，尊重网络民意，加强舆情引导，建立健全舆情应对机制，及时回应社会关切，畅通利益诉求渠道。在重要财政税收政策和管理、服务措施出台时，要加强宣传，引导公众理性思维，建立正确的舆论导向。

切实加强财税监督。积极稳妥推进财政预决算信息公开，扩大部门预算公开范围，细化财政总预算公开程度，推动项目管理办法和基层财政专项支出公开，主动接受社会监督。深入推进财税执法责任制，认真开展执法督察，强化财税执法监督。依托地税信息系统，深化工作流管理，严格落实问责制度。建立覆盖各级财政的预算执行动态监控体系，加强预算执行动态监控，加快预算执行进度。深入推进公务用车专项治理，规范公务用车配备使用行为。从严控制行政经费和一般性支出，2012年继续实行项目支出“零增长”；继续严控“三公”经费，争取支出总额有所压缩，确保财政收支平衡。力争上半年大部分市县乡镇财政管理机构和人员编制配置到位，积极推动乡镇财政管理规范化建设，努力发挥乡镇财政职能，大力推进乡镇财政就地就近资金监管工作。健全地方政府债券自行发行工作机制。完善地方政府性债务风险预警机制及管理信息系统，规范政府融资平台公司管理，建立政府性债务管理长效机制。加强中介机构和会计队伍建设，推进企业内部控制规范体系建设，提高宏观经济管理和信息质量的监管水平。

4.坚持文化引领，推动财政地税事业科学发展

深化财税文化建设。围绕文化强省的目标和要求，着力创新财税文化建设体制机制，在实践工作中不断丰富和发展财税文化核心价值体系。坚持整体规划、个性发展，大力推进“六个平台”“六大品牌”建设，深入开展“创先争优”活动，发挥党支部的战斗堡垒作用，充分调动共同参与的积极性，培育对组织的忠诚度和团队精神。创新思想政治工作，注重文化熏陶和人文关怀，组织开展健康向上的文体活动，加强干部职工之间的沟通交流，进一步增强财税系统向心力、亲和力、凝聚力。

健全机构组织体系。深化“三位一体”财政组织机构改革，构建起“财政大监督”体系。理顺预算编制、执行、监督职能，健全工作流程和运行机制，发挥“三位一体”组织机构优势。全面完成地税系统机构改革，做好市县局机构改革后续工作，切实增强系统管理力度，积极争取各地规费管理机构领导配备到位，全面推进县(市)局城区税务分局领导配备到位；平稳推进行政执法类公务员管理试点工作；进一步规范市县地税局直属单位和基层分局的机构设置。全面贯彻落实《地税系统基层建设指导意见》，深入开展基层组织、干部队伍和业务建设。严格执行新录用的地税所专项编制公务员应分配到基层分局、稽查局工作和原则上在三年内(含试用期)不予交流和调动等规定，确保基层队伍稳定。

提高干部综合素质。加强领导班子建设，提高班子执政能力，充分发挥对干部队伍建设的示范和引领作用，关心系统干部成长。健全年轻干部培养机制，继续推进挂职锻炼和轮岗交流。创新干部教育培训模式和机制，优化整合各类教育培训资源，建设财税系统网络教育培训平台，推进教育培训信息化建设，有计划、全方位、多层次地加大教育培训工作力度，鼓励干部取得注册税务师、注册会计师等专业技术职称，进一步优化干部知识结构、提升能力水平。完善专业人才库建设机制，充分发挥人才库作用。积极回应地税基层干部队伍关切，拓宽职务晋升渠道，探索研究地税系统干部队伍的晋升、考核、工资(薪酬)、奖惩、文化等激励机制建设，进一步激发干部队伍活力。

深化党风廉政建设。持之以恒地开展机关效能建设，积极开展民主评议行风回头看活动，建立地税系统行风评议工作长效机制，加强财税系统作风建设。充分重视国家税务总局开展的纳税人服务满意度第三方测评，采取有效措施，切实提高纳税人满意度。切实落实党风廉政责任制，深入推进党风廉政建设，以深化廉政风险防控机制建设为重点，不断完善财税惩防体系建设；全面推进《税友龙版》廉政风险防控机制应用，把反腐倡廉融入财税业务和管理运行全过程；创新教育方法和载体，切实强化干部的法制意识、自律意识；强化内部控制和权力制衡，保障全省财税事业持续平稳健康发展。

(2012年1月5日)

全省财政工作

zhejiangcaizhengnianjian

全省财税工作概况

全省财政

【概况】 2011年，浙江省生产总值为32000.10亿元，按可比价格计算，比上年增长9.0%。其中：第一产业增加值1580.57亿元，第二产业增加值16404.18亿元，第三产业增加值14015.35亿元，分别增长3.6%、9.1%和9.4%。人均生产总值为58665元，增长7.1%。三次产业增加值结构由上年的4.9:51.6:43.5调整为4.9:51.3:43.8，三产比重上升0.3个百分点、二产比重下降0.3个百分点。全省固定资产投资14290亿元，增长24.8%。全省社会消费品零售总额11930.60亿元，增长17.4%，扣除价格因素，实际增长11.3%。全年进出口总额3094.00亿美元，增长22.0%，其中出口总额2163.60亿美元，增长19.9%，进口总额930.40亿美元，增长27.3%。全省城镇居民人均可支配收入30971元，农村居民人均纯收入13071元，扣除价格因素，实际增长7.5%和9.5%。

2011年，浙江省财政总收入5925.00亿元，增长21.0%；地方财政收入3150.80亿元，增长20.8%，按可比口径计算，增长15.2%；全省财政支出3842.59亿元，增长19.8%，按可比口径计算，增长14.6%。省级地方财政收入271.71亿元，增长14.8%，按可比口径计算，增长8.1%；省级财政支出399.86亿元，增长14.2%，按可比口径计算，增长7.5%。地税部门组织各项收入4119.39亿元，增长23.6%，其中：税收收入2688.80亿元，增长20.1%；社会保险费收入1144.38亿元，增长32.3%。浙江省财政总收入占全省GDP的比重为18.5%。全省及省级财政收支平衡。

【优化收支结构】 提升财政收入质量。关注和跟踪宏观经济走势和企业经营变化，开展经济税源、政策效应、管理风险和预测预警分析，提高服务领导决策的能力和水平。加强与国税、地税等部门配合，研究全省收入调控对策，做大做优收入"蛋糕"，全年财政收入规模进一步扩大。全省地方财政收入完成预算的110.9%，占财政总收入的比重为53.2%，同比持平；地方财政收入中税收收入2952.01亿元，完成预算的109.9%，增长19.8%，占地方财政收入的比重为93.7%，下降0.8个百分点，收入质量仍保持较优。同时，争取中央财政支持，加大对浙江省的转移支付力度。

加强非税收入管理。贯彻落实《浙江省政府非税收入管理条例》，建立健全政府非税收入管理法规制度体系。建立政府非税收入项目目录制度，严格行政事业性收费报批管理，推进政府非税收入信息化建设，强化政府非税收入收缴管理。加强对国有土地使用权出让收入、海域使用金和无居民海岛使用金等国有资源(资产)性收入、彩票公益金的征收管理，加强涉企、涉教等收费清理，全省收缴政府非税收入4426.88亿元。

优化财政支出结构。贯彻落实厉行节约、控制行政成本的各项规定，严格控制一般性支出，保障民生等各项重点支出。因公出国(境)费用、公务接待费和公务用车购置及运行维护费支出零增长。全省财政支出中用于教育、医疗卫生、就业和社会保障等民生支出2632.22亿元，增长22.9%，支出增量中用于民生的比重为77.7%，比上年提高2.7个百分点。通过采取提前预拨、改革转移支付资金管理方式、建立健全限时下达预算制度、支出进度通报制度等措施，加强预算执行管理，加快资金拨付和支出进度，提高预算执行的均衡性和时效性。

【保障重点支出】 落实积极财政政策。全省利用中央扩大内需项目资金38.79亿元，首次成功自行发行地方政府债券67亿元，重点用于市、县(市)完成公益性在建项目、保障性安居工程建设和中央投资公益性项目地方配套资金。落实扩大内需的各项政策，做好汽车、家电下乡和以旧换新财政补贴，兑付财政补贴资金18.77亿元，拉动城乡消费220.04亿元。落实内外贸发展资金，促进内外贸稳定增长和结构优化。

扶持中小企业发展。清理规范行政事业性收费，在全省范围内统一取消13个部门的31项涉企行政事业性收费，制定出台自2012年起实施的针对小微企业的32项行政事业性收费三年免征政策，出台中小困难企业社会保险费"五缓四减三补贴"政策，减轻中小企业负担。筹措落实中小企业发展专项资金，用于成长型中小企业培育及高级工商管理人员等培训，中小企业服务体系和中小企业贷款融资平台建设等，推动地方特色产业集群和特色产业聚集区发展。做好小企业贷款风险补偿，全省财政安排银行业金融机构小企业贷款风险补偿资金7117万元，撬动银行业金融机构新增贷款125.78亿元；支持融资性担保体系建设，筹措资金对全省117家融资性担保机构给予风险补偿。落实小微企业所得税优惠政策，落实支持中小企业信用担保机构营业税优惠政策，鼓励金融机构增加对中小企业特别是小微企业的信贷投放，出资10亿元组建省中小企业再担保公司并开始运作，改善企业融资和发展环境。

支持全省性重大战略实施。省财政安排海洋经济发展专项资金和海洋产业基金各10亿元，争取中央海洋经济示范区财力补助6亿元，支持实施海洋经济发展示范区、舟山群岛新区和义乌国际贸易综合改革试点三大国家战略。出台支持浙商创业创新的财税配套政策。加强政策资金统筹，推进大平台、大产业、大项目、大企业“四大建设”及中心镇、产业集聚区发展。安排小城市培育试点专项资金10亿元，完善小城市培育激励机制；落实省级产业集聚区有关财政扶持政策，支持产业集聚区发展。落实省委、省政府提出的重点欠发达县特别扶持政策，省财政安排23亿元资金，对欠发达地区尤其是泰顺等12个重点欠发达县(市、区)和贫困集中区域分类实施特别扶持政策。筹集拨付对口支援新疆、西藏、青海建设资金10.56亿元、2.11亿元和5000万元，推进对口援建工作。

推进经济结构调整。落实财税优惠政策，省财政统筹安排5亿元工业转型升级资金，并新设战略性新兴产业专项资金5亿元资金，推进战略性新兴产业培育、传统产业改造提升和高新技术企业加快发展。完善财政支持服务业政策措施，推动服务业加快发展，筹措落实省商贸服务业发展资金，细化财政支持服务业发展政策，重点支持农产品现代流通体系、服务业重大项目、电子商务发展、品牌连锁专卖网络、再生资源回收利用体系、文明示范农贸市场工程等。支持服务业加快发展专项行动，推进企业分离发展服务业，全省新增分离服务业439户。

支持人才培养、科技创新。细化财税优惠政策，支持实施海外高层次人才“千人计划”(2009年开始实施浙江省海外高层次人才引进计划即“千人计划”，力争用10年时间引进并资助1000名海外高层次人才)和“海鸥人才计划”(“海鸥计划”是浙江省“千人计划”的重要补充。按照引进海外高层次人才必须坚持长期项目为主，短期项目为辅的原则，对符合省“千人计划”条件而又只能以短期形式如每年在省内时间2个月以上，6个月以下，连续3年以上到浙江工作的海外高层次人才，实行“海鸥计划”)，提高省财政资助标准，支持组织实施高技能人才选拔、培训、奖励工作，推动人才强省；加大财政科技投入，省财政科技经费增幅高于本级财政经常性收入增幅1个百分点以上，重点用于科技创新的环境营造、人才培养、研发支持等，推进自主创新，推动科技支撑经济发展方式转变。推进科技创新，完善省财政补助与市县科技产出挂钩机制，发挥市县推动科技进步和高新技术产业发展的积极性。扩大政府性创业风险投资引导资金规模，促进战略性新兴产业培育和科技成果转化。截至年底，省创业风险投资引导资金已到位6亿元，其中已出资5.65亿元，组建9个基金，总规模31亿元。支持产业技术创新联盟建设，省财政安排产业技术创新战略联盟专项资金，推进产、学、研有机结合，提升重点产业、战略新兴产业和产业集群发展的技术创新水平和技术服务能力。以事后资助、贷款贴息等多种方式支持以企业为主承担的科技成果转化和产业化项目研发，争取中央补助科技型中小企业技术创新基金2.28亿元，安排省级补助5000万元，激励企业以自有资金投入研发，引导企业研发创新。

促进现代农业发展。优化支农资金结构，整合现代农业生产发展资金等相关农业专项资金，重点支持“两区”(现代农业园区、粮食生产功能区)建设，优先向粮食生产功能区倾斜，支农专项资金用于农业“两区”建设13.58亿元，其中5.90亿元支持粮食生产功能区建设；整合省以上资金1.83亿元，支持木本油料产业发展；结合现代农业园区建设，坚持集中投入、统筹协调，以优势农业主导产业为重点，促进农产品有效供给和农民持续增收。加大对水利基础设施的投入力度，安排27.60亿元专项资金，重点支持“强塘”工程(病险水库除险加固、海塘配套加固、钱塘江等干堤加固、小流域主要堤防加固、中小河流治理、大中型水闸加固)、“水资源保障百亿工程”、“农村饮水安全工程”、农用水利“治太骨干工程”(二轮治理太湖骨干续建工程、太湖流域水环境综合治理五大水利工程、杭嘉湖圩区整治工程)等重点项目建设、农村河道综合整治试点等。加大农业综合开发力度，全省农业综合开发财政投入12.31亿元，增长8.2%，实施农业综合开发土地治理项目107个，开发治理面积78.08万亩。

支持节能降耗和生态环保建设。安排节能及循环经济专项资金2.21亿元，支持企业节能技术改造及循环经济发展。推进合同能源管理工作，促进节能服务产业发展。继续实施全国“节能产品惠民工程”及有关试点工作，共争取中央财政相关专项资金9.03亿元。推进排污权有偿使用和交易试点，支持污水处理设施建设，促进减排。加强农业农村面源污染防治，加大山洪地质灾害防治和易灾地区生态环境治理力度。完善森林生态效益补偿机制，森林生态效益补偿标准从2009年的每亩17元提高到每亩19元。完善生态环保财力转移支付政策，生态环保财力转移支付资金规模扩大到15亿元，转移支付范围覆盖至全省所有市县。当年省级财政安排生态环保资金51.20亿元，增长11.7%，推进生态文明建设。

【加大民生投入】 *支持城乡统筹发展*。建立财政支农资金稳定增长机制，全省各级财政投入“三农”资金1190.00亿元，增长26.0%。安排2.66亿元专项资金，支持农业经营主体培育和公共服务体系建设，支持农村“两创”实用人才培训，提升农民技能培训水平和创业就业能力。落实小城市培育试点专项资金10亿元，支持中心镇提升小城市功能。完善村级组织运转保障机制，推进村级公益事业建设一事一议财政奖补试点工作，各级财政投入一事一议财政奖补资金21亿元，带动农民群众投资投劳和社会力量投入16亿元，实施项目3000多个。推进实施“低收入群众增收行动计划”，省财政安排5.06亿元专项资金，支持欠发达地区实施异地搬迁和“大岛建、小岛迁”工程，开展农户异地搬迁省补助政策扩面试点工作，支持“低收入农户集中村”发展特色种养业、低收入农户发展来料加工业，拓宽增收渠道。安排农村交通基础设施建设资金14.29亿元，改善农村交通基础设施。

确保教育优先发展。按照法定增长要求加大财政教育投入，全省财政教育投入占财政支出的19.9%，同比提高0.76个百分点。建立符合浙江实际的学前教育投入机制，省财政设立每年1亿元的学前教育专项资金，用于欠发达地区乡镇中心幼儿园建设、支持民办幼儿园发展、困难家庭子女入园资助和学前教育教师培训。完善义务教育经费保障机制，义务教育中小学生均公用经费最低标准分别为650元和450元。建立和完善职业教育公共财政保障制度、普通高中助学金制度、高校学生资助政策和高校学生伙食补贴动态调整机制，安排提升地方高校办学水平专项资金2.25亿元，支持提高高等教育质量。保障外来务工人员子女接受教育，安排专项资金4.95亿元，用于流入地学校改善办学条件。

支持公共文化建设。当年安排专项资金3.57亿元，支持实施文化下乡、农家书屋等工程，以及乡镇综合文化站和中心镇图书馆、村文化活动室设备配置等，保障博物馆、纪念馆等向全社会免费开放，推进公共文化服务体系建设。支持全省文物保护、非物质文化遗产传承、宗祠建筑保护、国家和省文物科技区域创新联盟建设、大运河申报世界物质文化遗产等。增加文化产业资金，扩大东方星空文化创投基金规模。深化省属院团文化体制改革，支持大型文化企业集团资源整合。

推进基本医疗卫生制度建设。2009～2011年三年累计投入医改资金614.04亿元，比原计划增长72.5%，其中，省财政安排落实124.38亿元。支持基本医疗保障制度建设，全省新农合、城镇居民医保人均筹资标准及各级财政补助提高到395元和278元。新农合和城镇居民医保政策范围内住院费用报销比例分别提高到61%和63%。推进基层医疗卫生机构综合改革，当年各级财政安排基层医疗卫生机构经常性补助38.86亿元，建立与基本药物制度相适应的基层医疗卫生机构财政补助政策，支持基层医疗卫生机构基础设施和人才队伍建设。建立省财政补助与省级公立医院控费水平相挂钩的激励约束机制，推动县级公立医院改革试点。支持城乡社区卫生服务机构标准化建设、欠发达地区综合性医院和全省精神卫生医疗机构建设，健全医疗卫生服务体系。促进公共卫生服务均等化，全省城乡基本公共卫生服务人均补助资金提高到29.3元。

支持社会保障事业建设完善就业体系。健全社会保障资金多渠道筹措机制，加大财政社保投入，全省财政社会保障和就业、医疗卫生支出677.88亿元，增长20.1%，占全省财政支出的17.6%。提高企业退休人员养老金和城乡居民社会养老保险基础养老金最低标准，企业退休人员养老待遇月人均超2000元，城乡居民社会养老保险省定基础养老金最低标准调整为每人每月66元，全省各级财政投入68亿元，其中省财政转移支付19.76亿元。调整完善困难群众基本生活价格补贴机制，各级财政安排价格补贴支出2.98亿元。支持构建社会养老服务体系，建立孤儿基本生活最低养育标准自然增长机制和重度残疾人托(安)养费用标准动态调整机制，落实残疾人机动车燃油补贴。支持全省保障性住房建设，全省各级财政筹措保障性住房建设资金149.06亿元。完成第八届全国残运会资金筹集和财务管理工作，通过向企业筹资、社会各界捐赠、发行纪念邮册和组织市场开发等多种方式共计筹措资金2.01亿元。完善失业保险基金和就业专项资金联动促进就业机制，全省筹集促进就业资金35.47亿元，其中各级财政安排13.65亿元。贯彻落实加强职业培训促进就业和普通高等学校毕业生就业工作的实施意见。支持村级(社区)公共就业服务平台和就业服务信息化建设。对大学生从事现代农业实行省级财政补助政策。支持开展浙江省“金蓝领”国(境)外培训和技能大师工作室建设工作。

加强和创新社会管理。筹措落实省级粮食风险基金和其他粮食资金5.19亿元，支持粮食安全体系建设；落实省级储备补贴资金，确保粮油猪肉等重要商品价格稳定。支持推进标准化战略和品牌战略建设，加强流通领域食品安全监管，支持食品安全监管工作。加强政法经费管理，完善政法经费保障机制，加快政法业务装备配备标准体系建设，加大政法经费投入。加大对法律援助、社区矫正和人民调解工作的支持力度，加强和创新社会管理，维护社会稳定。

【财政管理科学化、精细化】 推进组织机构改革。深化“三位一体”财政组织机构改革，完善省财政厅“三位一体”组织机构改革，经省公务员局批准，省级部门预算编制中心为参照公务员法管理的事业单位，配备人员7名，与总预算局、地方预算处实行一体化运作。全省有56个市、县(市、区)的“三位一体”组织机构方案获批准，其中41个市、县(市、区)已设置预算局、预算执行局和财政监督局，并已配备到位。

完善预算编制管理。做好政府非税收入纳入预算管理的相关工作。完善预算定额体系、费用标准体系和资产配置标准体系，推进项目预算管理地理信息系统建设，深化综合预算改革。细化政府公共预算和政府性基金预算，完善社会保险基金预算编制，扩大国有资本经营预算编制范围，编制政府性债务收支计划，健全政府预算体系。推进预算信息公开工作，审核省级部门预算。在省财政厅门户网站公布预算执行情况。48个部门的部门预算提交省人大会议审查，其中省教育厅、省国土资源厅两个部门的预算接受人代会专题审查，并在各部门网站上公开部门预算。

优化预算执行管理。推进财税库银横向联网，构建预算执行基础数据共享平台，建立公务支出监管体系。推进国库集中支付改革，全省所有市、县(市、区)实施国库集中支付和公务卡制度改革，各市(含所属县市区)纳入国库集中支付改革的预算单位10194家，覆盖率69%；实施公务卡制度改革的预算单位覆盖率30%，选择招待费、出差住宿费两个科目试点推行公务卡或其他非现金结算方式。加快全省政府采购信息系统一体化建设，深化协议定点项目全省联动采购，提高政府采购效率。清理整顿财政专户，全省撤并财政专户997个。

强化财政监督管理。推动出台《浙江省政府投资预算管理办法》，加强财税规范性文件清理，推进财税法制建设。推进预算信息公开工作，除涉密单位外，当年上报省人代会审议的48个部门预算全部公开。建立健全财政资金运行全过程的监督机制。推进项目绩效目标管理，对75个省级部门的138个项目进行自评，对14个部门的16个项目开展绩效目标细化论证，对17个项目实施重点评价。建立健全乡镇财政管理机构，全省有40个县(市、区)乡镇设立财政所(办)，强化乡镇财政就地就近资金监管职责。开展"小金库"专项治理全面复查、公务用车专项治理、省级行政事业单位房产专项清查和地方财政专户清理整顿。加强地方金融企业国有资产财务监管，规范省级金融企业负责人薪酬管理，完善省级金融企业激励约束机制。加强政府性债务管理，建立政府性债务管理考评机制和信息管理系统，实现政府性债务动态监控和政府融资平台公司债务全口径监管。依法做好会计行政许可工作，推进地方会计领军人才的发掘、培养工作，推动企业内部控制体系建设。

【加强干部队伍建设】 加强党风廉政建设。落实党风廉政建设责任制，履行"一岗双责"，建立健全责任体系，加强责任分解、监督检查和目标考核，完善反腐倡廉的领导体制和工作机制。深化财税特色惩防体系建设，全面推进廉政风险防控机制建设，通过风险排查、公示评议、集体审议、党组审定方式，排查出廉政风险点1508项，清理和完善制度659项，提出防控措施1549条。丰富廉政宣传教育的载体，开展"遵准则、倡廉风、防风险"廉政主题教育和典型案例剖析活动。加强《廉政准则》贯彻执行情况检查，完善内部反腐倡廉配套制度建设，出台工作人员廉洁自律十项禁止性规定，加大对重点部位和关键环节的监督。

提高干部综合素质。开展创先争优活动，参加省直机关"深入开展争先创优，争做人民满意公务员"主题演讲比赛等活动。开展先进人物和先进事迹系列宣传。加强分层分类培训，开展新进人员"入门教育"，建立"以师带徒"制度，完善财税干部讲坛，营造良好学习氛围。加强专业人才库建设，建立省级财政专业人才库5个；开展以课题为纽带的专题研讨活动。加大对年轻干部的交流培养力度，选派财税干部到专业对口部门、县市财政局、重点工程挂职锻炼。

深化财税文化建设。开展形式多样的文化创建活动，创建学习、服务、管理、发展、廉政、形象等六大"财税文化品牌"，提升财税文化的软实力。结合财政业务和干部队伍建设实际，举办形式多样、内容丰富的文化主题活动，打造"财政干部讲坛"品牌，当年全厅12名同志走上"财政干部讲坛"交流工作经验。召开全省财政地税系统"树典型、学先进、创品牌"主题推进会，深化财税文化建设。发挥工、青、妇群团组织合力，开展庆祝建党90周年红歌会等形式多样的文体活动，推进机关精神文明建设。　　(政研室供稿　施惠萍执笔)

全省国税

【概况】 2011年，全省国税实现财政总收入4443.75亿元，比上年增长21.1%。全省国税部门组织收入3271.23亿元，增长19.3%；不含宁波，全省国税部门组织收入2381.95亿元，增长18.2%。

【收入特点】 税收经济协调增长，收入增幅平稳回落。2011年全省国税收入运行态势与经济指标走势基本一致，国税收入增长速度持续回落，从1月份增长38.7%，到上半年增长26.7%，全年增幅回落至19.3%。

对地方财政收入贡献保持稳定。国税宏观税负较为平稳，当年国税部门组织收入占全省GDP比重约计10.1%；国税部门直接组织并纳入省财政总收入的税收3063.63亿元，占当年全省财政总收入的51.7%。

各主要税种普遍较快增长。国内增值税实现1897.69亿元，增长13.6%；国内消费税实现382.24亿元，增长20.9%；企业所得税实现796.44亿元，增长35.1%，占国税收入比重24.4%，较上年提高2.9个百分点；车辆购置税实现194.31亿元，增长17.4%。个人储蓄利息税由于暂免征收下降58.9%。

各级次、各地区国税收入增长较快。从入库级次来看，全年实现中央级收入2491.70亿元，增长18.8%；省级收入68.46亿元，增长15.5%；市县级收入711.07亿元，增长21.3%。分市地看，国税收入增幅超过20%的有5个市地，其中：舟山增长36.7%、湖州增长23.5%、宁波增长22.2%、衢州增长22.0%、丽水增长20.8%，温州、杭州、绍兴、嘉兴、金华和台州6个市地税收增幅在14%～19%之间；国税收入规模超百亿元的有8个市地，分别是宁波(889.28亿元)、杭州(856.09亿元)、温州(263.73亿元)、嘉兴(258.37亿元)、绍兴(230.82亿元)、台州(208.27亿元)、金华(182.63亿元)和湖州(123.90亿元)。分县(市、区)看，超10亿元的县(市、区)局39个，超30亿元的县(市、区)局19个。

【落实各类促进经济转型升级政策】 当年全省国税系统累计办理各类减免税234.62亿元。制定下发推进海洋经济发展的若干意见，对推进舟山群岛新区建设、义乌国际贸易综合改革试点提出税收政策建议。贯彻促进全省加快推进经济转型升级的实施意见，落实高新技术企业、软件企业、资源综合利用、技术创新等税收优惠政策。全省高新技术企业享受企业所得税减免38.28亿元；符合条件的企业享受研发费用加计扣除优惠政策，加计扣除额58.77亿元。软件产品增值税超税负返还16.04亿元，技术先进型服务企业减税0.26亿元。资源综合利用退税9.42亿元，办理福利企业退税25.97亿元。落实增值税转型改革政策，全省固定资产累计申报抵扣进项税额222.70亿元。落实国务院关于支持中小企业健康发展的政策措施，减免小型微利企业所得税约4.11亿元。制定下发支持中小企业健康发展的若干意见，落实增值税起征点提高政策，减轻小型微型企业税收负担，全省99.39万个体工商户免缴增值税，受惠面84.3%。加快出口退税审批进度，及时足额办理出口退税，全省共办理出口退(免)税1596.36亿元，增长22.8%。

【依法治税】 全省推广应用“浙江国税基层单位税收执法风险管理信息系统”，建立税收风险防控体系。动员部署“六五”普法工作，开展税收规范性文件合法性审查和文件清理。规范税务行政处罚自由裁量权，明确税务行政处罚自由裁量权的基准和适用规则。完善重大税务案件审理工作。上线运行税收执法管理信息系统疑点信息库，强化对实体性税收执法行为的监控。采取税收执法督察、内部财务审计、经济责任审计和执法监察“四合一”方式开展督查内审工作。推进重点税源、行业企业税收检查工作，加大重大税收违法案件的查处力度，打击发票违法犯罪活动，坚持举报案件“下查一级”工作制度，做好案件协查工作。全年全省国税稽查部门查补收入25.64亿元，配合公安部门缴获各类制售假发票2241.82万份，查处虚假发票24.37万份。

【税收征管】 推进税源专业化管理试点工作，组织开发全省统一的税源管理信息系统。开展网络发票的综合应用，依托网络发票系统开展发票数据的监控、分析、预警工作。扩大网络发票开具范围，推行增值税普通发票在线开具。加强部门和地区间涉税信息共享，国税、地税、公安三方联网建立“涉税公民身份信息核查系统”，开展税务与组织机构代码信息共享工作，建立江浙沪甬省际跨区域征管信息共享机制，完善非正常户异地协作管理制度。修订征管业务规程，统一规范表证单书，建立涉税审批风险控制制度。开展综合征管系统疑点数据清理，实施综合征管系统历史数据迁移，重点开展全省信息系统的网络、存储、服务器、应用软件等各方面信息资源整合工作。规范增值税一般纳税人资格认定，稳步实施防伪税控系统网上抄报税工作。强化对卷烟生产、经营企业和成品油生产企业的消费税管理。规范个体工商户定额管理，开展集贸市场税收管理和委托代征工作情况检查。研究部署车购税电子档案管理工作。开展企业所得税汇算清缴后续审核检查工作，推广应用省内跨地区汇总纳税信息管理系统。完善反避税选案制度和信息库建设，开展首例预约定价工作。完成涉外税务审计任务，强化非居民税收管理，加强“走出去”企业税收服务与管理。确立专业化管理的大企业税收工作模式，开展大企业税务风险管理，构建大企业税收管理信息平台。制定《出口货物退(免)税预警监控管理(试行)办法》，加强出口货物退(免)税预警监控工作。

【服务纳税人】 推进税收宣传，实施第20个全国税收宣传月活动，开展“与国税同行”全省企业报税收宣传专版评选活动，组织“名家说税”讲座，参加“信用浙江”建设十年大型广场文化活动，组织开展首届世界浙商大会税法宣传咨询活动以及2011年纳税服务月暨诚信兴商宣传月活动。强化办税服务，推进办税服务厅标准化规范化建设，制定办税服务厅管理制度，加强办税服务厅考核与管理。推进国税网站群建设，整合应用、优化功能，打造“网上办税厅”。在全省开通浙江财税12366语音特服系统。优化办税流程，精简涉税资料，健全纳税人涉税服务诉求管理机制，扩大自助办税终端(ARM)试点。优化出口退税服务，开展出口货物退(免)税分类管理，减少申报资料、简化审核流程，缩短出口企业资金回笼时间。加强纳税信用体系建设，组织开展2009～2010年度纳税信用等级评定工作，评定AAA级纳税人3590户，AA级纳税人3398户，A级纳税人6875户。制定支持和促进注册税务师行业规范发展的若干意见，依法支持注册税务师行业健康发展。

【信息化建设】 完善金税工程三期实施方案，开展金税三期工程的相关配套建设。加大核心硬件资源整合力度，利用服务器虚拟技术优化全省征管信息处理平台性能。推进各类应用系统的开发和推广，重点实施省级集中的内外网站群建设项目、税源管理信息系统、网络发票综合应用系统、基层单位税收执法风险管理信息系统，试运行出口货物退(免)税预警监控系统，推广省内跨地区汇总纳税信息管理系统。加强日常运维保障，提升运维保障能力。加强网络与信息安全防护体系运行维护系统，完成信息安全三期防护产品的安装调试工作，完善系统维护和系统安全责任制度，健全应急工作预案，组织安全检查。

【干部队伍建设】 加强机构编制管理，在地(市)国税局所辖城区统一设置全职能国家税务局，增设18个城区国家税务局。加强干部管理，规范干部选拔任用程序，严格执行干部选拔任用公开制度和民主推荐办法。抓好后备干部选拔培养，加强对中青年干部的培养和锻炼。优化市地局领导班子结构，增强领导班子整体功能。加强教育培训工作，开展领导干部、专业骨干和一线干部等“三支队伍”分类分级培训。深化学习型国税机关建设，推进学历学位教育和高层次人才培养工作。开展反腐倡廉教育，落实党风廉政建设责任制，加强内控机制建设，强化“两权”监督。全面开展《廉政准则》贯彻执行情况和推进惩防体系建设专项检查。加强信访工作，严肃查处违纪违法案件。推进国税党建和思想政治建设，开展群众性文体活动。开展以“治庸提能力、治懒提效率、治散正风气”为主要内容的“深化作风建设年”活动。开展民主评议政风行风工作，参加“群众满意基层站所(服务窗口)”评选活动。开展文明创建活动，全省国税系统5家单位被评为全国文明单位，3个青年集体被评为全国青年文明号，13个集体被评为全国巾帼文明岗。

(省国税局供稿　曹杭丽执笔)

全省地税

【概况】 2011年，浙江省地税系统围绕科学发展主题和加快转变经济发展方式主线，践行“依法治税、为民理财、务实创新、廉洁高效”工作理念，实现“十二五”地税工作良好开局。全年全省地税部门组织各项收入4119.39亿元，比上年增收786.95亿元，增长23.6%；其中：税收收入2688.80亿元，同比增收450.53亿元，增长20.1%；社保基金收入1144.38亿元，同比增收279.62亿元，增长32.3%。

【收入分析】 收入规模。受房地产业和建筑业税收增长放缓影响，营业税增速趋缓，但地税收入对地方财政收入的支撑作用依然。当年全省地方税比重为67.6%，处于合理较好区间；地税部门组织的地方财政收入2262.67亿元，占全省地方财政收入的71.8%。分税种看，企业所得税增长较快，累计入库408.70亿元，同比增长30.1%；个人所得税入库463.35亿元，同比增长23.1%，因新个人所得税法全面实施，四季度税收增速放缓，10～12月月均入库相关个人所得税比前九个月平均减少12.41亿元，减收幅度为43.8%，四季度全省个人所得税负增长10.3%；营业税入库915.71亿元，同比增长12.1%。地方十税合计入库901.04亿元，同比增长23.2%。

非税收入。全省累计组织各项非税收入1430.59亿元，同比增长30.8%，规模超过税收收入的一半，增幅快于税收收入10.6个百分点。社保基金收入在职工工资提高、“五费合征”和补缴入库等带动下，全年实现32.3%的较快增长；规费收入增长较快，全年入库文化事业建设费5.49亿元，增长38.1%；教育费附加在外资企业政策调整的带动下保持较高增速，累计入库99.59亿元，增长38.4%；地方教育附加累计入库66.92亿元，增长13.3%。全年入库水利建设专项资金90.25亿元，增长21.6%；入库残疾人就业保障金17.63亿元，增长20.0%。

行业税收。源自第二产业税收(不含契、耕两税，下同)增速稍快于第三产业，全年分别入库847.61亿元和1553.77亿元，同比增长24.8%和20.8%；第二产业税收占比略有提高，为35.3%。分行业看，各行业税收全面增长，租赁和商务服务业、文体娱乐业、制造业、电力燃气及水的生产供应业、信息传输计算机服务软件业税收增势强劲，分别增长42.7%、40.3%、36.3%、35.8%、35.7%。金融业、批发零售业、住宿餐饮业、交通运输仓储邮政业、居民服务和其他服务业税收增长稳健，分别增长29.8%、23.8%、22.0%、16.2%、14.0%。房地产业、建筑业税收增长相对较缓，分别增长13.7%、4.8%。房地产业税收在市场交易转冷形势下仍有增长，其税收占比由上年的23.8%下降为22.2%，对总体税收的增收贡献率由上年的37.1%下降为14.7%；从时间上看，上半年入库税收378.23亿元，增长25.8%，下半年入库税收153.98亿元，增长5.5%。建筑业税收因上年基数较高而增幅落后。

地区税收梯度分布。各地税收增长均在两位数以上，增幅高于全省平均的有嘉兴市28.4%、湖州市26.1%、丽水市25.6%、绍兴市22.7%、台州市22.5%、金华市21.0%、舟山市20.2%;增幅低于全省平均的有衢州市19.9%、温州市18.3%、杭州市17.5%、宁波市16.8%。从地区税收规模看,杭州市超700亿元、宁波市超500亿元、绍兴市超200亿元、湖州市超百亿元。

【助推经济转型升级】 支持重大战略实施。围绕海洋经济发展示范区、舟山群岛新区、义乌国际贸易综合改革试点三大国家战略、四大平台建设以及促进"人才、资本、项目"回归等重点工作,在全省地税系统组织开展专题调研,向中央争取税收优惠政策。出台支持浙商创业创新、促进浙江发展的财税配套政策。出台《浙江省地方税务局关于贯彻落实浙江省产业集聚区发展总体规划(2011~2020年)的实施意见》,梳理整合九大类税收优惠政策,支持产业集聚区发展。

促进经济结构调整。落实企业研发费加计扣除、高新技术企业所得税优惠等政策,推进战略性新兴产业培育、传统产业改造提升和高新技术企业加快发展。全省(不含宁波)地税系统企业研究开发费税前加计扣除34.56亿元,增长28.6%;高新技术企业所得税优惠18.73亿元,增长23.2%。贯彻落实全省服务业发展大会精神,细化落实营业税差额征税政策,开展支持服务业加快发展专项行动,推进企业分离发展服务业,加快现代服务业发展。全省新增439户企业分离发展服务业,超额完成省政府考核目标,实现营业收入156亿元,地方税费2亿元;全省已分离的2966户服务业企业,累计产生营业收入2061亿元,地方税费收入80亿元。

落实结构性减税政策。贯彻新个人所得税法,减轻中低收入者税收负担。全省10~12月份月均入库相关个人所得税比前九个月平均减收幅度43.8%;对54.22万户定期定额纳税人调整税额,减负25.4%。提高营业税起征点至上限,全省26.59万户个体工商户营业税纳税人中有24.35万户免缴相关税费,减少税费4.37亿元以上。

帮扶中小企业。梳理整合促进中小企业健康发展的税费政策,依法及时做好困难企业减免税、缓缴税款审批,加大帮扶企业力度。落实社会保险费"五缓四减三补贴"政策,全省(不含宁波)集中减征困难中小企业四项社会保险费11.4亿元,减轻中小企业负担。落实小微企业所得税优惠政策和中小企业信用担保机构营业税优惠政策,改善企业融资和发展环境。

【依法治税】 推进依法行政。开展依法行政考核,推进全省地税系统依法行政工作。加强税收规范性文件监督管理,做好税收规范性文件备案审查工作,组织开展省地税局规范性文件清理工作。修订《浙江省地税系统行政处罚裁量权执行标准》,组织开展规范税务行政处罚裁量权专项检查和案卷评查,规范税务行政处罚裁量权。采取自查与重点督查相结合的方式,对企业注销清算管理、减免税审批等七方面情况进行重点执法督察。加强行政争议防范机制建设,2011年,省地税局未收到行政复议案件,也未因具体行政行为违法或不当被提起复议和诉讼。

发挥稽查职能作用。坚持行业检查与区域整治并举,有序开展行业税收专项检查和交通运输发票违法犯罪活动的区域税收专项整治,组织重点税源企业税收专项检查。做好资本交易项目税收检查业务指导。配合打击发票违法犯罪活动,完成虚假发票"买方市场"综合治理目标任务。突出大要案和举报案件查处,完善大要案案源管理、督办、审理机制,整顿和规范税收秩序。

【税收征管】 加强信息共享和税源管理。深化信息管税,推进涉税信息共享机制建设,加强与工商、国税、国土、公安、质监、银行等部门协作,拓展横向联网范围。健全"五位一体"税源管理机制,出台《浙江省地税系统税源监控分析管理办法》,深化税源间接控管模式。完善以"抓大、评中、定小"为抓手的税源专业化管理办法。组织开展金融业、房地产业等行业专项纳税评估,建立交通运输业、邮政业等行业纳税评估模型。

推广应用网络发票。贯彻落实新版《发票管理办法》及其实施细则。完善《浙江地税普通发票开票软件》应急开票功能,推广应用网络发票,扩大网络在线开具发票的范围,强化发票开具信息的采集和应用工作。2011年,全省使用网络发票的纳税人同比增加52%,网络发票开具金额同比增长57.5%。

加强各税种管理。推广应用营业税差额征税管理软件,开展营业税专项辅导。推进企业所得税专业化管理,加强股权转让所得等高收入者个人所得税征收管理,落实非居民所得税等国际税收管理。应用房地产评估技术,加强二手房交易税收征管。做好车船税法贯彻实施准备工作。将契耕两税征收管理纳入核心征管系统,完善房地产交易税收一体化专业化管理。持续推进社会保险费、残保金征缴扩面,加强水利建设基金等规费(基金)征管。

【优化服务】 提速增效优化服务。转变机关作风,参与全省"双服务"、"优环境促发展"等各类活动,下基层听民情集民智,办实事解难题。推进涉税事项办理制度改革,新增90项涉税事项实行前台当场办结，59项实行限时办结，44项的主表实行免填单，涉税事项办理效率在原有审批时限基础上再提速42%以上。在10个具有执法职能的系统民主评议行风活动中，全省地税系统获得满意度第二、满意率第三。

深化“同心汇聚”服务品牌建设。建成全国首家集财政、国税、地税于一体的全省财税12366语音服务平台，为社会公众提供全天候规范、便捷、高效的财税语音服务。完善纳税服务标准化建设，开展纳税服务志愿者、纳税人之家、“四个日”纳税服务活动，为18.7万户企业提供面对面的服务，解决解答税收问题5.6万个。委托第三方开展的纳税人满意度调查显示，全省纳税人满意度平均得分为86.9分，比2009年提高7.7分。

加强税收宣传和舆情应对。提升税收宣传的针对性和实效性，突出“以税说事(法)”主线，开展“服务式”税收宣传，局领导带队深入企业、基层送服务、送政策。开展税企结对服务，对重点企业提供贴身辅导。关注涉税网络舆情，探索建立网络舆情管理机构和制度体系，加强舆情监测，提升应对能力。

【信息化建设】 推进“大集中”工程建设。完成《税友龙版》开发工作，设置12大功能模块、1179个菜单、3330个功能，涵盖目前地税所有业务。《税友龙版》于6月在金华市地税局率先试点应用，至年底，全省已有5个市地税局、10个县(市)地税局共15个单位上线运行，推进浙江地税信息化“大集中”工程建设，增强“信息管税”能力。

注重信息安全工作。开展全省地税网络与信息安全专项检查，并借助专业公司对各地门户网站进行安全评估。优化完善信息安全防御体系，升级上网行为审计系统，部署网络准入控制系统，搭建安全管理平台。组织、指导各地开展信息安全应急演练。 (省地税局供稿 王颖蓓执笔)

附表：

2011年浙江省地税组织收入情况统计

单位:万元

项 目	2011年	2010年	增长(%)	项 目	2011年	2010年	增长(%)
税务部门组织的收入	41193865	33324395	23.6	13. 耕地占用税	513754	440628	16.6
一、税收收入合计	26887986	22382668	20.1	二、非税收入合计	14305879	10941727	30.8
1. 营业税	9157096	8166778	12.1	1. 教育费附加	995946	719712	38.4
2. 企业所得税	4086981	3141135	30.1	2. 文化事业建设费	54879	39749	38.1
3. 个人所得税	4633545	3763603	23.1	3. 社保基金收入	11443780	8647603	32.3
4. 资源税	84957	63567	33.7	其中：(1)养老保险基金	7159369	5238752	36.7
5. 土地使用税	854993	675437	26.6	(2)医疗保险基金	2954735	2320411	27.3
6. 城建税	2096862	1499195	39.9	(3)失业保险基金	597710	488376	22.4
7. 印花税	453651	403715	12.4	(4)工伤保险基金	266276	210321	26.6
8. 土地增值税	1480490	1066948	38.8	(5)生育保险基金	155156	120343	28.9
9. 房产税	991954	719637	37.8	4. 水利建设专项资金	902494	742340	21.6
10. 车船税	191340	161980	18.1	5. 地方教育附加	669249	590791	13.3
11. 烟叶税	656	669	-1.9	6. 残疾人就业保障金	176344	146947	20.0
12. 契税	2341707	2279373	2.7	附：不含契税、耕地占用税的税收收入	24032525	19662664	22.2

财政分项工作概况

财政总预算及地方预算

【概况】 2011年，全省财政预算工作坚持科学化、精细化管理，谋划财政收支平衡，深化预算管理改革，为全省经济社会转型发展提供财力保障。全年全省地方财政收入汇总预算为2842.00亿元，执行数为3150.80亿元，完成预算的110.9%，比上年增长20.8%，按可比口径计算增长15.2%；全省财政支出汇总预算为3379.00亿元，执行数为3842.59亿元，完成预算的113.7%，增长19.8%，按可比口径计算增长14.6%。省级地方财政收入271.71亿元，完成预算的106.3%，增长14.8%，按可比口径计算增长8.1%；省级财政支出399.86亿元，完成预算的106.7%，增长14.2%，按可比口径计算增长7.5%。按照现行分税制财政体制和国家有关政策规定计算，全年全省、省级公共财政预算收支平衡。

【编制预算】 编制全省和省级预算草案。编制完成《浙江省2010年全省和省级财政预算执行情况及2011年全省和省级财政预算(草案)》、《浙江省2010年基金预算收支计划执行情况及2011年基金预算收支计划(草案)》。做好省财政厅向省委、省人大、省政府汇报预算草案的各项准备。根据省十一届人大四次会议批准的省级预算草案，编制《2011年省级一般预算收入退库计划(草案)》。做好省级部门预算编制、审核工作。根据2011年省级部门预算改革方案和布置要求，编制完成并报送人代会《浙江省2011年省级部门预算(草案)》。2011年省政府序列部门和法院、检察院等48个部门的部门预算提交省十一届人大四次会议审查，其中省教育厅、省国土资源厅部门预算作为人代会重点审查对象，接受人代会专题审查。所提交部门预算在省十一届人大四次会议上通过审查。研究提出省级预算安排建议。起草完成呈省长、省政府常务会议、省委财经领导小组审批的《2011年省级政府预算盘子及重点项目资金安排意见的汇报》，包括一般预算、政府性基金预算、国有资本经营预算、社保基金预算、债务计划的审核报批工作。编制并向财政部报送2011年一般预算收支总表、支出预算明细表和政府性基金收支计划。

【完成决算应询】 完成省人大常委会对2010年财政决算进行专题询问的各项工作。了解全国人大与兄弟省市专题询问工作开展情况；制订应询准备工作方案，多次召开有关处室会议，会商布置人大应询有关工作；开发财政基础资料及政策数据资料暨人大专题询问数据库系统；组织厅内部的模拟专题询问，完善应询内容和方式。9月29日，省十一届人大常委会第二十八次会议就财政决算和审计工作报告开展专题询问，厅领导对人大代表和委员询问的各项内容逐一作了回答，受到人大代表和社会各界的好评。此项工作得到省委书记赵洪祝批示肯定。

【优化财政支出结构】 支持经济转型升级。推进“四大建设”(即大平台、大产业、大项目、大企业)、海洋经济、舟山群岛新区、中心镇、战略性新兴产业等重点建设，落实省级产业集聚区财政政策，加大生态环保补偿资金投入。重点保障民生。全省财政支出增量中用于民生的比重为77.7%。全省各级财政投入“三农”资金1190亿元，增长26.0%。加大财政教育投入，全年全省财政教育投入占财政支出比重较上年提高0.76个百分点；支持公共文化、体育服务体系建设，推进文化体制改革；推进基本医疗保障制度建设，全省新农合平均筹资标准、财政平均补助标准分别提高到379元和268元；加大保障性住房建设支持力度，提高住房保障覆盖面；落实困难群众基本生活价格补贴机制。厉行节约，控制行政成本增长。严格控制一般性支出，因公出国(境)经费、公务用车购置及运行费、公务接待费实现“零”增长。

【推进预算管理改革】 推进“三个子”(即“收入一个笼子，预算一个盘子，支出一个口子”，简称“三个子”)改革。建立健全政府预算体系，编制公共财政预算、政府性基金预算、社会保险基金预算、国有资本经营预算和政府性债务计划。推进预算信息公开。1月，在省财政厅门户网站公开《关于2010年全省和省级预算执行情况及2011年全省和省级预算草案的报告》和省本级总预算。指导部门做好预算公开工作。2月，48个上会省级部门在各自门户网站上首次公开部门预算。代拟起草《浙江省人民政府关于进一步做好省级部门预算公开工作的通知》，对公开范围、内容，包括预决算及“三公”经费(因公出国[境]经费、公务用车购置及运行费、公务接待费)公开等提出要求。加快支出预算执行进度。根据财政部《关于进一步做好2011年地方预算执行工作的通知》精神及浙江省实际情况，实施多种措施加快财政支出执行进度。建立健全限时下达预算制度，加快省级预算支出核定进度和省级专项转移支付下达进度。制定完善目标考核机制，实时公布预算执行进度，掌握预算执行动态。1～11月省本级财政支出执行进度比上年同期提高1.86个百分点。推进专项性一般转移支付改革。开展调查研究，召开市县、省级部门及专家教授座谈会，为全面推开改革做好准备。11月，召开省级专项性一般转移支付改革布置会，邀请省公安厅、省工商局就开展专项性一般转移支付改革作经验介绍。12月，制定下发《关于实施省级专项性一般转移支付管理改革的通知》，明确改革指导思想、基本原则、目标、内容和具体措施等，启动推进专项性一般转移支付管理改革。做好预算外资金纳入预算管理工作。对原已纳入一般预算管理的相关资金进行甄别，将部分专款专用且金额较大的行政事业性收费项目，纳入政府性基金预算管理。

【发挥财政体制引导作用】 落实省对市县财政体制。做好2011年度省对市县结算工作，兑现分类分档激励奖补政策，落实市县营业税增收省分成返还奖励、省级金融保险业营业税增收奖励等政策，促进地方产业结构调整和经济转型升级。加大对市县的转移支付力度，安排分配均衡性转移支付、生态环保财力转移支付、财力性专项补助等。加大对经济欠发达地区扶持力度。2011年筹措26.8亿元资金，对欠发达地区尤其是重点欠发达县和贫困集中区域给予特别扶持。开展县级基本财力保障机制和市区财政体制调研，听取市县意见建议。落实援建资金。根据浙江省支援新疆、西藏及省内欠发达地区援建资金筹措制度，制定2011年全省援建资金筹措办法文件；根据财政部关于对口支援青海海西州的意见，提出浙江省援建青海海西州的意见。做好2011年边境地区专项转移支付资金的分配及绩效评价等工作。

【加强地方政府性债务管理】 加强债务分析。做好全省政府性债务统计分析工作，完善政府性债务定期报告制度，对政府性债务实行年报、季报、月报制，并对各地政府性债务负债率、债务率、偿债率实施预警分析，强化债务监督管理。提升债务信息化管理水平。配合财政部做好地方政府性债务管理信息系统在浙江的试点工作；按照财政部要求，结合浙江省实际，建立地方政府性债务管理信息系统；组织举办全省地方政府性债务统计软件培训班，指导各地运用政府性债务管理软件，提高信息化管理水平，实现政府性债务动态监管和政府融资平台公司全口径管理。做好地方政府债券有关工作。向中央争取地方政府债券额度，2011年财政部核定浙江省地方政府债券规模67亿元（全省含宁波为80亿元），根据《浙江省地方政府债券规模测算分配办法》，及时分配下达各市县2011年地方政府债券规模。做好浙江省自行发行地方政府债券的相关准备工作，包括债券资金使用方案报财政部核准、报省人大常委会审议等。完善地方政府性债务管理制度和办法。参与财政部预算司政府性债务管理办法起草工作；开展调查研究，召开座谈会听取各部门、各单位及市县意见建议，完善浙江省政府性债务管理办法。建立地方政府性债务考评机制。制定《浙江省地方政府性债务管理工作考核评比办法》，对各市县政府性债务管理工作进行考评，提高各市县政府性债务管理水平和管理质量。

【乡镇财政管理】 指导市县按照分税制财政体制的总体要求，合理划分县（市、区）与乡镇的事权，按照财力与事权相匹配的原则，理顺县（市、区）与乡镇的财力分配关系，实现财力适度向基层倾斜。完善中心镇财政体制，发挥集聚辐射作用。收集整理全省各县（市、区）对所属乡镇的财政管理体制文件，编印《浙江省乡镇财政管理体制》，指导全省各县（市、区）完善乡镇财政管理体制。 （总预算局供稿 郭丽丽执笔）

财政税政

【税收政策调研】 舟山群岛新区和义乌国际贸易综合改革试验区政策调研。完成设立舟山保税港区的课题研究与申请，争取中央对舟山群岛新区和义乌国际贸易综合改革试验区的税收政策支持；配合完成离境退税与离岛免税政策的初步研究报告；开展义乌市进行出口退税办法改革调研，“研究完善义乌国际贸易综合改革试点配套相关增值税政策”被财政部税政司列入2012年工作重点。营业税改征增值税试点情况调研。关注营业税改征增值税试点改革进程，联合省国税、地税等相关部门，加强调查研究，做好跟踪测算工作。引导市县正确把握组织相关税种收入的节奏、力度。小型微利企业税收负担调研。关注温州、绍兴等地小型微利企业生存情况，调查现有政策执行情况，调查政策执行过程中出现的新情况，为中央出台支持小型微利企业税收优惠政策提供事实依据和数据支持。

【企业所得税税源调查】 开展2010年度企业所得税税源调查。调查范围为2010年度全省范围内在登记管理部门正式注册登记的实行查账征收的法人企业或法人单位，具体包括：所有法人企业、有纳税义务的事业单位、社会团体、民办非企业单位（法人）和基金会等。调查采用分层抽样方法。全省收集有效样本企业数4222户，超财政部任务数20.6%。调查涉及所有经济类型的企业，内资企业占93.2%，港澳台商投资企业占2.7%，外商投资企业占4.0%，其他类型的单位占0.1%。在所有样本企业中，按《中华人民共和国企业所得税法》规定认定的高新技术企业1324家，占31.4%；非高新技术企业2898家，占68.6%。调查的样本企业资产总计18340.08亿元，实现收入13924.71亿元，利润总额1253.32亿元，应纳税所得额1054.04亿元，按适用税率计算应纳所得税额225.40亿元，剔除税额减免及抵免因素后实际应纳所得税208.91亿元。当年省财政厅被财政部评为2010年企业所得税税源调查工作优秀单位。

【重点产品国际竞争力调查】 全省调查重点企业261户，其中，内资企业156户，占59.8%；港澳台资企业38户，占14.5%，外商投资企业67户，占25.7%。调查重点产品266个，其中财政部列示产品121个，根据浙江省实际增补产品145个。同时，就关税政策对浙江省产业、经济发展影响，对促进企业自主创新、推动经济发展方式转变作用等方面开展调查研究，提出调整意见和建议。2010年度重点产品国际竞争力调查工作受到财政部通报表扬。

【涉税资格认定】 牵头认定具有公益性捐赠税前扣除资格的社会团体（经县级以上地方各级民政部门依法登记）31家和群众团体（县级以上地方各级机构编制部门直接管理其机构编制）13家。牵头认定具有免税资格的省级非营利组织66家。省高新技术企业认定管理工作领导小组（由省科技厅、省财政厅、省国税局、省地税局组成）分两批认定538家高新技术企业，其中：第一批认定232家；第二批认定306家；对之前认定的高新技术企业进行复审，通过复审的1125家企业继续获得高新技术企业资格至2013年度止。

【再生资源增值税退税】 对部分企业尚有2010年内已纳未退的增值税，继续按照退税工作程序，做好再生资源增值税退税复审的收尾工作。经县市两级财政初审、省财政复审、中央财政终审，全省审核批准1015户、1033户次退税申请，全年批准退税13亿元。根据财政部规定，对符合条件的增值税一般纳税人销售再生资源缴纳的增值税实行先征后退政策，2009年销售实现的增值税按70%的比例退，2010年销售实现的增值税按50%的比例退。此项政策执行期限内，全省合计批准退税79亿元。（注：文中“浙江省”“全省”的统计数据均不含宁波市）

（税政处供稿 项 真执笔）

预算执行

【概况】 2011年，浙江省财政预算执行管理工作按照“三个子”和预算编制、执行、监督“三位一体”财政运行机制改革要求，完善预算执行管理机构一体化，深化财政国库管理制度改革，严格财政资金安全管理，加强预算执行分析与管理，提高预算执行力与执行效率，完成预算执行管理的各项任务。

【推动市县国库集中支付改革】 省财政厅与各市县财政部门签订改革目标责任书，确定临安市、瑞安市、海盐县、吴兴区、新昌县、东阳市、常山县、定海区、椒江区、青田县等10个县（市、区）为国库集中支付及公务卡改革示范县，发挥以点带面作用。截至年底，全省所有市、县(市、区)全部启动国库集中支付改革，10194家预算单位纳入改革，覆盖率69%。

【公务卡改革】 深化省级公务卡改革。截至年底已有535家省级预算单位累计办卡39077张，全年公务卡公务消费支出1.03亿元，同比增长99.5%。公务卡公务消费支出与现金支出之比为1:9.74，与上年同期1:21.79相比，现金支出规模下降。

推进市县公务卡改革。全省90个市、县（市、区）实施公务卡改革，5309家预算单位纳入改革，累计发放公务卡115365张，公务卡公务支出4.09亿元。

【规范国库集中支付】 提高直接支付实质比重，全年直接支付业务量102740笔，金额319.53亿元，授权支付业务量364186笔，金额51.04亿元，直接支付实质比重68.7%，比上年提高10.4个百分点。完成新开发及修改软件的测试，并提出单位公务卡使用、支出明细查询和个人公务卡一对多还款及明细查询打印功能等多项软件需求，优化支付系统中公务卡支出操作流程。严格“三公”（公务接待、公务用车、因公出国[境]）经费审核，引导单位加强行政成本控制，合理使用历年结余资金。对未通过转移支付下拨的中央部委资金和非往来款性质的资金要求纳入预算管理。发挥关联账户划拨资金审批等监控手段的作用，严控垫付资金、系统下拨资金和大量提取现金等逃避财政监管的行为。

【建设动态监控体系】 制定《浙江省省级预算执行动态监控

预警规则》等制度框架,研究开发动态监控软件系统,基本完成软件主体模块的测试与模拟运行。

【试编政府综合财务报告】 根据政府综合财务报告试编指南,制定2010年度省级政府财务报告试编实施方案,对总决算报表、部门决算报表、财政专户资金报表、基建决算报表、国有企业报表等相关报表进行汇总、抵销、调整、合并,完成试编工作,初步掌握省本级政府财务状况及运营情况。

【财政专户管理】 开展地方财政专户清理整顿工作,组织各设区市财政局组成核查小组进行交叉核查,共撤并财政专户997个。规范财政专户管理,对财政专户开设依据、归口管理、财政专户档案管理以及开立、撤销和变更的审批流程和资金拨付流程、开户银行选择等事项进行明确规定。完善财政资金内部管理。完善财政资金拨付系统,将财政资金支付整个流程纳入信息系统管理。

【预算单位银行账户管理】 出台《浙江省级预算单位银行账户管理暂行办法》,规范预算单位银行账户新开、变更、撤销等管理工作。开展省级预算单位银行账户年检工作,举办年检业务及操作培训,开发完成银行账户管理信息系统。做好省级预算单位日常账户审批备案工作,提高账户管理工作质量和服务水平。

【预算执行分析】 按月准确汇编全省财政收支报表,及时汇集各省、自治区、直辖市预算执行情况及反映全省经济运行情况的资料,挖掘各类数据,对收入形势进行分析、预测,对预算执行中存在的问题提出合理建议,为领导决策提供参考。加强专题分析工作,《于逆境中奋起 在困境中突围——聚焦温州中小企业经营和融资现状》等三篇专题调研文章被收录进财政部国库司调研成果选编,在全国地方预算执行分析工作评比中获一等奖。

【财政决算及分析】 加大对部门决算报表数据的审核力度,采取初审加复审的“两步法”审核,重点加强对两套核对表的审核,并按财政部要求,将所有财政性资金全部核对到“类、款、项”,提高部门决算数据质量。以财政总决算数据为基础,搜集全省及全国的财政统计数据,汇编年度财政统计资料。通过对财政总决算数据的分析,及时发现财政财务管理中存在的问题和薄弱环节,为规范和完善预算管理提出对策和建议。做好全省行政经费、“三公”经费的汇审工作,为决算信息公开做准备。

【财税库银横向联网】 有序推进全省财税库银横向联网工作,做好全省国税地税系统加入横向联网的协调工作。做好横向联网数据的日常维护,对已开发的报表系统进一步优化,并根据需要开发新报表,逐步加大数据的开发利用,完善横向联网数据利用方案,完善收入分析基础数据库。

【提高财政性资金存款效益】 将存于商业银行暂时闲置的专户资金转为定期存款以提高利息收入。与各开户行签订存款协议,对超过一定金额的活期存款按高于活期存款利率的协定存款利率计息,提高存款收益率。合理预测国库存款余额,妥善调度库款,提前归还交通项目还贷资金50亿元,置换省属高校银行贷款44.95亿元,减少贷款利息支出,有效化解交通部门、高校及政府的债务风险。

【人才库研讨培训】 做好全省财政系统预算执行专业人才库研讨培训工作,结合国库集中支付改革和政府会计改革课题调研等工作,组织开展人才库交流、调研和课题攻关等活动,为预算执行管理工作培养人才。

(预算执行局供稿 何赛赛执笔)

财政综合

【概况】 2011年,浙江省财政综合工作全面推进政府非税收入的法制化、信息化建设,健全完善政府非税收入征管体系,加强各项政府非税收入收缴管理,规范行政事业性收费和政府性基金,继续支持住房制度改革,强化住房、土地资金和彩票监管,着力加强国有资源(资产)性收入征收,全省政府非税收入保持基本稳定。全年全省组织征收政府非税收入4426.88亿元,比上年下降12.3%,其中省本级组织征收各项政府非税收入208.44亿元,增长5.3%。

【政府非税收入管理法制化建设】 宣传贯彻《浙江省政府非税收入管理条例》(以下简称《条例》),下发《关于贯彻落实<浙江省政府非税收入管理条例>的通知》,部署全省贯彻落实《条例》。配合“法治浙江”宣传月活动,组织编印《条例》单行本,会同省普法办制作《条例》宣传挂图进行专题宣传。组织开展《条例》专题培训,把握《条例》基本内容和精神实质。根据《条例》有关规定,制定《浙江省2011年政府非税收入项目目录》,规范和统一全省政府非税收入项目管理,从源头上规范政府非税收入执收行为。

【征管信息化建设】 推进全省政府非税收入征管信息系统

(金财工程一体化版)实施应用,举办59个市(县)财政局非税业务骨干参加的系统实施应用培训班,全省45个市、县(市、区)应用该系统。推进国有土地出让收支管理信息系统应用工作,全省72个市、县(市、区)财政、国土部门和人民银行安装该系统,三部门之间横向联网及全省上、下级纵向联网的网络构架已经建成;55个市、县(市、区)已将土地出让收支业务纳入信息系统管理,5个使用自主开发应用软件的地区已将其软件与信息系统进行对接,省对市县土地征收管理实现网上实时监管;全省《国有土地收支统计报表》全部通过系统上报。加强对公安交管部门罚缴管理,构建移动警务终端罚缴信息平台,研究推出适应移动警务终端使用的热敏式专用罚款收据,在嘉善县试点成功并扩大至嘉兴市、湖州市、绍兴市使用。推进高速公路罚缴信息一体化平台建设,提升高速公路罚缴工作效率。构建政府非税收入报表填报系统和财税库银联网系统对接平台,提高政府非税收入填报工作效率。

【收缴业务精细化管理】 做好政府非税收入纳入预算管理有关工作,全面梳理政府非税收入科目,核实省级所有执收单位执收项目、执收代码,做好与政府非税收入预算科目匹配工作。明确非税收入财政结算账户清分制度,强化政府非税收入资金收缴管理,规范收缴行为。加强国有资产处置收入、资产出租收入、对外投资收益、对外担保收入收缴管理,全年全省共收缴资金28.43亿元。重新设定政府非税收入收缴管理统计报表式样,下发《关于全面建立政府非税收入收缴情况报告制度的通知》。规范财政票据管理,制定《浙江省财政票据印刷管理办法》,规范承印企业印制、保管、运输财政票据行为,提高财政票据印刷质量,保障财政票据的有效供给;转发财政部《公益事业捐赠票据使用管理暂行办法》,加强公益捐赠票据管理;下发《关于民办教育机构教育收费不再使用政府非税收入票据的通知》,明确民办教育机构应按规定向所在地主管税务机关申请办理税务登记和发票购领手续。

【政府性基金和行政事业性收费管理】 报请省政府制定出台《浙江省地方水利建设基金筹集和使用管理实施细则》。报请省政府同意确定重要行政事业性收费项目范围。加强涉企行政事业性收费管理,减轻企业和社会负担,取消部分涉企行政事业性收费项目、降低部分涉企收费标准。自2011年2月1日起,全省统一取消工商部门的营业执照副本工本费、卫生部门的疫情处理费等13个部门的31项涉企行政事业性收费;出台涉及17个部门32项针对小微企业的三年收费免征政策,自2012年1月1日起实施。

【住房资金监管】 加强廉租住房保障资金筹措管理,配合省级有关部门将住房保障资金有关内容纳入城市住房工作考核及督查约谈和问责机制,督促各地筹措廉租住房保障资金,对不按规定及时足额计提和使用廉租住房保障资金的地区,不予安排省级以上财政补助资金。加强监督检查工作,确保房地产市场调控政策措施落到实处。会同有关部门赴衢州、金华两地对房地产市场调控政策措施落实情况开展专项检查,规范廉租住房保障资金的筹集、使用和管理,确保保障性安居工程建设。配合审计署驻长沙特派办做好全省保障性住房建设资金的收支管理检查工作。加强住房公积金财政监督管理,开展部分市县住房公积金管理情况检查工作,对绍兴等25个住房公积金管理中心、分中心2010年度住房公积金的归集、提取、使用和管理情况进行检查,加强住房公积金财政监督管理,确保资金安全高效运行。做好省直行政企事业单位职工一次性住房补贴审批发放工作,共审批省直行政事业单位职工一次性住房补贴12507人次,发放住房补贴资金4.91亿元,其中财政专项补助8900万元。

【土地出让金征收管理】 全省当年收缴土地出让收入3585.73亿元,完成年度预算的173%。其中,招拍挂和协议出让收入3350.58亿元,分别计提农田水利建设资金和教育资金60.21亿元和86.92亿元。提请省政府出台关于进一步加强国有土地使用权出让收支管理意见,明确各地土地出让收支预算报同级人大审批,土地出让支出要按规定范围使用,各专项资金要按规定足额计提和安排使用。贯彻中央关于从土地出让收入计提农田水利建设资金和教育资金政策,会同省有关部门研究制定实施意见。督促各地贯彻落实土地出让收支管理相关政策,严格收支两条线管理,强化土地出让收支基金预算管理,加强土地出让收入征管。完善土地出让收支统计报表审核和分析机制,提高统计报表的准确性和实用性。开展调研工作,根据财政部、国土资源部的统一部署,对全省2007～2010年土地供应及土地出让收支情况进行调研;根据财政部、水利部的统一部署,开展全省2011～2012年农田水利建设资金需求等相关情况的专题调研。

【海域海岛使用金征收管理】 加强浙江省海域使用金和无居民海岛使用金的征收管理。全省(含宁波)2011年征收入库海域使用金9.41亿元。贯彻落实全省海域使用金减免政策,继续支持温台产业带的发展,做好温台沿海产业带用海项目应缴地方部分海域使用金的缓缴工作,批准26个温台产业带滩涂围垦项目缓缴地方部分海域使用金计5.00亿元。同时,会同有关部门对符合减免中央部分海域使用金的项目向财政部、国家海洋局提出减免申请。报请省政府制定出台《浙江省无居民海岛使用金征收使用办法》，促进无居民海岛的有效保护和合理开发利用，加强和规范无居民海岛使用金征费和使用管理。支持舟山海洋经济示范区建设，争取中央加大对舟山海洋经济示范区的资金支持力度。

【彩票市场监管】 当年全省销售彩票153.38亿元，筹集彩票公益金（含中央部分）45.38亿元，分别增长21.6%和19.5%。完善彩票管理工作会商机制，强化彩票市场分析判断，研究加强彩票规范化管理相关工作。调整彩票发行费分成比例和彩票代销费，稳定彩票销售基础。支持省级彩票机构开展派奖活动，拓宽彩票销售渠道。做好彩票公益金征缴、清算和公告等工作，落实加强中央专项彩票公益金管理，推进青少年校外教育事业发展。向省政府报告全省2010年度彩票公益金筹集、分配和使用情况，并向社会公布。中央专项彩票公益金支持未成年人校外活动保障和能力提升项目资金管理工作，会同省青少年工作领导小组办公室督促各地做好彩票公益金资助青少年校外活动场所建设工作，加大对青少年校外活动场所建设项目和设施设备等资助力度。

（综合处供稿　李慧辉执笔）

会计管理

【会计行政许可】 按《行政许可法》的要求，坚持“公正、公平”和“高效、透明”的原则，依法做好会计从业资格、会计师事务所、资产评估机构等行政许可事项的审批工作。至年底：

——全省997393人持有会计从业资格证书，实际从事会计工作781616人，占持证人员78.37%；具有大专以上学历521116人，占持证人员52.25%，其中，大专学历359695人，本科学历154745人，硕士3324人，博士28人。

——全省会计师事务所372家，其中：有限责任所185家，合伙所158家，特殊普通合伙1家，分所28家；当年审批新设会计师事务所7家，分所5家；审批新设资产评估公司1家，分公司1家。印发《浙江省会计师事务所管理办法（征求意见稿）》；做好中介机构设立审批工作，加强对中介机构的日常监督管理；做好会计师事务所、资产评估机构变更备案工作。

【会计法规制度建设】 推动企业内部控制体系建设。按照财政部的总体部署，成立浙江省企业内部控制规范咨询委员会；在全省范围开展贯彻实施企业内部控制规范经验材料征集工作；配合财政部做好关于《企业内部控制基本规范》及其配套指引贯彻实施情况的调研工作。贯彻医院和基层医疗卫生机构会计制度。研究部署新医院财务会计制度的贯彻实施工作，分别于5月和9月举办全省基层医疗卫生机构财务会计制度培训班和全省医院财务会计制度培训班，对全省各市县及部分基层医疗卫生机构、医院财会人员共960人进行培训，布置实施基层医疗卫生机构财务会计制度和医院财务会计制度。布置和收集全省执行企业会计准则的情况。召开实施会计准则的上市公司和非上市公司企业座谈会，听取企业和会计专家意见，汇总全省情况报财政部。印发《关于基本医疗保险异地就医联网结算有关会计核算问题的通知》，并及时转发财政部制定的《新型农村社会养老保险基金会计核算暂行办法》。推动全省会计理论研究。完成2010年会计科研课题结题工作，征集优秀会计论文，共收到420篇论文，经专家评选，评定一等奖5篇、二等奖12篇、三等奖16篇。

【会计专业技术资格考试】 组织全省会计从业资格、全国（初中级）会计专业技术资格和高级会计师资格等会计资格考试，全省（不含宁波）报名参加会计从业资格考试人数263317人，合格人数54793人。在全国（初中级）会计专业技术资格考试（浙江考区）中，初级资格考试报名为155708人次，合格人数9876人；中级资格考试报名为80105人次，合格人数1771人。全省报名参加全国高级会计师资格考试人数1841人，合格人数为706人。截至年底，全省具有初级资格182347人，中级资格67153人。

【会计专业技术资格评审】 做好2010年度高级会计师资格考评结合的评审工作，省会计高评委对650名申报对象进行审议，以无记名投票表决的方式，评审通过493人。继续做好教授级高级会计师资格评审工作，省教授级高级会计师资格评审委员会对18名申报对象进行评审，综合专家论文鉴定结论、答辩面试成绩和专家组审议情况，以无记名投票表决方式，评审通过8人具有教授级高级会计师资格。布置开展2011年度高级会计师资格的评审工作，已接收高级会计师资格申报材料664份。截至年底，全省累计7444人具有高级会计师资格，28人具有教授级高级会计师资格。

【高端会计人才培养】 转发财政部《关于开展2011年全国会计领军（后备）人才（企业类）培训的通知》，部署浙江省选拔、推荐工作。当年，3位同志入选全国会计领军（后备）人才培训班。组织浙江省会计领军（后备）人才第三期培训工作，全省178人报名参加选拔，其中按规定免笔试23人，通过笔试、面试两个环节考核，按照总成绩从高到低录取50名学员。本期会计领军（后备）人才培训班，培训期限5年（2011～2015年），培训工作委托浙江财经学院承办，于12月上旬正式开班。

【先进会计人员评选】 开展2011年全省先进会计工作者（注册会计师系列）评选工作，共评选出10名全省先进会计工作者（注册会计师系列）。

【会计管理信息化】 继续开展会计人员网络继续教育，当年12万人参加网上继续教育。推进和完善各类会计资格考试网上报名及网络化管理工作；探索会计从业资格考试新形式，继续推进会计从业资格无纸化考试试点，杭州市作为试点地区，全面实施会计从业资格无纸化考试。

（会计处供稿　程少春执笔）

行政政法财政财务管理

【概况】 2011年，行政政法财政财务管理工作，围绕优化支出结构，加大经费保障力度，加强财政财务管理，开展各项工作，提升全省行政政法财政财务管理水平。

【扩大"因素法"分配转移支付资金范围】 对于市县政法转移支付资金，在原公安、检察院、法院、司法四个部门的基础上，又增加公安边防单位，加大资金整合力度，将整合交警规费10亿元、中央燃油税返还收入交警补贴1.38亿元，全部纳入"因素法"分配范筹。全年省财政安排政法奖励性补助资金24.61亿元（含中央资金）。将质监系统涉及市县分配的七个专项经费2.14亿元整合为一个专项，首次采用"因素法"分配；在工商系统原"两费停征补助经费"采用"因素法"分配的基础上，加大整合力度，将涉及市县分配的三个专项经费3.01亿元整合为一个专项，采用"因素法"分配；根据统计调查经费的特点，对补助市县的统计调查经费采用"因素法"分配。通过专项资金的清理、整合和规范，实现一个部门一个转移支付项目。

【建立政法装备配备标准体系】 根据财政部和中央政法部门的要求，结合政法经费保障的实际情况，由省级财政部门主导，会同省级各政法部门，制定出台全省县级公检法三部门基本业务装备配备实施标准，明确基层公检法部门基本业务装备配备的范围、项目类别、配备对象和数量、设备更新的年限，鼓励系统内、部门内业务装备共建共享，提高装备利用率和资金使用效率。明确经费保障政策和责任，各项标准实施所需经费由同级财政负责，并要求各地编制各政法部门业务装备配备规划和年度实施计划。省财政按照政法经费分类保障办法实行奖励性补助，支持各地完成各项业务装备配备。

【深化监狱体制改革】 按照"全额保障、监企分开、收支分开、规范运行"的要求，将维持监狱正常执法所需经费全额纳入财政预算。全年安排监狱系统基本支出22.72亿元、劳教系统基本支出2.01亿元。支持监狱布局调整，落实监狱系统"十二五"规划省财政资金投入总体规模11.75亿元，其中2011年安排监狱系统布局调整、扩容专项经费2.67亿元。对监狱劳教企业中列支的用于监狱项目建设的资金（劳动补偿费）、监狱劳教企业增值税退税资金用于补充监狱经费部分、在监狱核算的土地补偿收入及大额其他收入等实行专户管理，并进行整合、优化，在不增加财政支出的前提下，全省监狱劳教干警的津贴补贴由自筹为主向财政全额保障转变。

【调整公安边防业务经费保障办法】 明确人员经费、日常公用经费、边防管理业务费和装备经费、办公基础设施建设经费和边防管理业务基础设施建设经费由中央财政保障，公安办案（业务）经费、公安业务装备经费由同级财政保障。

【保障政法基础设施建设资金】 落实中央《关于进一步加强地方政法基础设施建设规范投资保障机制的意见》，提出多渠道筹措配套资金的意见建议，明确市县项目省级配套资金重点向欠发达地区倾斜。法院系统配套资金从法院专项中调整解决，公安、检察、司法系统配套资金从省财政给市、县的专项中调整安排；省级项目配套资金按现行资金渠道由省发改委和省财政厅分别落实。当年落实省级配套资金3.00亿元。

【支持推动社会管理创新】 筹措落实省级建设"平安浙江"专项资金1000万元，支持各级政法委平安基础建设、基层综治组织规范化建设、社会管理创新试点。支持健全和完善多元化矛盾纠纷解决机制，安排司法救助资金400万元、疑难复杂信访问题专项资金200万元，着力解决疑难复杂信访积案。加大对法律援助、社区矫正和人民调解工作的支持力度，安排法律援助经费800万元、社区矫正经费2866万元和人民调解工作经费700万元，维护社会和谐稳定。

【调整完善质监系统财务管理体制】 1月1日起，省以下质量技术监督系统财务垂直管理体制调整为属地管理。省以下质量技术监督部门行政经费按照省编委核定的行政编制和稽查编制数相应下划至各级地方财政，纳入地方支出预算，实行属地管理。划转基数参照2010年省级对市县质监系统人员经费、公用经费、车辆经费预算定额标准确定。各级财政将当地质量技术监督部门的人员经费、公用经费、离退休人员经费、办案经费、装备经费、基础设施经费等足额纳入财政支出预算；其中公用经费按照高于当地一般行政机关的支出水平予以保证。各级财政部门妥善安排当地质量技术监督部门预算。全省质量技术监督系统财务管理体制实行属地管理后，原各级质量技术监督局及其所属技术机构占用、使用的资产，由当地财政部门监管。

【支持人才引进和培养】 筹措落实海外高层次人才“千人计划”奖励资金，对实际到岗的110名海外高层次人才发放奖励资金1.10亿元。至2011年，全省引进“千人计划”人员共212人。完善海外引才工作体系，出台“海鸥人才计划”（“千人计划”短期项目），对入选人员给予每人50万元一次性科学技术奖励。及时落实“2011浙江民营资本与海外高层次人才对接活动”经费，支持赴美国、加拿大开展海外高层次人才招聘活动。实施“希望之光”计划、高校毕业生“三支一扶”计划、“大学生村官”计划，加大对欠发达地区人才开发培养的补助，省财政对欠发达地区“村官”补助标准提高到每人每年1.10万元，当年省财政安排补助经费5900万元。加快农村人才队伍建设，落实农村党员干部现代远程教育经费2550万元，扩大农村党员干部现代远程教育系统覆盖范围和教学资源库建设。

【推动“质量强省”建设】 安排标准化战略和质量管理专项资金3300万元，支持推进标准化建设。完善质量技术支撑体系，支持科技创新平台和实验室建设，安排省本级重点检验检测项目技术装备经费2500万元。支持食品安全监管工作，安排省级产品监督抽查经费4000万元；安排全省食品安全监督管理专项经费（含中央）2500万元，采用因素法分配；加强流通领域食品安全监管，安排流通领域食品安全监管经费800万元。支持食品加工小作坊、小药店等“十小”行业整规活动，以“以奖代补”形式奖励一批“十小”整规行动示范街、示范镇，巩固“十小”行业整规成果。继续安排“省政府质量奖”专项奖励资金500万元，推动企业提高产品质量。

【支持县乡换届选举】 落实中央及省委关于做好县乡两级人民代表大会换届选举工作的精神，省财政以人均1元的标准按转移支付系数补助欠发达地区县乡两级人民代表大会换届选举工作经费1293万元。各地做好换届选举经费保障工作，县乡两级人民代表大会换届选举工作经费列入同级财政预算。

【支持首届世界浙商大会召开】 多渠道筹措落实相关工作经费2800万元，其中财政补助1000万元，确保大会前期筹备工作的开展和大会的召开，受到首届世界浙商大会组委会的感谢和表扬。

【支持旅游产业发展】 调整和优化财政支出结构，安排8000万元旅游发展专项资金，重点支持旅游基础设施建设、旅游重点项目启动、旅游规划编制、旅游队伍培训以及提升浙江旅游品质的宣传促销活动。

【支持赴台开展参访交流活动】 与相关部门协商研究2011年浙江省代表团赴台湾参访交流活动经费保障事宜，筹措落实涉及海洋经济合作交流活动经费、考察南投农业及农村基层组织经费、浙江美食台湾行活动经费等1200万元，促进两岸在经贸、文化等领域的交流。

【完善财务管理制度】 完善《浙江省司法救助专项资金管理办法》《浙江省特级专家专项资金资助管理办法》，规范资金使用，提高财政资金使用绩效。制定《浙江省预备役电磁频谱管理部队地方经费保障和管理暂行办法》，全省各级预备役电磁频谱管理部队开办经费及预备役官兵教育训练、快速动员，以及总部、南京军区和省军区下达的战备执勤、军事演练（习）等执行任务所需经费由地方财政保障。调整省级行政机关工作人员福利费提取标准，从2012年起按工资总额的3.5%提取福利费，并规范福利费的使用。完善省级机关差旅费报销办法，出台《关于省级行政机关工作人员差旅费开支规定的补充通知》，明确动车和高铁开通后的具体报销标准。

【开展专项检查】 开展全省政法奖励性补助资金专项检查，分全面自查、重点检查、总结整改三个阶段，重点检查阶段省财政厅组织省级政法部门，组成两个检查组，对全省29个县（市、区）进行抽查，重点检查财政部门对政法经费保障管理情况，政法部门对政法经费使用及财务和资产管理情况，实物装备配备和使用情况，制度建设和实施情况等，推动各地财政部门落实政法经费保障责任，增强政法部门提高资金使用绩效的意识。

【调查研究和业务交流】 开展全省安全经费保障体制改革调研，研究制定实施方案。完成“公共财政支持社会管理创新研究"调研课题，获浙江省财政系统优秀调研报告评比二等奖。开展人防易地建设费调查，为规范经费管理摸清情况。强化基础数据建设，开展政法财务数据库、行政单位基础数据库、高层次人才引进基础资料数据、全省人才投入情况等多项调查，为建立基础数据库打下基础。开展行政政法财务研究小组活动，围绕财政管理改革和财务管理工作中的热点、难点问题，开展小组专题学习、调研、交流活动，提高各部门单位财务人员管理能力和管理水平。编印《浙江省省级预算单位财政工作业务流程手册》，理顺和完善各项工作程序、标准及流程。（行政政法处供稿　陈　达执笔）

注：

*"因素法"：根据财政资金有关管理办法，明确分配因素和权重，并采用因素来分配财政资金的方法，是数学方法在财政分配专项性一般转移支付资金的实践运用。

*"希望之光"计划：为实施人才强省战略，推动欠发达地区加快发展、促进区域协调发展，部署并实施的欠发达地区人才开发专项计划。"希望之光"计划包括人才培训、人才支持、智力服务、人才开发资助等4大工程及13项子计划。

*"三支一扶"计划：即高校毕业生到农村基层从事支教、支农、支医和扶贫工作。

教科文财政财务管理

【加大教育投入】　落实财政教育投入政策。明确教育投入"四个确保"目标，即确保全省财政教育经费支出占一般预算支出比例高于中央核定的比例；确保全省各级财政教育经费支出比例高于现有水平；确保全社会教育投入增长比例高于同期地区生产总值增长比例；确保超收收入分配中，体现法定增长要求。督促市县落实有关教育投入政策，建立对市县财政教育投入分析评价制度，采用"基于努力程度的办法"分解市县目标比例，在现行二类六档市县分类基础上，确定各市县初定比例，根据市县财政教育努力程度对初定比例予以适当调整，最终确定各市县的目标比例。

推进各项教育均衡发展。在教育资金转移支付安排中，注重向农村和欠发达地区倾斜，自2011年起每年安排1亿元学前教育专项资金，专项用于欠发达地区乡镇中心幼儿园建设、支持民办幼儿园发展、困难家庭子女入园资助和学前教育教师培训，2011～2013年安排0.70亿元用于欠发达地区乡镇中心幼儿园建设奖励性补助。2011年秋季学期起，建立学前教育资助制度，对在各级各类幼儿园就读的家庭困难儿童，包括低保家庭幼儿、福利机构监护的幼儿、革命烈士子女、五保供养的幼儿以及残疾幼儿，保育费减半收取，对经济欠发达县及海岛县按每生每年600元的标准和分担比例予以补助，建立完善普通高中政府助学金制度，在原家庭困难学生免高中学费的同时，再给予国家助学金资助。建立高校学生伙食补贴动态调整机制，对全日制普通高校在校学生参照困难群众基本生活价格补贴机制发放临时伙食补贴，稳定高校食堂伙食价格。组织开展化解义务教育债务工作省级验收工作，全省义务教育债务化解工作得到温家宝等国家领导人及部、省领导的肯定。建立与负债率、化解率挂钩的奖补机制，加强高校债务化解和风险控制，当年调度财政库底资金44.95亿元，兑现奖补资金3.20亿元，至年底省属高校贷款余额降至14.81亿元。推动"校舍安全工程"进展，下达"校舍安全工程"第二批省补助资金，确保三年目标基本完成。当年安排专项资金4.95亿元（含中央奖补资金）保障外来务工人员子女接受教育等。

注重提高教育质量。研究提出"十二五"时期职业教育财政投入政策思路，自2011年起实行省财政补助与市县职业教育发展相挂钩办法。完善省属普通本科高校教学质量与财政拨款挂钩办法，推进省属普通本科高校提高教学质量。改革提升地方高校办学水平专项资金分配办法，当年安排专项资金2.25亿元用以提升高校人才培养、科研创新和社会服务能力。研究制定"十二五"时期高校重点学科建设方案，分层次推动地方高校教学实验平台、科研平台和专业能力实践基地、公共服务体系、人才培养等项目建设。做好中央支持地方高校发展专项资金预算申报评审，获中央补助1.35亿元。

【支持科技发展】　加大财政科技投入。参与修订《浙江省科学技术进步条例》，明确省、市、县（市、区）财政科学技术经费投入比例，确保财政科技经费增幅高于本级财政经常性收入增幅1个百分点以上，提升自主创新能力，推进科学技术成果向现实生产力转化。

支持重点工程。优化科技支出结构，支持国家技术创新工程试点省建设，出台《关于进一步支持青山湖科技城建设发展的若干意见》，省财政设立省科创基地（科技城）建设专项资金，支持省科创基地（临安科技城）引进高端的科研机构和人才团队；支持重大科技专项、科技成果转化项目研究和成果转化、自然科学基金、科技型中小企业技术创新及公益技术应用研究等，提升科技创新能力。

支持产业技术创新联盟建设和人才团队培养。安排产业技术创新战略联盟专项资金4000万元，根据重点产业、战略新兴产业和产业集群发展的科技需求，支持产、学、研有机结合，提升技术创新水平和技术服务能力，推动产业升级。增加科技创新团队专项额度,支持省重点科技创新团队培养、提升和集聚。

创新财政科技投入方式。发挥财政资金的导向作用,对以企业为主承担的科技成果转化和产业化项目采取事后资助、贷款贴息等多种方式予以支持。会同省科技厅争取中央补助科技型中小企业技术创新基金2.30亿元,安排省级补助5000万元,激励科技型中小企业以自有资金投入研发。发挥财政资金"四两拨千斤"的作用,创新财政支持方式,安排省创业风险投资引导资金1.50亿元,加大对企业技术创新的融资服务,促进新兴产业培育和科技成果转化,助推经济转型升级。建立以绩效为导向的投入机制,安排科技产出绩效挂钩补助资金6000万元,出台《省财政对市县科技产出绩效挂钩补助资金管理暂行办法》,构建省财政补助与当地科技产出挂钩机制,形成财政资金的引导放大机制。

【推动文化繁荣】 推进公共文化服务体系建设。安排专项资金1.86亿元实施文化下乡"三万工程"(每年组织1.5万场戏、25万场电影、100万册图书到农村)、"农家书屋"工程(在行政村建立的、农民自己管理的、能提供农民实用的书报刊和音像电子产品阅读视听条件的公益性文化服务设施)、"文化低保"(保障城乡低收入居民、残疾人、老年人和农民工等特殊群体的基本文化生活需求)工程、文化信息资源共享工程,加强乡镇综合文化站设备配置、中心镇图书馆设施设备配置、村文化活动室设备配置等;安排1.12亿元做好全省农村广播电视"村村通响"维护等"广电惠民"工程,实施"广电低保"数字化工程"、广播电视进渔船工程,推进乡镇广电站设备改造;投入0.39亿元,支持博物馆、纪念馆等向社会免费开放;推进美术馆、公共图书馆、文化馆(站)等公益性文化设施全面免费开放。完善资金管理办法和文化资源下乡的配送方式,合理配置文化资源,加大对农民工集中的城乡结合部及中心镇送配额度。整合安排省属院团舞台艺术繁荣发展专项资金0.50亿元,支持院团演出设备购置、艺术作品创作投资,加强舞台艺术人才保护等。投入0.85亿元加强物质文化遗产和非物质文化遗产保护力度,支持全省文物保护、非物质文化遗产传承、宗祠建筑保护、国家和省文物科技区域创新联盟建设、申报大运河为世界物质文化遗产等项目。

加大资金整合力度。将基层文化设施建设、村级文化活动器材购置等10项农村文化专项资金整合为"基层公共文化服务建设"一个专项,并制订《浙江省基层公共文化服务建设专项补助资金管理办法》;将文物保护、古籍保护、文物征集等5个小专项整合为"文化遗产保护"一个专项;将舞台人才保护、儿童艺术发展、省属院团送戏下乡等九个小专项整合为"舞台艺术繁荣发展"一个专项。调整修订管理办法,提高财政投入的引导力和影响力。

支持文化体制机制改革。支持浙江歌舞剧院、浙江曲艺杂技总团、浙江话剧团转企改制,提出解决转制退休人员待遇经费、给予改制单位专项扶持资金2000万元等支持文化体制机制改革的政策方案。增加文化产业专项扶持资金额度,从5000万元增加到1亿元;扩大东方星空文化投资基金规模至5亿元,支持发展文化创意、影视服务等重点产业,支持建设文化产业园区。加强国有文化资产管理,出台对省属三大文化集团管理层薪酬和绩效挂钩的考核制度,支持大型文化企业集团整合资源,引领、带动文化市场繁荣。

【支持体育与人口计生事业发展】 加强体育彩票公益金使用管理,支持全国第八届残疾人运动会召开、支持备战第十二届全运会、伦敦奥运会,研究提升全省竞技体育实力的财政支持政策。研究完善人口和计划生育财政保障机制,继续实施农村部分计划生育家庭奖励扶助制度、计划生育家庭特别扶助制度以及免费婚前检查和孕前优生检测制度。

【推动其他事业单位绩效工资改革】 对省级500多家其他事业单位的财政保障力度和津贴补贴水平等数据进行调查、统计和分类汇总,会同省人力社保厅出台《关于印发省直其他事业单位绩效工资实施办法的通知》,根据单位分类性质、财政保障力度等因素,建立起限高、稳中、托低的规范调控制度。

【推行专项性一般转移支付】 完善省对市县教科文事业激励奖补的财政体制,在教育、科技和文化等领域全方位推进完善和落实专项性一般转移支付政策,按照因素法对部分市县予以奖励性补助,明晰财政分配主体地位,缓解市县财政压力。在支持发展职业教育上,提出省财政补助与市县教育发展相挂钩办法,每年根据考核情况,对全省职业教育发展成效明显的市、县(市)(不含宁波)给予奖励性补助,由市县在奖补资金额度内确定具体实施项目。在支持民办幼儿园发展上,财政奖补政策与民办园在园幼儿数量、办园质量和收费标准等挂钩,鼓励举办方自主聘用合格教师、增添设备、保障教师待遇、保持合适师生比,以提高普惠性民办园办学质量,控制民办幼儿园收费水平。在支持地方高校发展上,探索建立与公共财政相适应、以结果为导向的财政教育资金考核分配机制。改革"学校申报项目、专家评审确定"的高校项目经费拨款办法,探索实行"财政部门按因素确定各高校预算控制数,各学校在控制数内申报建设方案"办法,发挥学校主动性，提高地方高校科研创新和服务社会能力。在上年试行基础上，制定省财政对市县科技产出挂钩补助的激励制度，并根据年度科技产出指标进行综合评分，择优选取先进市县进行资金补助。

【加快预算执行进度】 以预算执行的时效性和均衡性为基础，督促部门(单位)科学制订工作计划，对当年部门预算执行情况进行动态监控和不定期催促。继续执行专项资金执行与下年度资金安排挂钩办法。调整项目评审周期，以调整项目评审周期、提前项目立项为抓手，确保新上项目的实施周期与预算年度(会计年度)一致，实现及时拨付，加强预算执行动态监控，优化财政管理流程，加快支出进度。

【创新教科文财政财务管理】 创新教育支出分类改革，稳步推进试点工作，选择部分县(市、区)在义务教育、学前教育、职业教育方面进行尝试，完善“财政教科文信息平台”，中小学困难学生资助、高校债务管理、义务教育化债管理、教育文化专项资金申报使用管理、教育基础数据等业务均实现网上办理。11月起各市县按月通过平台报送教育投入数据，实现财政教育投入分析评价指标动态管理。参与“浙江省地理空间数据交换与共享平台”建设，提供校安工程、重中之重学科建设、农远工程、计生“两免”补助等项目的项目建设需求和基础资料，协助实现区划、人口分布、学校、教师和学生数等公共基础信息及政府支出项目基础资料的整合。

(教科文处供稿 徐佳梦执笔)

行政事业单位资产管理

【概况】 2011年，行政事业资产管理工作围绕“产权清晰、配置合理、使用高效、处置规范”总体目标，完善制度、加强监管，推进行政事业资产管理科学化、精细化。

【健全管理制度】 出台《省级行政事业单位国有资产配置管理暂行办法》，规定资产配置的原则、条件、配置标准、定编管理、资产配置预算编制内容及程序、日常管理与监督等。至年底，省级行政事业单位资产从配置、使用、处置到收益收缴整个过程的制度体系初步建立。

【开展房产清查】 根据《浙江省人民政府办公厅关于开展省级行政事业单位房产专项清查工作的通知》精神，组织省级行政事业单位开展房产全面清查工作，取得阶段性成果，基本摸清省级房产底数。

【完善信息系统】 升级完善省级资产管理信息系统的业务流程和功能设计。加强对市、县资产管理信息系统建设的指导，全省市、县(市、区)完成资产管理信息系统建设，实现省、市、县(市、区)财政部门之间的纵向联网和各级财政部门与单位之间的横向联网。按财政部要求，利用资产管理系统汇总全省资产数据并上报。

【审核资产配置预算】 制定资产配置预算编制方案，完善资产配置标准体系，修订《省级行政单位通用办公设备家具购置费预算标准》，审核认定省级单位拟配置的各类资产实物数量编制。完成376家省级预算单位资产配置预算审核，核减各类资产数量37765件。

【日常监管】 加强资产配置、使用、处置、收入等重点环节监管，审核审批资产报废、转让、报损、调拨、捐赠、出租等业务和事业单位对外投资审批、企业改制等事项。全年办理行政事业单位资产报废、报损事项420批次，接收、核销账面资产61254万元；办理调拨、捐赠事项132批次，核销账面资产1097万元；审批、备案房产出租事项340批次；审批省级23家单位股权转让、对外投资、增加资本金、企业改制、土地划转等事项，涉及资产价值2.98亿元；全年收缴国有资产收益16947万元。开展“春泥护花”行动*，整理修复报废的计算机2445台，为欠发达县(市)的61所中小学建立计算机教室。

【业务培训】 举办全省财政系统资产管理人员业务培训和省级行政事业单位资产管理人员业务培训；做好全省财政系统资产管理人才库建设，组织开展资产管理业务研讨；做好工商、体育、监狱等部门系统内资产财务人员的业务培训；以互联网为载体，建立全省财政系统资产管理人员和省级行政事业单位资产管理人员QQ群，进行资产管理政策、制度解读和业务交流。

(资产处供稿 饶亚君执笔)

注：

*“春泥护花”行动：为提高行政事业单位国有资产使用效益，改善农村中小学办学条件，省财政厅、省教育厅共同研究，于2003年启动“春泥护花”行动，将省级行政事业单位淘汰的、具有使用功能的计算机等设备，通过省资产处置中心集中接收，并经维修整理后，捐赠给贫困地区中小学校。

农业财政管理

【概况】 2011年,浙江省农业财政管理工作贯彻落实各项支农惠农政策,继续加大投入,创新机制,强化监督,规范管理。全省财政农林水事务支出373.32亿元,比上年增长28.6%,其中省级财政农林水事务支出40.67亿元,增长8.5%。

【完善惠农补贴政策】 安排扶持粮食生产各类直接补贴资金3.24亿元,加大对种粮大户补贴和订单稻谷、订单种子奖励力度,实施农机购置补贴和粮油作物机械化作业环节补贴政策,支持水稻育种攻关计划和粮食高产技术示范推广。完善农机购置补贴操作办法和程序,开展县级结算试点。落实促进生猪生产平稳健康发展的政策,安排能繁母猪补贴资金6465万元。省级以上森林生态效益补偿标准提高到每亩19元,开展省级以上森林类自然保护区的核心区和缓冲区集体公益林租赁试点工作,省财政安排森林生态效益补偿资金4.20亿元,争取中央森林生态效益补偿资金1.29亿元。

【支持现代农业发展】 争取中央财政现代农业生产发展资金2.85亿元,支持水稻、鱼类和木本油料等3个主导产业发展。省级继续整合现代农业生产发展、现代种业发展工程、农机化促进工程、林区道路建设、木本粮油及主导产业、现代渔业、水产种子种苗、农业科技专项、农业标准化示范推广、农业产业化贴息、农民专业合作社专项等相关支农专项资金,使其存量部分的70%统筹用于现代农业园区和粮食生产功能区建设。安排1.15亿元专项资金,支持农业标准化生产和公共服务体系建设,强化农产品质量安全监管、动植物病虫害预防体系及农业信息体系建设。

【支持农业基础设施建设】 安排27.60亿元专项资金,支持“强塘”工程、水资源保障百亿工程、农村饮水安全工程、小型农田水利重点县、太湖流域水环境综合整治五大工程等重点项目建设。争取中央财政资金5.00亿元,省财政安排5.50亿元专项资金,支持农业综合开发中低产田改造、高标准农田和现代农业产业体系建设。安排1.20亿元专项资金,支持千万亩标准农田质量提升工程建设和商品有机肥推广。安排3.21亿元专项资金,支持标准渔港建设。安排7080万元专项资金,支持国有农林场及林业基础设施建设。

【支持农业新型经营主体培育】 安排7000万元专项资金,支持农业龙头企业和专业合作组织发展。安排3636万元专项资金,开展财政支持村级集体经济发展试点。安排8100万元专项资金,重点支持农村创业创新实用人才培训,提升农民技能和创业就业能力。

【支持环境整治和美丽乡村建设】 安排1.10亿元专项资金,支持农业面源污染治理和循环农业发展。安排4.60亿元专项资金,以村道硬化、垃圾处理、卫生改厕、污水治理和村庄绿化项目为重点,支持村庄环境综合整治和中心村培育。以一般转移支付方式安排1.00亿元,对安吉等10个创建美丽乡村先进县(市、区)给予奖励。

【扶持欠发达地区】 落实省委、省政府支持重点欠发达县特别扶持政策,安排16.80亿元专项资金,对泰顺等12个重点欠发达县(市、区)分类实施特别扶持政策。落实省委、省政府“低收入群众增收行动计划”的各项政策,安排5.06亿元专项资金,支持欠发达地区实施异地搬迁、来料加工和发展特色种养业,支持少数民族地区、革命老区发展。

【整合财政支农资金】 制订《2011年农业农村发展重点领域重点项目扶持导向目录》,完善财政支农专项资金的分类。制定《关于深入推进财政支农资金整合和统筹 进一步加强财政支农资金科学化精细化管理的意见》,完善财政支农资金整合和统筹管理机制。在县级自评、市级复评的基础上,组织省级农口部门完成2010年度县级财政支农资金整合考评工作,对诸暨等20个县(市、区)的财政支农资金整合工作给予奖励。

【支农资金管理】 完善管理制度,制订《浙江省重点欠发达县群众增收致富奔小康工程特别扶持资金管理办法》等7项支农资金管理办法。推广财政支农项目库管理系统,在桐庐县开展财政支农项目库管理系统试运行,选择4个省级支农专项资金进行项目库网上申报试点运行。创新财政支农资金管理方式,推广公式法、因素法分配财政支农资金,扩大项目审批权限下放改革的范围,加快支农支出进度。完成2010年度中央财政支持现代农业生产发展资金项目和全省小型农田水利重点县建设的绩效评价工作。会同省农业厅开展农机购置补贴专项检查,会同省水利厅完成2010年度万里清水河道及小流域堤防加固项目检查、考核工作,会同省农发办开展全省农业综合开发专项检查和农业综合开发中型灌区节水配套改造在建项目中期检查,会同省级有关部门开展新农村建设考核和耕地目标责任制考核检查。委托中介机构对2010年度财政扶贫资金、2008～2010年“强塘”工程项目资金、第一批和第二批小型农田水利重点县2009～2010年项目资金开展专项检查。

【做好各项基础工作】 建立全省农业财政工作考核制度以及季度农业农村经济形势和财政支农政策落实情况分析制度，做好12366财政知识库建设和人大专题询问有关工作。完成课题《完善县级财政支农资金整合机制研究》，获全省财政系统调研报告二等奖。做好2010年度省级农口部门行政事业单位、企业及基建决算报表汇审工作。按照省级部门预算编制的有关规定，完成省级农口部门预算的审核、批复工作。按要求编制2010年农业综合开发财政资金拨款进度表和资金决算报表，并获财政部2010年资金决算评比三等奖。做好小农水重点县建设各项工作，获财政部、水利部2010年度小农水重点县建设管理绩效考评优秀，位列第一。完成人大建议和政协提案3件主办件、88件会办件的办理工作，其中对民盟省委会提出的省重点提案，办理工作得到省政协和民盟省委会领导的肯定，省政协主席乔传秀作出专门批示。做好省财政厅结对景宁县三枝树等5个村的帮扶工作。省财政厅被省委、省政府评为2011年度“低收入农户奔小康工程”结对帮扶工作先进单位和社会主义新农村建设优秀单位。

（农业处供稿 支炳义执笔）

基层财政管理（农村综合改革）

【概况】 2011年，全省基层财政工作按照全省财政工作会议精神，加强乡镇财政建设，开展乡镇财政资金监管；深化农村综合改革，全面推进村级公益事业一事一议财政奖补工作，健全村级组织经费保障机制，提高乡镇财政科学化精细化管理水平。

【乡镇财政建设】 提请省政府出台加强乡镇财政建设文件，开展调研，征求意见，联合省编委办向省政府呈报《关于进一步加强乡镇财政建设的请示》。7月15日，省政府发文《关于进一步加强乡镇财政建设的意见》。建立健全乡镇财政管理机构，通报全省各地贯彻省政府文件情况，总结典型经验，加强信息交流，督促各地制定具体落实措施，推进乡镇财政建设工作。截至年底，19个市、县（市、区）财政局已设置乡镇财政管理处、科，39个县（市、区）设立乡镇财政所（办公室）。召开全省乡镇财政建设工作推进会议，推广典型经验，实地考察嘉善县姚庄镇财政管理工作情况，部署推进全省乡镇财政工作。制定《关于开展乡镇财政管理规范化建设的通知》，提出以乡镇财政组织机构、基本业务、资金监管、队伍建设、基础设施建设五个方面为主要内容的规范化建设要求。注重宣传及推广典型经验，编印《乡镇财政管理工作学习资料》和《2010年度浙江省乡镇财政决算情况》；在《浙江财税与会计》杂志编发3期乡镇财政管理专题；及时转发地方党委、政府新出台的加强乡镇财政工作的政策措施；向财政部上报《浙江省加强乡镇财政建设情况》。

【加强乡镇财政资金监管】 成立乡镇财政资金监管工作领导小组，厅长钱巨炎任组长，副厅长罗石林、金慧群任副组长，基层财政处等财政厅内12个处室局为成员单位，领导小组办公室设在基层财政处。开展乡镇财政资金监管工作检查，下发《关于开展乡镇财政资金监管工作检查的通知》，部署全省乡镇财政资金监管工作检查；受财政部委托，赴甘肃省开展乡镇财政资金监管工作专项检查；接受新疆自治区财政厅对浙江省的检查。做好乡镇财政联系点工作，召集乡镇财政工作联系点的县乡有关乡镇财政工作负责人座谈交流乡镇财政机构组建及2011年乡镇财政工作情况。推进乡镇财政专项支出预算公开，召开全省乡镇财政决算汇审会，推行温岭市在乡镇财政管理中施行“民主议事、预算公开”的做法；制定《关于进一步做好乡镇财政专项支出预算公开的通知》，编制《浙江省乡镇财政专项支出预算公开参考目录》，要求凡县级（包括财政部门和其他部门）安排的财政专项资金（含补助性资金和

项目性资金)通过乡镇财政实施管理的，乡镇财政管理机构都要实行公开。

【村级公益事业一事一议财政奖补工作】 会同省农业厅制订下发《浙江省村级公益事业建设一事一议财政奖补工作规程(试行)的通知》，对一事一议财政奖补政策实施中的工作流程、申报文本、监管要求等作统一规范。按月、季通报各市、县(市、区)一事一议财政奖补工作进展情况。组织全省各市、县(市、区)财政局相关人员进行信息监管系统的全省联网及推广应用培训工作。组织市财政、农业部门对各县(市、区)一事一议财政奖补项目建设情况进行轮换检查，督促各地按政策要求完成项目建设。召开全省一事一议财政奖补工作推进会，总结推广东阳等10个市(县、区)一事一议财政奖补工作先进经验。组织拍摄《一事一议财政奖补工作纪实》专题片，刻录光盘发送各市、县(区)。当年争取到中央财政一事一议奖补资金4.50亿元，省级财政立项扶持村级公益事业项目2753个。

【健全村级组织经费保障机制】 完善财政扶持办法，及时下达村干部基本报酬省级财政转移支付资金；将村务监督委员会主任的基本报酬列入财政补助范围。承担好村级组织换届的指导工作，省财政厅作为省村级组织换届工作领导小组的成员单位，具体承担并完成对嘉兴市村级组织换届的指导工作。

【争取列入全国农村综合改革示范试点计划】 根据省财政厅领导要求，一方面积极向国务院农村综合改革办公室争取列入全国农村综合改革示范试点计划，另一方面及时向省政府领导汇报。国务院农村综合改革工作小组原则同意将浙江省作为东部发达省份列入全国首批3个试点省之一，开展农村综合改革示范试点。 (基层财政管理处供稿 苗林炯执笔)

企业财政财务管理

【概况】 2011年，浙江省企业财政财务管理工作以促进经济发展和结构调整为中心，筹措落实专项补助资金28.88亿元，争取中央补助资金61.38亿元，调整完善专项资金政策措施，创新财政资金支持方式，发挥财政对经济的支撑、保障和引导作用。

【支持服务业发展】 筹措落实省商贸服务业发展相关专项资金1.88亿元，修订《浙江省服务业发展引导财政专项资金管理办法》，重点支持服务业重大项目、农产品现代流通体系、电子商务发展、品牌连锁专卖网络、再生资源回收利用体系、文明示范农贸市场工程等。争取中央财政专项资金1.98亿元，贯彻执行国家"家政服务工程""万村千乡市场工程""中小商贸融资担保补助""服务业聚集功能区"等方面的财政扶持政策，推动物流、商贸、市场、科技、社区服务等服务业加快发展。

【助推工业转型升级】 整合专项资金，将原"品牌大省"建设专项资金3000万元整合到工业转型升级专项资金，同时预算新增一部分资金，形成5.00亿元规模的工业转型升级专项资金。修订《浙江省工业转型升级财政专项资金管理办法》，重点推进传统产业的改造提升。筹措落实其他各类支持工业发展专项资金5600万元，支持企业技术中心建设、中药现代化发展、信息服务业发展等项目。争取国家相关专项资金1.28亿元，支持全省工业转型升级。

【支持战略性新兴产业发展】 根据省委、省政府意见精神，设立5.00亿元的战略性新兴产业专项资金，草拟《浙江省战略性新兴产业专项资金管理办法》，安排1.10亿元支持工业设计基地建设，安排3000万元开展装备制造业首台(套)产品评选奖励，组织战略性新兴产业关键技术产业化项目补助，争取中央财政补助资金8300万元，推进全省战略性新兴产业发展。

【推进节能降耗】 筹措节能及工业循环经济专项资金2.06亿元，支持企业节能技术改造，其中安排工业循环经济专项资金2000万元，并采取切块下达。根据市、县政府节能目标考核情况，清算下达节能目标考核奖励资金5904万元。安排金华市新能源汽车推广应用补助资金1500万元。争取中央财政专项资金9.03亿元。继续实施全国"节能产品惠民工程"，做好高效照明产品、高效电机、高效节能空调和节能汽车推广财政补贴工作。继续做好杭州市节能与新能源汽车示范推广试点工作，推动杭州市开展私人购买新能源汽车补贴试点工作。推进合同能源管理工作，促进节能服务产业发展。2011年，杭州市被国家列入开展节能减排财政政策综合示范城市，省财政厅被省政府评为"十一五"节能工作先进集体。

【家电汽车下乡和以旧换新】 争取中央家电、汽车下乡和以旧换新资金25.26亿元，筹措省级配套资金4.68亿元。按照国家有关规定建立定期检查台账制度，清理整顿销售网点，严格处罚骗补，组织防骗补业务培训。完成汽车下乡和以旧换新补贴资金的核对清算工作，全省各市县汽车以旧换新累计审核通过56515辆，发放补贴资金6.89亿元；汽车下乡累计审核通过251653辆，发放补贴资金9.90亿元。截至年底，全省（不含宁波）共发放家电下乡补贴资金14.76亿元，补贴家电下乡产品490万台；发放家电以旧换新补贴资金19.48亿元，补贴家电以旧换新产品661万台。

【促进外贸稳定增长】 筹措2.75亿元促进外经贸发展资金，研究出台2011年外经贸促进政策。兑现2010年度财政促进外经贸发展各项资金政策，分析研究三年来外经贸促进政策取得的成效和存在的问题，研究修订浙江省实施“走出去”战略专项资金、浙江省开拓国际市场专项资金、浙江省促进国际服务贸易发展专项资金管理办法。筹措落实3500万元开发区建设发展专项资金，支持开发区通过整合提升拓展空间，推进公共基础服务设施建设，促进产业升级和集聚发展。争取中央各项外贸发展资金5.52亿元，加大对中小企业开拓国际市场的支持力度，推进出口基地外贸公共服务平台建设。

【支持中小企业创新发展】 筹措中小企业发展专项资金3000万元，支持成长型中小企业培育、成长型中小企业高级工商管理培训、中小企业教育培训、中小企业服务体系和中小企业贷款融资平台建设等。争取中央财政支持中小企业发展各项资金2.74亿元，促进中小企业技术进步、节能减排、协作配套，推进产业结构调整和优化。

【保障粮食安全体系建设】 筹措省级粮食风险基金3.06亿元，其他粮食补贴资金2.13亿元，争取中央各项粮食补贴转移支付资金12.96亿元。根据财政部规定重新核定浙江省粮食风险基金规模8.47亿元（比原规模增加4.85亿元），拟定新增规模资金筹措方案。根据市县当前粮食储备规模重新核定省财政对市县粮食风险基金年度补助金额，补拨市县2011年粮食风险基金补助2936万元并预拨2012年补助1.11亿元，明确粮食风险基金筹措机制和使用范围。切块分配2011年省级粮食补贴资金8040万元，支持地方粮食安全体系建设。审核拨付省内粮食骨干企业采购东北大米费用补贴资金2500万元，会同省粮食局等部门研究制定对省粮食集团在东北建立5万吨周转粮的补贴考核办法，推进粮食产销合作。

【落实扶持粮油生产政策】 根据中央财政新增农资综合补贴资金集中用于粮食基础能力建设的有关规定，将2010年中央财政农资综合补贴集中使用资金继续用于粮食生产功能区农田基础设施建设，共拨付47个县（市、区）75个项目7695万元，农田基础设施建设总面积12.44万亩。会同省农业厅研究制定《浙江省产油大县奖励办法》，分配拨付中央财政产粮大县奖励资金2775万元、产油大县奖励资金922万元。完成农资综合补贴兑付工作，全省92个县（市、区）共通过一卡通向675万户农户兑付农资综合补贴资金9.90亿元。会同省粮食局等有关部门制定《浙江省省级储备早稻订单奖励实施办法》，将种粮大户、粮食专业合作社社员的订单奖励标准从20元/百斤提高到25元/百斤，一般农户的奖励标准从10元/百斤提高到15元/百斤。向承担省级储备早稻收购任务的市县拨付2011年省级储备早稻订单奖励资金7470万元。

【重要商品保供稳价】 会同有关部门做好省级粮油、猪肉、食糖、化肥、棉花、农药、医药等重要商品储备工作，筹措粮油储备费用2.10亿元、其他储备商品补贴资金5200万元。会同省粮食局等部门制定《浙江省地方储备粮油定向销售方案》和《浙江省政策性籼稻定向销售工作预案》，全省共完成政策性籼稻定向销售3.23万吨（其中省级储备早籼稻2.69万吨），中央投放浙江省销售政策性籼稻1.42万吨。会同省商务厅完成省级猪肉储备投放、让利补贴等相关工作，抑制猪肉市场价格过快上涨势头。针对中国石油化工股份有限公司镇海炼化分公司尿素停产等情况，采取措施争取稳定的省外资源，并安排省级化肥储备库建设补助资金1800万元；安排海宁棉花储备物流库建设补助资金2000万元。

【支持供销社企业发展】 筹措供销社扶持资金3000万元，加大对专业合作社、农资网络建设、农产品市场升级改造的支持力度。争取中央新农村现代流通服务网络工程专项资金2981万元。

【省本级国有资本经营预算】 研究省本级国有资本经营预算扩面以及提比例工作，并将方案上报省政府批准同意。新的方案从2012年1月1日开始实施，省盐业集团等17家企业新纳入国有资本经营预算范围，同时将每个档次内的国有企业收益收取比例提高5个百分点。从国有资本经营预算中安排一部分资金用于国有企业人才引进和培养支出，支持省属国有企业引进、培育高层次人才，同时会同省国资委制定《浙江省省属国有监管企业人才资助项目经费管理办法》，明确资助内容、标准、程序，规范项目支出管理。

【推动市县国有资本经营预算】 转发财政部《关于推动地方

开展国有资本经营预算工作的通知》，对未试行国有资本经营预算的市，提出建立国有资本经营预算制度要求；对已试行国有资本经营预算的市，要求推进预算编制的全面覆盖，合理确定收益收缴比例，制定完善相关管理制度和办法。

【加强职业技术学院实训基地建设】 对省属集团公司所属高职学院2011年度追加实训基地建设项目和2012年部门预算拟安排实训基地项目组织开展实训基地建设申报工作，并由省财政项目评审中心立项评审，确保一、二类实训基地建设项目的完成。下达实训基地建设专项资金4631万元，支持实训基地建设。

【解决国企改革遗留问题】 筹措财政补助资金8472万元，帮助长广集团公司统筹解决职工住房问题，安排长广集团改革脱困资金5000万元。根据国资委、教育部、财政部、人力资源社会保障部等四部委《关于妥善解决国有企业职教幼教退休教师待遇问题的通知》精神，配合有关部门制定浙江省实施意见。

【做好企业财务决算分析】 完成全省4823户国有企业、571户集体企业年报、13362户外商投资企业年报的审核、汇总、分析和上报工作，同时在全省范围内实现外商投资企业会计决算报表的网上直报。企业年报连续7年获全国先进，外资年报连续5年获全国先进。完成全省3500多户企业财务快报的审核、汇总和分析工作，加强企业经济运行动态研究。

（企业处供稿 沈燕萍执笔）

金融财务管理

【概况】 2011年，浙江省金融财务管理工作找准财政与金融管理工作的结合点，以制度建设为依托，强化政府外债项目基础工作规范化和全过程监督，加强金融资产财务管理，加大对中小企业和“三农”的财政金融支持力度，健全风险监控和预警机制，促进全省地方金融业平稳、可持续发展。

【履行地方金融企业国有资产监管职责】 加强金融国有资产监管．落实财政部有关金融企业国有资产评估、转让等政策，开展金融国有产权登记、年检、国有资本保值增值考核、资产评估等工作，指导各地加强金融国有资产监管。制定《加强财通证券有限责任公司监管的若干规定》，从完善法人治理结构、加强资产财务管理、完善激励约束机制、强化金融风险管理和实行重大事项报告制度等方面加强对财通证券公司的监管。支持财通证券公司、浙商银行通过增资扩股壮大资本实力，加快发展。做好省工商信托股份有限公司股权转让的相关工作。

【加强金融财务管理】 完成2010年度银行类、信用社类、担保类、证券类、保险类及新型农村金融机构财务决算以及2011年度财务快报编制审核工作，并获财政部通报表彰。组织对永安期货、海宁宏达小额贷款公司等金融企业进行会计信息质量检查，督促企业健全财务核算。加强对金融企业试行企业年金制度管理，做好杭州银行企业年金制度审核工作。做好金融企业内部职工持股规范工作。制定浙江省地方金融企业实施绩效评价的具体办法，做好金融企业绩效评价。

【调控企业收入分配】 建立金融企业主要负责人激励与约束机制，制定《浙江省省级金融企业负责人薪酬管理办法》，核定浙商银行、财通证券公司和省农信联社3家省级金融企业主要负责人2010年度薪酬。建立健全地方金融企业激励与约束机制，加强收入分配调控，制定《财通证券有限责任公司工资总额预算监督管理办法》和《浙江省永安期货经纪有限公司工资总额预算监督管理办法》。

【开展政策性农村住房保险财政保费补助】 审核各地农户参保情况。2011年全省政策性农村住房保险参保农户超过1000万户，参保率98.3%，全省各级财政共补助农村住房保险保费资金7160万元，其中省财政补助3765万元，市县财政补助3395万元。

【建立政策性农业保险财政保费补贴】 建立健全巨灾风险准备金制度，全省自2011年1月1日起，按照种植业险种保费的25%提取巨灾风险准备金。加强风险准备金的财务管理，制定《浙江省政策性农业保险巨灾风险准备金财务管理办法》，规范农业保险巨灾风险准备金的筹集、使用和管理。增设小麦、大麦保险险种，满足种粮大户的保险需求。组织全省农业保险业务人员集中培训。加强财政保费补助资金的审核工作，做好2010年度保费补贴资金结算和2011年预算工作，当年各级财政审核拨付保费补贴资金1.86亿元。

【开展农业贷款风险补偿】 发挥财政资金导向作用，鼓励金融机构加大支农信贷力度，对全省农村合作金融机构涉农贷款比上年度净增额按照0.5%的比例进行风险补偿，缓解“三农”融资困难。全省各级财政安排2010年度农业贷款风险补偿资金3570万元，其中省级财政2820万元，撬动全省农村合作金融机构新增农业贷款71.00亿元。

【加大小企业融资支持力度】 推进小企业贷款风险补偿工作，对金融机构新增小企业贷款给予0.5%的风险补偿，对金融机构新增服务业小企业贷款给予0.8%的风险补偿。各级财政及时拨付2010年度小企业贷款风险补偿资金7039万元，其中省级财政4153万元。

【完善融资性担保体系】 11月，省财政出资10.00亿元成立浙江省中小企业再担保有限公司，对中小信用担保机构实施小企业贷款担保风险补偿，省财政核拨2010年度中小信用担保机构风险补偿资金5332万元。争取中央财政担保机构项目补助费用6440万元，支持全省34家担保机构的发展，鼓励信用担保机构做大做强并支持小企业的信贷服务。

【加大对新型金融机构扶持力度】 根据小额贷款公司年度考评结果和各地补偿情况，通过转移支付的方式给予县级财政2167万元补助，鼓励各地加大对小额贷款公司的扶持力度。指导小额贷款公司执行《金融企业财务规则》等金融财务管理制度。争取中央财政新型农村金融机构定向费用补贴资金1.68亿元，支持村镇银行、农村资金互助社、贷款公司等新型农村金融机构的发展。

【支持金融集聚区和金融创新示范县建设】 建立考核机制，对全省金融业发展重点建设项目和金融创新项目进行财政补助，营造促进地方金融企业发展的良好环境。

【加强中央专项借款管理】 加强专项借款的对账和管理，继续加大清收资产的处置、追偿和变现力度，筹措资金，强化预算管理，按时还款，防范和化解金融风险与财政风险。与承贷银行对账，归还到期的清理信托基金中央专项借款5550万元，归还到期的清理城市信用社中央专项借款2500万元。

【合理有效利用政府外债】 世界银行贷款钱塘江流域小城镇环境综合治理项目于1月20日获得世行执行董事会批准，并完成《贷款协定》与《项目协议》的签署工作。该项目贷款总额1亿美元，贷款期限25年，宽限期5年，在全省建德、诸暨、龙游、磐安、兰溪、桐庐、衢江、婺城等8个县(市、区)实施。截至年底，项目已签订采购合同16个，签订金额3.60亿元人民币，累计完成世行贷款报账906万美元。世界银行贷款林业综合发展项目2011年完成纯林生态修复造林面积6106公顷，累计完成世行贷款报账497万美元。

【夯实政府外债管理基础】 加强对全省政府外债项目债务的清理和债务数据的核对，编制国际金融组织贷款季度报表和外国政府贷款年度债务报表，提高外债会计报表质量，夯实政府外债管理基础。全年累计完成还本付息付费1.09亿美元，累计完成提款报账金额3988万美元。

【规范外债项目全过程管理】 开展政府外债项目的监督检查和绩效评价工作，委托中介机构对德国复兴开发银行贷款嘉兴市污水处理二期项目进行监督检查，并对亚洲开发银行浙江珊溪水利枢纽工程项目及建德市日元再贷款城防工程项目进行绩效评价。

【筹集道路交通事故社会救助基金】 将按照道路交通强制险缴纳营业税数额给予的补助列入财政预算，安排2011年预算资金2.26亿元。与浙江保监局联合督促经营交强险业务的保险公司按交强险业务收入的2%缴纳救助基金，全年提取救助基金1.06亿元。

【加强非贸易非经营性外汇管理】 制定《关于进一步加强我省因公临时出国(境)用汇管理的通知》，加强省级机关各单位因公临时出国用汇预算管理。2011年度财政部核定浙江省购汇人民币限额指标为11320万元，其中出国用汇6020万元，全省累计执行购汇人民币限额10921万元，其中出国用汇6015万元，保证省委、省政府重大外事活动正常开展，压缩一般性出国用汇，实现出国经费零增长。

(金融处供稿　罗亭林执笔)

财政社会保障管理

【概况】 2011年，全省财政社会保障工作以“保基本、广覆盖、多层次、重统筹、建机制、顺体制、严管理、可持续”为工作主线，以科学化精细化管理为抓手，健全体系，完善机制，夯实工作基础，着力促进城乡统筹发展，着力改善群众生活质量。全年全省财政社会保障和就业、医疗卫生支出677.88亿元，比上年增长20.1%，占全省财政支出的17.6%；五项社会保险基金总收入1295.76亿元，支出807.05亿元，滚存结余2168.80亿元。

【健全社会保险体系】 推进城乡居民社会养老保险。完善政策，提高待遇，7月1日起省定基础养老金最低标准由每人每月60元提高至66元；4月1日起，对年满80周岁的高龄老人发放每人每月不低于30元的高龄补贴。制定《浙江省城乡居民社会养老保险基金财务管理暂行办法》。调整省级财政补助比例，省级财政转移支付当年补助19.76亿元、预拨2012年资金15.32亿元。

完善职工基本养老保险制度。推进职工基本养老保险省级统筹，确定从2012年起单位缴费统一调整为14%；清理、规范全省企业退休人员待遇项目。制定第三轮（2010～2012年）基本养老保险省级调剂金补助方案，调剂补助6.00亿元。参与制定政策解决未参保集体企业退休职工、退役士兵、乡村教师等人群历史遗留社保问题。参与制定省级机关事业单位未纳入编制管理职工参加职工基本养老保险和执行企业会计制度的省属事业单位参加企业化管理事业单位养老保险统筹政策。

统筹兼顾其他社会保险政策。研究解决领取失业保险金人员和新生儿参加基本医疗保险等有关问题。支持基本医疗保险异地就医联网建设，安排落实医保"一卡通"建设省级补助3700万元，重点向欠发达地区倾斜；制定《关于基本医疗保险异地就医联网结算有关财务问题的通知》。参与制定《关于贯彻落实国务院修改后〈工伤保险条例〉若干问题的通知》，衔接新旧政策调整。调整工伤人员生活护理费标准为各统筹地上年度职工月平均工资、增加供养直系亲属抚恤金每人每月100元。实施国有企业老工伤人员等纳入工伤保险统一管理政策。

【健全新型社会救助和社会福利体系】 支持构建社会养老服务体系。参与制定《浙江省人民政府关于深化完善社会养老服务体系建设的意见》，明确设立社会养老服务体系建设省级财政专项资金，重点支持养老服务机构建设、居家养老服务设施和养老服务补贴等，向农村和欠发达地区倾斜。

支持完善社会救助制度。落实低保标准动态增长机制，加大省级财政低保专项资金转移支付力度，安排低保资金5.90亿元。2011年城乡低保生活保障标准分别为441元/人月和307元/人月。参与制定《浙江省人民政府关于进一步完善困难群众基本生活价格补贴机制的通知》，明确从2012年1月1日起，扩大补贴享受人群范围、提高补贴标准，调整启动条件和结算办法。全年三次启动困难群众基本生活价格补贴机制，共计发放补贴2.98亿元，惠及困难群众240余万人次。加大医疗救助投入，完善救助办法，全省共筹集医疗救助资金6.80亿元，实际人均筹资14元，实行"零起点"按比例救助和即时结报。

支持实施困境儿童福利保障制度。参与制定《浙江省人民政府办公厅关于加快发展孤儿和困境儿童福利事业的意见》，建立适度普惠的孤儿和困境儿童福利制度、城乡统筹的孤儿基本生活补助自然增长机制，省财政转移支付孤儿生活费补助7455万元，全省共发放1.60亿元。

支持提高优抚待遇水平。10月1日起调整有工作单位残疾军人和烈属、因公牺牲军人遗属、病故军人遗属、红军失散人员等部分优抚对象等人员抚恤和生活补助标准；提高新中国成立前入党的农村老党员、老游击队员和老交通员生活困难补助标准；发放未享受国家定期抚恤补助的60周岁以上的农村籍退役士兵老年生活补助。

加大水库移民扶持力度。落实大中型水库移民后期扶持补助政策，安排大中型水库移民后期扶持资金7.28亿元。开展扶持项目实施工作，投入大中型水库后期资金3.08亿元。安排扶助基金0.90亿元开展小型水库移民解困工作。

支持残疾人事业发展。实施残疾人共享小康工程，调整完善省级财政补助办法，安排补助资金1.53亿元，加大对欠发达地区支持力度。建立重度残疾人托（安）养标准动态调整机制。协同做好第八届全国残运会资金筹集和财务管理工作，向企业筹集捐赠资金9780万元，发行纪念邮册净筹资5956万元，市场开发收入4056万元。

【健全基本医疗卫生制度体系】 筹措医改资金。落实2009～2011年医改工作要求，指导各级财政部门多渠道筹措资金，继续做好医改财力保障工作。全省三年医改投入614.04亿元，其中省级财政安排123.00亿元。

推动基本医疗保障制度建设。促进基本医疗保障制度城乡统筹，重点推动城镇居民医保和新农合两项制度向统一管理部门、统一制度办法、统一补助标准和统一待遇水平转变，全省38个县市区实现统一管理，其中17个县市区实现制度并轨。提高筹资水平和财政补助标准，2011年城镇居民医保和新农合人均筹资标准及各级财政人均补助分别提高到395元和278元。加大省财政转移支付力度，统一城乡居民基本医疗保障省财政转移支付办法，对全省不同类别地区分别给予每人每年30～135元的补助，共下达补助资金21.82亿元。

推进基层医疗卫生机构综合改革。建立健全基层医疗卫生机构多渠道补偿机制，组织研究并代拟《浙江省人民政府办公厅关于建立健全基层医疗卫生机构补偿机制的实施意见》，全年各级财政安排基层医疗卫生机构经常性收支差额约40.00亿元，其中省财政补助2.75亿元；组织实施基层医疗卫生机构债务清理化解工作，明确政策口径和工作要求。完善村卫生室补偿机制，当年省财政安排补助资金

1.80亿元。

支持医疗卫生服务体系建设。继续实施城乡社区医疗卫生服务机构标准化建设，2008～2011年省财政累计下达补助资金7.60亿元，基本实现项目建设目标。指导各地按照村级卫生服务全覆盖要求因地制宜推进村卫生室建设，2009～2011年省财政累计下达村卫生室建设补助资金1.50亿元。启动欠发达地区综合医院建设发展项目和精神卫生医疗机构建设项目，其间省财政每年分别安排5000万元重点支持欠发达县级综合性医院"二甲"达标建设项目和6000万元重点支持市级精神卫生专业机构能力建设。加强基层医疗卫生人才队伍建设，支持住院医师规范化培训试点工作，建立以政府投入为主、培训对象所在单位等投入为辅的基层医疗卫生队伍建设多渠道投入机制，2009～2011年全省各级财政累计安排补助资金2.67亿元，其中省财政补助1.24亿元。

实施公共卫生服务项目。落实城乡人均基本公共卫生服务经费不低于25元的工作要求，全省各级财政安排补助资金16.16亿元，按常住人口计算人均29.7元，其中省级财政转移支付最高补助标准提高至19元，下达补助资金5.20亿元。继续做好国家免疫规划、农村孕产妇住院分娩补助、农村妇女"两癌"（乳腺癌、宫颈癌）筛查、贫困白内障复明等重大公共卫生项目的组织实施和资金保障工作。

探索公立医院机制改革。制定《完善省级医院财政补偿机制意见》，改革省级医院床位定额补助办法，建立财政补助与公立医院控制医疗费用水平相挂钩的激励约束机制。参与研究制定县级公立医院综合改革试点指导意见，实施以降低药品价格、提高服务收费标准、改革医保支付方式、落实财政补助政策为主要内容的改革方案，模拟测算县级医院全面实施改革后全省医保基金支出影响情况，加强对桐乡市等6个先行试点县试点工作的跟踪指导。

完善卫生财务制度。制定出台《浙江省基层医疗卫生机构财务制度实施办法》和《浙江省医院财务制度实施办法》，举办全省（市、区）基层医疗卫生机构和医院财务、会计制度培训班。

推进药监系统能力建设。根据省食品药品"十二五"规划，安排省级专项资金3500万元，加强对全省药品检测能力和不良反应监测能力建设。

【完善促进就业机制】 制定出台《浙江省促进就业资金管理办法》，整合就业专项资金和失业保险基金实行统一预算、统筹管理，建立联动促就业机制，全省筹集促进就业资金35.47亿元，其中各级财政安排13.65亿元。参与制定社会保险基金"五缓四减三补贴"政策，扶持困难中小企业稳定就业岗位。贯彻省政府关于进一步做好高校毕业生就业工作的意见，制定高校毕业生从事现代农业省级财政补助办法，分别给予连续三年每人每年1万元、0.5万元的补助，当年全省219名大学生享受此项补助。

【完善收入分配调节机制】 调整和规范各类人群待遇。继续做好企业退休人员基本养老金调标工作，按照月人均160元增发基本养老金。建立企业退休人员基本养老金补贴和社区综合补贴制度，当年两项补贴每月按人均150元发放。按照不同的养老金水平，分别给予企业退休人员发放600元、700元、800元一次性生活补贴。统筹兼顾，做好企业退休军转干部、新中国成立前老工人、精简退职人员、计划外长期临时工、死亡职工遗属等其他群体的待遇调整工作。

规范机关津贴补贴管理。做好2010年度津贴补贴调节基金征收和转移支付补助工作，全省合计征收调节基金5.30亿元，转移支付补助3.40亿元。开展全省公务员津贴补贴规范自查工作。调整艰苦岛屿作业、艰苦广播电视台、审计、纪检、法院、检察院办案人员津贴补贴标准。

参与制定事业单位绩效工资政策。参与制定公共卫生和基层医疗卫生事业单位绩效工资政策、其他事业单位绩效工资政策、省直企业化管理事业单位退休人员绩效工资政策。落实省级社保口事业单位绩效工资财政政策。

【完善人才投入财政保障机制】 筹措省级人才专项资金4740万元，重点投向企业创新团队建设、高层次人才培养与引进。提高省财政各类人才培养工程资助标准，制定《浙江省高技能人才三年行动计划（2011～2013年）》，筹措高技能人才培养资金，组织实施高技能人才选拔和高技能人才培养培训工作。支持开展"钱江技能大奖""首席技师"评选，支持"金蓝领"国（境）外培训等工程。

【提升财政管理水平】 完善财政预算管理。落实部门预算信息公开要求，细化社保归口部门预算编制，加强"三公"经费管理，建立市县和部门预算执行情况按月通报制度。完善社保基金预算编制方法，明确部门职责，规范审批流程。改进专项资金分配方式，加大社保资金一般性转移支付比例，整合归并专项资金，引导部门用因素法规范财政资金分配。

创新资金监管手段。以社会保险基金预算管理系统网络版试点为契机，结合财政地理信息系统建设要求，推进财政社保信息化建设。对全省社保风险准备金、社保资金财政专户存款、多渠道筹集社保资金情况进行调查与督导。加强财政社保资金绩效评价工作，完成对被征地农民基本生活保障、医疗器械抽验专项资金绩效评价，改进资金管理办法。配合做好村卫生室建设资金和"福彩助我行"项目资金的绩效目标管理试点工作。

加强政策调研宣传。做好信息报送工作，利用公开媒体宣传财政社保工作。《浙江省精神卫生财政保障机制研究》调研报告，获全省财政系统调研报告评比一等奖。在财政部《社保财务理论与实践》征文活动中，省财政厅社保处被评为优秀组织奖。

提升行政效率效能。及时承办人大政协建议提案和省委省政府领导批示件，完成3件主办件、129件会办件的答复工作，政协第143号提案《建议加快建立基层医疗卫生机构长效财政补偿机制落实绩效工资制度》的答复件被评为厅优秀承办件；全年共办结40余件省领导批示件。接受省人大常委会对养老保险基金管理情况和中医药事业发展情况的专项审议，及时回复审议意见，落实整改措施。做好应对省人大专题询问准备工作。（社保处供稿　黄　青执笔）

经济建设财政财务管理

【概况】 2011年，浙江省经济建设财政财务工作，以加快转变经济发展方式为主线，以改善民生为目标，优化支出结构，创新工作机制，发挥财政支撑保障引导作用。

【落实积极财政政策】 向中央争取代发浙江省地方政府债券67亿元（不含宁波），优先用于保障性安居工程建设和其他中央投资公益性项目地方配套。下达中央扩大内需新增投资资金38.79亿元，筹措省本级财政性资金99.12亿元，支持实施政府主导性重大建设项目计划和"三个千亿工程"重大项目建设行动计划。筹措省本级铁路建设资本金6.97亿元，支持"七线两枢纽"铁路建设。

【支持海洋经济发展】 安排省海洋经济发展专项资金10亿元，重点支持海岛基础设施、海洋产业转型升级发展、海洋科技和生态环境保护等方面的建设。出台《浙江省海洋经济发展专项资金管理办法》，明确资金分配原则和支持范围，按照海岛面积、港口客货吞吐量和人均可用财力等三大权重实行因素法分配。筹措省海洋产业基金10亿元，引导社会资金投向海洋新兴产业、涉海现代服务业、临港先进制造业和现代海洋渔业等。

【支持小城市培育试点】 继续安排小城市培育试点专项资金10亿元，专项用于27个试点中心镇基础设施建设、社会事业发展、产业集聚发展和公共服务平台建设。研究完善"分类分档、奖补结合，动态考核、以奖促建"的小城市培育试点激励机制，推动城市新型化发展。

【支持对口援建】 统筹安排浙江省对口援助资金，拨付支援新疆建设资金10.56亿元、支援西藏建设资金2.11亿元、支援青海建设资金5000万元。制定《浙江省对口支援西藏那曲地区建设资金管理办法》，规范援藏资金管理。做好浙江省援川资金的清算、收缴、销户和审计工作，完成援建青川工作。研究建立青川县帮扶长效机制，落实专项资金1亿元，制定相关资金管理办法。

【推进生态文明建设】 实施《"811"生态文明建设推进行动方案》，省级财政安排生态环保资金51.20亿元，增长11.7%，争取中央环保专项资金7.00亿元，支持重点流域、区域和欠发达地区生态环境保护和污染减排工作。完善生态环保财力转移支付政策，将转移支付范围扩大到全省所有市县，统一实行跨行政区域河流交界断面水质考核奖罚制度，建立稳定增长机制，安排生态环保财力转移支付资金15.00亿元，比上年增加3.00亿元。

【保障民生投入】 *支持保障性住房建设*。争取中央财政保障性住房专项资金8.17亿元，安排省级财政保障性住房专项补助资金2.36亿元，支持全省公共租赁住房建设和欠发达地区廉租住房建设。安排农村困难群众住房救助资金1.68亿元，按"户均4000元"标准，支持4.2万户农村低保标准150%以下农村困难家庭危旧房改造任务。建立保障性安居工程资金预算执行定期报送和定期通报制度，会同省级有关部门开展农村住房改造建设工作考核和房地产市场调控工作专项检查。

推进全省污水处理设施建设。继续安排镇级污水处理设施建设"以奖代补"资金1.20亿元、城镇污水配套管网及污泥专项资金1亿元，争取中央"三河三湖"和城镇污水管网补助资金3.78亿元，支持太湖流域水污染防治和全省镇级污水处理设施、配套管网及污泥处理设施建设，提高污水集中处理率，推进污泥无害化处置。

改善农村交通基础设施。安排农村交通基础设施建设资金14.29亿元，新建乡镇客运站36个、农村港湾式停靠站3600个；建设农村联网公路1000公里，修复改造农村公路桥梁170座，完善农村公路安全设施1100公里；农村公路大中修2500公里。继续实施"水上康庄工程"，完成渡口改造项目54个，撤渡建桥建路项目12个，陆岛码头建设项目8个。

落实油价补贴政策。争取中央2010年度油价补贴资金49.45亿元，预拨2011年度油价补贴资金52.49亿元，向部分困难群体和公益性行业分配下达油价补贴资金。

【支持国家各类示范试点项目建设】 农村环境连片整治示范项目。下达中央财政农村环境连片整治示范补助资金2.50亿元，按1:1的比例落实欠发达示范市县省级财政配套资金5093万元。编制农村环境连片整治示范项目预算执行情况季报，会同省环保厅组织开展农村环境连片整治示范项目实施情况督查，配合环保部和财政部开展联合督查。会同省环保厅出台《浙江省农村环境连片整治工作考核验收办法》，规范农村环境连片整治项目的建设、验收和运行维护，组织验收2010年度实施项目。

新安江流域水环境补偿试点工作。参与财政部、环境保护部实施的新安江流域水环境补偿试点工作，按照“严格考核，水质向好，有奖有罚”的原则，推动新安江流域水环境补偿试点工作的实施。参与编制《千岛湖及新安江流域水资源与生态环境保护综合规划（浙江省部分）》。

排污权有偿使用和交易试点工作。向中央财政争取排污权有偿使用和交易试点工作经费1000万元，加快省排污权交易中心机构建设和交易信息管理平台建设，推进省级层面实质性交易活动。

农村土地连片整治示范工作。在财政部、国土资源部原则同意整体推进农村土地连片整治的基础上，会同省国土、水利等部门研究明确农村土地整治示范建设项目的框架范围、项目审核、资金筹措等问题，编制完成《浙江省整体推进农村土地整治示范建设总体方案》。

浙江萤石资源综合利用示范基地建设工作。经国土资源部、财政部审核，浙江省萤石资源综合利用示范基地被列为全国首批40家矿产资源综合利用示范基地之一，签订省部合作协议，明确示范基地建设时间为2011年至2015年，中央财政补助2.50亿元。

【完善交通资金管理体制】 调度国库资金100.00亿元用于偿还交通银行债务，制定国库垫付资金归还计划，逐步压缩交通债务规模。建立金融机构年度询价选择机制，降低融资成本。会同省交通厅联合下发《关于规范和完善省级交通建设政府性债务管理程序的意见》，对交通债务规模、计划执行和贷款管理等情况实行全过程监督。会同交通、发改、监察等部门开展全省收费公路专项清理，制定收费公路专项清理工作方案，研究省级财政补助政策。

【政府投资预算管理法制化】 配合省政府出台《浙江省政府投资预算管理办法》，规范政府投资项目的预算安排、预算执行和预算监督管理等内容，增强财政预算对政府投资活动的约束性和导向性，提高政府投资决策的科学性和有效性。这是全国首个以立法形式对政府投资预算进行规范和约束的地方政府规章。

【加强专项资金管理】 将支持方向和范围一致的地质勘查、地质灾害防治、矿山自然生态环境保护与治理等项目资金整合为地质矿产项目资金。制订和完善各类专项资金管理制度，出台浙江省省级保障性住房专项资金、浙江省中央财政太湖流域水污染防治考核奖励资金、浙江省长效帮扶青川县专项资金、浙江省产业集聚区建设专项资金、浙江省“811”生态文明建设推进行动（环保部分）专项资金等资金管理办法。强化基础管理，对公路建设项目、污水处理设施建设项目、农村危旧房改造项目和城镇廉租房建设项目开展基于地理信息系统的项目预算基础资料库建设。开展农村困难群众住房救助资金和浙江省矿业权实地核查项目绩效评价工作，会同省交通运输厅开展全省交通资金预算执行情况检查。

（经建处供稿 魏宏伟执笔）

注：

*三个千亿工程：指千亿基础网络工程、千亿惠民安康工程和千亿产业提升工程。

*七线两枢纽：“七线”是指宁杭（南京—杭州）客运专线、沪杭（上海—杭州）客运专线、杭甬（杭州—宁波）客运专线、杭长（杭州—长沙）客运专线、金温（金华—温州）铁路扩能改造、衢景九（衢州—景德镇—九江）铁路、杭黄（杭州—黄山）铁路。“两枢纽”是指杭州铁路东站枢纽和宁波铁路枢纽。

*“811”生态文明建设推进行动：根据《中共浙江省委关于推进生态文明建设的决定》，省委、省政府决定在2011年至2015年开展“811”生态文明建设推进行动。“8”是指生态经济、污染减排、环境质量、污染防治、生态保护与修复、环境安全保障能力建设、生态文化建设、生态文明制度建设8个方面的工作目标；“11”一方面是指节能减排、循环经济、绿色城镇、美丽乡村、清洁水源、清洁空气、清洁土壤、森林浙江、蓝色屏障、防灾减灾、绿色创建等11项专项行动，另一方面是指健全综合考核评价体系、完善环境准入制度、加强环保法规标准建设、完善环境经济政策、严格环境执法监管、完善监测监控预警体系、强化环境科技支撑、完善生态环保投融资机制、积极培育生态文化、加强国际国内生态环保合作交流、积极开展试点示范11项保障措施。

财政监督

【概况】 2011年，浙江省财政监督工作以构建预算“编制、执行、监督”三位一体的财政运行模式为指导，以促进财政改革和规范财政管理为主线，探索财政大监督机制，开展监督检查，做好审计联络保障和省财务公司考核工作。

【推进构建财政大监督机制】 深入基层，征求多方意见，完成调研课题“构建财政大监督框架的设想”，明确财政监督的定位、目标、原则、要求、职责、内容、重点及方式方法和保障措施；树立财政大监督理念，促进地方财政监督机构探索财政监督工作新方式、新方法；推动机构建设，宣传厅党组“三位一体”理念，鼓励监督机构升格或高配；推动财政监督机制建设，确定预算监督为财政监督的重点，监督关口前移，将财政监督贯穿于财政管理全过程。

【“小金库”治理】 宣传部署。召开全省电视电话会议，常务副省长陈敏尔出席并讲话，有关市县、部门单位分别就行政事业单位、社会团体、国有及国有控股企业治理介绍经验；开展“小金库”治理有奖知识竞答活动，普及和宣传“小金库”治理知识，25000多人参加竞答活动。全面复查。全省48211家单位进行复查，发现286户单位存在358个“小金库”，金额9082万元。采取主管部门负责制，对下属事业单位、社会团体、国有及国有控股企业进行重点检查，重点检查面不低于20%；采取“小金库”治理承诺制，由各部门向本级纪委承诺本部门及下属单位的治理结果；采取重点部门约谈和督查制，对于自查自纠“零申报”部门进行集体约谈。约谈工作由省纪委牵头。重点检查。选取执收、执罚权相对集中的单位，宾馆，以及培训中心、招待所、出版社、报社、杂志社和社会团体等与党政机关和事业单位有隶属关系的单位进行重点检查，发现136户单位存在153个“小金库”，涉及金额3604万元。长效机制建设。边查，边整改，边建制，完善或制订制度、措施，包括加强教育、强化监督、完善制度、深化改革四个方面的内容。

【会计信息质量检查】 检查484户行政、企事业单位的会计信息质量，查出违纪金额6.40亿元，查补各项税款532万元。加大对涉及民生的重点行业、重点企业检查力度，集中加强地方房地产企业、基础设施、能源交通、节能环保、医院、学校等行业检查。

【注册会计师执业质量检查】 与省财政厅会计处、省注协联合对82家会计师事务所执业质量进行检查，检查重点为会计师事务所的系统风险检查及其防范，做到“五个并重”，即系统风险评估与项目质量检查并重，技术程序检查与职业道德检查并重，完善检查技术与建立检查质量保证机制并重，检查制度改革与检查专家队伍建设并重，落实审计责任与落实注协监管责任并重。加大对蓄意造假、编制多套财务报表、故意出具虚假审计验资报告等行为的处理处罚力度。省注协对12家会计师事务所及30多名注册会计师作出行业惩戒；拟对2家会计师事务所、4名注册会计师进行行政处罚。

【财政专户清理】 采取自查与重点检查相结合的方式，清理专户997个。

【审计联络保障】 完成各项审计联络保障工作，督促落实审计意见的整改，包括省审计厅同级审计，省级行政事业单位会计信息质量审计，审计署长沙办对浙江省政府性负债审计，审计署上海办对浙江省中央转移支付资金、县级政府性资金、现代农业生产发展资金、中小学校舍安全工程、保障性住房等项目的审计。做好财政部驻浙江省专员办对浙江省中央公共投资预算执行情况检查的联络保障工作。

【考核省财务公司经营管理业绩】 重新修订《浙江省财务开发公司经营管理业绩考核办法》，调整和完善指标和操作流程；听取省财务公司经营管理情况汇报，审验省财务公司审计报告、管理制度、自查报告等有关资料，按照考核办法对经营业绩考核打分，形成《浙江省财务开发公司2010年度经营管理业绩考核工作纪要》；对财务公司取回被南方证券挪用资金事项进行特别奖励。 (财政监督局供稿 王翔锋执笔)

预算绩效管理

【加强制度建设】 转发财政部《关于推进预算绩效管理的指导意见》，明确预算绩效管理的工作内容与工作要求。对原《浙江省财政支出绩效评价工作考核办法(试行)》进行修订，重新出台《浙江省预算绩效管理工作考核办法(试行)》，从组织建设、基础建设、工作推进、绩效管理、宣传交流等方面明确对各市县的考核要求，推动各地规范预算绩效管理。

【推进绩效目标管理】 扩大省级部门绩效目标试点范围。选择14个部门的16个项目开展绩效目标细化论证，并对其中的中小河流治理项目实施重点论证。通过部门申报、财政审核、专家论证，明确项目绩效目标，提出相应绩效指标，将论证结果以书面形式正式反馈部门，提供部门编制预算时细化和量化绩效目标。

开展省级绩效目标申报和审核工作。将绩效目标管理与2012年部门预算编制工作实质性结合，在项目申报书中完善绩效目标有关内容，要求各部门在申报项目时须按规定格式填报绩效目标，从目标总体描述、绩效指标和绩效标准三个方面进行细化，并与部门预算编制同步进行。同时，选择省人大常委会上会审查的省文化厅4个项目和省商务厅2个项目开展重点审核。当年省级部门全部项目支出均申报绩效目标。

推动市县开展绩效目标管理工作。全省48个市县开展绩效目标管理试点工作，占全部市县的53.9%。部分市县已出台项目绩效目标管理办法或意见；绍兴、义乌等地绩效目标管理工作已与部门预算工作同步，义乌市对34家单位的40个项目开展绩效目标评审，评审后5项未通过，所有项目共核减预算资金7413万元，核减率48.5%。据统计，全年各市县开展目标管理项目2336个，涉及财政资金157.84亿元。

【组织实施项目绩效评价】 当年全省共对3841个项目开展绩效评价，涉及财政资金398.38亿元。实施重点项目绩效评价。省财政厅选择17个项目开展重点评价，评价资金总额28.53亿元。其中对2006～2010年度浙江省农房救助项目采取“先各地自评、后全省综合评价”的上下联动方式，由中介机构和省人大财经委、省政府研究室、省监察厅、省审计厅、国家统计局浙江调查总队等有关部门的专家组成专家组，采取座谈、实地勘察、查阅资料等方式实施全面评价。项目评价报告专报省政府，省长夏宝龙、副省长陈加元分别作了3次批示。

组织开展省级部门绩效自评工作。全年组织开展75个省级部门、138个项目绩效自评工作。同时委托中介机构对其中19个项目（重点是信息化类项目）进行抽查。将自评及抽查情况在省级部门发文通报，进行整改落实。

【考核中介机构评价报告质量】 考核全省119家中介机构出具的556个评价报告质量，分析整理考核中反映出来的问题，有针对性地开展中介机构业务培训；整理质量较好的评价指标体系，完善评价指标库；针对存在问题，提出改进意见和建议，并将考核结果在全省通报。

【开展业务培训】 举办全省财政干部预算绩效管理业务培训班，就公共财政改革与预算绩效管理、评价质量提高与评价报告撰写等方面内容开展培训，提高全省财政部门预算绩效管理工作人员的理论水平和实践能力。在杭州举办两期全省中介机构预算绩效管理业务培训班，300多人参加培训。

【完善信息系统】 按照“金财工程”大平台建设要求和预算绩效管理信息系统建设规划方案，开发绩效评价工作软件。及时更新厅内网“绩效管理”专题内容，指导各地、各部门开展绩效管理工作。将第6批符合条件的8家中介机构纳入中介机构库。

【开展主题宣传活动】 开展“绩效问责让花纳税人的钱有压力”主题宣传活动。组织主流媒体，深入绍兴市、诸暨市等地实地采访，宣传报道省预算绩效管理理念与开展情况。

【组织典型案例分析汇编】 组织财政支出绩效评价典型案例分析撰写工作，总结各地财政支出绩效评价经验。选择16个案例汇编成册。 （绩效管理处供稿 詹 飙执笔）

农业综合开发

【概况】 2011年，浙江省农业综合开发工作以项目建设为重点，完善政策制度，强化监督检查，夯实基础工作，取得成效。全省农业综合开发财政投入12.18亿元，其中省以上财政资金9.74亿元，比上年增长8.2%。

【项目建设】 结合农业“两区”开展项目建设。农业“两区”指“粮食生产功能区”和“现代农业园区”。按照中央和省关于加快水利发展、增强水利支撑保障能力的精神和省政府深化粮食生产功能区和现代农业园区建设要求，结合农业“两区”开展项目布局，以中低产田改造为着力点，推进农业“两区”建设。2011年，全省实施农业综合开发土地治理项目107个，开发治理面积78万亩，其中：中低产田改造项目72个（含高标准农田示范工程项目15个），山区小流域农业生态工程项目34个，续建中型灌区节水配套改造项目1个；实施省级集中安排科技推广项目20个。在当年实施的农业综合开发土地治理项目中，有28万亩列入各地粮食生产功能区和现代农业园区规划，投入省以上财政资金2.82亿元。

提高土地治理项目建设标准。下发2012年土地治理项目申报指南，提高土地治理项目建设标准。即：从2012年开始，根据各地的财力状况，开化县等32个开发县中低产田改造项目省以上财政资金每亩补助提高到1200元，高标准农田示范工程项目提高到1400元。杭州市本级等33个开发县中低产田改造项目省以上财政资金每亩补助提高到1000元，高标准农田示范工程项目提高到1200元。

扶持新型农业经营主体。对农业龙头企业以贷款贴息扶持方式为主，发挥财政资金的杠杆作用，带动更多的金融资金投入农业综合开发项目；对农民专业合作社以财政补助扶持方式为主，以"边扶持、边引导、边规范"为原则，壮大农民专业合作社，延长优势产品产业链，增加农民收入，促进现代农业发展。全省实施产业化经营财政贷款贴息项目181个，省以上财政贴息资金1.20亿元；实施产业化经营财政补助项目103个，省以上财政资金投入0.71亿元。

【项目管理】 制定"十二五"时期工作意见。确定"十二五"时期浙江省农业综合开发工作的指导思想、基本原则、主要任务、工作目标和工作措施。"十二五"时期，全省计划实施农业综合开发土地治理项目500个，治理面积350万亩，其中：中低产田改造项目310个，290万亩（含高标准农田示范工程项目100个，120万亩）；山区小流域农业生态工程项目100个，55万亩；合作社、企业实施土地治理试点项目30个，5万亩；建设中型灌区节水配套改造项目10个；省级集中安排的科技推广项目60个。同时扶持产业化经营财政贷款贴息项目500个；扶持产业化经营财政补助项目400个。

修订农业综合开发资金和项目管理实施办法。按照财政部《国家农业综合开发资金和项目管理办法》精神，结合浙江实际，修订《浙江省农业综合开发资金和项目管理实施办法》，并于11月印发各地执行。

强化项目评审工作。强化项目前期工作和优化专家结构，提高评审质量。项目评审实行责任追溯制，以制度建设为保障，严格评审程序，规范评审方式，强化评审责任，实现项目评审工作规范化。规范和细化项目评审流程，按照国家农业综合开发办公室关于农业综合开发项目评审工作要求，建立专业性强、覆盖面广、能实行动态和信息化管理的专家库，充实项目评审专家队伍，强化责任，提高项目评审质量。具体评审工作实行评审、会务、费用结算三分离，提高评审效率、节约评审经费。推行农业综合开发项目设计公开招投标，规范项目设计工作。

推进信息系统建设。做好浙江省国家农业综合开发信息管理系统用户信息统计，组建系统运行环境。至年底，系统在浙江省国家立项开发县安装完毕。配合做好12366省级农业综合开发知识库建设、财政地理信息系统暨项目预算基础资料库（F-GIS）建设、省人大专题询问等工作，充实和更新内容，做好政策咨询和相关服务工作，提升农业综合开发影响力。

【监督检查】 开展专项检查。检查项目县的制度建设、制度执行、内控机制、薄弱环节等情况，完善"全过程项目管理和全方位资金监控"机制。专项检查采取县级自查和省级重点抽查的方式，各地财政局、农业综合开发办公室将制度执行情况作为自查重点，针对制度执行中存在的薄弱环节和问题，边查边改，以查促改，推进制度建设。县级自查工作结束后，组织省级重点抽查。

开展竣工项目验收。根据国家农业综合开发综合检查要求，在2011年二季度开展2009年、2010年竣工项目验收。各开发县按照验收要求开展县级自验，并提出项目省级验收申请。在此基础上，组织5个验收组，对2009年和部分2010年农业综合开发竣工项目进行省级验收。11月底，国家农业综合开发办公室检查组对浙江省2010年农业综合开发项目开展综合检查，抽查衢州市的衢江区、龙游县，台州市的温岭市、临海市和仙居县，检查组对抽查结果表示满意。

开展开发项目绩效评价。按照财政资金绩效评价要求，对嘉兴市2009年南湖凤桥镇三星中低产田改造项目和临安市2009年上溪山区小流域农业生态工程项目进行绩效评价。

【调查研究和宣传】 调查研究。深入项目县基层、农村，开展课题调研，完成农业综合开发扶持农民专业合作社研究课题。各市、县（市、区）农业综合开发办公室完成调研课题43个。

宣传项目建设成效。结合财税文化建设，配合省财政厅开展农业综合开发服务粮食生产功能区和现代农业园区等内容的宣传，配合媒体深入项目区实地采访，以各种形式宣传"十一五"以来农业综合开发建设成效。运用政府门户网站、《中国农业综合开发》和《浙江财税与会计》杂志、财政信息的宣传活动。及时在政府门户网站发布浙江省农业综合开发土地治理和产业化经营项目申报指南，做好政务公开和政策宣传两手抓。

（省农业综合开发办公室供稿　方优良执笔）

政府采购(控购)监督管理

【概况】 2011年,浙江省继续深化政府采购制度改革,加快推进全省政府采购信息系统一体化,完善政府采购管理手段和方法,开展GPA出价研究,各项工作取得阶段性进展。全省实现政府采购预算888.39亿元,实际采购金额777.91亿元,占当年财政一般预算支出的20.2%,占全省GDP的2.4%,节约资金110.48亿元,资金节约率为12.4%。

【推进全省政府采购信息系统一体化】 研究开发包括汽车、会议培训、公务用车加油等在内的协议供货系统子模块,完善供应商网上注册、报名系统和电子开评标系统,推行集中采购"在线询价系统"。当年全省注册供应商6000多家、临时供应商10000多家。并以绍兴等地为试点,继续推进政府采购信息系统全省统一版本的完善工作,加大对市、县实际工作情况的调研力度。以中央和省启动公务用车专项治理工作为契机,完善公务用车控购管理系统,扩充公务用车基础数据管理、网上申报、网上审批和网上查询等功能模块。

【办公软件正版化采购工作】 会同省新闻出版局(版权局)制定省级单位办公软件正版化的采购方案,开展办公软件市场调研,重点调查微软、金山等主流办公软件的市场价格以及中央和周边省市采购价格,为编报采购预算和招标采购控制好标准和限额。做好办公软件政府采购预算和计划的审查工作,指导省政府采购中心按规定程序实施采购。经过三轮竞争性谈判,软件正版化采购取得较好结果,同类办公软件采购价格低于周边省市。截至12月底,省级政府机关48个部门实现办公软件正版化,全省11个地级市、90个县(市、区)政府机关办公软件正版化采购工作全面完成,整体工作进度领先于全国绝大多数省份。

【协议定点项目全省联动采购】 开展第二期协议定点项目全省联动采购工作,将协议定点项目委托给5个地市主办、5个地市协办,由省财政厅、省采购中心统一指导、协调和把握。针对上期实际招标中存在的问题,改进基准价设定和公示、评审原则和方法、电子开评标系统等关键环节的工作。同时结合中央及省出台的行政事业单位资产标准,重新设定全省联动采购项目的限额和标项划分。

【全省公务用车专项治理】 组建全省公车治理工作机构,落实人员经费,建立工作机制。会同省纪委拟定《浙江省公务用车问题专项治理实施方案》,明确有关工作内容和职责。召开动员部署会议,传达中央和省有关政策精神,对中央公车治理统计报表软件和省控购管理系统软件操作进行培训,并与浙江日报、浙江在线等媒体配合,进行社会宣传。开展全省公务用车自查登记和信息统计工作。以专项治理为契机,开展两期公务用车问题专项治理政策解答,并出台《浙江省违规公务用车处理办法》,做好全省违规公务用车认定及处置。开发完善"浙江省公务用车控购管理系统",建立公务用车单位信息库和车辆信息库。

【强化政府采购监管】 组织首次政府采购中介代理机构考核。制定《关于开展2011年全省政府采购中介代理机构考核工作的通知》和《浙江省政府采购中介代理机构考核方案》,明确对全省中介代理机构考核的内容、要求、程序及结果和责任,确立"上下联动、属地管理、两年一次、结果公开"的基本思路。由省、市、县财政部门共同配合,对2010年底前取得审批资格超过两年的79家社会中介代理机构,从队伍建设、制度执行、业务操作、规模绩效、社会评价等五个方面进行考核,共评出4星级代理机构2家、1~3星级27家。执行行政许可相关规定和操作程序,全年新认定政府采购代理机构25家。

加强对重大项目的现场监管。对全省义务教育免费教科书、农家书屋、省政府视频会议系统、省公路局网络设备、省公安厅UPS电源设备等一批采购金额大、社会关注度高、技术复杂或有举报、质疑的项目进行现场监督和后续跟踪。

积极应对供应商投诉和举报。全年受理供应商投诉13起、上级领导批转案件7件、人民来信等举报案件34件,回复率100%。对省教育厅科学计算器项目中涉嫌提供虚假材料谋取中标的两家供应商,经调查、谈话、法律论证及行政处罚听证等程序后,依法作出处罚。

【推进GPA*研究及应对工作】 以"制定浙江省加入GPA出价清单"为中心,进行专题性研究。将省级GPA成员单位按工作职责划分为综合组、产业企业组、服务组、工程组和行政法制组,分头开展出价研究。6月底,牵头完成《浙江省加入GPA初步出价建议报告》,经省级GPA领导小组第三次会议审议通过和省政府主要领导批准后,11月初正式上报财政部。

牵头组织东部地区开展加入GPA出价研究。综合平衡东部地区各省出价建议,提出东部地区统一出价策略和谈判方案,提交东部地区GPA协调小组会议通过后上报财政部。11月底,中国向世贸组织提交加入GPA第3份出价清单,北京

市、天津市、上海市、江苏省和浙江省作为第一批地方政府，列入开放清单。（政府采购监管处供稿 冯 华执笔）

注：

*GPA："政府采购协议"的英文缩写，是世界贸易组织（WTO）框架下的一个诸边协议，由WTO成员国自愿加入。

财政政策法规

【概况】 2011年，财政政策法规工作加强财政法律制度建设、法制宣传教育、规范行政执法和法制工作体系建设，推进依法行政依法理财基础工作。

【推动地方财政立法】 配合省法制办做好《浙江省政府投资预算管理办法》立法协调工作，并经浙江省人民政府第73次常务会议审议通过，于8月1日起施行。

【管理规范性文件】 开展财政行政规范性文件审核、会签和报送备案工作，全年审核规范性文件80件，纠正规范性文件起草中存在的法律问题，提出针对性修改意见，按规定将规范性文件通过网络报送省法制办备案。印发《关于贯彻落实<浙江省行政规范性文件管理办法>的通知》，明确规范性文件制定程序、施行期限、备案审查和统计分析的要求。

【开展普法主题活动】 组织开展浙江"法治宣传月"宣传活动，制作《浙江省政府非税收入管理条例》普法挂图20000套，向社区和行政事业单位发放、宣传；将全省财政系统优秀的财政普法橱窗作品在厅门户网站专题展览。组织开展"12·4"法制宣传日活动，开展新法新规考试活动，5100名财政系统干部职工参加考试；开展公共财政惠民政策宣传活动。

【法制培训】 组织开办全省财政法制骨干培训班，全省市县财政部门法制骨干及厅机关普法联络员集中学习《国家赔偿费用管理条例》《浙江省政府非税收入管理条例》和《浙江省政府投资预算管理办法》等财政新法新规。

【启动"六五"普法】 出台《浙江省财政法制宣传教育第六个五年规划（2011～2015年）》；召开全省财政法制工作暨"六五"普法启动会，通报表彰浙江省获2006～2010年全国财政法制宣传教育先进集体和先进个人，部署"六五"普法工作。

【规范行政执法】 对厅机关和厅属参公单位开展依法行政考核工作，并将考核结果纳入厅目标责任制考核中。在财政系统组织开展财政行政许可案卷和行政处罚案卷评查工作。依法受理行政复议案件2起、办理行政复议答复案件1起、办理行政应诉案件1起；行政处罚听证案件1起；会签行政处罚、处理、信访文件70多件。

【提供法律服务】 常年法律顾问实行定时上门和随时应急服务，在政府采购、会计管理、信息公开、行政复议和诉讼等方面提供专业服务230人（次）。通过实地观摩、座谈和个案交流，对基层财政法制工作和案件办理提供指导，对法律疑难问题提供法律建议和援助。

【课题调研】 完成"规范行政处罚裁量权工作探讨"课题；参与财政部"《国家赔偿费用管理条例》施行情况"、"《财政票据办法》立法工作"专项调研，提出完善国家赔偿费用管理和立法工作的建议。（法规处供稿 王新江执笔）

机关党建

【概况】 2011年，厅直属机关党委在深化理论武装、推进创先争优、抓实基层党建、注重自身建设等方面履行职责。至年末，厅直属机关党委所属党总支3个，党支部35个，其中厅机关24个，厅属事业单位9个，离休支部、退休支部各1个。党员492名，其中在职党员机关（含参照公务员管理单位）256名，企事业单位156名，离退休党员80名。

【开展创先争优活动】 围绕全厅创先争优活动主题——"深入学习实践科学发展观，发挥财政支撑、保障和引导作用，促进经济社会又好又快发展"，将活动引向深入，组织各党支部和全体党员开展履诺情况检查并制定2011年创先争优承诺；通过各支部民主推荐，推选总预算局参加省级机关优秀党支部和闪光言行评选等活动；参加省直机关"深入开展创先争优，争做人民满意公务员"主题演讲比赛等活动。

【组织纪念建党90周年系列活动】 举办"唱响红歌"演唱比赛、建党90周年书画展等活动，通过组织青年党员赴嘉兴南湖参观革命历史纪念馆，在"红船"前举行宣誓仪式，邀请专家开展党史讲座等纪念活动，回顾中华民族曲折的近现代历史，弘扬以爱国主义为核心的民族精神和以改革创新为核心的时代精神，促进社会主义核心价值体系建设。

【学习型党组织建设】 开展机关"学习年"活动，按照"科学理论武装、具有世界眼光、善于把握规律、富有创新精神”的要求，推进“学习型党组织”建设。完善党组中心组学习、党支部学习和党员自学相结合、分层次的学习机制。建立网络学习平台，形成常态化学习机制，加强党员干部学习培训。学习贯彻省十一届人大四次会议精神，向厅机关及厅属事业单位干部职工发放《政府工作报告》《十二五规划纲要》等书籍。组织观看《建党伟业》、发放《认真学习胡锦涛“七一”讲话建党90周年学习读本》《做最好的共产党员》《中国共产党为什么能》《中国共产党建党90周年知识竞赛500题》等党史党建书籍，宣传党的光荣历史，增强全厅党员干部的党性观念。

【财税文化建设】 围绕财政中心工作，结合财政业务建设和干部队伍建设实际，开展形式多样的文化创建活动，创建学习、服务、管理、发展、廉政、形象等六大“财税文化品牌”，提升财税文化的软实力。发挥工、青、妇群团组织合力，开展形式多样的文体活动，推进机关精神文明建设。鼓励兴趣小组活动，建立工会活动日制度，倡导八小时外健康、文明、安全生活。组织春节团拜会、“五一”“十一”游园等活动，加强干部职工之间的沟通交流，增强机关亲和力、凝聚力。组织参加省直机关第十届运动会，取得93个省直单位中总成绩第8名、金牌总数第5名的成绩。

【机关作风建设】 组织学习胡锦涛总书记“七一”重要讲话，按照省委、省政府的总体部署，结合财政工作实际开展形式多样、内容丰富的学习讨论。加强机关作风建设，倡导机关下基层为群众办实事、解难题。清理规范非行政许可审批事项，发挥电子监察系统的作用，提高行政审批效率。加强机关效能建设。通过现场查看、咨询、走访、座谈等方式，对厅各处室部门及对外服务窗口就“五条禁令”及各项规章制度的执行情况进行明察暗访，及时查处效能建设中存在的问题。全面启动廉政防控机制建设。结合岗位职责梳理，开展财政部门廉政风险防控机制建设，加强岗位廉政风险教育，强化干部廉洁从政意识。继续加强党风廉政责任制建设，执行和维护党的纪律尤其是政治纪律，执行中央、中纪委和省委关于领导干部廉洁自律的各项规定。健全民主生活会、组织生活会、理论学习会制度。 （机关党委供稿　陈　蕾执笔）

财政纪检监察

【落实党风廉政建设责任制】 贯彻落实新修订的《关于实行党风廉政建设责任制的规定》，协助厅党组落实“一岗双责”，完善反腐倡廉领导体制和工作机制，做到反腐倡廉工作与财政业务工作两手抓，两手都要硬，形成一级抓一级、层层抓落实、上下齐抓共管的工作局面。加强责任分解、监督检查和目标考核，年初制定印发《关于分解落实2011年省直单位反腐倡廉建设责任分工的通知》，将由财政部门落实的3项牵头工作和32项参与工作进行责任分解，逐项细化落实到各责任处室，明确各单位责任主体意识；年中，通过召开座谈会、查看汇报材料、个别了解等方式跟踪掌握工作进度，分两次就牵头任务完成情况进行书面汇报。年末，开展各单位落实党风廉政责任制情况的专项检查，并将检查结果列入部门目标责任制考核范围。

【建设廉政风险防控机制】 根据省委、省政府《全面推进廉政风险防控机制建设的意见》，省财政厅制定下发《全面推进廉政风险防控机制建设的实施细则》，成立专题工作领导小组及办公室，明确工作目标、方法步骤和相关要求，召开动员部署会和专题座谈会。领导小组办公室多次集体审议各部门、单位排查出的廉政风险点，出台《关于进一步做好廉政风险排查的指导意见》，对不按要求排查的单位退回重查，确保廉政风险点查准、查深、查实。经过“二上二下”排查，查找出廉政风险点1508项，清理和完善制度659项，制订防控措施1549条，通过建议、通报、谈话等方式发出预警8次。加强专题调研，召开全省财政系统廉政风险防控机制建设座谈会，分析财政部门廉政风险的分布、表现形式、成因及对策，推进全省财政系统廉政风险防控管理。

【廉政宣传教育】 宣传为民、务实、清廉的廉政文化理念，加强经常性廉政教育，依托“六大平台”，推动廉政文化进机关。精心组织以“遵准则、倡廉风、防风险”为主要内容的廉政主题教育活动，每周在内网展示一条优秀廉政格言警句，每季向全体干部发放一册廉洁从政系列学习资料，组织全体干部参观预防职务犯罪图片展。开展系统内部案件警示教育，利用案例剖析成果，以“身边事”“身边人”为素材，汇编《浙江省财政系统案例警示教育材料》，发至每位干部职工，发挥以案促教作用。加强节前廉政教育，重申“五项禁令”，对容易诱发不廉洁行为的部位和环节，及时提醒，及时预警。

【信访举报和案件查办】 贯彻落实省纪委监察厅《关于加强纪检监察信访监督工作的若干意见》，规范工作流程，畅通信访渠道，加强调查核实，发挥信访监督教育警示、纠错整改、预防腐败的作用。全年收到涉及厅机关干部廉洁自律方面信访件5件，做到件件有登记，事事有结果。坚持有案必查原则，根据案件情节和相关规定，对下属单位工作人员涉嫌贪污一案提出处理建议，经厅长办公会议集体研究后移送司法机关。发挥查办案件的预防功能，开展全省财政系统典型案例剖析活动，召开全省财政系统案件分析座谈会，总结分析2005～2010年全省财政各业务领域、不同类型案件发生的原因和规律，举一反三，提出建设性的防控建议和对策。

【加大监督力度】 研究纪检监察服务、保障财政中心工作的着力点和有效途径。加强重点领域和关键环节监督，参与全国第三批小型农田水利重点县申报、全国会计人员从业资格考试、全省对口援疆工作、“小金库”专项治理、地方政府债券招投标、干部选拔任用考察等14个项目的监督检查。开展《廉政准则》贯彻执行情况的督查，出台《浙江省财政厅工作人员廉洁自律十项禁止性规定》，规范工作人员行使财政资金分配管理、行政审批、监督检查等职权行为。加强对领导班子及其成员的日常监督，书面征求各市县财政部门对厅党组及其成员在党性修养、作风建设以及廉洁自律等方面的意见和建议，在民主生活会上进行反馈。开展各类专项清理，重申干部“三礼”上交登记制度，对历年上交的礼品进行拍卖清理；根据“谁主办、谁负责”的原则，清理规范庆典、研讨会、论坛等。扎实推进效能监督和电子监察，提升机关效能。

【加强系统交流指导】 修订《省财政厅兼职监察员管理办法》；深入衢州、台州等地开展专题调研，加强对全省财政反腐倡廉建设工作的指导；举办系统纪检监察干部培训班；以《全省财政纪检监察工作简报》为阵地，搭建沟通交流、互助合作、上下联动的工作平台，推动系统反腐倡廉建设。

（监察室供稿 杨一斐执笔）

财政人事（离退休干部）管理

【概况】 2011年，浙江省财政人事（离退休干部）管理围绕财政中心工作，履行工作职责，在深化和推进“三位一体”组织机构改革，优化干部队伍结构，提升干部队伍综合素质，推动系统财税文化建设和细化离退休干部服务等方面取得成效，干部教育培训工作和人事教育统计均被财政部评为全国财政系统优秀单位。

【“三位一体”组织机构改革】 7月，省编委批复同意厅机关总预算局、预算执行局、财政监督局三个局局长高配为副厅级，其中总预算局局长已高配到位。省级部门预算编制中心经省公务员局批准为参照公务员法管理的事业单位，与总预算局、地方预算处实行一体化运作。到年底，全省有56个市、县（市、区）财政局经批准搭建预算编制、执行、监督“三位一体”组织机构，占全省市、县（市、区）总数的62.9%，其中41个市、县（市、区）财政局的预算局、预算执行局、财政监督局局长高配获批。当年全省财政系统所属事业单位新增参照公务员法管理事业单位47家。

【干部队伍建设】 通过内部提拔、公开招考、系统选调、岗位交流等方式优化厅机关和事业单位的人员结构。省财务开发公司提拔任用2名部门经理，1名同志享受副处级待遇；选调机关2名副处长担任省级部门预算编制中心副主任；机关内部科级干部岗位交流6名；面向社会公开招考公务员4名；面向全省财政系统公开选调公务员5名；事业单位公开招聘工作人员8名。加大年轻干部培养锻炼力度，当年选派12名年轻干部挂职锻炼，其中首次选派5名干部到医院、高校和会计师事务所等专业对口单位挂职锻炼。

【财税文化建设】 按照省财政厅、省地税局《关于深化全省财政地税系统财税文化建设的意见》要求，推进“六个平台”建设，创建“六大品牌”。召开以“树典型、学先进、创品牌”为主题的全省财政地税系统深化财税文化建设推进会，以先进典型经验推动财税文化建设。以“走近美丽乡村、展示财税风采”为主题，举办全省财政地税系统摄影抓拍比赛，提升系统干部文化素养。开展宣传先进人物和先进事迹活动，弘扬先进、树立典型。

【规范厅属事业单位人事管理】 根据省人力社保厅《关于对浙江省财税政策研究室等单位岗位设置方案的批复》和厅属事业单位的基本情况，组织厅属事业单位开展岗位设置实施管理工作。9家事业单位的岗位聘用方案已经省人力社保厅核准认定，8家事业单位完成岗位设置和聘用工作。根据省人力社保厅、省财政厅《省直其他事业单位绩效工资实施办法》等文件精神，组织厅属事业单位制定绩效工资实施方案，并上报省人力社保厅。

【干部教育培训】 制定全省财政系统“十二五”干部教育培训规划。举办全省财政地税系统局长培训班，创新办班形式，邀请厅局领导讲课、开办“局长论坛”等。组建由“国有资本经营预算”“地方金融管理”“农业财政和财务管理”“资产管理”四个板块组成的“财务资产（含金融）管理人才库”，开展专题研讨，对人才库部分成员进行讲课技能培训，挖掘培养内部师资。举办以“展示 交流 提升”为主题的“财政干部讲坛”，12名干部走上讲坛。组织处级干部参加省级机关处级公务员任职培训班、专题研修班的学习培训。举办军转干部培训班。继续开展岗位培训观摩交流活动和教育培训同工种评比交流工作，更新教育培训师资库。

【服务离退休干部】 落实政治待遇，坚持每月一次学习、通报情况及省军级文件传阅制度，及时为老干部订阅报纸和相关学习资料。落实生活待遇，按政策规定提高离休干部生活补贴标准和扩大发放范围，办理85岁以上离休干部高龄生活护理费，为80岁以上老干部送上生日蛋糕。组织离退休干部体检。落实走访慰问制度，全年走访慰问90人次。加强离退休党支部建设，发挥离退休党支部的桥梁和纽带作用。细化服务内容，协调解决各类活动场所，坚持每月一次电话询访工作，解决老干部实际困难。制定并实施《浙江省财政厅直属事业单位退休人员委托机关管理暂行规定》。根据老干部特点和爱好，开展桥牌、台球等兴趣小组活动，鼓励支持老干部参加老年大学等各项学习。

（人事处[离退休干部处]供稿 姜伟荣执笔）

办公室工作

【信息调研】 提高综合材料文字质量，完成各类综合材料40余篇。增设《财政动态参阅》，拓宽信息渠道。编发参阅20期、信息160期、专报信息412期，多条信息被省委、省政府和财政部采用，获中央领导批示1条、省领导批示5条。获2010年度全国财政信息工作先进单位、全省党委系统信息工作二等奖、全省政务信息考核评比三等奖。组织开展全省财政系统调研工作，完成调研课题《完善公共财政管理的思路与对策——富阳“大财政”改革的借鉴和启示》。结集出版2010年度财政系统优秀调研报告，组织评选2011年度系统优秀调研报告。

【财政政策宣传】 围绕财政工作中心，以媒体通气会、专题采访、节目直播、新闻发布会等形式宣传财政政策，50余篇新闻宣传稿件在中央和省内多家主要媒体刊发。被财政部评为2009～2010年度全国财政新闻宣传工作先进集体。按季编发《浙江财政信息资料》手册，并寄送全国及省人大代表、政协委员。与省国税局、省地税局合力打造浙江财税12366语音特服系统，并于9月1日正式上线运行。

【公文管理】 印发《关于进一步提高政务运转效率的意见》，优化公文处理流程，审核各类公文7000多件。印发《关于加强和规范厅属事业单位档案管理的意见》，做好厅属事业单位档案指导工作。完成1996～2002年以及2010年14048件电子公文登记备份，厅机关保管的历史档案全部实现登记备份。印发《省财政厅涉密纸质文件管理办法》，配置涉密专用复印机，对计算机、移动存储介质等涉密设备进行登记、标志，强化保密管理。

【政务督查】 开展厅机关及省政府工作目标考核工作，完善厅机关目标考评办法，健全处室工作目标制订与省政府部门工作目标相结合和完成情况挂钩机制。省财政厅获2010年度省政府工作目标责任制考核优秀单位。做好省委、省政府重点工作的责任分解和反馈。督办省领导批示件572件、办公交办件701件；督办省财政厅承办的人大代表建议、政协提案455件，其中承办的32件主办件答复满意率100%。接待上访群众18批次37人次，办理群众来信、“厅长信箱”、“省长信箱”转办件等信访件355件。

【财务资产管理】 控制“三公”经费及节能减排等支出，各项控制指标均未超过年初预算。公开省财政厅2011年度部门预算。加强厅属事业单位的财务管理，结合绩效工资改革规范厅属事业单位各项经费使用和管理。做好厅属有关单位的经营责任制考核工作。落实政府采购和资产管理制度，做好机关大楼搬迁后留存资产的清查处置工作。做好固定资产申购、报废和电脑耗材、办公用品领用管理工作。

【机关大楼基建工作】 完成业务用房及停车库项目关键性工程地下室混凝土顶板、底板和墙浇筑；机关大楼整体维修节能改造工程开工；完成天目山庄和莫干山庄改造涉及施工图和工程施工招标工作。

【后勤保障】 按照机关大楼整体维修节能改造工程计划，制订厅机关办公场所整体搬迁方案，1月23日厅机关及信息中心、政研室、会计人员服务中心迁入省委党校文欣校区文欣大厦办公。加强与省委党校后勤管理部门的协调联系，理顺文欣大厦保洁、会务、停车、保安、消防等后勤服务管理。落实消防安全、门卫、值班等制度，加强安全设施建设。做好文欣校区停车场地的平整、车位划分等工作，加强厅机关车辆油耗费、维修费、过路过桥费登记和考核，节约运行费用。以考核促服务，增强驾驶员服务意识和安全意识，完成会议、接待、公务用车保障任务。做好各项会务接待工作。办好机关食堂，严格内部管理，提高服务质量，确保饮食安全。

（办公室供稿 柳 颖执笔）

企事业单位概况

省财务开发公司

【概况】 2011年，浙江省财务开发公司按照“精、特、优”的工作理念，全面落实省委、省政府和省财政厅的各项决策部署。公司全年完成经营总收入2.74亿元，实现净利润2.04亿元。

【建构省中小企业再担保体系】 11月4日，省中小企业再担保有限公司在杭成立，省委副书记、省长夏宝龙到会为公司授牌，省委常委、常务副省长陈敏尔到会讲话。建立银保战略合作关系。按照“增信、分险、放大”的总体要求，与省11家金融机构达成银保战略合作，将对纳入省再担保体系的担保机构提供一系列优惠措施。完成担保机构签约。经过资格申报、尽职调查、专家评审等程序，在全省范围内确定18家担保机构首批纳入省中小企业再担保体系，至此，以再担保公司、担保机构、银行三方合作为框架的省中小企业再担保体系初步建立。

【基金管理】 创投引导基金。发挥财政资金“四两拨千斤”的杠杆作用，出资2.50亿元阶段参股鑫悦动、海邦人才、青巢等3只创投基金，规模12.00亿元，放大效应5倍。迄今共阶段参股9只创投基金，总规模31.00亿元。7只创投基金全面展开项目投资工作，投资43个项目，投资额6.99亿元；吸引社会资本联合投资29.50亿元，达到30倍的放大效应。获“2010～2011年度最佳政府引导基金管理团队”称号。

文化产业基金。公司参股的东方星空文化产业基金共投资8个项目，其中股权投资项目5个，影视类投资项目3个，总投资3.38亿元。另储备5个以数字电视、新媒体、医学专业媒体和影视业为重点领域的项目。

【股权管理】 做好金融股权项目战略管控。根据省政府关于公司为浙商银行国有第一大股东地位不变的要求，配合浙商银行做好优化股权结构方案，全面参与浙商银行新一轮五年规划编制工作。全额参与财通证券新一轮的增资扩股，对财通证券公司的持股比例增至60.95%，同时认购财通证券向省财务开发公司定向发行的次级债7.50亿元。

规范管理原有股权项目。注重项目管理的法律支撑，强化法务部门对项目管理各个阶段的服务和把关，完善合同和对外业务文件法律会审制度，增加内部授权委托制度。做好各类委托项目管理工作，对中国电信增派监事一名，保证公司在大型上市央企中的话语权。严格遵照国有股权转让管理办法，做好农业综合开发项目相关国有股权退出工作。做好盘活存量资产工作，全年以现金形式盘活存量资产1.78亿元。

【规范公司运营】 完善内部管理制度。制订公司《保密工作管理办法》，成立保密工作委员会。制订公司《内部审计试行办法》，启动内审工作。在修订和增补现行制度的基础上出台《公司管理制度汇编》。加强员工队伍建设。调整和明确公司部门和岗位工作职责，以年初确定的部门年度工作目标量化为依据实行全员考评。建立中层以下员工职级晋升机制。多渠道做好再担保专业人才的引进工作。推进廉政风险防控建设。落实全面推进廉政风险防控机制建设实施细则，排查风险点，制定和落实防控措施，规范工作流程，健全内控机制，加强风险预警。(财务开发公司供稿 尤敏强执笔)

财政项目预算审核

【概况】 2011年，省财政项目预算审核业务完成各类财政项目审核373个，审核金额69.15亿元，净核减资金6.98亿元，平均核减率10.1%。

【政府投资项目资金监管】 探索建立与项目支出预算管理模式相适应的审核机制，通过资金配置源头环节对各类项目所需资金进行审核。全年完成各类部门项目支出预算审核46.41亿元，核减不合理资金4.28亿元，核减率达9.2%；省级财政基建直接拨付项目进度款审核6.81亿元，核减资金639.31万元，核减率为0.9%；政府工程采购项目审核100个，审核金额2.11亿元，核减资金2718万元，核减率为12.9%；专项资金审查、竣工财务决算审查等13.82亿元，核减资金2.37亿元，核减率为17.1%。

【项目费用指标体系建设】 形成《财政项目费用指标(标准)体系建设框架构想》，并以此作为“十二五”时期指导全省财政项目支出标准体系建设的实施方案。组织编写和制订《行政事业单位办公用房项目建设费用指标》和《粮食储备库项目建设费用指标》,为部门编制预算和财政部门审核预算提供参考依据和衡量尺度。

【业务信息平台建设】 结合“金财工程”建设和财政预算管理需要,建立与财政管理各环节相链接的财政审核管理信息系统,达到业务标准统一、操作功能完善、网络安全可靠的要求,实现项目资金运行全过程管理、无缝链接。

【系统组织机构建设】 推动地方财政审核机构建设,帮助县(市、区)审核机构完成“参公”工作。全省已成立73个各级财政项目预算审核机构,其中7个市(地级市)已批准转为参照公务员管理单位。

【系统专业人才库建设】 按照分系列、分类别管理,在全系统初步建立审核系统人才库,并在此基础上初步建立各专业专家库。 (审核中心供稿 吴春桃执笔)

财政票据管理

【概况】 2011年,浙江省财政票据管理工作围绕政府非税收入征收管理,完善财政票据管理制度和政策,做好票据印制、领用、结报、销毁等环节的各项工作,规范票据使用行为,保障票据供给,提高管理水平和服务质量。

【票据政策】 调整公益事业捐赠票据使用管理政策。转发财政部《关于印发〈公益事业捐赠票据使用管理暂行办法〉的通知》,提出贯彻实施意见,启用全国统一式样的新版“公益事业捐赠票据”,停用旧版“浙江省公益事业捐赠票据”和“浙江省希望工程捐赠专用票据”,确定新旧版公益事业捐赠票据换版工作安排和要求。

印发《浙江省财政票据印制管理暂行办法》。规定通过招标等政府采购方式确定财政票据承印企业,提出承印企业在印制、保管、配送财政票据中的工作规范,明确财政部门对承印企业监督检查的具体要求。

规定民办教育机构教育收费不再使用政府非税收入票据政策。依据现行法律法规和公共财政改革要求,结合民办教育收费管理政策,印发《关于民办教育机构教育收费不再使用政府非税收入票据的通知》,明确民办教育机构实施学历教育、学前教育和非学历教育取得的教育收费收入不属于行政事业性收费,不再使用政府非税收入票据,应使用税务发票。组织2012~2014年度全省财政票据定点印刷企业招投标工作。按照《浙江省财政票据印制管理暂行办法》规定,部署启动财政票据定点印刷企业招投标,对经招投标确定的12家印刷企业核定承印票据种类,签订印刷合同,颁发财政票据准印证。

【热点问题调研】 开展医疗票据使用管理调研。对全省各类医疗机构医疗票据使用管理现状和存在问题进行摸底调查,收集医疗票据种类、票样和票据领、用、核等使用管理改革完善的建议,了解医保政策对医疗票据使用管理要求,调查情况上报财政部。开展财政票据管理办法立法调研。围绕财政票据的概念定义、票据种类划分和适用范围、票据安全管理和防伪措施、票据电子化管理和票据监督检查内容,进行调研,上报财政部。

【票据印制】 按照财政票据印制审批管理规定和要求,做好全省财政票据印制审批工作。全年组织印制财政票据92663万份,其中:非税收入一般缴款书270万份、非税收入统一票据33845万份、非税收入专用票据3354万份、非税收入定额票据1997万份、代收罚没款专用票据1575万份、罚没财物专用票据197万份、罚没定额票据260万份、医疗机构票据63583万份、资金往来结算票据125万份、非经营性收入收款收据450万份、预收(暂扣)票据16万份、社团会费票据1562万份、城乡居民社会保障票据15743万份、公益事业捐赠票据98万份、住房专用票据24万份、村级集体经济组织收款收据25万份。

【票据领购发放】 办理换发票据购领证,全年办理省级换发票据购领证68本,其中:行政事业单位10本,社会团体28本。全年发放发售财政票据9672万份,其中:向省本级345家行政事业单位和908家社会团体发售财政票据5382万份,向各市县财政部门发放财政票据4298万份。同时,当年向全省85个市、县(市、区)(不含宁波)发放供应教育券2.86万份,爱心营养餐券8.56万份。

【票据结报核销】 按照财政票据结报核销的相关规定,执行“定量供应、验旧换新、定期结报”制度,加强对省级各用票单位票据开具内容项目的审核核销,重点审核非税收入的项目和标准是否符合规定、非税收入是否及时足额上缴财政和票据使用是否存在乱收费乱罚款乱摊派、是否存在转借代开串用财政票据,以及票据结报是否及时等,配合做好非税收入监缴工作,促进用票单位规范经济行为和财务管理。全年省本级结报核销财政票据4036批次,共计6092万份票据,监缴非税收入124亿元,结报保证金、押金、社团会费、医疗收入等资金298.04亿元。发现违规使用财政票据63例,责成单位整改。

【票据销毁】 做好财政票据销毁工作,对符合财政票据销毁年限规定的票据存根和作废票据,单位提出申请,及时安排和组织票据销毁。当年先后安排7家省级单位,销毁空白过期票据和票据存根计2423万份。

(票据中心供稿 刘 宁执笔)

财税政策研究

【围绕中心 服务大局】 承担省委、省政府牵头的年度重点课题研究。与厅机关各业务处室局协作,完成省财政厅负责的相关子课题研究任务,分别向省委政研室和省政府政研室递交"公共财政促进城乡一体化的实践与探索"和"加大对山区发展扶持的财政政策研究"子报告。

开展财政管理体制改革研究。完成"完善市区财政管理体制研究"课题,并组织部分市县对市区财政管理体制问题进行协作研讨。

分析财税经济形势。重点分析浙江省近年来财政运行态势、与江苏的对比分析,以及相关税收改革对全省财政收入的影响分析,分别完成"把握财税运行态势,提升财政发展能力""十一五时期浙江与江苏财政收入比较分析""浙江与江苏税收收入比较分析及政策建议""增值税扩围改革对浙江财政收入的影响分析"等系列研究报告。

基层财税改革调研。围绕省财政厅"三基五财"("三基"即"基础、基层、基本";"五财"指"生财、聚财、用财、理财、管财")建设,总结、梳理各地在财税管理改革中的创新点和工作亮点,分别完成"关于乡镇财政管理建设的调研报告""'三位一体'组织机构改革的推进情况调研""松阳县'税情地图'工作的调研报告"等课题。联合义乌市财政局总结义乌市公共财政改革的典型经验,完成"义乌市行政事业单位资产管理的实践与思考""义乌市民生财政建设研究"等研究报告。

省财政管理改革实践调研。配合厅机关行政政法处专项资金检查调研,完成"行政政法专项性一般转移支付的实践与启示"课题,为完善转移支付制度提供参考和借鉴。根据与厅机关办公室、总预算局、预算执行局等处室局的信息交流制度,不定期交流财税经济信息,探讨财税经济工作的热点、难点问题,明确研究重点和方向。

【注重调研 做好课题】 承担并完成浙江省科技厅软科学项目的研究任务。立足于历年的相关研究成果,在完成各阶段性研究任务基础上,完成《完善政府公共预算管理改革研究》的课题报告,并通过评审验收。

参与社科规划办和省社科联课题研究。承担浙江省规划办2010年委托课题《推进经济发展方式转变的途径及财税对策》,6月份通过结题验收。承担省社科联"民生调研协作攻关课题",完成"促进居民收入分配结构调整的财政政策研究"课题报告。

参与财政部科研所课题研究。承担财政部科研所重点课题之一《促进居民收入分配结构调整的财政政策研究》。作为全国协作课题的牵头单位,完成浙江分报告部分,并立足于课题成员单位的研究基础,与湖北、海南、上海等其他省市共同完成该课题的总报告。

组织市县开展协作课题研究。与厅机关绩效管理处合作,组织部分市、县(市、区)财政学会和绩效管理处(科)开展预算绩效管理课题研究,收到相关研究成果31个。

【精益求精 编好书刊】 坚持《浙江财税与会计》办刊宗旨,在内容和形式上精益求精,提高杂志整体质量。完成系统各类主要会议宣传报道;围绕全省财政中心工作,宣传工作理念,组织专题性稿件深入政策宣传与业务探讨;做好系统队伍建设及财税文化建设的宣传;关注各项财政管理改革,推广地方财政管理先进经验;挖掘企业先进理财经验,随政策变化,刊发政策解读类专题,服务财会人员。

《浙江财政年鉴》2011年卷(总第11卷)记载2010年全省财政改革与发展情况,全卷分九篇和附录计十部分,130万字。其中增加"'十一五'时期财政工作"篇,记叙"十一五"时期全省财政改革与发展概况。做好《浙江省政府志》征求意见稿的审读工作,并将有关修改意见整理提交志办编辑部。启动《浙江通志·财政卷》的编纂工作,组织人员参加《浙江通志》编纂工作培训班。

围绕财政中心工作和当前财政工作的热点和难点问题,编辑《浙江财政研究》,就"三基五财"、民生财政建设、海洋经济、城区体制完善、预算绩效管理、经济转型升级等主题开展稿件的征集和筛选,突出理论与实践的有机结合,全年出刊6期。

以《浙江财税参阅》为平台,为厅领导提供经济、财政、税收理论等方面的新信息,当年编辑22期,推进科研成果转化。

(政研室供稿 陈优芳执笔)

财政信息化建设

【概况】 2011年，浙江省财政信息化工作按照《浙江省金财工程建设三年规划（2010~2012年）》要求，继续开发完善和推广金财工程一体化软件，开展财政项目预算管理地理信息系统、绩效评价信息系统等项目建设，提高全省金财工程软件、运维平台运行效率，推进全省财政系统信息安全建设和系统纵向备份网络带宽升级改造工作，确保财政数据安全和网络正常运行。

【软件开发维护】 财政项目预算管理地理信息系统。3月启动地理信息平台在财政管理中的应用，先后开展需求调研、系统规划、软件架构、界面设计等工作，9月正式进入系统开发阶段。目前系统平台建设已具雏形，在省测绘局配合下，各类财政项目数据信息开始载入系统，为后续数字财政工作打下基础。

金财工程一体化软件升级。为应对数据库升级到ORACLE 11G、中间件升级到WEBSPHER 7，全省已推广应用的指标管理、用款计划、支付管理、资金申拨及总会计等软件升级到3.0版。一体化部门预算软件开发完成，并在长兴、拱墅、磐安三地试点运行。

非税收入征管项目。开展一体化非税收入征管系统3.0版本的开发工作，调整非税收入项目编码体系，增加财政票据使用期限管理功能和POS机收费功能，开发独立的报表模块，为适应数据库和中间件系统升级，对系统进行升级使其正常运行在新老系统平台。在会计核算系统中新增分收入项目核算功能，分4个维度对非税收入进行核算，并可由各地财政部门根据本地区的核算要求进行自由组合，使非税收入核算具有较强的适用性，与征管系统相配套。

政府采购管理信息系统。完成财政内网版本主体项目开发工作，省本级已完成测试和上线前准备，年底结转后正式上线运行。市县版本在绍兴和富阳两地完成市级和县级采购管理信息系统的试点工作。

其他软件项目。财政收支分析和财政资金监督系统进展顺利，预算绩效管理软件、基建财务管理软件、预算执行综合监控等软件开发完成。

【项目推广实施】 按时完成财政部应用支撑平台全省推广工作。分三期完成全省92个市县区应用支撑平台的项目采购、实施上线和人员培训。继续推广非税收入征管系统。非税新版系统已经推广到45个市县区，完成年初制定的实施覆盖面50%的既定任务，执收单位和代理银行应用程度得到提高，有17个市县区实现系统全覆盖或基本覆盖，代理非税收入业务的商业银行拓展到20家。系统软件稳定升级。完成全省财政备份软件升级项目采购和30个财政局的数据库、中间件系统软件升级项目实施。

【财政综合办公平台、门户网站和运维平台有效运行】 开发综合办公平台4.0版本。增加WPS（金山办公软件）、ODPS（地税办公自动化应用软件）接口及CA证书等功能，引入财税通

数据恢复应急演练

和短信接口;重新开发固定资产管理模块,实现政府采购、预算指标控制、国有资产监管和厅内部资产管理审批等功能;完成电子期刊模块重构,将电子期刊同内外网衔接,方便财政信息报送、审批、组刊、发布和考核。改造财政门户网站。实现内外网业务无缝衔接,将厅部分业务处室子网站整合入财政门户网站,调整网页布局,方便网络安全管理,提高单位门户网站实用性。运维平台高效运行。运维平台增加短信与即时消息提醒、信息化建设市县考核、软件使用情况上报等功能。

【保障网络安全】 专网安全体系现雏形。按照财政部金财工程网络安全建设工作计划,组织实施全省财政系统省、市、县三级纵向业务专网边界安全防火墙项目建设。实现网络数据状态监测、包过滤、访问控制、地址转换功能,项目于11月中旬通过项目专家组验收。在省本级部署入侵检测和漏洞扫描系统,完成趋势防病毒软件的升级。

提升纵向网络速度。推进全省财政系统纵向备份网络带宽升级改造,将县(市、区)级财政局至地级市财政局线路从2M带宽升级到4M带宽,地级市财政局至省财政厅线路从6M带宽升级到8M带宽,对各节点网络设备技术参数进行相应升级改造,解决财政业务种类、数据量、接入点的快速增长与财政备网线路传输能力的矛盾。

数据中心建设。实施省财政厅数据中心系统平台改造升级工作。组织技术专家对数据中心在系统架构、数据库RAC(数据库应用集群)、分区、中间件管理和系统虚拟化解决方案进行讨论,编制省财政厅数据中心系统平台改造升级方案和建设工作计划,组织系统改造前的数据库RAC布署,开展数据库、中间件管理应用及数据备份管理软件的升级测试。

【开展数据恢复应急演练】 开展省应急办、省档案局组织的财政综合办公平台数据恢复演练,在省有关部门指导下,模拟在意外事故中如何恢复办公平台数据,保障财政工作正常开展,通过采取"贴近实战"的演练方式,提高数据信息安全意识,查找工作漏洞,提高应对电子政务突发事件保障工作能力。加强门户网站安全监管,实施厅门户网站安全评估及应急响应;开展因特网访问行为的流量控制统计和审计,在厅机关涉密移动优盘中部署加密软件。

【管理培训】 修订《浙江省金财工程建设工作考核办法》;配合项目进展,全年组织各类业务、技术培训43批2967人次。

(信息中心供稿 王洪俊执笔)

会计人员服务工作

【概况】 2011年,省会计人员服务中心按照《行政许可法》的要求,依法做好会计从业资格行政许可事项的审批工作,做好会计从业资格、专业技术资格和高级会计师考试的网上报名和考试组织工作,做好高级会计人员继续教育的网上报名和培训工作,加强会计从业资格证书和会计人员继续教育培训的日常管理工作,做好教授级高级会计师及高级会计师评审材料的受理及初审工作,树立窗口单位的良好形象。

【会计从业资格管理】 按照《行政许可法》、《会计从业资格管理办法》具体要求,制订并落实有关规章制度,即岗位责任制、服务承诺制、一次告知制、限时办结制、AB岗工作制等,依法做好省级及中央在杭单位人员会计从业资格行政许可事项的审批工作,以及会计从业资格注册、变更、调转等日常性工作,全年准予行政许可1012人,开展普通会计人员网络继续教育培训,886人参加培训。根据省财政厅《关于2011年度会计从业资格考试工作有关事项的通知》要求,4月10日组织省级会计从业资格考试工作,实际报考人员4478人(单科390人,全科4088人),考试通过取得成绩合格证人员为857人(单科89人,全科768人)。11月29日至12月8日组织2012年度会计从业资格考试报名工作,报考人数为345人(单科33人,全科312人)。

【会计专业技术资格考试】 根据省财政厅《关于2011年度会计专业技术资格考试工作有关事项的通知》要求,5月14日至15日组织省级会计专业技术资格考试工作,实际报考人员2921人(初级974人,中级1947人)。11月1日至10日组织2012年度会计专业技术资格考试的报名工作,报考人数为3430人(初级990人,中级2440人)。

【高级会计师考评结合】 根据省财政厅《关于2011年度高级会计师资格考试工作有关事项的通知》要求,组织2011年度省级单位344名高级会计师考试报名工作以及全省1842名报考人员的考务工作;全省高级会计师资格考试于9月4日在浙江大学西溪校区举行,706人合格。按照省财政厅《关于开展2011年度高级会计师资格评审工作的通知》要求,12月19日至30日受理并初审省级单位和驻浙机构171人的高级会计师申报材料。按照省财政厅《关于开展2011年度教授级

高级会计师资格评审工作的通知》要求，6月14日至8月31日受理全省共20人的教授级高级会计师申报材料。

【会计人员继续教育培训】 全年举办高级会计师培训班11期，其中在杭州举办4期，在北京、上海、厦门三个国家会计学院组织5期，与舟山、杭州市联合举办2期培训班，4129人参加培训，比上年增加709人。培训内容主要有企业内部控制与风险管理、中国会计准则及发展动态、企业转型与企业战略成本等专业课程，以及现代西方的中国形象、语言表达艺术（提升沟通力）、心理压力与情绪管理等综合类及人文类课程。（会计人员服务中心供稿 沈劲华执笔）

财政干部教育

【概况】 2011年，省财政干部教育中心以农村财会人员财政支农政策培训工作为重点，围绕全系统干部教育培训，会计人员继续教育，多层次学历教育工作等服务财政工作大局。

【财政支农政策培训】 2011年是全省首轮农村财会人员财政支农政策培训工作的最后一年。全省所有市、县（市、区）开展并完成首轮（2009～2011）财政支农政策培训，累计培训64132人次，首轮培训计划完成率为177.8%，免费发放《浙江省财政支农惠农政策解答》教材9.8万册。当年全省46个市、县（市、区）开展财政支农政策培训，培训21697人次。根据财政部中华会计函授学校统一部署，在前期支农政策培训管理软件试点的基础上全面启用农村财会人员财政支农政策管理系统规范财政支农政策培训工作，并将当年参加培训的21697名学员信息全部录入该系统。在全省范围内开展以农村财会工作及提升农村财会人员专业素质研究为主题的各项课题研究，完成《财政支农政策培训教学版》与《企业研发费用的会计税务处理》两大课件的开发任务，编印《农村财会人员财政支农政策培训专题研究》论文集。其中《提升农村财会人员专业素质研究》课题获全省财政系统调研报告评比三等奖，并被财政部中华会计函授学校立项。

【干部教育培训】 根据《浙江省财政厅2011年干部教育培训计划》，全年参与培训、研讨班26项共35期，培训对象5091人次。修订完善与厅人事处联合印发的《厅机关处室局培训工作量化考核表》和《培训班教学质量评估表》。改进工作方式，融入全程服务，完善办班后续服务。利用财政部中华函校与上海国家会计学院合作开发的远程教育平台及其教学课件资源，拓展培训形式，提供网上自学平台。

【省中华会计函授学校】 全年招收中专新生1151人，毕业中专生1349人，中专在校生规模1629人。联办大专班共录取新生1425名，毕业1752人，大专注册在校生3734人。中专学历教育向乡镇覆盖。

【浙江省财政教育培训网站维护工作】 更新浙江省财政培训网包括财经法规、学历教育、干部培训等19个栏目的内容。培训网站成为广大财税干部和财会人员学习交流平台。至年底，财政教育培训网站访问量3865650人次，登载理论文章1248篇，综合信息、财经信息1505篇，农村财会人员财政支农政策培训、干部教育培训、学历教育的工作信息和工作动态221篇。（干教中心供稿 潘敏华执笔）

协会学会活动

注册会计师、注册资产评估师管理

【概况】 2011年，浙江省注册会计师协会以服务会员和服务全省经济改革与发展为立足点，制定并发布注册会计师行业发展五年规划，推动行业创先争优和“制度建设年”活动。反映行业诉求，弘扬行业正气，组织执业质量检查，依法进行注册会计师、注册资产评估师日常管理，组织实施注册会计师执业资格考试，做好会计师事务所、资产评估机构（以下简称“执业机构”）从业人员后续教育培训，加强行业宣传。截至12月31日，全省有会计师事务所372家，执业注册会计师4666人，资产评估机构150家，执业注册资产评估师1566人。

【制定注册会计师行业“十二五”规划】 制定并发布《浙江省注册会计师行业发展规划（2011～2015年）》。规划以“六个坚持”（坚持保持总量增长与拓展新业务、扶持大型事务所与带动中小型事务所、服务创新技术创新与体制创新、自主创业市场机制作用与行业政策引导、业务发展诚信建设与行业党建、行业监管与服务相结合）为基本原则，提出浙江省注册会计师行业的发展目标，对浙江省注册会计师行业未来5年发展作出科学安排。

【制度建设】 根据中国注册会计师协会的统一部署，2011年是注册会计师行业“制度建设年”。首先从协会自身制度建设开始，制定或修订《浙江省注册会计师协会会费管理办法》《行业关爱基金管理办法（试行）》《会计师事务所综合评价办法》等内部管理制度和行业管理制度23项。其次对会计师事务所制度建设的指导和交流，梳理、修订59项内部管理及行业管理制度并汇编成《注册会计师行业管理规范》（第三册）在全行业发放。至11月底，全省367家会计师事务所在原有制度的基础上，制订或修订制度2582项。

【推进行业“创先争优”活动】 促进行业党组织和党群共建工作，截至12月31日，全行业共有党员2764人，全省会计师事务所（含事务所省内分所）中有1名以上党员事务所275家，建立事务所党组织211家（含联合党支部38家），没有党员的92家事务所均已由各市行业党组织确立党建工作联络员，实现行业党建工作全覆盖。在“创先争优”活动中累计编发活动简报84期，其中7篇被中国注册会计师行业党委“创先争优”简报录用。出版《浙江省注册会计师行业党建暨“创先争优”活动集锦》，树立行业典型88个，利用媒体开展宣传11条（次）。开展网络支部学习。

【反映行业诉求】 组织新业务拓展课题研究，在全省范围内以课题招标方式确定41个相关课题入围。经对课题成果验收、评比，选出一等奖2个，二等奖5个，三等奖8个，优秀奖26个。配合省物价局进行会计师事务所收费标准制定工作，经过深入调研、成本测算和召开行业座谈会，拟定新的会计师事务所、资产评估机构收费标准初稿。根据省物价局《浙江省物价局关于调整会计师事务所服务收费标准的通知》和《浙江省物价局关于制定资产评估收费标准的通知》，于4月26日出台《浙江省会计师事务所计时收费标准（试行）》和《浙江省资产评估机构计时收费标准（试行）》，对执业机构的计时收费标准进行调整。协助浙江省工商局统一制定外国企业常驻代表机构审计报告格式（参考）。

2011年度浙江省优秀注册会计师优秀注册资产评估师

【表彰评选先进】 开展庆祝中国共产党诞辰90周年表彰评选先进党组织和先进个人活动，评出先进行业党组织2个，先进会计师事务所党组织15个，优秀党务工作者20名，优秀共产党员49名，支持党建工作（党外）合伙人8名。开展注册会计师行业十大岗位能手评选，评出审计岗位能手5名，新业务拓展能手2名，党群工作能手2名，财务管理岗位能手5名，人力资源岗位能手5名。根据《浙江省优秀注册会计师优秀注册资产评估师评选办法（试行）》，经全省范围层层推荐选拔并经公示，45名优秀注册会计师，5名优秀注册资产评估师得到表彰。

【组织执业质量检查】 抽调59名检查人员对53家非证券从业会计师事务所进行执业质量检查。经浙江省注册会计师协会惩戒委员会委员的讨论表决，对1家存在严重执业质量问题的会计师事务所和涉及的2名注册会计师，给予公开谴责的惩戒；对3家存在严重执业质量问题的会计师事务所和涉及的9名注册会计师，给予行业内通报批评的惩戒；对14名注册会计师，给予训诫的惩戒。联合工商部门，开启企业年检审计报告网上查验系统，该系统与工商部门的网上年检系统平台相联结，由承接业务的会计师事务所，核实企业提交的主要数据，并上传电子版审计报告。

【日常管理】 完成2011年注册会计师、注册资产评估师年检工作。截至3月31日，367家会计师事务所的4563名注册会计师参加年检，通过年检4419名，因未专职在会计师事务所执业由本人申请撤销注册15名，死亡9名，年检期间注销注册6名，因未参加后续教育培训、离所等原因暂缓年检114名。截至3月31日，150家资产评估机构的1516名注册资产评估师参加年检，通过年检1475名，因未专职从事评估业务不予通过年检1名，死亡1名，因转所等原因暂缓通过年检39名。依法办理注册会计师、注册资产评估师的注册、转所工作，截至12月，批准注册会计师注册238人、注册资产评估师注册46人，为467名注册会计师、83名注册资产评估师办理注册关系转移手续。依法撤销、注销兼职、挂名注册会计师97名。受理合伙人、股东资格变更备案，全年受理会计师事务所合伙人、股东资格变更材料16起。办理注册会计师考试全科合格申请非执业会员入会手续，全年共批准71人加入中国注册会计师协会，对56名注册会计师转非执业会员进行审批。根据中注协《关于开展非执业会员换证工作的通知》，继续做好非执业会员重新登记及换证工作。

【组织执业资格考试】 组织考试管理人员参加2011年度注册会计师网上报名系统操作管理培训，召开全省注册会计师考试报名工作布置会。实施注册会计师考试网上报名，审核报名资格同期开通网络补报名，在资格审核点受理现场缴费，减少考生资格审核与缴费不同步产生的差错。全省30000人报考注册会计师专业阶段考试，合计77388科次，459人报考注册会计师综合阶段考试。全省835人参加注册资产评估师考试，取得注册资产评估师全科合格证书94人。

【从业人员后续教育培训】 全年组织注册会计师继续教育培训4539人次，注册资产评估师1852人次，培训面100%。下发《行业执业人员继续教育调查问卷》，摸清行业从业人员培训需求。强化培训纪律，注重培训质量，突出培训重点。根据《浙江省注册会计师协会人才基金奖励管理办法》，继续对行业内符合规定条件的人员和执业机构予以奖励或经费补助。通过全省范围内考试选拔，组织两期注册会计师高端人才境外培训班。

【行业宣传】 全年编发《浙江注册会计师》杂志12期，设“特别关注”“实务探讨”“课题研究”“学习培训”“百花园”“法规速递”等栏目。做好宣传工作。协会网站注重信息及时性和便捷性，全年发布“协会文件”99个、“行业动态”108条、转载“法律法规”31条、“行业党建”信息71条。

（省注协供稿 王 蔚执笔）

浙江省财政学会

【开展课题研究】 牵头承担“促进居民收入分配结构调整的财税政策研究”协作课题研究。由浙江省财税政策研究室、财政学会牵头，湖北、海南财政学会等单位以及财政部科研所财经信息中心参加。学会立足浙江特色和实际情况，在深入细致调查的基础上，完成《促进居民收入分配结构调整的财税政策研究》的分报告，牵头完成《促进居民收入分配结构调整的财税政策研究》总报告。

牵头完成省委省政府重点课题的分报告“公共财政促进城乡一体化的实践与探索”和“加大对山区发展扶持的财政政策研究”。完成《公共财政促进城乡一体化的实践与探索》和《加大对山区发展扶持的财政政策研究》的课题报告。

参与社科规划和省社科联课题研究。承担并完成浙江省规划办2010年委托课题《推进经济发展方式转变的途径及财税对策》。参与省社科联“民生调研协作攻关课题”研究，完成

"促进居民收入分配结构调整的财政政策研究"课题报告。承担完成"浙学论坛"立项课题《完善市区财政管理体制研究》。

组织协作课题研究。协作完成"行政政法专项性一般转移支付的实践与启示"课题。与义乌市合作完成"行政事业单位国有资产管理体制改革的探索"课题研究。

参与全国预算与会计研究会与中国农村财政研究会的课题研究。参与全国预算与会计研究会全国协作课题研究，完成《促进居民收入提高的财政政策研究》和《浙江省预算绩效管理体系构建思考》两个协作课题的分报告。参加中国农村财政研究会的课题研究，围绕"三农"工作热点、难点问题，完成《浙江省财政支农生产性资金结构分析》和《浙江财政支农政策效应的调查分析》两篇调研报告。

【举办学术研讨活动】 举办"完善城市财政体制改革研究"研讨会。按照浙江省社科联"当代浙学论坛——2011学术月"活动的统一部署，7月14日，浙江省财政学会在温州市举办"完善城市财政体制改革研究"协作课题研讨会。

举办"调整居民收入分配结构的财税政策研究"学术沙龙。9月24日，省财政学会在杭州电子科技大学召开"调整居民收入分配结构的财税政策研究"学术沙龙。来自浙江大学、浙江财经学院、浙江工业大学等高校和省财政厅有关处室局的40多位代表参加。

承办全省经济类学会工作座谈会。8月20日，省财政学会承办2011年度省社科联经济类学会工作座谈会。来自全省39个经济类学会的50余名代表参加会议。

【指导各地学会开展研究活动】 组织全省各市、县（市、区）财税（会）学会开展课题研究，加强对全省课题研究的指导。2011年，全省各市、县（市、区）财税（会）学会完成课题131个，研究范围涉及经济转型升级、财政体制完善、居民收入分配、民生财政、乡镇财政体制建设、绩效预算、政府债务、海洋经济、医疗卫生改革、财政支持新农村建设、"三位一体"改革等多领域，评出一等奖4篇，二等奖29篇，三等奖56篇。

与厅绩效管理处合作，组织部分市、县（市、区）学会和绩效管理处（科）开展预算绩效管理课题研究，就预算绩效管理在财政管理中的定位与作用、总体框架构建、目标管理体系建设、评价体系建设、指标体系建设及评价结果应用等几个方面的内容进行研究和探讨，收到相关研究成果31个。

【多渠道促进研究成果转化】 将获奖课题汇编成《财政改革热点问题探讨——浙江省财政课题研究成果汇编（2010）》一书，由浙江人民出版社出版发行。将2010年完成的协作课题汇编成《发展低碳经济财税政策研究》一书，由中国财政经济出版社出版发行。

推荐《浙江省财政预算编制、执行、监督"三位一体"管理模式研究》参加浙江省第十六届哲学社会科学优秀成果评选活动，获得应用理论与对策咨询类三等奖。推荐《"土地财政"的财政学思考》参加浙江省委政策研究室举办的调研课题评选活动，获浙江发展研究奖二等奖。

【提高会刊编辑水平】 会刊《浙江财政研究》坚持"服务中心工作，搭建转化平台，交流财政信息，奉献研究精品"的办刊

【举办全省学会秘书长和科研骨干培训班】 来自全省各市、县（市、区）财税（会）学会的秘书长和科研骨干参加会议。会议对2010年全省财政课题成果进行表彰并颁奖。杭州市、绍兴市、湖州市和丽水市等市、县（市、区）财政局政研室和学会代表就课题研究和学会工作的经验作交流发言。培训班邀请浙江大学何文炯教授和财政部科研所赵云旗研究员就社会保障制度改革与地方政府债务风险控制作学术讲座。

宗旨，围绕财政中心工作和当前财政工作热点难点问题，就“三基五财”、民生财政建设、海洋经济、城区体制完善、预算绩效管理、经济转型升级等各主题开展组稿和编辑。全年共出刊6期。（省财政学会供稿 虞 斌执笔）

浙江省会计学会

【学术交流活动】 举办会计与“十二五”规划学术研讨会。7月12日，由省会计学会、《浙江财税与会计》编辑部主办，嘉兴学院、嘉兴市会计学会承办的“当代浙学论坛——2011学术月”分论坛——“会计与‘十二五’规划学术研讨会”在嘉兴学院举行。探讨全省会计行业面临的机遇和挑战，开展对“十二五”期间深化会计改革、加强会计管理、深化会计理论研究、加强会计信息化建设的研讨，推动全省会计事业发展。

探索企业财务管理业务。学会于5月19日和11月9日分别在湖州、台州召开由省会计学会主办、两市会计学会承办的企业财务管理经验交流座谈会。湖州金洲管道材料有限公司、台州联化科技股份有限公司等26家大中型企业的财务负责人参加座谈会。与会代表围绕企业贯彻和执行企业会计准则、内部控制制度以及会计信息化建设、财务助推企业转型升级等取得的成功经验进行交流。

【会计理论研究】 5月23日在杭州召开省级专业会计学会、分会秘书长会议，来自16家省级专业会计学会和分会的秘书长参加会议。会上，与会代表围绕如何繁荣会计学术研究进行探讨，同时落实论文（课题）任务。当年收到各类论文（课题）426篇。经过由3所院校18位专家组成评审委员会评审，评出一等奖5篇、二等奖12篇、三等奖16篇、鼓励奖26篇。

【参与全国学术交流】 推荐全省优秀会计论文参与全国会计论文评选活动。学会按照中国会计学会要求，统筹规划，将《后危机时代的公司理财观十大思考》《内部控制规范的国际分野与融合》和《企业社会责任信息披露与资本成本的互动关系》等论文推荐给中国会计学会，参与全国优秀会计论文评选。

参与南方21省市会计学术交流活动。推荐由省财政厅会计处撰写的《浙江省会计人员状况研究——现状、特征与思考》、浙江财经学院史习民教授撰写的《CFO：企业管理的“全能王”——兼论高端会计人才的培养》等4篇论文，参加南方21省市的会计学术书面交流。

【参与办好刊物】 多方组织稿源。加大向高校教授的约稿力度，向全省第一批和第二批教授级高级会计师约稿，向会计领军人才约稿，发挥通讯员队伍作用，向部分有写作特长的优秀通讯员约稿，从全省各级学会组织活动中选取优秀稿件，当年收到稿件（含自然来稿和约稿、组稿）972篇，比上年同期增加45%。

宣传会计法规。关注会计行业及省会计领域重大新闻事件，对新颁布的会计法规进行宣传，在第一时间宣传新出台的医院财务会计和审计制度、浙江省天健会计师事务所获准从事H股审计业务、公办高校实行总会计师制度、2011年高级会计师评审条件新变化、2011年教授级高级会计师资格评审工作启动等。

组织热点专题。根据会计行业时下的热点新闻及热点、难点问题，组织相关行政部门、行业协会、理论及实务界专家进行专题研讨，然后选择精彩内容整理刊发。年初，针对企业面临转型升级的问题，组织“财务如何助推企业转型升级”专题研讨会；针对年初财政部、卫生部及中注协发布的医疗机构财务会计审计制度，组织“医疗机构财务会计审计制度改革”专题稿件；针对会计行业贯彻“十二五”规划、服务经济发展，组织召开“会计与‘十二五’规划学术研讨会”；为总结内部控制实施中存在的问题和取得的经验，组织“企业内部控制实施”专题稿件；为探索农村财务管理问题，服务新农村建设，组织“新时期的农村财务管理”专题；为总结民营企业财务管理规范化的成功经验，推动民营企业规范发展、健康成长，组织“民营企业财务规范经验交流座谈会”。

【会计人员继续教育】 全年举办43期继续教育培训班，4672人次参加培训。重视抓好高级会计人员培训，举办高级会计师考前辅导。举办会计电算化考试340场，14000人次参加考试。

【学会秘书处自身建设】 修改完善《省会计学会工作人员工作目标考核实施细则》，规定考核的内容和方法，将考核结果作为奖惩依据，把考核结果与个人利益挂钩。健全机制，强化统一管理，省会计学会、浙华会计业余学校、省珠算心算协会合署办公，秘书处工作人员实行“三位一体”管理体制，人员统筹安排，分工不分家，重大活动协调一致，统一行动，共同做好学会、学校、协会工作。

（省会计学会供稿 薛文耀执笔）

市县（市、区）财政工作

杭州市财政工作概况

杭州市

【概况】 2011年，杭州市实现生产总值7011.80亿元，按可比价计算，比上年增长10.1%。其中：第一产业增加值236.07亿元，增长2.5%；第二产业增加值3322.15亿元，增长9.8%；第三产业增加值3453.58亿元，增长11.0%。全市按户籍人口计算人均生产总值101266元，增长9.1%。全社会固定资产投资3105.16亿元，增长17.1%。社会消费品零售总额2548.36亿元，增长18.7%。外贸进出口总额639.72亿美元，增长22.2%。市区城镇居民人均可支配收入34065元，增长13.4%；农村居民人均纯收入15245元，增长15.6%。全市财政总收入1488.92亿元，增长19.6%，其中地方财政收入785.15亿元，增长17.0%，财政支出747.51亿元，增长21.2%；市区财政总收入1300.90亿元，增长18.4%，其中地方财政收入682.28亿元，增长15.7%，财政支出597.18亿元，增长19.7%；市本级财政总收入234.76亿元，增长16.1%，其中地方财政收入79.30亿元，增长2.1%，财政支出168.50亿元，增长9.0%，另地方债券支出15.50亿元。全市地方财政收入占财政总收入比重为52.7%，税收收入占地方财政收入的比重为96.6%。市本级公共财政民生支出121.56亿元，增长10.4%，公共财政支出增量中用于民生的比重为82.1%。全市各级财政收支平衡。

【依法组织收入】 做好税收分析预测工作。关注经济运行、宏观调控、税制改革等对组织收入的影响，强化经济税源调研，开展税收收入质量评价体系理论研究，增强组织收入的前瞻性和计划性。规范非税收入征管。贯彻落实《浙江省政府非税收入管理条例》，完善非税收入计划的编制、执行，建立非税收入管理考核评价机制。组织市本级政府性基金收入461.91亿元，下降53.0%，其中土地出让收入427.37亿元。组织市本级社会保险基金收入211.99亿元，增长27.0%。加大税源培植力度。支持服务业发展，出台《服务业优惠政策与服务指南》，落实服务外包等各项专项优惠政策，培植地方优质税源。推进分离发展服务业工作，全市新分离企业102户，实现营业收入8.30亿元，新增税收收入3616万元。

【助力经济转型升级】 加大产业扶持力度。市财政投入9.91亿元，支持新一代信息技术、高端装备制造、新能源、新材料等七大战略新兴产业培育和纺织丝绸、轻工食品、精细化工等传统优势产业技术升级改造，推动新能源汽车推广应用，资助高新技术企业研发中心221家、行业研发中心80家。投入7.28亿元，支持现代服务业，加大总部经济、服务外包业、十大特色潜力行业"等重点行业和"旅游西进""等重点项目的财政投入，推进"购物天堂、美食之都"建设，支持杭州现代生产性服务业和生活性服务业加快发展。投入2.17亿元用于文创产业发展，支持山南国际设计创意产业园等16家重点文创产业集聚区建设。创新财政扶持方式。制定《杭州市产业发展投资基金设立及运营方案》，完成规模40亿元的产业发展投资基金设立工作（当年到位8亿元），参与组建金融投资集团，整合全市国有优质金融资产，推动杭州区域金融服务中心建设。

【促进城乡统筹发展】 设立城乡统筹发展专项资金，市财政投入13.15亿元用于城乡统筹，增长130.5%。投入6.96亿元，支持五县（市）中心镇、中心村建设和"美丽乡村"创建。投入1.26亿元，用于促进粮食生产功能区建设、中低产田改造、粮油生产购机和农机化建设、改善基地基础设施、生产设施和设备装备。投入1.86亿元，扶持科技兴农和现代农业发展，加大农业科技推广力度，加快农业产业化经营，促进现代设施农业、农村流通体系、农产品品牌建设，鼓励休闲农业、乡村旅游发展。投入1.41亿元，扶持农村生态保护，推进村庄整治工程和风情小镇建设。投入1.43亿元，扶持农村帮扶工程，帮助农村贫困家庭危房改造，促进低收入农户增收，支持新一轮"联乡结村"活动和农村社区建设。投入2300万元，扶持农产品质量安全体系建设，推进重大动物、植物疫病防控建设和农业标准化建设。

【保障社会事业发展】 支持教育优先发展。市财政投入30.28亿元，推动教育优质均衡发展，发展学前教育，提升基础教育质量，加快发展高等教育、职业教育和成人教育。加大科技投入。投入12.75亿元，深化与名校大院战略合作，推进重大科技专项创新平台、知识产权试点示范区等建设。加强公共文化体育服务体系建设。投入7.91亿元，推动文化惠民工程、城乡公共体育健身设施提升工程、全民健身计划等项目的实施。推进医疗卫生体系改革。投入14.85亿元，建立健全公共卫生服务、医疗服务、医疗保障、药品供应保障体系。支持社会保障事业。投入41.60亿元，扩大保障就业长效机制覆盖面,提高企业退休人员统筹外待遇水平,做好困难群体的基本生活保障工作,落实物价补贴联动机制,支持城乡居民养老和医疗保障、春风行动、第八届全国残运会等工作。维护社会和谐稳定。投入15.33亿元,构建大调解工作体系,打击整治与加强治安防控相结合,构建110社会应急联动机制,推进"平安杭州"建设。推进社区创新管理。投入17.48亿元,夯实基层基础,探索新型社区管理,打造"全国社区管理和服务创新实验区",培育发展公益性社会组织。加大保障性住房建设。投入13.43亿元,支持廉租房和公共租赁房等保障性住房建设。开展住房公积金贷款支持保障性住房建设试点工作,2011年批准贷款8.50亿元。

【推动生态城市建设】 加快城市基础设施建设。市财政投入71.18亿元,保障城市基础设施建设,主要用于东湖、秋石、德胜等快速路网体系和城市主、次干路的完善,保障地铁建设资本金的到位,推进地铁1号线建设和2号线开工,加快医院、养老福利机构、科技馆等社会事业项目建设。推进城市有机更新。投入36.71亿元,用于市政设施、背街小巷改善,截污纳管、庭院改善工程的实施,加强道路保洁整治、垃圾分类处置和河道、市政设施长效管理。加大生态保护力度。投入13.04亿元,用于推进重点污染源及区域性污染防治,环境污染监测、监控和事故预警,交通干线空气质量自动监测,重要生态功能区保护及生态恢复;支持"三江两岸"*整治、中小河流治理、城郊河道整治,三堡、闲林水库建设,山塘除险保安工程和农民饮水安全工程;加强城区绿化建设。改善西湖生态环境。投入4.70亿元,保障历史文化遗迹和西湖综合保护,杭州西湖文化景观成功申遗。(2011年6月24日在巴黎举行的世界遗产委员会第35次大会上,"中国杭州西湖文化景观"被列入世界遗产名录。)

【深化财政预算改革】 按照"三位一体"组织框架改革要求,推进预算管理三权分离机制的建立和完善,强化预算管理,提高财政管理科学化、精细化水平。完善预算编制体系。实施《加强和规范部门预算管理》项目,开展"完善部门预算基本支出预算定额标准"等20项专题研究,多项新举措应用到2012年预算编制和预算执行工作中。完善预算执行责任制度。深化国库集中收付制度改革,将全市1648家单位纳入国库集中支付改革范围,并开发"财政专项资金网络管理系统",实现121个涉企专项资金全部上网。强化预算监督管理体系。提高财政资金使用绩效,做好"小金库"治理工作。加强政府性投资项目工程评审,完成财政审核项目603个,送审金额117.56亿元,审减不合理资金5.90亿元。推进预算信息公开。出台《关于做好市级部门预算信息公开工作的指导意见》,推进44个市级政府部门首次在市政府门户网站公开预算信息。

【加强队伍建设】 坚持以人为本,以财税文化建设为依托,以能力建设为核心,以行风政风建设为重点,加强干部能力建设。创新干部教育培训机制。开展高端精学、干部普学、全体必训、重点实训等多种培训方式,培养高素质的财税干部队伍。加大行风政风建设力度。开展"效能亮剑"*专项行动、民主评议行风活动、"公述民评"*活动,参与电台民情热线活动,提升财税部门工作效能和社会形象。推进财税文化建设。营造健康向上的活动文化、"用心、操心、细心"的服务文化、创先争优的青年文化,发挥财税文化引领作用,为财税事业发展营造良好的环境和氛围。2011年,市财政局分别被财政部和省委、省政府授予"法制宣传教育先进单位"称号,连续三年被市委、市政府评为"市直单位综合考评满意单位"。

(杭州市财政局供稿 徐岳军执笔)

注:

*十大特色潜力行业:指美食、茶楼、演艺、疗休养、保健、化妆、女装、运动休闲、婴童、工艺美术等十个行业。

*旅游西进:指以"三江(新安江、富春江、钱塘江)、两湖(西湖、千岛湖)、一山(天目山)"为基础,整合和优化配置旅游等各类资源,构筑杭州市1小时半交通圈、旅游圈和经济圈。

*三江两岸:"三江"指新安江、富春江、钱塘江,以及浦阳江、兰江、大源溪、分水江等主要支流。"两岸"指三江沿线可视范围,上游起于建德市新安江大坝,下游止于杭州经济开发区和大江东新城。重点是建德梅城至杭州主城区,沿线涉及建德市、桐庐县、富阳市、西湖区(杭州之江国家旅游度假区)、上城区、江干区、杭州经济开发区、杭州高新开发区(滨江)、萧山区等行政区域。

*效能亮剑:杭州市政府加强机关作风和效能建设的一项重大举措,重点治理机关和工作人员中存在的"庸、懒、散"等问题。

*公述民评:指具有对外行政执法、管理、服务职能的机关处(科)室负责人和基层单位负责人,向服务对象、监管对象及其他相关人员报告自身履行职责、工作作风和廉洁自律等情况,接受服务对象、监管对象及其他相关人员的评议,整改自身工作和作风方面存在的问题。

上城区

【概况】 2011年,杭州市上城区实现生产总值615.98亿元,比上年增长9.5%。其中：第二产业增加值278.88亿元，增长11.4%；第三产业增加值337.1亿元，增长8.0%。一、二、三产业结构比为0：45.3：54.7。按户籍人口计算，人均生产总值188179元。全年财政总收入90.01亿元，增长12.3%；地方财政收入53.55亿元，增长6.6%；一般预算支出23.66亿元，增长7.6%。全年财政收支平衡。

【组织财政收入】 区财政局加强与国税、地税、市直属税务分局的协调，定期召开财政收入分析联席会议，及时编制财政收支分析月刊，跟踪区属重点企业的收入增减情况，准确把握收入形势，做好协税、护税工作。全年组织税收收入88.46亿元。按省政府非税收入管理条例规定，加强和规范非税收入征管，建立非税收入管理考核评价机制，组织征收部门依法、及时、足额征收，全年征收非税收入1.55亿元。全区地方财政收入占财政总收入的比重为59.5%，较上年下降3.1个百分点；税收收入占地方财政收入的比重为97.1%，下降0.7个百分点。

【优化产业结构】 根据杭州市发展“十大产业”的相关意见，结合上城区区域特色，先后拟定《上城区发展“十大产业”促进转型若干政策意见》《关于促进玉皇山南园区金融产业发展的政策意见》《上城区中山南路西侧坊巷业态调整奖励办法》，围绕“五主多副”现代产业体系，突出发展现代商贸服务业、文化创意产业、金融及衍生产业。全年“十大产业”及现代商贸服务业合计实现地方财政收入33.74亿元，增长21.6%，占地方财政收入比重63.0%，比上年增加7.75个百分点。

【扶持企业发展】 加大扶持企业力度，奖励突出贡献企业经营团队，帮助企业做好各类项目资金申报工作，全年兑付财政扶持资金1.83亿元，其中争取上级项目资助9162万元。协助企业做好增值税“先征后返”工作，对再生资源、文化宣传等企业退付增值税款721万元。及时兑付家电“以旧换新”补贴资金，全年兑付补贴资金2310万元。建立小额担保贷款风险补偿机制，促进金融机构融资政策向中小企业倾斜，缓解区属中小企业融资难。

【加大民生投入】 围绕“学有优教、劳有多得、病有良医、老有善养、住有宜居”目标，调整支出结构，加大民生事业投入，全年区本级民生支出16.32亿元，增长5.1%，占区本级地方财政支出的79.7%，新增民生支出7935万元，占新增财力的三分之二以上。

保障区域环境品质提升。推进城市有机更新，全年投入财政资金3.50亿元，确保推进“51131”南宋皇城街巷综保工程、五柳巷危改工程、准物业管理等“四改”工程和望江地区保障性住房建设。优化居民生活环境，投入1.94亿元，用于城市“四化”管理、屋顶绿化建设、生态垃圾房建设、“垃圾分类”，以及“三江两岸”生态景观保护三年行动计划的启动等。完善社区公共服务机制，全年社区建设和事务管理支出4810万元。

加大社会保障力度。保障离退休人员待遇到位，全年离退休支出1.40亿元。实施居民最低生活保障和零贫困家庭工程，发放各类救济支出2706万元。全面推进居家养老全覆盖工程，居家养老支出1105万元。推进充分就业城区建设，安排促进再就业及居家就业支出2292万元。提高企业退休人员社保补贴标准，安排企业退休人员节日慰问费及社会化管理支出6086万元。推进残疾人事业发展，残疾人康复工程及就业、扶贫补助等支出1776万元。

加强教科文卫投入。全年财政性教育投入5.14亿元，保障教育绩效工资的发放以及建兰中学等学校建设项目的实施，开展名校集团化战略，推进学前教育和特殊教育发展。科学技术投入8227万元，用于示范区建设、科学技术研究和支持中小企业科技发展。卫生事业投入6022万元，用于公共卫生和基础医疗卫生事业单位绩效工资改革，推进基本药物零差价制度实施，改善社区服务站就医环境，加大疾病控制、卫生监督和妇幼保健工作力度。文化事业投入1093万元，保障各类群众文化艺术活动的开展，并向困难家庭免费发放文体惠民活动券。

【深化财政改革】 规范财政预算管理制度，出台上城区《部门预算编制业务规范》《部门预算调整操作规程》和《区级机关会议费和培训费管理办法》，汇编《上城区公共财政政策解读》。推动部门预算信息公开，完成2011年度部门预算明细报区人代会的资料汇编。加强预算单位结余资金管理，规范预算单位历年结余以及施行国库集中支付改革后上年结余的管理与使用。扩大国库集中支付范围，将区红十字会、区社会保险办公室、区就业管理处纳入国库集中支付管理。推行公务卡制度改革，全区39家行政事业单位累计开办个人公务卡1669张。完成国库集中支付软件升级工作和“金财工程”非税收入征管信息系统筹备工作。

【强化国资管理】 探索国有资本经营预算，完善国有资产处置，拟定《上城区人民政府关于试行国有资本经营预算的意见》《上城区行政事业单位国有资产处置管理暂行办法》。全面完成望江地区建设指挥部房产核查和市对区指挥部资产清查工作，核实全区存量房产37.7万平方米。完成杭州国泰商厦改制任务和租赁权挂牌拍租工作。开展两次行政事业单位报废资产集中处置,成交价比评估价分别高出39.5%、29.3%。加强对区投资控股集团的监管,当年区投资控股集团实现经营收益1.13亿元,增长10%,完成项目新增投资额2.26亿元。

【健全财政监督】 全面开展"小金库"复查工作,对行政事业单位、社会团体、国有及国有控股企业复查面100%。开展财政支出绩效评价,完成社区公共卫生服务经费等3个综合绩效评价项目以及民办学校补助资金、行政事业单位科技经费两个绩效自评项目,增强各单位合理、有效使用财政资金的意识。开展公务用车专项治理工作,全面核查公务用车,按照报废、留用、退回等政策规定,分类别对认定违规的车辆作出处理。强化政府采购管理。完善公务用车配备、更新(报废)、定点维修、定点保险、定点加油管理办法,对公务用车定点保险费用执行财政直接支付。加强政府采购规范化管理。对区各部门政府采购全部执行网上审批,规范采购流程,提高采购效率。全年政府采购金额2.16亿元,资金节约率22.7%。

【干部队伍建设】 落实区委、区政府治庸治懒治散效能建设专项行动要求,改进财政管理方式,寓管理于服务之中。开展"深化制度建设年"活动,对现有的各类文件及内部管理规章制度进行梳理、修订和完善,形成覆盖各个科室、各个工作环节的制度体系,并汇编成册。开展课题调研和"干部讲坛"活动,选定"公务卡管理和使用的探索与分析"等18项调研课题,开设"干部讲坛"作为干部交流调研成果的平台,推进"学习型机关"建设。区财政局被评为"2011年度全省财政系统县级计算机应用先进单位";在2011年度区直单位综合考评中,以总分第一名被评为满意单位。

(杭州市上城区财政局供稿 孙克敏执笔)

注:

***"五主多副":** 重点发展文化创意产业、金融及其衍生产业、大旅游业、现代商贸服务业和精品房地产业五大主体产业,同时培育发展都市型工业和其他现代服务业。

***十大产业:** 杭州市委、市政府在高新技术产业和现代服务业中选择基础好、前景广,作为"十二五"杭州科技创新和产业发展突出重点的文化创意、旅游休闲、金融服务、电子商务、信息软件、先进装备制造、物联网、生物医药、节能环保、新能源等十大产业。

***"51131"南宋皇城街巷综保工程:** 该工程是南宋皇城大遗址综合保护工程的重要组成部分,2011年初正式启动,计划通过两年时间基本完成。其中"5"指5条主要道路:延安路、西湖大道、平海路、南白路、之江路,"11"指11条街道:邮电路、仁和路、凤凰山东路、建国路(部分)等,"31"指31条坊巷:城头巷、五柳巷、太祖湾、元宝街、皇诰巷、思鑫坊等。

***城市"四化":** 指城市建设中做到洁化、序化、亮化、绿化。

***"四改"工程:** 指危旧房改善、背街小巷改善、庭院改善、物业管理改善工程。

***"三江两岸"生态景观保护三年行动计划:** 此计划实施范围为钱塘江北岸一桥到三桥段共约8.4公里,通过以保护水源水质、促进产业转型、完善基础设施、开发人文旅游、整治两岸环境、修复岸线生态为主要内容的综合性生态景观保护与建设。计划以五年为期,一年全面启动,力争三年基本完成,即到2013年,影响水体质量和沿岸景观环境的问题得到全面整治;到2015年,基本建成沿江黄金生态旅游线。

下城区

【概况】 2011年,杭州市下城区实现生产总值544.70亿元,按可比价比上年增长10.0%。其中:第二产业增加值52.11亿元,下降1.1%;第三产业增加值492.59亿元,增长11.3%。三次产业结构比例调整为0∶9.6∶90.4。全区财政总收入123.45亿元,增长16.3%,其中地方财政收入71.09亿元,增长11.3%;一般预算支出20.45亿元,增长6.2%。当年财政收支平衡。

【促进产业结构转型】 落实中央和省市各项"扩内需"发展政策,当年投入财政扶持发展资金3.11亿元。做好"家电以旧换新"、部分增值税减税优惠和出口退税工作,参与修订完善区级经济扶持政策,争取各类省市补助资金。坚持服务业提升为主攻方向,加快杭氧、杭叉等传统工业企业搬迁步伐,做大做强金融服务、文化创意等优势产业,加快发展电子商务、物联网、信息软件等新型产业。当年实现服务业税收收入109.59亿元,收入贡献率90.0%。注重发挥楼宇经济集聚效益,全区实现60幢税收千万元楼,其中16幢税收亿元楼,楼宇经济总体排名列全国前10位。

【加强政企沟通服务】 完善重点税源企业联系走访制度,实施网格化管理,举办重点企业财务经理培训班、大项目协调会等形式,宣传辅导财政税务政策。全年区重点税源企业实现税收收入101.71亿元,增长18.3%。密切关注中小企业发展情况,整合区级融资平台,为中小企业提供贷款和担保2.41

亿元，缓解企业融资难。

【组织财政收入】 依托财税联席会议机制，协同国地税部门加强对宏观经济形势的研判，关注税制改革和体制调整的动向。捕捉企业重大资产处置和股权转让等涉税信息，跟踪现有房地产项目的销售结算和税收入库情况，加强对外资企业税收统一征管，促进税收空间的有效延伸和应收尽收。当年地方财政收入比重占全区财政总收入的57.6%。完成政府性基金收入2.61亿元。

【控制行政成本】 严格经费预算审批，除科技、教育等法定支出外，项目支出按照“零增长”进行结构调整和总量控制。行政性成本占财政支出总量14.1%，下降1.7个百分点。通过节支增效和资金倾斜，保障公共民生事业的资金需求。

【提供公共服务】 增加对公共产品的支出，促进区域基本公共服务均等化。全区公共产品支出占财政支出73.2%，比上年提高0.7个百分点。优先保障区重点工程建设，加大北部地区财政投入力度，新增投入2500万元用于北部地区基础配套设施建设和环境改善。全区社会事业、社会保障和生态环境建设等财政专项资金分别增长13.2%、16.0%和14.3%。投入科技发展专项资金3060万元、教育事业发展资金1.81亿元、和谐社区管理建设经费5329万元、社区卫生服务专项经费2001万元，支持完善社会保障和救助体系、提升城区环境品位、加快和谐城区建设。

【深化财政改革】 依托财政业务一体化信息平台，加快推进国库集中支付、公务卡、政府采购等财政管理配套改革。统筹部门预算资金，将预算净结余和相对固定的上级转移支付资金纳入可用财力编制范围。完善会议费、临时人员、生均公用经费等预算定额和费用支出标准体系，合理编制年度政府性债务收支计划，建立偿债准备金，提高政府规避和防范债务风险能力。整合利用街道和行政事业单位房产资源，加强对国资营运机构预算管理和年薪制考核。深化国库集中支付改革，将36家区级预算单位纳入管理体系，财政直接支付比例84.1%。制定完善公务卡使用管理制度，并与国库集中支付改革同步推进。采用“网上超市”的购物模式加快政府采购改革，新增数据查询、品牌议价、诚信评价等网上便捷功能，加大对供应商考核力度，加强政府采购监管。扩大财政信息公开范围，全区59家一级部门的预算报表向人大代表公开，利用网络及时公布财政预决算信息。注重源头防治，依法接受区人大和省市区审计部门对财政预决算情况的审查监督，开展区卫生局等部门预算执行情况的监督检查和区级经济扶持政策、物业管理改善等重点项目的绩效评价工作。做好“小金库”治理“回头看”工作，建立健全管理办法，巩固治理成果。加强会计队伍日常管理和培训，完成会计网上继续教育和全市会计队伍领军人才选拔工作。

【加强干部队伍建设】 制定完善目标管理考核办法，以单位、科室、个人三个级次目标，将重点工作、行风效能、廉政行风等内容列入年度考核督查。以读书思廉、廉政格言征集、思想作风讨论、国学评说、参观南郊监狱等形式，丰富廉政宣教活动。深化“创先争优”活动，开展创“红旗示范科室”“最佳财政风尚”评选，每月评选最佳科室和个人，树立先进典型。组织党员干部赴江西井冈山开展“红色之旅”党性教育。关爱社区贫困家庭，局干部自发捐款捐物计2万余元。

（杭州市下城区财政局供稿 马英喆执笔）

江干区

【概况】 2011年，杭州市江干区实现生产总值344.06亿元，比上年增长9.3%。其中：第一、二、三产业增加值分别为0.84亿元、114.00亿元、229.22亿元，分别增长-20.1%、6.2%和10.9%，三次产业比重是0.2：33.2：66.6。全区完成财政总收入85.04亿元、地方财政收入51.69亿元，分别增长20.3%、20.1%，地方财政收入占财政总收入60.8%；全年财政支出24.99亿元，增长20.3%。全区财政收支平衡。

【组织财政收入】 坚持“保总量”与“优结构”两手抓，以财税联席会议为载体，分析房地产企业、重点企业等主体税源收入情况，科学设定收入目标，把握执行过程序时进度，坚持月度沟通、季度分析，加强税收征管，做到应收尽收；根据区内较多跨地区连锁企业税收不属地的实际情况，争取上级财政部门支持，对涉及跨地区房地产项目和商贸连锁分支机构落实属地财政利益，做大财政收入总量；协调区内镇街连锁企业收入划分，调动镇街招商引税积极性。加强与区相关经济部门的沟通，做好税收增长评估，衔接“招商”与“引税”工作。全区非税收入4.33亿元，增长7.6%。

【扶持经济发展】 全面落实各项财政扶持政策，实现经济发展与财政增收的良性互动。按照构筑“与大都市中心区相适应的产业体系”的政策要求，累计落实产业扶持资助资金9397万元，补助现代服务业集聚区建设项目资金1303万元，扶持大学生和留学回国人员自主创业1016万元，推进现代商贸服务业、楼宇经济等新兴产业的发展；会同区相关部门，推出规模为6亿元的“钱江时代”三期系列基金，建立银企合作平台，缓解小微企业融资困难。联合区相关部门制定《关于加快转变经济发展方式进一步构筑中心区产业体系的若干政策意见》，结合江干区实际，配合相关部门制定特色楼宇、创业创新人才、文化创意产业等专项扶持政策，增强政策扶持的针对性。做好服务企业工作，结合创先争优活动，走访重点企业、中小企业250余家，帮助企业争取省市财政资助资金8300余万元。

【优化支出结构】 调整和优化支出结构，区本级新增财力三分之二以上用于民生。区本级科教文卫事业支出6.69亿元，同比增长31.6%，其中教育投入4.63亿元，增长36%，主要用于完善学前教育经费保障机制，促进教育布局调整；区本级文化投入1668万元，增长60.5%，支持文化事业发展；重视医疗卫生事业发展，安排卫生事业经费1.22亿元，增长20.8%，加大对基层医疗卫生机构的保障力度；全区用于社会保障和就业支出1.90亿元，增长20.7%，促进社会就业、困难群众救助和社区建设等民生改善事业。投入资金5300万元，支持援疆、援藏和援助省内欠发达地区。投入庭院改善等五大改善工程和河道整治工程资金1.60亿元，提高区内居民生活品质，推进城市新门户、都市新中心的建设。

【规范财政管理】 创新财政管理体制，规范财政运作体系。逐步完善预算标准体系，启用新的部门预算编制软件，对人员信息及工资情况实行“卡片式”管理，建立分类分档的招待费标准、物业管理费定额标准和法定支出档案库，强化预算刚性；完善项目预算编审体系，将项目预算分为经常性项目和重点项目，并按照总量控制和轻重缓急的原则予以安排；在重点项目预算经费上，按照“事先筹集、事中审核、事后监督”的原则，严格审核有关资料，对申报资料不实、依据不足的事项不予拨款；有序推进预算信息公开，对纳入预算管理的部门收支预算通过区政府内网予以公开，政府序列部门预算全部上人代会审阅，并重点审议区民政局的部门预算。根据省财政厅要求，全区42家一级单位和84家二级单位全部实施国库集中支付改革，9家行政事业单位开展“公务卡”改革试点。

【强化财政监管】 加强对财政资金分配、使用、绩效评价全过程的监管，提高资金使用效益。根据《江干区区级行政事业单位房产租入租出管理实施细则》规定，实行房屋公开招租和“收支两条线”的租赁收入模式，租金收益增长47%；按照打造节约型政府和早编细编预算的要求，采用资产审批、预算管理、政府采购三者相结合的管理模式，加强资产长效管理。对全区国有建设单位可支配房产进行全面清查，同时拟定管理办法，开发信息管理系统，加强国有建设单位资产管理。从经费预算编制、执行和管理入手，有针对性地检查公共绿地养护和计划生育文化专项资金使用情况，对17个支出规模在100万元以上的项目实行财政支出绩效评价，提升项目资金使用效益；采取复查和抽查相结合的方式，继续开展“小金库”治理工作，并重点抽查13家行政事业单位和两项专项资金。

【提升队伍素质】 按照以“三化”促“三力”(以学习制度化、工作化、生活化提升干部队伍的学习力、执行力和创新力)的总体思路，精心搭载理论教学、财政讲学、实践研学、活动促学、网络助学、自主选学六大平台。学习内容有：新一轮镇街体制、产业扶持政策等18项，形成调查研究、尊重学习、尊重知识的良好氛围。结合“提能增效、开好新局”专项行动的要求，运用定期与不定期监督、党内与群众监督、社会监督与舆论监督相结合的办法，在机关效能建设中查找漏洞并有针对性地加以整改，树立严谨规范的财政队伍形象。以开展“进万家门、访万家情”活动为契机，通过上门入户、走访企业、座谈交流、集中宣讲等多项专题活动，累计走访居民、企业420余户次，在密切党群干群关系、提升工作能力、推动实际工作等方面发挥实效。

(杭州市江干区财政局供稿　周邱忆执笔)

拱墅区

【概况】 2011年，杭州市拱墅区实现生产总值346.22亿元，按可比价比上年增长10.5%。其中：第一产业增加值0.23亿元，下降28%；第二产业增加值140.83亿元，增长8.8%；第三产业增加值205.16亿元，增长11.8%。三次产业结构比为0.07：40.67：59.26，按户籍人口计算人均生产总值110786元，增长16.9%。全区财政总收入85.42亿元，增长25.7%，其中地方财政收入44.03亿元，增长25.1%；全区财政支出17.10亿元，增长18.3%。全区财政收支平衡。

【组织财政收入】 财政部门牵头国税、地税部门，强化财税联席会议制度、协同税源监控管理、收入激励考核等机制，激发国税、地税、工商等部门在财源建设中作用。增强街道理财积极性，街道实现财政总收入49.66亿元，增长23.8%。引导财源转型，加快以三产为重点的优质财源发展，第三产业实现财政收入48.36亿元，增长31.3%，占全区财政总收入56.62%。深化重点行业、重点财源精细化管理，利用财政奖励、财政贴息等政策工具，支持重点企业发展，安排资金2900万元，鼓励企业做大做强，重点企业实现财政收入37.65亿元，增长24.0%；发挥大企业大集团核心作用，引导上下游企业向区内集聚，促进产业链向税收链转化。加强非税收入征管，全年非税收入4.45亿元。

【服务经济发展】 扩大重点企业联系范围，涵盖全区所有重点行业、重点税源企业计480家，落实从土地出让、项目引进、开工建设、销售产税全过程跟踪联系机制，鼓励企业加快发展。出台文创产业发展、引进创业创新人才"5100"计划"等扶持政策，支持文创产业发展和海内外人才到区内创业投资。支持中小企业发展，落实资金1.17亿元，用于家电以旧换新、品牌打造、技术创新等项目。掌握区内楼宇资源，帮助楼宇企业落户区内，全区千万元税收楼宇25幢。关注搬迁企业动向，帮助浙江万马药业、浙江华泰丝绸有限公司等搬迁企业留住销售中心，全年帮助企业实现主辅分离12家。重视银企合作平台，通过机制补偿、投资奖励、政府参股等措施，引导中小企业信用担保体系建设，改善中小创新型企业、高新技术项目融资环境，全年区内担保机构累计担保金额14.93亿元，小贷公司累计提供贷款28.39亿元。依托区财政会计学会，向企业宣传财税政策，帮助企业用活用好各项政策资源。

【优化支出结构】 全区新增财力92.0%用于民生。落实资金3848万元，用于征地农转非生活补贴和城乡居民医疗、养老保险等支出，推进城乡统筹的社会保障体系建设。落实资金1940万元，用于就业再就业补助、岗位补贴、就业培训、退伍兵自谋职业等支出，增强就业技能，促进全区就业率提升。落实资金1632万元，用于残疾人小康工程、残疾人补助、助老助残服务站建设、低保救助等支出，提高困难群体生活质量。落实资金4943万元，用于居家养老、老人公寓小河苑建设、企业退休人员慰问、高龄老人补贴等项目，保障老龄群体生活需求。落实资金4.77亿元，用于学前教育扶持、民办教育资助、校园建设、校园安全、进城务工人员子女教育等，改善教学条件，优化教育环境，提升办学水平。落实资金1500万元，用于满足全民健身、群众文化等各项文体活动，支持文体场馆设施改善资金需求，提升文化品质。落实资金4693万元，用于基本药物制度改革、社区公共卫生服务、区公共卫生中心建设、流动人口计生管理、计划生育优质服务、计划生育家庭奖扶等项目，提高全区基本医疗保障水平。投入资金5.04亿元，保障实施康桥路等道路整治工程，支持储鑫里路等支小路建设，加快红建河等河道整治步伐，安排庭院改善、危旧房改善、老旧小区物业改善、背街小巷改善等项目经费。投入资金1.61亿元，用于道路保洁、街面保序、垃圾清洁直运和垃圾分类等项目建设，提升城市管理水平。投入资金6559万元，用于半山国家森林公园开发保护、上塘路银杏树阵绿化、石塘公园建设等绿化提升改造项目，打造低碳绿色城区。统筹财政资金管理，严控会议、庆典、节会、论坛等规模和经费，行政成本支出预算零增长，规范全区行政事业单位结余资金管理，收缴结余资金509万元。

【深化管理改革】 推进部门预算管理改革，开发使用新的部门预算编制系统。实施街道财政管理改革，在试点街道建立预算编制管理系统，试编2012年街道预算，并将街道预算编制细化到基本支出和项目支出。推进国库集中支付改革，建立健全国库单一账户体系，全面实行预算单位零余额账户制度，统一行政事业单位会计核算办法，启用国库集中支付新软件，将区属一级预算单位全部纳入国库集中支付范围，确定财政集中支付项目177个，全年累计支付14.00亿元。规范政府非税收入管理，出台《关于加强拱墅区收支两条线管理的通知》，明确收支两条线管理范围和管理机制，将行政事业性收费纳入预算内管理，提高非税收入征收管理水平。

【强化财政监管】 完善国有资产管理系统数据库，将资产经营性信息纳入系统，开展行政事业单位资产配置标准化管理，试行8类资产配置标准，试点国有资产条形码和实名制管理。首次采用公开挂牌拍卖形式对报废资产进行集中处置，公开拍卖报废资产311件。加强绩效监督，前移监督检查关口，委托中介开展线状跟踪和块状跟踪监督，通过设置评价指标、增设财政审核程序，实施老旧小区物管改善、半山实验小学改建等8个项目绩效评价，掌握专项资金绩效目标实现情况，提高部门绩效意识。开展"小金库"治理复查，将党政机关、事业单位、社会团体和国有及国有控股企业均纳入"小金库"治理范围。实施公务卡改革，强化公务消费行为合规性监管。开展公务用车专项治理，规范公务用车配备使用。

【推进学习型组织建设】 推进党委理论中心组开放式学习，与区国税局、地税局、审计局开展联合学习。组织片组学习会12次，展示交流学习心得21篇。围绕科学发展观、财政业务、党风廉政等主题开展"财政清风"宣讲10余次，350人次参加。开展读书活动，组织国学知识测试，通过荐书、读书、听书、诵书、评书活动，评选读书积极分子。安排局中层干部、后备人才库成员参加杭州市六城区财政联合培训，提升业务骨干综合素质。将后备人才学习锻炼情况纳入年度考评，组织岗位业务练兵，考核选拔2人作为局人才库成员，充实后备人才队伍。签订廉政责任书和岗位廉政承诺，完善层层落实的廉政建设体系。推进机关廉政文化建设，开展建党90周年诗歌吟诵会、看拱墅新变化、革命传统教育、卡拉OK红歌比赛等活动，组织岗位风险点情景剧表演，强化干部廉洁从政意识。深化作风效能建设，开展公述民评活动，科级干部全部纳入民主评议对象，促进机关效能提升。

（杭州市拱墅区财政局供稿　贾顺波执笔）

注：

*引进创业创新人才“5100”计划：即拱墅区从2011年开始，用5年时间，力争引进海内外优秀创业创新人才100人，其中“两院”院士、国家“千人计划”、国家“百千万人才工程”、省“千人计划”和市“521”计划等人选10人以上。

西湖区

【概况】 2011年，杭州市西湖区实现生产总值566.64亿元，按可比价比上年增长11.2%。其中：第一产业增加值4.22亿元，增长0.2%；第二产业增加值103.41亿元，增长4.3%；第三产业增加值459.01亿元，增长13.0%。全年财政总收入116.58亿元，增长16.4%，其中地方财政收入70.52亿元，增长14.1%，地方财政收入占财政总收入60.5%；财政支出36.46亿元，其中一般预算支出22.05亿元、区级专款支出9.50亿元，省市专款支出4.91亿元，区本级支出增长14.4%。全区财政收支平衡。

【组织财政收入】 实施“四大工程”*，强化税源建设。发展楼宇经济，提前完成税收亿元、千万元重点楼宇培育工作目标，全区楼宇税收贡献率75.2%、平方税收*2891元。实现税收千万元楼宇35幢，其中税收亿元楼10幢。制定《关于进一步完善企业迁出预警机制和联合审批的意见》；协税护税工作常态化、制度化；全年转入中国美院风景设计院等异地纳税企业499家，合计产生税收1.18亿元。创新服务企业措施，优化创业环境。创新服务企业载体，制作“服务企业”档案，公开服务联系电话，实施“一企一人”的专管员制度，开设企业家QQ群，着手成立企业家俱乐部，搭建政企沟通交流新平台。加强非税收入控管。规范非税收入票据使用和日常控管，以票管费，以费促收，组织政府非税收入5.35亿元。

【支持经济发展】 落实各项产业和特殊贡献企业政策，支持企业创业创新。全年兑现各类企业扶持资金2.59亿元，受扶持项目182个，受资助企业1224家次。出台《西湖区鼓励创投企业财政扶持办法》，安排创投企业发展专项资金2000万元，鼓励优质创投企业到西湖区发展。与相关部门一起研究制定促进文化创意产业发展政策扶持意见、引进海内外人才计划资金拨付管理办法等一系列文件。以开展“十进黄龙”*服务行动为载体，召开政府、银行、企业座谈会，搭建银企合作平台，帮助中小企业解决融资难题。开展“财政干部进企业送服务”活动，调查走访全区800家重点企业，制定财政扶持项目审核管理办法。

【统筹城乡发展】 全年全区及区本级用于民生支出的比重分别为73.3%和77.5%，支出结构向保障和改善民生倾斜，支出重点向公众关注、利益共享的城乡统筹发展倾斜。安排城乡统筹发展资金2.50亿元，其中6500万元专项用于援疆援藏及与淳安县的区县协作项目，1.85亿元重点用于“美丽乡村”、风情小镇和西山国家森林公园建设，巩固和提升旅游特色示范村的整治建设，加快推进“三江两岸”生态景观保护与综合休闲旅游带建设。安排村级运转补助资金2500万元，加强村级运转财政保障范围。将村干部基本报酬补助的范围扩大到村党支部和村委会两委成员，补助金额增长73.5%。

【优化支出结构】 支持学前教育和民办义务教育发展。教育支出5.92亿元，多方筹集资金，设立学前教育专项资金，提高全区学前教育年生均公用经费到250元～300元，补助新建幼儿园、改造园舍及场地租赁，提高教师工资待遇及培训经费等。设立名校集团化办学专项200万元，提升名校集团办学水平，培育优质品牌学校。出台学前教育专项资金管理办法、置换幼儿园建设经费拨付办法等文件，规范教育系统非税收入管理，提高资金使用绩效。支持科技兴区战略。文化体育与传媒支出2343万元，保障区文化馆、区图书馆和中国湿地博物馆三大文化场馆建设和运转，落实经费确保群众文化活动开展。科技三项经费支出1400万元，保障科普经费到位，提高科普服务能力，重点推进科普设施建设，落实专项经费对科普宣传员开展科普业务知识培训，加强科普队伍培养。支持卫生事业发展。支持基本药物制度和基层医疗卫生事业单位绩效工资改革，全年区与镇街两级财政共计到位公共卫生资金1.20亿元，足额保障基层医疗卫生机构人员经费、运行经费和设备基建费用，重点保障重大公共卫生项目。支持发展居家养老服务事业。全区落实专项资金2600万元，支持建设城乡一体化的居家养老服务体系。发放80周岁以上老人每月50～300元不等的高龄补贴，落实人均200元标准的重点特殊老年人健康体检，扶持老年食堂和老年日间照料服务中心建设。支持医保新政策。城乡居民基本医疗保险补助支出2800万元，扩大参保范围，提高城乡居民医疗参保人员的补贴额度；农村困难家庭医疗救助专项资金从100万元提高至200万元。

【强化财政管理】 深化部门预算改革。扩大预算范围，完善预算编制办法，推行综合预算，细化项目预算，严格预算执行，规范预算追加，推进预算公开，36个部门预算全部上人代会提交代表审议。完善财政预算管理。推进国库集中支付和公务卡改革，制定西湖区国库管理制度改革方案及配套操作办法，建立国库单一账户体系。17家单位启用预算单位零余额账户，5家单位公务支出启用公务卡。全年支付各类资金60.13亿元，增长24.4%，其中财政直接支付37.14亿元，追减项目结余1.57亿元。规范区本级财政专项资金管理，出台《西湖区本级财政专项资金管理办法》，提高财政专项资金使用效益。推进国有资产管理改革。开展房产内部登记证年检和未取得产权证房产情况调查摸底工作。公开处置报废资产，实现资产增值，全区48家单位的报废资产进行公开拍卖。加强财政投融资管理。出台《西湖区政府性债务管理实施暂行办法》和《西湖区政府投资项目融资操作规程》，实施债务执行情况月报制度，做好政府债务动态分析工作，实时监控，加强防范债务风险。启动资金保障应急预案，出台《重点项目资金应急保障实施细则》，缓解资金周转压力，保障全区重点项目建设。提高基建预算管理水平。梳理全区重点建设项目，按照当年工程进度、节点及资金收支计划制定预算，以收定支，科学确定建设项目。出台《政府投资基本建设项目资金管理办法》，规范资金预算管理，加强项目可行性的概算、预算审查，强化变更审查和决算审批。出台区基本建设项目财政过程跟踪管理计划，全区148个基本建设项目列入全年财政过程跟踪管理计划。推进竣工财务决算工作，完成竣工财务决算项目272个。全年基建预算执行率87.4%。

【干部队伍建设】 围绕学习型机关建设，出台《深化学习型机关建设的实施意见》；完善教育培训机制，开展分类分层次培训，组织两批中层和业务骨干参加上海国家会计学院财政业务轮训，更新知识结构；建立学习考核机制，对干部新干线学习实行学分制管理；开展"远学近比"活动，近学全国优秀司法干部陈辽敏，远学《第一书记》全国优秀财政干部沈浩等同志先进事迹。推进"创先争优"活动，推出工作牌、去向牌、指示牌"三牌合一"制度，做到公开承诺、接受监督。深化"双服务"（服务企业、服务基层），打响"双品牌"（党建强、服务强）。建立健全与镇街、部门、村社的联系工作机制，畅通财政与镇街、部门、村社的信息交流渠道，提升财政服务能力与水平。区财政综合服务厅坚持"以服务为宗旨，以满意为目标"作为工作拓展创建活动的新形式，提出"五服务"*、"四不让"*、"三不说"*服务理念，区财政综合服务厅被评为区"最美丽窗口"，进京参加"全国巾帼文明岗"授牌活动，接受党和国家领导接见。局机关在满意单位评选中被评为群众"满意单位"。

（杭州市西湖区财政局供稿　葛潮鸣执笔）

注：

***"四大工程"**：指"拦水坝"工程：职能部门、镇、街、园区各司其职、上下联动的协税护税工作机制，千方百计安商、稳商，留住辖区企业。"引水渠"工程：研究完善财政扶持企业的新举措、新办法，引进区外税源型、成长型优质企业。"蓄水池"工程：通过建立政、企定期联系制度，完善双向对接和长效服务机制，了解企业发展现状，解决企业发展中的困难和问题，提供政策支持，营造和优化企业发展环境。"桥隧"工程：政府通过财政资金引导，集合银行、担保机构以及风险投资等各方力量，为中小企业牵线搭桥，帮助企业解决融资难题。

***"平方税收"**：指楼宇入驻企业当年产生税收与楼宇商务面积之比。

***"十进黄龙"**：指政府各职能部门零距离为企业提供各项服务。主要有科学发展、工商服务、消防安全、人口文化、税法宣传、职工权益、青春联盟、体育健身、劳动保障等"十进黄龙"的各类专项服务活动。

***"五服务"**：群众上门，热情服务；群众咨询，耐心服务；群众在场，不停服务；群众需要，延伸服务；群众困难，主动服务。

***"四不让"**：不让工作在我这里拖延、不让需要办理的事项在我这里积压、不让项目在我这里耽搁、不让差错在我这里发生。

***"三不说"**：不负责的话不说，不符合身份的话不说，不文明的话不说。

高新技术产业开发区（滨江）

【概况】 2011年，杭州高新技术产业开发区（滨江）实现生产总值416.32亿元，按可比价比上年增长13.0%。其中：第一产业增加值1.86亿元,下降2.3%;第二产业增加值192.98亿元,增长13.0%;第三产业增加值221.48亿元,增长13.1%。全年财政总收入100.20亿元,增长19.2%,其中地方财政收入54.30亿元,增长18.0%,地方财政收入占财政总收入54.2%;财政支出37.85亿元,增长18.1%。全区财政收支平衡,略有结余。

【组织财政收入】 加强财税联动。完善国税、地税、工商、金融等机构联席会议制度,建立健全信息互通、数据共享、情况互通的工作机制。注重税源监控。实施重点税源企业分片联系制度,加强服务和监控,防止税源外流;争取一次性税源,全年入库一次性税收1.70亿元。实施产业政策综合管理和税源信息共享平台建设,实现区内税源动态数据共享。提升收入分析水平。关注重点税源和重点事项税收入库情况,掌握每月收入预测、申报和实际入库数,分析收入增减变化原因,提高预测准确性和科学调控收入能力。拓展非税收入管理范围和领域。严格非税收入"收支两条线"管理,规范非税收入征收管理制度,完善财政票据管理,落实非税收入年度检查制度,全年征缴非税收入5.59亿元,增长46.2%。

【支持产业发展】 加强政策研究。参与制定出台发展新兴产业推进自主创新打造人才特区,扶持文化创意产业发展,强化人才激励打造人才特区等一系列扶持政策。保障资金兑现,落实产业扶持资金。全年产业扶持资金支出11.41亿元,占一般预算支出的19.3%。

【优化支出结构】 支持教育事业发展。优化义务教育资源配置与建设,加大学前教育经费投入,促进教育资源向优质均衡发展。全年教育支出3.81亿元,增长36.2%。支持医疗卫生事业发展。提升基本公共卫生服务水平,全年医疗卫生支出8669万元,增长38.8%。支持文化体育事业发展。创建全国科普示范城区,全年文化体育支出7948万元,增长20.6%。支持社会保障事业发展。推进创业型城区创建工作,落实社会保障各项政策。全年就业再就业专项资金支出2000万元,缴纳征地失土农民养老保险资金4.27亿元,发放征地农转非人员生活补助1.09亿元。支持新农村建设。扶持村级留用地开发,推进村级集体经济股份制改革,村级留用地开发补助4.49亿元,村集体经济股份制改革补助4710万元。完善社区(村)运行经费保障办法,落实社区(村)补助资金5118万元,加大集镇改造力度,全年街道集镇改造支出4.81亿元。维护社会稳定。加大公共安全经费投入,支持和促进"平安滨江"建设。全年公共安全支出9881万元,增长7.6%。严控行政成本。压缩行政运行成本,全年一般公用经费增长幅度低于财政支出增长幅度8.9个百分点。

【保障城市建设】 通过一般预算安排、政府性基金安排和银行融资筹措等渠道,保障城市建设资金需求,全年投入政府性投资项目建设资金39.34亿元。加大基础设施投入。围绕"南北双城"建设,全面保障道路、河道、地铁、公交、绿化、电力等基础设施建设工程的资金投入,保障推进奥体博览城主体育场、白马湖生态创意城、地铁一号线(滨江段)、彩虹快速路(滨江段)、之江大桥等重大项目建设。推进生态环境保护,深化ISO14000国家示范区创建,落实大气污染综合整治经费,全年环境保护经费支出5512万元,增长110.0%。加快保障住房建设。加大农转居拆迁安置房、人才专项房建设,落实农转居小区和老旧小区环境综合整治经费,推进居住小区综合管理。全年保障住房建设支出8.10亿元,其中农居房建设7.83亿元,人才专项用房2676万元。

【深化财政改革】 推进非税收入管理改革。落实《浙江省非税收入管理条例》,实行执收单位开票、商业银行代收、财政部门监管的执收方式,执收费用纳入部门预算,实施非税收入信息化管理,区属执收执罚单位及收费项目全部纳入系统管理,保证各项非税收入及时足额入库。推进国库集中支付改革。出台国库集中支付相关规章制度,构建财政国库管理制度框架,完善国库集中支付信息化建设,建成国库集中支付业务数据处理系统和网络一体化平台,做好国库集中支付改革扩面工作,区属28家行政单位实行国库集中支付。推进公务卡制度改革。做好代理银行支付信息平台与财政数据信息的有效对接,7家区级机关单位试点运行使用公务卡,发放公务卡251张。

【推进精细化管理】 强化预算管理。严格预算编制程序,细化预算编制项目,规范预算行为,强化预算约束,指导部门完善内部管理制度,保证财政资金安全有效使用。完善财政预算信息公开制度,增强预算透明度。加强街道财政监管,指导和规范街道预算编制,实现街道财政预算动态监控。加大监督管理。完善监督检查机制,开展部门预算项目支出编制和执行情况检查,促进行政事业类项目预算编制的科学性、合理性。推进财政支出绩效评价工作,全年完成绩效评价项目10个,涉及财政资金2.80亿元。全面复查"小金库"治理工作,清理整顿地方财政专户工作,建立健全财政专户规范管理长效机制。加强政府债务管理。清理政府存量债务,建立健全政府债务统计报告制度,做好政府债务的统计、分析和监控工作,建立风险预警机制,加强政府债务监管。加强融资管理。

严把融资审批关，降低融资成本和财政风险，全年新增贷款16.89亿元，还贷39.72亿元，净减少22.83亿元。创新融资渠道，成功发行“2011杭高新债”9.5亿元，缓解融资困难局面。加强基建财务管理。严格政府投资项目概预算审查，全年完成项目评审164个，送审额89.85亿元，核减1.90亿元，核减率为2.1%。推进竣工财务决算工作，全年批复竣工财务决算项目17个，批复资金2.18亿元。加强国资管理。推进行政事业单位固定资产条码管理试点，完善国有企业公司法人治理结构，开展行政事业单位房产专项清理，加强动态监管，促进国有资产保值增值。加强政府采购管理。扩大采购规模，加强价格监控，实时跟踪问效，提升采购效率。全年采购总额3.41亿元，节约资金9903万元，节约率22.5%。

【加强队伍建设】 完善内部各项管理。确定6大类19项重点工作，明确分管领导，落实责任科室。制定综合考评实施办法，建立平时督查与年终总评相结合的综合考评机制。修订完善系列内部管理制度，规范各项内部管理。创新干部学教机制。编制干部学习教育计划，委托上海国家会计学院开设财政综合知识培训班，及时为干部充电加油。加强党风廉政建设。丰富财政廉政文化活动内涵，开展红色之旅、观警示片、发放廉政小说书等活动，将廉政教育寓于日常财政文化活动当中。深化机关作风建设。开展治庸治懒治散“效能亮剑”专项行动，通过“六严格”（严格上班纪律，严格就餐纪律，严格请假制度，严格会议纪律，严格工作纪律，严格勤俭办公廉洁从政）转变机关作风。深化“走基层、访民情、送服务、促发展”主题实践活动，当好信息员、宣传员、办事员，强化服务意识，打造“风清、气正、务实、为民”的财政干部队伍。

（杭州市高新技术产业开发区（滨江）财政局供稿 袁 骏执笔）

萧山区

【概况】 2011年，杭州市萧山区实现生产总值1446.78亿元，增长11.1%。其中：第一产业增加值53.01亿元，增长2.5%；第二产业增加值886.84亿元，增长11.1%；第三产业增加值506.93亿元，增长12.0%；三次产业增加值占生产总值比重依次为3.7%、61.3%和35.0%。全区财政总收入217.02亿元，增长19.1%；地方财政收入113.38亿元，增长15.5%；财政总支出109.76亿元，增长35.2%。按现行财政体制计算，全年可用资金122.97亿元，增长23.1%。财政可用资金与财政支出相抵，年末财政滚存结余13.21亿元，财政收支平衡。

【优化财政收支结构】 重视收入分析预测。加强收入计划管理，做好对房地产、建筑安装、交通运输、制造业等主要行业及企业的分析，提高财政收入预测准确度，全年平均预测误差率0.2%。优化收入结构。加强营业税、个人所得税、城建税、土地使用税等地方税种征管，全年税收收入占财政总收入和地方财政收入的比重分别为98.3%和96.8%，分别比上年提高0.3个和0.4个百分点。加强非税收入征缴。加强土地出让金收入管理，完善社会保险费征管，增强财政调控能力。控制财政支出。落实厉行节约政策，从严控制“三公”经费（接待费、会议费、考察费）等行政经费支出，实行预警管理，控制财政支出规模。

【支持经济转型升级】 完善各类扶持政策，出台支持工业技改、节能降耗、文化创意产业、现代服务业标准化建设等财税政策；突出扶持重点，加大科技经费和人才经费投入，落实技术开发费加计扣除政策，支持企业技术创新和高层次人才队伍建设，全年安排科学技术支出3.38亿元，增长38.5%；加大中小企业扶持力度，设立5.00亿元政府应急专项资金（2011年使用3.21亿元）、5.00亿元中小企业集合债权基金、5000万元中小企业扶持专项资金；落实优惠政策，加快资金拨付，全年兑现各级扶持资金14.55亿元；推进重点项目建设，加快城市化进程，全年区本级基本建设项目投入48.00亿元。

【推进民生事业】 全年民生支出80.82亿元，占总支出的73.6%；其中新增支出22.07亿元，占当年新增财力的77.2%。支持教育强区建设。建立学前教育经费保障机制，制定幼儿园收购补助管理办法，投入1.60亿元用于教育基本建设，提高农村学校基建定额补助标准30个百分点，加大对来萧务工人员子女在民办学校就读资助力度，每生每学期资助750元。支持卫生强区建设。制定公共卫生与基层医疗卫生事业单位绩效工资实施方案，完善卫生强区财政补偿政策，推进基层医疗卫生体制改革，投入经费1.35亿元，完成建设社区卫生服务中心9个、社区卫生服务站304个。支持文体事业发展。全年安排文化体育支出2.02亿元，用于文化名区建设、乡镇综合文化站建设、文物保护、农村电影放映、文艺演出进基层、举办各类体育竞赛等。支持就业和社会保障体系建设。安排社会保障和就业支出9.23亿元，增长42.8%。其中，安排支出2.61亿元，提高城镇居民基础养老金、城乡居民最低生活保障、新型农村居民养老保险等标准；安排支出1.70亿元，实施就业困难人员和“零就业”家庭就业援助政策。关注“三农”问题。全年安排资金4250万元，扶持欠发达村，支持土地承包经营权流转，农村一事一议筹资筹劳，村级股份制改革等;完善种粮农民扶持等各项农业补贴政策;安排3.96亿元加强农田水利基础设施建设。

【财政管理改革】 推进预算管理改革。完善预算指标管理体系;推进预算公开,在网上公开2011年财政总预算和33家单位的部门预算。推进国库集中支付改革。完成70家单位国库集中支付试点,同步推进公务卡改革,办理公务卡520张。推进非税收入管理改革。开发国有土地出让收支管理信息系统,实现财政、国土、人民银行信息实时共享;在全区172家执收单位推广应用《浙江省新版政府非税收入征管信息系统》;改革非税收入收缴方式,对574户企业的排污费收缴实行银行按季度批扣,在16所学校推行POS机刷卡缴费。

【财政信息化建设】 加强组织领导,形成工作合力。预算指标管理系统、国库集中支付系统、基本建设管理系统、国有资产管理系统、土地出让收入管理系统顺利上线运行;开发并推广应用"财政通"软件;推进萧山财税权力阳光运行网上办事大厅建设和财政专项资金网上政务平台建设,新增环保类专项、自主创新补助等20项涉企类专项资金,实现网上申请、网上审批。

【财政监督管理】 清理财政专户。清理核查全区财政专户,撤消专户2个,取消原社保移交的订单,督促镇街收回已存的订单。开展公务用车专项治理。重点治理超编制配车、超标准配车、违反规定借车换车、摊派款项购车、豪华装饰公车和公车私用六大问题。落实"小金库"治理工作。组织开展全区"防治'小金库'知识有奖问答"活动,552个单位全部完成自查,对42个单位进行重点检查。推进绩效评价。全年完成15个重点评价项目,涉及金额12.00亿元。强化审价监督。出台《萧山区政府投资项目委托审价业务考核管理细则》等制度,严把审核关,全年核减资金42.66亿元,核减率12.2%。加强国有资产监管。出台行政事业单位国有资产管理暂行办法,规范资产使用、出租出借、处置、报废等行为。加强融资平台监管。与12家融资平台公司签署《还款差额补足协议》及有关补充协议,增强融资平台公司的融资能力。

【会计管理】 做好会计从业资格和代理记账行政许可工作,全年办理会计从业资格证书3340本,审批代理记账机构1户;做好为会计人员办理注册、变更、调转手续工作,全年办理注册2799人次,变更1738人次;做好各类会计考试的报名、考务工作,组织11640人报名参加会计从业资格考试,5352人参加会计专业技术资格考试,3856人参加会计电算化考试;组织职高、财会中专等学校的珠算等级鉴定,137人参加珠算等级鉴定考试,发放等级证84本。

【干部队伍建设】 推进创先争优活动。开展"每月一星"评选、干部闪光言行评选、"从财税党员闪光言行说起"大讨论活动,邀请萧山区美德标兵作事迹报告,营造"典型引路,先进感召"的氛围。深化行风建设。开展民主评议行风活动和治庸治懒治散"效能亮剑"专项行动;实行行风廉政监督员"不定时、不限次、不定向"的"三不式"交叉检查;委托统计局开展"第三方评价"。深化学习型组织建设。组织中层干部赴北京大学进行为期一周的封闭培训;开设财税大讲堂,全年举办8期;开展"青年干部工作日志大展示"活动。深化廉政建设。邀请杭州市纪委副书记王叶林作廉政教育主题报告;在局内网开辟视频教育专栏;组织中层以上干部旁听腐败案件庭审;编印发放《工作人员纪律手册》。深化财税文化建设。举办以"湘湖美景、健我身心"为主题的第四届环湘湖健身走;组织文体兴趣小组活动;编印整理《八小时外》一书,扩大财税文化影响面。

(杭州市萧山区财政局供稿　吴水忠执笔)

余杭区

【概况】 2011年,杭州市余杭区实现生产总值738.16亿元,按可比价计算,比上年增长9.6%。其中:第一产业增加值43.27亿元,增长2.7%;第二产业增加值387.65亿元,增长7.5%;第三产业增加值307.24亿元,增长13.5%。三次产业结构比为5.9∶52.5∶41.6。按户籍人口计算,人均生产总值84199元,按可比价计算增长7.8%。全区财政总收入150.00亿元,增长24.2%,其中地方财政收入95.64亿元,增长25.8%;全区财政支出84.24亿元,增长14.0%。全年财政收支平衡。

【组织财政收入】 培植税源。引导、激励各组团、镇街根据自身特点和优势发展税源经济。加强对重点行业、重点企业、重点项目税源的监控分析,全年412户区级以上重点税源监控企业入库税收49.51亿元,占全部税收的60.5%。全年地税部门组织税收收入93.28亿元,增长30.9%。加强政府非税收入征管。全面推广应用新版政府非税收入征管信息系统和土地出让金收支管理系统,开展社会保险费欠费清理工作。全年非税收入完成1.81亿元,同比增长39.6%。2011年全区地方财政收入占财政总收入的比重为63.8%,同比增长0.9%,税收收入占地方财政收入的97.5%。

【支持经济发展】 制定、完善产业扶持政策，完善“3+1”*现代产业政策体系，支持物流、商贸、文创、信息服务等现代服务业集聚发展，增强工业实体经济创新发展的动力和能力。兑现各类扶持资金10.26亿元，其中：产业发展资金4.61亿元,科技专项资金4.07亿元。减轻企业负担，减免各项税收4.61亿元，减免水利建设专项资金5857万元，对困难中小企业医疗、工伤、生育、失业四项社会保险费集中减征5233万元。服务企业，解决企业实际困难，参与拟订《关于促进余杭区股权投资业发展的实施办法》《余杭区网络银行“风险池”管理使用办法》等政策，拓宽直接融资渠道，缓解工业企业，特别是中小企业融资难。制订出台《涉企财政专项资金财政部门审批时间内控要求》，压缩审批时限和环节，及时兑现各项补助资金。打造余杭“纳税人之家”，整合财政、地税、国资服务资源，提供在线服务、坐席服务、预约服务、贴身服务、主题服务和维权服务。

【保障民生支出】 当年全区公共财政预算用于民生支出62.36亿元，占全区支出的74.0%，增长21.8%。*支持教育事业发展*。全年教育支出17.44亿元，增长15.7%，占全区支出的20.7%。*支持医疗卫生事业发展*。全年医疗卫生支出7.25亿元，增长22.1%，占全区支出的8.6%。*加强社会保障力度*。全年社会保障和就业支出9.73亿元，增长37.2%，占全区支出的11.5%。*支持文化事业发展*。全年文化体育与传媒支出1.71亿元，增长14.4%。安排支出48.30亿元，用于全区各类保障性住房建设。

【统筹城乡发展】 加大新农村建设投入，全年完成支农专项支出6.84亿元，发放综合直补资金1761万元，争取省以上财政补助资金1531万元。优化财政支农支出结构，全年区财政农业产业扶持资金70%以上用于扶持省级现代农业园区与粮食功能区、“一中心四板块”*、现代都市农业示范园区和主导产业功能区建设。支持城乡社会事业统筹发展，投入3.51亿元用于高铁、地铁一号线等重大基础设施项目建设，投入10.00亿元支持创新基地建设，投入3.70亿元用于促进城乡就业，投入2.82亿元用于城乡居民基本医疗保险，投入1.05亿元用于城乡居民社会养老保险支出。支持推进小城市培育试点，投入1.50亿元推进塘栖小城市建设。

【推进财政改革】 加强部门预算管理，制订《部门预算管理实施办法》和一系列综合性管理实施办法，实现部门预算一体化全程管理。推进财政国库集中支付制度改革和公务卡改革，全区76家单位实现国库集中支付13.26亿元，办理公务卡2504张，实现公务卡公务消费245万元。完善财政专项资金管理，修订出台《余杭区专项资金管理办法》，逐步形成“1+6”专项资金管理体系*；细化专项资金的收支预算编制、管理、监督检查和绩效评价，强化审计、监督检查和绩效评价结果的运用。开展绩效评价目标管理试点工作，探索实行“财政主导、部门配合、中介操作、专家组审定”的评价模式。推进预算信息公开工作，全区33个行政事业单位的部门预算和2011年全区财政收支预算上网公开。

【强化财政监管】 实施镇街财政管理一体化软件应用，全区20个镇街以及余杭经济开发区、农副物流中心全部在镇街财政管理一体化软件建账运行。制订出台《余杭区企业化管理事业单位财务与资产管理暂行办法》等制度。从严控制出国(境)经费、公务用车购置及运行费、公务接待费支出，完成区级机关第二次车改工作。加强政府投资项目资金管理，全年项目概算、预算和结算审核累计核减资金17.31亿元；推进基建项目资金财政直接拨付工作，全年直拨项目扩大到46个，直拨金额2.87亿元。规范政府采购工作，正式启用新政府采购信息系统，全年政府采购预算3.17亿元，实际采购金额2.70亿元，节约资金4701万元，节约率14.8%。加强国资监管，完善国有公司融资任务考核办法,建立以“融资任务考核为主、财务费用考核为辅”的考核指标体系。

【加强队伍建设】 开展创先争优、民主评议行风等各类主题教育实践活动,加强干部行风、作风建设。实施分层次、分类型干部教育培训工作,继续开展“三个能手”(理财能手、征管能手、稽查能手)评选活动,着力提升干部综合素质。修订出台《余杭区财政、地税、国资工作项目化管理制度》,完善项目化管理机制。完善《基层单位队伍建设考核办法》及《聘用人员管理办法》,规范用人制度。出台《余杭区财税国资系统行风巡查通报办法》,对全系统党风廉政和行风效能建设等方面进行巡查。区财政局获得全市纪检监察系统先进集体、区满意单位等多项荣誉,项目化管理的做法在全省财税文化建设推进会上作典型经验交流发言。

(杭州市余杭区财政局供稿 吴 建执笔)

注:

*3+1:“3”指一、二、三产业,“1”指文化创意产业。

*一中心、四板块:“一中心”指高新农业示范中心,“四板块”指径山茶产业板块、生态养殖板块、塘栖枇杷板块、生态竹业板块。

*“1+6”专项资金管理体系:“1”指总的专项资金管理办法,“6”指与“六大发展战略”相配套的专项资金实施细则。

富阳市

【概况】 2011年,富阳市实现生产总值491.20亿元,比上年增长10.5%。其中:第一产业增加值32.90亿元,增长3.1%;第二产业增加值297.30亿元,增长11.1%;第三产业增加值161.00亿元,增长11.0%。三次产业结构由上年的6.9∶60.7∶32.4调整为6.7∶60.5∶32.8。按户籍人口计算,人均生产总值75336元,增长9.9%。全市财政总收入77.17亿元,增长28.1%,其中地方财政收入40.95亿元,增长25.4%,地方财政收入占财政总收入53.1%。财政支出46.84亿元,增长29.3%。全年财政收支平衡,略有结余。

【组织财政收入】 加大非税收入绩效考核。出台《关于进一步明确非税收入绩效考核办法的通知》,推行非税收入征管信息系统,全市207家执收单位实现网上征管,入库非税收入6.41亿元。加强契税耕地占用税征收。契、耕两税入库4.70亿元,增长21.6%,其中契税入库3.84亿元,增收1.18亿元,增长44.4%;耕地占用税入库8658万元,减少3430万元,下降28.4%。完善社会保险费“五费合征”。征收社会保险费11.89亿元,增长22.2%。落实困难中小企业社会保险费临时性集中减征1个月政策,涉及企业5869户,减负2130万元。强化税收精细化管理。重点税源专人负责,全年税收收入32.36亿元,增长23.3%。

【支持经济发展】 推进城乡区域统筹。实施中心村、三江两岸(钱塘江、富春江和新安江及三江沿线可视范围)整治及农村土地综合整治等项目,编制23个财政支农项目预算,安排政府专项资金5.59亿元,全年投入支农项目资金9.84亿元。实施农业综合开发。全年申报和组织实施项目8个,争取省以上财政资金2196万元。高坪畈山区中低产田改造、常安镇六石畈中低产田改造等5个项目通过省农发办验收。扶持发展地方经济。落实企业研发费加计扣除、高新技术企业所得税优惠等政策,落实加计扣除8157万元、国产设备投资抵免822万元,各类税收减免1.60亿元。促进企业转型升级。发挥财政资金的乘数效应,拨付企业技术改造、优化地方金融环境、标准厂房建设、亩产论英雄及低小散落后产能淘汰等各类财政扶持资金1.43亿元,受益企业886家。加大金融保障力度。制定《中小企业风险基金协作银行责任考核办法》,风险基金参与担保的在保企业130户,新增在保授信规模20.06亿元,取得补充风险基金4020万元。

【保障民生事业】 全年财政直接用于民生项目支出26.29亿元,增长46.1%。坚持教育优先发展。实施标准化学校建设和校舍安全工程,改善教学条件,教育支出13.74亿元,其中基本建设1.80亿元,学校运转及教育专项经费11.94亿元,同比增加1.84亿元。强化文化事业投入。支出9760万元,285个行政村均配备1名专职文化宣传员,完成市文化中心建设,支持举办《富春山居图》合璧展览等系列活动。加大公共卫生设施建设。支持市医疗卫生中心建设,医疗卫生支出4.60亿元,其中基本建设6980万元、卫生系统运转及医疗保险财政补助等专项经费3.90亿元。实施社会养老保险制度。支出12.72亿元,其中机关事业养老保险3.49亿元、城乡居民及失地农民养老保险3.56亿元。落实就业再就业政策。安排促进就业专项资金5866万元、人才专项资金2137万元、残疾人就业保障专项资金2740万元,重点用于招聘、招考、安置补助、创业资助等方面。加快保障性住房建设。支出1.57亿元,用于廉租房和经济租赁房建设、农村住房改造建设补助、农村贫困家庭危房改造补助。确保困难群体救助。安排5079万元,用于农村城镇低保、困难群众物价补贴、临时救济、敬老院及困难人群慰问等。支持新农村建设。投入资金

28.91亿元，增长51.8%，基本建成黄公望隐居地、新沙岛风情小镇，全面启动精品线、中心村、三江两岸等城乡统筹项目，改善城乡面貌。募集民生资金。开展农村公益金募集工作，富阳市农村合作银行、富通集团、富春江冶炼有限公司、富春江通信集团等153家企业捐款5224万元。落实财政惠民政策。发放农资综合直补资金，涉及农户13.75万户，资金1551万元。做好家电下乡工作，兑现家电下乡产品50685台、资金1637万元，兑现家电以旧换新产品51322台、资金1523万元。

【深化预算改革】 科学编制预算。依托基础数据库，建立预算标准体系。项目预算实行等级包干，民生预算实现项目库管理，做到以计划定项目、以项目编预算。探索预算信息公开。先后召开乡镇街道分管领导和行政村书记、村长会议，将13.70亿元涉农预算下达到25个乡镇街道和276个行政村。7月4日，人民日报以《富阳市务公开好》专题报道。开展预算执行清算。引入税收年终汇算清缴理念，重点下户清算25个乡镇街道和26个市级部门的基本支出预算和项目预算，涉及财政资金18.20亿元，查出会计核算不规范等9大类问题。保障预算刚性。经过"政府研究、人大审核、政协协商、市委决策、人代审议"的"五步曲"，科学确定运转、民生、建设三大预算，按程序审批。

【提高财政资金绩效】 强化政府专项管理。制定专项预算明细表、弹性支出预算明细表和乡镇、行政村预算分配表。政府专项中的8584万元弹性支出预算，细化到奖励、考察、会议、招待、培训等12个类别，所有费用预算全部细化到消费终端。严把资金支出关口。全市183家预算单位全部联网实现国库集中支付。改革公务卡制度，办理公务卡483张。集中清算专项资金，清算项目117个，资金5.60亿元。加强政府采购资金管理，全年采购金额4.57亿元，节约资金6241万元，节约率12.0%。规范政府投资项目。出台《政府投资项目委托评审复审管理办法》，完成9个项目复审工作。出台《政府投资项目概、预算审核中介机构业务考核管理办法》，加强社会中介评审机构的监督管理。开展政府投资项目概算、预算及变更预算审核项目711个，送审金额96.12亿元，审定金额93.27亿元，核减金额2.89亿元，核减率3.0%。加强财政监督。开展"小金库"治理复查，复查面100%，发现问题单位4户，涉及资金209万元。重点督查44家行政事业单位、社会团体、国有及国有控股企业。开展政府专项预算执行大检查，检查政府专项31个，发现12个方面34个具体问题，下发《财政监督整改督查单》进行督查整改。开展会计信息质量检查，完成12家企业会计信息质量专项检查。

【规范投融资平台】 制定《富阳市政府投资机构管理暂行办法》，完善内部治理结构和市场运行机制，推行政府投融资机构管理的规范化、精细化。严格机构本级经费与项目建设资金"分账核算，专户管理，封闭运行"，确保债务账与项目账独立分类核算、资金流向(流量)节点控制、记录痕迹清晰。建立做地资金结算机制，组建市土地整理有限公司，支持有条件的中心镇成立土地整治和城镇投资开发公司，破解用地和资金难题。对接市内16家金融机构，科学测算融资数据，研究提出项目名单，落实融资资金。

【推进国资监管】 完成国资收益5762万元，其中租金收入1205万元。做好行政事业单位资产处置、调拨、评估、统计等监管工作，处置资产2993万元，调拨资产2418万元。出资11亿元组建富阳市新农村土地综合整治有限公司，出资3000万元组建富阳富春山居有限公司，授权富阳广播电视台出资200万元组建广电文化传媒有限公司。做好江南中学办学体制改革工作。做好浙江东南汽运股份公司全部股权收购后续工作，改造新登城区18辆小型公交车，启用新登西站。

【干部队伍建设】 市财政局当年被市委、市政府评为十佳学习型党组织、先进基层党组织、纪检监察先进集体等荣誉称号，市级机关单位综合考评一等奖。提升干部专业知识水平。从4月开始，历时7个月，采取自编教材、集中培训、科长授课，强化财税业务知识培训，考试合格率100%。组织"专业人才库"选拔。通过个人报名、组织推荐、考试、民主测评等程序，13人被录入局专业人才库，其中1人进入省财政厅专业人才库。选拔富阳市首届会计领军人才13名，其中1人入选省级，2人入选杭州市级。推进财税文化建设。组织开展财税精神和财税价值观大讨论及财税文化格言征集等活动，举办演讲赛、组织开展"读红书"及参观南湖革命纪念馆等。深化廉政风险防控。开展廉政教育，组织廉政谈话，全年查找发现新风险点33个，提出改进措施36条，分别对298个高风险点、89个一般风险点和65个低风险点落实责任制，确保廉政风险防控到位。 (富阳市财政局供稿 刘学文执笔)

建德市

【概况】 2011年，建德市实现生产总值224.20亿元，比上年增长10.5%。其中：第一产业增加值23.70亿元，增长2.5%；第二产业增加值127.10亿元，增长11.6%，第三产业增加值73.40亿元，增长10.5%。一、二、三产业增加值占生产总值比重分别为10.6%,56.7%,32.7%,人均生产总值43870元,增长18.4%。全市完成财政总收入26.04亿元,其中地方财政收入14.11亿元,增长17.6%;财政支出23.11亿元,增长23.9%,全年财政收支平衡。

【支持经济发展】 落实各类扶持企业发展、促进产业转型升级政策,做好对工业转型升级、工业平台建设、金融贡献奖等政策兑现工作,全年落实和兑现本级各类资助资金1.10亿元。成立服务业发展领导小组,研究出台促进现代物流业与服务业发展相关政策,包括服务业企业引进,总部经济发展,鼓励商贸服务业上规模等产业扶持政策。全面落实小型微利企业税收优惠政策,支持金融机构加大对中小企业融资力度,全年利用市中小企业融资风险资金为企业融资担保6570万元,受益企业25家,为企业办理应急周转资金12.56亿元。拉动内需,落实家电下乡,以旧换新,汽车、摩托车下乡政策,全年兑现家电下乡补贴资金1204万元,家电下乡产品38723件;汽摩下乡补贴资金246万元,汽摩下乡产品2951辆;家电以旧换新补贴资金260万元,家电以旧换新产品9271件。保障续建项目、重点项目建设资金需要。

【组织财政收入】 加强网络化社会化税收管理,建立协税护税网络化管理体系;探索重点税源企业税收精细化管理,实行分行业、专业化税源监控。推进“五费合征”工作,建立与残联、劳动保障社保中心定期联系制度,与相关部门衔接,落实社会保险“五缓四减三补贴”的初步方案和操作办法。培植税源,推进工业企业分离发展服务业工作。加强非税收入征管,贯彻《浙江省政府非税收入管理条例》,实施非税收入征管信息系统建设,提高征管的有效性与实时性;建立健全政府非税收入征管政策体系,拟定政府非税收入征收绩效管理办法,强化非税收入绩效考核。

【推进民生事业】 创新支农资金管理。出台《建德市财政支农项目库管理操作办法》,加强项目基础资料的收集和整理,同时深化财政支农资金整合,形成支农资金归并合理、安排科学、使用高效、运行安全的使用机制。支持教科文事业发展。继续推进义务教育经费保障机制,实施义务教育学校教师绩效工作制度,落实教育资助扩面政策。推进学前教育事业,保障学前教育资金。全年一般预算教育支出5.67亿元,增长31.8%。支持文化事业发展。支持农村文化建设,解决农村散户以及低保家庭广播电视收视问题,支持“农家书屋”建设,全力推进文化惠民工程。完善覆盖城乡养老保障体系建设。规范城乡低保管理,落实“应保尽保、应补尽补、应退尽退”的保障机制。深化医药卫生体制改革。支持基层医疗卫生机构推进基本药物制度和综合改革工作,完善基本医疗保障制度。加强财政对基层医疗卫生机构和村卫生室投入补助,完善对基层医疗卫生机构补偿机制。支持其他民生事业发展。继续加大对环境保护的投入力度,发挥生态建设扶持政策;加大对基层政权的保障力度;支持“平安建德”创建。落实维稳、综合治理及安全生产等工作经费;支持政法经费保障机制改革工作,落实资金保障“数字法庭”、“科技强检”、“科技强警”建设需要。

【财政管理改革】 推进财政管理改革。以3家试点单位为基础,推进国库集中支付改革,至年底112家市级预算单位实施国库集中支付业务试运行,占市级预算单位的84%。加强财政监督。当年拟定68个项目为内部监督、外部检查、绩效评价项目,在实施过程中做到评中有查,查中有评。开展公务用车专项治理。落实专项治理自查工作,并做好培训与报表登记录入和报表汇总上报。开展小金库治理。完成对党政机关、事业单位、社会团体和国有企业“小金库”专项治理的全面复查,建立“小金库”治理长效机制,落实“小金库”举报受理制度,开展16家单位“小金库”重点检查。加强政府投资项目监管。以预算审核为基础,严把建设工程施工预算关,全年完成工程预算审核124个,送审金额3.87亿元,审定价3.59亿元,核减资金2768万元,核减率7.2%。出台《进一步规范乡镇(街道)基本建设财务管理的若干规定》,规范政府投资项目财务核算,提高资金使用绩效。

【依法行政】 推进财政预算公开。将政府预算报告在本地报纸刊登,接受全社会监督;年度预算编制、预算调整及年终决算按照法定程序,提请人大及其常委会审议,严格执行经人大审议通过的财政预决算决议。

【医保基金风险管理】 引进和完善医疗保险与商业保险合作机制,强化医保基金风险管理。实行重大疾病医疗保险与人保健康保险股份有限公司浙江分公司合作,即以当年保费收入为基数,收大于支的,盈余在150万元以内,40%归保险公司,60%作为大病风险准备金;超过150万元部分全部作为大病风险准备金;当保费收入小于支出时,亏损部分150万元内,40%归保险公司承担,60%由风险准备金承担,超过150万元部分,全部由大病风险基金承担。2011年在原来合作的基础上,实行医疗保险8万元以上大病费用合作项目,确定2011年职工医保大额费用合作控制目标为1400万元,分档按比例承担奖励和赔付责任。

【乡镇财政管理】 完善乡镇财政管理体制，按照“保吃饭、保运行、保建设”要求，出台新一轮财政体制，做好新一轮乡镇财政体制调整有关工作。加强乡镇财政建设，做好乡镇财政机构与人员配备的调研工作，至年底形成建德市《关于加强乡镇财政建设的意见（初稿）》，报市政府审批。

【国有资产管理】 执行国有投融资公司借贷、担保、资产处置等重大事项审批管理制度。围绕规范运营、有序投资、有效融资、保障现金流和防范风险等方面，探索和完善机制。会同有关部门探索实施国有公司整合及发行企业债券工作。完善国有公司运营管理制度，建立以市国资办为出资人的国有资产运营管理体系，制定国有公司薪酬用工管理办法，实施国有公司业绩考核。规范行政事业单位资产管理，开展全市行政事业单位固定资产清查，确保资产账实相符，提高资产管理水平。

【干部队伍建设】 组织灵活多样的创学活动，开展“干部讲坛”、“青年读书会”等活动，调动干部积极性，升华“快乐工作、健康生活”理念。市财政局共青团工作获“共青团杭州市委先进团委”称号。深化“创先争优”活动，提高财税服务效能。开展“效能亮剑”专项行动，各党支部设立纪检监察员，强化纪检检查工作，提升干部职工遵守规章制度的自觉性和执行力。加强机关作风建设。建立健全廉政风险防控机制，建立领导小组，出台《建立健全廉政风险防控机制》，营造风险查找、防控的氛围。 （建德市财政局供稿 吴继宾执笔）

注：

*“五缓四减三补贴”：“五缓”：指企业缴纳的基本养老保险、基本医疗保险、失业保险、工伤保险、生育保险五项社会保险费缓缴，“四减”：指由企业缴纳的除基本养老保险费以外的四项保险费的减征，“三补贴”：指社会保险补贴、岗位补贴、在岗培训补贴。

临安市

【概况】 2011年，临安市实现生产总值340.76亿元，按可比价格计算，比上年增长10.6%。其中：第一产业增加值31.18亿元，增长3.1%；第二产业增加值198.71亿元，增长11.2%；第三产业增加值110.87亿元，增长11.8%。三次产业增加值结构比为9.2：58.3：32.5。按户籍人口计算，人均生产总值64731元，增长18.3%。全年财政总收入39.23亿元，增长30.3%，其中地方财政收入21.10亿元，增长24.4%。全市财政支出33.56亿元，增长29.8%。全年财政收支平衡，略有结余。

【组织财政收入】 收入结构保持稳定，地方财政收入占财政总收入比重53.8%，税收收入占地方财政收入比重96.7%，纯地方税收收入占地税收入比重62.3%。关注经济走势、财税政策对组织收入的影响，建立企业税收专题分析制度，加强杭迁企业税源管理，推广应用重点企业监控软件，全市重点税源监控企业638家。制定《自然人股权转让计税价格评估试行办法》，全年股权转让个人所得税入库2343万元，增长11.5倍。加强上市公司限售股转让个人所得税征收管理，全年入库税款2821万元，增长104.7%。实施《临安市非税收入绩效考核暂行办法》，启用新版公益事业捐赠票据，开展土地出让金清算，取消部分行政事业性收费，规范非税收入收缴管理。全市政府性基金收入36.97亿元，增长54.3%。实行工会经费由地税部门代征工作，完善社会保险费财政、地税、社保三部门实时联网工程，全年征收社会保险费7.78亿元，增长32.5%。

【支持经济发展】 完善扶持政策。会同有关部门制订加强城乡区域统筹发展、推进工业平台建设和总部经济发展、培育战略性新兴产业和工业大企业大集团、促进电线电缆和复合装饰材料产业转型升级等财政扶持政策。落实项目资金。全年争取工业补助资金1.20亿元、农业补助资金4.50亿元、现代服务业补助资金1685万元、基建项目资金2.41亿元，兑现工业扶持资金2.22亿元、农业扶持资金7.01亿元、现代服务业扶持资金6134万元、基建项目资金9.51亿元。实施税费减免。落实结构性减税优惠政策，支持企业自主创新、技术改造、节能环保和产品转型升级，全年审核办理各类减免税3.14亿元，实施社会保险“五缓四减三补贴”*和企业职工养老保险费率下调政策，减征社会保险费3500万元。

【优化支出结构】 支持教育事业发展。保障学校布局调整和校舍安全工程实施，免除城乡义务教育阶段学生课本费、作业本费，提高中小学生均公用经费标准，实施城乡免费义务教育，鼓励扶持民办教育发展，加快推进学前教育均衡优质发展，成功创建杭州市学前教育达标市。全年教育支出8.63亿元，增长55.7%。支持科技事业发展。加大企业技术中心、技术创新项目、新产品开发、推动创新成果产业化等财政扶持力度，支持科技企业孵化器、科技创新主体培育以及科技创新平台建设。全年科学技术支出1.46亿元，增长38.2%。支持文化事业发展。实施“名牌名园名企名品名人”五名工程，扶持钱王文化、生态文化、国石文化、科技文化、民俗文化、养生文化六大文化创意产业发展，保障文化体育基础设施建设，提升公共文化服务水平。全年文化体育与传媒支出

5886万元,增长43.9%。加大社会保障投入。支持充分就业市和创业型城市建设,加大鼓励残疾人自主创业、福利企业发展、退伍军人安置、就业再就业培训等投入力度,提高“五保”对象集中供养、失业保险金、城乡居民最低生活保障标准,发放高龄补贴和孤儿补贴,支持社会化养老服务机构建设,完善城乡居民社会养老保险。全年社会保障和就业支出2.91亿元,增长46.5%。支持医疗卫生事业发展。建立基层医疗机构财政补偿机制和政府投入机制,推行医药卫生体制改革,实施基本药物零差率,扩大基本药物制度覆盖面,支持社区卫生服务中心和社区卫生服务站(村卫生室)等基层医疗站所建设。全年医疗卫生支出2.20亿元,增长20.2%。支持农林水建设。加强全国小型农田水利重点县建设,支持“中心镇、中心村、精品村、特色村”创建活动,推行村级公益事业建设一事一议财政奖补,实施农业综合开发,加大现代农业园区和粮食生产功能区建设扶持力度,推进“绿色家园、富丽山村”建设。全年农林水事务支出3.45亿元,增长35.4%。控制政府运行成本。出台《临安市公务用车“四定点一通报”制度》,严格控制高档消费品支出和行政经费增长,实行公用经费、一般性项目经费零增长,继续执行有关压缩会议、接待、购车和出国经费等规定。全年一般公共服务支出增幅低于一般预算支出15.9个百分点。

【推进财政预算管理改革】 建立统一预算编制和会计核算网络平台,健全预算编制、执行、监督一体化运行机制,细化部门预算、专项预算和基金项目预算编制,制定实施新一轮镇街财政管理体制,推进25个政府部门预算提交市人代会审议及市人大常委会跟踪监督工作。在全市预算单位中推行国库集中支付改革,全市109家市直机关单位(包括二级单位)全部实现国库集中支付,全年办理财政直接支付款项5539笔,计3.20亿元;办理授权支付款项4043笔,计6487万元。推行公务卡制度改革,选定国库集中支付代理银行为公务卡发卡银行,全年办理13个单位公务卡656张。制定《临安市财政支出绩效评价实施办法》,选定25个部门单位预算安排在100万元以上的49个项目进行绩效评价,涉及资金1.18亿元,其中财政资金9296万元。

【财政监督管理】 制定城乡统筹发展资金、基本医疗保险费用结算、基层医疗机构财务管理等管理办法以及“以工促农、以城带乡”财税长效机制,完善财政资金管理制度体系。开展“小金库”专项清理,全市465家行政事业单位、社会团体和国有企业开展自查自纠,自查率100%;重点检查28家部门单位,补缴入库预算外资金541万元。建立《临安市政府采购强制使用节能产品制度》,全年政府采购预算金额1.60亿元,实际采购金额1.41亿元,资金节约率11.7%。制定《临安市政府性投资项目资金使用管理细则》,全年委托中介机构对140个项目进行审价,送审项目资金3.30亿元,净核减造价3884万元,核减率11.8%。探索行政村会计人员管理机制,加强农村会计人员财会业务和财税政策培训,全年培训会计人员6650人次,评选会计管理先进集体10个、先进个人20名。

【国有资产管理】 制定《国有企业经费预算管理试行办法》《行政事业单位资产管理细则》《粮食收储公司绩效考核办法》,修订《国有投资公司经营者绩效考核管理暂行办法》,加强行政事业单位出租房(地)产监督管理,完成撤并乡镇清产核资和资产移交验收工作,全年国有营运资产公开拍租收入600万元,增值率32.0%。开展全市11家政府性融资平台公司债务清理,配合开展政府性债务审计工作,基本摸清全市政府性债务规模和结构。

【干部队伍建设】 开展“天目先锋·闪光言行”评选活动,参与全市“重温党史、坚定信念”党史党建知识竞赛并获一等奖。组织财税干部在扬州税务进修学院、杭州财税会计学校进行业务培训,开展青年干部特色培训和文明礼仪培训,全年举办各类培训班27期,参训876人次。组织党员干部观看《贪之悔》反腐倡廉电教片,邀请专家上廉政教育课,观摩公职人员受贿案庭审,开通每周廉政短信平台,开展廉政屏保设计大赛和廉政格言警句征集等活动。制定财税行政处罚裁量权实施意见,实施重点工作按季督查考核制度,完成事业人员定编定岗工作。当年市财政局获杭州市普法教育依法治市先进单位、临安市级文明单位等荣誉。

(临安市财政局供稿 崔 超执笔)

桐庐县

【概况】 2011年,桐庐县实现生产总值233.51亿元,按可比价格计算,比上年增长11.0%。其中:第一产业增加值18.18亿元,增长2.8%;第二产业增加值141.97亿元,增长10.0%;第三产业增加值73.36亿元,增长12.8%。按户籍人口计算,人均生产总值57854元,增长17.4%。全县财政总收入30.30亿元,增长30.1%,其中地方财政收入17.19亿元,增长31.5%;全县财政总支出22.79亿元,增长28.3%。全年财政收支平衡。

【组织财政收入】 优化财政收入结构。全年地方财政收入占财政总收入比重56.7%，税收收入占地方财政收入比重92.3%。全县地税部门组织各类收入20.98亿元，增长31.6%，其中税收收入13.58亿元，增长26.8%。加强收入分析和预测。监控重点税源企业274户，落实新《个人所得税法》，做好增值税、营业税起征点提高后续管理；推进企业所得税专业化管理，加强土地增值税清算，开展营业税专项辅导清理；建立管查互动工作机制，全年查补入库税费1045万元。贯彻《浙江省非税收入管理条例》。完成捐赠票据换版，组织非税收入1.33亿元，增长44.9%。组织社保基金收入5.72亿元，增长47.6%。组织政府性基金收入32.68亿元，下降5.4%。

【促进经济转型升级】 全年拨付财政扶持资金2.53亿元，其中向省市争取补助资金4040万元。制定出台支持工业经济转型升级实施意见，完善传统产业技改和医疗器械行业扶持政策。制定成长型中小企业扶持办法，助推生物医药、文化创意等新兴产业发展。及时办理再生资源利用企业增值税退税7307万元，促进循环经济发展。支持现代服务业产业体系构建，加大现代物流业财政扶持力度，修订旅游发展专项奖励办法。开展支持服务业加快发展专项行动，推进企业分离发展服务业。修订完善茶叶、蚕桑等农业产业化扶持政策，加强农林产业示范区建设，补助扶持现代农业发展资金5460万元。贯彻落实行政事业性收费减免政策，取消13个部门31项涉企行政事业性收费。

【支持城乡统筹发展】 全年财政投入"三农"资金12.54亿元。设立城乡统筹专项资金5.43亿元，重点扶持中心镇、中心村和"美丽乡村"建设。支持农村社会公益事业发展，筹措农村公益金355万元，争取农村公益事业一事一议奖补资金1744万元。完成阳山畈蜜桃合作社等6个农业综合开发项目，加快推进土地治理和产业化经营项目实施，加大农田水利、农民安全饮用水工程等基础设施投入。安排住房保障支出1830万元，加强保障性住房体系建设，建成城镇保障性住房150套。实施农村住房改造4987户，困难群众危旧房救助332户。扩大农业政策性保险品种和覆盖面，提高农业抗风险能力。支持农贸市场提升改造，构建农资现代流通网络。

【保障民生事业发展】 全年用于民生保障和社会事业支出17.35亿元，增长36.5%。促进教育科技事业发展。全年安排教育支出5.26亿元，增长43.0%，设立学前教育专项资金，建立普通高中生国家助学金制度。安排科技事业支出8735万元，增长33.3%，推进科技事业均衡发展。保障文化体育事业建设。文化体育与传媒事业支出4659万元，增长19.5%。强化文化惠民力度，加快"农家书屋"等基层文化站所建设。支持文化遗产保护工程建设，修缮53幢重点历史建筑。落实资金保障"神州风韵"全国剪纸大赛、"三月三"畲族文化节等文化交流活动开展。支持医疗卫生事业发展。安排医疗卫生事业支出1.78亿元，增长19.0%。完善基层医疗卫生机构财政补助政策，设立公立医院发展专项资金，支持创建全国农村中医药先进单位。加快社会保障体系建设。社会保障和就业支出2.48亿元，增长53.8%。推进新型城乡居民养老保险扩面工作，完善物价上涨与困难群众补贴联动机制。促进就业创业工程实施，保障国家级创业县创建资金需求。加大生态保护等建设投入。安排节能环保支出1.15亿元，增长48.4%。支持"三江两岸"综合整治，完善县农村环境连片整治专项资金管理办法，拨付整治资金7586万元。健全政法经费保障机制，加快构建政法装备标准体系，支持"平安桐庐"建设。贯彻石油价格补助政策，落实油价补贴1872万元。实施家电、机动车下乡和家电以旧换新财政补贴政策，兑现三项补贴3226万元。

【推进财政管理改革】 调整完善2012年部门预算定额标准，开展国有投融资公司经营预算编制试点，做好预算外资金纳入预算管理工作。推进预算信息公开，将县林业局等5个部门预算编制上报县人大财经小组会议审查，县农办等15个部门预算接受县人大代表公开审议。加强财政支出预算执行管理，强化预算执行刚性。全面升级国库集中支付系统，启用新版资金申拨软件，做好59家行政单位国库集中支付，完成69家事业单位实行国库集中支付准备工作，全年集中支付总额16.13亿元，其中直接支付14.97亿元。提高公务卡使用率，通过公务卡办理支出业务694笔，支出金额231万元。修订财政支出绩效评价管理实施办法，开展绩效目标管理试点。组织部门绩效自评，完成城乡居民最低生活保障等20个项目绩效评价。整合各类支农资金，健全财政支农项目库，试用财政一事一议监管信息系统。建立政府采购信息系统网上商城，实现单位采购预算、采购建议书申报和审批、协议供货等业务网上办理，全年政府采购资金6.36亿元。

【强化财政监督管理】 组织乡镇财政资金监管自查，开展行政事业单位结算账户验审。完成县本级和乡镇财政专户清理整改，撤并专户29个。加强政府性投资项目资金管理。全年完成各类财政投资评审项目43个，评审额7.34亿元，审减投资1.17亿元。加强行政事业单位经营性资产管理。完成22家转制卫生院清产核资，升级完善国资动态监管系统。开展党政机关和事业单位公务用车问题专项治理,将全县公务车辆信息录入车辆控购管理系统。组织开展"小金库"专项治理督导抽查,配合做好县党政领导干部经济责任审计和财政决算审计等工作。科学编制政府债务计划,加强政府性债务动态监管和全口径管理。规范津贴补贴支付审核,控制行政经费和一般性支出,公用经费和经常性业务费在年初定额预算数基础上压缩5%。提升会计人员网络化管理水平,组织会计人员继续教育6500人次,完成28家企事业单位会计信息质量检查。做好会计领军人才选拔,2名会计人员列入杭州市会计领军人才(企业类)培训名单,1名会计人员入选浙江省会计领军人才培养名单。完善申请法院强制执行欠缴税费联动机制,修订行政处罚裁量标准,县财政局被县政府授予依法行政优秀单位。

【加强干部队伍建设】 开展"创先争优""效能亮剑"及民主评议行风等专项行动,提高服务效率。坚持局党委班子党建工作联系点制度,举办党支部书记业务培训,建立党员发展积分考察制度,夯实基层党建基础。落实党风廉政建设责任制,开展警示教育和岗位廉政宣传,通过市廉政文化示范点复评。开展公述民评等活动,接受群众评议监督。加强学习型党组织和学习型机关建设,通过全员综合业务培训、业务竞赛等方式,提升干部队伍业务能力和综合素质。举办纪念建党90周年红歌演唱大赛,承办杭州七县(市)财税系统乒乓球友谊赛。县局在全县群众满意度测评和县级部门综合考评中均位列第一,连续第六年获得优秀单位称号。

(桐庐县财政局供稿 杨 琛执笔)

淳安县

【概况】 2011年,淳安县实现生产总值140.35亿元,按可比价格计算,比上年增长11.0%;全县按户籍人口计算,人均生产总值为30816元。其中:第一产业增加值24.92亿元,增长3.0%;第二产业增加值60.36亿元,增长13.0%;第三产业增加值55.07亿元,增长12.6%。三次产业结构比为17.8 : 43.0 : 39.2。全县财政总收入15.27亿元,增长28.1%,其中地方财政收入9.52亿元,增长32.2%,地方财政收入占财政总收入62.3%。全县地方财政支出24.02亿元,增长25.5%。全年财政收支平衡。

【组织财政收入】 做好重点税源监控,分析税收增减变动因素,把握收入主动性;优化税收收入结构,分离发展服务业,发挥税收政策杠杆作用,培植税源;按地方财政收入口径统计,全年完成税收收入8.74亿元,增长30.7%,占地方财政收入91.8%。规范行政事业收费、土地出让金等非税收入征管,执行预算外资金缴库政策,强化财政票据审核管理,规范财政票据使用,完善非税收入征管系统。深化社会保险费征管改革,宣传落实新社会保险法,建立社保费日常分类征管机制,扩大社保费征管职能,全年征收各项社保费收入3.97亿元。

淳安"美丽乡村"建设

【扶持经济转型升级】 出台促进小额贷款公司发展、扶持服务业个体户和限额以下企业发展为限上企业、成长型服务业企业培育、工业投资项目财政奖励办法等一系列政策,扶持经济转型升级;落实各项财政奖励扶持政策,兑现工业项目发展、技改补助、金融贡献奖、农业项目配套、高星级酒店发展、现代服务业发展、中小企业贷款贴息等财政奖励资金,做好项目申报,帮助企业争取省市项目扶持资金,扶持企业技改创新,做大做强。加大科技事业投入。扶持工业企业和规模企业技术改造、节能降耗,向上争取科技项目扶持资金,落实省市科技项目配套奖励,扶持县级科学技术发展计划项目,足额安排科普活动经费,全年科技投入5001万元,增长28.7%。全年财政兑付各类财政扶持奖励资金1.99亿元。落实结构性减税政策,全年办理企业所得税、房产税、土地使用税、水利基金、社保基金等各项税费减免8017万元。

【促进城乡统筹发展】 设立城乡统筹发展专项资金，统筹省市、区县协作、土地综合整治资金，开展涉农资金整合，拓宽资金筹措渠道；出台《淳安县城乡统筹发展专项资金管理办法》，规范资金拨付程序，强化资金使用监管；注资成立淳安县新农村建设开发有限公司，公司化运作城乡统筹建设项目，规范项目建设和资金运营；保障城乡统筹建设资金，推进中心镇、中心村、旅游风情小镇及美丽精品村建设，全年拨付城乡统筹建设资金5.40亿元。加大农业、农村基础设施建设投入，支持农业结构调整、农村社会事业发展和生态公益林建设。落实保障村集体组织正常运转资金，加强村级组织建设。全年一般预算支出投入"三农"资金13.90亿元，增长27.5%。落实各类支农惠农政策，全年审核兑付家电下乡、摩托车下乡及家电以旧换新补贴资金1528万元，拨付农资综合补贴资金1558万元。

【保障民生事业支出】 加大教育、科技、文体、医疗卫生等民生重点领域投入，全年新增财力三分之二以上用于各项民生事业。支持教育事业发展。提高义务教育公用经费标准，小学每生每年460元，初中每生每年660元；出台学前教育专项资金管理办法，推动学前教育优质均衡发展；扩大教育资助范围，全面落实各项教育资助政策。全年教育事业支出5.65亿元，占财政支出23.5%。支持文体事业发展。保障全县18处农村历史建筑维修工程实施，支持有线广播"村村响"工程和数字兴农工程，落实农家书屋建设资金；支持全县小康体育村建设，落实城区广场、社区健身活动经费。全年文化体育与传媒支出3855万元，增长24.9%。促进医疗卫生事业发展。深化医药卫生体制改革，落实基层医疗卫生机构人员绩效工资政策，完善基层医疗卫生服务体系建设，支持省级卫生强县创建工作，支持中医事业发展。全年医疗卫生投入2.70亿元，增长30.4%。

【保障社会事业支出】 支持社会保障事业支出。落实各项就业再就业扶持政策，提高企业退休人员待遇，提高月基础养老金标准至70元，建立高龄老人补贴制度，全年社会保险基金专户支出7.82亿元，增长33.9%。保障基础设施完善。推进城区道路改造、老旧小区物业改善等民生工程实施，政府投资重点投向改善基础设施项目，全年政府投资项目支出26.20亿元。加大生态环保投入。支持生态立县战略实施，兑现采砂、垂钓、网箱养殖、船舶污水上岸、违章建筑等五大整治政策资金，建立环保投入增长机制，全年生态环保建设投入3.10亿元。支持保障性住房建设。按规定标准从土地出让金和住房公积金增值净收益中及时足额计提保障性住房资金，全年拨付资金5182万元用于保障性住房建设。

【深化财政改革】 开展"三位一体"财政管理机构和业务流程改革，完成预算局、预算执行局、财政监督局三个机构设置。科学制定预算定额，规范预算支出项目，加强部门预算编制，提高预算管理科学化、精细化水平。推进国库集中支付改革，全县纳入会计核算中心的单位全部实行国库集中支付制度，全年集中支付金额3.90亿元，其中直接支付3.60亿元，授权支付3000万元。推进公务卡改革，制定公务卡改革方案和管理办法，32家预算单位办理公务卡447张。

【强化财政监管】 深化"小金库"专项治理，加强财政支出绩效评价管理，推行绩效目标管理办法，全年评价项目资金3.22亿元；强化预算约束机制，严控预算追加，加快预算执行进度；推进公车改革，开展党政机关公务用车治理工作；压缩一般性支出，厉行节约，降低行政成本；加强政府采购预算和计划管理，规范采购运作程序，健全采购监督机制，全年采购合同总额5.04亿元，节约采购资金7851万元，节约率13.5%。开展行政事业单位经营性资产摸底划转工作，提高国有资产运营效益。强化政府投资项目变更管理，制订政府投资重大变更管理制度，做到重大变更事前财政备案。实行多部门联合审核管理机制，加强财政预算审核，全年审核项目980个，送审总额32.40亿元，审定总额30.90亿元，净核减1.50亿元。加强会计政策宣传、会计人员继续教育和培养工作。开展乡镇财政规范化建设，扩大县乡财政联网面，深化项目资金专户管理，推广乡镇财务电算化，建立乡镇财政专项资金支出公开制度，完善乡镇财政资金监督机制。

【加强队伍建设】 开展"财税大讲坛"报告会、党委理论中心组读书会、党支部学习会和网络在线学习等活动，组织干部职工政治理论学习；连续第五次开展"在平凡中闪光"先进事迹报告会，营造赶学比超、争当先进氛围；开展更新知识培训，组织青年干部素质拓展培训，开展财税业务知识竞赛，提升财税干部综合素质；结合"效能亮剑"主题教育活动，开展反腐倡廉教育；开展岗位廉政风险点查找活动，民主评议行风活动和问效评议活动，加强作风建设、廉政建设；开展中层干部竞聘活动；组织干部参加纪念建党90周年系列活动；举办第二届"飞得更高"2011年主题新春文艺晚会，展示财税干部风采。

（淳安县财政局供稿　徐　骏执笔）

宁波市财政工作概况

宁波市

【概况】 2011年,宁波市实现生产总值6010.48亿元,按可比价格计算,比上年增长10.0%。第一产业增加值255.76亿元,增长4.0%;第二产业增加值3335.37亿元,增长10.0%;第三产业增加值2419.35亿元,增长10.7%。三次产业增加值结构调整为4.2∶55.5∶40.3。人均生产总值为104485元(按户籍人口计算),增长17.0%。全社会固定资产投资2392.91亿元,增长17.6%。社会消费品零售总额2018.86亿元,增长18.4%。外贸进出口总额981.88亿美元,增长18.4%,其中:出口608.32亿美元,增长17.1%;进口373.56亿美元,增长20.6%。港口货物吞吐量完成4.33亿吨,增长5.2%;集装箱吞吐量完成1451.24万箱,增长11.6%。市区城市居民人均可支配收入34058元,增长12.9%;农村居民人均纯收入16518元,增长15.8%。全市公共财政预算收入1431.76亿元,增长22.2%,其中地方财政收入657.55亿元,增长23.8%;全市公共财政预算支出750.72亿元,增长25.0%。全市地方财政收入占公共财政预算收入的比重为45.9%,地方财政收入中税收收入占比92.5%。市本级公共财政预算收入347.95亿元,增长23.9%,其中地方财政收入70.20亿元,增长28.3%。市本级公共财政预算支出143.87亿元,增长15.5%。全市及市本级财政收支平衡。

【组织财政收入】 全市地税部门组织各项收入808.50亿元,增长20.5%,其中税收收入543.40亿元,增长16.8%。注重税收预测分析,关注区域开发、重大项目投资等方面的变化对税收收入的影响,掌握收入进度和相关税源增减变化,把握组织收入工作主动权。出台重点税源监控管理制度,将年缴纳地方税收在500万元以上的企业、总部经济企业、高新技术企业和市级重大建设项目,全面纳入市级重点税源监控范围,推进分层级税源监控和部分行业专业化管理的工作进程。加强税政管理,强化所得税后续管理,出台营业税差额征税管理暂行办法,加强限售股和股权转让个人所得税管理,推进个人所得税网上开具纳税凭证相关工作,落实外资企业征收城建税及教育费附加政策。规范税收秩序,全年查补税款3.55亿元。实施社保费征收体制改革,加大企业按工资总额申报试运行工作力度,提高企业申报率和申报质量。加强非税收入管理,深化非税收入收缴管理改革,出台《宁波市政府非税收入管理办法》,完善并推广非税收入收缴管理系统,规范财政票据管理。全市政府性基金收入644.56亿元。

【支持经济发展方式转变】 促进物价基本稳定。加大对粮食、农副产品等基本生活必需品生产的投入,完善菜篮子基地建设,推进肉菜流通追溯体系建设,保障市场商品供应充足、质量安全。落实中央财政对部分行业油价补贴11.60亿元,下拨二级公路还贷补助资金2.80亿元,降低物流成本。落实扩内需促消费等政策措施。及时下达地方政府债券资金13.00亿元和中央、省新增扩大内需投资资金。筹集市级财政性资金支持轨道交通、打通“断头路”、机场快速干道等重大项目建设。兑现家电下乡、以旧换新等政策资金3.02亿元。支持产业结构调整。出台50条扶持中小微企业发展财税政策,设立企业创业投资引导基金,实施社保费“五缓四减三补贴”,推进中小微企业健康发展和转型升级。支持总部经济发展,对100家市级重点优势总部企业和八大优势总部基地予以政策激励。推进企业分离发展服务业,当年分离新设企业66家,新增税费收入9329万元。鼓励发展以第四方物流市场为平台的海港、空港物流企业。市级落实外经贸扶持资金3.20亿元,促进外贸发展方式转变。支持海洋经济发展,推进大宗商品交易所建设。实施人才战略工程,市级安排3.05亿元专项资金用于人才开发和引进。支持自主创新和节能减排。安排市级科技创新资金8354万元,引导企业创业创新。支持智慧城市建设,推进智慧城管、智慧医疗建设。市级新增节能降耗专项资金1.00亿元,鼓励淘汰低端高能耗产业,支持81个环保项目改造。支持禁止使用高污染燃料区域建设,淘汰燃煤锅炉企业。落实减税轻费优惠政策。落实结构性减税政策,当年为企业和群众减负63.10亿元。

【加大财政支农力度】 拟定市地方水利建设基金筹集和使用管理实施细则,建立水利投入稳定增长机制。市级落实10.20亿元专项资金,支持水资源开发、重点水利项目和山洪灾害防治工程建设。整合市级现代农业产业扶持资金3.18亿元,对粮食功能区、现代农业园区重点项目予以重点扶持。支持农业生态建设,提高生态公益林补助标准,加强饮用水源地保护。安排中央和市两级专项资金8000余万元,全面开展村级公益事业一事一议财政奖补工作。全市农林水事务支出57.94亿元,增长34.7%。

【推动社会事业发展】 加大对民生的保障和支持力度，全市教育支出117.67亿元，增长31.8%；社会保障和就业支出58.63亿元，增长70.3%；医疗卫生支出47.18亿元，增长28.9%。加大财政教育投入。安排学前教育经费，支持学前教育发展。出台中等职业教育免费实施方案，从2011年秋季学期起对全市中等职业教育实施免学费政策。新增帮困助学经费3.00亿元，实现帮困助学政策从学前教育到研究生全覆盖。健全义务教育均衡发展保障机制。支持就业和社会保障工作。落实促进就业政策，促进国家级创业型城市和充分就业县（市）区创建。推进社会保障从制度全覆盖向人群全覆盖转变，全市企业退休人员月人均养老待遇逐步提高，城镇低保补助标准调高为525元，农村低保补助标准不低于城镇的60%。完善困难群众基本生活价格补贴联动机制，发放物价补贴4863万元。推动医药卫生体制改革。促进公立医院改革、基层医疗机构综合改革，在全市全面实施基本药物制度。城镇居民基本医疗保险和新型农村合作医疗财政补助标准分别为人均370元和281元。全面实施职工基本医疗保险市级统筹，大市范围内实现就医联网结算。推进文化强市建设。完善公共文化服务体系建设，实施"农家书屋"、"广播电视进渔船"等工程。支持美术馆免费开放，推动文化体制改革，推进公共文化设施建设。支持保障性安居工程建设。当年全市落实保障性安居工程财政性资金25.94亿元。

【深化财政改革】 完善预算编制管理，市级国有资本经营预算和社保基金预算首次提交市人代会审查。加强预算执行管理，启用企业扶持专项资金信息平台和预算执行动态管理系统。深化国库集中支付管理改革，提高国库集中支付效率，全市国库集中支付金额597.55亿元。加快推进县（市）区公务卡改革，实行公务接待经费"一办一结报"办法。推进预算信息公开，指导49个部门首次向社会公开2011年度部门预算。开展党政机关公务用车专项治理工作，成立公车治理办公室，对全市公务用车进行整治。健全行政事业单位国有资产管理制度，通过公共交易平台对市级行政事业单位部分国有资产实行公开处置。实施其他事业单位绩效工资改革。建立机动车道路交通事故社会救助基金，做好小型客车特殊号牌号码有偿使用管理工作。推广会计从业资格无纸化考试，实施会计领军（后备）人才培养。

【强化财政监督】 清理整顿财政专户，加强财政资金风险管理。建立预算执行进度通报制度，加强预算执行动态监控系统建设。健全预算绩效管理制度，市级首次引入第三方中介机构参与项目绩效评价。加强地方性政府债务管理，建立政府债务定期统计和分析制度。对党政机关、事业单位、社会团体和国有企业开展"小金库"治理复查工作。开展乡镇财政资金监管情况检查，乡镇财政就地就近实施监管。完善政府采购管理制度，规范采购代理机构行为，推进政府采购信息管理系统建设。建立重大活动预决算管理制度，对甬港经济合作论坛、旅游节等活动实施预决算管理。启动"智慧财税"建设，提升财税信息化管理水平。2011年筹集援疆资金2.10亿元，并做好资金和项目的管理工作。配合做好审计署上海特派办对宁波市地方政府性债务专项审计、省审计厅对2006～2011年全市土地出让金收入专项审计等工作。

【加强干部队伍建设】 结合工作实际，以"增强三种意识、提高三种能力、争创六型机关"为载体，开展"三思三创"*主题教育实践活动，重点抓好解放思想大讨论、服务型财税机关建设、作风建设专项行动等活动。参与全市争创全国文明城市"三连冠"活动，部署开展"创建群众满意基层站所"、"千局万站优环境促发展推进年"等文明创建活动。开展民主评议行风工作，提升机关服务效能和财税社会形象。创新干部教育培训方式，举办三期处级干部能力建设研修班、两期科（所）长培训班。深化事业单位人事制度改革，开展竞争上岗、干部选调、公开招录等工作。推进廉政风险防控机制建设，开展《廉政准则》贯彻执行情况专项检查工作。举办全市财税系统庆祝中国共产党成立90周年暨第三届文艺汇演，开展庆祝建党90周年征文、书画、摄影征集等丰富多彩的财税文化活动。市财政局机关党委被评为宁波市先进基层党组织。

（宁波市财政局供稿　高　朋执笔）

注：

*"三思三创"活动："三思三创"是指"思进思变思发展，创业创新创一流"。2011年2月，宁波市委决定在全市开展"三思三创"主题教育实践活动，核心是加快发展、科学发展，目标是一流的思维理念，一流的意志品质，一流的工作水平，一流的发展质量，关键词是"思"和"创"。

鄞州区

【概况】 2011年，宁波市鄞州区实现生产总值945.30亿元，增长10%。其中：第一产业增加值36.10亿元，增长3.7%；第二产业增加值590.70亿元，增长10.2%；第三产业增加值318.50亿元，增长10.3%。一、二、三产业比重结构为3.8：62.5：33.7，第三产业比重比上年提高0.4个百分点。按户籍人口计算，人均生产总值115696元（按年平均汇率折合17913美元），增长14.4%。全年固定资产投资338.30亿元,增长21.4%。全年财政一般预算收入213.63亿元,增长15%,其中地方财政收入124.88亿元,增长13.4%,地方财政收入占财政一般预算收入的58.5%;税收收入占地方财政收入的93.3%。全年财政支出96.07亿元,增长26.3%。全年财政收支平衡。

【组织财政收入】 落实积极财政政策,加快推进经济发展方式转变,财政收入稳步增长。全区23个乡镇(街道)财政收入超百亿元。21个镇乡(街道)财政收入超1亿元,其中10个超5亿元。加强非税收入管理,做好非税收入新征缴系统的推广完善,全年收缴非税收入6.67亿元。

【支持经济转型发展】 整合7.20亿元经济扶持发展资金,促进产业优化升级,鼓励企业做强主业经济和实体经济。保障科技增长,支出科技经费2.55亿元支持企业自主创新,全年二产税收94.09亿元,增长14.4%。加大财政支持服务业发展力度,全年三产税收60.83亿元,增长27.1%,三产对财政收入的贡献率35.6%。落实各项轻税减费政策,兑付家电下乡和以旧换新财政补贴资金2509万元;继续落实稳定房地产发展政策,发放购房补贴6353万元;清理规范行政事业性收费,全年减免4247万元;加大中小企业扶持力度,出台促进中小微企业发展18条意见,重点实施税收和社保政策减免缓停、企业融资、创业创新等帮扶,做好小企业贷款风险补偿。

【支持社会事业】 全年民生支出51.50亿元,占可用财力的67.2%。加大财政教育投入,支出教育经费18.15亿元,增长33.4%。增加学前教育财政投入,设立1.10亿元专项资金支持学前教育发展。建立完善职业教育公共财政保障制度,扩大免费教育范围,免除中职学生学费。支持公共文化、体育服务体系建设,支出1.52亿元加快文化产业发展。完善失业就业联动机制,安排2142万元支持开发公益性岗位。提高城乡低保标准由每人每月440元至525元;提高城乡居民养老保险基础养老金月标准至110元。健全社会救助和社会福利体系建设,发放困难群众基本生活物价补贴552万元。

【支持"三农"发展】 建立财政支农稳定增长机制,全年支出"三农"经费17.97亿元,增长32.7%。推进村级公益事业建设一事一议财政奖补工作,分两批落实32个奖补项目,批准项目总投资3408万元,其中上级财政补助2390万元,区本级配套800万元。加大财政转移支付力度,安排7000万元对8个项目进行专项转移支付,提高困难镇乡落实民生政策的保障能力。

【深化综合预算改革】 拓展预算编制范围,试编社保基金、国有资本经营、政府投资预算,推进部门采购预算编制。全面应用基础信息数据库,实现预算编制、指标管理系统的无缝对接。完善项目滚动库应用管理,规范项目名称,实现项目科学分类和滚动管理。探索项目预算绩效目标管理。完善预算执行季度通报制,强化预算执行分析,提高预算支出的均衡性。规范预算追加,提高预算执行约束力。推进国库集中支付改革,全区所有二级预算单位都纳入改革范围,实现"横向到边、纵向到底"的改革目标,全年国库集中支付总额59.60亿元。启用电子支票作为支付工具,加快资金流转速度。建立健全公务支出监管体系,扩大公务卡结算范围,全区62家一级预算单位全面应用公务卡。

村图书阅览室

【加强国资管理】 修订完善《鄞州区行政事业单位出租房屋管理实施细则》,规范存量资产和更新资产的处置。全年房屋出租成交16宗,租金收入422万元;处置国有资产7宗,收入2624万元;对23家国有企业进行收益收缴,收缴金额441万元。拟定资产管理系统网络操作管理计划,在253家行政事业单位中全面推广房屋和车辆登记管理平台。规范政府采购监管,推行第三方验收制度,全年验收项目202个,完成政府采购5.42亿元,其中服务型项目5558万元,资金节约率12.6%。

【加强财政监督】 推进预算信息公开，指导35家部门做好部门预算公开。推进“三位一体”财政组织机构改革，建立健全财政资金运用全过程监督机制。完善绩效评价制度，组织开展7个公共服务性强、社会关注度高的重点项目的绩效评价工作。开展“小金库”专项治理全面复查、公务用车专项治理、财政专户清理整顿等工作。加强政府性债务监管，应用地方性债务管理系统，实现对政府性债务的全口径管理和动态监控，提高防风险能力。加强债务计划管理，做好执行分析，有效控制全区政府性投资项目负债率和债务率，截至12月31日，区本级政府债务64.02亿元，负债率7.3%，债务率81%。

【夯实“双基”*建设】 加强财政基础工作。推进财政信息化建设，逐步实施基本建设、债务、项目滚动、资产处置、基础信息、企业扶持等“六个管理库”，促进采购业务工作平台化处理，实现财政内部、上下级财政、财政与同级预算单位之间的互联互通、信息共享和业务协同。强化基层财政建设。完成镇乡（街道）规范化建设，制定新一轮镇乡（街道、园区）财政管理体制，坚持新增财力向镇乡倾斜，调动镇乡政府组织财政收入积极性。

【提升队伍素质】开展“创先争优”“三思三创”等主题教育活动，全面实施廉政风险管理，共梳理权力事项262项，找出风险点424个，并分类制定防范措施和内控制度。强化效能建设，实行违规上网行为监控，工作时间禁止浏览游戏、网购、股票、视频等网站。实行绩效对账制度，要求每位干部及时登记工作计划及完成情况。加强窗口建设，推行会计服务窗口电子评议系统。深化人事制度改革，对14名中层干部及9名一般干部进行岗位轮换。抓好图书馆财政分馆建设，充实藏书，推进学习型机关建设。

（宁波市鄞州区财政局供稿 毛 玮执笔）

注：

*“双基”建设：指财政基础工作和基层（乡镇财政）建设。

海曙区

【概况】 2011年，宁波市海曙区实现生产总值463.29亿元，按可比价计算比上年增长9.1%（以下简称“增长”）。其中：第二产业增加值73.30亿元，增长6.5%；第三产业增加值389.99亿元，增长9.6%。一、二、三产业结构比为0.0：15.8：84.2。人均生产总值（按户籍人口计算）153800元，增长9.9%。全年财政总收入86.96亿元，增长16.1%，其中地方财政收入42.34亿元，增长17.0%。地方财政收入占财政总收入的48.7%，税收收入占地方财政收入的99.7%。政府非税收入合计2.97亿元，增长3.5%，其中纳入国库管理2.22亿元（包括政府性行政事业经费等），纳入财政专户管理7551万元（主要是教育收费和部分国有资源有偿使用收入）。财政一般预算支出为21.32亿元（不含5亿元国债资金），增长14.6%。全年财政收支平衡。

【深化财源建设】 建立以财源管理信息系统为技术依托，以税源小组协作体系为工作脉络，以《财政专报》《财源建设》《财政信息》等调研分析类刊物为智力支持的全方位立体财源建设网络。强化考核激励机制，实施街道财源管理奖励补助办法，调动街道服务企业、联系企业、稳定企业的积极性和主动性。加强重点企业的建档、走访，做好区金融企业专题调研分析，及时掌握重点行业、重点企业发展情况。编写《海曙区“十二五”财政发展与改革规划》，分析规划未来五年财政收入、支出管理、重大项目融资等内容。加强非税收入管理，全年政府非税收入2.97亿元。

【支持经济发展】 加大企业帮扶力度，为66户重点企业提供发展资金，年投入6826万元。按照市、区两级政府的要求，投入专项资金发展总部经济，区10家企业入围宁波市百家重点优势总部企业，一家被评为宁波市优势总部基地。开展现代服务业项目推介，全年实现服务业增加值389.99亿元，增长9.6%，其中现代服务业增加值277.11亿元，增长10.8%。注重政策引导和载体建设，加快企业科技成果转化，全年规模以上工业企业实现新产品产值4.10亿元。支持交通路网建设，计划实施的“断头路”项目全面完工。支持启动智慧海曙建设，推进地理信息库、人口基础数据库、企业及楼宇信息平台等三大基础库的开发应用。支持淘汰落后产能，落实节能改造项目31项，提前一年建成禁燃区。

【保障民生支出】 加大民生投入，全年用于民生和扶持经济发展等方面的支出占财政总支出的78.3%。全年安排教育支出3.94亿元，制订《海曙区学前教育三年提升行动计划》，海曙区成为全市首批教育现代化省级达标区，“校安工程”有序推进。安排社会保障和就业支出2.30亿元，支持推进就业创业服务工作，城镇新增就业人员10752人，城镇失业人员实现再就业6122人，动态消除“零就业”家庭。推进社会保险参保扩面工作，实现应保尽保。支持完善养老服务设施建设，区残疾人综合服务中心（广安养怡院）开工建设，中心福利院前期工作有序推进。实施保障性住房建设，青林湾拆迁安置房主体工程完工,后续保障性住房开工建设。支持推进卫生事业,西门街道社区卫生服务中心创建为国家级示范社区卫生服务中心,6家社区卫生服务站通过五星级社区卫生服务站创建,市第一医院扩建暨国际医疗保健中心落成并启用,全年共安排医疗卫生支出1.18亿元。支持"洁净海曙"行动,提高机械化清扫比例,增加道路清洗频率,改善市容环境。推进智慧城管建设,8个街道数字城管监督指挥中心建成,全年投入城乡社区事务及环境保护2.52亿元。

【财政管理改革】 推进预算管理改革,实施预算编制、执行、监督三分离的预算管理机制,推进部门预算报人大审议工作,加快预算公开进度。加大对结余资金的统筹使用力度,制定《海曙区行政事业单位财政拨款结转和结余资金管理办法》,优先动用净结余资金安排新增项目支出。强化国有资产管理,落实《海曙区行政事业单位房屋管理办法》,将全区28家一级行政单位房屋资产纳入海曙区行政事业单位房屋信息化管理平台,试点并推行国有房屋公开招租竞价制度。创新会计管理工作手段,完成宁波市会计从业资格无纸化考试试点工作,探索会计人员继续教育"考培分离"模式。加强政府采购管理,启用"政府采购信息统计及计划管理系统",全年政府采购规模为1.81亿元,货物类政府采购规模提高,增长117.6%。规范财政收支管理,全年通过会计核算中心审核收付资金139.25亿元,国库集中支付16.27亿元。

【创新融资手段】 设立资金管理科专门负责融资统筹工作,出台《海曙区政府性债务管理暂行办法》《地方性债务管理实施细则》等相关制度,健全责、权、利相统一的融资管理体制。推进区政府融资平台整改工作,争取市政府向区本级转贷5亿元地方政府债券。开展投融资体制创新,搭建企业融资平台,6家企业进入拟上市后备梯队。区属两家小额贷款公司年发放贷款593笔计8.58亿元。

【规范财政监督】 推行财政"大监督"模式,财政监督移向事中、事前。完善财政监督制约机制,规范财务总监队伍管理,落实月度工作汇报制、季度监管报告制、半年专题总结制、年度大会述职制以及监管单位重大事项报告制等五项制度。继续发挥信贷资金融资、重点企业扶持政策、重大专项支出、房屋出租和财政违法案件复核五个审议委员会作用。推行第三方参与的绩效评价工作机制,建立健全绩效评价结果反馈整改和评价信息报告制度。提高财政资金使用效率,开展"小金库"专项治理,制定《海曙区财政专户管理制度》,确保财政资金安全、高效运行。

【干部队伍建设】 加强机关党建工作,促进机关党建和行业党建的有机结合与良性互动。局机关党委被评为宁波市先进基层党组织,区注册会计师事务所行业党总支被评为宁波市注册会计师行业先进党组织。注重学习培训,开展科室长和普通干部轮岗交流,组织干部职工参与海曙、江东、江北三区财政干部能力素质培训班。抓好理论调研,开展"三思三创"主题实践活动、"财政人思财政事"征文研讨活动,组织干部职工为财政科学发展建言谋策。抓好制度建设,实施岗位廉政风险防控机制,建立绩效对账制度。抓好文明单位创建,区财政局被评为宁波市第12批文明单位。局所属窗口单位会计核算中心获市"工人先锋号"称号。

(宁波市海曙区财政局供稿 王丽洁执笔)

江东区

【概况】 2011年,宁波市江东区实现生产总值366.64亿元,比上年增长10.0%。其中:第一产业增加值0.45亿元,增长13.5%;第二产业增加值141.89亿元,增长8.9%;第三产业增加值224.30亿元,增长10.8%。按户籍人口计算,人均生产总值162123元(按年平均汇率折合25100美元)。全区公共财政预算收入55.12亿元,增长23.3%,其中地方财政收入37.50亿元,增长20.2%,占公共财政预算收入的68.1%。地方财政收入中,税收收入36.50亿元,占地方财政收入的97.3%。当年财政支出22.92亿元,增长22.6%。全年财政收支平衡,略有结余。

【组织财政收入】 优化财政收入结构,全区增值税、营业税、所得税三大主体税种全面增长。服务业税收拉动明显,全年服务业税收45.93亿元,增长24.2%,占财政收入比重的83.3%。其中,金融服务业税收贡献突出,实现税收11.45亿元,增长48.2%,增收3.70亿元。重点企业税收持续增长,全区纳税50强企业税收22.31亿元,占公共财政预算收入的40.5%。全区纳税超亿元企业增至6家,昆仑信托、韵升集团纳税超2亿元。推进"收支两条线"管理,全年实现非税收入3.11亿元,增长19.2%。逐步完善区街体制,对接市区新一轮财政体制,调整区街财力分配,增强街道、部门保增收后劲。

【支持转型升级】 科学安排资金投向,保障产业结构转型升级和经济发展方式率先转变。完善现代服务业扶持体系,调整工业经济、总部经济等扶持政策,全年兑现扶持资金1.28亿元,增长59.9%。加大对中小微企业扶持力度,配合制定《江东区关于推进中小微企业平稳健康发展的实施意见》,明确2

亿元中小微企业担保转贷和产业扶持资金。强化高端人才引进保障，配合出台《江东区人才住房保障暂行办法》和《江东区鼓励海外高层次人才创业创新实施办法》，鼓励高端人才创业创新。调整完善节能减排专项资金使用管理办法，重点改造燃煤锅炉，支持建成全市首个"禁燃区"。引导社会消费，做好全区家电以旧换新补贴发放，全年审核家电以旧换新补贴资金614万元，直接拉动亿元家电消费额。保障重大项目建设资金，全年统筹22.50亿元资金支持保障性住房建设、断头路打通和戎家、宁丰等重点区块拆迁改造。

【保障民生支出】 全年落实民生资金16.75亿元，全区新增财力74.5%用于民生和社会事业发展。全年社会保障和就业支出2.42亿元，增长59.1%。提高企业退休人员待遇，增发补贴1630万元。推进城镇居民医保扩面，安排3870万元经费提升居民医疗保险水平。加大保障性住房投入，落实配套资金2764万元，支持陈婆渡保障性住房建设。保障养老助残工程，落实662万元养老助残资金，做大做响"家院互融"养老服务品牌。增加教育投入，全年教育支出5.55亿元，增长34.5%。加强卫生保障，全年医疗卫生支出1.40亿元，增长37.8%。加大城区建设投入，全年城建管理支出3.85亿元，增长52.3%。支持全国文明城市创建，落实1273万元专项资金保障创建文明城市。扶持基层群众文化活动。加大平安江东投入，落实公共安全及国防支出1.96亿元，增长12.7%。支持社会管理方式创新，落实食品药品、安全生产监管创建经费，支持"省级食品安全示范区"创建工作。

【深化财政改革】 推进财政科学化精细化管理，加强部门预算管理，完成区人大跟踪单位决算和8部门整改落实任务。完善年度部门预算编制流程，首次编印《部门预算编制手册》，项目资金纳入分类管理。推进部门预算信息公开，全区19个部门预算信息公开。推行国库集中支付改革，全区86家单位（含二级预算单位）全部纳入国库集中支付，直接支付率93%。强化政府采购管理，政府实际采购1.68亿元，资金节约率11.5%。加强财政监管，推进"小金库"专项治理和财政支出绩效评价，评价财政资金1.29亿元。加大政府性融资管理，制订政府性融资管理实施意见等制度。配合做好政府性债务审计，完成债务审计各项任务。规范国有资产处置管理，引入"公开竞价"模式处置国有资产。完善行业管理服务，健全会计人员信息数据库，完成10214名会计从业人员信息采集及证书换发，选拔5名财会人员为宁波市首批会计领军（后备）人才。谋划部署难题破解，首创"五步法"（结合实际立难题、走进矛盾查问题、分析难题找症结、结合实际定举措、破解难题树品牌）破解财政精细化管理难题。

【加强队伍建设】 开展创先争优和"三思三创"主题实践活动，巩固"能力建设年"活动成果。开展"三查三评"活动，对全局党员干部践行承诺情况逐一点评。开展解放思想大讨论活动，组织形势宣讲，举办专题报告会。落实党风廉政建设责任制，排查岗位廉政风险点，保障财政资金和财政干部"两个安全"。推进内部管理，实施绩效对账制度，研发推广绩效对账系统，加大干部工作效能考核。制定干部学习培训计划，提升干部综合能力素质。开展重点财源企业服务专项行动，参与文明城市创建、义务献血等文明志愿活动，走访慰问奉化田央村结对困难党员，打造财政服务品牌。

（宁波市江东区财政局供稿 刘建春执笔）

江北区

【概况】 2011年，宁波市江北区实现生产总值224.98亿元，比上年增长9.1%。第一、二、三产业增加值分别为5.70亿元、87.47亿元和131.81亿元，分别增长4.3%、10.6%和8.4%。三次产业结构比重为2.5∶38.9∶58.6。按户籍人口计算，人均生产总值93548元，增长16.9%。当年完成全社会固定资产投资144.66亿元，增长20.4%。全区财政总收入55.28亿元，增长16.0%，其中地方财政收入34.86亿元，增长17.9%；财政支出27.86亿元，增长19.0%。全年财政收支平衡。

【组织财政收入】 启动"基层财政倍增计划"，形成基层考核机制，推动"金财511工程"建设。落实签订培育责任书，确定现有培育对象97家，推进财源型招商，制订新一轮财源招商方案，跟踪重点项目进展情况，发挥慈城镇卫星城财政体制作用，完成工作目标。加强各方协调配合，关注宏观经济政策变化，加强与税务部门和街道（镇）之间的沟通联系，提高组织收入工作的预见性和科学性。优化财政收入结构，地方财政收入占财政总收入的63.1%；地方财政收入中税收占地方财政收入比重为99.6%。加强非税收入管理，推广非税收入管理系统，全年组织非税收入1.12亿元。

【支持经济发展】 支持战略性新兴产业发展，改造传统产业技术，其中发放技改补助704万元；支持发展现代服务业，实施"服务业6650提速发展三年行动计划"（区政府于2011年出台的加快服务业发展的措施），扶持海运行业发展，发放运力补助1078万元；落实加快总部经济发展政策，完成政策对接与企业申报工作。加大科技投入,优化科技支出结构,探索科技经费管理改革,服务中小企业,促进"创新江北"建设,严格专项资金监管,确保各类资金有序发放,其中发放科技信息化、专利项目、科创平台建设等补助资金6410万元。支持"绿色江北"建设,支持节能减排、清洁生产、循环经济和淘汰落后产能等活动,保障"智慧型城市"及国家级生态区创建工作。支持全区重点区块、项目建设,推动政银合作,创新项目包装,科学调度资金,整合融资平台,保障重点区块、项目资金需求。

【支持"三农"建设】 支持重点水利项目建设,强化资金筹集与监管,推进姚江干堤维修加固工程和姚江东排江北段河道整治工程建设。开展村级公益事业建设一事一议财政奖补工作,制定出台实施方案,建立健全监管制度,第一批申报项目安排财政奖补资金300万元,财政奖补资金占项目总投资的42.9%。支持新农村建设,论证审核建设项目,落实"美丽乡村"、"农房两改"等重点项目资金2000多万元。推进农业综合开发,完成农业综合开发产业化经营项目的申报实施和验收,安排财政贴息资金,并完成慈城镇乍浦片中低产田改造增量项目。落实粮食直补、家电下乡等支农惠农政策,促进农民增收。

【支持社会事业发展】 全年投入教育、医疗卫生、社会保障和就业、文化体育与传媒、交通运输、农林水事务、科学技术、节能环保、城乡社区事务等民生领域资金14.75亿元,增长19.8%,民生领域支出占一般预算支出的比重为53.0%。坚持教育优先战略,全年预算内教育支出4.08亿元,增长20.9%,改善教育基础设施,支持建设"校安工程三年改造计划"和校园安保工程,保障双东路小学及城庄配套学校建设资金;保障学前教育发展。支持医药卫生体制改革,全年预算内医疗卫生支出1.30亿元,增长10.4%,实施国家基本药物制度,实行财政补偿基本药物零差价,出台保障基层医疗卫生机构基本运行的财政补偿办法。支持社会保障与就业,全年预算内社会保障和就业支出1.30亿元,增长27.4%,提高社会保障覆盖面,鼓励社会各群体自主就业创业,创建"充分就业区",促进建立多层级的就业推进体系。支持文化事业建设,全年预算内文化体育与传媒支出2978万元,支持街道(镇)文化站建设,推进数字电视工程建设,保障区文化中心主体工程竣工。支持保障性住房建设,构建保障性安居工程体系,确保配套资金落实到位。

【推进财政科学化精细化管理】 推行国库集中支付制度,135家区级预算单位实行国库集中支付,健全专项资金管理细则,完善公务卡、财政票据等各项配套机制。强化基层财政建设,完善慈城卫星城财政体制,促进区本级与慈城协调发展;指导基层财政业务,落实基层财政财务、预算管理制度,推进基层财政信息化试点建设。强化财政基础工作,调研基础信息数据库和项目库建设,形成功能架构;实行综合预算管理,将预算外资金纳入预算管理,规范预算单位资产处置及出租收入管理;出台政府性基金及财政专项资金管理办法,实现各类财政资金的统筹安排;加强地方债务管理,配合完成国家审计署专项债务审计,关注年度债务平衡,优化债务结构。强化政府采购预算管理和制度建设,检查制度执行情况。贯彻中央厉行节约要求,下达"三公经费"控制指标,严控一般性支出。

【加强财政监督】 推进财政支出绩效评价,委托社会中介参与评价工作,完成海运运力补助政策绩效评价,开展学前教育资金绩效评价。推动预算信息公开,在区十届人大一次会议上,公开37家一级预算单位部门预算。规范行政事业单位内部财务控制机制,在全区一级预算单位全面实施"主要领导不直接分管财务和物资(服务)采购"制度。加强国有企业及预算单位资产监管,规范内部控制和决策审批程序,监控资产资金流动。开展"小金库"专项治理工作,建立防治"小金库"长效机制。

【加强队伍建设】 强化机关党建工作,组织开展"三思三创"系列主题教育实践活动;深化"创先争优"系列活动,健全党员履诺督查机制,落实全局及干部职工项目管理方案,推动注册会计师行业党员"创先争优"活动。推进反腐倡廉建设,开展"制度执行年"活动,修订编印财政工作流程,强化依法理财;深化岗位廉政风险内控机制建设,开展廉政教育主题活动。强化财政文化建设,立足财政工作实际,编制《财政专报》,发挥参谋作用;推进财政调研,编印《2011年度江北区财政调研论文集》;积极开展献血、赈灾捐款和民乐队演出等活动。 (宁波市江北区财政局供稿 包 鑫执笔)

注:

***基层财政倍增计划:**区政府于2011年出台针对街道(镇)的一系列政策组合。具体内容:到2015年,涉农街道(镇)财政一般预算收入总量由2010年的25.5亿元提高到50亿元以上,占全区一般预算收入的比重由2010年的53.5%提升至60%以上,从2012年起,每年均有一个涉农街道(镇)财政收入突破10亿元,到2015年,涉农街道(镇)财政一般预算收入均超10亿元,城区街道财政一般预算收入均超5亿元。

*金财511工程：区政府于2011年出台的培育重点税源企业的措施。“511”的具体含义：到2015年，总部型、领军型、研发型的重点企业（集团），年缴纳税收超亿元的企业由现有2家增加到5家以上；年税收5000万元～1亿元的企业由现有2家增加到10家以上；年税收1000万元～5000万元的企业由现有36家增加到100家以上。

*服务业6650提速发展三年行动计划：区政府于2011年出台的加快服务业发展的措施。主要指今后三年将重点发展现代物流业、现代商贸业、休闲旅游业、智慧创意业、金融服务业、房产建筑业等六大产业，培育高端物流、现代商贸、休闲旅游、智慧创意、金融服务、总部商务等六大集聚基地。到2013年力争有50家以上重点服务业企业，服务业增加值平均增幅要在13%以上。

镇海区

【概况】 2011年，宁波市镇海区实现生产总值290.17亿元，按可比价格计算，比上年增长12.1%。其中：第一产业增加值6.73亿元，增长3.8%；第二产业增加值174.98亿元，增长13.2%；第三产业增加值108.46亿元，增长10.8%。三次产业的结构比重为2.3∶60.3∶37.4。按户籍人口计算，区属人均生产总值162235元（按年平均汇率折算为25118美元），增长13.7%。实现社会消费品零售总额78.20亿元，增长18.0%。区属固定资产投资150.04亿元，增长19.5%。全年公共财政总收入67.02亿元，增长29.9%，其中地方财政收入36.25亿元，增长34.9%，占总收入的54.1%。地方财政收入中，税收收入34.10亿元，占地方财政收入的94.1%。全区财政一般预算支出33.22亿元，增长30.0%。全区财政收支相抵略有结余，当年财政收支平衡。

【组织财政收入】 加强与国税、地税等征收部门沟通协调，及时将收入任务分解落实到各征收部门。加大对财源建设考核力度，通过实施税收增长激励政策，调动各方面培植财源积极性。做好政策形势研判，关注国家宏观经济形势和调控政策动态，结合本区实际，做好分析研判，落实对策措施；加强对重点税源、重点企业调研，发现并协助解决存在问题，确保财政收入平稳增长。加强非税收入管理，全年非税收入2.15亿元，占比5.9%，其中专项收入1.56亿元，行政事业性经费收入0.32亿元。

【支持经济发展】 完善政策体系，财政部门牵头协调、参与、审核区相关经济政策细则的制定工作，确保政策实施细则之间减少交叉、消除重复，做到各政策之间力度平衡、方式一致、表述统一。全年兑现政策资金4.64亿元，增长24.1%，其中区本级政策资金3.34亿元。提高政策资金兑现效率，将专项资金纳入国库集中支付，缩短资金拨付周期；对尚未兑现的政策项目进行全面梳理，将原计划在11月、12月份集中兑现的6000万元政策资金提前到10月份兑现，缓解中小企业困难。创新政策资金配套管理手段，实现政策条款的信息化管理、申报审核的协同操作、政策资金的跟踪分析；制定《财政支持经济发展专项资金管理办法》，规范政策资金管理。

【保障民生支出】 全年一般预算收入用于民生保障的支出为18.88亿元，占财政总支出六成，增长26.9%。预算内投入“三农”资金1.10亿元，提高农业基础设施、水利及农业产业化项目投入资金总量，落实村级公益事业建设一事一议补助政策。投入教育资金5.60亿元，增长36.9%，安排学前教育专项资金1000万元，落实区中等职业教育免学费政策。投入社会保障和就业资金2.70亿元，增长85.8%。提高城市社区和农村社区服务管理补助标准；做好低保资金标准提高后的城乡一体化救助资金测算和高龄一键通、医保一卡通经费调研测算工作；制定农村籍义务兵补助统筹办法，对义务兵补助实行区财政统筹；对基层医疗卫生机构进行补助，对基本药物零差价进行财政保障。投入文化事业资金6643万元，推进文化信息资源共享工程，支持美术馆、图书馆、文化馆免费开放和防空博览园建设；发展农村和群众文化，深化“雄镇大舞台”等群众性文化精品项目建设。

【推进财政改革】 深化国库集中支付改革，将所有预算单位纳入国库集中支付改革范围，推广公务卡制度，实行公务卡直接支付。推进财政支出绩效评价工作，实施绩效目标源头管理，筛选环境保护、基本公共卫生服务等2011年度绩效评价项目20个，涉及评价资金2.80亿元，要求相关单位上报预期绩效目标，配合人大财经工委开展督查，逐户上门了解项目绩效情况；在全区机关事业单位开展“绩效评价知识竞赛”。加强部门预算改革，完成全区各预算单位结余指标和结余资金的清理工作，收回各类结余指标4589万元。开展预算信息公开工作，8家单位的部门预算信息在区政府和本单位网站公开。完善政府采购制度改革，规范采购预算编制和执行，扩大采购范围，全年完成采购额1.84亿元，资金节约率8.2%。

【管理科学精细】 推进节约型机关建设,制定《镇海区行政事业单位公务接待和会议管理改革办法》,在区级各部门和镇、街道推行会议费、接待费"两费"限额包干制度,当年区级部门"两项经费"总量削减10.8%。加强国有资产管理,出台《区属行政事业单位房产土地出租管理实施细则》,对出租审批、公开招租及合同签订流程进行细化,开展企业国有产权转让、国有资产评估、法律顾问配备等专项检查,提高管理水平。严格债务管理,加强投融资计划的审批,推进委派会计管理工作;配合市审计局审计组做好政府性债务专项审计调查。强化财政监督,完成"小金库"治理和"会计信息质量检查"工作任务。深化镇(街道)财政建设,建立镇(街道)财政信息化管理平台,实现预算编制、指标管理、资金申拨、财务核算、报表管理等环节的流程化、规范化管理。推进信息化管理,推广非税收入征收管理系统,实现财政对非税收入收缴的全程网络监控;做好账务系统整体上线工作,实现各预算单位财务数据与国库集中支付软件的无缝链接;全面启用电子支付凭证,减少预算单位资金在途时间,提高财政直接支付效率。完善会计管理,建成会计无纸化考场,建立分层分类分批的会计人员继续教育模式,对企业类会计培训实行考培分离。

【加强队伍建设】 开展"三思三创""创先争优"和纪念建党90周年活动,组织党员干部学习胡锦涛总书记"七一"重要讲话。服务企业,组织开展"一线服务月"活动,推进服务型财政建设。加强教育培训,完善内网宣教平台建设,抓好财政业务知识的学习,组织公务卡、绩效评价等30多个专项知识培训;5月全局财政干部和镇(街道)财政干部参加在厦门大学举办的财政干部能力建设专题培训班。加强党风廉政建设,召开全区财政系统反腐倡廉建设大会,签订党风廉政建设和反腐败责任状,建立廉政风险防范机制,开发干部工作绩效对账系统,推进效能建设,实现财政干部和财政资金"两个安全"。争创文明先进,当年区局党总支获宁波市先进基层党组织荣誉,并被确定为宁波市创先争优"双强"示范点创建单位。 (宁波市镇海区财政局供稿 张 慧执笔)

北仑区(宁波经济技术开发区)

【概况】 2011年,宁波市北仑区(包括宁波经济技术开发区、宁波梅山保税港区,下同)实现生产总值645.79亿元,比上年增长12.1%。其中:第一产业增加值9.21亿元,增长3.1%;第二产业增加值413.74亿元,增长11.8%;第三产业增加值222.84亿元,增长13.2%。第一、二、三产业增加值占生产总值的比重为1.4∶64.1∶34.5。按户籍人口计算,人均生产总值183725元(按年平均汇率折算为28445美元),增长17.4%。财政一般预算收入132.44亿元,增长26.5%,其中地方财政收入66.48亿元,增长31.6%,占财政一般预算收入的50.2%;地方财政收入中,税收收入60.07亿元,占地方财政收入的90.4%。财政一般预算支出59.74亿元,增长26.0%。全年财政收支平衡。

【组织财政收入】 加强对财政税收运行的监控和分析,科学制定组织收入预案,把握组织收入主动权。完善招商引资体系,引进并支持各类投资企业集聚发展。全年引进各类投资公司71家,累计引进200家。升级税源管理平台,促进税源管理精细化,帮助各街道乡镇建立重点税源管理体系,促使各招商部门开展对口税源企业后续管理和服务。开展交通物流企业税源排查,加强外迁、注销企业的监控。强化政府非税收入收缴管理,做好政府非税收入纳入预算管理工作。

【支持经济发展】 启动企业应急专项资金,首批已使用5000万元。落实工业企业"122企业"*培植计划,鼓励企业做大做强。加大政府公共投资力度,加强政企银互信合作,拓宽融资渠道,投入25.00亿元完善城市基础设施,重点工程建设成效显著,梅山保税港区开发建设全面推进。发挥财政资金导向作用,兑现科技、外经贸、循环经济、旅游业、文化、交通运输等各类产业政策7858万元,促进产业转型升级。发放中央财政石油价格改革财政补贴2934万元,发放种粮农民农资综合直补119万元。落实扩大内需各项政策,兑付家电下乡财政补贴1125万元、以旧换新财政补贴2481万元,汽车摩托车下乡财政补贴573万元,汽车以旧换新补贴1073万元。

【保障民生支出】 推进森林北仑创建、内河水质治理(畜牧环境整治、农村生活污水治理)、绿网工程建设。投入7.50亿元推进"美丽乡村"建设。安排各项教育支出7.80亿元,三年校安工程已完工,实行中等职业教育免费制度,实现从学前到研究生帮困助学的全覆盖,形成城乡一体、区域联动的均衡发展特色。支持港口博物馆及国家水下文化遗产保护宁波基地项目开工建设。保障十大交通顺畅工程、集装箱二通道、绕城高速东段等项目建设资金,华山路、庐山路等断头路相继打通,在全省率先实现城乡公交一体化和村村通公交。安排医疗卫生支出5.42亿元,新建成集医疗、教研、预防、保健、康复为一体的现代化大型综合医院——北仑区人民医院(浙大一院北仑分院)。投入5135万元,新农合医疗保障标准从上年的380元到提高到445元。建立与基本药物制度相适应的基层医疗卫生机构财政补助方案，加强基层医疗卫生人才队伍建设。实现最低生活保障制度城乡一体化全覆盖。发放城乡低保补助资金1242万元。安排5000万元因病因灾特殊困难应急救助基金，解决城乡群众就医难及“因贫致病”“因病返贫”问题。

【财政管理科学化精细化】 规范预算编制和预算执行，推进部门预算信息公开，主动接受监督。依托现代信息技术，推进金财工程建设。全区10个单位组建了核算分中心，统一办理各单位资金结算等经济业务。国库集中支付改革全覆盖，全区135家单位实行国库集中支付，全年国库集中支付35615笔，金额12.96亿元。全面推行公务卡改革。推出政府采购电子反拍系统，探索政府采购与基建工程招投标工作的衔接机制。全年政府采购实际金额4.24亿元，节约资金8989万元，节约率17.5%。对“三年民生提升行动计划”*开展绩效评价，涉及财政资金超过62.90亿元，平均综合得分95.1分，绩效评价结果为优。强化财政监督，对2009年以来开展过“小金库”专项治理的317家单位进行全面复查及重点抽查，复查面100%。三年共发现“小金库”6个，处理违规资金29万元，移送司法机关3人。

【干部队伍建设】 执行区政府机构改革实施方案，深化“三位一体”财政组织机构改革，按区编办批复，共设10个科室（局）。结合财政业务工作，强化干部教育培训，强化财政核心价值理念。结合“创先争优”和“三思三创”主题教育实践活动，开展解放思想大讨论，拉高标杆，梳理出拟破解难题4个。转变机关作风，结合中层负责人效能评价、绩效对账制度等，提速增效，优化服务。推进党风廉政建设，构建财政专项惩防体系，开好民主生活会，落实廉政谈话、述职述廉等制度，开展廉政讲座、知识竞赛等活动，筑牢廉政防线。健全机关内部约束机制，推进政务公开各项举措。

（宁波市北仑区财政局[宁波经济技术开发区财政局]供稿 潘成方执笔）

注：

*“122企业”：到2012年，全区力争形成产值超百亿元的龙头企业10家、产值超十亿元的骨干企业20家、产值超亿元的优势企业200家。

*“三年民生提升行动计划”：北仑区按照区委“保增长、保民生、保稳定”的总体要求，从2008～2010年，实施富民增收、均衡教育、全民健康、文化繁荣、社会保障、环境提升、城乡安居、交通出行、平安创建和流动人口服务管理等十大行动计划，共147项建设内容，财政总投入约57亿元，每年新增财力80%用于改善民生。

大榭开发区

【概况】 2011年，宁波市大榭开发区实现生产总值161.70亿元，比上年增长11.5%。其中：第二产业增加值111.51亿元，增长12.0%；第三产业增加值50.19亿元，增长19.8%。全区财政一般预算收入100.84亿元，增长27.6%，其中地方财政收入30.04亿元，增长56.2%；全区财政一般预算支出31.98亿元，增长55.9%。全年财政收支平衡。

【组织财政收入】 完善服务机制。不定期上门为新落户重点税源企业做好税收咨询及回访工作；联合走访同比税收下降明显或有潜力可挖的企业；加大财税政策宣传力度，多角度、多形式、多内容开展各类涉税服务。完善收入监控管理与分析机制。加强与相关经济管理部门的信息沟通，掌控收入和税源动态；加强100户区级重点税源监控，做好税源分析工作；定期召开税收分析会，强化收入预测分析。强化地方税源管理。加强房产税和土地使用税税源数据库建设和数据比对；继续开展企业所得税汇算清缴年报复审，并建立复审、退税、亏损弥补等台账；开展年收入12万元以上个人所得税自行申报工作；健全外籍人员个人所得税管理机制。加强政府非税收入征管。健全政府非税收入征管体系，增强地方政府财力。全年实现非税收入4.12亿元，其中：教育费附加1.91亿元，增长103%；地方教育费附加1.49亿元，增长101.3%；地方水利建设基金6735万元，增长103.6%；收费及罚没收入552万元，下降26.6%。

【支持企业转型升级】 完善财政扶持企业发展相关政策。制定《关于促进产业结构优化调整加快经济发展方式转变的若干政策意见》及《2011～2013年扶持企业发展和鼓励企业投资的若干政策意见》，推动产业结构优化升级，鼓励企业科技创新，加大节能减排工作力度，发展循环经济，培育发展现代服务业。落实扶持中小企业优惠政策。减免177户困难企业水利建设专项资金1.11亿元；减免5户企业房产税、土地使用税601万元；审核并批转企业财产损失所得税税前扣除金额5218万元；做好技术开发费加计扣除等企业所得税税收优惠备案工作。加大企业帮扶力度。审核符合产业结构优化升级专项扶持企业251户，安排扶持资金1000余万元；争取上级各类专项补助资金，做好政策引导和服务工作，落实到位专项补助资金2513万元。

【加大民生支出】 保障教育卫生事业发展。教育卫生事业支出2.38亿元,推进素质教育、建设特色学校、开展教师轮训等工作,提升教育质量;发展普惠性学前教育,推进婴幼儿教育一体化;全面启动外来务工人员培训工作。实施基本药物制度,实现基本药物目录药品零差价销售,减轻群众用药负担;建设数字化医院,完善社区卫生服务中心网络建设。健全社会保障和就业机制。社会保障支出2.04亿元,其中1.60亿元充实社保资金,提高全区百姓社会保障水平。关注弱势群体就业难问题,开发公益性岗位,做好大中专学生和被征地人员就业帮扶,动态消除"零就业"家庭;扩大社会保险覆盖面,抓好城乡居民养老保险、医疗保险等参保工作;继续实施廉租住房租金补贴和经济适用房货币补贴制度,支持建设安置房。支持"十件民生提升实事工程"建设。加大保障性安居工程建设投入力度;开工建设公共租赁房、图书馆、青少年宫和社区教育学院等一批惠民工程;扩大免费教育覆盖面,对大榭籍普高生全额免收学费;建立因病因灾特殊困难人群救助专项资金;优化提升公共交通服务;开工建设滨海公园二期工程。推进全区重点基本设施建设。全年安排基建投入1.21亿元,推进大榭第二跨海大桥建设,启动大榭铁路支线、大工业供水、榭北管廊带等一批重大基础设施建设;加大水利设施投入,推进防灾能力建设;推进商业广场、滨海公园、文教广场、综合养老服务中心等民生改善工程建设。

【推进财政改革】 完善国库集中支付系统,建设公务卡管理信息系统,拓宽公务卡使用范围,开展国库集中支付执行情况和公务卡使用情况半年度通报制度,规范行政支出行为;加强"三公"经费监管,为预算公开提前谋划;出台全区办公通用设备配置标准,加强行政事业单位固定资产监管;提高财政资金使用效率,加大各项目资金结余分类清理力度,其中上缴财政250项计2023万元。重新制定政府采购目录,全年下达政府采购计划1450万元,实际完成采购金额1367万元,资金节约率为5.7%

【财政监督管理】 完善财政资金管理制度,出台《加强和完善财政资金管理的通知》,修订《宁波大榭开发区财政资金拨付管理暂行办法》,规范财政资金支出行为;加强预算单位和财政专项资金账户管理,保障财政资金安全;加强对各行政事业单位资金使用情况监督检查;开展"小金库"专项治理工作,复查及重点检查53家行政事业单位、社会团体和国有及国有控股企业,复查面100%,建立"小金库"治理长效机制。改进以ISO9000质量管理体系为基础的内控、内审机制。

【财政信息化建设】 重点做好财政信息系统、预算执行系统和非税收入系统维护工作;在财政管理系统中推广CA证书应用;完成信息安全整改,调整局域网构架,构建本地虚拟化容灾系统,加强计算机网络安全防护。

【干部队伍建设】 以行风民主评议工作为契机,将队伍建设渗透到全局各项工作中,创新服务手段,优化和完善服务体系,提升全局管理水平。执行党风廉政建设责任制,以建立岗位廉政风险防控机制为着眼点,通过"查、防、控"的办法,查找岗位廉政风险点,控制和化解岗位廉政风险。开展文明创建活动,整合创建载体,搭建电子文明创建台账。区财政局被评为省级文明单位。

(宁波大榭开发区财政局供稿 吴 丹执笔)

余姚市

【概况】 2011年,余姚市实现生产总值658.82亿元,比上年增长10.1%。其中第一、二、三产业增加值分别为40.40亿元、394.13亿元、224.29亿元,分别增长3.9%、11.3%、9.1%。全市财政一般预算收入100.76亿元,增长22.8%,其中地方财政收入55.02亿元,增长24.9%;财政支出58.25亿元,增长21.2%。全年财政收支平衡。

【组织财政收入】 当年全市地税部门组织各项收入70.16亿元,增长16.6%,其中:税收和教育费附加41.87亿元,增长12.2%;社保基金19.34亿元,增长41.9%;其他非税收入4.26亿元,增长18%。开征外资企业城建税和教育费附加,分别入库5258万元和3027万元;开展房地产项目土地增值税清算,对房地产及建筑安装业、广告业、重点税源企业等进行检查。优化财政收入结构,当年全市地方财政收入占财政总收入的54.8%,税收收入占地方财政收入的89.2%。

【支持经济转型发展】 落实各项财税扶持政策,当年各项减税轻费和财政扶持政策资金8.30亿元,增长23.9%,促进经济平稳较快发展和发展方式转变。其中:市本级财政拨付工业政策资金6770万元,推进传统块状经济向现代产业集群转变,引导优势工业企业通过兼并重组、强强联合、上市融资等途径做强做大;安排科技政策资金4945万元,鼓励企业引进新兴产业项目,加大技术设备投入,研发生产重大技术装备,加强产学研合作和创新投入,实施专利标准品牌战略;安排商贸政策资金2132万元,推进专业市场建设,发展总部经济、商务楼宇经济，加快发展现代物流业、商务会展业、中介服务业、生态旅游休闲经济，出台支持文化创意产业发展的相关政策；安排开放型经济政策资金3183万元，支持开拓国际市场，培育发展服务外包产业，提升外贸出口水平和产品档次；安排招商引资政策资金1100万元，提高利用内资和外资的水平。落实家电下乡和家电以旧换新政策，补助资金4302万元。积极应对经济形势变化，对经营困难、符合转型升级要求的中小微企业，减免相关税费9554万元。

【加大财政支农力度】 全市农林水事务支出6.90亿元，促进农业发展、农民增收和农村各项社会事业发展。其中：海涂围涂造地投入资金2.50亿元，完成指标5000亩；完善农业综合开发资金管理办法，投入4730万元，改造中低产田3.8万亩；乡镇河道疏浚工程建设资金1800万元，推进城乡居民生活环境整治；扶助村级集体经济发展资金2000万元，增强村级集体经济实力；村级公益事业一事一议建设项目，财政奖补资金最高补助标准由原来的27万元提高到40万元。推进农房"两改"工程建设，补助资金1571万元。完成全市391名农村财会人员财政支农政策培训。

【支持社会事业发展】 加大民生投入，当年新增财力三分之二以上用于民生支出，全市财政一般预算用于民生支出42.10亿元，占全市财政一般预算支出的72.3%，增长28.1%。教育支出10.96亿元，用于教师绩效工资、校舍新建改造、免课本费、免职高和义务教育段学校学费、爱心营养餐等支出。文化体育传媒支出1.30亿元，用于河姆渡文化节、群众文化、群众体育等文体事业发展支出。医疗卫生支出5.70亿元，用于支持新型农村合作医疗、医药卫生体制改革、公共卫生等医疗卫生事业发展。社会保障和就业支出6.70亿元，用于城镇居民医疗保险、城乡老年居民生活补贴、城乡低保对象等困难群体基本生活保障、残疾人共享小康工程等支出。保障性住房支出5.10亿元，用于经济适用房、限价房、廉租房、公租房建设和农村危房改造，缓解低收入群众住房困难。办理购房补贴1124户，拨付补贴资金537万元。

【推进财政改革】 加大对乡镇(街道)财政的倾斜力度，全市财政一般预算用于乡镇(街道)的可用财力增幅连续第五年高于市本级。制定四明山区域财政转移支付办法，转移支付金额7000万元，增长30%。完善财政管理制度，制定实施政府非税收入管理、争取上级项目资金奖励、财政专户管理、项目资金调查审核、局内部监督检查等办法。实施财政国库集中支付制度，全市185家单位和基建拨款、企业补助资金纳入国库集中支付范围，全年直接支付38.75亿元，占预算内外集中支付总额的92%。在9家单位开展公务卡改革试点，为全面推行使用公务卡结算积累经验。7月份起对全市部分办公通用货物实行"适用配置、规模采购、实物配发"办法，价格同比下降30%以上，采购模式为全省首创。

【强化财政监管】 做好预算编制工作，除教育收费、彩票销售机构业务费用收入外，将所有预算外收入全部纳入预算管理。推进非税收入收缴管理信息系统扩面工作。加强基建财务管理，严格项目资金来源审批，控制项目投资和计划外项目上马。严格控制一般性支出，压缩公务接待、公务用车、因公出国(境)等经费支出。推进财政支出绩效评价，对村级生态河道建设等17个项目资金进行绩效评价。推进财政资金事前公示，在政府网站、财税外网上公示单项10万元以上财政涉农涉企补贴资金69期。开展地方财政专户清理检查，撤并财政专户19个。全面开展财政资金安全检查，重点抽查20个部门(单位、局内部科室)。做好财政同级审、领导经济责任审及审计意见整改落实工作。强化国资管理基础工作，建立全市国有企业户管档案。加强国企资产配置、出租、处置等重大事项管理，确保国有资产保值增值。开展国有企业整合清理工作，注销26家企业，7家股权转让企业进行产权评估。加强公司董事会和监事会机构建设，制订国有企业董事、监事委派办法。

【加强投融资管理】 加强与重点金融机构的联系沟通。市政府与国开行、农发行签订"十二五"期间各100亿元的信贷合作意向协议，落实贷款46亿元。推进水投公司16亿元发债项目申报工作，报国家发改委审批。关注投资公司到期贷款情况，发挥偿债准备金作用。偿债准备金规模12.20亿元，全年为各投资公司临时调度资金83次，周转金额66.20亿元。开展融资平台公司再清理，防范债务风险。加强财政调度资金管理，转期续借资金12.40亿元。

【加强队伍建设】 开展"争先创优""三思三创"等学习实践主题活动，举办冯鑫海(余姚市人，2010年12月29日因公牺牲。他在余姚市人民法院的岗位上十多年如一日，作出了不平凡的业绩)先进事迹报告会、党史知识讲座、基层骨干能力素质提高班、新录用人员及窗口工作人员适应岗位能力培训班等各类讲座、培训班，培训干部608人次。实施新一轮机构改革，调整局职能职责，国资管理中心升格为副科局级并更名为国资局，调整8个科室的职责、名称。开展群众满意基层站所创建活动，泗门分局等3个单位获宁波市级"群众满意基层站所”示范和先进单位，丈亭分局等4个单位获得市级示范和先进单位。加强廉政教育，邀请杭州市纪委有关同志为干部职工作《如何看待权力》廉政讲座。深化岗位廉政风险防范活动，市财政局成为宁波市岗位廉政风险防范工作示范点。组队参加宁波市庆祝建党90周年文艺汇演，参加余姚市红歌大合唱。参与社会公益事业，各类帮困扶贫、结对助学等爱心捐款22万元。2011年，市财政局被评为宁波市先进基层党组织、宁波市纪检监察系统先进集体，局党委班子连续第三年被余姚市委评为好班子。

（余姚市财政局供稿 吴铁成执笔）

慈溪市

【概况】 2011年，慈溪市实现生产总值876.16亿元，按可比价格计算比上年增长10.4%。其中第一、二、三产业增加值分别为43.46亿元、527.53亿元、305.17亿元，增幅分别为4.2%、11.3%、10.0%，三次产业之比为5.0：60.2：34.8。按户籍人口计算，人均生产总值84232元。全市财政一般预算收入129.30亿元，增长23.3%，其中地方财政收入71.52亿元，增长25.1%；财政支出80.64亿元(包括杭州湾新区)增长30.4%。全市(包括杭州湾新区)政府性基金收入130.15亿元，增长47.2%；政府性基金支出117.99亿元，增长46.8%。全市财政收支平衡(杭州湾新区因体制调整，以下支出分析相关数据不包括杭州湾新区)。

【组织财政收入】 规范税收征管基础信息管理，建立纳税人基础信息数据库，提高税源分析、监控、预警水平。加强对自然人和法人股东股权转让所得税征管，制定《关于加强股权转让所得税征收管理有关问题的通知》。深化个体税收社会化管理机制，完善联合征管工作规程、考核办法及工作制度。财政收入结构优化，全市地方财政收入占财政总收入的比重55.3%，提高0.8个百分点；地方财政收入中税收收入占比93.8%。全市政府性基金收入130.15亿元，增长47.2%。

【支持经济转型升级】 继续实施工业企业效益提升工程，加大财政对中小微企业的扶持力度，重点培育发展新兴产业，创新采用“指标提前达到提前奖励”兑付扶持资金，全年兑现一产政策补助资金1.20亿元，兑现二、三产财政扶持资金2.67亿元，提前兑付效益工程企业、企业技术改造等奖励资金6738万元。贯彻结构性减税和促进消费政策，全年落实个人所得税、营业税调整及扶持中小企业税收优惠政策9500万元；落实高新技术企业税收减免等各项财税优惠政策1.56亿元；兑付家电下乡、公交车及出租车油价补贴等惠民补贴8853万元。加大对金融机构财政扶持力度，鼓励创新金融服务。服务企业，多层次走访效益企业，编发财税政策汇编，多层面开展财政政策宣讲会。

【支持社会事业发展】 全年财政一般预算和政府性基金预算用于民生支出100.41亿元，增长17.5%，占财政总支出(不含土地成本性支出)的81.1%。提高社会保障水平，全年社会保障支出17.95亿元，增长48.0%，全市建立高龄老人生活津贴制度，实施城乡一体标准一致的最低生活保障制度。推动教育、文体、医疗、卫生等社会事业发展，教育支出18.78亿元，增长24.0%，学前教育纳入财政支出范畴，学前教育财政性投入占同级财政性教育经费8.0%，义务教育向均衡化发展，加快教育现代化进程。文体事业支出1.65亿元，增长26.4%，举办首届“青瓷文化节”，推进文化公共建筑群等公共文化设施建设。医疗卫生支出7.55亿元，增长11.9%，完善城乡公共卫生及基本药物财政补偿机制。增加生态环境投入，加快推进生态市建设，全市生态建设支出7.92亿元，增长26.0%，建立以饮用水源保护补偿为主要内容的生态补偿机制，全面实施污水集中处理和

慈溪市体育馆

农村生活污水处理。

【支持“三农”发展】 加大涉农投入，全年“三农”支出36.27亿元，增长27.8%。其中：落实村级公益事业一事一议财政奖补2988万元，拨付“农房两改”资金4450万元，发放种粮农民补贴资金1696万元，投入支持绿色村庄及森林慈溪建设资金3650万元，向上级争取农业现代化建设补助资金5078万元。

【深化财政管理】 完善预算指标管理，制定《关于进一步完善财政预算支出指标管理的意见》，对预算支出指标按基本支出、政策性专项等六大类实行分类管理。完善年度预算批复、指标追加和调整等操作流程，所有预算指标纳入“金财工程”财政信息化管理系统，实现每条预算指标执行情况实时监控。强化财政监督管理，完成森林慈溪等30个项目财政绩效评价工作，开展基本药物补助及居家养老2个财政专项支出调查。结合“小金库”检查对26家行政事业单位、社会团体开展财政财务检查，收缴财政专户资金342万元，补缴税款5万元。加强财政性资金管理，制定《慈溪市级财政调度资金管理办法(试行)》，规范财政资金调度行为，规避债务风险和财政运行风险。加强财政性资金增值保值管理，社保资金实行定期存款并扩大长时间定期比例，社保资金外其他财政性资金定期和协议存款利率相结合。全年累计增加利息收入4.30亿元。

【推进财政改革】 规范镇级财政管理机制，拟定新一轮镇级财政体制，制定周巷镇、庵东镇财政管理体制实施意见；规范行政事业单位财务管理，出台《镇(街道)财政工作规范化建设考核办法》；加强镇级财政运行情况分析，镇级重点支出执行情况重点关注。深化国库集中支付改革，全面启用预算单位托收专用账户和国库集中支付“电子支票”，提高支付效率，降低运行成本，全年国库集中支付69.09亿元，其中直接支付占比86.7%，提高10.8个百分点；发放公务卡1169张。推进政府性投资项目管理改革，建立政府投资项目委托社会中介机构评审机制，实施项目前期政策处理提前介入制度。

【加强队伍建设】 推进“三思三创”主题教育活动，开展“拉高标杆、创业创新”解放思想大讨论等四大主题活动，以岗位廉政风险防范、民主评议行风两大活动为载体，推进党风廉政、机关效能建设。深化财税文化建设，提炼以“慈心、智行、和合、高效”为核心的财税文化，开展财税文化标识系统建设；发挥工青妇群团组织作用，开展庆祝建党90周年传唱红歌等活动。健全岗位考核体系，完善优化机关和基层工作绩效考核办法，建立文明创建电子台账和绩效考核平台，提升考核管理信息化水平。推进机构改革，调整机关科室设置，制定局内部监督检查办法，加强财税内审功能。创新队伍管理，推进干部双向选择工作，实行财税工作问责制，完善机关服务基层工作机制，推行工作日电子签到和外出备案制度。深化干部教育培训，推行系统全员考试。

(慈溪市财政局供稿 李娜君执笔)

奉化市

【概况】 2011年，奉化市实现生产总值260.22亿元，比上年增长9.2%。其中：第一、二、三产业增加值分别为26.08亿元、127.79亿元、106.35亿元，增幅分别为3.7%、11.2%、8.2%。人均生产总值53800元，增长9.0%。全市财政一般预算收入40.16亿元，增长21.0%，其中地方财政收入21.96亿元，增长22.6%；财政一般预算支出32.97亿元，增长25.1%。全年财政收支平衡。

【组织财政收入】 加强税收调研，开展分行业、经济类型、区域税源分析。调整重点税源监控范围，强化房地产项目和市属重点建筑项目等大额税收入库管理，提高监管质量。建立所得税税负监控体系。宣传执行个人所得税新政策，做好个人所得税全员全额申报软件推广和年所得12万元以上个人所得税申报工作。规范办理股权转让涉税事项管理，征收股权转让个人所得税1365万元，增长178.0%。完善国税地税稽查协作和部门协作良性互动机制，组织开展交通运输发票区域税收专项整治和广告业、房地产业、建筑安装业、交通运输业企业税收专项检查。全年地税部门组织税收收入16.96亿元，增长15.7%。地方可用财力不断增长，从上年18.34亿元增至21.27亿元，增长16.0%。当年地方财政收入占财政总收入的比重从上年的54.0%提高到54.7%，地方财政收入中税收收入的比重89.5%。全面推进非税收入收缴管理制度改革，强化“以票管费”，全年共入库非税收入2.30亿元，增长110.9%。

【服务经济发展】 落实中小微企业财税扶持政策，做好个人所得税新政和个体工商户增值税、营业税起征点提高政策的应对落实。改善中小企业融资环境，企业转贷专项应急资金从3000万元扩增至5000万元，累计转贷资金10.30亿元；中小企业信用担保公司为企业提供融资担保4.28亿元。全面执行高新技术企业税收优惠、支持技术改造税收优惠等减负政策。财政科技投入9705万元，重点用于资助科技领军人才、科技型中小企业、高新技术成果转化项目，全年争取国家创新基金项目9个。兑现出口退税等各项外贸扶持政策资金1.10亿元。设立服务业发展专项资金，扶持旅游、商贸、建筑等重点行业提升发展。执行家电下乡和以旧换新政策，发放资金3198万元。落实国家对远洋渔业、农村道路客运、部分困难群体和公益性行业的油价补助政策，拨付中央油价补贴2.15亿元。增加国有投融资公司资本7.10亿元，提高地方政府融资能力；通过预算安排、银行融资、争取上级支持等渠道筹集建设资金39.60亿元，保障东部新城等重点项目资金需求。

【保障民生支出】 全市财政民生支出23.39亿元，增长23.0%，占同口径财政支出的71.0%。支持农村农业发展。投入3.67亿元用于农村道路、桥梁、改水和河道疏浚等基础设施建设，改造中低产田2.31万亩，村级公益事业建设一事一议财政奖补项目60个，各项强农惠农补贴惠及3.2万农户。全年农林水事务支出6.69亿元，增长56.9%。支持教育优先发展。实施和完善助学帮困经费补助政策，支持学前教育公共服务体系建设，落实中职免学费、免住宿费制度，安排特殊教育专项经费用于残疾少年儿童的教育，投入1.50亿元用于中小学改扩建项目，年生均教育事业费8509元，增长15.5%。全年教育支出6.03亿元，增长22.8%。支持公共卫生体系建设。全年投入4177万元，支持新农合和城镇居民医保补助标准分别提高到每人每年215元和230元；职工医保实现宁波市级统筹，推进基本药物制度改革，完成镇、街道卫生院(社区卫生服务中心)新一轮改造和11家社区卫生服务站建设。支持就业和社会保障体系建设。支持充分就业市创建活动和开展国家级创业型城市创建工作，新增创业孵化基地(园区)1个；安排专项资金用于建立健全村(社区)劳动保障服务平台建设；实施公共卫生与基层医疗卫生事业单位绩效工资改革；完成基本医疗保险宁波市级统筹改革。统筹协调公共事业发展。支持污染源治理、生态保护、节能减排、再生能源开发和资源综合利用，创建国家卫生城市；落实重点文化项目和奉化优秀传统文化传承保护项目资金保障，举办2011年中国弥勒文化节、2011中国·奉化布龙文化节和奉化市首届农民艺术节；安排3160万元用于公共交通补贴、数字电视推广、数字城管系统、社会治安监控系统、市民健康系统等资金投入，推进智慧城市建设。

【强化财政监管】 实施镇、街道新一轮财政体制，开展镇、街道财政规范化建设，搭建完成全市11个镇、街道财政管理信息化平台，实现核算平台、指标管理、拨款程序、查询体系、实时监控"五个统一"。深化部门预算改革，2011年起将宁波市下达的一般转移支付及专项转移支付指标纳入部门预算编报范围，加大部门结余资金统筹管理力度，提高部门预算编制质量，推行部门预算精细化管理。全面推行国库集中收付改革，市二级预算单位国库集中支付全面上线，全市本级行政事业单位国库支付改革实现全覆盖，全年一般预算国库集中支付规模21.53亿元。推行公务卡制度，财政、审计、纪委等7家市级预算单位实施公务消费卡管理试点。开展政府采购专项检查，规范政府采购管理，实现"扩面增量"，全年政府采购金额3.38亿元，节约资金3098万元。加强重大项目投资控制与监管，扩大政府投资项目"编审同步审查"管理模式应用，全年完成301个政府投资项目的预决算和标底审查，审减政府资金1.70亿元。财政资金绩效评价侧重民生和公共利益建设项目，专项检查旅游基金、家电下乡及以旧换新、基本药物制度改革情况。复查449家党政机关、事业单位、社会团体和国有企业"小金库"治理工作，重点检查19家政府性投融资公司的政府性资金。建立健全涵盖配置、使用、处置等各环节的行政事业单位国有资产管理制度体系。加强政府性债务管理，建立健全政府债务偿还机制。

红歌比赛

【加强队伍建设】 完成机关内设机构设置和人员调整工作，实施中层干部竞聘上岗，推进人力资源有效配置。健全学习教育机制，完善网上学习平台，分层次、多渠道开展岗位业务培训，组织参与"人人读好书""文明窗口大比武"等活动，提高干部综合素质和实际操作技能。开展“三思三创”“创先争优”主题教育活动，以治理“庸懒散慢”为核心，开展解放思想大讨论、作风优化年建设、规范管理年建设、基础提升年建设四个专项活动。推进廉政风险防控机制建设，寻找廉政风险点，制订相应廉政风险防控措施，实行“风险定到岗，制度建到岗，责任落到人”。发挥工青妇等组织作用，推进财税文化建设。深化文明单位、青年文明号、群众满意基层站所等文明创建活动。市财政局获2011年度奉化市机关党建工作先进单位、效能建设优胜单位、民主评议优胜单位、“十一五”扶残助残先进集体。

(奉化市财政局供稿　蒋　敏执笔)

宁海县

【概况】 2011年，宁海县实现生产总值323.23亿元，增长11.1%。其中：一、二、三产业增加值分别完成34.63亿元、183.17亿元和105.43亿元，增长4.5%、12.6%和10.6%，户籍人均生产总值52735元，增长10.2%。城镇居民人均可支配收入、农村居民人均纯收入分别为33045元和14757元，分别增长14.2%和15.8%。全县财政一般预算收入50.12亿元，增长23.5%，其中地方财政收入26.59亿元，占总收入的53.1%，增长26.6%，税收收入占地方财政收入的90.2%；财政一般预算支出36.31亿元，增长26.3%。全年财政收支平衡。

【组织财政收入】 全县地税部门共组织各类收入34.86亿元，增长28.2%。其中税收收入22.41亿元，增长27.3%。优化分析管理。推进重点税源二期开发试点，推出主要财务指标批量查询，加强对税收增减因素的分析、季(年)度收入的测算和收入进度的把握。细化分类管理。加强所得税汇算清缴工作指导，落实新个人所得税法、外资企业征收城建税教育费附加、地价计入房产原值征收房产税等政策；加大非住宅用房和土地交易的土地增值税清算及自然人股权转让核实力度等，增收税费3000万元。完善非税收入管理系统，加强对非税收入的收缴和统管，全年组织各项非税收入31.53亿元，同比减收17.51亿元，减少35.7%。

【支持经济发展】 落实财政扶持政策。参与修订《关于保增长促转型推进中小微企业稳步发展的若干意见》，完善对企业扶持奖励政策，全年兑现各级财政扶持资金2.19亿元，其中县本级1.05亿元。安排中小微企业应急周转资金，用于生产经营正常、符合转型升级要求及资金周转暂时困难企业的应急周转。落实各项税费优惠政策。落实社保费“缓、降、免、销”四项政策，累计减免企业社保基金1.37亿元。落实调高营业税起征点、减半征收小型微利企业所得税等优惠政策，支持金融机构加强对企业的金融服务等，全年为企业和个人减免税款9125万元。

【保障和改善民生】 全年民生支出23.80亿元，增长20.8%。加大支农投入。落实“三农”建设资金4.15亿元，增长28.1%。规范项目管理，做好农田水利、新农村、粮食功能区、农业示范园区建设，重点培植生态农业和循环农业。加大农业综合开发力度与规模，做好村级公益事业一事一议奖补工作，增强农业基础设施建设。完善“政府直补专用卡”支付平台建设，粮食收购资金及价外补贴、石油价格改革财政补贴资金通过银行直接拨付到户。加大教育投入。全年教育一般预算支出7.11亿元，增长24.8%，占支出总量的19.6%。完善帮困助学体系，对经济困难家庭的子女，免收幼儿园保育费和伙食费、免费提供中小学生营养午餐，中职学生免学费，高校生享受国家助学贷款等，实现从学前教育到高等教育的全覆盖。强化基础设施建设，在国有土地出让金中按10%足额提取教育专项资金1.25亿元，重点保障校舍安全工程、教育基建贷款还贷及贴息、技工学校迁建、培智学校建设等。加大社会保障力度。用于支持社会保障体系、社会救助体系、社会福利体系、公共卫生体系建设，落实就业再就业政策，实施城乡新型合作医疗等。完善职工工资正常增长和支付机制，建立城乡居民最低生活保障标准动态调整机制，落实城乡居

宁海三门湾造船基地

民最低生活保障资金3135万元，提高企业退休人员月人均养老金160元。深化医药卫生体制改革，继续实施药品零差价，落实专项资金5004万元；推进医疗卫生单位基础设施建设，兑现公立医院基建项目资金1亿元。贯彻实施社会保险法，安排城乡居民养老资金7155万元、新农合资金4745万元。

【深化财政改革】 推进预算管理改革。加强预算执行管理，规范月度用款，强化支出进度的均衡性。推进全口径预算管理，编制公共财政预算、政府性基金预算、社会保险基金预算，制定国有资本经营预算试行办法。推广应用乡镇(街道)预算管理编审和执行系统，建立预算基础动态信息数据库，通过信息化管理手段提升财政管理调控能力。完成与西店镇卫星城市首次财政体制结算工作。推进国库集中支付改革。全县235家县级预算单位全面推行国库集中支付改革，实现"纵向到底"目标。深化公务卡结算制度改革，153家县级预算单位正式启用单位公务卡，并向县、乡二级预算单位全面推开。推进政府采购制度改革。建立奉化、宁海、象山三地政府采购县级专家库，增加二次询价和多品牌询价，规范协议采购日常操作，全年节约资金4642万元，节约率14.2%。

【加强财政监管】 强化财政监督检查。构建财政"大监督"机制，实行财政监督与预算编制、业务管理、单位内控和组织收入四结合，监督范围覆盖全部政府性资金和财政收支运行全过程。开展乡镇财政资金安全检查、"小金库"治理"回头看"、地方财政专户清理整顿和执行规范公务员津贴补贴工作的专项检查。加强资金资产财务管理。强化专项资金监管，出台各专项资金管理办法，明确资金申报条件、范围、对象和标准，减少申报过程中的人为因素；推行专项资金公示，公示生态公益林补偿、粮食直补等29项重点民生支出，涉及资金上亿元；细化专项资金预算管理，比对项目预算与实际拨付率，提高资金使用效率。修订财政投资评审管理办法操作规程，拟订政府投资财政财务管理手册，完善宁海县政府投资项目工程变更管理办法等，加强政府投资项目资金管理，全年核减资金4087万元，核减率5.3%。加强会计管理。开展会计基础规范化工作，截至年底，全县通过规范化考核验收的单位600家。完成会计从业人员基础信息采集与会计证换发工作，共换发证书10847本，换证率91.3%。做好会计从业资格无纸化考试各项考务工作，2950人次参加考试。

【推进国资管理】 推进国资运行规范化。开展国有房地产清查，排摸行政事业单位和国有企业"房土两证"不全现状。加强国有产权交易管理，明确所有国有产权进县公共资源交易中心交易。建立资产评估中介备选库，试行电子竞价交易方式，降低交易成本。推行国企运行透明化。严把国企新设、转制审查关，重点审查定岗定编、重大融资等事项。完善职工工资体系和目标管理考核办法，并在中小企业担保中心进行试点。拟订《国有企业财务总监委派试行办法》《国有企业财务总监工作职责》，试行国有企业审计制度，规范企业财务行为。

【加强队伍建设】 以"理财治税博学善谋、破难促调提速增效、敬业爱岗风正劲足"为载体，开展"三思三创"主题教育实践活动，抓好解放思想大讨论、"学余慈·争进位""一线服务月"等活动，组织开展以"爱岗敬业、创先争优，奉献财税事业"为主题的"三星三手"(即学习之星、服务之星、文明之星，行家里手、业务高手、操作能手)推选活动，在全系统营造争先创优、比学赶超氛围。落实党风廉政建设责任制，履行"一岗双责"，全面开展廉政风险防控机制建设，逐一查找廉政风险点，科学评估廉政风险等级，做好风险防范机制建设。推进机关效能建设，签订"四条禁令"承诺书，组织开展明察暗访，防止和纠正"庸懒散"等与机关效能建设相背离的不良行为。发挥群团组织的桥梁纽带作用，成立"健康财税伴我行"十大活动小组，举办庆祝中国共产党成立90周年文艺汇演，组织开展各类公益活动，促进各项财税工作开展。

(宁海县财政局供稿 章静霞执笔)

象山县

【概况】 2011年，象山县实现生产总值319.28亿元，按可比价格计算，比上年增长9.5%，人均生产总值59015元。其中：第一产业增加值53.04亿元，增长4.2%；第二产业增加值149.87亿元，增长7.2%；第三产业增加值116.37亿元，增长15.1%。产业结构调整为16.6∶46.9∶36.5。城镇居民人均可支配收入33492元，农渔民人均纯收入14653元，分别增长8.5%和17.1%。全县财政一般预算收入42.32亿元，增长20.3%，其中地方财政收入24.83亿元，占总收入的58.7%，增长23.6%；税收收入占地方财政收入的比重为86.6%。全县财政支出39.50亿元，增长43.0%，其中民生支出为28.10亿元，占总支出的71.1%，增长46.2%。全年财政收支平衡。

【协调经济社会发展】 强化财源培植。落实各项优惠政策

1.22亿元，惠及企业1071户次。向上申报项目，增加中小企业担保中心注册资金500万元，担保金额12亿元，增强中小企业发展后劲。推进教育优先发展。出台新一轮教育发展"1+2"*政策，新增学前教育经费2000万元；免收义务段学生课本费、学杂费2350万元，惠及49701名学生；兑现1115万元职业教育统筹经费，保障6家中等职业学校全面实施中职教育免学费政策。支持社保体系建设。落实培训经费及技能鉴定经费、再就业工作专项经费1197万元，促进转岗就业7500人；发放低保资金、物价补贴等3866万元，缓解物价上涨给弱势群体带来的生活压力。出台《象山县城镇职工医疗保险市级统筹实施意见》，实现全市医疗保险政策统一和"一卡通"，继续落实新农合政策，落实资金保障基层卫生机构正常性运转，实施基本药物制度，推进公共卫生事业建设。推进新农村建设。拨付水利资金1.60亿元，增长26.0%，推进新一轮水利事业发展。加大海洋保护区建设，补助1530万元资金，推动南美白对虾综合生态示范区、新桥梭子蟹产业精品园等现代渔业园区建设，壮大水产养殖规模；落实2000万元资金，保障韭山列岛、渔山列岛自然保护区设施建设。兑现家电、汽车摩托车下乡、家电和汽车以旧换新等四项政策资金1328万元，拉动内需1亿元，惠及农民42106人次。

【加强财政收支管理】 科学征管，确保收入总量提高。全县445家重点税源企业进入模块管理，加强对重点行业、重点税源企业的税收分析，通过对重点税源企业销售收入、利润等主要经营指标的对比分析，掌握企业生产经营情况和税收变化情况。细化CA证书和网上办事大厅客户端推广目标，完善服务外包宣传和服务平台构筑，继续加强网上电子申报、个税全员全额明细申报、机打发票等征管信息化措施推广力度，夯实征管基础。有效规范，科学安排财政支出。预算管理坚持"有保有压，突出重点、兼顾一般"的原则，严格按指标、按进度拨款，向上争取政策和资金，弥补财力不足；采取有效措施，压缩会议费、差旅费、招待费、公车购置及运行费用、公费出国境、装修费等非生产性支出。

【提高财政监管水平】 推进各项财政改革。25家单位的2010年预算执行情况和25个政府序列单位的2011年部门预算安排情况公开细化并提交县人代会审议，提高预算管理透明度和公开度。在上年64家一级预算单位开展国库集中支付改革的基础上，分批对67家二级预算单位实行国库集中支付改革。通过先试点再推广的模式，个人公务卡在64家一级单位推开，单位公务卡在所有实行国库集中支付单位推开。加强财政监管。创新政府投资项目工程结算审核流程，对工程结算实行监理单位、建设单位、财政部门"三重审核"模式。全年审查工程结(决)算项目270项，审定投资5.87亿元，核减投资7742万元，核减率11.6%。财政监督坚持"内外结合、收支并举、以查促管"，突出加强对财政专项资金的检查，重点查处私设"小金库"、专项资金移用挪用、超标准发放奖金福利等问题。提高政府采购规模和效率，年采购金额5.64亿元，节约资金6486万元，节约率11.5%。发挥委派会计(财务总监)作用，加强日常监管，对专项资金和工程项目资金实行重点控管，全年制止和纠正违规违纪金额1.13亿元。完善乡镇财政管理。对全县街道乡镇的债务情况进行调查统计，监督乡镇政府清理已经形成的政府性债务，合理编制2011年度政府性债务收支计划，提请同级人大主席团审议后报县财政局备案。做好新一轮镇(乡)、街道财政体制出台前的准备及石浦卫星城镇财政建设情况的调研工作。提高国资管理水平。制定《象山县行政事业单位通用资产配置暂行办法》《象山县行政事业单位、国有企业资产管理员暂行办法》等制度，强化资产管理权责。推广实施资产管理信息系统，实现资产管理动态化、资产管理与预算管理的有机结合。

【完善队伍建设】 推进"三思三创"活动。做到学习、工作"两手抓、两不误、两促进、两提高"。研究提出解决问题的整改办法和措施，建立完善干部教育、监督管理、优质服务和促进财税各项工作的长效机制。推进党风廉政建设。召开党风廉政建设大会，与下属单位签订党风廉政建设责任状。推进岗位风险防控机制，查找廉政风险，完善防控举措。开展民主评议行风专项活动，听取社会各界的意见建议，加强行风建设，提升财税形象。在县财政局门户网开设《廉政之窗》专栏，内容包括廉政动态、制度荟萃、清风文苑、警钟长鸣等，进行廉政教育宣传。推进文明创建。修订完善2011年度基层文明工程建设考核办法，完善规范文明创建。做好群众满意基层站所创建工作。县财政局被评为"全国财政'五五'法制宣传教育先进集体"、2006～2010年度宁波市法制宣传教育先进单位，丹城分局被评为市地税系统文明标兵单位和市级廉政文化进机关示范点。

（象山县财政局供稿 黄 鹏执笔）

注：

*"1+2"政策：指象山县委、县政府于2011年6月出台的《象山县教育改革和发展"十二五"实施意见》和《关于进一步加快发展职业教育的实施意见》《关于进一步加快发展学前教育的实施意见》。

温州市财政工作概况

温州市

【概况】 2011年,温州市实现生产总值3350.87亿元,比上年增长9.5%。其中:第一产业增加值107.01亿元,增长2.0%;第二产业增加值1750.65亿元,增长10.3%;第三产业增加值1493.21亿元,增长9.0%。按户籍人口计算,人均生产总值42278元,增长8.2%。三次产业结构由上年的3.2∶52.4∶44.4调整为3.2∶52.2∶44.6。城镇居民人均可支配收入31749元,农村居民人均纯收入13243元,分别增长13.5%和16.0%。全年固定资产投资1751.52亿元,增长89.2%。社会消费品零售总额1767.64亿元,增长18.1%。全年实现外贸进出口总额215.72亿美元,增长26.2%,其中进口总额34.06亿美元,增长33.3%,出口总额181.65亿美元,增长24.9%。全年财政总收入485.62亿元,增长18.0%。其中地方财政收入270.87亿元,增长18.5%,占财政总收入比重为55.8%;市本级财政总收入95.89亿元,增长17.7%,其中地方财政收入64.15亿元,增长16.0%。全年地方财政支出370.44亿元,增长19.1%;市本级财政支出66.38亿元,增长10.9%。全年全市及市本级财政收支平衡。

【组织财政收入】 全市地方财政收入中税收收入251.45亿元,增长18.7%,占地方财政收入92.8%。*提高税收收入研判分析水平*。针对房地产调控政策效应和全市大投入、大建设、大发展形势下土地集中放量情况,进行房地产量化调研、契耕两税征收入库情况调研,研判税收收入形势。*改进税源管理*。开展重点税源调查,探索税源分类管理,全市省级以上重点税源监控面扩大至659户,增长6.3%。*推进税种管理*。落实房地产税收新政,加强“契耕两税”征管,完成土地增值税清算任务,完成应用房地产评估技术加强存量房交易税收征管准备工作;加强与国税部门联系,推进企业所得税专业化管理,开展营业税专项清理;扩大个人所得税全员管理户数,完成年收入12万元以上个人所得税自行申报任务,全市股权转让入库税款4.80亿元。*规范非税收入征管*。市区全年社会保障基金收入56.60亿元;推行市区土地出让收入统一征管,参与土地出让前期、逾期地块清欠、城建资产处置工作。

【支持经济转型升级】 *推进产业结构优化升级*。加大对高新技术产业、特色产业及战略性新兴产业支持力度,制订市区楼宇经济和总部经济财政扶持措施,下拨工贸类专项资金5875万元,旅游类财政扶持资金2363万元,支持产业转型升级、现代服务业发展及旅游业发展;开展支持服务业加快发展专项行动,全市新增分离发展服务业企业44家,新增地方税费收入1.50亿元。*推进需求结构协调发展*。争取省级财政下达地方政府债券9.10亿元;支持各类投融资平台组建和运行,全年以市财政直接注资方式向各大平台注入资本金161.00亿元,并会同国资部门完成企业存量资产转增资本金任务;落实促进消费各项财政政策,全市共兑付“家电下乡”“家电以旧换新”财政补贴1.60亿元。*推进要素结构集聚发展*。优化科技经费配置结构,从对特定企业奖励补助转向建设公共科技平台;全年核定科技类专项资金1.05亿元,其中科技三项经费9150万元,中小企业创新基金1350万元。

【保障重点支出】 *支持民生事业发展*。拨付市区廉租房保障资金2.10亿元,投入“新医改”“新农保”各项经费9.90亿元,拨付“市民卡”工程5000万元,落实就业创业各类补贴2462万元,全市社会养老保险费可支付能力平均26个月。加大一般预算对教育的投入,市本级教育支出14.26亿元,比上年增长23.2%。落实文化、生态、旅游及环境整治等专项资金2.20亿元。*支持发展农村事业*。拨付启动资金1.68亿元,重点用于现代农业发展及中心镇、农村新社区配套设施建设;整合各类资金5000万元,用于粮食生产功能区和现代农业园区建设。*支持建设“平安大市”*。市级加大政法和公共安全投入,落实资金3.00亿元,用于“民安工程”、流动人口管理以及机动三轮车、摩托车、人力客运三轮车和残疾人机动轮椅车等交通秩序整治;争取省级粮食补贴资金484万元,下拨各类粮食补助资金1.42亿元,用于支持“米袋子”建设;加强农贸市场改造提升,全年核拨农贸市场改造提升资金188万元,完成10家农贸市场改造提升试点工程。

【深化财政改革】 *深化公共财政管理改革*。做好经市人代会审批的财政预、决算公开工作,公开市教育局等5家部门预算;深化国库集中支付改革,市级单位已完成311家,实施公务卡改革试点的预算单位已增至252家;实现对财政投资项目估算、概算、预算、结算、决算的全过程审核,全年共办理结算审核项目1153项,核减造价2.23亿元,办理预算审核项目

265项，核减造价1104万元；深化财政支出绩效管理改革，市本级实施评价项目154个，涉及财政资金41.35亿元；规范资金审批，强化预算约束，各级党政机关"三公"经费支出按中央政策要求实现"零"增长；对市级财政专项资金进行重新整合分类，资金规模压缩2.30亿元。推进财政体制机制改革。开展城市东部五大功能区（高新技术产业开发区、龙湾中心区、空港新区、瓯江口新区和滨海开发区）财政体制调研，坚持财权与事权相统一，确定五大功能区财政体制。加快机构和职能配置改革。开展"三位一体"财政组织机构改革；预算外收入全部纳入预算管理，全面实施市级国有资本经营预算和行政事业单位资产配置预算编制。

【强化财政监管】 加强财政资金监管。完成行政处罚裁量标准修订并出台配套制度，开展案卷评查和执法督察，组织对各地依法行政考核评议；加强财政账户安全监管，市级财政专户通过清理由原70个归并为42个；开展"收支两条线"检查，对温州市房管局等12家单位进行检查，查处违纪金额3028万元。加强行政事业单位资产管理。完善资产处置管理，全年完成资产处置批复121批次，处置金额1.76亿元。改善财政法治环境。加强政府采购监督管理，完成对22个中介代理机构的考核评价；开展《会计法》执法检查工作，完成全市36家会计师事务所2010年度备案基本资料审查；开展事业单位收入核查，完善金融业业绩考核办法，规范收入分配秩序；做好对党政机关、事业单位、社会团体、国有及国有控股企业"小金库"的全面复查，督导抽查和整改落实工作。

【加强队伍建设】 深化学习型组织建设。开展学习型党组织创建活动，市财政局被温州市委授予温州市"先进学习型党组织"称号。开展分类分层次的大规模干部培训，全年组织培训班37期，2591人次参训，其中中层干部分别到浙江大学、厦门国家会计学院、浙江财经学院等院校培训。加强财税文化建设。举办老干部迎春茶话会、趣味运动会，出版《采穗风》文学作品，打造《温州财税》刊物品牌，开展建党90周年纪念活动，组织主题征文比赛。加强干部作风建设。加大治庸治懒力度，全年开展明查暗访和检查，组织四轮各县（市、区）局和市局各窗口单位交叉检查。加强党风廉政建设。利用廉政专栏、知识竞赛、书画影展、空中课堂等形式开展反腐倡廉教育。 （温州市财政局供稿 杨海曼 李 侠执笔）

鹿城区

【概况】 2011年，温州市鹿城区实现生产总值636.12亿元，按可比价格计算，比上年增长7.8%。其中：第一产业增加值1.65亿元，下降2.1%；第二产业增加值183.05亿元，增长7.8%；第三产业增加值451.42亿元，增长7.8%。按户籍人口计算，人均生产总值88685元，增长6.8%。三次产业结构比调整为0.2∶28.8∶71.0。全年实现外贸进出口总额39.35亿美元，增长26.9%，其中进口总额3.96亿美元，增长61.0%；出口总额35.39亿美元，增长23.9%。全年财政总收入39.17亿元，增长13.6%，其中地方财政收入22.25亿元，增长18.7%。全年地方财政收入占财政总收入比重为56.8%。全年财政支出24.83亿元，增长11.5%。全年财政收支保持平衡。

【组织财政收入】 完善收入预测分析机制。分析历年税收走势与经济发展情况，坚持依法征收，强化税源监控，严格收入管理，加强预算监督，健全财政与国税、地税部门的横向信息联系制度，提高组织收入的预见性和主动性。全年地方税收收入占地方财政收入比重95.6%。优化税收征管环境。研究新体制下市区税收分成办法，深挖增收潜力，实现应收尽收。区政府出台调整街道（虚拟）、镇财政体制的通知，实行收入属地管理，核定各街道（镇）支出基数，制定收入任务数、超收分成办法，提高基层抓收入的积极性。强化非税收入征管。将预算外资金全部纳入预算管理。规范行政事业性收费，执行收费项目中央和省两级审批制度，从源头上规范收费管理。严格收支两条线管理，确保政府非税收入按规定上缴国库或财政专户。当年非税收入3.73亿元。

【促进经济发展】 加大企业扶持力度。制订《扶持现代商贸流通业与楼宇经济发展专项资金管理暂行办法》和《鼓励发展商贸便民、便利连锁经营奖励办法》，安排企业扶持专项资金2000万元，支持重点行业发展，提高现代服务业的发展活力。实行政银合作,缓解小微企业融资难题。促进产业创新升级。安排科技经费3900万元,支持重点科技项目研发,推进企业科技项目成果转化。加强企业孵化器建设,完善相关管理及经费补助办法。落实消费补贴政策。开展"家电、汽车(摩托车)下乡"和"以旧换新"工作,累计兑付"家电、汽车(摩托车)下乡"补贴499万元,兑付"以旧换新"补贴4252万元。制定鼓励旅游产业发展政策,安排旅游促销专项经费300万元。支持重点工程建设。筹措落实重点项目建设资金12.38亿元,努力争取上级补助,保障七都大桥、西进城口、汇昌河水上公园等工程项目顺利开展。

【保障改善民生支出】 全年民生类支出18.70亿元,增长27.4%。支持"三农"建设。落实资金1.56亿元,支持农村基础设施建设和环境改善。兑付农资综合补贴,开展村级公益事业一事一议财政奖补工作,促进农民增收。支持教育事业发展。全年安排教育支出8.27亿元,推进学前教育发展,继续提高义务教育学生公用经费,加大教育基础设施建设力度。支持医疗卫生事业发展。安排医疗卫生经费2.06亿元,保障医药卫生体制五项重点改革,加快城乡公共卫生服务机构建设,创建省级卫生强区。支持社会保障体系建设。安排社会保障经费1.68亿元,完善社会救助体系,落实财政物价补贴,提高城乡低保补助标准,巩固残疾人社保事业。支持其他社会事业发展。安排专项资金促进"平安鹿城"、人才强区、文体宣传建设等工作的开展。

【推进财政改革】 深化部门预算改革。建立预算编制、预算执行、预算监督三分离的运行机制,严格执行预算编制程序,提高预算编制的准确性、科学性和透明度。推进国库集中支付改革。制定《鹿城区财政国库管理制度改革试点实施方案》及配套制度,搭建国库集中支付系统平台,第一批18个试点单位已正常运行。继续开展津补贴改革。做好公务员津贴补贴和义务教育绩效工资改革的后续工作,开展基层卫生服务机构绩效工资改革、第三批事业人员绩效工资改革及市区养老保险制度改革。推进重点项目绩效评价。把涉及民生、专项经费的项目作为绩效评价重点项目,全年组织完成绩效评价项目33个。开展公务用车专项治理。制定《关于开展鹿城区党政机关公务用车专项治理工作的实施方案》,完成233家行政事业单位的807辆公务用车登记自查、审查核实工作。

【加强财政监管】 强化国有资产管理。出台《鹿城区行政事业单位国有资产处置管理办法》,规范国有资产处置行为,加强撤并整合过程中的资产管理及国企对外投资的监管。全年共处置固定资产1735万元。规范政府采购行为。执行温州市政府采购目录和标准,规范采购方式和审批程序,加强对分散采购的指导工作。全年政府采购支出5.32亿元,其中建设类工程4.45亿元,节约资金8155万元,节约率13.0%。加强基建项目审价管理。全年完成305个委托审价项目,送审金额6.82亿元。加强对审价项目抽查复审,提高审价质量。加大财政资金监管力度。开展会计信息质量检查,把教育系统的事业单位列入重点检查范围,纠正财务违规行为。

【提升队伍素质】 加强干部思想理论建设。以学习型机关建设为载体,制订学习计划,找出差距、直面不足,广开渠道收集意见,制订整改措施。深化作风建设。加强责任型机关、效率型机关和服务型机关建设,制定《财政干部行为准则》和《财政干部职业道德规范》,开展职业道德和责任意识教育,公布《鹿城区财政局规范即办事项一览表》,量化分解到个人,每月对即办事项进行抽查,确保工作落实。建设廉政型机关。全面推行廉政风险防控机制建设,查找岗位廉政风险点,核定职权目录、权力清单,规范工作流程,绘制重点工作流程图,将风险点管理与制度结合,规范制度流程防控权力风险。 (温州市鹿城区财政局供稿 潘 旻 执笔)

瓯海区

【概况】 2011年,温州市瓯海区实现生产总值316.12亿元,按可比价格计算,比上年增长9.0%。其中:第一产业增加值5.62亿元,增长0.6%;第二产业增加值195.73亿元,增长7.7%;第三产业增加值114.77亿元,增长11.8%。人均生产总值76049元。三次产业结构由上年的1.9∶63.4∶34.7调整为1.8∶61.9∶36.3。城市居民人均可支配收入32790元,农村居民人均纯收入16426元,分别增长12.8%和15.3%。全年实现财政总收入35.75亿元,增长13.2%,其中地方财政收入16.20亿元,占财政总收入的45.3%,增长14.7%;财政总支出18.73亿元,增长6.2%。全年财政收支平衡。

【支持经济发展】 扶持企业做大做强。参与修订《瓯海区建设先进制造业基地财政专项资金管理暂行办法》,发挥财政政策对经济的调控作用。向中央、省、市申报各类项目和资金,争取上级对地方经济发展的支持。鼓励企业申报高新技术企业,享受税收政策扶持。全年审核认定高新企业6家;审核上报其他项目19项,其中省级项目10项,市级项目9项。

实施"走出去"战略。审核兑现市区两级外向型经济补助政策。全年审核市级包括一般贸易出口奖励、加工贸易奖励等5个项目447家次外向型企业，兑现补贴金额3091万元。组织财政收入。全年组织税收收入15.39亿元，占地方财政收入的94.9%。实施税源分析制度，把握税源变动趋势。规范非税收入财政票据使用范围和日常控管，完善政府非税收入征收范围和征收渠道。按组织财政收入增长幅度分档对镇街道予以奖励，调动镇(街道)组织收入积极性。

【保障重点支出】 保障重点项目支出。多方筹措资金51.94亿元，保障政府投资项目实施。保障民生项目实施。将农村义务教育经费全额纳入年度预算，及时足额发放教师绩效工资。全年共下拨中等职业教育家庭经济困难学生资金1049万元。落实基本药物制度改革资金2332万元。新农合财政补助资金人均280元，高出全国标准80元。落实基本公共卫生服务经费1564万元，人均标准提高到25元。落实涉农惠农政策。落实市拨河道清淤资金4970万元，下拨农村一事一议奖补项目资金774万元。启动4个地质灾害防治项目，拨付资金328万元。实行家电下乡销售网点直接垫付模式，家电下乡兑付率99.8%。完成全年农资综合直补资金发放工作，累计发放直补资金251万元，惠及农户29181户。

瓯海区财政局国库集中支付操作培训

【推进财政改革】 深化部门预算改革。完善预算编制和运行模式，按照综合预算和零基预算的原则，统筹运用预算内外财力，确保财政收支平衡。实施国库集中支付改革。区政府办公室等41家单位列为国库集中支付改革试点单位，瓯海区成为温州市启动财政国库集中支付制度改革的试点区。全年受理财政直接支付金额35125万元；财政授权支付金额6883万元。区政府办公室等10家单位列为公务卡改革试点单位，办理公务卡404个。完善投融资平台建设。完成全区12家农投公司注册和11家农投公司增资至3000万元的任务，并与银行签订融资合作协议；盘活镇街道存量房地产资产并注入各农投公司，完成资产资本化80件，账面价值7096万元。搭建统一的财务网络管理平台，制定《浙江瓯海城市建设投资有限公司全资子公司财务管理制度》，规范各子公司财务管理行为。推进资产管理信息化。培训行政事业单位财务人员110人次。区直属单位、学校和镇(街道)单位资产数据导入数据库，完成软件系统初始化和试运行，实现行政事业单位资产动态信息化监管。

【实施财政监管】 控制"三公"支出。整理核实每个专项资金依据、标准，分类逐项建立健全预算定额标准，对经常性支出制定统一支出标准，在编制预算时严格按支出标准安排预算。建立"三公"支出分季统计制度，从预算编制环节入手，减少支出248万元。强化投资评审工作。加强过程监管，从项目前期、招投标、工程进度、工程结算等四个环节进行监管，更新工程审价定额软件，提高工程审价的准确性，全年审核预算项目29个，送审造价1.82亿元，核减1405万元。强化绩效监督。组织业务科室、财政所和瓯海城市建设投资有限公司的资金安全检查，出台《关于加强镇街道财政所(会计核算中心)日常财务管理工作的实施意见》。组织"小金库"复查工作，累计复查对象504个，查处"小金库"4个，涉及资金77万元。组织开展义务教育扩面工程等35个项目财政支出绩效评价工作。

【深化财政文化建设】 部署财政文化建设。制订《关于深入开展财政文化建设的实施意见》，组织各类业务培训200人次；开展财政核心价值理念和格言警句大征集。制订考绩法。完善岗责体系，做到"千斤重担人人挑，人人身上有指标"。被中共瓯海区委评为考绩先进集体。实行工作日志(将每个工作日的工作情况作记录)制度，力推"即办制"，共梳理即办事项21项。组织系列活动。举办党史知识竞赛、趣味运动会等活动，活跃机关工作氛围。通过市级文明单位复评，完成财税12366特服热线瓯海库建设，专人负责政府信息公开。深化廉政风险防控机制建设。落实廉政建设"三书两报告"(即责任分工报告书、牵头任务函告书和落实责任建议书，责任领导和牵头科室的报告制度)，查找廉政风险点44个。

(温州市瓯海区财政局供稿 杨海慧执笔)

龙湾区

【概况】 2011年,温州市龙湾区实现生产总值266.32亿元(不含温州经济技术开发区),比上年增长9.8%。其中:第一产业增加值3.90亿元,下降3.8%;第二产业增加值176.80亿元,增长7.5%,其中工业增加值163.31亿元,增长4.8%;第三产业增加值85.62亿元,增长15.7%。三次产业结构调整为1.5:66.4:32.1。全社会固定资产投资额149.54亿元,增长94.3%。全社会消费品零售总额75.46亿元,增长15.9%。外贸进出口总额19.50亿美元,增长38.5%,其中:出口14.08亿美元,增长32.1%;进口5.41亿美元,增长58.8%。全年财政总收入30.10亿元,增长12.8%,其中地方财政收入13.37亿元,增长16.3%,占总收入比重44.4%;财政支出15.58亿元,增长3.7%。全年财政收支平衡。

【组织财政收入】 加强收入分析预测。健全财政、国税、地税、工商等相关部门横向信息交流制度,定期召开财税联席会议,全面掌握收入新动态与经济运行情况,月月有分析,季季有手册,税收收入占地方财政收入89.9%。出台重点税源管理办法。将重点税源从406户扩大到667户企业,扩大监控范围。加大对区再生资源回收利用行业的管理,拨付财政扶持资金164万元,实现税收收入2000万元。挖掘税收潜力。对新增企业的工商、税务登记信息加强核对工作,确保新增税收及时入库。加强非税收入管理。以票促管,实行以旧换新制度,实现源头控管,全年组织政府非税收入2.09亿元。

【支持经济发展】 优化产业结构。下拨财政扶持资金9361万元,用于企业技术改造和科技创新。每年安排1000万元奖励资金,重点支持服务业关键领域,提高自主创新能力,引导企业做大做强。缓解全区中小企业融资难。财政新设立科技创新贷款贴息专项资金1000万元,实现银企对接,银行专门新增1亿元科技创新贷款,扶持科技成果产业化,企业所负担的利息由区财政以科技项目贴息的形式予以补助。全年发放4500万元贷款,25家企业受益。安排财政资金5000万元,与商业银行合作,以1:2配比用于扶持中小企业专项信用贷款。做好"家电下乡"工作。兑付家电下乡产品7624台,补贴金额247万元;累计销售家电以旧换新3537台,销售金额1222万元,补贴金额92万元。建设资金筹措到位。共筹集区本级财政性建设资金21.50亿多元,并落实1.00亿元资金组建9个街道投融资平台,保障政府性投资项目建设资金需求。

【确保民生需要】 全年民生投入11.23亿元,占财政支出的71.9%。保障教育、科学技术、农林水事务支出增长要求,财政支出5.10亿元,占财政支出的32.7%,较上年提高2.1个百分点。提高社保、医疗卫生保障水平。安排低保资金1219万元,较上年增长32.1%;提高新型农村合作医疗保障标准,由原220元/人·年提高至400元/人·年,区财政增加支出2000多万元,同时推进医疗卫生体制改革,落实基本药物零差价1300万元。保障"平安龙湾"建设资金。全年财政投入资金7412万元,保障创建和谐社会、建设"平安龙湾"的资金需求。保障支农支出。安排支农支出3810万元,增长24.9%,保障农业政策性保险、小型农田水利、特色产业和一事一议的资金需求。安排预算外资金2615万元,保障河道疏浚、森林城市创建等工程费用。

【财政管理改革】 推进国库集中支付制度改革。完成首批16家预算单位改革试点工作,并启动公务卡改革。完善区对街道财政体制。理顺区与街道之间财政分配关系,使财力向基层倾斜,调增各街道支出基数7000万元,调动区和街道发展经济、培养税源和增加收入的积极性,推进全区转型发展和社会进步。拓展采购实施范围。将公益性强和关系群众利益的采购项目纳入政府采购范围,组织、审核的政府采购项目采购预算金额共计1.13亿元,节约资金1069万元,节资率9.4%。其中民生项目采购金额6740万元,占采购总额的59.6%。

【强化财政监督】 提高工程预决算评审水平。完成财政性投资项目预算评审50项,累计预算评审金额20.50亿元,节约财政资金1.02亿元;财政决算评审86项,送审金额1.86亿元,核减1704万元,核减率9.2%。加强财政资金绩效管理。完成54个财政项目的绩效评价工作,涉及资金1.91亿元,其中:自评项目40个,涉及资金8973万元;重点评价项目4个,涉及资金2018万元;完成预期绩效目标申报项目10个,资金8141万元。加强国有企业资产及财务管理。对区本级国有企业的生产经营、财务情况进行摸底,掌握企业国有产权的登记和变更情况。开展"小金库"治理复查工作。收到"小金库"复查报告276家,责任承诺书276家,复查率100.0%,重点检查中查出"小金库"1家,涉及金额6万元,违规单位2家,涉及金额57万元,上缴财政38万元,补缴税款3万元。优化会计管理服务。实现会计管理信息化,会计继续教育培训向网络化转变。

【加强队伍建设】 坚持“理论中心组学习”“月度轮学”和“月读一书”，并组织各类培训197人次。通过组织观看《贪之害》《郭明义》等电教片，节假日发廉政提醒短信等加强廉政教育，被评为市级廉政文化示范点。完善27项财政制度，以服务承诺、限时办结等提升办事效率，人大政协建议提案办理满意率100.0%。为贫困户送上慰问金11400元，慈善一日捐7450元，开展植树、卫生大扫除、“地球一小时”“垃圾不落地”环保活动。深化文明建设，通过省级文明单位、省级青年文明号和省级巾帼文明示范岗复评。

（温州市龙湾区财政局供稿 黄君畅执笔）

瑞安市

【概况】 2011年，瑞安市实现生产总值521.71亿元，比上年增长9.2%；人均生产总值43445元。其中：第一、二、三产业增加值分别为17.96亿元、263.39亿元、240.36亿元，增幅分别为3.7%、8.4%、10.5%。三次产业的结构比由上年的3.3：51.9：44.8调整为3.4：50.5：46.1。社会消费品零售总额217.89亿元，增长18.3%。全社会固定资产投资261.80亿元，增长87.5%。城镇居民人均可支配收入35082元，农村居民人均纯收入14400元，分别增长12.2%和14.9%。全市财政总收入69.33亿元，增长15.1%，占生产总值的13.3%；其中地方财政收入38.68亿元，增长18.3%，占财政总收入的55.8%。全年地方财政支出43.15亿元，增长19.4%。全年财政收支平衡。

【组织财政收入】 开展经济税源、政策效应、收入进度分析，针对收入增减变动及时采取应对措施，防范收入风险。加强税源分类管理，推进房地产评估技术应用，制定企业土地增值税清算办法；开展金融保险行业纳税评估工作，入库金融保险业税收2.34亿元，增长29.9%；加强个体税收预警管理和建账建证管理，入库个体税收1.82亿元。推进信息管税，开展《税友龙版》上线前的数据清理工作，全面推广应用机打发票，做好数字证书的推广应用工作，推行企业税务登记“五证联办”，联合国税、工商部门开展个体税务登记“三证联办”试点，提升税收征管效率。全年组织税收收入占地方财政的比重为87.0%。规范非税收入征缴，建立国有土地出让收支管理一体化信息平台，组织非税收入113.57亿元；研究制定社保费缴费评估办法，征缴社保费收入18.51亿元。

【服务经济发展】 帮扶企业平稳渡难关。设立规模超2.00亿元的应急转贷专项资金，防范和化解企业资金链断裂风险。安排贷款风险补偿资金200万元，鼓励金融机构加大对中小企业特别是小微企业的信贷支持力度。助推经济转型升级。安排技改、科技、节能降耗等资金7500万元，核准企业研发费加计扣除和国产设备投资抵免税额6860万元，落实高新技术企业税收优惠1.04亿元。推进企业分离发展服务业工作，拨付财政补助资金144万元，新分离发展服务业企业8家，增加地方税费收入809万元；研究扶持海洋旅游、港口物流、船舶修造、海产品深加工等产业发展的财税政策措施，加快产业结构战略性调整。安排外贸发展专项资金2000万元，引导产品结构调整，促进外向型经济发展。保障政府投资项目建设资金需求。支持五个中心镇提前完成新农投公司组建工作，制定实施财政性资金存贷挂钩办法，完成政府性企业债券发行上报审批工作，构建多渠道资金筹集模式。安排重点工程建设资金18.63亿元，向上争取地方政府债券1.30亿元，同时调度财政性间歇资金，为海涂围垦开发、滨海大道瑞安段建设、飞云江大桥改建等重点项目建设提供资金保障。

【保障民生支出】 推进城乡统筹发展。调剂资金推进安置留地建设，安排农房集聚改造建设资本金4000万元；为农信担保公司注资1000万元，支持开办农村资金互助社；安排一事一议财政奖补、农业综合开发等资金8700万元，加大农村基础设施建设和农业生产方式转变。支持保障性住房建设。安排专项资金1.20亿元，主要用于廉租住房和公共租赁住房建设。支持社会事业协调发展。教育、文化、医疗卫生、公共安全等经费分别增长23.6%、10.7%、49.7%、18.4%。优先支持教育事业发展，安排资金1.08亿元，推进“校安工程”建设；深化医药卫生体制改革，出台《瑞安市基层医疗卫生机构财政财务管理暂行办法》，建立基层医疗卫生机构财政投入机制；安排“文化大市”“平安瑞安”“森林城市”等建设资金1.92亿元，支持各项社会事业全面协调发展。支持社会保障事业发展。支持就业和再就业工作，将欠薪应急资金提高到1000万元，制定职业培训经费补助有关配套文件，支持村（社区）级社会保障平台建设。支持新型城乡合作医疗制度建设，将“新农合”人均筹资标准提高到380元。完善城乡居民社会养老保险制度，调研提高基础养老金和80周岁以上老人增发高龄补贴等政策，落实城乡居民养老保险经费1.00亿元。为全市25000名困难群众发放基本生活价格补贴880万元。支持残疾人“爱心城市”验收工作，保障残疾人爱心乡镇、村居创建和综合服务设施等建设。

【深化财政改革】 深化部门预算改革。建立财政专项资金二次分配进度按月通报制度，制定《瑞安市部门预算调整操作规程》,按照上级有关要求推进财政专项支出预算公开。推进国库集中支付改革。全市205家单位实行国库集中支付,改革扩面工作取得成效;在27家单位试点公务卡制度,制定出台《瑞安市市级预算单位公务卡管理暂行办法》,被省财政厅确定为国库集中支付及公务卡改革示范县(市)。推进财政支出绩效评价改革。制定财政支出绩效管理项目计划45项,加强对财政资金的"追踪问效"管理。深化"乡财市管"改革。开展乡镇财政体制调研和清产核资督查,完成行政区划调整后乡镇财务管理衔接工作,制定事权与财权相匹配的财政体制调整方案及塘下镇"小城市"培育试点财政体制方案。实施收入分配制度改革。参与制定事业单位工作人员绩效工资改革过渡方案,当年拨付非义务教育绩效工资1000万元。

【强化财政监管】 加强财政资金安全和保值增值管理,组织开展财政专户清理整顿和资金使用情况检查,清理撤并各类财政专户35个;实行财政资金存款银行协商制度,将2.50亿元社保资金转存获取的利差全额用于社会慈善事业。加强国有资产安全管理,开展国有产权租赁和承包检查,着手建设行政事业单位资产管理信息系统。加强政府采购监管,规范单一来源方式采购、小规模工程项目采购和行政事业单位公务用车采购等行为,全年组织政府采购21.47亿元,节约资金2.93亿元。加大对项目概预结算的审查力度,全年审查项目389个,核减金额2.84亿元。开展"小金库"治理全面复查工作,加强财政监督检查、会计信息质量检查和会计类中介机构监督管理,联合公安、国税等部门开展打击假发票违法犯罪活动,规范财经和税收秩序。

【加强队伍建设】 开展教育培训。采取"走出去"方式学习先进典型经验。选拔局中层干部21名、平调交流28名,其中新选拔任用35周岁以下年轻人占62.0%。加强廉政建设。加强廉政风险防控机制建设,查找各类风险点122个;开展廉政教育宣传活动,组织局中层干部参观法纪教育基地,开展"网上财税干部素质调查活动",举办读书思廉和廉政主题演讲比赛,增强干部职工拒腐防变意识。创建文化品牌。加强财税文化品牌建设,《瑞安财税》创刊。举办庆祝建党90周年、财税青年文化节等系列活动,组织参加温州财税系统足球比赛并获一等奖。市财政局获全省财政系统会计管理工作先进单位,首轮农村财会人员财政支农政策培训工作先进集体,温州市"小金库"专项检查先进单位,瑞安市落实党风廉政建设责任制工作先进单位等称号。

(瑞安市财政局供稿 阮吟捷执笔)

乐清市

【概况】 2011年,乐清市实现生产总值571.50亿元,比上年增长10.2%。其中:第一产业增加值18.73亿元,增长1.1%;第二产业增加值346.62亿元,增长9.5%;第三产业增加值206.15亿元,增长12.4%。三次产业结构调整为3.3∶60.7∶36.0。财政总收入82.12亿元,增长19.5%,其中地方财政收入41.66亿元,增长21.2%,占财政总收入的比重为50.7%,较上年增长0.7个百分点;全市地方财政一般预算支出45.54亿元,增长17.1%。全年财政收支平衡。

【组织财政收入】 全年税收收入35.87亿元,增长20.5%,占地方财政收入的比重为86.1%。密切关注经济发展、宏观政策以及税制改革动态,深化"抓大、评中、定小"的税源管理模式,关注中小企业和房地产业发展动向,增强科学预测分析能力。加强税源分类管理,完善税源管理互动机制,加强大企业税收风险管理,深化纳税评估工作,完善各税种征管制度,健全第三方信息共享机制,把握税务稽查力度,优化纳税服务。按照《浙江省政府非税收入管理条例》和《社会保险法》,完善非税收入征管,深化"五费合征",实现收入"实、稳、优",收入结构持续优化。

【支持经济发展】 支持优化产业结构,安排3800万元加大"粮食功能区"和"农业产业园区"建设;统筹农业综合开发资金2910万元,实施土地治理项目37个,扶持农业产业化经营项目17个。统筹拨付工业转型升级专项资金7573万元、科技发展经费7918万元;依法减(抵)免企业所得税额1.78亿元,研发费和残疾人工资加计扣除额2.57亿元。开展扶持服务业专项行动,拨付支持服务业发展资金502万元;促进8家企业分离发展服务业;支持乐清总部经济园建设。加大帮扶中小企业力度,设立2.00亿元应急转贷专项资金;拨付中小企业贷款风险补偿资金3674万元,推荐银行发放专项信用贷款8100万元;减征中小企业四项社保费2600万元;扩大水利建设专项资金减免范围。支持优化需求结构,拨付财政性建设资金31.43亿元,同比增长73.7%,保障全市包括"双十工程"在内的110个重点建设项目。向省政府争取地方政府债券1.00亿元,用于虹桥片区污水管网和处理工程建设。兑付家电、汽摩下乡及家电以旧换新补贴资金2112万元,拨付成品油价格补助3687万元。支持城乡统筹发展,研究出台新一轮镇(街道)财政管理体制;统筹扶贫资金,落实小额贷款贴息和风险基金政策，支持欠发达地区发展。

【保障和改善民生】 全年一般预算支出投入民生项目34.93亿元，增长19.1%，占总支出的76.7%；“三农”支出26.54亿元，增长12.6%。加大强农惠农富农力度。统筹水利等农业基础设施建设支出3.06亿元；粮食生产、农机具、农资综合和粮食订单收购等各项补贴资金9980万元；支持动植物防疫体系和农产品质量安全体系建设；村级组织正常运转保障、村主要干部基本报酬等支出1800万元；64个村公益事业项目一事一议筹资筹劳财政奖补2200万元。优先发展教育事业。统筹校舍建设资金5.27亿元，基本完成“校安工程”三年目标任务；落实义务教育绩效工资6.51亿元；安排教育公用经费4976万元；将小学、初中生均日常公用经费定额分别提高到450元、650元以上；落实2480万元推进职业教育和学前教育发展；拨付义务教育食宿、学杂费减免、爱心营养餐、助学金等各项专项资金6350万元。支持社会保障体系建设和促进就业。拨付1.38亿元补助城乡居民养老保险基金；城乡居民基础养老金从60元提高到80元，建立高龄老人补贴制度；企业退休人员基本养老金平均上调10.0%；审核落实1.34亿元被征地农民养老保险资金；拨付困难企业失业保险基金、国有企业困难补助及其职工医疗生活补助等4538万元，发放城乡低保补助、优抚及物价补贴等3923万元；拨付大学生到村任职报酬1019万元；统筹拨付4219万元用于市人才大厦建设。深化医药卫生体制改革。安排2.19亿元提高城乡医疗保险筹资标准（人均380元）；安排1.27亿元，用于基本公共卫生服务经费、重点公共卫生经费、医疗机构绩效改革和基本药物零差价销售补助以及社区卫生事业综合支出等。加快文化体育事业发展。统筹安排2.26亿元加快文化公园、文化中心、体育中心等文体设施建设。支持文化信息资源共享、乡镇综合文化站和农村公共体育设施全覆盖工程等项目建设。支持生态文明建设。拨付2.96亿元资金，支持全市“美丽乡村”建设，推进生态市、园林绿化以及“治脏治乱、绿化美化”环境大整治。统筹安排1375万元，完善主要水源保护区、生态功能禁入区等生态建设补偿机制；安排环卫基础设施建设及运行管理经费6230万元，改善城乡环境卫生。安排3540万元补助农村社区中心建设，支持推进村级组织设置改革。

【深化财政改革】 加快“三位一体”财政组织机构改革，完成财政、地税、国资三个部门的“三定”方案并上报待批。实施部门预算网上填报系统和行政事业单位资产管理信息系统。国库集中支付改革扩面至146家行政事业单位，会计核算中心卫生分中心正式运行；首批25家单位推行公务卡改革，办理个人公务卡798张。优化政府投资项目资金拨付流程，建立备用金和资金预拨制度。做好预算公开前期工作，26个部门预算提交人大审批。加强金财工程和税务信息化建设，上线运行新版非税收入管理信息系统，将全市543个执收单位纳入统一管理。完成31个项目的部门（单位）绩效自评和6个项目的财政重点绩效评价，25个项目预期绩效目标申报，并对6个项目进行细化论证，涉及财政资金1.90亿元。

【强化财政监督】 出台《乐清市本级财政专项资金管理办法》，制定《乐清市环境保护专项资金管理暂行办法》等6个专项资金管理办法。完成财政资金专户清理整顿。加强政府采购监管，采购金额9.52亿元，节约资金1.16亿元，节约率为10.1%。加强重点工程审核，送审金额2.68亿元，核减2461万元，核减率为9.2%。开展财政专项资金检查、会计信息质量检查和“小金库”专项治理，督导抽查42家单位，查处5个单位“小金库”，涉及金额154万元。加大财政周转金清收力度，收回财政周转金1180万元。做好行政区划调整中乡镇财政财务移交、调整和监管工作。

【加强队伍建设】 定期召开机关学习会、党支部学习会，发放各类学习资料（书本）40余种；开展分层分类业务培训，全年举办各类培训班23期，522人次参加培训。深化廉政教育和廉政文化建设，组织中层以上干部参加廉政知识考试，全面落实党风廉政建设责任制，开展岗位廉政风险评估，推进廉政风险防控机制建设。提倡“一线工作法”，局领导班子成员带头开展调研，其中14篇调研材料获上级财税系统奖项或被推荐成果转换。举办多项活动，编发内部文化刊物《清风集》。开展干部个人综合信息采集和轮岗意向调查，完成中层干部竞争上岗，11位德才兼备的年轻干部走上新岗位，申报晋升非领导职务28人。会计核算中心获“全国巾帼文明示范岗”称号。

（乐清市财政局供稿 朱正整执笔）

永嘉县

【概况】 2011年，永嘉县实现生产总值237.39亿元，增长10.6%。其中：第一产业增加值8.91亿元，增长1.0%；第二产业增加值146.89亿元，增长12.4%；第三产业增加值81.59亿元，增长8.4%。三次产业结构由上年的3.8：61.5：34.7调整为3.7：61.5：34.8。人均生产总值为24719元，增长11.8%；城镇居民人均可支配收入25422元，农村居民人均纯收入10365

元,分别增长8.0%和12.3%;全社会固定资产投资137.01亿元,增长116.4%;社会消费品零售总额80.18亿元,增长13.8%;外贸出口总额6.17亿美元,增长7.5%。全县财政总收入32.07亿元,增长19.9%,其中地方财政收入16.27亿元,增长18.4%,占总收入50.7%;财政支出30.89亿元,增长26.2%,其中省市补助及本级上年结转支出9.45亿元,全年本级财政支出21.44亿元。全县财政收支平衡。

【组织财政收入】 加强税收分析。关注、跟踪宏观经济形势和企业经营变化,开展经济税源、政策效应、管理风险和预测预警分析。制定组织收入预案,落实收入调控措施,把握组织收入主动权,提升税收收入质量。税收收入占地方财政收入93.1%。规范税源税种管理。规范税源监控体系,优化征管要素配置,提高征管效能,重点税源监控户税收收入9.64亿元,占地方税收收入64.4%。其中省级以上重点税源监控户77户,入库税收5.96亿元。推进企业所得税专业化管理,加强股权转让所得等高收入者个人所得税征收管理,落实非居民所得税等国际税收管理。将契税、耕地占用税征收管理纳入核心征管系统,完善房地产交易税收一体化专业化管理。加强对房地产开发企业土地增值税预征清算管理工作。强化政府非税收入收缴管理。执行收支两条线,加强对国有土地使用权出让收入、国有资源(资产)性收入的征收管理,国有土地使用权出让金收入23.97亿元,增长121.1%。贯彻《社会保险法》,完善社保费征缴信息实时联网平台,建立重点费源监控管理体系,组织社保费收入9.33亿元,增长23.6%。推进残疾人保障金征缴扩面,加强水利建设基金等规费(基金)征管。

【支持经济转型升级】 支持企业自主创新。制定《高新技术企业认定(复审)管理暂行规定》,建立分局审核、科室复核、集体讨论的审核制度。全年分别新认定、复审各4户高新技术企业,并将10户企业列为预申报或培育企业进行重点辅导。拨付技术改造项目财政专项补助资金1310万元,支持行业经济发展和工业结构优化升级。发放节能降耗财政专项资金361万元,鼓励企业研发及应用节能降耗关键技术。推进企业分离发展服务业。整合财税政策,加强与工商、国税等部门的协调合作,将分离发展服务业的工作重点转向提高企业分离质量。拨付企业分离发展服务业财政扶持资金60万元。新增4家企业分离发展服务业,新增地方税费收入64万元。全县分离企业税费收入1648万元。加大对中小企业扶持力度。开展"企业百日帮扶"专项活动,落实财税扶持政策,开展"百名财税干部下百企"活动,推行"一线工作法"(即财税干部深入企业、基层,掌握第一手资料),帮助企业排忧解难。开展政银企对接活动,为中小企业融资搭建平台,缓解资金要素制约。加强对困难企业延期缴纳税款的审批,共审批延期缴纳税款5388万元。拓展内需市场。推进固定资产投资倍增计划,拨付资金13.50亿元,支持楠溪江供水工程、41省道上塘至九丈段改建、瓯北高级中学等重点工程项目建设,促进全社会投资规模扩大和结构优化。落实家电下乡政策,拉动消费需求,补贴金额505万元,补贴兑付率100.3%。

【促进社会和谐发展】 投入民生领域财政支出16.49亿元,占一般预算支出76.9%。支持强农惠农富农。县本级农林水事务资金支出2.10亿元,增长22.7%。重点支持水利等农业基础设施建设,推进农业"两区"和森林永嘉建设,保障"星级创建""十百工程"与示范片创建等新农村建设项目。完善村级组织运转保障机制,推进村级公益事业建设一事一议财政奖补工作。支持教育文化事业发展。全县教育支出8.12亿元,增长24.1%。加强义务教育标准化学校建设,提高城乡教育整体水平。实施中小学校舍安全工程,建设特色品牌学校,加强数字化校园建设。健全学前教育投入机制,加强职业教育。健全医疗卫生服务体系。县本级医疗卫生资金支出1.54亿元,增长30.4%。推进县级医院能力建设项目,支持城乡社区卫生服务机构标准化建设。落实基层医疗卫生机构药物零差价补助资金4000万元。做好城乡居民基本医疗保险参保扩面工作,省市补助9079万元,县本级拨款1.14亿元,累计参保人数72万人。健全社会保障和就业体系。全县社会保障和就业支出9272万元,增长21.3%。推进社会救助和社会福利工作,加强防灾物资应急贮备,改善老年人、孤儿等弱势群体的福利待遇。推进残疾人共享小康工程,完善残疾人就业扶持政策。支持农村五保户、城镇"三无"对象集中供养工作,县本级拨款352万元,集中供养率98.0%。

【深化财政改革】 开展国库集中支付改革扩面工作。深化国库集中支付改革,扩大支付覆盖面和资金范围。76家县本级预算单位成功上线,为全面实施国库集中支付奠定基础。推进政府投融资平台建设。对现有融资平台进行整合,集中优质资源、优质项目和优质资产,扩大资产规模和现金流量,提高国有资产的配置和运营效率。加强政府性企业债券发行工作。成立政府性企业债券发行工作领导小组,以永嘉县投资集团有限公司为债券发行主体,发行10亿元政府性公司债券,筹措城市建设资金,加大城市建设投资力度。

【规范财政管理】 规范财政行政处罚自由裁量权。清理现行财政执法依据，制定《行政处罚说明理由制度》《行政处罚自由裁量案件集体讨论制度》《行政执法过错责任追究制度》《行政自由裁量权公开制度》等配套制度，促进依法行政。做好财政支出绩效评价工作。举办三次全县机关单位绩效评价学习会，将有关文件、实务范例等汇编成册，供与会单位参考学习。实施财政重点评价和单位绩效自评项目32个，比上年增加14个，涉及资金6.28亿元。首次开展预期绩效目标申报工作，全年实施预期绩效目标申报项目65个，涉及资金9.98亿元。开展"小金库"专项治理复查工作。加强复查及督导抽查工作。梳理分析"小金库"治理工作中暴露出的突出问题和共性问题，加强整改落实工作。牵头组织公车清理工作。摸清全县公车"家底"，加强对公车配置使用的监管。上报自查单位212个，公车1413辆，其中：县级单位139个，公车1157辆。发现违规公车36辆。

【加强队伍建设】 开展岗位风险防范工作。对所有中层岗位和重点岗位的职责进行梳理和明确，分析查找78个风险点，评定风险等级。开展"互学互比"和"创先争优"专项活动。开展思想大讨论，查找工作中存在的差距和原因，学习先进单位的工作理念和经验做法。开设活动专栏，营造"互看互学互比，人人创先争优"的活动氛围。加强党风廉政建设及行风建设。建立在岗财税人员廉政档案，落实利益冲突回避制度，在永嘉财税网上公布举报方式。开展17次作风效能日常督查，并参加全市财税系统效能行风交叉检查。连续4年在全县政风行风民主评议中获得第一名。会计核算中心获省"青年文明号"荣誉称号。深化财税文化建设。深化学习型组织建设，全年组织各类培训班37期，参训人员336人次。加强调研与新闻宣传工作，全年完成调研文章22篇。开展读书俱乐部、财税论坛、文化沙龙等活动，营造文化氛围。

（永嘉县财政局供稿 陈秀秀执笔）

洞头县

【概况】 2011年，洞头县实现生产总值39.32亿元，比上年增长9.4%。其中：第一产业增加值3.78亿元，下降0.8%；第二产业增加值15.78亿元，增长15.0%；第三产业增加值19.76亿元，增长7.3%。三次产业结构从上年的9.7：37.9：52.4调整为9.6：40.1：50.3。人均生产总值30554元，增长8.6%。全社会固定资产投资32.57亿元，增长48.3%。城镇居民人均可支配收入22771元，农村居民人均纯收入10493元，分别增长12.1%和17.4%。全县财政总收入7.02亿元，增长34.4%，其中地方财政收入3.07亿元，增长12.3%，占财政总收入的43.7%。全年财政总支出11.26亿元，增长31.5%。全年财政收支平衡。

【组织财政收入】 加强税收监管。针对燃油消费税对洞头地方财政和收入结构的影响，每季度召开财政、国税、地税部门联席会议，及时通报收入情况，分析和研究存在的问题，采取措施积极应对；对全县纳税前100户企业进行重点监控，重点税源企业实现税收1.29亿元，占地方税收收入55%。推进税种管理。落实房地产税收新政，启动存量房评税系统，完成第一期1万套商品房数据采集、委托评估。与工商部门建立工商登记与税收征收信息交换制度，堵塞企业股权转让税收征管漏洞。做好个人所得税全员申报及年收入12万元以上个人所得税自行申报工作。开展广告业、建安、交通运输业等行业的专项检查，查补税款301万元。全年地税部门组织税收收入2.68亿元，增长21.9%，占地方财政收入的87.3%。做好规费征缴。规范社保费征缴工作，开征缴费户医疗门诊统筹，加大社保费欠费清理力度。全年组织规费基金收入1.58亿元，增长24.5%。规范非税收入征缴。将预算外资金全部纳入预算管理，加强国有资产（资源）有偿使用、行政事业性收费等非税收收入征收，加强土地出让金收支管理。全年非税收入4582万元，增长32.8%；土地出让金收入5.02亿元，增长234.7%。

【支持经济发展】 助推经济转型升级。梳理、整合扶持企业发展的各项税费政策，清理规范行政事业性收费，落实社会保险费"五缓四减三补贴"政策，为企业减免各项税费2350万元，减轻社保费负担280万元。全年补助海运业、旅游业、工业企业政策资金2089万元。推进农业综合开发，促进渔农业转型升级，全年兑现工厂化养殖等涉农政策资金507万元；向上争取渔港补助、劳动力素质培训补助等省市补助项目138个，资金6123万元。维护企业稳定发展。针对温州民间借贷风波对企业的影响，设立1700万元企业应急转贷专项资金，解决企业临时资金周转困难问题。安排欠薪财政周转资金200万元，解决企业工资拖欠问题，维护职工合法权益。保障重点项目建设。加大政府性投入力度，筹集注册资本金4400万元，支持洞头县新农村建设、水利发展、城市发展、旅游文化发展四大投融资平台组建和运行。推进重点工程建设、民生基础设施建设，全年财政统筹各项资金1.41亿元，完成筹资任务144.9%，保障渔港、工业区、水利、交通、城乡供水等重点项目资金需求。扩大消费需求。简化家电下乡产品补贴程序，实行销售网点直接垫付补贴资金，全年兑现汽车、摩托车、家电下乡财政补贴资金155万元。

【保障民生支出】 全县用于民生事业各项支出8.34亿元,占财政总支出的74.0%,增长42.9%。支持农村事业发展。整合支农资金4245万元,实施新渔村建设整村推进工程、一事一议奖补村级公益事业、农房集聚改造和"美丽乡村"建设。加大教育投入。全年教育支出1.64亿元,增长15.6%。保障中小学日常公用经费、校舍安全改造、义务教育阶段教师绩效工资。完善社保体系。全年社保事业支出5350万元,增长63.0%,实现农村养老保险参保范围全覆盖,推进农房救助工程和城镇廉租房建设,落实农村低保对象补助和城乡大病救助资金。深化医疗卫生改革。全年医疗卫生支出7476万元,增长65.3%,重点保障新医药卫生体制改革、基层卫生服务机构建设、县人民医院门诊楼改扩建工程,确保新型农村合作医疗人均筹资标准360元。支持环境优化提升。落实文化、生态及环境整治专项资金5450万元,推进城乡发展八大整治行动和"六城联创"工作开展,支持省级森林城市、国家级生态县创建和文化事业发展,改善城乡生态和人居环境。

【推进财政改革】 深化公共财政管理改革。试行由部门综合预算、政府基金预算和社保基金预算组成的预算编制体系。深化国库集中支付制改革,完成153家预算单位的推广应用工作;完成18家公务卡改革试点。加强乡镇财政建设。结合乡镇行政区划调整,调整和完善分税制和包干制相结合的乡镇(街道)财政管理体制,乡镇(街道)财政总收入实现4000万元。推进乡镇(街道)债务化解,2011年底全面实现乡镇(街道)"零负债"。推进国资管理改革。实施政府投融资管理改革,整合国有资产,组建城市开发、水利开发、旅游开发、新农村建设四大国有公司。加强行政事业单位国有资产管理,开展资产清理工作,制定《洞头县行政事业单位资产管理实施办法》。

【强化财政监管】 深化财政支出绩效评价改革,建立绩效评价结果在部门预算安排中的激励和约束机制,绩效评价结果与下年度预算安排挂钩,全年完成自评项目和财政部门评价项目34个,评价资金总额2.20亿元。深化政府采购管理改革,扩大政府采购范围,规范政府采购行为,全年政府采购金额3.43亿元,节约资金5362万元,节约率13.5%。加强财政项目预算审核,规范审核制度和流程,提高审核效率,全年完成预算审核项目221个,送审资金1.83亿元,审定资金1.71亿元,核减率6.8%。开展会计信息质量检查、公车治理、"小金库"检查,提升财政监督水平。

【加强队伍建设】 推进责任型机关建设。理顺责任体系,对全局岗位进行定岗定责、责任到人,建立岗位间无缝责任链条;结合"互学互比"活动,提出"十项重点工作",按季度通报完成情况。推进效率型机关建设。在全局推行公务事项"即办制",对20项涉税事项实行即收即办,对38项涉税事项实行限时办结;修订、完善重大项目行政审批代办、否定报备、办事公开等各项制度,提高工作效率。推进学习型机关建设。在洞头财税网设立"网书推荐"专栏,每月更新阅读书籍;设立"业务论坛",发布最新政策、最新资讯、观点等,引导干部职工学习、思考、讨论。推进服务型机关建设。完善服务承诺制、补正承诺制、一次性告知制等服务措施,规范办事流程、简化办事程序,对部分单位进行服务回访,重点对预算安排、资金拨付情况进行跟踪回访。推进廉洁型机关建设。制订《关于开展廉政风险防控机制建设的实施方案》,排查廉政风险点181个,制定防控措施216条,建立动态廉政风险信息库;核定权力清单,规范工作流程,编制职权目录19份,编制业务流程图75份;加强工程建设、招投标管理、财政补贴发放等重点领域的岗位风险廉政教育,做好节假日廉政短信、廉政谈话警示教育,提高干部职工廉洁自律意识。县财政局在全县行风评议中名列第五,并获综合档案市级达标单位和信息化档案市级达标单位称号,县财税局通过省级文明单位复评,核算中心通过省级青年文明号复评。

洞头大瞿岛

(洞头县财政局供稿 朱红波执笔)

平阳县

【概况】 2011年，平阳县实现生产总值232.46亿元，按可比价格计算，比上年增长9.6%。其中：第一产业增加值12.69亿元，增长2.4%；第二产业增加值115.89亿元，增长10.6%；第三产业增加值103.88亿元，增长9.4%。按户籍人口计算，人均生产总值为26691元，增长8.9%。三次产业结构由上年的5.4：50.3：44.3调整到5.5：49.9：44.7。全社会固定资产投资147.92亿元，增长104.2%。全年实现进出口总额6.56亿美元，增长16.1%，其中：进口1.25亿美元，增长12.0%；出口总额5.31亿美元，增长17.1%。全年财政总收入28.52亿元，增长29.6%，其中地方财政收入16.75亿元，增长25.5%，占总收入比重为59.0%；全年财政支出28.87亿元，增长26.9%。全年财政收支平衡。

【组织财政收入】 *深化税收预测分析和调研。*完善税收经济预警机制，提高税收收入预测准确率，科学安排全年收入任务，对税源企业实施科学分类管理，加大对大企业和房地产、制造、建筑安装等重点行业的税源监控。*完善收入征管机制。*在全市率先实现工商营业执照和国、地税税务登记证等五证的联合办理，开展专项纳税评估工作，推广应用网络发票以及数字证书办理涉税事项，调整个体工商户的个人所得税附征率。*推进各税种管理。*健全房地产交易税收一体化管理，推进存量房评税；做好房地产企业土地增值税清算、企业所得税汇算清缴、企业房产税原值调整等工作，完善企业股权变更涉税管理，加强建筑用石资源税管理。*加强非税收入管理。*推进社保费"五费合征"，依法收缴工会经费，加强残保金代收和土地出让金收缴工作，全年规费收入完成11.01亿元，增长29.6%，土地出让金入库36.50亿元，增长50.9%。全县地税部门组织收入26.06亿元，增长27.3%，其中税收收入15.05亿元，占地方财政总收入90.0%，增长25.6%。

【支持经济转型升级】 *推进产业结构优化升级。*做精一产，整合农业产业化扶持资金1140万元，落实农业综合开发地方财政配套资金2066万元，集中财力用于培育农业主导产业和龙头企业；做强二产，落实皮革、塑编、机械机电三大支柱行业转型升级财政扶持专项资金1500万元，拨付企业技术创新改造、上市和节能减排等各类专项资金1850万元，安排外向型经济发展财政专项资金1000万元，推进产业集聚区建设，支持传统产业改造提升，重点培育新材料、电子通讯、海洋生物等战略性新兴产业发展，培育和扶持总部商务发展。做大三产，推动企业分离发展服务业，落实扶持商贸流通企业发展专项资金700万元，支持金融、旅游、商贸、物流等第三产业发展。*保障重点工程资金需求。*立足固定资产投资带动地方经济发展的需求，筹集和调度建设资金，全年共计建设支出21.85亿元（其中建设资金20.95亿元，水利基金3000万元，地方政府债券6000万元），扩大政府性投资，确保重点工程建设进程。*落实政策促进消费。*全年共兑付"汽车家电下乡"、"汽车家电以旧换新"财政补贴971万元，拉动消费9128万元；制定油价补贴分配办法，发放各类中央财政油价补贴6800万元。

【保障社会民生支出】 *加大对"三农"投入力度。*继续推行农村一事一议制度，支持农业基础设施、村庄整治、农村道路、农民饮用水、下山脱贫、乡村旅游等项目建设；落实各项惠农政策，兑现粮农综合直补发放、粮食风险专项等政策资金3290万元。*支持教育发展。*全年免杂费及教科书费支出1570万元，提高中、小学生均公用经费至750元和550元；推进校安工程建设，投入5989万元用于重点校舍建设，安排7000万元用于昆阳二中拆建工程。*支持社会保障和医疗卫生事业的发展。*发放60周岁以上居民基础养老金6000万元；提高城乡居民最低生活保障标准每人每月80元；加强公共卫生服务体系建设，投入7600万元用于县人民医院扩建项目。*支持文化事业建设。*加大对农村文化繁荣工程、文化培育与精品工程、历史文化保护工程等扶持力度，支持文化人才培育机制建设，加快文化事业可持续发展。*支持环境保护和生态建设。*安排专项经费2050万元，致力于生态县建设，落实农村污水处理全覆盖、工业污染治理、重要生态功能区保护等项目。

【深化财政改革】 *完善公共财政体系。*深化财政管理改革，于全市率先实行财政"大集中"改革，深化细化部门预算，按"零基、要素法"规范部门预算编制，全面实行部门预算改革，将部门预算分为基本运转、民生专项、基本建设三大块，增强预算执行力和约束力，强化乡镇财政管理的手段，加大对乡镇的财力倾斜力度，提高乡镇财政保障能力。*深化国库集中支付改革。*全县分三批共57家预算单位进入国库集中支付业务管理。出台《平阳县县级预算单位公务卡管理暂行办法》，在11家单位进行公务卡试点改革。*加快机构和职能配置改革。*设立基层财政分局，规范中心镇财政建设；构建预算编制、执行、监督"三位一体"的组织体系，整合优化行政审批职能，促进财政职能高效运转。*加快国有融资平台建设。*在各乡镇成立新农村建设投融资有限公司，完善政府投融资平台建设，提升政府融资能力。

【强化财政监督管理】 加强财政资金监管。规范资金审批程序，组织开展财政专项资金和专项补助清理，提高财政资金监管效率。加强行政事业单位资产管理。制定《平阳县行政事业单位资产管理信息系统实施工作方案》，依托信息化技术，建立资产动态管理信息系统数据资源库，建立财政部门、主管部门、行政事业单位三级资产管理信息平台，以信息主导推动资产管理的科学化、规范化、精细化。加强财政支出绩效评价。将超过30万元的项目纳入绩效评价范围，完成对“社保专项”、农村困难住房救助、少数民族发展、森林生态效益补偿、校园安全保卫等12个项目的绩效评价工作，涉评资金1.14亿元。推进“小金库”治理。抓好国有控股企业和社会团体“小金库”治理，工程建设领域突出问题治理、交通工程设计部门财务收支专项检查和事业单位收入核查工作。加强财税法制建设。依法推进财税信息公开，规范行政执法行为，提升干部理财水平。

【加强干部队伍建设】 开展教育培训工作。组织安排77人次财政地税干部参加财税系统岗位业务技能以及新录用公务员初任等培训。打造学习型机关，开展“力学力行”活动，倡导“勤思力学、躬身力行，学用结合、知行合一”的理念。推进干部轮换和调动。推进党风廉政建设和作风建设。以加强行风建设为主线，发挥民主评议对财税干部作风改善、服务水平提升的积极作用。开展财税文化建设。举办系统迎春晚会，书法小组和摄影技能培训班，组队参加温州市财税系统足球比赛，编发内部文化刊物《平阳财税》。

（平阳县财政局供稿 许映月执笔）

苍南县

【概况】 2011年，苍南县实现生产总值294.92亿元，按可比价格计算，比上年增长10.5%。其中：第一产业增加值23.09亿元，增长2.3%；第二产业增加值143.56亿元，增长12.7%；第三产业增加值128.27亿元，增长9.5%。人均生产总值22563元，增长8.7%。三次产业增加值结构由上年的8.0∶48.3∶43.7调整为7.8∶48.7∶43.5。城市居民人均可支配收入25855元，农村居民人均纯收入10280元，分别增长14.4%和15.0%。全年实现财政总收入29.67亿元，增长22.4%，其中地方财政收入17.43亿元，增长16.6%，地方财政收入占总收入比重为58.7%。全年财政支出35.10亿元，增长24.8%。全年财政收支平衡。

【组织财政收入】 稳步扩大重点税源监控范围，新增重点税源监控企业77户，总数412户，重点税源占税收收入比重50.5%。组织开展所得税汇算清缴、税费结算、社保费结算等税费汇结算工作；加大对企业财务人员培训力度，提高结算质量。推广社会化征管模式，加强与国税、工商、国土、房管等部门协作和沟通，实现部门间信息共享。完善股权转让所得税征管政策，开展12万元以上个税自行申报，强化对纯地税行业的个体税收管理和租赁业及纳税异常户的纳税评估工作，堵塞税收征管漏洞。地税部门共组织各项收入（含契税、耕地占用税）26.17亿元，增长24.0%，其中税收收入14.81亿元，增长14.3%，税收收入占地方财政收入比重为85.0%；征收各类规费收入11.36亿元，增长39.5%。拓展非税收入征缴渠道，建立健全政府非税收入征管体系，增加地方政府财力。

【支持经济发展】 推进工业龙头企业技术创新和技术改造，加快传统产业改造提升，扶持中小企业发展，兑现财政补助、贴息等扶持资金6040万元，办理出口退税以及增值税、营业税退税3.95亿元，企业所得税减免等税收优惠政策3.55亿元。落实社会保险费四减优惠政策，惠及企业2500户，减征社保费900万元。设立企业应急转贷资金5000万元，取消、暂停和降低行政事业性收费31项。发展生产性服务业，兑现服务业税收优惠政策3990万元，财政扶持资金1100万元。落实税收政策法规，调整营业税起征点以及个人所得税起征点和税率，减轻个体工商户和中低收入者的税收负担。完善促进消费的各项财政政策，做好家电、汽车摩托车下乡和以旧换新财政补贴工作，落实补贴资金1880万元。

【加大民生投入】 支持重点项目建设，拨付海涂围垦建设资金1.35亿元、交通设施建设资金2.19亿元、水利建设资金2.83亿元、绿化资金5235万元、标准渔港建设资金5800万元、油价补贴资金2.39亿元。推进农业综合开发，拨付农业重点项目补助资金5.13亿元，其中争取上级补助资金3.65亿元，整合财政资金1700万元。加大财政教育投入，义务教育阶段教师绩效工资比上年人均增加1800元，小学、初中生日常公用经费定额分别提高到450元和650元，落实中小学校基建、校舍维修和食宿改造资金1.43亿元。提高城乡居民合作医疗保障水平，人均筹资水平达到360元，其中县财政承担280元，全年安排资金2.50亿元，人均医疗门诊统筹补助标准提高至280元，住院报销比例由35.0%提高到60.0%以上；推进和深化医药卫生体制改革，支持乡镇卫生院危旧房改造、农村医疗卫生服务体系建设、基本药物零差率销售，落实财政资金8400万元；健全社会救助体系，城镇、农村居民最低生活保障标准分别提高至425元和255元，全年安排资金4200万元。

【深化财政改革】 稳步推进“三位一体”组织体系改革，构建预算编制、执行、监督三者相互循环、互为前提、一体运行的“三位一体”财政改革组织机构框架。做好国库集中支付制度改革，对91家县本级预算单位实行国库集中支付。严格会计审核和监督行为，对105家单位实行远程报账。加强财政资金管理，制定《关于规范财政性资金拨付流程的通知》和《关于规范国库直接支付款项运行流程的通知》，压缩资金申拨时限，加快资金申拨速度。全面清理预算执行单位银行账户，对16个县级财政专户予以撤销归并，涉及财政资金1.21亿元。临时调度暂时闲置财政资金，减轻重点工程财务费用支出和投融资压力，截至12月底，调度资金余额15.98亿元，净增加调度资金2.50亿元，节约利息1.20亿元。制定新的县对乡镇财政管理体制，提高乡镇增收节支积极性。出台新的乡镇财政管理办法，推进乡镇财政建设。规范县会计核算中心分中心管理，强化乡镇财务审核。支持组建中心镇新农村建设有限公司，推进中心镇投融资平台建设。制定《地方政府性债务日常管理办法》，规范乡镇、部门和国有企业举债行为。建立预算绩效管理制度，探索绩效评价结果应用机制，组织开展75个项目的绩效自评工作，涉及财政资金2.71亿元，其中财政部门评价项目19个，涉及财政资金1.38亿元。

【强化财政监管】 推进财政专项资金整合，将分散在各部门使用范围相同或相近的专项资金，整合为绿色苍南美丽家园、农村旧房改造、农口产业化、企业扶持、信息化建设项目等五大专项资金；制定《苍南县保障性住房专项资金管理办法》等12个专项资金管理制度。制定《苍南县政府投资项目财政财务监督管理办法》，控制政府性投资项目建设成本，减少资金损失和浪费。规范财政投资审核行为，审核政府性投资项目工程288项，核减造价2.79亿元，核减率9.8%。继续开展“小金库”专项治理工作，全年组织检查39户，查处违规金额360万元。部署开展全县党政机关公务用车问题专项治理，推进公务用车规范化管理。人大议案、政协提案答复满意率100%，分别被县人大、县政协评为议提案办理先进单位。

【推进队伍建设】 开展五型机关创建活动，从强责、定责、履责、追责四方面入手，制定完善责任过错追究办法，加大内部行为监督检查力度，提高依法行政能力。全面推行即办制和AB岗制度，完善两级考核办法，营造一日事一日毕的政务环境。创新开展干部教育培训，采取请进来、走出去、带头讲、共同学等多种方式，做好领导班子、中层干部、业务骨干和一般干部的能力提升工作，县财政局被命名为第三批温州市学习型党组织示范点创建单位。根据《苍南县财政地税局股级后备干部管理办法》，通过考试、民主测评、考核、党组评分等环节，确定30位同志为后备干部。开展上网行为绑定和电子去向牌管理，定期开展日常作风督查，建立转作风优环境长效机制，连续四年获得全县党风廉政责任制建设先进单位。

（苍南县财政局供稿　陈青友执笔）

文成县

【概况】 2011年，文成县实现生产总值47.76亿元，增长10.1%。其中：第一产业增加值5.53亿元，增长4.2%；第二产业增加值16.17亿元，增长1.0%；第三产业增加值26.06亿元，增长9.6%；三次产业结构为11.5：33.9：54.6。全县固定资产投资34.18亿元，增长66.1%；社会消费品零售总额22.66亿元，增长19.6%。全年实现财政总收入6.40亿元，增长35.0%，其中地方财政收入4.74亿元，增长36.0%，占财政总收入的74.1%；财政支出20.62亿元，增长40.3%。全县财政收支平衡。

【组织财政收入】 全年实现地方财政收入4.74亿元，其中税收收入2.69亿元，非税收入2.05亿元，税收收入占地方财政收入比重为56.8%。加强收入分析预测。加强税收计划管理和收入分析预测，开展专题税源调查，把握税收收入变化和趋势。强化税源管理。建立与工商、国税等部门的信息互通机制，利用各部门的涉税信息对重点税源进行全面监控；加强以城建税为主的地方小税种征收管理，扩大房产税和土地使用税的征收范围。落实税收征管措施。推进个人所得税全员管理，开展年所得12万元以上个人所得税自行申报工作；扩大纳税评估范围，开展疑点企业和重点企业的纳税评估。完善非税征管机制。建立财政、社保、地税实时联网系统，推行社保费“五费合征”；做好土地出让金、国有资产有偿使用收入等的收缴工作，全年入库土地出让金收入8.01亿元，增长178.0%。

【服务经济发展】 支持重点项目建设。安排资金8.70亿元，支持旧城改造、新区开发和城镇化建设，解决教育、卫生、交通、水利、环保、文化、体育、旅游、市政等基础设施建设的资金需求。推动经济转型发展。加大对企业扶持力度，落实产业扶持政策，安排资金500万元，支持农业建设。安排资金1500万元，支持百丈漈工业平台建设。加大现代服务业扶持力度，安排资金2100万元，支持旅游业开发；安排资金1955万元，支持服务业发展。落实财税优惠政策，筹措专项资金2520万元，通过贴息、奖励等形式引导企业科技创新、技术改造、产品研发和增加节能减排投入；减免税费6500万元支持再生资源回收和困难企业发展。

【保障民生支出】 全年用于民生支出15.03亿元，占总支出的72.9%。支持农业农村发展。筹措资金1.34亿元，用于农村公路安保、大中修及养护，实施农村饮用水工程和农村文化体育建设工程。筹措资金5500万元，用于农村劳动力素质培训、农民下山脱贫、低收入农户集中村发展和少数民族地区特殊扶持。支持社会事业发展。安排“教育强县”资金7000万元，用于农村中小学校安工程建设、农村中小学校舍维修、办学条件改善和布局调整，扶持职业、民办和学前教育发展。安排资金1.98亿元，支持医疗卫生体制改革、养老保险体系建设、城乡合作医疗制度改革。安排资金8000万元，用于公务员和农村医疗补助、城乡居民最低生活保障、“五保”集中供养、残疾人“共享小康”工程。安排资金1亿元用于保障性住房项目建设。支持安全生产、产品质量和食品安全基础设施建设。落实惠农补贴政策。安排资金740万元，及时发放农资综合直补、粮食直补、稳定农民收入补贴和粮食风险金。推进“家电下乡”、“汽车摩托车下乡”、“以旧换新”工作，兑付补贴资金747万元。

【推进财政改革】 推进公共财政体制改革。制订《文成县财政局主要职责、内设机构和人员编制方案》，组建预算编制、预算执行、财政监督三位一体组织框架。扩大国库集中支付改革试点，推动财政资金由分散管理向集中管理转变。完善财政专户集中管理、分账核算、统一调度的管理模式。深化县乡（镇）财政体制改革。结合全县行政区划调整，实行县乡（镇）财政体制改革，建立财权与事权相匹配的体制机制，扩大乡镇财政自主权。支持投融资平台建设。以财政直接注册方式向六大县投平台注入资本金2.20亿元，以财政借款方式向各乡镇借款1.50亿元，注册设立各乡镇新农村建设投融资平台。

【加强财政监管】 强化财政资金监管。探索项目资金整合办法，规范项目资金下达程序和要求。建立绩效评价结果应用机制，提高资金使用效益。开展“小金库”专项治理工作，查处小金库2个，涉及金额20万元。加强会计从业资格管理，完善会计监督管理，规范会计行为。加强国有资产监管。制订《文成县行政事业单位国有资产配置标准》等一系列国有资产管理办法，建立国有资产动态管理信息系统。防范财政风险。强化政府性债务管理和乡镇财政赤字监管，特别是对乡镇行政区划调整期间的乡镇资产财务交接工作进行全程监管，确保国有资产和乡镇财政运行安全。加大财政出借资金的回收和财政周转金清收力度，全年收回财政出借资金3060万元，清理回收财政周转金508万元。

【干部队伍建设】 开展创建“学习型、创新型、服务型、效率型、廉洁型”五型机关活动。加强精神文明建设。做好“巾帼示范岗”“青年文明号”等创建工作，开展“千名干部联千户一帮一”“挂钩帮扶”“双百结对、文明共建”等系列活动，帮助支持发展农村经济；通过召开座谈会、走访群众、实地勘察的形式，做好对企业“帮扶、解困、服务”工作；发挥工、团、妇作用，组织辩论、演讲、摄影、棋牌、球类等各类文体活动。全年县局机关获省市先进58项，科室和基层单位获省市先进8项，40人获省市先进个人称号。深化党风廉政建设。落实各项廉政制度，加强党风廉政防控机制建设，开展形式多样的党风廉政教育，增强干部职工廉洁勤政意识，抓好民主行风评议工作。开展干部岗位业务轮训等各类培训，采取定期集中学习、分层次分岗位培训的方式，邀请专家、学者开展政治理论和业务知识专题讲座；鼓励干部参加学历教育和职称考试。

（文成县财政局供稿　王彬彬执笔）

泰顺县

【概况】 2011年，泰顺县实现生产总值46.44亿元，按可比价格计算，比上年增长9.7%。其中：第一产业增加值5.14亿元，增长5.1%；第二产业增加值16.46亿元，增长5.6%；第三产业增加值24.84亿元，增长13.6%。三次产业结构比为11.1∶35.4∶53.5。人均生产总值12723元，增长8.7%。全年财政总收入6.09亿元，增长31.2%，其中地方财政收入4.63亿元，增长35.0%，占财政总收入76.0%；财政总支出18.6亿元，其中县本级地方财政支出8.94亿元，增长36.6%。全县财政收支平衡。

【组织财政收入】 健全定期税收预测工作机制。按季通报各分局、申报点的税收预测误差率；坚持定性与定量分析结合，短期和长期分析并重，建立多种税收收入预测模型，综合考虑经济、征管、政策等因素对税收收入的影响，提高税收收入预测准确性。完善征管措施。加强重点税源监控，掌握企业生产经营情况；贯彻信息管税思路，推进重点税源、重点行业、重点环节税源管理；深化纳税评估，加强与有关职能部门的协调管理，加大第三方信息采集力度，推进房地产税收一体化管理；全年税收入库3.01亿元，占地方财政收入65.0%。组织各项收入。坚持“税费并重”，完善“五费合征”征缴管理，提高对零散税收的征管效率，完善社保费征收模式改革，推进政府非税收入征管体系建设，加强土地出让金等非税收入征缴。

【支持经济发展】 支持重点项目建设。通过综合运用以奖代补、贴息、配套投入和建立专项资金等多种手段，全年统筹安排资金4.79亿元，推进新城区开发，保障道路交通、公共服务、能源电力、水利、旅游等一批重点项目建设。支持生态文明建设。围绕实施“生态立县”战略，支持创建国家级生态县，投入1.21亿元，推进乡村千百工程创建，加大乡镇垃圾、污水处理等生态环保基础设施投入；围绕实施“旅游兴县”战略，安排2300万元，支持氡泉、廊桥文化园、乌岩岭等重点景区建设，扶持农家乐加快发展，支持开展“三月三”畲族风情节和廊桥文化旅游节等活动。支持城乡统筹发展。落实各项强农惠农政策，全年“三农”事务投入4.12亿元，保障农业、林业、水利等基础设施建设和村级组织正常运转；围绕推进县城新城区开发、中心镇建设、新农村建设等，支持“强镇扩权”，研究出台《泰顺县投融资平台监督管理暂行办法》，筹措资金1.10亿元，分期出资组建9家镇级投融资平台公司。

【保障民生支出】 支持教育、文化、卫生事业发展。安排教育事业支出3.57亿元，提高生均经费标准，减免学生杂费和书本费；安排文化体育支出5902万元，增长36.1%，保障文化体育事业发展需要；安排医疗卫生支出1.57亿元，增长39.5%，加大对基层医疗卫生机构基础设施改造和建设力度，落实基层医疗卫生单位绩效工资和基本药物零差价资金。支持社会保障事业。全年落实社会保障和就业资金1.42亿元，增长15.9%，支持城乡居民社会养老保险，提高企业退休职工工资、老红军失散人员的月生活补助及优抚对象抚恤金，保障农村独女户社会养老保险和计生家庭奖扶资金等；同时落实资金2078万元，做好被征地农民社会保障工作。支持公共安全建设。围绕开展“平安泰顺”创建，夯实基层基础，安排9079万元，增长60.8%，分别用于治安卡点和电子眼建设、派出所建设、治安巡逻队建设和司法救助金，用于支持政法系统基层基础年建设，用于禁毒、消防安全、计划生育、信访维稳、平安村居、食品安全监管和非法金融案件化解等各项工作资金的保障。

【深化财政改革】 深化预算管理改革。深化以“收入一个笼子、预算一个盘子、支出一个口子”为重点的预算管理制度改革。推进部门预算，规范政府非税收入预算管理，将计生和公安等五个部门行政性事业收费纳入国库管理；将省市专项补助资金、预算外收入、预留统筹资金、增收及增收奖补全部纳入预算，综合预算率从42.0%提高到84.0%以上。加快推进国库集中支付改革，设立63个财政国库单一账户体系，国库集中支付扩面至60个单位。加强乡镇财政管理改革。按照省政府《关于进一步加强乡镇财政建设的意见》精神，建立“一级政府一级财政”的中心镇财政管理体制。根据“事权财权相匹配”的原则，合理划分乡镇收支范围；按照“划分收入、核定基数、增收分成”办法，合理划分乡镇收支范围，完善乡镇财政管理体制，理顺县与乡镇的财力分配关系。推进财税信息化改革。加快“金财工程”一体化，推进预算指标管理系统、非税征管系统、行政事业单位资产管理信息系统等建设，提高“信息管财”水平。

【加强财政监管】 规范资金监管。加快财政专户清理整顿，撤销和归并不符合财政专户管理账户，撤并县级财政专户21个，检查清理面100%，撤并率36.2%；开展288家单位“小金库”专项治理复查工作；加强乡镇账目结算和移交等工作，推进乡镇撤扩并工作有序开展。优化项目管理。推行财政支农资金项目网上申报；加强项目概算管理、标前审价和标后监管工作；强化项目前期论证，杜绝浪费和投资失效；执行政府项目竣工必审制，降低成本、提高效益；开展财政支出重点项目专项资金检查；全年完成结算审核项目126个，配合标前预算审核项目20个。开展绩效评价。推进预算绩效评价工作，探索绩效目标管理，实施项目省市联动重点绩效评价；加强行政事业单位国有资产监管，实行国有资产有偿使用的市场化运作机制；加强专项资金清理整合，健全财政专项资金预算指标管理机制；全年完成46个项目单位财政支出绩效自评，重点对4个支出项目进行绩效评价，涉及财政资金1800多万元。

【加强队伍建设】 加强“求知、健康、生活”三大平台建设。结合财政业务和干部队伍建设实际，举办形式多样、内容丰富的文化主题活动，组织全体党员上党课，参加建党90周年的“红色记忆”机关党员党史知识竞赛活动，参加“深入开展争先创优，争做人民满意公务员”主题演讲比赛活动等。安排干部培训学习，全年参训人员600多人次，加强系统中层干部财税行政管理知识和税收政策专业技能培训，增强财税行政服务水平。开展创建“学习型党组织”和“五型机关”等专项行动，开展创建“基层满意单位”“青年文明号”等活动。推进党风廉政建设。落实党风廉政建设责任制，建立健全责任体系，强化责任分解、考核和追究，完善反腐倡廉的领导体制和工作机制。加大对公务接待、公车使用、公务外出的管理，定期公开公示，接受监督，营造浓厚的廉政文化氛围。

（泰顺县财政局供稿 包巧谱执笔）

嘉兴市财政工作概况

嘉兴市

【概况】 2011年,嘉兴市生产总值2668.06亿元,比上年增长10.6%。按常住人口计算,人均生产总值59057元,增长9.3%。其中:第一、二、三产业增加值分别为146.09亿元、1536.18亿元、985.79亿元,增幅分别为3.1%、10.5%、12.0%。三次产业结构由上年5.5∶58.3∶36.2调整为5.5∶57.6∶36.9。社会消费品零售总额948.57亿元,增长18.7%。全市固定资产投资1502.48亿元,增长12.8%。进出口总值284.84亿美元,增长24.8%,其中:出口总值192.71亿美元,增长20.1%;进口总值92.13亿美元,增长35.8%。城镇居民人均可支配收入31520元,增长14.7%;农村居民人均纯收入16707元,增长16.3%。全市财政总收入416.00亿元,增长24.4%,占生产总值比重15.6%,其中地方财政收入226.40亿元,增长28.0%。全市财政支出240.61亿元,增长20.9%。市本级财政总收入132.58亿元,增长23.6%,其中地方财政收入77.35亿元,增长28.5%。市本级一般预算支出83.82亿元,增长19.8%。全市及市本级财政收支平衡。

图书馆建设

【优化财政收入结构】 全市地方财政收入占财政总收入比重54.4%,同比提高1.5个百分点。加强税收收入分析,开展房地产业税收分析调研,分析451户市级以上重点企业情况,挖掘税收增长点,促进地税收入平稳增长,全市税收收入220.10亿元,增长23.7%,占地方财政收入比重97.2%。加强重点税源监控管理,重点监控房地产企业,扩大省级重点税源监控面。列入分局、市(县)、省、国家级等四级重点税源企业6615户,其中省级以上重点企业913户,分别增加6.6%和54.8%。做好自谋职业者社保费征管,按月征缴自谋职业者养老保险、医疗保险。完善地税与社保信息联网,抓好社保缴费登记管理。加强非税收入管理,修订《嘉兴市本级政府非税收入管理办法》,抓好非税收入项目管理,编制并向社会公开《嘉兴市本级政府非税收入项目目录》,市级完成非税收入6.30亿元。

【推进经济转型升级】 发挥财税支撑和引导作用,落实积极财政政策。加快推进项目建设,市级列入收支计划的政府投资项目101个,计划内项目总投资99.11亿元,安排财政性资金17.93亿元。筹措各项发展资金,支持经济发展和转型升级,市级七项发展资金规模3.90亿元,增加1.08亿元。加大财政政策和资金扶持力度,推进"三大倍增计划"(即服务业、战略性新兴产业、大企业三大倍增)实施。整合财政资金5亿元,支持培育战略性新兴产业。梳理和落实财税优惠政策,支持海洋经济发展。开展"服务企业百日活动"和支持服务业加快发展专项行动,帮扶企业发展。落实有关财税政策,发展生产性服务业,建立推进企业分离发展服务业工作长效机制,全市新增分离发展服务业企业39家,新增注册资金4.22亿元。修订外贸发展和服务外包财政政策,支持外经贸和服务外包企业发展。完善中小企业专项信用贷款管理办法,发挥地方财政间隙性资金杠杆效应和导向作用,缓解企业资金困难,协作银行由4家增加到8家,落实财政专项存款5.60亿元,推动协作银行信用贷款规模放大到8.40亿元,截至年底,协作银行累计发放信用贷款16.10亿元,受益企业288家。落实"家电下乡”和家电“以旧换新”等有关政策，有效扩大内需。

【加快民生事业发展】 全市各项民生发展支出178.45亿元，增长24.8%，占一般预算支出比重74.2%，提高2.4个百分点。支持“三农”发展，全市一般预算农林水事务支出18.86亿元，增长22.9%。出台《市区支持现代都市型生态农业发展若干财政政策意见》，促进农业增效农民增收和农村繁荣稳定。建立健全强农惠农资金长效管理机制，完善各项涉农资金管理制度和政策措施。加大菜篮子工程蔬菜基地建设财政扶持力度，保障民生工程建设。推进美丽乡村建设，改善农村生态环境，促进农业可持续发展。加大科技投入，全市一般预算科技支出9.48亿元，增长25.7%，支持科技自主创新、创新载体和平台建设以及“创新嘉兴·精英引领”计划实施。加快文化事业发展，建立文化产业发展专项资金，支持文化产业发展，2010~2011年安排文化产业资金617万元，支持文化创意产业园建设。投入财政资金1.25亿元，支持公共图书馆服务体系建设。支持社会保障事业发展，安排一般预算社会保障和就业支出19.12亿元，增长86.2%，完善城乡居民养老保障制度，完善城乡低保制度，促进社会保障一体化、均等化。支持公共卫生服务体系建设，增强基层医疗机构服务能力，推进药品统一配送、两套医疗保险制度及政府医疗救助制度整合，推进医疗体制改革。筹措廉租住房建设和经济适用房补贴资金，支持保障性住房建设，全市安排住房保障支出3.54亿元。

【支持教育事业发展】 加大教育事业投入力度，当年一般预算教育支出55.60亿元，增长29.5%。落实义务教育经费保障机制，做好义务教育支出分类改革试点工作，制定科学合理教育生均定额，推进义务教育均衡发展。做好义务教育免杂费和课本费工作，分别减免课本费、杂费3771万元、1090万元。保障义务教育教师绩效工资改革，提高退休教师待遇。制定学前教育专项资金管理办法，设立学前教育专项资金，拓宽财政资金来源渠道，支持发展学前教育。继续实施“职业教育六项行动计划”，设立并安排“校企合作”专项资金600万元用于鼓励职业教育“工学结合、校企合作”。制定民办学校财政补助实施办法，安排专项补助资金1574万元分类补助，支持民办学校发展。

【深化财政改革】 市委、市政府出台《关于加快推进公共财政管理改革的实施意见》，推进公共财政管理改革。深化预算制度改革，细化预算编制基础，完善预算支出标准体系。出台预算信息公开工作指导意见，推进预算信息公开，提高财政预算透明度。2011年除涉密部门外，市级77个部门217个单位的部门预算全部提交市人大财经专家组审查。制定国库集中支付改革工作意见，深化国库集中收付制度改革，扩大国库集中支付规模，国库集中支付金额62.88亿元，增长5.3%，其中：财政直接支付47.70亿元，增长11.4%；财政授权支付15.17亿元，减少10.4%。集中支付中的财政直接支付比重由上年同期的71.6%提高到75.9%。工资由财政直接支付单位数从108家提高到116家。研究建立预算执行动态监控体系，强化预算执行管理。推进实施公务卡制度。加强财税基层建设，在全省率先成立基层财政管理处，出台《关于加强乡镇财政建设的实施意见》。

【强化财政监督】 组织开展“小金库”专项治理工作，构建“小金库”治理专项工作长效机制。开展财政专户清理，加强财政资金安全管理，全市撤销财政专户146个，其中市级财政专户9个。开展财政支出绩效评价工作，组织开展市级部门单位重点自评项目73个，财政部门重点评价项目9个。加强政府采购管理，推进政府采购“扩面增量”，推进基本建设工程采购扩面增量，重点完成市政建设、交通运输、水利防洪和环保绿化等工程政府采购，当年全市政府采购规模突破40亿元，实际采购金额达41.34亿元，同比增长92%，节约资金4.68亿元，节约率达10.0%。完善市级车改方案和各项制度，开展公车专项治理，做好公车改革各项准备工作。推进其他事业单位实施绩效工资。加强行政事业单位国有资产管理，组织开展市级行政事业单位房产、土地专项清查。强化政府投资项目监管，提高财政资金使用效益，全年开展项目审核367个，送审金额11.78亿元，审定金额10.24亿元，净核减1.54亿元，净核减率13.0%。优化财政支出结构，压缩一般性财政支出，降低行政运行成本，市级压缩一般性行政支出840万元。控制“三公”经费等支出，项目支出预算除党委、政府确定的重大支出以及农业、教育、科技等法定支出外，一般性行政支出零增长。

【加强“三基”建设】 了解全市各地“三基”建设(指财税队伍基本建设、财税管理基础建设、财税部门基层建设)工作情况，并于8月份召开全市财政地税工作暨“三基”建设推进会，加快推进“三基”建设。加强财税队伍基本建设，加强各级领导干部能力建设，针对重大改革和重要工作，撰写《调研与建议》15篇，当好地方党委政府参谋。推进财税机构改革，开展竞争性选拔科级领导干部。开展“红船先锋”创先争优活动，举办纪念建党90周年财税系统文艺汇演和全市财税青年综合素质大赛。加强财税管理基础建设，制订《嘉兴市财政地税法制宣传教育第六个五年规划(2011~2015年)》，完成财税

"12366"语音特服系统升级改造，做好财税知识库建设工作，推进"金财工程"信息一体化建设，社保资金管理系统、基础库、项目库、部门预算编审系统正式上线运行。2011年，市财政地税局连续第十年被评为"工作目标责任制考核先进单位"，并获"市级文明单位""调查研究工作先进集体"等称号。（嘉兴市财政局供稿 刘 俊执笔）

南湖区

【概况】 2011年，嘉兴市南湖区实现生产总值357.92亿元，比上年增长10.0%。其中：第一产业增加值14.71亿元，增长3.6%；第二产业增加值164.85亿元，增长3.6%；第三产业增加值178.36亿元，增长10.6%；三次产业结构比为4.1：46.1：49.8。人均生产总值75416元。全区财政一般预算收入41.10亿元，增长23.4%，其中区级地方财政收入17.40亿元，增长27.0%；财政一般预算支出13.98亿元，增长20.6%。全年财政收支平衡。

【优化财政收入结构】 做大收入总量和优化收入结构，地方财政收入占财政总收入的比重为42.3%，税收收入占地方财政收入比重83%。当年规模以上工业企业272家，其中：产值超亿元工业企业84家。全区税收入库超过5000万元的工业企业8家，超过1000万元的工业企业51家。强化政府非税收入收缴管理，严格执行收支两条线。加强国有土地使用权出让收入征收管理，当年国有土地使用权出让金收入6.90亿元。

【推进经济转型升级】 加大对农业的投入，全区用于农业财政性资金2.94亿元，增长4.4%，争取省、市支农项目资金1.46亿元，实施标准农田建设和河道疏浚治理等工程，提高农业防灾减灾能力，改善农业生产环境。支持主导产业发展及重点技术改造项目，安排扶持资金2245万元，争取省、市专项补助资金5140万元，办理企业出口退税2080万元。当年全区12家工业企业技术改造项目被列入省市重点技改项目。扶持第三产业发展，制定促进服务业加快发展的政策意见，筹措3000万元资金用于支持现代流通业、重点市场和嘉兴内河国际集装箱码头的发展，实施全区农贸市场提升改造、汽车4S建设、食品安全检测，优化经济结构，促进经济可持续发展。

【保障民生事业发展】 加大就学就医就业、社会保障、环境保护、基层文化建设等方面投入。全年新增财力的三分之二以上用于民生支出。加大教育投入。全区教育支出4.02亿元，增长18.1%。推进义务教育经费保障机制改革。将义务教育全面纳入公共财政保障范围，提高中小学校公用经费保障水平，落实义务教育阶段免杂费资金1740万元；投入3000万元资金保障农村中小学食宿改造、贫困生救助、教师素质培训、爱心营养餐"四项工程"建设；投入2252万元建设"校安工程"。加大社会保障投入。全区筹措1.29亿元资金用于社会保障支出，增长44.5%。提高最低生活保障补助标准、重点优抚对象补助标准、企业离退休人员养老金标准；安排2410万元落实城乡居民社会保险补助、城乡低保家庭物价动态补助和农村计生家庭奖扶补助。完善医疗救助体系，提高困难群众大病医疗救助标准、城乡合作医疗参保补助标准，安排1995万元资金对全区参加城乡合作医疗的215442人实行参保补助，开展城镇居民医疗保险试点、企业退休职工及农民健康体检，在全省率先完成基层医疗机构债务化解工作，化解债务2095万元。完善城乡统筹就业政策，支持农村劳动力素质培训，重点扶持零就业家庭劳动力就业和农村低保家庭劳动力就业。支持社会公共应急体系建设。设立交通事故救助基金、信访司法援助基金、欠薪周转金、计生公益金，扩大社保覆盖面。加大新农村建设投入。安排2330万元资金兑现粮食综合直补、种粮农民、农业机械购置补贴等对农直补。安排4778万元投入城乡一体新社区建设。安排1000万元用于农业综合开发、村级公益事业建设一事一议，完善农村公益设施项目建设。投入222万元用于农村广播电视村村通工程、农村电影工程、农村文化俱乐部和送书、送戏、送科技"三下乡"工程，促进城乡协调发展。加大老住宅区整治力度。筹集老住宅整治专项资金3500万元，争取市财政资金2424万元，对全区42个老住宅区进行整治，整治面积45万平方米，受益居民户2900多户，9000余人。

【深化财政管理改革】 深化国库集中支付改革，全区67家预算单位实行国库集中支付。推进公务卡改革，全区25家预算单位推行公务卡试点工作。开展财政专户清理工作，撤销财政专户15个，确保财政资金安全。开展财政支出绩效评价，组织部门单位绩效自评工作。组织12个部门项目的绩效自评工作，涉及资金近4500万元。组织开展"小金库"复查工作，在各单位复查的基础上重点抽查20家单位，查处违规设立"小金库"1个，金额12万元。探索建立绩效评价指标体系，引入专业评估机构等社会第三方参与绩效评价工作；强化企业、行政事业单位会计信息质量监督检查，建立覆盖财政财务会计管理事前、事中、事后全过程的监督机制。推进资产管理信息化建设，将各部门单位的资产管理全部纳入信息化

草莓基地

管理，建立从资产购置、配置使用、处置报废全程管理模式，提高资产管理效率。加强政府采购管理，形成“决策—管理—执行”三分离的政府采购管理体制。全区政府采购总金额1.64亿元，节约财政资金790万元。按照“有保有压”的原则，合理安排预算支出，严格控制“三公”经费，降低行政成本。

【加强机构队伍建设】 推进预算编制、执行、监督“三位一体”财政组织机构改革，按照财政科学化、精细化管理要求，制定机构改革方案，并获得区编委办同意。提高干部综合素质。结合财政业务和干部队伍建设实际，开展文化主题活动，开展先进人物和先进事迹系列宣传，强化财税核心价值理念。以开展“创先争优”和“党员承诺制”活动为契机，规范管理，强化全局意识、责任意识和服务意识，提高效能和服务效率；开展纪念建党90周年红色系列活动。组织全体党员参观“南湖革命纪念馆”新馆，重温党的誓词。加强党风廉政建设。贯彻落实党风廉政建设责任制，履行“一岗双责”，建立健全责任体系，强化责任分解、考核和追究，实施年度党风廉政责任制考核，完善反腐倡廉领导体制和工作机制，确保财政资金和干部双安全。（嘉兴市南湖区财政局供稿 杨琮菲执笔）

秀洲区

【概况】 2011年，嘉兴市秀洲区实现生产总值220.78亿元，按可比价格计算，比上年增长10.7%。其中：第一产业增加值16.01亿元，增长3.1%；第二产业增加值122.29亿元，增长10.6%；第三产业增加值82.48亿元，增长12.4%。三次产业的比重为7.2：55.4：37.4。人均生产总值为85001元。全区财政一般预算收入32.55亿元，增长23.9%，其中地方财政收入10.89亿元，增长20.4%。全区一般预算支出13.96亿元，增长31.2%。全年财政收支平衡。

【优化财政收入结构】 坚持规模和质量并重，在扩大收入规模的同时，强化税收增收的主渠道作用，财政收入结构优化。全年税收收入29.71亿元，占一般预算收入的比重为91.3%，同比提高0.8个百分点。关注、跟踪宏观经济形势和企业经营变化，开展经济财源、政策效应、管理风险和预测预警分析，提高服务领导决策的能力和水平。加强组织收入管理，完善税源监控体系，科学制定组织收入预案，提升税收收入质量。强化政府非税收入收缴管理，严格执行收支两条线，加强对国有土地使用权出让收入的征收管理，全年国有土地使用权出让金收入15.37亿元，增长19.3%。

【助推经济转型升级】 围绕区委、区政府提出的“服务业、大企业（集团）、战略性新兴产业”等“三大倍增计划”实施意见，区财政局调整和完善工业发展资金管理办法，制订战略性新兴产业专项资金管理办法、完善第三产业发展专项资金补助细则等一系列配套政策措施，整合财政资金，安排工业、第三产业、科技、都市型农业等重大项目建设资金1.17亿元。落实企业税收优惠政策，承担出口退税额、增值税转型免税额、国家高新技术企业所得税免税额、再生资源利用免税额和产业结构调整扶持支出13.90亿元。

【支持“三农”发展】 以加大水利投入为重点，建立财政支农稳定增长机制，落实支农惠农财政优惠政策，支持水利等农业基础设施建设、都市型农业建设、现代农业园区和粮食生产功能区建设。当年区财政投入“三农”资金1.43亿元，增长29.5%。加大农业综合开发力度，全区实施农业综合开发土地治理项目4个，开发治理面积4万亩，总投资5800万元。完善村级组织运转保障机制，加大对村级集体经济扶持力度。落实村干部报酬及大学生村（社区）干部专项补助1238万元；扶持经济薄弱村项目10个，总投资1124万元，财政扶持250万元；扶持一事一议财政奖补项目19个，总投入2029万元。落实各项强农惠农政策，全年兑付各类涉农补贴3500万元。

【保障民生支出】 全年地方财政用于民生支出11.45亿元，增长36.3%，占总支出的82.0%。支持教育文化事业发展。全区投入教育经费4.43亿元,增长56.0%。义务教育中小学生均公用经费分别为650元、450元。文化体育与传媒支出1801万元,增长35.7%,支持实施文化下乡、农家书屋、“文化低保”和“广电惠民”工程,以及乡镇综合文化站和中心镇图书馆、村文化活动室设备配置。支持医药卫生体制改革。全年医疗卫生支出8058万元,增长3.4%。全区城镇居民医保人均筹资标准400元。支持城乡社区卫生服务机构标准化和健全医疗卫生服务体系建设,城乡居民合作医疗参保率98.6%。支持就业体系和社会保障。全区社会保障和就业支出7977万元;落实就业和再就业专项资金602万元;落实城乡居民养老保险政策,全区城乡居民社会养老保险参保人数11.11万人,覆盖率96.5%,养老保险基础养老金最低标准调整为每人每月66元;落实社会救助政策,发放各类救助金1644万元;扶持残疾人共享小康工程,落实残疾人就业保障金支出688万元;支持保障性住房建设,落实保障性住房建设资金1.17亿元。

【深化财政改革】 推进组织体系改革。按照预算编制、执行、监督“三位一体”财政组织机构改革要求,经区编委批复同意调整区财政局的职能配置、内设机构和人员编制,为公共财政管理体制改革提供组织保证。深化国库集中收付制度改革。开展国库集中收付改革第三批试点扩面工作,实施单位98家,占总户数的61.4%。实施区级预算单位公务卡管理改革,首批试点单位27家,占总户数的16.9%。加强政府采购管理。推进政府采购“扩面增量”,全年采购金额3.39亿元,节约资金4733万元,节约率为12.3%。实施公务用车改革。履行财政对行政事业单位国有资产管理职能,做好涉改车辆收缴、评估、拍卖、过户、调拨等工作。通过车改,收缴涉改车辆189辆,拍卖收入781万元,调拨29辆,报废8辆,过户4辆。

【强化财政监督】 开展财政支出绩效评价,实施区级部门单位绩效自评重点项目2个,财政部门重点评价项目7个,涉及资金3925万元。开展“小金库”专项治理全面复查,组织全区389个单位开展自查自纠,对全区24个单位开展重点检查,做到自查自纠覆盖面100%,承诺率100%,检查覆盖面100%。开展会计信息质量检查,组织对全区3家事业单位的会计信息质量进行检查,针对检查发现的情况,下发检查结论限期整改通知书。开展历年财政周转金呆账处理,处理周转金呆账7150万元。严格控制因公出国(境)经费、公务接待费用、公务用车购置及运行费等“三公”开支,保持“三公”经费零增长。

【加强国有资产监管】 推进区级国资公司整合重组工作,筹建区级三大国资运营公司,将国有资本配置到基础设施建设和公益事业发展领域,实现政府行政管理职能和企业经营行为分离。全区纳入监管的国有企业72家,国有资产总量321亿元,所有者权益209.59亿元。其中:区级资产总额为158.85亿元,所有者权益为102.50亿元。

【基层财政建设】 加强基层财政管理,对基层财政所实施九个统一管理,即统一管理模式、统一管理体制、统一预算管理、统一账户设置、统一国有资产管理、统一银行开户管理、统一财政票据管理、统一办理政府采购、统一财政工作考核。全区8个镇(街道、秀洲新区、工业园区)财政总收入28.96亿元,增长27.5%,占全区财政总收入的89.0%。各镇(街道、秀洲新区、工业园区)一般预算支出5.93亿元,增长42.7%。

【干部队伍建设】 开展各项活动,提高干部综合素质。打造“作风优良、业务精干、廉洁高效、能打硬仗”的财政队伍,开展“满意单位、满意公仆”“创先争优”“勤廉双优”等活动,营造“比学习,比创新,比业绩,比干劲,比贡献”良好氛围,强化财政核心价值理念。加强党风廉政建设。局党组制定“三联责任”党风廉政建设责任制落实机制,党组与科室(单位)签订党风廉政建设责任书,全员与科室(单位)签订廉政建设承诺书,形成“党组—科室(单位)—全体人员”党风廉政建设责任落实机制,强化党员领导干部“一岗双责”和责任追究制度的落实。区财政局获得“区级部门目标责任制考核一等奖”、市国资监管先进集体,局党组被区党工委评为“先进支部”。

(嘉兴市秀洲区财政局供稿　沈志荣执笔)

海宁市

【概况】 2011年,海宁市实现生产总值531.27亿元,按可比价计算,比上年增长11.0%。人均生产总值按户籍人口计算为80286元,增长10.3%。其中:第一产业增加值24.88亿元,增长3.1%;第二产业增加值319.65亿元,增长10.5%;第三产业增加值186.74亿元,增长13.0%。三次产业结构比为4.7∶60.2∶35.1。全市财政总收入71.79亿元,增长21.3%,其中地方财政收入38.82亿元,增长28.0%。全市财政一般预算支出39.87亿元,增长22.5%。全年财政收支平衡。

【优化财政收入结构】 完善重点税源监控管理,全年纳入重点监控范围企业1342户。实施税源监控分析，确定5大类40多项分析指标值。落实调整营业税起征点政策，开展企业所得税年度汇算清缴，企业所得税入库5.05亿元。抓好年所得12万元以上个人所得税自行申报管理，加强自然人股东股权转让所得征收个人所得税管理。完善社保基金征管机制，推进社保五费合征。贯彻实施《浙江省政府非税收入管理条例》，推进政府非税收入征管信息化建设。强化土地出让收支管理，收缴土地出让金69.05亿元。全年地方财政收入占财政总收入的比重54.1%，比上年提高2.8个百分点，税收收入占地方财政收入的比重93.4%。

【推进经济转型升级】 修订完善关于加快推进海宁市经济转型升级的若干政策措施，发挥财政资金在推进经济转型升级中的支撑、保障和引导作用。全年兑现财政扶持奖励资金4.19亿元。对全市182家企业申报的技改项目进行实地调研，核减财政补助资金972万元。鼓励信贷资金向中小企业倾斜，缓解资金短缺困难，由市财政调度间隙专项资金8500万元分别专储于各协办银行，按1:1比例配套共同组成1.70亿元资金专项用于全市中小企业信用贷款。开展全市性财政扶持政策巡讲和走访活动，主动上门设点为企业集中办理财政奖励申领手续。落实扩大内需政策，深化家电下乡、“以旧换新”和汽车、摩托车下乡活动，兑付财政补贴3686万元。

【加大民生保障力度】 落实支农惠农政策，全年农业支出3.32亿元，增长22.9%。优化支农支出结构，统筹用于支持粮食生产功能区、现代农业园区建设资金3700万元，加快推进农业产业转型升级。加强农业基础设施建设，开展村级集体经济重点帮扶工程。巩固完善义务教育经费保障机制，对学前教育进行补助或奖励，建立中等职业教育经费保障机制。全年教育支出10.13亿元，增长24.9%。支持城乡社保、福利体系建设，全年向困难群众发放物价补贴561万元。加大就业再就业扶持力度，全年拨付再就业资金3963万元。完善公共卫生保障机制，推进医疗改革，全年拨付基层医疗卫生机构医改补助资金5750万元。加大“人才强市”投入，全年安排人才专项资金3000万元。加大文化事业投入，设立文化遗产保护专项资金，从国有土地使用权出让收入中提取1%作为来源，促进文化大发展大繁荣。加大科技投入，支持加快科技创业中心建设，鼓励专利发明。全年科学技术支出1.81亿元，增长23.1%。

【推进水环境治理】 全年市财政安排水环境治理专项资金3.50亿元，增长212%，分别拨付3800万元、4756万元、2500万元、1500万元用于保障长水塘生态湿地项目、河道整治、城乡供水一体化工程和市区污水收集管网工程建设，全市新增污水管网128公里，污水管网总长769公里。加强水环境治理专项资金监管力度，开展前期实地调研和项目论证、概算审核、资金使用检查等各项工作，按照“投资计划、资金预算、合同规定、工程进度”审核拨付资金，实现关口前移，确保专项资金规范使用。制定实施《城乡环境卫生“四位一体”长效保洁“以奖代补”办法》，落实财政资金480万元，提升城乡环境卫生保洁水平，实现城乡环境统筹协调发展。

【深化财政管理改革】 推进“收入一个笼子、预算一个盘子、支出一个口子”公共财政管理体制改革和预算编制、执行、监督“三位一体”公共财政组织机构改革。建立健全全口径预算制度，推行评议团审核、人大常委会审议、人大代表审查，深化部门预算公开。深化国库集中支付改革，增强财政支出透明度，提高资金使用效率。在10个部门及下属46家单位试点公务卡改革，规范财政资金支付行为。全年办理公务卡203张，托收金额232万元。推进政府采购制度改革，加强信息化建设，实行政府采购预算编制管理，规范医疗设备政府采购行为，完善协议供货管理体系，提高政府采购比例和效率，全年资金节约率10.7%。

【创新财政监管方式】 组织开展财政支出项目绩效自评情况复核考评，选取13个指定项目和1个自定自评项目作为复核考评对象，提高绩效管理水平。开展“小金库”治理工作，实行“分级负责、分口把关，各司其职、各尽其责，相互配合、齐抓共管”。加强政府投资项目监督管理，建立健全工程变更管理建设单位分管领导和联系人制度、工程变更备案制度、备案联系单抽查制度和工程变更专项检查制度。把好工程项目投资评审关，全年核减金额2.98亿元，核减率2.8%。加强政府性债务规模、结构和安全性动态监测、评估和预警，降低财政运行风险。提高预算单位增收节支意识，加强因公出国(境)费、公务用车购置及运行费、公务接待费等支出，“三公”经费和经常性项目经费实现“零增长”。推进会计管理与税务协作机制，开发“海宁市会计管理信息系统”，推行会计信息网络化管理，形成考核警示、考核培训、考核选案监管方式。全年培训辅导会计人员14473人次。

【加强乡镇财政管理】 制定实施《加强镇(街道)财政资金监管工作的实施意见》，将各级财政安排和分配用于镇(街道)的各种财政性资金以及镇(街道)集体经济收入等全部纳入监管范围。对镇(街道)财政补助性资金、项目资金实施分类管理和综合预算管理，完善村级财务会计委托代理、债务控制化解、资产动态管理机制。做好镇(街道)财政资金自查与检查工作，完善资金监管工作措施。做好镇(街道)及相关部门领导干部财政管理培训工作，规范财政财务行为。建立健全社区建设财政补助机制，实施《关于海宁市城市社区专职工作人员薪酬自然增长机制的指导意见》，建立年度工作考核制度，提高财政资金监管水平。

【强化国有资产管理】 制订实施一系列监管制度，构筑国有资产有效监管体系。推进重点国资平台改革重组，全年实现国资整合23家，健全全市国资营运体系。落实行政事业单位资产长效动态管理，推进办公用房权证办理工作，理清行政事业单位房产家底。加强出租房安全管理，组建出租安全管理网络和短信提醒平台，开展房屋安全大检查。推进融资平台转换工作，全市18家政府性公司的贷款通过银监部门审定，成功转换为一般公司类贷款。拓宽融资渠道，发行15亿元第二期资产经营公司债券。通过创新融资方式融入资金26.10亿元，改善全市政府债务结构，降低融资成本。制订实施BT管理办法(政府基础设施非经营性项目融资建设管理办法)，规范政府投资行为。全年全市企业国有资产净额181亿元，增长32%。

【加强干部队伍建设】 立足“干部队伍是基本，管理基础是重点，基层建设是关键”的“三基”建设理念，加强干部队伍建设。明确党风廉政建设责任制，完善惩防体系。实行各项便民服务措施，实现行政审批服务事项办结时间提速70%以上。推进干部教育培训体系建设，以“周一夜学”和网络视频学习为平台，开展多层次教育培训。全年安排27项专项培训任务。完善干部选拔任用机制，深化干部人事制度改革，开展全员竞争上岗和竞争性选拔中层干部。注重教育培养青年干部，实施积分制考核。推进财税文化建设。从“目标、精神、岗位、奖惩”四个方面激励入手，探索以能力建设为取向的干部引导激励机制。 (海宁市财政局供稿 许立锋执笔)

平湖市

【概况】 2011年，平湖市实现生产总值394.70亿元，按可比价格计算，比上年增长11.2%，按户籍人口计算，人均生产总值80978元，增长13.5%。其中：第一产业增加值18.20亿元，增长2.0%；第二产业增加值251.10亿元，增长12.0%，其中工业产值236.30亿元，增长13.0%；第三产业增加值125.40亿元，增长11.0%。三次产业结构比为4.6：63.6：31.8。全年财政一般预算收入64.07亿元，增长24.1%，其中地方一般预算收入32.44亿元，增长27.2%；全市财政一般预算支出32.93亿元，增长20.6%。全市财政收支平衡。

【优化财政收入结构】 加强财政收入预测预警。开展经济税源、政策效应、管理风险和预测预警分析，提高组织收入的预见性和主动性；扩大重点税源监控面，全年纳入重点税源监控范围的企业886户，新增36户，税源监控企业缴纳税收占地税收入的93.0%，提高14个百分点。加强非税收入征管。推进社保“五费合征”机制，全年征收社会保险费13.19亿元，增长16.1%；贯彻《浙江省政府非税收入管理条例》，全年征缴入库政府性基金44.05亿元，增长11.4%；完善土地出让金收入管理，实现国有土地出让金收入38.00亿元；规范行政事业性收费项目和收费标准，全年减负金额1103万元。优化财政收入结构。当年地方财政收入占财政总收入比重为50.6%，提高1.23个百分点。地方税收收入占地方财政收入的76.5%。

【促进经济转型升级】 完善落实激励政策。制定《平湖市推进服务业发展工作方案》《关于进一步加快旅游业发展的意见》《关于污染减排工作的意见》《关于进一步加大企业服务减轻企业负担促进工业经济平稳发展的若干意见》等激励政策，助推转型升级。筹措专项资金。全年兑付各类财政专项补助资金1.63亿元，其中：工业发展资金4850万元，农业发展资金5000万元，服务业发展资金1617万元，外经贸发展资金1000万元，科技发展资金2840万元，人才专项资金1000万元，用于鼓励工业平台建设、“两新”(新市镇、新社区)工程建设、企业技术进步、中小企业发展、品牌创建、高层次人才和创新团队的引进。落实扩大内需政策。全年兑付家电、摩托车下乡补贴948万元，兑付家电以旧换新补贴1298万元。

【保障民生支出】 优化财政支出结构，加大对农业、教育、文化、医疗卫生、就业和社会保障等公共领域投入，保障和改善民生。全年民生支出19.42亿元，增长25.6%，占当年地方公共财政预算支出比重69.5%。支持“三农”投入。全年安排农林水事务支出2.87亿元，增长33.5%，重点支持水利、农业综合开发、现代农业生产发展、农村公益事业一事一议项目等。支持教育事业发展。全面落实完善义务教育经费保障机制改革的各项政策措施，公共财政预算教育支出7.34亿元，增长31.2%。支持社会保障事业发展。加大社会保障投入，提高职工养老保险等社会保障标准。全年社会保险基金支出13.04亿元，增长16.1%。落实就业再就业政策，支持就业服务体系建设。支持医疗卫生事业发展。全年医疗卫生支出1.99亿元，增长55.2%，用于农村合作医疗经费、镇卫生院改造、人民医院基建支出等。支持文化事业发展。全年文化体育支出7767万元，增长24.3%，用于文物保护、群众体育设施建设等。加大科技投入。全年科学技术投入1.19万元，增长22.0%，用于科技平台建设、科技创新、科技交流与合作、科技成果和高新技术推广等项目。

【深化财政改革】 深化部门预算改革。按照"收入一个笼子、预算一个盘子、支出一个口子"要求，完善公共财政体系，推进预算编制、执行和监督三分离的"三位一体"组织机构改革。完善预算编制方法，优化经费配置结构，推进部门预算上会；执行收支两条线，加强预算内外资金统筹和项目支出审查，提高财政资金运行质量和效率。推进国库集中支付改革。全市所有部门预算单位实行国库集中支付和公务卡改革，实现国库集中支付和公务卡改革全覆盖。贯彻落实厉行节约各项举措，在确保机构正常运转，确保法定支出和民生支出的前提下，降低行政成本，控制财政支出，推进节约型机关建立。规范政府采购。加强采购预算管理，推进政府采购"扩面增量"。完善协议供货管理体系，提高政府采购比例和效率。全年政府采购节约资金7743万元，节约率12.0%。推进镇(街道)财政管理改革。加强镇(街道)财政内控制度建设，规范资金拨付流程，确保镇(街道)财政资金安全运行。推进管理财政信息化建设。以"金财工程"建设为目标，推进财政信息化项目建设，做好"非税收入"、"国库集中支付"、"土地出让金管理系统"、"预算编制系统"、"乡镇街道财政会计统一核算平台"等系统推广应用和日常维护。

【强化财政监管】 开展全市财政资金专户清理整顿。为规范财政专户管理，确保财政资金安全、规范、有效运行，清理整顿全市财政资金专户，撤销26个市财政专户、15个镇(街道)财政专户。开展公务用车专项治理。对全市74家行政单位及直属单位、231家部门所属单位及其登记的车辆进行自查登记，并按照"浙江省公务用车控购管理系统"要求做好单位信息和车辆信息的维护工作，强化公务用车日常管理。开展"小金库"专项治理全面复查。分别对全市党政机关、事业单位、社会团体、国有及国有控股企业进行全面复查，强化整改落实，跟踪治理效果，构建"小金库"治理长效机制，规范财务行为。推进财政支出绩效评价。采取自评和重点抽查相结合方式，对当年预算资金超50万元的52个项目进行财政支出绩效自评，涉及资金2.01亿元；对再就业专项、城乡公共卫生专项、现代农业园区等8个项目进行重点抽查评价，涉及资金3973万元。规范行政审批职能。完善行政审批制度改革，梳理明确4项行政许可事项和13项非行政许可事项，规范许可事项审批流程；明确行政服务中心财政地税局窗口审批权限、制定财政地税局行政许可十公开办法。完善规范性文件制定与评估。严格规范性文件立项、起草、审核、公布、清理、备案等管理程序，清理2010年底前制发的规范性文件目录，保留24个文件；评估2010年度发布的规范性文件，形成19个评估文件。

【创新国资监管】 创新政府性债务管理方式。防范债务风险，控制债务规模，规范债务资金使用管理，优化债务结构，推进政府融资平台改造。完善债务偿还机制，健全债务考核指标，实行债务动态监管。加强国资营运公司监管。制定《市级国资营运公司负责人2011年度经营业绩考核评分实施细则》等文件，加强对公司负责人考核监督。促进国有资产保值增值。制定《行政事业单位国有房产出租管理暂行办法》及其实施细则、《市级国有公司房产出租管理暂行办法》，加强对行政事业单位和市级国资营运公司闲置房屋对外出租监管和重大资产转让管理，强化对国有资产购置、处置及资产核销等审核管理。推进投融资工作。配合做好二期12亿公司债券发行各项工作；指导推进地方政府融资平台整改工作；帮助指导镇(街道)研究制定资金应急和统筹方案。

【加强队伍建设】 开展新一轮先锋承诺。把"亮作风、强服务、办实事"作为先锋承诺的核心内涵，以争做"廉洁高效先锋"为目标，围绕"治庸治懒，提能增效，改进服务，狠抓落实"作出承诺。推进干部教育培训。组织开展各类政治、业务教育培训，推动学习型机关建设，全年举办各类培训班15期，培训2311人次。加强财税文化建设。以创建"基层文明单位"、星级"服务民生群众满意基层站所(窗口)"和开展"作风建设暨执行力建设"活动为载体，优化工作技能，提高工作效率，增强服务意识，树立先进典型；组织系统干部职工参加运动会、红歌赛、文艺汇演和党史知识竞赛等活动，凝聚活力，争取荣誉。帮困扶贫献爱心。全局干部职工参与慈善爱心捐助，全年募集资金13.87万元；部分党员干部与云和县沙浦乡中心小学50名困难学生结对，每年提供助学资金2万元，帮助完成学业。加强党风廉政建设。制订实施党风廉政建设和反腐败工作意见、督查制度、作风(效能)建设责任追究办法。开展廉政风险排摸"回头看"，加强防控体系建设。利用各种宣传平台和活动载体进行廉政专题教育。2011年度市财政局连续第八年被市委、市政府评为优秀部门。

（平湖市财政局供稿 李 莉执笔）

桐乡市

【概况】 2011年,桐乡市实现生产总值478.99亿元,按可比价格计算,比上年增长11.3%。其中:第一产业增加值28.31亿元,增长3.3%;第二产业增加值262.72亿元,增长11.1%;第三产业增加值187.96亿元,增长12.8%。三次产业结构为5.9∶54.9∶39.2。按户籍人口计算人均生产总值70915元,增长10.8%。全市财政总收入67.46亿元,增长27.3%,其中地方一般预算收入36.29亿元,增长28.2%;全市一般预算支出38.00亿元,增长25.9%。全市财政收支平衡。

【优化财政收入结构】 强化财政部门在收入管理中的组织协调作用,专门设立财政收入管理科,加强收入预测和分析。强化税收分析预测,健全财政、国税、地税等相关部门横向信息交流制度,确保税收收入持续平稳增长。当年税收收入67.19亿元,占财政总收入比重99.6%。加强非税收入征管,当年非税收入2696万元。完善社会保险费征缴管理办法,当年社会保险基金收入13.72亿元。严格执行收支两条线管理,完善土地出让金财政监督制度,国有土地使用权出让金收入28.76亿元,下降17.0%。

【促进经济转型升级】 支持经济平稳发展。支持高桥新区、崇福经济区、临杭经济区等平台建设,完成土地征迁1.73万亩,基础设施建设投入12.40亿元。鼓励企业顶峰发电和自购设备发电,拨付用电补助4000万元,缓解电力紧缺矛盾。促进产业结构优化。引导和扶持创业创新,拨付财政补贴奖励资金4.74亿元,为企业减免各类税费7.24亿元。鼓励企业做大做强,安排企业上市补助资金3300万元。推动产业布局合理化,安排兼并重组支出4700万元。加快科创平台建设和科技成果转化,投入科创中心二期建设资金4000万元。支持现代服务业发展,投入乌镇旅游公司发展资金3800万元。加大中小企业扶持力度。发挥政府担保主渠道作用,桐乡市诚信担保有限责任公司为292户中小企业提供融资担保320笔,担保金额4.89亿元。增加高新技术中小企业信贷投入,投入1000万元鼓励中小企业创业创新。落实养老保险费缴费比例调整政策,集中减征困难中小企业四项社会保险费2685万元,惠及7084户中小企业。

【保障和改善民生】 全年保障民生支出30.23亿元,增长27.0%,占一般预算支出79.5%。健全就业和社会保障体系。社会保障和就业支出2.17亿元,增长36.1%。完善失业就业联动机制,新增就业岗位8561个,城镇登记失业率3.2%。扩大社保覆盖面,城镇职工基本养老保险、基本医疗保险和城乡居民社会养老保险参保人数分别为27.64万人、22.85万人和19.87万人,城镇和农村居民合作医疗参保率分别为97.8%和98.8%。完善低保和城乡医疗救助机制,发放低保金1409万元、医疗救助金301万元,实现农村五保和城镇"三无"人员集中供养率100%。支持保障性住房建设,补贴支出2170万元。新开工公租房、廉租房3.7万平方米,经济适用房1.7万平方米。支持社会事业发展。推进医疗卫生体制改革,医疗卫生支出2.83亿元,增长20.9%。支持公立医院改革,第一人民医院列入全省县级公立医院综合改革试点。支持教育事业发展,教育支出10.72亿元,增长25.2%。投入3749万元推进校安工程建设,浙江传媒学院桐乡校区建成招生。推进城乡公交运营体制改革,投入6822万元推进城乡公交运营及体制改革,全市一、二、三级公交全部实现公车公营。

【支持农业农村发展】 促进农业发展。投资2793万元,支持小型农田水利重点县建设。新增农村土地流转面积1.78万亩。以扶持粮食功能区和现代农业园区内的主导产业发展为抓手,加大对优势特色农产品基地建设、规模化标准化生产、先进实用技术推广应用及农产品加工等重点环节财政支持力度,推进农业规模化、组织化、标准化、机械化和农业产业化经营,发展农业循环经济,全市农林水事务支出3.46亿元,增长33.8%。支持农村发展。提升"两新"(新市镇、新社区)工程建设水平,推进农房改造集聚,全市签约农户4305户。投资202万元,扶持村级集体经济发展。开展3个项目涉及3个行政村建设。推进村级公益事业建设一事一议财政奖补试点工作,各级财政投入一事一议财政奖补资金1361万元,实施项目24个。

【推进财政改革】 推进"三位一体"财政组织机构改革。调整内设机构、工作职责及人员配备,搭建预算编制、执行、监督相互分离、相互制衡,又相互联系、互为循环的"三位一体"财政组织体系。深化预算管理改革。以"金财工程"建设为支撑,健全基础库、项目库建设,完善基础信息,推进部门预算。加强预算绩效管理,确定并组织开展2011年度绩效评价自评项目53个,并对市水利局(全国小农水重点县建设项目)和市科学技术局(产学研项目)两个项目实施重点评价。将绩效评价结果与下年度预算安排有机结合,提高财政资金使用效益。实施国库集中支付改革。全市197家行政事业单位全面实施国库集中支付改革,通过国库集中支付资金22.74亿元。开展公务卡改革试点。制定《市级预算单位公务卡管理暂行办法》，完成试点单位业务培训和单位公务卡发放及托收业务变更，提高公务消费透明度。

【完善财政监督】 开展"小金库"专项治理。全市677家单位完成"小金库"复查，对3个镇(街道)以及下属31个事业单位进行"小金库"督导抽查。加强会计监管。确定2011年度会计管理协作工作任务和目标，全年新录入单位信息1227家，有1080户次扣分记录。规范代理记账机构，制定会计师事务所信用评价方法，现有代理记账机构15家。加强政府投资项目监管。制定《关于加强崇福镇小城市培育试点专项资金管理的通知》，规范专项资金管理。控制项目概算，跟踪新建项目，力求"零超概"。组织开展财政基本建设资金使用情况专项检查，并对重点部门基本建设项目资金使用、缺口、预算等情况进行清查摸底。

【加强国有资产管理】 强化国有企业考核和监管。开展国有企业负责人工作、经营业绩年度考核，对国有实业公司收益收缴、国有股退出、综合管理等工作进行考核，规范财务总监考核管理。加强政府债务管理。制定2011年政府性债务收支计划，规范举债审批手续。配合做好国家审计署对桐乡市政府性债务的审计工作。推进债务管理信息化，实施全市政府性债务信息化动态管理。加强行政事业单位国有资产监管。抓好行政事业单位出租房屋管理，加强行政事业单位国有资产处置审批和监督。开展全市行政事业单位房地产专项清查及办公用房调查。组织开展公务用车拍卖工作。公开拍卖249辆公务用车，拍卖金额1747万元，高出评估价38.4%。

【加强干部队伍建设】 以先进的理念培育人。开展"菊乡先锋"创先争优活动，举办"创先争优，争当先锋"演讲比赛。组织"十二五"规划专题辅导、财税业务知识等培训17期，培训系统内干部职工800人次。举办中层干部学习论坛，提升中层干部的调研能力、学习能力和沟通能力。以完善的制度管理人。贯彻干部选拔、任用、交流、培养等制度，全年竞争性选拔中层后备干部6名，提拔中层干部12名，交流中层干部22名，公开招录公务员7名。开展"驻百村进千家联万户"实践活动，首批10名干部下基层锻炼1年。以人文的关怀凝聚人。开展"种植财税林""过政治生日，重温入党誓言"等活动，组织各类兴趣小组开展文体活动，丰富干部职工业余文化生活。

（桐乡市财政局供稿 吴欣苗执笔）

嘉善县

【概况】 2011年，嘉善县实现生产总值321.35亿元，按可比价格计算，比上年增长11.8%。按户籍人口计算，人均生产总值83535元，增长11.5%。其中：第一产业增加值23.38亿元，第二产业增加值189.80亿元，第三产业增加值108.17亿元，分别增长3.1%、12.6%、12.3%。三次产业结构从上年的7.5：59.6：32.9调整为7.3：59.0：33.7。全县财政总收入48.04亿元，增长26.4%，其中地方财政收入24.32亿元，增长29.2%；全县一般预算支出25.29亿元，增长22.0%。全县财政收支平衡。

【优化财政收支结构】 加强收入预测分析。健全收入科学预测机制，完善财政、国税、地税联席会议制度，定期召开收入形势分析会，研究强化收入征管措施，按月编印《嘉善县财政预算执行情况》，分析收支运行情况。强化重点税源监控。扩大税源监控范围，全年纳入重点监控范围企业751户，比上年增加135户，重点监控企业入库税收收入12.76亿元，占全部地方税收收入的76.6%。优化收支结构。全县地方财政收入占财政总收入的比重50.6%，地方可用财力增加。执行厉行节约各项规定，压缩一般性支出，加大对教育、三农、医疗卫生、社会保障等民生领域投入。全年一般预算民生支出17.88亿元，占全县地方一般预算支出的70.7%。完善非税收入征管。加强社会保险费征缴管理，加大欠费清理力度，巩固"五费合征"成果。编制和执行土地出让收

城乡公交一体化

支基金预算,全县土地使用权出让收入18.19亿元。全面应用浙江省国有土地出让收支管理信息系统,实现财政、国土、人民银行三部门联网,提高资金监管效能。

【推进经济转型升级】 完善和落实财税政策。制定《关于加快推进产业升级实现经济转型的若干意见(试行)》,突出产业升级和经济转型,全年拨付各类财政专项补助资金1.20亿元,重点支持战略性新兴产业、先进制造业基地、现代服务业等。完善中小企业专项信用贷款机制,财政性存贷挂钩规模扩大至2.00亿元,全年发放贷款10.93亿元,受惠企业293户,缓解中小企业融资难问题。贯彻中小企业、小微企业税收优惠政策。落实企业最低参保缴费比例调整政策。提高税收减免效率,全年减免税费1.03亿元,办理再生资源增值税退税5772万元。保障重大项目建设。全年筹措安排政府投资项目资金9.09亿元,支持交通及城市基础设施、科创中心二期、中小学校舍安全工程、第一人民医院迁建、城乡供水一体化、水源地保护等重大项目建设。落实3200万元支持城乡公交一体化改革。落实扩大内需政策。兑现家电下乡、以旧换新等政策。全年兑付家电、摩托车下乡补贴657万元,兑付家电以旧换新补贴2197万元,家电下乡资金兑付率达99.9%。

【保障民生支出】 支持农村改革发展。落实加快发展精品农业推进农业转型升级若干政策意见,扶持重点向粮食生产功能区和现代农业园区倾斜。加大"三农"投入,落实强农惠农政策,全年一般预算支农支出2.48亿元,比上年增长21.4%,重点支持水利、农业综合开发、现代农业、生态环境、粮食生产等项目建设。支持社会事业全面发展。加大教育投入,全年一般预算教育支出4.86亿元。保障义务教育经费,中小学校生均公用经费分别提高至680元和520元。支持职业教育改革,保障义务教育学校教师流动改革试点,落实各类助学金、资助金等858万元。加大科技投入,全年投入科技专项经费5300万元,投入957万元专项资金支持创业创新型高层次人才队伍建设。落实文化发展政策,全年安排文化专项资金538万元,宣传文化发展基金300万元,支持"文化名县"建设。支持医药卫生体制改革,全年拨付医改资金1.79亿元,实施医保定点机构门诊总额预付办法,全年拨付城乡合作医疗补偿资金1.11亿元。支持社会保障体系建设。落实城乡居民社会养老保险、最低生活保障、被征地农民基本生活保障等办法,调高养老保险待遇标准。落实创建省级创业型城市资金,加大创业与职业技能培训支持力度,支持公益性岗位安置失业人员,全年拨付促进就业再就业资金435万元。

【深化财政管理改革】 深化财政"三位一体"改革。"三位一体"组织机构改革实现"机构、人员、制度"三到位,建立预算编制、执行、监督"三分离"运行新机制。科学编制公共预算,首次单独编制"三公经费"预算。完善国库集中支付制度,一级预算单位覆盖面100%,公务卡制度改革全面启动。率先推进财政预算信息公开,所有县一级预算单位部门预算实行网上公开。强化财政监督职能。开展乡镇专用存款账户专项检查,规范地方财政专户管理。深化"小金库"专项治理。探索财政资金监管新办法,实现专项支出项目资金动态监控。完善预算绩效管理制度,加强对民生支出项目的预算绩效管理。深化政府采购管理。落实政府采购管理规定,扩大政府采购范围,加强政府采购代理机构监管,全年政府采购节约资金4902万元,节约率12.0%。开展公务用车专项治理。

【加强国有资产管理】 完善行政事业单位资产管理办法。加强行政事业单位资产有偿使用收入和经营性收入收缴,行政事业单位经营收入实现"收支两条线"管理目标。规范行政事业单位资产对外出租审批、核销审批。加强国有企业监督管理。健全国有资产管理制度体系,研究出台县级国有公司董事会议事规则、县级国有企业对外投资管理办法等规定。在县水务集团率先开展县级国有企业预算编制试点工作。健全投融资管理机制。加强国投公司第二期13.00亿元企业债券申报发行工作。支持"两新"工程建设,为姚庄镇、惠民街道农民安置房建设项目向银行申请贷款6.80亿元。组建全县首家国有科技型风险投资公司,支持科技创新,培育新兴产业。开展县镇两级国有企业融资状况摸底和清理,完成政府融资平台转出任务。

【创新乡镇财政管理】 全年全县镇(街道)财政总收入36.53亿元,增长26.0%,占全县财政总收入的76.1%;各镇(街道)地方财政收入15.16亿元,增长29.7%,占全县地方财政收入的62.3%。健全民生投入机制,落实强农惠农各项政策,全年各镇(街道)一般预算内支出5.20亿元,增长47.1%,其中涉及民生事业支出3.24亿元,增长65.4%。创新乡镇财政管理,调整完善县与省级小城市培育试点镇财政体制,落实小城市培育专项资金。各镇(街道)财政办更名为财政所(局),增设财政支付(核算)中心,出台嘉善县镇(街道)财政所规范化建设内部管理制度汇编、考核实施意见、补助办法等制度,编印《嘉善县乡镇财政管理资料汇编》。

【深化干部队伍建设】 打造创先争优活动亮点。围绕“九同嘉善”和“打造六大财税、作好六个表率”主题，开展“科学发展如何示范”大讨论活动。组织开展“七个一”系列主题实践活动，以窗口单位“三亮三比三评”活动为抓手，深化服务型基层党组织建设和行风建设。深化党务公开工作，建立预公开、例行公开、依申请公开、党内民主等七项深化党务公开保障制度，新建县局及各基层单位党务公开栏，建立党务公开平台和工作机制。打造财税文化建设品牌。打造学习、活动和廉政三大品牌，增强财税文化导向、凝聚功能。创新干部学习平台，推广应用远程教育学习模式，邀请专家学者开设专题辅导讲座。开展节前教育，坚持廉政短信提醒，推进西塘分局基层廉政文化建设样板。文明创建成效显著。深化党风廉政建设，强化局领导集体和“一把手”权力监督制约，建立党政“一把手”“五个不直接分管”和重大事项决策“末位表态”等制度。开展服务民生满意行业和满意站所（办事窗口）、机关服务品牌创建以及县级重点部门关键岗位述职评议等活动。 （嘉善县财政局供稿 尤晓啸执笔）

海盐县

【概况】 2011年，海盐县实现生产总值272.40亿元，按可比价格计算，比上年增长9.5%；人均生产总值72854元。第一、二、三产业增加值分别为20.63亿元、171.02亿元、80.75亿元，分别增长3.1%、9.3%、11.7%。三次产业结构由上年7.5∶63.6∶28.9调整为7.6∶62.8∶29.6。社会消费品零售总额71.53亿元，增长18.3%。城镇居民人均可支配收入33290元、农村居民人均纯收入16788元，分别增长13.7%和18.9%。全县财政总收入32.05亿元，增长26.9%，其中地方财政收入17.18亿元，增长25.6%。全县财政一般预算支出20.71亿元，增长13.0%。全县财政收支平衡。

【优化财政收支结构】 加强收入预测分析。根据全年收入计划和历年收入特点，安排季度收入计划，每月进行两次预测，综合全面分析预测报告，促进财政收入结构优化。全县地方财政收入占财政总收入比重53.6%；税收收入占地方财政收入比重94.8%。提高镇（街道）收入水平。全县各镇（街道）税收总收入22亿元，增长36.7%，其中：税收收入超亿元的镇（街道）7个，比上年增加3个。完善非税收入管理。健全重点费源管理机制，组织开展社会保险费汇算清缴工作，加大欠费清理力度，堵塞漏洞。加强政府非税收入收缴管理，深化应用非税收入征管和土地出让收支管理信息系统，组织开展财政票据和非税收入重点检查，确保财政资金安全。提升资金使用绩效。调整优化财政支出结构，加大农业、教育、文化、医疗卫生、就业和社会保障等公共服务领域投入，保障改善民生。加大对专项资金的清理和整合力度，抓好部门预算历年结余资金的清理和统筹，提高资金使用效率。

【推进经济转型升级】 支持现代农业“五大工程”，兑付现代农业专项补助资金3246万元，整合支农资金2.08亿元，加快推进粮食生产功能区、现代农业园区建设。支持工业经济转型发展，落实财政扶持工业、外经贸发展资金7679万元，重点用于改造提升传统产业，培育战略性新兴产业，鼓励行业龙头企业兼并重组、上市融资；出台财政性企业扶持资金管理暂行办法，提升资金绩效。加快推进现代服务业优先发展战略，落实三产发展资金733万元，重点支持港口物流、城市商贸和旅游等现代服务业发展。引导重点企业分离发展服务业，全年分离企业3户，累计分离企业21户，新增地方税费2707万元。

【服务企业促进发展】 落实财税优惠政策。全年辅导企业向上争取财政扶持资金24项（类）计3302万元，办理再生资源增值税退库4319万元，取消3个部门的4项涉企行政事业性收费，减轻企业负担172万元。依法依规落实各项税费减免、抵免政策，全年减免、抵免各项税费1.19亿元。落实社会保险费“五缓四减三补贴”政策，集中减征4099户困难中小企业四项社会保险费1610万元。促进经济平稳运行。落实财政补助资金1092万元，用于鼓励金融机构加大对中小企业的信贷支持力度，扶持小额贷款公司发展，加强中小企业信用担保机构建设，缓解中小企业融资困难。做好汽车、家电下乡和以旧换新财政补贴工作，促进城乡消费增长。拓展财税服务品牌。开展“三访三问”、税收宣传月和“三·五”扶残助残等系列活动，走访企业、人大代表、党代表和政协委员，组织开展宣传咨询，与县域新兴企业结对共建，在政府门户网站中开设“以税说事（说法）专题节目展播”，编发优惠政策汇编，打造“春晖”服务品牌。

【改善社会民生】 推进医药卫生体制改革。参与基本药物制度改革相关工作，保障13个基层医疗卫生单位实施改革。加大基本医疗保障投入，全年城乡居民合作医疗保险人均筹资标准400元，全县筹集城乡居民合作医疗保险基金1.01亿元，参保人员25万人，参保率97.5%，城乡居民累计报销医疗费9625万元，政策范围内住院补偿率61.0%，门诊补偿率26.4%。完善社会保障体系。贯彻落实省养老保障三个政策文件，1.8

万名未参加企业养老保险的"六类人员"纳入职工养老保险体系。至年底,城乡居民社会养老保险累计参保10.4万人,发放城乡居民社会养老保险资金1.18亿元。建立健全社会救助、福利体系,调整最低生活保障标准,完善困难群众基本生活价格补贴机制,出台孤儿福利保障制度,推进居家养老服务,做好农村五保和城镇"三无"对象的集中供养工作;实施残疾人共享小康工程,支持创建"省扶残助残爱心城市";完善就业政策,促进城乡劳动者充分就业;加快保障性住房建设,解决低收入家庭住房问题。发展社会公共事业。加大教育投入,支持学前教育、农村教育和职业教育,推进教育公平;加快文化产业发展,促进城乡文化一体化;保障行政政法及"平安海盐"建设。全县民生支出15.29亿元,增长19.5%,占地方财政支出的73.8%,教育、科技、农林水事务、社保和医疗卫生支出分别增长29.1%、24.6%、37.4%、21.7%和33.0%。

【支持农村改革发展】 支持农田水利基础设施建设,参与制定农村河道综合整治工作实施意见和圩区工程建设实施意见,完成中央财政第三批小型农田水利重点县申报工作。落实项目配套资金,争取省以上补助项目126个,获得补助资金1.15亿元。推进村级公益事业一事一议财政奖补项目建设,争取省级财政奖补项目13个。完善支农资金稳定增长机制,全县财政"三农"支出11亿元,增长23.0%。

【深化财政管理改革】 深化预算管理改革。出台《关于加快推进公共财政管理改革的实施意见》,加快财政"三位一体"组织机构改革进程。完善预算支出标准体系和政府收支分类体系,规范政府非税收入预算管理,逐步健全全口径政府预算。确立国库集中收付制度框架。制定《海盐县县级预算单位公务卡管理暂行办法》,推行单位公务卡改革,加快推进国库集中支付动态监控运作机制和财税库银横向联网建设。至年底,有190个单位实行国库集中支付和公务卡改革。完善绩效考评体系。扩大绩效考评范围,关注重点民生项目绩效评价,组织实施9个重点绩效评价项目和48个单位绩效自评项目,涉及项目资金9748万元。

【规范政府采购管理】 实施《关于进一步创新管理提高政府采购工作效率和服务水平的意见》,促进政府采购工作提质增效。完善集中、批量采购机制,推行定期集中统一采购制度,发挥政府采购规模效应。全年完成政府采购金额4.51亿元,节约资金6262万元,资金节约率13.9%。

【强化财政监督管理】 加强政府投资项目管理。建立健全财政审核工作机制,强化过程管理,健全内控制度,打造估算、预算、结算、决算"四位一体"的财政审核体系,提高政府投资项目效益。全年参与政府投资项目评审67项,核减概算投资8204万元,核减率5.9%。深化国有企业监管。推进国有公司经营业绩考核,抓好企业内控管理和信息化应用等考核重点;定期开展国有企业运行情况分析,为政府决策提供依据;加强对镇级国有企业的指导和检查,规范企业运行机制。强化重点专项治理。开展"小金库"专项治理工作,对全县502家单位进行全面复查,33家单位实施重点检查,查实"小金库"2个,涉及违规金额79万元;22个单位存在财务问题,涉及违规资金716万元。落实党政机关公务用车专项治理工作,对23个部门和单位实施重点检查,重点检查面31.9%,查实违规车辆64辆。

【加强干部队伍建设】 开展创先争优活动。加强机关作风建设,组织开展"评先评优、对标创标"活动,优化财税服务,提升工作效率。县局档案工作通过省一级目标考核认定,被授予"示范化数字档案室";县财政地税局连续五年获得考核先进部门。坚持文化引领。围绕财税文化核心价值理念,组织庆祝建党90周年"知党、兴党、爱党"系列活动,激发干部职工的集体荣誉感和团队精神。开展演讲、读书、征文等文化建设活动,提升队伍素养。加强廉政建设。修订党风廉政建设责任制实施办法,执行廉洁从政各项规定,落实廉政谈话、重大事项报告等制度。推进惩防体系建设,加大廉政风险防范和权力节点化管理,探索实践岗位廉政风险评估,完善教育、监督、惩处相结合的惩防管理机制。县财政局被评为"落实党风廉政建设责任制优秀单位"。

(海盐县财政局供稿 郭 涛执笔)

海盐县城新貌

湖州市财政工作概况

湖州市

【概况】 2011年，湖州市实现生产总值1518.83亿元，增长10.8%。其中：第一产业增加值116.02亿元，增长3.4%；第二产业增加值824.55亿元，增长10.0%；第三产业增加值578.26亿元，增长13.5%。全年实现社会消费品零售总额609.89亿元，增长18.2%。全市对外贸易进出口总额86.62亿美元，增长25.2%，其中出口总额73.56亿美元，增长25.5%；进口总额13.06亿美元，增长23.3%。全市城镇居民人均可支配收入29367元，增长14.4%；农村居民人均纯收入15381元，增长15.8%。全市财政总收入219.08亿元，增长27.1%，其中地方财政收入122.12亿元，增长25.6%；全市财政支出151.73亿元，增长19.4%。市本级财政总收入91.21亿元，增长22.9%，其中地方财政收入51.30亿元，增长21.1%；市本级财政支出65.10亿元，增长18.4%。全市及市本级财政收支平衡。

【促进经济发展】 加强政策引导，落实财政资金，促进经济发展。制定《关于进一步推动工业转型升级的若干意见》，安排落实1.00亿元的工业转型升级专项资金，重点支持战略性新兴产业、重点特色产业发展。安排落实集聚区平台规划、项目建设资金5000万元，支持南太湖产业集聚区建设。落实财政资金2500万元，支持科创中心二期建设。加大人才引进投入力度，支持南太湖精英计划。制定《关于进一步推动服务业加快发展的若干政策意见》，安排落实服务业专项资金3900万元，推进服务业扩量提质。继续做好家电、摩托车下乡和以旧换新等工作，全市共兑付各类补贴资金1.58亿元。安排土地整理开发复垦专项资金，支持现代农业园区、粮食功能区建设。落实中央一号文件精神，加大对水利建设的支持力度。落实各项强农惠农政策，全市发放种粮农民农资综合直补资金8585万元。制定《关于进一步加快开放型经济发展扶持政策的意见》，安排落实开放型经济发展资金3000万元，支持外贸企业做大做强。设立国际服务外包产业发展专项资金，鼓励国际服务外包产业发展。制定《关于促进中小微企业平稳健康发展的若干意见》，加大对中小企业财税扶持力度。全面落实支持企业发展的各项财税政策，全市共为企业落实各类扶持、减免资金66.40亿元，其中市本级35.30亿元。先后安排资金与银行合作组建融资平台，全年发放贷款8.71亿元，缓解中小企业贷款困难。

【强化聚财能力】 依法加强收入征管，提升组织收入水平，财政收入实现持续平稳增长，收入结构保持较好。正确处理好依法征税与实施结构性减税的关系，实现经济与税收互动协调发展。建立健全税源分析、评价机制，及时发现税收征管中存在的薄弱环节，提高征管水平。继续开展“培育财源、扩大税基、促进发展”为主题的专题调研活动，针对性开展分析调研，完善和细化相关政策措施，培植有效税源。加强对房地产、建筑安装、交通运输、餐饮娱乐等重点行业营业税管理，规范营业税差额征税管理。做好企业所得税汇算清缴、个人所得税扣除额提高、营业税起征点调整等工作。推进房地产评税工作，加强存量房交易税收征管。贯彻落实《浙江省政府非税收入管理条例》，健全非税收入收缴管理制度。当年全市组织地方政府非税收入187.24亿元，市本级为94.64亿元。

【提升保障水平】 优先保障和改善民生，突出重点、统筹兼顾、优化结构，推进民生发展。提高企业退休人员基本养老金待遇，市本级人均补贴增加476元；提高城乡居民基础养老金待遇标准，每人每月由60元调整到90元，并对年满80周岁的老人增发每人每月30元的高龄补贴；提高城乡居民医疗保

干部赴省法纪教育基地接受警示教育

障筹资标准,其中新型农村合作医疗筹资标准由240元提高到380元,城镇居民医保筹资标准由320元提高到430元;提高市区被征地农民基本生活保障、补助标准,分别由345元、265元提高到400元、320元。安排落实促进就业资金,支持就业创业工作。加强社会救助、社会福利和优抚安置工作,支持残疾人事业发展。抓好"米袋子"、"菜篮子"工作,落实物价补贴政策,着力保障困难群众生活。落实教育支出法定增长要求,加大教育投入力度,全市安排教育支出32.11亿元,促进教育事业均衡协调发展。落实义务教育学校绩效工资制度,继续实施免杂费和免费教科书制度,落实各项学生资助政策。安排校车采购资金,保障中小学生接送工作。落实职业教育"五大工程"*资金,推动职业教育事业发展。支持公共文化服务体系建设,文化支出2.41亿元,促进文化事业发展。支持医药卫生体制改革,加强医疗保障和医疗卫生服务体系建设。支持人口和计划生育工作。筹措对口支援资金,落实援疆项目资金,加强对口支援工作。加大"三农"投入,支持新农村建设,全市"三农"支出55.96亿元,增长22.2%。整合农口专项资金6000万元,支持美丽乡村建设。全市争取到省以上建设类补助资金2.14亿元、地方政府债券3亿元,用于支持保障性安居房等民生项目建设。加大对太湖流域水污染防治工作投入,全市争取到中央太湖流域水污染防治专项补助资金1.21亿元。安排落实老虎潭水库水价补贴6000万元,确保居民饮水安全。

【深化财政管理改革】 推进"三位一体"财政组织管理改革,提高财政管理科学化、精细化水平。深化预算管理改革,优化预算编制流程,细化部门预算管理。全面推进国库集中支付改革,提高财政资金使用效率;加快推进公务卡制度改革,健全公务支出监管体系。稳妥做好预算信息公开工作。加强政府采购监管,降低采购成本,全年节约采购资金9553万元,节约率13.5%。加强政府投资项目审核,全市核减投资15.45亿元,核减率10.3%。探索预算绩效管理,提高财政资金使用绩效。开展"小金库"专项治理全面复查,巩固"小金库"专项治理成果。按照中央、省的统一部署,开展公务用车专项治理。加强基层财政管理,强化乡镇财政资金监管。加强政府性债务管理,防范和化解债务风险。落实厉行节约、控制行政成本的各项规定,严格控制一般性支出,控制因公出国(境)费用、公务接待费和公务用车购置及运行维护费。

【推进队伍建设】 按照"精简、统一、效能"的原则,修订"三定"*方案,理顺管理职责,优化机构设置。开展中层职位竞争性选拔工作,优化中层干部队伍结构。重视党风廉政建设工作,落实党风廉政建设责任制。建立资金、项目等重点环节风险防范机制,推进惩防体系建设,建设高效廉洁的干部队伍。精心组织民主评议行风活动。加强领导班子建设,创建"创业创新好班子"。加强干部教育培训,举办中层干部、青年干部培训班,提高干部队伍综合业务素质。开展文明单位创建活动。参加市七届运动会和"同心向党"歌咏会,活跃系统文化氛围。 (湖州市财政局供稿 陈洪全执笔)

注:

*"五大工程":指职业院校助学奖学工程、新农村致富带头人培养工程、中等职业教育校外实训基地和校企合作工程、中等职业学校品牌专业建设工程及中等职业学校高技能"双师型"教师培养培训工程。

*"三定"方案:指政府机构改革中,定机构、定职能、定编制的方案。

吴兴区

【概况】 2011年,湖州市吴兴区完成生产总值315.36亿元,增长11.6%。第一、二、三产业增加值分别为18.13亿元、157.43亿元、139.80亿元,分别增长3.2%、11.4%和13.1%。全社会固定资产投资167.91亿元,增长23.5%;社会消费品零售总额147.23亿元,增长18.8%。全区财政总收入27.01亿元,增长21.7%,其中地方财政收入15.03亿元,增长24%;全区财政支出11.84亿元,增长10.1%。财政总收入占GDP的比重为8.56%,比上年提高0.23个百分点。全区财政收支平衡。

【组织财政收入】 做好收入预测和分析工作,增强组织收入预见性,把握主动权。拓宽重点税源监控范围,落实征管措施,挖掘增收潜力。充分调动乡镇、街道协助征收的积极性,加强对地方小税种和零星税源的征管。完善非税收入征收管理,清理各种收费项目,对全区行政事业性资产收益实行"收支两条线"管理,确保非税收入及时入库。加大对财政性收入的统筹与调控力度,抓好土地出让金、采矿权出让金等各项资源性收入的筹集与管理,加大资金统筹力度。在确保收入稳定增长的同时,着力优化收入结构,全区地方财政收入占财政总收入的比重55.6%。

【助推经济转型升级】 围绕转变经济发展方式,促进转型升级,集中财力6046万元,用于科技进步、企业技术创新和鼓励现代服务业发展,完善资金管理办法,重点实行扶优扶强,着眼于培育壮大财源。筹措应急周转资金4000万元,用于缓解中小企业融资困难。

【加大“三农”投入】 支持新农村建设，筹措资金6400万元，用于美丽乡村建设、农村环境连片整治和农村公益事业一事一议项目补助；筹措农业发展资金5506万元，用于促进现代农业发展，扶持农业龙头企业和农民专业合作社，支持小型水利建设等。落实惠农政策，通过农民网一卡通直接发放农资综合补助等七大项财政直补资金2339万元。建立村级组织运转保障机制，实施农民培训工程。

【保障民生事业】 加大民生领域投入力度，全区新增财力75%以上投向民生事业。落实义务教育经费保障机制，财政全额补助义务教育阶段免教科书资金1117万元。完善资助家庭困难学生的政策，推进中、小学校舍安全工程建设。筹措2185万元财政资金专项用于国标校车采购，保障学生接送安全。加大对街道社区的投入力度，完善社区服务功能，提高社区管理业务经费和社区工作者待遇。推进医药卫生体制改革，支持城乡公共卫生和基层医疗卫生事业发展，筹措1.11亿元财政资金用于农村公共卫生体系建设、新型农村合作医疗、城镇居民医疗保险、添置公共卫生装备等。设立文化体育专项资金，支持文化和体育事业发展。按照中央和省市的统一部署稳妥推进城乡居民社会养老保险扩面工作，筹措7638万元用于城乡居民社会养老保险，确保基础养老金等各项政策按时落实到位。关注弱势群体，完善新型社会救助体系建设，统筹各类救助资金4643万元用于城乡居民最低生活保障、就业再就业、司法救助、贫困家庭危房改造等十一类救助支出。

【推进财政改革】 整合财政业务，完善区级部门、街道、乡镇部门综合预算，深化乡镇财政管理改革。在中心城教育系统财政集中支付改革试点的基础上，实施国库集中支付改革，区级行政事业单位、街道办事处、中心城教育单位全面上线运行，实现由财政集中核算制度向国库集中支付制度的成功转型。32家行政事业单位实施公务卡改革试点。区财政局被省财政厅命名为“国库集中支付和公务卡改革”示范县区。扩大“金财工程”运行范围，实现对所有财政业务信息化全覆盖。

【强化财政监督】 加强预算支出管理，建立部门预算执行按季分析与信息反馈机制，强化预算执行刚性。加强国库集中支付中心和会计核算中心的临柜监督，实行“规范意见书”完善告知制度，控制不合理、不规范支出发生。推进非税收入征收管理信息化，实现“单位开票、银行代收、财政统管、信息共享”的非税收入征管模式。强化财政票据管理，实行全区用票单位全年检。非税收入全部纳入部门综合预算，实现收入“一个笼子”。强化会计基础管理工作，提高会计信息质量，规范会计秩序。开展党政机关和事业单位“小金库”专项治理复查工作，复查面100%。开展党政机关公务用车问题专项治理工作。

【加强队伍建设】 以开展“三个年”和“创先争优”活动为抓手，建立健全规章制度，完善监督体系，提高干部素质。深入调研，完成《完善一事一议制度的思考》等调研课题。全面落实预防与惩处相结合的党风廉政建设机制，确保财政事业健康发展。在区委区政府年度综合目标考核中，区财政局连续第九年被评为一等奖。区机关会计核算中心被评为湖州市“群众满意基层站所（服务窗口）”创建工作示范单位。

（湖州市吴兴区财政局供稿 倪志伟执笔）

南浔区

【概况】 2011年，湖州市南浔区实现生产总值265.98亿元，按可比价格计算，比上年增长10.0%。其中：第一产业增加值23.48亿元，增长3.1%；第二产业增加值167.16亿元，增长9.4%；第三产业增加值75.34亿元，增长13.6%。全区财政总收入为24.00亿元，增长18.0%，其中地方财政收入12.02亿元，增长20.1%；全区财政支出为11.12亿元，增长15.5%。全区财政收支平衡。

【财政收入稳步增长】 加强财政收入计划管理，与各镇（开发区）和国税、地税部门签订财政收入目标责任书；逐月分解下达各镇（开发区）和国税、地税部门税收任务，按月实行收入进度通报制度，定期召开收入分析会，增强各单位抓收入的责任感和紧迫感。强化组织收入相关经济部门间联系协作，实行财税联动、各镇（开发区）与国税地税部门联动机制，确保财政收入及时入库。研究制定《关于进一步完善财源建设激励机制促进财政收入稳定增长的意见》，细化财政收入增收措施，调动各镇（开发区）和国税、地税部门的增收积极性。加强非税收入和票据管理，按照“收入一个笼子”的要求，深化“收支两条线”管理，规范征收程序，确保非税收入应收尽收。

【服务经济发展方式转变】 落实结构性减税政策等财税优惠政策，减轻企业负担。向上争取循环经济发展、促进机电和高新技术产品出口等各类专项补助资金。落实各类企业发展资金,引导规模企业技术改造,支持培育"新象新牛"*企业。落实资金支持开放型经济发展,推进节能减排工作。支持项目平台建设,用于南太湖集聚产业平台建设,促进工业功能区平台建设和科创园建设。加大特色旅游、现代服务业发展的支持力度,投入旅游发展资金,扶持古镇旅游发展。实施"先进制造业与现代服务业双轮驱动"战略,推动全区服务业发展。

【优化结构保障民生支出】 全区新增财力70%以上用于民生。落实完善农村义务教育各项政策措施,全区预算内教育投入3.66亿元。支持医疗体制改革,拨付基本药物零差价补助及绩效工资,发放城乡居民养老保险1.17亿元。争取地方政府债券2000万元,用于保障性住房建设。筹措3700万元用于区级图书档案中心、文化艺术中心建设和法院、检察院建设。健全融资方式,包装南浔中心城区环城道路改造项目,完成信托融资和教育设备租赁项目融资工作,保障重点建设需要。支持强农惠农,全面推行村级公益事业建设一事一议财政奖补工作。支持"中国魅力水乡"和"美丽乡村"创建活动,加快农村基础设施建设;健全财政支农直接补贴信息网络,通过"一卡通"发放油价补贴、农资综合直补、良种和种粮大户补贴资金3399万元。兑付"家电下乡"和"摩托车下乡"政策资金1149万元。

【深化财政改革】 推进部门预算改革,细化编制内容,完善预算定额标准,严格预算编制程序,做到基本支出预算规范化、项目支出科学化、预算执行刚性化。推进国库集中支付改革。完成国库集中支付扩面工作,国库集中支付资金计2.50亿元。组织实施教育系统集中支付工作,规范预算单位用款行为,提高支付效率。加强预算单位财务管理,推行公务卡制度改革试点。扩大报送区人大财经委审查部门预算至18个单位,将区民政局等三个预算单位的部门预算提交人代会审议。按照《关于进一步做好部门预算公开工作的通知》要求,向社会公开财政总预算和提交人代会审查的部门预算。

【加强资金监管】 加强单位预算执行监管,控制日常经费与专项资金支出;对教育、卫生、文体、社会保障等专项经费使用情况,按季进行预算执行分析,确保专项资金规范合理使用。规范政府性投资项目财务管理,推进财政项目审核工作,拓宽项目审核范围,加大财政投资项目建设招投标限价审核,实行项目限时办结制。全年完成练市镇新建中心幼儿园工程等23个项目评审,核减资金1.81亿元,核减率17.1%。对全区16个中央投资项目资金采取直拨方式拨付,确保财政项目资金安全。加强国有资产管理,出台《南浔区国有投融资公司监管暂行办法》,规范国有企业投融资行为;强化国有公司运行监管,对固定资产实行信息化动态管理。

【加强队伍建设】 强化"星期一夜校"学习机制,通过举办"科长论坛"等学习载体,为干部提升思想素质和业务水平创造条件,提高财政干部队伍整体素质。开展执行力保障体系建设活动,围绕解决干部队伍作风建设中存在的突出问题,实施廉洁班子建设活动、廉政环境建设活动及民生保障三项活动。 (湖州市南浔区财政局供稿 马君君执笔)

注:

*"新象新牛":"新象"指当年区内制造业销售收入15亿元以上,比上年增幅20%以上,或产量增幅20%以上;当年实缴税2000万元以上;当年工业性技改投入3000万元以上的企业。"新牛"指当年区内制造业销售收入5亿元以上,比上年增幅20%以上,或产量增幅20%以上;当年实缴税1000万元以上;当年工业性技改投入1000万元以上的企业。

德清县

【概况】 2011年,德清县实现全县生产总值278.90亿元,比上年增长10.8%,其中:第一产业增加值20.30亿元,增长3.1%;第二产业增加值162.50亿元,增长10.4%;第三产业增加值96.10亿元,增长13.1%。一、二、三产比例为7.3∶58.3∶34.4,人均生产总值64743元。全县财政总收入44.23亿元,增长28.2%,其中地方财政收入23.40亿元,增长25.8%;全县财政总支出26.07亿元,增长21.6%。全县财政收支平衡,略有结余。

【加强收入管理】 开展经济税源、政策效应、管理风险和预测预警分析,制定组织收入预案,落实组织收入联动机制和各项征管举措。加强税源管理,建立国地税信息共享平台,加强股权转让所得等高收入者个人所得税征管,全年入库个人所得税收入4.19亿元,增长62.2%。加强地方小税种征管,全年地方七税入库5.45亿元,增长36.2%,拉动地方财政收入增长7.8个百分点。加强非税收入和规费征管,强化政府非税收入收缴管理,执行收支两条线。推进社会保险费、残保金征缴扩面,加强水利建设基金等规费(基金)征管。

【扶持经济发展】 加快推进三大工业园区和科技新城等平台建设。拨付基本建设项目资金4.19亿元,落实"小城市"和中心镇建设资金8600万元，增强辐射带动功能。兑现招商选资、外经外贸奖励及扶持企业发展政策资金1.49亿元。拨付技术创新和科技支出1.05亿元，增长45.3%，促进经济转型升级。推进现代服务业发展，安排和落实服务业发展资金5478万元。支持现代农业发展，安排财政资金1.27亿元，支持重点农田水利工程建设；整合财政资金5892万元，加快农业“两区”建设。拨付铅蓄电池及小化工企业“关停转”政策资金2497万元，淘汰落后产能。落实福利企业、资源综合利用企业等各类减免、抵免税收优惠1847万元，企业财产损失税前扣除723万元，落实营业税起征点调整、社保费“五缓四减三补贴”等政策，集中减征社保费及水利建设基金2810万元，减轻企业负担。

【保障民生支出】 全年民生支出16.62亿元，增长26.3%；其中县级新增财力的84.3%用于民生支出。统筹城乡发展，拨付农村环境连片整治和西部生态补偿等资金2577万元，安排公交、供水、垃圾和污水处理四个一体化补助资金5843万元。完善义务教育经费保障机制，落实免费义务教育等财政补贴资金，建立普通高中助学金制度，统筹学前教育与职业教育协调发展，全年教育支出5.37亿元，增长41.1%。加大对基层公共文化服务的投入，推进文化产业发展，全年文化支出2103万元，增长39%。推进医药卫生体制改革，拨付基本医疗保障补助资金4585万元，提高新型农村合作医疗和城居医保筹资和财政补助标准；落实基层医疗卫生机构实施基本药物制度财政补助资金3300万元。健全社会保障和救助体系，扩大社会保险制度覆盖面，提高城乡居民社会养老保险待遇水平，增发企业退休人员社区补助，落实财政补助资金9930万元；完善失业就业联动机制，落实高校毕业生、妇女、残疾人等创业就业财税扶持政策，安排就业专项支出1500万元。支持保障性住房建设，拨付保障性住房建设资金5055万元；调整完善困难群众基本生活价格补贴机制，推进新型社会救助和社会福利体系建设，拨付各类保障救助资金5184万元。加强政法经费保障，落实公检法部门公用经费和建设、装备经费，维护社会稳定。

【完善财政运行机制】 完善公共财政预算编制，加强政府性专项资金（基金）和政府项目预算编制，将非税收入纳入预算管理，完善社保基金预算，编制政府性债务收支计划，细化部门预算，健全政府预算体系。强化预算执行分析，全面推进国库集中支付和公务卡改革工作，实施两项改革的预算单位分别为125家和56家。提高政府采购效率，深化协议定点项目联动采购。推进财政支出绩效评价工作，完成13个项目的绩效评价。开展预算信息公开调研，夯实预算管理基础工作。

【推进组织机构改革】 理顺管理体制，县局增挂县国有资产监督管理局牌子，履行好出资人职责。深化“三位一体”组织机构改革，完成财政组织机构调整，成立预算局、财政监督局、预算执行局、规费局等4个局，增设纳税服务科、信息化管理科、外债金融科、基层财政管理科、行政事业管理科、行政许可科等6个职能科室，强化管理和服务职能。

【加强财政监管】 完成10个项目的财政监督检查，纠正违规资金2531万元。开展“小金库”专项治理全面复查、公务用车专项治理、乡镇和开发区财政专户清理检查。加强土地出让金收支管理，调整明确土地出让收入分解分配标准。加强和规范政府投资项目管理，全年审核政府投资项目177项，审减金额1.51亿元。开展全县国有资产现状调查摸底，掌握全县国有资产总量；健全企业财务信息报告制度，开展企业财务月报工作培训；调研并探索全县国有资产监管新模式，起草全县国有资产监管、使用和处置等各项办法。加强乡镇开发区财政管理工作考评，开展乡镇财政资金监管自查，拟定加强乡镇财政建设和推进专项资金预算公开等意见。

【推进依法行政】 开展“六五”普法启动工作，制定并落实年度依法行政工作推进计划，推进财税法制建设。加强财税规范性文件管理，开展规范行政处罚裁量权自查，推行税务柔性执法，开展税收执法督察，稳妥处理重大税务案件审查。

【推进队伍建设】 加强财税文化建设，强化财税核心价值理念。实施分层分类的干部教育培训，组织召开党组专题学习会，举办以“激情、担当、超越”为主题的征文比赛，营造良好的学习氛围。发挥工团妇组织作用，开展丰富多彩的文体活动，组织党员干部进社区义工活动，参加省、县纪念建党90周年活动。落实机关效能督查制度，开展中层干部执行力评比、“岗位服务明星”评比等活动。落实党风廉政建设责任制，推进廉政风险防控机制建设，规范和制约权力运行，加强干部廉政主题教育，完善内部反腐倡廉配套制度建设，健全内外监督机制，提高反腐倡廉制度执行力。县财政局在县委县政府“千人评议机关（单位）执行力”活动中被评为“群众满意单位”，在县级机关部门领导班子年度工作考核中被评为一等奖部门。 （德清县财政局供稿　褚洁滢执笔）

长兴县

【概况】 2011年,长兴县实现生产总值334.85亿元,比上年增长11.5%。其中:第一产业增加值28.34亿元,增长4.1%;第二产业增加值184.86亿元,增长9.9%;第三产业增加值121.65亿元,增长15.9%。三次产业结构从上年的9.0∶55.9∶35.1调整为9.0∶54.9∶36.1,人均生产总值53613元,增长11.0%。全县财政总收入54.54亿元,增长36.0%,其中地方财政收入30.75亿元,增长37.5%;财政支出35.30亿元,增长22.8%。当年财政收支平衡。

【组织财政收入】 全县各乡镇全面推广针对个体工商户税收征管的社会化征管平台;完善个人私房出租征管软件,新增税收200万元;加强房地产税收征管,开展企业房产税实测清查,新增房产税3288万元,增长100.0%;开展房地产企业土地增值税清算,净增入库税收6000万元。加强个人所得税征管,全年股权转让新增入库个人所得税2400万元,增长132.6%。全县220户行政事业单位安装全员管理系统,入库税款160万元。创新矿山实测数据比对工作,补缴资源税1445万元,其他税费185万元。加强专项纳税评估,评估入库785万元。加大稽查力度,查补税费入库4055万元。当年地方财政收入占财政总收入56.4%,提高0.6个百分点;税收收入占地方财政收入的比重为93.1%,提高1.0个百分点。

【支持经济转型升级】 出台各类惠企措施,落实增值税转型改革和高新技术企业税收优惠、技术研发费加计扣除等政策,社保费临时性比例下浮减征1232万元;落实企业税费“减免缓”政策,全年为企业直接减负1亿元。县财政出资5000万元,建立专项中小微企业贷款周转金,缓解中小企业融资压力,促进企业健康发展。落实积极的财政政策,及时下达中央新增投资资金和地方政府债券资金,指导企业用好用足财政政策,推动全县经济在保增长中加快转型升级。全年县财政兑现工业经济政策性奖励资金1.10亿元;兑现农业产业化补助资金6370万元;兑现旅游业、房地产业等专项资金993万元;兑现外贸出口奖励资金1565万元;兑现家电下乡、以旧换新等补贴资金3216万元;全年科技投入9438万元。

【加大民生投入】 支持农村改革发展。全面落实支农惠农政策,加大“三农”支持力度,当年预算内用于“三农”支出17.25亿元,增长32.2%,拨付粮食综合直补资金2738万元,提高农业综合生产能力。支持教育文化事业发展。完善义务教育经费保障机制,拓宽教育经费渠道,建立学前教育和职业教育投入机制,推动教育优质、均衡同步发展。当年财政预算内教育支出8.67亿元,增长33.7%。文化体育与传媒事业财政支出5200万元,增长12.1%。完善社会保障体系建设。全年投入8170万元,全面实施城乡居民基本养老保险。调整企业退休人员基本养老金,平均每人增加养老金318元,全县企业养老金支付能力提高到39.3个月。深化医药卫生体制改革,完善医改财政经费保障机制。全年投入基本医疗7763万元,继续完善城镇职工基本医疗保险、城镇居民基本医疗保险、新型农村合作医疗三大体系。支持生态环保建设。加大环境保护和生态建设的投入,财政预算内节能环保总支出26116万元,增长102.9%。

【推进财政改革】 加快推进“三个子”公共财政管理改革,建立以部门预算为龙头的预算编制体系、以国库集中收付为龙头的预算执行体系和以绩效评价为龙头的预算监督体系的“三位一体”财政组织体系。深化部门预算改革,试点部门预算人代会报告制度,稳妥推进预决算公开。将预算内、预算外所有资金纳入部门预算,实行部门预算的全覆盖。加快推进财政国库集中支付改革,做好国库集中支付扩面工作,实现县级预算单位全覆盖。推进公务卡改革试点,为全面推开打好基础。开展绩效管理和评价,全年绩效评价项目6个,涉及财政资金1.10亿元。

【加强财政监督】 健全内控机制。规范预算指标管理、资金拨付程序,建立相互监督、相互牵制的工作机制,确保资金安全。强化资金管理。加强对预算执行情况的监督与管理,强化预算刚性约束。出台《长兴县廉租住房保障资金管理实施办法》等专项资金管理办法,完成财政专项资金申拨上线工作,提高资金使用效益。健全监管制度。做好政府采购和控办工作,全年节约采购资金1700万元,节约率13.1%。加快国有公司整合重组,五大国有公司基本形成,推进现代企业制度建设,健全国有公司运行制度。出台《长兴县政府性债务管理办法》和《长兴县政府性债务管理办法实施意见》。强化财政监督检查。全年对9个行政事业单位(系统)进行财政监督检查,纠正违规资金3174万元。对35个单位进行“小金库”督导检查,查处“小金库”36万元。强化会计基础管理。开展多层次教育培训,规范代理记账秩序。加强农综项目管理。完成2009~2010年农业综合开发项目,申报并开工2011年农综项目3个。加强财税法制建设。实施“人机结合”的方式进行税收执法责任制考核,全年未发生一起行政诉讼。

【加强队伍建设】 做好干部教育培训工作，开展"周一夜校"集中学习、"双百分竞赛活动"、周末邀请专家讲座，参加系统内外各种培训，帮助干部提升素质和工作能力。开展"创先争优"主题教育活动，全局机关各支部评选出五星级党员92名，点评闪光言行近500条。全年开展党员志愿者服务社区活动170人次，党员结对基层困难群众224户。注重财税文化建设，参加全县机关干部庆祝建党90周年红歌合唱大赛获一等奖。落实党风廉政建设责任制，开展党风廉政教育，落实具有财政特色的惩防体系建设。2011年度系统获1个省级基层文明单位，5个市级基层文明单位，县财政局获部门目标责任制综合考核一等奖、县机关党建工作先进单位等荣誉。

（长兴县财政局供稿 殷 巍执笔）

安吉县

【概况】 2011年，安吉县实现生产总值222.01亿元，增长10.8%。其中：第一产业增加值23.71亿元，增长3.0%；第二产业增加值109.69亿元，增长9.2%；第三产业增加值88.61亿元，增长15.4%。三次产业结构为10.7 : 49.4 : 39.9。人均生产总值48402元，增长10.5%。全年完成财政总收入29.11亿元，增长23.8%，其中地方财政收入16.66亿元，增长19.6%；全年财政总支出25.26亿元，增长15.2%。全年财政收支平衡。

【组织财政收入】 强化征管基础工作。开展漏征漏管户专项清理；完善发票换版后续管理办法；开展存量房交易评估计税；扩大重点税源数据库监控范围，掌控组织收入主动权。强化主体税种征管。组织实施所得税汇算清缴，落实12万元以上个人所得税自行申报；做好营业税差额征税试点，全年入库营业税5.33亿元，增长37.5%。强化地方小税种征管。加强契税、耕地占用税税源调查，规范征管流程，全年入库两税2.03亿元，增长5.2%；开展房产税、城镇土地使用税普查，做好土地增值税清算，全年入库地方七税3.35亿元，增长32.5%。强化非税收入征管。完善社保基金"五费合征"模式，出台有雇工个体工商户社会保险费征管办法，全年征收五项社保基金10.57亿元，增长77.8%；建立税费结算互查机制；推广非税收入征管系统应用，实现应用户数262户，覆盖面100%。

【支持经济发展】 加大政策落实力度。争取中央、省扩内需项目补助资金3454万元、地方政府债券资金5000万元，重点用于基础设施、公益性在建项目和保障性住房工程建设。贯彻新个人所得税法，减轻中低收入者负担。提高营业税起征点，减轻个体工商户税收负担。落实扩内需各项政策，拉动城乡消费。挖掘资产经营公司资源优势，创新银团融资模式，融资信贷资金4.20亿元，缓解资金要素制约。助推经济转型升级。拨付乡镇超收分成资金2.77亿元，工业园区建设补助资金4500万元，促进工业平台基础设施建设。拨付各项工业专项资金9336万元，鼓励企业技术改造，促进工业经济转型升级。办理出口退税16.40亿元，支持企业拓展国际市场。设立竹产业发展专项资金1000万元，支持竹产业企业开拓市场、产业提升和兼并重组。拨付科技资金2100万元，提升科技创新能力。落实企业研发费加计扣除、高新技术企业所得税优惠政策，推进战略性新兴产业培育、传统产业改造提升和高新技术产业发展。全年工业税收入库13.99亿元，增长23.6%。帮扶中小企业发展。贯彻促进中小企业健康发展的税费政策措施。取消13个部门的涉企行政事业性收费，落实32项行政事业性收费3年免征政策，落实养老保险缴费比例调整政策。落实银行业金融机构新增小企业贷款风险补偿和金融业定向费用补贴政策，引导金融机构新增中小企业贷款3.30亿元。支持融资性担保体系建设和小额贷款公司发展，鼓励担保公司为中小企业提供融资担保。安排6000万元用于中小企业转贷周转金。落实支持中小企业信用担保机构的营业税优惠政策，鼓励金融机构增加信贷投放，缓解中小企业融资难题。促进服务业加快发展。拨付服务业发展专项资金608万元，落实服务业发展财税扶持政策，支持商贸流通业、物流业、中介服务业发展，带动发展传统服务业。安排旅游发展专项资金，支持旅游业做精做优，加快观光旅游向休闲度假旅游转型。安排文化专项资金、文化创意产业发展专项资金，扶持发展文化产业。全年第三产业税收入库9.48亿元，增长48.0%。

【保障"三农"投入】 安排地方水利建设、农田水利建设专项资金8826万元，农民饮用水工程专项资金1420万元，加大农村基础设施建设投入。安排大中型水库移民补助资金3480万元，粮食、农资综合直补资金2555万元，生态公益林保护补偿资金1203万元，促进农民增收。安排农业发展专项资金3100万元，完成农业、林业现代园区项目16个，促进农业增产增效。安排县校合作专项资金300万元，推广农业、林业科技创新应用。推进新农村示范区建设。安排"中国美丽乡村"建设奖补资金1.22亿元、村庄环境整治专项资金1117万元、生态县建设专项资金2183万元、"风情小镇"建设资金1061万元。以财政奖补资金为杠杆，为乡镇向金融机构担保融资1.40亿元，解决乡镇"中国美丽乡村"建设资金筹资难题。安排村级公益事业建设一事一议奖补资金3310万元，支持农村公共设施建设。

【保障民生支出】 落实各项民生政策，完善覆盖全社会的社会保障体系。提高城乡居民社会养老保险待遇，建立高龄老人补贴制度，拨付城乡居民养老保险专项资金5640万元，增长96.7%。提高企业退休人员养老金待遇水平，建立企业退休人员社区综合补贴制度。提高新型城乡合作医疗保险人均筹资标准，拨付新型城乡合作医疗保险5159万元，增长74.5%。推进新型社会救助、社会福利和优抚安置等保障体系建设。保障公共事业建设。全年教育投入5.61亿元，增长26.3%，推进“校安工程”建设，提高中小学生均公用经费标准，完善民办学校办学补助机制。拨付基本药物制度补助资金3200万元，建立基层医疗单位实施基本药物制度补助机制。拨付再就业专项资金1196万元，完善公共就业平台建设。投入文化体育事业资金4168万元，支持群众文化体育设施建设，保障“中国安吉生态博物馆”建设。投入县财政资金4968万元，落实保障性住房建设。

【推进财政改革】 深化部门预算改革。健全预算定额标准体系，根据县级单位机构设置调整，将部门预算单位推广至94家。抓好项目评估和可行性论证，提高项目预算编制质量。完善预算编制与预算执行、支出绩效结合机制。执行行政事业性收费收入纳入预算内管理，深化“收支两条线”管理。建立本级财政追加预算和上级财政专项补助资金拨付审核机制，规范预算追加、预算调整行为及其审核、审批程序，强化预算刚性。规范预算执行。推进国库集中支付改革，实现县级预算单位全部纳入国库集中支付。实行财政性投资项目资金直接支付，规范财政投资项目资金使用。10家预算单位试点公务卡改革，完善集中支付配套改革。开展财政专户清理整顿，规范和加强财政资金专户管理。制定《安吉县财政预算资金拨付管理办法》，完善预算资金管理制度。

【强化财政监督】 成立财政项目预算审核中心，对政府性投资项目进行事前评价审核，全年完成评审项目26个，送审金额5.63亿元，核减项目概算资金2683万元。完善财政绩效评价体系，实现部门协同评价，建立绩效评价专家库，推进评价结果应用，推动预算管理，全年完成25个财政支出项目绩效评价，涉及财政资金3.52亿元。加强政府采购供应商管理，探索协议供货产品的批量采购，全年组织政府采购739次，协议供货615批次，完成采购预算2.14亿元，节约资金3170万元。出台《安吉县行政事业单位国有资产处置管理暂行办法》，明确国有资产处置程序，规范处置行为。推广国有资产管理信息系统应用，实现对行政事业单位国有资产的动态监管。开展县属国有企业产权转让自查。

【干部队伍建设】 开展教育培训工作。坚持季度局务会议制度；举办廉政教育暨执行力建设宣讲会、礼仪文化培训班；组织干部参加安吉县会计人员研修班培训，组织税收征管能手选拔考试；鼓励干部参加学历教育。加强党风廉政建设。落实党风廉政建设责任制，领导干部和科室负责人作出廉政承诺。编发《预防职务犯罪法律知识读本》，构建财税系统预防职务犯罪工作体系。推进财税文化建设。开展摄影比赛、“江南杯”户外运动比赛等文体活动，丰富干部职工业余文化生活。开展创先争优活动。开展“为民服务创先争优”活动，增强服务意识，改进服务作风，提高服务效能。县财政地税局被省委、省政府命名为浙江省文明单位，连续两年获评安吉县县级机关部门争创“效能机关”考核一等奖。

（安吉县财政局供稿 饶立新执笔）

绍兴市财政工作概况

绍兴市

【概况】 2011年，绍兴市实现生产总值3291.23亿元，比上年增长10.5%。人均生产总值（按户籍人口）74892元，增长10.2%。其中：第一、二、三产业增加值分别为172.16亿元、1843.63亿元、1275.44亿元，增幅分别为3.9%、10.1%、12.0%。三次产业结构由上年的5.3∶56.9∶37.8调整为5.2∶56.0∶38.8。全市实现社会消费品零售总额1006.75亿元，增长18.0%。完成固定资产投资1426.26亿元，增长24.8%。外贸进出口总额335.05亿美元，增长24.0%，其中：进口总额75.19亿美元，增长26.5%；自营出口总额259.86亿美元，增长23.2%。金融机构本外币存款余额5510.14亿元，增长11.2%。城镇居民人均可支配收入33273元，增长13.3%；农村居民人均纯收入15861元，增长16.2%。财政总收入426.45亿元，增长22.1%；地方财政收入239.69亿元，增长24.0%，地方财政收入占财政总收入的比重56.2%，税收收入占地方财政收入的比重95.0%。市本级完成财政总收入98.16亿元，增长17.6%；地方财政收入59.22元，增长22.5%。全年财政支出253.31亿元，增长14.1%，其中市本级财政支出63.53亿元，增长14.3%。全市和市本级当年财政收支平衡，并略有结余。

【确保财政收入平稳增长】 加强重点税源监控，全市重点监控税源企业3644家，监控率73.5%。科学制订税收计划，提高收入预测准确度，全市税收预测综合误差率1.6%。加强税收征管，推广应用营业税差额征税管理软件，推进企业所得税专业化管理，加强股权转让所得等高收入者个人所得税征收管理，应用房地产评估技术加强二手房交易税收征管，将耕契两税征收管理纳入核心征管系统。全市地税部门组织税收收入205.15亿元，增长22.7%，其中市本级54.95亿元，增长19.9%。加强非税收入征管，强化政府非税收入收缴管理，市级政府性基金收入为84.78亿元，下降42.4%，主要是土地出让金收入下降。加快提升社会保险费征管水平，市级社保基金收入25.77亿元，增长25.2%。

【支持战略性新兴产业发展】 全市筹措落实战略性新兴产业专项资金20.00亿元，其中市本级5.00亿元。市本级创业投资引导基金总规模扩大到3.00亿元。市本级拨付二、三产业转型升级财政扶持资金7.49亿元，增长82.5%，惠及1312家企业。支持二环内工业企业搬迁转型，全年累计拨付45家企业搬迁补偿资金8.34亿元。支持科技创新能力建设，市本级安排科技平台建设及科技项目专项经费2300万元，人才工作经费1907万元，教育培训经费500万元。研究出台支持中小企业平稳健康发展一揽子政策。落实国家、省、市取消有关涉企行政事业、服务性收费政策，全市集中减轻困难企业缴纳的12月份基本医疗保险、失业保险、工伤保险、生育保险四项社会保险费1.60亿元，其中市本级4209万元。市本级中小企业专项信用贷款总规模5.40亿元，全年累计发放贷款6.16亿元，惠及中小企业319家次。保障政府性投资项目建设，全年市本级按建设进度拨付融资平台公司和社会事业类项目财政性资金68.77亿元，调度财政性资金26.82亿元。

【优化支出结构】 财政支出有保有压，新增财力的三分之二以上用于民生，全市公共预算用于民生支出179.30亿元，增长21.5%，其中市本级43.30亿元，比上年增长33.7%。全市和市本级民生支出占公共预算支出的比重分别为70.8%和71.1%，均超过三分之二。控制一般性支出，严格控制行政经费，继续实行项目支出“零”增长，从严控制会议费、公务接待费、出国（境）经费规模。严格经费管理，防止超预算支出。完善市本级财政结余资金管理办法，加大历年结余清理力度。加大节能减排和生态环保投入，支持“811”环境保护新三年行动。加强和创新社会管理，加强流通领域食品安全监管，加快政法装备标准体系建设，推进社会公共安全。

【支持强农惠农富农】 全市财政投入“三农”资金103.01亿元，增长21.2%。整合农业农村财政扶持政策，重点支持水利等农业基础设施建设、农业“两区”建设、农民增收致富工程、“美丽乡村”建设和农村公共服务建设。市本级全年兑现农业农村工作配套资金1.62亿元。全市实施农业综合开发项目45个，总投资1.29亿元，争取到省以上财政资金8374万元。完善村级组织运转保障机制，推进村级公益事业建设一事一议财政奖补试点工作。

【支持教育文化事业发展】 支持学前教育三年行动计划，制定学前教育经费补助办法，发放学前教育助学券。完善基础教育经费保障机制，按小学600元/生/年、初中800元/

生/年的标准补助生均公用经费。加大普通高中经费投入，市本级设立普通高中优质发展专项经费200万元。支持职业教育“双服务”发展，市本级拨付中职学生生活性补贴经费1250万元。推进高等教育发展，市本级安排高等教育内涵建设专项资金600万元，拨付绍兴文理学院建设发展资金1692万元。加大对基层公共文化服务的财政投入，支持文化下乡、农家书屋等文化惠民工程，设立文化产业发展专项资金2600万元。

【支持就业和社会保障体系建设】 落实就业扶持政策，扩大失业保障基金支出范围，鼓励城镇失业人员、大学生自主创业、自谋职业，实施退役军人技能培训。加大社会保障力度，最低工资提高到每月1160元，城乡低保标准分别提高到每月470元和370元，被征地农民养老保障标准提高到每月480元。支持保障性住房建设，市本级拨付公租房、廉租房保障资金3.14亿元。健全社会救助和社会福利体系，将家庭年人均收入4000元以下农户全部纳入“低保”范围，全年全市发放低保救助金1.58亿元，发放动态物价补贴2530万元。

【支持医疗卫生体制改革】 加大基本医疗保障投入，全市新农合筹资标准提高到430元，财政补助提高到295元；城镇居民医疗保障筹资标准提高到1000元，老年居民财政补助提高到700元，普通居民财政补助提高到600元；未成年人医疗保障筹资标准提高到150元，财政补助提高到90元；医疗救助资金财政补助标准提高到人均10元。研究出台与基本药物制度相适应的基层医疗卫生机构财政补助政策。推进基本公共服务均等化，全市城乡人均基本公共卫生服务经费水平25元，市本级30元。

【“全口径”预算编制管理】 细化公共预算编制，除教育收费、彩票发行和销售机构业务费外的所有预算外收入全部纳入预算管理，将中央补助和省级补助资金纳入年初预算编制。加强政府性基金的预算编制管理，按基金预算收支科目进行编制。将2012年国有资本经营预算编制扩大到市国资委监管的全部国有企业及各行政事业部门监管的符合条件的全部52家国有企业。社会保险基金预算编制做到统一表式，明确口径。政府性投资项目债务计划管理坚持收支平衡原则，执行部门单位债务控制警戒线要求。推进预算信息公开，市本级2011年度财政总预算、12个上人代会审议的市级部门预算及2010年度市级财政总决算经批准后向社会公开。

【预算执行管理】 全面推进国库集中支付改革，全市及市本级分别有1295家和360家预算单位实施国库集中支付改革，覆盖率分别达93%和100%。推进公务卡扩面改革，全市和市本级实施公务卡改革单位分别为582家和275家，预算单位覆盖率分别为42%和76%。加快预算支出执行进度，优化国库集中支付操作流程，推进网上申报(预算单位用款计划)、审批、支付、核对。保障财政资金安全，规范预算单位银行账户管理，实施专项资金指标管理，建立财政资金定期对账制度。清理结余资金和财政专户，市本级清理行政事业单位历年结余资金1.92亿元，全市清理整顿各类财政专户96个，其中市本级27个。

【财政监督管理】 强化政府采购监管，严格采购方式审批管理，建立国有企业建设项目招标(采购)管理工作机制。全市组织政府采购活动5343批次，采购预算50.63亿元，实现采购规模45.37亿元，节约资金5.26亿元，节资率10.4%。强化支出绩效管理，尝试开展“森林休闲旅游扶持政策”等政府奖励扶持政策的绩效评价，实施部门财政支出绩效管理工作目标责任制考核。市本级全年开展项目预期绩效目标评审28个，核减财政资金324万元，调整财政资金789万元。推进政府投资项目“阳光评审”，市本级全年审结工程预决算项目166只，核减资金1.23亿元，核减率7.3%。发挥派驻财务总监作用，强化项目支出实时监管。规范行政事业单位房产管理，对房产出租收入、闲置房产处置收入实行集中审批、集中公开招租、集中收缴的“三集中”管理。组织开展“小金库”专项治理，抽查237家，发现“小金库”14个，涉及金额478万元。开展公务用车专项治理，全市清查公务用车6951辆，其中市本级1731辆。

【财税文化建设】 有序推进机构改革。经市编办同意，市财政局和市地方税务局内设机构27个，地税派出机构3个，事业单位13个。推进“创先争优”活动，组织开展“创先争优”在财税“五个一点”系列活动。市局评选出“五好”基层党组织5个、优秀共产党员59名、优秀党务工作者10名。推进行风效能建设。开展“财税服务企业月”等一系列活动，主动为企业解读政策、解释疑惑、解决困难。在全市“企业评部门、群众评行风”活动中，连续三年被授予“优胜单位”称号。加强党风廉政建设。廉政风险防控实现全覆盖，廉政“走廊文化”扩面提质，编发廉政美文，开展廉政承诺，组织参观警示教育基地和廉政教育展。推进学习型组织建设。与财政部科研所合作共建财政科研基地，开设财税干部讲坛，交叉选派10位干部上挂下派学习锻炼。开展“分享喜悦·倍增快

乐”文化主题活动。（绍兴市财政局供稿 丁 玲执笔）

注：

*“五个一点”：工作作风再踏实一点，工作业绩再突出一点，满意度再提高一点，工作能力再提升一点，干部归属感、荣誉感再强一点。

越城区

【概况】 2011年，绍兴市越城区实现生产总值537.75亿元（行政区域口径），增长9.7%。其中：第一产业增加值8.22亿元，增长1.6%；第二产业增加值250.11亿元，增长8.2%；第三产业增加值279.42亿元，增长11.2%。三次产业结构为1.5∶46.5∶52.0。全区财政总收入14.95亿元，增长10.4%；地方财政收入8.37亿元，增长17.7%；地方财政收入占财政总收入的比重56.0%。财政总支出10.71亿元，增长10.9%。全年财政收支平衡。

【组织财政收入】 探索完善财政体制。研究制定新的财政体制，起草《新财政体制下加强我区财税工作的意见建议》，制定《越城区镇街财政体制》，提高镇街分成比例、实施各项经济考核政策。积极向上争取资金。通过中小学布局调整、农民健身广场建设、外来人员子女教育经费、新农村建设等项目资金申请，当年争取上级财政补助资金2.87亿元。做好税源经济培育工作。构建经济发展和税源培育的良性互动机制，将税源经济考核列入《越城区2011年镇、街道岗位目标责任制考核细则》的政府考核内容。制定二、三产业税收贡献奖励政策。加强出租房税代征工作，做好对镇街2010年度的个人出租房产税收征收分成结算、资金拨付工作，全区征收税款2053万元，拨付分成资金838万元和考核奖励资金144万元。深化非税收入改革。设立非税收入管理中心，重设相关账务科目，将除教育收费外的其他非税资金纳入预算管理。全年征收非税资金1.28亿元。

【保障民生支出】 优化财政支出结构，提高教育、农业、卫生等民生支出比重，当年全区财政支出中用于民生支出8.06亿元，占总支出的75.3%。做好教育保障工作。对困难学生进行营养餐、教育券资助，当年资助困难学生4610人，资助金额93万元；支持学前教育发展，拨付2010年度非公幼儿教师补助资金849万元和幼儿园维修改造、创标升级等补助资金678万元。做好支农保障工作，支出3017万元。重点抓好全区水库除险加固、河道综合整治、现代农业综合区建设、粮食生产功能区建设等重点项目建设；落实涉农惠农补贴政策，补贴面积12.88万亩，涉及农户3.36万户。拨付专项资金3903万元，用于新农村建设。通过中小学布局调整、农民健身广场建设、外来人员子女教育经费、新农村建设等项目资金申请，争取上级财政补助资金2.87亿元，推进城乡统筹融合发展。推进公共医疗卫生事业发展，安排公共医疗卫生资金5253万元，增长56.9%。

【支持经济转型升级】 做好奖励政策兑现工作，拨付区政府各项政策兑现资金，拨付企业各项奖励808万元，科技创新基金补助133万元。做好家电、汽车下乡、家电以旧换新补贴工作。全年财政兑付家电下乡补贴资金787万元，汽车摩托车补贴资金138万元，家电以旧换新补贴资金5133万元。

【加强财政监督】 加强财政票据管理。做好新财政票据启用工作，加强政策宣传，开展专题培训，完成旧版票据的清理、回收和新版票据使用审核把关工作。做好财政专户清理整顿和银行账户管理工作，制定工作方案，通过准备、自查、核查、整顿四个阶段，撤销财政专户10个、变更账户2个，整顿数量占总账户数的48.0%。加强政府采购和车辆控购报批工作。全区实现采购预算6864万元，中标金额6512万元，节约资金352万元，节资率5.1%。加强国有资产日常管理。对国有资产使用、调拨、报废、处置等一系列环节加强管理。严禁擅自处置国有资产，控制资产的闲置浪费、杜绝国有资产流失。做好全区政府性债务管理工作。掌握全区政府性债务的动态信息，针对债务管理工作中存在的问题，提出债务控制建议。推进预算绩效管理工作。确定16项财政支出绩效评价项目，涉及财政资金7418万元。强化绩效与预算结合机制，做到项目预算“立项有依据，绩效有目标，计算有标准”，实现财政资金管理关口前移。开展“小金库”专项治理工作。联合有关部门制订治理方案，复查全区42家党政机关、91家独立核算事业单位、20家国有企业及国有控股企业、32家社会团体，复查面100%，并落实整改发现的问题。结合“小金库”专项治理，做好会计信息质量检查工作。规范会计秩序，加强会计监督。分析监督行政经费使用情况。做好全区88家行政事业的会计核算工作，实时监督各单位预算执行进度、经费情况、银行存款情况、行政运行成本。

【完善财政管理机制】 做好预算安排工作。以科学性、规范性为原则，按越城区财政体制测算确定可用资金数，合理统筹安排预算，完成部门预算编制，报区人代会批准后在规定时间内将预算指标下达区级各部门。推进区级国库集中支付改革。建立国库集中支付中心,出台《越城区国库管理制度改革方案》,建立国库单一账户支付体系。探索预算编制、执行、监督"三位一体"组织机构改革。

【财政队伍建设】 开展主题教育。贯彻区委"强化作风建设,推进'三个年'活动",组织开展"实行干部平台管理、深化行风效能建设,为推进财政事业发展作出新贡献"主题教育活动。以"优化财政管理、塑造优秀团队"为目标,引导干部职工树立"重品行、重表率、重修养"的"三重"意识,树立群众观点,实现"工作零差错,服务高标准"。开展大讨论大竞赛活动。围绕"勤学习、强业务,提升工作质素;求协作、优服务,提升办事效率"开展大讨论大竞赛,提升业务能力和服务素质,打造一支作风更实、能力更强、业务更精,勇于担责、充满正气的财政机关干部队伍。抓好党风廉政建设。局领导班子和各科室负责人签订党风廉政建设责任书;全体干部职工进行党风廉政建设和行风效能建设承诺。抓好党团组织建设。充分发挥党支部作用,开展"党员先锋行动""局党支部和党员公开承诺""创先争优闪光言行展示"等活动;发挥工青妇等群团组织作用,组织开展"四个三"*系列活动。

(绍兴市越城区财政局供稿 楼杨燕执笔)

注:

*"四个三":走向田野、走向山林、走向海边,树立责任心、树立事业心、树立成就心,爱单位、爱岗位、爱荣誉,能工作、能学习、能生活。

绍兴县

【概况】 2011年,绍兴县实现生产总值920.00亿元,按可比价计算,比上年增长10.7%。其中:第一产业增加值33.27亿元,增长4.1%;第二产业增加值555.96亿元,增长10.3%,其中工业增加值507.66亿元,增长10.9%;第三产业增加值330.77亿元,增长12.3%。全年实现财政总收入117.03亿元,增长25.2%,其中地方财政收入63.77亿元,增长23.2%,占财政总收入的54.5%;全县一般预算支出58.64亿元,增长13.1%,其中用于民生支出40.85亿元,增长15.6%。全年财政收支平衡。

【组织财政收入】 加强税种管理,推进不动产、建筑业营业税项目管理,加强企业所得税预缴管理和汇算清缴后续管理,贯彻实施新《个人所得税法》,加强对新政策的宣传和培训辅导。正式启用存量房交易评税系统,对全县范围内存量房交易实施最低计税价格管理,改革契税、耕地占用税征收管理模式,确保税款及时入库。抓好土地增值税、房产税、车船税等地方小税种管理,全年地方小税种入库21.63亿元,增长19.9%,拉动地税收入增长8.92个百分点。加强非税收入征管,对政府非税收入实行绩效考核,全年非税收入84.97亿元,其中政府性基金入库79.96亿元,占非税总收入的94.1%。完善社保费长效筹资机制,征收五项社会保险基金19.24亿元,增长30.1%。支持服务业加快发展,全年工业企业分离发展服务业11户,涉及物流、劳务、仓储融资等行业,相应增加地方税费4166万元。

【助推经济转型升级】 全县一般预算用于经济转型升级支出8.32亿元,增长40.5%,设立3.34亿元工业转型专项资金,推动工业转型升级,支持纺织产业提升,引导企业加大技改和研发投入,壮大新兴产业。投入服务业专项资金8792万元,支持商贸、旅游业发展,推进轻纺城"二次创业",发展金融、保险、中介服务、会展、物流等生活性服务业。投入3.04亿元科技专项资金,鼓励企业围绕大纺织产业、新兴产业转型升级共性技术、高新技术研发及产业化等项目进行科技攻关。积极向上争取"保增长、促转型、扩内需"各类补助资金3.95亿元,促进全县经济发展。

【落实扩大内需政策】 争取地方政府债券1.50亿元,重点支持政府公建项目和民生实事工程,确保建设资金及时足额到位。全年筹措重点建设专项资金12.00亿元,重点支持杭甬客运专线、萧甬铁路城区高架及水利、教育、卫生、环保、文化等公共基础设施建设。扶持山区及贫困镇街的小交通建设,方便山区老百姓的出行,推动农村多元经济发展。积极兑现落实"家电下乡""汽车摩托车下乡""家电以旧换新"等拉动内需、促进消费政策,全年发放补贴资金2861万元,促进农村消费。

【支持城乡统筹发展】 全年一般预算用于"三农"支出26.85亿元,增长20.4%。其中:安排"清水工程"建设资金1.20亿元,安排3300万元用于现代农业发展和农业转型升级,安排6000万元用于平原绿化,加强农田水利基础设施建设,安排7120万元用于以"美丽乡村"为重点的农村新社区建设。年中追加梅汛水毁工程和食品安全监管专项资金350万元。完善财政转移支付制度,在转移支付安排上重点向南部山区和经济相对薄弱镇(街)倾斜,全年补助镇(街)基本公共服务均等化及民生项目经费4.09亿元,同比增长46.5%。

【保障民生支出】 全年用于民生支出40.85亿元,同比增长

15.6%，占财政支出的69.7%。重点保障就业、教育、住房等十方面重点实事工程建设配套资金。做好养老保险统筹项目规范清理工作，落实提高企业退休人员待遇所需资金1.30亿元。建立孤儿基本生活费自然增长机制，将符合条件的困难居民全部纳入城乡居民最低生活保障范围。县镇两级投入1.50亿元，支持基层医疗卫生机构改革。提高新型农村合作医疗财政补助标准，由上年人均补助200元提高到350元。健全基层医疗卫生服务体系建设，投入2763万元支持县、镇、村医疗卫生资源统筹配置试点和国家数字卫生项目样板示范区建设。完善老年人乘车优待政策，惠及全县8万老年人。全年教育支出11.04亿元、文化支出1.15亿元，推进教育和文体事业发展。

【财政管理改革】 搭建预算编制、执行、监督"三位一体"财政管理组织机构。围绕"收入一个笼子"，深化"收支彻底脱钩"的非税收入管理体制，将按预算外资金管理的收入全部纳入预算管理，理顺征收缴库的环节和手段，5月1日起，全县313家预算单位、19个镇街、126个社团全面应用新版"政府非税征管信息系统"软件，对全县非税收入收缴单位进行绩效考核，推行"单位开票、收缴分离、银行代收、财政统管"的新体制。围绕"预算一个盘子"，完善预算定额标准，启用"财政基础信息动态管理系统"软件，规范预算单位财政基础信息管理，动态管理预算单位基本支出预算及预算调整。围绕"支出一个口子"，全县89.0%以上预算单位实施国库集中支付。出台《国库集中支付银行代理综合考评办法》，规范国库集中支付业务代理行为，选择县交通局、县民政局等25家预算单位开展单位公务卡试点工作，累计发卡257张。

【财政监督管理】 完成财政支出绩效评价项目97户，其中财政部门评价14户、部门单位自评83户。确定"数字城管项目"等4个项目开展绩效目标管理试点，对项目申报的绩效目标完成情况进行评价验证。拟订中介机构参与绩效评价工作考核办法，提高中介机构绩效评价质量。对559户事业单位、社会团体、国有及国有控股企业进行"小金库"复查，与纪委、审计、民政等部门联合成立检查组，对其中35家单位实施督导抽查。开展公务用车治理，对295个公务用车单位进行自查登记。将全县314家行政事业单位列入资产管理信息系统，实现全县行政事业单位国有资产动态监控。建立政府投资项目审价制约机制，加强政府投资项目事前、事中、事后监督，全年审核政府工程项目标底预算及拆迁评估报告232份，审核工程变更投资、招标文件及合同249份，核减1.38亿元。

【乡镇财政建设】 按照"财权与事权相适应、自主与统筹相协调、需要与可能相平衡、服务与监管相促进"原则，从民生支出基数、基本发展资金、超收收入分配等方面对新一轮县对镇(街道)、开发区财政体制进行完善，财力向基层、向民生领域倾斜。根据钱清镇列入省级小城市试点镇的实际，对涉及的建设项目地方配套资金筹措进行测算，重新制定管理措施。组织镇级财政干部业务培训，强化对乡镇财政工作的指导管理，夯实乡镇财政资金监管基础，提高镇街财政规范化水平。

城市绿化工程

【政府性债务管理】 会同县国资办做好融资平台债务核对工作，支持融资平台公司融资约谈整改工作。加强数据收集分析，按月通报全县政府性债务数据。推广应用地方政府性债务管理系统软件，完成债务月报工作。完成全国人大财经委对绍兴县政府性债务管理和基本财力保障机制建设情况调研的相关工作。

【会计监管与服务】 依托"企业监测预警平台"，了解和掌握全县规模以上企业异常信息，做好企业预警信息汇总、整理、监测和上报工作。编印简报《监管与服务》11期，编制《规模以上企业监测预警明细表》10期。加强对企业会计管理与服务，全年新办会计从业资格证书2133本，举办各类培训班43期，建立4个专业性QQ群和8个地域性QQ群，及时发布各级财会相关政策法规，解答各类财会咨询。

【加强干部队伍建设】 提升干部能力。实施全员培训计划，通过组织干部在岗自学、外出集中培训、开展岗位技能培训、组织专项业务培训四方面全面提升干部的业务水平和团队合作精神。增强队伍活力。组织开展以“创群众满意窗口、争服务一流标兵”为主题的创先争优活动，各基层党组织和党员干部结合本单位本岗位工作实际，就如何更好地服务发展、服务社会、服务群众、服务党员作出公开承诺。提高团队合力。发挥党工妇团组织作用，进行“求真务实促发展、创先争优立新功”为主题的建党90周年系列活动，组织开展登山比赛、演讲比赛等活动。组织开展以“激扬青春、共创精彩税月”为主题的首届财税青年风采大赛。防范廉政风险。围绕“人、财、物”管理的权力运行和监督制约，对照岗位职权查找廉政风险点，制订系统防控措施。建立廉政教育模式和财税系统纪检监察平台，开展民主评议行风活动。

（绍兴县财政局供稿 宋 宁执笔）

诸暨市

【概况】 2011年，诸暨市实现生产总值739.62亿元，按可比价格计算，比上年增长11.0%。其中：第一产业增加值43.31亿元，增长4.0%；第二产业增加值429.67亿元，增长11.1%；第三产业增加值266.64亿元，增长12.2%。人均生产总值69073元，增长10.7%。全市财政总收入80.05亿元，增长22.2%，其中地方财政收入45.75亿元，增长22.6%。地方财政收入占财政总收入的比重为57.2%，税收收入占地方财政收入的比重为72.0%。全市财政一般预算支出49.44亿元，增长13.1%。全年财政收支平衡。

【组织财政收入】 完善税源管理机制。管理重点税源监控企业829户，依托“建筑业不动产项目管理”软件加强对建筑业、房地产业的税源管理。深化“税源间接控管”模式，对金融业、房地产业、信息传输、计算机服务和软件业、仓储业等437户企业进行纳税评估，评估入库各项税费3609万元。创新征管措施。联合国税加强对所得税查账征收企业的行业进行税负比对，汇算企业1648户，实际纳税4.42亿元，加强对纳税人法律形式改变的税务管理，强化12万元个税申报、限售股转让和个人股权转让等个人所得税征管。推进征管信息化。应用网络发票，以票控税。开展税务登记信息和个人身份证信息数据清理，为《税友龙版》软件切换做好数据信息准备。加强非税收入征管。实施浙江省新版非税收入征管软件，完善社会保险费“五费合征”工作，征缴五项社保基金15.05亿元，增长26.0%。

【推进经济转型升级】 保障政府性投资项目资金。全年政府投资财政补助项目续建与新建134项，累计拨付财政资金20.70亿元，同比增长127.0%。落实财政支持企业转型升级政策。从政策层面支持高端制造业、新兴产业的发展，支持企业转型升级，全年拨付科技奖励贴息资金2.30亿元。加大科技项目投入。支持国家科技型中小企业技术创新基金项目和高新技术企业的发展，科技支出2.23亿元,增长22.7%。扶持中小企业发展。统筹安排10.00亿元财政专项资金扶持中小企业发展，缓解企业融资困难，减免审批权限内的行政事业性收费1.56亿元。组织开展“一人一企，千人服务企业”走访活动，全局230名财税干部分成7组，深入企业了解企业生产经营情况，听取企业和群众意见建议，重点帮助解决融资、整合重组、项目投资、人才引进等方面的困难与问题，并进行有效的筹划和政策辅导。落实政策为企业减负，按政策规定减免高新技术企业所得税4770万元，针对遭受“6·16”特大洪灾地区企业的实际困难，按政策减免营业税、企业所得税计1.38亿元，减免73户企业水利建设专项资金1246万元，对部分企业实行减免社保费一个月的政策，累计减免1929万元，涉及企业6768户。推进分离发展服务业。当年新增分离19户，全市累计分离发展服务业企业173家，实现营业收入27.60亿元，新增地方税费6292万元。落实扩大内需政策。全市兑付家电下乡补贴2406万元，汽车(摩托车)下乡补贴394万元，家电以旧换新补贴2462万元，兑付率保持在99.5%以上。

【保障重点支出】 全年用于民生等社会发展事业支出35.03亿元，增长18.6%，占总支出的71.0%。确保支农投入增长。筹措建设资金，强化对新农村建设项目及资金管理，提升农业综合生产能力，做好村级公益事业建设一事一议财政奖补工作，推进农业转型升级，全年支农支出4.51亿元，占民生支出的12.9%，增长18.9%。坚持教育优先原则。教育支出11.70亿元，占民生支出的33.4%，增长19.6%。完善义务教育经费保障机制，投入2234万元支持推进中小学校舍安全工程，落实义务教育阶段教师绩效工资制度。支持学前教育，投入3651万元新建城东、城西2所幼儿园，保障幼儿教育基础设施建设。安排专项资金375万元，保障校车安全运行。支持社会保障和促进就业。深化社会保障事业各项改革和新型救助体系建设，完善城乡居民社会养老保险制度，实行孤儿基本生活费补贴，制订残疾人就业创业帮扶计划。社会保障和就业支出3.46亿元，占民生支出的9.9%，增长18.3%。推动医疗卫生体制改革。完善新农合制度，全市所有社区卫生服务站实施基本药物零差率销售，推进基本公共卫生服务均等化，医疗卫生支出5.12亿元，占民生支出的14.6%，增长14.9%。支持文化事业发展。继续落实博物馆免费开放政策，大力推进农村电影、学校电影、周末剧场和农村体育设施补助等重点文化惠民工程建设，文化体育和传媒支出6615万元，占民生支出的1.9%，增长12.7%。

【深化财政改革】 深化预算编制改革。加强公共财政预算编制管理，推行预算安排与执行率挂钩办法，对各行政事业单位的预算外收入全额上缴国库，支出通过一般预算、政府性基金预算管理，建立"全口径"政府预算体系框架。推进国库集中支付改革。举办国库集中支付运行情况座谈会，对照国库集中支付制度改革的总体目标要求，对8个部门30家预算单位进行公务卡改革试点。推进绩效评价创新。落实绩效问责项目，扩大问责范围，全年对131个项目实施绩效评价。推进政府采购改革。制订采购目录，围绕"扩面增量"，加强分散采购管理，实行全省协议定点供货联动采购，将财政投资建设工程纳入政府采购监管范围，确保应纳入政府采购范围的项目全部进入政府采购"笼子"，全年政府采购规模11.42亿元，节约资金1.11亿元，节资率为9.7%。

【强化财政监管】 严控行政经费支出。坚持"有保有压"理财原则，从严编制市级部门预算，严格执行会议、培训经费开支等制度规定，严格控制庆典、研讨会、论坛等活动支出，确保项目支出"零"增长，确保压缩"三公"支出要求落实到位。加强财政资金监管。开展财政票据使用、强农惠农资金等专项检查，推进政府性投资项目监管，完成政府投资项目审核293项，送审金额71.70亿元，净核减额5.49亿元。开展"小金库"治理，查处"小金库"3个，涉及金额28万元。强化国资监管。健全资产管理员队伍，升级完善资产管理系统，开展行政事业单位国有房地产管理专题调研，提出房地产集中统一管理的思路和相关建议意见。强化财会监管与服务。探索会计人员继续教育新途经，通过"诸暨市会计服务网"加强会计政策和会计制度信息发布，注重会计实务交流，为会计人员提供"零距离"会计服务，组织开展农村财会人员财政支农政策及实务操作培训。

【加强队伍建设】 实施基层干部岗位目标责任制考核，干部职工绩效考核。导入财政ISO9001质量管理体系标准，推进财税工作精细化管理。开展干部竞争上岗和交流工作。任免干部25人，其中新提任正职5人，交流中层正副职12人，新提任副职10人。组织各类专业技能培训、窗口工作人员礼仪培训和地税系统新进公务员专题培训，开展财税业务知识竞赛，2人入选国家级人才库，14人入选省级人才库。深化廉政风险防控机制建设，坚持全员廉洁从政承诺，自上而下签订责任状，严格工作纪律。注重财税文化建设。组织合唱队参加诸暨市建党90周年红色经典歌曲合唱大赛，开展形式多样文体活动，增强集体凝聚力和战斗力。2011年市财政局获省级荣誉27项，市级荣誉16项，县级荣誉23项，被省委评为浙江省示范文明单位、2006～2010年全省法制宣传教育先进集体。

（诸暨市财政局供稿　陆　昶执笔）

上虞市

【概况】 2011年，上虞市实现生产总值520.70亿元，增长11.1%；人均生产总值67023元。其中：第一产业增加值36.56亿元，增长4.0%；第二产业增加值299.47亿元，增长10.1%；第三产业增加值184.67亿元，增长12.1%。三次产业结构由上年的7.2：58.3：34.5调整为7.0：57.5：35.5。全市财政总收入65.11亿元，地方财政收入35.52亿元，分别增长21.1%、23.8%。全年地税部门组织收入46.10亿元，增长21.3%；征收非税收入57.20亿元。全市实现财政支出35.76亿元，增长11.1%。当年财政收支平衡，净结余1.70亿元。

【组织财政收入】 以信息管税为手段，加强税源管理，注重对重点行业和企业、高收入个人的税收监控，开征外资企业城建税和教育费附加，制定存量房交易评税方案，完善房地产交易税收一体化管理，推广应用CA认证，开展货运发票预警管理，强化管评查互动，实施广告业、建筑业、交通运输业等专项检查。完善非税收入管理办法，加强国有土地使用权出让收入征收管理，落实土地出让收入计提"两金"政策，建立重点费源监控和欠缴公告制度，推进非税收入信息化建设，提高非税收入征管水平。财政收入结构更趋优化，地方财政收入占财政总收入的比重达54.6%，比上年增加0.7个百分点；地方税收占地方财政收入的比重65.9%，下降3.3

个百分点。

【支持企业转型升级】 落实产业发展政策措施，培育新兴产业，支持传统产业提升，着力推进边界经济集约发展，引导企业自主创新，加大帮扶中小企业力度，完善中小企业专项信用贷款管理办法，帮助中小企业渡过难关。推进服务业发展，新增分离发展服务业8家。实施家电下乡、以旧换新财政补贴政策，拉动内需稳步增长。用足用好税费优惠政策，落实技术开发费加计扣除、高新技术企业等法定优惠，执行养老保险费最低费率、集中减征"四项社保费"1个月、困难企业水利建设基金减免等政策，减轻企业负担。开展"财税服务企业月"活动，走访企业300家，帮助破解发展难题，提振企业发展信心。2011年，累计兑现各类政策奖励补助资金4.42亿元，减免税费12.16亿元，增强企业发展后劲。

【优化支出结构】 2011年，全市民生支出26.50亿元，增长17.8%，占财政支出74.2%，增长4.2%。创新支农资金投入形式，支持农业"两区"建设、农村宅基地置换、中心村培育、农田水利基本建设，实施村级公益事业一事一议财政奖补政策，促进农村经济社会稳步发展。加大财政教育投入，支持学前教育"三年行动计划"，实施中小学"校舍安全"工程、农村学校住宿费免除和校园安全保卫等工作，出台普通高中国家助学金管理实施办法，实施职教新兴产业专业免费教育，促进教育均衡健康发展。全面落实城乡居民社会养老保险、新型农村合作医疗和养老服务体系等社保政策，提高保障标准和补助水平。完善基本医疗保险政策，调整缴费比例，适当提高报销待遇。落实基本药物"零差率"财政补偿和基层医疗卫生机构绩效工资政策，出台市级公立医院"五年消债计划"，建立政府主导的医药卫生多元化投入机制。参与争创"省扶残助残爱心城市"，实施残疾人就业、就学、康复、托养工程，提高残疾人基本生活保障水平。支持经济适用房、廉租房、公共租赁房建设和住房救助，推进政策性住房保障工作。

【做好政府投融资工作】 2011年，政府投资项目财务支出51.79亿元，其中财政保障27.04亿元。搭建融资平台，深化与农发行、国开行等政策性银行融资合作，新增滨海新城、长海线、围涂等项目融资2.92亿元；加快交投二期债券发行申报，向上争取项目资金，到位地方政府债券7000万元，优化债务结构。提高财政资金使用效益，调度各类财政间歇资金；强化政府融资风险控制，出台政府投融资工作应急预案，开展政府融资平台整合，防范政府债务风险。完善中心镇基本建设项目"以奖代补"政策，提高乡镇工业功能区基础设施建设补助标准，全年补助资金4217万元，夯实乡镇发展平台。

【推进财政管理创新】 深化部门预算改革，完善预算定额体系，将预算外资金纳入预算管理，推进"阳光财政"建设，实施农林、经信、国土、统计等4部门预算提交人代会审议并上网公开。实施国库集中支付改革，将市级196家预算单位纳入集中支付范围，推行公务卡制度改革，规范预算支出管理。实施新一轮乡镇财政体制，发现并解决运行过程中出现的问题，保障财政体制平稳高效运行。完善政府采购评审专家管理办法，开展党政机关公务用车专项治理，政府采购外网平台正式上线运行。推进政府投资项目绩效评价，开展"小金库"全面复查，净化财政财务管理环境。深化会计执业质量评审，对68名会计人员进行通报批评、记分管理，提高会计执业水平。深化国有资产管理，出台国企规范化管理考核办法，完成国有企业定员定编，及时收缴投资收益，确保国有资产收益最大化。

【加强队伍建设】 推进民主评议行风和深化作风建设专项活动，建立领导带队巡查制度，开展"财税政策村村行"、"工作纪律和行风效能督查日"等活动，作风建设取得实效。开展创先争优活动，落实窗口单位"三亮三比三评"(亮身份、亮承诺、亮形象，比素质、比作风、比业绩，行业自评、领导点评、群众测评)工作措施，组织开展系统"敬业爱岗、乐于奉献"报告会，激励干部干事创业。深化财税文化建设，组织开展中心组学习、财力分析会、中层干部读书会、全员读书活动等学习，实施全员封闭式脱产培训，增强干部理论素养。推进政府信息公开，加强廉政风险防控机制建设，建立风险防控员队伍，规范权力运行。开展纪念建党90周年系列活动，组织开展文体俱乐部、全员登山、"庆三八、送温暖""国旗下青春誓言"等活动，增强干部团队凝聚力。

(上虞市财政局供稿 丁光兴执笔)

嵊州市

【概况】 2011年，嵊州市实现生产总值320.92亿元，增长10.1%。其中：第一产业增加值32.65亿元，增长4.2%；第二产业增加值168.96亿元，增长10%；第三产业增加值119.31亿元，增长12.0%。人均生产总值43693元，增长10.1%。全市财政总收入30.50亿元，增长24.5%，其中地方财政收入16.80亿元，增长27.6%；地方财政收入占财政总收入的比重55.1%，税收收入占地方财政收入的比重94.5%。全市财政支出23.18亿元，增长17.0%。当年财政收支平衡。

【服务经济发展】 强化政策导向作用，倡导实践"亩产税收"理念，推行财政奖补政策与企业实缴税金增长率挂钩办法，引导企业增"效"；培育支柱产业和重点骨干企业，全年兑现工业、商贸服务业和建筑业等政策扶持资金8442万元，引导企业做"大"；落实财税优惠政策，减轻企业负担6288万元，促进先进制造业和第三产业加快发展，引导企业做"优"；做好社会保险费临时性减免，集中减征社会保险费1734万元；深化企业分离发展服务业工作，全年完成分离8家，累计分离35家。在全系统开展"大走访、大座谈、大回访、大派送、大服务"主题实践活动，面对面求计、点对点问需，为企业排忧解难。印制《企业成长"加油站"》专辑，把财税优惠政策和企业转型升级成功案例宣传册派发给企业。调动金融企业支持地方经济积极性，全年向金融企业发放激励资金近2000万元，对农村住房保险实行政策性补助，引导全市20.9万户农户参保。

【组织财政收入】 强化税源管理。以"税源间接控管"为核心，构建高效便捷的征管模式，全面监控全市重点行业，加强与国税、工商等部门协作，共享涉税信息。深化分税种管理。出台个人股权转让个人所得税管理办法，杜绝逃税行为；开展房产税税源清查，增加入库税款；执行外商投资企业城建税和教育费附加新政，公平内外资企业税负；推广应用营业税差额征税管理软件，开展营业税专项辅导。规范规费征收。全市291单位和7家代理银行全部进入非税收入征管信息系统，100%纳入收支两条线管理。加强社会保险费征缴。出台《灵活就业人员社会保险费征缴办法》，实行税收化、规范化管理；上调社会保险缴费基数，扩大社会保险覆盖面。结合所得税汇算清缴，组织养老保险缴费基数核查，推进税费一体化管理。当年全市地税部门组织各项收入25.77亿元，增长31.5%。

【推进"三农"建设】 落实各项强农惠农政策，构建财政支农稳定增长机制。执行从土地出让收益中提取10%用于农田水利建设政策，改善农业基础设施。实施并规范农作物良种补贴和农资综合直补工作，加强农机购置补贴监督管理，拨付补贴资金3500多万元，支持粮食生产，促进农民增收。落实专项资金2100多万元，支持农业主导产业发展，促进现代农业园区、粮食生产功能区建设。安排村级公益事业一事一议财政奖补资金3200万元、村级组织运转经费1800万元，推进农村综合改革。筹措新农村建设资金4600万元，支持中心村培育和"美丽乡村"建设。发放"汽车、摩托车下乡"补贴和"家电下乡"补贴2000万元，改善农民生活条件。

【保障民生支出】 全年民生和社会事业支出17.47亿元，占财政总支出的75.6%。加大教育文化投入。提高义务教育生均公用经费小学与初中分别至500元、700元，安排义务教育免杂费和生均公用经费3800万元，落实困难学生助学和爱心营养餐、职高学生生活补助、义务教育免教科书等经费3200万元。支持开通323条农村中小学放心班车线路。安排专项资金500万元，支持越剧事业发展。提高社会保障水平。投入1.23亿元，完善城乡居民社会养老保险政策，基础养老金从每月60元提高到80元，并每月新增20元养老补贴，高龄补贴对象从90岁提前到80岁。安排最低生活保障资金2400万元，城乡最低人均生活保障标准分别从392元、292元提高到465元、335元。支持医疗卫生事业建设。投入1.38亿元，加快推进医疗保险制度建设，提高筹资标准和报销比例。推进公共卫生服务均等化建设。基本公共卫生资金从人均20元提高到25元。投入财政资金1.18亿元，保障公共卫生及基层医疗卫生机构正常运行。

【深化财政改革】 开展预算编制、执行、监督"三位一体"组织机构改革。搭建"三位一体"组织框架，"三定"方案获市编委会批准。推进收入一个笼子、预算一个盘子、支出一个口子的"三个子"预算管理改革。细化预算科目，夯实预算编制基础，强化政府公共预算编制管理。重视绩效评价结果应用，将评价结果作为支出预算的重要依据。在网上公开2011年度总预算，接受公众监督。深化国库集中支付扩面改革。全面推行财政国库集中支付制度改革，严格预算单位小额现金账户管理，在64家预算单位开展公务卡制度改革。推进招标文件论证改革。加强政府采购招标前期管理，组织专家对"交通卡口改造"、"2011平安嵊州"和"数字城管"三个项目的招标文件进行论证，加强政府采购监管。整合在建和拟建设项目，节约财政资金。

【强化财政监管】 推行财政资金绩效管理。实行专项资金预期绩效目标管理，考评预期绩效目标完成情况。整合专项资金，提高财政资金配置效率。相继出台一系列项目经费管理办法，强化专项资金管理。政府投资项目管理。加强立项审批、预算审查、工程结算等环节管理，经财政局审查的《资金来源审批表》作为政府投资项目立项前置条件,将经财政审查确定的预算作为招投标标底,每个项目由专业中介机构实行工程结算审价。全年结算审核和预算审核核减率分别为8.6%和1.5%。开展公务用车专项治理。制定《政府公务车辆配备及购置集体会审制度》《公务车辆控购原则和配备购置规定》,将国有企业列为公务用车控购管理对象,完善公务车辆购置配备和审批规范。完善乡镇(街道)财政管理。完善考核机制,规范乡镇财政管理。全面清理2010年度乡镇财政资金,提高乡镇财政资金使用效益。

【加强队伍建设】 加强廉政建设。教育、制度、监督并重,惩治和预防并举,层层签订党风廉政建设责任书,履行廉洁自律承诺。开展中层正职以上干部诺廉评廉工作,《中层干部诺廉评廉情况登记表》存入个人廉政档案。加大惩防体系建设力度,主动规范手中权力运行。开展机关效能建设。落实岗位责任制、服务承诺制、限时办结制、首问负责制等制度,对工作态度生硬、擅离职守、效率低下等行为实行效能问责。组织教育培训。采取"请专家进来讲课"的办法,加大对干部业务培训力度。组织一年一度的财税业务考试,对取得优胜的单位和个人加考核分。开展民主评议。选聘"两代表一委员"15人作为行风效能监督员,对各科所分局进行高频率明查暗访。下发征求意见表1300多份,向社会征集"最满意实例、最不满意实例和意见建议"。开展创先争优活动。以创建"青年文明号""巾帼文明示范岗""文明单位"等活动为载体,加强团队建设,开展岗位练兵,提升服务质量,在各级评先评优中,获嵊州市级以上表彰奖励42项,其中市局会计核算中心被全国妇联授予"全国巾帼文明示范岗"。

(嵊州市财政局供稿 黄小明执笔)

新昌县

【概况】 2011年,新昌县实现生产总值248.21亿元,增长10.5%。其中:第一产业增加值18.15亿元,增长3.9%;第二产业增加值135.11亿元,增长10.3%;第三产业增加值94.95亿元,增长12.1%。人均生产总值56864元,增长15.2%。全县财政总收入33.95亿元,增长20.7%,其中地方财政收入16.99亿元,增长25.9%,地方财政收入占财政总收入的比重50.1%;税收收入占地方财政收入的比重95.7%,增长24.9%;全县财政支出22.76亿元,增长21%。全年财政收支平衡。

【组织财政收入】 贯彻营业税差额征收管理办法,完善建筑业、不动产项目管理,重点加强营业税管理。关注税收征管薄弱环节,加强非居民企业税收管理,深化重点税种管理和地方小税种源头控管,规范税费减免,堵塞征管漏洞。全年地税部门组织税收收入15.04亿元,增长26.9%,其中地方税收8.86亿元,增长30.3%,地方税收占税收收入的比重提高到58.9%。完善"五费合征"工作机制,规范征缴流程,全年规费收入10.63亿元,增长25.2%,其中社保基金收入8.96亿元,增长26.2%。加强非税收入管理,健全监督检查机制,全年实现非税收入7249万元,增长53.9%。

【支持经济发展】 综合运用体制、资金、政策等多种手段,投入战略性新兴产业专项资金1.51亿元,加快产业集聚新平台开发建设。用足各项税费优惠政策,累计兑现惠企减负金额2.63亿元,着力改造传统产业、提升优势产业、发展高新技术产业、培育战略性新兴产业,形成有新昌特色的现代产业体系。贯彻落实各项奖励扶持政策,兑现资金1.16亿元。健全部门协作长效机制,通过产业扶持、财政奖补、税收优惠等措施,引导企业开展专业化分工协作,促进产业链向纵向衍生和横向拓展,壮大发展第三产业。全县累计分离服务企业69户,其中2011年分离16户,全部分离企业实现销售收入11.51亿元,新增地方税费3580万元,增长30.7%。鼓励企业向上申报各类项目,配合做好项目申报服务和审核工作,争取上级资金支持,经审核上报地方特色产业中小企业发展资金、促进外经贸发展政策资金等项目77个,转拨上级补助资金1.60亿元。完善企业贷款担保服务,推介融资租赁业务,为企业技术改造、产品升级换代提供资金支持。

【推进"三农"建设】 加大财政支农投入,当年财政安排"三农"投入1.94亿元,增长44.4%。助推农业优化升级,落实良种补贴、种粮直补、农资直补等强农惠农政策,发放补贴资金888万元。推进农业综合开发工作,抓好项目申报,争取资金扶持,支持现代农业园区和粮食生产功能区建设,发展效益农业、生态农业、休闲观光农业等现代农业。加大新农村建设资金投入,加强水资源保障、强塘等水利基础设施建设,加大农村环境污染整治力度,改善农村生产生活条件。深化农村综合改革,推进村级公益事业一事一议财政奖补工作,调动社会资金参与农村公益事业建设的积极性。完善村级组织运转保障机制,落实资金解决村级干部基本报酬和农村退职老干部生活补助,巩固农村工作基础。

【保障民生支出】 统筹安排财政资金,加大对教育、文化、医疗卫生、就业和社会保障等公共服务领域的投入，确保新增财力三分之二用于民生事业。全年民生支出14.17亿元，占财政支出的70.9%，人均财政民生支出3246元，增长24.9%。加大教育投入力度。巩固发展学前教育，落实城乡义务教育保障机制，完善贫困学生资助体系，促进各类教育均衡发展。全年教育支出4.61亿元，增长21.3%。深化医药卫生改革。以基础设施、基本制度、基层单位为重点，加大医疗卫生投入，提升新型农村合作医疗保障水平，完善城乡医疗救助制度，推进医疗卫生新体制建设。新型农村合作医疗筹资标准由210元提高到400元，其中财政补助由140元提高到280元。提高社会保障水平。完善城乡居民社会养老保险办法，实现社会保险全覆盖。健全社会救助体系，做好城乡低保、城镇“三无”对象和农村“五保”户集中供养等工作，保障和改善困难群体基本生活。城乡低保补助标准由392元/人、292元/人提高到464元/人、333元/人。关注其他民生事业。加快公共文化服务体系建设，完善基层公共文化设施，逐步建立覆盖城乡的公共文化服务体系。完善公益林保护和补偿机制，加强饮用水源保护，加大环境污染整治力度，优化城乡生态环境。落实“汽车下乡、家电下乡、家电以旧换新”政策，审核拨付补贴资金1735万元。

【深化财政改革】 健全组织体系。搭建预算编制、执行、监督“三位一体”的组织框架，优化工作流程，深化财税监督，推进政务公开，确保基层单位高效有序运转。完善财政体制。坚持事权与财权相统一，实行“分类分档、划分收支、核定基数、超收分成、专项分担”的乡镇财政管理体制。规范工业园区财力分配，实行“划分收支、基数分成、封闭运作、自求平衡”的财政管理体制。深化预算改革。健全政府预算体系，完善公共财政预算，试编国有资本经营预算、政府性基金预算、社保基金预算。强化政府性债务计划管理，细化债务计划编制。完善基础信息数据库，强化支出标准和项目库建设，完善预算定额体系、费用标准体系，夯实预算管理基础。规范预算执行。深化国库集中支付改革，完善国库集中支付运行机制，强化票据审核，规范支付流程，建立国库集中支付动态监控运作机制，全县158家县级预算单位纳入国库集中支付范围。加快推进公务卡改革，建立公务支出监管体系。

【强化财政监督】 夯实管理基础。启动“六五”普法工作，深化财政行政审批改革，规范行政处罚裁量权。注重会计队伍建设，抓好会计继续教育工作，完成首轮农村财会人员支农政策培训，对11个单位进行会计信息质量检查，着力整顿和规范会计秩序。加强执法监督检查，复查行政处罚案件41件，评查行政许可案卷43件。加强资金监管。完善财政性资金审核与拨付管理基本规程，督查落实预算执行、资金拨付、印鉴管理、对账审核等制度，强化内部控制，防范管理风险。完善专项资金管理办法，严格专项资金审批程序，明确资金流向和渠道，加强财政资金动态管理。以民生项目为重点，开展财政支出绩效评价管理工作，全年评价项目61个，涉及财政资金4.19亿元。完善资产管理。构建国有资产动态管理信息系统，落实国有资产监管职责，加强资产配置专项审核，规范资产处置管理，逐步推进资产管理与预算管理相结合。健全国有资产风险防范管理体系，盘活存量资产，优化资本结构。防范财政风险。加强工程建设审批，严格建设资金管理，完善监管方式和手段，实现财政资金管理事前防范、事中控制、事后监督。落实地方融资平台管理办法，加强费用审核管理，规范融资行为审批，控制政府性债务规模。开展“小金库”专项治理，加强督促指导，构建防治“小金库”长效机制。严控“三公”经费。压缩公用经费预算，出台行政事业单位会议费管理办法，明确办公用房装修办公设备配备标准，加强预算执行约束与监督。控制出国出境考察人数，确保因公出国考察费用“零增长”。落实党政机关和领导干部公务用车配备使用管理规定，清理纠正公务用车配备使用问题，提高公务用车配备使用管理规范化、制度化水平。

【加强队伍建设】 创新学习。成立“方圆读书俱乐部”，构建多层次、全方位的终身学习体系，促进干部提高自身素养。创新教育培训机制，与浙江财经学院建立“卡片式”培训制度，每季度由局领导带队组织干部参加培训，持续提升财税干部队伍“软实力”。优化服务。以转变机关作风、规范行政行为、提高工作效率、优化服务体系为重点，由局领导带队分六组开展大走访活动，走访县重点骨干企业、成长型企业、苗子型企业及服务业企业167家；编印“黄、绿、蓝”三本书，开展送政策促发展、送服务提效能活动；召开上市企业座谈会、建议提案办理工作座谈会、处罚对象座谈会等互动活动，寄发行风效能建设活动征求意见表，广泛听取企业和群众意见建议。加强党建。健全党务公开工作机制，丰富公开内容、规范公开程序、完善公开形式、拓展公开范围，增强党组织工作透明度。强化党风廉政建设，完善惩防体系，推进廉政风险防控机制建设，规范权力运行。

（新昌县财政局供稿 胡炜峰执笔）

金华市财政工作概况

金华市

【概况】 2011年,金华市实现生产总值2447.71亿元,按可比价计算,比上年增长10.5%。其中:第一产业增加值124.71亿元,增长4.8%;第二产业增加值1245.97亿元,增长10.2%;第三产业增加值1077.03亿元,增长11.4%。全市人均生产总值52317元,增长9.8%。全市全社会固定资产投资873.71亿元,增长21.5%。实现社会消费品零售总额1088.95亿元,增长18.9%。完成进出口总额164.34亿美元,增长24.5%。市区城市居民人均可支配收入28593元,增长14.2%;全市农村居民人均纯收入11877元,增长16.4%。全市财政总收入328.35亿元,增长20.4%,其中地方财政收入185.77亿元,增长19.1%;市区财政总收入77.32亿元,增长22.3%,其中地方财政收入46.87亿元,增长20.2%。全市一般预算支出235.08亿元,增长11.1%;市区一般预算支出59.49亿元,减少0.2%。全年全市及市区财政收支平衡。

【组织财政收入】 *优化财政收入结构。*全市地方财政收入占财政总收入的比重为56.6%,税收收入占地方财政收入的比重为92.3%,高于上年0.4个百分点。*加强地方税费征管。*全市地方税收收入(含契税、耕地占用税)163.58亿元,增长21.0%。强化收入测算分析,全市收入预测误差率控制在3.8%以下;加强存量房交易税收征管,实行"先税后证"模式,规范土地转让计税价格管理,深化"五费合征"工作,全市社会保险基金收入88.30亿元,增长57.6%。*加大税务稽查力度。*全市检查纳税户1031户,查补纳税金额9591万元。各县(市)对广告业、建筑安装业、交通运输业等行业开展专项检查,开展打击发票犯罪行动,全市查处假发票7790份,查补假发票税费(处罚)1967万元。*优化非税收入征管。*全年非税收入350.19亿元,开拓政府资源收入渠道,加强户外广告阵地出让管理,深化机动车特殊牌号竞拍管理,完善公房出租管理。

【支持经济发展】 *落实积极财政政策。*全年因落实各项扶持政策为企业减负9.74亿元,市本级兑现涉企扶持资金2.84亿元,设立规模为2亿元的市区企业应急救助资金。*支持主导产业发展。*集中财政政策、资金等资源向汽摩配、现代五金、小商品、电子信息等主导产业倾斜。市本级将工业转型升级资金等8类专项资金统一归并为工业发展引导资金,重点培育优势产业集群和主导产业,兑现引导资金8420万元。*支持服务业加快发展。*加大服务业重点行业扶持力度,引导培育和扶持发展服务业优势产业。全市各级财政安排服务业发展引导资金1.60亿元,其中市本级财政安排4000万元。*支持企业自主创新。*全市财政科技投入8.34亿元,增长10.5%。市本级整合9项专项资金设立4000万元的科技发展专项资金,重点用于技术改造和科技创新等,落实新能源汽车推广应用资金3000万元。*支持重大战略实施。*支持"精品城市"战略建设,市本级安排5.04亿元资金,保障通济桥拼宽、市民广场改造、"洁化、绿化、美化"等民生工程实施。

【保障民生支出】 全市和市区民生支出分别为174.37亿元和45.3亿元,民生支出占总支出的比重分别提高3.7个和8.0个百分点。*支持"三农"发展。*全市农林水支出23.83亿元,增长8.2%。市本级安排农业专项资金2.20亿元支持"三农"发展,将农业类有关专项资金整合为扶持粮食生产发展资金和现代农业生产发展资金,支持农业"两区"建设。*加快社会事业发展。*全市教育支出增长22.3%,义务教育阶段中、小学公用经费标准提高到650元和450元,安排专项资金用于学前教育三年行动计划。医疗卫生支出增长26.4%,市区城镇职工和居民住院及大病门诊报销比例分别提高到80%和70%以上。社会保障卡医保"一卡通"实现全省联网,106万人实现省内异地就医刷卡结算。加快推进城乡公共文化基础设施建设,完善城乡公共文化服务网络。*完善社会保障体系。*全市社会保障和就业支出增长21.6%,市区城乡居民社会养老保险基础养老金从每人每月60元提高到70元,80岁以上老人每月给予30元高龄补贴。制定城乡居民临时救助暂行办法,建立临时救助专项资金,健全新型社会救助体系。支持保障房建设,全市筹集保障资金7.64亿元,增长72.3%,开工建设10658套保障性安居工程住房,完成年度任务的110%。

【推进财政改革】 *强化"三位一体"财政组织机构改革。*全市财税系统机构改革基本完成,6个县(市、区)方案获批准,其中2个县(市、区)局配备到位。*深化预算管理改革。*推进非税收入"收支两条线"改革,实行财政综合预算管理;调整完善预算编制定额，推进预算信息公开；规范部门结余资金管理。完善市对区财政体制。构建以“划定范围、核定收支、体制补助(或上解)、增收分成”为框架的市对区财政体制，提升对区财政体制的激励作用，注重调动各区积极性。推进行政事业单位资产管理。建立资产管理信息系统，实行资产条形码管理制度，对资产运行实行全过程监管，实现重大资产产权集中登记，资产集中调配处置，收益集中使用管理。推动公务卡制度改革。市本级317家预算单位公务卡制度改革推行到位，发放公务卡8918张，严把刷卡支付审核关，提高资金使用绩效。加强财政资金绩效管理。修订《金华市财政支出绩效管理实施办法》，市本级对涉及财政资金2.30亿元的68个项目开展绩效自评。加强财政项目审价管理，审核项目2877个，核减造价8.02亿元，核减率5.0%。全市政府采购金额68.08亿元，节约资金8.39亿元，节资率11.0%。

【深化队伍建设】 优化人事制度调整。市本级健全干部选拔任用机制，加大中层干部选拔任用力度，新提拔正科级干部11名，副科级干部16名，健全科学用人、制度选人机制。提升干部综合素质。加强分层分类培训，组织全体干部轮训；全年举办各类培训班30余期，受训6000人次；建立年轻干部“传帮带”制度，确定20对师徒关系，帮助年轻干部成长；全市6人入围第三期全省会计领军(后备)人才选拔，增强财会人才队伍力量。推进财税文化建设。修订完善财税文化建设考核实施办法，以“学习、制度、情感、激励、宣传和活动”六个平台建设为抓手，构建和谐财税文化体系。组织税收宣传月和优质服务月系列活动。转变作风提能增效。开展以“热爱本岗位、增强责任感、提升执行力、树立新形象”为主题的作风建设年活动，落实23项“双服务”专项行动交办难题和170余件人大建议、政协提案。市局开展“金点子”征集活动，征集各类金点子415条，并逐条整改反馈。开展廉政风险防控机制建设。从个人岗位、处室单位和部门三个层面排查廉政风险点，制定相应防控措施，定期向全体干部职工发送廉政短信，增强党员干部廉政勤政意识。市局在市机关部门考核中获政府序列第一名，在市本级参与行风评议的10个单位中获第二名。

(金华市财政局供稿 陈玲颖执笔)

婺城区

【概况】 2011年，金华市婺城区实现生产总值221.82亿元，增长10.4%。其中：第一产业增加值15.45亿元，增长4.6%；第二产业增加值77.64亿元，增长10.4%；第三产业增加值128.73亿元，增长11.1%。三次产业增加值比重由上年的7.0∶35.1∶57.9调整为7.0∶35.0∶58.0。全区人均生产总值46396元。城镇居民人均可支配收入28593元，增长14.2%，农村居民人均纯收入10980元，增长15.9%。财政总收入32.09亿元，增长21.8%，其中地方财政收入7.50亿元，增长25.8%，地方财政收入占财政总收入的比重为23.4%。财政总支出14.22亿元，增长1.7%。当年财政收支平衡。

【组织财政收入】 强化收入管理。加大对重点纳税行业的税源监管，细化收入计划，推进精细化管理，落实阶段税收重点工作，确保按时间进度完成收入。掌握重点行业生产经营信息，加强对重点税源的分析与研判，关注税源结构变化。加强对企业一次性经营收入纳税情况的跟踪。加强收入考核。完善激励机制，强化税收工作责任制，分解落实乡镇(街道)财政收入任务，将年度收入任务指标纳入区政府年度岗位目标责任制考核内容。加强信息沟通。实行税收联席会议制度，区财政部门牵头召开由市国税、地税部门，及乡镇、园区和有关企业参加的税收形势分析会，开展信息交流。加强与上级部门联系，加强对乡镇税收工作的指导。规范非税收入管理。拓展政府非税收入征收范围，全年政府非税收入1.37亿元。研究资源性、资产性政府非税收入相关管理办法，加强土地出让金管理。

【支持经济发展】 推进经济转型升级。加大对企业技术改造和技术创新的扶持，安排扶持资金452万元支持29个技术改造项目；安排资金484万元奖励企业技术创新；安排资金606万元扶持外贸企业出口创汇；安排资金166万元奖励企业争创品牌及推进标准化工作。支持现代服务业发展。安排资金150万元，支持信息产业孵化企业、信息服务业企业及物流企业等现代服务业的发展。扶持中小企业发展。对中小企业特别是初创企业租用标准厂房或闲置厂房开展生产经营实行补助，全年安排资金297万元，补助22家企业租用闲置厂房开展生产经营。解决企业银行到期贷款资金困难，置换资金3200万元。开展银企合作，帮助企业缓解融资难问题。促进企业做大做强。安排资金129万元，补助销售收入超亿元企业、新列入市区重点培育优势工业企业和首次列入规模以上企业的发展。安排资金200万元奖励境内新上市两家企业，安排资金280万元奖励工业综合实力、区级财政贡献、亩产税收及工业特色产业等四个指标排名十强企业的发展。推进节能降耗。安排节能降耗专项资金59万元，支持企业节能降耗。落实家电下乡补贴政策。完成22个乡镇街道补贴资金的结算工作,发放补贴资金1160万元。

【加大"三农"投入】 加强农业专项资金整合,筹措和落实支农项目资金,当年区级财政性资金用于"三农"支出3.42亿元,增长18.6%。支持粮食生产。安排市、区早稻扶持补贴资金442万元;拨付稻麦种植大户直补和水稻良种、油菜良种补贴资金979万元;落实农机具购置以奖代补、作业环节补贴区配套资金170万元;发放农资综合直补资金1559万元。做好政策性农业保险工作。落实水稻、能繁母猪、生猪保险配套资金61万元,落实政策性农村住房保险补助配套资金11万元,落实动植物防疫检疫项目资金156万元,发放救灾资金150万元。支持水利建设。安排小型农田水利重点县建设项目配套资金及其他水利项目资金4880万元。支持农业"两区"建设。落实农业"两区"建设项目资金1637万元。拨付资金50万元,开展毛竹低产林改造项目。安排区级农业奖励扶持资金117万元,发放科技富民强区专项行动计划项目补助资金295万元。做好一事一议财政奖补工作。向省申报项目57个,争取项目资金765万元。

【保障和改善民生】 加大教育投入。全区财政安排教育支出4.25亿元,增长18.5%。加大对困难学校的资金倾斜。安排校园设施的修缮、改造和升级资金1227万元。支持医疗卫生事业发展。预算内安排医疗卫生事业支出5954万元,增长11.1%。安排公共卫生事业资金1960万元,加强村卫生室、金西医院等建设,提高农村和社区公共卫生服务能力。健全基本医疗保障体系,推进实施国家基本药物制度,新型农村合作医疗筹资标准从人均200元提高到380元。支持社会保障、就业和社会救助体系建设。安排就业补助资金320万元。提高重点优抚对象抚恤和生活困难人员最低生活补贴标准,发放城乡低保对象物价上涨补贴238万元。加大文化事业投入。投入资金845万元,支持村级文化活动室、送戏下乡、农村书屋、文化活动繁荣工程等事业建设。安排补助资金解决农村特困户住房困难。

【推进财政改革】 启动国库集中支付制度改革。制定《婺城区财政国库管理制度改革方案》和《婺城区单位公务卡管理暂行办法》等现代财政国库管理制度。在9家区级预算单位实施国库集中支付改革试点工作。推进公务卡改革,发放公务卡84张。深化国有资产管理改革。制定区行政事业单位国有资产管理办法,实行全区行政事业单位国有资产集中管理。构建资产动态化管理信息平台,推广使用资产管理信息系统,实现资产动态监管。深化预算管理改革。细化部门预算编制,强化预算约束,规范预算调整和预算追加行为。推进"三位一体"财政组织机构改革,拟定实施方案。

【强化财政监督】 开展"小金库"治理回头看工作,324家单位完成复查,对29家单位开展重点检查。开展对小型农田水利建设以奖代补资金、早稻直补资金发放情况和生态公益林补偿资金使用管理情况的检查。组织对一事一议财政奖补项目和村级集体经济发展项目的检查验收。加强家电下乡补贴政策执行情况的监督管理。开展公务用车专项清理。组织对小型农田水利项目,现代农业、渔业、油茶产业发展提升项目等重点项目的绩效评价,开展会计信息质量检查。加强政府投资项目管理,制定《婺城区财政投资评审管理试行办法及财政性投资基本建设项目资金管理操作规程》。审核项目40项,送审金额2.81亿元,核减金额1759万元,核减率6.26%。加强会计核算与监督,强化支出管理。加强政府采购管理。政府采购预算资金2426万元,实际支付采购资金2281万元,节约资金145万元。

【加强队伍建设】 加强党风廉政建设。落实党风廉政建设责任,增强干部廉洁自律和拒腐防变能力。加强廉政风险防控机制建设,查找岗位廉政风险点51个,制定防控措施46条。以"学习型、创新型、务实型、和谐型、廉洁型"队伍建设为抓手,加强班子自身建设,树立宗旨观念和大局意识。开展创先争优活动。以"全国巾帼文明岗"创建活动为载体,深入开展服务型机关建设。增强服务意识,树立务实、清廉、为民、高效的干部队伍新形象。加强内部管理。健全岗位目标管理责任制,完善干部激励机制和考核机制。加强干部队伍政治理论和财政业务培训，提高依法履职和科学理财水平。开展12366财政知识库建设。加强法制建设。推进政府信息公开工作，启动财政"六五"普法，制定财政法制教育第六个五年规划。推进财政文化建设。弘扬积极进取精神，展示财政风采，组织开展各类文体娱乐活动，丰富业余文化生活。

（金华市婺城区财政局供稿　程　智执笔）

金东区

【概况】 2011年，金华市金东区实现生产总值112.34亿元，增长10.3%。其中：第一产业增加值12.29亿元，增长3.8%；第二产业增加值62.15亿元，增长10.4%；第三产业增加值37.90亿元，增长12.2%。第一、二、三产业比重为10.9 : 55.3 : 33.8。人均生产总值36059元，增长22.1%。全区财政总收入10.68亿元，增长28.6%，其中地方财政收入4.06亿元，增长25.1%；财政一般预算支出（含省市补助指标）10.56亿元，下降8.4%。当年财政收支平衡。

【组织财政收入】 完善收入考核指标。及时将收入任务下达给乡镇（街道）和征收部门，完善收入考核细则，对考核范围、内容、基数等作出明确规定，增强乡镇抓收入的主动性。加强分析预测。关注收入变化趋势，适时召开财税形势分析会，国税、地税、经贸、工商等各部门协调配合，研究增加收入和优化结构的应对措施。挖掘税收潜力。规范房地产企业、个体工商户的税收管理，加强对专业市场和零申报、不申报以及低效企业的管理，完成400多家企业税务评估核查。规范企业间土地流转。会同国税、地税在孝顺镇开展税源调查试点，深入企业实施重点税源核查。规范非税收入征管。制定出台《金东区非税收入征管绩效考核办法（试行）》，将非税收入征管绩效考核与征收业务费相挂钩，提高执收单位主动性、积极性。全年非税收入7.48亿元。

【助推经济发展】 扶持工业企业做大做强。配合做好工业项目落地工作，及时兑现各项财政扶持政策，拨付工业经济扶持奖励资金1857万元。推动经济发展方式转变。支持科技强区政策落实，全年财政科技投入1931万元，增长5.4%，重点支持工业技术进步、科技创新和成果转化。加快推进第三产业发展，新设300万元旅游业发展专项资金，第三产业专项资金增加到700万元，重点推进信息产业园、现代物流、专业市场、休闲农业观光旅游等具金东特色的第三产业发展。落实惠民政策。完成汽车下乡和汽车以旧换新两项政策到期后的资金清算，兑付家电、汽摩下乡补贴资金916万元，拉动农村消费8000万元。落实各项强农惠农政策，全年发放种粮补贴、农资综合直补等各项补贴资金952万元。

【保障民生支出】 加大民生事业保障力度，全年民生领域支出8.31亿元，增长7.5%，占一般预算支出的78.7%。加快教育文化事业发展。教育支出2.67亿元，增长33.8%。从土地出让金净收益中计提基金拓宽教育经费筹集渠道，继续提高义务教育经费保障水平，义务教育中小学生均公用经费分别为750元和650元。安排教育发展资金2300万元，支持中小学校舍安全工程建设。加大对基层公共文化服务的财政投入，文化支出1382万元，增长9.2%，完成116个农家书屋和103个村邮站建设。推进医药卫生体制改革。医疗卫生支出1.21亿元，增长32.8%。安排新农合补助1900万元，增长123.0%，筹资标准人均380元，其中各级财政补助280元。筹措和争取资金支持社区卫生服务站（村卫生室）建设，推进医疗卫生单位执行绩效工资制度。推进城乡统筹发展。48个村列入省级农村公益事业一事一议财政奖补范围，获补助资金950万元。加大农业"两区"建设投入和农业灾害救助力度，投入4077万元推进"美丽乡村"建设。水利建设资金支出1.06亿元，增长15.2%，推进全国小型农田水利重点县、病险水库除险加固、中小河流治理、干堤加固等重点水利工程建设。完善社会保障体系建设。社会保障与就业支出5258万元，增长9.1%。推进被征地农民"即征即保"工作，落实1474万元解决东孝街道东关村被征地农民基本生活保障问题，积极争取市政府优惠政策，全区失地农民养老纳入市"即征即保"养老保障范围。追加经费198万元做好城乡居民社会养老保险基础养老金提标工作，提高城乡居民养老保障水平。

【推进财政改革】 启动国库集中支付改革。制定出台《金东区财政国库管理制度改革实施方案》《金东区公务卡制度改革实施方案》和一系列配套管理办法，建立国库单一账户体系，开设财政零余额账户和试点单位零余额账户，2家单位上线试运行。推进国有资产信息化管理改革。制定出台《金东区行政事业单位国有资产管理办法》和《金东区行政事业单位国有资产处置管理暂行规定》，建立行政事业单位资产信息平台，对资产购置实行网上审批，实现对国有资产的动态监管。推进财政支出绩效评价。举办全区绩效评价业务培训班，组织29个项目开展绩效自评，完成4个项目的重点评价。前移预算执行监督关口，探索事前和事中绩效评价方法，推进绩效评价向预算绩效管理转变。加强预算指标执行管理。全面采用金财会计软件,实时掌握各项预算指标执行情况,并实施有效监管。推进依法行政。制定全区财政法制宣传教育第六个五年规划,配合做好全省12366财政知识库建设,推进财政信息公开工作,在区政府网站公开年度政府收支预算,接受区人大常委会对医药卫生体制改革投入的专题询问,依法接受监督。

【加强财政监督】 加强政府投资项目监管。做好杭长客专、金温扩能、金义快速路绿化提档、曹塘澧公路的资金保障和项目监管,加强项目预算造价控制,审核政府投资项目165个,送审造价3.02亿元,核减造价2237万元,核减率7.4%。加强政府性债务管理。配合市审计组完成政府性债务交叉审计,完成地方政府性债务动态管理信息系统建设,加强政府性债务报送管理,实现对政府性债务的动态监管。强化财政监督。对项目建设指挥部办公经费实行预算批复管理,开展财政专户专项清理整顿,对6家单位实施会计信息质量检查,对财政集中支付代理银行进行综合考评。深化"小金库"专项治理,复查率100%。开展公务用车专项治理,完成单位自查和清理核实工作,掌握全区公务用车配备情况。加强专项资金管理。制定专利专项资金、科技富民强区专项资金、中央农村环境保护专项资金及项目管理等专项资金管理制度,规范财政专项资金使用。严格控制行政性支出。对部门单位"三公经费"实行指标控制,将其纳入岗位目标责任制考核,全区一般公共服务支出同比下降14%。

【深化队伍建设】 推进创先争优活动。开展"送政策、送温暖、送服务"暨政策宣讲活动,组织干部深入乡镇、企业、农村开展支农政策、"家电下乡"政策、一事一议财政奖补、企业扶持政策等方面的宣传和服务工作,增强干部服务意识。加强干部业务能力建设。推进学习型组织建设,开展"周一夜学"和金东大讲堂学习活动,强化政治理论和业务知识学习。鼓励干部加强业务学习,全年70人次接受上级部门组织的业务培训。加强组织机构建设。推进"三位一体"组织机构改革,拟定方案报送区编委。加强事业单位参公申报工作,国库支付中心、财政项目预算审核中心参公管理获省公务员局批准。加强党风廉政建设。作为全区试点单位,完成廉政风险防控机制建设,查找廉政风险点51个,制定防控措施67条,绘制权力运行流程图36个,编印《廉政风险防控手册》发放给每位干部。区财政局连续第五年获得全区岗位目标责任制考核综合先进,被评为全市"五五"普法先进单位,区财政国库支付中心获全国级"巾帼文明岗"称号。

(金华市金东区财政局供稿 洪 俊执笔)

兰溪市

【概况】 2011年,兰溪市实现生产总值210.02亿元,按可比价计算,比上年增长10.6%。其中:第一产业增加值20.93亿元,增长5.1%;第二产业增加值123.42亿元,增长11.5%,其中工业增加值113.13亿元,增长12.5%;第三产业增加值65.67亿元,增长10.6%。人均生产总值按常住人口计算为37294元,增长10.1%。三次产业增加值结构由上年的9.9∶60.0∶30.1调整为9.9∶58.8∶31.3。全年财政总收入25.94亿元,增长27.6%,其中地方财政收入13.57亿元,增长20.9%;地方财政收入占财政总收入比重为52.3%,比上年下降2.9个百分点;地方财政收入中税收收入比重为95.2%,与上年持平。全年财政支出15.76亿元,增长21.1%。当年财政收支平衡,消化历年赤字150万元。

【支持经济发展】 支持发展总部经济,引导实施回归工程,落实相关优惠政策,创办回归企业26家,总部经济企业50家,完成总部经济税收1.02亿元。及时兑现各项工业扶持资金,全年安排各项扶持资金1.79亿元,增长35.5%。支持企业转型升级,引导企业用好税收政策,落实出口退税、福利企业退税,兑现高新技术企业、企业技术研发、小型微利企业等税收优惠政策,减、免、退各项税费9.13亿元。引导企业分离发展服务业,新增分离企业4家,入库地方税收369万元;累计完成主辅分离企业17家,入库地方税收3414万元。帮扶企业解困,对特大洪水受灾企业上报减免城镇土地使用税和房产税计1275万元;集中减征符合条件企业除养老保险费外的其他四项社会保险费,1949户受惠企业减征1106万元;为95家企业安排转贷资金5.57亿元,缓解中小企业融资难。落实刺激消费政策,发放家电下乡、汽摩下乡补贴1319万元。

【组织财政收入】 关注宏观经济走势和企业微观数据,掌握税源变化情况,提高税收分析预测水平。强化税源专业化管理,实施行业税收评估。完善重点税源监控管理,扩大监控范围,建立重点企业联系制度。加强国税、地税、工商等部门涉税信息比对,调查核实零申报企业,加强非正常户管理,规范个体工商户双定管理。加强企业所得税征管,开展企业所得税汇算清缴,全年企业所得税收入增长24.1%。贯彻落实《新个人所得税法》,加强高收入者、股权转让、股息分红和总部经济个人所得税征管,实行股权转让税收前置。组织房产税源清查,入库房产税4891万元,增长53.8%。建立缴费辅导长效

兰溪财政干部奋战抗洪第一线

机制，开展全市企业2009年、2010年社会保险费汇算清缴审核工作，审核企业4792户次，补缴社会保险费4040万元，其中养老保险费2290万元。全年社会保险费征缴收入6.04亿元，增长32.4%，其中养老保险费收入3.98亿元，增长31.5%。贯彻落实《浙江省政府非税收入管理条例》，加强国有土地使用权出让金等非税收入征管，实现国有土地使用权出让金收入11.80亿元。

【保障民生支出】 民生支出占地方财政支出比例为78.0%，比上年提高7.9个百分点；新增支出2.75亿元，其中用于民生2.39亿元，占新增支出的86.9%。支持农业农村发展。落实强农惠农各项政策，支持农防加固等水利建设，加快农业“两区”建设，实施农村公益事业一事一议项目65个，整合支农专项资金7000万元。支持教育事业发展。推进“教育强市”建设，义务教育生均公用经费标准提高了100元，抓好义务教育债务化解工作，支持育才中学等校舍以及学前教育园舍建设。全年教育支出5.30亿元，占地方财政支出的33.6%。支持文化体育事业建设。完成博物馆建设，体育中心塑胶跑道改造，支持有线电视数字化转换，村级文化活动室、小康体育村等建设。加大医疗卫生事业投入。推进医药卫生体制改革，全年投入医改资金2.36亿元；国家基本药物制度实现乡镇、村全覆盖，实行基本药物“零差价”；健全基层医疗卫生体系，基本完成15家改制卫生院整体回购；完善医疗保障制度，新型农村合作医疗人均财政补助标准从128元提高到220元。全年地方财政医疗卫生支出1.68亿元，增长67.5%。完善社会保障体系。上调企业退休职工养老金待遇10%，城乡居民养老保险基础养老金由每月60元提高至70元，对80周岁以上老龄人发放每月30元的高龄补贴；支持就业再就业，安排就业专项资金1012万元；完善新型社会救助体系，安排低保资金4008万元。支持抗洪救灾，安排拨付救灾资金5200万元。支持基础设施建设。安排建设资金6.90亿元，确保330国道外迁、育才中学、城市公园等重点工程和实事工程建设，以及农防加固、第二水源、农房改造、保障性住房、人民医院溪西分院等在建项目按计划进度施工。

【推进财政改革】 推进预算编制、执行、监督“三位一体”组织机构改革。加强预算管理，完善预算定额体系，提高政府采购效率。加强非税收入管理，启用国有土地出让金收入管理系统，建立财政、国土部门信息共享机制。实施国库管理制度改革，完成59家单位国库集中支付制度改革扩面和62家单位公务卡改革试点。完善国有资产管理，265家行政事业单位建成应用资产管理信息系统；制定国有房地产出租管理办法，组织4期租赁权公开拍卖活动，收取租金1177万元，年租金增长47.0%；推行国有资产评估结果专家评审制度，降低乡镇卫生院收购评估价格740万元。

【加强财政监管】 实施绩效评价工作。对村文化活动室建设、农房救助、农村土地流转补助资金等104个50万元以上项目进行绩效评价。完善财政资金专户管理，撤并不符合规定财政专户11个。制定环境保护专项资金管理办法，规范环保专项资金管理。完善政府投资项目管理机制，加大项目资金复核力度，提高审核效率，全年共审核项目448个，审定造价20.56亿元，净核减金额1.02亿元。开展公务用车专项治理。加强财政周转金管理，收回财政周转金借款1129万元。

【加强队伍建设】 开展“创先争优”“民主评议行风”“企业服务年”“执行力提升年”等各项主题实践活动，促进服务提速增效。推进信息公开，做好12366财政知识库建设，召开税企座谈会，上门走访企业，开展纳税服务志愿者活动，利用多种媒体宣传财税政策。加强干部教育，组织全局干部参加财税知识更新培训，开展参观革命根据地等党风廉政教育活动，落实“一岗双责”、着装、考勤等制度，提升干部素质和执行力。推进“和谐型”机关建设，组织各项文体活动，营造积极向上的财税文化氛围。在“6·20”特大洪灾中，全局干部职工投身抗洪救灾。在兰溪市2011年度综合考核中市财政局被评为政府部门先进单位，行政审批科获兰溪市“示范窗口”称号。

（兰溪市财政局供稿 章承枫执笔）

义乌市

【概况】 2011年，义乌市实现生产总值726.07亿元，按可比价格计算，比上年增长10.5%。其中：第一产业增加值19.80亿元，增长4.8%；第二产业增加值310.86亿元，增长9.6%；第三产业增加值395.41亿元，增长11.4%，三次产业比重由上年的2.8∶43.2∶54.0调整为2.7∶42.8∶54.5。人均生产总值按户籍人口计算为97642元。城镇居民人均可支配收入40078元，农村居民人均纯收入17121元。完成固定资产投资额227.10亿元，增长18.7%。实现社会消费品零售总额344.52亿元，增长18.7%。实现自营进出口总额39.48亿美元，增长26.5%。全年财政总收入90.19亿元，增长17.2%，其中地方财政收入50.46亿元，增长18.0%。地方财政收入占财政总收入比重为55.9%，提高0.4个百分点；税收收入占地方财政收入比重为93.8%，提高0.7个百分点。财政一般预算支出49.63亿元，增长18.3%。全年财政收支平衡。

【组织财政收入】 强化共同理财、治税责任。组织召开全市财税工作会议，提出部门和镇街要树立“共同理财、共同治税”的财税理念。将协同征管、漏征漏管户管理等列为镇街“网格化管理、组团式服务”内容，对部门镇街收入工作目标进行考核，加大部门间的信息共享力度，提高部门和镇街聚财责任意识。加强地税征管。全年税收收入41.49亿元，增长19.5%；契税、耕地占用税收入5.06亿元，增长38.1%。组织实施《税友龙版》实地测试工作，成为全省成功上线测试的县级市。重新认定省级以上重点税源监控户98户，县市级重点税源企业177户，完善规费征管质量评价指标体系，执行重点费源监控制度，实现税费同征同查。推广应用建筑不动产软件，不动产和建筑业实行“以票控税”。出台二手房转让最低计税价格实施方案，强化存量房交易行为税收管理；加强房地产和股权转让行为的税收管理，入库税款2.40亿元。开展资本交易项目、广告、建筑安装、交通运输等行业税收专项检查，查补税费2721万元。提高非税收入管理水平。贯彻执行《浙江省政府非税收入管理条例》，全面清理非税收入项目，建立代收银行量化考核机制，全年非税收入140.49亿元。

【支持经济发展】 推进国际贸易综合改革试点。成立国际贸易综合改革试点领导小组，拟定向上争取的10项重点工作，其中水利基金减免已由省地税局会同省财政厅报财政部审批。财政部在义乌召开支持义乌开展国际贸易综合改革试点调研座谈会，支持义乌建立B型保税物流中心。落实改革专项业务费和专项工作经费3851万元。支持“四大建设”。推进商贸服务业集聚区、经济开发区、工业园区和金融商务区四个大平台建设。加快推进交通道路、医院学校、污水管理、物流场站等工程项目建设，全年安排建设资金24.25亿元。支持企业重大科技创新、上市和培育领军企业，促进大企业发展，全年兑现扶持企业资金3.55亿元，减免税费1.18亿元。支持城乡统筹发展。加大水利基础设施投入，健全病险山塘水库除险加固资金保障机制，农林水事务支出2.88亿元，增长17.8%。开展家电、汽车、摩托车下乡和以旧换新等工作，全年补贴资金3157万元。完善绿化投入机制，实施森林村庄、森林城镇以奖代补办法，推进“美丽乡村”建设和殡葬改革，促进“生态义乌”建设。

【支持改善民生】 支持教育文化发展。全年教育支出11.33亿元，增长19.3%，占一般预算支出22.8%；出台财政扶持民办教育发展暂行办法，支持和引导民办学校持续健康发展。加大对基层公共文化服务体系的财政投入，推进国际文化中心建设。推进医药卫生体制改革。保障基本药物制度实施，规范基层医疗卫生机构财务管理，参与制定社区卫生服务中心(中心卫生院)绩效考核办法，推进基层医疗卫生机构综合改革，促进基本公共卫生服务均等化。全年医疗卫生支出4.12亿元，增长30.2%。加大社会保障支持力度。城乡居民总体医药费报销水平提高到70%。落实《关于解决未参保集体企业退休人员及其他相关人员基本养老保障等遗留问题的实施意见》，新增20245人纳入城镇职工基本养老保险，3056人纳入城镇职工基本医疗保险。推进劳动保障和社会救助基层平台建设，促进就业。社会保障和就业支出3.54亿元，增长19.1%。推进保障性住房建设，落实公租房购建和保障性住房项目建设资金2.10亿元。推进“平安义乌”建设。支持建设公共安全管理防控网络，保障加强流动人口、境外人员、少数民族人员等社会管理服务创新所需经费，落实平安建设和维护稳定经费4.83亿元。

【深化财政改革】 推进公务卡改革。出台预算单位推行公务卡制度实施方案，8个部门35家预算单位首批试点，发放公务卡352张。深化行政事业单位国有资产管理改革。全市行政事业单位97%以上的房产和土地办理房产证、土地证的初始登记或变更登记；全市公开拍租成交租金5076万元。以“财政局——公共资产管理中心——资产占有使用单位”三个层次，“产权登记、信息管理、资产配置、集中处置”四大平台建设，“统一产权、统一配置、统一处置、统一监管”四个统一为特征的行政事业单位国有资产管理体制改革被浙江财经学院、浙江大学和省财政厅组成的专家组誉为“三四四”的“义乌模式”，并被评为义乌市“十大创新典型”。扩大绩效目标评审试点范围。通过严把项目申报关、专家评审关、目标修订关“三关”，突出评审流程的合理性、评审人员的独立性、评审内容的有效性“三性”，对每个项目制订可测算、可核查的量化绩效目标，为事后评价提供依据。56家单位69个预算项目纳入绩效目标评审，核减预算资金7298万元，核减率31.6%。

【加强财政监督】 逐步建立财政监督体系。出台加强财政监督内部运行机制的意见及相关配套制度，构建“财政内部监督、财政收入监督、财政支出监督、会计监督、资产监督”五大财政监督体系。加强基建财务管理。出台《关于认真贯彻实施〈浙江省政府投资预算管理办法〉的若干意见》，健全政府投资决策机制；出台政府投资项目集中建设财政财务管理办法，推进政府投资项目专业化管理；试行政府投资项目“以租代建”，扩大政府投资项目的市场化融资建设范围；严把项目资金审拨关，全年审核各类项目1782个，核减造价1.70亿元。完成“小金库”治理工作。建立防治“小金库”及财务违规行为长效机制，从源头上防范“小金库”和财务违规行为，促进部门单位依法规范理财。

【加强队伍建设】 优化财税服务。创新便民举措，代收银行增至9家227个网点；“会计从业资格证书”申领实行即办制度；开通12366语音特服系统，为纳税人提供便捷、高效、优质的纳税服务。强化督查考核。根据年度工作目标任务和承诺情况，重点开展月度工作督查、季度工作督查、重点工作督查、效能专项督查“四项督查”，实行上网行为监控。加强财税文化建设。通过搭建“学习、制度、情感、激励、宣传、活动”六大平台，构建考核、监督、问责、激励、帮促“五位一体”的系统化制度平台，建立“护廉网”工作平台、岗位预警、防范机制及廉情直报和分析制度，加大廉政风险防控力度。《以干部管理制度系统化理念引领队伍建设》经验材料在全省财政地税系统财税文化建设推进会上作交流。重视普法教育工作，制定《义乌市财政地税局法制宣传教育第六个五年(2011～2015年)规划》；市财政局获“2006～2010年全国财政法制宣传教育先进集体”称号。

（义乌市财政局供稿 傅铮铮执笔）

东阳市

【概况】 2011年，东阳市实现生产总值337.06亿元，比上年增长11.4%。其中：第一产业增加值15.99亿元，增长4.6%；第二产业增加值173.81亿元，增长10.9%；第三产业增加值147.26亿元，增长12.9%。人均生产总值41018元，增长11.0%。全市财政总收入40.98亿元，增长26.9%，其中地方财政收入23.95亿元，增长23.5%；全市财政总支出30.51亿元，增长23.3%。全年财政收支平衡。

【支持经济发展】 推进工业转型升级。财税政策、财政资金向支柱产业和主导产业倾斜，兑现财政扶持工业企业奖励资金8252万元；落实企业研发费加计扣除、高新技术企业所得税等优惠政策，减免企业所得税6690万元；向上争取技术创新改造项目等政策性扶持资金6221万元；加大企业自主创新支持力度，全年科技支出1.20亿元。促进服务业发展。兑付影视文化、服务业发展扶持资金1.81亿元；推进企业分离发展服务业，全年分离4户。全市累计分离21户，入库地方税收518万元。帮扶中小企业走出困境。落实各项税费减免政策，做好困难企业房产税、土地使用税减免工作，全市减免3614万元；落实新个人所得税法，全面调低双定户个人所得税核定征收率，减轻税负2000万元；将个体工商户营业税起征点从5000元提高到2万元，全市2.5万纳税人受益，减轻纳税人负担1100万元；对符合条件的困难中小企业实行社会保险“四减”政策，全市3345户企业享受社保费优惠政策，减征金额1625万元。设立企业转贷专项资金3000万元，完善银行业金融机构中小企业贷款考核奖励办法，鼓励对中小企业的信贷投放。

【组织财政收入】 壮大地方财力。全市地方财政收入占总收入比重为58.4%，收入结构持续优化。地税部门组织的税收收入中县市级收入为13.93亿元，增长23.7%，对地方财政收入贡献度增强。夯实税收征管基础。强化收入预测分析，全市收入预测误差率在4.1%以下。开展“税收管理规范年”活动，对企业所得税汇算清缴和地方税费结算工作等八个方面进行规范。做好个人出租房税收征管工作，逐户核实个人出租房信息。开展自建房建筑营业税专项清理，入库税款3133万元。完善非税收入征管。加强土地出让金等收入管理，执行收支两条线，全市非税收入50.30亿元，增长15.2%。落实解决未参保企业退休人员等有关社保政策，加强社保欠费清缴和个人缴费自行申报管理,社保基金收入15.35亿元,增长88.8%。推进依法治税。开展"与法同行"、"税收宣传月"等活动,启动财税"六五"普法。出台《东阳市财政行政处罚裁量权实施规则》等制度,规范行政处罚自由裁量权。开展广告业、装潢装饰业税收专项检查以及重点建安企业、房地产企业发票专项检查,查补税费2416万元。

【改善社会民生】 落实强农惠农富农政策。全年农林水事务支出2.36亿元,增长23.7%,用于支持水利等农业基础设施建设、农业"两区"建设、"美丽乡村"建设、农业新型经营主体培育等项目。落实农资综合直补政策,对全市16万户种粮农户发放农资综合直补2095万元。加大农业综合开发力度,完成画水洪塘片中低产田改造项目,开发治理面积1.2万亩,总投入1488万元。全面推开村级公益事业一事一议财政奖补工作,投入财政奖补资金3000万元,实施项目66个,带动社会资金4120万元。健全就业和社会保障体系。全年就业和社会保障支出2.15亿元,增长8.2%。落实积极就业政策,扩大就业资金受益群体和支出范围,推动"充分就业社区(村)"建设,安排促进就业资金支出1430万元。支持基层社会保障平台建设,保障城乡居民就近享受劳动就业和社会保障公共服务。提高城乡居民社会养老保险待遇,基础养老金标准提高到每人每月70元,对年满80周岁的高龄老人再增加补贴每人每月30元。推进医药卫生体制改革。全年医疗卫生支出2.38亿元,增长6.7%。提高城镇职工基本医疗保险、新型农村合作医疗保险等筹资标准和报销比例,实现全市各类人群医保全覆盖。支持实施基本药物制度改革,建立与基本药物制度相适应的基层医疗卫生机构财政补助政策。加快教育文化事业发展。全年教育支出8.45亿元,增长34.8%。实行普通高中学生资助政策,扩大中等职业学校学生资助范围;完善义务教育经费保障机制,义务教育中小学生均公用经费标准分别达到650元和450元;建立学前教育投入机制,设立800万元的学前教育专项资金,鼓励学前教育发展。加大对基层公共文化服务的财政投入,支持农家书屋、"广电惠民"等工程,推进公共文化服务体系建设。

【深化财政改革】 完成"三位一体"组织架构建设。成立预算局、预算执行局、财政监督局,确立预算编制、执行、监督"三位一体"财政组织体系。推进财政综合预算改革。推进"全口径"政府预算,制定政府性项目投资预算管理、政府性基金预算管理等8个政府预算管理办法,将除学校收费以外的所有原纳入预算外管理的收入全部纳入预算管理。按"收入到地块、支出到项目"要求,细化国土出让收支预算编制。推进国库集中支付和公务卡改革。在全市228家行政事业单位全面推行国库集中支付改革。开展公务卡制度改革试点工作,全市纳入公务卡改革试点单位24家,发放公务卡232张。开展财政专户专项清理整顿工作,自查清理财政专户48个;制定《东阳市预算单位银行账户管理暂行办法》,规范预算单位银行账户管理。推进乡镇财政管理改革。完善镇乡(街道)财政管理体制,出台《关于完善镇乡(街道)财政体制的意见》。加强镇乡(街道)财政机构建设,撤销镇乡(街道)财政(财务)管理中心,市财政局设立镇乡(街道)财政管理科,镇乡(街道)设立财政(财务)办公室。强化镇乡(街道)财政(务)办管理业务考评,制定镇乡(街道)财政(务)管理业务考评办法。

【加强财政监督】 加强政府性债务管理,将所有政府性债务纳入信息化动态管理。强化政府采购监管力度,科学制定采购目录和限额标准,完善政府采购协议供货制度。加强政府性投资项目估算、概算、预算审核,送审金额56.70亿元,核减金额3.04亿元。组织财政支出绩效评价工作,对36个项目实施评价。开展2011年度"小金库"专项治理工作,对党政机关、事业单位、社会团体和国有企业等618家单位进行全面复查。启动公务用车问题专项治理,清查全市408家行政事业的公务用车,清查面100%。加大国有资产收益监管力度,出台《国有企业资本经营预算管理办法》等制度;做好木雕城资产重组、电影公司、东阳剧院改制等工作,规范行政事业单位公房出租行为,确保国有资产保值增值。开展会计人员继续教育培训,组织实施会计学会学术活动,提升会计人员素质,当年有9人获高级会计师资格。

【强化队伍建设】 深化财税文化建设。开展纪念建党90周年活动,接受井冈山革命传统教育,组织全体财税干部到江西财经大学进行业务轮训,推进干部素质提升。注重发挥工妇团作用,开展各类文体活动,丰富干部业余文化生活。加强党风廉政建设。落实党风廉政建设责任制,层层签订《党风行风和廉政建设目标责任状》,履行"一岗双责"。开展廉政风险点排查"回头看"和廉政风险防控机制建设,清理各类权力事项290项,排查风险点,提出防控措施,固化工作流程。加强作风建设。组织"优化服务、提升形象,从我做起"主题活动,以绩效管理、优质服务、干部素质"三大提升工程"为抓手,深化"管理问绩效、服务践承诺、攻坚破难题、执行强问责"工作机制,解决思想观念、精神状态、作风建设和优质服务中存在的问题。推进财税12366财政知识库建设。市财税局在全市"发展环境优化年"活动评选中获十佳服务单位称号。

(东阳市财政局供稿 徐宏刚执笔)

永康市

【概况】 2011年，永康市实现生产总值355.27亿元，比上年增长10.5%。其中：第一产业增加值8.67亿元，增长5.4%；第二产业增加值225.61亿元，增长10.0%；第三产业增加值120.99亿元,增长11.7%。三次产业比重由上年的2.4：64.9：32.7调整为2.4：63.5：34.1。按户籍人口计算，全市人均生产总值61743元，增长14.5%。全市完成固定资产投资109.59亿元，增长13.5%。实现社会消费品零售总额109.19亿元，增长19.0%。全市财政总收入47.12亿元，增长14.0%，其中地方财政收入25.26亿元，增长12.8%，占财政总收入的比重为53.6%，税收收入占地方财政收入的比重为90.0%。全市财政一般预算支出27.10亿元，增长11.4%。当年财政收支平衡。

【组织财政收入】 *做好预测分析*。加强收入计划管理和政策效应分析，做好税收收入及非税收入组织工作，促进收入增收及结构优化。地税部门组织各项收入32.98亿元，比上年增长19.7%，其中税收收入17.14亿元，增长6.6%，社保费等其他各项收入12.99亿元，增长49.1%，契税、耕地占用税收入2.84亿元，增长3.6%。*加强税源控管*。做好行政事业单位个人所得税代扣代缴清理工作，全市257个单位补缴个人所得税1572万元。建立纳税评价测算模型，对娱乐、餐饮、联托运、制门等行业强化管理。清理漏征漏管户，加大对市场税收、零散税源等管理力度。做好企业纳税和用电情况的比对，探索“以税控电、以电核税”控管模式。加强房、土两税税源数据清理及实地核查工作，入库房土两税合计2.54亿元，增长124.7%。引入资产评估机制，加强股权转让税收管理。强化稽查与评估职能作用，开展行业专项检查和发票专项整治。*拓宽增收渠道*。加强非税收入征管力度，挖掘非税收入新的增长点，行政事业性收费收入、罚没收入等非税收入入库2.52亿元，增长28.1%。优化社保资金管理组合，社保资金增值6100万元。

【支持经济转型发展】 *支持实体经济发展*。调研中小企业生存状况，落实多项财税帮扶措施，设立1亿元企业应急周转资金。缓解企业资金困难，全年落实各项扶持企业发展专项资金1.80亿元，补助奖励技术改造、自主创新、中小企业、外贸出口、企业股份制改造、本地报关通关等，办理退税1706笔计2.81亿元。做好企业社会保险费缴费比例临时性下浮工作，对5964户企业的单位缴纳部分计1292万元进行集中减征。加大人才专项资金投入，落实人才培养资金1513万元。*支持服务业发展*。研究和制订总部经济、工业企业分离发展服务业财税扶持政策，开展财税支持服务业加快发展专项行动，兑现财政专项补助1033万元，引导企业分离发展服务业，分离总数55家。做好家电、摩托车下乡以及家电以旧换新工作，补贴资金3551万元，拉动消费增长。*支持现代农业发展*。安排专项资金3980万元用于现代农业园区建设、粮食生产、农机购置补贴、土地流转奖励等，支持现代农业发展，保障以农田水利为主的农业基础设施建设。加强农业综合开发项目的申报、管理，农业综合开发总投资额6866万元。

【保障民生事业】 全年一般预算民生支出21.07亿元，增长15.8%，占地方财政支出的77.7%。*统筹城乡区域发展*。加大公共财政支出中农业和农村投入的总量和比重，安排农林水事务支出2.77亿元，增长10.5%。落实支农惠农政策，以美丽乡村、现代农业、平原绿化、民生水利为重点，促进新农村建设。投入1.13亿元用于村庄整治和农房改造工作，支持98个村庄完成整治工作。*支持文教事业发展*。全年教育支出8.23亿元，增长13.6%；剔除省转移支付资金，一般预算教育支出占全市一般预算支出的29.7%，扩大公共教育支出，解决教育资源不均衡等问题。文化体育与传媒支出3058万元，增长9.6%。加大对基础公共文化服务的财政投入，设立文化产业发展、村级文化建设专项资金，保障博物馆、纪念馆免费开放，加强公共文化服务体系建设。*加强社会保障工作*。社会保障和就业支出15491万元，增长3.0%。扩大以基本养老保险为重点的各项基本社会保险制度的覆

永康总部大楼

盖面。加大残疾人事业投入,创建爱心城市。加大就业投入,加大对公共就业服务体系特别是基层公共就业服务平台建设的支持力度,重点建立统筹城乡就业机制和就业长效帮扶机制。推进医疗卫生体系建设。全市医疗卫生支出2.89亿元,增长74.2%。落实医改资金2.61亿元,启动基层医疗卫生机构实施国家基本药物制度改革,加强对基层医疗卫生机构补助。

【深化财政管理改革】 推进"三位一体"组织机构改革,实施财税机构(含镇、街、区财政机构建设)及职能配置改革。实行国库集中支付制度改革,完成财政、国土、计生、卫生、农业、教育6个单位的试点工作。推进乡镇财政管理改革,完善乡镇财政管理体制。深化项目监督。加强对行政管理权各个环节的监督,开展行政管理权执行情况自查,全面介入基建工程、大宗物品采购、固定资产管理和处置工作。停缓建4个千万元以上新增政府投资项目,压缩2.64亿元的投资规模。审核政府投资项目概算、预算、结算335个,审查金额15.12亿元,审定金额13.89亿元,核减资金1.23亿元。完成政府采购计划2.62亿元,合同金额2.27亿元,节约资金3500万元,资金节约率13.2%。完善政府性投资项目审批、监督机制,控制政府性债务规模,年末地方政府性债务余额24.06亿元,比上年减少3.50亿元。加强资金管理。加强部门结余资金管理,收缴结余资金2753万元。开展农房救助项目、农村土地流转项目、职业教育"六项行动"、残疾人"共享小康工程"等绩效评价工作。控制行政管理成本,压缩公用经费、经常性专项经费、非经常性专项经费、会议经费、车辆运行经费等支出,牵头开展党政机关公务用车专项治理。收回财政周转金229万元。完成"小金库"专项治理全面复查及督导抽查工作,查出"小金库"3个。

【加强干部队伍建设】 建立廉政风险防控机制,绘制权力事项流程图,清理权力事项116项,整理现有相关权力事项制度152个,查找廉政风险点400余项。制订《党风廉政建设工作实施意见》,将党风廉政建设工作列入工作考核,层层签订《2011年党风廉政建设责任书》。学习《廉政准则》,参观法纪教育基地,举办预防职务犯罪讲座,创新廉政教育手段,深化廉政教育内容。开展"倡廉洁、提效能"专题教育活动,实行廉政谈话和诫免谈话制度。开展建党90周年系列活动,以推行党员"先锋承诺"为重点,开展"闪光之星"推选、"一岗双队"等活动。结合财政业务和干部队伍建设实际,开展党史知识竞赛、"品味书香"讲述会等文化主题活动。加强分层分类培训,开展新进人员"入门教育",建立"以师带徒"制度。开展摄影、书画、音乐、体育等文体活动,增强队伍凝聚力。

(永康市财政局 韩余鹏执笔)

武义县

【概况】 2011年,武义县实现生产总值148.31亿元,比上年增长10.1%。其中:第一产业增加值13.50亿元,增长5.5%;第二产业增加值84.23亿元,增长11.3%;第三产业增加值50.58亿元,增长9.2%。一、二、三产业增加值结构比例为9.1 : 56.8 : 34.1。全县人均生产总值43000元,增长9.7%。全县财政总收入20.52亿元,增长22.7%,其中地方财政收入11.07亿元,增长24.7%,占全县财政总收入比重为53.9%,税收收入占地方财政收入比重为89.8%。财政支出18.9亿元,增长19.2%。全县当年财政收支平衡。

【组织财政收入】 加强收入分析预测,增强组织收入主动权。加强企业自建厂房税收征管,引导企业由股权转让向资产转让转变。加强企业基础信息资料采集,加大对房产税和土地使用税的征管力度。调整城镇土地使用税税额标准,并实行按季征收,全年增收2153万元。强化"以票控税",推广应用网络发票。建立行业税源监控数据模型,并与国税监控平台实现数据共享。加强企业主辅分离辅导工作,引导企业分离发展服务业,当年分离1家,累计分离11家。开展税务稽查工作,查补入库税费、滞纳金及罚款收入661万元。继续加强非税收入征收管理,全年非税收入10.04亿元,增长25.1%。

【支持经济转型发展】 支持农业发展。整合支农资金2.10亿元,以"两区"建设为抓手,加大农业基础设施投入,促进土地规模经营;做好农业"接二连三"(拓展农业功能区,延伸农业产业链条,将农业与二、三产业相互渗透、融合发展、互促共荣)、农民"跨二进三"(在农业"接二连三"的基础上引导农民向二产、三产转移)文章,引导鼓励开发综合生态农业项目和农副产品精深加工。引导工业转型升级。培育龙头支柱企业,兑现社会贡献奖、政企互动奖、工业强县突出企业家贡献奖等3338万元,鼓励企业做大做强;支持传统产业改造提升,兑现奖励技术创新科技进步奖、工业技改补助等1913万元,引导企业加大科技创新、技术改造力度;支持节能降耗,落实节能减排奖励补助350万元,鼓励企业淘汰落后产能、提高能源产出水平;安排科技活动经费2655万元,加强产学研对接平台建设,促进技术引进、技术改造和管理创新;兑现企业品牌建设奖励376万元，支持企业品牌建设。促进出口、消费增长。兑现外贸奖励扶持政策1607万元，支持提升外贸出口竞争力，促进企业外贸出口稳定增长。落实家电下乡、以旧换新政策，审核、拨付相关补贴983万元，拉动相关消费9050万元。安排扶持旅游业专项资金2500万元，支持发展以旅游业为重点的现代服务业；兑现各项产业扶持政策197万元，加快现代商贸、物流、金融等现代服务业发展。

【保障民生投入】 全年民生支出13.61亿元，占财政支出的72.1%，同比增长17.5%。增加教育投入。加大教育保障力度，支持全县教育资源整合；强化义务教育经费保障，安排教育支出3.38亿元，增长11.5%；实施职业教育"六项行动计划"，年初预算安排资金1080万元用于职校二期工程建设。促进社会保障、医药卫生发展。预算内安排社会保障资金2.03亿元，增长48.9%，占一般预算支出的18.4%，其中：社会保障和就业支出1.17亿元，医疗卫生支出8603万元。巩固和完善新型农村合作医疗制度，提高医疗保障水平，财政补助从每人每年120元提高到240元。完善医疗卫生服务体系建设，建成"20分钟医疗卫生服务圈"。投入2020万元，推进实施国家基本药物制度改革，全县19个乡镇卫生院实施国家基本药物制度。加大基础设施建设投入。安排水利建设专项资金3500万元，提高水资源保障和防洪抗旱减灾能力。实施城乡发展一体化战略，当年安排2000万元资金，支持"美丽乡村"建设。

【推进财政改革】 推进"三位一体"组织机构改革，机构设置及人员高配获批准。推进国库集中支付改革，改革试点单位扩展到56家。规范预算定额标准体系，设定临时人员定额标准和车辆经费标准，清理部门单位占用专项经费和公用经费问题。推进其他事业单位绩效工资改革。强化政府公共预算编制管理，夯实预算编制基础，完善预算定额体系，加大历年结余清理力度，并向社会公开总预算情况。细化政府性基金预算，全面反映收入来源、支出总量、结构与方向，合理安排基金收支。深化社保基金预算编制改革，探索建立财政、人力社保、地税等部门共同参与的联合工作机制，提高预算编制质量。加强政府性债务计划管理，严格控制政府性债务规模。加强政府性投资项目投资计划、资金拼盘、资金拨付等各环节的资金管理，完善政府性投资项目建设资金管理机制。强化政府性投资项目概算、预算、工程变更、追加投资、工程决算、财务决算各环节的审核监管，对项目实施事前、事中、事后的全程控制。全年节约建设资金3442万元。

【加强财政监督】 编制年度财政专项检查计划，关注与民生和社会发展关系密切的单位，组织开展定期和不定期的重点检查，由原来的事后监督向事前、事中监督转变，实现检查型监督向管理型监督的转变。加强教育专项资金整改力度，联合教育部门出台《关于重申财务管理相关规章制度的通知》。开展"小金库"治理工作。制订"小金库"专项治理工作实施方案，对78个部门、253个单位、118个社会团体、45个国有企业开展"小金库"专项治理复查工作，复查面100%。建立健全各相关部门"小金库"专项治理工作长效机制。开展预算绩效管理试点。在2010年度财政支出50万元以上项目中选取57个项目开展绩效自评。建立评价结果反馈与整改机制，对2010年度财政支出重点绩效评价项目的绩效评价结果进行反馈，并对存在问题及相关建议落实整改。

无土栽培大棚

【国资监管】 全年审批出租资产500余宗，收缴租金2754万元，同比增长108%。建立资产出租"两个档案，一个制度"，即建立行政事业单位国有资产出租档案、出租资产催缴档案和出租合同备案制度。与9家国有企业签订"国有资产经营目标及保值增值责任书"，落实国有企业资产保值增值责任。开展全县行政事业单位推广应用资产管理信息系统工作，完成实施方案制定、软件采购、系统初始化、下发文件、资产卡片数据收集整理上报及系统培训等工作，首批233家行政事业单位已进入该系统。整合资源，提升政府融资平台公司的筹资融资能力。

【干部队伍建设】 加强教育培训。全局干部职工分三批赴上海财经大学进行培训，举办信息员培训等各种业务培训，开展党的十七届六中全会精神学习主题活动，加强党性教育。推进廉政惩防体系建设。查找廉政风险点200个，制定防控措施171条，编制业务流程图336份，建立教育倡廉、制度规廉、监督护廉并重的惩治和预防腐败体系。深化财税文化建设。加强人文关怀，丰富干部业余生活，提振干部工作热情。

（武义县财政局供稿 汤 超执笔）

浦江县

【概况】 2011年，浦江县实现生产总值150.29亿元，比上年增长10.6%。其中：第一产业增加值8.15亿元，增长4.8%；第二产业增加值91.82亿元，增长10.8%；第三产业增加值50.32亿元，增长11.1%。三次产业结构由上年的5.6：61.7：32.7调整为5.4：61.1：33.5。按户籍人口计算人均生产总值38403元，增长10.2%。完成固定资产投资50.05亿元，增长12.4%。实现社会消费品零售总额64.93亿元，增长17.7%。城镇居民人均可支配收入25106元，增长9.2%；农村居民人均纯收入10052元，增长12.0%。全县财政总收入18.99亿元，增长20.7%，其中地方财政收入10.57亿元，增长17.4%；财政支出14.71亿元，增长7.8%。全年财政收支平衡。

【支持经济发展】 落实积极财政政策。兑现财政补助资金1.14亿元，其中工业科技发展扶持政策财政补助4014万元，再生资源增值税退税企业财政扶持资金4855万元。小型微利企业、高新技术企业等优惠政策减免1990万元，审批税前扣除财产损失1073万元。提高营业税起征点至上限，优惠地方税费815万元。落实社会保险“五缓四减三补贴”政策，减免四项社会保险费516万元。减免水利建设专项资金184万元，扶持农业龙头企业和资源综合利用企业发展。取消31项涉企行政事业性收费项目，减轻企业负担。帮扶中小企业克难攻坚。帮助企业向上级部门争取资金1160万元，安排3000万元“企业转贷应急资金”。

【组织财政收入】 发展壮大地方财力。地方财政收入占财政总收入的比重为55.7%，地方财政收入中税收收入占比90.9%，提高0.2个百分点。推进税费精细化征管。落实个人所得税新政策，规范个人所得税管理，年收入12万元以上个人所得税3487万元，增长17.5%。加大欠缴税费清理力度，清欠税款1608万元。加强企业产权过户和房产税、土地使用税管理，入库税费2000余万元。开展广告业、交通运输业、旅游业等行业专项检查，查补税款601万元。推进企业分离发展服务业，新增分离企业3家，累计完成主辅分离企业11家，入库税费398万元。推进水晶行业税收社会化管理，委托乡镇（街道）征收税费3920万元。规范非税收入征收管理。加强行政事业单位非税收支绩效考核，将所有行政单位收费纳入预算管理，非税收入9565万元，增长14.5%。

【落实强农惠农富农政策】 全年农林水事务支出1.99亿元，增长11.2%。及时拨付抗洪救灾和灾后重建资金1480万元，安排2000万元资金用于扶持现代农业生产，整合2000万元资金支持现代农业园区和粮食生产功能区建设。建立村级公益事业建设一事一议财政奖补项目库，安排1600万元推进38个村村级公益事业建设。落实村级组织运转补助经费200万元，村干部基本报酬781万元。拨付种粮农民综合直补资金873万元，政策性农业保险财政资金166万元。加大农业综合开发力度，国家农业综合开发浦江县通济桥水库灌区节水改造配套项目通过国家级验收。

【保障民生支出】 支持教育文化事业发展。全年教育支出4.44亿元，增长16.1%。落实义务教育学校绩效工资制度、义务教育退休人员提高生活补贴等政策，义务教育中、小学生均公用经费最低标准分别提高到650元、450元。推进职业教育公共财政保障制度、普通高中助学金制度建设。支持公共文化、体育服务体系建设，加快文化产业发展。支持健全社会保障和就业体系。全年社会保障和就业支出1.33亿元，增长14.3%。落实就业再就业补助资金526万元，扩大就业困难人员扶持范围，增加财政补助项目，促进大学毕业生回乡就业。城乡居民社会养老保险基础养老金标准由每人每月60元提

浦江县通济桥水库

高到70元，年满80岁以上的高龄老人增发每人每月30元的高龄补贴。落实困难群众基本生活价格补贴，按人均3元标准建立困难群众临时救助资金，医疗救助资金标准从每人8元提高到9元。深化医药卫生体制改革。全年医药卫生支出1.35亿元，增长11.1%。推进基本医疗保障制度建设，新型农村合作医疗和城镇居民医保人均财政补助从120元提高到240元，政策范围内住院费用报销比例60%以上。乡镇卫生院实施国家基本药物制度，按零差率销售药品，落实基本药物价差补助1430万元。推行乡村卫生服务一体化管理，落实公共卫生与基层医疗卫生事业单位绩效工资制度。推进生态文明、平安浦江建设。加大生态环保和节能减排投入，支持污水处理设施建设，做好城乡饮用水源地环境保护。完善政法经费保障机制，维护和谐稳定。支持重点项目建设。落实建设资金10.99亿元，保证“浦义公路”等重点建设工程资金需要。

【深化财政改革】 推进“三位一体”组织机构改革，机构设置和人员高配方案获批准。加快预算执行进度，强化预算约束，严控预算追加。推进国库集中支付改革，新增44家预算单位作为改革扩面单位，累计60家单位实施国库集中支付。开展公务卡改革试点，16家公务卡改革试点单位发放公务卡686张。推进预算信息公开，制定财政专项支出预算公开办法，做好“三公”经费向社会公开的准备工作。

【强化财政监督】 完善政府投资基本建设项目财务管理办法，加强全县基本建设财政财务管理和监督，合理调度使用资金。控制国有投资项目成本，办结224个政府项目的预算审核，核减资金8833万元，平均核减率为9.9%。完成44个项目预期绩效目标审核，对15个部门单位的25个项目展开绩效自评，对3个县重点项目实施重点绩效评价。加强规范性文件清理，制订行政处罚自由裁量权行使规则及其执行标准，出台行政规范性文件制定及管理工作意见，做好执收执罚行为专项治理回头看工作。开展“小金库”、公务用车专项治理，会计信息质量、财政票据检查，清理归并地方财政专户，抽查乡镇财政管理情况。加强行政事业单位国有资产管理，依法处置报废资产870万元。全县228家单位启动行政事业单位资产信息管理系统，通过信息系统处置和核销资产1184万元。组织行政事业单位会计知识竞赛，完善会计人才库建设，选举产生新一届会计学会理事会。

【干部队伍建设】 开展“加强管理、狠抓落实”年、“创建涉企服务最佳单位”群众评议等活动，下基层蹲点调研，设立党员、团员示范岗，基层党支部和党员干部践行“干事有为、我诺我行”先锋承诺。强化岗位廉政教育，实行党风廉政建设“一岗双责”，开展《廉政准则》、换届纪律宣传，召开家属廉政座谈会，筑起每位党员干部思想、家庭、制度三道反腐防线。组织全体干部职工参加专业知识更新培训，建立“一科一课”（一个科室负责上一堂业务课）学习制度。参加系列纪念建党90周年活动。组织交通安全知识培训、汽车驾驶技能比武、消防安全知识培训及现场演练、登山毅行等活动，促进财税文化建设。全年县局获得19项县级以上集体荣誉和14项县级以上个人荣誉。 （浦江县财政局供稿 沈淑琦执笔）

磐安县

【概况】 2011年，磐安县实现生产总值55.80亿元，增长10.7%。其中：第一产业增加值8.40亿元，增长7.1%；第二产业增加值29.30亿元，增长10.2%；第三产业增加值18.10亿元，增长13.3%。三次产业结构由上年的15.1 : 53.8 : 31.1调整为15.0 : 52.6 : 32.4。全县完成固定资产投资26.96亿元，增长23.0%；实现社会消费品零售额18.56亿元，增长19.1%。人均生产总值26559元，增长10.7%。全县财政总收入7.28亿元，增长21.0%，其中地方财政收入4.01亿元，增长22.2%；财政支出12.48亿元，增长17.2%。全年财政收支平衡。

【支持经济发展】 支持各乡镇发展经济。落实“分类分档激励奖补”机制，调动乡镇理财积极性。全县19个乡镇完成地方财政收入1.61亿元，增长16.1%；金磐开发区、磐安工业园区、新城区合计完成税收收入2.44亿元，增长25.0%。落实各项财税政策。落实国家结构性减税政策，临时性下调部分工业企业所得税预征率，开展所得税预汇算、预退库，减免企业各项税费2075万元；兑现二、三产业政策奖补资金5379万元，推进二、三产业结构优化升级；兑付“家电、汽车摩托车下乡”“家电以旧换新”财政补贴资金854万元。重点保障项目建设。拨付政府投资项目资金2.46亿元，重点保障“十大重点工程”、“十大实事”等政府性投资项目，其中拨付工业平台基础设施建设补助资金1800万元，促进产业集聚发展。开展投融资工作。支持建立投融资公司，提供融资抵押担保2.46亿元。

【组织财政收入】 优化收入结构。全年地方财政收入增幅高于财政总收入增幅1.29个百分点，地方财政收入占财政总收入的比重为55.1%，提高0.59个百分点，税收收入占地方财政收入的比重为88.3%,降低3.96个百分点。加强税收征管。健全“五位一体”税源控管机制,重点税源监控企业573户,新增104户;完善与国税、国土、房管等部门的涉税信息共享机制,推广应用机打发票、营业税差额征税管理软件,重点开展行业税收专项检查,打击使用假发票专项行动。加强非税征管。应用新版非税收入征管信息系统,将所有行政事业单位罚没收入纳入新系统管理;加强国土出让金监管,国土、财政、检察部门联合催收催缴逾期国土出让金1.04亿元。全县非税收入6.06亿元,增长26.1%。

【保障民生支出】 加强农村基础设施建设。拨付“秀美乡村”建设资金4969万元,水利设施建设资金2670万元,村级公益事业建设一事一议财政奖补资金3114万元,改善农村生产、生活环境。支持教育文化事业发展。中、小学生均公用经费标准分别提高到800元、550元;拨付补助资金923万元,免除农村义务教育阶段学生住宿费、提供免费义务教育教科书、爱心营养餐;拨付资金3196万元,实施42个校安工程项目;拨付学前教育、职业教育专项资金2869万元,推进教育均衡发展。继续实施广电低保、农村文化服务提升、文化信息资源共享工程,构建覆盖城乡的公共文化服务体系。调整医疗保障政策。新农合人均筹资标准为320元,政策范围内住院费用报销比例乡镇卫生院、县级医院分别为70%、60%,个人年报销限额提高到8万元;提高城镇职工基本医疗保险住院及大病门诊报销比例,统筹基金、补充医疗保险基金支付限额;建立与基本药物制度相适应的基层医疗卫生机构财政补助政策,安排1538万元支持公立基层医疗机构实施国家基本药物制度,实现药品零差率销售。健全社会保障体系。落实部分精简退职人员生活困难补助、未参保集体企业退休人员及其他人员基本养老保险等六项政策;城乡居民基础养老金提高到70元/月(80岁以上提高到100元/月);提高城乡居民低保救助标准,累计支出1272万元;发放就业困难人员、农村低保人员、政府购买公益性岗位补贴384万元;筹集960万元开展社会保障“一卡通”建设;住房保障支出3806万元,建设廉租房和经济适用房9900平方米。

【深化财政改革】 完成组织机构改革,成立预算局、预算执行局、财政监督局,增设预算编制中心和乡镇财政管理科,构建预算编制、执行、监督“三位一体”财政组织框架。推进预算管理改革。完善预算编制费用支出标准。改变非税资金管理方式,将除教育收费之外的行政事业性收费等预算外资金纳入预算管理。加强财政拨款结余资金管理,出台财政拨款结余资金管理暂行办法,整合两年期以上的项目结余资金1200万元纳入部门预算。3家单位试运行部门预算编制系统(网络版)。开展国库集中支付和公务卡改革,制定国库集中支付和公务卡改革管理办法,15家单位实施改革试点。

【强化财政监管】 依托信息监管。建成财政支农项目库、一事一议信息管理系统。清理核实地方性债务,运行地方性债务统计软件,实现地方政府性债务动态监管。运行车辆控购管理系统,完成142家机关事业单位公务用车基础信息录入工作。加强项目监管。建立50万元以上财政支出项目绩效预期目标申报制度,完成困难群众医疗救助等三项绩效目标申报审核认证工作;完成25个重点工程和民生支出项目绩效评价工作;加强政府投资项目“概算、预算、结算”(简称“三算”)全过程审核,完成项目“三算”审核457个,核减资金3497万元。实行村级一事一议财政奖补资金乡镇财政报账制。加强专项监管。全年政府采购节约资金1036万元,节约率15.6%;开展公务用车专项治理;“小金库”专项治理完成自查和复查工作,重点督查24家单位,收缴违纪款48万元。

【推进国有资产管理】 推进国有资产管理。运用行政事业单位资产管理信息系统,实现国有资产各环节动态管理。加强县外公有、乡镇国有、学校闲置资产监管,通过拍租、拍卖、置换等方式盘活国有资产3218万元。举行行政事业单位出租用房、停车位拍租会;完成县人防办等3家单位办公用房调配工作。

【加强队伍建设】 实施干部素质提升工程。组织开展全员业务知识培训、中层干部每季例会、周一集中学习;加大岗位竞争交流力度,完成第五轮中层干部竞聘上岗和一般干部轮岗交流。深化财税文化建设。开展金点子征集活动;举办“精财岁月——财税文化成果汇报”演出;组织开展庆祝建党90周年文艺演出;参加县机关首届机关运动会,县局获团体总分第二名。推进“深化作风建设年”活动。落实限时服务承诺制度,加大纪律效能监督检查力度,开展“进村入企”大走访;加强作风效能建设,局机关在县人大专项工作评议中名列第一,在全县53个参评部门评议考核中名列第二,机关部门年度综合考核获二等奖。加强廉政风险防控机制建设。开展岗位廉政风险点排查,排查出各类廉政风险点118个,制定防控措施136条。全局岗位廉政风险预警制度获县纪检工作创新奖。

(磐安县财政局供稿 陈永清执笔)

衢州市财政工作概况

衢州市

【概况】 2011年，衢州市实现生产总值890.29亿元，比上年增长11%。其中：第一产业增加值75.96亿元，增长4.3%；第二产业增加值489.62亿元，增长11.7%；第三产业增加值324.71亿元，增长11.5%；三次产业结构调整为8.5∶55.0∶36.5。人均生产总值35344元，增长10.4%。全社会固定资产投资511.62亿元，增长14.5%。社会消费品零售总额344.34亿元，增长18.4%。进出口总额26.87亿美元，增长42.2%，其中：出口17.61亿美元，增长46.2%；进口9.26亿美元，增长35.2%。市区城市居民人均可支配收入24900元，增长14.2%；农村居民人均纯收入9635元，增长16.5%。全市财政总收入95.02亿元，增长26.1%；地方财政收入57.57亿元，增长22.6%，占财政总收入的60.6%，其中税收收入占地方财政收入的90.0%；全市财政支出125.44亿元，增长17.1%。市本级财政总收入53.09亿元，增长28.6%；地方财政收入30.80亿元，增长24.3%；市本级财政支出50.25亿元，增长14.2%。全市及市本级财政收支平衡。

【组织财政收入】 加强重点税源监控，建立税收分析考核通报制度，实施分税种、分税源结构、分税源大户预警分析，695户企业纳入市级以上重点税源监控范围。建立法院执行案件涉税处理机制、建设项目交易信息互换机制，推进部门协作。实施企业所得税专业化管理，加强股权转让所得等高收入者个人所得税征收管理。完善社会保险费征缴机制，推动地税部门与社保部门数据实时联网，实现社保基金收入30.34亿元，增长62.9%。加强非税收入管理，出台非税收入收缴管理办法，规范道路交通事故社会救助基金管理，完善小型客车特殊号牌号码有偿使用办法。推进政府非税收入信息化建设，推广应用“牡丹畅通卡”收缴交通违法罚款。全市一般预算非税收入5.78亿元，增长53.9%。

【服务经济发展】 开展“服务企业百日专项活动”，落实结构性减税政策，兑现各项税费减免、扶持资金10.62亿元。贯彻《新个人所得税法》，调高营业税起征点，全市89%的个体工商户营业税纳税人免缴相关税费。落实扩大内需各项政策，兑现家电、摩托车下乡和以旧换新财政补贴资金1.44亿元，拉动城乡消费11.53亿元。清理规范行政事业性收费，取消13个部门的31项涉企行政事业性收费。落实社会保险费“五缓四减三补贴”政策，集中减征8260户困难中小企业四项社保费2445万元。对困难企业减免部分滞纳金和临时性减征两个月残疾人就业保障金，降低城镇土地使用税适用税额，累计为企业减负6480万元。落实企业研发费加计扣除、高新技术企业所得税优惠等政策，推进战略性新兴产业培育、传统产业改造提升和高新技术企业加快发展。细化落实营业税差额征税政策，推进企业分离发展服务业，全市新增6户分离发展服务业企业。

【保障民生支出】 加大民生事业投入。全市财政民生支出88.35亿元，增长19.2%，占财政支出的70.4%。支持“三农”发展。建立财政支农稳定增长机制，全市农林水事务支出16.04亿元，增长13.6%；实施农业综合开发治理项目12个，开发治理面积8.3万亩；380个项目列入村级公益事业建设一事一议财政奖补范围。支持教育文化科技事业发展。全市教育支出27.08亿元，增长25.1%；完善职业教育公共财政保障机制，推动四省边际职业技能培训中心建设。支持医药卫生体制改革。全市医疗卫生支出9.94亿元，增长23.7%。基本公共卫生服务经费财政人均补助标准提高到25元，市区城乡居民人均医保补助标准提高到210元，政策范围内的住院费用保险比例提高到70%；支持公立医院改革和“强院”工程，开工建设市中心医院。健全就业社保体系。全市社会保障和就业支出10.12亿元，增长29.5%。对大学生从事现代农业实行财政补助；企业退休人员每月人均养老金提高到1820元，城乡居民社会养老保险基础养老金最低标准调整为每人每月70元；清理规范市区企业退休人员统筹外待遇项目，对市区3.71万名企业退休人员发放6800万元基本养老金补贴和社区综合补贴；调整完善困难群众基本生活价格补贴机制，建立孤儿基本生活最低养育标准自然增长机制和重度残疾人托（安）养费用标准动态调整机制。

【深化财政改革】 加强财政国库资金、专项资金、财政专户资金以及国资公司资金调度管理。调度资金专项用于市直国有投资公司提前归还银行借款、工业园区基础设施和交通、旧城改造等重大项目投资建设，每年减少政府性债务利息支出7300万元。加强预算管理，改进政府性债务计划编制工作，市级政府性债务收支计划覆盖所有部门单位。建立公用经费、车辆经费定额标准体系，完善经济分类和功能分类相结合的项目支出预算编制体系，建立“三公”经费和会议经费预算编制制度。推进国库管理制度改革，全市740家单位纳入国库集中支付范围，市本级所有行政事业单位国库集中支付改革全部到位，226家预算单位实行公务卡制度改革。建立财政账户管理定期报告制度，推进财税库银横向联网，建立公务支出监管体系。

【加强财政监管】 加强行政争议防范机制建设，妥善解决财税行政争议案件。建立预算执行动态监控体系与运行机制。加强政府性债务管理，建立政府性债务管理考评机制和信息管理系统。在市教育局推行项目绩效目标管理试点，对10个项目实施重点评价，涉及财政资金1.79亿元。开展“小金库”专项治理全面复查，复查单位2112家，清理“小金库”36个。开展党政机关公务用车问题专项治理，规范公务用车购置审批管理，严格控制单位购车标准，杜绝超编购置和超标准购置。加强政府采购管理，全市采购金额26.41亿元，节约资金4.2亿元，资金节约率13.7%。推进政府投资项目监管，全市审核政府投资项目1760个，核减资金3.10亿元，核减率6.2%。做好会计行政许可工作，开展优秀会计工作者评选活动，发掘、培养地方会计领军人才，推动企业内部控制体系建设。

【提升队伍素质】 组织全体干部赴浙江财经学院参加能力素质提升培训，开展依法行政、心理健康、反腐倡廉等专题讲座，举行“做有爱心有责任心的财税人”学习教育活动和先进事迹报告会等系列活动。加强财税文化建设，开展创先争优活动，市财政局获“全国三八红旗集体”等市级以上荣誉52项，70名干部获市“五一”劳动奖章、优秀共产党员等称号。推进财政管理“三位一体”组织机构改革，开展科级干部竞争上岗。完善党风廉政建设考核办法，推进党风廉政建设责任目标与日常工作的量化目标管理相结合。梳理权力事项，排查业务和内部行政管理中的廉政风险点。组织科以上领导干部参观全国预防职务和渎职犯罪图片巡回展，开展“讲党性、守纪律、正作风”勤政廉政主题教育，深化廉政文化建设。

（衢州市财政局供稿 王燕萍执笔）

柯城区

【概况】 2011年，衢州市柯城区实现生产总值91.77亿元，按可比价计算，比上年增长11.4%。其中：第一产业增加值8.28亿元，增长4.1%；第二产业增加值27.18亿元，增长12.5%；第三产业增加值56.31亿元，增长12.0%。三次产业增加值占全区生产总值比重分别为9.0%、29.6%和61.4%。全区财政总收入6.03亿元，增长21.7%，其中地方财政收入4.07亿元，增长19.65%。全区财政总支出10.53亿元，增长35.3%。全区财政收支平衡。

【组织收入】 加强收入比对分析，聚焦研究现代服务业、楼宇经济等重点板块，跟踪招商引资和大企业迁入迁出动态，系统预测区域收入形势，与税收征管部门沟通协调，把握房地产市场走势，应对经济下滑、结构性减税带来的收入下降问题，研究落实增收措施，将收入任务层层分解，逐级落实到各乡镇街道。深化非税收入管理改革，严格票据管理，全区一般预算非税收入1168万元。

【财源建设】 强化政策驱动，出台《柯城区工业发展“35条”政策》《关于深化工业立区战略加快推进工业发展的意见》《关于加快农业产业结构调整 促进农民增收的若干政策意见》等政策。强化资金扶持，全区申报各类项目150个，争取省市项目奖补资金3.68亿元，并落实相关配套资金。建立企业还贷周转金制度，帮助20余家龙头企业解决周转资金9540万元；建立工业发展基金，兑现工业发展资金348万元，其中外贸企业58万元；加大农业政策扶持，兑现农业政策资金1035万元，推进经济结构调整、产业集聚发展和科技创新。建立健全非税收入征收机制，规范和完善非税收入征管体系，将政府性基金、行政事业性收费、国有资源（资产）有偿收入等非税收入纳入区财政专户管理，全区全年缴存财政专户资金6.57亿元。

【改善民生】 调整和优化财政支出结构，确保区本级新增财力三分之二以上用于民生。全年预算内教育支出3.28亿元，增长23.4%。加大学前教育投入，保障学校布局调整，支持“一校二区”改革。支持文化体育与传媒事业发展，落实专项资金721万元，在乡村、社区建立社区文化活动室和“农家书屋”。支持社会保障事业发展，保障失业人员、城乡低收入群体、农村困难群众、优抚对象等的基本生活，保障新农合和城镇居民医疗保险制度的推进，保障离退休干部职工的医疗保险。支持医药卫生体制改革。完成基本药物零差价改革及公共卫生与基层医疗卫生机构事业单位绩效工资改革。安排专项资金1592万元，支持府山街道“居家养老服务中心”建设。落实各项惠农政策，组织实施全区惠农资金“一卡通”改革，通过“一卡通”发放资金4808万元。推进保障性住房建设，重点推进以“杭长客专”征迁安置和园区农民工公共租赁住房为主的保障性住房建设。在保障重点支出同时，压缩“三公”等一般性行政经费支出，控制政府运行成本。

【财政改革】 深化部门综合预算改革。按照零基预算编制要求，规范部门综合预算编制程序，细化预算内容，完善收支测算方法，综合平衡、合理安排，对乡镇（街）支出预算实行与区级部门同口径编制。推进国库集中支付和公务卡制度改革。在区级16家行政单位推行国库集中支付和公务卡改革试点。建立数据处理系统、网络一体化平台和国库单一账户体系，制定《国库集中支付管理办法》，区本级16家试点预算单位实行国库集中支付和公务卡改革。推进乡镇财政管理体制改革。按照区政府《关于进一步加强乡镇财政管理的意见》，成立乡镇财政所，明确乡镇财政管理职能，公开招聘4名财务人员，充实乡镇街道财政管理队伍。

【财政监督】 加强财政支出管理。发挥会计核算中心平台作用，履行审核、审批以及备用金制度，对核算单位实行收支定期监控。对不符合国家有关法规和财务制度规定的开支不予办理，并发出退票通知和预警通知书，有效遏制和纠正了不合法凭证和不合理开支，全年共纠正各种不符合规定的业务260余笔，节减支出78万元，退票33份，金额104万元。加强非税收入源头管理，加强各类票据监管，全年核销票据30629本；开展财政专户银行账户清理，撤销银行账户11个，保留银行账户8个，新开银行账户5个。深化政府采购管理和监督，贯彻执行《政府采购法》，全年政府采购预算金额2511万元，实际采购合同金额2218万元，节约财政资金293万元，节约率11.65%。加强国有资产管理，启动资产管理信息系统，实施动态监控。对全区国有资产进行清理统计，对行政事业单位固定资产进行清查；出台《关于全区行政事业单位国有资产对外有偿使用和处置中有关办事程序的规定》，加强资产的运营监管，规范资产处置办法，防止国有资产流失。全年核销资产188万元，区属各部门之间调拨资产241万元。开展公车专项治理，制定《柯城区党政机关公务用车问题专项治理工作实施方案》，全区111个行政事业单位对照专项治理工作内容开展自查，对查出的问题及时处理。强化会计管理，夯实会计基础管理，严把会计人员从业资格的准入关；通过面授与网络教育实行会计人员后续教育；建立和完善会计人员档案。开展会计信息质量检查，对区属15家单位进行会计信息质量检查。针对检查中发现票据使用、资金管理、会计核算等方面问题，视不同情况，分别下达行政处理决定书，责令限期改正。开展财政支出绩效评价，2011年区本级开展了柑桔促销奖励资金、生态柯城建设专项经费、公共卫生项目资金、村庄规划编制工作经费等8个财政支出项目的绩效评价，涉及财政资金1496万元；配合省市开展对现代农业发展资金、被征地农民基本生活保障资金、农村沼气和农村住房救助资金等5个项目的绩效评价工作，其中农房救助项目涉及15个乡（镇、街）2424农户，救助人数10378人，救助资金3604万元，该项目还通过了省财政厅组织的专家复审。开展“小金库”专项治理，全区177个党政机关、事业单位和国有企业及社会团体开展自查，对重点检查中发现的问题，按照有关规定分别作出账务处理，并建立防治“小金库”长效机制。

【干部队伍建设】 以创建学习型组织为抓手，开展干部教育培训，制定学习方案、安排学习时间、规定学习内容，做到自学和集中学习相结合，理论学习和业务培训相结合，走出去和请进来相结合。开展党纪政纪条规教育月活动。开展“创先争优”活动，树立干部良好的形象，把主题活动与创建学习型党组织、建立健全学习实践科学发展观长效机制、推动财政中心工作结合起来，以“创先争优做先锋 服务发展比作为”为主题，开展党员承诺、党员评比和“双服务”专项行动，提高党员干部的学习意识、创新意识、服务意识。以深化作风建设为契机，抓好“三服务”活动，组织服务企业小组，走访建筑、专业市场、大型商场等各类企业，强化政策宣传辅导，帮助企业用活用好各项财政扶持政策，为企业的发展提供贴心服务。做好区人大代表议案、政协提案的答复，议案面商率、满意率、办结率均100%。以岗位廉政教育工作为契机，完善内部制度和工作规程。梳理健全岗位责任，明确规范科室和岗位的职责分工，强化岗位风险点认知；对年度重点工作实行项目化管理，通过季度科长会议、局长办公会议等，抓好过程落实；发挥局纪检组织和行风监督员作用，加强机关效能建设。（衢州市柯城区财政局供稿 徐良书执笔）

衢江区

【概况】 2011年，衢州市衢江区实现生产总值99.37亿元，比上年增长12%。其中：第一产业增加值17.57亿元，增长4.8%；第二产业增加值46.98亿元，增长13.6%；第三产业增加值34.82亿元，增长13.6%。人均生产总值24910元，增长11.7%。三次产业结构比为17.7：47.3：35.0。财政总收入7.23亿元，增长30.5%，其中地方财政收入4.74亿元，增长32.8%；地方财政收入占财政总收入的比重为65.6%；税收收入占地方财政收入比重为93.3%。全区财政支出13.02亿元，增长12.6%。全年财政收支平衡。

【推动经济转型升级】 支持工业经济发展。加大开发区及乡镇工业功能区基础设施投入，优化投资发展环境。兑现财税优惠政策、安排财政贴息和工业发展基金，支持高档特种纸、机械制造业、区域特色产业和新兴产业发展，促进工业转型升级。新引进项目396个，实际到位资金32.45亿元。落实企业帮扶措施，加大对企业融资服务，为491家企业授信贷款6.95亿元，完成政府性融资续贷1.18亿元。新增规模企业13家，产值95.18亿元。财政科技支出2720万元，增长12.3%。实现新产品增加值14.71亿元，新产品产值率15.5%。

加大农业投入。全年区级财政支农支出6760万元，增长16.9%。兑现农机购置、粮农综合直补3023万元。加大农业园区化建设扶持力度，全区流转土地8.1万亩，流转率32.6%。省级现代农业园区24个。现代农业基础设施投资1.2亿元，新增钢架大棚82万平方米，2个省级粮食功能区通过验收认定。当年发展省市级示范性农民专业合作社165家。

扶持第三产业发展。落实促进服务业加快发展政策措施，支持现代服务业发展。新发展服务企业119家，注册资金超4亿元。兑现家电、汽车、摩托车下乡补贴1053万元。发展旅游业，天脊龙门国家4A级景区和乌溪江国家水利风景区品牌旅游，生态山水和农家乐休闲旅游得到提升。实现国内旅游总收入12.8亿元，增长29.9%；服务业增加值增幅高出地区生产总值0.8个百分点。服务业税收入库2.09亿元，增长25.2%。

【财政收入管理】 加强与国税、地税等部门的协调，完善政府税收收入目标责任制，调动税收征管部门积极性。按季度召开财政、国税、地税部门联席会议，分析税收形势，培育新税源，落实重点税源控管措施。完善开发区、国土、建设、规划等部门参加的协税护税网络。全年营业税、土地使用税、契税收入分别增长24.3%、36.1%、35.8%。完善政府非税收入管理办法，加强政府性基金、行政事业性收费等政府非税收入征管，优化收入结构、提高收入质量，增强政府调控能力。全年非税收入3169万元。

【保障重点支出】 优化支出结构，保障各项重点支出，全区新增财力86%用于保障民生支出。全年区财政用于教育、医疗卫生、科技、文体传媒、社保和就业支出分别为2.82亿元、9517万元、2720万元、961万元和6925万元，分别增长16%、162%、10.9%、11.7%、19.4%。重视教育事业发展，落实农村义务教育经费保障机制，实施农村中小学校宿舍安全工程5.69万平方米。义务教育中小学生均公用经费最低标准分别达650元和450元。建立和完善职业教育公共财政保障制度，安排职业教育质量提升转移支付资金。加大基本医疗保障投入。新农合财政人均补助标准提高到205元。全区农民参加新型农村合作医疗保险29.5万人，参合率95%。落实基本药物制度"零差价"财政补助政策。加大公共文化服务体系建设，完善乡镇文化站设施，推进文化"百千万"工程。全区广播人口覆盖率96.2%、电视人口覆盖率97.8%、有线电视用户9.6万户。年末基本养老保险参保40810人，增长11.3%，城乡居民社会养老保险综合参保率98.1%。全区6.71万名60周岁以上符合条件的城乡老人按月领取基本养老金70元。城镇和农村低保人均月补差200元和109.3元。新增被征地人员实现即征即保。

【支持新农村建设】 加快农村基础设施建设，"美丽乡村"建设完成2个省级示范中心村和70个整治村验收，整合各类支农资金4000万元。"富民壮村强乡镇"工程，建设村级物业等项目88个，特扶项目209个，完成投资4.77亿元；271个村集体经济总收入为3593万元，增长54.1%；21个乡镇地方财政收入7407万元，增长44.5%；培训农村实用人才10570人次，新增转移就业8320人次，农村居民人均收入9635元，增长16.5%。新解决3.19万农村人口的安全饮水问题，加固病险水库9座、干堤9.35公里，整治河道36公里。水利工作获全省水利"大禹杯"银杯奖。全年向省申报获批村级公益事业建设一事一议财政奖补项目56个，总投资3803万元，受益77800人，农业综合开发实施中低产田改造15000亩，投入财政资金1800万元。

【强化环境保护】 筹措资金，加大生态环保投入力度，推进全省"811"环境保护新三年行动计划实施。10个建制镇污水处理设施全面建成使用。开展农业农村面源污染治理，户厕改造和污水治理28532户。852个规模养殖场实现能源生态型治理模式。落实森林生态补偿制度，全年兑现重点公益林补偿资金1269万元。支持绿化造林工作，完成造林更新面积5941亩，全区森林覆盖率72.9%。增加生态区建设投入，加强重点企业监管和节能改造，实施铅酸蓄电池行业专项整顿。制定《衢江区2011年主要污染物减排计划》，完成减排项目19个。

【推进财政改革】 深化预算编制、执行、监督"三位一体"财政管理体制改革，构建"三位一体"组织架构。重新调整内设机构和职能，再造业务流程。组建政府投资项目评审中心，所有政府投资项目纳入预算评审。全年审核公建项目497个，核减3897万元，核减率5.3%。加强政府采购管理，全年签订政府采购合同518个，实际采购金额2800万元，节约采购资金400万元。国库集中支付和公务卡制度由点扩面，稳步推进，15家预算单位实行国库集中支付试点改革。深化"收支两条线"改革，实现政府非税收入财政专户管理全覆盖。完善政府性基金、行政事业性收费等政府非税收入预算管理制度。推进部门综合预算改革，实行政府收支改革，编制政府公共预算、政府性基金预算，试编社会保险基金预算。加强乡镇财政建设，组建乡镇财政所机构和队伍。

【强化财政监管】 完善财政性资金拨付规程和内部管理制度，建立财政性资金拨付联席会议制度。加强资产配置、使用、处置和收益等环节监管，全年划拨资产128万元、转让246万元、报废208万元。加强政府投资项目计划实施、资金使用、工程进度监督管理，建立中央政府投资项目资金专账专户管理制度。加大国有资产管理力度，全面开展行政事业单位资产清查，建立行政事业单位闲置资产网上调剂平台，加强对资产配置、使用、处置和收益管理等环节的监管，应用信息系统对行政事业单位资产处置审批。开展行政事业单位、社会团体和国有及国有控股企业"小金库"清理。严格控制行政成本，强化预算约束，区、乡党政机关公用经费预算压缩5%，"三公经费"支出实现"零增长"。强化强农惠农政策落实情况监督检查，开展财政支农资金专项检查，落实整改措施，建立健全长效管理制度。推行财政支出绩效评价管理，制定《关于开展财政支出绩效评价工作的实施意见》，并建立《绩效评价内部协调工作制度》等制度办法，推进财政支出绩效评价工作。

【加强队伍建设】 推进学习型机关建设，严格学习考评制度。开展"创先争优"活动，以"科学理财、精细管理"为实践载体，创新管理服务模式，完善岗位目标责任制，首问责任制及AB岗制度等，干部职工责任意识、服务意识增强。着力提高干部综合素质。深化财政文化建设，向干部职工推荐好书并集中展示读书心得。强化党风廉政建设，建立健全责任体系，强化责任分解、考核和追究，全面推进廉政风险防控机制建设。从局主要领导、分管领导、科室负责人层层签订党风廉政建设目标管理责任书，中层以上干部人人作廉洁自律承诺。2011年度，区财政局被区委、区政府授予集体三等功和创先争优综合考核先进单位荣誉，获全省政府外债管理工作先进单位。 （衢州市衢江区财政局供稿 徐衢生执笔）

江山市

【概况】 2011年，江山市实现生产总值201.05亿元，增长11.4%，人均生产总值33507元，增长15.6%。其中：第一、二、三产业增加值分别为19.19亿元、116.92亿元、64.94亿元，分别增长4.6%、12.2%、12.0%。全市财政总收入16.03亿元，增长24.1%，其中地方财政收入10.02亿元，增长24.7%，占财政总收入的62.5%；地方税收收入（含契耕两税）8.51亿元，增长24.1%，占地方财政收入的84.9%。全市财政总支出22.80亿元，增长17.7%。全年财政收支平衡。

【服务经济发展】 支持重点项目建设。加强与市内外金融机构合作，引进市内外信贷资金6亿元，推动项目建设。筹措垃圾填埋场等建设资金8000万元，争取政府公益项目发行债券额4000万元和小城市培育专项补助3000万元，整合落实市政、水利、经济开发区及功能区基础设施建设资金3亿多元，并争取上级财政各类补助11.30亿元，支持基础设施和民生工程建设。推动发展方式转变。拨付扶优扶强、科技创新、外贸奖励等支持企业发展资金1.88亿元，促进转型升级和产业优化。落实国产设备投资抵免企业所得税、技术开发费税前加计扣除等优惠政策，支持产业提升发展。拨付服务业提升发展资金1760万元，支持服务业重点项目建设，推进企业分离发展服务业。完善外向型经济扶持政策，落实补助资金1800万元。落实农业各项扶持和补贴政策,做好农民种粮直补、农机具购置补贴、水利建设等支农项目的资金保障工作。拨付生态环保和节能减排专项资金6351万元,落实鼓励节能减排相关税费政策,支持“811”环境保护新三年行动,保障污水处理厂等环保设施运营。抓好惠企政策落实。贯彻新个人所得税法,减轻中低收入者税收负担;提高营业税起征点,全市1997户个体工商户营业税纳税人中有1432户免缴相关税费;落实32项行政事业性收费3年免征政策和社会保险费“五缓四减三补贴”政策,集中减征困难中小企业四项社会保险费;落实支持中小企业、小微企业信用担保机构的营业税优惠政策,全年减免地方税费5000万元。落实重点工业企业转贷帮扶政策,调度财政资金3.1亿元,帮助工业企业转贷4.8亿元。开展社保费“双减负”活动。

【增强政府财力】 开展“为企服务月”活动,培植财源,走访重点服务型企业、成长型企业和行业龙头企业,召开两代表一委员、重点税源企业等形式的税企座谈会,完善办税服务厅工作人员考核办法,扩建QQ税企交流平台。推广应用视觉识别系统,建设标准化办税服务厅。推进涉税事项办理制度改革,清理简并纳税人涉税资料。深化应用营业税差额征税管理系统,开展营业税专项辅导。完善股权转让所得税征管政策,做好企业所得税汇算清缴。开展非房地产企业土地增值税清算,推进存量房评税和房产税税源清理工作。开展社会保险费汇算清缴和责成自查工作;落实未参保集体企业退休人员及其他相关人员一次性补缴社保费政策。开展对资本交易项目、广告业、建筑安装业及社保费等专项检查,全年共检查企业42家,查补税费161万元。编制年度政府非税收入计划,全面运行新的非税收入征管系统。

【优化支出结构】 全年用于教育、文化、卫生、社保、公共安全等九项民生预算支出16.32亿元,占全年财政支出的71%,新增财力中用于民生支出的比重为74.6%。财政支农支出稳定增长。全年“三农”投入3.47亿元,其中投入2亿元,支持农业综合开发、农田水利、土地整理、农业科技、扶贫开发等农业重点工程建设;拨付9000万元,支持幸福乡村创建、村庄整治、农房改造、农民饮用水等农村基础设施建设;投入1670万元,支持基层组织建设和村级公益事业发展。落实促进消费政策,全市通过“一卡通”拨付家电、汽车摩托车下乡和以旧换新补助资金2404万元。加大非义务教育和学前教育经费财政投入。全年教育投入5.43亿元,增长22.5%。落实学前教育补助、家庭经济困难学生资助、免费教科书政策,加大民办学校扶持力度,加强校园安全保卫工作,支持城关幼儿园迁建和城南初中布局调整项目建设。统筹安排文化发展专项资金。支持送戏下乡、特色文化研究、非遗保护、文化人才培养和群众体育活动;支持农村文物保护修缮。推进医药卫生体制改革。全面实施国家基本药物制度,基本公共卫生服务专项资金安排标准从20元/人提高到25元/人;制订基层医疗卫生机构财政补助资金管理办法,拟定基层医疗卫生机构财政补偿方案,大幅提高对基层医疗机构的资金投入;推动城镇居民医保和新农合机构整合、政策并轨,建立统一规范的城乡居民医疗保障制度。推进社会保障事业发展。调整城乡最低生活补助标准以及未安置知青晚年生活补助标准和失地农民生活保障补助标准,全年发放各类救济救助款937万元、低保补助资金2861万元、大病医疗救助资金932万元、各项抚恤支出1758万元。制订促进就业有关政策,支持残疾人共享小康工程。统筹1.64亿元推动廉租房及安置房建设。推进社会管理创新。加大资金支持力度,推进信访积案化解、法律援助、基层人民调解、交通案件和医疗纠纷调解工作开展及社区矫正三级管控网络建设。加强经费保障,加快省政法装备配备标准的落实。

【深化财政改革】 推进“三个子”公共财政管理改革,整合政府收入体系,将非税收入纳入综合预算管理,同时将地方一般预算财力、上级专项转移支付财力纳入年初公共财政预算,编制全口径预算。制订“三位一体”财政机构改革、地税机构改革和事业单位岗位设置改革方案,报请江山市委市政府批准通过;重新修订“三定”方案,合理设置内设机构。推进国库集中支付改革,开展财政资金专户清理,推行公务卡试点;完善远程报账流程,扩大远程报账范围。加强乡镇财政建设研究,制订乡镇财政工作指导意见,开展乡镇全口径预算编制试点,制定乡镇债务准备金管理办法。

【强化财政监管】 制定财政支农项目资金管理办法和加强财政支农资金管理实施意见,推行支农项目评审制度。扩大政府投资评审范围,做好政府投资项目估算、概算、预算、决算评审,全年评审政府投资项目143个,节减财政支出2456万元。强化政府采购监管,节减资金1035万元,平均资金节减率13.9%。按时完成全市公车清查任务。应用政府债务管理软件,建立月度债务统计制度,健全政府债务管理。完善财政监督检查约谈、回访机制,深化“小金库”专项治理,组织实施财政资金绩效评价,委托中介机构参与重点项目的绩效评价。

【规范国资管理】 对经营性国有资产租赁进行公开拍租,租金平均增值率68%;加大行政事业单位房屋拆迁补偿款的监管力度,做好国有资产处置管理收益、资金占用费及对外投资收益的收缴。建立健全行政事业单位资产信息化管理体系。编制国有投资公司机构营运经费预算,深化国有投资公司会计集中核算,加强国有投资公司和国有企业财务运行分析。深化政府融资平台公司清理。

【加强队伍建设】 加强干部教育培训,与中南财经政法大学合作开办"财税知识更新班"。继续开展"点子"征集活动,征集"点子"65个,同时将2010年度评出的10个点子分解落实相关科室组织实施。完善廉政风险防控机制建设,开展全员廉政风险点排查。对窗口单位不定期开展作风、效能建设检查。开展干部职工参与非法民间融资再排查、再摸底,层层签订自觉抵制非法民间融资承诺书。全局当年获衢州市级以上集体先进36个,个人先进33个,江山市级集体先进23个,个人先进6个。市财政局连续6年获江山市最佳满意部门(单位)称号,双争先、党风廉政建设责任制、依法行政、招商引资等工作被评为一等奖或先进单位。

(江山市财政局供稿　王成诗执笔)

龙游县

【概况】 2011年,龙游县实现生产总值141.70亿元,比上年增长12.8%;人均生产总值35111元,增长12.6%。其中:第一产业、第二产业、第三产业增加值分别为12.39亿元、83.71亿元、45.60亿元,分别增长4.0%、14.5%、12.0%。全社会固定资产投资93.72亿元,增长15.6%;全年进出口总额26167万美元,增长26.8%;社会消费品零售总额71.79亿元,增长18.2%;城镇居民人均可支配收入22270元,农村居民人均纯收入10149元,均增长16.7%。全县财政总收入11.12亿元,增长24.5%,其中地方财政收入7.09亿元,增长22.1%,地方税收收入6.30亿元,占地方财政的88.9%。全县财政支出18.28亿元,增长13.7%。全年财政收支平衡。

【组织财政收入】 做好重点行业、重点领域的税源分析。加强与国税、开发区等部门协作,定期召开分析会,跟踪收入进度。深化社会综合治税平台建设,完善国地税协作机制,整合国地税双方征管、稽查等资源,推进信息共享,促进共管户税源管理,联合开展货物运输业税收管理和税收清欠工作。出台《龙游县政府非税收入收缴管理办法》,建立健全政府非税收入征管政策体系,应用国有土地出让收支管理信息系统,加强和完善土地出让金的征收管理,全年实现非税收入7920万元,增长43.5%。

【服务企业发展】 用足5000万元转型升级专项资金,扶持工业平台建设、主导产业培育、龙头企业发展、节能减排和技术改造。用好企业还贷周转金,全年为企业提供转贷170笔,涉及转贷资金10.9亿元。注重借力发展,全年获省级企业项目专项补助资金3656万元,争取各级财政信用担保补助资金1000万元,争取省地方特色产业发展资金300万元,为中小企业发展注入新的活力。加大财政投入,拨付县级企业项目补助3669万元,财政贴补奖励资金3471万元。落实企业研发费用加计扣除、高新技术企业所得税优惠等一系列财税优惠政策,为企业减免各项税费6860万元。

社区健身区

【推动企业转型升级】 出台《关于推进龙游县工业企业主辅分离发展服务业的实施意见》,筹措落实服务业引导资金,鼓励工业企业分离发展服务业,推动服务业加快发展。支持重大战略实施,安排2.66亿元用于推动城市品质提升攻坚行动;筹集7000万元资本金组建旅游发展总公司促进旅游二次创业;设立2000万元"美丽乡村"建设专项资金。落实扩大内需的各项政策,做好家电、汽摩下乡和以旧换新财政补贴,全年兑付补贴资金3420万元。加大外贸扶持力度,拨付外经贸发展专项资金450万元,加快企业开拓市场步伐。

【保障民生支出】 全年用于民生支出12.95亿元,占总支出的70.8%。安排中央财政小型农田水利重点县、农村饮水安全工程和强塘工程等项目资金5024万元;投入村庄整治、"清洁工程"、"美丽乡村建设"等项目3200万元。拨付"农业两区"、农业机械购置配套等惠农资金1137万元，下达粮食综合直补资金1856万元。加快教育文化事业发展，投入4.35亿元用于教育支出，增长19.3%。投入4689万元支持校安工程建设与学校设施维修改造，全年完成建筑面积19300平方米，涉及25个学校，48个项目。加大对基础公共文化服务的财政投入，支持实施文化下乡、农家书屋、"广电惠民"工程及村文化活动室设备配置等，保障图书馆等公共文化设施向社会免费开放。社会保障和就业支出1.48亿元，增长21.1%，其中社会保险基金补助5364万元，就业补助资金620万元，城乡低保、社会救济、灾害救助等资金3074万元，各项福利补助资金2654万元。筹措保障性安居工程资金4254万元。医疗卫生投入1.59亿元，增长13.5%。推进医药卫生体制改革，重点支持3家县级公立医院改革试点。

【深化财政改革】 推进国库集中支付改革，91家预算单位实施国库集中支付改革，改革覆盖面52.6%。实施公务卡改革试点，18家预算单位纳入试点范围。完善新一轮乡镇财政体制和开发区财政体制方案，加大乡镇财政转移支付力度。执行基本支出定额定员标准，强化预算编制管理，探索将资产管理、绩效管理与部门预算编制有机结合的预算编制方法。采取预算下达和指标执行、控制预算追加、加强结余结转资金管理等措施，加强预算执行，加快支出进度。

【加强财政监管】 加强政府投资项目评审监管，全年审结项目690个，核减资金8690万元，核减率5.8%。推进财政重点支出绩效评价，全年完成绩效评价重点项目30个，涉及财政资金1.50亿元。加强行政单位资产管理，落实公务用车专项清理，对119家单位的501辆公务用车进行全面清查与审核，规范党政机关公务用车的配备和使用。设立专职的国资管理委员会办公室，加强国资监管。抓好部门会计核算中心和乡财县管乡用制度的落实，全年共拒付、纠错业务492笔，涉及金额947万元。开展"小金库"专项治理全面复查、地方财政专户清理等工作。

【加强队伍建设】 开展"服务礼仪与服务标准"培训，整理出台首问责任制、文明服务用语等14项服务制度。组织干部竞聘，选拔录用一批中层干部。全面排查廉政风险点，共查找出单位风险点24个，个人岗位风险点171个，推进廉政风险点防控机制建设，实现风险防控全覆盖。丰富廉政宣传教育方式，邀请检察院工作人员开展以典型案例剖析为主的预防职务犯罪警示教育，组织干部到十里坪监狱参加现身说法警示教育。县财政局在县委、县政府综合考评中获得三等奖，被县委、县政府授予满意单位称号。

（龙游县财政局供稿 余敏芬执笔）

常山县

【概况】 2011年，常山县实现生产总值88.57亿元，按可比价格计算，比上年增长10.4%。其中：第一、二、三产业增加值分别为7.16亿元、47.97亿元、33.44亿元，分别增长4.3%、9.6%、12.9%。三次产业结构由上年的8.2：54.7：37.1调整为8.0：54.2：37.8。全县人均生产总值为26610元，增长9.6%。全县财政总收入8.50亿元，增长31.9%，地方财政收入5.30亿元，增长18.3%，占财政总收入的62.4%，其中税收收入占地方财政收入的比重为72.6%。全县财政支出16.19亿元，增长18.2%。全年财政收支平衡。

下山搬迁农户安置房

【助推经济发展】 巩固并扩大结构性减税政策成果，推进重点领域和关键环节的税制改革。贯彻执行新个人所得税法，减轻中低收入者税收负担355万元。提高增值税、营业税免征额，落实困难企业房产税、城镇土地使用税等税收减免政策。全年办理政策性税收减免8348万元、再生资源企业增值税退税1656万元。落实社会保险"五缓四减三补贴"政策，涉及企业802户，减征社会保险费

237万元。落实家电、摩托下乡和以旧换新财政补贴资金1174万元，拉动城乡消费1.09亿元。突出工业扶持重点，筹措1200万元用于发展轴承、成套装备制造、新材料及新能源、金属加工为主导的“441”产业体系。兑现工业平台建设资金2000万元，完善新都工业园区、辉埠新区和产业集聚区建设。全年拨付扶持企业转型发展资金4396万元，建立1亿元的企业应急专项资金，为企业提供1.26亿元的资金周转服务。落实企业研发费加计扣除、高新技术企业所得税优惠政策，支持传统产业技术改造、创新和节能环保、再生资源、现代新兴产业发展。

【组织财政收入】 完善税源监管机制。分类分级评定税源，459户县级以上重点企业纳入税源监控分析管理，深化数据采集、税源监控、税收分析、纳税评估、税务稽查“五位一体”税源管理互动机制，监控企业入库金额占全部税收收入比重的95%。夯实税收征管基础。增强经济形势和税收收入执行情况分析能力；推广不动产建筑项目软件和网络发票应用，促进“协税平台”建设；加强部门协作，协同国税开展企业信用等级评定、税务师事务所年审工作；强化货运发票统计和传递、稽核和对比等工作，规范交通运输业税收征管。深化非税收入管理。加强政府性基金和行政事业性收费管理，建立财政、银行、劳动保障等部门之间的信息共享机制。在完善社会保险费“五费合征”管理的基础上，开展社保费汇算清缴。全年实现政府性基金收入13.25亿元，增长153.7%。实现社保基金收入2.86亿元，增长65.7%。

【保障民生支出】 2011年，全县安排用于教育、医疗卫生、科技、社保、综合治安等民生支出11.45亿元，增长26.8%，新增财力75%以上用于民生事业发展。支持新农村建设。安排新农村建设专项资金4100万元，增长38.0%。启动美丽乡村风景线3条、美丽乡村创建村30个，安排美丽乡村建设以奖代补专项资金4000万元。整合财政支农惠农资金，推动农业产业项目升级，启动2个省级现代农业综合区、3个主导产业示范区和9个精品园建设，全年县财政农林水事务支出2.57亿元，增长20%。投入农业综合开发资金2613万元。加大农业基础设施投入，加快农业产业规模化经营扩容，帮助低收入农户增收致富。发放粮食综合补贴和良种补贴等资金3639万元，落实低收入农户奔小康工程资金8000万元。完善社会保障体系。推进第三方服务管理机制为基础的新型城乡居民养老保险制度和新型农村合作医疗制度，将基础养老金标准从60元提高到70元，共发放基础养老金3934万元。加大城镇廉租房和经济适用房等保障性住房投入建设，加大农村困难群众危旧房改造财政支持力度。继续推进残疾人共享小康工程，加强社会救助体系建设。全县社会保障和就业支出1.18亿元，增长18.3%。支持社会事业发展。加强中小学电子眼网络监控系统和安保配置，监督完成人民医院迁建、乡镇卫生院改造、常山第一小学建设等重大项目建设改造工程。完善义务教育经费保障机制，中小学生均公用经费分别提高到700元和500元，全县当年教育支出3.36亿元，增长21.55%。落实城乡人均25元公共卫生服务经费，定额保障以基本药物制度为核心的医药卫生体制改革经费，全县医疗卫生支出1.56亿元，增长28.0%。安排应急救灾资金2000万元，用于保障“6.15”“6.19”洪水受灾补助和灾后重建资金需求。支持生态环境保护和“平安常山”建设。全县环境保护支出3582万元，增长31.7%。重点投入污染源防治、节能减排、公共绿地建设等项目。保障公检法司等部门执法经费，健全社会治安防控体系。全县公共安全支出9412万元，增长16.8%。

【深化财政改革】 推进公共预算管理。按照省财政厅“三位一体”组织构架要求，完善公共财政预算、政府性基金预算、社保基金预算以及债务收支计划，并纳入预算管理“一个盘子”的编制体系；深化国库集中支付改革，基本实现将县173家预算单位所有财政性资金纳入“国库单一账户体系”的“一个口子”。深化部门预算改革。完成中型水库管理体制、供销社转制、公务员津补贴和义务教育教师绩效工资改革，推进国有公司管理体制、事业单位绩效工资等改革。完善乡镇及开发区财政体制，规范会计集中核算，强化各项支出审核。完善政府采购制度。扩大采购范围，公开招投标信息，建立政府采购供应商数据库，细化政府采购招标文件审查，设立专家评审制度。全年政府采购计划5655万元，实际采购金额4861万元，资金节约率14.1%。

【加强财政监管】 强化国有资产管理。成立县国有资产监督管理委员会办公室，统一负责全县国有资产监管工作。对全县国有独资（控股）公司的经营收支情况、财务状况和现金流量等进行专项审计工作，确保国有资产保值增值。规范财政资金使用。健全财政专户的开立、变更、撤销等管理制度，完善财政专项资金管理办法，出台财政预算追加办法。开展强农惠农资金专项清查工作，出台关于农户下山搬迁、春荒补贴、油茶种植补助等项目资金的审查办法。规范政府融资平台建设。探索BT（建设-转让）项目融资模式，出台政府投资项目BT融资建设管理暂行办法，规范举债行为和财务管理，防范政府债务风险。强化政府性投资项目监督审核。全年审核234个工程项目，净核减5145万元，净核减率7.5%。

【提升干部队伍素质】 完善内部工作管理制度，规范岗位目标考核机制。设立政务公开工作领导小组，通过各类媒体公开承诺，践行“中层以上干部晒承诺”活动；强化学习型机关建设，组织干部分批到高校进行以“科学研判形势、促进转型升级”为主要内容的业务培训学习。落实党风廉政建设责任制，查找并防控廉政风险点，引入“戒勉谈话”告诫制度，推进各项工作的规范化、透明化，形成权力运行长效约束机制。开展财税文化建设，组织干部参加“美丽社区”创建、建党90周年红歌比赛、创先争优演讲比赛等活动。在县纪委开展的涉企部门“三评”(评环境、评部门、评个人)活动中，县财政局两次综合得分分别在全县参评部门中排名第一和第二，并有4人次进入“评个人”前10名；在“群众满意不满意单位”评选中，县财政局被评为“满意单位”。

(常山县财政局供稿 朱剑楠执笔)

开化县

【概况】 2011年，开化县实现生产总值82.26亿元，比上年增长10.2%。其中：第一、二、三产业增加值11.15亿元、41.57亿元和29.54亿元，分别比上年增长3.9%、9.7%、13.1%，三次产业结构为13.6∶50.5∶35.9，人均生产总值23294元，增长9.6%；全县财政总收入6.28亿元，增长8.7%，其中地方财政收入4.34亿元，增长12.9%，地方财政收入占财政总收入的比重为69.1%，税收收入占地方财政收入的比重为84.6%。财政支出17.91亿元，增长28.5%。全年财政收支平衡。

【服务经济发展】 落实积极财政政策。及时兑现工业、硅产业发展、外贸发展等奖励扶持政策2895万元，惠及企业96家，促进主导产业发展。落实结构性减税政策，自9月1日起贯彻新个人所得税法，减轻中低收入者的税收负担；自11月1日起调高营业税起征点，全年减轻个体工商户税费负担486万元。落实汽车、摩托车、家电下乡和家电以旧换新财政补贴政策，兑付财政补贴资金1093万元，拉动城乡消费9621万元。促进经济结构调整。落实企业研发费加计扣除、高新技术企业所得税优惠政策，减免税收3132万元，办理出口退税3484万元，福利、资源综合利用等企业退税924万元，推进传统产业改造提升和高新技术企业发展。安排县级科技项目资金，引导企业技术创新和科技成果转化。推进企业分离发展服务业，落实营业税差额征税政策，支持服务业加快发展。兑现建筑业扶持政策，促进建筑业外向发展。加大基础设施建设支持力度。全年完成重点工程项目建设投资27.54亿元，其中财政投入3.89亿元，支持工业平台、农村发展等基础设施建设。投入省特扶项目资金2亿元，支持群众增收致富奔小康工程扶贫开发、产业发展和公共服务3大类40个项目建设。帮扶中小企业。落实社会保险“五缓四减三补贴”政策，减征企业社会保险费、水利建设专项资金，减免困难、受灾企业土地使用税、房产税。出台企业应急专项资金政策，设立企业应急专项资金4000万元，创新资金运作模式，帮助中小企业解决融资难题。落实针对中小企业信用担保机构的财政政策，促进贷款担保公司、新型农村金融机构发展，改善企业融资环境。

【组织财政收入】 开展经济税源、政策效应预测分析，把握组织财政收入主动权。深化营业税差额征税管理软件应用，开展营业税专项辅导。加强股权转让所得和高收入者个人所得税征管，开展土地增值税清算管理。调整房屋交易最低计税价格，应用房地产评估技术，加强房产交易税收征管。开展房地产开发、建筑安装、交通运输等行业税收专项检查和发票专项整治活动，加强管查互动，规范税收秩序。执行新一轮水利建设专项资金征收政策和《社会保险法》征缴规定，推进社会保险费征缴扩面，全县规费收入实现2.90亿元(包括一次性补缴养老金8056万元)。落实《开化县政府非税收入管理办法》，推进政府非税收入管理信息化，强化非税收入收缴考核，全县一般预算非税收入6675万元。

【保障民生支出】 加大对民生领域和社会事业的投入力度，当年民生支出13.08亿元，占财政支出的73.0%，新增财力用于民生支出的比重为78.8%。落实强农惠农政策。整合预算内外支农资金2.80亿元，推进农业“两区”发展平台建设，支持茶叶、食用菌等生态特色产业发展。统筹资金2.10亿元，支持生态乡村、农田水利、农民素质提升工程建设。落实种粮农户农资综合补贴1045万元，促进粮食生产稳定发展和农民持续增收。落实项目资金1650万元，推进村级公益事业建设一事一议财政奖补工作，促进城乡统筹发展。加大农业综合开发力度，开发土地治理面积1万亩，完成农业产业化建设项目2个。财政“三农”支出9.29亿元，增长20.4%。促进社会事业发展。加大教育投入，支持教育布局调整；实施职业教育“六项行动计划”，加快职业教育发展；安排学前教育专项经费，支持启动5个乡镇中心幼儿园建设，引导和鼓励学前教育发展。全年教育支出3.50亿元，增长32.9%。加大专项经费保障力度，支持建立覆盖城乡的公共文化服务体系和体育事业发展。加大医药卫生投入，将新农合补助标准提高至人均215元，住院报销比例提高到70.0%，建立与基本药物制度相适应的基层医疗卫生机构财政补助政策，全年医疗卫生支出1.32亿元，增长20.4%。支持社会保障体系建设。支持实施稳定和扩大就业的政策，落实高校毕业生、就业困难人员就业和稳定企业用工的财政补助和税收优惠政策。加大困难群体帮扶力度，调整完善困难群众基本生活价格补贴机制。落实企业退休职工养老金调整标准和各类群体的待遇保障，提高企业退休人员月人均养老保险金标准；城乡居民社会养老保险基础养老金最低标准调整为每人每月70元，对80岁以上的人员每月加发30元高龄补贴。投入保障性住房建设资金2785万元，支持保障性住房建设。社会保障和就业支出1.31亿元，增长13.7%。

【深化财政改革】 推进预算编制、执行、监督"三位一体"组织机构改革。规范程序，优化流程。推进综合预算改革。建立预算定额体系、费用标准体系和资产配置标准体系，调整公用经费定额标准，将公用经费标准分为基本标准和分类分档奖励标准两类，增强预算激励引导作用。完善公共财政预算，细化政府性基金预算、社会保险基金预算，编制政府性债务收支计划，健全政府预算体系。推进国库集中支付及公务卡改革。规范预算单位资金支付行为，初步建立公务支出监管体系。89家预算单位纳入国库集中支付、30家预算单位实施公务卡制度。推进乡镇财政建设。全县乡镇恢复成立财政所，完善乡镇财政职能，做到机构、编制、人员、办公场所四到位。出台新一轮乡镇(园区)财政体制，完善体制激励机制。加强信息化建设。搭建"金财工程"应用支撑平台，加快"金财工程"一体化建设。启用国有土地出让收支管理系统和行政事业单位国有资产管理信息化系统。

【加强财政监管】 加强财政资金管理。完善财政性资金调拨操作规程，加快预算支出执行进度。开展财政专户和专项资金清理整合，撤销财政专户7个，整合专项资金3108万元。完善财政性资金存贷挂钩考核机制，降低政府性投资项目融资成本。利用资金使用间歇时间差，提高财政性资金定期存款比例，全年新增利息收入650万元。制定群众增收致富奔小康特别扶持项目资金管理办法，加强省特扶项目资金管理。加大重点项目资金监管力度，确保资金安全有效使用。加强资产财务管理。推进行政事业单位资产管理信息系统建设，加强国有资产购置、使用、处置管理。组织开展公务用车专项治理，强化公务用车管理。开展行政事业单位、社会团体、国有企业"小金库"治理及财政监督检查。成立县会计学会，加强会计人员队伍建设。依法规范会计行政许可，开展代理记账机构核查。推进政府采购管理。扩大采购范围，加强政府采购供应商和代理机构管理，提高政府采购效益。全年采购预算额4323万元，节资率9.2%。

【加强队伍建设】 修订"创先争优"和岗位目标责任制考核办法，完善内部管理制度。以深化作风建设年、民主评议行风等主题活动为载体，强化制度督查、创新工作机制、优化财税服务，提升干部工作作风和机关工作效能。制作公共财政电视宣传专题片和《今日开化·财政特刊》，让财税宣传进两会、进企业、进农村、进社区。贯彻落实党风廉政建设责任制，查找廉政风险点，探索建立廉政风险防控体系。开展服务型党组织建设，推行党员公开承诺，深化主题教育和警示教育活动。坚持周一学习制度，邀请省财政厅、省地税局师资库专家作业务知识讲座，提高干部职工综合素质。开展革命传统教育，组织参观上饶集中营，参加纪念建党90周年红歌大赛、"财税杯"建党90周年征文和重走红军路等活动。搭建工会小组、兴趣小组活动等平台，丰富干部职工业余生活。县财政局在综合争先考核中获第一名，蝉联政府部门序列最满意单位。在全县企业"四评"活动中"评部门"排名第一。全局当年获县级以上集体荣誉68项、个人荣誉27人次。

(开化县财政局供稿 叶黎明执笔)

开化县体育馆

舟山市财政工作概况

舟山市

【概况】 2011年，舟山市实现生产总值765.30亿元，增长20.8%，按常住人口计算，人均生产总值67774元。第一、二、三产业增加值分别为76.09亿元、344.82亿元、344.39亿元，分别增长5.6%、10.9%、13.0%。三次产业结构由上年的9.9∶45.5∶44.6调整为9.9∶45.1∶45.0。海洋经济总产出1758.00亿元，增长15.6%，海洋经济增加值525.00亿元，增长14.5%。全社会固定资产投资500.53亿元，增长24.3%。社会消费品零售总额251.71亿元，增长18.4%，扣除价格因素实际增长12.3%。外贸进出口总额132.64亿美元，增长23.5%。城镇居民人均可支配收入30496元，农渔民人均纯收入16608元，扣除价格因素，分别增长7.3%和10.0%，城乡居民收入比由上年的1.88∶1缩小至1.84∶1。舟山港域完成港口货物吞吐量26054万吨，增长18.0%。全年接待国内外游客2461万人次，增长15.0%。实现财政总收入127.18亿元，增长29.1%，其中地方财政收入76.48亿元，增长25.3%，全市一般预算支出（剔除中央石油价格改革专项补助和中央代发地方政府债券支出，下同）124.19亿元，增长25.2%。市本级财政总收入54.42亿元，增长34.8%，其中地方财政收入33.89亿元，增长27.4%；市本级一般预算支出42.32亿元，增长31.0%。全市和市本级财政收支平衡。

【支持“舟山群岛新区”建设】 争取政策资金。成立舟山群岛新区财税政策拟订和争取工作领导小组。委托财政部财政科学研究所对群岛新区建设的财税政策进行课题研究，以完善争取资金的政策。争取到2010～2012年省海洋经济发展专项资金、2011～2015年国家海洋经济示范区建设补助资金、中央船舶业出口退税财力性补助资金和岙山国家石油储备基地建设期税收落地等相关政策和资金。制定市属各部门向上争取资金考核奖励办法，调动各部门争取资金积极性。

培植海洋经济。整合各项专项资金，加快推进海洋产业转型升级。全市投入促进海洋经济发展专项资金6.50亿元，其中：工业转型升级专项资金1.60亿元，现代服务业发展专项资金8600万元，现代港口物流业专项资金1.90亿元，旅游发展专项资金1.00亿元；全市安排科学技术支出2.75亿元，增强海洋科技自主创新能力；人才培养支出1.00亿元，加快培育海洋创新团队和人才。

帮扶企业发展。落实社会保险费“五缓四减三补贴”政策，全市集中减征困难中小企业四项社会保险费3318万元，惠及企业8169家；对社会福利企业和部分困难中小企业发放社保补贴和岗位补贴998万元，惠及企业207家。帮助中小企业缓解融资难题。市本级财政安排1.60亿元资金设立企业应急（临时）周转资金，重新梳理工业转贷和航运业转贷企业名单，为87家企业解决转贷资金44.00亿元；与5家银行协作设立总规模4.00亿元的“舟山市区中小企业专项信用贷款资金”，发放专项信用贷款10.80亿元，受惠企业182家；注资5000万元支持市中小企业担保公司做大做强。落实扩大内需各项政策，做好汽车、家电下乡和以旧换新财政补贴工作，全市累计兑付补贴资金4737万元，有效拉动居民消费。

保障项目建设资金需求。多渠道筹措政府投资项目建设资金，加快基础设施建设，推进政府重点投资项目建设。参与保税港区审批建设前期工作，落实专项资金支持六横大桥投资公司，大陆引水二期、三期及教育、卫生等市委市政府确定的重点项目。

【组织财政收入】 加强税收征收管理。强化重点税源监控，对228户省级以上和306户市级重点税源企业的财务和税收入库情况进行监控和分析；加强存量房产交易税收征管，完善房地产税收一体化管理；推进企业分离发展服务业，全市分离发展服务业企业累计56家，实现营业收入14.56亿元，税费收入1.81亿元；开展房地产企业开发项目土地增值税清算；加强自然人股东股权转让个人所得税管理，统一和完善股权计价方式；加强信息管税，建立行业税收预警指标；贯彻落实新《发票管理办法》，推广应用网络发票，强化“以票控税”。全市地税部门组织税收收入（含契税、耕地占用税）69.12亿元，增长20.2%。

组织非税收入。完善社会保险费“五费合征”征缴机制，全市社会保险基金收入17.57亿元，增长17.0%；深化“收支两条线”管理，将行政单位国有资产出租收入等预算外收入纳入预算管理，加强财政票据管理，提高非税收入收缴率。全市纳入一般预算管理的非税收入（剔除国有企业计划亏损补贴）8.94亿元，增长44.0%。

【优化支出结构】 加大“三农”投入。全市财政支农支出

29.08亿元(剔除中央石油价格改革专项补助),增长20.3%。建立财政支农稳定增长机制,优化财政支农支出结构,支持农田水利、农业"两区"(粮食功能区和现代农业综合区)、美丽海岛和绿色生态舟山等建设。加大"菜篮子"建设资金投入。支持贫困村脱贫、渔农村困难群众住房改造等,鼓励土地有序流转,拓宽渔农民创业增收渠道。

加大社会事业投入。全市财政教育支出15.97亿元,增长37.2%,落实财政教育投入政策,引导鼓励学前教育和职业教育发展,巩固义务教育经费保障机制,促进各级各类教育均衡发展。文化体育与传媒支出3.93亿元,增长13.0%,支持海洋文化节、中国航海日等大型活动举办,推进公共文化服务体系建设,保障海洋文化名城建设。社会保障和就业支出6.20亿元,增长17.4%,建立多渠道筹集社保资金机制,提高企业退休人员和被征地农民养老保险待遇水平,完善城乡居民社会养老保险制度,城乡居民基础养老金提高到每人每月90元。实行积极就业政策,稳定就业形势,完善新型社会救助、优抚安置体系建设。医疗卫生支出8.69亿元,增长24.2%,完善基层医疗卫生机构财政补偿机制,实行城镇居民医疗保险市级统筹,推进医疗卫生体制改革。城乡社区事务支出8.47亿元,增长29.2%,统筹城乡发展,提升城乡一体化水平。公共安全支出7.74亿元,增长15.2%,加强政法经费保障,推进法律援助、社区矫正和人民调解工作,支持"平安舟山"建设。住房保障支出3.16亿元,增长11.8%,推进旧城改造和渔农村住房改造。

压缩一般性支出。当年党政机关公用经费预算压缩5%,严格控制公务接待费、因公出国(境)经费、公务用车购置及运行费和会议费支出规模。

【深化财政改革】 加强乡镇财政建设。制定《关于进一步加强乡镇财政建设的意见》,整合乡镇财政职能,统筹乡镇范围内各项政府性收支管理,加强乡镇政府性债务管理及乡镇集体资产和社区(村)财务、资产监管。

健全财政体制机制。做好财政体制的制定、评估工作,确保市区新财政管理体制平稳运行。制定普陀山管委会新一轮财政体制。加快核心平台建设,制定大宗商品交易中心等新业态的财政扶持政策。完善民航机场绩效考核办法。

实施国有资本经营预算制度。健全政府预算体系,制定出台《关于试行市本级国有资本经营预算的意见》和《舟山市市本级企业国有资本收益收取管理试行办法》,研究确定首批5家编制国有资本经营预算的企业单位和收益收取比例。

深化财政国库管理制度改革。推进国库集中支付改革,扩大公务卡改革和结算使用范围,全市公务卡改革完成率达100%。强化财政资金安全管理,对财政专户进行全面清理核查。

深化政府采购改革。扩大政府采购范围和规模,实行市本级行政事业单位会议定点采购,建立"政府采购临时确认制"和"政府采购限时办结制"。全年政府采购预算12.60亿元,节约采购资金1.50亿元,节约率11.8%。

【加强财政监管】 政府投资项目监管。完善项目专管员制度,对重点建设项目实施全过程监管,推进工程结算和竣工财务决算审核,将政府招投标中介审核模式引入竣工财务决算审核中。对263个项目进行工程结算和竣工财务决算审核,审核投资16.50亿元,审减资金9525万元,审减率5.8%。

政府性债务管理。分析国家有关政策对政府融资平台公司影响,拟定偿债准备金办法。规范政府融资平台公司债务管理,实现政府性债务动态监控和政府融资平台公司债务全口径监管,防范财政风险。

行政事业单位国有资产管理。清理账实不符资产,核实行政事业单位国有资产数量,制定《舟山市本级行政事业单位国有资产处置管理暂行办法》。创新资产管理模式,设立虚拟政府"公物仓",盘活国有资产。

加强财政监督检查。创新财政监督检查方式,加大财政专项检查力度,开展公务用车专项治理工作,深化"小金库"专项治理,规范财政经济秩序。规范油价补贴资金发放渠道。加强对会计队伍和会计师事务所、资产评估机构行业监管。

提高财政资金使用效益。调度国库资金缓解重点建设项目融资困难,支持群岛新区建设。研究运作社保资金保值增值新途径,减轻社保基金运行压力。研究制定市本级预算执行与预算编制相挂钩办法,均衡财政支出进度。加强财政支出绩效评价,对文化事业发展专项资金等23个项目组织绩效评价,涉及财政资金4.39亿元。

【加强队伍建设】 推进系统机构改革。编制新一轮局机关机构改革方案,落实"三位一体"财政地税组织机构改革,争取地税领导和非领导职数。加强市区地税干部一体化管理,调整和优化人员配置,充实基层财税队伍。

开展创先争优活动。以"解放思想、两创四敢、同心汇聚、争创一流"共建群岛新区主题教育实践活动为载体,开展"共建群岛新区,我们应该怎么办"大讨论,破解工作难题,创新体制机制,优化服务环境。推进财税文化建设。完善干部管理教育培养机制,促进"以师带徒"工作常态化、特色化。举办红歌会、青年联谊会等文体活动。拓展干部培养渠道,鼓励参加各类在岗教育。安排干部到乡镇街道挂职锻炼。加强党风廉政建设。深化惩防体系建设,落实领导干部个人重大事项报告制度和民主生活会制度，签订《党风廉政建设责任书》。加强行风建设，推进依法行政工作。完善各项工作制度，深化落实规范权力运行和重点岗位廉政风险防范工作。市财政局被评为全省"五五普法"先进单位，在年度市直属52个部门职能目标完成情况考核中名列第一。

（舟山市财政局供稿　徐颖娜执笔）

定海区

【概况】 2011年，舟山市定海区实现生产总值310.03亿元，增长15.1%，人均生产总值82216元，增长14.7%。其中第一、二、三产业增加值分别为9.85亿元、139.10亿元、161.08亿元，增幅分别为1.1%、18.9%、12.9%，一、二、三产业结构调整为3.2：44.9：51.9。全区财政总收入20.33亿元，增长47.2%，其中地方财政收入10.42亿元，增长28.6%；财政总支出23.94亿元，增长38.7%。全年财政收支平衡。

【组织财政收入】 提高税收分析水平。关注宏观经济政策和税收政策变化对财政收入的影响，加强对重点行业和重点税源的监控，分析税收增减变化的内在原因，增强组织收入的预见性和主动性。建立组织收入联动机制。分解落实年度收入目标任务，督察考核目标任务完成情况，与国税、地税部门加强沟通联系，定期召开财税收入分析会议，及时掌握企业特别是新增企业的动态。调动乡镇（街道）组织收入的积极性和主动性，完善服务措施，做好协税护税工作。

【支持经济发展】 强化财源建设，支持舟山群岛新区建设，投入支持海洋经济发展资金3.83亿元，构建新型海洋产业体系。支持推进长宏国际、太平洋海洋工程等一批重大项目建设，培育财政收入新的增长点。兑现专项扶持政策。培育地方税源，优化企业发展环境。全年兑现企业发展专项扶持资金1.56亿元；整合各类支农资金2847万元，支持现代渔业发展；投入资金1603万元支持3家远洋渔业公司新增远洋渔船12艘，增强远洋捕捞能力。发挥投融资平台作用。通过一系列政策措施，完善中小企业信用担保体系和风险补偿机制，帮助缓解中小企业融资难题，支持中小企业发展壮大，区经济担保公司全年发生担保额4.26亿元，增长48%。新增担保企业用户20户，新增企业担保额8295万元。累计减免中小企业担保保证金4275万元，减免担保手续费140万元。

【保障民生事业】 立足公共服务均等化，推动全区经济社会协调发展。全年用于民生支出13.91亿元，增长24.4%。支持教育均衡发展。安排学前教育专项资金280万元，落实《定海区学前教育专项资金使用管理办法》；继续做好义务教育学校财政保障工作，提高生均公用经费小学660元/年、中学840元/年。投入免费教科书专项补助资金495万元、教育装备经费190万元、师训经费143万元；加强对弱势群体、经济困难学生的扶持和补助力度，发放家庭经济困难学生扶困助学及爱心营养餐专项资金112万元，惠及困难学生6036人次；加强外来民工子弟学校补助力度，投入接送车补助、教师社保补贴、课本费减免等资金138万元。

支持医疗卫生事业发展。制订《定海区基层医疗卫生机构财政财务管理暂行办法》，明确基层医疗卫生机构财政补偿机制，落实基层医疗卫生机构财政补助经费3868万元。新型农渔村合作医疗财政补助标准提高到293元/人，全区参加新农合人数16.48万人，参合率99.2%，各级财政投入补助4876万元。完善城镇居民医疗保险制度，提高报销水平，全区城镇居民医疗保险参保对象5.52万人，参保率93.6%，累计投入财政资金1165万元。

新建社区

支持发展文化事业。完善覆盖城乡的公共文化服务体系，投入280万元用于开展定海海洋文化节活动。加大文化产业的资金投入，安排630万元文体专项资金，促进文化产业发展，支持体育小康村建设等农民体育健身工程。

完善城乡基本养老保险制度。对60周岁以上未享受养老保险待遇的老年人发放基础养老金90元/人·月。全区9.25万名城乡居民参加养老保险，居民当年缴费1285

万元，全年发放城乡居民养老保险金5858万元。完善被征地农民养老保障制度，全区3.06万名被征地农民享受基本生活保障待遇，累计发放基本生活保障金9986万元。

【深化财政改革】 推进国库集中支付制度改革。以国库单一账户体系为基础，实现财政资金“支出一个口子”。加强事前监督，增强预算支出的约束力，健全国库集中支付制度改革；对现有国库集中支付管理信息系统进行更新升级。至年底，全区50%的行政事业单位被纳入国库集中收付系统，并被省财政厅列为国库集中支付示范区。健全政府采购制度。扩大政府采购规模和范围，加强政府采购监管，提高政府采购效益和节约率。全年政府采购预算金额1.98亿元，实际采购金额1.77亿元，资金节约率10.3%。

【加强财政监管】 抓好依法行政、依法理财，改善财政法治环境。规范国有资产处置行为，全区报批处置国有资产57批，通过竞卖、竞租等方式，累计成交额1.15亿元。开展“小金库”治理工作。对全区283家行政事业单位、社会团体、国有及国有控股企业进行复查，对19家单位进行重点抽查，规范财政财务管理。

【注重队伍建设】 开展“解放思想、两创四敢”*主题教育实践活动。推进舟山群岛新区建设和幸福宜居定海建设，开展“学标杆、找差距、明不足”主题讨论，围绕“四求八问”*开展自查，找思想上的误区、行动上的标杆、工作上的差距、精神上的动力。加强学习型组织建设。开展中心组学习和机关日学习，组织中层干部、部分年轻干部及部分乡镇街道总会计在上海财经大学进行集中系统培训，参加市财政局组织的财政干部综合素质提升研修班。加大精神文明创建力度。推进“先锋同创”工作和“党员先锋行”主题月活动，开展《光辉的历程——中国共产党在舟山》专题讲座，邀请“先锋同创”党建结对单位翁山社区的40余名党员共同参加。组织党员、团员干部看望慰问帮扶贫困户和残疾人，为帮扶对象送上慰问金以及米、油等生活用品。

（舟山市定海区财政局供稿 虞秋怡执笔）

注：

*两创四赶：“两创”，创业、创新。“四敢”，敢于负责、敢于碰硬、敢担风险、敢破难题。

*四求八问：问计于民、问政求策，解放思想求创新；问效求速、问需惠民，破解难题求发展；善政问民意、平安问民生，共建和谐求合力；执政问能力、行政问效能，治庸治懒求实效。

普陀区

【概况】 2011年，舟山市普陀区实现生产总值246.20亿元，比上年增长12.9%，人均生产总值76529元，增长12.8%。其中第一、二、三产业增加值分别为30.26亿元、108.16亿元、107.78亿元，增幅分别为5.4%、13.0%、15.0%,三次产业的比重调整为12.3 ：43.9 ：43.8。全区财政总收入30.63亿元，增长18.4%，其中地方财政收入19.32亿元，增长24.0%；全区财政总支出38.11亿元，增长44.1%。全年财政收支平衡。

【组织财政收入】 加强税收征收管理。建立完善重点行业税源监控分析电子台账，强化跟踪管理，有效监控税源。制定建筑业、船舶修造业、运输业、房地产业和住宿餐饮业五大重点行业专业化税收管理办法，提升税收控管效率。探索税源管理新模式，实现税收均衡入库。优化财政收入结构。开展工业企业分离发展服务业工作，具体实施分离办法。提高城镇土地使用税征收标准，全年土地使用税入库8540万元，增幅64.9%。加强部门沟通协作，实行税费同征同管，促进各项规费收入增长。加强非税收入管理，全年非税收入3.38亿元。地方财政收入占财政总收入63.1%，提高2.9个百分点。多渠道向上争取资金，全年到位上级补助资金6.40亿元，增加1.20亿元。

【支持经济发展】 加大筹资融资力度。支持稠州村镇银行、台州商业银行引进工作，加强金融企业考核，促进金融支持地方建设力度，增加社会贷款规模。实施中小企业专项信用贷款，累计为57家中小企业发放信用贷款2.38亿元，解决中小微企业贷款周转困难。拓宽融资渠道，全年争取政府性项目贷款2.00亿元，缓解建设资金压力。引导海洋经济发展。安排海运业发展资金4600万元，同比增加2400万元，全年净增船舶吨位17.3万吨。向上争取资金1000万元支持水产企业开拓经营。安排渔业发展资金2000万元，支持渔业基础设施、国内外渔业捕捞、水产养殖业。安排物流业发展资金900万元，扶持物流企业规模化经营。及时办理出口退税，降低高科技企业所得税税负，提高骨干船舶修造企业、水产加工企业的竞争力。支持重点区域集聚建设。加大园区建设力度，构筑企业发展平台。投入3000万元组建普陀北部实业投资有限公司，推动北部海洋产业集聚区建设。安排1.00亿元启动虾峙东白莲整岛收储，为虾峙区块工业建设提供土地储备。加快小干岛居民安置小区建设，为欧华集团等企业扩建提供土地保障。支持六横小郭巨二期围垦项目融资。安排资金2000万元,支持造地项目,新增耕地面积1500亩,为全区建设用地提供土地要素保障。*推进重大项目实施*。安排资金2.50亿元,用于滨港路高架、东港高架接线公路、小干大桥等项目建设,缓解交通瓶颈。向上争取政策,投入5000万元用于六横小城市培育,加快六横岛城市化发展进程。投资8800万元,用于六横至虾峙引水工程,解决虾峙岛工业和居民生活用水困难。安排资金3000万元,用于东港景观水系改造、沈家门里外西河整治,美化城区居住环境。投资5000万元,推进"五沙彩丘"景观工程建设,提升休闲旅游品牌。

【保障民生支出】 *支持"三农"支出*。推进绿色生态、强塘工程、美丽海岛、新农村建设,推进村级公益事业一事一议财政奖补工作,推进农贸市场提升改造工作。做好农业综合开发工作,支持远洋渔业、国内捕捞和水产养殖业发展,促进渔农业发展。落实经费保障,促进渔农村社区及村级基层组织正常运转和社会稳定。区本级财政安排"三农"支出2.20亿元,增长31.4%。*社会事业支出*。安排资金3.92亿元,支持教育布局调整和校舍安全工程建设;实施3家"国有民办"园校的体制转换工作,提高学校公用经费定额标准,完善"离岛学生财政补助"政策,促进教育均衡发展。安排资金1.51亿元用于医疗机构建设,建立基层医疗卫生机构多渠道补偿机制,保障基层医疗卫生体制改革、基本药物制度"双试点"改革。推进文化体制改革和文化产业发展,支持举办国际沙雕节、渔港民间民俗大会等节庆活动,推进普陀海洋高科技园区和联合技术转移中心建设。区本级财政安排教科文卫事业支出8.20亿元,增长24.2%。*支持社保体系建设*。争取地方债券5000万元、筹措各项资金推进政府保障性住房建设。做好城乡居民社会养老保险基础养老金和被征地农民养老保障标准提高工作,提高企业退休人员待遇,确保基本养老金补贴和社区综合补贴发放到位,提高精简退职人员等群体补助费标准,完善低保标准增长机制。建设残疾人康复指导中心,健全孤残儿童财政专项补助和基本生活保障制度。区本级财政安排社会保障支出1.03亿元,增长36.9%。

【深化财政改革】 *完善公共财政运行机制*。推进预算编制、执行、监督"三位一体"组织体系改革,理顺预算编制、执行、监督职能。实施国库集中支付,建立国库集中支付动态监控运作机制。完善公务卡消费制度,刷卡率72%,规范预算单位的现金使用管理。推进乡镇财政建设,出台乡镇财政建设实施意见,健全组织机构,提高乡镇财政管理能力。推进行政事业单位资产信息化管理,使资产管理由分散向集中、由静态向动态转变。加强政府性债务管理,扩大债务管理行为,规范部门融资行为,防范债务风险。*加强国有资产监管*。加强国有产权管理,制定产权协议交易办法,规范产权交易行为。加强国有资产评估管理,强化对中介机构评估报告的审核,防止国有资产流失。加强国有投资管理,控制国有企业对外投资,减少经营风险。做好国有企业资金出借、资产抵押担保等事项的审核审批工作,确保国有资产安全运行。完善企业收入分配考核办法,规范国有企业收入分配。*提升财政监督管理效能*。推进预算绩效目标管理,加大评价结果在预算资金分配中的应用力度。加强会计信息质量监督检查,提高整改质量。坚持标本兼治,开展"小金库"专项治理,探索"小金库"长效防范机制。强化政府采购监管,依法查处政府采购串标案件。从严控制一般性行政经费增长,开展党政机关公务用车问题专项治理工作,控制行政成本。加强会计人员培训,提高全区财会人员依法理财、科学理财水平。

【加强队伍建设】 *加强党风廉政建设*。坚持日常监督和专项检查并重,通过多种途径教育引导全局干部职工防患于未然,加强"以岗位为点、以程序为线、以制度为面"的廉政风险防范机制建设。以廉政文化进机关示范点创建活动为重点,开展正反两方面廉政教育,组织干部参观预防渎职侵权犯罪展览、反腐倡廉五年成果巡展,接受警示教育。开展"鼓干劲、争先进、优环境"主题教育活动,贯彻落实党务公开、政务公开制度,营造"规范理财行为、正确行使权力"的良好氛围。*加强素质能力建设*。研究制订年度干部教育培训计划,组织36名干部赴东北财经大学参加专业能力提升培训。组织财政干部读书会第二次沙龙活动,分享读书心得体会,推进全员读书活动持久开展,巩固财政文化建设成果。

(舟山市普陀区财政局供稿 郑 忠 丁钰珏 执笔)

岱山县

【概况】 2011年,岱山县实现生产总值152.59亿元,比上年增长11.6%。其中:第一产业增加值21.60亿元,增长6.5%;第二产业增加值86.86亿元,增长12.7%;第三产业增加值44.13亿元,增长11.6%。产业结构比例为14.2∶56.9∶28.9。全县人均生产总值79991元,增长12%。全县财政总收入16.35亿元,增长21.7%,其中地方财政收入8.47亿元,增长25.3%,占财政总收入的51.8%。全县财政支出24.56亿元,增长39.7%。当年全县财政收支平衡。

【服务经济发展】 围绕推进经济转型升级,突出重点,扶优

农渔村墙体美化工程

扶强。落实结构性减税、个税扣除标准提高和起征点提高等政策调整工作，落实社会保险费“五缓四减三补贴”政策，全年减免税费5015万元，取消31项行政事业性收费，减轻企业负担。拓宽投融资渠道，与3家银行协作设立中小企业专项信用贷款资金，发放专项信用贷款2亿元，惠及企业59家，缓解企业融资压力。支持临港工业、现代服务业、旅游业等产业发展，全年落实集装箱运输业发展资金1180万元、海运业发展资金750万元、旅游业发展资金1000万元，安排工业经济转型升级发展专项资金1365万元，企业贴息补贴资金1965万元，争取市以上其他各项扶企资金3652万元。筹集政府重点项目建设资金9.20亿元，缓解交通、水、电等重点基础设施项目的资金压力。落实家电、摩托车、汽车下乡、农资直补工作，补贴家电28375台，兑付补贴资金821万元；汽车摩托车975辆，兑付补贴资金141万元；发放农资直补资金133万元，受益农户2.67万户。

【组织财政收入】 按照“均衡入库、持续增长、结构优化、调控有力”的组织收入目标，完善税源管理机制，克服重点税源增收乏力、新生财源少、政策性减收等困难，确保税收收入可持续增长。强化收入进度分析和监控，把握组织收入主动权，关注并及时跟踪宏观经济形势和企业经营状况，对全县177家重点税源企业加强监控分析，科学制定组织收入预案，并对房地产业、建筑业等八大行业建立行业税收预警指标，推进信息管税。加强存量房交易税收征管，完善房地产税收一体化管理，夯实房产税、城镇土地使用税税源基础，推进土地增值税清算工作。加大税务案件稽查力度，启动建筑业、交通运输业专项检查，开展打击假发票专项行动，规范税收秩序。完善政府非税收入征管信息化建设，加强国有资产收益、土地出让金、海域使用金等非税收入管理，全年实现非税收入7.88亿元，土地出让收入5.71亿元。推进社会保险费“五费合征”，完善税费同评同查工作机制，社保费征缴率99%。

【优化财政支出结构】 优化财政支出结构，控制行政成本，落实惠民政策，全年民生支出17.84亿元，占财政总支出的72.6%。加大“三农”投入。全县“三农”支出9.50亿元，增长87.4%。推进新农村、美丽海岛建设，确保农房墙体立面改造、渔农村饮水安全、中心村培育、中心渔港、渔农村农贸市场改造等重点项目建设资金需要，全年申报市级以上渔农项目60余个，争取资金1.20亿元。支持粮食生产安全体系建设和“菜篮子”工程建设，加大农业综合开发力度，加快项目实施进度，推进粮食功能区和现代农业园区建设。落实村级公益事业一事一议政策，全年申报项目11个，争取省补资金273万元，受益群众3万余人。推动各项社会事业协调发展。支持中小学校园改造等重点工程，完善贫困家庭学生教育资助体系，巩固义务教育经费保障机制，推进学前教育和职业教育发展，教育支出2.32亿元，增长19.1%。加大文化惠民工程和全民健身服务体系投入，支持全国风筝锦标赛、海洋运动会等大型节庆赛事活动，促进公益性体育事业发展，文化体育支出4458万元，增长10.6%。推进养老服务体系建设，城乡居民养老保险和被征地农民养老保险参保人数分别为80570人和14150人，城乡低保实现全覆盖。促进创业与扩大就业并举，加大渔农村劳动力就业培训力度，社会保障和就业支出1.05亿元，增长30.1%。完善城乡居民医疗保障制度，推进新型渔农村合作医疗制度和医疗救助体系建设，城医保、农医保参保率分别为92.0%和96.6%，医疗卫生支出1.44亿元，增长19.0%。保障政法经费。开展“平安岱山”建设，公共安全支出1.09亿元，增长15.0%。控制行政成本。落实“厉行节约”各项规定，控制“三公”经费和会议费支出规模，全县党政机关、事业单位的公用经费和专项支出预算全年“零”增长。

【深化财政改革】 以改革创新为动力，完善公共财政制度，加强财政科学化、精细化管理。深化部门预算改革，健全定员定额标准，完善“两上两下”预算批复制度，提高预算编制、执行的规范性。完善财政奖补政策，加大对乡镇财政的转移支付力度。启动衢山镇乡镇财政管理体制改革试点工作，完善乡镇财政管理机构和职责。开展国库集中支付改革试点，优化支付流程，为系统扩面奠定基础。实施公务卡制度改革,完成运行模式升级工作,提高公务消费透明度。推进国有资产信息化管理改革,启动行政事业单位国有资产管理信息系统建设,促进国有资产保值增值。推进行政事业单位个人收入分配改革,制定全县统一标准的义务教育退休教师生活补贴标准,出台全县公共卫生与基层医疗卫生事业单位绩效工资实施办法。推进医药卫生体制改革,出台全县基层医疗卫生机构财政补助资金管理办法。

【强化财政监管】 加强政府投资项目管理,完善项目管理模式,对财政性投资项目加强概算、预算、决算审核,全年完成审价项目38个,核减资金2345万元,核减率14.5%。加强地方政府性债务监管,规范政府融资平台公司债务管理,控制债务"三率"(控制政府融资平台的"负债率、债务率、偿债率"),防范财政风险。深化政府采购管理,扩大政府采购的范围和规模,规范采购流程,提高政府采购工作效率和服务水平,节减政府采购资金1958万元,资金节约率13%。规范储备粮轮换机制,开展网上竞价拍卖,轮换储备粮4063吨,实现顺差183万元。加强国有企业资产管理,出台《岱山县企业国有资产监督管理暂行办法》《国有资产重大事项报告审批管理办法》等制度,规范国有企业人、财、物管理。加强财政支出绩效评价,联合人大、审计,对县经济适用房和客运中心改造工程两个重点项目开展财政支出绩效评价,提高财政资金使用效益。开展公务用车专项治理,完善公务用车制度。深化"小金库"专项治理工作,规范财政经济秩序。

【加强队伍建设】 坚持以人为本,创新工作思路,推进各项文明创建,提升干部队伍形象。会计核算中心获省级巾帼文明岗称号。开展"解放思想、两创四敢"主题教育实践活动和民主评议行风活动,查找存在问题,破解工作难题,优化服务环境,全局干部为群岛新区建设献计献策。加强廉政文化和惩防体系建设,落实党风廉政建设责任制,完善重点岗位廉政风险防范工作机制,规范权力运行,防范执法风险。完善教育培训机制,加强"学习型"机关建设,通过"请进来、走出去"等方式,区分层次,分类施训。加大人才引进和优秀干部选拔任用力度,实施中层干部竞聘上岗制,完善干部竞争机制。抓好城乡结对、社区共建活动,与岱东镇虎斗社区、北峰社区、衢山镇岛斗村开展结对帮扶工作,制订《美丽海岛建设实施方案》《岛斗村连村帮扶工作计划》等结对帮扶措施,全局结对贫困学生16名,捐助资金6400元,结对贫困户49户,捐助资金56400元。健全财税文化活动体系,搭建活动平台,组织参加文艺汇演,开展各类文体活动,增强干部职工的工作积极性和团队凝聚力。 (岱山县财政局供稿 毛文君执笔)

嵊泗县

【概况】 2011年,嵊泗县实现生产总值56.13亿元,比上年减少11.8%。其中:第一产业增加值14.38亿元,增长8.2%;第二产业增加值8.04亿元,减少63.1%;第三产业增加值33.71亿元,增长17.7%。三次产业结构调整为25.6∶14.3∶60.1。人均生产总值70846元,减少11.5%。全县财政总收入5.44亿元,增长8.3%,其中地方财政收入4.37亿元,增长9.2%;财政总支出16.36亿元,增长63.8%。当年财政收支平衡。

【组织财政收入】 *拓宽税源*。面对重点工程建设营业税大幅减收的局面,挖掘增收潜力,培植稳固税源。利用洋山保税港区平台,抓好税源引进工作,用足、用活临港服务业优惠政策,鼓励外来临港服务型企业落户,培植新的税收增长点。扶持海运业和集装箱卡车运输业发展,破解集卡运输行业管理难题。全年新增税源3438万元,保障税收收入的可持续增长。*依法强化税收征管*。加强对建筑、海运、港口等重点行业及重点税源企业的税源监控。做好企业所得税汇算清缴,全年企业所得税入库6545万元;加强个人所得税管理,全年个人所得税入库2891万元,同比增长8%;做好2010年度12万元以上个人所得税年度申报工作。加大契税征收力度,全年组织契税收入1.28亿元,增长215%。*组织规费收入*。推进社会保险费"五费合征"的扩面征缴工作,健全完善征缴程序,确保社保费收入持续增长,全年征收各项社会保险费收入1.11亿元,增长18%。

【服务经济发展】 *保障政府重点项目*。全年投入3.20亿元用于沈家湾客运码头、中心渔港(新港区)扩建、城乡供水一体化、校舍安全、再造绿岛工程等项目的实施,以及"美丽海岛"建设。*兑现财税优惠政策*。清理规范行政事业性收费,取消31项涉企行政事业性收费,落实32项行政事业性收费3年免征政策和社会保险费"五缓四减三补贴"政策,减轻中小企业负担。做好相关政策的兑现工作,全年为企业兑现财政补助资金2008万元。为扶持海水养殖业灾后重建,出台《嵊泗县养殖业灾后重建贴息资金管理暂行办法》,为应对新形势下中小企业资金周转困难,出台《嵊泗县中小企业应急转贷资金管理试行办法》,全年为13家企业办理33笔应急转贷资金,转贷金额1.96亿元。*支持企业转型升级*。加大经济结构调整和工业产品升级的财政补助力度,加大对水产品精深加工企业的科技投入;加大对渔农业经济结构调整的财政补助,用于现代渔农业产业发展。落实"家电下乡"补贴资金管理办法,加强兑付网点监管,全年补贴家电下乡产品9163台,拨付补助资金247万元。

【确保民生需求】 支持强农惠农富农。着力建立财政支农稳定增长机制,落实支农惠农财税政策,支持渔农业基础设施建设。完善基层组织运转保障机制,推进村级公益事业建设一事一议财政奖补工作。保障文教事业支出。投入财政资金403万元,通过政府采购购置表贴三合一LED大屏、3D电影放映设备及演出设备,落实文化下乡工程,支持乡镇文化站、村文化活动室的改造和设备配置。落实土地出让收入计提教育基金政策,拓宽教育经费筹集渠道,投入校舍安全改造资金4203万元。建立符合县域实际的学前教育投入机制,引导鼓励学前教育发展。巩固完善义务教育经费保障机制,义务教育中、小学生均公用经费标准分别为1300元和700元。统筹协调城乡发展。围绕"美丽海岛"建设,加大"三农"扶持力度,全年共投入"三农"资金8.86亿元,同比增长80.2%。实施现代渔业、再造绿岛、应急度汛、涉渔资金、人工鱼礁等项目,加快渔农业经济转型和产业结构调整步伐,提升渔农村综合经济实力。保障公共服务行业。交通、水、电等方面的公共保障支出1800万元。全面实施城乡低保标准一体化,确定城镇和农村最低标准均为360元/人·月,全年增支206万元。加快推进医药卫生体制改革,安排1300万元支持公立医院改革。支出300多万元,加大对"菜篮子"的支持力度,对外调生猪实行临时政策性补贴;按正常销售价格下浮10%供应学校蔬菜;保障重大节日市场供应,投入财政资金1779万元;临时下调蔬菜价格20%~30%。支持公共租赁住房、廉租住房、渔农村危房改造等保障性安居工程的建设。

【深化财政改革】 加强乡镇财政管理。贯彻县政府关于进一步加强乡镇财政建设的意见,明确乡镇财政管理职责,健全乡镇财政管理机构,强化乡镇财政监管职能。深化支出管理改革。推进国库集中支付改革,扩大公务卡结算范围,利用公务卡信息支持系统建立公务支出监管体系,发放公务卡2800余张。探索预算执行新举措。落实《浙江省政府非税收入管理条例》,做好政府非税收入纳入预算管理工作。完善《嵊泗县行政事业单位部门预算编制暂行办法》,提高预算编制科学化、制度化、精细化和规范化管理水平。加快推进事业单位津补贴改革,出台《关于公共卫生和基层医疗卫生事业单位绩效工资实施办法》。落实厉行节约、控制行政成本的各项规定,控制"三公"经费支出,压缩行政事业单位公用经费预算10%,压缩预算资金290万元。完善财政运行机制。加强行政事业单位国有资产管理,出台《嵊泗县行政事业单位国有资产出租出借管理暂行办法》,规范全县行政事业单位国有资产出租出借行为。

【强化财政监管】 加强财政专项资金清理、整合力度,提高资金使用效益。严控新增专项资金,整合省市专项资金526万元,使用历年结余资金425万元,将核减的财政资金,优先用于民生项目。加强财政监管,提高资金绩效,建立健全绩效评价结果与下年度预算安排相结合的机制。开展"小金库"专项治理,拓展财政监督检查新领域。合理调配资金,通过积极向上争取地方政府债券和利用财政转借的方式,节约财务成本1758万元。加强政府采购监督管理,确保政府采购资金安全、有效和透明,全年安排政府采购预算1.56亿元,实际采购金额1.44亿元,预算节约率7.5%。

金青大桥

【加强队伍建设】 举办各类财税文化主题活动,开展先进人物和先进事迹系列宣传,强化财税核心价值理念。深化财税特色惩防体系建设,全面推进廉政风险机制建设,实现风险防控"全覆盖"。推进涉税事项办理制度改革,清理规范非行政许可审批事项,在原有审批时限的基础上继续提速。深化机关效能建设,转变机关作风,深入基层,听民情集民智,办实事解难题。

(嵊泗县财政局供稿 章 耀执笔)

台州市财政工作概况

台州市

【概况】 2011年，台州市实现生产总值2794.91亿元，比上年增长9.1%。其中：第一产业增加值188.90亿元，增长3.0%；第二产业增加值1443.97亿元，增长10.2%；第三产业增加值1162.04亿元，增长8.6%；三次产业结构调整为6.7：51.7：41.6。全市人均生产总值为47779元，增长8.3%。社会消费品零售总额1132.37亿元，增长17.9%。全社会固定资产投资1104.08亿元，增长16.2%。进出口总额205.04亿美元，增长20.6%。城镇居民人均可支配收入30490元，增长12.0%。农村居民人均纯收入13108元，增长15.9%。全市财政总收入370.47亿元，增长19.3%，其中地方财政收入200.12亿元，增长21.4%；全市财政支出265.53亿元，增长19.2%。市本级财政总收入162.80亿元，其中地方财政收入89.95亿元，市本级支出101.06亿元，增长25.1%。全市及市本级财政收支平衡。

【组织财政收入】 深化税收预测分析和调研，加强征管薄弱环节管理，推广"以电控税"征管模式。开展房地产企业营业税税源调查，全面铺开存量房评税工作,加强二手房交易税收征管。加强股权转让个人所得税征收管理，加强与乡镇协作，探索小税种征管新举措。完善政府非税收入征收管理，推进非税收入信息化建设。严格执行收支两条线，加强对土地出让金、彩票公益金的征收管理。推进社会保险费、残疾人就业保障金征缴扩面，完善社会保险费"五费合征"征缴管理，加强水利建设基金等规费的征管。创新税法宣传和纳税服务手段，通过实体和网上纳税人学校，宣传税收政策，解答各类政策咨询。开展征收大厅标识标记规范化建设。全市地方财政收入占财政总收入的比重为54.0%。

【促进经济转型升级】 围绕市委市政府沿海开发战略部署，集中财力加大对沿海产业带基础设施建设的支持力度。落实省政府有关产业集聚区的财税优惠政策，探索财税管理和市县分成体制，发挥县市区积极性，推动产业集聚区建设。全市地方财政投入支持工业、农业、海洋经济、科技、服务业发展专项资金25.26亿元。申报重大基础设施地方政府债券项目4个计2.80亿元，同比增加43.6%，市本级争取到财政部、省财政厅资金2.54亿元。加大财政对中小企业信用担保体系支持力度，全市落实风险补偿金1210多万元，近3万家小微企业新增贷款68.00亿元。积极扶持小额贷款公司发展，全市成立18家小额贷款公司，累计发放贷款金额104.65亿元。落实扶持企业发展和促进转型升级优惠政策，市级安排制造业转型升级专项资金4000万元。为162家高新技术企业兑现税收优惠政策3.60亿元，为63161家企业减免地方税收8600多万元，为1079家企业减免水利建设基金3171万元。落实结构性减税政策，提高营业税起征点，贯彻新个人所得税法，月均减收个税5000多万元。执行社会保险费"五缓四减三补贴"政策，落实养老保险费比例调整政策，减征困难中小企业社会保险费1.09亿元。支持服务业发展，出台《支持服务业发展专项行动实施意见》，市级安排现代服务业资金1600万元，全年新增分离发展服务业企业34家。全市落实家电下乡和家电汽车以旧换新财政补贴资金3.10亿元，拉动消费26.48亿元。落实税收优惠政策，支持"台州500精英"等一系列重大人才行动计划。

【保障重点支出】 优化财政支出结构，全市80%以上财力用于民生。支持发展现代农业。全市"三农"支出111.52亿元，增长26.9%，其中农林水事务增长43.3%。落实现代农业综合园区、主导产业示范区、农业精品园区建设资金600万元。全市实施农业综合开发项目36个，土地治理项目12个，争取省以上财政资金8490万元；产业化经营财政补助项目12个，争取省以上财政资金9543万元；产业化经营贷款贴息项目12个，争取省以上财政资金501万元。推进村级公益事业一事一议财政奖补试点工作，投入财政奖补资金2195万元，实施项目192个。推进教育公平。全市教育支出62.31亿元，增长20.8%。支持学校危旧房改造和标准化建设，提高义务教育段生均预算内公用经费，小学为734元/生·年，初中为1067元/生·年，高中为806元/生·年。支持文化事业发展。市级安排文化体育与传媒经费1.08亿元，增长35.0%，市本级安排文化艺术生产和文化发展专项资金350万元。推广"百分之一"文化计划，即对总投资额在3000万元以上的公共建筑，在项目建设投资总额中提取1%的资金用于公共文化设施建设。安排专项资金170万元，支持"送150场演出、1万册图书、1600场电影到农村"活动，丰富农村群众文化生活。安排专项资金50万元支持开展"广播电视进渔船工程"。保护地方特色剧种，安排专项经费70万元，支持台州乱弹剧团经营和发展。支持公共卫生事业。加大基本医疗保障投入，保证公共卫生和基层医疗卫生事业的资金需要。足额安排城乡居民养老、低保、医疗、就业等各项资金。做好困难群众医疗救助补助、“新农合”医疗补助、城乡公共卫生服务和农民健康体检资金补助工作，确保资金到位。全市医疗卫生支出16.78亿元，增长21.1%。完善就业和社会保障体系。积极帮扶残疾人就业；落实大学生创业等税收优惠政策，对从事现代农业的大学毕业生实行财政补助。扩大社会保险制度覆盖面，全市企业养老保险参保人数128.49万人。企业退休人员月人均养老金提高到1682元，城镇居民社会养老保险最低标准调整为80元。全市社会保障和就业支出21.71亿元，增长55.4%。推进保障性住房建设，安排保障性住房建设资金11.00亿元。落实油价补贴，加强道路交通事故社会求助基金管理，健全社会求助和社会福利体系。促进生态环境改善。加大生态环保和节能减排投入，全市安排生态环保资金7.74亿元，增长36.6%，绿化建设项目资金1.61亿元，水环境整治建设资金2.42亿元。

【深化财政改革】 推进机构改革。市局“三位一体”财政组织机构改革方案已获批。健全预算编制执行体系，首次编制社会保险基金预算。推进预算信息公开工作，市级40个部门预算报送市人代会预算审查小组审议，依法接受人大监督。做好“三公”经费公开准备工作，党政机关“三公”经费按要求实现“零增长”。做好政府投资项目结算评审工作，全市评审项目3055个，审核总额117.97亿元，核减4.32亿元。完善国库集中支付制度。推进各县市区国库集中支付改革，开展基本建设资金国库集中支付试点。启动公务卡改革，建立公务支出监管体系，市级发放公务卡6200多张。完善政府采购管理。制定《台州市市级政府采购预算管理办法》。全市政府采购预算44.76亿元，实际采购金额39.07亿元，资金节约率为12.7%。

【强化财政监管】 全面确立预算绩效管理体系，建立与部门预算和行政问责相结合、多渠道应用的评价结果应用机制，全年评价资金总量8亿元。加强财政专项资金管理，出台财政拨款结余资金管理暂行办法，国有资本经营收益管理试行办法，旅游业、外经贸专项资金管理办法，明确各专项资金（收益收缴）的操作规范。对市级财政专项资金管理和使用情况开展专项检查。严格控制部门结余资金规模，统筹安排使用部门结余资金。继续推进“小金库”治理，重点抽查272家党政企事业单位，发现存在问题单位16家，合计金额465万元，“小金库”治理工作被中央治理“小金库”办公室通报表扬。加强预算外资金收支两条线管理，市级财政当年将所有单位的预算外资金分别纳入一般预算收入、基金预算和专户核拨。开展党政机关公务用车专项治理。开展市直行政事业单位房产出租出借情况专项清理工作，制订《市本级行政事业单位房产出租出借管理办法》。推进乡镇财政管理机构建设，健全乡镇财政运行机制。

【加强队伍建设】 开展财税文化建设。组织开展“解放思想大讨论”活动，倡导厚德博学、快乐工作、豁达待人。加强财税文化平台建设，树立台州财税文化品牌。开展系列文体活动，激发干部队伍活力。开展“创先争优”活动。组织“民主评议行风” 活动，在全市10个部门中排名第3位。依法行政工作被评为全市示范单位。加强党风廉政建设。贯彻党风廉政建设责任制，健全责任体系，强化责任分解、考核和追究。推进廉政风险防控体系建设，实现风险防控“全覆盖”。

（台州市财政局供稿 卢云芬执笔）

椒江区

【概况】 2011年，台州市椒江区实现生产总值352.59亿元，比上年增长8.0%，人均生产总值7万元。其中，一、二、三产业增加值分别为14.19亿元、155.02亿元、183.38亿元，分别增长2.9%、6.9%、9.3%。全区财政总收入46.08亿元，增长19.1%；其中地方财政收入27.52亿元，增长21.5%。全区财政支出23.71亿元，增长28.6%。全年财政收支平衡。

【支持经济转型发展】 支持现代农业发展。建立健全财政支农资金稳定增长机制，落实完善粮食直补等各类财政支农惠农政策，全年安排农林水事务支出4.05亿元，增长53.6%。重点加大农业水利基础设施投入，支持现代农业园区和粮食生产功能区建设，推动农业和农村经济结构战略性调整。推进工业经济转型升级。以医化产业转型升级为突破口，促进工业经济转型发展。整合使用各项扶持资金，推进先进制造业基地建设，全年累计拨付技术改造、产业引导、外贸发展、节能降耗、零地技改等工业补助资金9117万元。落实奖励扶持政策推进大型企业股权改革和上市工作。促进现代服务业发展。完善促进服务业发展的财税政策，整合三产引导、海运业补助等各类扶持资金，形成1000万元规模的服务业引导资金，重点支持海洋运输、现代物流、商贸旅游、金融保险、科技咨询等现代服务业发展。保障重点工程资金需求。按照“统一计划、统一融资、统一调度”的政府投融资管理模式，加强全区建设资金通盘管理，全年调剂拨付建设资金13.31亿元，保障台金高速东延、十一塘围垦、繁荣区块保障房等一批市、区重点工程的实施。

【缓解中小企业融资难】 开展“金桥行动”(财政局通过搭建融资担保、风险补偿等政府服务平台，为金融机构和中小企业之间信贷合作搭桥牵线)，构筑“政府协调引导、银行合作支持、担保积极配合、企业主动参与”的中小企业融资服务平台。投入2200万元，追加区中小企业经济担保公司和区农信担保公司注册资本金，融资担保额度提高到5.50亿元；利用财政间隙资金，与兴业银行合作，为符合条件的中小企业提供4000万元额度无担保、无抵押的专项信用贷款；落实小额贷款公司财税扶持政策，通过所得税、营业税补助等方式，促进小额贷款公司等民间融资平台发展；帮助中小企业策划发行企业集合票据。

【提升财政收入质量】 监测经济形势，强化对财政收入的分析预测和调研。科学制定收入计划，提高组织收入的预见性和主动性。加强与执收部门配合，加强财政科学化、精细化管理，使财政收入均衡入库。推进工业企业主辅分离，提高营业税等地方性税收收入比重，优化收入结构，全区地方财政收入占财政总收入的比重59.7%。宣传贯彻《浙江省非税收入管理条例》，部署非税收入征缴工作，探索“以票控费”推进非税收入管理。全区国有资产出租收入和国有资产对外投资收益纳入财政预算管理。加强与市人民银行、椒江区国土局协作，建立国有土地出让、储备及收支信息共享制度，规范国有土地使用权出让收支管理，强化土地出让金清算收缴。完善社会保险费“五费合征”机制，社会保险基金同比增长32.5%。

【增加民生支出】 提高民生支出占比，全年新增财力1.85亿元，其中80.1%用于民生。落实支农政策。投入1.27亿元，贴息补助自来水公司及三级管网建设，落实7784万元专项经费用于“清洁家园、和谐乡村(社区)”和农村生态建设；安排700万元用于基层便民服务中心、村邮站建设；投入862万元一事一议财政奖补资金，支持16个行政村公益事业项目建设。安排1235万元用于公交补贴和公共自行车租赁建设，建立健全公共交通网络。落实家电下乡、汽车摩托车下乡、家电以旧换新等惠民扩内需政策，累计兑现补助资金5797万元。加强教育事业投入。规范义务教育项目标准，提升义务教育均等化水平，足额保障义务教育教师绩效工资。全区中小学日常公用经费生均标准分别提高到650元、450元。启动实施“非义务教育清负”行动，拨付2735万元用于偿还非义务教育公办学校债务。完善教育资助体系，实施贫困家庭儿童学前教育资助政策和外来务工子弟免费上职高政策，建立普通高中家庭经济困难学生资助制度。学前教育事业经费纳入财政预算单独立项，每年设立不少于200万元的学前教育专项经费。支持社会保障事业。城乡居民最低生活保障标准分别提高到470元/月、340元/月。出台高龄老人补贴制度，对全区80周岁及以上老人每人每月发放30～500元高龄补贴。投入3394万元资金，建立企业退休人员基本养老金补贴和社区综合补贴制度。建立孤儿基本生活费发放制度。支持城乡就业公共服务和救助体系建设，城镇登记失业率控制在3.9%。支持保障性住房以及公办养老机构建设。建立残疾人事业经费保障机制，椒江区获省扶残助残“爱心城区”称号。支持卫生和文体事业发展。落实基层医疗卫生机构和公共卫生机构实施基本药物零差价制度以及绩效工资改革财政补助资金。人均公共卫生服务财政补助标准从20元提高到25元。增加基层公共文化服务财政投入，支持基层文化俱乐部和“农家书屋”建设。

【推进公共财政管理改革】 实施财政管理信息一体化工程，把预算管理、财务核算系统延伸到预算单位。统筹全区各单位预算内外资金，推广零基预算、综合预算。制定区直机关会议管理规定、完善行政事业单位办公用房装修、改造费用定额制度和区直机关培训费开支规定等支出标准文件，推行支出预算定额管理。修订区对镇街道的财政体制，实施民生项目分类补助。加强对镇街道预算编制指导，规范基层政府预算编审行为。在143家一级预算单位和下属单位推广国库集中支付改革。启动公务卡改革，50家预算单位首期试点。对357家单位进行“小金库”治理复查验收，对192家行政事业单位开展财务大检查，对228家单位开展公务车辆专项整治。加强政府性投资基本建设财政财务管理，全年累计完成项目概算、预算、结算审核671项，核减5852万元。实施政府投资工程编审服务中介机构公开招标采购制度和考核制度，规范社会中介机构参与政府性工程项目的概、预、结算编审工作。1月1日起，行政事业单位国有资产信息管理系统上线运行，实现对资产新增、出租(出借)、处置等事项的实时动态监管。

【干部队伍建设】 开展“解放思想、创业创新”大讨论、“勤廉优政工程”等主题活动。“财系民生、政通人和”服务品牌被评为椒江区优秀服务品牌，“家电下乡补贴直接兑付”“中小企业专项信用贷款”两个项目被评为全区十大便民服务新举措。推进依法行政，被台州市政府授予“依法行政示范单位”。推进财政文化建设，“科学理财，服务发展，务实创新，廉洁高效”的核心价值理念，列全区区直单位“十佳核心价值理念”箴言榜首。举办财政干部论坛，构建党员干部全方位学习教育体系，被评为“台州市学习型党组织建设先进单位”。加强党风廉政教育，构建具有财政特色的惩防体系，被授予“椒江区廉政文化进机关示范点”。

（台州市椒江区财政局供稿 王永斌 章佳琦执笔）

黄岩区

【概况】 2011年，台州市黄岩区实现生产总值267.44亿元，按可比价格计算，比上年增长9.2%。其中：第一产业增加值13.76亿元，增长3.4%；第二产业增加值144.12亿元，增长11.4%；第三产业增加值109.56亿元，增长7.1%。三次产业结构由上年5.3∶53.4∶41.3调整为5.1∶53.9∶41.0。人均生产总值44737元，增长8.8%。全区财政总收入38.65亿元，增长18.3%，其中地方财政收入19.74亿元，增长18.9%，地方财政收入占财政总收入比重为51.1%；税收收入占地方财政收入比重为97.3%。地方财政支出21.64亿元，增长18.2%。全年财政收支平衡。

【支持经济发展】 争取信贷资金47亿元、国债资金5000万元，保障重点项目资金需求。坚持先进制造业和现代服务业“双轮驱动”，整合扶持企业发展各项财政资金，设立经济转型升级专项资金8000万元和服务业发展专项引导资金1000万元，向上争取企业发展资金4859万元，兑现各类扶持企业发展资金1.22亿元。落实各项税收优惠政策，办理出口退税9.26亿元，减免27家高新技术企业所得税6500万元，减免772家小型微利企业所得税560万元。完成3家工业企业分离发展服务业。实施科技兴区战略，投入科技经费7658万元，促进科技创新和成果转化。发放家电下乡、汽车下乡、家电以旧换新补贴资金2300万元，家电下乡兑付率99.2%。

【强化财政收入管理】 加强规模以下企业税收管理。试点开展“以电控税、以税核电”工作，会同电力等相关部门，规范全区出租厂房（场地）用电户税收管理情况与用电情况。加强税收收入精细化管理。开展企业所得税税源调查，落实新个人所得税法，在旅游、广告、代理等行业推广应用“差额征税管理系统”软件，推进存量房交易评税工作，开展房产税计税依据专项核查工作，完善房地产交易环节税收一体化管理。规范非税收入收缴管理。出台《台州市黄岩区非税收入收缴管理暂行办法》，将缴入财政专户的各类非税收入（除教育收费外）每月月底前全额缴入国库。

【优化支出结构】 实施“民生优先”战略，民生支出占地方财政支出比重79.4%，新增财政支出中民生部分占92%。落实强农富农惠农政策。投入农林水经费2.63亿元，其中争取上级支农项目补助资金1.40亿元；用于发放农业生产性补贴2366万元；用于粮食功能区和现代农业综合园区建设1130万元；用于农业综合开发3965万元，完成中低产田改造省级综合验收项目3个，建成省级林业现代园区2个；用于水利基础设施建设7005万元；完成48个村庄整治工程建设、5个中心村建设和35个村生活污水治理项目；推进23个行政村一事一议工作，受益人口23375人。支持民生保障事业发展。投入5.98亿元，支持“教育强区”，落实义务教育、学前教育和职业教育惠民政策，加大对民办教育与家庭困难学生补助，实施校安工程建设，改善办学条件；投入5575万元，推进医药卫生体制改革，完善基层医疗卫生机构经费补助，提高医疗保障能力和服务水平；投入3609万元化解教育基建债务和基层卫生院基建债务，投入1.10亿元建设区博物馆，投入2900万元建设中心消防站和消防设备添置，投入1531万元建设社会管理视频监控和校园网；推进社区居家养老服务场所建设，提升社区居家养老服务水平；加快廉租公租房建设，落实公交运营财政补助，建设候车亭和道路安全设施，开展邮政便民服务，建设村邮站。提升民生保障水平。调整提高新农合筹资标准（从每人每年209元提高到320元）、计划生育人均筹资标准（从每人每年26元提高到36元）、城乡居民生活保障筹资标准（从每人每月60元提高到80元）、中小学生均公用经费筹资标准（初中从每人每年550元提高到650元，小学从每人每年350元提高到450元）、城乡居民最低生活保障筹资标准（城镇居民从每人每月400元提高到470元，农村居民从每人每月240元提高到280元）和退休人员生活补助，发放高龄老人生活补贴、退休干部住房货币化补贴和孤儿生活补贴，实施老人乘车优待，扶持残疾人生产、生活、安居，实施事业单位绩效工资改革。

【深化财政改革】 完善政府预算管理体系。探索“三位一体”组织框架改革，机构改革方案已获批。科学编制政府预算，统筹用好国有资本经营收益；取消预算外资金，除教育收费实行财政专户管理外，其余政府性收支全部纳入预算管理;细化财政收支预算到款级科目,推进预算管理科学化精细化。完善国库集中支付制度。扩大支付范围,推行公务卡结算改革,全区共有102家行政事业单位实行国库集中支付,20家行政事业单位启用公务刷卡结算。加强财政资金拨付、使用环节监管,提高财政资金使用效益。加强乡镇财政管理,出台《关于进一步加强乡镇财政建设的意见》。强化预算执行力度。加强支出管理,对进度滞后项目采取督促加快、调整预算等措施,提高财政支出均衡性;按照"分类管理、统筹使用、讲求绩效"原则,强化结余资金的统筹使用。加强资金资产管理。配合政府性债务审计工作,推进融资平台公司整改;完善政府性债务资金管理办法,建立债务举借、使用、偿还风险预警机制,防范政府债务风险;加强公共资源市场配置监管,提高公共资源配置效益。完善绩效管理制度。初步建立目标设定、绩效跟踪、绩效评价及结果运用有机结合的预算管理机制,开展项目支出绩效评估;制定财政绩效管理方案,强化管理责任,分解绩效目标,建立督查机制;要求50万元以上项目申报绩效目标;制定《黄岩区政府投资项目工程管理暂行规定》,完善工程项目变更审批程序,促进建设项目审批提速提效。加强财政监督检查。开展会计信息质量与财政专项资金监督检查,整顿和规范市场经济秩序;完善财政资金专户管理办法,开展乡镇街道财政资金安全专项检查;加强财政财务管理,严肃津补贴制度,健全防治"小金库"长效机制;开展公务用车专项治理工作。完善财政信息系统。提升非税收入信息化管理,推行单位开票、银行代收、财政统管、信息共享模式;协助乡镇街道建立区乡财政信息一体化系统,基本实现财政信息系统全覆盖。

【加强队伍建设】 开展主题教育活动。全年开展了"创先争优"活动、"解放思想、创业创新"大讨论、"两服务两促进"和"治庸提效"行动,提升干部思想认识。推进财税文化建设。开设"黄岩财税论坛"、组织庆祝建党90周年系列活动和"三八"妇女节巡回演出活动,连续五年举办"迎国庆 展风采"文化周活动。建设"学习型"机关。创新形式开展业务调研,"调研课题展评会"形式受到省财税政策研究室肯定,并作为先进典型在全省财政科研工作会议上交流发言;推进政府信息公开工作,全区政府信息公开工作现场会在区财政局召开;开展综治平安创建工作,获省级创安工作先进单位。当年区财政局获全市财政地税系统工作目标考核先进单位、全区综合目标考核一等奖、全区党风廉政和效能监察评估前十位。

(台州市黄岩区财政局 夏智敏 牟 峰执笔)

路桥区

【概况】 2011年,台州市路桥区实现生产总值367.15亿元,比上年增长10.0%,人均生产总值82613元,增长9.2%。第一、二、三产业增加值分别为10.30亿元、175.65亿元和181.20亿元,分别增长2.5%、9.1%和11.3%。三次产业结构由上年的2.8∶48.7∶48.5调整为2.8∶47.8∶49.4。全年财政总收入53.50亿元,增长21.2%;地方财政收入28.81亿元,增长27.7%。地方财政收入占总收入的比重为53.9%,税收收入占地方财政收入的比重为94.1%。全年一般预算支出21.2亿元,增长18.5%。全年财政收支平衡。

【加强财政收支管理】 完善经济税源分析和税收预测体系,强化组织财政收入目标责任制管理,加强与各执收部门配合协作,按季召开财政收入分析例会,动态跟踪入库进度,提高组织财政收入工作的计划性和预测性;强化国税、地税部门协调配合,在抓好重点行业、重点企业和主体税种管理的同时,强化小税种征管,确保各种税源足额征缴;贯彻落实《浙江省政府非税收入管理条例》,完善政府非税收入征缴办法,加大土地出让金、罚没收入等政府性非税收入管理,确保应收尽收。树立"节支就是增收"和"过紧日子"理财原则,创新财政支出管理机制,严格控制一般性项目支出,根据收入执行情况,科学把握支出节奏,贯彻落实上级出台的各项政策措施,估算政策所需的相应配套财力,确保财政收支平稳有序。

【保障重点支出】 保障事关民生领域支出,全年一般预算支出中用于与民生直接相关的教育、医疗卫生、社会保障和就业、环境保护等支出15.35亿元,占一般预算的72.5%。全年新增可用财力2.27亿元,其中用于民生支出2.01亿元,占新增财力支出的88.6%。完善各项保障制度,第九轮新农合人均筹资水平提高到430元,城镇、农村低保标准从原400元、原240元分别提高到470元、280元,区财政按人均9元/年标准建立因病致贫帮扶基金,全年发放各类补(救)助资金5619万元。投入2548万元,支持以基层卫生机构、公共卫生服务、国家基本药物等五项制度为主要内容的医药卫生体制改革。将儿童白血病和先天性心脏病医疗费纳入医保范围。全年财政投入医疗卫生资金1.00亿元,增长24.1%。建立企业退休人员社区综合补贴制度,完善企业职工基本养老保险制度。减征小微企业社保费1476万元，发放困难企业稳定就业岗位补贴616万元。建立普通高中生助学金制度，构建和覆盖从学前教育到高中阶段困难学生资助体系，全年教育支出5.40亿元，增长19.4%，占一般预算支出的25.5%。落实积极就业政策，重点支持高校毕业生、退役士兵、农民工和困难群体的培训就业以及就业服务体系建设。保障大中型水库移民后期扶持、困难群众基本生活补贴、物价临时补贴等一系列政策，实施养老机构综合责任保险政府买单制。支持保障房、廉租房和农村困难群众危房改造工作。加大对社会管理、城市管理、生产安全、食品药品和农渔产品等领域的经费保障，推进"平安路桥"建设。建立平原绿化专项扶持资金3000万元，支持"森林路桥"和农村田园式生态公园建设。加大宜居城市建设，投入城乡环卫一体化发展资金5000万元，净增1000万元。

【支持经济转型发展】 新设扶持金融业发展、质量强区建设、铁路货运、应急转贷和应急贷款风险5个专项资金。落实各项财税优惠政策，拨付各类专项资金1.47亿元。审核兑现区级奖补资金6402万元，支持工业企业转型升级和服务业发展。强化"企业为基"的理念，做好"解困、扶持、服务"工作，对72家符合减免政策的企业减免税费570万元。落实工业企业主辅分离扶持政策，对6家分离企业兑现奖补资金89万元。坚持财力下移增强基层保障能力，新增区对镇(街道)转移支付3541万元。新设立农业园区建设、粮食生产功能区建设、标准农田质量提升工程、花卉苗木发展4个涉农惠农专项资金，加大新农村建设和农业综合开发力度，全年"三农"财政投入8.09亿元，增长23.5%。兑现家电下乡(以旧换新)、汽车(摩托车)下乡补贴3788万元，拉动家电和汽车(摩托车)消费3.71亿元。下拨油价补贴8812万元，减轻因成品油价格上涨对交通、渔业、农业等行业带来的负担。研究国家政策导向，加强与部门配合和上级沟通，争取到白沙外堤海塘加固工程、75省道南延(一期)工程地方政府债券7000万元，新增中央预算内投资项目8个，争取各类专项资金1.60亿元。配合路桥公共资产投资管理有限公司，科学调度建设资金，成功发行10亿元企业债券，募集长期项目融资款19.11亿元，保障重点工程项目资金需求。

【深化管理改革】 先后制订行政事业单位国有资产配置、部门预算绩效管理考核、行政事业单位办公用房建筑装修、办公设备和车辆配置标准等7个管理制度，夯实依法理财基础。扩大国库集中支付范围，完善国库单一账户制度和财政国库管理信息系统，当年新增20家预算单位纳入国库集中支付。深化财政财务管理，建立镇(街道)会计核算统一软件，将各镇(街道)财政财务管理信息纳入区财政动态监控范围。借助财政部地方性债务统计软件，建立政府性债务信息化管理系统，加强政府债务动态监管。强化单位公房出租管理，对全区所有行政事业单位房屋实行公开招租，招租底价418万元，成交价495万元，溢价比18.4%。提高政府投资项目的计划性和控制性，科学编制《2011年度政府投资项目资金计划》，涉及城建、交通、文教卫、农林等192个项目，建立政府投资项目管理新机制。

【强化监管职能】 探索"项目单位—主管部门—财政部门"三层次财政支出绩效评价体系，确定区创建办的数字城管建设、区发改局的"十二五"规划纲要编制经费等46个项目为自评项目，组织开展2006～2010年农房救助项目绩效评价，并对政策性农房保险补助等22个项目进行重点评价。开展财政账户专项检查，取消区本级专户18个、镇(街道)专户3个，确保财政资金安全。联合区纠风办4部门开展涉企收费清理，减轻企业负担。完善部门预算上人代会审查制，将民政、建设、交通、城管4家单位的部门预算和投资项目提交人代会审议。建立"小金库"治理长效机制，对全区196家行政事业单位、64家国有企业、155家社会团体"小金库"治理实行"回头看"。制订公务用车专项治理实施方案，对242家党政机关、事业单位公务用车开展专项治理。强化政府采购监管，全年采购预算1.36亿元，实际支出1.20亿元，节约1658万元。加强政府性投资资金监管，健全事前、事中和事后监督机制，严把工程审核关，审核工程项目71项，送审造价2.78亿元，审定造价2.52亿元，净核减2575万元。

【提升财政新形象】 围绕区里开展"解放思想，创业创新"大讨论和推进"千局万站优环境促发展"主题活动，开展财政文化、机关效能、党风廉政建设等各主题项目活动，全面提升财政新形象。制订《路桥区财政局干部廉政风险干预实施办法》，紧扣收入、支出、项目3个管理环节，开展内设机构和个人岗位风险点自查，查找廉政风险点234个，核定权力清单124项。精编廉政短信通过手机定期发送机关干部职工，深化惩防体系建设。制定"六五"财政普法规划和依法行政白皮书制度，梳理财政管理执法职权139项，推进依法行政和依法理财工作。完善机关理论和业务学习制度，加强日常教育学习的同时，通过"请进来，走出去"方式，组织开展预防职务犯罪、档案管理、保密工作和财经业务知识专题培训会，组织干部职工参加上级培训244人次，全面提升干部队伍综合素质。开展"创先争优"工作，连续五年获区级机关工作目标责任制侧重定量考核第一名，获路桥区先进集体和路桥区建党90周年区级先进基层党组织等23项荣誉。

（台州市路桥区财政局供稿　郑宣彬执笔）

临海市

【概况】　2011年，临海市实现生产总值382.05亿元，比上年增长8.9%。其中：第一产业增加值33.73亿元，增长3.9%；第二产业增加值204.37亿元，增长10.8%；第三产业增加值143.95亿元，增长7.5%。三次产业结构由上年的8.6∶54.1∶37.3调整为8.8∶53.5∶37.7。财政总收入48.02亿元，增长19.5%；地方财政收入26.19亿元，增长18.4%。全年财政收支平衡。

【服务经济建设】　落实中央结构性减税和清费减负政策，全年办理出口退税11.33亿元，减免26家高新技术企业所得税7694万元，减免56家困难企业城镇土地使用税、水利建设基金等1057万元，减轻企业社保费负担933万元。发挥财政资金"四两拨千斤"作用，支持全市先进制造业、现代服务业和现代农业发展，引导工业企业分离发展服务业14家，落实扶持工业、现代服务业发展等财政奖励（补助）资金1.50亿元。发挥市政府投融资平台作用，保障宜居城市、港口建设等重点工程资金需要，全年落实各类建设资金6.30亿元。落实家电下乡及汽车、摩托车以旧换新等政策，兑付财政补贴资金1.26亿元。

【组织财政收入】　重视经济税源调研和收入分析，对重点行业、重点企业税源实行分级分行业管理。加强房地产、交通运输业和企业自建厂房营业税管理。规范个人所得税纳税申报管理，全市行政事业单位全部纳入个人所得税全员申报系统。推进信息管税工作，对眼镜等以电力消耗为主的个体加工业开展"以电核税"试点，对城区美容美发行业定额平均调增50%以上。加快电脑版普通发票推广应用，提升以票控税功能，全市1800户纳税人纳入电脑开票软件。加强企业城建税和教育费附加申报与增值税和消费税申报的比对，房产税、土地使用税实行分月征收，完善外资企业城建税、教育费附加、地方教育附加征管措施。修订《纳税评估实施方案》和《纳税评估操作规程》，组织开展交叉纳税评估，全年评估企业45户，补缴税款3213万元。加强企业（单位）重点费源动态管理，做好每年一度社保费清算，个人社保费由按年征收改为按月征收，社保费收入增长27.7%。贯彻《浙江省政府非税收入管理条例》，加强土地出让净收益管理，联合审计、纪委等部门对全市行政事业单位出租房进行清查，规范行政事业单位执收行为。

【保障民生支出】　全市财政支出39.35亿元，增长26.8%，其中民生支出31.99亿元，占财政支出的81.3%。推进就业和社会保障，城乡居民养老保险制度基本实现全覆盖，基本养老金标准人均从60元/月提高到80元/月，失地农民生活保障标准人均从250元/月提高到280元/月～700元/月，全年发放城乡居民养老金1.77亿元，落实城镇困难群众最低生活保障资金3840万元，落实失业就业财政扶持专项资金1529万元。加大财政教育投入，全年安排教育支出13.71亿元，其中落实城乡义务教育和职教奖学助学等资金1.12亿元，安排中小学校舍功能提升及"校安工程"建设资金5700万元，全面化解义务教育债务。基本公共卫生服务人均补助标准提高到25元，新型农村合作医疗人均筹资标准从250元提高到300元，政策范围内住院费用报销比例达到65%以上，拨付基本药物零差价补助资金4450万元，落实医药卫生财政补助资金1.66亿元。全面落实强农、惠农政策，发放油价补贴2.56亿元，安排"六百+1"（"六百"：百村康居、百户安居，百村居家养老服务中心，百村邮站、社区信报箱，百村文化广场，百所医疗服务社区中心及卫生室提升，百所中小学和幼儿园提升；"1"：低收入群众增收工程）工程建设资金1.10亿元、"清洁家园、和谐乡村（社区）"奖励（补助）资金3368万元，现代农业综合区和粮食生产功能区建设资金3279万元，粮食综合直补资金1977万元，村干部报酬、村级组织运转补助2451万元。

【深化财政改革】　推进"收入一个笼子、预算一个盘子、支出一个口子"公共财政改革，预算局、执行局、监督局"三位一体"组织机构编制得到批准。制定《临海市市级部门项目支出预算管理暂行办法》，公务接待经费、因公出国经费、公务用车购置和运行经费实行定额管理和预算编制"零增长"。将古城、大洋、大田、江南和邵家渡等5个街道土地出让净收益、基础设施配套费等纳入财政预算，确定汛桥镇为镇财政"参与式预算"改革试点。启动公务卡改革，农业系统8家预算单位和1家重点工程纳入国库集中支付系统，国库集中支付单位增加到18家。推进其他事业单位绩效工资改革，基层医疗卫生机构实施基本药物零差价制度。规范财政追加资金审批管理，实施村级公益事业建设一事一议，对16个财政资金使用项目开展绩效评价。

【强化财政监管】　完善行政事业单位资产管理体制，加强对产权市场国有产权交易监管，开展国有资产出租出借专项检查。加强政府投资项目预算管理，做好财政投资项目全过程监管，全年审核项目947个，核减资金7825万元。开展供应商注册登记和审查，扩大协议供货范围，全年组织政府采购招标116批（次），节减财政支出1658万元。市本级地方政府性债务收支实行计划平衡管理，启用地方政府性债务管理系统软件，开展公务员津补贴和公务用车专项检查。举办各类会计培训44期，组织培训9388人次，举办各类会计法律法规培训17期。临海市财政局依法行政工作经验由浙江省法制办向全省推广，并上报国务院法制办。

【加强队伍建设】 开展"解放思想、创业创新"大讨论活动，全局上下形成"解放思想谋发展、真抓实干创新业"等思想共识。开展民主评议行风活动，与100家重点企业建立一对一联系制度，召开各类座谈会11场次，走访人大代表政协委员400余人次，走访高新技术企业和拟上市企业100多家，解决基层和群众关注的热点、焦点问题17项次。绘制廉政风险防控图31幅，排查风险点93个，提出防范措施126条。组织"新政策、新业务、新知识"考学活动，建立8个重点岗位人才库，市财政局13位干部被推荐到省财政厅作为技术骨干培养。当年全局获得浙江省依法行政示范单位、浙江省财政系统先进集体等荣誉53项。

（临海市财政局供稿 沈卫山执笔）

温岭市

【概况】 2011年，温岭市实现生产总值678.62亿元，比上年增长9.6%；人均生产总值56736元，增长15.9%。其中：第一产业增加值50.25亿元，增长2.1%；第二产业增加值361.40亿元，增长11.1%；第三产业增加值266.97亿元，增长8.9%。三次产业比例由上年的7.2 : 53.7 : 39.1调整为7.4 : 53.3 : 39.3。全市财政总收入66.55亿元，增长16.7%，其中地方财政收入36.17亿元，增长18.2%；全市财政支出45.17亿元，增长32.7%。全年财政收支平衡。

【组织财政收入】 *挖掘增收潜力。*每月对镇、街道"地方财政收入增幅"指标进行排名公布，调动各镇、街道增收积极性，加大小城市试点镇地方财政收入分成力度，调动小城市试点镇抓税收收入的主动性和积极性；在招商项目中设置税收贡献指标，推行"以亩产税收论英雄"评价机制。*强化非税征管。*加强执收管理、资金管理、票据管理和监督检查，对罚没收入、规费收入、专项收入、国有资产有偿使用收入等实行国库管理制度。*提高征管质量。*实施"三个一批"："调一批"，对旅馆业、足浴等12个行业开展定额调整，调高定额2268户；"评一批"，对2010年度企业所得税未达到预警率的企业进行全面纳税评估，对房地产行业进行重点纳税评估；"查一批"，开展建筑业、广告业等行业和限售股减持企业税收专项检查以及各项涉税案件的查处，检查145户，查补税额2285万元。试行"三清三同"：坚持税费并重，做到税费同清欠、同清算、同数据清理；在开展建筑业专项检查责成自查中，首次将社保费纳入检查范围，试行社保费随税同查。开展"四项比对"：开展国、地税征管数据比对，企业所得税、个人所得税预警率比对，工业用电数据比对，房产税、城镇土地使用税清理比对。*维护税收秩序。*对各类查账征收的纳税人和月定额在1万元以上的双定户全面推广应用电脑版发票，用户2194户，占全市用票户的81.9%；国税、地税部门联合完成2009~2010年度纳税信用等级评定；重视未达起征点户的调研和管理，压缩起征点以下管户2649户。

【服务经济发展】 *促转型。*参与"企业服务年、项目推进年"活动，安排工业企业技改贴息、开放型经济、小企业和农业贷款风险补偿等各类财政专项资金2.29亿元。落实中央扩大内需政策，深化家电下乡和以旧换新、摩托车下乡活动，兑现补贴资金4764万元。*培植财源。*推进企业分离发展服务业工作，分离5家企业；发挥服务业发展专项引导资金作用，重点扶持物流运输、文化等产业，促进现代服务业重点平台建设、重大项目推进和重点企业培育；对"退二进三"（在主城区内退二产引三产）搬迁企业进行政策扶持。*强服务。*争取1.20亿元地方政府债券；发挥信合担保公司融资担保作用，为中小企业担保3.16亿元。

【优化支出结构】 当年一般预算中用于民生支出25.65亿元，增长16.8%，占一般预算支出比重88.0%。*加大"三农"投入。*拨付财政资金3715万元，推进现代农业综合区和粮食生产功能区建设；启动村级公益事业建设一事一议财政奖补工作，16个项目被列入省级计划；筹措补助资金8596万元，推进小型农田水利重点县（市）项目建设。*加大教育投入。*统筹兼顾义务教育、学前教育、非义务教育、职业教育发展要求，促进各类教育均衡发展。小学、初中生均公用经费分别从380元、550元提高到450元、650元；从2011年秋季开始，实施学前教育资助制度；实行职高免学费政策，拨付2474万元，对就读中等职业学校的一、二年级学生以及困难生和涉农专业的三年级学生实施"免学费"政策。*加大卫生事业投入。*按照"核定任务、核定收支、绩效考核财政补助"思路，启动基层卫生院绩效工资改革;提高城乡人均基本公共卫生服务经费标准;调整新型农村合作医疗筹资水平,财政补助人均200元,住院报销比例为60%。加大社保投入。城乡居民社会养老保险基础养老金标准从每人每月60元调高至80元;建立企业退休人员基本养老金补贴和社区综合补贴制度;建立高龄老人补贴制度;加大对廉租房、公租房和经济适用房建设资金保障力度;加大农村困难家庭危房改造力度;完善困难群众基本生活价格补贴机制;加大就业、再就业补助资金投入。

【深化财政改革】 深化公共财政管理改革,围绕"收入一个笼子",将罚没收入和以公安、法院、工商、计生、环保等五部门为代表的规费收入全部纳入国库管理。围绕"预算一个盘子",建立综合预算编制体系,逐步实现所有政府性资金收支预算编制全覆盖;对建设、交通等5个部门预算开展民主恳谈,对科技、工业等17个部门预算开展专题审议,公开27个部门预算和"三公"经费执行情况。围绕"支出一个口子",推进国库集中支付和公务卡改革,除学校和卫生院以外的128家预算单位实施国库集中支付改革,20家预算单位完成公务卡改革。

【加强财政监管】 加强镇(街道)财政管理,对镇(街道)推广应用"乡财市管"财务平台。支持小城市培育试点工作,加强培育资金监管,加大对泽国镇的扶持力度。加强国有资产管理,出台制度明确行政事业单位国有资产的处置范围、处置方式、处置审批权限、处置程序、处置收益,对报废固定资产实行定点回收和公开转让,集中处置闲置国有资产1.62亿元。开展公车治理,重新核定全市党政机关公务用车编制数。开展"小金库"治理全面复查,对33个单位开展督导抽查。开展政府采购协议供货执行情况检查。加强政府投资项目事前、事中、事后监督,审核政府工程项目1150个,净核减1.46亿元。选择15个项目开展财政资金使用绩效自评,推进财政支出预算绩效管理。

【提升部门形象】 开展主题活动。开展"创先争优"和"解放思想、创业创新"大讨论等主题活动,组织民主评议行风活动。优化服务举措。对温岭财税内、外网网站进行改版,推进政府信息公开,完成12366语音特服系统财政知识库建设;制定财税法制教育"六五"规划。打造财税文化。组织分科室、分岗位干部学习培训,借助财税干校、党校、远程教育等载体实施干部学历教育;开展财税中秋书画展,刊发财税文化期刊《蓝海拾贝》;举办"诵成就谋发展,我为党旗添光彩"演讲比赛和"我的入党故事"征文比赛,会同国税部门组成红歌合唱团,为建党90周年献礼。加强廉政建设。以组织开展廉政格言警句征集、明查暗访、述廉、评廉等一系列活动为抓手,加强反腐倡廉宣传教育;及时修订行政处罚裁量权实施办法,规范行政执法行为。

(温岭市财政局供稿 潘方军 蒋丽娜执笔)

玉环县

【概况】 2011年,玉环县实现生产总值361.52亿元,按可比价格计算,比上年增长10.4%,人均生产总值85869元,增长9.4%。其中:第一产业增加值24.25亿元,增长3.5%;第二产业增加值229.32亿元,增长11.8%;第三产业增加值107.95亿元,增长9.0%。全县实现财政总收入46.66亿元,增长16.2%,其中地方财政收入21.69亿元,增长18.8%;财政支出26.15亿元,增长18.5%。当年财政收支平衡。

【组织财政收入】 分线分片对三产有关行业开展税源普查和定额调整,平均调幅28%,增加税收645万元。推动"以电控税"工作开展,实行户管巡查,清理漏征漏管户746家,对全县4079户有证工业个体户实现编码规范管理。推进运费支出控管,突出运费群体控管,入库交通运输业营业税4651万元,增长27.8%。受理年所得12万元以上个人所得税自行申报3166人,入库应补税额244万元。加强对国有土地使用权出让收入、国有资源(资产)性收入、彩票公益金和海域使用金的征收管理,推进社会保险费、残保金征缴扩面,加强水利建设基金等规费(基金)征管,实现政府非税收入19.16亿元,增长5.3%。地方财政收入占总收入比重为46.5%,提高1个百分点;地方税收收入占地方财政收入比重为71.6%,提高4.3个百分点。

【支持经济转型升级】 兑现工业转型升级专项资金、三产发展资金、外贸发展资金、科技三项费用等各类财政奖励扶持资金7544万元,争取上级各类项目资金2.17亿元,支持企业转型升级。落实上市专项基金578万元,支持企业上市;拓展融资渠道,为65家中小企业提供累计1.09亿元金额的信用担保。结合汇算清缴、年度结算申报工作,审批落实企业所得税、房产税、城镇土地使用税、耕地占用税、研发费用投入加计扣除、资产损失及水利建设专项资金等相关税费政策,为1253家企业和个人减负2.80亿元;取消18个部门43项涉企行政事业性收费,落实社会保险费"五缓四减三补贴"和养老保险费缴费比例调整政策,为6103户中小企业集中减征社保费1294万元。

【保障社会民生和谐】 全县民生支出18.53亿元，占总支出的70.8%。实施村级公益事业建设一事一议财政奖补项目49个，县财政配套资金1392万元，村级自筹2458万元，争取省财政奖补资金1392万元；加大农业综合开发力度，投入资金1809万元实施土地治理项目3个、产业化项目2个；安排各级资金1530万元，支持现代农业综合区和粮食生产功能区建设、农业排灌用电线路改造、粮油生产补贴和农村土地流转政策兑现。加大教育经费投入，全县财政教育支出比重提高至21.5%；巩固完善义务教育经费保障机制，义务教育中小学生均公用经费最低标准分别为650元和450元；安排2538万元用于“两免一补”、幼儿园困难学生和教育券营养餐补助。加大对乡镇卫生院、城乡社区公共卫生和基本医疗领域的投入，将基本公共卫生服务经费人均补助标准提高至25元；县财政投入4011万元，推进基层医疗卫生机构实施国家基本药物制度和绩效工资改革。完善社会保障体系建设。将城乡居民基础养老金标准每人每月提高至80元，建立高龄老人补贴制度，对大学毕业生创业实行财政补助，调整完善困难群众基本生活价格补贴机制，对孤儿基本生活最低养育标准和重度残疾人托（安）养费用标准实行动态调整。投入2050万元财政资金，建成保障性住房10.32万平方米。运用西青岭隧道工程等项目平台，争取到地方政府债券5000万元。发放中央财政油价补贴资金1.81亿元，兑现家电下乡补贴资金651万元、摩托车下乡补贴资金291万元、家电以旧换新补贴资金8430万元。

【加强财政监管】 首次单列编制政府性债务收支预算，并向人大主任会议报告。做好政府非税收入纳入预算管理工作，除教育收费实行财政专户管理外，其余政府性收支全部纳入预算管理。推进“三位一体”管理改革、国库集中支付扩面工作，逐步推开公务卡改革试点，全面实施行政事业单位工资统一发放，国库集中支付扩面单位87家，公务卡改革试点单位15家。开展行政事业单位财务大检查、财政专户清理整顿，涉及专户85个，撤销专户2个。开展专项资金整合清理，清理历年结转专项5000万元，并对财政专项资金使用实行跟踪审计和跟踪问效。完成“小金库”治理全面复查，发现“小金库”1个，涉及金额138万元。建立政府性债务信息管理系统，实现政府性债务动态监控和政府融资平台公司债务全口径监管。完成乡镇财政管理体制调研，出台乡镇财政规范化建设意见，完成乡镇财政管理机构设置方案。审批各类融资企业对外融资4.7亿元，调度国库资金10.39亿元，解决重点工程、重点项目临时资金需求。开展采购项目售后服务活动，开发“协议采购大厅”，实行网上“二次询价”管理，完成政府采购（不含建设工程）86批次，实际采购金额5864万元，节约资金1042万元。

【干部队伍建设】 举办“七一”理论学习会、思想大讨论，建立局领导巡查制度等，开展民主评议行风、“创先争优”、“解放思想、创业创新”三大活动。制定全局《教育培训计划》和《中心组、机关干部理论学习计划》，开设“科长论坛”、邀请专家上课、组织观看视频、分批组织中层以上干部赴厦门国家会计学院学习和组织新任公务员初任培训，加强干部综合素质教育。落实党风廉政建设责任制，实行责任层级负责制，将反腐倡廉重点工作分解落实到每个责任科室；推进廉政风险防控机制建设，排查廉政风险点，实行分级管理，实现风险防控“全覆盖”。坚持财税文化活动月活动，开展纪念建党90周年系列活动，举办“唱红歌、展风采”表演比赛，丰富干部职工业余文化生活。全县财税系统获全国财政“五五”法制宣传教育先进集体、2006～2010年全省法制宣传教育先进集体、2011年度县级机关事业单位工作目标责任制考核优秀单位、2011年度县“人民满意机关”评议优胜单位等省（部）、市、县级先进单位荣誉60项。

（玉环县财政局供稿 盛杰星 赵静思执笔）

天台县

【概况】 2011年，天台县实现生产总值139.83亿元，比上年增长10.7%。其中：第一产业增加值10.78亿元，增长2.8%；第二产业增加值63.20亿元，增长13.6%；第三产业增加值65.86亿元，增长9.2%。三次产业比由上年的8.5∶44.4∶47.1调整为7.7∶45.2∶47.1。全县财政总收入17.07亿元，增长21.8%，其中地方财政收入9.66亿元，增长23.7%；全县财政总支出19.76亿元，增长16.3%。全年财政收支平衡。

【支持地方经济发展】 搭建投融资大平台，整合国有资产，成立基础设施投资有限公司、国有土地综合开发有限公司，提升融资能力，为跨越式发展提供财力保障。安排1200万元财政资金扶持企业上市，安排工业企业技术改造和技术创新财政补贴资金600万元，落实县级科技计划项目专项资金500万元，促进经济结构调整。帮助企业争取到省级项目70个，财政性资金3000万元。创新财税扶持经济方式方法，落实下调养老保险费征收比例工作，减轻企业养老保险费负担

2000万元。出台社会保险费"五缓四减三补贴"政策,集中减征困难中小企业四项社会保险费418万元。落实针对高新技术企业的优惠政策,减征企业所得税优惠5104万元,核准企业研究开发费税前加计扣除6741万元,依法减免地方税收1268万元。

【组织财政收入】 抓好税种管理,与国税、外汇管理局建立信息交换反馈机制,开展企业售付汇业务税务管理工作。推进个人所得税全员全额扣缴明细申报管理工作。推动县政府出台《关于进一步加强国有土地使用权出让收支管理的通知》,规范土地出让收支管理。全年收取政府非税收入19.48亿元,增长5%。推动县政府出台《天台县城镇职工基本医疗保险试行办法》及实施细则、《天台县社会保险扩面征缴工作实施方案》,推进社保扩面征缴工作,组织社保五费收入4.30亿元,增长25.4%。出台《关于开展"征管基础工作一月一专题"活动的通知》,推进地方税收科学化、精细化管理,全年实现营业税及地方八税收入4.59亿元,占地方税收收入比重60.2%,税收收入占地方财政收入的比重91.8%,地方财政收入占财政总收入的比重56.6%。

【支持"三农"发展】 建立支农资金稳步增长机制,县级财政支农支出2.50亿元,同比增长27.0%。筹集水利建设基金及小型农田水利建设资金4600万元、造地改田资金4700万元;设立专项资金1000万元,用于农业"两区"(粮食功能区和现代农业综合区)基础设施建设,投入500万元用于"两区"项目建设贷款贴息,推动现代农业生产发展。筹集5000多万元,推进农房改造;投入和谐生态村建设资金1355万元、村级公益事业建设财政奖补资金420万元,投入清洁家园补助资金860万元,建设"美丽乡村";投入1320万元,改善13.2万农村人口饮水条件。加大农业综合开发投入,完成农业综合开发项目3个,新实施项目3个。泳溪乡山区小流域农业生态工程通过省级验收;平街中低产田改造项目施工设计和实施方案通过省级专家评审。

【促进民生改善】 全县一般预算支出用于民生15.96亿元,占财政总支出的比重80.7%,比上年提高2.5个百分点。加大医疗卫生投入,安排医疗卫生体制改革补助资金3116万元,全面落实医疗卫生系统绩效工资和实施基本药物零差率制度,促进基本公共卫生服务均等化。落实新型农村合作医疗资金9624万元,提高报销比例。安排城乡居民医疗救助基金702万元,提高困难群众医疗救助标准。落实稳定和扩大就业的政策措施,安排资金1396万元实施就业促进工程,支持公共就业服务体系建设,加大就业困难群体帮扶力度。安排城乡居民社会养老保险资金8405万元,实现养老保险全覆盖。建立健全孤儿福利保障制度,实施残疾人共享小康工程。安排资金1988万元用于救济抚恤。投入3000万元,支持廉租住房和公租房建设,扩大保障范围。

【统筹社会事业发展】 加大教育投入,巩固完善义务教育经费保障机制,全部免除城乡义务教育阶段学生课本费、作业本费1200万元。拨付高中及职业教育贫困生助学金2147万元;落实中职涉农专业学生免学费412万元;落实外来务工人员子女教育经费230万元。落实教师医疗保障资金2598万元。筹措资金4741万元,推进中小学危房改造、校安工程等建设。完善环境保护投入机制,安排1327万元用于农村垃圾生态处理、农村生活污水处理、村庄整治、污染防治等人居环境改善,安排1627万元用于森林培育、绿化造林、退耕还林、生态公益林及清水河道疏浚整治等自然生态环境改善,投入961万元重点用于乡镇垃圾中转站、城市环卫基础设施等建设支持省级卫生城市创建。安排资金1510万元,加快基层文化设施建设,健全覆盖城乡的公共文化服务体系,推进文化体制改革和文化产业发展。安排公检法司等各项资金1834万元,重点保障政权建设和政法机关办案经费,支持"平安天台"建设。加大社会公共应急体系建设,设立信访、司法救助基金、社区矫正专项资金和人民调解资金,为社会和谐稳定提供财力保障。

【创新财政管理】 实施综合预算管理。建立健全"全口径"政府预算体系,做好政府公共预算、政府性基金预算、社保基金预算编制。完善预算定额标准体系,出台《天台县2012年行政事业单位预算编制支出标准》、《天台县差旅费开支定额标准》,推进预算编制规范化、标准化建设。深化国库集中支付制度改革。在全县196家预算单位全面推开,构建起"横向到边、纵向到底"的国库集中支付格局。推动县政府出台《关于转发天台县级公务卡制度改革实施意见的通知》,在24家预算单位推行公务卡改革试点,逐步规范公务消费行为。推行部门预算综合评价。出台《天台县预算绩效管理工作考核办法(试行)》,在全县推行部门预算综合评价。创新政府性投资项目监管模式。将监管关口前移、重心前移,确保审价效益最大化。建立试点重点工程联系员制度,全程管理政府性投资项目。

【加强财政风险防范】 编制2011年天台县地方政府性债务收支计划。全面启用地方政府性债务管理系统软件,实时监控全县债务，动态掌握债务总量及每一笔债务具体情况，加强政府性债务管理，防范债务风险。规范全县行政事业单位占有的国有资产处置行为，各行政事业单位的房屋出租行为通过县公共资源交易中心公开进行，收入全部及时缴入县财政专户。在全县推广应用国有资产管理信息系统，实现动态监管。强化政府投资项目的财政财务监管，开展财政基建资金使用管理情况专项检查分析，组织财政性投资项目工程预算评审。

【加强队伍建设】 加强财税经济运行中热点、难点问题的调研，部分调研成果和建议为县委、县政府决策所采用。推行党务政务公开，以“廉政文化进机关”为载体加强廉洁财税建设。构建效能共建工作机制，抓好重点岗位动态监管工作，在基层单位开展争创“基层文明站所”活动。继续开展“联村联户连心”活动。出台《关于2011年全县财政地税系统财税文化建设的意见》，对财税文化建设作具体安排。以“做特色文化、创一流财税”为总体目标，开展各类活动，增强干部队伍凝聚力、战斗力，形成“以文化促工作、以文化兴财税”的新局面。2011年，县财政局获天台县级机关单位工作目标责任制考核优秀单位、台州市财政地税系统工作目标考核先进单位，并被评为浙江省学习型党组织建设先进单位、浙江省思想政治工作优秀单位。 （天台县财政局供稿 蔡 斌执笔）

仙居县

【概况】 2011年，仙居县实现生产总值119.77亿元，按可比价格计算，比上年增长10.6%。其中：第一产业增加值12.25亿元，增长3.5%；第二产业增加值54.83亿元，增长13.6%；第三产业增加值52.69亿元，增长9.2%。全县人均生产总值24112元，增长9.9%。全县实现财政总收入13.02亿元，增长22.2%，其中地方财政收入6.85亿元，增长20.9%；地方财政收入占财政总收入的比重为52.6%。全县财政支出15.35亿元，增长4.7%。全年财政收支平衡。

【支持经济发展】 落实积极的财政政策。全县争取中央预算内基建资金3627万元、地方政府债券4000万元，重点用于供水管网、保障性住房和校园安全等工程建设。累计兑现汽车、家电下乡和以旧换新财政补贴4484万元，促进城乡消费。争取到外贸公共服务平台建设资金446万元、省扶持欠发达地区外向型经济发展资金125万元，促进外贸稳定增长。促进经济结构调整。贯彻县工业扶持政策，兑现2010年度工业奖励资金1201万元。落实税收优惠政策，地税系统企业研发费税前加计扣除728万元，增长59.6%；高新技术企业所得税优惠1766万元，增长186.2%。加大对中小企业政策帮扶力度，在全县范围内统一取消31项涉企行政事业性收费，落实32项行政事业性收费3年免征政策和社会保险费“五缓四减三补贴”政策，降低小型微利企业所得税税率，集中减征困难中小企业四项社会保险费673万元，减轻中小企业负担。开展加快发展服务业专项行动，安排服务业发展专项引导资金500万元，完善促进服务业发展的财税政策措施。推进企业分离发展服务业和发展总部经济工作，全年入库税款9456万元，增长117.7%。支持重点项目建设。拨付1.54亿元支持经济开发区和农业“一园两区”（台湾农民创业园、现代农业园区、粮食功能区）基础设施建设，扶持产业平台发展。加强资金统筹，根据项目进度及时安排资金2.91亿元，保障35省道田市至湫山段改建、保障性住房一期和生活垃圾卫生填埋场等一批全县性重点工程建设。

【组织财政收入】 跟踪宏观经济形势和企业经营变化，科学制定组织收入预案。开展营业税专项辅导清理和差额征税工作，推进企业所得税汇算清缴和预警管理，加强股权转让所得个人所得税征管，完成房地产评估技术数据采集，完善房地产交易税收一体化专业化管理。强化政府非税收入管理，严格执行收支两条线，加强土地出让金管理。健全“五位一体”税源管理机制，深化税源间接控管模式，推广数字证书网上申报。全面实施税源专业化管理，完善“抓大、评中、定小”管理办法。优化收入结构，当年税收收入占地方财政收入91.2%。

【推进社会事业发展】 支持强农惠农富农。建立财政支农稳定增长机制，全年拨付支农资金2.17亿元，增长19.6%。加大农业综合开发力度，实施农业综合开发土地治理项目3个，开发治理面积1850亩，实施农业产业化经营项目8个，争取上级补助资金2500万元。推进村级公益事业建设一事一议财政奖补工作，投入1297万元支持全县19个乡镇（街道）27个村级公益事业项目。加快民生事业发展。探索符合仙居实际的学前教育投入机制，引导鼓励学前教育发展。巩固完善义务教育经费保障机制，义务教育中小学生均公用经费最低标准分别为650元和450元。建立职业教育公共财政保障制度，完善中职学校学生资助政策，促进职业教育发展。加大对基层公共文化服务的财政投入，支持“两馆一站”（文化馆、图书馆、文化站）、农家书屋、农民健身工程和广播电视惠民服务工程等建设，保障基层文化俱乐部等文化活动室的活动经费，继续实施文化“三下乡”，推进公共文化服务体系建设。加大基本医疗保障投入，提高农村医保筹资标准、财政补贴标准和医药费报销比例，与城镇居民医保并轨。推进医药卫生体制改革，乡镇卫生院和社区卫生服务中心实施基本药物零差价制度。健全医疗卫生服务体系，推进基本公共卫生服务均等化，城乡人均基本公共卫生服务经费提高到25元。加大社会保障事业投入，建立社会保险费征缴长效机制，扩大社会保险制度覆盖面。企业退休人员养老金及社区综合补贴每月人均提高300元。加大对残疾人事业的经费保障力度，落实油价补贴，加强道路交通事故社会救助基金管理，健全社会救助和社会福利体系。*支持社会管理创新。*配合做好基层便民服务中心、基层综治工作中心和基层安全监管中心等“三个中心”建设，支持“平安仙居”创建，完善社会治安防控体系。完善村级组织运转保障机制，审核拨付村级主职干部报酬1099万元、村级组织运转经费1183万元，涉及全县537个村、1398人。加强政法经费保障，支持政法装备标准体系建设，加大对法律援助、社区矫正和人民调解工作的支持力度，维护社会稳定。

【深化财政改革】 *深化预算编制改革。*完善部门预算，细化政府性基金预算，试编国有资本经营预算和社保基金预算，编制政府性投资计划并列入年度预算，探索“全口径”政府预算体系。贯彻落实《浙江省政府非税收入管理条例》，将预算外资金纳入预算管理。改进预算编制程序，将“一上一下”编制程序改为“二上二下”，提高预算编制的透明性和公开性。*推进预算执行改革。*加大预算支出执行力度。推进国库集中支付和公务卡改革，制定改革方案，出台《仙居县财政国库集中支付管理办法》等规章制度，将国库集中支付改革扩大到全县20个行政事业单位。*试行预算绩效改革。*开展项目绩效目标管理试点工作，出台《仙居县预算绩效管理实施办法（暂行）》，要求各单位在申请专项资金时，预算安排在30万元以上的项目均要设定绩效目标；单位没有30万元以上项目的则选取一个项目设定绩效目标。

【加强资金监管】 改革乡镇财政管理方式，在全县开展乡镇财政“分片核算，集中管理”模式改革，依托城区和三个中心镇设立城区、横溪、白塔、下各四个财政分局，将乡镇财政会计集中到财政分局办公，直接管理和监督乡镇财政资金。加强国有资产管理，深化国资监管体制改革，完善国资监管制度，成立县国有资产监督管理局；推进投融资平台建设，加强项目包装与项目库建设，做好旅游、城投、水务、国投四大集团组建相关工作。规范融资平台，组织重点融资平台公司从政府性投融资平台有序退出，缓解财政代偿压力。开展浙商银行仙居村镇银行股份有限公司筹建以及保障性住房融资等工作；加大与政策性银行的信贷合作，拓宽融资渠道。贯彻厉行节约、控制行政成本的各项规定。开展“小金库”专项治理全面复查、公务用车专项治理和财政专户清理工作；强化政府采购监管，全年实际采购金额1.14亿元，节约资金1741万元，节约率13%；做好财政项目预算审核工作，全年完成财政项目预算审查120个，审定工程造价4.47亿元，其中核减工程造成价4687万元，净核减率为7.4%。

【加强干部队伍建设】 *开展主题教育活动。*组织“解放思想、创业创新”大讨论活动，举办建党90周年庆祝活动，重温入党誓词，组织主题讲座和知识竞赛等活动。*加大教育培训力度。*组织“全员培训”，举办“财税论坛”，邀请专家、学者就“仙居经济形势分析”“仙居地域文化”“群众突发事件处理”等内容举办专题讲座。*加强党风廉政建设。*落实党风廉政建设责任制，建立健全责任体系，强化责任分解，完善反腐倡廉工作机制。深化惩防体系建设，做好干部监督联动工作，推进廉政风险防控机制建设，构筑拒腐防变的防范机制。丰富廉政宣传教育载体，加大对重点部位和关键环节的监督。*深化行风评议。*以“优服务、转作风、树形象”为工作目标，强化工作纪律，查找问题，整改提高，改进作风。

（仙居县财政局供稿　赵利伟执笔）

三门县

【概况】 2011年，三门县实现生产总值125.81亿元，比上年增长8.9%；人均生产总值29207元。其中：第一产业增加值19.40亿元，增长2.9%；第二产业增加值57.27亿元，增长9.6%；第三产业增加值49.14亿元，增长10.3%。三次产业结构由上年的15.2∶46.1∶38.7调整为15.4∶45.5∶39.1。全县财政总收入16.34亿元，增长19.6%，其中地方财政收入9.60亿元，增长18.9%；财政总支出18.69亿元，增长17.4%。当年财政收支平衡。

【服务经济建设】 完成8亿元企业债券发行工作，争取地方政府债券4000万元，支持74省道三门段改建、县沿海供水工程、客运中心、滨海新城等重点工程和重大基础设施建设。支持中小企业信息、技术、融资平台建设。落实工业转型升级、技术创新和企业节能减排财税扶持政策，拨付专项资金2100万元；建立4000万元创业投资引导基金，拨付500万元财政技改贴息资金。推进企业分离发展服务业，出台《关于深化推进2011年企业分离发展服务业工作的实施意见》，支持现代服务业发展。增加对旅游业的引导性投入，安排旅游发展专项资金，支持旅游业发展。兑现各项惠民政策，扩大农村消费，拉动内需。做好社会保险费“五缓四减三补贴”工作，落实三项补贴费548万元，受惠企业1400多家。全年办理108家次企业贷款担保手续，担保额2.30亿元；设立三门县企业应急周转资金，筹措8000万元帮助企业临时还贷周转。

【促进财政收入增长和优化】 加强税源调研预测。客观分析收入工作整体形势，加强对房地产业、建筑业等行业区块税收跟踪分析，对重点纳税户开展综合性调研，对有增收潜力的税种和税源项目进行专题分析，提升税收预测水平。强化税费征管。出台《关于加强营业税税源管理实施方案》，开展存量房评税工作，推广应用“以电控税”税源控管模式，做好企业所得税税源调查，加强外籍人员等高收入者个人所得税管理；加强核电工程等重点税源监控力度，当年纳入重点税源监控的企业入库税收2.20亿元，占地税收入的29.3%；开展契税清欠工作，清理162户，入库契税4217万元；完善“五费合征”工作机制，做好2010年度社会保险费清算工作。加强非税收入管理，全面应用新版政府非税收入征管信息系统，完善非税收入征管基础，抓好土地出让金收入管理，加强国有土地使用权出让收入征收，增强地方政府可用财力。收入结构持续优化。当年全县地方财政收入占财政总收入的比重58.8%，高于全市4.8个百分点；税收收入占地方财政收入的比重为89.2%，与全市水平基本持平；地方税收占税收收入比重为36.5%，高于全市5.7个百分点。

【保障重点支出】 落实强农惠民政策。支持现代农业产业园区建设，整合资金3034万元，重点扶持现代农业产业化项目7个。完善村级组织运转保障机制，加大村级公益事业一事一议项目实施力度，安排资金505万元，支持16个村级公益事业建设项目。落实支持农民种粮政策，全年拨付农民综合直补资金1065万元。加大农业综合开发力度，全县实施农业综合开发土地治理项目4个。加大就业和社会保障投入。落实大学生创业政策，加强财政支农政策培训力度，做好社保基金的保值增值工作，推进城乡居民等养老保险制度改革，推进保障性住房建设，完善困难群众基本生活价格补贴机制，建立健全孤儿福利保障制度，深化残疾人共享小康工程，健全社会救助和社会福利体系。支持教文卫等事业发展。完善义务教育经费保障机制，发展职业教育和农村学前教育。加快基层文化设施建设，健全覆盖城乡的公共文化服务体系，推进文化产业发展。加大医疗卫生投入，巩固和完善基本医疗保障制度，提高城镇居民医疗保险和新型农村合作医疗筹资标准和待遇水平，配合做好公立医院改革试点工作，建立和完善政府主导的多元卫生投入机制，促进基本医疗和公共卫生服务均等化。

【深化财政改革】 实行政府性投资项目预算试编工作，把政府性投资项目资金纳入预算管理。编制国有投资性公司、重点建设单位（指挥部）部门预算，开发统一的财务核算软件进行规范核算。推进国库集中支付改革，全县共有31家预算单位纳入国库集中支付范围。推进公务卡改革，选取15家预算单位开展试点工作，发放公务卡320张。出台《三门县政府采购操作规程（试行）》，加强政府采购工作。加强农房改造建设资金管理，出台《三门县农房改造建设专项资金管理办法（试行）》。加强乡镇财务管理，选择六敖镇和泗淋乡两个乡镇作为试点乡镇推广应用新会计核算软件。

【加强财政监管】 完善绩效评价体系，推进绩效评价工作，提高财政资金使用效率；做好支农资金整合考评工作，使各项惠农政策落到实处；规范政府融资平台建设，加强政府性债务监管，防范财政债务风险；开展“小金库”治理全面复查工作，完成6家教育卫生事业单位会计信息质量大检查；开展全县公务用车问题专项治理工作；开展地方财政专户清理整顿工作，全县共撤并财政专户25个；组织研讨行业成本核算操作规程的制订，完成《橡胶行业的成本核算操作规程》初稿；开展会计人才的选拔和培养工作，其中1名进入全省会计领军人才队伍、另有3名成为市会计领军人才。

【干部队伍建设】 加强机关作风建设。推进“创先争优”活动，破解发展难题，提升党员干部服务地方经济发展的能力与水平。围绕“三解三评三创”主题要求，开展“民主评议行风”活动，做到“规定动作到位、自选动作创新”。出台《三门县财政地税局作风建设督查通报制度》，在财税内网设立科室（基层单位）满意度调查专栏。落实党风廉政建设责任制，健全惩防体系，开展廉政风险点排查防范工作，推进防控机制建设。加强财税文化建设。创新教育培训方式，加大“走出去”力度，组织干部到上海财经大学等院校进行脱产培训。组织干部参加各项人才库选拔。开展中层干部民主化选拔工作，选拔5名年轻中层副职干部。开展“优秀公务员”“先进工作者”评选，丰富“创先争优”工作内涵。注重与新闻媒体沟通合作，着力打造宣传交流平台。组织开展各项文体活动，展示财税系统良好精神风貌。做好老干部服务工作，丰富老干部精神文化生活。推进系统机构改革。编制“三位一体”财政组织机构改革方案，已获县编委批准；完善事业单位岗位设置，推进事业单位改革，做好县会计核算中心、财政项目预算审核中心、财政票据管理中心等3家单位的参公改革工作。（三门县财政局供稿 杨志华 倪敏华执笔）

丽水市财政工作概况

丽水市

【概况】 2011年,丽水市实现生产总值784.37亿元,比上年增长11.5%。其中:第一产业增加值72.57亿元,第二产业增加值391.45亿元,第三产业增加值320.35亿元,分别增长6.1%、12.5%和11.7%。三次产业结构从上年的9.5∶49.5∶41.0调整为9.3∶49.9∶40.8。人均生产总值37044元,增长11.6%。全年全社会固定资产投资362.21亿元,增长21.5%。社会消费品零售总额315.89亿元,增长18.7%。外贸进出口总额21.25亿美元,其中出口18.14亿美元、进口3.11亿美元,分别增长38.6%、34.5%、69%。全市城镇居民人均可支配收入23391元,农村居民人均纯收入7809元,扣除价格因素,分别增长6.6%和13.5%。全市财政总收入100.1亿元,增长30.3%,其中地方财政收入57.36亿元,增长27.6%。全市地方财政收入占总收入的比重为57.3%,税收收入占地方财政收入的比重为88.1%。市本级(包括开发区、莲都区,下同)财政总收入36.39亿元,增长27.4%,其中地方财政收入22.24亿元,增长35.5%。市本级地方财政收入占总收入的比重为61.1%,税收收入占地方财政收入的比重为93.1%。全市财政支出154.4亿元,增长14.2%,市本级财政支出37.3亿元,增长12.5%。全市及市本级财政收支平衡,消化历年赤字120万元。

【组织财政收入】 全市地税部门组织各项收入83.9亿元,增长40.3%,其中税收收入47.99亿元,增长25.6%;市本级地税部门组织各项收入30.46亿元,增长43.5%,其中税收收入19.52亿元,增长37.2%。加强非税收入征管,在市直部门全面推广应用新的非税收入征管信息系统,实现财政、执收单位、银行三方数据实时链接,以及对非税收入票据领用、结报和资金缴纳的全程监控;规范土地出让收入分期缴纳行为,全年全市土地出让收入69.20亿元,其中市本级37.31亿元;加强国有资产收益收缴管理,制定《丽水市直国有资产收益收缴管理暂行办法》和《丽水市直行政事业单位国有资产处置管理细则》,将行政事业单位国有资产收益全部纳入财政预算监管范围,实行"收支两条线"管理。全年全市实现政府性非税收入97.78亿元,其中市本级48.51亿元。健全规费征缴机制,出台《丽水市社保费征管业务岗位操作规程》,贯彻落实未参保集体企业人员及其他人员基本养老保障政策,做好基本养老保险费一次性补缴征收工作,全市共有32200人补缴基本养老保险费,补缴金额8.94亿元;其中市本级6300人,补缴1.95亿元。全年全市地税部门征收社保费30.94亿元,增长76.7%;其中市本级9.38亿元,增长64.43%。

【服务经济发展】 扶持产业发展。全年全市兑付工业企业扶持资金4.24亿元,其中市本级2.22亿元。市财政新增安排500万元专项资金,支持现代农业示范园区和粮食生产功能区"两区"建设;争取省以上农业综合开发项目资金,并重点向农业"两区"建设倾斜,全市农业综合开发财政补助项目计55个,财政资金投入1.82亿元,增长81.8%,其中市本级财政资金投入2358万元,增长86.6%;市财政安排水利专项资金3000万元,重点支持农田水利、基础设施、水库饮用水源地保护和水生态保护等项目建设。开展支持服务业加快发展专项行动,全年市本级兑付服务业发展扶持资金2126万元;支持旅游大景区建设,市本级兑付旅游发展专项资金2170万元;推进企业分离发展服务业,制定《关于建立推进企业分离发展服务业工作长效机制的实施意见》,市政府出台《进一步加快市本级企业分离发展服务业的意见》,加大对物流企业的政策扶持,当年全市新老分离服务业企业88户,全年产生营业收入10.60亿元,入库税费9061万元,其中市本级30户,产生营业收入4.43亿元,入库税费4779万元。优化企业发展环境。全年全市财政兑付企业扶持资金6.9亿元,其中市本级2.67亿元。市财政投入企业转贷应急基金2000万元,帮助市本级88家企业办理转贷业务129笔,累计转贷融资6.19亿元。落实困难小型微型企业房产税、土地使用税减免政策,社保费"四减"、水利建设专项资金减免等政策,全市地税部门减免企业税费4.02亿元,其中市本级1.93亿元。落实汽车、家电下乡和以旧换新等扩内需政策,全年全市兑付补贴资金9901万元,其中市本级2886万元。

【保障民生支出】 当年全市民生支出108.23亿元,占一般预算支出的70.1%,民生支出增幅为25.3%。市本级民生支出25.67亿元,占一般预算支出的68.8%,增幅为22.9%。

加大新农村建设投入。当年全市新农村建设财政预算内投入74.1亿元,增长26.2%,其中市本级10.68亿元,增长34.7%。市本级筹集、整合资金3000万元,用于深入实施村庄整治、千万农民饮用水、农村危旧房改造等工程,统筹推进美丽乡村建设;安排农民异地转移专项资金3000万元,支持农民异地脱贫。落实农资综合直补政策，全市发放农民农资综合直补资金6451万元，其中市本级718万元。推进集体林权制度改革，全年全市财政兑付金融机构林权抵押贷款奖励资金1017万元，其中市本级254万元。支持农村公益事业一事一议建设，全年全市一事一议财政奖补支出4.09亿元，其中市本级4934万元。

促进社会事业发展。全市科教文卫预算内投入41.09亿元，增长20.6%；市本级11.83亿元，增长18.3%。其中：全市预算内教育投入28.38亿元，增长18.2%，全市各县（市、区）日常公用经费均超过省定的小学生均350元/年、初中生均550元/年的标准(市直学校2011年标准已提高到小学生均500元/年，初中生均700元/年)。落实义务教育免学杂费、课本费、作业本费，义务教育阶段贫困寄宿生生活费补助，贫困学生、学前教育“五类生”资助等政策。全市预算内文化投入4.09亿元，增长11.4%，落实市图书馆、文化馆、摄影博物馆等免费开放经费，保障丽水大剧院正常运行经费。全市预算内医疗卫生投入14.1亿元，增长28.5%，全面实施基本药物制度，全市新农合人均筹资水平324元，其中政府人均补助224元；市本级新农合人均筹资水平373元，其中政府补助273元。落实医疗救助专项资金，全年全市医疗救助资金支出3613万元。

加大社会保障和就业投入。全市预算内社会保障和就业支出11.21亿元，增长39.1%。完善城乡居民养老保险制度，从4月始，对年满80周岁的高龄老人，在享受城乡居民社会养老保险待遇的同时，每月发给30元高龄补贴；从7月始，城乡居民基础养老金从60元提高到70元。全年全市财政拨付基础养老金2.61亿元。落实特殊群体养老保险政策，建立企业退休人员社区综合补贴制度，从1月起，企业退休（退职）人员每人每月发放150元基本养老金补贴。通过一次性补缴的政策，解决未参保集体企业退休人员及其他相关人员等特殊群体的养老保险问题。

【支持项目建设】 完成城投公司、城建公司、南城公司等3家政府融资平台公司转一般类公司工作。采取BT、BOT、发行企业债券等多种方式融资，对开发区东扩二期区块项目实行BT方式融资，配合企业成功发行债券10亿元。全市共争取浙江省地方政府债券资金3.2亿元，其中市本级7000万元。向重点项目和国资营运机构委派财务总监，加强项目监管。编制年度政府性债务收支计划，对债务规模进行总额控制，全年市本级落实债务29.89亿元，归还本金29.92亿元，年末债务余额与年初持平。保障全市“十件大事”和市区“十件实事”项目的资金投入，当年市财政安排市区“十件实事”项目支出4.72亿元，其中：城市道路建设1.29亿元，丽水盆地易涝区好溪堰整治一期工程8100万元，太平港治理一期工程1600万元，中小学校舍安全改造工程1900万元，环境整治项目2584万元等。

【厉行节约】 规范行政事业单位财务管理，控制“三公经费”等一般性财政支出。印发《市直行政事业单位通用办公设备、车辆配置、办公用房装修标准（试行）》，对办公设备、车辆配置、办公用房新建和办公用房扩改建装修等四大类资本配置，细化到43个小项标准；出台《市直行政事业单位国有资产使用管理细则》，规范资产配置和使用。严格公务用车编制核定和控购审批，从公务用车加油、保险、维修等多方面，加强车辆经费支出管理。开展津贴补贴发放检查，规范津贴补贴管理。修订编印《丽水市直行政事业单位财务主办业务手册》，统一开支标准和审核支付口径，规范单位经费支出。当年全市一般公共服务支出增幅低于财政总支出增幅6个百分点，占财政总支出的15.6%，下降0.9个百分点；市本级一般公共服务支出增幅低于财政总支出增幅11.4个百分点，占财政总支出的16.8%，下降1.9个百分点。

【财政管理改革】 推进公共财政管理改革，搭建“三位一体”组织管理机构，市本级和全市9个县（市、区）编委均批复同意当地财政局设立机构总预算局、预算执行局、财政监督局，全面完成预算编制、执行、监督“三位一体”的组织管理机构搭建。深化部门预算改革，部门预算中安排的政府性基金、切块资金、特定用途专项明细到项目。市级单位公务卡改革全面实施，在上年10家试点基础上，220家预算单位全面实施公务卡改革，累计发卡4145张，通过公务卡结算报销1610笔，金额592万元。市直国库集中支付制度改革覆盖面100%，全年集中支付资金24.14亿元，增长30.1%。全市9个县（市、区）全面实施集中支付改革扩面和公务卡改革试点，各项指标均超额完成省财政厅目标责任书设定的目标。推进政府采购改革，组织完成公务用车定点保险、定点加油、定点维修和赴杭公务住宿等政府采购工作。全年全市政府采购（含适用招标投标法的工程类项目）实际采购金额为24.33亿元，节约资金3.69亿元，资金节约率13.2%；其中市本级实际采购金额为6.89亿元，节约资金9516万元，资金节约率12.1%。剔除工程类项目，全市、市本级实际采购金额分别增长23.2%和20.1%。加强乡镇财政建设，市编委批复市局三定方案，在农业处增挂“基层财政管理处”牌子；莲都、龙泉、云和、景宁等县（市、区）出台关于加强乡镇财政建设的实施意见；青田、松阳等县在财政内部单独设置乡镇财政管理科。完善市区财政体制，制定新一轮市与莲都区、开发区财政体制，明确重大政策性增支市区分担、市区土地出让金分成以及对莲都区城镇职工基本医疗保险基金缺口部分分担机制。

【财政监督管理】 加强财政支出绩效管理，市政府出台《关于加强财政支出绩效管理工作的若干意见》，建立市级重点绩效管理、财政绩效管理、预算单位绩效管理的三级绩效管理机制。加强行政事业单位银行账户审批管理，联合市人行、监察、审计等部门出台《丽水市级预算单位银行结算账户管理办法》。组织开展财政专户清理整顿，经过清理，全市撤并财政专户44个，其中市级10个。加强专项资金管理，完善专项资金管理制度，联合市经贸委出台《加快信息产业发展扶持资金管理办法》；出台《丽水市区保障性住房资金管理办法》；联合市农业局出台《丽水市农业“两区”建设资金使用管理办法》，开展全市农业、林业、水利系统2009～2010年度强农惠农资金使用情况专项清理检查。开展“小金库”专项治理，全市“小金库”复查合计3217户，复查面100%，重点抽查222个单位，重点抽查面6.9%。开展党政机关公务用车专项治理，丽水市党政机关公务用车问题专项治理工作受到省委、省政府的肯定。加强会计监督管理，组织会计后续教育、会计资格考试等，强化对会计人员的教育培训。加强财政预算项目评审，全年市直完成各类项目审核193个，审核额13.44亿元，审定额12.75亿元，净核减6889万元。加强财税法制建设，制定《丽水市财政局、地方税务局法制宣传教育第六个五年(2011～2015年)规划》。组织开展规范性文件评估，制定《规范性文件备案审查管理办法》，全年完成规范性文件评估项目11个。

【干部队伍建设】 推进机构改革，新“三定”方案获批。组织开展民主评议行风、作风建设年、创先争优等活动，开展局直属机关党委(纪委)领导班子“公推直选”。加强廉政文化建设，组织局中层干部旁听受贿案件庭审，每月末及重大节假日发送廉政短信，组织反腐倡廉征文活动，丰富廉政文化教育内容。组织开展内部审计。建立实施销号制、评判制、问责制，完善目标责任制考核，推行干部身份证制度。加强教育培训，举办干部心理健康、廉政、法律、党史等专题讲座，组织干部到高校接受系统业务学习，全年完成系统内干部培训34期，受训2466人次。组织实施“培新计划”，开展“师徒结对”，帮助新公务员成长。开展读书和征文等活动，提升干部素质。强化内部基础管理，加强工作基础资料的保管，局综合档案室以99分通过省一级档案达标认定。搭建活动平台，组织开展庆祝中国共产党成立90周年书法摄影比赛、迎新春晚会、登山、拔河比赛等活动，增强干部职工的归属感和财税团队的凝聚力。市财政局、地税局获省委省政府第八届全国残运会浙江代表团训练参赛工作突出贡献单位、全省“五五”普法先进集体、市委市政府2011年度综合考核优秀单位称号等。

(丽水市财政局供稿 阮美莲执笔)

莲都区

【概况】 2011年，丽水市莲都区实现市区生产总值204.62亿元，比上年增长11.1%。其中：第一、二、三产业增加值分别为14.07亿元、87.07亿元、103.48亿元，分别增长5.0%、12.0%、11.2%。全区人均生产总值45085元，增长9.1%。区级财政总收入12.92亿元，增长25.9%，其中地方财政收入7.23亿元，增长35.4%。地方财政收入占财政总收入的比重为56.0%，税收收入占地方财政收入的比重为93.5%。财政支出14.25亿元，增长17.2%，其中地方财政安排支出12.04亿元，增长17.1%。全年财政收支平衡。

【促进区域经济发展】 培育内生性财源，把工业园区建设和金融、生态旅游等现代服务业的发展作为财政培植财源的重点领域，通过奖励、技改资助等方式给予支持，助推企业科技创新和产业结构调整，促进工业企业转型升级，全年兑现企业扶持资金1.74亿元。继续实施家电下乡、汽车摩托车下乡和家电以旧换新政策，全年兑付补贴资金1192万元，其中：家电下乡923万元，汽车(摩托车)下乡269万元。兑付家电以旧换新产品45130台，发放以旧换新补贴1253万元。

【加强财政收入征管】 加强和国地税部门的协作。落实收入目标，定期召开收入分析例会，把握税收收入进度，研究分析税收增长点和可挖潜力。加强非税收入征管。规范行政事业性收费行为，强化收缴分离，实行网络系统核销财政票据，确保非税收入及时足额收缴入库。当年征收政府非税收入1.42亿元，其中财政专户资金收入0.93亿元，财政专户资金支出1.07亿元，上年财政专户结余0.70亿元。

【加大“三农”投入】 落实强农惠农政策，全年支出各类支农资金3.34亿元，增长19.5%。其中：土地开发资金4667万元，50、53省道沿线整治、村庄整治及旧村改造资金5069万元，农业各类扶持资金6128万元，水利各类扶持资金5405万元，林业各类扶持资金3100万元，扶贫资金6045万元。整合支农资金扶持农业龙头企业、优质农产品基地发展，结合区农业产业发展规划筛选项目争取上级支持，全年向上级部门申报项目100个，争取各类支农资金2.14亿元。执行各项强农惠农政策，采取“一折通”方式，兑付种粮农民综合直补资金633万元，惠及6万农户，补贴面积16.53万亩。深化农村综合改革，突出抓好一事一议财政奖补试点工作，完成项目投资2700余万元，建设一事一议项目32个，建立财政奖补发展农村公益事业的新机制。

【民生支出】 健全和完善社会保障体系，推进改善民生和维护社会稳定，全年新增支出的三分之二以上用于民生。提高义务教育学校生均公用经费标准，安排学前教育和民办教育扶持发展专项资金500万元，推进民办教育良性发展。安排名师名校长和教育教学质量奖励经费360万元，促进教育质量持续提升；落实城乡居民社会养老保险财政补助资金4374万元，全面推进城乡居民社会养老保险制度实施。加大基本医疗卫生保障投入，财政安排农村公共卫生资金从人均20元提高至25元。新型农村合作医疗年人均筹资373元，财政人均补助273元，增加123元。启动实施国家基本药物制度，实行药品零差率销售，为基本药物制度实施提供财力保障。逐步建立区、乡、村三级公共卫生服务网络。完善新型社会救助体系，保障人民群众最低生活水平，发放最低生活保障金1600万元，5576户6629人得到低保救助。完善《莲都区城乡困难居民医疗救助办法》，扩大医疗救助的对象、救助的病种，提高救助标准。将户籍在本区的因遭受重特大自然灾害住院治疗的伤病和致残人员以及百岁老人列入医疗救助范围，并按在乡重点优抚对象的标准给予救助，8月起将儿童白血病和先天性心脏病列为医疗救助对象。安排城乡医疗救助资金486万元，1649位城乡困难居民得到医疗救助；完善“五保”“三无”对象集中供养机制，全区495名农村“五保”、城镇“三无”对象实行集中供养，集中供养率分别为92.5%和93.2%，集中供养支出419万元。出台《莲都区农村敬老院管理实施细则》，加强和规范全区农村敬老院管理。落实各项促进再就业政策，当年支出457万元，其中用于社保补贴支出382万元，涉及失业人员1649人；对下岗失业和外来务工人员进行免费技能培训。落实各项优抚政策，安排优抚资金1675万元，增长18.8%，其中：城镇退役士兵自谋职业安置经费325万元，义务兵及其家属优待金每人每年9700元，安排资金350万元，对高学历人才和进藏兵参军入伍实行优厚政策。出台《莲都区退役士兵职业技能教育培训工作实施办法》，促进退役士兵就业创业。推进残疾人共享小康工程，以保障残疾人基本生活和基本康复为重点，实施残疾人基本生活保障、康复和重度残疾人托（安）养工程。全区享受重度残疾人基本生活保障的有2239人，发放救助金789万元。重度残疾人集中托（安）养72人，年人均补助标准为12000元，日间照料和居家安养258人，年人均补助标准为4800元，支出171万元。为1025人免费实施康复工程服务项目，支出126万元。

【深化财政改革】 深化国库集中支付制度改革，推进公务卡改革试点，53家单位进入国库集中支付改革，46家单位实施公务卡结算试点。完善财政资金管理内控机制，严格财政账户管理，制定《莲都区财政局财政资金拨付管理办法》，为财政资金的安全管理构建制度保障。稳妥推进财政组织管理改革，构建预算编制、预算执行、财政监督“三位一体”财政组织管理框架。清理和整合结余资金1042万元，提高财政资金使用效益。出台《关于进一步加强乡镇（街道）财政建设的意见》，推进全区乡镇、街道财政规范化建设。实行政府投资项目财政评审监控，当年完成项目评审126个，送审造价45608万元，审定造价42589万元，净核减3019万元，净核减率6.6%。规范政府采购工作，从严控制商品购置，全区计划采购资金4162万元，实际采购资金3623万元，节约资金539万元，节约率13%。

美丽乡村

【加强财政监督】 实施强农惠农专项资金使用专项检查，开展对全区各行政村支书、主任、会计和各乡镇、街道领导干部支农惠农政策业务培训，提升基层人员用好管好财政支农惠农资金水平。开展公务用车专项治理，规范公务用车管理，推行公务用车定点加油和定点维修制度。加强财政资金使用绩效评价，完成单位自评12家，涉及财政资金400万元，重点评价8家，涉及财政资金4000万元。建立基本建设资金拨付预警机制，科学调度资金。建立行政事业单位资产管理信息系统,实行资产动态监管。深化党政机关和事业单位"小金库"专项治理,完成219家行政事业单位、42家社会团体、18家国有企业的"小金库"复查。

【干部队伍建设】 以创建学习型组织为抓手,开展干部教育培训。开设莲都区财政局网络学校,全局干部通过网络进行思想、文化和相关业务知识的学习。出台《莲都区财政局网络学校在线学习考核办法》,提高干部学习的积极性和主动性。依托"周五学习日",开设"科长课堂",由科长和下属单位负责人当教师,每人根据科室业务特点上一堂专业课,提升干部学、写、说的综合能力,增强服务本领。以"创先争优"活动为主题,树立干部良好形象。把主题活动与创建学习型党组织、建立健全学习实践科学发展观长效机制、推动财政中心工作结合起来,开展党员承诺、党员评比活动,提高党员干部的学习意识、创新意识、服务意识。以岗位廉政教育工作为契机,完善内部制度和工作规程。梳理健全岗位责任,明确规范科室和岗位的职责分工,强化岗位风险点认知。发挥局监察室的作用,加强机关效能建设。每月编发《警钟》刊物,作为廉政教育材料,并在每个周末编发廉政短信,做到警钟长鸣。组织党员干部观看党风廉政教育电教片。2011年,区财政局被评为区政府年度目标责任制考核评比优胜单位。

(丽水市莲都区财政局供稿 刘禹斌执笔)

龙泉市

【概况】 2011年,龙泉市实现生产总值75.68亿元,比上年增长12.5%。其中:第一产业增加值为10.59亿元,增长5.6%;第二产业增加值为34.68亿元,增长13.1%;第三产业增加值为30.41亿元,增长14.6%。三次产业结构从上年的15.2∶45.0∶39.8调整为14.0∶45.8∶40.2。人均生产总值32295元,增长13.3%。全市实现财政总收入6.71亿元,增长30.2%,其中地方财政收入4.10亿元,增长27.4%,占财政收入的比重为61.1%,税收收入占地方财政收入的比重为90.7%;全市财政总支出14.07亿元,下降3.8%。全年财政收支平衡。

【支持经济发展】 落实市委、市政府关于工业经济发展战略措施,创新财税举措,支持工业经济发展,全年拨付财政扶持企业发展资金3300万元。市财政筹措2000万元企业转贷资金,为中小企业转贷1.02亿元。发挥国有资产经营担保有限公司平台作用,为企业担保融资1.27亿元。按照市委、市政府结对帮扶企业要求,全局组成4个服务企业行动组,深入企业走访调研,宣传财税优惠政策,做好对企业的"解困、扶持、服务"工作。落实各项税收优惠政策,以及养老保险费征缴等优惠政策,全年为企业减免养老保险费、城镇土地使用税和水利建设资金等各项税费1353万元。做好再生资源增值税政策落实工作,全年审核退还5家符合退税要求企业增值税907万元。落实支持"三农"政策,支持现代农业和新农村建设,全年支农支出2.22亿元。推进现代农业发展,投入3500万元资金,扶持油茶、食用菌、金观音茶叶等农业主导产业发展,以及兰巨现代农业综合园区建设和小梅、查田等粮食多功能区的建设。做好农业综合开发工作,2011年有2个土地治理项目4个产业化经营项目被省农发办通过上报国家办立项。投入3494万元,推进全市水利建设。筹措安排4955万元资金,支持村庄综合整治、农村危旧房改造和中心村建设。做好粮食综合直补资金的兑现发放工作,全年全市发放补贴金额1030万元,惠及农户58600万户,受益人数22万人。组织做好家电和汽车摩托车下乡补贴各项工作,全年累计兑付补贴资金875万元。支持第三产业发展,落实好《龙泉市关于加快发展服务业的实施意见》,安排3000万元专项资金,用于服务业发展。做好工业企业分离发展服务业工作,全年分离发展5家,累计分离发展12家。

【组织财政收入】 地税部门组织各项财政收入6.68亿元,增长38.1%,其中地方税收收入3.72亿元,增长23.2%;组织各类基金、费等其他收入2.96亿元,增长69.7%。做好月度、季度和年度税收收入分析,扩大重点税源监控面,全市监控企业208户。按照"抓大不放小"的组织收入原则,加强对各税征管。营业税入库1.67亿元,增长27.1%;地方七税入库8238万元,增长23.5%。做好社保费征缴工作,全面实行社保费自行申报制度,夯实缴费基数,对自由职业者社保费全面推行"一户通"扣缴办法。做好"耕契"两税征管工作,全年累计征收入库1552万元。

【保障民生支出】 优化财政支出结构,优先保障民生支出,确保新增财力三分之二用于民生支出。重视义务教育经费保障机制改革,全年安排5308万元资金保障教师绩效工资发放;安排2613万元维修资金,做好"校安工程"建设。筹措资金657万元,支持东升小学、中职校等工程续建。加大对文化事业支持力度,筹措安排资金,推进青瓷博物馆及青瓷创意基地等建设。加大对卫生事业投入,出台《龙泉市基层医疗卫生机构预算管理暂行办法》,做好基本医疗保障制度建设;筹措7046万元资金,加大对新型农村合作医疗制度建设,惠及23万人。支持社会保障事业发展,筹措安排1800万元地方配套资金，缓解支付困难。筹措安排527万元资金，支持就业工作，解决城镇就业岗位1856个；加强社会救助、社会福利和优抚安置及残疾人等工作，全年发放低保资金1582万元。完善社会保障体系，落实好城乡居民养老保险和80周岁高龄老人补贴发放工作，全年兑现资金3356万元，惠及人员3.6万人。筹措资金10.01亿元，支持华楼街东段、江滨南路西段、人民医院迁建等与人民生活密切相关项目的建设。争取省级支持和落实财税政策及筹措资金，加大对安仁、八都、查田等中心镇的培育和支持力度。

【深化财政改革】 推进"三位一体"财税改革，按照"收入一个笼子、预算一个盘子、支出一个口子"财政运行机制改革要求，加强预算编制、执行、监督的组织机构建设，保障"三个子"顺畅运行。做好乡镇财政机构设置工作，按照省政府《关于进一步加强乡镇财政建设的意见》精神，结合深化乡镇机构改革，做好乡镇机构设置工作。做好国库集中支付和公务卡制度改革，全市第一批52家单位11月1日起实施国库集中支付改革。深化政府采购和公车治理改革，全年组织政府采购1146次，采购资金8232万元，节约资金1748万元；按照党中央、国务院关于公车治理要求，成立领导小组办公室，出台《关于开展党政机关公务用车问题专项治理工作的实施方案》，完成207个单位531辆车的自查等工作，确保单位车辆定编、建章立制工作。

【加强财政监管】 科学化精细化编制预算，按照公共财政和建设节约型社会的要求，编制部门单位及基层预算，出台《关于厉行节约的有关规定》，做好"三公经费"增长控制工作。全面加强财政资金监管，制定出台服务业发展专项资金、质量管理专项资金和旅游业发展专项资金等管理办法，提高资金使用效益；做好政府性投资项目和资金管理，编制好投资项目财务收支计划和债务收支计划工作。开展财政绩效评价工作，全年确定20个部门(单位)评价项目和9个财政评价重点项目，尝试以"责任科室＋项目实施单位"两方人员组合评价的模式进行评价。深化会计集中核算和委派审核等工作，全年核算中心共退回不符合规定的结报业务132笔，涉及金额209万元；委派管理中心退回不合规定单据145笔，涉及金额1819万元；财政项目预算审核中心送审标底、工程变更、项目建议书、可行性研究和初步方案评审237个，核减金额2798万元。加强国有资产经营监管，制定出台《龙泉市行政事业单位资产实行信息化管理的通知》《龙泉市国有企业基本情况调查实施方案》和《龙泉市国有资产清查工作实施方案》等，对行政事业单位国资收益实行"收支两条线"管理，严格把好收入和支出审核关，促进国有资产的保值、增值。全年累计出租国有资产125起，取得收入522万元；处置国有资产23起，取得收入88万元；审核支出39起，拨付国有资产收益370万元。做好"小金库"专项治理工作，对全市349个党政机关和事业单位开展"小金库"复查工作。加强会计监管力度，全年对2000名会计人员进行继续教育培训。

【干部队伍建设】 开展民主评议行风活动，活动期间，开展送政策、解难题、促帮扶等一系列强作风优服务活动，编发优惠政策小册子3500本，为企业解决困难160个；在办税大厅提供复印机免费为纳税人复印和设立导税台、导税员，为纳税人服务。贯彻落实好《廉政准则》和《浙江省财税系统建立健全惩治和预防腐败体系2008～2012年实施办法》等文件精神，从教育、制度、监督入手，建立健全惩治和预防腐败责任分工体系，推进财税廉政风险防控机制建设。做好干部素质教育培训，制定全系统干部职工每月夜学计划，邀请中职校老师开展"文明礼仪"知识学习和组织基层岗位业务技能培训班。推进财税文化建设，开展"服务发展、服务民生、服务基层"为主题的演讲比赛，组织登山、摄影等兴趣小组，邀请市"创先争优，争当绿色发展先锋"和"七一"讲话精神宣讲团到本系统进行宣讲，开通局长信箱建言献策，全年完成50个调研课题。创建文明单位，全局获上级表彰先进集体和个人分别为23次和27人次，展示财税新形象。

（龙泉市财政局供稿 张伟龙执笔）

缙云县

【概况】 2011年，缙云县实现生产总值134.07亿元，比上年增长12.5%。其中：第一、二、三产业增加值分别为8.03亿元、78.97亿元、47.07亿元，分别增长5.4%、13.9%、11.5%。人均生产总值37362元，增长12.6%。三次产业结构从上年的6.1：59.4：34.5调整为6.0：58.9：35.1。全社会固定资产投资44.26亿元，增长32.1%。全县财政总收入13.32亿元，增长31.9%，其中地方财政收入6.62亿元，增长28.9%，占财政总收入的49.7%；税收收入5.83亿元，增长23.0%，占地方财政收入的88.1%。全县财政支出17.27亿元，增长16.7%。全年财政收支平衡。

【支持经济发展】 扶持中小企业发展。落实浙江省扶持困难中小微企业的优惠政策，出台《关于支持中小微企业平稳健康发展的若干意见》。全年优惠减免企业水利建设专项资金、企业所得税、房产税、城镇土地使用税以及减征社保费等4112万元，支持再生资源利用企业政府补助4789万元。为66家企业争取到浙江省地方特色产业中小企业发展资金项目资金2328万元。促进工业企业加快转型升级。兑现2010年工业奖励资金3094万元，全年争取省以上财政扶持企业资金4828万元。2011年，缙云县国资公司共为14家次企业提供还贷周转金1.88亿元；缙云县中小企业担保公司为467家次企业提供贷款担保，累计担保金额77.12亿元。推进工业企业主辅分离发展服务业工作。引导企业开展交通运输业服务外包工作，当年新增分离发展服务业企业3户，共计分离发展服务业企业11户，入库税费2233万元。

【组织财政收入】 建立政府激励机制，制订《缙云县组织财政收入工作考核办法》，调动组织财政收入积极性，增加地方可用财力。依法加强税收征管。加强部门合作，拓宽第三方信息来源渠道。与工商、房管、土地、金融等部门交流合作，建立经济监督和信息共享机制。健全数据采集、税源监控、税收分析、纳税评估、税务稽查“五位一体”税源管理机制，出台税源监控分析管理办法。开展2010年所得税汇算清缴和地方税费清算工作，共清算企业810户，查补税费3915万元，全县地税管辖410户企业所得税纳税户汇算清缴率100%。加强规费征管。开展养老保险法律法规政策宣传，完成未参保集体企业退休人员及其他相关人员基本养老保险补缴。对全县800多户企业进行税费结算工作，清算企业810户，补缴社保费1221万元。

【支持重点项目建设】 筹措基本建设资金15.10亿元,其中向农发行、建行等金融机构融资4.60亿元。支持壶镇镇小城市试点培育。全年拨付浙江省财政专项扶持资金3000万元，缙云县财政安排资金9300万元。完善基本建设预算编制工作。保障城市基础设施、交通、教育等重点民生工程，控制工程量变更，优化基建资金拨付和审批程序。加强项目概算审核管理，向项目多元审核模式转化。在中介机构审核基础上，财政部门全年累计复核各类项目概算55个，复审金额4.32亿元，审定金额4.09亿元，净核减率5.3%。

【加大“三农”投入】 支持农业基础设施和生态建设。以建设“美丽乡村、幸福家园”为载体，实施中心村培育、村庄整治、农村危旧房改造；鼓励农民发展“农家乐”、来料加工业；推进下山脱贫、异地转移、整村搬迁等工作，全年累计投入资金10121万元。支持现代农业发展。把“两区”建设作为财政支农工作的重点，把加强水利建设作为“三农”工作的主题。实施强塘固防、病险水库除险加固，千库保安、万里清水河道、千万农民饮用水建设等工程。落实惠农直补政策。全年累计拨付粮食生产环节补贴及森林生态效益补贴等惠农补贴资金1738万元。开展低收入农户集中村资金互助试点。

【支持社会保障事业】 落实基础民生保障。全年落实社保配套资金9162万元。落实被征地农民基本生活保障缴费政府出资部分2494万元。建立优抚保障和退伍士兵、转业士官安置补偿机制，落实退伍士兵安置补偿资金108万元，转业士官安置补偿金143万元。提高新农合筹资水平，当年人均筹资标准309元(含农民健康体检补助)，比上年增加了120元；新农合和城镇居民医保财政补助标准均为194元。推动基层医疗卫生体制改革。落实基层医疗卫生机构实行基本药物制度和绩效工资政策后的经费保障工作。加大对教育的投入。对列入校安工程规划的中小学校，免收行政事业性收费和政府性基金等14项收费项目，12项收费项目减半收取。加强对新碧初中、仙都中学等重大教育基础设施的资金保障。继续做好“家电、汽车摩托车下乡”和“家电以旧换新”财政补贴工作。缙云县“家电下乡”兑现补贴资金897万元，“汽车、摩托车下乡”兑现补贴资金363万元，发放家电以旧换新补贴资金405万元。

【加强财政管理】 创新财税管理手段。实行工业投资“一口子”收费。对工业投资项目建设过程中的收费按照“统一测算、一次性收取、内部拆分、按实结算”的要求实行统一收费，原单位不再重复设置和收费。实行“一口子”收费后，各项收费项目、收费标准、收费依据实行公开。“一户通”缴税实现银行全覆盖。实现城乡养老保险费银行代扣代缴，城乡居民养老保险信息系统实现县镇二级联网，各级经办机构通过网络终端，可以随时进行参保登记、信息查询、基础资料变更等操作。完善预算编制工作。健全政府预算体系，将各类政府性资金纳入预算管理。完善和规范2011年公共财政预算编制，细化政府性基金预算的收入内容和支出范围。将具有固定性质的省级转移支付补助纳入年初预算。强化行政事业单位资产管理。下发《缙云县行政事业单位国有资产管理办法》，扩大资产管理涵盖范围，明晰管理责任。推广应用“行政事业单位资产管理信息系统”。

【加强财税监督】 控制行政运行成本，从严从紧安排项目支出预算。清理和整合专项资金，减少专项资金沉淀。组织缙云县128个单位开展公务用车专项治理自查清理工作。开展小金库专项治理工作全面复查，对20家单位进行小金库重点检查,复查面100%。开展乡镇财政资金监管工作检查。对2010年乡镇财政资金监管工作开展全面自查。对21项涉农资金的兑付使用情况公开公示,乡镇财政兑付涉农资金2.29亿元,其中:补助类资金2171万元,项目类资金2.07亿元,均按上级财政和主管部门的要求和标准按时全额兑付。规范政府性债务管理工作。配合丽水市审计组开展相关审计工作,全面摸清缙云县政府性债务的规模、结构等情况。推广应用地方政府性债务管理系统,防范债务风险。

【深化财政改革】 推进国库集中支付改革。对57家单位实行国库集中支付改革,将12家单位纳入公务卡改革试点。建立国库单一账户体系,以国库集中支付方式代替财政拨款的支出方式。对预算单位用款实行"预算指标控制用款计划、用款计划控制支付申请"的制约措施,提高财政预算的约束力。探索开展政府采购"跟单采购"。规定凡经政府采购中心通过招标或竞争性谈判方式采购,且中标价格明显低于市场价的采购项目,可以批准委托采购中心"跟单采购"。

【干部队伍建设】 推进民主评议行风建设。通过上门走访、召开座谈会等途径,听取社会各界的意见和建议。全年走访企业400余家,召开企业和干部座谈会13次,回收征求意见表600份,收集意见16条,发现存在问题8个,整改6个,健全完善规章制度8个。开展创先争优活动。成立"创先争优"活动领导小组,制订"创先争优"活动方案。在"创先争优"活动中,全体党员和干部亮出身份牌,并结合各自的职能工作,向群众作出了公开承诺,同时按照科学订诺、公开示诺、跟踪问诺、考核评诺的要求,接受群众监督。推进党风廉政建设和机关效能建设。签订党风廉政建设责任书,完善考核办法,把党风廉政建设责任制落实情况纳入年度工作目标责任制考核。对干部职工执行机关效能建设的情况进行不定期监督检查,发现问题,及时整改,抓好督促检查。推进财税文化建设。搭建活动平台,举办游园活动和趣味运动会等各类文体活动,营造"快乐工作、健康生活"的氛围。2007~2011年,县财政局连续五年被评为缙云县综合先进集体。

（缙云县财政局供稿　田晶晶执笔）

青田县

【概况】 2011年,青田县实现生产总值135.62亿元,比上年增长12.0%。其中:第一产业增加值6.25亿元,增长8.8%;第二产业增加值82.19亿元,增长12.5%;第三产业增加值47.18亿元,增长11.6%。第一、二、三产业结构为4.6∶60.6∶34.8。全县人均生产总值26452元,增长11.2%。全县实现财政总收入15.74亿元,增长28.0%,其中地方财政收入9.32亿元,增长14.7%。地方财政收入占财政总收入的比重为59.2%,税收收入占地方财政收入的比重为80.1%。财政支出21.07亿元,增长8.4%。全年财政收支平衡。

【组织财政收入】 加强重点税源监控。开展房地产业税收调研和专项纳税评估,加强行业税收管理。加强重点税源网络化监管,全县141户重点税源监控企业入库地方税收3.75亿元,增长29.5%。完善税收征管机制。加强涉税部门信息共享,完善个体户税务登记证委托工商部门代办工作机制,规范全县21家委托代征税费单位代征工作,健全社会协税、护税机制。加强欠税管理,加大清欠力度,压缩陈欠,控制新欠。强化非税收入征管。健全行政事业性收费和基金审批、公示、监督制度,规范政府非税收入征收管理。推行土地出让收支管理信息系统应用,强化土地出让金征收管理。实现地税与社保部门实时联网,建立社保费申报征前控制制度,推进社保费明细化、动态化管理。

【支持经济发展】 推进产业升级。发挥农业产业化发展专项资金引导作用,壮大农业特色产业规模,杨梅产值突破5亿元,建成观光型稻田养鱼基地2000亩,新增良种油茶基地1.1万亩。拓宽发展平台。推进"农业两区"建设,支持建成粮食生产功能区3800亩,杨梅、油茶、毛竹产业示范园区各1个,柑橘、田鱼特色精品区各1个。支持拓展生态工业园区,建成金属加工产业园区1个,新建标准厂房2万平方米。支持石雕文化产业集聚区建设,推进原石交易市场、矿山公园和石雕大师艺术馆群建设。加强企业培育和扶持。落实企业技改和发展等财政奖补资金6616万元,支持企业做大做强;制订财税扶持政策,设立2000万元企业应急转贷专项资金,帮扶中小企业解困发展。投入3600万元,推进旅游休闲景区建设,加大旅游品牌营销力度,加快旅游业发展。保障项目建设。多渠道筹措资金,保障重大项目建设资金需求,全年投入建设资金17.13亿元。

【统筹城乡发展】 安排资金支持菜市场改造、水厂扩建、垃圾中转站建设,完善城区基础设施;实施小巷改造、管线地埋、绿化亮化等工程,提升城区发展品位。出台中心镇发展扶持政策,加大中心镇污水处理、道路交通和工业园区基础设施建设,夯实中心镇发展基础。推进"美丽村居"建设,新增整治村65个,改造旧村13个、农村危旧房6791户,整体搬迁小规模自然村59个。深化村级公益事业建设一事一议财政奖补工作，实施省级项目37个，投入资金2801万元，其中省级财政奖补资金810万元，改善全县37个村的基础设施。落实种粮农民农资综合直补、家电(汽车)下乡等惠农政策，全年发放农资综合直补资金848万元、家电(汽车)下乡和家电以旧换新补贴690万元。

【改善民生】 全年民生支出9.83亿元，占全县一般预算支出的71.0%。加大教育投入。全年安排教育事业支出3.72亿元，按规定从土地出让收益中计提教育资金3248万元。基本完成中小学校舍安保工程，完善家庭经济困难学生资助体系，改善学生就学条件。实施学前教育发展工程，加快乡镇中心幼儿园建设，学前三年入园率94.0%。完善社会保障体系。全年安排社会保障和医疗卫生支出2.13亿元。扩大社会保险覆盖面，新增基本养老、基本医疗等保险2万人次，城镇居民基本医疗和新型农村合作医疗参保率分别为95.2%和95.5%。加大医疗救助、贫困大学生助学、最低生活保障、住房保障力度，全年发放医疗救助金899万元、贫困大学生助学金150万元、低保金和物价补贴3265万元，建成保障性住房216套。支持县人民医院搬迁、中医院医疗用房改造，巩固基层医疗卫生机构运行补偿机制，提升城乡公共卫生和医疗服务水平。推进文化事业发展。全年安排文化事业支出3874万元。支持世界青田人大会暨青田建县1300周年、刘基诞辰700周年庆祝活动，推动“华侨文化”和“名人文化”建设。推进基层文体设施建设，支持文化下乡和民间文艺保护开发工作。

【深化财政改革】 深化预算管理改革。落实“三位一体”组织机构改革，预算局、预算执行局和财政监督局机构设置完成、人员配置到位。规范政府非税收入预算管理，教育收费、彩票发行和销售机构业务费之外的政府非税收入全部纳入预算管理。细化部门预算编制，提高预算执行刚性。完善社保基金预算，编制政府性债务收支计划，健全政府预算体系。推进国库集中支付改革。实施国库集中支付改革扩面工作，纳入国库集中支付的预算单位扩大到63家，占全县行政事业单位的53%；启动公务卡改革，56家预算单位实行公务卡制度。全年批复用款计划1.76亿元，直接支付资金1.76亿元。推进乡镇财政管理改革。以加快中心镇发展为核心，以乡镇财政机构建设为突破口，完善乡镇财政管理体系，在温溪镇设立财政局，在船寮、海口、腊口3镇设立财政所，对其他乡镇仍然实行“乡财县管”，促进中心镇优先发展，确保欠发达乡镇平稳运转。

【加强财政管理】 加强财政专项资金管理。从严控制新增专项资金，归并、整合现有专项资金，清理、消化历年结余，盘活存量资金，提高专项资金使用效益。强化国有资产管理。推进行政事业单位资产管理网络化建设，国有资产管理信息系统覆盖所有行政事业单位，促进国有资产管理集中化、动态化。加强国有资产收益收缴管理工作，全年收缴国有资产收益1724万元。加强财政支出绩效管理。全年实施绩效自评项目155个，财政部门重点评价项目7个，涉及财政资金15.6亿元。开展财政资金50万元以下项目绩效自评试点工作，财政支出绩效管理延伸至所有县级部门。深化政府采购工作。做好新一期协议定点项目全省联动采购工作，建立覆盖全省的政府采购供应商库，发挥政府采购政策功能。推行公务用车控购管理系统，加强公务用车采购管理。

【深化干部队伍建设】 财税文化建设。突出学习平台建设，强化业务学习，举办财税业务培训和考试，提升干部业务能力，1名干部入选国家级专业人才库，2名干部入选省级专业人才库；开展读书、财税青年沙龙、财税干部讲堂等学习活动，提升干部综合素质。干部作风建设。开展民主评议行风活动，开展作风自查自纠和第三方作风检查；开展“基层调研、一线办公”活动，深入企业送服务、访实情、听意见、解难题。“创先争优”活动。开展第二阶段“创先争优”公开承诺活动，党员承诺率、领导对干部践诺情况点评率均为100%。开展基层党建帮扶活动，到联系乡送党课，开展民主法制宣教活动，帮助解决发展难题，慰问困难党员群众。1名党员被评为县“创先争优闪光言行之星”，财税青年沙龙入围省“创先争优闪光言行之星”评选。党风廉政建设。把党风廉政、行政执法、社会治安综合治理、计划生育等四项责任统一写进责任书，“打包”落实、统一考核，规范干部行为。健全资金拨付管理、内部财务管理制度，把好重点部位廉政关。开展廉政专题讲座、警示教育等活动。县财政局获浙江革命老区创新创业先进集体、浙江省先进基层党校、丽水市学习型党组织建设典型案例、县直部门考核先进单位等荣誉。

(青田县财政局供稿 张 毅执笔)

云和县

【概况】 2011年，云和县实现生产总值38.93亿元，按可比价格计算，比上年增长9.5%，其中：第一产业增加值3.65亿元，增长3.4%；第二产业增加值20.51亿元，增长9.5%；第三产业增加值14.77亿元，增长11.2%。人均生产总值34850元，增长9.0%。全县财政总收入4.33亿元，增长25.1%，其中地方财政收入2.45亿元，增长20.5%。地方财政收入占财政总收入比重为56.6%，税收收入占地方财政收入的比重为86.6%。全县财政支出9.59亿元，增长16.6%。全年财政收支平衡。

【培植财源助推经济转型发展】 落实各项财税优惠政策。结合税收宣传月和创先争优服务企业活动，组织干部下企业送政策、送服务、送资金，落实帮扶企业尤其是中小企业、微利企业，落实税费减免、财政奖励补助等扶持政策，助推企业转型升级。全年落实中小企业转贷临时周转专项资金2.35亿元。加大对新兴产业发展的扶持力度。培育高新技术企业和拥有自主知识产权、知名品牌的企业，引导支持发展现代服务业和高新技术产业。推进工业企业"主辅分离"发展服务业。当年分离两家服务型企业和新成立两家货运企业，累计分离的14家服务型企业当年入库各项税款766万元。落实结构性减税政策。贯彻新个人所得税法，减轻中低收入者税收负担。全县10月份入库个人所得税比前9个月平均入库数减少215万元，减少60.2%。小型企业及个体户营业税起征点从5000元上调至20000元，减轻纳税人负担。

【依法组织财政收入】 健全"五位一体"税源管理机制，深化税源间接控管模式。对重点税源进行科学分类，同时强化零星税源、小税种的监控，完善"抓大、控中、定小"税源专业化管理办法，实现应收尽收。夯实税收征管工作。完善网上办税工作流程，提升信息管税水平。加大机打发票的应用力度。做好个体工商业户个人所得税附征率调整工作，调整面100%。加强规费收入征管。全面开展"五费合征"，实行精细化管理，夯实社保费征管基础，保持社保费平稳有序增长。全年社会保险费收入1.28亿元，增长44.1%，社会保险费综合申报率99.2%，征缴率99.1%。强化政府非税收入征管。对全县行政事业单位的收入纳入财政非税收入专户，1月1日起对行政事业性收费(除教育收费外)和政府性基金全部纳入预算管理，实行收支两条线。推进新版非税征管系统成功上线。全年实现政府非税收入8.54亿元，增长69%，其中土地出让收入3.52亿元。

【加强支出控管】 加强部门预算管理。在部门预算编制过程中实行综合预算和零基预算，使预算编制更加规范合理。控制行政运行成本。压缩公用经费以及专项经费，做到会议费、接待费"零增长"。开展"小金库"全面复查、公务用车专项治理行动。加强政府采购管理。通过公开招标、询价等方式，全年政府采购总额3.53亿元，节约资金5269万元，节约率13.0%。加强政府投资项目预算评审工作。全年审核政府投资预算项目82个，送审造价3.03亿元，审定造价2.50亿元，核减率17.5%。审核概算项目74个，送审造价4.4亿元，审定造价4.20亿元，核减率3.7%，节约财政资金，提高政府投资效益。

【优化支出结构】 强化公共服务。加大对社会事业投入力度，确保农业、教育、科技等法定支出和公共卫生、文化体育事业等重点项目支出，促进社会事业全面进步。全县社会保障和就业、医疗卫生、公共安全支出分别为5565万元、8420万元、7552万元。加大"三农"投入。全县农林水事务支出2.08亿元，增长98.7%。全年农业综合开发完成投资总额2433万元，建设大沙片、石塘镇山区中低产田改造、110万袋食用菌标准化示范基地建设等10个项目。落实汽车、摩托车下乡补贴、家电以旧换新补贴，兑付补贴资金318万元；落实种粮农民综合直补政策，发放综合直补资金335万元，促进粮食增产和农民增收。推进基本建设。按照"促发展、抓重点、重民生、保续建、控规模"的原则，把有限的资金集中投向工业、旅游、城市基础设施等领域，通过盘活存量资金、多渠道融资等措施保障项目资金需求。全年投入基本建设资金9.49亿元，增长71.3%。

送税法进农村

【深化财政改革】 推进国库集中支付改革。自9月19日起，第一批实行国库集中支付单位正式上线运行。至此，实行财政国库集中支付改革的预算单位共44家，完成率38%；12家预算单位实行公务卡改革，完成率10%。全年完成国库集中支付业务2629笔，支付金额5325万元。开展地方财政专户清理整顿工作。撤并5个专户，7个银行账户，除非税收入专户外所有专户全部纳入国库科统一管理。做好会计集中核算工作。强化监控措施，提高财政资金使用效率，全年退回不合法、不合格单据106笔，累计金额57万元。加强乡镇财政管理。结合云和县新一轮乡镇行政区划调整，县内10个乡镇（街道）的财政办公室单设，负责财政预决算，财政收支、财务管理等工作。以乡财中心为依托，巩固乡镇财政体制改革成果，乡财中心办理结算业务17369笔，支付金额累计3.20亿元。

【强化财政监管】 加强专项资金管理。执行《云和县财政资金管理办法》，加强政府投资项目等重点专项资金监管。出台《云和县财政支农资金整合管理办法》，对所有支农专项资金实行县级报账制，按工程进度拨付，并加强对资金的跟踪问效和绩效评价。2009年、2010年被省财政厅评为支农资金整合优秀县。开展农村公益事业一事一议财政奖补特别扶持项目建设工作。加强行政事业单位国有资产管理。推进资产管理信息化，实现对资产的动态管理。组织对行政事业单位房地产出租使用情况专项核查，解决行政事业单位房地产出租管理中存在的问题，建立行政事业单位房地产出租管理的长效机制。加强政府债务管理。云和县地方政府债务实现信息化管理，借助地方政府债务统计软件系统加强对债务数据的动态监控，严格对照借款合同、还款单据及会计凭证等基础资料进行数据录入，合理控制政府债务规模、政策和目标，严格举债审批程序，实行债务统一管理和总量控制，防范财政风险。强化会计监督管理。加强会计从业资格管理，建立健全相关档案，做好会计专业技术资格的考试组织工作。

【干部队伍建设】 创新和完善财税文化建设平台，深化财税文化建设。结合建党90周年，开展形式多样、内容丰富的文化主题活动，丰富干部职工业余文化生活。推进以提升能力素质为核心的分层次、分专业岗位培训，拓展干部教育渠道，提高教育培训的实际效果。加强专业人才库建设。加强党风廉政建设，落实党风廉政建设责任制，层层签订党风廉政建设责任书。加强对干部的党风廉政建设教育和警示教育，提高干部防腐拒变的能力。开展"创先争优"活动和"作风建设加强年"活动，建设公开承诺和岗位廉政风险防范体系。

（云和县财政局供稿 王丽华执笔）

遂昌县

【概况】 2011年，遂昌县实现生产总值67.24亿元，比上年增长12.2%。其中：第一产业增加值8.30亿元，增长7.7%；第二产业增加值30.93亿元，增长13.4%；第三产业增加值28.01亿元，增长12.2%。三次产业结构由上年的12.4：46.6：41.0调整为12.3：46.0：41.7。全县人均生产总值29056元，增长8.9%。全县财政总收入7.51亿元，增长10.5%，其中地方财政收入4.18亿元，增长13.2%，地方财政收入占财政总收入的比重55.7%；财政支出14.01亿元，增长12.5%。全县财政收支平衡。

【组织财政收入】 优化财政收入结构，组织税收收入7.09亿元，增长7.4%，税收收入占地方财政收入的比重88.3%。出台《税收分析制度》、《重点税源联系制度》，加强与重点企业、重点行业、重点工程的联系，建立收入分析预测长效机制，全县重点监控企业61家，产生税收2.09亿元。加强运输业自开票业务税收征管，推进存量房交易评税，推动纯地税个体户建账，入库税款同比增长25.8%。加强社会化协税网络建设，实现与统计、发改、经贸等部门数据共享。推出耕地占用税和自然人股权转让协税措施，实施各类代征项目17项。建立土地出让金报表和房地产交易台账，推广新版非税收入核算系统，实现与征收单位、银行有效衔接，促进非税收入及时入库。

【支持经济发展】 设立财政奖励资金，落实税费优惠政策，引导民间资本健康发展；参与制订鼓励民间投资、发展工业、旅游业政策，开展分离发展服务业专项帮扶行动，落实各项财税优惠政策，全年审批各项减免税费6938万元，办理出口退税3215万元，兑现各类扶持企业资金4302万元，推动工业转型升级和服务业加快发展；出台涉企办事"绿色通道"、行政许可"快车道"、远程报账服务、办税大厅导税服务等措施，建立财税微博、12366热线等信息化服务平台。做好欠发达地区特别扶持项目的编制评审工作，出台特扶项目资金管理办法，全年安排特扶项目资金7043万元。多渠道筹集和调度各类建设资金，安排各项政府性基本建设资金8.01亿元，保障重点项目建设。

【保障社会民生】 优化支出结构，控制和降低行政成本，确保新增财力三分之二以上用于民生，全年用于民生保障支出

金整合，做好支农资金整合工作。开发建成政府建设项目管理软件，探索对政府投资项目实施信息化动态管理。

【提升财政管理水平】 推广行政事业单位信息管理系统，180家行政事业单位国有资产实现信息化管理。开展财政专户资金清理，专户资金实施动态化管理。开展公务用车专项清理、行政事业单位出租房专项检查和乡镇闲置资产清查，加强行政事业单位国有资产监管。强化项目绩效目标，创新项目支出绩效自评和重点项目评价工作，对县财政安排的10万元以上的33个项目开展绩效自评，建立全覆盖的绩效评价体系。加强政府性投资项目资金管理，实施项目提前介入、施工现场勘查和严格按照工程进度审核拨款的"三位一体"政府建设项目审价管理模式，全年审核工程预决算项目168个，送审金额3.71亿元，审定金额3.26亿元，核减率12.1%。加强政府采购项目的审批和监督，当年预算采购资金8581万元，实际支付采购资金7486万元，资金节约率12.8%。

9.82亿元，增长20.2%。*支持新农村建设*。以加大水利投入为重点，建立财政支农稳定增长机制，支持农村基础设施建设、农业"两区"建设、农业新型主体培育和公共服务体系建设，全年安排"三农"资金6.96亿元，增长13.2%。推进村级公益事业财政奖补项目，建立一事一议项目库，组织申报项目52个，争取资金1200万元，改善农村基础设施条件和村庄面貌。*促进教育文化事业发展*。开展教育支出分类体系改革试点，推动职业教育机制改革。完善义务教育经费保障机制，义务教育中小学生均公用经费分别从670元、450元提高到770元和550元。建立文化建设专项资金，支持文化基础设施建设、文化遗产保护和文化人才培养。*推进医疗卫生体制改革*。制订基层医疗机构和公共卫生单位绩效工资改革方案，启动公立医院改革试点，保障公立医院药品零差率和医疗收费调整的实施。*完善社会保障体系*。扩大农村低保救助范围，惠及人均收入低于2500元的家庭。新型农村合作医疗保险筹资标准从185元提高到300元，政策范围内住院费用最低报销比例60%以上。推出方便快捷的缴费服务，完成特殊群体的社保费补缴工作，完善社会保障体系。

【深化财政改革】 完善"三位一体"组织机构体系，深化"三个子"改革。启动预算单位公务卡结算方式试点改革，推进国库集中支付改革，全县51家行政事业单位成功上线运作，实现会计集中核算方式向国库集中支付改革平稳过渡。加强乡镇财政管理，出台中心镇单独财政体制，加大中心镇建设支持力度。提交县政府下发《关于进一步加强乡镇财政建设的实施意见》，明确乡镇财政职责、机构和人员配置。探索项目资金二次分配机制，出台科技、文化、旅游等专项资金管理办法，加强专项资金管理，规范项目资金申报、审批、使用以及监督各环节。以项目为平台统筹各项资金，推进项目资

【干部队伍建设】 以民主评议行风活动为抓手，深化作风建设年、创先争优活动，深入开展"问计于群众，提能在项目，给力十二五"活动，提升能力、提升标准、提升效率。结合"三个子"公共财政管理改革要求，推进"三位一体"组织机构改革，新设内设机构及下属单位6个，新增领导职数3个。创建学习平台，与有关高校联合举办各类培训班和专题讲座；组织年轻干部参加省财政厅、省地税局组织的各类人才库选拔，已有11名年轻干部进入省财政厅、省地税局人才库；建立干部业务、理论学习每三年一次考试制度，提高干部素质。组织开展登山、摄影等文体活动，激发干部活力及团队合作精神。加强形象建设，开展创先争优活动。局班子成员带队深入到联系村、社区、企业蹲点调研，撰写调研报告，落实帮扶项目。深化基层文明单位建设，县财政局被授予"全县计划生育工作先进单位""全县社会治安综合治理先进单位"等荣誉称号，局机关党委连续两年被评为先进基层党组织，局老干部党支部被评为全县五好党支部。

（遂昌县财政局供稿　项国英执笔）

松阳县

【概况】 2011年,松阳县实现生产总值57.70亿元,比上年增长12.3%。按户籍人口计算,人均生产总值24272元,增长12.4%。第一产业、第二产业、第三产业增加值分别为10.71亿元、25.23亿元、21.76亿元,分别比上年增长5.5%、16.4%、11.2%。全县财政总收入4.88亿元,增长20.6%,其中地方财政收入2.92亿元,增长14.7%,占财政总收入的比重为59.8%,税收收入2.20亿元,占地方财政收入的比重为75.3%。全县财政支出13.09亿元,增长21.0%。全年财政收支平衡。

【组织财政收入】 建立重点税源企业联系制度、定期调查制度和重点税源台账制度,掌握全县范围内重点工程项目立项、中标、建设进度和资金使用情况,确保税款及时足额入库;加强税源调研,按季召开收入分析会议,为科学组织收入提供决策依据;完善企业所得税征收方式认定工作,建立所得税预警制度,对实行查账征收的企业所得税进行动态管理;落实《关于加强建筑业税收管理的若干意见的通知》,加强建筑业尤其是外来、外出建筑公司的税收征管;开展存量房评估工作,加强与房管部门协作,落实存量房评估的各项业务,组织实施房产税、城镇土地使用税税源清理工作,摸清税源,夯实征管基础;开展"税情地图促服务"活动,优化纳税服务,帮扶企业渡过难关;加快推进"五费合征"工作,全面实施缴费工资基数改革,全年共征收养老、医疗、工伤、失业、生育保险2.14亿元,增长52.0%。加强财政票据管理,促进非税收入及时缴入财政专户,当年征收非税收入6.11亿元,剔除土地指标出让收入同比增长26.0%。

【落实财税优惠政策】 全年受理108户企业财政贴息补助申请,了解企业生产中存在的困难和要求。全年兑付贴息资金2839万元。审批减免税企业42户,减免金额165万元,企业财产损失所得税税前扣除99万元。高新技术企业技术开发费加计扣除593万元,减免税款89万元。

【落实支农惠农政策】 根据相关优惠政策全年拨付农资直补资金669万元,拨付种粮大户补贴179万元,拨付良种补贴279万元,拨付扶贫资金590万元。出台相关优惠政策和保障措施,对特扶项目资金拨付和使用管理实行责任联签制度、工作经费保障制度、最严问责制度,确保资金使用绩效。当年下拨特扶资金1.08亿元,用于扶贫开发(茶叶、油茶、香榧、高山蔬菜等)、产业发展(农业园区建设)和社会发展(中心村建设、农村环境综合整治、农民异地搬迁等)三大类项目,助推农民增收致富。

【加大民生事业支出】 各项民生支出9.51亿元,增长31.9%,占财政支出的比重为72.6%,同比提高5.9个百分点。集中财力加大对农业、科技、教育、公共卫生和社会保障等重点支出的保障力度,统筹推进社会各项事业发展。财政支农支出2.78亿元,增长70.6%,争取农口专项资金2.62亿元,增长3.6%。县财政在公共安全、教育、社会保障和就业、科学技术、农林水、节能环保、文化体育和传媒、城乡社区事务、住房保障等方面的支出分别增长30.9%、34.5%、41.3%、28.0%、41.8%、38.2%、77.7%、88.1%、1558.6%。

【财政管理改革】 *加强预算编制管理。*推进预算管理改革。细化部门预算编制,规范政府采购预算、基金预算、基建预算,将基本支出预算和项目支出预算的编制和批复细化到基层预算单位,实施全口径财政支出预算调整,提高综合预算率,增强预算的完整性。*加强预算执行管理。*在2010年全面启动国库集中支付和公务卡改革工作基础上,2011年分三期对全县113个预算单位146名财务人员和本单位所有财政岗位工作人员开展业务培训,确定4家公务卡代理银行。113家单位国库集中支付系统运行良好。*加强预算监督绩效管理。*开展以民生支出为重点的项目绩效评价,建立多层次的评价考核体系,邀请人大代表、政协委员及社会各界代表参与项目绩效评价,加强项目预期绩效目标管理。当年完成茶产业提质增效、工业园区投融资绩效状况、被征地农民基本生活保障、公安看守所建设等14个民生项目和县重点建设项目绩效评价,促进政府投资项目资金规范化管理。*加强非税收入资金管理。*完善非税收入征管体系,加强征管信息化建设,查处违规收费和财政票据违章行为,提高非税收入征缴率。加强对非税收入资金的存量结构分析,做好资金的应急调度工作,缓解政府对有关贷款项目资金调度的应急需求。*加强政府采购监督管理。*建立政府集中采购监管力度、单位分散采购监管广度和协议采购的监管深度等全方位监管体系,规范政府采购行为。全年实施政府采购241批次,采购预算3.82亿元,实际支付金额3.37亿元,节约率11.6%。

【干部队伍建设】 *加强财税文化建设。*利用财税内网进行各种政策措施的宣传,引导干部树立正确的人生观、世界观、财税文化观,用科学发展观的思想指导和推进财税文化建设。加强廉政文化建设。排查风险点，划分风险等级，优化工作流程、完善工作制度。全局20个内设机构，130名干部职工排查出335个风险点，制定344条防控措施。全部信息汇总廉政风险信息库后绘制成廉政风险防控图，直观反映各岗位职能结构和风险防控机制。加强作风建设。推进民主评议行风活动，成立机构，出台实施方案，通过“税情地图促服务”、值周科室制度、“导税台制度”等载体推进民主评议行风活动，在全县10个执法部门行风评议中获得第一名。加强公务用车和外出学习考察管理，对公务车装配GPS管理系统。严格外出学习考察活动，实行“因公外出备案制度”。推进“创先争优”活动。通过集中辅导和自学相结合、室内活动和户外运动相结合、学习和实践相结合开展“创先争优”活动。开展学习型党组织建设，坚持每月10日为夜学日，邀请县内外专家学者授课，鼓励党员干部日学一小时、季读一本书，提高干部职工文化素质。开展“入党纪念日”活动，全体党员作出先锋承诺，并在县政府门户网站和单位岗位牌上公开，接受群众监督，发挥党员先锋模范作用。　（松阳县财政局供稿　毛兰香执笔）

庆元县

【概况】 2011年，庆元县实现生产总值37.75亿元，比上年增长11.9%。人均生产总值26897元，增长22.3%。第一产业、第二产业、第三产业增加值分别为5.72亿元、17.40亿元、14.63亿元，分别增长4.8%、13.6%、12.8%。三次产业结构为15.1∶46.1∶38.8。全县财政总收入3.15亿元，增长21.2%，其中地方财政收入1.88亿元，增长21.1%。地方财政收入占财政总收入的比重为59.7%，税收收入占地方财政收入比重为82.9%。财政支出11.10亿元，增长20.4%。全年财政收支平衡。

【依法组织财政收入】 关注、跟踪宏观经济形势、政策变化和企业经营变化情况，提升税源管理水平。强化管查互动，推广应用征收管理软件，加强《税友2006》基础数据清理。出台《庆元县水力发电行业所得税征收管理办法》《庆元县关于进一步规范建筑业税收征管办法》，规范行业税收征管。落实一次性补缴养老保险费政策，推进社会保险费、残保金收缴扩面，加强水利建设专项资金等规费征管。推进非税收入征管信息化建设，加强收支两条线，确保政府非税收入应收尽收。细化土地出让金管理，提升土地出让金收支管理水平，增强政府可用财力。

【支持经济发展】 落实积极财政政策。加大资金投入，重点用于完成公益性在建项目、保障性安居工程建设和中央、省投资公益性项目地方配套。落实扩大内需的各项政策，兑付摩托车、家电下乡和以旧换新政策等补贴资金635万元。服务企业发展。为企业申报项目42个，争取企业扶持政策资金1522万元。开展清理行政事业性收费，落实高新技术企业、小微困难企业等税费减免政策，为企业减免各项税费751万元。设立工业经济发展专项资金，出台《庆元县政府政策性奖励（补助）资金兑现管理暂行办法》，规范财政资金兑现，全县财政审核兑付企业扶持资金142万元。加大对中小企业扶持，支持和改善企业融资和发展环境。促进企业转型升级。设立服务业发展和旅游业发展专项资金，全县累计分离服务业企业10家，实现营业收入4282万元，入库税收316万元。加大财政科技投入，科技经费增幅高于本级财政经常性收入增幅1个百分点以上。设立人才工作专项资金300万元，用于人才开发培养、交流合作、资助奖励等。强化金融信贷政策的研究应用，筹措落实县本级政府性建设资金5.52亿元，保障城乡基础设施、工业平台、大交通网络等项目实施。加大生态县创建力度，设立生态县建设专项资金300万元，推进生态产业化发展。推进“低收入群众增收行动计划”，实施低收入农户奔小康工程和重点欠发达县特别扶持项目，及时拨付特扶资金1.13亿元，全面推进扶贫开发。

【保障民生支出】 加大支农惠农力度。财政支出中“三农”支出6.25亿元，增长29.2%。加大水利投入，研究出台小型农田水利重点县项目资金整合方案和小型农田水利专项资金管理办法。推进村级公益事业建设一事一议财政奖补工作。全年完成农业综合开发投资1265万元，改善农村生产生活环境。助推教育文化发展。落实土地出让收入计提政策，拓宽教育经费筹措渠道，落实义务教育经费保障机制，全县小学、初中生均日常公用经费标准分别为省定标准450元和650元，设立名师带教专项经费20万元。投入资金967万元，完成中心幼儿园和实验幼儿园的改扩建工程。落实农村学校危房改造资金451万元，基本完成农村学校危房改造工程。加大对基层公共文化服务的财政投入，推进公共文化服务体系建设。推进医疗卫生事业改革。加强基本医疗保障，新农合筹资标准提高到人均285元以上，财政补助人均200元以上，农村合作医疗县级财政补助1370万元。加强医改财政保障，支持人民医院、中医院改建项目，加快乡镇卫生院建设，基层医疗卫生机构全面实施基本药物零差率和绩效工资改革。全县城乡基本公共卫生服务经费标准人均25元。完善社会保障体系。企业退休人员人均养老金和城乡居民社会养老保险金标准，分别提高到1530元和70元。配合出台住房分配货币化政策,加强林业森工企业及精简下放人员相关政策研究。多方筹措资金,推进廉租住房、农村危旧房改造、公共租赁住房等项目的实施。规范公务员津补贴配套政策,研究并实施政府责任目标考核、重点项目建设专项奖励。维护经济社会稳定。完善粮食安全体系建设,落实粮食储备补贴资金,确保粮油猪肉等重要商品保供稳价。争取并加强政法经费保障,推进政法装备标准体系建设,维护社会稳定。

【推进财政改革】 深化“三位一体”财政组织机构改革,围绕“收入一个笼子、预算一个盘子、支出一个口子”公共财政管理改革目标,制定部门预算管理实施办法,行政事业单位机关会议费、机关干部挂职费用开支标准等管理办法,加强定额和费用标准体系建设,构建完善的部门预算管理体系,推进预算管理科学化、精细化。深化国库管理制度改革,推进国库集中支付改革扩面和启动公务卡改革工作,49家单位实施国库集中支付改革,13家单位推行公务卡改革。深化政府采购制度改革,加强政府采购业务监管,开展跟单采购,全年实际采购金额6940万元,节约资金774万元,节约率11.2%。依托新版非税收入征管信息系统,深化“收支两条线”改革。研究加强乡镇财政管理工作,结合机构改革,推进乡镇财政管理改革。

【加强财政监管】 掌握分析预算执行动态监控,加快推进预算执行序时进度。贯彻落实厉行节约各项规定,党政机关“三公”经费支出按中央政策要求实现“零增长”。加强资金资产财务管理,完善行政事业单位国有资产管理体制,规范资产配置、使用、处置等各环节的管理,推进行政事业单位房地产出租市场化,提升国有资产监管水平。规范会计核算,确保资金运行安全。构建财政大监督体系,对农村困难群众住房救助等13个民生项目专项资金开展绩效评价,涉及金额为2.86亿元(其中财政资金1.02亿元)。加强政府性投资项目资金预算审核管理,规范重点工程项目资金监管,审定投资金额2.18亿元,核减金额939万元,核减率4.3%。开展会计信息质量检查,加强会计队伍建设,整顿和规范财经秩序。开展“小金库”专项治理全面复查、公务用车专项治理和县财政专户清理整顿。加强财政法制宣传教育,推进政府信息公开,利用审计成果,规范财政执法,主动接受各方面的监督。

【干部队伍建设】 *加强财税文化建设*。加强党对工青妇等组织的领导,组织迎新春晚会,组队参加“红歌”演唱比赛等活动,以文化凝聚人心、团结队伍。加强人文关怀,帮助生活困难职工,参与社会扶贫救困帮扶活动。与上海财经大学联合分三批对全局干部职工进行轮训,第一批培训已完成,全年系统内各类培训受训498人次。加强对基层的财政业务培训,与纪检、农业等部门联合对乡镇、行政村主要领导干部和财务人员开展财政业务及支农政策培训。*加强党风廉政建设*。贯彻落实党风廉政建设责任制,组织《廉政准则》贯彻执行情况检查,开展廉政风险防控机制建设,打造清正廉洁的干部队伍。*加强作风建设*。执行民主集中制,强化集体领导。完成“三位一体”财政组织机构设置,对部分科室进行调整、增设及分设。制定出台局中层干部管理暂行办法,开展部分中层干部竞聘上岗、股级和一般干部调配工作。加强内部管理,出台局工作纪律检查制度等规定,提升工作效能。*开展“创先争优”活动*。实施党员标杆管理、党员公开承诺、闪光言行之星评选、纪念建党90周年等活动,促进党务业务双促进、共提升。 (庆元县财政局供稿 练素红执笔)

景宁畲族自治县

【概况】 2011年,景宁畲族自治县实现生产总值32.17亿元,比上年增长12.1%。其中:第一产业增加值5.24亿元,增长9.6%;第二产业增加值12.11亿元,增长9.0%;第三产业增加值14.82亿元,增长15.6%。全社会固定资产投资21.17亿元,增长26.1%;社会消费品零售总额14.77亿元,增长17.4%;城镇居民人均可支配收入2.03万元,增长13.5%;农村居民人均纯收入7412元,增长19.5%。全县财政总收入8.05亿元,增长111.6%;地方财政收入3.67亿元,增长63.6%,占财政总收入的比重为45.6%;税收收入2.94亿元,增长50.9%,占地方财政收入的比重为80.5%。全年一般预算支出16.91亿元,增长35.3%。当年收支平衡。

【组织财政收入】 坚持税费并重抓收入,围绕管理要收入,确保财政总收入和地方财政收入持续增长,优化财政收入结构。加强收入形势调查研究,加强与国税、地税、工商、经贸等部门的沟通和联系,收集经济发展动态和财源信息的变化情况,提高收入预测分析水平。强化政府非税收入征管体系建设,开展财政票据检查,强化票据监管,重视政府资金的利息收入管理;完善国有资产资源市场化运作机制,推行国有资产资源的拍卖、拍租、转让、出让等增加国资收益,全年实现政府性非税收入2.88亿元。加强社保费征管,解决社保费征缴工作遇到的新情况新问题,落实社保费临时减征政策,完善社会保险费“五费合征”机制,将社保费征缴纳入税务稽查,推进社保费社会化征缴,社保费征缴扩面取得进展,全年社保费等入库1.75亿元，增长71%（剔除一次性补缴3560万元，增长36.3%）。

【建设民生财政】 优化支出结构，建设民生财政，全年涉及民生的财政支出9.80亿元，增长63.9%。统筹城乡发展，安排农民异地转移专项资金8006万元，筹集农村危旧房改造资金301万元，村庄整治专项资金1747万元，农民饮用水工程专项资金420万元。推进基本公共服务均等化，全年预算安排医疗卫生支出1.19亿元，增长101.4%；教育支出2.22亿元，增长47.5%；实施“文化三下乡工程”、“文化低保工程”和“广电低保工程”，确保乡镇文化中心建设，做好全县农村广播电视“村村通响”维护工作，支持文化遗产保护。支持城乡社保和就业工作，全年预算安排社保和就业支出7297万元，增长35.3%。全年社会保险基金支出1.48亿元，增长31.6%；就业支出251万元，增长109%；城乡低保支出2028万元，增长41.8%。

【支持经济转型发展】 落实优惠政策，发挥财政政策作用，协助有关部门向上争取政策、资金和项目支持，为全县经济建设和社会事业发展注入新活力。支持农业和第三产业发展。扶持农业七大产业发展，全年拨付茶产业、毛竹产业、食用菌产业、高山冷水茭白及花卉产业、中药材产业及油茶产业等补助资金734万元。围绕保增长目标扶持二、三产业发展，筹措资金2亿元开工建设丽景民族工业园；落实财税优惠政策发展以旅游业为龙头的第三产业，安排特扶资金3400万元做好云中大际、畲乡之窗等景区景点建设，中央下拨465万元支持望东洋高山湿地保护项目建设。

【落实扩大内需政策】 落实家电下乡及汽车摩托车下乡补贴政策，简化农民领取补贴的程序，将“乡级审核、县级兑付”的模式简化为“县级审核，集中兑付”，全年拨付补贴资金341万元。

【支持重点工程建设】 加大基础设施建设投入力度，将公益性项目纳入政府投资基本建设预算，落实配套资金推进云景高速公路建设，加快县域公路网和康庄工程建设。全年安排基本建设资金3.12亿元，支持丽景工业园、外舍防护工程、大际景区等重点工程建设。加强国债专项及中央预算内补助资金的管理，当年国债专项及中央预算内补助资金7462万元，支持污水管网改造、新农村公路等102个项目建设。

【规范支出管理】 健全绩效管理体系，实施项目绩效管理，探索单位整体支出绩效评价，重视绩效考评成果的应用，通过开展财政绩效考评、会计信息质量检查、会计集中核算等监管，将理财重点由资金分配转移到跟踪问效上来。组织开展“小金库”专项治理，查处涉及小金库的单位10个，金额290万元。完善政府采购监管机制，贯彻《政府采购法》，规范政府采购行为，全年完成政府采购436个项目（次），采购资金6271万元，节约资金958万元，节约率13.3%。加快财政预算支出管理信息化建设，完善乡财县管机制，严格乡镇债务管理。

【深化财政改革】 执行厉行节约各项规定，开展增收节支，压缩“三公经费”等支出，通过削减预算、绩效考评、审核检查等落实厉行节约六项措施，控制行政成本，一般性支出控制在合理增长范围。实施“三位一体”财政组织机构改革，深化部门预算管理改革，在55家单位开展国库集中支付试点改革。

【加强国有资产管理】 深化行政事业单位国有资产管理，推进资产配置市场化，盘活、调剂国有资产。通过调剂、拍卖、转让，盘活存量资产，提高国有资产的使用效率，确保国有资产保值增值，对报废资产的处置严格按规定程序执行，防止国有资产流失。

【扶贫支助】 配合省财政厅做好鹤溪镇三枝树、敕木山、包凤村等5个低收入农户集中村致富奔小康工程，落实帮扶资金172万元实施7个帮扶项目。帮助低收入乡镇农户制订产业规划，筹集资金帮助两个村修整村道，发展高山吊瓜、食用菌等脱贫致富项目，并组织全体干部职工与低收入农户扶贫结对，提供各类帮助。

【干部队伍建设】 以学习型组织、廉政型队伍、效能型机关和财政文化建设为抓手推进干部队伍建设，开展深化作风建设活动。围绕“新起点、新征程、新贡献、新跨越”主题开展解放思想大讨论。重视行风建设，主动向基层群众、人大代表、特约监督员等征求意见和建议，参与创建省级文明县城活动，开展创建群众满意基层站所活动。县财政局被评为全县综合目标考核先进集体，县核算中心荣获全省群众满意基层站所（办事窗口）创建工作先进单位。深化党风廉政建设，与各科室签订《党风廉政建设责任书》和《行政执法责任书》，抓好首问责任制、岗位责任制、限时办结制、服务承诺制的落实；完善“设岗定分”绩效考核机制，通过绩效考核，建立效能台账，量化干部工作任务，将工作任务全部分解落实到岗到人，加大干部“治懒治庸”工作力度。

（景宁畲族自治县财政局供稿 蓝春翔执笔）

杭州市财政局全力支持西湖生态环境改善工作，助力西湖文化景观申遗，历年累计投入西湖综合保护工程专项资金24.48亿元，专项用于西湖景区保护和建设。2011年6月24日在巴黎举行的世界遗产委员会第35次大会上，“中国杭州西湖文化景观”被列入新的世界遗产名录。

1 第三十五届世界遗产大会审议“西湖文化景观”
2 西湖夜景
3 西湖博物馆
4 西湖边樱花盛开的太子湾公园

1 在绿树环抱中晨练
2 上城区关怀医院
3 改扩建后现代感十足又不失古色古香的建兰中学新校舍
4 整治后的玉皇山南麓

杭州市上城区财政局围绕“学有优教、劳有多得、病有良医、老有善养、住有宜居、游有美景”目标，统筹兼顾，将新增财力的三分之二以上用于保障和改善民生，提升城区环境品质，提高居民生活品质。

2011年，杭州高新区（滨江）加大文化创意产业扶持力度，出台《关于扶持文化创意产业发展的实施办法》，全年财政投入5097万元用于文化创意产业发展，比上年增长13.4%。区内动画产业基地被命名为全国唯一最佳基地，白马湖生态创意城荣获中国创意产业最佳园区奖。

1 白马湖生态创意城动漫广场
2 杭州高新区国家动漫基地
3 农居SOHO
4 白马湖生态创意城
5 白马湖生态创意城SOHO创意园

1 卖鱼桥——昔日运河上的储运中心

2 整治后的运河

3 运河天地创意产业园

4 运河边的胜利河美食街夜景

杭州市拱墅区抓住运河申遗契机，以拱墅特色文化资源为依托，加强运河文化遗产的挖掘、保护、传承与利用，做强运河文化产业，打响运河文化品牌。2011年，区财政筹措资金1185万元，用于沿河景观带整治、运河遗址开发与保护、文化创意园区建设、运河博物馆改造以及运河元宵灯会、烟花大会、龙舟赛等大型文体活动。

“十一五”期间，杭州市江干区财政累计投入20多亿元发展教育事业，在保障义务教育“两个提高”、“三个增长”的基础上，2006年开始减免义务教育阶段学生杂费、课本作业本费、借读费等费用共计1.10亿元。同时，广泛开展教育资助活动，五年累计安排资金500多万元，资助家庭经济困难学生3200多人次。

1 杭州师范大学东城教育集团 东城中学
2 东城实验学校
3 东城小学
4 杭州市丁兰幼儿园
5 杭州濮家幼儿园教育集团 夏衍幼儿园

临安市财政加强城乡区域统筹发展，加大现代农业园区和粮食生产功能区建设扶持力度，实施农业综合开发项目，支持“中心镇、中心村、精品村、特色村”创建，推进“绿色家园、富丽山村”建设，实现“村美、家富、社兴、人和”。2011年全市农林水事务支出3.45亿元，同比增长35.4%。

1 风景秀丽的东天目村

2 临安市农业综合开发项目——绍鲁银星坝

3 “绿色家园、富丽山村”建设特色村——桃花溪村

4 “绿色家园、富丽山村”精品村——指南山村

1 洞桥中心村集中迁居安置点

2 精品工程之黄公望风情小镇

3 科学栽培，西瓜长到了棚架上

4 三江两岸富阳段北之江综合整治

5 城区清水河道工程展现新气象

富阳市以统筹城乡区域发展为主线，搭建“富春山居”美丽乡村建设新平台，加快推进中心镇（小城市）培育和“三江两岸”富阳段综合整治，全面提升富春山水魅力，实现农业和农村经济平稳健康发展。2011年，财政预算内投入“三农”资金27.99亿元，增长26.3%；设立农村公益金，募集资金5224万元。

桐庐县财政设立城乡统筹专项资金，全年共拨付5.43亿元，支持“潇洒桐庐·秀美乡村”统筹城乡精品工程建设。打造诗画山水带、古风民俗带等5个特色产业带，提升烂漫山花节和亲水避暑节等5大乡村节日活动，培育芦茨村等25个风情特色村。

1 梅花锣鼓群英会
2 女子板龙
3 华东南瓜节
4 农家春景
5 阳山畈乡间小路

建德市深化财政支农资金整合，形成支农资金分类管理、集中投放、安排科学、使用高效、运行安全的机制，推进农业产业化发展，提高财政支农资金绩效。

1 香榧林
2 绿色菜园
3 建德红莲
4 柑桔丰收
5 油菜田
6 大棚农业

2011 年，宁波市财政加大对文化事业的支持力度，推动文化体制改革，支持完善公共文化服务体系建设，推进公共文化设施建设，促进宁波文化大发展大繁荣。

1 全国农村电影发展战略高峰论坛
2 宁波市业余文艺团队汇演
3 《烟雨青瓷》剧组赴台湾演出
4 举办第五届国际声乐比赛
5 北仑双岙村农家书屋

宁波市江北区财政以城乡规划布局一体化、城乡产业发展一体化、城乡基本公共服务一体化、城乡基础设施一体化、城乡社会保障体系一体化和城乡生态环境体系一体化的“六个一体化”建设为目标，加大财政投入，支持完成城乡一体发展综合配套改革试点。全区城乡一体化发展呈现良好态势，农村人居环境不断优化，都市农业产业化程度逐步提高，农村教育卫生文体等公共事业进一步发展，城乡差距逐步缩小，农民生活水平显著提高。

1 江北新农村远景
2 都市休闲农庄——慈城绿野山庄
3 洪塘中心小学
4 宁波第九医院
5 农民安置社区

宁波市镇海区财政加大文化事业投入力度，着眼支持“文化基础设施、文化精品工程、农村和群众文化、文化体制改革、文化产业发展”等五个方面，重塑海防文化、商帮文化、海上丝路文化，促进了群众文化事业蓬勃发展。

1 修缮后的包玉刚故居
2 投入1400万元修缮的古唐塘文化工程
3 后大街社区博物馆
4 农民舞蹈比赛
5 农村文化阵地
6 元宵大巡游
7 一村一品文化活动

1

2

3

4

5

6

7

宁波市鄞州区落实教育优先发展战略，推进城乡基础教育均衡发展，先后实施免费职业教育、免费十二年教育等民生政策，确保了教育事业的优先发展。全区教育经费投入逐年增加，2011 年安排教育经费 18.1 亿元，同比增长33.4%。

1 职业教育
2 实施免学费职业高中教育
3 素质教育
4 安排专项资金补助外来务工人员子弟和困难家庭子女就学

1

2

3

4

宁海县海域面积275平方公里，拥有“港、岛、涂、渔、能”等海洋资源及组合优势。顺应国家和省市发展海洋经济战略要求，围绕《宁海县海洋经济发展规划》，宁海县财政局出台扶持政策，保障基础设施建设，助推大平台打造、大产业培育、大企业引进、大项目建设，临港工业、港口物流、滨海旅游、现代渔业等产业初具规模。

1 畅想三门湾
2 渔村早市
3 海上养殖
4 三门湾造船基地
5 天蓝蓝海蓝蓝

1 庆新春外来务工人员裹汤圆

2 力邦社区人口关怀爱心基金成立晚会

3 奉化市外来务工者节

奉化市大力保障外来务工人员"安居促业、素质提升、权益保障、公共服务提升、民主建设"五大工程建设，荣获"十一五"宁波市外来务工人员服务管理创新奖。2011年，市财政用于外来务工人员服务管理支出1670万元，设立外来人员公共卫生服务专项基金，完成3所民工子弟学校改扩建项目，足额保障1.3万名外来务工人员子女就学补助，筹建市级"新市民"教育培训基地，组织外来人员就业前技能培训和在岗专业技术培训以及"新市民"素质培训2万多人次，开展新奉化人电视歌咏比赛、外来务工人员运动会、奉化风俗新老市民擂台赛等活动，使近18万外来务工人员融入当地社会，真正成为"新奉化人"。

2011年，温州市财政局加大农业综合开发投入力度，召开全市农业综合开发工作现场会、举办全市农业综合知识竞赛，通过电视和报纸等新闻媒体，宣传农业综合开发政策，普及农业综合开发知识，激发社会各界积极参与农业综合开发的热情。全市全年实施32个市级以上农业综合开发项目，投入各级财政资金6894万元，完成土地治理3.81万亩，扶持农业经营主体18家，在提高农业综合生产能力、扶持农业基础设施建设、支持农业产业化经营、扩大农业科技推广、改善农业生态环境等方面起到促进作用。

1 永嘉家禽饲养基地
2 洞头紫菜养殖
3 泰顺养牛场
4 洞头网箱养殖
5 永嘉安吉白茶产业化基地扩建项目

温州市龙湾区财政局着力帮扶企业转型升级，落实财政扶持资金9361万元，用于企业技术改造和科技创新；设立科技创新贷款贴息专项资金1000万元，实现银企对接；启动中小企业专项信用贷款，缓解中小企业融资困难；支持总部经济，对入园企业实行奖励。

1 向人大代表征求意见建议，解决企业实际困难
2 与企业代表探讨企业转型升级的热点难点问题
3 了解企业安全生产
4 走访企业车间

温州市鹿城区着力扶持楼宇经济发展，逐步形成商贸、金融、酒店、创意、总部经济等楼宇经济中心，促进全区产业结构优化，加快经济增长方式转变。2011 年，区财政安排楼宇专项资金用于支持楼宇综合服务中心建设与“星级楼宇”创建活动，按照“一街一特色、一楼一主题”的原则，做好世贸中心、财富中心、工人文化宫大厦等重点楼宇项目跟踪和全程服务，着力打造“垂直产业园”。

1 调研楼宇经济与商贸流通业
2 财富中心——重点楼宇项目
3 楼宇经济服务中心试点工作现场交流
4 世贸中心——重点楼宇项目

1 海中湖
2 双抱岩
3 海霞公园
4 海上竹寮
5 半屏山景区

洞头是全省旅游综合改革试点县、联合国生态人居实验园区、全国唯一以县域命名的国家4A级旅游景区和全国海钓基地。2011年，财政投入文化、生态及环境整治专项资金5450万元，支持省级森林城市、国家级生态县创建，推动旅游产业发展。全年旅游总收入占全县GDP的28.3%。

乐清市财政加大强农惠农富农力度，统筹水利等农业基础设施建设支出3.06亿元；补助农村社区中心建设3540万元，安排保障村级组织正常运转、村主要干部基本报酬等支出1800万元；建立新农村建设融资平台，推进农房集聚改造；64个村公益事业项目一事一议筹资筹劳财政奖补2200万元。安排扶贫资金2469万元，支持实施“低收入农户奔小康工程”、“扶贫开发整村推进”等工作，加快欠发达地区发展。

1 高速公路清江镇段

2 虹桥镇广场

3 乐清市新农村建设

4 大荆镇农村社区建设

5 城北农田

平阳县财政局筹措落实财政性建设资金，支持城市中心区、城乡绿化、标准海塘、城市防洪等一批政府主导性重大民生项目建设，强势推进包括西湾“温州迪拜”、万全“三生融合”示范区、北港新城建设等大项目，以“大投入”促进“大建设”带动“大发展”。全年建设资金支出21.85亿元（其中建设资金20.95亿元，水利基金3000万元，地方政府债券6000万元）。

1 瓯南大桥
2 昆阳文昌阁
3 平阳体育馆
4 高速铁路

泰顺县落实强农惠农政策，助推“三农”加快发展，全年财政“三农”投入4.24亿元，保障农业、林业、水利等基础设施建设，提高农业综合生产能力，推进农业产业化发展。

1 水稻生产
2 家禽养殖基地
3 葡萄种植基地
4 无公害蔬菜基地
5 苡米生产基地

文成县财政围绕创建"宜居宜游生态县"的发展战略，推进农村生态建设，农业经济加快发展，农民持续增收，农村建设成效明显，城乡融合发展，农民在更高层次、更宽领域、更大范围共享经济社会发展成果，幸福指数日益提升。

1 河道整治工程　　2 休闲农家乐
3 生态移民行动　　4 农村环境美化
5 上林乡水利建设　　6 库区白鹭成群

1

2

3

4

5

6

1 钱库二高　　2 马站小学
3 灵溪三中　　4 桥墩小学新校舍
5 灵溪二高

苍南县财政安排教育支出10.52亿元，比上年增长9.2%。年末拥有各类全日制学校369所，其中普通中学77所、职业中学9所、小学79所、特殊教育学校2所、幼儿园202所，满足各年龄段学生就学需求。

瑞安市财政围绕城乡统筹发展规划要求，加大对农业生产方式转变、农民致富奔小康、农村基础设施建设等方面的投入，促进城乡协调可持续发展。2011年，临时调剂资金累计35.82亿元用于推进安置留地建设，投入农房改造集聚建设资本金4000万元，安排“农业两区”建设、一事一议财政奖补、农业综合开发等资金8700万元，推进城乡一体化发展。

1 大棚种植技术
2 扶持农业合作社
3 科技育秧技术
4 鼓励养殖致富

1

2

4

3

1 市本级图书馆乡镇分馆建设
2 嘉兴市图书馆王江泾镇分馆
3 全国农村图书馆服务网络建设工作经验交流会在嘉兴召开
4 阅览室
5 嘉兴市图书馆

嘉兴市财政支持文化服务模式创新，推进市镇村三级公共图书馆网络服务体系建设，探索以“政府主导、多级投入、集中管理、资源共享”为主要特点的城乡一体化公共图书馆服务体系的“嘉兴模式”。2011年5月，“嘉兴市城乡一体化公共图书馆服务体系建设”列入第一批创建国家公共文化服务体系示范项目名单。截至年底，全市投入财政资金1.25亿元，用于图书馆总馆、乡镇分馆、村（社区）分馆建设。

1 立体种植西瓜　2 观赏鱼养殖
3 金龙门——生态农业园　4 大棚无土蔬菜
5 现代农业示范区

2011年，平湖财政多渠道筹措和落实支农资金，加大对“三农”的投入，全年落实农业发展资金2.87亿元，比上年增长33.5%，用于支持绿色生态农业和效益农业的发展。

嘉善县财政部门围绕"文化强县"建设目标，加大财政投入，支持文化基础设施、文物保护、体育竞赛以及精品工程、农民种文化、非遗传承等文化事业建设。加大文化产业平台投入，投资1.15亿元建成县文化艺术中心，成为文化企业和创意产业发展的"孵化器"。从2008年开始，财政每年安排300万元宣传文化发展基金，用于加强新一轮基层文化阵地建设奖励以及文艺创作、文化活动和对外文化交流等。2011年，全县财政文体事业费支出4139万元，一般预算文体支出年均增幅30%以上。

1 嘉善文化创意园一角
2 上街巡演
3 新落成的县体育场
4 为村民服务的镇图书馆

2011年，海宁市加大水环境治理财政投入力度，全年市财政安排水环境治理专项资金3.50亿元，增长212%，保障生态湿地项目、河道整治、城乡供水一体化工程、市区污水收集管网工程等建设进度，全市新增污水管网128公里，污水管网总长度769公里。

1 市郊河道生态养殖
2 长山河生态湿地
3 尖山东西湖
4 美丽乡村

海盐县财政支持科技平台建设,已建成的海盐科技创业园设有省级科技企业孵化器——科技创业服务中心,政府为入驻“孵化”的初创期科技型小企业提供孵化场地、相关服务和优惠政策。一是为科技创业者设立5到20万元的专项创业种子资金;二是对“在孵”企业,安排专项资金扶持,享受年限为三年;三是在“孵期”内第一年免收房租,第二、第三年减半收取;四是对于“在孵”企业,在科技立项和科研经费安排上给予重点倾斜。2011年,海盐科技创业园的基础设施、招商引资、土地出让、项目建设等各项工作快速推进,新引进项目5个,累计引进项目7个,总投资8.8亿元。

1 创业园内景
2 园内企业
3 创业园外景

长兴县财政局开展以“丰富干部生活、增强工作热情、注重高效廉洁、营造和谐氛围、服务工作大局”为主要目标的财税文化建设。开展讲座、竞赛、进修等多种形式的财税业务培训，组织歌咏大赛、户外拓展等活动，增强干部队伍的凝聚力、战斗力。

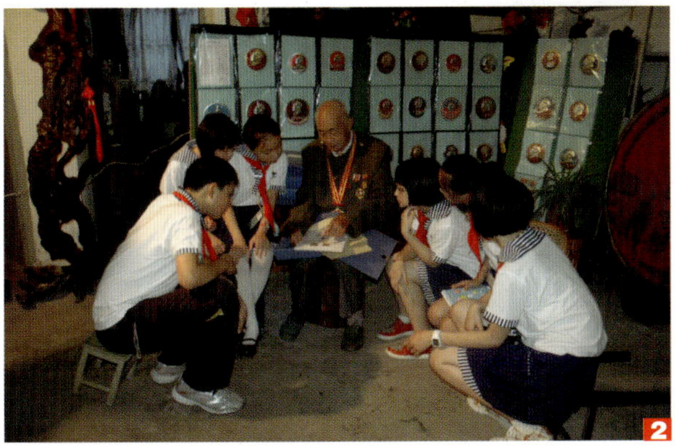

1 建党90周年唱红歌比赛
2 老财税干部给小学生讲解财税史
3 党员奉献进社区
4 最佳党日活动为民工子弟学校献爱心

德清县财政局推进财税文化建设，强化财税核心价值理念。加强作风建设和行风建设，实行领导班子、领导干部绩效公示制，加强岗位目标责任制考核，落实机关效能督查制度，开展中层干部执行力评比、“岗位服务明星”评比等活动，提升财税机关整体形象。在县委县政府“千人评议机关（单位）执行力”活动中被评为“群众满意单位”，在县级机关部门领导班子年度工作考核中被评为一等奖部门。

绍兴市把发展战略性新兴产业作为推进工业转型升级的重要抓手，明确先进装备制造、新材料、生物医药、节能环保、新能源、新兴信息等六大重点培育领域，启动16个产业集聚区和功能区建设，组织实施"三百"推进计划。全市财政从2011年起每年落实20亿元专项资金用于支持战略性新兴产业发展。2011年，市本级财政安排5亿元专项资金，用于支持越城区和市直各开发区发展战略性新兴产业，及其研发、中试等项目。

1 向日葵光能科技有限公司大规模高效晶体硅太阳能电池生产线运行
2 翔宇绿色包装集团厂区
3 袍江经济技术开发区全景

嵊州财政优化整合支农资金，支持现代农业园区、粮食生产功能区"两区"建设，引导农民发展优势农产品生产，支持畜牧精品园等6个特色农业精品园工程建设，其中瑞丰食用菌精品园成为浙江省现代特色农业精品园；新建6个绍兴市级、2个省级现代农业园区创建点，成为市农业发展的新亮点。

1 甘霖粮食生产功能区
2 长乐美国红枫容器大苗基地
3 谷来香榧
4 崇仁粮食生产功能区
5 黄泽明山茶场

2011年，诸暨市财政投资1.80亿元推进新农村建设，打造富裕农村，建设美丽乡村。其中安排专项资金用于以东白湖为核心的明清古居、山水风光美丽乡村景观区和以国家香榧森林公园为核心的特色产业、农耕文化美丽乡村景观区建设。

1 春
2 秋
3 夏
4 冬

新昌县立足独特的生态优势，加大财政投入，发挥财政引导职能，整合旅游资源，打响天姥山文化旅游品牌，致力于建设以自然风光为依托、以地域文化为内涵、以休闲旅游为重点的生态休闲城市，助推经济转型升级。现已成为国内重要的影视拍摄基地和休闲观光的热土，旅游业成为新昌经济重要的增长点和支柱产业。2011年接待国内外游客突破580万人次，旅游收入超48亿元。

1 天姥山晨曦
2 新兴工业旅游——达利丝绸园
3 唐诗之旅景点之一
4 大佛寺雪景
5 穿岩十九峰

金华市支持企业自主创新，全市财政科技投入8.34亿元，增长10.5%。市本级整合9项专项资金设立4000万元的科技发展专项资金，重点用于技术改造和科技创新等。

1 运用高科技提升传统产业，工人在严格选取优质新鲜猪后腿。
2 引进先进装备，建成世界级低盐发酵火腿生产线，全程封闭控温控湿标准化生产。
3 中国火腿博览馆，全方位展现金华火腿文化底蕴。
4 加强产品科技研发，以制药的标准生产食品。

金华市金东区加大财政投入完善水利基础设施配套，建立村级农民水务员队伍，在全国农田水利重点县建设、全国中小河流治理和洁水保水渔业等方面取得突出成绩，2010年获得第十六届全省水利大禹杯金奖。2011年，全区投入水利建设财政资金1.06亿元，增长15.2%，支持病险水库除险加固、中小河流治理、干堤加固等117个重点水利工程建设，被水利部授予全国小型农田水利重点县建设先进单位和全国中小河流治理先进单位。

1 三坟塘水库全貌
2 杨卜山水库电站水闸
3 白溪水库大坝
4 农田水利喷微灌节水工程
5 水库大坝建设工地

2011年5月6日，中国第10个综合配套改革试验区浙江省义乌市国际贸易综合改革试点全面启动。国家发改委、外交部、商务部等16部委有关负责人出席在义乌市召开的试点动员大会，开启了义乌国家级国际贸易综合改革试点的序幕。

1

2

3

4

1 浙江义乌国际商贸城进口商品馆开门迎客。

2 财政部税政司在义乌召开推进义乌市国际贸易综合改革试点座谈会

3 6月23日，义乌国际生产资料市场奠基仪式

4 财政部领导在义乌调研国际贸易综合改革试点工作并到浪莎集团考察

5 义乌内陆口岸。这是浙江省“大通关”建设项目之一，也是“义乌港”的重要组成部分

5

东阳市财政积极支持村级公益事业建设，全面推行村级公益事业一事一议财政奖补工作，支持村民活动中心、村内道路、村内排污管线、村内饮用水管道等村内公益设施建设，2011年投入财政奖补资金3000万元，其中向上争取资金1500万元，实施项目66个，带动社会资金4120万元，受益人口12.2万人，改善农村基础设施，促进农村和谐稳定。

1 湖溪清潭村同心桥落成庆祝仪式
2 村级公益事业筹资筹劳公示
3 夏厝村民文化活动场所项目建设
4 李宅社区湖田溪滩整治项目
5 大里村江滨广场建设项目

兰溪市财政积极争取中央、省、市各级财政对兰溪水利事业的投入，2006～2011年各级财政资金共投入26亿元，建成防洪干堤加固、水库除险加固、小型农村水利基础设施、农民饮水安全工程、灌区节水改造等系列水利设施，增强了防灾减灾能力，提高农业生产效率。

1 东风水库除险加固工程
2 钱塘垅水库工程开工建设
3 高潮水库
4 兰江干堤

2011年，磐安县安排财政资金700余万元，支持特色旅游文化村建设。资金惠及17个村，一些具有历史价值的古民居得到修葺，村内道路按原貌修旧如旧。

1 东里乌石巷

2 前园内景

3 双峰登科第修缮一新

衢州市财政建立多元化的投入机制，重点支持以“新型工业、生态农业和现代服务业”为重点的山区经济发展，推进环境污染整治、公益林建设、山海联动、美丽乡村和绿色产业发展，全市山区经济发展与生态建设同步。

1 村庄整治
2 农民休闲广场
3 水体绿化
4 河道整治
5 人文旅游

衢州市衢江区落实一事一议财政奖补政策支持村级公益事业发展。2011年，全区获批村级公益事业建设一事一议财政奖补项目56个，总投资3803万元，受益77800人，建成村内道路硬化、村民饮用水、村庄绿化亮化、村级社区公共事务中心等一批村内公益事业项目，有效改善农村居民的生产生活环境。

1 茶坪村一事一议项目
2 樟潭街道乌溪桥村一事一议项目
3 湖南镇华家村一事一议项目
4 云溪乡思源村一事一议项目

2011年，龙游县财政投入6500万元，以美丽乡村建设为统领，加强中心村建设、农村住房改造建设、村庄整治、农村清洁工程等新农村项目建设。

1 省重点中心村大街乡贺田村
2 社阳乡凤溪小区
3 横山镇天池村
4 街路村
5 省重点中心村石角村

开化县重视文化事业发展，开化财政加大文化事业基础设施投入，先后建成开化县文化艺术中心、开化县体育馆等文化基础设施。支持开展文物保护，加大非物质文化遗产发掘与保护力度。开展“送戏、送电影、送书”等文化下乡活动，丰富农村文化生活。开化县成为浙江十大文化名城，拥有国家级非遗保护名录1项（开化香火草龙）、省级非遗保护名录17项、市级非遗保护名录29项，中秋舞草龙被浙江省确立为“中秋节标志地”，中国根雕艺术博览园被确立为国家4A级景区、国家级文化产业示范基地、省非遗宣传展示基地与省非遗生产性保护基地。

1 县文化艺术中心
2 重阳节老年戏曲进社区
3 开化根博园
4 送戏下乡

常山县财政在引导经济转型升级的同时，加大生态投入，强化水源治理及生态公益林建设，着力推进"国家级生态县"创建工作。2011年全县环境保护支出3582万元，同比增长31.7%。重点污染源防治、节能减排、公共绿地建设等工作得到保障。县域森林覆盖率73.2%，常山港出境水水质100%达到国家Ⅲ类水质标准，城区大气质量保持在国家二级以上标准。

1 粮食生产基地
2 芙蓉湖
3 胡柚基地
4 同弓山白鹭岛
5 东明湖公园

舟山市以保障海洋文化工程建设为重点，加大基础文化设施财政投入。2011年文化体育与传媒支出3.93亿元，比上年增长13.0%。支持举办海洋文化节、美食文化节、中国航海日等大型活动，推进公共文化服务体系建设，扶持文化产业和公益性体育事业发展，着力建设社会主义核心价值体系、公共文化服务体系、文化产业发展体系，推进海洋文化名城建设。

1 舢板运动会
2 海鲜美食文化节
3 民间艺术锣鼓表演
4 文化下乡受欢迎
5 虾峙岛渔民运动会

舟山市定海区2011年安排财政资金3082万元，开展中心村、美丽海岛、千村示范创建工程；筹集各级财政资金4559万元，实施“强塘工程”；推进“绿色生态定海”建设，投入资金852万元，实施城镇景观林建设、沿海防护林体系建设和生态公益林改造等三大工程。

1 岑港移民新村

2 新建社区

3 中国海岛第一村——马岙

4 烟墩农村新貌

2011年，岱山县财政投入1600万元设立美丽海岛建设发展专项扶持资金，统筹用于支持美丽海岛建设，并对精品村、特色村予以不同额度的项目补助和资金奖励。

1 县文化广场
2 磨心山晨景
3 高亭镇渔农村小区一角
4 渔港夜景
5 岱山本岛新区

1 东海大桥夜景
2 在建的小洋山客运中心
3 海岛客运大楼
4 客运快艇
5 环岛公路
6 三礁江大桥

嵊泗县财政整合各类财政资金，支持县内岛际交通基础设施建设，发展岛际交通海陆一体化。投入使用的“三礁江大桥”、“金青大桥”及“沈家湾客运中心码头”连接东海大桥等工程项目，提升了嵊泗基础设施水平，为经济发展提供条件。

2011年，台州市椒江区财政做大做强区中小企业经济担保公司等担保平台，提供无担保无抵押的专项信用贷款，鼓励发展民间融资平台，帮助中小企业策划发行企业集合票据，构筑“政府协调引导、银行合作支持、担保积极配合、企业主动参与”的中小企业融资服务平台，为中小企业架设融资“金桥”。

1 中小企业专项信用贷款签约仪式
2 开展财税金融政策宣传服务
3 省、市、区财税领导调研椒江中小企业
4 椒江星星小额贷款有限公司

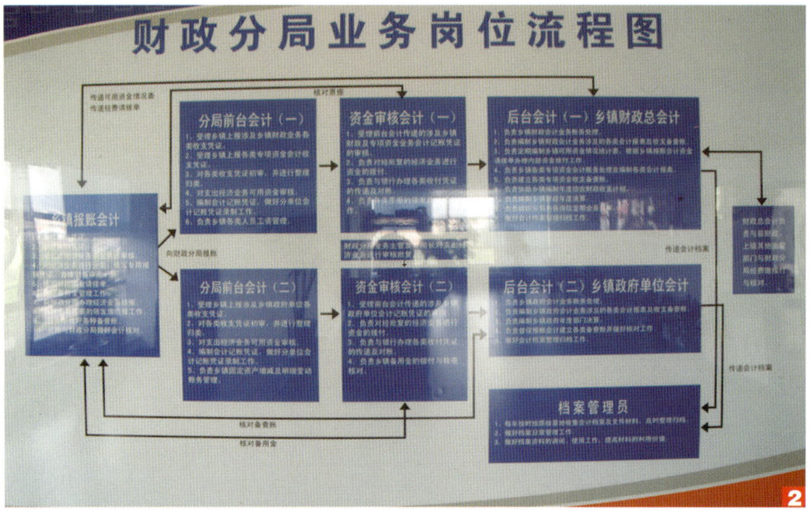

仙居县财政局根据乡镇财政管理实际和地域特点，在城区和三个中心镇分别设立城区、横溪、白塔、下各财政分局，以加强对乡镇财政管理，有效解决了财务核算、财政监督以及项目资金管理等问题，强化了乡镇财政职能。

1 城区财政分局挂牌成立
2 财政分局业务岗位流程图
3 白塔财政分局挂牌成立
4 横溪财政分局挂牌成立

丽水市财政积极履行职能，大力推进生态市建设。2011年，市直财政拨付生态市建设资金3.08亿元，取得成效。生态环境质量已连续八年居全国前列、全省首位，生态环境质量公众满意度连续四年居全省首位，并荣获“中国优秀旅游城市”称号，被评为省级环保模范城市，被国际休闲产业协会评为“国际生态休闲养生城市”。

1 生态秀丽的丽水城区
2 秀美南明湖
3 瓯江春色
4 新建成的水阁污水处理场
5 丽水市获中国优秀旅游城市称号

丽水市莲都区财政服务“三农”促发展，安排农业产业化专项资金，发展高效生态农业，促进农业发展。推进农村综合改革，推进旧村改造、中心村建设及村庄整治，抓好一事一议财政奖补试点工作。2011年，区财政支出中各类支农资金3.34亿元，比上年增长19.5%。

1 桃园
2 瓯柑基地
3 育苗中心
4 莲都区西溪村

2011年，遂昌县财政以统筹推进农村环境提升、产业培育、城乡建设、基础设施配套、公共服务均等化、和谐社会建设等十项工作为重点，用于新农村建设资金9742万元，建立和完善乡村休闲农家乐旅游、村级公益事业一事一议项目以奖代补机制，实施农民下山搬迁、农村危旧房改造、六城联创、美丽乡村行动计划和十村示范百村整治工程，改善农村基础设施条件和村庄面貌。遂昌县被评为全省美丽乡村创建先进县。

1 美丽家园
2 乌溪江库区移民新村
3 云峰镇湖边村旧貌换新颜
4 永安下山脱贫小区
5 大柘镇大田村村貌

松阳县出台系列优惠政策倾力打造“浙江生态绿茶第一县”、“中国绿茶集散地”区域品牌，培育“松阳银猴”系列名优绿茶。2011年财政投入2300万元发展茶产业。当年茶叶总产量10500吨，产值8.08亿元，带动农民增收1.60亿元，建成全国最大绿茶产地市场——浙南茶叶市场，发布的绿茶价格指数成为中国绿茶交易的“风向标”，全年市场交易额25.99亿元。

1 第四届茶商大会开幕式
2 采茶
3 茶叶交易信息平台开通
4 茶叶生态病虫害防治
5 第二届茶产业可持续发展论坛

1

2

3

4

5

庆元县财政局坚持党建带动团、工、妇等群团组织建设，加强干部职工的教育培训，增强干部队伍的向心力、凝聚力和战斗力，提升财税工作合力和整体效能。

1 深入基层送温暖
2 与高校联合开展干部知识更新培训
3 干部竞聘演讲
4 志愿者活动

青田县发挥一事一议财政奖补政策的引导作用，推进村级公益事业建设，改善乡村生产生活环境。2011年，青田县实施省级项目37个，投入资金2801万元，其中省级财政奖补资金810万元，改善了全县37个村的基础设施。

1 新建防洪堤
2 通村公路
3 一事一议财政奖补项目宣传
4 中心村建设规划

财经统计资料

zhejiangcaizhengnianjian

1978～2011年浙江省财政收支情况

年份	财政总收入（亿元）	地方财政收入（亿元）		财政支出（亿元）	增长速度（%）				全省GDP值（亿元）	总收入占GDP比重（%）	人均财政支出（元）
			其中税收收入（亿元）		总收入	地方财政收入	其中税收收入占比%	支出			
1978	27			17					124	21.8	46
1979	26			18	−5.8			1.8	158	16.4	47
1980	31			17	20.3			−2.3	180	17.3	45
1981	34			17	10.3			−1.3	205	16.8	44
1982	37			19	6.7			10.3	234	15.7	48
1983	42			22	14.1			16.2	257	16.3	55
1984	47			29	11.7			31.3	323	14.5	72
1985	58			37	24.8			29.9	429	13.6	93
1986	69			51	17.8			36.3	502	13.7	125
1987	76			51	11.3			0.5	607	12.7	124
1988	86			63	12.0			23.2	770	11.1	151
1989	98			75	14.8			18.4	849	11.6	178
1990	102			80	3.4			7.3	905	11.1	189
1991	109			88	7.2			10.2	1089	10.2	207
1992	118			95	8.6			7.8	1376	8.7	221
1993	167			125	40.8			31.2	1926	8.7	288
1994	209	95		153	25.7			22.4	2689	7.9	351
1995	249	117		180	18.7	23.4		17.8	3558	7.0	411
1996	292	140		214	17.4	19.5		18.5	4189	7.0	484
1997	341	157		240	16.7	12.7		12.4	4686	7.3	542
1998	402	198		287	18.0	25.9		19.4	5053	8.1	644
1999	477	245		344	18.8	23.9		20.0	5444	8.8	769
2000	658	343		431	37.4	39.6		25.4	6141	10.7	922
2001	856	501		597	30.5	46.1		38.5	6898	12.4	1263
2002	1167	567		750	36.3	13.2		25.5	8004	14.6	1570
2003	1469	707		897	25.9	24.6		19.6	9705	15.1	1846
2004	1805	901		1063	22.9	27.5		18.5	11649	15.5	2158
2005	2115	1067		1266	17.2	18.4		19.1	13418	15.7	2536
2006	2568	1298	1184	1472	21.4	21.7	91.2	16.3	15718	16.3	2902
2007	3240	1650	1535	1807	26.2	27.1	93.0	22.8	18754	17.3	3505
2008	3730	1933	1792	2209	15.1	17.2	92.7	22.2	21463	17.4	4237
2009	4122	2143	1984	2653	10.5	10.8	92.6	20.1	22990	17.9	5029
2010	4895	2608	2465	3208	18.8	21.7	94.5	20.9	27722	17.7	5890
2011	5925	3151	2952	3843	21.0	20.8	93.7	19.8	32000	18.5	7034

2009～2011年浙江省一般预算收支决算

单位:万元

收入				支出			
预算科目	2009年	2010年	2011年	预算科目	2009年	2010年	2011年
一、税收收入	19838146	24649571	29520062	一、一般公共服务	3976905	4342936	4715495
增值税	3685473	3988233	4617513	二、外交		534	
营业税	6636158	8166778	9157090	三、国防	54828	64276	75374
企业所得税	2950644	3741279	4975586	四、公共安全	2169814	2606680	2908679
企业所得税退税	-51			五、教育	5193303	6065431	7514236
个人所得税	1241136	1510831	1855628	六、科学技术	993037	1214005	1439014
资源税	66750	63554	84968	七、文化体育与传媒	640943	771484	850908
固定资产投资方向调节税	2	3		八、社会保障和就业	1530802	2063942	2918160
城市维护建设税	1141346	1430569	2000708	九、医疗卫生	1770527	2245289	2789806
房产税	686297	719652	991948	十、节能环保	554210	820725	781140
印花税	289457	403732	453650	十一、城乡社区事务	2246114	2723020	3384288
城镇土地使用税	721471	675433	854992	十二、农林水事务	2360813	2903745	3733214
土地增值税	489370	1066951	1480487	十三、交通运输	2463553	2333680	2739874
车船税	111109	161983	191339	十四、资源勘探电力信息等事务	1051836	1256681	1378101
耕地占用税	273851	440533	513751	十五、商业服务业等事务		855818	969714
契税	1544225	2279372	2341708	十六、金融监管等事务支出	20439	42249	57751
烟叶税	908	668	657	十七、地震灾后恢复重建支出	178033	186809	27998
其他税收收入			37	十八、国土资源气象等事务		209599	304317
二、非税收入	1586985	1435084	1987891	十九、住房保障支出		295972	580494
专项收入	671114	837489	1107372	二十、粮油物资管理事务	550914	117526	113613
行政事业性收费收入	419374	445931	408018	二十一、储备事务支出			17483
罚没收入	789732	706026	827606	二十二、预备费			
国有资本经营收入	-463799	-729092	-640704	二十三、国债还本付息支出	1506	26518	32037
国有资源（资产）有偿使用收入	114732	167681	272797	二十四、其他支出	775909	931911	1094220
其他收入	55832	7049	12802				
收入合计	21425131	26084655	31507953	支出合计	26533486	32078830	38425916

2007～2011年浙江省11市及市本级地方财政收入排序

单位：万元

地区	2007年		2008年		2009年		2010年		2011年	
	地方财政收入	排序	地方财政收入	排序	地方财政收入	排序	地方财政收入	排序	地方财政收入	排序
杭州市	3916195	1	4553531	1	5207899	1	6713412	1	7851524	1
其中市本级	922319	1	498269	1	566154	1	776820	1	793024	1
宁波市	3291218	2	3903874	2	4328003	2	5309278	2	6575530	2
其中市本级	399960	3	415911	4	423326	5	546990	3	702039	2
温州市	1570271	3	1801456	3	1956445	3	2284927	3	2708670	3
其中市本级	410375	2	464847	2	497605	2	552955	2	641475	3
嘉兴市	1052352	6	1268694	5	1417039	5	1768297	5	2264023	5
其中市本级	361196	4	427090	3	475050	3	369573	6	490449	5
湖州市	616780	8	716116	8	800106	8	972656	8	1221200	8
其中市本级	289302	6	335595	6	361736	6	202415	7	242539	7
绍兴市	122169	4	1435954	4	1604310	4	1932305	4	2396916	4
其中市本级	338583	5	389598	5	430134	4	483297	4	592237	4
金华市	1019684	7	1197047	7	1292755	7	1559255	7	1857684	7
其中市本级	238792	7	282218	7	314800	7	389850	5	468746	6
衢州市	293530	11	343893	11	378521	10	469780	10	575729	10
其中市本级	144233	9	169213	9	192062	9	178153	8	219927	8
舟山市	350636	9	431534	9	487786	9	610396	9	764844	9
其中市本级	165687	8	190958	8	210201	8	177900	10	169776	9
台州市	1088551	5	1260498	6	1360227	6	1648845	6	2001150	6
其中市本级	69953	11	85086	11	88037	11	105566	11	138779	11
丽水市	326640	10	361476	10	374198	11	449423	11	573620	11
其中市本级	116497	10	124179	10	125530	10	110712	10	150042	10

2007～2011年浙江省县(市、区)地方财政收入排序

单位:万元

地区		2007年		2008年		2009年		2010年		2011年	
		地方财政收入	排序	地方财政收入	排序	地方财政收入	排序	地方财政收入	排序	地方财政收入	排序
杭州市	富阳市	204533	17	235770	18	275699	16	326503	19	409488	18
	桐庐县	66815	59	82241	59	95011	59	130775	58	171946	52
	临安市	97935	46	116599	46	140369	44	169673	45	211018	46
	建德市	84236	49	96900	54	105736	56	120060	61	141146	61
	淳安县	41273	68	49179	69	55893	69	71987	73	95161	73
	上城区	212112	14	369074	9	389886	9	502201	8	535526	10
	下城区	264336	10	527208	3	575339	4	638984	4	710901	5
	江干区	197776	19	265291	14	298945	13	429464	11	516891	11
	拱墅区	188524	21	272943	13	290758	15	352044	15	440264	14
	西湖区	268795	9	391430	6	464546	6	628907	5	719482	4
	滨江区	283249	8	315882	11	369136	11	460248	9	542954	9
	萧山区	538828	1	631802	1	695281	1	981659	1	1133788	1
	余杭区	367923	3	482039	4	596701	3	760010	3	956393	3
	开发区	0		196963	27	262600	19	333634	17	432777	15
	西湖风景名胜区	19092	80	21928	83	25845	82	30443	90	40765	89
	临平工业园区	9	89	13	90	0		0		0	
宁波市	慈溪市	355068	4	434376	5	491037	5	571910	6	612968	7
	余姚市	302937	7	333331	10	390273	8	440379	10	550163	8
	奉化市	108897	43	129255	44	144213	42	179077	43	219607	44
	象山县	113490	39	148420	38	167067	37	200893	36	248303	37
	宁海县	129042	36	156576	36	179067	32	210058	35	265948	34
	鄞州区	430834	2	589236	2	661218	2	878242	2	972736	2
	镇海区	162966	26	198969	26	216618	27	268709	27	362475	24
	北仑区	145333	30	160095	32	186373	29	223532	33	291909	31
	江东区	205410	16	220504	21	247057	22	311898	20	374974	21
	江北区	196269	20	227824	20	247458	21	295639	23	348621	27

（续表一）

单位：万元

地区		2007年		2008年		2009年		2010年		2011年	
		地方财政收入	排序	地方财政收入	排序	地方财政收入	排序	地方财政收入	排序	地方财政收入	排序
	海曙区	259177	11	297124	12	325218	12	361807	14	423423	16
	开发区	174429	23	213401	23	240525	23	281526	26	372931	22
	大榭开发区	125953	37	138982	40	130657	46	192406	38	300446	30
	宁波保税区	83335	51	100756	51	106155	55	123562	59	150658	59
	东钱湖区	27550	76	40253	74	50050	71	70980	74	78220	76
	高新开发区	70568	57	98861	53	121691	49	151670	48	197874	47
	杭州湾新区	0		0		0		0		102235	69
温州市	平阳县	70746	56	88044	57	99451	58	133471	56	167528	55
	苍南县	100112	45	117226	45	129345	47	149518	49	174301	50
	瑞安市	211574	15	239671	17	274038	17	326992	18	386789	20
	永嘉县	92111	48	107966	50	115877	50	137436	53	162741	57
	乐清市	216305	13	250666	16	272332	18	343622	16	416600	17
	文成县	19057	81	23231	81	26770	80	34822	85	47375	83
	泰顺县	18688	82	22800	82	26327	81	34278	86	46287	84
	洞头县	17652	84	21135	84	22707	84	27352	91	30706	93
	鹿城区	142510	31	158216	34	169557	36	187485	40	222477	42
	瓯海区	97848	47	113808	48	130754	45	141240	51	162033	58
	龙湾区	100513	44	114495	47	107873	53	114980	62	133705	63
	开发区	72780	55	79351	61	83809	61	100776	64	116653	65
嘉兴市	海宁市	179028	22	213920	22	239510	24	303272	22	388194	19
	桐乡市	170598	24	204037	24	225734	26	283049	25	362870	23
	平湖市	150646	29	186712	28	208229	28	255125	28	324423	28
	嘉善县	110227	42	140045	39	159700	39	188182	39	243200	39
	海盐县	80657	53	96890	55	108816	51	136780	54	171825	53
	南湖区			0		0		141894	50	174163	51
	秀洲区			0		0		90422	66	108899	67

（续表二）

单位：万元

地区		2007年		2008年		2009年		2010年		2011年	
		地方财政收入	排序	地方财政收入	排序	地方财政收入	排序	地方财政收入	排序	地方财政收入	排序
湖州市	长兴县	153620	27	163039	30	184703	30	223602	32	307492	29
	德清县	111500	41	134732	42	148235	41	186022	41	234045	41
	安吉县	62358	61	82750	58	105432	57	139268	52	166628	56
	吴兴区	0		0		0		121237	60	150280	60
	南浔区	0		0		0		100112	65	120216	64
	经济开发区	0		0		0		0		0	
绍兴市	绍兴县	327923	5	385212	7	435832	7	517568	7	637690	6
	上虞市	167056	25	202334	25	227646	25	291582	24	355195	26
	嵊州市	83830	50	100045	52	108594	52	131523	57	184346	49
	新昌县	76278	54	93530	56	106438	54	135008	55	169928	54
	诸暨市	227499	12	265235	15	295666	14	373327	13	457520	13
	越城区			0		0		0		0	
金华市	兰溪市	69198	58	81249	60	90218	60	112166	63	135660	62
	永康市	133528	34	157981	35	177160	34	224036	31	252637	36
	武义县	62661	60	69288	62	73445	63	88712	68	110662	66
	东阳市	113258	40	135710	41	151531	40	193974	37	239530	40
	磐安县	225158	78	25286	79	27200	79	32800	88	40095	91
	义乌市	322806	6	377929	8	386255	10	427600	12	504600	12
	浦江县	56923	63	67386	64	72146	64	90117	67	105754	68
	金东区	0		0		0		0		0	
	婺城区	0		0		0		0		0	
	开发区	0		0		0		0		0	
衢州市	龙游县	40495	70	46992	71	50011	72	58121	76	70941	78
	常山县	29566	74	35539	75	38056	75	44921	80	53116	81
	江山市	53703	64	62121	65	65879	66	80392	71	100218	70
	开化县	25533	77	30028	78	32513	77	38473	82	43419	86

（续表三）

单位：万元

地区		2007年		2008年		2009年		2010年		2011年	
		地方财政收入	排序	地方财政收入	排序	地方财政收入	排序	地方财政收入	排序	地方财政收入	排序
	柯城区			0		0		34027	87	40713	90
	衢江区			0		0		35693	84	47395	82
舟山市	岱山县	31000	72	42535	73	51058	70	67566	75	84685	75
	嵊泗县	29809	73	33530	76	36928	76	40033	81	43738	85
	定海区	42011	67	53602	68	62018	68	152729	47	245716	38
	普陀区	82129	52	110909	49	127581	48	172168	44	220929	43
台州市	临海市	136172	33	161023	31	173388	35	221272	34	261957	35
	温岭市	204069	18	233759	19	250238	20	305918	21	361688	25
	玉环县	137582	32	158308	33	165568	38	182530	42	216856	45
	三门县	45679	66	61111	66	66069	65	80734	70	96022	72
	仙居县	40626	69	48023	70	49377	73	56698	77	68553	79
	天台县	51610	65	60533	67	65442	67	78081	72	96610	71
	椒江区	150971	28	164540	29	180667	31	226478	29	275213	33
	黄岩区	118769	38	132707	43	142843	43	166018	46	197394	48
	路桥区	133120	35	155408	37	178598	33	225550	30	288078	32
丽水市	缙云县	38384	71	42700	72	44467	74	51350	79	66214	80
	景宁县	14071	86	16241	87	17022	87	22412	93	36677	92
	龙泉市	21862	79	24785	80	24870	83	32067	89	40855	88
	青田县	59802	62	68987	63	73922	62	81270	69	93244	74
	庆元县	11944	87	12525	88	12941	88	15533	95	18812	96
	松阳县	17858	83	20045	85	21933	85	25476	92	29225	94
	遂昌县	27752	75	30906	77	31879	78	36885	83	41768	87
	云和县	16518	85	18402	86	19003	86	20312	94	24471	95
	莲都区	1952	88	2706	89	2631	89	53406	78	72312	77

2011年浙江省一般预算收支决算分级

单位：万元

预算科目	决算数合计	省级	地级	其中：地级直属乡镇	县级	乡镇级
一、税收收入	29520062	2378265	4339544	27043	15018486	7783767
增值税	4617513	254830	532001		2121287	1709395
营业税	9157090	1272981	1052423	7519	4699689	2131997
企业所得税	4975586	675329	622163	3859	2406620	1271474
企业所得税退税						
个人所得税	1855628	81071	234881	1851	998188	541488
资源税	84968		2104		35789	47075
固定资产投资方向调节税						
城市维护建设税	2000708	62051	441520	4995	931008	566129
房产税	991948	15936	139312	3856	497195	339505
印花税	453650	14797	60806	1722	230099	147948
城镇土地使用税	854992	1270	97569	3193	328482	427671
土地增值税	1480487		184627	48	890369	405491
车船税	191339		30006		155056	6277
耕地占用税	513751		99160		382965	31626
契税	2341708		842972		1341045	157691
烟叶税	657				657	
其他税收收入	37				37	
二、非税收入	1987891	338798	269489		1296629	82975
专项收入	1107372	146996	185544		697575	77257
行政事业性收费收入	408018	116735	73347		212850	5086
罚没收入	827606	63213	222697		541225	471
国有资本经营收入	-640704	-36570	-251620		-352514	
国有资源（资产）有偿使用收入	272797	45798	38510		188328	161
其他收入	12802	2626	1011		9165	
收入合计	31507953	2717063	4609033	27043	16315115	7866742
一、一般公共服务	4715495	233169	943189	3830	2607010	932127
二、外交						
三、国防	75374	14375	16096		42033	2870
四、公共安全	2908679	374290	664262	179	1803099	67028
五、教育	7514236	711899	981932	50	4921253	899152
六、科学技术	1439014	241642	316287		815315	65770
七、文化体育与传媒	850908	139848	254795	45	394746	61519
八、社会保障和就业	2918160	152027	685817	1198	1762709	317607
九、医疗卫生	2789806	321257	454211	893	1800166	214172
十、节能环保	781140	25032	108973		577749	69386
十一、城乡社区事务	3384288	9736	708509	813	2211972	454071
十二、农林水事务	3733214	430263	356725	2405	2356684	589542
十三、交通运输	2739874	978163	624041		1113486	24184
十四、资源勘探电力信息等事务	1378101	100466	142919		969028	165688
十五、商业服务业等事务	969714	19167	164444		754501	31602
十六、金融监管等事务支出	57751	1400	14035		41835	481
十七、地震灾后恢复重建支出	27998		12502		15496	
十八、国土资源气象等事务	304317	52559	60650		178866	12242
十九、住房保障支出	580494	79967	144528	207	306952	49047
二十、粮油物资管理事务	113613	61271	20545		30464	1333
二十一、储备事务支出	17483	4261	4542		8648	32
二十二、预备费						
二十三、国债还本付息支出	32037		9402		22496	139
二十四、其他支出	1094220	47769	482094	3492	521282	43075
支出合计	38425916	3998561	7170498	13112	23255790	4001067

2011年浙江省政府性基金收支决算分级

单位：万元

项　目	决算数合计	省级	地级	其中：地级直属乡镇	县级	乡镇级
地方教育附加收入	669253	76371	136539		442786	13557
新增建设用地土地有偿使用费收入	333631	267513	8253		57865	
地方水利建设基金收入	905303	126618	179654		593863	5168
残疾人就业保障金收入	180159	13625	26382		139163	989
政府住房基金收入	40034	1694	12063		26277	
城市公用事业附加收入	71302		32941		37979	382
国有土地使用权出让金收入	34015803	79170	11692786		21348855	894992
国有土地收益基金收入	1251993		434168		813510	4315
农业土地开发资金收入	112867	17612	24634		69874	747
彩票公益金收入	211182	90194	73751		47171	66
城市基础设施配套费收入	118192		18755		98645	792
车辆通行费收入	32603	14147	10969		7487	
其他各项政府性基金收入	2105124	399665	548836		1135122	21501
收入合计	40047446	1086609	13199731		24818597	942509
地方教育附加支出	540739	5623	103929		375329	55858
新增建设用地有偿使用费支出	345451	15950	33547		267418	28536
地方水利建设基金支出	820021	13672	149594		615416	41339
残疾人就业保障金支出	151418	1290	23177		117344	9607
政府住房基金支出	55243	1694	9144		44168	237
城市公用事业附加支出	75191		21838		52203	1150
国有土地使用权出让金支出	33710189		8580538		22262362	2867289
国有土地收益基金支出	1296251		440573		845829	9849
农业土地开发资金支出	87377		8846	106	66194	12337
彩票公益金支出	155524	29019	57372		61949	7184
城市基础设施配套费支出	90201		10168		75200	4833
车辆通行费支出	29569	7983	15544		6042	
其他各项政府性基金支出	1480920	77108	447118		886977	69717
支出合计	38838094	152339	9901388	106	25676431	3107936

2011年浙江省政府性基金等收支决算

单位：万元

预算科目	政府性基金	国有资本经营预算	财政专户管理资金
政府性基金收入	40047446		
国有资本经营收入		175034	
行政事业性收费收入（教育收费）			1674937
其他收入			688785
其中：彩票发行机构和彩票销售机构业务费			79207
收入合计	40047446	175034	2363722
一、一般公共服务			141981
二、外交			
三、国防			3672
四、公共安全			27274
五、教育			1651667
六、科学技术			8754
七、文化体育与传媒			69196
八、社会保障和就业			41525
九、医疗卫生			66781
十、节能环保			16433
十一、城乡社区事务			113242
十二、农林水事务			62862
十三、交通运输			23405
十四、资源勘探电力信息等事务			8974
十五、商业服务业等事务			7319
十六、金融监管等事务支出			367
十七、地震灾后恢复重建支出			
十八、国土资源气象等事务			18387
十九、住房保障支出			30573
二十、粮油物资管理事务			144
二十一、储备事务支出			
二十二、国债还本付息支出			
二十三、其他支出			221341
支出合计			2513897

2007～2011年浙江省社会保险基金收支

单位：万元

科目		本年收入	上级补助收入	省补助计划单列市收入	下级上解收入	计划单列市上解省收入	本年支出	补助下级支出	省补助计划单列市支出	上解上级支出	计划单列市上解省支出	按规定核减基金结余	本年收支结余
一、企业职工基本养老保险基金	2007年	3746099	7859		25435		2229043	7859		25419			1517072
	2008年	4523968	15825		30773		2761984	15825		30755			1762002
	2009年	4792916	28910		38292		3250632	28910		38292			1542284
	2010年	5529269	17628		51076	1000	3790134	17628		51076	1000		1739135
	2011年	8331480	60000		72042		4791183	60000		72042			3540297
二、失业保险基金	2007年	288340			14983		82094			15048			206181
	2008年	363428	170		18449		100204	170		18384			263289
	2009年	439995			21638		177755			21638			262240
	2010年	520578			23152	2557	236489			23152	2557		284089
	2011年	644738			30407		330983			30407			313755
三、城镇职工基本医疗保险基金	2007年	1294627					749519						545108
	2008年	1889823					1216736						673087
	2009年	2017036					1575890						441146
	2010年	2761660			1026		2198232			1026			563428
	2011年	3369094	375		9321		2429633	375		9321			939461
四、工伤保险基金	2007年	99881					54075						45806
	2008年	141213					87155						54058
	2009年	170934					106915						64019
	2010年	219752					140777						78975
	2011年	278799			139		224985			139			53814
五、生育保险基金	2007年	53642					42158						11484
	2008年	77155					59267						17888
	2009年	95450					79109						16341
	2010年	125423					97901						27522
	2011年	161242					121463						39779
合计	2007年	5482589	7859		40418		3156889	7859		40467			2325651
	2008年	6995587	15995		49222		4225346	15995		49139			2770324
	2009年	7516331	28910		59930		5190301	28910		59930			2326030
	2010年	9156682	17628		75254	3557	6463533	17628		75254	3557		2693149
	2011年	12785353	60375		111909		7898247	60375		111909			4887106

2011年浙江省财政一般公共服务支出

单位:万元

科　目	决算数	科　目	决算数
人大事务	117132	质量技术监督与检验检疫事务	122672
政协事务	78839	民族事务	4593
政府办公厅（室）及相关机构事务	1667135	宗教事务	8080
发展与改革事务	150471	港澳台侨事务	19827
统计信息事务	73655	档案事务	33395
财政事务	277059	民主党派及工商联事务	33454
税收事务	456450	群众团体事务	88183
审计事务	60982	党委办公厅（室）及相关机构事务	151790
海关事务	10174	组织事务	93592
人力资源事务	108084	宣传事务	77560
纪检监察事务	76636	统战事务	33359
人口与计划生育事务	269970	对外联络事务	283
商贸事务	174094	其他共产党事务支出	106415
知识产权事务	4231	其他一般公共服务支出	151322
工商行政管理事务	266058		
一般公共服务支出合计		4715495	

2011年浙江省财政教育支出

单位:万元

科　目	决算数	科　目	决算数
教育管理事务	175764	留学教育	
普通教育	5369996	特殊教育	26683
职业教育	631715	教师进修及干部继续教育	111077
成人教育	31225	教育费附加支出	797817
广播电视教育	18672	其他教育支出	351287
教育支出合计		7514236	

2011年浙江省文化体育与传媒支出

单位:万元

科　目	决算数	科　目	决算数
文化	425596	广播影视	92040
文物	101740	新闻出版	14545
体育	123268	其他文化体育与传媒支出	93719
文化体育与传媒支出合计		850908	

2011年浙江省科学技术支出

单位:万元

科　目	决算数	科　目	决算数
科学技术管理事务	47029	社会科学	10707
基础研究	15775	科学技术普及	52711
应用研究	87427	科技交流与合作	6098
技术研究与开发	773018	科技重大专项	4577
科技条件与服务	79492	其他科学技术支出	362180
科学技术支出合计		1439014	

2011年浙江省社会保障和就业支出

单位:万元

科　目	决算数	科　目	决算数
人力资源和社会保障管理事务	241843	残疾人事业	64499
民政管理事务	177625	城市居民最低生活保障	42832
财政对社会保险基金的补助	583143	其他城镇社会救济	26040
补充全国社会保障基金		自然灾害生活救助	17042
行政事业单位离退休	614970	红十字事业	6453
企业改革补助	3034	农村最低生活保障	156057
就业补助	118492	其他农村社会救济	81562
抚恤	163045	补充道路交通事故社会救助基金	
退役安置	82654	其他社会保障和就业支出	431957
社会福利	106912		
社会保障和就业支出合计		2918160	

2011年浙江省节能环保支出

单位:万元

科　目	决算数	科　目	决算数
环境保护管理事务	69421	退牧还草	
环境监测与监察	23313	已垦草原退耕还草	
污染防治	218269	能源节约利用	122597
其中：排污费支出	102656	污染减排	81015
自然生态保护	151863	可再生能源	39036
天然林保护		资源综合利用	32886
退耕还林	10	能源管理事务	772
风沙荒漠治理		其他环境保护支出	41958
节能环保支出合计		781140	

2011年浙江省医疗卫生支出

单位：万元

科　目	决算数	科　目	决算数
医疗卫生管理事务	98714	医疗保障	1239952
公立医院	424703	中医药	14252
基层医疗卫生服务	385633	食品和药品监督管理事务	65082
公共卫生	413329	其他医疗卫生支出	148141
医疗卫生支出合计		2789806	

2011年浙江省城乡社区事务支出

单位：万元

科　目	决算数	科　目	决算数
城乡社区管理事务	792026	城乡社区环境卫生	387416
城乡社区规划与管理	70771	建设市场管理与监督	19456
城乡社区公共设施	1545267	其他城乡社区事务支出	569352
城乡社区事务支出合计		3384288	

2011年浙江省农林水事务支出

单位：万元

科　目	决算数	科　目	决算数
农业	1920104	扶贫	181566
林业	281701	农业综合开发	139942
水利	669107	农村综合改革	341625
其中：水资源费支出	18253	其他农林水事务支出	199169
南水北调			
农林水事务支出合计		3733214	

2011年浙江省交通运输支出

单位：万元

科　目	决算数	科　目	决算数
公路水路运输	1882901	邮政业支出	4572
铁路运输	183950	车辆购置税支出	202358
民用航空运输	24484	其他交通运输支出	215291
石油价格改革对交通运输的补贴	226318		
交通运输支出合计		2739874	

2011年浙江省资源勘探电力信息等事务支出

单位：万元

科　目	决算数	科　目	决算数
资源勘探开发和服务支出	32015	工业和信息产业监管支出	52393
制造业	191164	安全生产监管	62299
建筑业	5113	国有资产监管	12015
电力监管支出	401	支持中小企业发展和管理支出	574442
其中：三峡库区移民专项支出		其他资源勘探电力信息等事务支出	448259
资源勘探电力信息等事务支出合计		1378101	

2011年浙江省商业服务业等事务支出

单位：万元

科　目	决算数	科　目	决算数
商业流通事务	459055	涉外发展服务支出	178283
旅游业管理与服务支出	131499	其他商业服务业等事务支出	200877
商业服务业等事务支出合计		969714	

2011年浙江省国土资源气象等事务支出

单位：万元

科　目	决算数	科　目	决算数
国土资源事务	175601	地震事务	2629
海洋管理事务	86621	气象事务	24637
其中：海域使用金支出	61043		
测绘事务	14829		
国土资源气象等事务支出合计		304317	

2011年浙江省住房保障支出

单位：万元

科　目	决算数	科　目	决算数
保障性安居工程支出	188805	城乡社区住宅	21842
住房改革支出	369847		
住房保障支出合计		580494	

2011年浙江省市县级一般预算收支情况

单位:万元

项目 \ 地区	杭州市	市本级	富阳市	桐庐县	临安市	建德市	淳安县	上城区
一、收入合计	7851524	793024	409488	171946	211018	141146	95161	535526
(一)税收收入	7582715	770488	383246	158630	204153	135025	87355	520044
增值税	1018017	76617	89936	30787	37992	23727	8051	46077
营业税	2409436	34533	97383	52096	55213	33100	36965	237080
企业所得税	1308761	70937	40696	17541	30959	22436	15495	98729
个人所得税	510554	8964	20582	8206	13822	8807	4424	50863
资源税	12325	0	3710	922	1690	3005	43	0
城市维护建设税	549604	105818	24482	8826	15827	9166	3999	29008
耕地占用税	103448	35710	8658	6226	4717	3478	1196	0
契税	722185	429596	38358	13324	16601	9830	6027	0
烟叶税	0	0	0	0	0	0	0	0
其他各项税收收入	948385	8313	59441	20702	27332	21476	11155	58287
(二)非税收入	268809	22536	26242	13316	6865	6121	7806	15482
专项收入	231881	44737	17920	6226	7473	6011	3591	10485
行政事业性收费收入	16844	5587	2654	231	200	704	401	1047
罚没收入	115948	45665	7430	6210	6480	3794	3374	1508
国有资本经营收入	-113682	-76400	-3000	0	-7712	-4700	0	0
国有资源(资产)有偿使用收入	17666	2942	1238	649	424	312	334	2442
其他收入	152	5	0	0	0	0	106	0
二、支出合计	7475108	1839964	468439	227949	335588	231133	240155	236603
一般公共服务	857682	240234	52529	25898	44521	29039	33690	20667
外交	0	0	0	0	0	0	0	0
国防	10475	2606	33	530	607	483	298	128
公共安全	507281	153255	25788	16501	18446	12262	11894	18475
教育	1320537	225609	126548	52614	86333	56692	56543	48542
科学技术	349228	127514	20080	8735	14581	10492	5001	9585
文化体育与传媒	185042	71046	9760	4659	5886	3056	3855	1250
社会保障和就业	775422	266159	46246	24838	29079	20089	19556	30098
医疗卫生	513455	148513	35390	17756	21959	21515	27023	11132
节能环保	141227	26407	23059	11527	16274	11124	5396	470
城乡社区事务	1231836	128492	26249	11327	11795	7604	6877	61887
农林水事务	392344	52840	61986	25575	34482	35223	31920	450
交通运输	212663	79508	13358	11363	22810	8727	21800	0
资源勘探电力信息等事务	284201	24701	9886	6047	10039	2771	4571	9722
商业服务业等事务	200146	39141	5384	6813	10203	3696	2283	7823
金融监管等事务支出	5355	1760	346	70	179	668	10	484
地震灾后恢复重建支出	23578	12341	0	0	0	0	0	0
国土资源气象等事务	40875	11629	4060	472	3653	2226	914	464
住房保障支出	60192	15780	5882	1830	368	2125	5902	259
粮油物资管理事务	17568	12056	52	818	3147	49	1155	0
储备事务支出	3222	0	0	0	0	0	0	0
国债还本付息支出	1545	0	0	556	300	0	8	0
其他支出	341234	200373	1803	20	926	3292	1459	15167

（续表一）　　　　单位：万元

地区 项目	下城区	江干区	拱墅区	西湖区	滨江区	萧山区	余杭区	开发区
一、收入合计	710901	516891	440264	719482	542954	1133788	956393	432777
（一）税收收入	694261	502544	425713	698095	523777	1097469	924912	417270
增值税	60746	53706	80993	56354	59201	208220	91346	93379
营业税	283665	210171	145221	316423	182114	283738	329168	88449
企业所得税	132530	94425	89162	129546	123168	195143	123018	118993
个人所得税	91337	19878	24692	53832	64462	65046	53559	18459
资源税	0	0	0	0	0	1158	1797	0
城市维护建设税	38313	28546	32467	39623	43011	83147	52264	33202
耕地占用税	0	0	0	6773	0	26541	10149	0
契税	0	0	0	0	0	103909	104540	0
烟叶税	0	0	0	0	0	0	0	0
其他各项税收收入	87670	95818	53178	95544	51821	130567	159071	64788
（二）非税收入	16640	14347	14551	21387	19177	36319	31481	15507
专项收入	14094	10498	11721	14310	15650	35978	20398	12096
行政事业性收费收入	0	0	0	3974	1991	0	0	0
罚没收入	1989	2526	2480	2921	687	13018	15682	1933
国有资本经营收入	0	0	0	0	0	-14870	-7000	0
国有资源(资产)有偿使用收入	557	1323	350	182	849	2153	2400	1478
其他收入	0	0	0	0	0	40	1	0
二、支出合计	204495	284217	197975	381268	378478	1097600	842414	385004
一般公共服务	23488	29864	29335	39153	22660	121134	109806	28239
外交	0	0	0	0	0	0	0	0
国防	563	106	60	707	23	2668	1629	34
公共安全	16658	21754	17425	27017	9881	90611	48759	11583
教育	43229	49551	37742	75685	38575	221791	174421	24334
科学技术	5313	14465	6755	9530	30651	33784	29810	22109
文化体育与传媒	1647	3751	1964	4915	7953	20169	17076	2822
社会保障和就业	30400	25486	21243	38686	30196	92311	97287	2518
医疗卫生	9885	12999	11447	14881	9080	95459	72514	3117
节能环保	119	161	776	1375	5512	18082	16790	3080
城乡社区事务	36844	51666	56785	104378	130366	169211	98391	257394
农林水事务	14	4201	1163	7265	7222	66900	60608	1376
交通运输	0	0	0	53	0	38662	15968	414
资源勘探电力信息等事务	3954	1973	3321	19184	65569	81019	22765	15026
商业服务业等事务	25743	4773	4953	22158	10113	14423	40060	2528
金融监管等事务支出	1234	80	191	0	303	20	10	0
地震灾后恢复重建支出	0	0	0	0	3943	4188	0	2841
国土资源气象等事务	321	120	514	5795	719	3561	4613	1684
住房保障支出	2684	0	91	127	2158	17835	4565	421
粮油物资管理事务	170	0	0	0	0	0	120	0
储备事务支出	0	0	0	0	0	0	3222	0
国债还本付息支出	0	0	0	0	0	0	681	0
其他支出	2229	63267	4210	10359	3554	5772	23319	5484

（续表二） 单位：万元

项目 \ 地区	西湖风景名胜区	临平工业园区	宁波市	市本级	慈溪市	余姚市	奉化市	象山县
一、收入合计	40765	0	6575530	702039	612968	550163	219607	248303
（一）税收收入	39733	0	6082707	602756	588503	490617	196601	214920
增值税	885	0	1101989	173738	99330	102290	44080	35384
营业税	24117	0	1622984	76106	160357	124795	55762	70170
企业所得税	5983	0	1084656	192338	79188	63371	18790	32570
个人所得税	3621	0	387660	15236	42926	38805	12459	15011
资源税	0	0	5309	0	112	612	433	741
城市维护建设税	1905	0	476267	111857	35658	27286	15533	10520
耕地占用税	0	0	101677	0	20386	12165	4765	1449
契税	0	0	416847	0	47481	34128	15745	23481
烟叶税	0	0	0	0	0	0	0	0
其他各项税收收入	3222	0	885318	33481	103065	87165	29034	25594
（二）非税收入	1032	0	492823	99283	24465	59546	23006	33383
专项收入	693	0	245010	49987	19865	18193	9109	8525
行政事业性收费收入	55	0	119671	24295	8000	9757	1619	5829
罚没收入	251	0	134812	42301	12354	11448	8700	9833
国有资本经营收入	0	0	-100317	-28500	-16700	12677	-2000	-5084
国有资源(资产)有偿使用收入	33	0	90457	10527	826	5964	5578	14280
其他收入	0	0	3190	673	120	1507	0	0
二、支出合计	106125	17701	7507223	1638698	670386	582540	329670	395453
一般公共服务	1951	5474	930855	164296	95302	86989	48258	48724
外交	0	0	0	0	0	0	0	0
国防	0	0	12388	3475	1530	1084	315	546
公共安全	6972	0	519843	128778	63146	44529	22801	25613
教育	2328	0	1176706	211293	160255	109586	60307	67547
科学技术	493	330	281531	49602	33901	20608	9705	10582
文化体育与传媒	25233	0	111152	34594	9882	13000	3743	6030
社会保障和就业	1230	0	586277	142534	73662	66852	26782	19284
医疗卫生	785	0	471820	77104	62040	57284	24044	25570
节能环保	0	1075	111516	10208	7314	11214	2492	5424
城乡社区事务	65618	6952	994802	296208	33986	28577	9634	15974
农林水事务	1084	35	579425	73245	56831	69369	66884	105125
交通运输	0	0	499499	213481	21148	22810	35642	17676
资源勘探电力信息等事务	64	3589	413438	16542	14044	14563	3475	8421
商业服务业等事务	21	31	312966	32776	17512	12880	5833	8418
金融监管等事务支出	0	0	14205	1650	2452	1223	381	1031
地震灾后恢复重建支出	215	50	0	0	0	0	0	0
国土资源气象等事务	130	0	66752	9003	2366	11620	2075	13676
住房保障支出	0	165	144112	31369	12359	7132	5452	7544
粮油物资管理事务	1	0	5010	665	6	244	203	2309
储备事务支出	0	0	2358	0	0	1558	0	400
国债还本付息支出	0	0	10827	5212	0	925	0	696
其他支出	0	0	261741	136663	2650	493	1644	4863

（续表三）　　　　单位：万元

项目 \ 地区	宁海县	鄞州区	镇海区	北仑区	江东区	江北区	海曙区	开发区
一、收入合计	265948	972736	362475	291909	374974	348621	423423	372931
（一）税收收入	239865	906079	340980	241170	365404	347386	422363	359551
增值税	52183	149451	55159	42781	17566	35073	24373	77489
营业税	63731	215019	88512	66200	156435	129070	193844	63960
企业所得税	33402	131282	72033	32091	52421	47169	58332	109884
个人所得税	18460	59448	21820	17431	29155	18314	40116	20793
资源税	103	1697	35	898	0	490	0	0
城市维护建设税	15137	61069	26690	16838	16533	19320	20504	26399
耕地占用税	5266	27320	2804	12042	365	11887	2320	0
契税	26148	62591	27754	21152	51573	31717	27485	10218
烟叶税	0	0	0	0	0	0	0	0
其他各项税收收入	25435	198202	46173	31737	41356	54346	55389	50808
（二）非税收入	26083	66657	21495	50739	9570	1235	1060	13380
专项收入	12444	28052	15646	13289	7057	7891	9016	13279
行政事业性收费收入	2924	23592	3159	25160	2670	865	3631	0
罚没收入	14164	12526	5036	10478	1721	1550	2109	11
国有资本经营收入	-3790	-3500	-21700	-3300	-4420	-10000	-14000	0
国有资源(资产)有偿使用收入	305	5987	19324	5112	2542	929	304	90
其他收入	36	0	30	0	0	0	0	0
二、支出合计	363142	960684	332205	287468	229156	278590	263193	309932
一般公共服务	54338	114698	49932	37279	32966	56843	38690	36599
外交	0	0	0	0	0	0	0	0
国防	649	1464	827	788	222	589	585	60
公共安全	30334	59534	25592	22162	19384	28581	21540	13127
教育	71081	181471	56004	59771	49366	40817	39387	22252
科学技术	10011	34197	16994	12952	12739	11687	9386	19600
文化体育与传媒	5471	15243	6643	5555	1844	2978	1343	3379
社会保障和就业	31697	70363	26967	21673	24225	13034	22977	9785
医疗卫生	34061	70920	15129	17647	13959	12994	11789	37925
节能环保	6171	38669	4985	7946	1014	4366	837	0
城乡社区事务	9857	111309	25492	25486	38535	28392	74589	76801
农林水事务	46638	67225	10968	15137	688	16602	1870	23314
交通运输	34589	41733	14501	9546	0	16674	10	14490
资源勘探电力信息等事务	5274	78256	42673	22089	2765	21219	12321	46684
商业服务业等事务	11306	46359	9929	14231	14333	8336	16089	938
金融监管等事务支出	928	1123	395	77	2093	456	1145	10
地震灾后恢复重建支出	0	0	0	0	0	0	0	0
国土资源气象等事务	2476	5345	13473	1773	364	747	330	
住房保障支出	6476	18984	9152	10335	9470	6136	9307	2368
粮油物资管理事务	4	0	530	698	0	0	0	183
储备事务支出	400	0	0	0	0	0	0	0
国债还本付息支出	220	156	0	0	3554	0	64	0
其他支出	1161	3635	2019	2323	1635	8139	934	2417

（续表四）

单位:万元

项目＼地区	大榭开发区	宁波保税区	东钱湖区	高新开发区	杭州湾新区	温州市	市本级	平阳县
一、收入合计	300446	150658	78220	197874	102235	2708670	641475	167528
（一）税收收入	280108	143861	73267	186781	82495	2514457	647704	145153
增值税	117637	26766	6783	17333	24573	423688	30144	22955
营业税	26158	31405	12585	74766	14109	696271	211474	39669
企业所得税	64327	46486	7676	33330	9966	347880	68278	16016
个人所得税	9706	12205	2735	8888	4152	183267	49892	16021
资源税	19	0	169	0	0	1197	63	31
城市维护建设税	44364	8321	2554	10999	6685	182095	43986	7306
耕地占用税	0	0	908	0	0	38925	105	5833
契税	1290	952	15948	18984	200	251867	133581	17585
烟叶税	0	0	0	0	0	0	0	0
其他各项税收收入	16607	17726	23909	22481	22810	389267	110181	19737
（二）非税收入	20338	6797	4953	11093	19740	194213	–6229	22375
专项收入	19051	3588	1126	4900	3992	93105	16878	6118
行政事业性收费收入	157	2516	2740	2298	459	14578	0	2292
罚没收入	395	84	519	1579	4	123340	42291	14102
国有资本经营收入	0	0	0	0	0	–86364	–70744	–1600
国有资源(资产)有偿使用收入	710	168	553	2090	15168	45855	5346	1227
其他收入	25	441	15	226	117	3699	0	236
二、支出合计	319787	140842	76627	192855	135995	3704471	663848	288683
一般公共服务	16442	13484	10642	13687	11686	515735	105793	38586
外交	0	0	0	0	0	0	0	0
国防	14	0	218	21	1	7805	1730	1323
公共安全	3437	185	3098	5418	2584	315796	68065	23028
教育	21157	0	10977	10125	5310	936174	142577	79591
科学技术	9000	5314	657	11258	3338	73204	26116	4755
文化体育与传媒	619	0	328	500	0	69633	21443	5852
社会保障和就业	20358	5341	5899	4286	558	241339	34039	19116
医疗卫生	2635	0	4698	2722	1299	325900	35640	33038
节能环保	4112	3000	231	2690	843	93248	5240	7001
城乡社区事务	84521	47048	8747	6310	73336	251570	90731	4118
农林水事务	15050	0	6227	490	3762	395339	30150	33183
交通运输	53162	1351	1869	817	0	168302	49368	11714
资源勘探电力信息等事务	39938	10414	1697	42059	31022	93929	4561	3958
商业服务业等事务	41092	51609	5995	15097	233	76818	17184	6606
金融监管等事务支出	225	220	485	311	0	4810	1119	62
地震灾后恢复重建支出	0	0	0	0	0	10	0	0
国土资源气象等事务	1781	185	221	487	830	29337	7339	3552
住房保障支出	2810	1096	980	2180	962	37835	15673	694
粮油物资管理事务	168	0	0	0	0	5289	1455	315
储备事务支出	0	0	0	0	0	458	45	0
国债还本付息支出	0	0	0	0	0	1268	0	1000
其他支出	3266	1595	13676	74397	231	60672	5580	11191

（续表五） 单位：万元

项目＼地区	苍南县	瑞安市	永嘉县	乐清市	文成县	泰顺县	洞头县	鹿城区
一、收入合计	174301	386789	162741	416600	47375	46287	30706	222477
（一）税收收入	154288	354498	151549	384198	26893	26231	26124	212730
增值税	24920	65874	33894	87814	2810	1756	3104	35992
营业税	47056	94067	41273	83525	8006	11533	10776	71131
企业所得税	19280	50816	25326	63742	3547	4427	2967	25599
个人所得税	12480	21404	12012	28507	1837	1793	1490	14218
资源税	141	0	198	402	81	1	89	21
城市维护建设税	8703	24576	10899	30976	1702	1294	1670	14686
耕地占用税	1860	6241	1404	4643	1700	192	114	3255
契税	13518	30885	6392	41589	3345	1699	3273	0
烟叶税	0	0	0	0	0	0	0	0
其他各项税收收入	26330	60635	20151	43000	3865	3536	2641	47828
（二）非税收入	20013	32291	11192	32402	20482	20056	4582	9747
专项收入	6508	12596	7090	16740	1298	1028	1410	6470
行政事业性收费收入	2419	0	157	0	3570	5498	532	0
罚没收入	10479	17227	5072	17389	1634	1733	1792	3141
国有资本经营收入	-1900	-6000	-1350	-3500	0	-210	-60	0
国有资源(资产)有偿使用收入	2349	8468	223	1773	11428	12007	908	136
其他收入	158	0	0	0	2552	0	0	0
二、支出合计	351397	431542	308919	457727	206282	186265	112627	248307
一般公共服务	41871	56618	48172	52202	26243	25877	17746	36656
外交	0	0	0	0	0	0	0	0
国防	500	602	587	814	230	210	444	524
公共安全	24069	35500	22694	30355	11003	10250	6560	38956
教育	95759	124553	86659	156672	40199	34534	16335	64182
科学技术	4159	8624	5409	7855	1455	898	2119	3184
文化体育与传媒	4178	5447	6840	5099	5311	6129	1977	3456
社会保障和就业	26970	36095	20954	36399	15590	14855	5350	15026
医疗卫生	42058	41604	29532	42861	23403	15940	7476	20722
节能环保	7931	3834	3741	3110	10096	12423	1472	4519
城乡社区事务	9625	24229	7274	28801	2874	1469	13793	26543
农林水事务	61869	53229	40299	40416	35341	41488	28311	10457
交通运输	17875	18631	18597	14911	16525	11484	2783	2224
资源勘探电力信息等事务	4940	5012	12188	9087	702	1008	3592	3869
商业服务业等事务	4148	6622	3015	3728	4860	1670	1163	13433
金融监管等事务支出	748	0	987	1894	0	0	0	0
地震灾后恢复重建支出	0	10	0	0	0	0	0	0
国土资源气象等事务	3211	5021	179	3451	1947	2408	1432	106
住房保障支出	946	1444	302	556	5021	2256	35	3237
粮油物资管理事务	293	178	138	430	744	1154	238	0
储备事务支出	0	0	0	0	350	0	63	0
国债还本付息支出	43	0	0	0	111	114	0	0
其他支出	204	4289	1352	19086	4277	2098	1738	1213

（续表六）

单位：万元

项目 \ 地区	瓯海区	龙湾区	开发区	嘉兴市	市本级	海宁市	桐乡市	平湖市
一、收入合计	162033	133705	116653	2264023	490449	388194	362870	324423
（一）税收收入	153869	120206	111014	2201021	475331	390121	360174	321328
增值税	45489	41403	27533	384240	53399	68446	59717	67979
营业税	30185	18722	28854	619352	136960	114639	90739	84504
企业所得税	30684	19893	17305	340246	65150	63253	70084	57300
个人所得税	8423	8846	6344	130099	41650	19111	17926	16286
资源税	99	71	0	1954	0	1097	0	0
城市维护建设税	14596	12387	9314	157305	49006	26558	25117	23316
耕地占用税	2790	7240	3548	54131	3564	9719	9065	5332
契税	0	0	0	182563	65606	34445	36101	18631
烟叶税	0	0	0	56	0	0	56	0
其他各项税收收入	21603	11644	18116	331075	59996	52853	51369	47980
（二）非税收入	8164	13499	5639	63002	15118	–1927	2696	3095
专项收入	5293	7852	3824	85683	11740	13145	13143	14186
行政事业性收费收入	0	0	110	22902	10222	2765	1252	1148
罚没收入	3794	4229	457	54602	10805	11098	6732	1967
国有资本经营收入	–1000	0	0	–105406	–19500	–29635	–19100	–15000
国有资源(资产)有偿使用收入	77	1418	495	5214	1844	700	669	794
其他收入	0	0	753	7	7	0	0	0
二、支出合计	187284	155883	105707	2406148	513190	398663	380042	329260
一般公共服务	30543	27270	8158	316583	67653	58716	42406	47469
外交	0	0	0	0	0	0	0	0
国防	729	112	0	4314	879	852	663	1003
公共安全	22869	19273	3174	187366	41392	27074	27509	26280
教育	51134	39932	4047	556019	61668	101347	107240	73446
科学技术	2515	2730	3385	94763	18987	18102	16549	11992
文化体育与传媒	2032	1457	412	57189	15039	12413	9479	7767
社会保障和就业	10743	5575	627	191196	82610	17257	21656	20234
医疗卫生	18437	14606	583	154230	30864	27265	28337	19992
节能环保	3251	3368	27262	71460	8294	14394	17190	7319
城乡社区事务	8337	16779	16997	248272	68056	37515	38785	28256
农林水事务	12037	8288	271	188602	11879	33168	34646	28666
交通运输	2845	1345	0	125090	45917	21449	19496	6935
资源勘探电力信息等事务	4166	5372	35474	84297	12751	12925	5220	33459
商业服务业等事务	7483	3256	3650	53007	11966	7372	8432	4674
金融监管等事务支出	0	0	0	4667	1078	155	60	2112
地震灾后恢复重建支出	0	0	0	0	0	0	0	0
国土资源气象等事务	71	537	83	7196	1962	189	324	529
住房保障支出	7268	0	403	35408	22153	5822	897	4457
粮油物资管理事务	344	0	0	3483	924	631	396	309
储备事务支出	0	0	0	23	23	0	0	0
国债还本付息支出	0	0	0	1674	182	284	757	0
其他支出	2480	5983	1181	21309	8913	1733	0	4361

（续表七）

单位：万元

项目 \ 地区	嘉善县	海盐县	南湖区	秀洲区	湖州市	市本级	长兴县	德清县
一、收入合计	243200	171825	174163	108899	1221200	242539	307492	234045
（一）税收收入	234978	162982	158281	97826	1170082	237425	286338	221095
增值税	54540	32713	22626	24820	194522	23524	46658	45072
营业税	59744	46973	60121	25672	340037	82095	79150	57728
企业所得税	30641	15761	20421	17636	165852	28986	48801	30431
个人所得税	17625	15548	1139	814	71823	16273	16284	16757
资源税	0	857	0	0	30066	53	12548	10253
城市维护建设税	15933	17375	0	0	70159	17268	14695	12724
耕地占用税	4273	4500	13625	4053	38961	8518	6886	4996
契税	17888	9892	0	0	101616	30912	19043	11617
烟叶税	0	0	0	0	0	0	0	0
其他各项税收收入	34334	19363	40349	24831	157046	29796	42273	31517
（二）非税收入	8222	8843	15882	11073	51118	5114	21154	12950
专项收入	10770	10167	6296	6236	39018	7984	10215	7691
行政事业性收费收入	989	3275	1951	1300	1093	180	111	40
罚没收入	6873	6191	7482	3454	49258	20513	10516	8298
国有资本经营收入	-11160	-11011	0	0	-39883	-24386	0	-3346
国有资源(资产)有偿使用收入	750	221	153	83	1632	823	312	267
其他收入	0	0	0	0	0	0	0	0
二、支出合计	252935	207050	185454	139554	1517340	376531	353020	260698
一般公共服务	37385	28506	17090	17358	202834	46851	45457	47688
外交	0	0	0	0	0	0	0	0
国防	60	690	112	55	1790	463	321	286
公共安全	21429	16398	17911	9373	122326	49211	23906	20097
教育	56786	57992	53256	44284	321089	43190	86690	53730
科学技术	8628	10310	6079	4116	45753	11986	9640	8534
文化体育与传媒	4139	4878	1673	1801	24116	7206	5200	5003
社会保障和就业	15247	10991	15223	7978	103945	25693	22644	18730
医疗卫生	17579	12416	9719	8058	104650	21918	20909	19323
节能环保	6404	6893	5808	5158	81180	8402	26116	9337
城乡社区事务	23792	8703	28308	14857	86624	13247	19820	13997
农林水事务	24808	23765	12797	18873	133686	26561	37076	17492
交通运输	10248	13935	3158	3952	113529	65680	21601	9893
资源勘探电力信息等事务	12007	3973	3161	801	63971	14582	16697	19451
商业服务业等事务	7472	4548	6285	2258	37397	15240	8224	5716
金融监管等事务支出	1174	88	0	0	5395	156	4172	222
地震灾后恢复重建支出	0	0	0	0	0	0	0	0
国土资源气象等事务	1896	1627	50	619	5666	3401	1240	325
住房保障支出	965	540	574	0	31053	14593	2403	6772
粮油物资管理事务	728	477	5	13	3400	1634	753	1011
储备事务支出	0	0	0	0	355	309	23	0
国债还本付息支出	451	0	0	0	1764	0	0	1305
其他支出	1737	320	4245	0	26817	6208	128	1786

（续表八） 单位：万元

项目 \ 地区	安吉县	吴兴区	南浔区	湖州经济开发区	绍兴市	市本级	绍兴县	上虞市
一、收入合计	166628	150280	120216	0	2396916	592237	637690	355195
（一）税收收入	163981	145775	115468	0	2278023	565068	608420	339602
增值税	25714	26508	27046	0	382464	63377	112981	61744
营业税	53339	42304	25421	0	638926	187096	152741	96398
企业所得税	21399	18964	17271	0	334001	75919	100431	53876
个人所得税	9726	6824	5959	0	118278	34521	26012	18478
资源税	1339	5873		0	3952	802	435	430
城市维护建设税	9595	8331	7546	0	142720	39031	33301	21067
耕地占用税	5800	6996	5765	0	62369	10042	15245	10443
契税	14455	14288	11301	0	184446	52098	46467	26388
烟叶税	0	0	0	0	539	0	0	0
其他各项税收收入	22614	15687	15159	0	410328	102182	120807	50778
（二）非税收入	2647	4505	4748	0	118893	27169	29270	15593
专项收入	5669	3600	3859	0	70671	15594	19438	10675
行政事业性收费收入	759	0	3	0	35689	17784	3249	4081
罚没收入	8201	872	858	0	55647	10378	8518	9661
国有资本经营收入	-12151	0	0	0	-54681	-20000	-6500	-9676
国有资源(资产)有偿使用收入	169	33	28	0	11367	3305	4473	852
其他收入	0	0	0	0	200	108	92	0
二、支出合计	252632	118398	111169	44892	2533091	528198	586443	357568
一般公共服务	33508	13218	10937	5175	330251	73036	76796	51899
外交	0	0	0	0	0	0	0	0
国防	348	121	251	0	5045	1390	890	589
公共安全	17860	5309	4327	1616	198032	59314	39819	25492
教育	56075	39640	36625	5139	561261	82332	110353	86630
科学技术	7678	2821	2354	2740	123294	35211	30429	15435
文化体育与传媒	4168	815	1461	263	73795	42444	11477	3962
社会保障和就业	19453	8041	7057	2327	185334	33838	43884	29386
医疗卫生	17761	12514	11847	378	190825	44629	37827	19856
节能环保	22281	7579	5228	2237	66307	10072	10555	24425
城乡社区事务	8512	7901	7734	15413	147637	20738	59216	10025
农林水事务	27369	11418	11158	2612	246577	23547	64958	50072
交通运输	14748	950	610	47	110059	24508	15181	15736
资源勘探电力信息等事务	4534	4045	3947	715	85744	14816	35266	6977
商业服务业等事务	4375	978	2407	457	72804	10779	17551	11543
金融监管等事务支出	845	0	0	0	5706	1618	40	1901
地震灾后恢复重建支出	0	0	0	0	0	0	0	0
国土资源气象等事务	700	0	0	0	8877	5064	843	622
住房保障支出	2115	17	1316	3837	50669	14302	19466	1901
粮油物资管理事务	2	0	0	0	3075	721	336	240
储备事务支出	23	0	0	0	1722	0	1722	0
国债还本付息支出	238	0	0	221	4502	1316	1097	617
其他支出	10039	3031	3910	1715	61575	28523	8737	260

（续表九） 单位:万元

项目 \ 地区	嵊州市	新昌县	诸暨市	越城区	金华市	市本级	兰溪市	永康市
一、收入合计	184346	169928	457520	0	1857684	468746	135660	252637
（一）税收收入	174942	162679	427312	0	1714618	435393	129174	227410
增值税	32130	38929	73303	0	290194	48913	30166	49284
营业税	55061	38232	109398	0	468661	140314	28796	45737
企业所得税	17743	26943	59089	0	215507	51026	14788	30306
个人所得税	9227	8184	21856	0	126012	30351	7343	13832
资源税	92	45	2148	0	2937	888	1063	46
城市维护建设税	12325	10843	26153	0	120188	29239	11181	19350
耕地占用税	8033	1948	16658	0	25591	5757	3928	6488
契税	10084	8670	40739	0	181542	54958	10103	21955
烟叶税	148	391	0	0	0	0	0	0
其他各项税收收入	30099	28494	77968	0	283986	73947	21806	40412
（二）非税收入	9404	7249	30208	0	143066	33353	6486	25227
专项收入	5700	5957	13307	0	61711	12124	7547	9444
行政事业性收费收入	1095	809	8671	0	30524	3629	335	8600
罚没收入	8796	6267	12027	0	57791	18763	3690	7750
国有资本经营收入	-7000	-6000	-5505	0	-14870	-2800	-5580	-1200
国有资源(资产)有偿使用收入	813	216	1708	0	7234	1637	494	633
其他收入	0	0	0	0	676	0	0	0
二、支出合计	231803	227588	494358	107133	2350800	308293	238608	271046
一般公共服务	30109	31237	53816	13358	317685	40335	22208	36709
外交	0	0	0	0	0	0	0	0
国防	547	470	737	422	5079	1442	250	801
公共安全	16598	18069	32815	5925	198486	39763	12502	21427
教育	70802	46115	116999	48030	591747	50048	60637	82283
科学技术	10843	7635	22321	1420	83449	12188	6309	14213
文化体育与传媒	4895	3949	6615	453	44727	14142	2578	3058
社会保障和就业	20371	17137	34569	6149	190197	29307	32474	15491
医疗卫生	17581	14512	51167	5253	207719	16162	26825	28948
节能环保	2141	6258	12682	174	53794	5418	5883	5241
城乡社区事务	4191	14311	27992	11164	117478	30979	11164	12290
农林水事务	27288	33518	45144	2050	238326	25261	26798	27732
交通运输	11001	11185	32421	27	128856	18105	9277	10109
资源勘探电力信息等事务	3685	8675	15900	425	53951	6803	6567	4903
商业服务业等事务	5999	4128	14623	8181	45567	7678	4308	4585
金融监管等事务支出	1714	217	216	0	2553	485	25	654
地震灾后恢复重建支出	0	0	0	0	4410	161	0	0
国土资源气象等事务	677	1295	376	0	12333	768	235	1186
住房保障支出	2625	1521	6795	4059	17743	5825	740	738
粮油物资管理事务	400	418	960	0	2868	96	515	670
储备事务支出	0	0	0	0	571	15	200	0
国债还本付息支出	263	263	946	0	1850	866	0	0
其他支出	73	6675	17264	43	31411	2446	9113	8

（续表十） 单位：万元

项目 \ 地区	武义县	东阳市	磐安县	义乌市	浦江县	金东区	婺城区	开发区
一、收入合计	110662	239530	40095	504600	105754	0	0	0
（一）税收收入	99355	218510	35403	473184	96189	0	0	0
增值税	21486	32883	7328	81432	18702	0	0	0
营业税	21235	64707	12450	130125	25297	0	0	0
企业所得税	13828	29540	4448	59476	12095	0	0	0
个人所得税	6186	18122	2672	41369	6137	0	0	0
资源税	557	160	34	103	86	0	0	0
城市维护建设税	7960	12533	1873	31371	6681	0	0	0
耕地占用税	1611	5408	908	1191	300	0	0	0
契税	9490	24393	1999	49441	9203	0	0	0
烟叶税	0	0	0	0	0	0	0	0
其他各项税收收入	17002	30764	3691	78676	17688	0	0	0
（二）非税收入	11307	21020	4692	31416	9565	0	0	0
专项收入	4646	6561	1483	15854	4052	0	0	0
行政事业性收费收入	1594	8000	901	6385	1080	0	0	0
罚没收入	4831	7310	1526	8806	5115	0	0	0
国有资本经营收入	0	-2000	0	-2290	-1000	0	0	0
国有资源(资产)有偿使用收入	236	1149	106	2661	318	0	0	0
其他收入	0	0	676	0	0	0	0	0
二、支出合计	188903	289096	124786	496337	147116	104539	142187	39889
一般公共服务	23478	42628	15525	89227	20261	9960	12782	4572
外交	0	0	0	0	0	0	0	0
国防	320	484	178	864	349	315	76	0
公共安全	12919	18770	8834	48312	11749	7398	10176	6096
教育	46702	88474	25090	113271	44433	26741	42523	11545
科学技术	6647	12243	3300	19096	4987	1931	1577	958
文化体育与传媒	3946	5222	2476	7510	2607	1382	1438	368
社会保障和就业	17259	21541	6859	35432	13322	5258	11618	1636
医疗卫生	15410	23777	10321	41183	13490	12061	17060	2482
节能环保	4374	12394	6545	7558	3512	2353	516	0
城乡社区事务	7115	11992	3069	33582	1780	1698	2198	1611
农林水事务	19548	23629	17394	28764	19877	24264	24129	930
交通运输	8872	10479	6597	42233	5444	5557	12149	34
资源勘探电力信息等事务	12410	5612	2751	9434	1967	420	488	2596
商业服务业等事务	5401	7349	2422	8729	1219	557	1131	2188
金融监管等事务支出	392	300	0	497	200	0	0	0
地震灾后恢复重建支出	0	0	0	4249	0	0	0	0
国土资源气象等事务	1484	2147	913	4485	1062	53	0	0
住房保障支出	2184	66	3806	900	104	1133	1377	870
粮油物资管理事务	367	391	480	97	94	106	52	0
储备事务支出	0	0	214	42	0	0	100	0
国债还本付息支出	0	8	262	714	0	0	0	0
其他支出	75	1590	7750	158	659	3352	2257	4003

（续表十一） 单位：万元

项目 \ 地区	衢州市	市本级	龙游县	常山县	江山市	开化县	柯城区	衢江区
一、收入合计	575729	219927	70941	53116	100218	43419	40713	47395
（一）税收收入	517944	196544	63021	45789	92075	36744	39545	44226
增值税	74214	33514	8810	7795	12561	3004	3589	4941
营业税	157431	44571	20913	12566	32913	14143	19453	12872
企业所得税	63437	29821	6009	4104	9407	5296	3954	4846
个人所得税	27506	11994	3197	1592	4551	1589	2647	1936
资源税	4416	15	393	2455	794	7	7	745
城市维护建设税	35967	18085	3850	2888	7293	1687	0	2164
耕地占用税	18240	9429	3755	2564	297	655	0	1540
契税	44892	17958	5378	3598	8249	4234	0	5475
烟叶税	0	0	0	0	0	0	0	0
其他各项税收收入	91841	31157	10716	8227	16010	6129	9895	9707
（二）非税收入	57785	23383	7920	7327	8143	6675	1168	3169
专项收入	22244	9958	2648	3351	3824	1180	28	1255
行政事业性收费收入	12121	4258	2077	1142	1375	2146	440	683
罚没收入	23749	10838	2591	2759	2652	3267	700	942
国有资本经营收入	-4073	-3990	0	0	-83	0	0	0
国有资源(资产)有偿使用收入	3743	2319	604	75	374	82	0	289
其他收入	1	0	0	0	1	0	0	0
二、支出合计	1254010	274606	182431	161946	228000	179113	97713	130201
一般公共服务	194701	37193	23829	24118	37456	28060	14604	29441
外交	0	0	0	0	0	0	0	0
国防	2536	588	414	169	503	366	129	367
公共安全	84111	35277	12187	9412	11120	8856	4366	2893
教育	270379	39064	43065	33554	54323	35032	32823	32518
科学技术	32412	6596	4331	4852	7270	4870	1773	2720
文化体育与传媒	24881	6645	3769	4231	5715	2367	721	1433
社会保障和就业	101166	22318	14786	11775	19309	13132	10305	9541
医疗卫生	99370	15716	15914	15546	19398	13158	8720	10918
节能环保	40567	14015	6568	3582	6221	5855	1360	2966
城乡社区事务	48858	22531	2440	5811	7379	5504	2088	3105
农林水事务	160455	9432	25590	25732	30458	29258	14139	25846
交通运输	78552	30799	11611	8981	14523	10908	130	1600
资源勘探电力信息等事务	35706	19540	3145	3696	4043	2415	1000	1867
商业服务业等事务	32352	5244	7709	3288	6885	2212	3852	3162
金融监管等事务支出	1191	465	396	78	192	60	0	0
地震灾后恢复重建支出	0	0	0	0	0	0	0	0
国土资源气象等事务	6491	807	1052	2126	600	1884	22	0
住房保障支出	18364	6534	4254	1599	1389	1684	1628	1276
粮油物资管理事务	3544	618	688	709	476	606	0	447
储备事务支出	140	30	0	0	110	0	0	0
国债还本付息支出	4422	1003	426	2565	0	428	0	0
其他支出	13812	191	257	122	630	12458	53	101

（续表十二）　　　　　　　　　　　　　　　　　　　　　　　　　　　　　　单位：万元

地区 项目	舟山市	市本级	岱山县	嵊泗县	定海区	普陀区	台州市	市本级
一、收入合计	764844	169776	84685	43738	245716	220929	2001150	138779
（一）税收收入	718086	148492	94253	39026	228374	207941	1857029	121023
增值税	82986	5868	11076	1303	38257	26482	325771	8983
营业税	272583	58464	28847	14174	87173	83925	503206	44754
企业所得税	90526	9492	26553	3363	27853	23265	289871	18455
个人所得税	34518	5218	3838	1156	14125	10181	145347	11592
资源税	16669	283	2780	742	10596	2268	3244	0
城市维护建设税	37630	6283	3523	998	14313	12513	133390	10117
耕地占用税	16484	14331	2153	0	0	0	38067	1553
契税	58826	23653	5061	12813	5765	11534	142764	7065
烟叶税	0	0	0	0	0	0	0	0
其他各项税收收入	107864	24900	10422	4477	30292	37773	275369	18504
（二）非税收入	46758	21284	−9568	4712	17342	12988	144121	17756
专项收入	20182	3033	2987	615	7988	5559	68842	8520
行政事业性收费收入	15639	6178	3768	1140	2172	2381	4733	701
罚没收入	32167	9291	4329	979	3026	14542	93186	6902
国有资本经营收入	−42600	−4000	−21600	0	0	−17000	−41196	−1300
国有资源(资产)有偿使用收入	20751	6588	948	1978	3731	7506	18532	2909
其他收入	619	194	0	0	425	0	24	24
二、支出合计	1481022	451297	245605	163632	239386	381102	2655309	345359
一般公共服务	175303	70567	26792	20346	24763	32835	400495	51763
外交	0	0	0	0	0	0	0	0
国防	3508	2013	420	440	118	517	4015	858
公共安全	77414	27142	11218	7373	16109	15572	210772	38274
教育	162737	42084	23037	12894	37831	46891	623131	49840
科学技术	27489	13071	3815	2588	2413	5602	56423	9899
文化体育与传媒	39345	24285	4627	2606	3156	4671	40278	10843
社会保障和就业	61987	20810	11247	5403	12009	12518	217148	13267
医疗卫生	91851	37123	14417	8434	14420	17457	167760	9242
节能环保	19137	8881	3225	1339	2068	3624	45761	6605
城乡社区事务	84657	14376	15586	5026	13091	36578	101850	11192
农林水事务	357540	58396	94055	59235	38059	107795	373425	27170
交通运输	72881	36031	7532	8099	9370	11849	165690	39473
资源勘探电力信息等事务	38458	7285	3235	1654	19769	6515	59978	7647
商业服务业等事务	29600	8903	3252	1934	5681	9830	63753	12113
金融监管等事务支出	6094	5210	631	21	45	187	5321	494
地震灾后恢复重建支出	0	0	0	0	0	0	0	0
国土资源气象等事务	47400	11848	15082	2611	13272	4587	16659	6569
住房保障支出	36635	10730	6614	2963	6384	9944	36884	3979
粮油物资管理事务	3000	1818	502	322		358	1782	362
储备事务支出	0	0	0	0	0	0	4174	4120
国债还本付息支出	1180	194	318	280	194	194	752	0
其他支出	144806	50530	0	20064	20634	53578	59258	41649

（续表十三）　　　　　　　　　　　　　　　　　　　单位：万元

地区 项目	临海市	温岭市	玉环县	三门县	仙居县	天台县	椒江区	黄岩区
一、收入合计	261957	361688	216856	96022	68553	96610	275213	197394
（一）税收收入	238638	334830	201365	85636	62553	89268	260342	192160
增值税	43171	55107	61284	13724	11917	14240	33935	41780
营业税	59765	87868	41415	30333	15418	27012	75216	48198
企业所得税	39522	52706	27991	8421	8104	11016	37218	27830
个人所得税	17157	33152	14556	7622	9139	5686	17360	13974
资源税	620	451	180	529	271	174	0	266
城市维护建设税	17178	21741	17453	4167	4095	5789	18888	15628
耕地占用税	8683	4826	2556	191	723	2781	7549	3100
契税	13108	25903	11090	8916	5310	9688	31679	11410
烟叶税	0	0	0	0	0	0	0	0
其他各项税收收入	39434	53076	24840	11733	7576	12882	38497	29974
（二）非税收入	23319	26858	15491	10386	6000	7342	14871	5234
专项收入	7962	10687	10063	2758	2635	3603	6694	7005
行政事业性收费收入	105	2272	317	537	123	368		
罚没收入	12155	16870	8955	6225	4656	6453	10396	9773
国有资本经营收入	-1524	-6000	-4000	-500	-1900	-3624	-5014	-11694
国有资源(资产)有偿使用收入	4621	3029	156	1366	486	182	2795	150
其他收入	0	0	0	0	0	0	0	0
二、支出合计	393425	451736	261520	186879	153462	197644	237073	216445
一般公共服务	49424	54035	47673	34825	22828	34708	39548	37832
外交	0	0	0	0	0	0	0	0
国防	614	88	132	543	202	137	431	860
公共安全	26308	26593	21966	14941	10485	12895	20885	16439
教育	100725	98525	59090	44168	42738	57331	56919	59794
科学技术	9926	4303	3664	2335	2549	2667	6443	7658
文化体育与传媒	4135	4297	3774	2820	2395	3446	3357	2579
社会保障和就业	35786	43085	19967	16715	12901	17177	17774	21740
医疗卫生	30797	27916	16829	15818	15197	18619	13731	9576
节能环保	7944	5076	5376	3253	2204	3694	1807	4208
城乡社区事务	16263	26704	19473	2019	4778	4014	4373	6577
农林水事务	61739	101652	35139	22511	16448	19226	40463	26268
交通运输	19774	30161	8781	10345	8886	11272	15435	9055
资源勘探电力信息等事务	11116	9178	3798	6301	2054	3068	6381	3306
商业服务业等事务	10406	5915	10506	2487	3590	4949	5717	4123
金融监管等事务支出	472	293	1413	831	42	75	48	153
地震灾后恢复重建支出	0	0	0	0	0	0	0	0
国土资源气象等事务	2130	561	320	2677	500	348	1319	1032
住房保障支出	4711	10808	2536	3636	4581	3263	559	1296
粮油物资管理事务	725	12	79	154	103	343	2	2
储备事务支出	0	0	0	10	0	0	44	0
国债还本付息支出	0	12	0	4	4	293	0	191
其他支出	430	2522	1004	486	977	119	1837	3756

（续表十四）　　单位：万元

项目 \ 地区	路桥区	丽水市	本级	缙云县	景宁县	莲都区	龙泉市	青田县
一、收入合计	288078	573620	150042	66214	36677	72312	40855	93244
（一）税收收入	271214	505115	139320	58305	29541	67595	37797	74651
增值税	41630	84598	13924	15488	6873	10033	6161	13682
营业税	73227	155222	36056	12062	6833	28585	16654	23985
企业所得税	58608	59520	11761	7353	3497	13293	2455	10659
个人所得税	15109	39493	9190	4027	6819	3411	2741	4731
资源税	753	2899	0	269	201	325	380	809
城市维护建设税	18334	33332	10830	4924	1692	2281	2763	4559
耕地占用税	6105	15858	10151	2297	530	33	434	506
契税	18595	54160	27545	3185	1317	5054	1119	7920
烟叶税	0	62	0	0	14	0	0	0
其他各项税收收入	38853	59971	19863	8700	1765	4580	5090	7800
（二）非税收入	16864	68505	10722	7909	7136	4717	3058	18593
专项收入	8915	22029	4989	3020	2214	1686	1574	3261
行政事业性收费收入	310	17489	513	1849	3150	1267	819	6523
罚没收入	10801	23893	4950	3536	1195	1692	700	4632
国有资本经营收入	-6000	-1062	0	-550	0	0	-225	0
国有资源(资产)有偿使用收入	2838	4548	270	54	443	72	190	2703
其他收入	0	1608	0	0	134	0	0	1474
二、支出合计	211766	1542833	230514	172462	169055	142505	140706	210662
一般公共服务	27859	240202	45468	22911	21995	17309	20500	37943
外交	0	0	0	0	0	0	0	0
国防	150	4044	652	234	413	411	459	520
公共安全	21986	112962	23791	11593	9045	12365	7427	14749
教育	54001	282557	34227	43057	22100	28076	27029	45363
科学技术	6979	29826	5117	3328	1326	2986	3413	5111
文化体育与传媒	2632	40902	7108	2833	4913	2636	4688	6056
社会保障和就业	18736	112122	15242	13957	7297	18340	10192	17090
医疗卫生	10035	140969	17300	14344	11857	20811	15335	20377
节能环保	5594	31911	5431	4047	4119	1121	4248	2541
城乡社区事务	6457	60968	11959	9579	5823	5938	2643	7524
农林水事务	22809	237232	18244	26410	27571	18682	22156	24284
交通运输	12508	86590	21171	8200	7243	1496	9992	11603
资源勘探电力信息等事务	7129	63962	13691	3484	19818	5001	2962	5981
商业服务业等事务	3947	26137	3420	2355	6498	3152	2641	1784
金融监管等事务支出	1500	1054	0	257	0	30	276	438
地震灾后恢复重建支出	0	0	0	0	0	0	0	0
国土资源气象等事务	1203	10172	2260	451	1295	48	1106	1474
住房保障支出	1515	31632	3590	3640	3881	3750	4827	3474
粮油物资管理事务	0	3323	196	308	193	68	500	1108
储备事务支出	0	199	0	7	0	0	0	0
国债还本付息支出	248	2253	629	556	0	0	259	803
其他支出	6478	23816	1018	911	13668	285	53	2439

（续表十五）

单位：万元

项目＼地区	庆元县	松阳县	遂昌县	云和县
一、收入合计	18812	29225	41768	24471
（一）税收收入	15603	23966	37143	21194
增值税	2669	4320	6887	4561
营业税	5847	7947	10671	6582
企业所得税	1730	2648	4182	1942
个人所得税	1260	1623	4236	1455
资源税	12	99	592	212
城市维护建设税	955	1511	2334	1483
耕地占用税	515	0	1387	5
契税	885	2611	2089	2435
烟叶税	21	27	0	0
其他各项税收收入	1709	3180	4765	2519
（二）非税收入	3209	5259	4625	3277
专项收入	738	1264	2097	1186
行政事业性收费收入	1413	743	565	647
罚没收入	973	3033	1925	1257
国有资本经营收入	-155	0	-132	0
国有资源(资产)有偿使用收入	240	219	170	187
其他收入	0	0	0	0
二、支出合计	110986	129994	140069	95880
一般公共服务	17466	19056	19825	17729
外交	0	0	0	0
国防	335	343	357	320
公共安全	7755	9252	9433	7552
教育	19998	26308	23545	12854
科学技术	2851	2189	2044	1461
文化体育与传媒	3275	4054	2864	2475
社会保障和就业	5898	8984	9557	5565
医疗卫生	11161	9745	11619	8420
节能环保	1512	3742	4294	856
城乡社区事务	7006	5726	2039	2731
农林水事务	22137	24264	32776	20708
交通运输	4312	5653	9185	7735
资源勘探电力信息等事务	1540	2946	4712	3827
商业服务业等事务	1035	1882	2271	1099
金融监管等事务支出	0	0	53	0
地震灾后恢复重建支出	0	0	0	0
国土资源气象等事务	1162	614	1237	525
住房保障支出	1206	3848	2117	1299
粮油物资管理事务	253	233	336	128
储备事务支出	0	190	0	2
国债还本付息支出	3	0	3	0
其他支出	2081	965	1802	594

2011年浙江省各市县财政总收入

单位:万元

地区名称	财政总收入	地区名称	财政总收入	地区名称	财政总收入
杭州市小计	14889206	桐乡市	674624	龙游县	111237
市本级	13009046	平湖市	640765	常山县	85055
富阳市	771722	嘉善县	480403	江山市	160312
桐庐县	303030	海盐县	320500	开化县	62777
临安市	392298	**湖州市小计**	2190788	**舟山市小计**	1271752
建德市	260425	市本级	912068	市本级	1053810
淳安县	152685	长兴县	545366	岱山县	163517
宁波市小计	14317562	德清县	442288	嵊泗县	54425
市本级	10894234	安吉县	291066	**台州市小计**	3704657
慈溪市	1089746	**绍兴市小计**	4264528	市本级	1627998
余姚市	1007583	市本级	981644	临海市	480167
奉化市	401618	绍兴县	1170265	温岭市	665511
象山县	423168	上虞市	651066	玉环县	466622
宁海县	501213	嵊州市	321506	三门县	163436
温州市小计	4856156	新昌县	339535	仙居县	130233
市本级	2243766	诸暨市	800512	天台县	170690
平阳县	285233	**金华市小计**	3283502	**丽水市小计**	1000875
苍南县	296793	市本级	773248	市本级	363912
瑞安市	693296	兰溪市	259448	云和县	43256
永嘉县	320732	永康市	471159	景宁县	80486
乐清市	821224	武义县	205177	龙泉市	67147
文成县	63950	东阳市	409815	青田县	157414
泰顺县	60987	磐安县	72825	遂昌县	75141
洞头县	70175	义乌市	901902	松阳县	48764
嘉兴市小计	4160001	浦江县	189928	缙云县	133226
市本级	1325824	**衢州市小计**	950249	庆元县	31529
海宁市	717885	市本级	530868		

2011年浙江省乡镇地方财政收入排序

单位：万元

排序	所属地区	县（市、区）	乡镇	地方财政收入	排序	所属地区	县（市、区）	乡镇	地方财政收入
1	杭州市	萧山区	宁围镇	91362.2	31	杭州市	余杭区	塘栖镇	30933.6
2	杭州市	西湖区	三墩镇	91242.9	32	舟山市	普陀区	六横镇	30528.0
3	绍兴市	绍兴县	马鞍镇	81214.9	33	杭州市	萧山区	瓜沥镇	30155.0
4	湖州市	安吉县	递铺镇	80777.0	34	杭州市	萧山区	闻堰镇	30008.6
5	绍兴市	绍兴县	齐贤镇	66471.3	35	湖州市	吴兴区	织里镇	29756.0
6	宁波市	东钱湖旅游度假区	东钱湖镇	56411.0	36	台州市	温岭市	泽国镇	29679.4
7	杭州市	拱墅区	祥符镇	55267.1	37	台州市	临海市	杜桥镇	29486.2
8	温州市	乐清市	柳市镇	55172.9	38	台州市	玉环县	楚门镇	28958.0
9	温州市	平阳县	鳌江镇	49422.4	39	宁波市	鄞州区	姜山镇	28419.0
10	金华市	东阳市	横店镇	48300.0	40	宁波市	慈溪市	龙山镇	28366.0
11	绍兴市	绍兴县	钱清镇	45873.2	41	台州市	温岭市	大溪镇	27358.8
12	杭州市	江干区	丁桥镇	45279.0	42	宁波市	慈溪市	横河镇	26963.0
13	宁波市	江北区	慈城镇	44241.0	43	宁波市	鄞州区	五乡镇	26904.0
14	杭州市	江干区	笕桥镇	43158.0	44	温州市	乐清市	北白象镇	26894.2
15	温州市	苍南县	龙港镇	42964.4	45	绍兴市	绍兴县	杨汛桥镇	26679.7
16	温州市	苍南县	灵溪镇	42726.6	46	绍兴市	诸暨市	大唐镇	25891.9
17	杭州市	拱墅区	上塘镇	42619.5	47	杭州市	拱墅区	半山镇	25835.8
18	杭州市	江干区	九堡镇	41116.0	48	宁波市	余姚市	泗门镇	25105.9
19	湖州市	德清县	武康镇	39337.0	49	嘉兴市	平湖市	独山港镇	24880.3
20	台州市	三门县	海游镇	37897.4	50	湖州市	吴兴区	八里店镇	24790.0
21	宁波市	鄞州区	高桥镇	37714.0	51	嘉兴市	桐乡市	洲泉镇	24592.9
22	绍兴市	诸暨市	店口镇	36591.7	52	杭州市	萧山区	新街镇	24268.2
23	杭州市	萧山区	衙前镇	35039.3	53	嘉兴市	平湖市	乍浦镇	23751.3
24	嘉兴市	海宁市	长安镇	34982.1	54	绍兴市	绍兴县	福全镇	23641.0
25	宁波市	慈溪市	周巷镇	34632.0	55	宁波市	象山县	石浦镇	22668.0
26	宁波市	慈溪市	观海卫镇	34438.0	56	温州市	乐清市	虹桥镇	22322.2
27	湖州市	南浔区	南浔镇	33277.0	57	绍兴市	绍兴县	平水镇	22134.4
28	宁波市	鄞州区	古林镇	32564.0	58	宁波市	鄞州区	云龙镇	22076.0
29	宁波市	鄞州区	集士港镇	32439.0	59	杭州市	余杭区	瓶窑镇	21958.6
30	杭州市	江干区	彭埠镇	31629.0	60	湖州市	长兴县	煤山镇	21172.2

注：本年鉴从2010年卷起，本表收录的"浙江省乡镇财政收入排序"为"浙江省乡镇地方财政收入"数据的排序。

（续表一）

单位：万元

排序	所属地区	县（市、区）	乡镇	地方财政收入	排序	所属地区	县（市、区）	乡镇	地方财政收入
61	杭州市	萧山区	临浦镇	20655.9	91	绍兴市	诸暨市	枫桥镇	14934.5
62	宁波市	鄞州区	东吴镇	20423.0	92	湖州市	长兴县	知城镇	14807.3
63	温州市	平阳县	昆阳镇	19746.8	93	嘉兴市	桐乡市	濮院镇	14571.3
64	杭州市	萧山区	益农镇	19467.7	94	湖州市	德清县	钟管镇	14414.2
65	嘉兴市	嘉善县	姚庄镇	19239.3	95	湖州市	德清县	乾元镇	14134.5
66	杭州市	富阳市	灵桥镇	19210.5	96	绍兴市	绍兴县	兰亭镇	13924.3
67	绍兴市	绍兴县	安昌镇	18717.2	97	嘉兴市	海宁市	许村镇	13729.3
68	金华市	兰溪市	灵洞乡	18591.0	98	丽水市	缙云县	壶镇镇	13470.0
69	金华市	义乌市	佛堂镇	18462.0	99	宁波市	余姚市	丈亭镇	13088.9
70	绍兴市	上虞市	道墟镇	18341.0	100	舟山市	定海区	马岙镇	13085.4
71	宁波市	慈溪市	逍林镇	17624.0	101	嘉兴市	平湖市	新埭镇	12875.5
72	杭州市	萧山区	党山镇	17480.2	102	嘉兴市	秀洲区	王江泾镇	12658.7
73	宁波市	鄞州区	邱隘镇	17465.0	103	台州市	玉环县	清港镇	12444.0
74	宁波市	宁海县	西店镇	17381.0	104	绍兴市	绍兴县	夏履镇	12373.5
75	杭州市	萧山区	所前镇	17340.0	105	嘉兴市	海宁市	袁花镇	12105.5
76	宁波市	象山县	西周镇	17181.0	106	嘉兴市	平湖市	新仓镇	11995.0
77	湖州市	长兴县	李家巷镇	17176.7	107	宁波市	镇海区	蟹浦镇	11974.0
78	嘉兴市	桐乡市	崇福镇	17118.4	108	宁波市	慈溪市	庵东镇	11880.0
79	宁波市	余姚市	马渚镇	16895.3	109	温州市	平阳县	水头镇	11838.4
80	台州市	路桥区	金清镇	16794.0	110	绍兴市	上虞市	松下镇	11787.0
81	杭州市	拱墅区	康桥镇	16780.0	111	宁波市	奉化市	莼湖镇	11602.0
82	杭州市	富阳市	高桥镇	16772.6	112	宁波市	慈溪市	长河镇	11573.0
83	嘉兴市	嘉善县	西塘镇	16402.3	113	杭州市	萧山区	坎山镇	11511.6
84	宁波市	宁海县	黄坛镇	16335.0	114	台州市	温岭市	箬横镇	11468.1
85	宁波市	鄞州区	横街镇	16107.0	115	宁波市	慈溪市	掌起镇	11404.0
86	杭州市	萧山区	义桥镇	16095.2	116	金华市	义乌市	苏溪镇	11352.0
87	湖州市	德清县	新市镇	15884.7	117	湖州市	南浔区	练市镇	11193.0
88	台州市	温岭市	松门镇	15865.0	118	绍兴市	诸暨市	草塔镇	11147.0
89	宁波市	奉化市	溪口镇	15750.0	119	宁波市	鄞州区	横溪镇	11038.0
90	丽水市	缙云县	五云镇	14945.5	120	宁波市	慈溪市	新浦镇	10883.0

（续表二）　　　　单位：万元

排序	所属地区	县（市、区）	乡镇	地方财政收入	排序	所属地区	县（市、区）	乡镇	地方财政收入
121	湖州市	南浔区	双林镇	10874.0	151	杭州市	富阳市	大源镇	8675.9
122	台州市	温岭市	新河镇	10773.4	152	嘉兴市	桐乡市	乌镇镇	8666.4
123	金华市	东阳市	南马镇	10750.0	153	嘉兴市	嘉善县	大云镇	8652.9
124	湖州市	德清县	雷甸镇	10716.5	154	舟山市	定海区	干览镇	8589.6
125	舟山市	定海区	金塘镇	10560.4	155	绍兴市	诸暨市	次坞镇	8531.6
126	绍兴市	越城区	皋埠镇	10510.0	156	宁波市	慈溪市	胜山镇	8519.0
127	宁波市	鄞州区	洞桥镇	10436.0	157	绍兴市	越城区	马山镇	8489.8
128	杭州市	富阳市	新登镇	10310.0	158	绍兴市	上虞市	小越镇	8487.0
129	宁波市	镇海区	九龙湖镇	10203.0	159	嘉兴市	海宁市	斜桥镇	8399.4
130	金华市	武义县	桐琴镇	10159.8	160	宁波市	慈溪市	崇寿镇	8340.0
131	杭州市	西湖区	双浦镇	10050.7	161	绍兴市	诸暨市	山下湖镇	8335.0
132	杭州市	萧山区	浦阳镇	10034.4	162	温州市	平阳县	萧江镇	8118.0
133	杭州市	桐庐县	富春江镇	10008.0	163	嘉兴市	海宁市	丁桥镇	8082.5
134	台州市	路桥区	横街镇	9723.0	164	金华市	义乌市	大陈镇	8069.0
135	杭州市	萧山区	党湾镇	9704.4	165	湖州市	安吉县	高禹镇	8017.0
136	嘉兴市	海宁市	盐官镇	9680.4	166	舟山市	岱山县	高亭镇	7947.8
137	台州市	路桥区	新桥镇	9631.0	167	杭州市	萧山区	戴村镇	7649.8
138	嘉兴市	嘉善县	天凝镇	9594.9	168	嘉兴市	海宁市	黄湾镇	7644.3
139	宁波市	余姚市	临山镇	9546.8	169	嘉兴市	海盐县	百步镇	7536.1
140	杭州市	富阳市	受降镇	9515.6	170	绍兴市	上虞市	沥海镇	7525.0
141	嘉兴市	嘉善县	干窑镇	9396.9	171	绍兴市	绍兴县	漓渚镇	7511.0
142	湖州市	长兴县	槐坎乡	9383.5	172	台州市	临海市	涌泉镇	7499.0
143	宁波市	慈溪市	桥头镇	9379.0	173	金华市	浦江县	黄宅镇	7487.0
144	宁波市	余姚市	陆埠镇	9314.6	174	绍兴市	越城区	东湖镇	7461.8
145	宁波市	慈溪市	匡堰镇	9191.0	175	绍兴市	绍兴县	孙端镇	7417.3
146	宁波市	余姚市	小曹娥镇	8992.5	176	金华市	永康市	古山镇	7396.0
147	宁波市	余姚市	黄家埠镇	8964.7	177	宁波市	鄞州区	咸祥镇	7318.0
148	金华市	永康市	芝英镇	8885.0	178	温州市	平阳县	万全镇	7310.4
149	嘉兴市	秀洲区	王店镇	8869.7	179	湖州市	长兴县	和平镇	7213.5
150	宁波市	慈溪市	附海镇	8855.0	180	绍兴市	诸暨市	应店街镇	7128.2

（续表三） 单位：万元

排序	所属地区	县（市、区）	乡镇	地方财政收入	排序	所属地区	县（市、区）	乡镇	地方财政收入
181	宁波市	奉化市	尚田镇	7094.0	211	绍兴市	越城区	东浦镇	6158.3
182	湖州市	吴兴区	环渚乡	7071.0	212	绍兴市	越城区	灵芝镇	6045.9
183	湖州市	德清县	洛舍镇	7069.2	213	舟山市	定海区	册子乡	6024.7
184	宁波市	鄞州区	鄞江镇	7057.0	214	宁波市	宁海县	深甽镇	6004.0
185	绍兴市	上虞市	章镇镇	7048.0	215	宁波市	鄞州区	塘溪镇	5980.0
186	绍兴市	诸暨市	璜山镇	7037.7	216	湖州市	长兴县	泗安镇	5975.7
187	宁波市	余姚市	河姆渡镇	6984.2	217	嘉兴市	嘉善县	陶庄镇	5971.5
188	台州市	温岭市	滨海镇	6981.5	218	宁波市	余姚市	牟山镇	5939.2
189	宁波市	余姚市	三七市镇	6957.1	219	嘉兴市	海盐县	沈荡镇	5931.5
190	湖州市	长兴县	夹浦镇	6913.1	220	舟山市	岱山县	秀山乡	5870.9
191	金华市	义乌市	义亭镇	6799.0	221	杭州市	萧山区	河上镇	5865.1
192	湖州市	德清县	新安镇	6739.8	222	金华市	武义县	泉溪镇	5863.0
193	金华市	义乌市	上溪镇	6628.0	223	温州市	泰顺县	罗阳镇	5807.3
194	湖州市	南浔区	和孚镇	6625.5	224	宁波市	鄞州区	瞻岐镇	5770.0
195	台州市	路桥区	蓬街镇	6615.0	225	杭州市	萧山区	进化镇	5767.7
196	舟山市	岱山县	衢山镇	6595.1	226	舟山市	嵊泗县	菜园镇	5659.8
197	嘉兴市	海宁市	周王庙镇	6586.9	227	衢州市	江山市	贺村镇	5627.3
198	杭州市	富阳市	渌渚镇	6516.4	228	绍兴市	绍兴县	陶堰镇	5619.8
199	绍兴市	上虞市	丰惠镇	6450.0	229	嘉兴市	秀城区	余新镇	5578.5
200	台州市	临海市	东塍镇	6405.9	230	嘉兴市	秀城区	大桥镇	5544.3
201	杭州市	桐庐县	横村镇	6390.0	231	台州市	温岭市	温峤镇	5523.0
202	宁波市	慈溪市	天元镇	6372.0	232	湖州市	吴兴区	杨家埠镇	5517.0
203	绍兴市	越城区	斗门镇	6349.0	233	杭州市	余杭区	径山镇	5508.3
204	台州市	黄岩区	院桥镇	6325.5	234	杭州市	淳安县	千岛湖镇	5493.9
205	湖州市	南浔区	菱湖镇	6319.6	235	台州市	温岭市	石塘镇	5316.0
206	温州市	永嘉县	桥头镇	6269.2	236	嘉兴市	秀洲区	新塍镇	5275.0
207	绍兴市	诸暨市	牌头镇	6263.3	237	湖州市	吴兴区	埭溪镇	5270.0
208	宁波市	宁海县	强蛟镇	6259.0	238	绍兴市	嵊州市	甘霖镇	5245.7
209	湖州市	安吉县	孝丰镇	6194.0	239	杭州市	临安市	板桥镇	5220.0
210	嘉兴市	秀洲区	洪合镇	6180.0	240	湖州市	长兴县	小浦镇	5195.8

（续表四）　　单位：万元

排序	所属地区	县（市、区）	乡镇	地方财政收入	排序	所属地区	县（市、区）	乡镇	地方财政收入
241	湖州市	长兴县	洪桥镇	5191.8	271	温州市	鹿城区	滕桥镇	4252.0
242	舟山市	岱山县	东沙镇	5154.0	272	嘉兴市	秀城区	新丰镇	4236.2
243	嘉兴市	桐乡市	石门镇	5139.2	273	杭州市	富阳市	环山乡	4224.6
244	舟山市	定海区	岑港镇	5093.8	274	舟山市	岱山县	长涂镇	4222.7
245	金华市	东阳市	巍山镇	5093.0	275	绍兴市	嵊州市	黄泽镇	4192.4
246	台州市	玉环县	芦浦镇	5086.0	276	嘉兴市	桐乡市	高桥镇	4185.0
247	湖州市	南浔区	旧馆镇	4948.0	277	杭州市	建德市	寿昌镇	4128.0
248	嘉兴市	海盐县	通元镇	4916.7	278	舟山市	普陀区	虾峙镇	4127.6
249	台州市	玉环县	龙溪乡	4908.0	279	台州市	三门县	健跳镇	4108.9
250	宁波市	北仑区	春晓镇	4902.0	280	嘉兴市	桐乡市	屠甸镇	4067.8
251	湖州市	长兴县	林城镇	4817.2	281	绍兴市	上虞市	汤浦镇	4025.0
252	杭州市	富阳市	胥口镇	4811.8	282	湖州市	吴兴区	东林镇	4009.0
253	嘉兴市	桐乡市	河山镇	4771.2	283	金华市	永康市	龙山镇	3989.0
254	台州市	临海市	汛桥镇	4666.4	284	湖州市	长兴县	白岘乡	3978.2
255	衢州市	常山县	辉埠镇	4644.0	285	衢州市	龙游县	湖镇镇	3967.0
256	嘉兴市	平湖市	林埭镇	4623.5	286	台州市	温岭市	城南镇	3961.0
257	绍兴市	诸暨市	安华镇	4606.7	287	嘉兴市	秀城区	七星镇	3949.7
258	湖州市	安吉县	梅溪镇	4567.0	288	嘉兴市	海盐县	澉浦镇	3938.7
259	杭州市	富阳市	新桐乡	4487.2	289	湖州市	德清县	禹越镇	3930.2
260	金华市	永康市	象珠镇	4451.0	290	绍兴市	嵊州市	长乐镇	3928.7
261	台州市	临海市	沿江镇	4422.1	291	杭州市	建德市	梅城镇	3902.0
262	绍兴市	上虞市	梁湖镇	4393.0	292	绍兴市	诸暨市	阮市镇	3820.5
263	杭州市	临安市	高虹镇	4389.2	293	宁波市	余姚市	梁弄镇	3812.1
264	嘉兴市	秀城区	凤桥镇	4382.5	294	温州市	苍南县	金乡镇	3785.5
265	绍兴市	绍兴县	富盛镇	4341.4	295	金华市	永康市	石柱镇	3758.0
266	宁波市	宁海县	长街镇	4321.0	296	金华市	东阳市	歌山镇	3746.0
267	舟山市	普陀区	桃花镇	4299.1	297	金华市	磐安县	安文镇	3743.3
268	嘉兴市	秀洲区	油车港镇	4291.4	298	宁波市	北仑区	白峰镇	3740.0
269	舟山市	定海区	白泉镇	4266.4	299	湖州市	德清县	三合乡	3716.9
270	绍兴市	越城区	鉴湖镇	4253.7	300	杭州市	桐庐县	江南镇	3601.0

（续表五）　　单位：万元

排序	所属地区	县（市、区）	乡镇	地方财政收入	排序	所属地区	县（市、区）	乡镇	地方财政收入
301	嘉兴市	平湖市	广陈镇	3597.3	331	绍兴市	嵊州市	仙岩镇	3011.0
302	杭州市	桐庐县	分水镇	3569.0	332	舟山市	定海区	小沙镇	3003.3
303	湖州市	吴兴区	道场乡	3549.6	333	嘉兴市	海盐县	于城镇	2993.6
304	杭州市	建德市	乾潭镇	3513.0	334	金华市	义乌市	赤岸镇	2962.0
305	宁波市	奉化市	松岙镇	3479.0	335	宁波市	余姚市	大隐镇	2876.8
306	金华市	永康市	花街镇	3418.0	336	宁波市	宁海县	茶院乡	2852.0
307	舟山市	岱山县	岱西镇	3399.4	337	杭州市	建德市	李家镇	2848.0
308	湖州市	吴兴区	妙西镇	3396.0	338	绍兴市	绍兴县	王坛镇	2776.1
309	台州市	临海市	上盘镇	3385.3	339	温州市	平阳县	腾蛟镇	2747.8
310	绍兴市	上虞市	驿亭镇	3367.0	340	绍兴市	嵊州市	崇仁镇	2726.4
311	宁波市	奉化市	裘村镇	3320.0	341	金华市	磐安县	尖山镇	2707.9
312	台州市	温岭市	石桥头镇	3267.0	342	宁波市	象山县	定塘镇	2702.0
313	温州市	乐清市	大荆镇	3260.8	343	湖州市	安吉县	天荒坪镇	2701.0
314	温州市	苍南县	钱库镇	3200.6	344	嘉兴市	桐乡市	大麻镇	2700.0
315	杭州市	萧山区	楼塔镇	3198.3	345	丽水市	莲都区	仙渡乡	2668.3
316	绍兴市	嵊州市	三界镇	3185.8	346	宁波市	象山县	贤痒镇	2642.0
317	温州市	永嘉县	桥下镇	3145.1	347	宁波市	象山县	大徐镇	2624.0
318	绍兴市	诸暨市	王家井镇	3137.2	348	杭州市	余杭区	黄湖镇	2538.4
319	衢州市	开化县	华埠镇	3122.0	349	杭州市	建德市	大同镇	2501.0
320	湖州市	长兴县	吴山乡	3117.6	350	绍兴市	绍兴县	稽东镇	2405.9
321	台州市	三门县	沿赤乡	3112.8	351	宁波市	宁海县	岔路镇	2405.0
322	丽水市	松阳县	西屏镇	3111.0	352	温州市	乐清市	清江镇	2382.6
323	绍兴市	上虞市	上浦镇	3110.0	353	杭州市	临安市	昌化镇	2373.9
324	宁波市	象山县	泗洲头镇	3109.5	354	台州市	临海市	尤溪镇	2355.9
325	杭州市	临安市	於潜镇	3108.2	355	丽水市	龙泉市	塔石乡	2352.0
326	台州市	天台县	平桥镇	3057.1	356	杭州市	富阳市	场口镇	2328.1
327	台州市	玉环县	沙门镇	3057.0	357	金华市	东阳市	湖溪镇	2320.0
328	湖州市	长兴县	虹星桥镇	3020.7	358	宁波市	鄞州区	龙观乡	2314.0
329	杭州市	临安市	太湖源镇	3020.0	359	金华市	浦江县	白马镇	2278.0
330	衢州市	开化县	城关镇	3017.0	360	绍兴市	新昌县	儒岙镇	2267.7

（续表六）

单位：万元

排序	所属地区	县（市、区）	乡镇	地方财政收入	排序	所属地区	县（市、区）	乡镇	地方财政收入
361	台州市	玉环县	干江镇	2230.0	391	衢州市	常山县	天马镇	1749.0
362	丽水市	缙云县	东方镇	2207.6	392	金华市	武义县	茭道镇	1740.0
363	金华市	永康市	唐先镇	2194.0	393	台州市	临海市	桃渚镇	1736.2
364	湖州市	安吉县	良朋镇	2158.0	394	金华市	东阳市	千祥镇	1733.0
365	宁波市	宁海县	胡陈乡	2140.0	395	台州市	黄岩区	北洋镇	1727.7
366	宁波市	鄞州区	章水镇	2133.0	396	台州市	黄岩区	头陀镇	1719.2
367	湖州市	安吉县	溪龙乡	2107.0	397	温州市	乐清市	雁荡镇	1715.4
368	宁波市	象山县	东陈乡	2099.0	398	舟山市	普陀区	蚂蚁岛乡	1710.6
369	杭州市	临安市	天目山镇	2088.5	399	杭州市	建德市	下涯镇	1706.0
370	宁波市	象山县	鹤浦镇	2064.0	400	金华市	兰溪市	诸葛镇	1692.0
371	温州市	乐清市	芙蓉镇	2031.1	401	温州市	泰顺县	雅阳镇	1690.3
372	舟山市	定海区	双桥镇	2028.1	402	台州市	三门县	高枧乡	1684.8
373	宁波市	象山县	涂茨镇	2019.7	403	宁波市	宁海县	大佳河镇	1658.0
374	台州市	天台县	坦头镇	1998.0	404	杭州市	临安市	潜川镇	1649.7
375	杭州市	富阳市	永昌镇	1990.2	405	台州市	三门县	泗淋乡	1646.7
376	湖州市	南浔区	善琏镇	1957.4	406	衢州市	江山市	上余镇	1642.1
377	绍兴市	诸暨市	东白湖镇	1956.3	407	台州市	黄岩区	宁溪镇	1639.8
378	金华市	浦江县	郑家坞镇	1938.0	408	宁波市	宁海县	越溪乡	1635.0
379	杭州市	余杭区	百丈镇	1931.7	409	绍兴市	诸暨市	同山镇	1622.0
380	金华市	东阳市	画水镇	1913.0	410	宁波市	北仑区	梅山乡	1622.0
381	温州市	苍南县	宜山镇	1903.5	411	宁波市	象山县	茅洋乡	1614.0
382	宁波市	宁海县	前童镇	1895.0	412	杭州市	富阳市	春建乡	1604.7
383	绍兴市	上虞市	盖北镇	1881.0	413	湖州市	长兴县	水口乡	1599.4
384	杭州市	桐庐县	瑶琳镇	1829.0	414	台州市	临海市	白水洋镇	1597.5
385	绍兴市	上虞市	谢塘镇	1809.0	415	台州市	三门县	六敖镇	1583.2
386	台州市	三门县	珠岙镇	1807.6	416	绍兴市	诸暨市	直埠镇	1563.4
387	湖州市	安吉县	皈山乡	1806.0	417	金华市	武义县	履坦镇	1563.0
388	舟山市	岱山县	岱东镇	1791.0	418	金华市	浦江县	郑宅镇	1560.0
389	金华市	永康市	西溪镇	1768.0	419	杭州市	建德市	大洋镇	1552.0
390	宁波市	象山县	墙头镇	1757.0	420	湖州市	长兴县	吕山乡	1534.1

（续表七）　　　单位：万元

排序	所属地区	县（市、区）	乡镇	地方财政收入	排序	所属地区	县（市、区）	乡镇	地方财政收入
421	湖州市	德清县	莫干山镇	1530.3	451	杭州市	建德市	大慈岩镇	1291.0
422	丽水市	庆元县	松源镇	1527.0	452	温州市	泰顺县	彭溪镇	1283.2
423	绍兴市	诸暨市	街亭镇	1523.0	453	金华市	东阳市	虎鹿镇	1274.0
424	金华市	武义县	王宅镇	1522.0	454	台州市	天台县	三合镇	1269.0
425	杭州市	淳安县	汾口镇	1514.6	455	杭州市	富阳市	渔山乡	1255.2
426	金华市	兰溪市	游埠镇	1497.0	456	金华市	兰溪市	马涧镇	1237.0
427	金华市	永康市	方岩镇	1495.0	457	湖州市	德清县	筏头乡	1213.5
428	宁波市	宁海县	力洋镇	1490.0	458	宁波市	余姚市	四明山镇	1210.9
429	衢州市	衢江区	廿里镇	1485.0	459	杭州市	富阳市	常安镇	1199.3
430	丽水市	缙云县	东渡镇	1484.0	460	台州市	椒江区	大陈镇	1190.0
431	温州市	泰顺县	筱村镇	1479.6	461	湖州市	安吉县	上墅乡	1187.0
432	温州市	乐清市	淡溪镇	1474.8	462	台州市	临海市	永丰镇	1185.4
433	杭州市	富阳市	万市镇	1473.2	463	台州市	仙居县	大战乡	1185.1
434	金华市	东阳市	东江镇	1471.0	464	温州市	泰顺县	三魁镇	1168.0
435	宁波市	宁海县	一市镇	1464.0	465	衢州市	衢江区	上方镇	1164.0
436	绍兴市	新昌县	城南乡	1458.6	466	杭州市	临安市	河桥镇	1119.0
437	宁波市	象山县	新桥镇	1457.0	467	台州市	黄岩区	富山乡	1115.7
438	丽水市	莲都区	碧湖镇	1433.5	468	绍兴市	诸暨市	五泄镇	1113.1
439	宁波市	奉化市	大堰镇	1403.0	469	绍兴市	新昌县	澄潭镇	1106.3
440	湖州市	安吉县	昆铜乡	1396.0	470	衢州市	柯城区	航埠镇	1059.0
441	绍兴市	诸暨市	江藻镇	1395.2	471	杭州市	临安市	太阳镇	1058.5
442	杭州市	临安市	龙岗镇	1353.8	472	湖州市	安吉县	杭垓镇	1045.0
443	台州市	黄岩区	上郑乡	1347.3	473	宁波市	余姚市	大岚镇	1037.3
444	衢州市	龙游县	小南海镇	1344.0	474	台州市	临海市	括苍镇	1016.3
445	宁波市	余姚市	鹿亭乡	1324.1	475	舟山市	定海区	北蝉乡	1014.1
446	台州市	黄岩区	沙埠镇	1319.3	476	台州市	仙居县	下各镇	1007.3
447	宁波市	象山县	晓塘乡	1311.0	477	绍兴市	嵊州市	石璜镇	1003.9
448	杭州市	富阳市	里山镇	1310.6	478	杭州市	建德市	航头镇	983.0
449	舟山市	嵊泗县	洋山镇	1301.8	479	湖州市	南浔区	石淙镇	980.0
450	杭州市	富阳市	洞桥镇	1292.0	480	金华市	磐安县	新渥镇	975.8

（续表八）　　单位:万元

排序	所属地区	县（市、区）	乡镇	地方财政收入	排序	所属地区	县（市、区）	乡镇	地方财政收入
481	舟山市	嵊泗县	嵊山镇	969.0	511	金华市	磐安县	仁川镇	725.3
482	丽水市	庆元县	竹口镇	957.0	512	丽水市	莲都区	大港头镇	723.0
483	台州市	天台县	白鹤镇	956.0	513	衢州市	江山市	峡口镇	717.8
484	金华市	磐安县	深泽乡	953.1	514	杭州市	余杭区	鸬鸟镇	716.7
485	丽水市	缙云县	舒洪镇	952.0	515	衢州市	龙游县	横山镇	716.0
486	杭州市	临安市	清凉峰镇	950.3	516	湖州市	长兴县	二界岭乡	713.9
487	宁波市	宁海县	桑洲镇	948.0	517	衢州市	江山市	石门镇	705.8
488	杭州市	富阳市	龙门镇	920.4	518	丽水市	缙云县	新建镇	695.9
489	金华市	永康市	前仓镇	918.0	519	台州市	温岭市	坞根镇	689.0
490	金华市	兰溪市	横溪镇	914.0	520	杭州市	富阳市	上官乡	687.0
491	温州市	瓯海区	泽雅镇	905.8	521	温州市	文成县	大学镇	677.9
492	台州市	黄岩区	茅畲乡	882.8	522	湖州市	安吉县	报福镇	670.0
493	衢州市	江山市	清湖镇	882.4	523	湖州市	安吉县	鄣吴镇	659.0
494	绍兴市	新昌县	大市聚镇	879.3	524	台州市	三门县	亭旁镇	658.5
495	绍兴市	上虞市	永和镇	855.0	525	衢州市	江山市	四都镇	656.9
496	温州市	苍南县	矾山镇	847.6	526	金华市	磐安县	尚湖镇	655.1
497	绍兴市	新昌县	梅渚镇	847.2	527	绍兴市	诸暨市	浬浦镇	641.3
498	绍兴市	新昌县	沙溪镇	847.0	528	衢州市	江山市	淤头镇	629.4
499	温州市	泰顺县	司前镇	842.8	529	杭州市	桐庐县	莪山畲族乡	626.0
500	衢州市	龙游县	溪口镇	817.0	530	金华市	磐安县	方前镇	616.7
501	金华市	兰溪市	梅江镇	815.0	531	金华市	东阳市	佐村镇	606.0
502	杭州市	建德市	钦堂乡	805.0	532	台州市	天台县	洪畴镇	600.0
503	温州市	永嘉县	沙头镇	799.0	533	丽水市	莲都区	联城镇	594.3
504	金华市	磐安县	冷水镇	796.7	534	杭州市	建德市	杨村桥镇	594.0
505	宁波市	象山县	黄避岙乡	796.0	535	金华市	磐安县	玉山镇	590.0
506	温州市	泰顺县	仕阳镇	789.7	536	温州市	泰顺县	泗溪镇	581.2
507	温州市	平阳县	麻步镇	788.6	537	衢州市	衢江区	大洲镇	572.0
508	绍兴市	诸暨市	赵家镇	759.9	538	杭州市	桐庐县	钟山乡	563.0
509	湖州市	南浔区	千金镇	753.0	539	丽水市	遂昌县	妙高镇	557.5
510	金华市	兰溪市	香溪镇	744.0	540	金华市	磐安县	双溪乡	557.1

（续表九） 单位：万元

排序	所属地区	县（市、区）	乡镇	地方财政收入	排序	所属地区	县（市、区）	乡镇	地方财政收入
541	台州市	三门县	沙柳镇	555.0	571	舟山市	嵊泗县	黄龙乡	415.1
542	杭州市	建德市	莲花镇	551.0	572	金华市	磐安县	大盘镇	413.5
543	杭州市	建德市	三都镇	550.0	573	丽水市	莲都区	双黄乡	409.3
544	台州市	仙居县	横溪镇	539.9	574	绍兴市	嵊州市	金庭镇	409.2
545	金华市	磐安县	双峰乡	521.5	575	金华市	兰溪市	黄店镇	403.0
546	舟山市	定海区	长白乡	518.9	576	绍兴市	诸暨市	陈宅镇	402.0
547	金华市	磐安县	万苍乡	514.0	577	金华市	磐安县	窈川乡	401.4
548	舟山市	普陀区	东级镇	511.1	578	温州市	文成县	百丈漈镇	399.7
549	台州市	临海市	小芝镇	501.7	579	衢州市	柯城区	石室乡	390.0
550	台州市	临海市	河头镇	500.4	580	金华市	东阳市	三单乡	387.0
551	金华市	磐安县	维新乡	495.0	581	丽水市	庆元县	屏都镇	385.0
552	湖州市	安吉县	山川乡	486.0	582	丽水市	庆元县	黄田镇	384.0
553	衢州市	衢江区	高家镇	483.0	583	杭州市	淳安县	文昌镇	382.2
554	金华市	东阳市	马宅镇	481.0	584	衢州市	常山县	青石镇	375.0
555	衢州市	衢江区	湖南镇	480.0	585	绍兴市	新昌县	小将镇	374.2
556	温州市	平阳县	南雁镇	477.6	586	金华市	磐安县	胡宅乡	373.4
557	衢州市	常山县	球川镇	475.0	587	丽水市	松阳县	古市镇	360.0
558	温州市	文成县	南田镇	469.5	588	衢州市	衢江区	莲花镇	358.0
559	温州市	永嘉县	岩坦镇	465.2	589	丽水市	遂昌县	云峰镇	351.2
560	丽水市	龙泉市	八都镇	462.0	590	衢州市	衢江区	峡川镇	349.0
561	杭州市	临安市	湍口镇	457.6	591	衢州市	龙游县	詹家镇	347.0
562	金华市	浦江县	前吴乡	450.0	592	台州市	三门县	浬浦镇	345.2
563	温州市	文成县	珊溪镇	447.2	593	衢州市	衢江区	杜泽镇	344.0
564	台州市	仙居县	白塔镇	446.4	594	衢州市	开化县	马金镇	340.0
565	温州市	苍南县	桥墩镇	436.4	595	台州市	玉环县	鸡山乡	334.0
566	金华市	磐安县	盘峰乡	435.5	596	衢州市	常山县	招贤镇	332.0
567	杭州市	富阳市	湖源乡	432.0	597	杭州市	淳安县	威坪镇	331.4
568	绍兴市	新昌县	镜岭镇	428.4	598	丽水市	松阳县	望松乡	328.0
569	杭州市	桐庐县	百江镇	425.0	599	衢州市	常山县	宋畈乡	327.0
570	绍兴市	上虞市	长塘镇	418.0	600	衢州市	常山县	芳村镇	325.0

（续表十）

单位：万元

排序	所属地区	县（市、区）	乡镇	地方财政收入	排序	所属地区	县（市、区）	乡镇	地方财政收入
601	温州市	文成县	巨屿镇	324.6	631	温州市	平阳县	山门镇	226.6
602	温州市	永嘉县	岩头镇	323.0	632	杭州市	临安市	岛石镇	226.3
603	湖州市	安吉县	章村镇	322.0	633	台州市	临海市	汇溪镇	224.3
604	衢州市	衢江区	后溪镇	321.0	634	绍兴市	新昌县	巧英乡	223.8
605	台州市	仙居县	官路镇	316.0	635	金华市	兰溪市	柏社乡	217.0
606	台州市	黄岩区	屿头乡	315.3	636	衢州市	江山市	大陈乡	215.5
607	绍兴市	新昌县	双彩乡	314.4	637	温州市	泰顺县	百丈镇	215.4
608	杭州市	富阳市	常绿镇	305.8	638	丽水市	庆元县	隆宫乡	210.0
609	衢州市	龙游县	石佛乡	305.0	639	衢州市	柯城区	石梁镇	208.0
610	金华市	磐安县	高二乡	295.8	640	杭州市	淳安县	姜家镇	206.5
611	金华市	武义县	柳城镇	292.0	641	温州市	苍南县	赤溪镇	203.2
612	绍兴市	上虞市	丁宅乡	291.0	642	绍兴市	嵊州市	谷来镇	203.2
613	金华市	磐安县	九和乡	290.9	643	丽水市	松阳县	裕溪乡	203.0
614	台州市	黄岩区	上垟乡	286.0	644	金华市	浦江县	花桥乡	201.0
615	绍兴市	嵊州市	下王镇	282.3	645	衢州市	龙游县	塔石镇	196.0
616	宁波市	象山县	高塘岛乡	270.0	646	温州市	文成县	黄坦镇	192.7
617	绍兴市	诸暨市	东和乡	266.8	647	丽水市	松阳县	大东坝镇	190.0
618	衢州市	江山市	新塘边镇	253.8	648	衢州市	开化县	杨林镇	185.0
619	杭州市	淳安县	临歧镇	252.5	649	衢州市	常山县	白石镇	182.0
620	丽水市	莲都区	高溪乡	250.4	650	丽水市	龙泉市	小梅镇	182.0
621	杭州市	淳安县	大墅镇	249.2	651	衢州市	开化县	桐村镇	180.0
622	衢州市	开化县	池淮镇	248.0	652	绍兴市	诸暨市	马剑镇	179.9
623	绍兴市	诸暨市	岭北镇	247.1	653	衢州市	衢江区	全旺镇	179.0
624	衢州市	常山县	何家乡	246.0	654	衢州市	柯城区	姜家山乡	172.0
625	温州市	文成县	峃口镇	244.7	655	金华市	浦江县	岩头镇	172.0
626	丽水市	莲都区	老竹镇	240.8	656	杭州市	淳安县	枫树岭镇	171.3
627	台州市	黄岩区	平田乡	236.2	657	绍兴市	新昌县	回山镇	167.2
628	衢州市	衢江区	云溪乡	236.0	658	丽水市	莲都区	黄村乡	166.4
629	台州市	玉环县	海山乡	229.0	659	金华市	兰溪市	水亭畲族乡	166.0
630	台州市	三门县	小雄镇	226.6	660	杭州市	桐庐县	合村乡	166.0

（续表十一）　　　　单位：万元

排序	所属地区	县（市、区）	乡镇	地方财政收入	排序	所属地区	县（市、区）	乡镇	地方财政收入
661	温州市	永嘉县	碧莲镇	163.2	691	台州市	仙居县	田市镇	123.7
662	丽水市	龙泉市	锦溪镇	163.0	692	衢州市	江山市	廿八都镇	122.0
663	杭州市	桐庐县	新合乡	163.0	693	衢州市	江山市	凤林镇	121.4
664	衢州市	常山县	同弓乡	162.0	694	温州市	泰顺县	竹里乡	121.4
665	金华市	武义县	桃溪镇	161.5	695	衢州市	开化县	林山乡	120.0
666	丽水市	莲都区	雅溪镇	161.3	696	丽水市	松阳县	象溪镇	119.0
667	丽水市	龙泉市	上垟镇	157.0	697	丽水市	遂昌县	石练镇	117.3
668	舟山市	嵊泗县	五龙乡	152.6	698	衢州市	开化县	中村乡	117.0
669	温州市	洞头县	霓屿乡	151.4	699	衢州市	衢江区	太真乡	113.0
670	台州市	三门县	蛇蟠乡	149.3	700	丽水市	松阳县	赤寿乡	111.0
671	衢州市	江山市	坛石镇	145.2	701	绍兴市	嵊州市	北漳镇	109.4
672	温州市	文成县	玉壶镇	142.9	702	衢州市	开化县	村头镇	106.0
673	丽水市	龙泉市	安仁镇	142.0	703	衢州市	龙游县	沐尘乡	105.0
674	杭州市	淳安县	梓桐镇	141.8	704	温州市	永嘉县	鹤盛镇	105.0
675	丽水市	景宁畲族自治县	东坑镇	141.0	705	台州市	仙居县	埠头镇	100.9
676	衢州市	开化县	音坑乡	140.0	706	舟山市	嵊泗县	枸杞乡	100.7
677	衢州市	江山市	长台镇	138.3	707	温州市	永嘉县	巽宅镇	99.8
678	金华市	武义县	白姆乡	137.4	708	丽水市	莲都区	峰源乡	98.4
679	台州市	天台县	街头镇	136.0	709	衢州市	开化县	长虹乡	98.0
680	丽水市	莲都区	太平乡	135.9	710	衢州市	龙游县	模环乡	95.0
681	温州市	苍南县	马站镇	135.2	711	金华市	浦江县	虞宅乡	95.0
682	丽水市	庆元县	安南乡	131.0	712	丽水市	缙云县	七里乡	94.8
683	丽水市	龙泉市	查田镇	131.0	713	金华市	武义县	西联乡	94.5
684	温州市	文成县	西坑镇	129.6	714	舟山市	普陀区	登步乡	93.7
685	丽水市	遂昌县	湖山乡	128.0	715	绍兴市	新昌县	东茗乡	93.4
686	衢州市	衢江区	黄坛口乡	127.0	716	绍兴市	嵊州市	通源乡	92.5
687	台州市	三门县	花桥镇	125.9	717	绍兴市	上虞市	下管镇	92.0
688	衢州市	江山市	碗窑乡	125.2	718	台州市	三门县	横渡镇	91.3
689	衢州市	衢江区	灰坪乡	125.0	719	温州市	苍南县	岱岭乡	89.7
690	金华市	永康市	舟山镇	125.0	720	衢州市	江山市	大桥镇	88.8

（续表十二） 单位：万元

排序	所属地区	县（市、区）	乡镇	地方财政收入	排序	所属地区	县（市、区）	乡镇	地方财政收入
721	丽水市	景宁畲族自治县	沙湾镇	88.0	751	绍兴市	嵊州市	竹溪乡	60.0
722	杭州市	淳安县	安阳乡	87.7	752	杭州市	淳安县	王阜乡	59.3
723	杭州市	淳安县	石林镇	85.7	753	温州市	苍南县	凤阳乡	58.8
724	丽水市	龙泉市	住龙镇	85.0	754	杭州市	淳安县	中洲镇	56.7
725	温州市	永嘉县	枫林镇	84.8	755	台州市	天台县	石梁镇	56.0
726	衢州市	江山市	塘源口乡	84.5	756	绍兴市	上虞市	岭南乡	56.0
727	衢州市	柯城区	万田乡	84.0	757	丽水市	遂昌县	安口乡	55.4
728	舟山市	嵊泗县	花鸟乡	83.5	758	绍兴市	嵊州市	雅璜乡	54.9
729	丽水市	松阳县	板桥乡	82.0	759	衢州市	衢江区	举村乡	54.0
730	杭州市	淳安县	浪川乡	81.7	760	衢州市	开化县	张湾乡	53.0
731	衢州市	开化县	苏庄镇	81.0	761	丽水市	云和县	石塘镇	52.3
732	丽水市	庆元县	淤上乡	78.0	762	绍兴市	嵊州市	里南乡	52.0
733	温州市	平阳县	顺溪镇	74.5	763	衢州市	衢江区	岭洋乡	52.0
734	丽水市	景宁畲族自治县	鸬鹚乡	74.0	764	丽水市	景宁畲族自治县	澄照乡	51.0
735	金华市	浦江县	中余乡	74.0	765	丽水市	龙泉市	兰巨乡	50.0
736	金华市	浦江县	檀溪镇	73.0	766	金华市	浦江县	大畈乡	50.0
737	丽水市	遂昌县	大柘镇	72.4	767	衢州市	江山市	张村乡	49.8
738	温州市	乐清市	仙溪镇	72.2	768	杭州市	淳安县	里商乡	49.3
739	金华市	浦江县	杭坪镇	72.0	769	衢州市	江山市	保安乡	48.5
740	杭州市	淳安县	金峰乡	71.6	770	台州市	仙居县	皤滩乡	48.0
741	衢州市	衢江区	周家乡	69.0	771	丽水市	缙云县	前路乡	47.9
742	衢州市	龙游县	庙下乡	69.0	772	丽水市	龙泉市	屏南镇	47.0
743	绍兴市	新昌县	新林乡	67.7	773	金华市	武义县	大田乡	46.5
744	金华市	武义县	俞源乡	67.3	774	丽水市	莲都区	丽新乡	44.9
745	温州市	苍南县	藻溪镇	65.4	775	杭州市	淳安县	界首乡	44.4
746	衢州市	衢江区	双桥乡	64.0	776	杭州市	淳安县	富文乡	44.1
747	衢州市	开化县	何田乡	64.0	777	衢州市	常山县	东案乡	44.0
748	丽水市	缙云县	大源镇	63.0	778	丽水市	松阳县	玉岩镇	44.0
749	温州市	洞头县	鹿西乡	62.6	779	台州市	仙居县	湫山乡	42.5
750	丽水市	缙云县	大洋镇	61.1	780	杭州市	淳安县	屏门乡	41.9

（续表十三） 单位：万元

排序	所属地区	县（市、区）	乡镇	地方财政收入	排序	所属地区	县（市、区）	乡镇	地方财政收入
781	台州市	仙居县	双庙乡	41.8	811	衢州市	龙游县	罗家乡	26.0
782	杭州市	淳安县	左口乡	40.5	812	台州市	仙居县	上张乡	26.0
783	丽水市	遂昌县	三仁乡	40.3	813	丽水市	景宁畲族自治县	大地乡	25.0
784	台州市	天台县	泳溪乡	40.0	814	丽水市	景宁畲族自治县	九龙乡	25.0
785	丽水市	景宁畲族自治县	梧桐乡	39.0	815	绍兴市	上虞市	陈溪乡	24.0
786	丽水市	龙泉市	龙南乡	39.0	816	衢州市	常山县	新昌乡	24.0
787	台州市	仙居县	步路乡	38.6	817	丽水市	景宁畲族自治县	雁溪乡	24.0
788	绍兴市	嵊州市	王院乡	37.0	818	丽水市	景宁畲族自治县	英川镇	23.0
789	衢州市	常山县	大桥头乡	37.0	819	丽水市	遂昌县	王村口镇	22.9
790	衢州市	龙游县	大街乡	37.0	820	丽水市	遂昌县	柘岱口乡	22.8
791	杭州市	淳安县	瑶山乡	36.4	821	丽水市	缙云县	三溪乡	22.6
792	丽水市	景宁畲族自治县	大均乡	36.0	822	丽水市	缙云县	溶江乡	21.8
793	衢州市	柯城区	九华乡	35.0	823	衢州市	常山县	新桥乡	21.0
794	衢州市	开化县	齐溪镇	34.0	824	衢州市	开化县	金村乡	21.0
795	丽水市	景宁畲族自治县	景南乡	34.0	825	杭州市	淳安县	宋村乡	20.2
796	绍兴市	嵊州市	贵门乡	33.8	826	衢州市	开化县	大溪边乡	20.0
797	丽水市	景宁畲族自治县	标溪乡	33.0	827	丽水市	景宁畲族自治县	梅歧乡	20.0
798	台州市	仙居县	淡竹乡	32.1	828	温州市	永嘉县	大若岩镇	19.9
799	丽水市	遂昌县	濂竹乡	31.5	829	丽水市	遂昌县	蕉滩乡	19.8
800	丽水市	松阳县	叶村乡	31.0	830	衢州市	柯城区	七里乡	18.0
801	丽水市	遂昌县	新路湾镇	29.0	831	丽水市	松阳县	四都乡	18.0
802	丽水市	缙云县	胡源乡	28.6	832	金华市	武义县	新宅镇	17.8
803	台州市	仙居县	溪港乡	28.5	833	丽水市	缙云县	双溪口乡	17.1
804	台州市	仙居县	朱溪镇	28.0	834	丽水市	龙泉市	竹垟畲族乡	17.0
805	丽水市	龙泉市	城北乡	28.0	835	衢州市	江山市	双溪口乡	16.7
806	丽水市	松阳县	三都乡	27.0	836	丽水市	遂昌县	应村乡	16.6
807	丽水市	景宁畲族自治县	大际乡	27.0	837	台州市	仙居县	安岭乡	16.5
808	丽水市	景宁畲族自治县	毛洋乡	27.0	838	丽水市	松阳县	斋坦乡	16.0
809	丽水市	龙泉市	岩樟乡	27.0	839	丽水市	景宁畲族自治县	秋炉乡	16.0
810	杭州市	淳安县	鸠坑乡	26.9	840	丽水市	龙泉市	道太乡	16.0

（续表十四）

单位：万元

排序	所属地区	县（市、区）	乡镇	地方财政收入	排序	所属地区	县（市、区）	乡镇	地方财政收入
841	丽水市	松阳县	新兴乡	15.0	871	台州市	天台县	龙溪乡	4.0
842	丽水市	景宁畲族自治县	家地乡	15.0	872	丽水市	松阳县	谢村乡	3.0
843	丽水市	龙泉市	宝溪乡	15.0	873	丽水市	云和县	崇头镇	2.9
844	丽水市	松阳县	竹源乡	13.0	874	金华市	武义县	坦洪乡	2.6
845	丽水市	松阳县	枫坪乡	13.0	875	丽水市	云和县	紧水滩镇	2.4
846	丽水市	遂昌县	北界镇	12.9	876	温州市	平阳县	青街乡	2.4
847	舟山市	普陀区	白沙乡	12.7	877	丽水市	云和县	安溪乡	2.0
848	温州市	文成县	周山乡	11.3	878	台州市	天台县	雷峰乡	2.0
849	衢州市	柯城区	华墅乡	11.0	879	丽水市	缙云县	石笕乡	1.0
850	丽水市	云和县	赤石乡	10.8	880	丽水市	云和县	雾溪乡	0.5
851	金华市	武义县	大溪口乡	10.6	881	温州市	瑞安市	陶山镇	–
852	丽水市	遂昌县	黄沙腰镇	10.3	882	温州市	瑞安市	塘下镇	–
853	衢州市	柯城区	沟溪乡	10.0	883	温州市	瑞安市	马屿镇	–
854	衢州市	龙游县	社阳乡	10.0	884	温州市	瑞安市	湖岭镇	–
855	金华市	武义县	三港乡	9.3	885	温州市	瑞安市	高楼镇	–
856	丽水市	景宁畲族自治县	渤海镇	9.0	886	台州市	天台县	三州乡	–
857	丽水市	景宁畲族自治县	葛山乡	9.0	887	丽水市	青田县	鹤城镇	–
858	丽水市	遂昌县	金竹镇	8.2	888	丽水市	青田县	温溪镇	–
859	台州市	天台县	南屏乡	8.0	889	丽水市	青田县	东源镇	–
860	衢州市	开化县	塘坞乡	8.0	890	丽水市	青田县	船寮镇	–
861	丽水市	松阳县	樟溪乡	8.0	891	丽水市	青田县	北山镇	–
862	丽水市	松阳县	安民乡	8.0	892	丽水市	青田县	山口镇	–
863	丽水市	景宁畲族自治县	郑坑乡	8.0	893	丽水市	青田县	海口镇	–
864	丽水市	遂昌县	龙洋乡	7.4	894	丽水市	青田县	高湖镇	–
865	丽水市	遂昌县	西畈乡	7.3	895	丽水市	青田县	腊口镇	–
866	丽水市	松阳县	新处乡	7.0	896	丽水市	青田县	仁庄镇	–
867	丽水市	遂昌县	蔡源乡	5.9	897	丽水市	青田县	章村乡	–
868	台州市	仙居县	广度乡	5.7	898	丽水市	青田县	舒桥乡	–
869	丽水市	缙云县	方溪乡	5.6	899	丽水市	青田县	贵岙乡	–
870	丽水市	遂昌县	高坪乡	4.5	900	丽水市	青田县	石溪乡	–

（续表十五）

单位：万元

排序	所属地区	县（市、区）	乡镇	地方财政收入	排序	所属地区	县（市、区）	乡镇	地方财政收入
901	丽水市	青田县	祯埠乡	–	931	金华市	婺城区	安地镇	–
902	丽水市	青田县	祯旺乡	–	932	金华市	婺城区	白龙桥镇	–
903	丽水市	青田县	万山乡	–	933	金华市	婺城区	蒋堂镇	–
904	丽水市	青田县	黄垟乡	–	934	金华市	婺城区	琅琊镇	–
905	丽水市	青田县	季宅乡	–	935	金华市	婺城区	罗埠镇	–
906	丽水市	青田县	海溪乡	–	936	金华市	婺城区	罗店镇	–
907	丽水市	青田县	高市乡	–	937	金华市	婺城区	汤溪镇	–
908	丽水市	青田县	巨浦乡	–	938	金华市	婺城区	雅畈镇	–
909	丽水市	青田县	万阜乡	–	939	金华市	婺城区	洋埠镇	–
910	丽水市	青田县	汤垟乡	–	940	金华市	婺城区	岭上乡	–
911	丽水市	青田县	方山乡	–	941	金华市	婺城区	乾西乡	–
912	丽水市	青田县	吴坑乡	–	942	金华市	婺城区	箬阳乡	–
913	丽水市	青田县	仁宫乡	–	943	金华市	婺城区	沙畈乡	–
914	丽水市	青田县	章旦乡	–	944	金华市	婺城区	塔石乡	–
915	丽水市	青田县	阜山乡	–	945	金华市	婺城区	莘畈乡	–
916	丽水市	青田县	岭根乡	–	946	金华市	婺城区	竹马乡	–
917	丽水市	青田县	小舟山乡	–	947	金华市	婺城区	长山乡	–
918	丽水市	庆元县	左溪镇	–	948	金华市	婺城区	苏孟乡	–
919	丽水市	庆元县	荷地镇	–	949	金华市	金东区	曹宅镇	–
920	丽水市	庆元县	贤良镇	–	950	金华市	金东区	赤松镇	–
921	丽水市	庆元县	百山祖乡	–	951	金华市	金东区	付村镇	–
922	丽水市	庆元县	官塘乡	–	952	金华市	金东区	江东镇	–
923	丽水市	庆元县	合湖乡	–	953	金华市	金东区	澧浦镇	–
924	丽水市	庆元县	江根乡	–	954	金华市	金东区	岭下镇	–
925	丽水市	庆元县	举水乡	–	955	金华市	金东区	塘雅镇	–
926	丽水市	庆元县	岭头乡	–	956	金华市	金东区	孝顺镇	–
927	丽水市	庆元县	龙溪乡	–	957	金华市	金东区	源东乡	–
928	丽水市	庆元县	四山乡	–					
929	丽水市	庆元县	五大堡乡	–					
930	丽水市	庆元县	张村乡	–					

2011年浙江省乡镇财政基本情况

单位:万元、个、人

项　目	决算数	项　目	决算数
一、本年乡镇数	1133	一般预算支出	4014179
其中：实行“乡财县管”的乡镇数	427	上解上级支出	6584075
二、乡镇财政机构数	964	财政部代理发行地方政府债券还本	
其中：财税所数	449	增设预算周转金	265
三、已建立乡镇国库的乡镇数	11	安排预算稳定调节基金	10000
四、税务所机构数	237	调出资金	
国家税务所数	83	年终结余	486770
地方税务所数	154	其中：净结余	349174
其中：一乡（镇）一所数	23	十二、乡镇政府性基金预算收支平衡情况	
五、乡镇财政所总人数	4200	收入总计	3806207
1.行政编制实有人数	1619	政府性基金收入	942509
2.事业编制实有人数	2217	上级补助收入	2364446
3.以工代干人数	306	其中：地震灾后恢复重建补助收入	
4.集体财务人员人数	58	上年结余	467366
六、乡镇财政供养人数	204279	调入资金	31886
1.一般预算财政拨款开支人数	85281	支出总计	3806207
2.一般预算财政补助开支人数	118998	政府性基金支出	3108042
其中：教师	70043	上解上级支出	136310
七、赤字乡镇个数	18	调出资金	1100
八、乡镇年末总人口	37710327	年终结余	560755
城镇人口	11292642	十三、乡镇国有资本经营预算收支平衡情况	
乡村人口	26417685	收入总计	
九、乡镇财政一般预算收入分档		国有资本经营预算收入	
100万元（不含）以下的乡镇数	169	地震灾后恢复重建补助收入	
100万元（含）~500万元的乡镇数	196	上年结余	
500万元（含）~1000万元的乡镇数	100	支出总计	
1000万元（含）以上的乡镇数	668	国有资本经营预算支出	
十、村民委员会个数	26232	调出资金	
十一、乡镇一般预算收支平衡情况		年终结余	
收入总计	11095289	十四、乡镇预算外财政专户资金收支平衡情况	
一般预算收入	7893785	收入总计	201809
上级补助收入	2791625	预算外财政专户资金收入	127503
其中：地震灾后恢复重建补助收入		上级补助收入	78197
上年结余	363946	上年结余	-3891
转贷财政部代理发行地方政府债券收入		支出总计	201809
调入预算稳定调节基金		财政专户管理资金支出	227567
调入资金	45933	上解上级支出	16822
地震灾后恢复重建调入资金		调出资金	60779
支出总计	11095289	年终结余	-103359

2011年各省、市、自治区财政收支占全国财政收支 税收收入占地方财政收入比重及排序

单位名称	地方财政收入（亿元）	约占全国地方财政收入的比重（%）	排序	税收收入(亿元)	约占地方财政收入的比重（%）	排序	一般预算支出（亿元）	约占全国地方财政支出的比重(%)	排序
北京市	3006	5.7	6	2855	95.0	1	3245	3.5	12
天津市	1455	2.8	17	1005	69.0	25	1796	1.9	26
河北省	1738	3.3	9	1349	77.6	13	3537	3.8	9
山西省	1213	2.3	19	873	71.9	23	2364	2.5	21
内蒙古自治区	1357	2.6	18	986	72.7	22	2989	3.2	14
辽宁省	2643	5.0	7	1975	74.7	17	3906	4.2	7
吉林省	850	1.6	24	624	73.4	20	2202	2.4	24
黑龙江省	998	1.9	22	742	74.4	18	2794	3.0	17
上海市	3430	6.5	4	3173	92.5	3	3915	4.2	6
江苏省	5149	9.8	2	4125	80.1	10	6222	6.7	2
浙江省	**3151**	**6.0**	**5**	**2952**	**93.7**	**2**	**3843**	**4.1**	**8**
安徽省	1464	2.8	16	1108	75.7	14	3303	3.6	11
福建省	1502	2.9	13	1254	83.5	6	2198	2.4	25
江西省	1053	2.0	21	777	73.8	19	2535	2.7	20
山东省	3456	6.6	3	2603	75.3	15	5002	5.4	3
河南省	1722	3.3	10	1263	73.4	21	4249	4.6	5
湖北省	1527	2.9	11	1067	69.9	24	3215	3.5	13
湖南省	1517	2.9	12	915	60.3	30	3521	3.8	10
广东省	5515	10.5	1	4549	82.5	7	6712	7.2	1
广西壮族自治区	948	1.8	23	645	68.0	26	2545	2.7	19
海南省	340	0.6	28	296	86.9	4	779	0.8	29
重庆市	1488	2.8	15	881	59.2	31	2570	2.8	18
四川省	2045	3.9	8	1537	75.2	16	4675	5.0	4
贵州省	773	1.5	25	518	67.0	27	2249	2.4	23
云南省	1111	2.1	20	882	79.4	11	2930	3.2	16
西藏自治区	55	0.1	31	46	83.7	5	758	0.8	30
陕西省	1500	2.9	14	934	62.2	29	2931	3.2	15
甘肃省	450	0.9	27	284	63.1	28	1791	1.9	27
青海省	152	0.3	30	120	78.9	12	967	1.0	28
宁夏回族自治区	220	0.4	29	177	80.5	9	706	0.8	31
新疆维吾尔自治区	720	1.4	26	593	82.4	8	2284	2.5	22
地方合计	52547			41107			92734		

浙江省国民经济和社会发展总量与速度

指 标	1978年	1990年	2000年	2005年	2006年	2007年	2008年
人口							
年末总人口(万人)	3750.96	4234.91	4501.22	4602.11	4629.40	4659.30	4687.85
年末从业人员数(万人)	1794.96	2554.46	2726.09	3100.76	3172.38	3405.01	3486.53
全省生产总值(亿元)	123.72	904.69	6141.03	13417.70	15718.47	18753.73	21462.69
第一产业	47.09	225.04	630.98	892.80	925.10	986.02	1095.96
第二产业	53.52	408.18	3273.93	7164.75	8511.51	10154.25	11567.42
第三产业	23.11	271.47	2236.12	5360.10	6281.86	7613.46	8799.31
人均生产总值(元)	331	2138	13415	27062	31241	36676	41405
交通运输							
旅客周转量(亿人千米)	66.68	257.29	606.73	848.49	929.15	1026.50	1118.60
货物周转量(亿吨千米)	164.19	400.65	1199.74	3416.90	4363.71	4962.38	5476.30
固定资产投资总额(亿元)	23.23	186.96	2267.22	6138.39	6964.28	7704.90	8550.71
财政收支							
财政总收入(亿元)	27.45	101.59	658.42	2115.36	2567.66	3239.89	3730.06
#地方财政收入(亿元)	27.45	101.59	342.77	1066.60	1298.20	1649.50	1933.39
财政支出(亿元)	17.43	80.23	431.30	1265.53	1471.86	1806.79	2208.58
贸易							
社会消费品零售总额(亿元)	46.86	353.75	2553.59	4645.85	5357.97	6271.32	7533.30
进出口总额(亿美元)	0.7	27.73	278.34	1073.91	1391.47	1768.56	2111.09
#出口总额(亿美元)	0.52	21.89	194.44	768.04	1008.94	1282.73	1542.67
价格指数							
居民消费价格指数(上年=100)		102.1	101.1	101.3	101.1	104.2	105.00
城乡居民收入							
城镇居民人均可支配收入(元)	332	1932	9279	16294	18265	20574	22727
农村居民人均纯收入(元)	165	1099	4254	6660	7335	8265	9258
教育和文化							
高等学校在校学生数(万人)	2.4	6	22.2	67.70	74.7	80.9	86.80
普通中学在校学生数(万人)	214.7	169.6	249.6	261.10	262.3	266.6	269.80
小学在校学生数(万人)	501.4	372.4	353.8	342.40	339.4	335.5	332.30
报纸出版数量(万份)	24080	66865	173526	264913	280261	291048	298677
杂志出版数量(万份)	393	4716	8736	9016	8009	8082	7407
图书出版数量(万份)	12033	19596	27014	27443	27026	25656	29564

（续表）

2009年	2010年	2011年	指数（2011年为以下各年%）			1979～2011年平均增长(%)	2007～2011年平均增长(%)
			1978年	2006年	2010年		
4716.18	4747.95	4781.31	127.5	130.3	100.7	0.7	0.6
3591.98	3636.02	3674.11	204.7	115.8	101.0	2.2	3.0
22990.35	27722.31	32318.85	5392.7	167.8	109.0	12.8	10.9
1163.08	1360.56	1583.04	361.3	117.3	103.6	4.0	3.2
11908.49	14297.93	16555.58	11322.7	165.7	109.2	15.4	10.6
9918.78	12063.82	14180.23	6726.0	178.3	109.5	13.6	12.3
43842	51711	59249	3695.4	154.8	107.2	11.6	9.1
1152.38	1250.74	1296.25	1944.0	139.5	103.6	9.4	6.9
5659.78	7117.04	8626.91	5254.2	197.7	121.2	12.8	14.6
9906.46	11451.98	14077.25		202.1	122.9		15.1
4122.04	4895.41	5925.00	21584.7	230.8	121.0	17.7	18.2
2142.51	2608.47	3150.80	11478.3	242.7	120.8	15.5	19.4
2653.35	3207.88	3842.59	22046.7	261.1	119.8	17.8	21.2
8622.26	10163.20	11930.60	25460.1	222.7	117.4	18.3	17.4
1877.35	2535.33	3093.97	441995.7	222.4	122.0	29.0	17.3
1330.10	1804.65	2163.60	416076.9	214.4	119.9	28.7	16.5
98.50	103.80	105.40					
24611	27359	30971	1303.3	144.0	107.5	8.1	7.6
10007	11303	13071	1486.0	149.6	109.5	8.5	8.4
91.00	93.30	95.90	3960.4	128.4	102.8	11.8	5.1
262.30	255.20	244.50	113.9	93.2	95.8	0.4	–1.4
325.10	333.30	344.10	68.6	101.4	103.2	–1.1	0.3
314033	325048	359090	1491.2	128.1	110.5	8.5	5.1
7596	7201	8001	2035.9	99.9	111.1	9.6	
31221	28179	32608	271.0	120.7	115.7	3.1	3.8

注：1.本表价值量指标按当年价格计算，发展速度按可比价格计算。

2.城镇居民人均可支配收入、农村居民人均纯收入发展速度均已扣除价格变动因素。

2011年浙江省国民经济和社会发展统计公报

浙江省统计局、国家统计局浙江调查总队

2011年，浙江深入贯彻落实科学发展观，认真实施“八八战略”和“两创”总战略，在国际经济增长减速，国内实施积极的财政政策和稳健的货币政策的宏观环境下，着力稳增长、抓转型、控物价、惠民生、促和谐，加快启动实施三大国家战略，积极帮助中小企业脱困解难，全省经济保持平稳较快增长，民生进一步改善，实现了“十二五”发展的良好开局。

一、综合

初步核算，2011年，全省生产总值为32000亿元，比上年增长9.0%(见图1)。其中，第一产业增加值1581亿元，第二产业增加值16404亿元，第三产业增加值14015亿元，分别增长3.6%、9.1%和9.4%。人均GDP为58665元(按年平均汇率折算为9083美元)，增长7.1%。三次产业结构由上年的4.9：51.6：43.5调整为4.9：51.3：43.8。

图1 2006～2011年全省生产总值及其增长速度

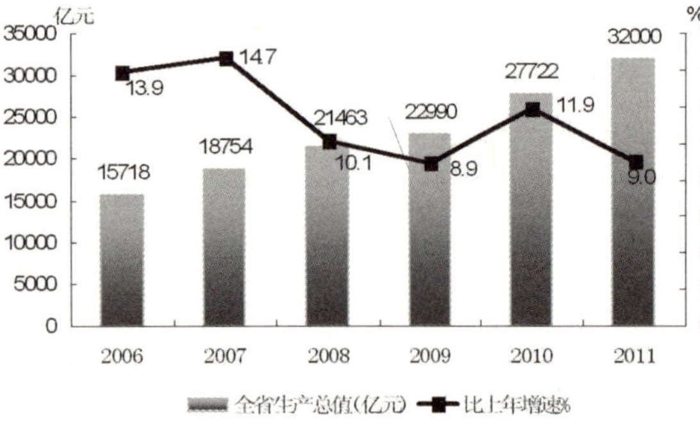

图2 2011年全省生产总值及第三产业增加值构成

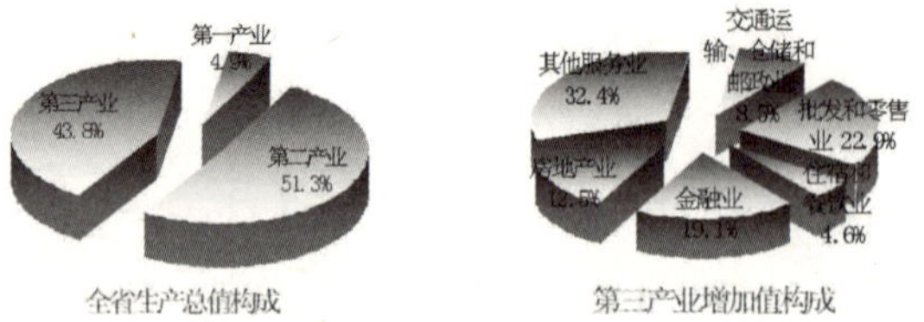

全省居民消费价格比上年上涨5.4%，其中居住类上涨5.3%，食品类上涨12.1%(见图3、表1)；商品零售价格上涨5.5%，农业生产资料价格上涨10.8%，工业生产者出厂价格上涨5.0%，工业生产者购进价格上涨8.3%；固定资产投资价格上涨7.5%。

图3 2006～2011年居民消费价格涨跌幅度

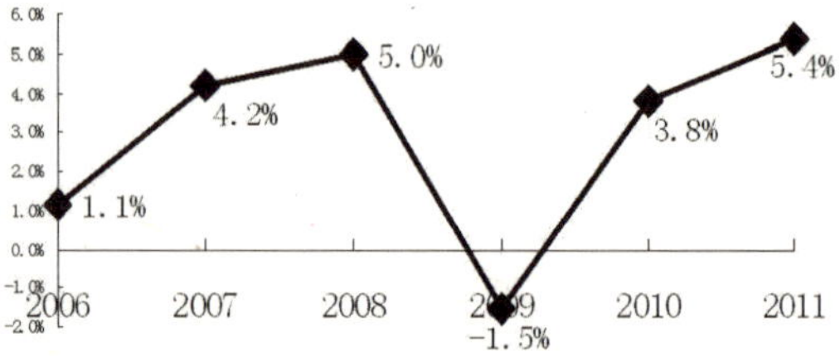

表1 2011年居民消费价格变动情况(上年＝100)

指 标	全省	城市	农村
居民消费价格总指数	105.4	105.3	105.6
1.食品	112.1	111.6	113.3
#粮食	112.5	112.2	113.2
2.烟酒及用品	101.7	101.9	101.2
3.衣着	102.9	103.4	101.4
4.家庭设备用品及服务	103.7	104.3	101.8
5.医疗保健及个人用品	103.7	104.2	102.8
6.交通和通信	100.7	100.5	101.4
7.娱乐教育文化用品及服务	100.1	100.0	100.5
8.居住	105.3	105.4	105.0

2011年，财政一般预算总收入5925亿元，比上年增长21%，增速比上年提高2.2个百分点；地方一般预算收入3151亿元，增长20.8%，增速比上年回落0.9个百分点。

全年新增城镇就业人数94.6万人，其中39.5万名城镇失业人员实现再就业。年末城镇登记失业率为3.12%，比上年末下降0.08个百分点。

二、农业和农村建设

2011年，随着我省一系列强农惠农富农政策的进一步落实，农林牧渔各业稳定增长，效益提升。

表2 2011年主要农产品产量

指 标	绝对数(万吨)	比上年增长(%)
粮食	781.60	1.4
春粮	64.82	9.7
早稻	68.30	7.7
秋粮	648.48	0.0
油料	39.85	1.0
花生	5.36	–0.2
油菜籽	33.59	1.0
棉花	3.24	10.2
糖料	71.11	–4.3
茶叶	16.97	4.3
水果	712.36	1.6
蔬菜	1815.61	1.5

粮食、油料产量增长。全年粮食总产量为781.6万吨，比上年增长1.4%；油料产量39.9万吨，增长1.0%(见表2)。

经济作物播种面积有增有减。全省蔬菜播种面积624.5千公顷，比上年增长0.9%；棉花21.7千公顷，增长4.5%；药材31.6千公顷，增长3.2%；花卉苗木119.3千公顷，增长10.4%；果用瓜播种面积106千公顷，减少1.7%；甘蔗播种面积11.3千公顷，减少5.9%。

畜牧业、渔业生产稳步发展。生猪年末存栏1282万头、出栏1930万头，分别比上年增长2.7%、0.4%。全省肉类总产量176万吨，比上年增长0.4%。渔业生产稳步增长，全省水产品总产量519.8万吨(含远洋)，比上年增长8.7%，其中海水产品产量415.0万吨，淡水产品产量104.8万吨。

农业现代化水平稳步发展。全年净增有效灌溉面积19.3千公顷，新增旱涝保收面积13.3千公顷，新增机电排灌面积3.5千公顷。农业机械总动力2542万千瓦，比上年增长1.7%。

新农村建设成效明显。全省完成环境整治村3100个，培育建设中心村403个，受益农户127.6万户。全省90%以上的村实现生活垃圾集中收集处理，75%以上农户家庭实现卫生改厕，55%以上村庄开展了生活污水治理，80%以上行政村完成村庄整治建设。农家乐休闲旅游业发展较快，累计发展农家乐休闲旅游特色村(点)2765个，从业人员10.2万人，营业收入70.5亿元。

表4 2011年主要工业产品产量

指 标	单 位	绝对数	比上年增长(%)
纱	万吨	198.8	6.5
布	亿米	146.1	11.3
化纤	万吨	1505.5	17.5
卷烟	亿支	885.2	4.0
房间空调器	万台	469.5	–5.6
发电量	亿千瓦小时	2716.3	10.4
钢材	万吨	3135.3	13.8
水泥	万吨	12122.3	9.1
化肥(折100%)	万吨	26.4	2.5
汽车	万辆	33.7	4.7
#轿车	万辆	30.1	10.0
集成电路	亿块	46.8	–5.6
电子元件	亿只	616.7	–9.5
移动电话机	万台	2215.6	–7.7
微型电子计算机	万台	154.9	–1.4

表3 2011年规模以上工业增加值

指 标	绝对数（亿元）	比上年增长(%)
工业增加值总计	10878	10.9
在总计中：轻工业	4498	10.0
重工业	6380	11.5
在总计中：国有企业	967	10.2
有限责任公司	1744	10.4
股份有限公司	952	11.9
私营企业	4283	12.3
港澳台商投资企业	1302	10.9
外商投资企业	1566	7.8
在总计中：国有及国有控股企业	1946	9.6

三、工业和建筑业

2011年，规模以上工业增加值10878亿元，比上年增长10.9%，轻、重工业增加值分别增长10.0%和11.5%(见表3)。其中，国有及国有控股工业企业增加值1946亿元，增长9.6%。规模以上工业销售产值54427亿元，增长21.1%。规模以上工业企业完成出口交货值10940亿元，增长12.3%；出口交货值占销售产值的比重为20.1%，比上年下降1.6个百分点。规模以上工业新产品产值12253亿元，比上年增长28.8%，高于工业总产值增幅7.4个百分点；新产品产值率22.0%，比上年提高1.3个百分点。制造业中，高新技术产业增加值2624亿元，增长13.4%，占规模以上工业的比重为24.1%，比上年提高0.3个百分点。汽车产量为33.7万辆，增长4.7%，其中轿车产量为30.1万

图4 2006～2011年固定资产投资及其增长速度

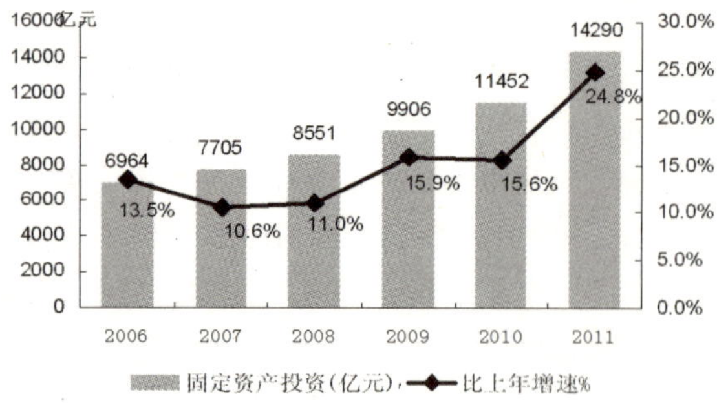

辆，增长10.0%(见表4)。

全年规模以上工业企业实现利润3080亿元，比上年增长9.9%。其中，国有及国有控股企业416亿元，增长15.3%；股份制企业357亿元，增长11.1%；外商及港澳台投资企业899亿元，下降3.2%；私营企业1116亿元，增长16.4%。工业企业产品销售率97.7%，比上年下降0.2个百分点。

全年建筑业增加值1869亿元，比上年增长13.9%。资质以上建筑企业利润总额415亿元，增长19.2%；税金总额450亿元，增长24.0%。

四、固定资产投资和房地产业

2011年，固定资产投资14290亿元，比上年增长24.8%(见图4)。非国有投资9695亿元，增长28.2%，占固定资产投资的67.8%，其中，民间投资8563亿元，增长30.4%，占固定资产投资的59.9%。

在固定资产投资中，第一产业投资97.0亿元，比上年增长61.3%；第二产业投资5254亿元，增长13.0%，其中，工业投资5212亿元，增长13.1%；第三产业投资8939亿元，增长32.6%。全年投资项目33309个，比上年增长7.3%，其中，新开工项目17864个，增长8.9%。

全年房地产开发投资4494亿元，比上年增长48.5%。商品房销售额3728亿元，下降16.4%。

图5 2006～2011年社会消费品零售总额及增速

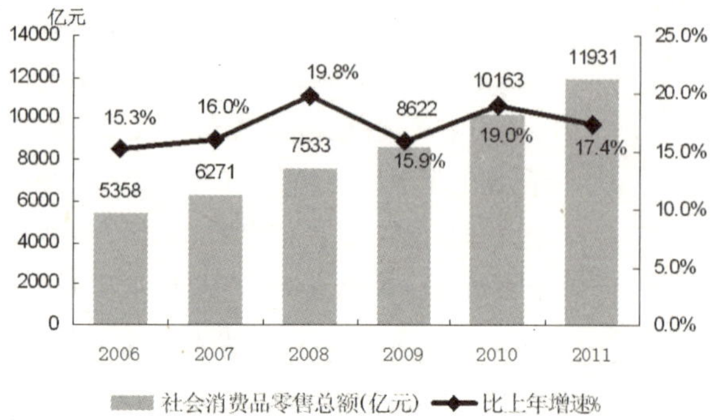

五、国内贸易

2011年，社会消费品零售总额11931亿元，比上年增长17.4%，扣除价格因素，实际增长11.3%(见图5)。其中，城镇消费品零售额10025亿元，增长17.6%；乡村消费品零售额1905亿元，增长16.3%。分行业看，批发零售贸易业零售额10680亿元，增长17.3%；住宿餐饮业零售额1250亿元，增长18.5%。

在限额以上批发零售贸易业销售额中，汽车类零售额比上年增长16.6%，石油及制品类增长40.5%，食品饮料烟酒类增长21.4%，服装、鞋帽、针纺织品类增长21.9%，中西药品类增长18.9%，家用电器和音像器材类增长17.1%，日用品类增长14.1%，金银珠宝类增长53.5%，通讯器材类增长31.7%，家具类增长57.1%。

表5 2011年进出口主要分类情况

指 标	绝对数(亿美元)	比上年增长(%)
进出口总额	3094.0	22.0
出口额	2163.6	19.9
#一般贸易	1765.0	21.7
加工贸易	360.4	9.2
#机电产品	921.0	16.4
#高新技术产品	155.2	5.4
进口额	930.4	27.3
#一般贸易	653.5	32.2
加工贸易	172.0	9.2
#机电产品	180.5	10.7

年末全省有商品交易市场4212家，全年有形市场成交额1.45万亿元，比上年增长14.1%。成交额超亿元的市场705个，超十亿元的市场210个，其中超百亿元的市场25个。

六、对外经济

2011年，进出口总额3094亿美元，比上年增长22%，其中进口930亿美元，增长27.3%；出口2164亿美元，增长19.9%(见表5)，出口总额在全国各省(自治区、直辖市)的排位由2010年的第4位提升到第3位。

月度出口规模创历史新高。月均出口180.3亿美元，其中7月当月出口209.3亿美元，创历史新高。民营企业对出口增长的贡献率持续提高，出口1293.7亿美元，比上年增长24.8%，高于全省出口平均增速4.9个百分点，占全省出口总值的

表6　2011年对主要市场进出口情况

国家或地区	出口额(亿美元)	比上年增长(%)	进口额(亿美元)	比上年增长(%)
欧盟	557.7	15.4	111.9	19.2
东盟	147.5	34.0	106.5	55.0
美国	349.2	14.7	77.6	26.8
日本	133.4	26.4	118.6	18.4
俄罗斯	70.1	37.1	18.3	49.5
韩国	54.5	20.1	87.2	37.3
中国香港	59.4	–7.8	3.3	30.8
中国台湾	23.7	17.9	112.4	10.3

59.8%；对全省出口增长的贡献率为71.6%，比上年提高6.8个百分点。对欧美市场出口增速明显放缓，对新兴市场出口快速增长(见表6)。

新批外商直接投资项目1691个，比上年减少253个，合同外资205.8亿美元，实际到位外资116.7亿美元，分别比上年增长2.7%和6%。第三产业利用外资继续保持良好势头，合同外资94.3亿美元，实际利用外资54亿美元，分别比上年增长16.2%和30.3%，分别占外资总额的45.8%和46.3%。

对外承包工程和劳务合作完成营业额30.3亿美元，比上年增长4%；经审批和核准的境外投资企业和机构共计568家，中方投资34.5亿美元，增长2.5%。全年实际对外直接投资21.1亿美元，下降19.5%。

表7　2011年铁、公、水路完成运输量

指　标	单位	绝对数	比上年增长（%）
货物周转量	亿吨公里	8627	21.3
铁路	亿吨公里	312	–8.7
公路	亿吨公里	1435	10.5
水运	亿吨公里	6880	25.8
旅客周转量	亿人公里	1296	3.6
铁路	亿人公里	382	5.2
公路	亿人公里	908	3.0
水运	亿人公里	6	6.6
沿海港口货物吞吐量	亿吨	8.7	10.4

七、交通运输、邮电和旅游

2011年，交通运输、仓储和邮政业增加值为1198亿元，比上年增长9.9%。

全年铁路、公路和水运完成货物周转量8627亿吨公里，比上年增长21.3%；旅客周转量1296亿人公里，增长3.6%。港口完成货物吞吐量12.2亿吨，增长8.9%，其中，沿海港口完成8.7亿吨，内河港口完成3.6亿吨，分别增长10.4%和5.4%(见表7)。

全年邮电业务总量898亿元，比上年增长18.4%。其中，邮政业务总量151亿元，电信业务总量747亿元。

表8　2006～2011年全省接待旅游人数

年份	入境旅游人数（万人次）	国内旅游人数（亿人次）
2006	427	1.61
2007	511	1.91
2008	540	2.09
2009	571	2.44
2010	685	2.95
2011	774	3.43

全年本地电话交换机容量2986万门，比上年减少76万门。移动电话交换机容量9605万户，比上年增加939万户。年末本地电话用户1948万户，其中城市电话用户1168万户，农村电话用户780万户；移动电话用户5756万户，全年新增709万户。年末全省互联网用户数为4944万户。

全年实现旅游总收入4080.3亿元，比上年增长23.2%。其中，接待国内旅游者3.4亿人次，增长16.3%，实现国内旅游收入3785.3亿元，增长24.3%；接待入境旅游者773.7万人次，增长13%，实现旅游外汇收入45.4亿美元，增长15.6%(见表8)。

八、金融、证券和保险

2011年末，金融机构本外币各项存款余额60893亿元，比上年末增长12.0%，其中人民币存款余额增长12.0%。全部金融机构本外币各项贷款余额53239亿元，比上年末增长13.8%，其中人民币贷款余额增长13.7%。年末个人本外币储

表9　2011年全部金融机构本外币存贷款情况

指　标	年末数（亿元）	比上年增长（%）
各项存款余额	60893	12.0
其中：单位存款	33543	9.2
个人储蓄存款	23945	13.7
各项贷款余额	53239	13.8
其中：短期贷款	32290	19.7
中长期贷款	19761	5.1

蓄存款余额23945亿元，比上年末增长13.7%(见表9)。

全年新增境内上市公司40家，到2011年末，全省共有境内上市公司226家，居全国第2位，累计融资2448亿元；其中中小板上市公司113家，占全国中小板上市公司总数的17.5%，居全国第2位；创业板上市公司26家，占全国创业板上市公司总数的9.25%。

全年保险业实现保费收入879.3亿元，比上年增长17.9%。其中，财产险保费收入387.6亿元，增长19.0%；人身险保费收入491.7亿元，增长17.1%。支付各类赔款及给付256.2亿元。其中，财产险赔付支出187.4亿元，寿险业务赔付支出48.6亿元，健康险和意外伤害赔付支出20.2亿元。

九、教育和科学技术

2011年，全省拥有普通高校82所(含筹建2所)。全年研究生招生17565人，在学研究生51846人，毕业生13046人；普通本专科招生27.13万人，在校生90.75万人，毕业生23.84万人。普通高考录取率85.3%，比上年提高1.5个百分点；高等教育毛入学率为47%，比上年提高2个百分点。各类中等职业教育(含技工学校)招生27.73万人，在校生76.5万人，毕业生21.43万人；普通高中招生30.05万人，在校生89.9万人，毕业生27.71万人；初中招生49.98万人，在校生154.6万人，毕业生57.59万人。初中入学率为99.92%，巩固率为99.99%。初中毕业升高中段的比例为98.16%，比上年提高0.19个百分点。小学招生62.88万人，在校生344.06万人，毕业生51.78万人，小学毕业生升学比例为100%。义务教育入学率99.97%，巩固率99.99%，完成率99.24%。特殊教育招生2174人，在校生13048人。全省拥有幼儿园9649所，在园幼儿187.14万人。

预计全年全社会科技活动经费支出960亿元，比上年增长15.3%；相当于生产总值的3%。研究和发展(R&D)经费支出相当于生产总值的比例为1.92%，比上年提高0.14个百分点。财政科技投入144.04亿元，比上年增长18.7%；财政科技拨款占财政支出的比重为3.75%。

年末，全省有县及县以上的独立研究开发机构146家，省级以上重点实验室、工程技术研究中心240家，其中国家重点实验室12家，省部共建国家重点实验室培育基地6家，省级重点实验室(含工程技术研究中心、试验基地)173家，省级高新技术企业研发中心1333家，企业研究院60家，国家认定的企业技术中心52家，拥有省级区域科技创新服务中心(生产力促进中心)124家，国家级示范生产力促进中心12家。全年专利申请17.71万件，专利授权13.02万件，分别比上年增长46.7%和13.6%。全年技术市场合同登记13857份，技术交易额68.3亿元。

年末，全省有131家产品质量检验机构，其中国家检测中心28个，产品质量、体系认证机构5个。有6384家企业获得强制性产品认证47667张，有31098家企业获得了管理体系认证。法定计量技术机构73个，全年强制鉴定计量器具616万台(件)。全年测绘生产总值28.5亿元，测绘基础经费总投入3.45亿元，完成1:10000比例尺地形图测制与更新2822幅，1:5000比例尺地形图642幅，提供各种比例尺地形图10.85万张。

十、文化、卫生和体育

年末共有艺术表演团体70个，群艺(文化)馆、文化站1612个，公共图书馆97个，博物馆100个。省市级广播电台、电视台各12座，县级广播电视台67家。有线电视用户数1322.52万户，比上年增长11.1%；广播、电视综合覆盖率分别达到99.20%和99.38%。农村有线电视入户用户数721.57万户。全省已有21部影片取得公映许可证，电视剧颁发发行许可证39部1304集，动画片颁发发行许可证38部1181集15404分钟。广播影视业经营收入197.07亿元，比上年增长12.9%。全年观影2600万人次，票房收入9.75亿元，比上年增长36.5%。共完成29.95万场农村电影放映任务。

全省14家图书出版社，共出版图书9958种，总印数3.2亿册；公开发行报纸71种，年发行量34.2亿份，平均每千人每天拥有174份报纸；出版期刊220种，年发行量0.75亿册。全省共有综合档案馆98个，已开放各类档案11617个全宗，共计284.6万卷，31.6万件。

年末共有卫生机构1.67万个(不包括村卫生室)，其中医院、卫生院1934个。医院和卫生院床位17.69万张，卫生技术人员29.99万人，其中执业医师和执业助理医师11.81万人，注册护士10.87万人。已设置城乡社区卫生服务中心508个、服务站6032个。

公共卫生体系建设工作和重大传染病防控工作进一步加强。2011年，累计报告发生甲、乙类传染病14.2万例，发病率为261.76/10万，比上年下降1.3%。“五苗”接种率保持在95%以上。全省孕产妇和5岁以下儿童死亡率分别为6.35/10万和7.37‰。

2011年，我省运动健儿共取得世界冠军16个、亚洲冠军7个、全国冠军128个。共举办国际性体育竞赛38项次、全国性竞赛116项次。共有4个县(市、区)和93个乡镇通过省级体育强县、强镇的检查验收。全年发行体育彩票60.7亿元，比上年增加7.9亿元，增长15.1%。

十一、人口、人民生活和社会保障

据2011年人口变动抽样调查，年末全省常住人口5463万人，比上年增长0.3%。其中，男性人口2800.2万人，女性人口2662.8万人，分别占总人口的51.3%和48.7%。全年出生人口

图6 2006～2011年城镇居民人均可支配收入及实际增长速度

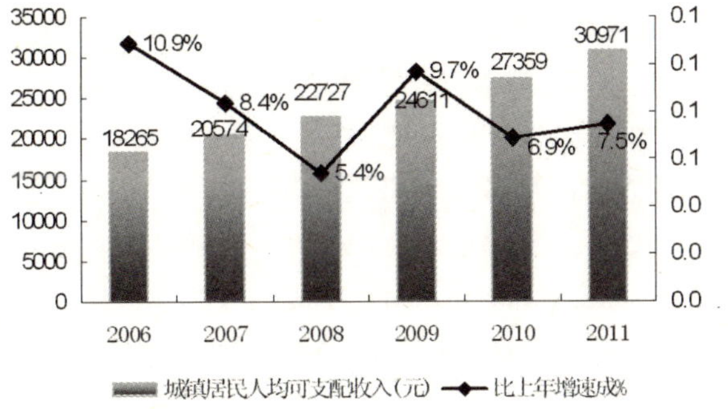

图7 2006～2011年农村居民人均纯收入及实际增长速度

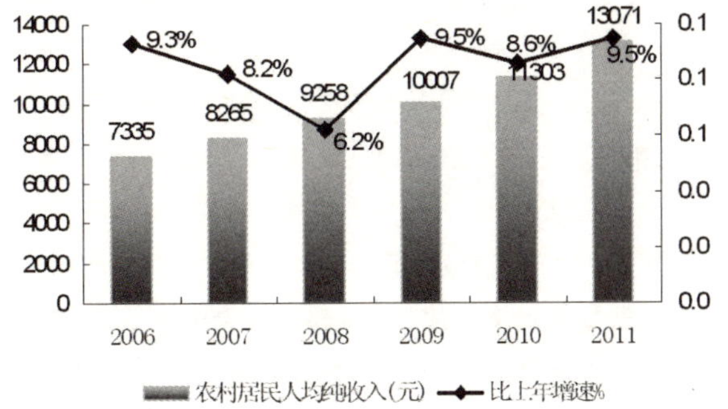

51.7万人，出生率为9.47‰；死亡人口29.5万人，死亡率为5.40‰；全年自然增长人口22.2万人，自然增长率为4.07‰。

据对城乡住户抽样调查，全省城镇居民人均可支配收入30971元，农村居民人均纯收入13071元，扣除价格因素，分别比上年实际增长7.5%和9.5%。城镇居民人均可支配收入连续11年居全国第3位，农村居民人均纯收入连续27年列各省(自治区)第1位(见图6、图7)。城镇居民人均消费支出20437元，比上年实际增长8.6%；农村居民人均生活消费支出9644元，实际增长8.9%。城镇居民家庭恩格尔系数为34.6%，比上年上升0.3个百分点；农村居民家庭恩格尔系数为37.6%，比上年上升2.2个百分点。

2011年，城镇居民人均可支配收入中位数为27283元，比上年增加3883元，增长16.6%。农村居民人均纯收入中位数为11553元，比上年增加1557元，增长15.6%。

城乡居民居住条件继续改善。城镇居民人均住房建筑面积36.9平方米，农村居民人均居住面积60.8平方米。城乡居民家庭主要耐用消费品拥有量继续增加(见表10)。

社会保障范围继续扩大。2011年，全省企业基本养老保险参保人数新增216万人，达到1822万人；城镇职工基本医疗、居民基本医疗保险参保人数分别新增170万人、63万人，达到1514万人、606万人；工伤、失业、生育保险参保人数分别新增加135万人、106万人、114万人，达到1611万人、981万人、977万人。参加城乡居民社会养老保险参保人数新增98万人，达到1312.5万人。其中，农村1179.5万人，城镇133万人，全省参保率超过90%。已有461万名被征地农民参加社会保障；585万人领取基础养老金；企业退休人员基本养老金达到月人均1755元，居全国省区前列。

新农合制度不断巩固。年末，全省新型农村合作医疗参合人数2871.2万人，参合率为97.5%，新农合筹资标准比上年增加133元，达到每人每年379元，其中各级财政补助268元，农民个人缴费111元。所有县(市、区)全部实行门诊统筹，政策范围内住院费用报销比例全部达到60%以上，全省平均比例为63%，最高支付限额全部达到当地农村居民人均纯收入的6倍以上。第三轮参合农民健康体检率达58.5%。

社会救助体系更趋完善。2011年，全省在册低保对象70.2万人，其中城镇8.8万人，农村(未含五保)58万人，共支出低保金15.5亿元，比上年增长20%，平均保障标准为城镇441.2元/月人、农村307.1元/月人，分别比上年增长17.1%和25.2%。医疗救助即时结报全面实施，各市、县(市、区)共安排医疗救助资金5.3亿元，支出6.5亿元，救助困难群众81.9万人次，资助困难群众参加新农合和城镇居民基本医疗保险123.1万人。五保、“三无”对象集中供

表10 2011年城乡居民每百户主要耐用消费品拥有量

主要耐用消费品	单位	城镇居民	比上年增长(%)	农村居民	比上年增长(%)
洗衣机	台	94.87	0.6	68.68	0.5
电冰箱	台	100.21	–0.1	93.02	4.0
空调器	台	201.05	7.7	94.38	20.1
家用汽车	辆	33.73	27.6	13.40	72.1
彩色电视机	台	184.79	–0.5	168.49	4.4
固定电话	部	80.33	–9.9	77.72	–12.0
移动电话	部	207.76	4.9	204.49	8.1
家用电脑	台	103.57	15.3	43.28	21.4

养率分别为97.3%和99.6%。全省投入资金16.5亿元,新增各类养老机构床位数2.1万张,新(改、扩)建305个乡镇养老服务中心和3020个城乡社区居家养老服务站(农村星光老年之家)。年内共发行各类福利彩票92.7亿元,比上年增长26.3%,筹集公益金27.4亿元。

十二、资源、环境保护和社会安全

2011年,全省水资源量为749.2亿立方米。总供用水量222.5亿立方米。完成造林更新面积63.3万亩;更新造林20万亩,低产低效林改造面积40.4万亩。年末实有封山(沙)育林面积1216.3万亩,森林覆盖率为60.58%(含灌木林)。

全省有气象雷达观测站点9个,卫星云图接收站点25个,区域自动气象观测站1505个。全省霾天平均日数117天。69个县级以上城市环境空气质量达到二级标准占92.8%,基本保持稳定。11个设区市城市空气质量达到二级标准天数比例在86.6%-98.4%之间,平均为93.1%。设区城市空气二氧化硫平均浓度为0.030毫克/立方米,与上年持平。到2011年,八大水系、运河和湖库地表水171个省控断面Ⅰ～Ⅲ类水质比例达到71.3%,比上年提高2.9个百分点。地表水环境功

图8 2006～2010年规模以上工业单位增加值能耗下降幅度

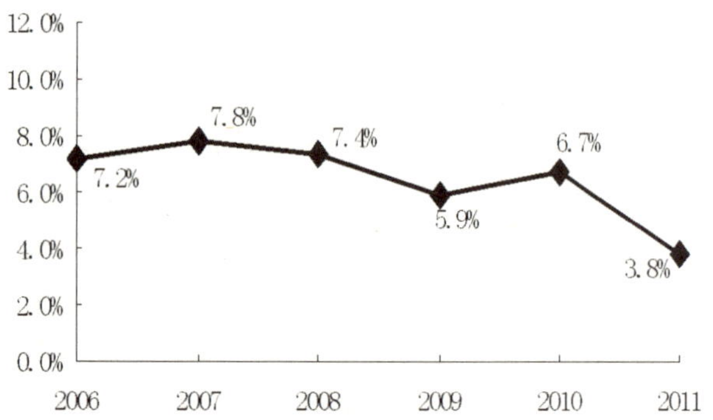

能区水质达标率为76%,比上年提高2.3个百分点。全省八大水系、运河和湖库地表水省控断面高锰酸盐指数平均浓度为3.30毫克/升,比上年下降1.2%。2011年,全省跨行政区域河流交接断面满足功能要求比例为61.9%,与上年持平。

2011年末,县以上城市污水处理厂处理能力842万吨/日。县以上城市污水处理率达到94%,比上年提高16个百分点。生活垃圾无害化处理率97%。

2011年,全省规模以上工业单位增加值能耗同比下降3.8%(见图8),其中,千吨以上和重点监测用能企业能源消费比上年分别增长5.5%和5.7%,单位工业增加值能耗分别下降4.5%和4.4%。2011年,初步核定化学需氧量下降2.81%、二氧化硫下降3.15%,均完成年度减排目标。

2011年,全省累计建成6个国家生态县、41个省级生态县、43个国家级生态示范区、7个国家环境保护模范城市、7个省级环保模范城市、274个全国环境优美乡镇。完成更名的国家级生态乡镇238个,国家级生态村9个,省级生态乡镇939个。现有全国绿色学校49所、省级绿色学校1095所,国家级绿色社区27个、省级绿色社区702个,省级绿色企业549家,省级绿色饭店340家,省级绿色医院167家,全国绿色家庭22户、省级绿色家庭1688户。国家园林城市(县城、镇)22个,省级园林城市36个。推进城乡绿化一体化进程,对1.8万个村庄开展绿化建设,共创建省、市、县三级绿化示范村5657个,其中省级绿化示范村1352个。生态修复和保护工作取得阶段性成效。废弃矿山生态环境治理率由上年的90%提高到91%,生态葬法覆盖行政村2.75万个,覆盖率由上年的83.2%提高到84.3%;公墓、墓地绿化覆盖率达到74.3%。城市建成区绿地率达35.2%,人均公园绿地面积11.17平方米。2011年,新增治理水土流失面积760平方千米。全年近岸海域共发生赤潮20次,累计面积约1502平方千米,与上年相比,全省海域赤潮发生次数下降2次,累计面积减少59%。

各类事故总量持续下降,连续8年实现"零增长"的目标。全年共发生各类事故24406起,死亡5904人,受伤21370人,直接经济损失40479万元,分别比上年下降7.0%、5.1%、8.6%和5.7%。其中,道路交通共发生事故20176起,死亡5107人,受伤21260人,分别比上年下降6.1%、4.4%和7.8%;火灾事故共发生3521起,死亡69人,直接经济损失7914万元,分别下降6.7%、2.8%和2.9%。

注:

(1)本公报所列各项数据为年度初步统计数据。

(2)全省生产总值和各产业增加值绝对数按现行价格计算,增长速度按可比价格计算。

(3)第三产业增加值构成中,其他服务业包括信息传输和计算机服务,租赁和商务服务业,科学研究、技术服务和地质勘查业,水利、环境和公共设施管理业,居民服务和其他服务业,教育、卫生、社会保障和社会福利业,文化、体育和娱乐业,公共管理和社会组织等行业。

(4)2011年邮电业务总量按2010年不变价格计算。

(5)城乡社区卫生服务中心按医疗机构许可证第一名称统计。

(6)居民家庭恩格尔系数:指居民家庭食品消费支出占生活消费总支出的比重。

(7)人均收入中位数:指将所有调查户按人均收入水平从低到高顺序排列,处于最中间位置的调查户的人均收入。

财经法规选编

浙江省财政厅
浙江省财政发展“十二五”规划

2011年2月25日　浙财预〔2011〕3号

为深入贯彻落实科学发展观和“创业富民、创新强省”总战略，进一步提升财政综合实力，发挥“支撑、保障、引导”作用，实现财政“持续、平稳、健康”运行，特制定本规划，规划期为2011~2015年。

一、现实基础和发展环境

（一）现实基础

“十一五”以来，全省各级财政部门在省委、省政府的正确领导下，全面贯彻落实科学发展观，紧紧围绕《浙江省国民经济和社会发展第十一个五年规划纲要》提出的发展目标，深入实施“八八战略”和“创业富民、创新强省”总战略，按照“依法治税、为民理财、务实创新、廉洁高效”的总体工作思路，深化“实、稳、优”三字诀，充分发挥财政的支撑保障引导作用，积极推进“收入一个笼子、预算一个盘子、支出一个口子”的公共财政管理改革，全省财政实力显著增强，收支结构明显优化，财政改革全面推进，财政管理科学规范，基本完成了“十一五”财政改革发展各项目标任务，有力地促进了全省经济和社会各项事业的全面协调可持续发展。

财政综合实力显著增强。“十一五”时期，全省财政总收入、地方财政收入分别达到18555亿元、9632亿元，是“十五”期间的2.5倍、2.6倍，年均增长18.3%、19.6%。财政支出结构逐步优化。“十一五”时期，全省一般预算支出11349亿元，是“十五”期间的2.5倍，年均增长20.4%。2006~2010年连续五年全省财政支出增量的三分之二以上用于民生，2010年全省财政新增支出用于民生的比重达75.0%。财源基础不断巩固。实施家电、汽车摩托车下乡和家电、汽车以旧换新财政补贴政策，努力扩大居民消费需求。积极推进产业结构升级，筹措落实服务业引导资金，实施分类分档激励奖补机制，推动工业企业分离发展服务业，引导服务业加快发展。增强资源要素保障，加大财政科技投入，创新科技投入机制，推进实施标准化战略，推动自主创新能力提升。加大人才工作投入力度，实施海外人才引进“千人计划”，推进“人才强省”建设，为经济转型升级提供智力支撑。公共服务职能明显加强。强化公共服务职能，大力推进城乡、区域、经济和社会、人与自然的协调发展，促进和谐社会建设。深入推进“全面小康六大行动计划”，公共财政加快向农村覆盖，推进城乡协调发展；完善和落实促进消费和提高居民收入的各项财政政策；完善义务教育经费保障机制，支持医疗卫生体制改革，促进“文化大省”建设，促进经济社会协调发展；扶持欠发达地区发展，统筹区域发展；推进生态省建设，促进人与自然协调发展。强化社会管理，完善政法经费保障机制，支持公正执法、创新社会管理、化解社会矛盾。深化“平安浙江”建设，促进社会和谐稳定。加大产品质量和食品安全检测检验投入，支持安全生产建设。社会保障制度及体系逐步完善。社会保障财政投入力度进一步增强，统筹城乡的大社保体系制度基本建成；加强财政促进就业工作力度，健全就业服务体系；加大廉租住房、经济适用房建设力度，扩大政策性农村住房保险覆盖面，加大对农村困难群众住房救助，健全新型社会救助体系，保障困难群众基本生活；推进“低收入群众增收行动计划”，逐步提高最低生活保障和最低工资标准。财政管理体制不断完善。逐步健全财力与事权相匹配的财政管理体制，建立分类分档激励奖补机制，保障市县基本财力，增强省级财政调控能力；完善财政转移支付制度，推行因素法分配转移支付资金，不断加大一般转移支付力度，地区间基本公共服务差距逐步缩小；建立分类管理的县乡财政管理体制，乡镇财政收支规模不断扩大。财政管理改革稳步推进。加快推进“收入一个笼子、预算一个盘子、支出一个口子”公共财政管理改革，深化部门预算、国库集中支付制度、政府采购制度等各项改革，运行有序、管理规范、约束有力、科学高效的财政运行机制日益健全。财政管理水平不断提高。建立预算编制、执行、监督“三位一体”组织管理框架，深入开展财税文化建设，加强依法行政依法理财，加快“金财工程”建设，切实推进财政科学化精细化管理。

（二）发展环境

从国际环境看，“十二五”时期，世界经济发展的不确定性和不稳定性因素较多，全球经济仍将处于国际金融危机后缓慢复苏和低位调整时期，局部复苏与震荡反复同在，我国发展的外部环境更趋复杂。但是经济全球化的不可逆、全球产业转移步伐加快、新一轮技术革命的演进等都将有利于我国形成参与国际经济合作与竞争的新优势。

从国内形势看，党中央牢牢把握现阶段社会的主要矛盾，坚持改革开放，不断解放和发展生产力，大力保障和改善民生，逐步健全社会保障体系，国内政治局势必将继续保持稳定。党的十七大提出了“又好又快”的发展战略方向，十七届五中全会又对“十二五”期间我国国民经济与社会发展作了详细规划，明确指出“十二五”时期将以科学发展为主题、加快转变经济发展方式为主线，“保增长、促转型、扩内需、重民生”将是这一时期政策着力的主要目标。当前和今后一段时期，伴随政府宏观调控和应对复杂局面能力的大幅提高，改革开放不断深化，经济结构加快调整，发展方式逐步转变，市场需求潜力加速释放，基础设施不断完善，我国各项事业发展必将再上新台阶。据此预测，“十二五”时期，我国国民经济将会继续朝着宏观调控预期方向平稳较快发展，经济企稳回升态势将会更加稳固，率先复苏并逐步迈入新一轮繁荣阶段。

从国家财政政策取向看，近年来围绕公共财政体制改革目标，财政部门实施了综合预算、国库集中收付、政府采购、绩效评价、“收支两条线”管理等改革，取得了显著成效。“十二五”时期，伴随经济社会发展迈入新阶段，国内各项改革逐渐步入深水区，国家必将与时俱进、积极稳妥地进一步推进公共财政建设和体制改革，构建有利于转变经济发展方式的财税体制，特别是从体制机制和财力分配上保障改革开放的成果全民共享、促进社会和谐发展。

从我省情况看，“十二五”时期，我省确立了以科学发展观为指导、以加快转变经济发展方式为主线的发展战略。我省经济发展进入加速转型期，社会建设进入整体推进期，体制改革进入攻坚突破期，同时，《长江三角洲地区区域规划》全面实施和我省被列入全国海洋经济试点省等，为我省加快经济转型升级创造了更加有利的条件。预期全省经济将从高速增长阶段逐渐进入以加快推进经济发展方式转变为主要目标的平稳适度增长阶段。但是，经济发展方式转变是一项从量变到质变复杂的系统工程，一项长期而艰巨的战略任务。当前我省产业层次低、布局散和竞争力弱的格局没有根本改变，主要依靠物质资源的消耗促进经济发展的路径没有根本破解，投资、消费、出口三大需求协调拉动的增长格局尚未真正形成，城乡区域协调发展的任务仍然艰巨。

从我省财政形势看，“十二五”时期既是战略机遇期，又是重大挑战期。一方面国内外宏观环境和我省自身经济形势总体向好，预期全省财政将继续保持良好运行态势，但另一方面随着经济社会发展步入新的阶段，财政面临的困难和问题仍然不少。一是在收入上，不确定因素增加，可持续增长将面临更大挑战。从收入基本面看，伴随收入基数的不断扩大，增长的边际递减效应会明显增强。从财源建设看，一方面，随着通胀压力加大，原材料、能源、劳动力等价格上涨因素，使企业的生产经营成本增加，利润空间趋窄；作为地方政府近年来增收的主导力量房地产及其相关产业，由于国家宏观调控力度的不断加大和城市土地资源的日趋稀缺，其进一步增长的空间十分有限。另一方面，在转型升级过程中，不符合要求的“旧”产业淘汰的速度必然会大于“新”产业特别是战略性新兴产业培育的速度，财源“减速”大于“增速”压力会明显加大。从政策性因素看，扩大增值税征收范围、相应调减营业税等税制改革，将会给地方收入带来不确定性。同时，为促进经济发展方式转变，实施结构性减税都将导致局部性减收。二是在支出上，各种增支因素叠加，财政支出压力难以在短期内消化。一方面，随着我省经济发展方式转变步伐的加快，财政作为政府宏观经济调控的重要手段，支撑、保障和引导经济发展方式转变的压力较大，“大平台大产业大项目大企业”（以下简称“四大”）、海洋经济建设、新型城市化建设等都需要财政加大投入。同时，随着基本公共服务均等化的推进，用于保障和改善民生方面的支出压力也将进一步增强：法定支出、义务教育经费、医疗卫生体制改革、低收入群众增收计划、完善大社保体系等因素叠加，财政支出呈现范围更广、增势更猛、刚性更强的特点。另一方面，推进省以下财政体制改革，强化省级政府在基本公共服务领域的支出责任，完善县级基本财力保障机制等改革，都将加大财政平衡的压力。三是在管理上，一些体制机制性障碍尚未完全突破，财税改革任务仍然艰巨。从财政运行机制看，我省的公共财政建设虽然确立了“三个子”的管理模式，但收入“笼子”的完整性、预算“盘子”的统筹度、支出“口子”的规范度仍有待健全和强化。支撑“三个子”运行的“三位一体”组织体系改革尚在进行中，机构设置、人才队伍建设有待进一步完善。从财政管理看，存在预算编制的细化程度不够、龙头作用不强，预算执行的效力有待提升，绩效评价结果的应用性不高，大监督机制尚待建立，非税收入征管法律体系不够完备，乡镇财政管理力量薄弱等问题，综合预算管理、事业单位财政供给、国库集中支付、绩效管理制度等改革尚需深化，科学化精细化管理的水平有待提升。从财政体制看，省以下政府支出责任的划分还不够清晰，基层财力保障力度有待加强，体制的激励约束功能尚需提升。

二、指导思想和收支目标

（一）指导思想

高举中国特色社会主义伟大旗帜，以邓小平理论和“三个代表”重要思想为指导，全面贯彻落实科学发展观，深入实施“八八战略”和“创业富民、创新强省”总战略，扎实推进“全面小康六大行动计划”，充分发挥财政支撑保障引导作用，推动经济结构战略性调整，加快经济发展方式转变；进一步完善财政体制和运行机制，健全公共财政制度；不断优化财政收支结构，强化公共服务职能，推进基本公共服务均等化；深化财政管理改革，强化财政监管，增强风险意识，推进科学化精细化管理，提高财政资金使用效益；深化财税文化建设，提高财政干部队伍综合素质，促进财政事业持续平稳健康发展，为促进我省全面建设惠及全省人民的小康社会作出新的贡献。

（二）收支目标

“十二五”时期，我省财政收支目标是：继续保持财政收入的稳定增长，到2015年，全省地方财政收入（一般预算收入）力争达到3800亿元，年均增长8%；按照量入为出的原则，不断调整和优化财政支出结构，注重资金使用效益，合理安排各项支出，到2015年，全省财政支出（一般预算支出）预计达到4500亿元，年均增长7%。

三、战略任务和主要措施

（一）以持续增收为中心，进一步优化税收收入结构和政府财力结构，促进地方政府财力可持续发展

1.努力优化税收收入结构，做大做强地方财政收入。加强经济发展走势、宏观政策调整和税收政策变化对收入的影响分析，把握组织收入的主动权，防止财政收入大起大落，努力实现收入的均衡入库、可持续增长和结构优化，不断提高收入质量。密切关注各项税制改革动向，及时掌握国家近中期税制改革总体思路，会同国税、地税部门准确评估税制改革对地方财政收入的影响，及时提出应对措施。

2.加强政府非税收入征管。建立健全各项政府非税收入征管政策，全面推进和深化政府非税收入的依法征收管理。根据《浙江省政府非税收入管理条例》的规定，制定出台有关政府非税收入项目管理、资金收缴、票据管理、监督检查等相关配套政策措施，建立健全政府非税收入征管政策体系，将政府非税收入纳入预算管理。积极拓宽征管范围，建立政府非税收入的可持续发展机制。推进信息化建设，提高政府非税收入征管工作的技术含量。强化监督机制，为政府非税收入征管创造良好的外部环境。

3.加快经济发展方式转变，夯实财源基础。大力支持地方经济发展，积极涵养财源，夯实财力持续增长的基础。一是强化整合机制，积极筹措资金，支持推进生态文明建设、“四大”建设、中心镇建设、欠发达地区发展、海洋经济发展等战略决策的实施。加大产业集聚区发展扶持力度，贯彻落实好促进产业集聚区发展的财政政策，促进产业集聚区建设。二是大力培育新材料、新能源、物联网等九大战略性新兴产业，重点支持服务业重大项目建设和现代服务业发展，支持服务业集聚区建设。加大对地方金融业的政策扶持力度，做大做强地方金融产业。落实重点产业调整和振兴规划政策，综合运用财政扶持方式，支持重点企业和重点项目快速成长，改造传统产业，大力发展高新技术产业。鼓励和支持节能环保、新材料、新医药、生物、信息等战略性新兴产业发展，培育新的经济增长点。加大人才投入，支持海外高层次人才引进计划等人才发展重点项目的实施，提升创新创业能力。三是加大财政支农投入，加快培育特色优势产业带和现代农业园区，扶持农业龙头企业和农民专业合作社发展，培育新型农业经营主体，加强农业基础地位。

（二）以优化财政支出结构为核心，进一步完善公共财政支出体系，全力保障建设惠及全省人民的小康社会

落实“富民惠民安民”政策，推进基本公共服务均等化。

1.支持收入分配制度改革。逐步提高最低工资标准和最低生活保障标准，提高企业退休人员等相关群体的收入水平。规范行政事业单位工资制度，深化公务员津补贴制度改革。建立激励导向机制，稳步推进公共卫生单位和基层医疗卫生单位等事业单位绩效工资制度改革。

2.推进社会事业改革。扩大公共教育支出，支持解决优质学前教育资源不均衡等问题，进一步完善义务教育均衡发展保障机制和城乡一体化义务教育发展机制，实现义务教育高水平均衡发展。完善职业教育支持政策，加强职业教育发展。推进重点学科专业建设，提高高等教育的办学水平和竞争力。加快公共文化服务体系建设，扶持文化产业发展，推动文化体制机制创新。积极推进医药卫生体制综合改革，建立健全基层医疗卫生机构财政保障机制，完善城乡基本公共卫生补助政策，推进基层医疗卫生服务体系建设。

3.完善社会保障制度体系。稳步增加社会保障投入，逐步提高社会保障支出占财政支出的比重。扩大以基本养老保险为重点的各项基本社会保险制度的覆盖面，逐步实现保险制度的人员全覆盖。完善社会救助制度，推进社会福利事业发展。加快制度整合，逐步实现基本社会保障制度的统一和城乡衔接。继续加大就业投入，加大对公共就业服务体系特别是基层公共就业服务平台建设的支持力度，重点建立统筹城乡就业机制和就业长效帮扶机制。

4.加强社会管理资金保障。完善政法经费保障体制，制定全省县级公安机关、检察院、法院机关、司法行政机关基本业务装备配备标准，提高基层技术装备水平，改善执法办案条件。支持和深化“平安浙江”建设，完善司法救助、法律援助、社区矫正和人民调解等制度，支持化解社会矛盾，不断优化经济社会发展环境，促进社会和谐稳定。

5. 统筹城乡区域发展。建立健全稳定的“三农”投入机制，加大公共财政支出中农业和农村投入的总量和比重；进一步完善转移支付制度，建立采用“因素法”分配专项资金的办

法,提高一般转移支付的比重;建立稳定的扶持机制,对重点欠发达地区实施重点扶持,支持欠发达地区加快发展,促进区域协调发展。

(三)以基本公共服务均等化为目标,进一步完善省直管县财政体制,建立有利于区域协调发展的新机制

1.建立有利于科学发展的财政体制机制。围绕省委、省政府决策部署,充分发挥财政体制机制的作用,引导全省各级政府、社会力量支持推进"四大"建设、中心镇建设、支持欠发达地区建设、海洋经济发展等战略决策的实施,推进经济转型升级。落实好省财政支持产业集聚区建设奖补政策,创建引导地方各级政府支持"四大"建设新机制;进一步推动经济发展方式转变,促进产业优化升级,大力发展服务产业,继续实行鼓励服务业发展的奖励政策。

2.建立引导市财政向区、县(市)级财政向乡镇财力下移以及市区域统筹发展的激励奖补机制。发挥"省管县"财政体制的杠杆引导作用,充分调动市、县两级发展经济的积极性,研究建立引导设区市向区、县(市)向乡镇财力下移的激励约束机制,改善基层财政状况,增强基本公共服务均等化保障能力。完善"省管县"财政体制,考虑设区市的规模及辐射影响,制定相应的财政奖补机制和约束机制。对规模较大、经济实力强、辐射作用大的设区市,探索建立鼓励其带动"市辖县"统筹发展,打破城乡分割,实现"一体化"发展的激励奖补机制。

3.进一步完善乡镇财政体制。继续按照分税制财政体制的总体要求,根据财力与事权相匹配的原则,进一步理顺县(市、区)与乡镇的财力分配关系,实现财力适度向基层倾斜,促进乡镇经济社会事业的发展。指导各县(市、区)按照因地制宜,分类指导的原则,对所属乡镇在综合考虑其经济发展水平、税源基础、财政收支规模等因素的基础上,划分类型,区别对待,分类确定财政体制。指导和督促乡镇财政开展资金监管,明确监管工作目标,将乡镇所有财政性资金纳入监管范围。严格项目资金监管,强化对直接或间接补助到农户的财政资金的监管。加强乡镇本级及村级财务的监管。规范乡镇政府举债行为,切实控制乡镇债务规模,防范乡镇债务风险,确保乡镇财政安全运行。

4.建立激励与约束相结合的转移支付制度。完善转移支付办法,建立激励与约束相结合的分类分档激励奖补机制,引导地方发展经济、培植财源,增收节支保平衡;健全完善均衡性转移支付制度,提高财政困难市县的财政统筹能力和提供均等化基本公共服务能力,促进全省区域均衡、协调发展;围绕主体功能区建设,建立奖罚机制,健全完善生态环保财力转移支付制度,引导县(市)加强生态环境保护。优化转移支付结构,逐步提高一般性转移支付的比重,清理整合专项资金,完善专项转移支付制度。

(四)以"三个子"的公共财政管理改革为抓手,进一步完善公共财政管理,促进财政依法理财能力的提高

1.进一步完善政府预算体系。规范政府非税收入预算管理,按规定将预算外资金纳入预算管理。深化综合预算改革,细化政府基金预算,完善社保基金预算编制,稳步推进国有资本经营预算以及政府性债务计划的编制,健全"全口径"政府预算体系。进一步深化部门预算改革,夯实预算管理基础,全面推进项目预算基础资料库建设;整合财政资源,提高财政资金使用效益;建立健全公开机制,有序推进政府预算信息公开;改革资金分配方式,加快预算执行进度;创新管理机制,推进预算标准体系建设。

2.深入推进财政国库集中支付制度。加强国库管理法制化建设。健全国库单一账户体系,逐步将预算单位实有资金账户纳入国库单一账户体系管理,实行动态监控。全面清理整顿地方财政资金专户,建立财政资金专户规范管理的长效机制。研究设立国库现金管理账户(资本性账户),完善国库集中支付运行机制,加大县级改革推进力度,完成会计集中核算向国库集中支付制度转轨工作。积极扩大专项转移支付资金国库集中支付改革范围。加快推广公务卡制度,全面建立公务支出监管体系。积极规范开展地方国库现金管理,积极开展地方国库现金管理试点,逐步建立完善、安全、规范、有效的地方国库现金管理运行机制。

3.深化预算绩效管理工作。把绩效管理理念与方法引入财政支出管理全过程,按照"完善制度体系、强化目标管理、规范评价实施、应用评价结果、建立信息系统"的总体思路,科学开展预算绩效管理工作,逐步建立以绩效目标为导向,以绩效评价为手段,以制度建设为保障,以预算部门(单位)为主体,以提高效能为核心的预算绩效管理体系,充分发挥绩效管理在加快经济发展方式转变和推进结构调整中的引导作用。

4.进一步完善政府采购制度。继续深化政府采购制度改革,着力构建政府采购的制度体系、监管体系、诚信体系和人才体系,健全采购运行机制,规范政府采购行为,推进采购专业化、职业化进程,发挥采购政策功能,实现政府采购的科学化、精细化管理,全面提升政府采购形象,推进政府采购工作的全面、和谐发展。

5.进一步深化农村综合改革。继续推进县乡财政管理体制改革,完善乡镇财政管理方式,加强乡镇财政机构队伍建设,提高基层财政管理工作的科学化、精细化水平;深化农业综合开发,着力改善农业基础设施和农村生态环境,促进农业增效、农民增收;全面推行村级公益事业建设一事一议财政奖

补工作，进一步完善奖补制度、加大财政支持力度，加强新农村建设资金整合，逐步形成规范化、常态化的村级公益事业一事一议财政奖补工作机制；进一步完善村级组织运转保障机制，逐步提高保障标准，切实解决村支书和村主任基本报酬的财政保障问题；积极稳妥开展清理化解其他公益性乡村债务试点工作；积极探索财政支持小城镇建设、村级集体经济发展和农村社区建设的途径和方法。

6.进一步加强政府债务管理。进一步加强我省地方政府性债务及融资平台公司管理，优化政府性债务结构，积极合理有效利用政府外债，严格控制债务规模的增长。探索建立地方政府性债务管理动态监控和预警新机制，对政府性债务实行动态监控和预警；完善预警指标体系，增加“新增债务率”指标；采取措施逐步将债务规模压缩到警戒指标以内。进一步加强我省地方政府性债务的监督管理，健全管理机制，逐步实现政府性债务收支计划报同级人大审批，规范举债行为；强化偿债责任机制，完善偿债准备金制度，防范和化解债务风险。

7.加强行政事业单位国有资产管理。完善制度体系，夯实管理基础，加大技术创新，实现资产管理信息系统“大联网”。建立资产管理与预算管理有效结合机制，进一步完善资产运行管理机制，逐步建立资产整合与调剂机制，建立资产分类管理机制。

8.加强财政资金使用的全程监管。建立和完善覆盖全部政府性资金和财政收支运行全过程的财政监督机制，严格执行《预算法》，自觉接受各个层面监督。宣传贯彻《财政违法行为处罚处分条例》，强化对违反财政法律法规行为的监督检查和处罚力度。加强《企业内部控制基本规范》及其配套指引的实施工作，引导企业建立健全内部控制制度，规范单位会计行为，提高会计信息质量。

（五）以“三基”建设为载体，进一步完善公共财政组织、人才、技术支撑体系，促进公共财政管理水平的提高

1.进一步推进“三位一体”组织体系建设。进一步完善一体化运作，整合资源、减少环节、提高效率，实行扁平化管理，防止“两张皮”；进一步强化总预算局、预算执行局、财政监督局的牵头协调作用；优化流程设计，健全和优化财政管理工作流程，建立起预算编制、执行、监督等各个环节既相互分离，又相互制约、制衡的公共财政运行机制。

2.进一步加强财政干部队伍建设。积极拓宽选人渠道，重视年轻干部的培养，发挥人才库引领作用，提升系统干部专业素养；推进分层次、分专业岗位培训，持续提升干部能力素质；完善考核激励办法，调动和发挥干部队伍创新激情，搭建干部成长平台，加强情感激励，提升组织认同感；强化财税核心价值理念，拓展财税文化建设；改进工作作风，塑造机关干部健康人格，努力营造相互尊重、相互关心的和谐氛围；加强惩防体制建设，高筑制度“篱笆”，深入开展党风廉政教育，确保财政干部“干净干事”。

3.加快推进金财工程一体化建设。优化财政业务流程，按照统一规范的业务需求进行技术升级，积极构建以运行维护体系、安全信任体系、灾难备份体系为核心的基础支撑体系；以财政收支分析系统和财政监督系统为软件开发重点，加快技术创新；继续加快一体化软件推广应用，并加强后期维护及更新。

浙江省财政厅
浙江省财政农业专项资金管理办法

2011年1月17日　浙财农〔2011〕6号

第一章　总　则

第一条　为加强财政农业专项资金(以下简称农业专项资金)管理，进一步提高农业专项资金管理的科学性、安全性、规范性和有效性，按照财政科学化精细化管理要求，结合我省实际，特制定本办法。

第二条　本办法适用于由财政性资金设立的，具有特定目标和专门用途，实行项目管理的各类农业专项资金。

农业基本建设资金、农业综合开发资金、特大防汛抗旱资金、农业救灾资金、财政扶贫资金、动植物疫病防治补助资金和面向农民的各类直接补贴资金等不适用于本办法。

第三条　农业专项资金管理是指对农业专项资金设立、申报、分配、拨付、使用、监督和绩效评价的管理。

第四条　农业专项资金管理的基本原则：

1.依法行政和规范管理原则；

2.公开、公正、公平和效率原则；

3.社会效益、生态效益和经济效益并重原则；

4.公共财政和财权与事权相匹配原则；

5.资金整合和以绩效为导向原则。

第五条 财政部门会同农口主管部门(以下简称主管部门)负责农业专项资金管理,主管部门会同财政部门负责农业专项资金的项目管理。

第六条 各级财政部门要建立健全农业专项资金整合工作机制,通过规划引导、部门协调、统筹安排,优化配置各部门、各渠道安排的支农资金,逐步形成项目安排科学、投向重点突出、使用规范高效的支农资金管理运行机制。要建立完善农业专项资金整合考评制度和考评结果应用制度。

第二章 设 立

第七条 农业专项资金的设立要符合各级政府确定的农业农村发展重点领域重点项目扶持导向目录。

第八条 设立农业专项资金须有必要性分析、政策依据和绩效目标,同时明确支持范围、支持对象、支持环节和资金用途、支持方式、起止时间等要素。

支持范围是对支持对象空间和时间上的限定。

支持对象是指符合农业专项资金管理办法或立项指南规定资格和条件的种养大户、规范化农民专业合作组织、农业龙头企业、行政事业单位、村级经济组织和其他各类经济组织。

支持环节和用途是指资金用于项目建设全流程中的具体环节和支出内容。

支持方式即财政补助方式,包括补助、贴息、以奖代补、奖补结合、先建后补等具体方式。

起止时间是指农业专项资金初始设立和结束的期限。

第九条 对申请设立的农业专项资金,主管部门应建立评审制度,进行可行性综合评价,明确相应的项目管理措施,并区分轻重缓急,按序排列,报送同级财政部门。

第十条 财政部门对拟设立的农业专项资金各要素的完整性和合规性进行审核,进行综合平衡后,按规定程序报批。

第十一条 农业专项资金设立后不得随意变更,执行过程中因政策等原因确需调整的,应按原程序报批。

第十二条 已设立的农业专项资金,年度预算安排与绩效及预算执行进度挂钩。

第十三条 农业专项资金执行到期后应自动停止。如需继续执行的,应按规定程序重新申报。

第三章 项目申报

第十四条 农业专项资金实行项目库管理。

第十五条 农业专项资金的项目申请单位即项目建设单位,应按有关农业专项资金管理办法或立项指南的规定向所在地主管部门和财政部门提交项目申报书、项目申报标准文本或项目可行性研究报告及必要的附件,并按规定如实提供本单位的组织形式、财务状况、自筹资金以及项目实施拟达到的目标等有关情况。项目申请单位要保证提交的项目可行性研究报告或项目申报标准文本及附件的真实性和完整性。

第十六条 申报省级主管部门和财政部门联合立项的农业专项资金,应按照财政管理体制和有关农业专项资金管理办法或立项指南的规定,由当地主管部门和财政部门联合以正式文件上报省级主管部门,抄送省财政厅(另有规定的除外)。符合申请条件的省级部门或单位,可按有关专项资金管理办法或立项指南的规定,向省级主管部门申报项目,抄送省财政厅。按照分级负责的原则,申报部门须对申报项目的真实性和上报文件的合规性负责。

申报中央财政和省财政单独立项的农业专项资金,由市、
县(市、区)财政部门或省级主管部门,按照有关专项资金管理办法或立项指南的规定,向省财政厅申报项目。

第四章 资金分配

第十七条 建立健全以绩效为导向的农业专项资金分配机制。

第十八条 对分配因素基本固定且可量化的省级农业专项资金,积极推行因素法分配切块下达和项目管理相结合的分配方式。

第十九条 种养大户、规范化农民专业合作组织、农业龙头企业等新型农业经营主体和有利于村级集体经济发展的项目优先扶持。

第二十条 要建立完善资金分配与预算执行进度挂钩制度。

第二十一条 农业专项资金项目实行专家或中介机构评审制度。

主管部门和财政部门应建立项目评审专家库,组织有关专家或委托中介机构,按照专项资金管理办法或立项指南的规定,对项目申请单位提交的项目可行性研究报告或项目申报标准文本进行评审。

主管部门会同财政部门根据专家或中介机构出具的项目评审报告,并统筹考虑项目区域布局和地区平衡等因素,提出项目立项和专项资金分配意见。省级重点农业专项资金的分配方案,需报省政府审定。

第二十二条 中央财政和省财政单独立项的农业专项资金,由省财政厅组织有关专家或委托中介机构进行项目评审,并根据专家或中介机构出具的项目评审报告,确定申报中央财政立项或省财政支持的项目。

第二十三条 分配给省级预算单位的省级农业专项资金,原则上应纳入年初部门预算,按省级部门项目支出预算

管理有关规定执行。

第二十四条 对重点农业专项资金立项扶持的项目，财政部门或主管部门应在相关媒体、乡村公共场所、农民信箱、财政支农项目库管理系统等进行公示，接受社会公众的监督。

第二十五条 各级财政部门安排的农业专项资金，根据从紧、必需的原则，可按一定比例列支项目管理费，具体比例按各专项资金管理办法规定执行，并纳入部门预算管理。

第五章 拨付和使用

第二十六条 财政部门和主管部门要加快农业专项资金的预算执行进度。

第二十七条 主管部门和财政部门联合立项的农业专项资金，项目实施计划由主管部门会同财政部门联合下达，补助资金由财政部门按照财政管理体制拨付，资金拨付文件抄送同级主管部门和项目所在地有关主管部门。

中央财政和省财政单独立项的农业专项资金，由省财政厅将项目实施计划和项目资金下达到项目所在地财政部门或省级有关单位。

第二十八条 项目建设单位要严格按照主管部门、财政部门批准的项目计划实施，并按规定使用农业专项资金。任何部门和单位不得擅自调整项目实施计划和资金使用范围。确需调整的，须按原程序报批。

第二十九条 农业专项资金的管理应符合国库集中支付、政府采购制度的要求。实行报账制的，应按规定执行。

第三十条 项目申请单位要严格遵循项目资金专款专用原则。

第六章 监督管理

第三十一条 项目完工后，主管部门应会同财政部门及时进行验收。

第三十二条 财政部门、主管部门应加强农业专项资金的监督管理，对违规使用资金的，按照《财政违法行为处罚处分条例》等法律法规进行查处。

第三十三条 对存在下列情况之一的，可在一定期限内停止其相关农业专项资金项目申报资格：

1.项目建设单位或部门因在项目申报、实施中存在弄虚作假及挤占挪用、骗取专项资金等行为被依法处理的；

2.未经批准擅自调整农业专项资金项目实施主体、项目实施地点、项目实施内容等，涉及金额大、造成重大影响的；

3.存在其他严重违规违纪行为的。

第三十四条 对存在下列情况之一的，可酌情扣减其相关农业专项资金补助额度：

1.项目未按规定期限完成(因不可抗力影响除外)；

2.未经批准擅自调整农业专项资金项目实施主体、项目实施地点、项目实施内容等，但未造成重大影响的；

3.项目已实施完成并通过项目验收但补助资金未及时兑现的；

4.未及时报送资料的；

5.其他影响农业专项资金使用绩效的行为。

第三十五条 对存在下列情形之一的，财政部门可暂缓或停止拨款。

1.弄虚作假，骗取国家资金的；

2.截留、挪用项目资金的；

3.自筹资金落实不到位、影响项目建设的；

4.拒不接受财政部门、主管部门或其他监督部门监督检查的；

5.存在其他违规违纪行为的。

第三十六条 各级财政部门和主管部门要加强对农业专项资金使用的事前、事中和事后全过程监督管理，定期对农业专项资金的使用情况进行总结分析，并报上级有关部门。

第三十七条 各级财政部门和主管部门应按规定建立和完善农业专项资金和支出项目的绩效管理和评价制度。

第七章 附 则

第三十八条 各级财政部门要建立和完善农业专项资金管理制度体系，制定分类或分项农业专项资金管理办法。各级主管部门会同财政部门根据需要发布农业专项资金项目立项指南。

第三十九条 本办法自发文之日30日起施行，原《浙江省财政农业专项资金管理规则实施办法》(浙财农字〔2004〕107号)同时废止。

省财政厅 省水利厅 浙江省水利骨干工程专项资金管理办法

2011年1月31日 浙财农〔2011〕5号

第一章 总 则

第一条 为加强和规范水利骨干工程专项资金管理，提高资金使用效益，根据农业专项资金管理的有关规定，结合水利骨干工程建设特点，制定本办法。

第二条 本办法所称水利骨干工程专项资金是指省级财政安排用于支持水资源保障、太湖治理、海水淡化等骨干工程建设的补助资金。

水资源保障工程是指省政府批准的《浙江省水资源保障百亿工程实施方案》中确定的解决区域性缺水和水源地水质不符合要求的重点水库和引调水骨干工程，以及符合《浙江省水资源保护和开发利用总体规划》和《浙江省水利发展“十二五”规划》并经省政府同意实施的水资源保障工程。

太湖治理骨干工程是指《太湖流域水环境综合治理总体方案》《太湖流域防洪规划》《杭嘉湖地区防洪规划》中确定的杭嘉湖地区防洪除涝骨干工程和水环境治理工程中的重点水利工程，以及列入《杭嘉湖圩区整治规划》的圩区整治工程。

海水淡化工程是指《浙江省水利发展“十二五”规划》中确定的，以解决我省沿海及海岛地区城乡居民生活用水和一般工业用水为主的海水淡化和滩涂亚海水淡化骨干工程。

第三条 本办法适用于省级水利骨干工程专项资金的申报、审核、使用、管理、监督和检查。列入中央补助的项目，按中央相关规定执行。

第四条 水利骨干工程专项资金使用的基本原则：

(一)专款专用原则。必须按规定用于经批准的水资源保障工程、太湖治理工程、海水淡化工程，不得截留、挤占和挪用。

(二)统筹使用原则。必须与所补助项目的其他投资统筹使用。

(三)效益原则。必须厉行节约，降低工程成本，防止损失浪费，提高资金使用效益。

第二章 申报与审核

第五条 项目法人在完成项目初步设计审批后，向所在县(市、区)水利局、财政局提出资金申请。

第六条 县(市、区)水利局会同有关部门对本辖区内下一年度实施的水利骨干工程组织审核，并对项目的审核意见负责。

第七条 县(市、区)水利局、财政局依据审核意见对符合申报条件的项目提出资金申请，并于每年8月31日前将下一年度的实施计划报省水利厅、省财政厅，抄送市水利局、财政局。

申请水利骨干工程专项资金需提供如下申报材料：

1.县(市、区)水利局、财政局联合申请文件；

2.初步设计报告(含概算书)及批文；

3.本级财政安排的财政资金承诺函；

4.自筹资金落实情况。

第八条 省水利厅会同有关部门组织专家或委托具有相应资质的中介机构进行评审并核定工程投资或资本金。水资源保障工程按经核定的项目资本金的30%给予补助；太湖治理骨干工程(含圩区整治工程)、海水淡化工程按核定工程投资的30%给予补助。

第九条 省水利厅、省财政厅依据评审意见结合项目实施情况、省级预算资金规模和补助标准，确定年度实施计划并联合下达。省财政厅依据下达的实施计划拨付专项资金。

第三章 使用与管理

第十条 水利骨干工程专项资金使用范围：

1.水资源保障工程：土建、材料、设备与安装、前期费用、移民与征地等批准概算范围内的内容。

2.太湖治理骨干工程：土建、材料、设备与安装、前期费用、移民与征地等批准概算范围内的内容。

3.圩区整治工程：堤防、护岸、水闸、泵站等建设内容。

4.海水淡化工程：工艺设备及安装，取水泵房、澄清池、滤池、清水池、产品水池等建设内容。

5.省级必要的基础研究、项目审核、项目核查、项目管理等经费支出。

第十一条 各级财政部门要会同水利部门建立健全资金使用管理制度，实行国库集中支付制、政府采购制和公示、公告制。

第十二条 项目法人要严格按确定的建设内容使用资金，确保专款专用。加强财务管理和会计核算，建立规范的工程价款结算制度。

第十三条 有下列情形之一的，暂缓或停止拨付水利骨干工程专项资金：

1.擅自改变项目建设内容，随意提高或降低建设标准；

2.地方补助资金和自筹资金未能及时到位；

3.资金管理不力，监督不到位，资金未专款专用，财务管理制度不健全，会计核算不规范；

4.拖延项目进度，难以保证工程质量，或存在严重质量问题，造成严重经济损失和恶劣社会影响。

第十四条 工程建成后，项目审批单位和水利部门应及时督促项目法人做好竣工验收准备工作，及时组织竣工验收。

第十五条 工程验收合格后要及时办理移交，明确产权归属，加强资产管理。要落实管护主体，制定管护措施，建立健全各项运行管护制度，确保工程长期发挥效益。

第四章 监督与检查

第十六条 各级水利和财政部门要及时掌握项目的建设进度、工程质量和资金使用管理情况，建立水利骨干工程专项资金的日常监督检查机制，发现问题，及时纠正。

监督检查的重点内容如下：

1.资金是否按计划落实到位；

2.有无截留、挤占和挪用资金；

3.是否按进度、质量管理要求组织实施；

4.是否存在计划外工程和超标准建设；

5.内部财务管理制度是否健全；

6.是否建立并坚持重大事项报告制度。

第十七条 对违反资金使用管理规定的，按照《财政违法行为处罚处分条例》（国务院令第427号）等有关法律法规查处，并取消该地区下一年度申请水利骨干工程专项资金的资格。

第十八条 各地应加强项目信息管理建设，建立信息反馈制度，及时按规定报送统计报表、财务报表等信息资料。

第十九条 各地应按照《浙江省财政支出绩效评价实施办法》（浙财绩效字〔2009〕5号）要求，认真做好项目的绩效评价工作，确保水利骨干工程专项资金有效使用。

第五章 附 则

第二十条 本办法自发文之日30日起施行，各地可结合实际情况，制定具体的实施细则，报省财政厅、省水利厅备案。

省财政厅 省海洋与渔业局
浙江省远洋渔业项目与资金管理办法

2011年2月18日 浙财农〔2011〕28号

第一章 总 则

第一条 为加强浙江省远洋渔业项目及资金管理，提高财政专项资金使用效益，保障远洋渔业项目的开展，增强远洋渔业竞争力，促进远洋渔业健康发展，推进全省渔业结构调整，根据《浙江省财政农业专项资金管理办法》（浙财农〔2011〕6号）等文件，制定本办法。

第二条 专项资金的安排和使用以扶持我省渔业“走出去”及战略性远洋渔业产业进步、提高我省远洋渔业的综合实力为目的。

第二章 资金补助对象、范围及标准

第三条 补助对象为：具有农业部“远洋渔业企业资格”的远洋渔业企业；从事远洋渔业管理、培训、研究的行政事业单位；为远洋渔业服务的行业组织。

第四条 远洋渔业专项资金主要用于：

（一）远洋生产渔船及配套加工、运输船的更新和改造。积极引导远洋鱿钓、金枪鱼钓、拖网等远洋渔船及配套加工、运输船的更新改造；鼓励新技术、新设备的推广应用及进口关键设备国产化替代；重点扶持群众性远洋渔船更新改造；鼓励国内生产渔船经改造后从事远洋渔业。对经评审纳入当年远洋渔船更新、改造计划，新建或对远洋渔船安全、适航、适渔性能进行技术改造的项目，按项目核定投资额给予一定比例的补助。新建远洋渔船项目可以单船立项。主要扶持远洋渔船船体材料、安全设施、助渔设备、轮机、加工贮运、通讯导航、电气、冷冻系统等技改升级方面的支出，标准如下：

项目总投资在800万元以上的按10%补助，单项补助额不超过200万元；

项目总投资在800万元以下，500万元以上的，补助额不超过80万元；

项目总投资在500万元以下，300万元以上的，补助额不超过50万元；

项目总投资在300万元以下的补助额不超过30万元。

（二）远洋渔业新渔场、新鱼种探捕。以政府主导的方式组织新渔场、新鱼种探捕项目，拓展产业生存和从业空间。鼓励应用新的科技手段、设备和方法开展探捕项目；建设远洋探捕信息数据库；逐步建立远洋渔场、鱼情预报机制。主要扶持远洋探捕信息数据库建立、探捕渔船油耗、调查设备购置及耗材等。探捕项目通过择优委托的方式组织实施。由省海洋与渔业局组织有关专家对项目申请单位递交的探捕实施方案及经费预算进行评审，择优筛选项目承担单位，并酌情给予补助，最高补助额不超过300万元。

（三）远洋渔业行业培训。对组织远洋渔业从业人员开展法律、法规、规章、行业准则、涉外纪律、生产技能、操作规程等方面知识与理论培训的单位，按600元/人的标准根据其实际培训的渔民人数给予补助。

（四）远洋渔业基地建设。鼓励以合作、合资的方式，在国内外建设远洋渔业生产、补给、维修、加工配套基地，有效扩大项目生产规模和综合经营能力，拉长产业链。主要扶持远洋渔业基地的水、电、道路、设备设施、规划设计等基本建设方面的支出。对经评审纳入计划的基地建设项目，按核定投资额给予10%补助，单项补助额不超过200万元。

（五）管理信息系统建设与国际渔业交流与合作。加强对远洋渔船、船员的信息化管理，支持远洋企业和行业主管机构开展信息化管理工作，鼓励其建立统一的标准管理信息系统，建立完善远洋渔船、船员数据库。主要扶持数据采集分析与

处理、软件开发、设备购置、信息网络维护、信息发布等。按当年认定的计划内容和经费支出状况对实施单位给予补助，最高补助额不超过20万元。积极开展国际渔业交流与合作，对省属单位开展国际间渔业科学技术交流与合作、组织渔业合作项目开发、洽谈、考察、论证、入渔以及渔业适用技术研发、引进的，酌情给予补助。

第三章　项目申报与审批

第五条　远洋渔业项目需用《农业财政资金申报标准文本》申报。申报文件应如实反映项目单位的从业情况、项目建设内容、实施方案、资金概算、效果分析等内容。

第六条　项目由市或县（市、区）海洋与渔业主管部门、财政部门联合于每年3月底之前向省海洋与渔业局和省财政厅申报。申报材料（一式3份，省海洋与渔业局2份，并通过“浙江省海洋与渔业项目管理系统”网上申报；省财政厅1份）。

第七条　申报本《办法》第四条第（一）、（二）、（四）款远洋渔业专项补助项目的，须提供项目可行性研究报告，其中申报第（一）款项目的，还须提供农业部《渔业船网工具指标批准书》及作业船厂确认的项目投资明细表复印件；申报第四条第（四）款远洋渔业专项补助项目的，还须提供基地平面规划设计图复印件。

第八条　省海洋与渔业局将会同省财政厅对上报的材料进行审核、筛选，择优确定后，于每年6月底之前联合行文下达远洋渔业项目实施计划。省补助资金由省财政厅按预算级次拨付。

第四章　项目及资金监督管理

第九条　专项资金的安排、使用应注重绩效，充分考虑项目的现实意义、执行情况和效果。专项资金的安排、使用必须严格按照有关财务制度执行，任何单位或个人均不得截留、挤占或挪用。项目完成后向省海洋与渔业局提交专项资金使用情况报告。

第十条　完成本《办法》第四条第（一）、（二）、（四）款项目，由省海洋与渔业局会同省财政厅组织项目验收；完成其他项目的，由当地海洋与渔业主管部门会同当地财政组织验收。其中，（一）、（二）、（四）款项目验收需提供审计部门或中介机构审计报告。

第十一条　远洋渔船更新改造项目，由省海洋与渔业局组织进行拟实施项目方案论证。项目完成后，经渔船检验部门检验合格，项目主管的市或县（市、区）海洋与渔业主管局应会同财政局向省海洋与渔业局提出项目验收申请，由省海洋与渔业局会同财政部门组织专家进行项目验收，并填写“远洋渔船更新改造项目验收表”（附表略），同时附上渔船更新改造船舶检验证书复印件。项目验收合格的，由当地财政在10日内拨付省补助资金。

第十二条　探捕项目实施坚持产学研结合的原则。项目申请单位必须与具有一定远洋渔业研究能力的科研单位确定合作关系，联合制定探捕实施方案；由科研单位派遣技术骨干，共同参与项目具体实施，提供技术保障。探捕项目完成后，由项目实施单位向省海洋与渔业局提交探捕总结报告，并同时报送同级海洋与渔业主管局和财政局备案。探捕任务的完成情况将由省海洋与渔业局会同财政部门组织有关专家进行评审，评审结果将作为今后承担项目的重要依据。探捕项目形成的相关数据由省海洋与渔业局统一管理、使用。

第十三条　由省财政资金扶持建设的远洋渔业基地，必须在停泊、补给、渔获销售、维修等方面为我省远洋船队提供便利和优惠服务。远洋基地建设项目，由省海洋与渔业局组织进行拟建设方案论证，确定补助额度。项目建设竣工后，项目承担单位应向所在地海洋与渔业主管部门提交项目实施总结报告、现场图片、资金使用情况报告等资料，所在地海洋与渔业主管部门会同财政局审核后报省海洋与渔业局，由省海洋与渔业局会同省财政厅组织验收。

第十四条　承担远洋渔业行业培训项目的单位应认真做好培训人员名单、身份证号码和培训及考试考核等相关资料的留档工作。培训项目完成后，应及时向所在地海洋与渔业行政主管部门提交总结报告和培训人员名单等材料，所在地海洋与渔业主管部门会同财政部门审核后报省海洋与渔业局和省财政厅备案。

第十五条　各市、县（市、区）财政局应将财政补助资金按进度及时拨付到项目实施单位，海洋与渔业主管部门应会同财政部门加强对项目实施情况及资金使用状况的监督检查和管理。如有财政违法行为，将按照《财政违法行为处罚处分条例》等有关法律法规进行查处。

第十六条　项目完工后，所在地的海洋与渔业主管部门、财政部门应按照《浙江省财政支出绩效评价实施意见》的要求，对远洋渔业项目执行情况和专项资金使用情况进行绩效评价，并向省海洋与渔业局、省财政厅报送《浙江省财政支出项目绩效评价报告》。评价结果作为下年度项目安排重要依据。

第十七条　凡出现下列情况之一的，将取消该市、县（市、区）下年度的项目及专项资金安排：

（一）项目单位在项目申报、实施中存在弄虚作假及挤占挪用、骗取专项资金等行为被依法处理的；

（二）未经批准擅自调整项目实施主体、项目实施地点、项目实施内容等，涉及金额大、造成重大影响的；

（三）存在其他严重违规违纪行为的。

第十八条 凡出现下列情况之一的，将酌情扣减补助额度：

（一）项目未按规定期限完成的（因不可抗力影响除外）；

（二）未经批准擅自调整项目实施主体、项目实施地点、项目实施内容等，但未造成重大影响的；

（三）项目已实施完成并通过项目验收但补助资金未及时兑现的；

（四）未及时报送资料的；

（五）其他影响财政专项资金使用绩效的行为。

第十九条 凡出现下列情况之一的，财政部门可暂缓或停止拨款：

（一）弄虚作假，骗取国家资金的；

（二）截留、挪用项目资金的；

（三）自筹资金落实不到位、影响项目建设的；

（四）拒不接受财政部门、主管部门或其他监督部门监督检查的；

（五）存在其他违规违纪行为的。

第五章　附　则

第二十条 本办法由省财政厅和省海洋与渔业局负责解释。

第二十一条 本办法自发文之日30日后起实施，有效期至2015年底。

省财政厅　省卫生厅
关于完善省级医院财政补偿机制的实施意见

2011年3月28日　浙财社〔2011〕57号

省级有关单位：

为完善省级医院财政补偿机制，推动公立医院深化改革和加强管理，更好地满足人民群众基本医疗卫生需求，根据深化医药卫生体制改革有关财政投入政策精神，现提出如下实施意见，请遵照执行。

一、指导思想

完善省级医院财政补偿机制的指导思想是：有利于控制医疗费用相对水平，促进缓解人民群众“看病贵、看病难”；有利于保护和调动相关各方积极性，促进公立医院改革平稳推进；有利于建立合理有效的激励约束机制，促进公立医院提升服务质量和管理水平。

二、适用范围

本实施意见适用于省级医院经常性收支范围财政补偿资金的管理。实施对象包括浙医一院、浙医二院、邵逸夫医院、省妇女医院、省儿童医院、省口腔医院、省人民医院、浙江医院、省肿瘤医院、省中医院、同德医院、新华医院、中山医院、温医一院、温医二院和省皮防所。

三、补偿方法

省财政对省级医院经常性收支的财政补偿资金，包括床位定额补助、激励奖补资金，以及离退休人员定额补助和医保单位缴费定额补助。

（一）床位定额补助和激励奖补资金

床位定额补助和激励奖补资金与次均费用水平合理挂钩，按年考核结算。

1.床位定额补助

各医院床位定额补助，按照省卫生厅、省财政厅核定的床位编制数和9500元/床·年的床位定额补助标准计算安排。其中70%部分作为省财政对各医院的固定补助，编入医院年初预算；30%部分与次均费用水平挂钩，年终考核结算。

2.激励奖补资金

各医院报告期因次均费用水平比基准水平下降而减少的业务收入，年终考核后由省财政按减少的业务收入的20%安排激励奖补资金给予补偿。

3.考核与结算方法

（1）考核指标：按规定口径计算的各医院次均门诊费用、次均住院费用统计指标。

（2）考核标准：以2010年省政府与各省级医院签订医改目标责任书中规定的次均费用水平为基准水平，考核各医院报告期执行的次均费用水平升降情况。

（3）考核与结算

床位定额补助30%部分的考核与结算：经考核确认，如医院报告期内次均门诊费用或次均住院费用水平与基准水平比较达到零增长要求的，其实际核拨资金，按床位定额补助30%部分资金额和该医院2006～2010年门诊收入或住院收入占门诊和住院两项收入合计的比重计算。

激励奖补资金的考核与结算：经考核确认，如医院报告期内因次均门诊费用、次均住院费用水平增减变动造成业务收入总额净减少的，由省财政按业务收入净减少额的20%的比例给予补偿。

（4）特别规定

报告期各医院门诊人次和出院人次的增长幅度，由省财政厅、省卫生厅按前5年实际平均增长幅度分别核定。报告期医院累计人次增长幅度未超过核定增长幅度的，省财政20%的激励奖补资金足额计算；超过核定增长幅度10%(含)以内的，省财政激励奖补资金按70%的比例折算；超过核定增长幅度10%以上的，省财政激励奖补资金按50%的比例折算。对医院经批准扩大医疗服务规模而致使出院人次或门诊人次超过核定增长幅度的，年终结算省财政激励奖补资金时合理调整计算。

报告期如遇国家政策或其他特殊原因造成次均费用水平增减变动等因素，年终结算省财政激励奖补资金时合理调整计算。

(二)离退休定额补助和医保单位缴费定额补助

1.各医院离退休定额补助，按其实有离退休人数和省财政厅统一标准计算安排，编入医院年初预算。

2.各医院作为医保单位的缴费定额补助，按照省财政厅统一规定的定额基数标准和规定缴费比例计算安排，编入医院年初预算。

四、监督管理

各医院要建立健全会计统计各项基础工作，严格执行现行会计制度和统计制度规定，全面完整核算反映医院各项收入，客观真实统计报告门诊人次和出院人次。年度终了后，省财政厅会同省卫生厅对相关数据进行审核确认。省财政厅、省卫生厅根据审核工作需要，委托中介机构对医院实施全面审计或专项审计。

五、绩效评价

省财政厅将会同省卫生厅对财政医保支出水平和医院满意程度进行绩效评价，具体办法另行制发。

本实施意见自发布之日30日后起实行，期限暂定两年。此前省财政厅、省卫生厅对省级医院经常性收支补助政策的有关规定，停止执行。

省财政厅　省扶贫办公室
浙江省重点欠发达县群众增收致富奔小康
工程特别扶持资金管理办法(试行)

2011年4月6日　浙财农〔2011〕58号

第一章　总　则

第一条　为保障重点欠发达县群众增收致富奔小康工程顺利实施，规范重点欠发达县增收致富奔小康工程特别扶持资金(以下简称"特扶资金")管理，根据省扶贫领导小组《关于实施欠发达县特别扶持项目的通知》(浙扶贫〔2011〕1号)和省财政专项资金管理相关规定，特制定本办法。

第二条　本办法所称"重点欠发达县"是指泰顺、文成、开化、松阳、庆元、景宁、磐安、衢江、常山、龙泉、遂昌、云和等12个县(市、区)。

第三条　本办法适用于各级财政安排的特扶资金。省级原渠道补助资金仍按原政策规定执行。

第四条　特扶资金管理原则：

1.县为主体、条块结合原则。各县(市、区)为特扶项目实施和责任主体，相关部门各负其责，互相配合，齐抓共管。

2.一次规划、分年实施原则。要按照"投资少、见效快、惠及面广"的要求，一次制定三年规划，明确项目，按计划分年度具体实施。

3.绩效优先、强化管理原则。围绕"增加农民收入、提升民生水平、增强内生功能"绩效目标，按照"资金随项目走"和"按进度拨款"要求，建立健全项目资金管理制度，强化特扶资金绩效管理。

4.封闭运行、包干使用原则。各级财政安排的特扶资金统一纳入专户管理，由各县(市、区)按照专款专用的要求，包干使用。

第五条　省级特扶资金属专项性一般转移支付资金，纳入省对市县年终结算。

第六条　财政部门牵头负责特扶资金筹集和使用管理，农办(扶贫办)牵头负责特扶项目管理。

第二章　支持重点和使用范围

第七条　特扶资金的扶持范围为省委、省政府关于对重点欠发达县分类实施特别扶持项目政策确定的扶持重点。

第八条　各县(市、区)要建立健全特扶资金和项目管理制度，其中属于既有扶持政策性质的特扶项目，其使用和管理参照既定政策规定执行。

第九条　特扶资金不得用于各级行政事业机构经常性经费和各种奖励、津贴和福利补助以及其他与特扶资金使用范围不相符的支出。

第十条 按照分级负责和从紧、必需的原则，特扶规划和项目实施所需管理经费纳入同级财政预算。

第三章 计划与资金管理

第十一条 每年12月底前，各县(市、区)农办(扶贫办)、财政局要根据审定的规划，编制次年项目实施计划，并附规定资料上报省扶贫办、省财政厅，同时抄送省级相关主管部门。

各县(市、区)农办(扶贫办)、财政局对上报项目的合规性、真实性负责。

第十二条 各县(市、区)财政局可根据项目建设的实际资金需求向省财政厅申请调度款，省财政厅结合各县(市、区)上报的年度项目实施计划和库款情况进行安排。

省扶贫办牵头组织省级相关部门对各县(市、区)上报的年度项目实施计划进行审查。

第十三条 年度项目实施计划由省扶贫办、省财政厅联合批复下达。

第十四条 省特扶资金由省财政厅根据批复的年度项目实施计划下达，并纳入年度财政年终结算。

第十五条 各县(市、区)财政局要按照资金跟着项目走的要求，根据项目建设进度和项目实施单位提出的用款计划分批拨付资金，确有需要的，可预拨部分项目启动资金。

第十六条 特扶资金不新设专户。各县(市、区)要将各级财政安排的特扶资金全部纳入已设立的资金专户封闭运行，实行专账核算，支出按性质列报相应支出功能科目。

第十七条 特扶资金应按照国库管理制度、政府采购制度等有关规定执行。实行报账制的，应按规定执行。基本建设项目按基本建设程序执行。

第四章 监督管理

第十八条 各县(市、区)应建立特扶项目管理责任制，加强对特扶资金事前、事中和事后全过程监管，要对重点项目进行审价，自觉接受上级主管部门和财政、审计、监察等部门的监督检查。对违规使用资金的，按照《财政违法行为处罚处分条例》等法律法规进行处理。

第十九条 各县(市、区)要对年度项目实施计划执行情况进行总结，并完整、客观填制《××县特扶项目××年度计划执行情况表》(附表略)，于次年1月底前上报省扶贫办、省财政厅。

第二十条 省扶贫办牵头组织省级相关部门对各县(市、区)上年度项目实施情况进行考核。考核结果与下一年度省相关扶持资金安排挂钩。

第二十一条 省财政厅根据需要对申报的项目进行审价复核。

第二十二条 重点欠发达县群众增收致富奔小康工程规划实施完毕后，由省财政厅、省扶贫办组织开展绩效评价。

第五章 附 则

第二十三条 各县(市、区)要根据本办法，结合当地实际，制定具体的实施细则，报省财政厅、省扶贫办及其他相关省级主管部门备案。

第二十四条 本办法自发布之日30日后实施，至特扶政策结束止。

省财政厅 省发展和改革委员会
浙江省海洋经济发展专项资金管理办法

2011年5月6日 浙财建〔2011〕81号

第一章 总 则

第一条 为贯彻落实科学发展观，加快我省海洋经济发展，推动海岛和沿海地区的海洋资源综合开发利用和海洋生态环境保护，省政府决定从2010年起至2012年，由省财政每年安排10亿元，设立省海洋经济发展专项资金(以下简称海洋专项资金)。根据国务院批准的《浙江海洋经济发展示范区规划》(国函〔2011〕19号)和省委、省政府《关于加快发展海洋经济的若干意见》(浙委〔2011〕31号)以及省政府其他有关政策要求，制定本办法。

第二条 海洋专项资金分配使用的基本原则是：

(一)科学开发，有效保护。海洋专项资金用于开发建设时，必须体现保护优先的原则，坚持在保护中开发、在开发中保护。

(二)突出重点，兼顾一般。海洋专项资金的投向以海岛地区为重点，兼顾沿海地区，按因素法计算分配。

(三)核定项目，绩效考评。海洋专项资金按照“资金跟着项目走”的原则分配核定到项目，并对资金使用实行绩效考评。

第二章 分配范围和分配方法

第三条 海洋专项资金的分配范围为：除计划单列市宁波外，海岛(含半岛，下同)市(区)县和既拥有海洋大陆岸线、又拥有岛屿岸线的12个沿海市县。具体名单是：舟山市(定海、普陀)、岱山县、嵊泗县、温州市、洞头县、乐清市、瑞安市、平阳县、苍南县、台州市、临海市、温岭市、玉环县、三门县、嘉兴市、平湖市、海盐县。其中嘉兴市作为特例纳入分配范围。

第四条 海洋专项资金的分配方法为:按照“突出重点,兼顾一般”的原则,省海洋专项资金80%的额度切块给海岛市(区)县,20%的额度切块给12个沿海市县。切块额度按因素法计算分配到市县。具体计算方法如下:

(一)指标设置

设置海岛面积、港口客货吞吐量和人均可用财力等三项因素指标。其中:

1.海岛面积。海岛市县按列入省重要海岛开发利用和保护规划的海岛面积计算,沿海市县按其辖区内海岛面积计算。

2.港口客货物吞吐量。按省交通运输厅2009年港口货物吞吐量统计数计算。

3.人均可用财力。按省财政厅对各市县2009年总人口的人均可用财力计算。

(二)权重分配

分别海岛市(区)县和沿海市县设置各项指标权重:

1.海岛市(区)县80%的切块额度中:海岛面积、港口客货吞吐量和人均可用财力的权重分别为30%、30%和20%;

2.沿海市(区)县20%的切块额度中:海岛面积、港口客货吞吐量和人均可用财力的权重分别为6%、6%和8%。

(三)其他规定

1.按本办法规定计算2010年至2012年每年应分配给市县的切块额度,实行一次核定,分年安排。

2.舟山市应将省分配资金的50%平均安排给定海区和普陀区。嘉兴市与平湖市均按省分配资金的50%进行安排。

第三章 使用范围

第五条 海洋专项资金的使用范围是:

(一)海岛基础设施建设,包括污水垃圾处理、海岛供水、供电、道路、港口码头、航道等基础设施,物流交易及信息服务平台项目;

(二)海洋产业转型升级发展项目,包括港口物流、海洋装备制造、海洋清洁能源、海洋石化、海洋生物、海洋工程、滨海旅游、现代渔业、观光农业等产业发展项目;

(三)海洋科技项目,包括海洋科技研发设施、海洋科技创新体系建设和海洋科技人才引进等;

(四)海洋生态环境保护,包括海洋污染防治、海洋资源保护、海洋生态功能修复以及海洋防灾减灾体系建设等;

(五)省政府批准的其他项目。

第六条 省财政厅、省发改委将根据省政府有关海洋经济发展规划的要求,在上述使用范围内确定不同年度的重点支持方向和项目。

第七条 海洋专项资金不得用于平衡当地财政预算,不得用于安排单位运转经费,不得用于发放津贴补贴。

第四章 使用方法

第八条 为集中资金办大事,海洋专项资金可以在3年内统筹安排。各地应以市为单位,连同市本级及所辖县(市、区)自筹资金,统一安排项目投资计划,经省发改委和省财政厅审核并报省政府批准后分批组织实施,并由省发改委会同省财政厅办理年度海洋经济发展专项资金的项目申报和项目投资计划的下达。

第九条 各市统一安排的项目投资计划,必须符合本办法规定的海洋专项资金使用范围。同时,既要突出重点,也要合理布局,确保纳入补助范围的每个县(市)均有项目。

第十条 经省政府批准的项目投资计划,由各市分批组织实施。2011年各市可在省3年分配资金总量的三分之二额度内,确定第一批投资项目并在当年启动实施。2012年再安排启动实施第二批项目。每一批具体项目,由各市按照轻重缓急的原则确定,同时应与省财政厅做好项目资金对接,做到相关县(市)都能有省补助资金的项目。省财政将按照“资金跟着项目走”的原则,根据项目实施进度,确定相关县(市)海洋专项资金分年额度。

第十一条 海洋专项资金可以采取政府直接投资、资本金注入、投资补助和贷款贴息等方式使用。

第五章 监督管理

第十二条 省海洋专项资金通过一般转移支付下达,相应纳入相关市县财政预算管理。

第十三条 海洋专项资金必须严格按照省政府批准下达的项目投资计划安排使用,任何地方、单位或个人不得以任何名义和方式挤占挪用。

第十四条 省财政厅将会同省发改委制定海洋专项资金投资项目绩效考评办法,对投资项目的资金安排、配套资金落实及建设实施等情况进行定期或不定期监督检查,并在年终做出绩效评价。对于完成情况较差或违反专项资金使用规定的市县,扣减(回)乃至取消下一年度专项资金。

第十五条 各级财政和发改部门要加强对海洋专项资金投资项目的监督和管理,接受审计和社会监督,确保资金使用安全高效。

第六章 附 则

第十六条 本办法由省财政厅、省发改委负责解释。

第十七条 本办法自发文之日起30日后施行。

省财政厅 省人力资源和社会保障厅
浙江省促进就业资金管理办法

2011年5月17日 浙财社〔2011〕80号

第一章 总 则

第一条 为规范和加强促进就业资金管理,保障资金安全,提高资金使用效益,根据国家和省有关促进就业创业文件精神,结合我省实际,制定本办法。

第二条 本办法适用于全省促进就业资金的筹集、使用、管理及监督。

第三条 本办法所称促进就业资金,包括各级政府通过预算内外等各种渠道筹集的,用于政府促进就业工作的各项资金(以下简称"就业专项资金"),以及在确保失业人员基本生活保障待遇发放的前提下,失业保险基金用于预防失业、促进就业补贴的资金(以下简称"失业保险基金促进就业经费")。

第四条 促进就业资金坚持统一预算、统筹安排、专款专用的原则,严格按照相关规定的范围、标准和程序管理使用。

第二章 资金筹集

第五条 促进就业资金的筹集渠道主要包括:

(一)本级财政预算安排的就业专项资金;

(二)失业保险基金促进就业经费;

(三)上级转移支付补助的促进就业资金(包括省级失业保险调剂金安排用于促进就业的资金);

(四)利息收入;

(五)其他渠道筹集的资金。

第六条 各地要根据当地就业状况和工作目标,在本级财政预算中安排就业专项资金,并积极调整财政支出结构,加大对就业资金的投入。有条件的地方,可将由财政安排的用于职业培训的各项补贴资金,统一纳入促进就业资金管理范围。

第七条 失业保险基金促进就业经费的使用额度根据各统筹地区的基金承受能力确定。扩大失业保险基金支出范围试点期间,在确保动用后的失业保险基金支撑能力在24个月以上的前提下,其使用额度为当地上年末失业保险基金累计结余的30%。

第八条 省财政厅会同省人力社保厅综合相关因素,将中央下达和省级安排的促进就业资金通过转移支付,对市县给予适当补助。

第三章 资金使用

第九条 促进就业资金的使用范围包括:

(一)职业介绍补贴;

(二)职业培训补贴;

(三)社会保险补贴;

(四)公益性岗位补贴;

(五)职业技能鉴定补贴;

(六)创业补助;

(七)高校毕业生就业补助;

(八)小额贷款担保基金和小额担保贷款贴息;

(九)扶持公共就业服务补助;

(十)经省级人民政府批准或省财政厅、省人力社保厅共同批准的其他支出;

(十一)经各地政府批准或县以上财政、人力资源和社会保障部门共同批准并报省财政厅、省人力社保厅备案的有关鼓励创业、促进就业的其他支出,包括创业项目开发、宣传等经费。

第十条 职业介绍补贴。职业介绍补贴的对象为登记失业人员、进城求职农村劳动者、退役士兵和城乡就业困难人员(含困难家庭高校毕业生,下同)。具备资质条件的各类职业中介机构可按经其就业服务后实际就业的上述人员人数及其相关证明资料向当地人力资源和社会保障部门申请职业介绍补贴。职业中介机构在申请职业介绍补贴时,按每位符合免费服务条件的人员每年享受一次职业介绍补贴计算,不得重复申请。

第十一条 职业培训补贴。职业培训补贴包括就业技能培训补贴、岗位技能提升培训补贴和创业培训补贴等。

就业技能培训补贴的对象为登记失业人员、城乡就业困难人员、进城求职农村劳动者、退役士兵等。上述人员到定点职业培训机构参加职业培训的,根据其参加培训和就业状况,可向职业培训所在地职能部门申请职业培训补贴。

岗位技能提升培训补贴的对象为因产业结构调整和技术进步以及为培养紧缺工种技能人才而组织岗位技能提升培训的企业。岗位技能提升培训所需资金按规定先从企业职工教育经费中列支,不足部分可在严格标准和程序的前提下,给予适当补贴。

创业培训补贴的对象为有创业要求和培训愿望并具备一定创业条件的城乡各类劳动者(含未就业的高校毕业生和高校毕业班的在校生)以及处于创业初期的创业者。其参加创业培训的，各地可按规定给予补贴。

各地要按照同一地区、同一工种补贴标准统一的原则，根据难易程度、时间长短和培训成本，以职业资格培训期限为基础，科学合理地确定培训补贴标准。每人每年只能享受一次培训补贴，不得重复申请。

第十二条 社会保险补贴。社会保险补贴包括企业（单位）社会保险补贴和灵活就业人员社会保险补贴。社会保险补贴实行"先缴后补"办法。

企业（单位）社会保险补贴的对象为吸纳城乡就业困难人员和录用见习期满应届高校毕业生的企业（单位）。对各类企业（单位）招用（包括在公益性岗位安排）城乡就业困难人员，与之签订劳动合同并缴纳社会保险费的，按企业（单位）为其实际缴纳的基本养老保险费、基本医疗保险费和失业保险费给予补贴。补贴期限，除对距法定退休不足5年的就业困难人员可延长到退休以外，其余人员最长不超过3年。对企业（单位）录用见习期满的高校毕业生而为其补缴的见习期间养老保险费用（不含个人缴费部分）给予补贴。

灵活就业人员社会保险补贴对象为就业困难人员。对就业困难人员灵活就业后申报就业并以个人身份缴纳社会保险费的，给予一定数额的社会保险补贴，补贴数额原则上不超过其实际缴费的2/3。补贴期限，除对距法定退休不足5年的就业困难人员可延长到退休以外，其余人员最长不超过3年。

第十三条 公益性岗位补贴。公益性岗位补贴的对象为城乡就业困难人员。对在公益性岗位安排城乡就业困难人员就业的单位，按其实际安排城乡就业困难人员给予适当额度的岗位补贴。公益性岗位补贴期限，除对距法定退休年龄不足5年的就业困难人员可延长至退休外，其余人员最长不超过3年。

第十四条 职业技能鉴定补贴。职业技能鉴定补贴的对象为登记失业人员、城乡就业困难人员、进城务工的农村劳动者和城乡创业人员。其通过初次技能鉴定（限国家规定实行就业准入制度的指定工种）、取得职业资格证书的，可向职业技能鉴定所在地人力资源和社会保障部门申请一次性职业技能鉴定补贴。

第十五条 创业补助。创业补助的对象为登记失业人员和高校毕业生。登记失业人员和高校毕业生自主创业（国家限制行业除外）的，可给予一定的创业补助。我省高校毕业生从事现代科技、创意、文化等现代服务业及现代农业创业的，可根据其吸纳大学生就业情况，给予一定的专项创业补助。

第十六条 高校毕业生就业补助。包括高校毕业生见习补贴和综合商业保险补贴以及大学生从事现代农业补助等。各地对参加见习训练的高校毕业生，可给予一定的生活补贴；对见习单位为在见习训练期间的高校毕业生参加综合商业保险所发生的保险费用，实行补贴。大学生从事现代农业补助的对象和补助标准按其相关规定执行。

有条件的地方对毕业年度内本省籍高校毕业生到非公有制中小企业就业（毕业年度指毕业当年1月1日至12月31日），签订一年以上劳动合同并缴纳社会保险费且其工资低于当地全社会在岗职工平均工资的，每年可给予个人一定标准的就业补助，补助期限最长不超过两年。

第十七条 小额贷款担保基金和小额担保贷款贴息。小额担保贷款贴息的对象为登记失业人员、城乡就业困难人员、城镇复退军人、城乡创业人员和毕业两年以内的高校毕业生以及符合条件的劳动密集型小企业。在规定的小额担保贷款额度内，对城乡就业困难人员和城镇复退军人自谋职业、自主创业（国家限制行业除外）申请小额担保贷款的，由当地财政据实全额贴息（展期不贴息，下同）。对其他符合申请小额担保贷款的借款人，从事微利项目的，据实全额贴息；从事其他项目的，给予50%的贴息。对符合条件的劳动密集型小企业申请贷款的，给予50%的贴息。

第十八条 扶持公共就业服务补助。包括人力资源市场信息网络建设补贴、基层就业和社会保障平台建设补助等。人力资源市场信息网络建设补贴主要是对人力资源市场信息网络正常运转的有关经费支出，包括计算机及网络运行、设备及软件购置、软件开发应用及服务支出等给予一定的补助。对未纳入财政补助的公共就业服务机构免费为符合条件的人员开展职业介绍、职业指导培训、档案代管以及就业失业动态监测等工作可以政府购买服务成果的方式予以支持。

第十九条 中央和省管理企业失业人员以及跨地区流动人员的就业工作要按照属地管理原则纳入企业或就业所在地政府的就业工作规划，所需资金由当地政府统筹安排落实，省级财政在进行转移支付补助时一并予以考虑。各地不得因隶属关系等原因将中央和省管理企业失业人员以及跨地区流动就业人员排除在就业优惠政策之外。

第二十条 上述促进就业资金各项支出中，符合失业保险基金促进就业经费使用条件的，优先在失业保险基金中列支，并按支出项目进行分类核算。

第四章 资金管理

第二十一条 各级财政、人力资源和社会保障部门要加强促进就业资金的预、决算管理。

（一）年度终了前，各级人力资源和社会保障部门要根据财政预算和社会保险基金预算的有关编制要求，统筹考虑并提出本地区下年度促进就业资金预算，包括在财政预算中安排的就业专项资金和从失业保险基金预算中安排的促进就业经费，经同级财政部门审核后分别列入年度财政预算和失业保险基金预算，并严格按规定批准后的预算执行。除按规定要求及时向上级财政、人力资源和社会保障部门报送失业保险基金预算外，还需编报当地年度促进就业资金预算表(附件略)。

(二)年度终了后，各级财政部门要会同人力资源和社会保障部门认真做好就业专项资金和失业保险基金的决算工作。除按规定要求及时向上级财政、人力资源和社会保障部门报送就业专项资金和失业保险基金决算报表外，还需编报当地年度促进就业资金情况表(附件略)，并进行分析和说明。

就业专项资金年度终了如有结余，按规定结转下一年度继续使用。各统筹地区失业保险基金促进就业经费，在失业保险基金中按实列支。

第二十二条 各级财政部门要按规定将各种渠道筹集的就业专项资金及时转入“社会保障基金财政专户”管理，并进行专账核算。

第二十三条 尚未实行社保基金财政直接支付的地区，当地人力资源和社会保障部门可根据工作需要在国有商业银行开设“就业专项资金支出户”(简称“支出户”)。支出户的主要用途是：接收财政专户划入的需支付给申请者的有关补贴资金；暂存该账户的利息收入；支付补贴给申请者；划拨该账户资金利息收入到财政专户。支出户除接收财政专户拨付的补贴资金及该账户的利息收入外，不得发生其他收入业务。

第二十四条 各级财政、人力资源和社会保障部门要结合当地实际，制定各项补贴具体标准，明确各项促进就业资金支出的申请、审核、拨付程序，建立健全促进就业资金内控制度。各项促进就业资金支出要严格按规定的审批程序报经批准。各项补贴支出应取得符合补贴条件的相关证明材料，并严格审核把关。

第二十五条 促进就业资金不得用于人员经费、公用经费、差旅费、会议费等应由部门预算安排的支出，严禁用于或变相用于房屋建筑物购建、交通工具购置等各项基本建设支出。

第五章 监督检查

第二十六条 各级财政、人力资源和社会保障部门要切实履行职能，加强促进就业资金的监督和管理，建立和完善促进就业资金支出绩效评估机制，努力提高促进就业资金使用管理的规范性、安全性和有效性。

第二十七条 各级财政、人力资源和社会保障部门要建立和完善各项促进就业资金发放情况统计数据库系统，实现数据库管理和网络化管理相结合，切实加强业务数据和财务数据的基础管理。基础管理数据统一纳入人力资源市场信息系统，通过建立享受各项补贴(补助)政策人员、单位的基础信息和数据系统，有效甄别享受政策人员、单位的真实性，防止出现造假行为，逐步实现人力资源市场信息系统与财政部门互联互通。

第二十八条 各级财政、人力资源和社会保障部门要建立健全财务管理规章制度，强化内部财务管理和审计监督，严肃财经纪律，自觉接受监察、审计部门以及社会的监督检查。对截留、挤占、挪用促进就业资金，或擅自改变支出范围和标准等违法违规行为的单位或个人，要按照《财政违法行为处罚处分条例》等相关法律法规严肃查处，涉嫌犯罪的，要依法移交司法部门处理。

第二十九条 各级财政、人力资源和社会保障部门要密切配合、通力合作，及时掌握和通报有关情况，定期向上级财政、人力资源和社会保障等部门报告促进就业资金使用、享受政策人员等有关情况，定期或不定期对促进就业资金管理使用情况进行全面或专项检查，共同研究解决促进就业资金管理使用中存在的实际问题。

第六章 附 则

第三十条 各市、县(市)财政、人力资源和社会保障部门应根据本办法，结合当地实际，制定具体实施办法，并报省财政厅、省人力资源和社会保障厅备案。

第三十一条 省财政厅、省人力社保厅可根据就业形势变化、扶持政策的调整等情况，进行修订完善。

第三十二条 本办法由省财政厅、省人力社保厅负责解释。如遇政策调整，本办法与其有抵触的，按新政策执行。

第三十三条 本办法自发文之日后30日起执行。省财政厅、原省劳动保障厅《关于印发<浙江省就业再就业资金管理办法>的通知》(浙财社字〔2006〕37号)同时废止。

省财政厅 省卫生厅
浙江省基层医疗卫生机构财务制度实施办法

2011年5月30日 浙财社〔2011〕109号

第一章 总 则

第一条 为了适应社会主义市场经济和医疗卫生事业发展的需要，加强基层医疗卫生机构财务管理和监督，规范基层医疗卫生机构财务行为，提高资金使用效益，根据财政部、卫生部《基层医疗卫生机构财务制度》和深化医药卫生体制改革的相关规定，结合我省实际，制定本实施办法。

第二条 本实施办法适用于政府举办的独立核算的乡镇卫生院、社区卫生服务中心等基层医疗卫生机构。

第三条 政府举办的基层医疗卫生机构（以下简称基层医疗卫生机构）是公益性事业单位，不以营利为目的。

第四条 基层医疗卫生机构财务管理的基本原则是：执行国家有关法律、法规和财务规章制度；坚持厉行节约、勤俭办事业的方针；正确处理社会效益和经济效益的关系，正确处理国家、单位和个人之间的利益关系，保持基层医疗卫生机构的公益性。

第五条 基层医疗卫生机构财务管理的主要任务是：科学合理编制预算，真实反映财务状况；依法取得收入，努力控制支出；建立健全财务管理制度，准确进行经济核算，实施绩效考评，提高资金使用效益；加强国有资产管理，合理配置和有效利用国有资产，维护国有资产权益；对经济活动进行财务控制和监督，定期进行财务分析，防范财务风险。

第六条 基层医疗卫生机构实行"统一领导、集中管理"的财务管理体制，财务活动在基层医疗卫生机构负责人领导下，由财务部门集中管理。

基层医疗卫生机构应根据工作需要，设置财务核算机构或人员；不具备设置条件的，可实行会计委托代理记账。

有条件的地区，可对基层医疗卫生机构实行财务集中核算，具体办法由地方根据实际情况确定。

第二章 单位预算管理

第七条 预算是指基层医疗卫生机构按照国家有关规定，根据事业发展计划和任务编制的年度财务收支计划。

基层医疗卫生机构预算由收入预算和支出预算组成。基层医疗卫生机构所有收支应全部纳入预算管理。

第八条 政府对基层医疗卫生机构的业务收支，实行"明确范围、核定收支、差额补助、总量控制"的预算管理办法；对基层医疗卫生机构的建设发展项目支出，实行"核定计划、专项安排、包干使用、绩效考评"的预算管理办法。

政府在对基层医疗卫生机构严格界定服务功能，明确使用适宜设备、适宜技术和国家基本药物，核定任务和收支的基础上，采取差额补助或定项补助等方式核定补助，具体办法由各地财政部门会同主管部门根据政府卫生投入政策的有关规定确定。

有条件的地区可探索对基层医疗卫生机构实行收支两条线管理。

第九条 基层医疗卫生机构按照财政部门预算编制的要求，提出预算建议数，经主管部门审核汇总报财政部门核定。基层医疗卫生机构根据财政部门下达的预算控制数编制预算，由主管部门审核汇总报财政部门，财政部门按照规定程序审核批复。

第十条 基层医疗卫生机构编制收支预算必须坚持以收定支、收支平衡、统筹兼顾、保证重点的原则。不得编制赤字预算。

第十一条 经批复后的基层医疗卫生机构预算是保障其履行基本医疗卫生服务职能、衡量有关部门核定工作任务完成情况的重要依据。基层医疗卫生机构要严格执行预算。

财政部门核定的财政补助等资金预算及其他项目预算执行中一般不予调整；如果国家有关政策或事业计划有较大调整，对预算执行影响较大，确需调整时，要按照规定程序提出调整预算建议，经主管部门审核后报财政部门按规定程序予以调整。

第十二条 年度终了，基层医疗卫生机构应按照财政部门决算编审要求，真实、完整、准确、及时编制决算。

基层医疗卫生机构年度决算由主管部门汇总报财政部门审核批复。对财政部门批复调整的事项，基层医疗卫生机构应及时调整。

第十三条 主管部门和财政部门按照绩效考核有关规定，对基层医疗卫生机构的预算收支执行情况、管理绩效等指标实施综合量化考核。绩效考核结果作为年终评比考核、实行奖惩的重要依据，财政部门将绩效考核结果作为财政补助预算安排和结算的重要依据。

主管部门和财政部门应及时分析基层医疗卫生机构实际收支与财政核定的收支预算之间的差额及其变动原因，对不合理的超收或少支，应用于抵顶下一年度预算中的财政补助收入；对不合理的欠收或超支，应按本实施办法的有关规定处理，并追究相关责任人的责任。

第十四条 实行财务集中核算管理的基层医疗卫生机构，应由基层医疗卫生机构会同财务集中核算机构编报预算决算。

第三章 收入管理

第十五条 收入是指基层医疗卫生机构开展医疗卫生服务及其他活动依法取得的非偿还性资金。

第十六条 基层医疗卫生机构收入包括医疗收入、财政补助收入、上级补助收入和其他收入。

（一）医疗收入，即基层医疗卫生机构在开展医疗卫生服务活动中取得的收入，包括门诊收入、住院收入。

1.门诊收入是指为门诊病人提供医疗服务所取得的收入，包括挂号收入、诊察收入、检查收入、化验收入、治疗收入、手术收入、卫生材料收入、药品收入、一般诊疗费收入和其他门诊收入等。

2.住院收入是指为住院病人提供医疗服务所取得的收入，包括床位收入、诊察收入、检查收入、化验收入、治疗收入、手术收入、护理收入、卫生材料收入、药品收入、一般诊疗费收入和其他住院收入等。

（二）财政补助收入，即基层医疗卫生机构从财政部门取得的人员经费补助收入、公用经费补助收入、公共卫生服务补助收入、基本建设补助收入、设备购置补助收入等。其中，公共卫生服务补助收入包括基本公共卫生服务补助收入和重大公共卫生服务补助收入。

（三）上级补助收入，即基层医疗卫生机构从主管部门和上级单位等取得的非财政补助收入。

（四）其他收入，即上述规定范围以外的各项收入，包括社会捐赠、利息收入、资产处置收入等。

第十七条 基层医疗卫生机构应按照政府规定的方式和标准组织医疗收入。

第十八条 基层医疗卫生机构要严格执行国家收费价格政策，建立健全各项收费管理制度。

基层医疗卫生机构门诊、住院收费使用省级财政部门统一监制的收费票据，并切实加强管理。

第十九条 医疗收入原则上当日发生当日入账，并及时结算，不得隐瞒、截留、挤占和挪用。现金收入不得坐支。

第四章 支出管理

第二十条 支出是指基层医疗卫生机构开展医疗卫生服务及其他活动发生的资金耗费和损失。

第二十一条 基层医疗卫生机构支出包括医疗卫生支出、财政基建设备补助支出、其他支出和待摊费用：

（一）医疗卫生支出，即基层医疗卫生机构在开展基本医疗服务和公共卫生服务活动中发生的支出，包括医疗支出和公共卫生支出。

1.医疗支出是指基层医疗卫生机构在开展基本医疗服务活动中发生的支出，包括人员经费、耗用的药品及材料成本、维修费、其他公用经费等。

其中，人员经费包括基本工资、绩效工资、社会保障缴费、离退休费、住房公积金等。其他公用经费包括办公费、印刷费、水费、电费、邮电费、物业管理费、差旅费、会议费、培训费等。

2.公共卫生支出是指基层医疗卫生机构在开展公共卫生服务活动中发生的支出，包括人员经费、耗用的药品及材料成本、维修费、其他公用经费等。

其中，人员经费包括基本工资、绩效工资、社会保障缴费、住房公积金等。其他公用经费包括办公费、印刷费、水费、电费、邮电费、物业管理费、差旅费、会议费、培训费等。

（二）财政基建设备补助支出，即基层医疗卫生机构利用财政补助收入安排的基本建设支出和设备购置支出。

（三）其他支出，即医疗卫生支出、财政基建设备补助支出以外的支出，包括罚没支出、捐赠支出、财产物资盘亏损失等。

（四）待摊费用，即基层医疗卫生机构为组织、管理医疗活动等所发生的需要摊销的各项间接费用。期末将待摊费用合理分摊到有关支出。

基本建设项目支出按国家有关规定执行。

第二十二条 财政部门和主管部门要加强医疗卫生支出列支管理。对属于医疗卫生支出的直接费用，按照医疗卫生服务性质分别列入医疗支出和公共卫生支出。对无法直接确定归属于医疗支出或公共卫生支出的间接费用，应制定统一的分摊和列支办法。

第二十三条 基层医疗卫生机构从财政部门和主管部门取得的有指定项目和用途并且要求单独核算的专项资金，应当按照要求定期向财政部门或者主管部门报送专项资金使用情况；项目完成后，应当报送专项资金支出决算和使用效果的书面报告，接受财政部门或者主管部门的检查、验收。

第二十四条 基层医疗卫生机构的支出应当严格执行国家规定的开支范围及标准；国家没有统一规定的，由基层医疗卫生机构规定，报主管部门和财政部门备案。基层医疗卫生机构的规定违反法律和国家政策的，主管部门和财政部门应当责令其改正。

第二十五条 基层医疗卫生机构要加强对支出的管理，不得虚列虚报，不得以计划数和预算数代替。

第二十六条 基层医疗卫生机构应当严格执行政府采购和国家关于药品采购的有关规定。

第五章 收支结余管理

第二十七条 收支结余是指基层医疗卫生机构收入与支出相抵后的余额，包括业务收支结余和财政项目补助收支结转（余）。当期各类收支结余计算公式如下：

业务收支结余=医疗收入+财政基本支出补助收入+上级补助收入+其他收入-医疗卫生支出-其他支出

其中：财政基本支出补助收入=人员经费补助收入+公用经费补助收入+公共卫生服务补助收入

财政项目补助收支结转（余）=财政项目支出补助收入-财政项目补助支出

其中：财政项目支出补助收入=基本建设补助收入+设备购置补助收入

第二十八条 基层医疗卫生机构应于年末将业务收支结余扣除限定用途结转下一年度继续使用的资金后，转入结余分配，年末结余为正数的，可按规定提取职工福利基金等专用基金，剩余部分转入事业基金；年末结余为负数的，不得进行分配，应由事业基金弥补，事业基金不足以弥补的，转入未弥补亏损。

国家另有规定的，从其规定。

第二十九条 基层医疗卫生机构应当加强结余资金的管理，按照国家规定正确计算和分配结余。结余资金应按规定纳入单位预算，在编制年度预算和执行中需追加预算时，按照财政部门的规定统筹安排使用。

第六章 资产管理

第三十条 资产是指基层医疗卫生机构占有或者使用的能以货币计量的经济资源。包括流动资产、固定资产、无形资产等。

基层医疗卫生机构不得对外投资。

第三十一条 流动资产是指可以在一年以内(含一年)变现或者耗用的资产，包括货币资金、应收及预付款项、存货等。

基层医疗卫生机构应当遵守国家有关规定，建立健全货币资金管理制度。应收及预付款项应当及时清理结算，不得长期挂账。对期限超过3年以上，确认无法收回的，要查明原因，分清责任，按规定程序报经批准后核销。

存货是指基层医疗卫生机构为开展业务活动及其他活动储存的低值易耗品、卫生材料、药品和其他材料等。

对存货应当进行定期或者不定期的清查盘点，保证账实相符。对于盘盈、盘亏、变质、毁损等情况，应当及时查明原因，根据管理权限报经批准后及时进行处理。

低值易耗品实物管理采取"定量配置、以旧换新"等管理办法，并建立辅助明细账，对各类物资进行数量、金额管理。低值易耗品报废收回的残余价值，按照有关规定处理。

基层医疗卫生机构自制药品、材料按成本价入库，并建立健全管理制度。

第三十二条 固定资产是指单位价值在1000元及以上(其中：专用设备单位价值在1500元及以上)、使用期限在一年以上(不含一年)，并在使用过程中基本保持原有物质形态的资产。单位价值虽未达到规定标准，但耐用时间在一年以上(不含一年)的大批同类物资，应作为固定资产管理。

基层医疗卫生机构固定资产分为四类：房屋及建筑物、专用设备、一般设备和其他固定资产。固定资产按实际成本计价。基层医疗卫生机构应结合本单位的具体情况，制定各类固定资产的明细目录。

大型医用设备等固定资产的购建，要符合区域卫生规划，经过科学论证，并按国家有关规定报经主管部门会同发展改革部门、财政部门批准。

基层医疗卫生机构应当提高资产使用效率，建立资产共享、共用制度。

第三十三条 在建工程是指基层医疗卫生机构已经发生必要支出，但按规定尚未达到交付使用状态的建设工程。

基层医疗卫生机构除按本实施办法执行外，还应按国家有关规定，单独建账、单独核算，严格控制工程成本，做好工程概、预算管理，工程完工后应尽快办理工程结算和竣工财务决算，并及时办理资产交付使用手续。

第三十四条 与固定资产有关的更新改造等后续支出，符合固定资产确认条件的，应当记入固定资产；与固定资产有关的修理费用等后续支出，不符合固定资产确认条件的，应当记入当期支出。

第三十五条 基层医疗卫生机构应当对固定资产进行实地盘点。对盘盈、盘亏的固定资产，应当及时查明原因，并根据规定的管理权限，报经批准后及时进行处理。固定资产管理部门要定期与财务部门核对，做到账账相符、账实相符。

第三十六条 无形资产是指不具有实物形态而能为基层医疗卫生机构提供某种权利的资产。包括土地使用权、基层医疗卫生机构购入的单独计价的应用软件及其他财产权利等。

购入的无形资产，按照实际支付的价款计价。

第三十七条 基层医疗卫生机构处置固定资产、无形资产等资产，应当按照国有资产管理规定处理。

第七章 负债管理

第三十八条 负债是指基层医疗卫生机构所承担的能以货币计量、需要以资产或劳务偿还的债务。包括应付账款、预收医疗款、应缴款项、应交税费、应付职工薪酬和应付社会保障费等。

第三十九条 基层医疗卫生机构应当对不同性质的负债分别管理，及时清理并按照规定办理结算，保证各项负债在规定期限内归还。

第四十条 基层医疗卫生机构不得借入偿还期在一年以上(不含一年)的长期借款，不得发生融资租赁行为，不得设定资产抵押和对外担保。基层医疗卫生机构借入短期借款，需经主管部门和财政部门批准。

第四十一条 基层医疗卫生机构应加强病人预交金管理。预交金额度应根据病人病情和治疗的需要合理确定。

第八章 净资产管理

第四十二条 净资产是指基层医疗卫生机构资产减去负债后的余额。

第四十三条 净资产包括固定基金、事业基金、专用基金、财政补助结转(余)和未弥补亏损。

(一)固定基金，即基层医疗卫生机构固定资产、在建工程、无形资产形成的资金占用。

（二）事业基金，即基层医疗卫生机构按规定设置主要用于弥补亏损的净资产。基层医疗卫生机构按规定从结余分配转入资金中提取专用基金后，其余资金转入事业基金。

基层医疗卫生机构应加强对事业基金管理，统筹安排，合理使用。如事业基金滚存较多，在编制预算时应安排一定数量的事业基金。

（三）专用基金，即基层医疗卫生机构按照规定提取、设置的有专门用途的净资产。主要包括医疗风险基金、职工福利基金、奖励基金和其他专用基金等。专用基金要专款专用，不得擅自改变用途。

1.医疗风险基金是指按照医疗收入的一定比例提取并在医疗卫生支出中列支、专门用于支付基层医疗卫生机构购买医疗风险保险发生的支出或实际发生的医疗事故赔偿的资金。提取的医疗风险基金不得超过当年医疗收入的1%。具体比例由各地财政部门会同主管部门根据当地实际情况制定。对于医疗风险基金滚存较多的基层医疗卫生机构，可以适当降低提取比例或者暂停提取。

有条件的地区，可实行区域内基层医疗卫生机构整体购买医疗风险保险的办法。

2.职工福利基金是指基层医疗卫生机构从结余分配转入资金中按一定的比例提取，专门用于职工集体福利设施、集体福利待遇的资金。

3.奖励基金是指在年度终了基层医疗卫生机构绩效考核合格后，经主管部门和财政部门批准由其从结余分配转入资金中按一定的比例提取，专门用于职工绩效考核奖励的资金。年度提取的奖励基金不得超过当年基层医疗卫生机构绩效工资总额的20%。

职工福利基金、奖励基金的具体提取比例由各地财政部门会同主管部门根据实际情况确定。

4.其他专用基金是指按照有关规定提取、设置的其他专用资金。

（四）财政补助结转（余），即基层医疗卫生机构历年滚存的有限定用途的财政补助资金。

（五）未弥补亏损，即事业基金不足以弥补的亏损。

第九章　财务清算

第四十四条　基层医疗卫生机构发生划转、撤销、合并、分立时，应当进行财务清算。

第四十五条　基层医疗卫生机构财务清算，应当在主管部门和财政部门的监督指导下，对单位的财产、债权、债务等进行全面清理，编制财产目录和债权、债务清单，提出财产作价依据和债权、债务处理办法，做好国有资产的移交、接收、划转和管理工作，并妥善处理各项遗留问题。

第四十六条　基层医疗卫生机构财务清算结束后，经主管部门审核并报财政部门批准，分别按照下列办法处理：

（一）因隶属关系改变，成建制划转的基层医疗卫生机构，其全部资产、债权、债务等无偿移交，并相应划转财政补助经费指标。

（二）撤销的基层医疗卫生机构，全部资产、债权、债务等由主管部门和财政部门核准处理。

（三）合并的基层医疗卫生机构，全部资产、债权、债务等移交接收单位或新组建单位。合并后多余的国有资产由主管部门和财政部门核准处理。

（四）分立的基层医疗卫生机构，资产按照有关规定移交分立后的单位，并相应划转财政补助经费指标。

第十章　财务报告与分析

第四十七条　财务报告是反映基层医疗卫生机构一定时期财务状况和业务开展成果的总括性书面文件。

基层医疗卫生机构应当按月度、季度、年度向主管部门和财政部门报送财务报告。

第四十八条　基层医疗卫生机构报送的年度财务报告包括资产负债表、收入支出总表、业务收支明细表、财政补助收支明细表、基本建设收入支出表、净资产变动表、绩效考核表、有关附表、会计报表附注以及财务情况说明书。

第四十九条　财务情况说明书主要说明基层医疗卫生机构的业务开展情况、预算执行情况、财务收支状况、资产变动情况、基本建设情况、绩效考评情况、对本期或下期财务状况发生重大影响的事项、专项资金的使用情况以及其他需要说明的事项。

第五十条　基层医疗卫生机构财务分析是财务管理工作的重要组成部分。基层医疗卫生机构应当按照财政部门和主管部门的规定和要求，根据单位财务管理的需要，定期编制财务分析报告。财务分析的内容包括基层医疗卫生机构事业发展和预算执行、资产使用管理、收入、支出和净资产变动以及财务管理情况、存在主要问题和改进措施等。

财务分析指标包括预算执行率、人员经费占医疗卫生支出的比率、公用经费占医疗卫生支出的比率、收支结余率、资产负债率、支出构成及次均费用等。

基层医疗卫生机构可以根据本单位特点增加财务分析指标。

第十一章　财务监督

第五十一条　基层医疗卫生机构必须接受财政、审计和主管部门的财务监督，并建立严密的内部监督制度。

财政部门可以委托社会中介机构对基层医疗卫生机构的

财务收支进行审核监督。

第五十二条 基层医疗卫生机构财务监督包括预算管理的监督、收支管理的监督、资产使用管理的监督等主要内容。采用事前监督、事中监督和事后监督等监督方式。

第五十三条 基层医疗卫生机构的财会人员有权按《中华人民共和国会计法》及其他有关法律法规行使财务监督权，对违反国家财经法规的行为，提出意见并向主管部门和其他有关部门反映。

第十二章 附 则

第五十四条 基层医疗卫生机构基本建设投资财务管理除按照本实施办法执行外，还应执行国家基本建设投资方面的财务管理制度。

第五十五条 本实施办法由浙江省财政厅、卫生厅负责解释。

第五十六条 企业事业组织、社会团体及其他社会组织举办的独立核算的非营利性基层医疗卫生机构参照本实施办法执行。

第五十七条 本实施办法自2011年7月1日起执行。

浙江省财政厅
关于深入推进财政支农资金整合和统筹
进一步加强财政支农资金科学化精细化管理的意见

2011年6月7日 浙财农〔2011〕139号

各市、县(市、区)财政局(宁波不发)，省级农口部门：

根据财政部《关于以支农资金整合和统筹为抓手 加快推进财政支农资金科学化精细化管理的意见》(财农〔2011〕26号)有关精神，结合我省财政支农资金整合工作实际，现就深入推进财政支农资金整合和统筹，进一步加强财政支农资金科学化精细化管理提出如下意见：

一、充分认识深入推进财政支农资金整合和统筹，进一步加强财政支农资金科学化精细化管理的重要意义

积极推进财政支农资金整合和统筹，是中央和省委、省政府为有效解决当前支农资金管理使用中存在的突出问题，切实提高支农资金管理使用效益而作出的重大决策。自2006年以来，我省各级财政部门和省级农口部门围绕省委、省政府确定的"三农"工作方针，积极推进支农资金整合和统筹，不断加大工作力度，探索并采取了一系列有利于推进支农资金整合和统筹的工作举措，包括从预算编制、分配、执行等环节进行整合，打造支农资金整合和统筹安排平台，建立健全农业农村发展重点领域、重点项目扶持导向目录制度，完善支农资金整合和统筹安排的沟通、协商机制，强化支农资金管理基础，等等。这些举措为加快推进财政"三基"建设、提高支农资金科学化精细化管理水平发挥了积极的作用。

深入推进支农资金整合和统筹，是财政科学化精细化管理的有效手段，也是财政科学化精细化管理的必然要求。各级财政部门和省级农口部门要进一步统一思想，提高认识，进一步深化财政支农资金整合和统筹，创新完善工作机制，突出重点项目和平台，强化工作基础，不断提高财政支农资金科学化精细化管理水平。

二、进一步加大财政支农资金的清理整合力度

各地要以强农惠农资金专项清理结果为基础，着力构建支农专项资金安排使用情况的动态掌控机制，结合年度农业农村发展重点领域、重点项目扶持导向目录的编制，对支农专项资金进行梳理，重点把握有关支农专项资金的设立依据、来源渠道、资金规模、执行期限、支持对象、资金用途、归口管理部门、使用管理方式等内容，为支农资金预算安排提供基础支撑。要进一步加大支农专项资金特别是农业生产性资金整合力度。对性质相同、用途相近、使用分散的支农专项资金要进行归并，或按照资金用途重新分类。对归并或重新分类的支农项目，要完善管理制度，进一步明确扶持范围、支持对象、支持重点和环节、补助标准等。省级农口部门要进一步加大对本级部门预算项目资金的梳理，扎实、细致做好预算编制工作，规范项目资金安排的预算级次，严格控制设立新专项，对于新增的项目支出需求，原则上从现有部门预算中统筹考虑。

三、进一步健全财政支农资金整合和统筹机制

(一)建立完善支农资金整合和统筹协商机制。各地要在党委、政府领导下，通过成立领导小组、建立联席会议制度等多种方式，逐步建立完善协调配合、良性互动的沟通协商机制。财政部门要主动加强与有关农口部门的沟通协调，建立部门间沟通协调和信息共享机制，形成与部门齐抓共管的预算执行管理氛围。同时，财政部门内部要探索建立支农资金整合和统筹联席会议制度，将不同业务单位分管的性质相同、用途相近的支农专项资金，通过联席会议通报情况，研究政

策，协商统筹安排资金，避免重复交叉或相互脱节。

（二）建立健全预算执行责任考核和绩效管理制度。各地财政部门要督促农口部门制定完善预算执行的量化目标计划，将责任落实到项目主管单位、具体执行单位和负责人。要加强预算执行管理，建立健全农口部门预算执行的通报制、约谈制、考核制、督导制等工作机制，突出抓好重点部门、重点科目和重点项目的支出进度。要建立预算执行管理责任追究制度，对预算执行管理情况好、监管措施到位的地方和部门，在安排支农项目和分配支农资金时，给予适当倾斜；对预算执行情况不理想或有不良记录的地方和部门，在安排支农项目补助资金时予以调控。

（三）加快支农资金支出进度。各地财政部门要会同农口部门借助支农资金整合和统筹的有效手段，强化支农资金安排、拨付、使用和支农项目立项、实施、验收等全过程的监控和管理，切实加快支农资金支出进度。原则上省级农口部门要在30日内对中央下达的专项转移支付资金提出分配意见；对防灾救灾类资金要立即拨付，避免滞留。省财政厅将会同省级农口部门采取提前告知、下达资金控制数、推行因素法分配等方式加快专项资金分配拨付，积极推进支农项目审批权限下放，增强地方统筹安排支农资金的能力。对实行省级立项的专项资金，各地财政部门和农口部门要按照规定要求和时间，认真做好项目的工作布置、方案编制、项目申报、项目评审等前期工作，为加快项目预算执行夯实基础。要严格按照项目实施方案和建设计划实施，不得随意调整和变更项目计划和建设内容；要及时做好项目考评、验收、竣工结算等有关工作。

四、进一步突出支农资金整合和统筹平台

（一）巩固现有支农资金整合成果。坚持以规划为引导，围绕农业农村发展重点，以支农重点项目为平台，引导来源不同、投向相近、目标相似的各项支农资金统筹安排和集中投入，做到“多个渠道进水、一个池子蓄水、一个龙头放水”，集中财力解决制约现代农业发展和新农村建设的瓶颈问题，不断提高支农资金的使用效益。

（二）突出支农资金整合和统筹平台。各地要以中央和省委、省政府确定的重点项目为平台，进一步加强规划的衔接和项目的整合。以“两区”建设、小型农田水利重点县建设、木本油料产业发展及农业综合开发等重点项目为平台，根据各相关支农专项资金的管理制度，进一步加大各级财政支农专项资金的整合投入，优化支农支出结构，充分发挥资金使用效益。

（三）积极发挥县级资金整合平台作用。各地要在认真总结县级支农资金整合好经验、好做法的基础上，继续做好年度县级支农资金整合方案和农业农村发展重点领域、重点项目扶持导向目录的编制工作，这两项工作将作为省级对县级支农资金整合工作考评的前置条件。要有效推进县级财政安排的支农专项资金的清理、归类和整合，切实提高县级财政支农专项资金设立的科学性和合理性。同时，充分发挥县级作为支农专项资金整合的主体功能，在严格遵循相关支农专项资金管理制度的基础上，依据相关规划，科学合理地编制年度项目实施计划，通过项目的整合，实现支农专项资金的整合和集中投入。中央财政和省财政将对项目和资金整合力度大、成效突出的先进县进一步加大奖励力度，奖励资金实行因素分配，由地方按要求自主选择扶持产业和项目。

五、进一步加强支农资金整合和统筹的制度建设

（一）完善支农资金管理制度。各地要按照有利于整合和统筹的目标，对现行支农资金管理制度进行清理、修订和完善，加强各项制度之间的衔接，建立健全覆盖资金分配、拨付、使用、监管和绩效评价全过程的支农资金管理制度。今后出台或修订支农资金管理制度时，要加强与现行制度的衔接协调，特别是要充分考虑中央财政和省财政关于支农资金整合和统筹的相关文件要求；对省财政厅出台和制订的管理制度，各地要结合实际，制订具体的管理制度或实施细则。

（二）建立和完善支农项目库管理制度。各级财政部门要会同农口部门按照省财政厅关于实施财政支农项目库管理制度的要求，建立完善支农资金项目库，以项目库建设促进支农项目的合理安排，提高支农资金的科学使用水平。各级财政部门和农口部门要督促项目单位做好项目论证、项目文本填报等工作，完善项目论证评审机制。加强年度之间、财政和部门之间及省级和地方之间的项目库衔接，完善支农项目专家评审制度。借助现代科学信息技术手段，建立支农资金项目的数据动态采集系统和全程运行监控网络，搭建互通情况、共享信息、相互启发、相互借鉴的互动平台，提升财政信息化管理水平。

（三）创新支农资金整合和管理的导向机制。要建立健全以结果为导向的支农资金分配机制，将支农资金分配与支农资金整合工作实绩、检查结果及绩效考评情况相衔接。加强支农资金执行的绩效管理，注重绩效评价结果的应用，强化绩效评价工作的约束性，将绩效评价结果与下年度预算安排相挂钩。创新支农资金管理的奖惩激励机制，加大奖惩力度，完善和强化通报、周知、扣款、取消资格等处理方式。

六、进一步加大支农资金整合和统筹的监督管理

（一）规范支农资金管理体制。按照“既要整合，又要管理”的要求，切实加强支农资金使用管理。优化支农资金管理工作流程，进一步简化程序，理清环节，分清责任，明确标准。继续完善报账制、公示公告制、专家评审制、项目立项公开竞选等管理方式。加大信息公开力度，推行“阳光操作”，提高支

农政策实施和项目资金申请的透明度。强化财政部门内控机制，完善工作规程，科学设置岗位，规范权力运行，加强风险防范，不断提高执行力，促进各项工作的有机衔接。

（二）加大支农资金项目监督检查力度。加强对整合和统筹安排的支农资金的监管，建立健全支农资金日常监督检查机制，对重点支农专项资金及扶贫资金要实行常态化的监督检查和核查，形成支农资金管理使用监管的高压态势，避免出现借整合支农资金名义挪用支农资金的现象。进一步完善委托中介机构开展专项检查制度，逐步建立多层次、多形式的监督机制。

七、进一步强化财政支农工作中的“三基”建设

各级财政部门要结合支农资金整合和统筹，同步抓好支农政策落实情况和支农基础数据统计及分析等基础工作，根据省财政厅《关于建立农业农村经济形势和财政支农政策落实情况分析制度的通知》（浙财农函〔2011〕7号）的要求，切实做好农业农村经济形势和支农政策落实情况分析工作，为整合和统筹安排资金、加强支农资金管理提供数据和信息支撑。要以支持农业生产发展支出为试点，按照支持综合生产能力建设类、支持农业科研与技术服务发展类、对农业和农民补贴类以及支持农业防灾减灾类等四大类对上级和本级财政安排的支持农业生产发展支出进行统计，逐步构建完善支农投入统计体系。充分发挥基层财政在整合和统筹安排的各类支农资金监管中的关键作用，进一步明确基层财政特别是乡镇财政的监管职能，加强对乡镇财政的指导和管理，建立和完善县对乡镇的经费保障机制。稳定和加强县级财政农财干部队伍，强化素质，不断提高财政支农管理工作水平。

浙江省财政厅
关于做好“十二五”时期农业综合开发工作的意见

2011年7月20日　浙财农发〔2011〕5号

各市、县（市、区）财政局、农业综合开发办公室（宁波不发），
省监狱管理局农业综合开发办公室：

根据国务院办公厅《转发财政部关于加强农业综合开发工作若干意见的通知》（国办发〔2009〕63号）和省政府办公厅《关于进一步加强农业综合开发工作的意见》（浙政办发〔2010〕105号）精神，现就做好“十二五”时期我省农业综合开发工作提出如下意见，请结合当地实际，认真贯彻落实。

一、指导思想

以科学发展观为指导，紧紧围绕“八八战略”和“创业富民、创新强省”总战略，按照“依法治税、为民理财、务实创新、廉洁高效”的总体工作思路，念好“实、稳、优”三字诀，增加投入，完善政策，规范管理，创新机制，坚持“宜农则农、宜林则林、宜牧则牧、宜渔则渔”的原则，以改善农业生产基础设施特别是农田水利设施为重点，以粮食生产功能区、现代农业园区（以下简称“两区”）建设为平台，积极实施土地治理、产业化经营项目，着力提高农业综合生产能力特别是粮食生产能力，为保障粮食等主要农产品供给，促进现代农业发展和农民增收提供有力支撑。

二、工作目标

“十二五”时期，计划实施农业综合开发土地治理项目500个，治理面积350万亩，其中：中低产田改造项目310个，290万亩（含高标准农田示范工程项目100个，120万亩）；山区小流域农业生态工程项目100个，55万亩；合作社、企业实施土地治理试点项目30个，5万亩；建设中型灌区节水配套改造项目10个；省级集中安排的科技推广项目60个。同时扶持产业化经营财政贷款贴息项目500个；扶持产业化经营财政补助项目400个。

三、主要任务

（一）搞好农业基础设施建设。坚持田水路林山综合治理，提高投入标准和建设标准，增强农业综合开发项目区抗御自然灾害的能力。加强与“两区”、农田水利等建设规划的有机衔接，积极开展高标准农田建设。抓好农田水利基础设施和控制性工程建设，加强中型灌区骨干工程续建配套与节水改造，发展节水灌溉农业；合理布局机耕路、机耕桥及农机下田埠；因地制宜选择适合的林业措施模式，搞好农田林网建设。

（二）推进农业产业化经营。积极扶持农业产业化龙头企业，支持农产品加工以及农产品储藏保鲜、产地批发市场等流通基础设施建设，增强龙头企业的市场竞争力和辐射带动能力；加大对农民专业合作社的扶持力度，助推农民专业合作社的发展壮大，提高农业生产的组织化程度。支持蔬菜、茶叶、果品、畜牧、水产养殖、竹木、花卉苗木、蚕桑、食用菌、中药材等我省十大农业主导产业种植养殖基地建设，加大对特色高效农产品良种繁育基地扶持力度，着力推进集约化经营和标准化生产，稳步提高生产基地的综合生产能力和原料供给能力。合理开发利用山地资源，支持发展木本粮油及我省特色

农产品产业带建设。

（三）提高农业科技含量。在农业综合开发项目区大力推广资源节约型先进适用技术、新型农作制度和农业科技成果；积极扶持具有自主知识产权的优质种子种苗的推广应用，提高农业科技含量。

（四）改善农业生态环境。通过实施山区小流域农业生态工程项目，加大山区耕地水土流失综合整治力度，完善流域受益耕地旱灌涝排设施，提高小流域防洪能力，优化小流域农业生态环境。支持资源节约型、环境友好型生态农业和农业循环经济发展，增强农业可持续发展能力。

四、工作措施

（一）贯彻工作意见，推进"两区"建设。根据中央和省关于加强农业综合开发工作意见的要求，依据新形势下农业综合开发的发展目标和主要任务，以服务"两区"建设为中心，突出扶持重点，坚持开发特色，推进机制创新，强化科技对农业的支撑作用，推动现代农业发展。通过实施土地治理项目，建设高标准农田，大力改善以农田水利为重点的农业生产基础设施，促进农业生产发展方式转变，提高规模化经营水平；通过实施产业化经营项目，扶持新型农业经营主体，在实现农业龙头企业、专业合作社等新型经营主体发展的同时，不断推进农业产业化发展，增加农民收入。

（二）加大财政投入，吸引社会资金。根据中央和省农业综合开发政策要求，继续加大各级财政资金的投入力度，严格按照项目计划落实各级财政配套资金和自筹资金。财政配套资金要列入当年预算，确保及时足额到位，力争全省"十二五"期间的农业综合开发财政资金投入总量比"十一五"期间有较大增长。坚持多渠道筹措资金，完善财政资金投入方式，充分发挥市场对资源配置的基础性作用，积极引导农民群众筹资投劳，吸引工商资本、信贷资金和其他社会资金增加对农业综合开发投入。

（三）着力机制创新，探索开发模式。围绕培育和发展我省农业主导产业，按照统一规划的要求，以农业综合开发项目为平台，搞好与"两区"建设以及其他支农项目的有机结合，通过项目的整合实现资金的整合，切实提高资金使用效益，努力把农业综合开发项目区打造成高效农业基地和现代农业示范区；按照"依托龙头建基地，围绕基地扶龙头"的原则，继续开展土地治理和产业化经营两类项目统筹实施、农民专业合作社与种粮大户实施土地治理项目等试点工作。完善建后管护政策，加强土地治理项目建后管护，使已建成的农业综合开发项目长期发挥作用。

（四）突出开发重点，提高生产能力。坚持以土地治理项目特别是中低产田改造项目为重点，提高土地治理项目省以上财政资金补助标准和建设标准，着力加强以农田水利为重点的农业基础设施建设，提高农业综合生产能力特别是粮食生产能力。进一步加大高标准农田示范工程建设力度，鼓励项目县申报高标准农田示范工程项目，扩大高标准农田示范工程建设规模。以省级集中安排科技推广项目为示范，加大面上科技推广力度，重点推广农业新品种和先进适用农业技术，促进农业增效、农民增收。

（五）助推产业发展，促进农民增收。根据我省农业十大优势主导产业布局，大力支持优质特色农产品高效种植、养殖基地建设，着力推进集中连片的规模开发和标准化生产，加快建设优势农产品产业带，稳步提高生产基地的综合生产能力。利用财政补助、贷款贴息等方式，重点扶持一批产能上规模、管理上水平、产品上档次、带动辐射作用强的农业龙头企业，积极扶持科技含量高、产品有前途、市场前景看好、带动农民增收作用明显的成长型农业龙头企业。逐步加大对示范带动能力强、组织结构健全并经工商部门注册的农民专业合作社的扶持力度。通过对农业龙头企业和农民专业合作社的扶持，延长产业链条，促进优势主导产业升级，推动区域经济发展，促进项目区农民持续增收。

（六）深化项目管理，提升开发水平。深化全过程项目管理，健全农业综合开发约束机制。完善管理制度，根据国家农业综合开发有关政策规定，修订《浙江省农业综合开发资金和项目管理实施办法》和相关配套制度。进一步规范各类项目管理流程，力求项目管理科学化、精细化。完善项目管理机制，深化项目前期准备工作，严把立项关，确保公平竞争、择优选项。按照国家农发办关于农业综合开发项目评审工作要求，建立项目评审责任追溯制度。完善专家库建设，规范项目评审程序，落实评审责任，提高评审效率，确保项目评审质量。积极推行和落实工程招投标制、工程监理制、资金和项目公示制、工程审价制等管理制度。要从严控制项目调整，确需调整的，须经过集体研究、现场核实、按规定报批。严禁以报代批，未批先调。进一步强化计划编报、项目实施、竣工验收和建后管护等各项工作。建立项目建设季报制度，及时掌握项目建设情况，指导项目县加快项目建设进度，如期建成并及时发挥效益。加大监督检查力度，严格执行竣工项目验收特别是单项工程竣工验收制度，使监督检查制度化、规范化。

（七）严格资金管理，提高使用效益。以完善"三专""两户"为核心，进一步加强农业综合开发资金管理。严格按计划积极筹措农业综合开发项目资金，及时足额落实财政配套资金，按规定比例和程序落实自筹资金。健全全方位资金监控机制，认真执行农业综合开发项目资金"专户储存、专账核算、专人管理”的规定，确保专款专用。严格按规定范围使用资金，认真执行县级报账制、县级核算制，加快资金拨付和报账进度，切实提高资金使用效益。自觉接受审计、监察和社会各界及农民群众的监督，确保资金安全有效。

（八）密切部门配合，发挥乡镇作用。加强各级农业综合开发协调（领导）小组对农业综合开发的领导。各级财政和农业综合开发办事机构要主动加强与水利、农业、林业、国土资源、渔业、供销社等部门的沟通协调，密切配合，共同做好农业综合开发工作。各级农业综合开发办公室应加强政策宣传，根据农业综合开发政策和开发资源现状编制中长期规划，切实做到有序开发，合理开发。充分发挥项目所在地乡（镇）、村的作用，做好项目实施前组织发动、政策处理及施工现场管理等相关工作，做到就地监管、随时监管，确保项目建设质量。

（九）抓好队伍建设，提高干部素质。按照“基础实、基层稳、基本优”的财税工作理念，进一步抓好队伍建设，建立与农业综合开发任务相适应的稳定的工作机构，配备包括工程技术人员、财务人员在内的具有较高业务素质的专职工作人员。要继续完善各项管理制度，建立和健全内控机制，着力抓好制度执行，确保农业综合开发工作顺利开展。要大力弘扬财税文化，通过“学习、制度、情感、激励、宣传、活动”等平台，提升农业综合开发干部的综合素质。农发干部要牢固树立正确的人生观，增强为农民服务的意识，坚持求真务实的工作作风，善于发现并切实解决问题，实实在在地为农民办实事、好事。加强廉政教育，始终绷紧“反腐倡廉”这根弦，在项目选择、工程招投标、资金结算和拨付等关键环节，筑牢反腐防线，坚持清白为人、干净办事，提高执行政策、依法办事、为农服务的本领，努力造就一支政治坚定、业务精通、清正廉洁、作风优良的农发干部队伍。

省财政厅　省住房和城乡建设厅
浙江省省级保障性住房专项资金管理办法

2011年7月26日　浙财建〔2011〕186号

第一条　为加快推进保障性住房建设，支持公共租赁住房发展，根据《国务院办公厅关于进一步做好房地产市场调控工作有关问题的通知》（国办发〔2011〕1号）、住房城乡建设部等七部门《关于加快发展公共租赁住房的指导意见》（建保〔2010〕87号）和《浙江省人民政府关于加快推进保障性安居工程建设坚定不移做好房地产市场调控工作的若干意见》（浙政发〔2011〕21号）等文件精神以及专项资金管理有关规定，特制定本办法。

第二条　省级保障性住房专项资金是指由省级财政预算安排，专项用于支持各地公共租赁住房建设和经济欠发达地区廉租住房保障工作的专项资金（以下简称专项补助资金）。

第三条　保障性住房建设资金应严格按照国家和省有关规定筹措，由地方政府根据城镇住房保障工作的年度计划，切实加以落实。省级财政按照公开、公平、公正的原则给予适当补助。

第四条　专项补助资金的补助范围

（一）政府组织实施的公共租赁住房项目（含新建、改建、收购、在市场长期租赁住房等方式筹集房源）的支出，包括投资补助、贷款贴息以及政府直接投资项目的资本金等支出。

（二）经济欠发达地区廉租住房保障中实物配租的支出，包括新建、改建、收购、在市场长期租赁住房等支出。

对未按规定在土地出让收入中及时足额计提和使用廉租住房保障资金的市县，不予安排专项补助资金。

第五条　专项补助资金的计算和补助标准

（一）公共租赁住房补助。按照省政府与各市政府签订的年度新开工公共租赁住房目标任务和各市年度目标任务分解情况，以公共租赁住房开工建设或收购、租赁的套数为因素，结合上年度目标任务完成情况，进行计算和分配资金，并适当向经济欠发达地区倾斜。经济发达地区与经济欠发达地区的补助比例原则上按1:1.5确定。

（二）廉租住房保障补助。按照经济欠发达地区新增廉租住房保障实物配租年度目标任务，结合上年度目标任务完成情况，以每户1万元的补助标准进行计算分配。

第六条　专项补助资金的申报

每年2月15日之前，县级财政、住房保障部门将下列材料报送各市级财政、住房保障部门。市级财政部门、住房保障部门汇总审核后，于每年2月底之前向省财政厅、省建设厅申报。

（一）公共租赁住房资金申报材料：

1.城镇住房保障规划；

2.上年度公共租赁住房计划实施情况总结；

3.上年度公共租赁住房项目开工建设证明以及签订收购、租赁合同或协议复印件；

4.《_____年度公共租赁住房计划和上年度完成情况表》。

（二）廉租住房保障资金申报材料：

1.上年度廉租住房保障实施情况总结；

2.上年度廉租住房保障实物配租实施情况证明文件；

3.《上年度新增廉租住房保障实物配租对象情况表》。

申报材料须统一按A4纸张制作，要求装订成册，有封面和目录，并按前款所列的序号装订。市、县（市）在报送书面申报材料时应同时报送附表的电子文档。

对未按规定时间报送有关资料的地区，视同未申请专项补助资金处理。

第七条 专项补助资金的下达

省财政厅会同省建设厅根据本办法测算分配专项补助资金，并下达给相关市、县（市）财政部门。

第八条 专项补助资金的使用

专项补助资金实行专项管理、分账核算、专款专用，由地方政府统筹用于公共租赁住房和廉租住房保障支出，不得用于管理部门的经费开支等其他开支。收到专项补助资金后，各级财政部门要按项目进度及时拨付资金，各级住房保障部门及项目实施单位要严格按照本办法规定使用专项补助资金，严禁截留、挤占、挪作他用。

第九条 专项补助资金的监督管理和绩效评价

（一）各级财政、住房保障部门要加强对保障性住房专项资金使用情况的监督检查，防止挤占、挪用等违法违规行为的发生。

（二）省财政厅会同省建设厅等省级有关部门对全省保障性住房实施情况、专项资金使用情况进行监督检查和考核，并逐步建立绩效评价制度。年度考核结果与预算安排挂钩，实行“有奖有罚”制度。对于目标任务完成情况较好的地区，给予适当奖励；对于目标任务完成情况较差的地区，核减下一年度专项补助资金。

第十条 对于违反规定，采取虚报、多报等方式骗取专项补助资金，或不按规定使用专项补助资金的，一经核实，将收回已安排的资金，或相应扣减下一年度专项补助资金，并按《财政违法行为处罚处分条例》等有关法律法规进行查处。

第十一条 本办法自发文之日起施行。

浙江省财政厅
浙江省省级政府采购预算管理办法

2011年7月27日　浙财预〔2011〕22号

第一条 为加强省级政府采购预算管理，规范省级政府采购预算的编制、审核及执行，根据《中华人民共和国政府采购法》（以下简称《政府采购法》）及有关规定，制订本办法。

第二条 本办法适用于省级国家机关、事业单位和团体组织（以下简称“各部门、各单位”）使用财政性资金，采购依法制定的集中采购目录以内或者采购限额标准以上的货物、工程和服务。

第三条 省财政厅负责汇总、审核、批复省级政府采购预算，各部门、各单位负责编制本部门、本单位的政府采购预算。

第四条 各部门、各单位在编制年度预算时，应按照省财政厅预算编制的要求编制政府采购预算，将集中采购目录以内或采购限额标准以上的政府采购项目和资金预算列出，并细化到具体的货物、工程和服务。各部门、各单位不得编制无资金来源的政府采购预算。

第五条 政府采购预算按预算管理级次编报。各基层预算单位应按预算级次将政府采购预算报送上级预算管理单位，各部门应对下属单位报送的政府采购预算进行初审、汇总，并将汇总的部门政府采购预算报送省财政厅。

第六条 省财政厅对各部门、各单位报送的政府采购预算进行项目审核，重点审查采购项目的必要性、采购资金来源、采购数量、配备标准、采购类型、技术参数及配置需求、参考单价内容，资产配置是否符合《浙江省省级行政事业单位国有资产配置管理暂行办法》。省财政厅汇总平衡后，编制年度省级政府采购预算草案，按规定程序批准后形成年度省级政府采购预算，由省财政厅在批复年度预算时一并批复各部门、各单位。

第七条 政府采购预算追加、调整按省级部门项目支出预算管理的相关规定及本办法第五、六条办理。

第八条 政府采购应当严格按照批准的预算执行，各部门、各单位不得组织实施无政府采购预算的采购活动。

在年初政府采购预算尚未批复前，因特殊情况急需采购列入政府采购预算草案属基本支出预算或经常性专项预算安排的项目，经省财政厅确认预下达政府采购预算，采购单位可按政府采购有关规定先实施采购活动，待预算批准后，再办理政府采购预算批复手续。

第九条　政府采购预算的财政性资金在采购活动结束后，出现结余资金，应相应核减政府采购预算，结余资金按规定程序报经批准可调整用于部门或单位其他新增项目。已办理政府采购确认书超过两年但未实施采购的，其对应的采购预算资金将视同结余资金，由财政收回平衡预算。

第十条　结余资金需调整用于新的政府采购项目，应依照本办法第五、六、七、八条的规定办理追加政府采购预算。

第十一条　各部门、各单位应根据省财政厅有关规定，列报本部门、单位支出，并作相应的财务处理。

第十二条　各部门应当做好所属单位政府采购预算管理工作，建立健全有关管理制度。尤其要建立健全部门与所属单位的有关政府采购预算报送、审核、下达以及所属单位政府采购预算执行管理等制度，切实加强与省财政厅及上下级单位之间管理上的协调与衔接。

第十三条　本办法自发布之日起30日后施行。

省财政厅　省发展和改革委员会
浙江省服务业发展引导财政专项资金管理办法

2011年8月2日　浙财企〔2011〕227号

第一条　为充分发挥服务业发展引导财政专项资金的政策导向作用，提高财政资金使用绩效，调动地方政府和企业发展服务业的积极性，引导多渠道资金对服务业的投入，促进我省服务业加快发展，根据省政府《关于进一步加快发展服务业的若干政策意见》（浙政发〔2011〕33号）有关规定，特制定本办法。

第二条　浙江省服务业发展引导财政专项资金（以下简称省服务业引导资金）由省级财政预算统一安排，专款专用。

第三条　省服务业引导资金主要用于全省服务业发展中的薄弱环节、关键领域、新兴行业和高端企业，促进服务业的市场化、社会化、产业化和集聚化发展。省级财政已设立专项资金给予支持的服务业领域，一般不再重复安排引导资金。

第四条　省服务业引导资金年度支持重点，由省发改委和省财政厅根据服务业发展规划和省政府当年工作重点，以及本办法规定的使用方向研究确定。

第五条　适用范围和支持方式

1.支持服务业重大项目发展。健全服务业重大项目计划管理制度，对列入《浙江省服务业重大项目计划》的项目，符合相关条件并使用中长期银行贷款的给予贷款贴息，贴息率不超过当期中长期银行贷款利率，原则上按项目的建设实施进度和贷款的实际发生额分期安排贴息资金；符合相关条件但未使用银行中长期贷款的项目，可按项目直接投资额的一定比例给予补助。

2.支持服务业集聚示范区建设。对经评审认定的物流园区、总部基地、科技创业园、创意产业园、软件与服务外包基地、商贸综合体、旅游休闲度假区、新型专业市场、综合性生产服务集聚区等9类省级现代服务业集聚示范区给予一次性补助，补助资金主要用于园区规划编制和公共平台建设。

3.支持物流业信息化和标准化建设。重点支持经营状况在全省同类企业名列前茅的第三方物流企业物流信息系统、现代物流标准化和物流统计直报体系建设等项目，具体按项目直接投资额的一定比例给予补助。

4.支持企业总部和行业龙头企业。对新引进的服务业大企业大集团或其设立的地区总部、服务业行业龙头企业、服务业高端企业，依据其税收贡献、吸纳就业和产业水平情况，经省有关部门认定，给予一次性奖励。

5.支持服务业领域标准化建设。鼓励行业协会和企业参与服务业国家标准、地方标准和行业标准的制定，对特别重要的服务业标准化试点和示范项目建设给予适当补助。

6.支持省级行业协会和中介服务机构发展。对社会化运作及为企业服务工作成绩显著的全省性行业协会给予一定的经费补助，对会计师事务所或评估机构新获得上市公司审计或评估资格的给予一定奖励。

7.支持服务业企业、单位争先创优。对服务业工作先进单位、突出贡献企业和创新企业给予一定的奖励，具体考核奖励办法由省发改委会同有关部门另行制定。

8.支持全省性服务业人才培训和重大活动。对省发改委会同有关部门单位开展服务业人才培训、组织全省性服务业重大活动的经费给予适当补助。

第六条　申请条件

1.符合服务业发展规划确定的方向和重点，能够提高制造业水平、扩大市场容量、扩大就业、带动作用强、经济效益和社会效益显著、能够形成具有较大规模和较强竞争力、示范作用明显的现代服务业项目。

2.申请单位必须是在浙江省境内(不含宁波)工商部门注册，具有独立法人资格，合法经营、依法纳税，内部财务会计制度健全，并按规定报送财务会计报告和服务业统计资料的企业及相关单位。

第七条 申请程序

1.省发改委会同省财政厅研究确定年度资金支持重点和申报要求，联合下发申报通知；各市、县(市)发展改革、财政部门按照要求联合组织申报。

2.资金申请实行属地化管理，申请单位应按照本办法的规定和年度申报通知的要求，向所在地发展改革和财政部门提出申请。各市、县(市)发展改革和财政部门对申请单位报送的材料，要明确职责分工，认真进行审核汇总后，正式行文联合上报省发改委、省财政厅。省属单位由主管部门统一汇总将申报材料一式两份直接向省发改委和省财政厅申报。申请时所需提交的文件和资料以年度申报通知为准。

3.申请考核奖励的单位，应根据考核奖励办法的要求进行申请并提供相关资料，由省发改委会同省财政厅等有关部门按照考核奖励办法进行考核评比，确定考核评比结果并经公示后，由省财政厅会同省发改委根据评比结果给予奖励。

第八条 审批和拨付程序

省发改委、省财政厅对省级有关单位和各市、县(市)上报申请贴息和补助的材料，按各自职能进行审核，必要时委托中介机构进行评审，共同提出服务业引导资金补助意见，并根据专项资金规模综合平衡后，由省财政厅会同省发改委按申请单位财政隶属关系将资金拨付到相关市、县(市)财政局及省级有关单位。

第九条 管理和监督

1.各市、县(市)应根据财力可能相应建立服务业引导资金，并逐步扩大规模，优化使用结构，充分发挥财政资金的引导作用。对于各地组织申报的项目，当地已按一定比例配套扶持的，省服务业引导资金将给予优先安排。

2.省发改委、省财政厅要求报告投资补助和贷款贴息项目建设情况的，申请单位应按要求定期向省发改委、省财政厅报告建设实施情况和重大事项。使用财政投资补助和贷款贴息资金的项目，符合招投标要求的，按有关规定执行。

3.省发改委、省财政厅负责对项目实施情况的监督检查；市、县(市)发展改革和财政部门负责对所申报项目实施情况的管理和监督，及时协调处理项目实施过程中的问题，并将有关情况报省发改委和省财政厅备案。投资项目不能按计划完成建设目标的，申请单位应及时报告情况，说明原因，提出调整建议。省发改委、省财政厅可视具体情况进行相应调整。

4.省服务业引导资金必须专款专用，严禁截留、挪用。市、县(市)财政和省级有关单位对于省财政下达的专项资金，应及时、足额拨付到申请单位，申请单位收到财政部门拨付的资金后，应严格按规定使用。对于擅自改变专项资金用途或弄虚作假骗取财政资金等违反财经纪律的，暂停所在地下一年度申请省服务业引导资金资格，取消申请单位继续申请补助的资格，并依照《财政违法行为处罚处分条例》等有关法律法规进行查处。

第十条 绩效评价

每年年度终了，省发改委要及时会同省财政厅对年度省服务业引导资金的使用绩效进行评价，并向省服务业工作部门联席会议报告；评价结果作为下一年度安排省服务业引导资金的重要依据。

第十一条 本办法自公布之日起30日后施行。原《浙江省服务业发展引导财政专项资金管理办法》(浙财企字〔2009〕185号)同时停止执行。

省财政厅 省经济和信息化委员会
浙江省工业转型升级财政专项资金管理办法

2011年8月11日 浙财企〔2011〕224号

第一条 为了进一步加强工业转型升级专项资金的使用管理，提高省财政专项资金的使用绩效，更好地发挥资金的引导作用，促进我省工业发展方式转变和工业经济结构优化，根据省政府《关于加快工业转型升级的实施意见》(浙政发〔2008〕80号)等文件精神，特制订本办法。

第二条 资金来源：浙江省工业转型升级财政专项资金

(以下简称"转型升级专项资金")由省财政按照"存量调结构、增量调方向、增量调存量"的原则,在整合现有财政支持工业经济发展相关专项资金的基础上统筹安排并监督使用。

第三条 管理原则

(一)坚持公开、公正、公平、效率和突出重点、专款专用的原则,注重项目确定和资金管理的科学性、规范性。

(二)坚持统筹兼顾,相互协调的原则,在保持专项资金总量和使用方向总体稳定前提下,加强专项资金管理部门的协调配合,促进资金统筹安排、合理使用。

(三)坚持权责对等,有效监督的原则,落实部门责任和决策程序,加强专项资金扶持项目监管,建立健全专项资金使用绩效评价和项目跟踪问效制度,提高专项资金使用绩效。

(四)坚持扶优扶强、全面发展相结合原则,认真贯彻执行省委、省政府《关于推进欠发达地区加快发展的若干意见》(浙委〔2011〕29号)的有关要求,加快欠发达地区工业转型升级,促进区域经济协调平衡发展。

第四条 扶持对象

在浙江省(不含宁波市)范围内工商行政管理部门登记注册、具有独立法人资格、财务会计制度健全、合法经营、依法纳税的工业企业或相关单位。

第五条 扶持重点

坚持突出重点,扶优扶强,着力推进企业技术创新、产品创新和高新技术产业化,着力推进传统优势产业的改造提升,着力推进信息化和工业化融合,着力推进行业龙头骨干企业的发展,着力推进块状经济向现代产业集群转型升级。

(一)支持自主研发或引进消化吸收再创新等成果产业化的省级重点技术改造项目,促进重点产业的转型升级。

(二)支持企业开展前沿技术、关键共性技术突破研发的项目,支持企业进行新产品、新工艺、新技术创新的重点领域项目,支持企业信息化示范项目,不断提高企业自主创新能力。

(三)支持为块状经济向现代产业集群转型升级示范区(简称产业集群示范区)内企业提供技术创新、设计、信息服务、管理服务等内容的服务平台建设项目,以及产业集群示范区统计监测体系建设项目、产业集群示范区内企业开展产业链协作配套体系建设、商业模式创新和区域国际品牌建设项目。

(四)鼓励企业争创世界名牌、中国名牌、中国驰名商标(注册商标)、中国出口名牌、中华老字号、国家质量奖、中国工业大奖、国家新型工业化产业示范基地等国际国内品牌,继续扎实推进"品牌大省"建设。

(五)鼓励企业参加省级优秀工业新产品、新技术、新设计的评选工作,支持省级有关部门组织开展的企业优秀工业设计和参加国内外重大竞赛及举办工业设计论坛等重大活动。

(六)按照产业结构调整的要求,由省级主管部门会同省财政厅切块安排用于支持欠发达地区技术改造、技术创新以及产业集群服务平台建设项目。

(七)省工业转型升级领导小组研究确定的年度其他重点支持领域或重大项目。

第六条 扶持方式和标准

(一)对符合申报条件的技术改造项目,按企业或单位实际投资额的一定比例给予补助;实际投资额包括企业或单位购买设备、技术、开展技术研发等实际支付的费用。单个项目省财政补助的金额原则上不超过500万元,特别重大项目最高不超过1000万元。

(二)对符合申报条件的技术创新项目,综合考虑项目技术研发水平、创新及成果转化程度等因素,再根据项目研发投入的数额分档次给予补助。

(三)对公共服务平台、统计监测体系、产业协作配套体系、商业模式创新、企业信息化示范和工业设计重大活动等项目,按企业或单位实际投资额的一定比例给予补助。

(四)对获得世界名牌、中国名牌、中国驰名商标(注册商标)、中国出口名牌、中华老字号、国家质量奖、中国工业大奖、国家新型工业化产业示范基地等品牌企业(单位)和省级优秀工业新产品、新技术、新设计称号的企业,根据国家或省相关部门评定的结果及有关管理办法给予一定的奖补。

(五)对欠发达地区的补助,由省经信委会同省财政厅根据统计部门公布的上一年工业投资额、工业总产值等因素测算,兼顾近三年省级财政工业转型升级专项资金支持欠发达地区的份额,由省财政厅会同省经信委将确定的资金额度预下达到有关市、县(市)财政局及经济和信息化主管部门。

第七条 申报程序

(一)根据每年年初确定的转型升级专项资金扶持重点领域和重点项目计划,由省经信委联合省财政厅下发专项资金申报通知,组织开展企业相关项目补助资金的申报。

(二)各市、县(市)经济和信息化主管部门和财政局按照申报通知的要求,共同组织符合条件的企业进行申报,并联合行文分别上报省经信委和省财政厅。欠发达地区满足申报通知要求的项目,可同时进行申报,不占按因素法切块下达的资金额度。

(三)省级有关企业或单位申报的项目,由企业或单位提出申请,经省属集团公司或主管部门审核并签署意见后直接报送省经信委和省财政厅。

(四)预下达欠发达地区的资金额度,由相关市、县(市)经济和信息化主管部门会同财政局组织上报拟支持的工业转型升级项目材料,并分别上报省经信委、省财政厅。

（五）同一企业同一内容的项目只能向一个专项资金归口管理部门进行申报，不得多头申报。企业同一项目已获得国家和省其他专项资金支持的，不再安排。

第八条 企业申报专项资金项目需提供的资料

（一）浙江省工业转型升级财政专项资金项目申报表（随申报通知另发）。

（二）技术改造项目核准文件或备案通知书复印件。

（三）项目所应用或取得的国家发明专利（证书或受理通知书）、实用新型专利、省级以上新产品、新技术等技术创新和科研成果证明材料。

（四）入选参与绩效评价机构库或经政府采购中标的具备财政服务资格的会计师事务所出具的企业研发投入专项审计报告或企业设备、技术等实际投入情况的专项审计报告。

（五）项目单位营业执照复印件、上年度经审计的财务会计报告。

（六）按申报通知要求需提供的其他资料。

第九条 项目审核

（一）对于申报的转型升级专项资金补助项目，由省经信委会同省财政厅根据各自职责进行审核或委托第三方组织专家评审，根据评审结果，经综合平衡后，提出专项资金补助的意见。

（二）对于奖励的项目，根据国家和省有关部门的评定结果，由省经信委按照有关文件会同省财政厅提出奖励意见，分档次确定奖励金额。

第十条 资金拨付

（一）经审核确定的补助及奖励项目，由省财政厅会同省经信委按财政隶属关系下达补助及奖励资金，并由当地财政局将资金拨付到项目承担单位。

（二）欠发达地区根据因素法下达的资金额度编报的项目，经省经信委会同省财政厅审核通过并下达项目审核意见后，由相关市、县（市）财政局将项目补助资金拨付到项目承担单位。

（三）企业收到财政补助或奖励资金后，应按国家有关规定进行财务会计处理，并专款专用。

第十一条 管理费用

省级有关部门聘请专家或委托中介机构对申报项目进行评审、论证、绩效评价等的管理费用支出，按不超过转型升级专项资金总额3‰的比例，按实在转型升级专项资金中列支。

第十二条 监督管理

（一）申请转型升级专项资金补助的项目，要严格执行国家和省有关政策规定，不得擅自改变项目的主要建设内容和建设标准，更不得转移、挪用补助资金。

（二）各级财政和经济和信息化主管部门要加强项目实施及资金使用全过程的监督管理，组织开展跟踪检查，对达不到建设进度和投资要求的项目，应视情况减拨、停拨直至追回已拨的补助资金。

（三）对弄虚作假骗取财政专项资金的，按照《财政违法行为处罚处分条例》等有关法律法规进行查处，同时在3年内取消该单位申报财政专项资金的资格。

第十三条 绩效评价

（一）省经信委应根据省财政厅《浙江省财政支出绩效评价实施办法》（浙财绩效字〔2009〕5号），建立健全转型升级专项资金使用的绩效评价制度，每年度对管理的专项资金进行绩效评价，评价结果将作为下一年度省财政安排专项资金的依据。

（二）省工业转型升级领导小组办公室对年度转型升级专项资金的使用情况要及时进行总结，为省工业转型升级领导小组研究确定下一年度支持重点和方向提供决策参考。

第十四条 本办法由省财政厅和省经信委负责解释。

第十五条 本办法自发布之日起30日后施行。《浙江省工业转型升级财政专项资金管理暂行办法》（浙财企〔2009〕60号）同时停止执行。

省财政厅 省环境保护厅
浙江省“811”生态文明建设推进行动（环保部分）
专项资金管理暂行办法

2011年8月23日 浙财建〔2011〕233号

第一章 总 则

第一条 为加强和规范财政专项资金管理，提高财政资金使用绩效，推进“811”生态文明建设行动，根据《中共浙江省委关于推进生态文明建设的决定》（浙委〔2010〕64号）、省委办公厅、省政府办公厅《关于印发“811”生态文明建设推进行动方案的通知》（浙委办〔2011〕42号）和财政资金管理有关规定，制定本办法。

第二条 本办法所称“811”生态文明建设推进行动（环保

部分)专项资金(以下简称"811"专项资金)是指由省政府专项安排用于补助或奖励污染减排、清洁水源、清洁空气、清洁土壤和绿色创建等行动的政府引导性资金。

第三条 "811"专项资金按照"统筹安排、保证重点、专款专用、注重绩效"的原则进行分配和管理,主要用于支持重点行业、重点企业污染减排以及集中式饮用水源地、重点流域、重点区域污染防治项目。

第二章 补助范围和资金申报

第四条 "811"专项资金的补助范围如下:

1.污染减排项目。支持列入"十二五"减排规划和年度计划的减排项目,包括工业集中式污水处理设施COD和氨氮提标改造、污水再生利用及污泥处置等示范项目;造纸、印染、化工、制革等工业企业深度治理项目;电力、冶金、石化、建材等行业企业脱硫脱硝设施建设及低氮燃烧改造项目等。

2.清洁水源项目。支持列入"清洁水源行动方案"的水污染防治项目,包括饮用水源地安全保障与治理修复项目;八大水系、运河及平原河网等重点流域水环境整治项目;印染、食品、医药、化工等行业排放致毒、致畸、致突变物质,直接影响饮用水源地水质安全的污染防治项目等。

3.清洁空气项目。支持列入"清洁空气行动方案"的大气污染防治项目,包括工业锅炉、水泥行业除尘设施改造项目;印染行业定型机废气净化设施建设项目;石化、溶剂和涂料使用类、精细化工等典型行业有机废气治理项目;机动车排气污染防治项目等。

4.清洁土壤项目。支持列入"清洁土壤行动方案"的土壤污染防治项目,包括含铅蓄电池、金属表面处理及热处理加工、皮革及其制品、金属冶炼、化学原料及化学制品制造等行业企业重金属污染防治项目;危险废物规范化处置、持久性有机污染物治理、废弃电器电子产品拆解处理项目;污染场地调查评估和治理修复试点项目等。

5.绿色创建项目。实行"以奖代补",支持获得省级以上命名并具有较强示范引领作用的绿色系列创建项目。

6.省委、省政府确定的其他污染防治和综合治理项目。

第五条 对以下项目"811"专项资金不予安排:

1.不符合国家和省的有关产业政策要求,明令淘汰或禁止的项目。

2.属于新建项目配套的污染治理设施建设项目(即"三同时"项目)。

3.城镇污水处理厂及其配套污水管网、污泥处置,以及生活垃圾处置场等城镇基础设施建设项目。

4.用于项目单位人员经费支出或楼堂馆所建设,以及城乡绿化、环境卫生等与污染防治无直接相关的项目。

5.当年度已获得中央和省财政其他专项资金支持的项目。

6.已完成竣工验收的项目。

第六条 "811"专项资金的申请应具备以下条件:

1.申报项目必须符合"811"生态文明推进行动方案确定的工作方向和重点,有利于促进污染物总量减排,有利于改善区域环境质量,有利于保障区域环境安全,具有较好的环境效益和社会效益。

2.申报单位必须是具有独立法人资格的企业或相关单位。

3.污染减排和整治项目优先支持前期基础较好,已按有关规定和程序完成相关审批手续,已开工或已具备开工条件,地方配套资金基本落实的项目。项目建设周期一般不超过2年。

4.申报项目应提出项目实施的具体方案、进度计划,以及项目实施后预期的环境效益和社会效益,并将资金绩效考核纳入项目实施全过程管理。

第七条 "811"专项资金申请程序:

1.省财政厅和省环保厅根据"811"生态文明建设推进行动方案,结合全省污染防治和减排工作进展情况,研究确定年度专项资金支持重点,联合下发项目申报通知。各市、县(市、区)财政、环保部门按照要求组织当地项目申报工作。

2.项目单位按照本办法的规定和年度申报通知要求,向当地财政、环保部门提出申请。申请材料应包括:(1)《浙江省"811"生态文明建设推进行动(环保部分)专项资金项目申请表》。(2)专项资金申请报告,主要内容包括:项目实施的必要性;项目单位的基本情况;项目建设内容和实施方案;项目总投资、资金落实情况和年度投资计划;项目实施后的环境效益和示范意义;项目建设起止时间和进展情况等。(3)附件:政府下达的整治规划、行动方案、年度计划,项目单位法人营业执照,项目可行性报告、环评报告的批复文件,项目配套资金证明等复印件。

3.各市、县(市、区)财政、环保部门应对申报项目的真实性、可行性进行审查和筛选,提出初审意见,联合行文向省财政厅、省环保厅申报,并填写《浙江省"811"生态文明建设推进行动(环保部分)专项资金申报项目汇总表》。省属企业申请的项目,由当地财政、环保部门或省级主管部门初审后,向省财政厅、省环保厅申报。

第三章 资金下达和使用管理

第八条 "811"专项资金审批下达:

省财政厅、省环保厅根据本办法规定的补助范围、分配原则和年度支持重点，对申报项目进行审核、筛选，必要时组织调研和专家评审论证，根据审核意见确定补助项目并下达资金预算。

第九条 "811"专项资金使用管理：

1.各地财政、环保等部门要根据年度资金预算，结合项目实施进度，及时将补助资金拨付项目单位，监督项目单位严格按规定使用专项资金，专款专用，严禁挤占、截留、挪用资金，确保项目按进度实施。

2.项目单位应严格按照国家和省有关财务制度规定使用专项资金，抓紧项目建设，并加强财务管理和会计核算，严格控制开支范围和标准，提高资金使用效益。

3."811"专项资金的使用和补助项目的实施，应接受财政、环保、审计部门的监督和检查。各地财政、环保部门要加强对专项资金使用情况和项目执行情况的监督管理，积极开展跟踪问效，及时组织项目验收，并在每年6月底前将上年度资金使用和项目实施情况报省财政厅、省环保厅。

4.省财政厅、省环保厅每年对专项资金的使用情况进行不定期监督检查，并在项目完成后视情况进行绩效评价。对违反本办法规定的，将督促有关单位限期整改；情节严重的，省财政厅将责令项目所在地财政部门停止拨款和收回资金，并按《财政违法行为处罚处分条例》等有关法律法规予以查处。

第四章　附　则

第十条 本办法自发布30日后起执行，原《浙江省"811"环境保护新三年行动专项资金管理暂行办法》（浙财建字〔2008〕150号）同时废止。

省财政厅 省卫生厅
浙江省医院财务制度实施办法

2011年9月1日　浙财社〔2011〕199号

第一章　总　则

第一条 为适应社会主义市场经济和医疗卫生事业发展的需要，加强医院财务管理和监督，规范医院财务行为，提高资金使用效益，根据财政部、卫生部《医院财务制度》和深化医药卫生体制改革的相关规定，结合我省实际，制定本实施办法。

第二条 本实施办法适用于浙江省各级各类独立核算的公立医院(以下简称医院)，包括综合医院、中医院、专科医院、门诊部(所)、疗养院等，不包括城市社区卫生服务中心（站）、乡镇卫生院等基层医疗卫生机构。

第三条 医院是公益性事业单位，不以营利为目的。

第四条 医院财务管理的基本原则是：执行国家有关法律、法规和财务规章制度；坚持厉行节约、勤俭办事业的方针；正确处理社会效益和经济效益的关系，正确处理国家、单位和个人之间的利益关系，保持医院的公益性。

第五条 医院财务管理的主要任务是：科学合理编制预算，真实反映财务状况；依法组织收入，努力节约支出；健全财务管理制度，完善内部控制机制；加强经济管理，实行成本核算，强化成本控制，实施绩效考评，提高资金使用效益；加强国有资产管理，合理配置和有效利用国有资产，维护国有资产权益；加强经济活动的财务控制和监督，防范财务风险。

第六条 医院应设立专门的财务机构，按国家有关规定配备专职人员，会计人员须持证上岗。

三级医院须设置总会计师，其他医院可根据实际情况参照设置。

第七条 医院实行"统一领导、集中管理"的财务管理体制。医院的财务活动在医院负责人及总会计师领导下，由医院财务部门集中管理。

第二章　单位预算管理

第八条 预算是指医院按照国家有关规定，根据事业发展计划和目标编制的年度财务收支计划。

医院预算由收入预算和支出预算组成。医院所有收支应全部纳入预算管理。

第九条 政府对医院实行"核定收支、定项补助、超支不补、结余按规定使用"的预算管理办法。各地可结合本地实际，对有条件的医院开展"核定收支、以收抵支、超收上缴、差额补助、奖惩分明"等多种预算管理办法的试点。

定项补助的具体项目和标准，由同级财政部门会同主管部门（或举办单位），根据政府卫生投入政策的有关规定确定。

第十条 医院要实行全面预算管理，建立健全预算管理制度，包括预算编制、审批、执行、调整、决算、分析和考核等制度。

第十一条 医院应按照国家有关预算编制的规定，对以前年度预算执行情况进行全面分析，根据年度事业发展计划以及预算年度收入的增减因素，测算编制收入预算；根据业务活动需要和可能，编制支出预算，包括基本支出预算和项目支出预算。编制收支预算必须坚持“以收定支、收支平衡、统筹兼顾、保证重点”的原则，不得编制赤字预算。

第十二条 医院预算应经医院决策机构审议通过后上报主管部门（或举办单位）。

主管部门（或举办单位）根据行业发展规划，对医院预算的合法性、真实性、完整性、科学性、稳妥性等进行认真审核、汇总并综合平衡。

财政部门根据宏观经济政策和预算管理的有关要求，对主管部门（或举办单位）申报的医院预算按照规定程序进行审核批复。

第十三条 医院要严格执行批复的预算。经批复的医院预算是控制医院日常业务、经济活动的依据和衡量其合理性的标准，医院要严格执行。医院在预算执行过程中应定期将执行情况与预算进行对比分析，及时发现偏差、查找原因，采取必要措施，保证预算整体目标的顺利完成。

第十四条 医院应按照规定调整预算。财政部门核定的财政补助等资金预算及其他项目预算执行中一般不予调整。当事业发展计划有较大调整，或者根据国家有关政策需要增加或减少支出、对预算执行影响较大时，医院应当按照规定程序提出调整预算建议，经主管部门（或举办单位）审核后报财政部门按规定程序调整预算。

第十五条 年度终了，医院应按照财政部门决算编制要求，真实、完整、准确、及时编制决算。

医院年度决算由主管部门（或举办单位）汇总报财政部门审核批复。对财政部门批复调整的事项，医院应及时调整相关数据。

第十六条 医院要加强预算执行结果的分析和考核，并将预算执行结果、成本控制目标实现情况和业务工作效率等一并作为内部业务综合考核的重要内容。建立与年终评比、内部收入分配挂钩机制。

各级主管部门（或举办单位）应会同财政部门制定绩效考核办法，对医院预算执行、成本控制以及业务工作等情况进行综合考核评价，并将结果作为对医院决策和管理层进行综合考核、实行奖惩的重要依据。

第三章　收入管理

第十七条 收入是指医院开展医疗服务及其他活动依法取得的非偿还性资金。

第十八条 收入包括：医疗收入、财政补助收入、科教项目收入和其他收入。

（一）医疗收入，即医院开展医疗服务活动取得的收入，包括门诊收入和住院收入。

1.门诊收入是指为门诊病人提供医疗服务所取得的收入，包括挂号收入、诊察收入、检查收入、化验收入、治疗收入、手术收入、卫生材料收入、药品收入、药事服务费收入、其他门诊收入等。

2.住院收入是指为住院病人提供医疗服务所取得的收入，包括床位收入、诊察收入、检查收入、化验收入、治疗收入、手术收入、护理收入、卫生材料收入、药品收入、药事服务费收入、其他住院收入等。

（二）财政补助收入，即医院按部门预算隶属关系从同级财政部门取得的各类财政补助收入，包括基本支出补助收入和项目支出补助收入。基本支出补助收入是指由财政部门拨入的符合国家规定的离退休人员经费、政策性亏损补贴等经常性补助收入，项目支出补助收入是指由财政部门拨入的主要用于基本建设和设备购置、重点学科发展、承担政府指定公共卫生任务等的专项补助收入。

（三）科教项目收入，即医院取得的除财政补助收入之外的专门用于科研、教学项目的补助收入。

（四）其他收入，即医院开展医疗业务、科教项目之外的活动所取得的收入，包括培训收入、租金收入、食堂收入、投资收益、财产物资盘盈收入、捐赠收入、确实无法支付的应付款项等。

第十九条 医院应按照政府规定的方式和标准组织医疗收入。

第二十条 医院要严格执行国家物价政策，建立健全各项收费管理制度。

医院门诊、住院收费必须按照浙江省财政票据管理有关规定使用省财政厅统一监（印）制的医疗收费票据，并切实加强管理，严禁使用虚假票据。

医院收入原则上当日发生当日入账，并及时结算。严禁隐瞒、截留、挤占和挪用。现金收入不得坐支。

第四章　支出管理

第二十一条 支出是指医院在开展医疗服务及其他活动过程中发生的资金耗费和损失。

第二十二条 支出包括医疗支出、财政项目补助支出、科教项目支出、管理费用和其他支出。

（一）医疗支出，即医院在开展医疗服务及其辅助活动过程中发生的支出，包括人员经费、耗用的药品及卫生材料支出、计提的固定资产折旧、无形资产摊销、提取医疗风险基金和其他费用，不包括财政补助收入和科教项目收入形成的固定资产折旧、无形资产摊销等。

其中，人员经费包括基本工资、绩效工资、社会保障缴费、住房公积金等。其他费用包括办公费、印刷费、水费、电费、邮电费、物业管理费、差旅费、会议费、培训费等。

（二）财政项目补助支出，即医院利用财政补助收入安排的项目支出。实际发生额全部计入当期支出。其中，用于购建固定资产、无形资产等发生的支出，应同时计入净资产，按规定分期结转。

（三）科教项目支出，即医院利用科教项目收入开展科研、教学活动发生的支出。用于购建固定资产、无形资产等发生的支出，应同时计入净资产，按规定分期结转。

（四）管理费用，即医院行政及后勤管理部门为组织、管理医疗和科研、教学业务活动所发生的各项费用，包括医院行政及后勤管理部门发生的人员经费、耗用的材料成本、计提的固定资产折旧、无形资产摊销，以及医院统一管理的离退休经费、坏账损失、印花税、房产税、车船使用税、利息支出和其他公用经费，不包括计入科教项目、基本建设项目支出的管理费用。

（五）其他支出，即医院上述项目以外的支出，包括出租固定资产的折旧及维修费、食堂支出、罚没支出、捐赠支出、财产物资盘亏和毁损损失等。

基本建设项目支出按国家有关规定执行。

第二十三条 医院从财政部门或主管部门（或举办单位）取得的有指定用途的项目资金应当按照要求定期向财政部门、主管部门（或举办单位）报送项目资金使用情况；项目完成后应报送项目资金支出决算和使用效果的书面报告，接受财政部门、主管部门（或举办单位）的检查验收。

第二十四条 医院的支出应当严格执行国家有关财务规章制度规定的开支范围及开支标准；国家有关财务规章制度没有统一规定的，由医院规定。医院的规定违反法律和国家政策的，主管部门（或举办单位）和财政部门应当责令改正。

医院应严格控制人员经费和管理费用。各地要按有关规定并结合管理要求制定具体的工资总额和管理费用支出比率等控制指标。

第二十五条 医院应当严格执行政府采购和国家关于药品采购的有关规定。

第五章　成本管理

第二十六条 成本管理是指医院通过成本核算和分析，提出成本控制措施，降低医疗成本的活动。

第二十七条 成本管理的目的是全面、真实、准确反映医院成本信息，强化成本意识，降低医疗成本，提高医院绩效，增强医院在医疗市场中的竞争力。

第二十八条 成本核算是指医院将其业务活动中所发生的各种耗费按照核算对象进行归集和分配，计算出总成本和单位成本的过程。

成本核算应遵循合法性、可靠性、相关性、分期核算、权责发生制、按实际成本计价、收支配比、一致性、重要性等原则。

第二十九条 根据核算对象的不同，成本核算可分为科室成本核算、医疗服务项目成本核算、病种成本核算、床日和诊次成本核算。成本核算一般应以科室、诊次和床日为核算对象，三级医院及其他有条件的医院还应以医疗服务项目、病种等为核算对象进行成本核算。

在以上述核算对象为基础进行成本核算的同时，开展医疗全成本核算的医院，应将财政项目补助支出所形成的固定资产折旧、无形资产摊销纳入成本核算范围；开展医院全成本核算的医院，还应在医疗成本核算的基础上，将科教项目支出形成的固定资产折旧、无形资产摊销纳入成本核算范围。

第三十条 科室成本核算是指将医院业务活动中所发生的各种耗费以科室为核算对象进行归集和分配，计算出科室成本的过程。

（一）科室区分为以下类别：临床服务类、医疗技术类、医疗辅助类和行政后勤类等。临床服务类指直接为病人提供医疗服务，并能体现最终医疗结果、完整反映医疗成本的科室；医疗技术类指为临床服务类科室及病人提供医疗技术服务的科室；医疗辅助类科室是服务于临床服务类和医疗技术类科室，为其提供动力、生产、加工等辅助服务的科室；行政后勤类指除临床服务、医疗技术和医疗辅助科室之外的从事院内外行政后勤业务工作的科室。

（二）科室成本的归集。

通过健全的组织机构，按照规范的统计要求及报送程序，将支出直接或分配归属到耗用科室，形成各类科室的成本。成本按照计入方法分为直接成本和间接成本。

直接成本是指科室为开展医疗服务活动而发生的能够直接计入或采用一定方法计算后直接计入的各种支出。间接成本是指为开展医疗服务活动而发生的不能直接计入、需要按照一定原则和标准分配计入的各项支出。

（三）科室成本的分摊。

各类科室成本应本着相关性、成本效益关系及重要性等原则，按照分项逐级分步结转的方法进行分摊，最终将所有成本转移到临床服务类科室。

先将行政后勤类科室的管理费用向临床服务类、医疗技术类和医疗辅助类科室分摊，分摊参数可采用人员比例、内部服务量、工作量等。

再将医疗辅助类科室成本向临床服务类和医疗技术类科室分摊，分摊参数可采用人员比例、内部服务量、工作量等。

最后将医疗技术类科室成本向临床服务类科室分摊，分摊参数可采用工作量、业务收入、收入、占用资产、面积等，分摊后形成门诊、住院临床服务类科室的成本。

第三十一条 医疗服务项目成本核算是以各科室开展的医疗服务项目为对象，归集和分配各项支出，计算出各项目单位成本的过程。核算办法是将临床服务类、医疗技术类和医疗辅助类科室的医疗成本向其提供的医疗服务项目进行归集和分摊，分摊参数可采用各项目收入比、工作量等。

第三十二条 病种成本核算是以病种为核算对象，按一定流程和方法归集相关费用计算病种成本的过程。核算办法是将为治疗某一病种所耗费的医疗项目成本、药品成本及单独收费材料成本进行叠加。

第三十三条 诊次和床日成本核算是以诊次、床日为核算对象，将科室成本进一步分摊到门急诊人次、住院床日中，计算出诊次成本、床日成本。

第三十四条 为正确反映医院正常业务活动的成本和管理水平，在进行医院成本核算时，凡属下列业务所发生的支出，一般不应计入成本范围。

（一）不属于医院成本核算范围的其他核算主体及其经济活动所发生的支出。

（二）为购置和建造固定资产、购入无形资产和其他资产的资本性支出。

（三）对外投资的支出。

（四）各种罚款、赞助和捐赠支出。

（五）有经费来源的科研、教学等项目支出。

（六）在各类基金中列支的费用。

（七）国家规定的不得列入成本的其他支出。

第三十五条 医院应根据成本核算结果，对照目标成本或标准成本，采取趋势分析、结构分析、量本利分析等方法及时分析实际成本变动情况及原因，把握成本变动规律，提高成本效率。

第三十六条 医院应在保证医疗服务质量的前提下，利用各种管理方法和措施，按照预定的成本定额、成本计划和成本费用开支标准，对成本形成过程中的耗费进行控制。

医院应建立健全成本定额管理制度、费用审核制度等，采取有效措施纠正、限制不必要的成本费用支出差异，控制成本费用支出。

第六章 收支结余管理

第三十七条 收支结余是指医院收入与支出相抵后的余额。包括业务收支结余、财政项目补助收支结转（余）、科教项目收支结转（余）。当期各类收支结余计算公式如下：

业务收支结余=医疗收支结余+其他收入-其他支出

其中：医疗收支结余=医疗收入+财政基本支出补助收入-医疗支出-管理费用

财政基本补助收支结转=财政基本支出补助收入-财政基本补助支出

财政项目补助收支结转（余）=财政项目支出补助收入-财政项目补助支出

科教项目收支结转（余）=科教项目收入-科教项目支出

第三十八条 业务收支结余应于期末扣除按规定结转下年继续使用的资金后，结转至结余分配，为正数的，可以按照规定提取专用基金，转入事业基金；为负数的，应由事业基金弥补，不得进行其他分配，事业基金不足以弥补的，转入未弥补亏损。实行收入上缴的地区要根据本地实际，制定具体的业务收支结余率、次均费用等控制指标。超过规定控制指标的部分应上缴财政，由同级财政部门会同主管部门（或举办单位）统筹专项用于卫生事业发展和绩效考核奖励。

财政基本补助收支结转、财政项目补助收支结转（余）、科教项目收支结转（余）结转下年继续使用。

国家另有规定的，从其规定。

第三十九条 医院应加强结余资金的管理，按照国家规定正确计算与分配结余。医院结余资金应按规定纳入单位预算，在编制年度预算和执行中需追加预算时，按照财政部门的规定安排使用。医院动用财政项目补助收支结转（余），应严格执行财政部门有关规定和报批程序。

第七章 流动资产管理

第四十条 流动资产是指可以在一年内（含一年）变现或者耗用的资产。医院的流动资产包括货币资金、应收款项、预付款项、存货等。

第四十一条 货币资金包括现金、银行存款、零余额账户用款额度等。医院应当严格遵守国家有关规定，建立健全货币资金管理制度。除国家规定外，医院不得向外单位或个人出借货币资金。

第四十二条 应收及预付款项是指医院在开展业务活动和其他活动过程中形成的各项债权，包括应收医疗款、预付账款、财政应返还资金和其他应收款等。

医院对应收及预付款项要加强管理，定期分析、及时清理。

年度终了，医院应按年末应收医疗款和其他应收款科目余额计提坏账准备，累计计提的坏账准备不应超过年末应收医疗款和其他应收款科目余额的一定比例。提取比例为：三级医院4%，二级医院3%，一级医院2%。

对账龄超过三年，经确认无法收回的应收医疗款和其他应收款，以及医院因管理不善被医疗保险机构拒付而不能收回的应收医疗款，可作为坏账损失处理。坏账损失经过清查，按照国有资产管理的有关规定报批后，在坏账准备中冲销。收回已经核销的坏账，增加坏账准备。

第四十三条 存货是指医院为开展医疗服务及其他活动而储存的低值易耗品、卫生材料、药品、其他材料等物资。

购入的物资按实际购入价计价，自制的物资按制造过程中的实际支出计价，盘盈的物资按同类品种价格计价。

存货要按照“计划采购、定额定量供应”的办法进行管理。合理确定储备定额，定期进行盘点，年终必须进行全面盘点清查，保证账实相符。对于盘盈、盘亏、变质、毁损等情况，应当及时查明原因，根据管理权限报经批准后及时进行处理。

低值易耗品实物管理采取“定量配置、以旧换新”等管理办法。物资管理部门要建立辅助明细账，对各类物资进行数量、金额管理，反映低值易耗品分布、使用以及消耗情况。低值易耗品领用实行一次性摊销，个别价值较高或领用报废相对集中的可采用五五摊销法。低值易耗品报废收回的残余价值，按照国有资产管理有关规定处理。

医院要建立健全自制药品、材料管理制度，按类别、品种进行成本核算。自制药品、材料按成本价入库。

第八章 固定资产管理

第四十四条 固定资产是指单位价值在1000元及以上（其中：专业设备单位价值在1500元及以上），使用期限在一年以上（不含一年），并在使用过程中基本保持原有物质形态的资产。单位价值虽未达到规定标准，但耐用时间在一年以上（不含一年）的大批同类物资，应作为固定资产管理。

医院固定资产分四类：房屋及建筑物、专业设备、一般设备、其他固定资产。

图书参照固定资产管理办法，加强实物管理，不计提折旧。

第四十五条 固定资产按实际成本计量。

（一）外购的固定资产，按照实际支付的购买价款、相关税费、使固定资产达到预定可使用状态前所发生的可归属于该项资产的运输费、装卸费、安装费和专业人员服务费等相关支出作为成本。

以一笔款项购入多项没有单独标价的固定资产，按照同类或类似资产价格的比例对购置成本进行分配，分别确定各项固定资产的成本。

（二）自行建造的固定资产，按照国家有关规定计算成本。

（三）融资租入的固定资产，按照租赁协议或者合同确定的价款、运输费、运输保险费、安装调试费等作为成本。

（四）无偿取得（如无偿调入或接受捐赠）的固定资产，其成本比照同类资产的市场价格或有关凭据注明的金额加上相关税费确定。

大型医疗设备等固定资产的购建和租赁，要符合区域卫生规划，经过科学论证，并按国家有关规定报经主管部门会同有关部门批准。

第四十六条 在建工程是指医院已经发生必要支出，但按规定尚未达到交付使用状态的建设工程。

医院除按本实施办法执行外，还应按国家有关规定单独建账、单独核算，严格控制工程成本，做好工程概、预算管理，工程完工后应尽快办理工程结算和竣工财务决算，并及时办理资产交付使用手续。

第四十七条 医院原则上应当根据固定资产性质，在预计使用年限内，采用平均年限法计提折旧（固定资产折旧年限见附1）。计提固定资产折旧不考虑残值。当月增加的固定资产，当月不提折旧，从下月起计提折旧；当月减少的固定资产，当月仍计提折旧，从下月起不提折旧；已提足折旧仍继续使用的固定资产，不再计提折旧。

第四十八条 固定资产改建、扩建或大型修缮等后续支出，应当增加固定资产原始价值；为维护固定资产的正常使用而发生的修理费等后续支出，应当计入当期支出。

第四十九条 医院应设置专门管理机构或专人，使用部门应指定人员对固定资产实施管理，并建立健全各项管理制度。

建立健全“三账一卡”制度，即财务部门负责总账和一级明细分类账，固定资产管理部门负责二级明细分类账，使用部门负责建卡(台账)。

大型医疗设备实行责任制，指定专人管理，制定操作规程，建立设备技术档案和使用情况报告制度。

医院应当提高资产使用效率，建立资产共享、共用制度。

第五十条 医院应当对固定资产定期进行实地盘点。对盘盈、盘亏的固定资产，应当及时查明原因，并根据规定的管理权限，报经批准后及时进行处理。

固定资产管理部门要对固定资产采取电子信息化管理，定期与财务部门核对，做到账账相符、账卡相符、账实相符。

第五十一条 医院出售、转让、报废固定资产或者发生固定资产毁损时，应当按照国有资产管理规定处理。

第九章 无形资产及开办费管理

第五十二条 无形资产是指不具有实物形态而能为医院提供某种权利的资产。包括专利权、著作权、版权、土地使用权、非专利技术、商誉、医院购入的不构成相关硬件不可缺少组成部分的应用软件及其他财产权利等。

购入的无形资产，按照实际支付的价款计价；自行开发并依法申请取得的无形资产，按依法取得时发生的注册费、聘请律师费等支出计价；接受捐赠的无形资产，按捐赠方提供的资料或同类无形资产估价计价；商誉除合作外，不得作价入账。

无形资产从取得当月起，在法律规定的有效使用期内平均摊入医疗支出或管理费用，法律没有规定使用年限的按照合同或单位申请书的受益年限摊销，法律和合同或单位申请书都没有规定使用年限的，按照十年的期限摊销。

转让无形资产应当按照国有资产管理规定处理。

第五十三条 开办费是指医院筹建期间发生的费用，包括筹建期间人员工资、办公费、培训费、差旅费、印刷费以及不计入固定资产和无形资产购建成本的其他支出。

开办费在医院开业时计入管理费用。

第十章 对外投资管理

第五十四条 对外投资是指医院以货币资金购买国家债券或以实物、无形资产等开展的投资活动。

对外投资按照投资回收期的长短分为长期投资和短期投资。投资回收期一年以上（不含一年）的为长期投资。

第五十五条 医院应在保证正常运转和事业发展的前提下严格控制对外投资，投资范围仅限于医疗服务相关领域。医院不得使用财政拨款、财政拨款结余对外投资，不得从事股票、期货、基金、企业债券及其他金融衍生品投资。

投资必须经过充分的可行性论证，并报主管部门（或举办单位）和财政部门批准。

第五十六条 医院以实物、无形资产等对外投资应按照国家有关规定进行资产评估，并按不低于评估确定的价格作为投资成本。

医院认购的国家债券，按实际支付的金额作价。

第五十七条 医院应遵循投资回报、风险控制和跟踪管理等原则，对投资效益、收益与分配等情况进行监督管理，确保国有资产的保值增值。

第十一章 负债管理

第五十八条 负债是指医院所承担的能以货币计量，需要以资产或者劳务偿还的债务。包括流动负债和非流动负债。

流动负债是指偿还期在一年以内（含一年）的短期借款、应付票据、应付账款、预收医疗款、预提费用、应付职工薪酬和应付社会保障费等。

非流动负债是指偿还期在一年以上（不含一年）的长期借款、长期应付款等。

第五十九条 医院应加强病人预交金管理。预交金额度应根据病人病情和治疗的需要合理确定。

第六十条 医院应对不同性质的负债分别管理，及时清理并按照规定办理结算，保证各项负债在规定期限内归还。因债权人特殊原因确实无法偿还的负债，按规定计入其他收入。

第六十一条 医院原则上不得借入非流动负债，确需借入或融资租赁的，应按规定报主管部门（或举办单位）会同财政部门审批，并原则上由政府负责偿还。

医院不得对外提供担保。

医院财务风险管理指标和借款具体审批程序由各地财政部门会同主管部门（或举办单位）根据当地实际情况制定。

第十二章 净资产管理

第六十二条 净资产是指医院资产减去负债后的余额。包括事业基金、专用基金、待冲基金、财政补助结转（余）、科教项目结转（余）、未弥补亏损。

（一）事业基金，即医院按规定用于事业发展的净资产。包括结余分配转入资金（不包括财政基本支出补助结转）、非财政专项资金结余解除限制后转入的资金等。

事业基金按规定用于弥补亏损，用于弥补亏损的最高限额为事业基金扣除医院非财政补助资金和科教项目资金形成的固定资产、无形资产等资产净值。

医院应加强对事业基金的管理，统筹安排，合理使用。对于事业基金滚存较多的医院，在编制年度预算时应安排一定数量的事业基金。

（二）专用基金，即医院按照规定设置、提取具有专门用途的净资产。主要包括职工福利基金、医疗风险基金等。

职工福利基金是指按业务收支结余（不包括财政基本支出补助结转）的一定比例提取、专门用于职工集体福利设施、集体福利待遇的资金。具体比例可由各地财政部门会同主管部门（或举办单位）根据当地实际情况制定。

医疗风险基金是指按照医疗收入的一定比例提取、专门用于支付医院购买医疗风险保险支出或实际发生的医疗事故赔偿的资金。医院累计提取的医疗风险基金不应超过当年医疗收入一定比例，具体比例为：三级医院不应超过当年医疗收入的3‰，三级以下医院不应超过当年医疗收入的2‰。

医院应加强对职工福利基金和医疗风险基金的管理，统筹安排，合理使用。对于职工福利基金和医疗风险基金滚存较多的医院，可以适当降低提取比例或者暂停提取。

其他专用基金是指按照有关规定提取、设置的其他专用资金。

各项基金的提取比例和管理办法，国家有统一规定的，按照统一规定执行；没有统一规定的，由各地主管部门（或举办单位）会同同级财政部门确定。

专用基金要专款专用，不得擅自改变用途。

（三）待冲基金，即财政补助收入和科教项目收入形成的资产净值。

（四）财政补助结转（余），即医院历年滚存的有限定用途的财政补助结转（余）资金，包括从业务收支结余转入的基本支出结转以及项目支出结转（余）。

（五）科教项目结转（余），即医院尚未结项的科教项目累计取得科教项目收入减去累计发生支出后，留待以后按原用途继续使用的结转资金，以及医院已经结项但尚未解除限制的科研、教学项目结余资金。

（六）未弥补亏损，即事业基金不足以弥补的亏损。

第十三章　财务清算

第六十三条　医院发生撤销、划转、合并、分立时，应当进行清算。

医院清算时，应由各级政府授权主管部门（或举办单位）、财政部门负责按有关规定组成清算机构，并在相关部门的监督指导下开展工作。清算机构负责按规定制订清算方案，对医院的财产、债权、债务进行全面清理，对现有资产进行重新估价，编制资产负债表和财产清单、债权清单、债务清单，通知所有债权人在规定期限内向清算机构申报债权，提出财产作价依据和债权、债务处理办法，做好国有资产的移交、接收、划转和管理工作，并妥善处理各项遗留问题。清算期间，未经清算机构同意，任何组织机构和个人不得处理医院财产。

医院财产包括宣布清算时的全部财产和清算期间取得的财产。

清算期间发生的财产盘盈、盘亏或变卖，无力归还的债务，无法收回的应收账款等按国有资产管理有关规定处理。

第六十四条　在宣布医院终止前六个月至宣布终止之日，下列行为无效：

（一）无偿转让财产；

（二）非正常压价处理财产；

（三）对原来没有财产担保的债务提供财产担保；

（四）对未到期的债务提前清偿；

（五）放弃应属于医院的债权。

第六十五条　医院撤销时清偿的顺序为：

（一）清算期间发生的费用；

（二）应付未付的医院职工的工资、社会保障费等；

（三）债权人的各项债务；

（四）剩余资产经主管部门（或举办单位）和财政部门核准后并入接收单位或上交主管部门（或举办单位）。

医院被清算财产不足以清偿的，应先按照规定支付清算期间发生的费用，再按照比例进行清偿。

第六十六条　医院清算完毕，清算机构应当提出清算报告，编制清算期间的收支报表，验证后，报送主管部门（或举办单位）和财政部门审查备案。

第六十七条　经国家有关部门批准宣布医院划转、合并、分立时，其资产按照国有资产管理规定处理。

第十四章　财务报告与分析

第六十八条　财务报告是指反映医院一定时期的财务状况和业务开展成果的总括性书面文件，包括资产负债表、收入支出总表、业务收入支出明细表、财政补助收支明细情况表、基本建设收入支出表、现金流量表、净资产变动表、有关附表、会计报表附注以及财务情况说明书。

财务情况说明书主要说明医院的业务开展情况、预算执行情况、财务收支状况、成本控制情况、负债管理情况、资产变动及利用情况、基本建设情况、绩效考评情况、对本期或下期财务状况发生重大影响的事项、专项资金的使用情况以及其他需要说明的事项。

第六十九条　医院应通过相关指标对医院财务状况进行分析，具体分析参考指标详见附2。

第七十条　医院应当按月向主管部门（或举办单位）和财政部门报送会计报表，并向主管部门（或举办单位）和财政部门报送年中、年度财务报告。

医院年度财务报告应按规定经过注册会计师审计，具体办法另行规定。

第七十一条　医院在办理年度决算前，应对财产物资、债权、债务进行全面清查盘点，并编制盘存表，对盘盈、盘亏、报废、毁损等按本实施办法规定及时处理。

第十五章　财务监督

第七十二条　财务监督是根据国家有关法律、法规和财务规章制度，对医院的财务活动及相关经济活动所进行的监察和督促。

第七十三条　财务监督的主要内容包括：预算管理的监督、收入管理的监督、支出管理的监督、资产管理的监督和负债管理的监督等。

第七十四条　医院的财务机构履行财务监督职责。医院应当建立健全内部监督制度和经济责任制。

第七十五条　医院财务监督应当实行事前监督、事中监督、事后监督相结合，日常监督与专项检查相结合，接受财政、审计和主管部门（或举办单位）的监督。

第十六章　附　则

第七十六条　医院举办的非独立法人分支机构的收支是医院财务收支的一部分，必须纳入医院财务统一管理。

第七十七条　医院必须在取得行医资格之日起30日内，持批准文件向主管部门（或举办单位）进行财务登记，并由主管部门（或举办单位）向财政部门备案。

第七十八条 医院基本建设投资财务管理除按照本实施办法执行外，还应执行国家基本建设投资方面的财务管理制度。

第七十九条 企业事业组织、社会团体及其他社会组织举办的非营利性医院可参照本实施办法执行。

第八十条 本实施办法自2012年1月1日起执行。

附：1.医院固定资产折旧年限表（略）

2.医院财务分析参考指标（略）

省财政厅 省文化厅
浙江省基层公共文化服务建设专项补助资金管理办法

2011年9月8日 浙财教〔2011〕208号

第一章 总 则

第一条 为贯彻落实《关于加强公共文化服务体系建设的若干意见》（中办发〔2007〕21号）、《关于进一步加强农村文化建设的实施意见》（浙委办〔2007〕38号）等文件精神，进一步推进我省基层公共文化服务体系建设，保障广大基层群众的基本文化权益，丰富广大农民群众文化生活，特设立浙江省基层公共文化服务建设专项补助资金（以下简称专项资金）。为加强专项资金的管理，创新资金投入方式，充分发挥省级财政资金的引导作用，提高资金使用效益，结合我省实际，制定本办法。

第二条 专项资金由省财政预算安排，专款专用。

第三条 使用管理原则。专项资金按照“目标管理、分级负担、分类补助、奖补结合”的原则进行管理。

（一）目标管理。专项资金补助与全省“十二五”公共文化服务体系建设的目标相结合，与绩效管理的目标相结合。

（二）分级负担。加强基层公共文化服务体系建设是各市、县（市、区）政府的责任，各级政府要多渠道筹集资金，省级专项资金给予适当补助和奖励。

（三）分类补助。专项资金根据省财政转移支付类别档级，分类分档补助。

（四）奖补结合。省财政厅、省文化厅对全省公共文化服务体系建设中的部分项目给予定向定项补助，同时对各县（市、区）每年度公共文化服务建设工作进行考核，并按照绩效挂钩的原则，根据考核结果对成绩突出的县（市、区）给予奖励，奖励经费统筹用于当地文化事业的发展。

第二章 专项资金使用范围、条件、标准

第四条 专项资金的使用范围：

（一）公共文化设施建设效能提升项目

（二）公共文化产品配送项目

（三）文化信息资源共享工程服务提升项目

（四）群众文化品牌培育项目

（五）基层文化队伍素质提升项目

（六）文化示范工程创建项目

（七）全省文化馆、图书馆、乡镇文化站免费开放补助项目

（八）其他省财政厅、省文化厅同意的公共文化服务项目

第五条 定向定项补助项目及补助条件、标准：

（一）“两馆一站”建设

对“十一五”末未达标的图书馆、文化馆、乡镇综合文化站设施建设进行补助（达标面积参见浙委办〔2007〕38号文件有关规定）；对建筑年份在25年以上或经鉴定属于危房的、因台风或地质灾害等不可抗拒因素造成损坏的乡镇综合文化站基础设施建设予以补助。

一类地区市、县新建（指有馆无舍、有站无舍，下同）文化馆（群艺馆）、图书馆，按照国家和省规定的达标面积，每平方米补助960元；乡镇文化站每平方米补助720元。

二类地区新建文化馆（群艺馆）、图书馆、乡镇文化站，按照国家和省规定的达标面积，每平方米补助420元；乡镇文化站每平方米补助315元。

重建、改扩建项目，视新增面积大小酌情补助。

（二）乡镇综合文化站设备配置

用于“十一五”和“十二五”期间新建、改扩建，运行规范的乡镇综合文化站设备器材配置的补助。

对一类地区按省一级文化站标准、二类地区按特级文化站标准配置设备的乡镇综合文化站（配置标准由省文化厅另行发文制定），省财政给予其设备配置补助。一类一档地区每个补助10万元，一类二档地区每个补助9万元，一类三档地区每个补助8万元，二类一档地区每个补助6万元，二类二档地区每个补助4万元，二类三档地区每个补助2万元。

（三）中心镇图书馆设施设备补助

用于省级中心镇（不含县城所在地中心镇）图书馆设施设备配置的补助。

以县图书馆分馆的模式建设中心镇图书馆（建设标准由

省文化厅另行发文制定)，省财政给予一次性设施设备配置补助。一类一档地区每馆补助50万元，一类二档地区每馆补助45万元，一类三档地区每馆补助40万元，二类一档地区每馆补助30万元，二类二档地区每馆补助20万元，二类三档地区每馆补助10万元。

（四）村级文化活动中心（室）建设

用于村级文化活动中心（室）建设的补助。

2011年、2012年主要配合“农家书屋”工程完成扫尾工作，补助的范围、标准按《关于印发浙江省农家书屋工程建设专项资金管理暂行办法的通知》（浙财教〔2011〕174号）执行。2013～2015年主要对达到省有关标准的村级文化活动中心（室）建设给予补助，补助标准视建设规模、运行状况酌情确定。

（五）送戏下乡

用于市、县（市、区）文化行政部门组织举办的公益性“送戏下乡”演出活动的场次补助（含采购民营剧团演出场次补贴）。演出规模和标准由省文化厅另行发文制定。

每个乡镇（街道）每年补助6场，对完成演出场次任务的县（市、区），一类一档地区每场补助3000元，一类二档地区每场补助2700元，一类三档地区每场补助2400元，二类一档地区每场补助1800元，二类二档地区每场补助1200元，二类三档地区每场补助600元。

通过向社会公开招标方式，鼓励有资质的民营剧团参与送戏下乡，确保民营剧团的演出场次占总补助演出场次的三分之一以上。民营剧团的场次补助在新标准的基础上，一类地区每场上浮1000元、二类地区每场上浮500元。上浮补助场次不得超过该地区总补助场次的50%。上浮部分补助资金主要用于补助民营剧团设施设备添置和参加县级以上大型文化活动，不得用于发放个人奖金和福利。

（六）送书下乡

用于公共图书馆“送书下乡”活动所需的图书采购。

根据省文化厅下达的送书下乡指标，依据上年度当地财政投入购书经费和财政转移支付系数核定当年县级图书馆的购书补助经费额度。

一类地区补助经费＝上年度当地财政投入购书经费×财政转移支付系数，最低补助10万元，最高补助25万元；

二类地区补助经费＝上年度当地财政投入购书经费÷2×财政转移支付系数，最低补助6万元，最高补助20万元。

（七）优秀业余团队器材配置

用于为全省优秀业余文艺团队配备音响、功放等活动器材的补助。优秀业余团队的评选标准由省文化厅另行发文制定。

省财政对优秀业余文艺团队给予4000元的器材配置补助资金，每年补助1000支团队。

（八）文化低保

用于社会组织、团体和个人开展的，重点针对低收入人群、外来务工人群、残疾人、老年人、未成年人等特殊群体的文化服务的补助。

补助采用项目申报制，由省文化厅、省财政厅负责审定申报的项目。对符合补助条件的项目，省财政根据项目实施的社会影响和投入情况，酌情予以补助，一个项目原则上最高不超过10万元。

（九）文化信息资源共享工程

用于市、县级图书馆公共电子阅览室建设，文化信息资源共享工程数字资源建设和管理平台建设的补助。

1.市、县图书馆公共电子阅览室建设补助。省财政对经验收合格的市、县（市、区）图书馆公共电子阅览室建设给予一次性补助。其中市级一类二档地区补助36万元，一类三档地区补助32万元；二类三档补助8万元。县级一类一档地区补助25万元，一类二档地区补助23万元，一类三档地区补助20万元；二类一档地区补助15万元，二类二档地区补助10万元，二类三档地区补助5万元。市、县图书馆公共电子阅览室建设标准由省文化厅另行发文制定。

2.每年安排100万元用于浙江网络图书馆平台建设和管理、电信机房租用、VPN网络租用等。

3.资源建设补助。承担浙江省人文数字地图资源库建设任务的省中心及11个市公共图书馆，视数据库建设进度和数据量酌情补助。地方特色资源建设采取项目申报制，对入选数据库每个补助8万元。

（十）群众文化活动品牌培育

1.省级文化活动品牌

扶持全省重大文化节庆活动品牌。全省每年安排100万元，重点用于对一类地区的省级重大文化节庆活动的补助。

扶持省本级重点群众文化活动。其中浙江省农民文化艺术节每届补助50万元（隔年举办），浙江省民俗民间艺术展示（花会）50万元（隔年举办），浙江省社区文化艺术节每届补助30万元（隔年举办），浙江省合唱节50万元（隔年举办），浙江省“群星奖”系列活动每年补助40万元。

2.对省文化厅评选出的为农服务“八个一百”优秀作品和创作群体等给予补助。其中：优秀音乐、曲艺作品每首补助0.5万元，优秀舞蹈、戏剧（小戏、小品）作品每个补助2万元，优秀文学（理论、调研）作品每篇补助0.3万元，优秀美术、书法、摄影创作群体每个补助3万元。

（十一）基层文化队伍素质提升

用于全省基层文化干部、业余文艺团队骨干业务培训。

每年培训市、县文化广电新闻出版局分管局长、社文处（科）长各50名，每人30学时，每人每学时补助30元；

培训市、县图书馆、文化馆馆长各100名，每人30学时，每人每学时补助30元；

培训群文活动负责人12期，每期50名，每人40学时，每人每学时补助30元；

培训文化信息资源共享工程技术人员100名，每人30学时，每人每学时补助30元；

培训民营剧团管理人员和业务骨干400名，每人60学时，每人每学时补助30元；

省级群众文化专家辅导团下乡辅导经费每年15万元；

教材编撰、成果展示展演经费每年30万元；

委托高等院校对我省基层群众文化业务工作带头人进行培训，"十二五"期间培训50名，省财政每名补助2万元。

（十二）文化示范工程创建

对获得国家级荣誉称号的国家公共文化服务体系示范区（示范项目）、全国文化先进县、全国民间文化艺术之乡、全国"群星奖"作品和项目分别给予奖励。其中国家公共文化服务体系示范区奖励100万元、示范项目奖励30万元，全国文化先进单位（县）奖励10万元，全国民间艺术之乡奖励5万元，全国"群星奖"作品奖励2万元、项目奖励5万元。

（十三）公共文化设施免费开放

根据市、县图书馆、文化馆和乡镇文化站开放程度、服务水平等酌情予以补助。

第六条 绩效挂钩指标、奖励标准和资金使用方法

（一）绩效挂钩指标

根据浙江省文化发展"十二五"规划确定目标任务和基层文化重点工作，设定浙江省公共文化服务体系建设绩效挂钩年度考核指标，具体挂钩指标见《浙江省公共文化服务实施绩效挂钩奖励资金考核细则》（附1略）。

（二）奖励标准

根据《浙江省公共文化服务实施绩效挂钩奖励资金考核细则》，省文化厅会同省财政厅对各地公共文化服务绩效挂钩指标完成情况进行评审，并根据评审结果给予奖励。

根据绩效考核排名，对综合得分前30名的县（市、区），分3档给予奖励补助。前3名各补助200万元，第4名至8名各补助120万元，第9名至30名各补助80万元。

（三）奖励资金使用

县（市、区）获得的浙江省公共文化服务绩效挂钩补助资金，在省级财政规定的资金使用范围内由各县（市、区）统筹支配，原则上用于基层文化设备配置，公共文化活动的开展，基层文化队伍的培训，各类文化先进的奖励等，具体由各县（市、区）财政部门与文化部门协商后提出资金使用方案，报同级政府审定后使用。

各地使用省级公共文化服务绩效挂钩补助资金的具体办法和分配方案须报省财政厅、省文化厅备案，省财政厅负责相关资金的监督和检查，省文化厅负责相关项目的绩效考核和评估验收。

第三章 专项资金的申请、审批及拨付

第七条 定向定项补助项目资金的申请、拨付

（一）"两馆一站"建设、乡镇综合文化站设备配置、中心镇图书馆设施设备配置、村级文化活动中心（室）建设、优秀业余团队器材配置、文化信息资源共享工程建设资金每年4月底前由市、县文化部门和财政部门共同向省文化厅、省财政厅申报（区级单位的申报，由市级文化、财政部门汇总后上报，下同）。经审核后，省财政厅会同省文化厅于每年6月份下拨或预拨补助资金。对当年开工的"两馆一站"建设项目、乡镇综合文化站设备配置、中心镇图书馆设施设备配置、文化信息资源共享工程项目，先下拨补助经费的50%，项目竣工、验收合格后再下拨余下的50%。村级文化活动中心（室）建设、优秀业余团队器材配置补助资金，待建设任务完成后经验收合格，由省财政给予一次性补助。

相关数据由县级文化行政部门及时录入浙江省社会文化数据动态填报系统。

（二）送戏下乡演出场次补贴、送书下乡图书采购补助资金，每年4月底前由市、县文化部门和财政部门共同提出申请，经省财政厅和省文化厅审核后，于每年6月份预拨补助资金，并在下年度进行清算。送书下乡图书采购由省统一招标，各市县提出图书采购目录，由中标供应商统一配送，市县文化部门验收合格后自行支付货款。

（三）文化低保项目补助资金由申报单位、个人向当地市、县文化部门和财政部门申报，市、县文化部门和财政部门审核后，于每年6月底前向省文化厅、省财政厅提出申请，经省文化厅、省财政厅评审后，由省财政厅于每年9月份下拨补助资金。

（四）获奖的国家公共文化服务体系示范区（项目）、全国文化先进单位（县）、全国民间文化艺术之乡、为农服务"八个一百"群众文艺优秀作品（创作群体）等奖励经费，根据有关命名、表彰文件，于当年或次年下拨奖励经费。

第八条 绩效挂钩年度考核奖励资金的申请、拨付

每年4月底前由县文化部门和财政部门共同填报上年度绩效挂钩考核数据表，经省财政厅、省文化厅评审后，于每年

6月份下拨奖励资金。

获得绩效挂钩年度考核奖励资金的县(市、区)需在8月份前将资金的分配方案报省财政厅、省文化厅备案,并于次年4月份将资金使用情况报告报送省文化厅、省财政厅。

第九条 申请专项资金应提供的资料

(一)市、县文化和财政部门的资金申请报告

(二)各项目要求提供的资料(附2、3略)

第十条 专项资金的拨付程序

省文化厅负责对申报材料的审核,和对绩效挂钩年度考核项目的评估、考核,提出资金补助初步方案。省财政厅负责对申请项目补助方案进行审定,并根据年度资金使用计划,会同省文化厅将资金下达到市、县(市)财政、文化部门。县(市、区)财政部门收到下达的资金后,于30日内将专项资金拨付至各项目申请单位,不得截留和挪用。

第四章 专项资金的监督管理

第十一条 建立绩效评价制度。专项资金绩效评价工作由县及县以上财政、文化部门组织实施。省财政厅会同省文化厅将组织力量对各地公共文化服务体系建设的实施和专项资金使用情况进行不定期的检查和评价,并将评价结果作为以后年度安排专项资金的重要依据。

第十二条 专项资金必须按规定用途使用,任何部门、单位不得截留和挪用。市、县(市、区)财政部门应加强对专项资金使用的管理,确保专款专用,提高资金的使用效益。专项资金的使用和管理接受审计部门和社会监督。

第十三条 对骗取、截留、挪用、挤占专项补助资金的,或因工作不力而未完成建设任务的,将视情节轻重,采取停止项目补助、追缴专项补助资金等措施,并按照《财政违法行为处罚处分条例》等有关法律法规进行查处。

第五章 附 则

第十四条 本办法由省财政厅和省文化厅负责解释。

第十五条 本办法自下发之日后30日起开始执行。省财政厅、省文化厅联合下发的《浙江省基层文化设施建设专项资金管理办法》(浙财教字〔2006〕146号)、《浙江省文化信息资源共享工程专项资金管理办法》(浙财教字〔2006〕187号)、《浙江省农村文化活动繁荣工程专项资金管理办法等六个管理办法》(浙财教字〔2007〕52号)同时停止执行。

浙江省财政厅
浙江省预算绩效管理工作考核办法(试行)

2011年9月21日 浙财绩效〔2011〕14号

为全面推进我省预算绩效管理工作,充分调动各地开展预算绩效管理工作的积极性、主动性和创造性,促进预算绩效管理工作的制度化、规范化,根据财政部《关于印发〈预算绩效管理工作考核办法(试行)〉的通知》(财预〔2011〕433号),制定本办法。

一、本办法的考核对象是各市财政局,并对预算绩效管理工作成绩突出的县(市、区)财政局和从事预算绩效管理工作人员进行通报表彰。

二、本办法的考核内容是各市财政局预算绩效管理工作,具体内容及评分标准见《预算绩效管理工作考核评分表》(附1略)。

三、考核工作实行年度考核制,由省财政厅统一组织实施。

(一)自我考核。每年年初,各市财政局对照本办法中的《预算绩效管理工作考核评分表》对上年全市工作进行自评打分,同时对所属县(市、区)财政局的绩效管理工作开展情况进行考核,并推荐1~2个县(市、区)财政局、1~2名绩效管理工作者作为省先进单位和省先进个人候选人。被推荐的先进单位和先进个人需分别填报《先进单位推荐表》(附2略)和《先进个人推荐表》(附3略)。各市应于每年2月10日前将全市上年绩效管理工作总结、《预算绩效管理工作考核评分表》和每项自评得分的说明及相关佐证材料、《先进单位推荐表》、《先进个人推荐表》报省财政厅绩效管理处。

(二)省财政厅考核。省财政厅对各市财政局上报的书面说明、自评打分等材料进行审核,根据需要采取各市互评、调查取证等方式评定分数,确定考核结果。

四、根据考核结果,对各市财政局从高分到低分设:一等奖1个,二等奖2个,三等奖3个。省先进单位和先进个人由省财政厅根据推荐情况研究确定。

五、各市财政局可根据本办法,结合当地实际,制订本地区具体考核办法。

六、本办法从2012年度起施行。《浙江省财政支出绩效评价工作考核办法(试行)》(浙财绩效字〔2006〕3号)同时废止。

省财政厅 省农业厅 省林业厅 省海洋与渔业局 浙江省现代农业生产发展资金和项目管理实施细则

2011年10月17日　浙财农〔2011〕336号

第一章　总　则

第一条　为加强和规范现代农业生产发展资金和项目管理，提高资金使用效益，根据财政部《中央财政现代农业生产发展资金使用管理办法》（财农〔2011〕68号）和省政府《关于加快发展农业主导产业推进现代农业建设的若干意见》（浙政发〔2007〕17号）等文件精神，以及财政资金和项目管理的有关规定，特制定本实施细则。

第二条　现代农业生产发展资金主要用于支持各地稳定发展粮油战略产业，加快发展省政府《关于加快发展农业主导产业推进现代农业建设的若干意见》确定的蔬菜等十大农业主导产业。

第三条　现代农业生产发展资金来源：

（一）中央财政安排我省的现代农业生产发展资金；

（二）省财政安排和整合相关财政支农资金设立的现代农业生产发展资金；

（三）各市、县（市、区）财政安排或整合用于支持现代农业生产发展项目的支农资金。

第四条　各地要以现代农业生产发展资金为引导，按照“渠道不乱、用途不变、统筹安排、集中投入、各负其责、各记其功、形成合力”的原则，深化支农资金整合，统筹安排和整合使用，集中财力办大事，并且引导社会各方面增加资金投入，不断提高财政支持现代农业生产发展的整体投入水平。

第五条　现代农业生产发展资金要以粮油战略产业和农业主导产业发展规划为引导，以粮食生产功能区和现代农业园区建设为重点，推进项目区集中连片开发和规模化、标准化、生态化发展，积极支持扩大粮食种植面积和提高粮食生产能力，强化农产品质量安全建设，加快培育形成具有较强市场竞争力、产业覆盖面大、对农民增收效果明显的特色优势农业产业带和设施装备良好、技术模式先进、产品质量安全、经营机制创新、管理服务到位的现代农业园区，不断增强现代农业生产的示范引导效应。

第六条　财政部门主要负责项目资金的筹集、分配、管理、监督检查和绩效评价；农口有关部门主要负责项目组织实施和监督检查，配合财政部门做好项目资金使用监管和绩效评价。

第二章　支持对象、环节和方式

第七条　现代农业生产发展资金的支持对象为：农民专业合作社、专业种养大户、与农民建立紧密利益联结机制直接带动农民增收的农业龙头企业等现代农业生产经营主体，开展农技推广应用的农技推广机构以及粮食生产功能区建设主体。对推进村级集体经济发展壮大有较大作用的优先。对农业龙头企业的支持，必须遵循以农民为受益主体的原则，原则上只对直接带动农民增收的农产品生产基地的生产环节给予支持，并鼓励采取先建后补或以奖代补方式给予扶持。

第八条　现代农业生产发展资金主要支持以下关键环节：

（一）基础设施建设：项目区土地平整、土壤改良，主干道、作业道、蓄水灌溉、田间水利，滴喷灌设施、大棚温室、育苗设施，高标准鱼塘改造、浅海养殖设施、新型网箱、水处理设施，标准化养殖畜禽舍，养殖专用生产设施及防疫设施，“两区”生产配套服务设施等基础设施建设。

（二）设备购置：农（林、渔）业机械，质量安全检测检验仪器设备，农产品产地加工、储藏、保鲜、冷藏等设备购置。

（三）技术推广：良种引进推广、繁育，品种优化改良，先进实用技术和生态循环农业发展模式推广应用与技术培训和示范。

对已享受农机购置补贴的农机具（农业设施）不再重复补助。其他农机实行补助比例和补助数额“双控制”。

第九条　现代农业生产发展资金在加大对种子种苗、科技推广、机械化、产业化与合作经营机制培育、基础设施建设等扶持力度的同时，根据不同产业，重点支持以下具体内容：

粮油产业（主要包括水稻、小麦、玉米、油菜、木本油料等产业）：重点支持基础设施、土壤改良和“三新”技术推广示范、粮食生产高产创建等。

蔬菜产业：重点支持“微蓄微灌”和大棚设施建设等。

茶叶产业：重点支持标准茶园建设和初制茶厂优化改造等。

果品产业（主要包括柑橘、杨梅、梨、桃、葡萄、枇杷、李、蓝莓、山核桃、香榧等产业）：重点支持果品优化改造和产后处理等。

畜牧产业（主要包括猪、牛、羊、禽类等产业）：重点支持标准化生态循环养殖小区建设和良种引进等。

水产养殖产业(主要包括鱼类、虾蟹类、龟鳖类、珍珠、海水贝藻类等产业):重点支持高标准鱼塘、新型网箱、节能温室、浅海养殖等基础设施建设,以及稻田养鱼、洁水碳汇渔业、水产健康养殖示范基地、水产品新品种新技术推广等。

竹木产业:重点支持林区道路等基础设施建设和竹木高效集约经营利用项目等。

花卉苗木产业:重点支持大棚等设施设备和产品推广等。

蚕桑产业:重点支持蚕桑优化改造和种养加工设施等。

食用菌产业:重点支持集约化生产基地和循环生产模式等。

中药材产业:重点支持药材规范化基地建设和产地加工等。

第十条 按照突出扶持重点、提高政策针对性和有效性的要求,各地申报的现代农业发展资金项目,省以上财政补助资金只能重点支持其中一到两个关键环节,杜绝"撒胡椒面、平均用力、分散投入"的行为,严禁搞形象工程。

第十一条 财政补助资金要综合运用补助、贴息、以奖代补等支持方式,避免采用容易形成刚性支出和体制性补助的方式。其中对农业龙头企业和农产品加工环节主要以贴息方式予以支持。

各地要积极探索村集体参股等方式,支持村集体经济的发展和壮大。

第十二条 现代农业生产发展资金严禁用于平衡预算、偿还债务、建设和改造办公场所(培训学校、基层事业场站服务设施)、购置车辆和通讯器材、发放人员工资补贴等与产业发展无关的支出,不得用于项目管理工作经费。

第十三条 省以上财政安排对支农资金整合工作开展得好的地区给予奖励,用于支持奖励县发展优势特色产业。资金具体用途按照本办法规定执行。

第三章　项目库管理制度

第十四条 现代农业生产发展资金项目实行项目库制度。各地应建立现代农业生产发展资金项目库,并按农业、林业、渔业等实行分类管理。向中央和省财政申报的现代农业生产发展资金项目,应当从项目库中择优选择。

第十五条 入库项目要符合当地农业农村发展重点领域重点项目扶持导向目录的要求,并与粮食生产功能区和现代农业园区建设规划相衔接。各级财政部门与农口主管部门要紧密配合,切实做好现代农业生产发展资金项目的前期论证和评审工作,将符合评审要求的项目纳入项目库,并按照评审得分高低进行排序。

第十六条 项目库实行动态管理,各地要根据政策变化和其他客观情况适时对项目库进行调整。

第四章　项目申报和立项

第十七条 现代农业生产发展资金分为中央立项和省级立项的现代农业生产发展资金。中央立项现代农业生产发展资金每年重点扶持1~3个产业发展;省级立项现代农业生产发展资金,根据我省年度现代农业产业发展重点和区域产业带建设布局进行扶持。

第十八条 现代农业生产发展资金的申报立项程序:

(一)省财政厅会同省级农口部门,根据中央财政与省财政安排的资金额度和主导产业发展目标方向、优势区域、布局规划,制定并下发年度现代农业生产发展资金项目立项指南,明确项目建设目标、扶持重点、支持环节、项目实施区域、项目选择条件及工作要求等。同时,以各地产业发展状况、财政状况和上年工作绩效评价结果和其他相关因素等为依据,将现代农业生产发展项目补助资金控制指标下达各地。

(二)项目县财政部门和农口有关部门,根据立项指南的要求,在项目库中择优选择项目,编写项目实施方案和《省级现代农业生产发展项目申报标准文本》(见附件),联合上报省财政厅和省级农口有关部门。实施方案内容包括产业发展状况、建设目标、项目建设内容、资金投入概算(总投入、申请省及省以上补助资金、地方财政投入、建设单位自筹)、省以上补助资金重点扶持环节和使用范围、地方支农资金整合方案(整合支农资金的渠道、具体名称和数额)、组织保障措施、项目预期效益和促进农民增收情况等,并附拟实施项目区的图片资料(用于项目竣工验收和绩效评价时项目实施效果对比)。对单个农业龙头企业支持额度超过100万元的,必须在项目实施方案中单独列示资金的补助方式及资金的具体用途等。

(三)省财政厅会同省级农口有关部门,对各地上报的项目实施方案和《标准文本》组织审查,综合各地申报项目建设内容和规模、基础条件、当地财力状况及项目带动力情况等因素,核定项目投资规模、省以上补助资金方案,在履行相关立项审批程序后,将项目实施计划和省以上补助资金下达各地。

(四)项目县农口相关部门要根据省下达的项目实施计划,组织项目实施主体编制项目初步设计方案,对项目建设内容和投资资金进行进一步的细化和量化,做到建设区位明确、建设内容清楚、设计规范科学、投资准确合理。

第十九条 各地要规范资金补助标准,按照"看得见、可操作、有标准、能考核"的要求,明确现代农业生产发展资金项目各项支持内容的具体面积(数量)及补助标准。

第二十条 现代农业生产发展资金项目应当规范管理,公开操作,推行公示公告制、报账制、政府采购、招投标、工程监理等有效的监管制度，积极利用农民信箱等媒体进行信息公开，接受公众监督。确保专款专用，安全有效。

第五章　项目实施管理

第二十一条　项目所在地农口有关部门要明确职责，落实措施和内部责任制度。落实项目实施监管负责人，对项目建设进度、质量等全面负责，加强项目实施的检查指导和监管。各有关部门要密切协作配合，合力抓好项目建设。

第二十二条　各地必须严格按照省下达的项目计划组织实施，项目建设资金必须按计划落实到位，财政补助资金必须用于规定建设内容，不得擅自调整项目建设计划和资金使用方案。如确需调整，必须按原申报程序报批。

第二十三条　各地财政部门和农口有关部门应当督促项目实施单位遵循勤俭办事原则，降低项目工程建设成本，发挥资金的最大效益。项目工程因此而产生的结余资金，按照"使用方向不变、主导产业不变、扶持环节不变"的原则，由项目单位按原申报程序报批后使用。

第二十四条　各项目实施单位要建立项目档案，定期向当地财政部门和农口有关部门报送项目建设和资金使用情况，按时完成各项建设任务。当地财政部门和农口有关部门要定期将项目实施情况上报省财政厅和省级农口有关部门，并及时报送项目实施和管理中的典型经验和做法。

第二十五条　现代农业生产发展项目建设计划下达后，一年内未启动项目实施的，取消该项目立项资格，收回财政补助资金，并暂停下年度项目立项安排。未按规定期限完成项目建设任务的，须提出书面延期申请报省财政厅、省级农口主管部门审批，除因客观原因并报经省审批同意以外，其他未按规定期限完成项目建设的情况暂停下年度项目立项安排。

第二十六条　各地财政部门和农口有关部门要督促项目使用单位坚持建设和管理并重，立足本地实际，建立工程管护机制，加强对已建工程所形成资产的管理，落实管护责任，发挥各项资产的最大效益。

第六章　资金使用的监管

第二十七条　各地财政部门要按项目建设进度及时拨付项目资金，保证项目顺利实施。积极推行项目资金国库集中支付和县级财政报账制。各地财政部门、农口有关部门和项目实施单位要切实加强资金使用监管，健全财务核算制度，规范管理，确保专款专用，积极配合有关部门做好审计、稽查等工作。

第二十八条　在项目实施完成后1个月内，各地财政部门、农口有关部门要根据《浙江省现代农业生产发展资金项目检查验收办法（试行）》（浙财农字〔2009〕76号）和《浙江省现代农业生产发展资金绩效评价实施细则（试行）》（浙财农字〔2009〕62号），及时做好项目的检查验收和绩效评价工作，将项目总结、验收和绩效评价报告等报送省财政厅和省级农口有关部门，省里将适时组织重点抽查。绩效评价结果将作为下一年度项目立项和资金分配的重要因素，对评价结果好的地区在立项时给予优先考虑，并将评价结果通过适当的方式进行通报。

第二十九条　各地财政部门要积极会同农口有关部门，对现代农业生产发展资金使用管理情况进行监督检查，省里将进行不定期检查和重点抽查。任何单位和个人不得以任何名义挤占、挪用、骗取、滞留财政补助资金。对不按规定建设内容使用资金的，财政部门要停拨资金，并责令整改，对拒不整改的收回财政补助资金。对违法、违纪行为，按照《财政违法行为处罚处分条例》等有关法律法规，追究相关单位和个人的法律责任。

第三十条　对违规违纪使用现代农业生产发展资金并造成恶劣影响的项目县（市、区），下一年度不得纳入现代农业生产发展资金的扶持范围。

第七章　附　则

第三十一条　各地要根据本实施细则，结合本地实际，制定现代农业生产发展资金的具体管理规定，并向省财政厅和省级农口部门报备。

第三十二条　本实施细则自发布之日起30日后实施。2010年印发的《浙江省现代农业生产发展资金和项目管理实施细则（试行）》（浙财农字〔2010〕39号）同时废止。

附：省级现代农业生产发展资金项目申报标准文本（略）

浙江省财政厅
浙江省农业综合开发资金和项目管理实施办法

2011年11月16日　浙财农发〔2011〕6号

第一章　总　则

第一条　为促进我省农业综合开发资金和项目管理科学化、制度化、规范化，保证资金安全运行及项目顺利实施，根据财政部《关于修改〈国家农业综合开发资金和项目管理办法〉的决定》（财政部令第60号）和《关于加强与规范财政资金专户管理的通知》（财办〔2006〕12号）、省政府办公厅《关于进一步加强农业综合开发工作的意见》(浙政办发〔2010〕105号)精神,制定本实施办法。

第二条 农业综合开发是指政府为保护、支持农业发展,改善农业生产基本条件,优化农业和农村经济结构,提高农业综合生产能力和综合效益,设立专项资金对农业资源进行综合开发利用的活动。

第三条 农业综合开发的任务是加强农业基础设施和生态建设,保障国家粮食安全与农副产品的有效供给;推进农业和农村经济结构的战略性调整和农业产业化经营,促进农业增效与农民增收,推动现代农业的发展。

第四条 农业综合开发项目包括土地治理项目和产业化经营项目。

土地治理项目,包括中低产田改造项目、高标准农田示范工程项目、山区小流域农业生态工程项目、中型灌区节水配套改造项目、省集中使用的科技推广费项目(以下简称科技推广项目)、良种繁育项目、生态林建设项目等。

产业化经营项目,包括设施农业、经济林及蔬菜瓜果、花卉苗木等种植基地项目,畜禽、水产等养殖基地项目,农产品加工项目,储藏保鲜、产地批发市场等流通设施项目,按扶持方式不同分为产业化经营财政补助项目和产业化经营贷款贴息项目。

第五条 农业综合开发实行"国家引导、配套投入、民办公助、滚动开发"的投入机制。

第六条 农业综合开发项目实行自下而上申报,以资金投入确定项目规模、按项目管理资金。农业综合开发资金和项目管理遵循以下原则:

(一)因地制宜,统筹规划;

(二)集中投入,规模开发;

(三)公开公平,择优立项;

(四)奖优罚劣,激励竞争。

第七条 农业综合开发实行开发县管理制度。国家农业综合开发县(以下简称国家开发县)指经国家农业综合开发办公室(以下简称国家农发办)批准进行农业综合开发的市、县(市、区)。省农业综合开发县(以下简称省开发县)指经省农业综合开发办公室(以下简称省农发办)审核确定进行农业综合开发的市、县(市、区)及其他单位。

第八条 国家开发县和省开发县均应设立农业综合开发办公室(以下简称开发县农发办),配备满足农业综合开发资金和项目管理工作需要的工程技术人员、财会人员及其他相应人员,机构运行经费列入本级财政预算。

第九条 农业综合开发推行项目法人制,实行资金和项目公示制,项目评审、考察、验收责任追溯制,土地治理项目还应实行工程施工招投标制、监理制和审价制。

第二章 职责权限

第十条 按照统一组织、分级管理的原则,合理划分省、市、县(市、区)农业综合开发工作的管理权限与职责。

第十一条 省财政厅、省农发办的主要职责:

(一)宣传和贯彻执行国家农业综合开发方针政策及规章制度。

(二)制定全省农业综合开发中长期规划、资金和项目管理规范性文件。

(三)负责向省农业综合开发协调小组报告工作。

(四)及时、足额落实省级农业综合开发财政资金;及时拨付省以上财政资金;审核、汇总财政资金拨款进度报表、资金决算报表和项目统计报表等;负责省以上财政有偿资金回收;负责财政有偿资金呆账核销和延期还款的审批或上报工作。

(五)建立项目评审专家库。

(六)组织对开发县上报的项目进行评审;组织项目实地考察;确定土地治理项目和产业化经营财政补助项目省以上财政投资控制指标;组织审核土地治理项目和产业化经营财政补助项目实施方案(含土地治理项目工程设计、产业化经营财政补助项目初步设计,下同);组织审核产业化经营贷款贴息项目申报材料。

(七)审核、汇总编报和下达全省项目实施计划;负责开发县上报的项目实施计划调整、变更和终止的审核、批复和上报。

(八)指导全省农业综合开发项目的实施;监督、检查开发县项目实施计划执行情况;组织竣工项目的省级验收和绩效评价。

(九)开展农业综合开发政策及成果宣传、课题调研和业务培训。

第十二条 各市财政局、农发办的主要职责:

(一)协助省农发办指导所属县(市、区)的农业综合开发管理工作,监督、检查开发县项目实施计划执行情况。

(二)负责所属区申报的土地治理项目和产业化经营项目的筛选与上报;汇总编报及批转所属区项目实施计划;向所属区转拨省以上财政资金。

(三)负责审核、汇总与上报所属县(市、区)农业综合开发财政资金拨款进度报表、资金决算报表和项目统计报表等。

(四)负责所属县(市、区)科技推广项目的初审与推荐。

(五)开展农业综合开发政策及成果宣传、课题调研和业务培训。

(六)办理省农发办委托事项。

所属区未设置农发办的，市财政局、农发办还应履行县(市、区)财政局、农发办的职责。

第十三条 各县(市、区)财政局、农发办的主要职责：

(一)宣传、贯彻执行国家和省农业综合开发方针政策及规章制度；制定本县(市、区)农业综合开发中长期规划。

(二)指导乡镇政府、灌区管理机构、农场、农业产业化龙头企业、农民专业合作组织等项目申报主体(以下简称申报主体)做好项目申报材料编制及立项申请等工作；完成项目筛选，建立项目库；组织编制土地治理项目可行性研究报告。

(三)及时、足额落实财政配套资金；督促落实项目区村级集体和农民筹资(含以物折资，下同)投劳及项目单位自筹资金；负责农业综合开发财政有偿资金回收。

(四)负责资金管理与财政资金报账及项目资金会计核算工作；负责编报项目实施计划、财政资金拨款进度报表、资金决算报表和项目统计报表等。

(五)组织编制土地治理项目实施方案，完成产业化经营财政补助项目实施方案的初步审核。

(六)指导、协调、监督项目实施；办理项目实施计划调整、变更、终止等相关报批手续。

(七)负责完成单项工程验收、项目县级验收及资产移交；明确建后管护主体，落实管护责任；做好绩效评价工作；收集整理档案资料。

第三章 扶持对象与重点

第十四条 土地治理项目扶持对象是农民及其他新型农业生产经营主体、灌区管理机构等。土地治理项目以中低产田改造、高标准农田建设为重点，围绕粮食生产功能区、现代农业园区和特色优势农产品产业带建设，通过山、水、田、林、路综合治理，水利、农业、林业、科技措施综合配套，提高农业综合生产能力特别是粮食生产能力，实现经济、社会、生态效益统一。

第十五条 产业化经营项目的扶持对象为辐射带动作用强、经济效益好的农业产业化龙头企业和农民专业合作组织等。产业化经营项目以扶持种植、养殖基地和农产品加工为重点。通过项目实施，提高农业生产组织化程度和产业化经营水平，引领农民增收致富。

第四章 资金管理

第十六条 农业综合开发资金包括财政资金、自筹资金、银行贷款和其他资金。

第十七条 农业综合开发财政资金由中央财政资金、省财政资金和市、县(市、区)财政资金组成。各级财政配套资金应列入同级财政年度预算。

省财政厅依据各市、县(市、区)的财力状况，确定各市、县(市、区)财政资金的配套比例。鼓励各市、县(市、区)加大财政资金的投入力度。地方财政配套资金由市、县(市、区)财政安排，不得由乡镇承担。

第十八条 用于农业综合开发的财政资金，全部实行无偿投入。土地治理项目以财政补助的方式进行扶持。产业化经营项目以财政补助和财政贴息两种方式进行扶持，其中对农民专业合作组织以财政补助方式扶持为主，对农业龙头企业以财政贴息方式扶持为主。

农业综合开发年度财政资金原则上75%以上用于土地治理项目，其余用于产业化经营项目。

第十九条 农业综合开发财政资金实行县级报账制。报账资金的拨付实行转账结算。

第二十条 农业综合开发财政资金实行专户储存、专人管理、专账核算，确保专款专用。开发县财政部门应设立农业综合开发财政资金专户，负责农业综合开发财政资金的筹集、使用和管理；农发办应设立农业综合开发工程资金专户，负责土地治理项目按子项目进行成本核算及产业化经营项目、科技推广项目等财政资金的核算。

第二十一条 农业综合开发扶持对象应有必要的自筹资金投入。投入的主要形式是村级集体和农民筹资投劳及其他新型农业生产经营主体、灌区管理机构等项目单位的自筹资金。

土地治理项目的村级集体和农民筹资投劳应遵循“农民自愿、量力而行、民主决策、数量控制”和“谁受益、谁负担”的原则，按照村内一事一议的办法进行筹集和管理。村级集体、农民和项目单位为实施土地治理项目而筹集的货币资金(科技推广项目除外)应纳入农业综合开发工程资金专户统一管理。

产业化经营财政补助项目的自筹资金不得少于财政补助资金。

第二十二条 回收的农业综合开发财政有偿资金和按规定退出投资参股的财政资金继续用于农业综合开发。

第二十三条 用于土地治理项目的农业综合开发资金使用范围包括：

(一)小Ⅱ型水库、堰坝、山塘、蓄水池等水源工程的改建、扩建、新建；机电排灌站的改造、续建、新建及其输变电设备的配套建设；新打、修复机电井及输变电线路的配套建设；溪流、河道、灌排渠道开挖、疏浚、衬砌及涵、闸、隧洞等配套建筑物建设；发展节水灌溉所需的建材及设备的购置与安装；中型灌区节水配套改造项目所需的管理信息系统的购置与安装等；

(二)机械平整土地、土壤改良；农田机耕路、机耕桥建设

及主干机耕路的硬化;良种繁育所需的仓库、晒场等辅助设施建设;

(三)农田防护林、水土保持林、水源涵养林、防风固沙林等建设所需的苗木购置与配套工程措施;

(四)优良品种、先进适用技术的引进、示范与推广中发生的生产资料费、培训费、检测化验费、小型仪器设备购置费、差旅费、劳务费等;

(五)工程勘察设计、工程审价、工程监理、工程管护等所需费用。

1.工程勘察设计费、工程审价费参照行业收费标准结合市场价格确定,据实计入项目工程成本。

2.工程监理费按不高于单项工程财政投资2%的比例,按实际支出数计入项目工程成本。

3.工程管护资金按土地治理项目财政投资1%的比例提取,专项用于农业综合开发工程管护。

第二十四条 用于产业化经营项目的农业综合开发资金使用范围包括:

(一)种植基地项目所需的灌排设施、农用道路、输变电设备及温室大棚,品种改良、种苗繁育设施,产品整理、分级、清洗、包装等采后处理设施,质量检测设施,新品种、新技术的引进、示范及培训等;

(二)养殖基地项目所需的灌排设施、农用道路及输变电设备等,种苗繁育、品种改良设施,养殖基地生产设施,专用饲料小型生产设施,疫病防疫设施,废弃物处理及隔离环保设施,质量检测设施,新品种、新技术的引进、示范及培训等;

(三)农产品加工项目所需的生产车间、辅助车间、包装车间、成品库、原料库、低温库、加工设备、辅助设备及配套的供水、供电、道路设施,质量检验设施,废弃物处理等环保设施,卫生防疫及动植物检疫设施,引进新品种、新技术,对基地的农户进行技术培训等;

(四)农产品产地批发市场、储藏保鲜项目所需的气调库、预冷库、低温库、设备购置安装及配套的供水、供电、道路设施,产品质量检测设施,卫生防疫与动植物检疫设施,废弃物配套处理设施,农副产品市场信息平台设施,农产品产地批发市场的交易场所建设等;

(五)符合产业化经营贷款贴息项目扶持要求的贷款贴息;

(六)按规定列支项目可行性研究、初步设计或实施方案编制、环境评估等所需费用。

第二十五条 项目管理费由开发县农发办按年度土地治理项目财政资金的一定比例提取使用:财政投资不超过500万元的按3.5%提取,超过500万元至1000万元的部分按1.5%提取,超过1000万元部分按0.5%提取。项目管理费在地方财政配套资金中列支,主要用于项目实地考察、检查验收、业务培训、工程施工招标、资金和项目公示以及土地治理项目可行性研究等方面支出,不得用于人员工资、补贴、购置车辆等行政经费开支。

开发县可根据工作需要,对参与土地治理项目管理的单位,酌情安排项目管理费。

第二十六条 财政部门应根据审定的项目实施方案和批准的项目实施计划、结合项目实施进度按有关规定及时拨付农业综合开发财政资金。项目资金应严格按照农业综合开发财务、会计制度进行管理和核算,按规定范围使用资金,严格控制现金支出,严禁白条入账,严禁挤占挪用。

第二十七条 土地治理项目资金按照工程施工合同或设备、材料供货合同、技术服务合同的约定,经开发县农发办、财政局审核后支付;其中工程款的支付须由施工单位根据工程施工进度提出申请,工程监理单位、项目所在乡镇或灌区管理机构、农场等分别签署意见。

单项工程验收合格后,开发县农发办应以合同约定及审价机构提供的审价结论为依据,及时办理工程价款结算。

第二十八条 土地治理项目计划建设内容完成后,尚有资金结余的,可在该项目区内增加建设内容。

需要增加建设内容的,由项目所在乡镇等申报主体提出结余资金使用方案报开发县农发办。单个项目结余资金不足50万元的,经开发县农发办批准后报省农发办备案;单个项目结余资金50万元以上的,由开发县农发办报省农发办批准。

不需增加建设内容的,结余资金不足30万元,交回同级财政资金专户继续用于农业综合开发项目建设;结余资金30万元以上的,相应比例的省以上财政资金交回省农业综合开发财政资金专户继续用于农业综合开发项目建设,自筹资金退回原出资人。

第二十九条 开发县财政局、农发办应采取自查和委托社会中介机构检查等方式,加强农业综合开发资金拨付、使用情况的监督检查,并积极配合审计部门和财政监督机构的监督检查。

第三十条 对经查明的挤占、挪用农业综合开发资金及虚报农业综合开发项目等违规违纪问题,责令改正,追回资金,并按照规定追究有关单位和责任人的相关责任。涉嫌违法的,移送司法机关处理。

第五章　项目管理

第三十一条 农业综合开发项目管理分前期准备、项目审批、项目实施、项目验收与移交管护等阶段。

第三十二条 前期准备包括政策公示、申报主体提出立项申请、建立项目库、编制项目可行性研究报告等与项目申报相关的工作。

第三十三条 省农发办根据各类项目不同情况，每年发布项目申报指南。开发县农发办应将省发布的项目申报指南和农业综合开发政策及时向社会公布，并做好宣传发动工作。

第三十四条 土地治理项目立项应符合以下基本条件：

（一）项目区政府领导重视、村级组织及干部群众开发积极性高，政策处理预案可行；

（二）项目区应有明确的区域范围;水源有保证、防洪有保障、排水有出路、灌排骨干工程基本具备；

（三）耕地相对集中连片，主导产业突出、具有较大的开发潜力；

（四）中低产田改造项目治理面积不低于5000亩，高标准农田示范工程项目治理面积不低于10000亩，山区小流域农业生态工程项目治理面积不低于5000亩（含项目区内园地、经济林地，其中耕地面积不低于1000亩）；

（五）中型灌区节水配套改造项目已纳入《浙江省农业综合开发重点中型灌区节水配套改造规划》、主要水源工程完好、灌区设计灌溉面积一般不低于5万亩不超过30万亩、灌区管理体系基本完备；

（六）科技推广项目的主要推广技术与品种先进、适用、有明确的技术路线与技术依托单位；

（七）良种繁育、生态林建设等由农口部门实施的项目立项条件参见相关规定。

第三十五条 产业化经营项目立项应符合以下基本条件：

（一）种植、养殖项目须有明显的资源优势和特色；

（二）农产品加工项目须有优势农产品基地作依托，产品科技含量高、市场潜力大、竞争优势明显、带动能力强，与当地农户建立了紧密、合理的利益联结机制；

（三）储藏保鲜、产地批发市场项目须为项目区提供与生产和加工相关的服务；

（四）申报主体有一定的经济实力，有较强的自筹资金筹集能力。

第三十六条 土地治理项目的申报主体为项目所在地的乡镇政府以及农民专业合作组织、农场、灌区管理机构等；产业化经营项目的申报主体为农业产业化龙头企业、农民专业合作组织等。申报主体应根据农业综合开发政策，向开发县农发办提交立项申请。

土地治理项目立项申请的内容主要包括：项目区涉及范围、耕地面积、主导产业、项目区存在的主要问题等基本情况，要求立项的理由及主要建设内容，政策处理承诺等；

产业化经营财政补助项目立项申请的内容主要包括：申报主体基本情况、项目建设条件、项目建设方案、产品市场分析与销售方案、投资估算与资金筹措、财务评价等。

产业化经营贷款贴息项目立项申请的内容主要包括：申报主体基本情况、财政贴息资金申请表、贷款合同、贷款到位凭证、贷款银行出具的利息结算清单等。

第三十七条 开发县农发办应对申报主体申报的项目开展实地考察，筛选出符合条件的项目存入项目库，项目库实行动态管理。

第三十八条 拟上报的土地治理项目应编制可行性研究报告，产业化经营财政补助项目应编制相应的申报材料。

土地治理项目可行性研究报告由开发县农发办负责编制，并召集相关部门和项目申报主体对可研报告进行会审；产业化经营财政补助项目的申报材料，由申报主体委托具备相应资质的单位按照有关要求编制，有能力的也可以按照有关要求自行编制。

申请立项的农业综合开发项目须经同级农业综合开发领导小组同意后上报省农发办。

第三十九条 项目审批包括项目评审与实地考察，财政投资控制指标下达，实施方案编制与会审，实施计划编报、会审与下达等工作。

第四十条 省农发办组织专家对土地治理项目可行性研究报告和产业化经营财政补助项目申报材料进行集中评审，形成评审意见，并组织人员进行实地考察，形成考察意见，评审意见与考察意见作为项目立项的主要依据。

产业化经营贷款贴息项目申报材料由省农发办组织审核，并按有关规定审定或上报国家农发办审批。

第四十一条 省农发办根据项目集中评审和实地考察意见，结合当年农业综合开发省以上财政资金规模、开发县工作业绩，按照奖优罚劣、择优立项的原则，确定并下达开发县年度项目省以上财政资金投资控制指标。

第四十二条 开发县农发办应通过招标或政府采购等方式，选择具有相应资质的设计单位做好土地治理项目工程设计，并组织专家对工程设计进行审查，确保工程设计质量满足工程招标及施工的需要。

第四十三条 土地治理项目实施方案由开发县农发办组织专家编制，主要编制依据包括：省下达的财政资金投资控制指标、工程设计、科技推广方案、实施方案编制提纲等。产业化经营财政补助项目实施方案由申报主体委托有关单位或自行组织专家编制，开发县农发办进行初审。

第四十四条 省农发办对开发县上报的项目实施方案进行审核，主要审核内容包括：技术方案的可行性、工程预算的准确性、资金投向及建设期工作安排的合理性等。审定的项目实施方案作为编制项目实施计划的依据。

第四十五条 开发县农发办应根据项目实施计划编制要求、省审定的项目实施方案编制项目实施计划，上报省农发办。

第四十六条 省农发办对开发县上报的项目实施计划进行审查，汇总编制全省项目实施计划，其中：国家开发县土地治理项目实施计划报国家农发办审定；产业化经营财政补助项目实施计划由省农发办批准后报国家农发办备案；省开发县项目实施计划由省农发办审定后下达。

第四十七条 省农发办根据国家农发办批复的土地治理项目实施计划，向国家开发县下达项目实施计划，并报国家农发办备案。

第四十八条 项目实施指项目实施计划下达后至项目县级验收前的全部工作。

土地治理项目实施阶段包括工程施工招标（含设备及材料采购）、工程施工合同及相关协议签订、工程质量管理、进度控制、实施计划调整、变更和终止管理、单项工程验收等工作。产业化经营财政补助项目实施阶段包括设备及材料采购、实体工程施工、设备安装与调试等工作。

省下达项目实施计划后，各地即可组织开展项目实施。

第四十九条 农业综合开发项目建设期为1～2年。建设期自省农发办下达项目实施计划之日起计算。凡纳入项目实施计划的，应如期完成建设任务，并达到规定的建设标准。

第五十条 土地治理项目应有明确的工程施工招标人。开发县农发办、有相应能力的申报主体可单独或共同作为招标人。工程施工招标时应根据单项工程性质、建设期要求、项目地理条件等因素合理划分标段。工程施工招标应委托有资质的中介机构代理。

第五十一条 根据农业综合开发土地治理项目工程特点及工期长短，工程施工合同宜采取固定总价或固定单价合同。

第五十二条 土地治理项目凡涉及公共安全、技术复杂的主要单项工程施工，应委托具有相应资质的工程监理单位进行监理，一般田间工程可委托有能力的单位做好工程质量管理。开发县农发办应通过招标等方式确定工程监理单位，工程质量管理活动应接受相关工程质量管理部门的监督。

第五十三条 开发县农发办应建立健全资金和项目管理内部控制制度，明确项目资金拨付和报账、项目实施过程中发生的工程设计变更、建设内容及工程量调整、工程施工联系单等的审核签署流程及审批权限；加强项目实施过程中的协调、监督与检查；监督并做好隐蔽工程验收。

第五十四条 土地治理项目申报主体应做好政策处理工作，为无障碍施工创造条件；协调项目实施过程中施工、监理等各方面的关系；组织建立项目质量管理小组，对项目实施实行全程跟踪与监督；落实专人负责施工中出现的工程设计变更、建设内容及工程量调整、隐蔽工程验收签证及办理相关报批手续。

第五十五条 开发县应严格按照省下达的项目实施计划组织实施，不得擅自调整项目建设内容，变更项目性质、实施主体、建设地点等。

第五十六条 项目实施计划需要调整、变更和终止的，应按照以下规定执行：

（一）土地治理项目建设内容调整涉及财政资金额度不足50万元的，由开发县农发办批准并报省农发办备案；涉及财政资金额度50万元以上不足100万元的，报省农发办批准。产业化经营财政补助项目建设内容调整涉及财政资金和项目总投资调整幅度均不足20%的，由开发县农发办批准报省农发办备案；涉及财政资金调整幅度在20%以上不足100万元或项目总投资调整幅度在20%以上的，由开发县农发办报省农发办批准。项目建设内容调整涉及财政资金额度100万元以上的，由省农发办审核调整方案后报国家农发办批准。

（二）涉及项目性质、实施主体、建设地点任何一项变更或项目终止的，须由开发县农发办报省农发办批准。国家农发办组织评审的项目，由省农发办报国家农发办审批。

（三）因项目变更而实施的新项目，按本实施办法有关规定重新申报。

（四）项目变更、终止经国家农发办或省农发办批准后，开发县农发办应及时将项目变更或终止的决定通知相关单位。

（五）终止项目的省以上财政资金，开发县须在收到项目终止正式通知1个月内上缴省财政厅。

（六）变更或终止项目，已发生的有关费用支出，由开发县自行负担。

（七）涉及项目建设内容调整、变更或终止的，应在项目年度次年5月底前向省农发办递交申请，逾期收回省以上财政资金。

第五十七条 土地治理项目施工单位在完成合同约定的施工任务后，应及时提出验收申请，开发县农发办应组织申报主体、设计单位、监理单位、质量监督机构等完成单项工程验收，确认工程数量、评价工程质量。

单项工程验收合格，农发办应对施工单位提交的工程结算资料进行初步审核，并委托相应资质的机构审价，为工程价款结算提供依据。

第五十八条 农业综合开发项目验收分为县级验收和省级验收。

项目验收的主要依据包括：国家和省制定的农业综合开发方针政策、规章制度、项目建设标准和相关行业规范，经省审定的项目实施方案、项目实施计划批复及调整、变更和终止批复（备案）文件、资金拨付文件、招投标文件、工程施工合同等。

第五十九条 开发县农发办应及时组织有关单位对已完成项目投资计划与建设任务的土地治理项目和产业化经营财政补助项目进行县级验收。县级验收完成后，应提请审计部门进行资金和项目审计，编制项目竣工决算，整理档案资料、完成资产移交、形成项目自验报告，及时向省农发办提出省级验收申请。

第六十条 省农发办收到开发县验收申请后，应及时组织省级验收。省级验收的主要内容包括：国家农业综合开发政策及相关制度执行情况，项目建设任务与主要经济技术指标完成情况，工程建设质量情况，资金筹措、拨付和使用情况，文档资料管理和工程运行管护情况等。

第六十一条 省农发办对通过省级验收的项目下发合格通知。省级验收不合格的，予以通报批评并限期整改。在限期内未能整改到位的，减少或暂缓安排新项目。对存在严重违规违纪问题的，按有关规定暂停或取消其开发县资格。

第六十二条 在已建成的项目区，应设立告示牌。将项目名称、建设时间、开发任务、建设内容、工程总投资及资金来源等内容予以公告。

第六十三条 土地治理项目县级验收完成后，实体工程必须明确产权归属，及时办理资产移交手续，落实管护主体。

第六十四条 土地治理项目一般按工程性质与工程所在地理位置确定管护主体。村内工程为村民委员会或者农民专业合作组织；跨村工程为乡镇有关管理机构；跨乡镇工程为县级人民政府确定的管理机构。管护主体应当建立管理和维护制度，保证工程设施正常运转、长期发挥效益。

第六十五条 应按照“谁受益谁负担”“以工程养工程”的原则筹集土地治理项目工程日常运行管护费用；有条件的地方，可采取拍卖、租赁、承包等多种形式对形成的资产实行有效管护。

第六章 附 则

第六十六条 本实施办法所称“以上”均含本数。

第六十七条 农业综合开发部门项目管理办法、财政贴息资金管理办法等另行制定。

第六十八条 本实施办法自发文之日起30日后施行。此前与本实施办法不一致的，以本实施办法为准。

第六十九条 本实施办法由省财政厅负责解释。开发县可结合本地实际制定具体实施细则，报省财政厅备案。

浙江省财政厅
关于进一步加强财政支农资金管理的意见

2011年11月23日 浙财农〔2011〕535号

各市、县（市、区）财政局（宁波不发），省级农口有关部门：

近年来，各级财政部门认真贯彻落实中央和省委、省政府支持农业和农村经济发展的各项支农惠农政策，不断加大支农投入，强化支农资金使用监管，为保障农业和农村持续、健康发展发挥了重要作用。但从检查情况看，当前财政支农资金管理和使用中仍然存在一些突出问题和薄弱环节，特别是支农投入的稳定增长机制还不健全；涉农资金整合的体制机制没有根本改变；支农预算执行进度不理想；农业项目的规划、年度计划和具体项目未能很好衔接；支农资金基础管理工作较为薄弱，支农资金和项目管理的规范性有待进一步加强；骗取、挤占和挪用支农资金的违规和违纪行为还时有发生等，严重影响了财政支农资金的安全运行和有效使用。

为进一步加强财政支农资金管理，提高财政支农资金科学化精细化管理水平，充分发挥支农资金使用效益，更好地实现财政支农政策目标，现提出如下意见。

一、高度重视财政支农资金管理工作

进一步加强财政支农资金管理既是依法行政、依法理财的客观要求，也是预算信息公开、财政科学化精细化管理的现实需要。各级财政部门和农口部门要充分认识财政支农资金的特殊性和敏感性，树立大局意识，增强责任感和紧迫感，切

实加强对财政支农工作的组织领导和对支农资金使用的监督管理。要进一步明确财政部门和主管部门在支农资金和项目管理中的职责，形成分工明确、密切配合、权责一致的支农资金管理机制。要从建立科学的机制着眼，不断强化财政支农资金规范管理，牢固树立抓资金管理就是抓使用效益的理财观念，用制度和机制保障财政支农资金的运行安全和有效使用。

二、建立和完善支农投入稳定增长机制

各级财政部门要继续把支持“三农”发展作为财政工作的重中之重，健全事权财权相匹配的投入机制，合理界定政府职责，明确公共财政对农业的支持范围，完善各级政府分级负责的保障机制，逐步建立责任明确的分级投入和监管机制。要进一步加大财政支农投入，拓宽财政支农资金渠道，确保总量持续增加、比重稳步提高。当前，特别要落实好中央和省委、省政府支持水利建设的政策意见，积极筹措资金，切实保障水利改革发展的顺利推进。同时，要创新机制，吸引金融资本、工商资本和社会资金投入“三农”，形成多元化的支农资金投入机制。

三、深化资金整合，优化支农资金投向

各级财政部门和农口部门要认真研究和分析农业农村经济发展中面临的新形势和新问题，围绕省委、省政府确定的“三农”工作重点，突出农业“两区”建设、小型农田水利重点县建设、木本油料产业发展、美丽乡村建设、重点欠发达地区特别扶持政策等财政支农的重点项目和平台，加强各级财政支农资金的整合和统筹，突出扶持重点，优化支农支出机构。要进一步加强财政支农资金整合工作的统筹协商机制，发挥各级财政支农资金的整体作用，形成财政支农资金整合和统筹上下联动的局面。要真正在财政支农资金整合和统筹中优化资金投向，在优化资金投向中提升财政支农资金使用效益。

四、进一步完善资金分配机制

各级财政部门要进一步完善财政支农资金分配方式，建立支农资金分配与使用绩效相衔接的资金分配制度，探索实行“预算编制有目标、预算执行有监控、项目完成有评价、评价结果有反馈、反馈结果要运用”的财政支农资金绩效管理机制，把绩效评价结果作为财政支农资金分配的重要依据，真正实现追踪问效。省财政将继续推进专项性一般转移支付制度，在对重点项目明确目标、实行项目管理的基础上，综合运用因素法分配、切块下达和项目管理相结合的方式，不断完善财政支农资金分配管理机制；同时将财政支农资金审计、检查情况及财政支农工作实绩作为因素，在财政支农资金分配时予以体现。

五、进一步规范项目立项管理

各级财政部门和农口部门要高度重视支农项目立项管理。一是规范项目立项程序。对于预算年度支农领域的扶持项目要提前制定《导向目录》或立项指南，逐步实现在上一年底前明确财政支农资金的扶持对象、支持范围及补助标准等要素，提高项目申报工作的透明度。二是规范项目立项行为。要继续专家评审制度和公示公告制度，探索开展财政支农项目公开竞选制度，进一步提高立项环节的公平性、公正性；要加强对申报项目的审查，各级财政部门要对申报项目的合规性负责，农口部门要对申报项目的真实性、完整性负责。三是要进一步加强财政支农项目库制度建设，充分发挥财政支农项目库系统的作用，加大财政支农项目库系统的推广和应用，要积极创造条件做好财政支农项目库系统与财政项目预算地理信息系统的衔接，将符合支持范围和方向的项目纳入财政支农项目库，实行滚动管理，有效解决项目重复、多头申报等问题，建立项目监管的长效机制。

六、创新支农资金支付管理机制

各级财政部门要积极探索和创新财政支农资金支付方式，在确保财政资金安全性的前提下，分类推进和完善财政支农资金支付管理。对于能够纳入国库集中支付的资金，要积极创造条件，规范操作，简化程序，努力推进财政支农资金国库集中支付，切实提高支农支出的及时性和有效性。对于涉农补贴类资金，由县级财政或乡镇财政采取“一卡通”“一折通”的方式，直接、及时发放到位；对于按规定实行报账制的资金，要严格按规定程序报账。

七、努力加强支农预算和执行管理

各级财政部门和农口部门要认真做好预算编制的基础性工作，早编、细编预算，提高预算编制质量。按照规范财政专项资金管理的要求，在对现有财政支农专项资金来源渠道、规模、期限、支持对象和支持方式进行清理归类的基础上，对设立的支农专项资金严格审核把关，避免重复投入。切实落实《转发财政部关于深入推进基层财政专项支出预算公开意见的通知》(浙财预〔2011〕11号)、《关于进一步做好乡镇财政专项支出预算公开的通知》(浙财基〔2011〕10号)文件要求，积极推进基层财政支农专项支出预算公开。要积极采取措施，努力加强财政支农预算执行管理，切实加快财政支农支出进度，着力解决好支农预算资金支出进度慢、结余资金较多等问题。同时要坚持加快支出进度与确保财政支农资金的安全性、规范性和有效性并重的原则，努力提高支农资金的使用效益，有力保障各项支农惠农政策的有效落实。

八、完善管理制度，强化支农资金使用监管

各级财政部门和农口部门要按照资金分配规范、使用范围明晰、管理监督严格、职能效能统一的要求，继续对现行的支农资金管理制度进行清理、修订和完善，进一步完善财政支农资金管理制度体系。要切实加强财政支农资金使用的日常管理，强化对财政支农项目事前、事中、事后全程的监督检查。要对重点财政支农资金或违规使用风险较高的财政支农资金建立常态化的监督检查制度，充分发挥审计监督及中介机构参与监督的作用。要积极建立和完善责任追究机制，层层落实责任，严格推行问责制，不断规范财政支农支出的决策和监管行为。

九、夯实基础，提高科学化精细化管理水平

各级财政部门要按照加强“三基”建设的要求，努力夯实财政支农资金管理的基础工作。一是抓好支农政策落实情况和支农基础数据统计及分析等工作。根据《关于建立农业农村经济形势和财政支农政策落实情况分析制度的通知》（浙财农函〔2011〕7号）的要求，切实做好农业农村经济形势和支农政策落实情况分析工作，为加强支农资金管理提供数据和信息支撑。二是充分发挥乡镇财政管理机构就地就近资金监管的职能和信息灵敏、反应迅速的特点，加强对涉农补贴性资金和项目性资金的使用监管。三是加强县级财政农财干部队伍建设，强化素质培训，不断提高财政支农管理工作水平；同时，强化对基层部门和项目单位财政支农资金及财务管理工作的指导，切实提高财政支农资金使用效益。

浙江省财政厅
关于做好“十二五”时期财政支农工作的意见

2011年12月8日　浙财农〔2011〕565号

各市、县（市、区）财政局（宁波不发），省级农口有关部门：

农业、农村、农民问题关系党和国家事业发展全局。中央和省委、省政府始终把“三农”工作作为各项工作的“重中之重”，大力促进农业农村持续、健康发展。近年来，全省各级财政部门认真贯彻落实中央和省委、省政府支持“三农”发展的政策部署，不断完善支农政策体系，加大财政支农投入，为我省现代农业加快发展、新农村建设全面推进、农民收入持续增收做出了积极的贡献，有力促进了农业农村的改革和发展。

“十二五”时期，是我省全面建成惠及全省人民小康社会的关键时期，也是财政改革发展的重要战略机遇期。我省经济社会发展呈现新的阶段性特征，统筹城乡发展、推进新农村建设，既有新的机遇，也有新的挑战，财政支农工作也将面临新形势和新困难。做好“十二五”时期财政支农工作，是贯彻中央和省委、省政府“三农”方针政策的必然要求，也是落实“三化同步”战略任务的重大举措，对于加快推进农业现代化和社会主义新农村建设，促进经济长期平稳较快发展和社会和谐稳定具有十分重要的意义。各级财政部门要充分认识新形势下做好财政支农工作的重要意义，切实增强责任感和使命感，把思想和行动统一到中央和省委、省政府的决策部署上来，按照“三化同步”的要求，扎实做好新时期的财政支农工作。

一、指导思想

“十二五”时期，我省财政支农工作要坚持以科学发展观为统领，紧紧围绕“八八战略”和“创业富民、创新强省”总战略，贯彻落实“依法治税、为民理财、务实创新、廉洁高效”的总体工作思路和“实、稳、优”三字诀，突出“三基”“五财”建设，按照2011年全国农业财政工作会议精神和2010年全省农业财政工作会议部署，加强财政支农政策研究，加大财政支农投入，创新财政支农机制，突出支农重点，优化支出结构，强化支农资金管理，加强农财干部队伍建设，努力推进农业现代化和社会主义新农村建设。

二、主要目标

“十二五”时期，各级财政部门要按照公共财政和财政支农工作指导思想，进一步完善财政支农政策体系，确保各项强农惠农政策有效落实。

一是按照公共财政的要求合理界定政府的支农投入职责，着力构建符合“三化同步”要求的财政支农机制，完善财政支农政策体系，推动传统农业向现代农业转变。

二是创新财政支农扶持方式，大力支持农业新型经营主体培育，提高农业生产组织化程度，支持村级集体经济组织的发展壮大，促进农业农村经济可持续发展。

三是突出以农业农村发展规划为引导，以重点项目为平台，开展省、市、县多级次支农资金整合和统筹，进一步巩固和深化财政支农资金整合工作。

四是积极推进专项性一般转移支付改革，充分利用财政支农项目库、地理信息系统等有效手段，进一步提高财政支农项目精细化、科学化、规范化管理水平。

五是强化支农资金绩效管理，构建以绩效为导向的支农资金分配制度，健全支农资金监督检查和责任追究机制，不断提高支农资金使用效益。

三、积极落实各项强农惠农政策

"十二五"时期，各级财政部门要围绕财政支农工作的指导思路和主要目标，扎扎实实地做好各项强农惠农政策的落实，促进农业发展转型升级和新农村建设再上新台阶。

(一)大力支持农业基础设施建设

一是加大水利建设投入，保障水利改革发展各项政策落实。不断建立健全公共财政对水利投入的稳定增长机制和以政府为主导、多渠道投入的水利投融资机制，明显提高财政性资金对水利投入的总量和增幅。认真落实从土地出让收益中提取10%用于农田水利建设和新增建设用地土地有偿使用费等土地整治资金用于农田水利基本建设和保护方面的支出不低于20%政策，确保足额计提和专款专用。切实加强水资源费和水利建设基金征缴，严格征收、使用与管理，有重点防洪任务和水资源严重短缺的城市，要认真落实从征收的城市维护建设税中划出不少于15%的资金用于城市防洪和水源工程建设。不断完善财政引导机制，广泛吸引社会资金参与水利建设，推动实现今后10年全社会水利年均投入比2010年高出1倍。二是进一步优化水利支出结构，突出重点领域和薄弱环节。突出抓好农田水利建设，将农田水利建设与农业"两区"建设相衔接，进一步推进小型农田水利重点县建设，着力支持"百万亩喷微灌工程""五小水利工程"等小型农田水利建设，大力支持高效节水灌溉和高标准农田建设，优先安排粮食生产功能区内项目。建立健全资金整合和统筹协调机制，加强评估验收等管理工作，确保重点县建设目标如期实现。重点支持"强塘"工程，加快推进中小河流治理、病险水库水闸山塘除险加固、海塘配套加固，如期完成"强塘"工程责任书内的所有项目。大力支持"水资源保障百亿工程"，科学推进水资源配置、农村饮水、海水淡化等建设，全面提升水资源综合开发利用能力。三是支持"百万"造地保障工程和农村土地整治，加大土地开发整理力度，科学合理利用滩涂、低丘缓坡和农村建设用地等资源；深入实施"千万亩标准农田质量提升工程"，推进农业综合开发高标准农田示范工程项目建设，加快中低产田改造。四是加强林区基础设施建设，支持林区道路项目建设；支持标准渔港建设，提升渔业安全生产保障水平。

(二)大力支持现代农业发展

一是继续实施并完善各项农业补贴政策。规范农作物良种补贴，突出补贴重点，完善补贴办法，提高补贴发放效率；完善农机购置补贴操作办法和程序；继续实施畜牧良种补贴，支持畜禽良种繁育体系建设。二是以粮食生产功能区建设为载体，切实加大对粮食生产的投入，提高粮食安全的保障水平。农机购置补贴和设施农业补贴向粮食生产功能区倾斜，向种粮大户和规范化农民专业合作组织倾斜。三是支持优势特色农业主导产业发展。结合现代农业园区建设，坚持集中投入、统筹协调，以优势农业主导产业为重点，促进农产品有效供给和农民持续增收。加大资金整合力度，积极支持木本油料产业和菜篮子生产发展。四是大力扶持现代种业，进一步加大对种子科研的支持力度，支持种子企业做大做强，支持种子生产基地建设，提高生产供应保障水平。五是支持构建现代农业科技、人才、服务三大支撑体系。支持基层农业公共服务中心建设，加强基层农技推广、动植物疫病防控和农产品质量安全监管等公共服务能力建设。

(三)大力支持农业农村生态保护和建设

一是整合资源和资金，深入实施"千村示范万村整治"工程；进一步创新机制，加强相关支农资金的整合和统筹，支持中心村建设培育，积极推进美丽乡村建设。二是加强农业面源污染治理，深化畜禽养殖污染治理，推进循环农业建设，提高农业废弃物资源化利用水平。三是完善森林生态效益补偿制度，开展省级以上森林类自然保护区集体租赁工作，逐步提高省级以上公益林补偿标准，做好纳入补偿范围的省级公益林补偿资金发放工作，保障地方补偿资金及时、足额到位，切实加强对资金发放、使用的监管，确保项目建设成效。四是加快森林抚育试点，造林补贴试点、林木良种补助试点工作力度，加强试点资金管理。五是加强水资源管理与保护，积极推进重要生态保护区、易灾地区、水源涵养区、江河源头区、湿地的保护和水土流失防治，加强水土保持生态环境监测。深入实施万里清水河道建设，深化城乡河道水环境整治，加大城乡河网水系的综合整治力度，改善水环境。

(四)大力支持欠发达地区加快发展

贯彻落实省委、省政府《关于推进欠发达地区加快发展地若干意见》(浙委〔2011〕29号)精神，进一步加大投入，优化支持结构，有力促进重点欠发达地区加快发展。一是落实好省委、省政府出台的特别扶持政策，进一步体现特殊扶持政策的引导和推动作用，加强特扶项目的实施管理和特扶资金使用的监督管理。二是深入实施"低收入农户奔小康工程"，进一步完善农民异地搬迁扶持政策，以低收入农户集中村为重点，大力扶持低收入农户因地制宜发展特色种养业、来料加工及农家乐休闲旅游，完善扶贫小额贷款制度，继续扶持低收入农户集中村建立资金互助组织，加强和规范村级资金互助组织管理。积极支持少数民族地区和革命老区农业农村经济社会发展。

(五)积极支持村级集体经济发展壮大

发展壮大村级集体经济是农村经济社会可持续发展和良性循环的重要保证，有利于农村社会稳定与和谐。要以增强村级"造血"功能为着力点，以扶持中低收入村为重点，充分发挥财政职能，因地制宜，促进村级集体经济实力的提升。按照创新机制、市场运作、拓宽思路、规范管理的要求，发挥财政资金的引导和杠杆作用，在农民自愿前提下，充分整合集体资源，鼓励村级集体经济组织通过多种形式实现集体资产数量和质量的提高，并从中获取持续性收益。积极探索财政支持村级集体经济发展具有普遍意义和推广价值的合理模式，建立健全促进村级集体经济发展的长效机制，努力将财政支持村级集体经济发展的有效模式打造成“十二五”时期财政支农工作的新亮点。

（六）积极支持农业新型经营主体培育

加快培育一批与区域农业产业结构和产业升级相适应的新型农业经营主体。积极支持规范化农民专业合作组织、农业龙头企业以及农业生产专业大户、职业农民等农业新型经营主体的培育，进一步提高农民生产经营组织化程度，促进农业生产规模化经营。以实施农村“两创”实用人才培养计划为重点，深入推进“千万农村劳动力素质提升工程”，切实加强对农民专业合作组织、农业龙头企业和行业协会等各类人才培训，着力提升农民技能水平和创业就业能力。鼓励支持大学生到农民专业合作社等农业新型主体就业创业。

（七）大力支持防灾减灾体系建设

一是支持防汛防台抗旱体系建设。进一步做好防汛防台抗旱工作，不断完善防汛防台抗旱预案和监测预警体系，建立健全防汛防台抗旱指挥体系，推进省市县三级山洪地质灾害监测预警平台建设。以非工程措施为重点，加大山洪灾害防治支持力度，加快项目实施进度。二是支持健全农村气象灾害防御体系，增强农业农村气象灾害监测及预报预警能力。三是支持海洋防灾减灾基础设施建设，提高海洋灾害观测和预警预报水平，全面提升海洋灾害综合防御能力。

四、深化改革，推进财政支农体制机制创新

（一）创新支农投入稳定增长机制。一是拓宽财政支农资金渠道，按照《农业法》和中央、省委、省政府的要求，进一步加大财政支农投入，确保总量持续增加、比重稳步提高。积极推进调整政府性基金支出结构，增加基金用于“三农”的比例，加强基金管理，足额征收，足额提取。同时，要创新机制，吸引金融资本、工商资本和社会资金投入“三农”，形成多元化的支农资金投入机制。二是健全事权财权相匹配的投入机制，合理界定政府对农业的支持范围以及各级政府财政支农支出的责任，逐步建立责任明确的分级投入和管理机制。

（二）创新财政支农资金整合机制。一是进一步加强财政支农资金整合工作的统筹协商机制。在巩固现有财政支农资金整合工作成果的基础上，进一步深化整合工作机制，形成财政部门和主管部门既分工又协作的协商、沟通机制。二是加强规划引导，推进财政支农资金的有效整合和统筹。要以重点支农项目或产业为平台，发挥各级财政支农资金的整体作用，推动支农资金的统筹安排和集中使用，发挥财政资金的最大效应。

（三）创新财政支农方式。不断改进支农资金扶持方式，根据不同的支持对象和支持内容，采取不同的支持方式，进一步提高支农资金扶持的针对性和有效性。采取民办公助、以奖代补、先建后补等方式，鼓励和调动农民的积极性，充分发挥农民的主体作用。继续完善财政贴息等投入机制，引导信贷资金、社会资金对农业的投入。要突出财政支农资金扶持的导向作用，对有利于村级集体经济发展和新型农业经营主体培育的项目予以优先扶持。

（四）创新财政支农资金分配机制。在总结支农资金项目审批权限下放改革探索的基础上，适当扩大审批权限下放改革的范围，积极推广公式法、因素法等方式分配支农资金。同时，进一步创新财政支农资金分配方式，省财政将继续推进专项性一般转移支付制度，在对重点项目明确目标、实行项目管理的基础上，综合运用因素法分配、切块下达和项目管理相结合的方式，不断完善财政支农资金分配管理机制。建立健全以绩效为导向的资金分配机制，实行财政支农资金分配与检查结果、绩效考评及财政支农工作实绩相衔接。

（五）支持农口部门改革创新。积极支持农口部门改革创新，进一步增强农口部门公共服务能力。支持基层农技推广体系改革，进一步提升基层农技部门公共服务保障能力。支持集体林权制度改革，研究支持启动国有林场改革试点的财政政策，研究支持国有林区管理体制改革。支持深化水利体制机制改革创新，强化城乡水资源统一管理，支持实行最严格的水资源管理制度，不断完善水资源管理体制，加快推动水利工程建设和管理体制改革，健全水利工程管理考核制度，研究探索支持基层水利服务体系建设，积极推进水价改革，充分发挥水价的调节作用。

五、建立健全长效机制，进一步加强财政支农资金科学化、精细化管理

（一）进一步完善管理制度。全面加强财政支农资金管理制度建设，建立健全覆盖资金分配、拨付、使用、监督和项目立项、设计、实施、验收、后续管理等环节在内的，整个资金运行全过程的管理制度体系，为财政支农资金科学化精细化管理提供良好的制度保障。按照资金分配规范、使用范围明晰、管理监督严格、职能效能统一的要求，继续对现行的支农资金管理制度进行清理、修订和完善，并加强各项制度之间的衔接。对中央和省出台的管理制度，要结合实际，制定具体的管理制度或实施细则。

（二）进一步加强支农预算和执行管理。一是严格支农资金预算编制。要认真做好预算编制的基础性工作，早编细编预算，提高预算编制质量。同时按照规范财政专项资金管理的要求，在对现有财政支农专项资金来源渠道、规模、期限、支持对象和支持方式进行清理归类的基础上，对设立支农专项资金严格审核把关，避免重复投入。二是进一步加强农业财政支出预算执行管理。切实加快财政支农支出进度，同时要坚持加快支出进度与确保财政支农资金的安全性、规范性和有效性并重的原则，努力提高支农资金的使用效益，有力保障各项支农惠农政策的有效落实。

（三）进一步优化支农资金支付管理。要对现有财政支农资金进行科学分类，对不同性质的资金，分别采取针对性措施，进一步优化支农资金支付管理。对项目补助类资金，要按照项目实施计划，根据工程进度及时拨付项目资金，符合国库集中支付要求的，要积极实行国库集中支付方式，切实提高支农资金执行效率；对涉农直接补贴类资金，要尽早核实信息，通过“一卡通”“一折通”等有效方式，确保及时、足额地将资金发放到补贴对象手中；对实行报账制的资金，要在加快项目实施的基础上，及时按规定要求进行报账管理。

（四）进一步加强支农项目管理。要高度重视支农项目管理，逐步建立起覆盖项目立项、实施过程管理及项目绩效管理等支农项目管理全过程环节。一是加强立项管理。及时制定支农项目和资金管理办法或发布立项指南，提高项目申报的透明度，进一步规范财政支农项目的立项程序。落实项目公示公告制度，进一步提高项目立项环节的公平性、公正性。二是加强项目实施管理。强化项目约束机制，严格执行工程招投标、政府采购制度，完善项目监管机制，实行项目法人制、工程监理制。三是加强项目验收工作，确保项目建设和实施的质量。四是运用先进手段加强项目管理。推广应用财政支农项目库管理系统，加强财政支农项目库系统应用的培训和指导，积极推行财政资金支持项目从财政支农项目库中择优选择。加强财政支农项目库系统与地理信息系统的衔接，有效解决项目重复、多头申报等问题，建立项目监管的长效机制。

（五）进一步创新农业基础设施管护机制。坚持建管并重，着力把农业基础设施建设与运行管理有机衔接起来，切实加强农田基础设施资产的管护，落实管护主体和责任。根据当前农业规模化经营的发展趋势，积极鼓励采取合作社等组织形式来承接农业基础设施项目的管理和维护，并进一步发挥农户、村组集体的管护作用，逐步建立农业基础设施长效运行管护机制。

（六）进一步夯实支农资金管理的基础性工作。一是加强涉及“三农”的数据统计及支农惠农政策落实情况分析，强化基层部门和项目单位财务管理，切实提高财政支农资金科学化精细化管理水平。二是加强农业综合开发资金和财务管理，完善农业综合开发资金和财务管理办法，提高农业综合开发财政资金管理水平。三是按照夯实管理基础的要求，充分发挥乡镇财政管理机构就地就近资金监管的职能作用，加强对涉农补助性资金和项目性资金的使用监管，切实提高支农资金使用效益。四是要及时了解财政支农资金使用和监管动态，认真总结和推广财政支农资金使用与监管的好经验、好做法。加强财政支农工作宣传力度，注重宣传的引导性和时效性，形成全社会关心、支持财政支农资金监管的新局面。

六、切实落实保障措施，提高财政支农工作水平

（一）加强组织协调。各级财政部门要建立健全领导责任制和岗位责任制，把目标和任务分解到岗位，把责任和措施落实到人，按照分级负责的原则，形成一级抓一级、层层抓落实的工作格局。在党委、政府的领导下，加强与农口部门的沟通协调，加强财政内部的协作，强化上下级之间的配合衔接，动员社会各方面力量，共同做好财政支农工作。

（二）加强监督管理。要把财政支农资金监督管理放在农业财政和财务管理工作的突出位置，切实抓实抓好。要进一步加强财政支农资金绩效管理机制，强化绩效评价结果的应用，建立健全财政支农资金分配与绩效考评结果相衔接的资金分配制度。推行委托中介机构开展支农资金绩效评价，完善第三方参与支农资金监管制度。在进一步明晰财政和主管部门支农资金监管职责的基础上，建立责任追究机制，层层落实责任，严格推行问责制，不断规范财政支农支出的决策和监管行为。

（三）加强支农政策研究。要认真学习中央和省委、省政府提出的农业农村发展方针政策，围绕当前“三农”工作的热点和难点，切实深入基层，加强调查研究，重点调查了解各项财政支农政策的落实情况和农业农村发展的实际需求，不断增强工作的前瞻性、针对性和实效性。要注意挖掘和总结基层的好经验、好做法，注意发现和解决政策执行中存在的问题和困难，及时调整和完善政策，创新支农工作机制，不断提高支农工作的决策和管理水平。

（四）加强信息宣传和交流。要围绕财政支农重点工作，有计划、有重点地宣传强农惠农政策落实情况、财政支农体制机制创新情况、财政支农资金管理情况，积极宣传支农政策成效，追踪报道支农政策动态，及时交流支农工作典型经验。加强财政部门之间及主管部门之间的信息沟通与交流，争取主管部门对财政支农工作的理解和支持，共同推进财政支农工作的顺利开展。

（五）加强干部队伍建设。全面加强干部队伍的思想政治建设、能力建设、作风建设和反腐倡廉建设，不断提高干部综

合素质。要积极推进具有农财特色的创先争优活动，传承财政支农优良传统。要切实增强责任意识、大局意识、创新意识和服务意识，弘扬开拓创新、求真务实、心系群众、服务基层的优良工作作风，打造一支具有战斗力的农财干部队伍。

省财政厅 省地方税务局
浙江省支持浙商创业创新 促进浙江发展的财税配套政策

2011年12月8日 浙财预〔2011〕41号

一、强化财政引导政策

（一）大力支持浙商开拓国际国内市场

1.支持浙商举办或参加境内外重要的国际会展。对浙商举办或参加境内外重要的国际性展会所发生的展位费、公共布展费、展品运输费，省财政给予一定的资助。

2.支持浙商开展品牌专卖、连锁网络建设。浙商争创国际国内品牌，省财政给予一定奖励。对我省服装等十大行业品牌专卖连锁网络建设浙商试点企业，到省外（国内）开设直营连锁网点、参加特许加盟展、签订加盟合同的，省财政给予一定的补助。

3.巩固和扩大浙商营销网络体系。2011～2015年，省财政每年安排全国浙商营销网络建设资金，按照每年浙商扩销额的一定比例对扩销浙江产品成绩显著的营销中心、经销户等销售终端单位给予一定的奖励。

（二）支持引进海外浙商重大投资项目

对引进海外浙商投资于海洋经济和战略性新兴产业领域的鼓励类项目的招商推进工作，省财政给予一定的资助。对省商务厅组织开展的海外浙商回归投资发展总部经济、新兴产业和生产性服务业回归项目对接活动，省财政给予一定的资助。

（三）支持浙商"走出去"发展

省财政设立省级实施"走出去"战略专项资金，对浙商在境外投资合作开发，海外并购获取营销渠道、知名品牌、先进技术等给予一定资助。对浙商在境外投资建设经贸合作区，省财政给予一定资助。对浙商在境外投资设立营销网络所发生的有关费用，省财政给予一定补助。浙商当年完成境外工程承包业务、境外项目设计咨询服务、境外渔业合作的，省财政按照其营业额给予一定的奖励。

（四）支持发展浙商的总部经济

建立政府引进浙商设立地区总部等功能性机构的激励奖补机制，支持市县政府吸引浙商回省内设立地区总部、研发中心、采购中心、网络财务管理中心、结算中心以及成本和利润核算中心等功能性机构。省财政对经省有关部门认定，省外境外浙商回归新设立地区总部等功能性机构数位居全省前5位的市县及省内浙商新设立地区总部等功能性机构数（不包括从省内其他市县引进的机构）位居全省前5位的市县，每市县奖励1000万元。具体操作办法由省财政厅另行制定。

对省外境外浙商回归在我省设立地区总部的，依据其税收贡献、吸纳就业和产业水平情况，经省有关部门认定，省级服务业发展引导专项资金给予一次性奖励。

（五）支持浙商发展海洋经济

2010～2012年，省财政每年安排10亿元海洋经济发展专项资金，重点支持海岛基础设施、海洋产业转型升级发展及海洋科技、生态环境保护等方面的建设。鼓励浙商参与我省海洋经济建设。

（六）支持浙商发展战略性新兴产业

省财政每年安排10亿元战略性新兴产业和转型升级专项资金，重点支持浙商列入当年全省关键技术、高端共性技术和瓶颈技术等重点攻关计划并实行公开征集的项目、具有国家发明专利或其他重大科技成果并列入当年全省重点项目计划的产业化项目等战略性新兴产业和转型升级项目。

（七）支持浙商发展科技服务业

对浙商加强大型研发机构建设，主持实施科技成果转化产业化项目的，省财政给予一定的补助。对浙商联合高校、科研院所与外方合作建立中外联合研发机构，省财政给予一定支持。对浙商获得国家重大科技专项、"973"计划、"863"计划、支撑计划、科技型中小企业创新基金、高技术产业化等项目，省财政给予一定比例的配套补助。对符合条件的科技中介服务机构，省财政给予一定的补助。对取得国内外专利的，省财政根据不同的专利及利用情况给予一定的补助。

省财政安排海外高层次人才引进专项资金，对来我省创新创业并入选海外高层次人才"千人计划""海鸥人才计划"的浙商，分别给予一次性100万元、50万元的省政府科学技术人才奖励。

（八）支持浙商发展网络服务与信息产业

省财政每年安排信息服务业发展专项资金，重点支持浙商企业高新技术研发与关键技术手段的配备、质量保证体系建设、引进技术消化吸收的技术攻关及对外技术合作等项目；

具有或争创自主知识产权的共性基础软件、软件出口与外包，以及为工业企业技术改造、提升工艺和产品技术水平或替代进口设备、材料研发与生产相配套的嵌入式软件、重点行业应用软件等项目；为公共管理和服务提供重大数据库开发、网络增值服务等项目；信息服务公共技术支撑平台、第三方电子商务与现代物流服务平台、面向区域或行业的信息技术服务平台的开发、建设等项目；信息技术推广应用试点、示范项目。

（九）支持浙商发展生产性服务业

省级服务业发展引导资金对省服务业重大项目的长期银行贷款给予贴息，或按项目直接投资额给予一定比例的补助，对经省有关部门评定的服务业集聚示范区建设给予一次性补助。支持浙商发展连锁经营和电子商务等现代流通方式，浙商参与省重点商品交易市场物流、仓储、会展等配套设施建设，省财政按照其项目实际投资额的一定比例给予适当补助。对我省服务外包、文化出口、软件出口、国际物流运输等服务贸易发展重点领域业绩突出的浙商，省财政给予一定的奖励。对经认定的浙商物流龙头企业的信息化建设、节能减排等技术改造项目，省财政给予一定的补助。

（十）支持浙商创新发展金融业

逐步扩大各级创业投资引导基金规模，鼓励有条件的市县设立创业投资引导基金，引导浙商等社会资本进入创业风险投资领域，重点支持浙商创业创新项目。省级金融业发展专项资金对金融创新项目给予一定的补助。继续争取中央财政对村镇银行给予定向费用补贴。省财政出资10亿元成立浙江省中小企业再担保有限公司，缓解浙商中小企业融资难、融资贵。省财政对银行业金融机构、小额贷款公司、融资性担保公司实施风险补偿政策，支持浙商小企业融资。

（十一）支持浙商发展文化产业

省财政每年安排文化产业发展专项资金，采取项目补助、贴息和奖励等方式，支持重点文化产业基地、文化产业示范园区及示范企业，特别是列入浙江省文化产业发展“122”工程计划重点扶持的企业和园区；重点文化活动、文化品牌；具有示范性、导向性的文化产品生产和文化服务项目，以及文化产品和服务出口；文化产业高新技术应用发展项目，新媒体、新业态发展，数字技术应用等。省财政参股设立浙江省文化产业发展基金，对浙商投资的优秀文化产业项目和文化企业以直接投资、股权投资等形式进行扶持。

（十二）支持浙商发展旅游业

省级旅游发展专项资金优先支持浙商发展旅游业，将旅游装备产业发展、旅游新兴业态发展等列入旅游发展专项资金支持范围。对浙商投资发展旅游基础设施建设、旅游重点项目建设、特色旅游项目开发、特色旅游商品研发、旅游装备产业发展和旅游新兴业态发展等项目，省财政给予一定的补助。

（十三）支持浙商发展现代农业

鼓励浙商农业龙头企业等现代农业生产经营主体参与农产品生产基地建设，省财政对其给予一定的补助。浙商投资的农业企业等直接从事农机作业的农业生产经营组织购买农业动力机械、农产品初加工机械、畜牧水产养殖机械和设施农业设备等，省财政给予一定的补贴，并对粮食烘干机、拖拉机报废更新给予累加补贴。对浙商农业龙头企业种养业的基地生产设施建设贷款，引进先进适用技术和设备引进、改造贷款以及非常性情况需要扩大农产品收购贷款，省财政给予贴息补助。浙商组织农民专业合作社从事农产品种植、养殖基地开发，省财政给予一定的补助。浙商扩大耕地开发规模，开展标准农田建设或进行中低产田改造，省财政给予一定的补助。

（十四）支持浙商参与城乡建设

2010～2012年，省财政每年安排10亿元小城市培育试点专项资金，对首批27个中心镇进行重点培育扶持，鼓励浙商参与试点镇基础设施建设、社会事业发展、产业集聚发展和公共服务平台建设。

省财政安排美丽乡村、中心村建设专项资金，鼓励包括浙商在内的不同经济成分和各类投资主体以独资、合资、承包、租赁等多种形式参与农村生态环境建设、生态经济项目开发和省重点培育示范中心村开展的村庄环境综合整治扩面提升项目和最大居住点基础设施配套建设项目中的环境综合整治项目建设。

支持全省公共租赁住房建设和欠发达地区廉租住房建设，对包含浙商企业参与保障性安居工程建设的项目一视同仁对待，省财政给予一定的补助。全面落实保障性安居工程建设和运营涉及的各项税费优惠政策，减轻浙商企业在保障性安居工程建设和运营过程中的经济负担。

（十五）支持浙商发展公共服务

浙商创办民办学校享受与公办学校同等的财政经费保障政策。鼓励浙商参与医疗制度改革，通过政府采购选择符合条件的非公立医疗机构承担公共卫生服务以及政府下达的医疗卫生支农、支边、对口支援、突发公共卫生任务等。省财政对浙商兴办民办养老和残疾人服务机构、村级事务等公共服务予以一定的补助。

二、落实税收优惠政策

（一）支持浙商总部经济发展

跨省市设立营业机构的本省企业集团总部，如按规定纳税确有困难的，报经地税部门批准，可酌情减免房产税和水利建设专项资金；新引进的省外企业集团总部，报经地税部门批准，可给予三年内免征房产税和城镇土地使用税、水利建设专项资金的照顾。

（二）支持浙商科技创新

经省高新技术企业认定管理机构认定（复审）合格的高新技术企业，自认定（复审）通过当年开始，即可凭省高新技术企业认定管理机构颁发的高新技术企业证书和有关材料向主管地税部门申请一次性报备后，减按15%的税率缴纳企业所得税。

企业为开发新技术、新产品、新工艺发生的研究开发费用，未形成无形资产计入当期损益的，在按照规定据实扣除的基础上，按照研究开发费用的50%加计扣除；形成无形资产的，按照无形资产成本的150%摊销。

一个纳税年度内，对居民企业技术转让所得不超过500万元的部分，免征企业所得税；超过500万元的部分，减半征收企业所得税。经主管地税部门备案后，可自行计算享受企业所得税优惠政策。对单位和个人从事技术转让、技术开发业务和与之相关的技术咨询、技术服务业务取得的收入，免征营业税。

（三）支持浙商人才引进

科研机构、高等学校转化职务科技成果以股份或出资比例等股权形式给予个人的奖励，获奖人在取得股份、出资比例时，暂不缴纳个人所得税。将职务科技成果转化为股份、投资比例的科研机构、高等学校或者获奖人员，在享受上述优惠政策同时，应在授（获）奖后30日内，将相关部门出具的《出资入股高新技术成果认定书》、技术成果价值评估报告和确认书，以及奖励的其他相关详细资料报主管地税部门备查。

（四）支持浙商从事公共基础设施项目

企业经有关部门批准，从事符合《公共基础设施项目企业所得税优惠目录》规定范围、条件和标准的公共基础设施项目的投资经营所得，自该项目取得第一笔生产经营收入所属纳税年度起，第一年至第三年免征企业所得税，第四年至第六年减半征收企业所得税。

（五）支持浙商发展物流业

对符合条件的物流企业，积极推荐纳入试点物流企业名单，实行营业税差额征税。试点物流企业将承揽的运输业务、仓储业务分给其他单位并由其统一收取价款的，以该企业取得的全部收入减去付给其他合作方的运费、仓储费后的余额为营业额计算征收营业税。对省重点物流企业，按规定缴纳水利建设专项资金确有困难的，经地税部门批准，酌情减免。

（六）支持省级产业集聚区鼓励发展的浙商企业

对经认定属于产业集聚区内鼓励发展的企业，自新认定之年起，一至三年内给予房产税、城镇土地使用税的减免。对集聚区内符合规定条件的新投资企业（包括省外引进的和省内企业在集聚区内的新办企业），自新认定之年起，一至三年内免征房产税和城镇土地使用税；对省内企业迁入集聚区内并符合规定条件的，年度应纳房产税和城镇土地使用税有增加的，自新认定之年起，一至三年内对其房产税和城镇土地使用税的增量部分给予减征照顾。

（七）支持浙商发展软件业和文化创意产业

对我省内新办软件生产企业、集成电路设计企业、生产线宽小于0.8微米（含）集成电路产品的生产企业经认定后，自开始获利年度起，第一年和第二年免征企业所得税，第三年至第五年减半征收企业所得税。国家规划布局内的重点软件生产企业，如当年未享受免税优惠的，减按10%的税率征收企业所得税。投资额超过80亿元或集成电路线宽小于0.25微米的集成电路生产企业，可减按15%的税率缴纳企业所得税。其中，经营期在15年以上的，从开始获利的年度起，第一年至第五年免征企业所得税，第六年至第十年减半征收企业所得税。经认定的动漫企业自主开发、生产动漫产品，可申请享受国家现行鼓励软件产业发展的所得税优惠政策。

工业创意产业及基地、创意文化产业基地、困难文化企业，如按规定纳税确有困难的，报经地税部门批准，给予减征房产税、城镇土地使用税的照顾。新办的高新技术企业和连锁经营超市，自新办之日起一至三年内，报经地税部门批准，可免征房产税、城镇土地使用税。

（八）支持浙商创业投资

创业投资企业采取股权投资方式投资于未上市的中小高新技术企业2年（24个月）以上，凡符合条件的，按照其对中小高新技术企业投资额的70%，在股权持有满2年的当年抵扣该创业投资企业的应纳税所得额；当年不足抵扣的，在以后纳税年度结转抵扣。

（九）支持浙商制造业分离服务业

鼓励制造企业二、三产业分离，对分离后的服务企业其自用的房产缴纳的房产税、占地面积较大的应缴纳城镇土地使用税确有困难的，报经地税部门批准，在设立初期的三年内给予减征。对分离后新设立的服务企业缴纳水利建设专项资金确有困难的，报经地税部门批准，可在政策范围内给予减免照顾。服务企业所购固定资产由于技术进步等原因，可加速折旧。

（十）支持浙商从事生态环保项目

企业从事《环境保护、节能节水项目企业所得税优惠目录（试行）》规定的环境保护、节能节水项目的所得，自项目取得第一笔生产经营收入所属纳税年度起，第一年至第三年免征企业所得税，第四年至第六年减半征收企业所得税。对符合条件的节能服务公司实施合同能源管理项目取得的营业税应税收入，暂免征收营业税。

浙江省财政厅
关于实施省级专项性一般转移支付管理改革的通知

2011年12月13日　浙财预〔2011〕43号

各市、县（市）财政局（宁波不发），省级各部门：

近年来，我省财政转移支付制度在均衡地区间财力差距，促进基本公共服务均等化和保障国家、省出台的重大政策措施落实方面发挥了积极的作用，但还存在结构不尽合理、项目设置过多、下达滞后、分配方法不够统一规范等问题。为克服现行专项转移支付管理中存在的问题，经研究，决定实施省级专项性一般转移支付管理改革。现将有关事项通知如下：

一、指导思想

以科学发展观为指导，深入实施“八八战略”和“创业富民、创新强省”总战略，按照科学化、规范化和精细化管理的要求，实施省级专项性一般转移支付改革，增强政府宏观调控能力，优化政府财力资源配置，进一步发挥财政资金使用效益。

二、基本原则

（一）集中财力，强化引导。突出省委省政府特定政策目标，整合资金，形成合力，强化“因素法”分配的引导作用，充分发挥专项转移支付和一般性转移支付两者的优势。

（二）积极稳妥，有序推进。坚持“三个总体不变、一个总体不减”，即专项政策性目标总体不变、使用范围和方向总体不变、资金分配建议权总体不变、资金规模总体不减。坚定目标方向，拟定分年计划，扎实有效推进改革。

（三）注重绩效，加强监管。强化财政资金和项目管理的全过程控制，预算编制、分配、使用和监督各环节都要以绩效为导向，提高资金使用效益。

三、改革目标与内容

（一）方法更加科学。采用“因素法”分配，选取部门年度任务、工作目标、实施项目、绩效考核结果等专用因素，以及受益市县人口、财力等通用因素，设置分配因素的量化指标、权重系数和计算公式，并据此分配资金。

（二）分配更加公平。分配因素选择要具有客观性、普适性和可比性，符合支持范围、方向和条件的市县或项目都有相同的机会获得转移支付资金，财力状况等因素指标值同类的地区，都能享受基本相同的转移支付资金支持。

（三）管理更加规范。提前拟定分配办法，分配办法一旦确定，年度内不得随意变更。预算一经批准，即在规定的时间内，按确定的分配办法分配、下达资金，做到早分配，早使用。

（四）操作更加透明。资金分配原则、办法向社会公开，严格按规定方法和流程办理，市县可以早预测、早知道所能获得的转移支付资金支持额度。专项性一般转移支付资金支持的实施项目及绩效情况向社会公开。

（五）使用更加有效。通过分配因素、权重系数的政性、导向性，激励市县积极贯彻落实省委省政府特定政策目标。调整转移支付方式，提高地方预算完整性。优化审批分配流程，加快预算执行进度，提高资金使用效益。

四、主要措施

（一）整合和规范专项转移支付资金。除一次性、突发性以及为中央补助具体项目配套的省级专项转移支付资金外，省级各部门原则上要将本部门现有专项转移支付资金整合成一个专项性一般转移支付项目。一次性、突发性的专项转移支付资金和整合后的专项性一般转移支付资金原则上都要按“因素法”分配使用。鼓励先行整合的部门，其改革推进情况作为部门预算和转移支付预算安排的重要依据。

（二）改革和优化审批分配程序。需要进行项目管理的专项性一般转移支付资金，其项目申报审批周期前移一年，今后需扶持的项目需事先组织申报审核，符合要求的纳入项目库滚动管理，按照轻重缓急排序，充实完善项目预算地理信息系统。每年按照预算编制要求在“二上”时间以前，省级各部门要向省财政部门提出下一年度资金分配因素的量化指标、权重系数和公式等的建议，省财政部门审核后与省级有关部门商定分配办法。预算经批准后，省财政部门在1个月内按照确定的分配办法分配下达资金。确实必须的，可以在分配市县的资金预算内，按照轻重缓急顺序在项目库中选取并同时下达补助项目和指标；也可以在分配下达资金后，要求市县上报具体实施项目进行备案。预算批准后追加的转移支付资金，原则上要在其预算确定后3个月内分配下达完毕。

（三）加大提前告知力度。专项性一般转移支付资金纳入提前预告范围。年度间分配结果相对固定的资金，省财政第一次下达分配文件后，以后年度不再行文，自动作为提前预告数。根据政策要求和分配办法，每年分配结果会有变动的专项性一般转移支付，也要在每年12月底前按其资金规模的一定比例提前预告市县，作为下一年度转移支付资金，并逐步提高提前预告的比重。市县财政部门应根据提前预告的要求，将提前告知的专项性一般转移支付资金编入下一年度本级财政预算。

（四）严格和规范资金使用。按省委、省政府特定政策目标和部门职责，规定专项性一般转移支付资金的使用范围和方向，并明确资金支持的条件。省级各部门和财政部门要强化具体实施项目资金的使用管理。市县应严格按照规定和要求，结合自身财力，按轻重缓急的原则，组织、管理具体项目的实施，及时按项目计划和进度拨付资金；在收到省级专项性一般转移支付资金时，作为指定使用范围和方向的一般性转移支付收入，使用时按具体用途列报相应的支出科目。

（五）强化绩效评价与监督。要强化专项性一般转移支付支持项目的全过程监督和管理，省级部门要提前通告专项性一般转移支付支持的条件、范围和方向，审核把好支持项目进入项目库的关口，管理和监督市县实施好项目；市县要严格按照省规定的有关要求，事先做好申请项目的立项、论证工作，事中做好支持项目的实施工作，事后组织验收、总结，并将项目完成情况报省级各部门。各级要大力组织进行绩效评价，省级各部门应将项目完成情况汇总后形成本部门资金使用和绩效评价报告报送省财政部门。绩效评价结果作为预算分配和调整的依据，市县不按规定的范围和方向使用，省财政部门将扣回当年下达的资金，并在下一年度分配时作为扣减因素考虑。推进分配制度、办法和项目预决算信息公开，接受各级人大和社会的监督。

五、工作要求

（一）统一思想，提高认识。实施专项性一般转移支付改革，是发挥一般转移支付和专项转移支付两者优势的有效途径，是增强政策意图导向、提高一般性转移支付比重的有效抓手，是提高地方预算完整性、更加契合地方发展、加快预算执行进度的有效方法。省级各部门要从有效实现省委、省政府特定政策目标的高度，从集中财力改善民生、促进经济发展方式转变的高度，从完善体制机制、提高财政资金使用效益的高度，积极推进专项性一般转移支付改革。

（二）加强领导，分步推进。专项性一般转移支付改革是省级各部门有效推进年度工作目标和任务的有力抓手。省级各部门要加强领导，加大工作力度，明确责任和分工，根据改革目标、措施和步骤，结合本部门的管理实际，落实各项改革措施，采取多种推进方式，精心设计、组织、实施改革方案，通过几年的努力，实现改革目标。省级各部门要于2012年6月底前商省财政部门确定专项性一般转移支付改革实施方案。市县要积极做好具体实施项目的预算编制、执行和监督工作。具体的专项性一般转移支付资金管理办法由省级财政部门会同相关主管部门另行规定，并向社会公开。

（三）总结完善，推陈出新。省级各部门要把握好专项性转移支付管理改革的指导思想和原则，要把握好改革任务和目标，及时总结改革过程中的经验和做法，不断克服现有转移支付资金管理中存在的困难和问题，进一步完善专项性一般转移支付制度、办法，充分调动各方积极性，保障省委、省政府特定政策的有效实施。

省财政厅　省商务厅
浙江省促进国际服务贸易发展专项资金管理办法

2011年12月13日　浙财企〔2011〕410号

第一条　为规范财政专项资金的使用管理，提高财政资金使用绩效，更好地发挥专项资金的引导作用，进一步促进我省国际服务贸易发展，根据省政府《关于支持和鼓励国际服务外包产业加快发展的意见》（浙政发〔2009〕20号）精神，特制定本办法。

第二条　专项资金来源

浙江省促进国际服务贸易发展专项资金（以下简称“专项资金”）根据省政府批准的促进外经贸发展政策意见，在省级财政预算安排的内外贸发展资金中统筹安排。

第三条　专项资金使用对象

在浙江省内（不含宁波，下同）工商行政管理部门注册、具有独立法人资格、财务会计制度健全、依法纳税、按规定向同级财政和商务主管部门报送财务会计报表和服务贸易统计资料、从事国际服务贸易的企业和有关单位。

第四条　专项资金使用管理原则

（一）围绕我省国际服务贸易发展战略和工作目标，以国际服务外包为重点，大力拓展国际服务贸易，切实提高国际服务贸易企业的国际竞争能力，培育浙江对外开放新的增长点，促进我省经济转型升级。

（二）充分发挥专项资金的扶持、引导和带动作用，注重推动全省服务贸易协调发展，重点支持国际服务贸易企业开拓国际市场，提升我省承接国际服务外包能力，打造“浙江服务”整体品牌形象。

第五条　资助或奖励内容及方式

（一）促进服务贸易全面发展

1.支持我省服务贸易重点领域加快发展。对我省服务外包、文化出口、软件出口、国际物流运输等服务贸易发展重点领域业绩突出的企业分别给予一定的奖励。

2.支持建立完善国际服务贸易统计体系。对国际服务贸易统计监测体系建设给予一定的资助。

3.支持国际服务贸易中介机构的发展。对行业协会、中介机构建立完善服务贸易行业数据库、信息发布、网络交流平台、标准制定、人才培训、专家支持系统、会展组织、市场开拓等方面给予一定的资助。

（二）支持服务外包业务发展

1.支持服务外包人才培训。重点对省商务厅组织的高端管理人员境外定制培训给予一定资助；对经认定的服务外包人才培训机构（培育基地）业绩突出的给予一定的奖励；对非示范城市服务外包企业的新录用人员进行服务外包业务培训给予一定资助（须经省商务厅、省财政厅认定的服务外包人才培训机构和培育基地培训考试）。

2.支持服务外包示范园区建设。对园区招商引资、引进服务外包企业进行业绩考核，给予一定的奖励；对示范园区公共技术服务平台、公共信息服务平台、公共培训服务平台建设等项目给予一定的资助。

3.支持非示范城市服务外包产业加快发展。鼓励非示范城市开展承接服务外包业务上规模上台阶，对非示范城市成长型服务外包企业进行考核，给予一定的奖励。

以上奖励内容的实施办法由省商务厅会同省财政厅另行制定。

（三）促进文化产品和服务出口

1.支持扩大对外文化贸易。对出版、影视、动漫游戏等文化出口领域业绩突出的企业，经省级有关部门认定的、为促进出口而实施的重点项目给予一定资助。

2.鼓励文化出口企业提高国际竞争力。对文化出口重点企业的翻译、外语配音费等给予一定资助。

（四）鼓励企业开拓国际国内市场

1.支持服务贸易企业参加省商务厅组织的境内外重点服务贸易展会和专场对接会，对公共布展费、摊位费及宣传推广费通过组展企业和中介给予一定资助。

2.支持文化出口重点企业参加省商务厅组织或与相关部门联合认定的境外展会和文化推介活动，对公共布展费、摊位费和人员费用给予一定资助。

第六条　申报专项资金所需相关材料

1.专项资金申请报告；

2.专项资金项目申请表（表式附后）；

3.项目申请单位法人营业执照、相关资质证书、知识产权证书复印件；

4.项目申请单位上一年度经审计的财务会计报告或财务快报；

5.项目实施的有关证明材料（合同、协议等）；有关费用支出的银行付款凭证、对应发票或收据、用汇核销单等；

6.其他根据年度申报通知要求提供的材料。

第七条　专项资金的申请和拨付程序

（一）专项资金实行按年度申请、拨付的办法。符合本通知第五条资助或奖励内容的市、县（市）国际服务贸易企业和单位，在每年1月底前向所在市、县（市）财政和商务部门提出申请，并提供有关材料，市、县（市）财政和商务部门对申请项目审核无误并签署意见后，在每年2月底前联合行文上报省财政厅和省商务厅；省级企业和单位每年2月底前直接向省财政厅和省商务厅提出申请。逾期或材料不齐的不予受理。

（二）省商务厅负责委托中介机构对申请专项资金的资助项目进行全面审核，并根据中介机构审核意见，提出项目资助或奖励的初步意见。

（三）省财政厅负责对项目资助或奖励资金进行审定，会同省商务厅将资助或奖励资金拨付到省级有关单位和市、县（市）财政部门。

（四）省级有关单位和市、县（市）财政部门收到资助或奖励资金后，应及时拨付到项目申请单位，不得截留或挪用。申请企业及单位对资助或奖励资金应按现行有关制度规定做好财务会计处理。

第八条　专项资金跟踪问效和监督管理

（一）为提高专项资金的使用效益，防止骗取、挪用资金行为的发生，省财政厅和省商务厅将建立监督检查制度，不定期地对资助项目的资金使用情况进行跟踪抽查，必要时将委托中介机构进行专项检查。

（二）市、县（市）财政和商务主管部门要建立对专项资金资助项目的跟踪问效制度，对专项资金资助项目的资金使用情况要进行监督检查，对发现的问题要及时纠正，并向省财政厅、省商务厅报告。

（三）对于发现的骗取、挪用、违规使用专项资金等行为，将按《财政违法行为处罚处分条例》（国务院令第427号）等有关法律法规进行查处，追缴全部已拨付的资金；对于违规骗取资金的企业及相关单位，取消其申请专项资金资助的资格。

第九条　附　则

本办法自发布之日起30日后实施。省财政厅、省商务厅《关于印发〈浙江省促进国际服务贸易发展专项资金管理办法〉的通知》（浙财企字〔2009〕184号）同时停止执行。

省财政厅　省人力资源和社会保障厅
浙江省城乡居民社会养老保险基金财务管理暂行办法

2012年1月4日　浙财社〔2011〕357号

第一章　总　则

第一条　为规范我省城乡居民社会养老保险（以下简称城乡居保）基金财务管理，维护参保人合法权益，根据省政府《关于建立城乡居民社会养老保险制度的实施意见》（浙政发〔2009〕62号）、《关于加快实施城乡居民社会养老保险制度的意见》（浙政发〔2011〕19号），省人力社保厅、省财政厅《关于调整城乡居民社会养老保险部分参保人员待遇政策的通知》（浙人社发〔2011〕222号）和财政部、人力资源社会保障部《关于印发〈新型农村社会养老保险基金财务管理暂行办法〉的通知》（财社〔2011〕16号）等有关规定，制定本办法。

第二条　本办法适用于根据国家和省有关规定设立的城乡居保基金。

第三条　本办法所称城乡居保基金（以下简称基金），是指通过参保城乡居民个人缴费、集体补助、政府补贴等渠道筹集的，用于支付符合领取条件的城乡居民养老金待遇等支出的专项资金。

第四条　基金财务管理的任务是：认真贯彻执行国家和省有关法律、法规和方针、政策，合理筹集和使用基金；建立健全财务管理制度，组织落实基金的预算、核算、分析和考核工作，如实反映基金收支状况；严格遵守财经纪律，加强监督和检查，确保基金的安全。

第五条　财政部门负责基金专户管理和会计核算工作，社会保险经办机构（以下简称经办机构）负责基金的日常财务管理和会计核算工作。已经实施基金直接收付的地区，基金日常财务管理和会计核算工作由资金管理部门负责。

第六条　基金应纳入社会保障基金财政专户（以下简称财政专户），实行收支两条线管理，单独记账、核算。任何地区、部门、单位和个人均不得挤占、挪用，不得用于平衡财政预算，不得用于经办机构人员和工作经费。各级经办机构的人员经费和经办城乡居保发生的基本运行费用、管理费用，由同级财政按国家规定予以保障。

第七条　经办机构为每个城乡居保参保人建立终身记录的养老保险个人账户。个人缴费，集体补助及其他经济组织、社会公益组织、个人对参保人缴费的资助，地方政府对参保人的缴费补贴，复员退伍军人军龄账户化额度，乡村医生、民办教师、代课教师、农村电影放映员、原下乡知青及各市自行规定的其他类似人员的原在岗工作时间账户化额度记入个人账户。个人账户储存额每年参考中国人民银行公布的金融机构人民币一年期同期存款利率计息，全部计入个人账户。

第二章　基金预算

第八条　基金预算是根据国家社会保险和预算管理法律法规建立、反映基金收支的年度计划。

第九条　基金预算的编制应综合考虑上年度基金预算执行情况、本年度经济社会发展水平预测以及城乡居保工作计划等因素，包括参保人数、缴费人数、享受待遇人数、政府缴费补贴标准及利息等。根据基金收支、财政收支等情况，合理安排财政对基金的补贴支出。基金预算草案由统筹地区经办机构编制，并对引起财务状况发生重大变化的项目进行详细说明。

各统筹地区经办机构应根据规定的表式、时间和要求编制年度基金预算草案并按规定上报。

第十条　基金预算草案经统筹地区人民政府批准后，由财政部门和人力资源社会保障部门批复，经办机构等单位要严格按照批准的预算和规定的程序执行。经办机构要认真分析基金的收支情况，定期向本级财政部门和人力资源社会保障部门报告预算执行情况。

财政部门和人力资源社会保障部门应逐级汇总分别上报基金预算执行情况。省级财政部门和人力资源社会保障部门要加强对基金预算执行情况的监控，发现问题立即督促采取措施解决。

第十一条　基金预算不得随意调整。遇特殊情况需调整基金预算时，统筹地区经办机构要及时编制预算调整方案，经人力资源社会保障部门初审，财政部门审核后，由财政部门和人力资源社会保障部门联合报本级人民政府批准。按基金预算编制审批程序报批，并报上级财政部门和人力资源社会保障部门。

第三章　基金筹集

第十二条　基金按照国家和省规定按时、足额筹集。地方政府应组织引导参保城乡居民按当地缴费标准缴纳养老保险费。各级财政部门应根据财政补助标准和行政区域内参保城乡居民人数安排补助资金，纳入同级财政年度预算并按规定程序及时办理拨付手续。任何地区、部门、单位和个人不得截留和擅自减免。

第十三条　基金收入包括：个人缴费收入、集体补助收入、政府补贴收入、利息收入、转移收入、上级补助收入、下级上解收入和其他收入。

个人缴费收入是指参保城乡居民按照规定的标准缴纳的城乡居保费收入。

集体补助收入是指乡（镇）、村等集体经济组织对参保城乡居民个人缴费给予的补助收入，以及其他经济组织、社会公益组织、个人为参保人缴费提供的资助收入。

政府补贴收入是指财政给予基金的补贴收入。

利息收入是指用基金购买国家债券、存入商业银行等存款类金融机构所取得的利息收入。

转移收入是指参保对象跨统筹地区流动和跨制度转移衔接而划入的基金收入。

上级补助收入是指下级财政专户接收上级财政专户拨付的补助收入。

下级上解收入是指上级财政专户接收下级财政专户上解的基金收入。

其他收入是指社会组织和个人对基金的捐赠以及其他经财政部门核准的基金收入。

第十四条　政府补贴收入包括政府对基础养老金的补贴收入、政府对个人缴费的补贴收入和其他政府补贴收入。

政府对基础养老金的补贴收入是指各级财政因按规定标准补助符合待遇领取条件参保人城乡居保基础养老金而给予基金的补贴收入。

政府对个人缴费的补贴收入是指地方财政因按规定标准补助参保人个人缴费而给予基金的补贴收入。

其他政府补贴收入是指地方财政对缴费年限养老金、丧葬补助费、高龄补贴、复员退伍军人优待养老金以及对基金缺口等其他各项政府补贴收入。

第十五条　在保证资金安全、方便群众、便于提高管理层次的前提下，统筹地区经办机构应在同级财政部门和人力资源社会保障部门共同认定，或由同级财政部门和人力资源社会保障部门采取招标等方式选择的商业银行等存款类金融机构设立收入户，原则上一个统筹地区只能开设一个收入户。

收入户的主要用途是：暂存个人缴费收入、集体补助收入、该账户的利息收入以及其他收入等。

收入户除向财政专户划转收入外，不得发生其他支付业务。收入户月末无余额。未按规定执行的，财政部门委托各开户商业银行等存款类金融机构于期末将全部基金收入划入财政专户。

第十六条　个人缴费、集体补助等收入原则上都要通过金融机构代收并定期缴存财政专户。具体时间由各统筹地自定。

第十七条　收缴个人缴费和集体经济组织补助资金应

使用省级财政部门统一印制的基金专用收据或社会保障基金财政专户专用缴拨款书等缴款凭证。

接受社会组织和个人对基金的捐赠资金应使用财政部门统一印制的捐赠收据。

第四章　基金支付

第十八条　基金应按照城乡居保制度规定的项目和标准支出，任何部门、单位和个人不得擅自调整支出项目和随意改变支出标准。

第十九条　基金支出包括：养老金待遇支出、转移支出、补助下级支出、上解上级支出、其他支出。

养老金待遇支出是指按规定支付给参保城乡居民的养老保险待遇支出。

转移支出是指参保城乡居民跨统筹地区流动和跨制度转移衔接而转出的基金支出。

补助下级支出是指上级财政专户拨付给下级财政专户的补助支出。

上解上级支出是指下级财政专户上解上级财政专户的支出。

其他支出是指经财政部门核准开支的其他支出。

第二十条　养老金待遇支出包括：基础养老金、个人账户养老金、缴费年限养老金、丧葬补助费、高龄补贴和复员退伍军人优待养老金。

基础养老金是指政府规定计发标准，并由各级财政为符合待遇领取条件的参保城乡居民全额予以补助的养老金待遇。

个人账户养老金是指参保城乡居民达到养老保险待遇领取条件时，按照其个人账户全部储存额除以计发月数计算，支付给参保城乡居民的养老金待遇，以及参保人死亡时一次性支付其合法继承人除政府补贴外的个人账户资金余额。

缴费年限养老金是指政府规定计发标准，并由财政为符合待遇领取条件的参保城乡居民全额予以补助的养老金待遇。

丧葬补助费是指政府规定计发标准，并由财政为符合领取条件的参保城乡居民死亡时一次性予以补助的待遇。

高龄补贴指政府规定计发标准，并由财政为符合领取条件的高龄老人全额予以补助的待遇。

复员退伍军人优待养老金是指政府规定计发标准，并由财政为符合领取条件的复员退伍军人全额予以补助的养老金待遇。

第二十一条　在保证资金安全、方便群众、便于提高管理层次的前提下，统筹地区经办机构应在财政部门和人力资源社会保障部门共同认定，或由财政部门和人力资源社会保障部门采取招标等方式选择的商业银行等存款类金融机构设立基金支出户（以下简称支出户），原则上一个统筹地区只能开设一个支出户。

支出户的主要用途是：接收财政专户拨入的基金；支付基金支出款项；暂存该账户的利息收入；划拨该账户资金利息收入到财政专户。

支出户除接收财政专户拨付的基金和该账户的利息收入外，不得发生其他收入业务。

第二十二条　经办机构应根据财政部门和人力资源社会保障部门核批的基金年度预算及分月支出计划，按月在规定的时间内向同级财政部门报送用款申请，并注明支出项目，加盖本单位公章。财政部门对用款申请审核无误后，应在规定的时间内将基金从财政专户拨入支出户。对不符合用款手续的，财政部门应责成经办机构予以纠正。

有条件的地区，可积极探索由财政部门直接拨付的方式。

第五章　基金结余

第二十三条　基金结余是指基金收支相抵后的期末余额。

第二十四条　基金结余除根据财政部门和人力资源社会保障部门商定的、最高不超过国家规定预留的支付费用外，全部用于购买国家债券或转存定期存款。除国家另有规定外，任何地区、部门、单位和个人不得动用基金结余进行任何其他形式的投资。

第二十五条　当地人民政府在基金出现支付不足时，给予补贴。

第六章　财政专户

第二十六条　财政专户是指统筹地区财政部门按规定在社会保障基金财政专户中设立的基金专用计息账户。

财政专户原则上只能在财政部门和人力资源社会保障部门共同认定的国有或国有控股商业银行开设。在保证资金安全、方便群众、便于提高管理层次的前提下，也可以由财政部门和人力资源社会保障部门采取招标等方式选择其他商业银行等存款类金融机构作为财政专户的开户银行，一个统筹地区原则上只开设一个财政专户。

第二十七条　财政专户的主要用途是：接收征收机构转入的基金收入；接受政府补贴收入；接收基金购买国家债

券兑付的本息收入、该账户资金形成的利息收入以及收入户、支出户转入的利息收入等;根据经审定的用款申请,向支出户划拨基金;进行定期存款;购买国家债券;向上级或下级财政专户接受和划拨基金。

第二十八条 财政专户发生的利息收入直接计入财政专户,经办机构支出户的利息收入定期转入财政专户,一并计入基金收入。财政部门凭专户开户金融机构出具的原始凭证记账。同时并附加盖专用印章的原始凭证复印件,交经办机构记账和备查。

第二十九条 政府补贴收入由国库直接划入财政专户。财政部门凭国库出具的拨款单和财政专户开户金融机构出具的收款凭证记账。同时,财政部门要出具财政专户缴拨凭证,并附加盖专用印章的财政专户开户金融机构收款凭证复印件,交经办机构记账和备查。

第三十条 发生基金下拨业务时,财政部门将基金从上级财政专户拨入下级财政专户;发生基金上缴业务时,将基金从下级财政专户划入上级财政专户。

第三十一条 将基金结余按规定用于购买国家债券或转存定期存款时,财政部门凭金融机构出具的原始凭证记账。同时,财政部门要出具财政专户缴拨凭证,并附加盖专用印章的原始凭证复印件,交经办机构记账和备查。

第七章　资产与负债

第三十二条 资产包括基金运行过程中形成的现金、银行存款(含财政专户存款、收入户存款、支出户存款)、债券投资、暂付款项等。

经办机构应尽量减少现金收付业务。确有必要发生现金收付业务的,应认真做好现金的保管、押运、管理工作,建立健全内部控制制度,并严格按照国务院发布的《中华人民共和国现金管理暂行条例》(国务院令第12号)进行现金的收付和管理。

财政部门要严格做好财政专户管理和基金收支核算工作;经办机构要严格做好收入户、支出户的日常核算工作,及时办理基金存储手续,按月与开户金融机构对账。同时,财政部门、经办机构要按月对账,保证账账相符、账款相符。

用基金购买的国家债券,要委派专人妥善保管,确保账实相符,也可委托开户金融机构代为保管。

暂付款项应定期清理,及时结清。

第三十三条 负债包括基金运行过程中形成的暂收款项等。暂收款项应定期清理,及时偿付。因债权人等特殊原因确实无法偿付的,经财政部门批准后作为基金的其他收入。

第八章　基金决算

第三十四条 年度终了后,统筹地区经办机构应根据规定的表式、时间和要求编制年度基金财务报告。财务报告包括资产负债表、收支表、有关附表以及财务情况说明书。

财务情况说明书主要说明和分析基金的年度财务收支及管理情况;对本期或下期财务状况发生重大影响的事项;其他需要说明的事项。

编制年度基金财务报告必须做到数字真实、计算准确、手续完备、内容完整、报送及时。

第三十五条 经办机构编制的年度基金财务报告应在规定期限内经人力资源社会保障部门审核汇总、财政部门审核后,由财政部门和人力资源社会保障部门联合报本级人民政府审批。批准后的年度基金财务报告作为基金决算,并按规定上报。

第三十六条 统筹地区经办机构编制及调整基金预决算的情况,应及时报上级经办机构。

第九章　监督与检查

第三十七条 经办机构要建立健全内部管理制度,定期或不定期向社会公告基金收支和结余情况,接受相关部门和社会监督。

第三十八条 人力资源社会保障部门、财政部门和审计部门等要定期或不定期地对财政专户、收入户和支出户的基金收支和结余情况进行监督检查,发现问题及时纠正,并向同级政府和基金监督组织报告。

第三十九条 单位或个人有下列行为之一的,责令限期整改。对单位及其直接负责的主管人员和其他直接责任人员依照国家有关法律、法规追究责任:

(一)截留、挤占、挪用、贪污基金;

(二)擅自提高或降低城乡居民个人缴费标准;

(三)未按规定标准支付养老保险待遇或擅自变更支出项目、调整支出标准;

(四)将个人账户储存额用于非个人账户养老金支出;

(五)未按时将基金收入存入财政专户;

(六)未按时足额将基金从财政专户拨付到支出户;

(七)其他违反国家法律、法规规定的行为。

第十章　附　则

第四十条 本办法由省财政厅商省人力社保厅解释和修订。

第四十一条 本办法自发文之日起30日后施行,凡与本办法不一致的,以本办法规定为准。

2011年财政规章及相关规范性文件目录（选编）

序号	文件名称	发文单位	文号	发布日期
1	关于深入推进基层财政专项支出预算公开的意见	财政部	财预〔2011〕27号	2011.01.31
2	关于继续实施小型微利企业所得税优惠政策的通知	财政部、国家税务总局	财税〔2011〕4号	2011.02.12
3	关于进一步规范和加强政府机关软件资产管理的意见	财政部	财行〔2011〕7号	2011.02.28
4	关于印发《新型农村社会养老保险基金财务管理暂行办法》的通知	财政部 人力资源社会保障部	财社〔2011〕16号	2011.03.16
5	关于印发《农业综合开发财政资金违规违纪行为处理办法》的通知	财政部	财发〔2011〕7号	2011.03.21
6	关于以涉农资金整合和统筹为抓手 加快推进财政支农资金科学化精细化管理的意见	财政部	财农〔2011〕26号	2011.04.02
7	关于印发《物联网发展专项资金管理暂行办法》的通知	财政部 工业和信息化部	财企〔2011〕64号	2011.04.08
8	关于印发《财政支出绩效评价管理暂行办法》的通知	财政部	财预〔2011〕285号	2011.04.12
9	关于印发《农业综合开发财政资金县级报账实施办法》的通知	财政部	财发〔2011〕22号	2011.06.21
10	关于印发《2011年中央对地方均衡性转移支付办法》的通知	财政部	财预〔2011〕392号	2011.06.21
11	关于推进预算绩效管理的指导意见	财政部	财预〔2011〕416号	2011.07.08
12	关于建立学前教育资助制度的意见	财政部 教育部	财教〔2011〕410号	2011.09.05
13	关于做好“十二五”时期农业财政工作的指导意见	财政部	财农〔2011〕350号	2011.09.15
14	关于贯彻实施《小企业会计准则》的指导意见	财政部等五部门	财会〔2011〕20号	2011.10.26
15	中华人民共和国资源税暂行条例实施细则	财政部 国家税务总局	财政部 国家税务总局第66号令	2011.10.31
16	关于印发《财政专项扶贫资金管理办法》的通知	财政部 发展改革委 国务院扶贫办	财农〔2011〕412号	2011.11.11
17	关于免征小型微型企业部分行政事业性收费的通知	财政部 国家发展改革委	财综〔2011〕104号	2011.11.16
18	关于小型微利企业所得税优惠政策有关问题的通知	财政部、国家税务总局	财税〔2011〕117号	2011.11.29
19	关于进一步推进地方国库集中收付制度改革的指导意见	财政部	财库〔2011〕167号	2011.12.12
20	关于印发《村级公益事业建设一事一议财政奖补项目管理暂行办法》的通知	财政部	财农改〔2011〕3号	2011.12.23
21	关于印发乡镇财政资金监管工作办法和流程的通知	财政部	财预〔2011〕564号	2011.12.29

（续表一）

序号	文件名称	发文单位	文号	发布日期
22	关于印发《政府采购促进中小企业发展暂行办法》的通知	财政部 工业和信息化部	财库〔2011〕181号	2011.12.31
23	关于推进欠发达地区加快发展的若干意见	中共浙江省委 浙江省人民政府	浙委〔2011〕29号	2011.03.16
24	关于加快发展海洋经济的若干意见	中共浙江省委 浙江省人民政府	浙委〔2011〕31号	2011.03.18
25	关于印发《"811"生态文明建设推进行动方案》的通知	中共浙江省委办公厅 浙江省人民政府办公厅	浙委办〔2011〕42号	2011.04.08
26	浙江省政府投资预算管理办法	省人民政府	浙江省人民政府令第286号	2011.06.22
27	浙江省预算执行审计监督办法	省人民政府	浙江省人民政府令第287号	2011.11.01
28	浙江省人民政府关于加快实施城乡居民社会养老保险制度的意见	省人民政府	浙政发〔2011〕19号	2011.03.17
29	浙江省人民政府关于加快推进保障性安居工程建设坚定不移做好房地产市场调控工作的若干意见	省人民政府	浙政发〔2011〕21号	2011.03.29
30	浙江省人民政府关于进一步加强乡镇财政建设的意见	省人民政府	浙政发〔2011〕52号	2011.07.22
31	关于进一步做好省级部门预算公开工作的通知	省人民政府	浙政发〔2011〕65号	2011.08.24
32	浙江省人民政府关于深化完善社会养老服务体系建设的意见	省人民政府	浙政发〔2011〕101号	2011.12.21
33	转发省发改委省财政厅关于浙江省基本公共服务均等化行动计划2011年度实施计划的通知	省人民政府办公厅	浙政办发〔2011〕62号	2011.07.04
34	浙江省人民政府办公厅《关于深入推进小额贷款公司改革发展的若干意见》	省人民政府办公厅	浙政办发〔2011〕119号	2011.11.02
35	浙江省人民政府办公厅《关于加强和改进民间融资管理的若干意见（试行）》	省人民政府办公厅	浙政办发〔2011〕133号	2011.12.01
36	转发省财政厅省教育厅关于加强对2011～2012年财政教育投入状况分析评价工作实施意见的通知	省人民政府办公厅	浙政办函〔2011〕101号	2011.11.29
37	关于印发《浙江省农业综合开发资金和项目管理实施办法》的通知	省财政厅	浙财农发〔2011〕6号	2011.11.16
38	关于印发浙江省财政农业专项资金管理办法的通知	省财政厅	浙财农〔2011〕6号	2011.01.17
39	关于印发《浙江省社会保险基金预算编制手册(试行)》的通知	省财政厅 省人力资源和社会保障厅 省地税局	浙财社〔2011〕3号	2011.01.19
40	关于浙江省家电 汽摩下乡及家电以旧换新补贴资金清算和自查自纠工作情况的报告	省财政厅	浙财企〔2011〕19号	2011.01.25
41	关于地方水利建设基金有关征收政策问题的通知	省财政厅 省地税局	浙财综〔2011〕5号	2011.01.25
42	关于公布第一批具有公益性捐赠税前扣除资格的公益性群众团体名单的通知	省财政厅、省国税局、省地税局	浙财税政〔2011〕3号	2011.01.30
43	关于印发浙江省水利骨干工程专项资金管理办法的通知	省财政厅 省水利厅	浙财农〔2011〕5号	2011.01.31

（续表二）

序号	文件名称	发文单位	文号	发布日期
44	关于公布2010年度具有公益性捐赠税前扣除资格新增基金会和社会团体名单的通知	省财政厅、省国税局、省地税局、省民政厅	浙财税政〔2011〕1号	2011.02.09
45	转发财政部 国家税务总局关于支持和促进就业有关税收政策的通知	省财政厅、省国税局、省地税局	浙财税政〔2011〕2号	2011.02.10
46	转发财政部关于印发国际金融组织贷款赠款项目财务管理暂行办法的通知	省财政厅	浙财外金〔2011〕11号	2011.02.10
47	转发财政部 商务部关于加强家电下乡、家电以旧换新监管防止骗补等有关问题的的紧急通知	省财政厅、省商务厅	浙财企〔2011〕17号	2011.02.14
48	关于印发浙江省小岛迁大岛建工程项目与资金管理办法的通知	省财政厅、省扶贫办公室	浙财农〔2011〕15号	2011.02.15
49	关于国库集中支付改革工作整改意见的通知	省财政厅	浙财预执〔2011〕5号	2011.02.17
50	关于印发浙江省远洋渔业项目与资金管理办法的通知	省财政厅、省海洋与渔业局	浙财农〔2011〕28号	2011.02.18
51	关于印发浙江省水产种苗项目与资金管理办法的通知	省财政厅、省海洋与渔业局	浙财农〔2011〕32号	2011.02.18
52	转发财政部关于清理整顿地方财政专户的通知	省财政厅	浙财预执〔2011〕7号	2011.02.18
53	关于切实加强农机购置补贴政策实施监管工作的通知	省财政厅、省农业厅	浙财农〔2011〕52号	2011.02.25
54	关于印发浙江省财政发展“十二五”规划的通知	省财政厅	浙财预〔2011〕3号	2011.02.25
55	关于印发《世界银行贷款浙江林业综合发展项目提款报账暂行办法》的通知	省财政厅	浙财外金〔2011〕6号	2011.03.02
56	转发财政部 国资委 证监会 社保基金会关于加快推进国有股转持工作的通知	省财政厅、省国资委	浙财企〔2011〕51号	2011.03.07
57	转发财政部关于进一步加强和规范财政资金管理的通知	省财政厅	浙财预执〔2011〕9号	2011.03.07
58	关于进一步强化项目资金统筹 加快推进“两区”建设的通知	省财政厅等	浙财农〔2011〕44号	2011.03.14
59	关于全面建立政府非税收入收缴情况报告制度的通知	省财政厅	浙财综〔2011〕25号	2011.03.22
60	关于完善省级医院财政补偿机制的实施意见	省财政厅、省卫生厅	浙财社〔2011〕57号	2011.03.28
61	转发财政部、国家发展改革委关于取消部分涉企行政事业性收费的通知	省财政厅、省物价局、人民银行杭州中心支行	浙财综〔2011〕22号	2011.03.28
62	转发财政部关于印发《公益事业捐赠票据使用管理暂行办法》的通知	省财政厅	浙财综〔2011〕27号	2011.03.30
63	关于印发浙江省罚没财物、追回赃款赃物和无主财物管理暂行办法的通知	省财政厅	浙财预〔2011〕13号	2011.04.01
64	转发财政部国家发展改革委关于调整中国国际贸易促进委员会行政事业性收费项目的通知	省财政厅、省物价局	浙财综〔2011〕24号	2011.04.02
65	转发财政部关于深入推进基层财政专项支出预算公开意见的通知	省财政厅	浙财预〔2011〕11号	2011.04.02

（续表三）

序号	文件名称	发文单位	文号	发布日期
66	关于印发浙江省省本级党政机关公务用车预算决算管理实施办法的通知	省财政厅	浙财预〔2011〕12号	2011.04.02
67	关于印发浙江省重点欠发达县群众增收致富奔小康工程特别扶持资金管理办法（试行）的通知	省财政厅、省扶贫办公室	浙财农〔2011〕58号	2011.04.06
68	关于大学毕业生从事现代农业省级财政补助有关问题的通知	省财政厅等	浙财社〔2011〕63号	2011.04.07
69	关于进一步做好彩票公益金补助青少年校外活动场所建设工作的通知	省财政厅、省青少年工作领导小组办公室	浙财综〔2011〕29号	2011.04.11
70	关于全省强农惠农资金专项清查工作情况的通报和进一步加强强农惠农资金监督管理工作的通知	省强农惠农资金专项清查工作领导小组办公室	浙财〔2011〕1号	2011.04.20
71	关于印发《浙江省中央财政林业科技推广示范资金绩效评价考评办法》的通知	省财政厅、省林业厅	浙财农〔2011〕81号	2011.04.22
72	关于进一步加强我省因公临时出国（境）用汇管理的通知	省财政厅	浙财外金〔2011〕18号	2011.04.25
73	关于切实加强重点欠发达县特别扶持资金管理的通知	省财政厅	浙财农〔2011〕102号	2011.05.03
74	转发财政部 国家税务总局关于居民企业技术转让有关企业所得税政策问题的通知	省财政厅、省国税局、省地税局	浙财税政〔2011〕5号	2011.05.04
75	关于印发浙江省海洋经济发展专项资金管理办法的通知	省财政厅、省发改委	浙财建〔2011〕81号	2011.05.06
76	关于印发浙江省促进就业资金管理办法的通知	省财政厅、省人力资源和社会保障厅	浙财社〔2011〕80号	2011.05.17
77	关于印发浙江省产油大县奖励办法的通知	省财政厅、省农业厅	浙财企〔2011〕122号	2011.05.19
78	关于印发《浙江省财政票据印制管理暂行办法》的通知	省财政厅	浙财综〔2011〕42号	2011.05.19
79	关于印发世界银行贷款浙江钱塘江流域小城镇环境综合治理项目提款报账暂行办法的通知	省财政厅	浙财外金〔2011〕27号	2011.05.23
80	转发财政部、住房城乡建设部关于进一步推进公共建筑节能工作的通知	省财政厅、省住房和城乡建设厅	浙财建〔2011〕117号	2011.05.27
81	关于进一步做好乡镇财政专项支出预算公开的通知	省财政厅	浙财基〔2011〕10号	2011.05.30
82	关于印发浙江省基层医疗卫生机构财务制度实施办法的通知	省财政厅、省卫生厅	浙财社〔2011〕109号	2011.05.30
83	关于基本医疗保险异地就医联网结算有关财务问题的通知	省财政厅、省人力资源和社会保障厅	浙财社〔2011〕105号	2011.06.01
84	转发财政部 商务部关于做好2011年度支持承接国际服务外包业务发展资金管理工作的通知	省财政厅、省商务厅	浙财企〔2011〕115号	2011.06.01
85	转发财政部关于中国国际贸易促进委员会和地方贸促机构行政事业性收费征收管理有关问题的通知	省财政厅	浙财综〔2011〕49号	2011.06.01
86	关于印发浙江省政策性农业保险巨灾风险准备金财务管理办法的通知	省财政厅	浙财外金〔2011〕30号	2011.06.03
87	关于深入推进财政支农资金整合和统筹 进一步加强财政支农资金科学化精细化管理的意见	省财政厅	浙财农〔2011〕139号	2011.06.07
88	关于基本医疗保险异地就医联网结算有关会计问题的通知	省财政厅	浙财会〔2011〕23号	2011.06.13

（续表四）

序号	文件名称	发文单位	文号	发布日期
89	转发财政部 国土资源部关于加强国家出资勘查探明矿产地及权益管理有关事项的通知	省财政厅、省国土资源厅	浙财建〔2011〕135号	2011.06.14
90	关于完善残疾人共享小康工程财政补助政策的通知	省财政厅、省残疾人联合会	浙财社〔2011〕112号	2011.06.16
91	关于印发浙江省省级行政事业单位国有资产配置管理暂行办法的通知	省财政厅	浙财资产〔2011〕19号	2011.06.21
92	关于印发浙江省第一次水利普查经费使用管理办法的通知	省财政厅、省水利厅	浙财农〔2011〕138号	2011.06.22
93	关于印发浙江省中央财政太湖流域水污染防治考核奖励资金管理实施细则的通知	省财政厅	浙财建〔2011〕156号	2011.06.28
94	关于印发浙江省省属国资监管企业人才资助项目经费管理试行办法的通知	省财政厅、省政府国有资产监督管理委员会	浙财企〔2011〕157号	2011.06.28
95	关于修订浙江省中小商贸企业融资担保费用补助资金使用管理操作办法的通知	省财政厅、省商务厅	浙财企〔2011〕165号	2011.06.29
96	关于印发浙江省省级金融企业负责人薪酬管理办法的通知	省财政厅	浙财外金〔2011〕40号	2011.07.01
97	关于印发普通高中国家助学金管理暂行办法的通知	省财政厅、省教育厅	浙财教〔2011〕123号	2011.07.06
98	转发财政部 住房城乡建设部关于切实落实保障性安居工程资金加快预算执行进度的通知	省财政厅、省住房和城乡建设厅	浙财建〔2011〕160号	2011.07.06
99	关于浙江省清理整顿财政专户工作情况的报告	省财政厅	浙财预执〔2011〕16号	2011.07.07
100	转发财政部关于印发农业综合开发土地治理项目工程管护资金会计核算有关规定的通知	省财政厅	浙财农〔2011〕195号	2011.07.12
101	关于印发《浙江省2011年政府非税收入项目目录》的通知	省财政厅	浙财综〔2011〕68号	2011.07.12
102	关于做好2011年财政支持现代农业生产发展工作的通知	省财政厅	浙财农〔2011〕204号	2011.07.13
103	关于开展中央投资农村沼气项目绩效评价工作的通知	省财政厅	浙财建〔2011〕173号	2011.07.14
104	关于印发浙江省森林抚育补贴试点资金和项目管理暂行办法的通知	省财政厅、省林业厅	浙财农〔2011〕193号	2011.07.14
105	关于做好2011年外贸公共服务平台建设专项资金管理工作的通知	省财政厅、省商务厅	浙财企〔2011〕206号	2011.07.18
106	转发财政部、工业和信息化部关于印发《中央财政关闭小企业补助资金管理办法》的通知	省财政厅、省经信委	浙财企〔2011〕204号	2011.07.19
107	关于做好“十二五”时期农业综合开发工作的意见	省财政厅	浙财农发〔2011〕5号	2011.07.20
108	关于印发浙江省省级保障性住房专项资金管理办法的通知	省财政厅、省住房和城乡建设厅	浙财建〔2011〕186号	2011.07.26
109	关于进一步做好全省一事一议财政奖补工作的通知	省财政厅	浙财基〔2011〕13号	2011.07.25
110	关于印发浙江省省级政府采购预算管理办法的通知	省财政厅	浙财预〔2011〕22号	2011.07.27
111	关于印发浙江省服务业发展引导财政专项资金管理办法的通知	省财政厅、省发改委	浙财企〔2011〕227号	2011.08.02

（续表五）

序号	文件名称	发文单位	文号	发布日期
112	转发财政部关于印发金融企业绩效评价办法的通知	省财政厅	浙财外金〔2011〕45号	2011.08.02
113	关于印发浙江省广播电视进渔船工程专项资金管理办法的通知	省财政厅、省广播电影电视局	浙财教〔2011〕166号	2011.08.03
114	关于做好省级预算单位2010～2011年度银行账户年检工作的通知	省财政厅、人民银行杭州中心支行、省监察厅	浙财预执〔2011〕17号	2011.08.04
115	关于印发浙江省宗祠建筑保护专项资金管理办法的通知	省财政厅、省文化厅、省文物局	浙财教〔2011〕158号	2011.08.05
116	关于印发浙江省151人才工程专项经费使用管理办法的通知	省财政厅、省人力资源和社会保障厅	浙财社〔2011〕160号	2011.08.05
117	转发财政部 教育部关于加强地方高校化债管理工作的紧急通知	省财政厅、省教育厅	浙财教〔2011〕167号	2011.08.08
118	关于印发浙江省农家书屋工程建设专项资金管理暂行办法的通知	省财政厅、省新闻出版局、省文化厅	浙财教〔2011〕174号	2011.08.09
119	关于印发浙江省工业转型升级财政专项资金管理办法的通知	省财政厅、省经济信委	浙财企〔2011〕224号	2011.08.11
120	关于印发浙江省“811”生态文明建设推进行动（环保部分）专项资金管理暂行办法的通知	省财政厅、省环保厅	浙财建〔2011〕233号	2011.08.18
121	关于印发浙江省长效帮扶青川县专项资金管理办法的通知	省财政厅、省政府经济合作交流办公室	浙财建〔2011〕214号	2011.08.19
122	关于省级行政机关工作人员差旅费开支规定的补充通知	省财政厅	浙财行〔2011〕64号	2011.08.22
123	关于印发浙江省林业生产救灾资金管理暂行办法的通知	省财政厅、省林业厅	浙财农〔2011〕262号	2011.08.24
124	关于印发浙江省财政法制宣传教育第六个五年规划（2011～2015年）的通知	省财政厅	浙财法〔2011〕17号	2011.08.29
125	关于整合和统筹资金支持木本油料产业发展的实施意见	省财政厅、省林业厅	浙财农〔2011〕288号	2011.08.31
126	关于印发浙江省医院财务制度实施办法的通知	省财政厅、省卫生厅	浙财社〔2011〕199号	2011.09.01
127	关于印发浙江省基层公共文化服务建设专项补助资金管理办法的通知	省财政厅	浙财教〔2011〕208号	2011.09.08
128	转发财政部、水利部关于印发《小Ⅱ型病险水库除险加固项目和资金管理办法》的通知	省财政厅、省水利厅	浙财建〔2011〕262号	2011.09.14
129	关于印发浙江省水利工程维修养护专项资金管理暂行办法的通知	省财政厅、省水利厅	浙财农〔2011〕287号	2011.09.14
130	关于进一步加强农业财政支出预算执行管理工作的通知	省财政厅	浙财农〔2011〕337号	2011.09.14
131	关于实施学前教育资助制度的通知	省财政厅、省教育厅	浙财教〔2011〕152号	2011.09.20
132	关于印发《浙江省预算绩效管理工作考核办法（试行）》的通知	省财政厅	浙财绩效〔2011〕14号	2011.09.21
133	关于印发浙江省渔业安全生产管理项目与资金管理办法的通知	省财政厅、省海洋与渔业局	浙财农〔2011〕359号	2011.09.23

（续表六）

序号	文件名称	发文单位	文号	发布日期
134	转发财政部、交通运输部关于印发《港口建设费征收使用管理办法》的通知	省财政厅等	浙财综〔2011〕99号	2011.09.30
135	关于印发省财政对市县科技产出绩效挂钩补助资金管理暂行办法的通知	省财政厅、省科学技术厅	浙财教〔2011〕224号	2011.10.08
136	关于印发浙江省全国浙商营销网络建设专项资金管理办法的通知	省财政厅、省政府经济合作交流办公室	浙财建〔2011〕314号	2011.10.09
137	关于印发《浙江省后备母牛补贴资金管理办法》的通知	省财政厅、省农业厅	浙财农〔2011〕391号	2011.10.09
138	关于印发浙江省扶持民办幼儿园发展奖补暂行办法的通知	省财政厅、省教育厅	浙财教〔2011〕183号	2011.10.14
139	关于印发浙江省国库集中支付及公务卡改革示范县工作要求的通知	省财政厅	浙财预执〔2011〕24号	2011.10.15
140	关于印发浙江省现代农业生产发展资金和项目管理实施细则的通知	省财政厅、省林业厅、省海洋与渔业局	浙财农〔2011〕336号	2011.10.17
141	转发财政部关于印发农业综合开发财政资金违规违纪行为处理办法的通知	省财政厅	浙财农〔2011〕436号	2011.10.17
142	关于印发浙江省造林补贴试点资金和项目管理暂行办法的通知	省财政厅、省林业厅	浙财农〔2011〕445号	2011.10.17
143	关于进一步做好质量技术监督部门食品安全监管经费保障工作的通知	省财政厅、省质量技术监督局	浙财行〔2011〕90号	2011.10.17
144	关于修订浙江省特级专家资助专项资金使用管理办法的通知	省财政厅	浙财行〔2011〕98号	2011.10.18
145	关于国库集中支付和公务卡改革情况的通报	省财政厅	浙财预执〔2011〕25号	2011.10.20
146	关于印发《浙江省食品领域违法行为举报奖励办法》的通知	省财政厅、省食品安全委员会办公室	浙财社〔2011〕290号	2011.10.24
147	关于对“重大科技专项”项目实施绩效评价的通知	省财政厅	浙财教〔2011〕271号	2011.10.25
148	关于印发浙江省农村商贸服务体系建设专项资金管理办法的通知	省财政厅、省商务厅	浙财企〔2011〕361号	2011.11.01
149	转发财政部 教育部关于从土地出让收益中计提教育资金有关事项的通知	省财政厅、省教育厅、人民银行杭州中心支行	浙财综〔2011〕109号	2011.11.02
150	关于印发浙江省中央专项彩票公益金支持乡村学校少年宫项目资金使用实施办法的通知	省财政厅、省文明办、省教育厅	浙财教〔2011〕278号	2011.11.09
151	关于印发2011年浙江省政府债券发行兑付办法的通知	省财政厅	浙财预执〔2011〕28号	2011.11.11
152	关于印发2011年浙江省政府债券招标发行和考核规则的通知	省财政厅	浙财预执〔2011〕29号	2011.11.11
153	关于发行2011年浙江省政府债券（一期）有关事项的通知	省财政厅	浙财预执〔2011〕30号	2011.11.11
154	关于发行2011年浙江省政府债券（二期）有关事项的通知	省财政厅	浙财预执〔2011〕31号	2011.11.11
155	关于从土地出让收益中计提农田水利建设资金有关具体事项的通知	省财政厅、省水利厅、人民银行杭州中心支行	浙财综〔2011〕113号	2011.11.15

（续表七）

序号	文件名称	发文单位	文号	发布日期
156	关于进一步加强水利资金和项目管理工作的通知	省财政厅、省水利厅	浙财农〔2011〕513号	2011.11.21
157	关于进一步加强财政支农资金管理的意见	省财政厅	浙财农〔2011〕535号	2011.11.23
158	关于印发浙江省林业贷款中央财政贴息资金与项目管理暂行办法的通知	省财政厅、省林业厅	浙财农〔2011〕536号	2011.11.25
159	关于印发浙江省实施“走出去”战略专项资金使用管理办法的通知	省财政厅、省商务厅	浙财企〔2011〕400号	2011.11.29
160	关于印发浙江省开拓国际市场专项资金使用管理办法的通知	省财政厅、省商务厅	浙财企〔2011〕405号	2011.12.01
161	关于进一步加强现代农业生产发展资金和项目管理工作的通知	省财政厅、省林业厅、省海洋与渔业局	浙财农〔2011〕543号	2011.12.07
162	关于印发浙江省森林生态效益补偿基金管理办法的通知	省财政厅、省林业厅	浙财农〔2011〕552号	2011.12.07
163	关于做好“十二五”时期财政支农工作的意见	省财政厅	浙财农〔2011〕565号	2011.12.08
164	关于印发浙江省广电低保数字化工程专项资金管理办法的通知	省财政厅、省广播电影电视局	浙财教〔2011〕321号	2011.12.08
165	关于印发浙江省乡镇广播电视站设备设施更新改造工程专项资金管理办法的通知	省财政厅、省广播电影电视局	浙财教〔2011〕322号	2011.12.08
166	关于印发浙江省支持浙商创业创新促进浙江发展的财税配套政策的通知	省财政厅、省地税局	浙财预〔2011〕41号	2011.12.08
167	关于印发浙江省促进国际服务贸易发展专项资金管理办法的通知	省财政厅、省商务厅	浙财企〔2011〕410号	2011.12.13
168	关于实施省级专项性一般转移支付管理改革的通知	省财政厅	浙财预〔2011〕43号	2011.12.13
169	关于民办教育机构教育收费不再使用政府非税收入票据的通知	省财政厅、省地税局	浙财综〔2011〕120号	2011.12.14
170	关于免征小型微型企业部分行政事业性收费有关事项的通知	省财政厅、省物价局	浙财综〔2011〕126号	2011.12.15
171	关于从土地出让收益中计提农田水利建设资金和教育资金有关情况的报告	省财政厅	浙财综〔2011〕133号	2011.12.22
172	关于开展乡镇财政管理规范化建设的通知	省财政厅	浙财基〔2011〕29号	2011.12.23
173	转发财政部 教育部 总参谋部《应征入伍服义务兵役高等学校在校生学费补偿国家助学贷款代偿及退役复学后学费资助暂行办法》的通知	省财政厅、省教育厅、省军区司令部	浙财教〔2011〕323号	2011.12.26
174	关于印发浙江省产业集聚区建设专项资金管理办法的通知	省财政厅	浙财建〔2011〕489号	2011.12.28
175	关于浙江省城乡居民社会养老保险基金会计核算问题的通知	省财政厅	浙财会〔2011〕55号	2011.12.28
176	关于印发浙江省城乡居民社会养老保险基金财务管理暂行办法的通知	省财政厅、省人力资源和社会保障厅	浙财社〔2011〕357号	2012.01.04
177	关于印发浙江省高耗能农业机械报废补偿实施办法（试行）的通知	省财政厅、省农业厅	浙财农〔2011〕597号	2011.12.31
178	关于印发浙江省农家乐休闲旅游发展资金管理办法的通知	省财政厅、省委省政府农业和农村工作领导小组办公室	浙财农〔2011〕599号	2012.01.04

重要财政文选

省领导论财政

在省财政厅党组民主生活会上的讲话(摘要)

浙江省代省长 夏宝龙

一、对财政地税部门的认识

一是大局意识强。作为东部经济大省,没有大局观念和发展意识,财税工作是很难开展的。我省财政、地税实行一套班子的运作体制,同时肩负着财政的收入、支出和管理,更加需要有大局意识。这一点,财税部门做得很好,省委省政府的重大决策部署,都有财税部门的声音、招术和资金保障。无论是应对金融危机,扶持中小企业,还是治理债务等方方面面,财税政策措施都很有力度,发挥了重要作用。

二是工作作风实。通过每年的预算、决算报告,以及财经领导小组会议等各种场合的汇报,感觉财税系统的工作作风非常实,没有空话、套话。这种作风体现在工作上,就是财政状况很实,我省税收收入占地方财政收入的比重在93%以上,远高于江苏。这是与我们班子历来养成的作风分不开的。

三是队伍建设优。这几年来,财税系统无论是班子建设、队伍建设,还是党风廉政建设,都抓得很好,形成了具有鲜明特色的财税文化,队伍运转平稳。

财政地税部门大局意识强、工作抓得实、建设搞得好,所以这几年厅局班子考核、厅局领导个人考核结果也是比较好的。我对你们这个班子、对巨炎个人、对你们个人是满意的。希望大家能保持住,保持这种好的传统、好的做法、好的作风。

二、树立新的正确的理财观

与过去相比,现在的财税工作发生了很多变化,自身的体量大了,面临的问题也多了,所有从事财税工作的同志,需要牢固树立新的正确的理财观。

什么是正确的理财观呢?我认为首先要促进发展。不发展就没有钱,没有钱就什么事都办不成。财税部门不光要琢磨怎么花钱,更要研究怎么生钱、怎么收钱。刚才巨炎汇报的9个方面,以及刚才在地税局参观的税友龙版,都是促进发展非常好的具体措施,我都同意,要抓紧实施。发展不外乎经济发展和社会发展两个方面,而检验发展的唯一标准,就是税收增加了多少。我们必须要保持经济总量的增长,要加大投资。投资本身能增加税收,1万亿元的投资能产生300亿元的税收,"十一五"时期我省工业投资比全国低14个百分点,也是江苏超过浙江的一个很重要的原因。今年经济形势比较复杂,扩大消费政策如家电补贴、汽车补贴政策今年将要到期,加上房地产调控,出口又这种状况,明年再不抓投资,财政就要出大问题了。所以,明年必须把各方面的投资加上去,一产、二产、三产都要加大投资、加大引资。

第二,要保障民生。这是财税工作的出发点和落脚点,也是老百姓最关心的问题。但要注意不调高胃口。调高胃口,就收拾不了了,现在欧洲一些高福利国家就出现了支付危机。

第三,要科学理财。就是该花的一定要花、不该花的一定不花,该少花的不多花、该多花的不少花。要花出价值、花出回报,使财政资金起到"四两拨千斤"的作用。另外,要反对浪费,注重节约。财政资金不是唐僧肉,也不能做冤大头,不做肉包子打狗有去无回的事。

第四,要加强监管。现在部门不管办什么事情,都来向财政要钱,而且往往向高里报预算。对这种问题,我们该批评的要批评,该否决的要否决。财政没有部门利益,要替省长把关,哪个钱该花,哪个钱不该花,集中财力办大事。我省还有很多大事要办,如教育、科技投入,国家有明确的法定支出要求;水利设施建设和文化强省建设,有许多大事要解决,需要花大钱,需要大投入。财税部门一定要站在全省的高度,以强烈的责任心和事业心,加强对财政资金的监督管理,为省委省政府当好参谋,当好助手,当好大管家。

(根据录音整理,2011年12月20日)

厅领导谈财政

勤政·廉政·善政

——在厅党组理论学习中心组学习会、厅党组民主生活会、省财政厅地税局处长会议上的讲话(摘要)

省财政厅厅长、省地税局局长 钱巨炎

一、关于作风建设

作风是思想意识的反映,是精神状态的表现,也是工作风格的体现。我们一直以来秉承的是"实、稳、优"的优良传统,要以此为导向,继续深化作风建设。

(一)加强学习,提高理论素养

理论指导实践,要从两方面提升我们的理论素养。

一是学习经典理论,提高判别是非的鉴别能力。这是提高个人素质、能力很重要的途径。现在厅局级干部有机会在中央和省委党校学习,学习经典理论机会较多,但大部分处级干部参加党校学习的机会相对较少,同时用于学习经典理论的时间也不多。这有客观原因,也有认识上的误区,有的同志觉得经典理论现在已过时了,其实不然。我们学习马列主义理论,特别是小平同志的论述,实际上是学习掌握一种思辨方式,体现了一种思辨能力,揭示了规律性的东西。像小平同志南巡讲话,观点鲜明,论述清晰,我有空时常拿来翻翻,看后很过瘾,有一种如饮甘露的感觉。还有古人的经典文章也很值得经常阅读。我闲暇时常读点古人的经典范文,心情不舒畅时,看看这些文章,很多事就能释然。如张若虚在《春江花月夜》中写道:"江畔何人初见月,江月何年初照人。人生代代无穷已,江月年年只相似。不知江月待何人,只见长江送流水"。在历史的长河里,人很渺小,人生很短暂,但自然是永恒的,真理是永恒的,如果为了一些小事斤斤计较,其实没有多大意思,这样一想便豁然开朗。实际上这就是一种人生观。

二是学习现代知识,提升驾驭市场经济的能力。现代知识更新很快,有的知道就可以,现代的金融、经济、信息、科技知识则要多了解些。一些网络语言我们也要大体知晓,否则就可能"OUT"了。特别是随着经济社会的快速发展,中国面临很多经济和社会问题,马太效应显现,财富分配不均衡,地区发展不平衡,这些问题如果不从制度上去调节、改善的话,会诱发一系列矛盾和冲突。财政地税部门在这方面有一定职责,因为合理的税收制度是调节人群收入差异的有效方法,财政再分配是调节地区差异的有效途径。虽然省一级的财政地税部门职责有局限性,特别在税收政策方面自主性不大,但我们有建议权,要积极主动发挥决策参谋作用。而这些职能的发挥,都离不开我们对当前经济社会形势和现代经济运行规律全面、科学的把握。

(二)深入调研,提高决策水平

关于加强调查研究的重要性和必要性,感触最深的是省级层面。现在中央出台的一些政策,我们在执行过程中遇到了很多问题,感觉很苦闷。但我们既是"媳妇",又是"婆婆"。当我们做"婆婆"制定政策时,要尽可能多地深入基层,多了解基层一线的情况,使政策在具体执行中能符合基层实际状况。现在一定程度上存在部门利益法律化的情况,一旦政策出台,成为省政府甚至是省人大立法文件,在一段时间内是很难改变的。要有效合理地发挥财税政策在协调统筹经济社会发展方面的重要作用,离不开我们的深入调查研究。

(三)改进服务,提高协调能力

首先,要主动服务于经济社会发展大局。要围绕省委、省政府的大局主动做好财税服务。去年我们在支持欠发达地区发展、中心镇建设、海洋经济发展、四大平台建设等方面都发挥了积极作用,要继续做好这方面的工作。

第二,要主动服务于部门。财税工作始终围绕着"钱"展开,但"钱"是有量的制约的,收入不可能无限增长;而部门感觉浙江财政实力很强,需求会迅速膨胀。财力的有限与需求的无限是一对永恒的矛盾。财税部门的处室要与很多部门打交道,容易产生矛盾。要解决好矛盾,就要寓工作于服务中,靠厅局领导、处室同志既坚持原则,又通过优良的服务加强沟通,赢得理解和支持。这几年,我们在这方面做得很不错,厅局已连续多年获得省直单位考核优秀。说明部门还是理解与支持我们的，这很不容易。

第三，要主动服务于基层和企业。财税部门特别是税务部门的主要服务对象就是企业，税收最能说明企业对社会的贡献度。税法是刚性的，服务是柔性的。这几年，我们抓税收服务是好的。要继续做好依法治税工作，通过纳税服务提升纳税遵从度。可以通过开辟"以税说事"或"以税说法"的栏目，加强税收宣传，优化纳税服务。财政方面，工作的着力点都是在县以下的基层，因此也要加强对基层和企业的服务。

当前，转变工作作风要着重处理好六大关系：

一是收与支的关系。我们不但要重视收入，关注收入进度、结构，也要重视支出，优化支出结构，把握支出进度，从"重收轻支"向"收支并重"转变。

二是财与税的关系。财与税是密不可分的。税收乃财政之源，财政支出又可以反过来培植税源，增加税收收入。要坚持依法治税，加强税收征管，实现收入的持续均衡入库；同时，也要充分发挥财税政策的杠杆和导向作用，培植好税源。

三是取与留的关系。实际上也是税与企的关系，是依法治税和合理调节收入的关系。浙江一直崇尚"藏富于民、放水养鱼"，我们要树立这方面的理念，但也要注意视情况调整观念。实际上有些企业是留不住的，即便留了也不是你的；有些企业留下的也是低端的东西，对低端的、要淘汰的企业，你给它输点"营养液"，让它再生存下去，继续污染环境，不一定是好事，而高端的、要鼓励的企业，我们则要多"放水养鱼"。

四是专项与一般的关系。增加一般转移支付，规范、减少、整合专项补助是财政资金分配的方向。现在部分专项转移支付已试行因素分配法。但如果全部改成一般转移支付，也会有问题。省长在去年年底指出，面对量这么大的一般转移支付，对市县也要规定相应内容。我们要研究落实省长的指示精神，把握好专项和一般的结构问题。

五是发达地区与欠发达地区的关系。平衡地区发展是财税部门一项很重要的职责。我们要关心欠发达地区的基本公共服务水平，同时也要关心发达地区的发展。只有发达地区发展了，才能对欠发达地区有更多的支持，否则扶持欠发达地区发展就成了"无米之炊"。两者的发展从效益来讲是不同的。差异总是客观存在的，我们要正视各地区间经济发展水平和自然资源禀赋条件的差异，研究把握好两者间的关系，对发达地区和欠发达地区实施分类指导。对欠发达地区主要是从财力上加大扶持，使其能享受大致均等的基本公共服务；对发达地区主要是从政策上进行鼓励，促进其更快发展。同时，发达地区里也有相对欠发达的区域，要研究统筹地区发展的政策，鼓励有能力、有意愿的发达地区对其区域范围内的相对欠发达地区进行扶持，促进其发展，推进全省基本公共服务均等化进程。

六是资金分配与管理绩效的关系。相对来说，我们还是"重分配、轻管理"，特别是在管理绩效方面相对较弱。近几年，我们推行了国库集中支付、政府采购、投资审核等多项改革措施，从制度上加强对财政支出的监督管理，使支出更加规范。特别是建立"三位一体"管理框架，构建"大监督"格局，就是要破解这个问题。当前，绩效管理理念已经树立起来，但相对精力花得还不够。同时，绩效评价主要依靠中介机构和专家，而他们与社会也有千丝万缕的关系，如何确保其公正客观，是值得研究的问题，否则下一步绩效预算将难以推进。

二、关于党风廉政建设

作为财政地税部门，承担了反腐倡廉源头治理各项任务，部门预算、国库集中支付、收支两条线、公务卡制度等，包括税收上的"大集中"、一系列征管软件等，是反腐倡廉的根本性措施。同时，财政地税部门还要抓好系统、部门、干部自身的廉政建设。因此，必须筑牢"不想为、不能为、不敢为"的"三道防线"，切实加强党风廉政建设。

（一）不想为

要通过加强教育，坚持以财税文化核心价值理念为引领，强调精神境界的塑造和激励，引导干部树立"不想为"的理念。

一要继续深入开展财税文化建设，树立正确的人生观。我们围绕财税中心工作开展财税文化建设，主要是从主观上塑造财税队伍，提高个人素质和修养，树立正确的人生观、价值观，从而对有些事情看得淡一些。物质问题谁也抛不开，重要的是如何正确对待，不要看得太重。

二要继续抓好党风廉政教育，树立正确的权力观。要找到本我、善我，认识到平平安安才是福。要加强廉政教育，知道行为后果，提高律己的自觉性，加强自我约束。

三是算好"收入、家庭、自由"三本账。习近平同志曾说过，为官应算经济账、法纪账、良心账"三笔账"。我们也要想清楚，算明白，算好"三本账"。"收入账"。财税工作是份体面、有尊严的工作，大家都有稳定的收入，享受着良好的医疗、养老等保障，应该十分珍惜，要心怀感恩之心，知足常乐。如果太看重物质利益，经受不住蝇头小利的诱惑而铤而走险，将反而得不偿失。"家庭账"。平安、完整的家庭才是幸福的家庭。在座的都是家庭中的顶梁柱，也是家族中的骄傲，大家都期望着你们平平安安。如果为了谋取一时之利，做出违法乱纪的事情，上对不起父母，则为不孝，下对不起家庭与子女，则为不尊，最终损害家庭的利益和幸福。"自由账"。自由最珍贵，"若为自由故，两者皆可抛。"违法犯罪终要受到法纪制裁，失去人身自由，后悔莫及了。即使侥幸暂时没有暴露出来，但整天提心吊胆，时刻遭受道德和良心的煎熬，也就失去心灵的宁静和自由。

（二）不能为

权力没有监督，必然导致腐败，这是定律。要加强权力制约，加大制度建设和执行的力度，规范权力运行。

一是加强权力制约。规范权力运行，加强权力的监督和制衡，让权力在阳光下运行。开展“权力搜索”和岗位风险排查，设置监督“哨卡”，使每个重大事项都不能由某个人说了算，让每个岗位和环节都置于监督和制约之下。当然，关键重在执行落实，并不断完善，

二是加强制度建设。制度是根本，要切实做到靠制度规范从政行为，按制度办事，靠制度管人。宁可将财税工作的每个环节、每个岗位、每个人都假设成是廉政“危险区”，也不要因为制度“真空”而埋下廉政风险和隐患。

（三）不敢为

任何人都不是圣人，监督不力，容易出问题，要加强监督，加大惩处力度。一旦发现问题，要及时诫免谈话。厅党组、厅局班子对每位干部都是关爱备至，要未雨绸缪，但一旦触犯法律，我们也绝不手软。要加大查办违法违纪案件工作力度，不论什么人，不论在何时何地，只要搞腐败，给财政地税部门抹黑，就要坚决惩处，维护党纪国法的严肃性。

三、关于班子建设

班子建设，关键是要讲大局、讲纪律、讲团结。

（一）讲大局

作为财政地税部门，省委、省政府的决策部署就是我们的大局，这两年我们做得比较好。作为厅局来讲，厅党组就是大局，一方面厅党组要提高决策水平和能力，但厅党组作出的决定，就是厅局的大局，必须坚决服从。对于处室来讲，厅局行政班子决定的事就是处室的大局，大家都要维护。

（二）讲纪律

纪律就是规矩、秩序。一个单位，只要有纪律，就可以运行顺畅。这方面厅局一直做得很好。大到党组的纪律，厅长办公会议、局长办公会议及厅局的运行各项制度，小到食堂、办公室领取笔记本，都有一系列的规章制度。有些制度可能有不完善的地方，可以不断完善。有了制度，必须照章办事。这就是纪律。厅局机关尽管大，但是因为有良好的基础，有团结的班子，有完整的制度，所以运行很顺畅。

（三）讲团结

团结实际上就是齐心协力的意思。任何人都不是全才，不可能什么事都懂，都比人家强。所谓“尺有所短，寸有所长”，每个人都有他的长处。团结就是要把所有人的长处发挥出来，把短处避开，用一个人某方面的才能补另一个人另外方面的不足。这就像打球，有些打后卫，有些打前锋，相互要补位。如果不团结，不补位，可能个人技能都很高，但最后团队肯定输。作为班子来讲，班子各位成员之间要形成团结的气氛。厅局机关一直是风正气顺，相互之间的关系很健康，讨论问题可以各抒己见。作为“一把手”，尽量要当“班长”，不做家长，不要搞一言堂；要放手，当然也不要撒手；要超脱，但也不能超然。厅局领导、处长们也一样，对分管的处室，也要遵循这一原则。

四、关于如何当好处长

这次处级干部会议，从形式上作了创新，大家讲一讲2010年的工作和2011年的思路，既是交流，又是学习，也是锻炼，效果很好。根据大家谈的情况，对怎样当好处长，归纳为五句话：

（一）出思路、用干部、带队伍

处长虽然管的人不多，但也是“一把手”。要当好处长，第一还是要出思路、用干部、带队伍。

出思路，就是必须搞清楚处室里今年要干哪几件事情，要有思路。你的思路清楚了，下面的同志就明白了。你自己稀里糊涂，下面不知道你要干什么，又不交流沟通，这盘棋肯定乱。

用干部，处室里少则三五人，多则十几人，每个人都有他的优势有他的长处，你要用好。各显其能，这样团队就有活力。每个处室把自己的小队伍带好了，厅局整个队伍就好。

带队伍。每个处长都分管了厅局内的一块业务，上下一个行业一条线。处长的工作思路清晰了，全省整条业务线思路就清晰，干部的精神状态就好，制度建设各方面都很好，干起来有奔头，整条线都会有活力。

（二）抓大事、谋远事、干实事

抓大事，就是处室这条线里的主要矛盾。抓住主要矛盾，次要矛盾就迎刃而解了。这是毛主席的哲学。我之所以强调学习经典，就是这个道理。

谋远事，就是要有前瞻性思维。如没有前瞻性、没有创新性，我们的工作就不会有亮点。只要有前瞻性，常规性的工作也可以创新，也会有亮点。

干实事，财政地税工作奉行“实、稳、优”，最后还是要干事。想得好，更要靠做得好。要从高处着眼，从低处着手，扎扎实实做出亮点。杜甫说：“会当凌绝顶，一览众山小”。看，一定要站得高。同时，有时候我们还要跳出来。苏东坡说：“不识庐山真面目，只缘身在此山中”。我们的干部不要一天到晚扎在事务堆里，忙得团团转，最后是云里雾里，疲于奔命。要静下来，脑子里空一空，再理一理，可能会起到事半功

倍的效应。另外，要营造一个和谐轻松的氛围，人在放松的状态下容易出好点子。

（三）能说、能写、能干

我曾经说过“站起来能说、坐下来能写、走出去能干”。有些干部干活很好，交流不一定很好。这次处长发言中也能看出，有些处长做可以，讲一下讲不出来。作为办事员，光埋头做不善说没关系。但作为财政地税综合部门的处长，要经常和外面打交道，要沟通和协调，必须要有能说、能写、能干的本领。处长会议这个形式，实际上也是对这方面能力的锻炼。

（四）敢打、敢拼、敢冲

要有拼搏、冲锋陷阵的精神。我们要寓工作于服务中，要有智慧，但也要有点冲劲，有敢打、敢拼、敢冲的精神。跟部门协调，处长要冲在前面，在处长的层面上先解决。处长这关挡不住，到后面我们的余地就小了。所以处长这道关非常重要。当然，敢打、敢拼、敢冲要有实力，要有真本事。厅局内部涉及资金问题包括一些税收政策，相关处室要多沟通，从全省的角度考虑政策的合理性。一个税收优惠政策，出去后就不是一年而是几年的问题，一个财政支出口子更是永续性的问题。

（五）勤政、廉政、善政

勤政、廉政前面已经讲过。善政，里面有很多科学性。既有经验积累，也包含个人的行事风格。处长大多数工作15年以上，年轻点的也10年以上。怎么样善政，怎么样把这块自留地耕种好，怎么样指导整个系统，种出最好的庄稼，很值得思考。作为省一级部门，我们有制定政策权限，而很多政策是以处室为主拿出来的。可以说，处长的水平高低会影响到一个政策水平的高低，牵涉到基层、企业、广大人民群众的利益。所以，我们在勤政、廉政前提下更要善政，会干活，会做事。要调查研究，走进基层，关爱企业，提高善政的能力和水平。

（标题为编者加，根据录音整理，2011年2月）

利用学会平台 理论指导实际 服务财政中心工作

省财政厅厅长 钱巨炎

财政学会是财政理论研究和实际工作有机结合的平台，应借助这一平台对一些财政问题开展有效研究，理论指导实际，更好地服务于财政中心工作。

一、学会研究要“虚实结合”。从事实际工作的同志要“务虚”一点，经常思考一些问题，实际工作如果没有理性思考，没有新理念，没有务虚的提炼总结，工作水平就难以得到提升，很难做出亮点和新意。反过来，从事理论研究工作的同志则要“务实”一点，一切从实际出发，理论源于实践，又反过来指导实践。这样“虚实结合”，互相交流、互相启发，可以有效提高工作水平。财政学会是很好的“虚实结合”平台，我们在实际工作中经常会碰到一些疑惑，带着这些疑惑与专家学者一起交流探讨，可以从理论层面作一些思考，从中得到启发，找到理论根据。如国民收入分配问题，群体之间、地区之间客观存在着贫富差距，经济学中称之为“马太效应”，特别是在当前的发展阶段，可以说这是必然的。群体之间的收入差距调节主要靠税收，地区之间的收入差距调节主要靠财政转移支付，因此，收入分配的调节，财税部门肩负着重要的职责，应积极有为。这个问题很大，但可以从小处着眼，借助学会平台深入开展研究。再如财政转移支付问题，如何科学把握一般性转移支付与专项转移支付的结构，值得深入研究。目前，专项性转移支付越来越多，而专项性转移支付是按照项目来进行分配的，从国家层面来看，传统的做法是在成千上万个项目中作出选择，这是一项十分困难的工作。现在，我省在实际工作中开创了一种新模式，即“专项性一般转移支付”：按因素和权重将专项资金进行“切块”分配，按一般性转移支付性质下到地方。这种转移支付方式的创新引起了财政部的高度关注。若按照这种模式，专项转移支付由各省在既定金额范围内自主选择项目，报财政部备案，并实施绩效考核，有利于财政资金发挥更大的效益。但在创新过程中也会碰到一些新情况和新问题，有待进一步研究解决。上述这些问题值得财政学会深入研究，这些问题针对性强，如果解决好了，对全国来讲都是很好的借鉴。财政学会既要研究大问题，又要细化研究小问题，做到“虚实结合”。

二、学会研究要“瞻前顾后”。所谓“瞻前”，就是财政研究一定要有前瞻性，没有前瞻性对实际工作就没有指导性。浙江的财政地税工作有条件、有义务、也有责任走在全国前列。要跳出实际、高于实际，开展前瞻性的研究，更好地推动实际工作。如体制机制问题，当全国都在学习浙江“省管县”体制时，我们则应该好好反思一下：这一体制还存在哪些不足，在统筹城乡协调发展过程当中，应该作哪些调整和完善，因为体制也同样存在边际效应递减的问题。体制问题事关全局，很重要，也很敏感，但学会可以思考这个问题，应该充分利用这一平台，向高校“借脑”，以课题研究的方式做些前瞻性的思考和探索。所谓“顾后”，就是研究也要有一定的操作性。如在经济转型升级过程中，我们的体制、出台的政策有没有割断或阻碍城乡、区域统筹协调发展，要从财税的视角有针对性地研究促进经济转型升级的对策，不能就事论事，要对体制、政策的改进有现实的指导意义。

三、学会研究要“喜新厌旧”。研究一定要有创新性，没有创新性的研究就没有任何意义，因为经济社会形势在不断变化，研究必须与时俱进。因此，搞研究不是把别人的观点进行简单裁剪拼接，不是人云亦云，而是破旧立新，或在已有研究成果的基础上，形成自己独到的见解，要在研究视角、方法和思路上有一定独创性。

（在浙江省财政学会六届二次常务理事会上的讲话，标题为编者加，2011年2月22日）

高度重视 统筹协调 加强管理 稳步推进事业单位绩效工资工作（摘要）

省财政厅厅长 钱巨炎

一、高度重视，稳步推进其他事业单位实施绩效工资

事业单位全面实施绩效工资，是党中央、国务院在科学分析判断当前复杂形势基础上，实现收入分配规范化、体现社会公平、激励社会消费、促进社会和谐的重大举措。做好这项工作，不仅有利于调动广大事业单位工作人员的积极性，促进社会事业发展和人才队伍建设，也有利于理顺收入分配关系、规范收入分配秩序。这项工作涉及事业单位广大职工的切身利益，比先期实施的义务教育教师绩效工资等工作更系统、更复杂、更艰巨。一是事业单位队伍大，人员多。目前，全省事业单位共3.4万余家，在职人员多达89.72万人，退休人员33.20万人，特别是退休人员平均收入水平较低，调整、平衡工作难度大。二是事业单位门类多，情况复杂。事业单位类型、行业多，不同行业、类别事业单位收入水平差距较大，津贴补贴项目、内容五花八门，数据情况调查摸底工作量多。三是事业单位收入来源呈现多元化。财政对各种类型事业单位的经费投入程度不一，事业单位自身组织收入的能力水平千差万别，收入来源渠道多，有关经费支持的数据测算、方案研究、政策制定较为复杂。

2009年以来，各地为贯彻实施义务教育教师绩效工资政策，在财政减收增支的压力下，千方百计调整支出结构，多方筹集资金，较好地解决了义务教育学校教师工资和退休人员收入待遇问题。多数市也于2010年底出台了公共卫生和基层医疗事业单位的绩效工资政策，付出了大量的艰辛努力。其他事业单位绩效工资改革任务更重、责任更大，各级财政部门要高度重视，牢固树立大局意识，精心筹划，按照今天的会议要求和陈加元副省长的重要讲话精神，积极配合当地人力社保部门共同做好这项工作。

二、统筹协调，妥善处理各类事业人员和各方面的平衡关系

前阶段的绩效工资政策取得了实效，但也在一定程度上引发了各类人员之间的不平衡。如非义务教育阶段教师和退休职工与义务教育学校教职工的不平衡，其他事业单位职工尤其是退休职工要求增加收入待遇的呼声强烈。这些难题和问题若处理不好，不仅在政策上有失公平，且有可能影响社会稳定。因此，全省各级财政部门要积极参与绩效工资的制度设计，统筹兼顾，协调平衡好各类事业单位、各种事业人员和相关各个方面的关系。

（一）妥善处理好各类事业人员之间的收入分配关系。一是非义务教育与义务教育各类人员的关系，特别是市县高中段学校与义务教育阶段学校类别相同、性质相近，要统筹平衡；二是基层医疗卫生人员与其他事业人员之间津贴补贴水平的衔接；三是其他事业单位退休人员与在职职工的收入分配关系。各地在制定政策时要做到：非义务教育与义务教育津贴补贴水平相一致；其他事业机构与公共卫生和基层卫生医疗机构的津贴补贴水平相衔接；退休人员与在职职工的工资水平保持合理的比例关系，原则上要达到在职的60%，财力困难或者原收入差距较大的地区，允许分步实施、分年到位。同时，还要注意平衡好科研、文化、农业等不同行业事业单位之间及同行业不同单位之间的关系，既要避免不同行业及同行业不同类型事业单位之间的收入趋同，也要避免收入差距过大，要适当进行“托低”或合理“限高”。

（二）妥善处理好改革需要与财政承受能力之间的关系。有多大的财力，就办多大的事情，财政工作要量力而行。事业单位绩效工资与规范后的公务员津贴补贴一样，都属于地方性津补贴，所需经费由地方财政负担。目前，从财政收入方面看，制约经济平稳运行的矛盾和问题依然较多，财政增收难度

仍较大；从财政支出方面看，推进教育、医疗卫生改革，加大民生投入等需要更多的财政投入，财政收支平衡的矛盾仍然十分突出。各级财政部门要保持清醒头脑，在参与制定绩效工资政策时，一定要从自身实际出发，统筹兼顾各方面的能力和因素，合理确定津贴补贴水平，稳步实施，避免地区之间、县与县之间的盲目攀比。

三、加强管理，认真履行好财政职责

各级财政部门要认真总结义务教育教师、公共卫生和基层医疗机构绩效工资实施工作的有益经验，形成行之有效的工作机制；要统筹结合事业单位市场化改革、事业单位预算外收入和事业资产管理的各项政策；要创新财政经费投入和单位财务管理机制，发挥财政的保障、支持、引导功能和财务管理职能，精心测算、慎审安排，顺利推进事业单位实施绩效工资。

（一）认真梳理、核查事业单位财务收支和津贴补贴状况，配合人力社保部门科学核定事业单位的津贴补贴水平。市县财政部门要在当地党委、政府的统一领导下，认真梳理研究各行业、部门、单位的财务收支状况和财政经费投入程度，了解核查单位自行发放的津贴补贴和奖金的水平及各种开支渠道，为科学合理地研究制定绩效工资具体实施方案和经费支持政策提供可靠依据。要综合考虑当地经济发展、财力状况、物价消费水平，考虑事业单位公益性程度、自身收入来源状况和为社会提供服务的绩效等各种因素，合理确定并适当调控各行业、各部门各种类型事业单位的津贴补贴水平差距。

（二）加强管理，创新事业单位绩效工资经费保障机制。落实经费是实施绩效工资的重要保障。义务教育教师绩效工资，国家明确规定了标准、水平和经费由财政保障的责任，财政部门筹划资金的压力已经很重。其他事业单位实施绩效工资，重在规范收入分配秩序，牵涉面广、经费需求量大，事业单位收入调整余地也大一些，经费保障工作要创新机制，清理规范津贴补贴项目，科学确定绩效工资总额，合理平衡增支因素，切实加强财政、财务管理，努力减轻财政压力。省政府规定，其他事业单位实施绩效工资所需经费，按单位性质分别由财政和事业单位负担。即原水平部分按照原经费渠道解决；新增部分通过原经费渠道、动用结余和部门预算调剂解决，仍有缺口的，由同级财政给予适当补助。因此，对新增部分，要调动事业单位自身的积极性，挖掘事业单位预算外收入、国有资产租赁经营收入及单位结余经费等由单位内部充分消化。要建立在职人员与退休人员的联动机制，对在职人员收入水平高于退休人员收入一定比例的单位，提高待遇所需经费自行解决；对有财政经费保障的单位，津贴补贴水平应平稳折中，不宜过高；对违规设立的津补贴项目要坚决取消。各级财政要进一步优化支出结构，确保由财政渠道列支的经费安排到位。对少数财政确有困难的地区，省财政将在一定时期内给予适当补助。　（在全省其他事业单位实施绩效工资工作会议上的讲话，标题为编者加，2011年3月）

创新财税管理 深化财政改革 发挥财税引导支撑保障作用（摘要）

省财政厅厅长、省地税局局长　钱巨炎

省委、省政府领导十分重视财政地税工作，赵洪祝同志日前就做好财政地税工作作出重要批示：上半年，我省财税运行情况良好，地方财政收入继续保持较快增长，成绩可喜，来之不易。下一步，要认真贯彻李克强副总理重要指示和谢旭人部长、廖晓军副部长讲话精神，围绕科学发展主题和转变经济发展方式主线，着力在调结构、保增长、惠民生、促和谐上下工夫，扎实推进财政发展改革，优化财政支出结构，强化财政科学化精细化管理，深化预算信息公开，更好地发挥财税的引导支撑保障作用，为促进我省经济社会又好又快发展作出新贡献。赵书记的批示精神，各地一定要认真学习，及时向党委政府作好汇报，并在实际工作中加以贯彻落实。

一、应时识势，准确把握当前财税工作形势

2011年以来，全省各级财政地税部门在省委省政府的正确领导下，深入贯彻科学发展观，紧紧围绕“八八战略”和“两创”总战略，按照“稳增长、抓转型、控物价、惠民生、促和谐”经济工作思路，坚持依法治税、为民理财、务实创新、廉洁高效，立足实基础、稳基层、优基本“三基”建设，突出生财、聚财、用财、理财、管财“五财”职能，深化财税管理改革，积极发挥财税支撑保障引导作用，为全省经济和社会各项事业发展保持良好势头作出了积极贡献。1～7月，全省地方财政收入2186.59亿元，增长26.8%，其中，税收收入2047.78亿元，增长26.1%；收入结构保持较好，税收收入占地方财政收入的比重为93.7%，

在地方财政收入居全国前五位的省市中比重最高。全省财政支出1908.97亿元，增长28.8%；医疗卫生、社会保障和就业、住房保障、农林水事务、城乡社区事务支出分别增长37.2%、46.9%、130.3%、46.1%和58.7%，重点支出保障有力；一般公共服务支出增长13.7%，远低于财政支出平均增幅，控制较好。同时，支出进度有所加快，1～7月全省财政支出进度为56.5%，比上年同期快1.6个百分点，为近年同期最快。

虽然当前财税经济发展态势总体良好，但当前和今后一个时期，经济发展和社会管理的形势十分复杂，趋势演变的不确定性突出，保持经济平稳健康发展的困难加大，加强和创新社会管理的任务艰巨，推进和深化改革的阻力增多，财政地税工作面临诸多新情况、新问题、新挑战。

（一）加强和创新社会管理对财政地税工作提出新要求

改革开放30多年来，我国的经济建设取得了重大成就，但也积累了这样那样的社会矛盾和问题，同时中国社会经过长期改革开放已发生了全面、深刻的变化，社会已经并将继续分化为越来越多的利益群体，公民主体意识不断增强，人们对于社会管理的合理性、多样性、灵活性、人本化有了更高诉求，过去被经济发展所遮蔽和冲淡的一系列社会矛盾和问题开始凸显，原有的社会管理方式已经不能完全适应新的发展需要。今年年初，胡锦涛总书记等中央领导同志在省部级主要领导干部专题研讨班上，深刻阐述了加强和创新社会管理的重大意义，明确提出了当前和今后一个时期加强和创新社会管理的指导思想、基本任务、重点工作。在庆祝中国共产党建党90周年大会上，胡锦涛总书记站在时代发展和战略全局的高度，提出了当前形势下党的建设的新任务、新要求，指出党的建设存在精神懈怠的危险、能力不足的危险、脱离群众的危险、消极腐败的危险，强调要加强和创新社会管理，完善党委领导、政府负责、社会协同、公众参与的社会管理格局，建设中国特色社会主义社会管理体系，全面提高社会管理科学化水平，确保人民安居乐业、社会和谐稳定。省委十二届九次全体（扩大）会议审议通过的《中共浙江省委关于加强和创新社会管理的决定》，对我省加强和创新社会管理作出了全面部署。

财政地税部门与社会各领域联系紧密，是党委、政府重要的社会管理部门，在加强和创新社会管理中责任重大。税收涉及社会生产、分配、交换、消费等各个环节，具有筹集财政收入、调控经济和调节分配的职能，不仅可以为经济社会发展提供财力保障，而且能够调节利益关系、促进社会和谐；公共财政政策有协调各种利益关系、建立和健全利益协调机制的功能，是调节社会分配关系、促进公正与公平的物质基础和重要工具，在加强和创新社会管理过程中具有不可替代的作用。在新的历史条件和经济社会形势下，全省财政地税部门要深刻领会和全面把握胡锦涛总书记“七一”重要讲话和省委十二届九次全会精神，充分认识加强和创新社会管理的重要性和紧迫性，进一步增强忧患意识、责任意识，深化财税管理改革，健全公共财政体系，积极发挥财税在加强和创新社会管理的支撑保障引导作用，优化公共资源配置，平衡社会分配机制，加快推进以改善民生为重点的社会建设，支持建立与完善多元格局的社会管理机制，提高引领社会、组织社会、管理社会、服务社会的能力，最大限度地激发社会活力，最大限度地增加和谐因素，最大限度地减少不和谐因素，切实推进富民强省与和谐社会建设。

（二）宏观经济形势对财政地税工作提出新挑战

从国际看，世界经济继续复苏，但势头有所减弱，不稳定和不确定性加大。发达经济体增长后劲不足，部分国家债务风险继续积聚，特别是标准普尔下调美国长期主权信用评级对世界经济产生很大影响；全球通胀压力加大，不同经济体宏观经济政策分化明显。国际金融市场起伏不定，国际市场大宗商品价格高位震荡。全球经济复苏充满变数，我国经济发展面临的国际环境依然复杂严峻。

从国内看，我国固定资产投资仍在高位；社会保障体系建设和减税计划，将对消费起到促进作用；世界经济缓慢复苏使中国外需有所增长，国民经济继续朝着宏观调控的预期方向发展，经济增长的主要拉动力逐步从政策刺激向自主增长有序转变。但宏观调控面临的“两难”问题增多，国内宏观调控政策进入观察期，将提高政策的针对性、灵活性、前瞻性；同时政策之间相互掣肘的链条越来越多，翻转腾挪的空间越来越狭小。

从浙江省看，省内海洋经济示范区和舟山群岛新区建设、产业集聚区建设、义乌国际贸易综合改革试点和服务业发展等加速推进，加快转型升级的积极因素明显增多，有利于我省经济在结构调整中保持平稳增长。但经济运行中存在的矛盾问题仍比较突出，如受土地等要素制约、发展空间受限，企业生产经营压力加大，中小企业融资难，以及主要农产品供给依然偏紧，农民增收难度加大，需求拉动后劲不足等仍未有效缓解。随着国内外宏观环境的深刻变化，我省保持经济持续平稳较快增长、推动经济发展方式转变的任务十分艰巨。预计下半年发展环境的不确定因素还在增加，全省经济增长将继续放缓，保持经济平稳健康发展的难度还在加大。

（三）财税收支形势对财政地税工作提出新问题

收入方面，经济运行中的诸多不确定因素以及政策性减税，将影响财政收入的持续快速增长，后几个月财政收入增幅将回归常态，全年财政收入增幅将呈前高后低走势。一是制造业税收增长可能趋缓。目前全省规模以上企业工业增加值增速已连续两个月回落，工业生产增速面临趋缓压力。受原料和用工成本上升、要素制约趋紧等影响，企业效益增长放缓。同时，随着银根的不断收紧，融资难问题日益突出，中小企业生存环境面临严峻考验。二是房地产业税收将继续下滑。今年以来特别是进入2季度以来，房地产业相关税收大幅减少，房地产税收下行压力大。随着房地产销售收入回落、土地成交放慢，调控对税收的滞后影响效应将进一步显现。三是税制调整带来减收。9月1日起，个人所得税工薪所得减除费用标准将由每月2000元提高到每月3500元，同时税率简并、级距拉大，第一档税率下调到3%；个体工商户的生产、经营所得和企事业单位的承包经营、承租经营所得适用税率级距拉大。上述税制调整将带来一定减收。

支出方面，财政增支压力依然较大。加快经济结构调整和发展方式转变，加大统筹城乡发展力度，加强农业、水利设施建设，推进教育、医药卫生、社会保障、事业单位绩效工资等重点领域改革，扶持中心镇和欠发达地区发展，支持保障性住房建设、海洋经济发展、援疆援藏等需投入大量财力。管理通货膨胀预期，增加对低收入群体的补助，都需要新增财政支出，而且数额巨大。清理规范地方政府融资平台，也将对后期地方基础设施融资带来较大压力，市县财政收支平衡压力进一步凸现。同时，还要谨防一些地方在换届中突击花钱加大投资拼政绩等造成财政资金的浪费。

二、顺势而为，积极创新财税管理

（一）积极稳妥地推进预算公开

1.预算公开是大势所趋

当前，各种利益主体的诉求集中体现，公民的参与意识、监督意识、责任意识和法律意识日益成熟，民众对执政者有了新的期待，对社会管理的公平、公正、公开等方面的需求日渐强烈，对政府预算公开的呼声日益高涨，预算公开已是大势所趋。预算公开是推进行政管理改革的重要途径。预算是政府活动的影子。政府活动到哪里，财政收支活动就反映到哪里。预算信息公开把一个看不见的政府变为一个透明的政府，公民借此了解政府活动的范围和方向，监督政府更加规范地使用财政资金，促使政府努力改善财政资源投入、分配、使用的方向和状况，从而推动政府现有管理体制、执政方式、执政方法的改革，使之变得更加民主、更加科学、更加公平。预算公开是加快民主进程的必由之路。预算信息公开把监督从体制内部的监督转向体制外部的社会监督，有利于实现人民群众依法有序参与民主决策、民主管理和民主监督的权利，促进政府按照人民群众的意愿来管理使用财政资金，促使政府依法行政，提高公共管理效率。预算公开是深化廉政建设的客观需要。政府与公民间的信息不对称会妨碍有效的公共治理和公民参与，也为腐败提供了机会。预算公开特别是“三公”经费公开，将政府行政成本开支置于众目睽睽之下，接受社会公众监督，能有效杜绝贪污挪用、铺张浪费等行为，从制度上消除腐败的风险。预算公开是健全公共财政的有利契机。预算公开后，在社会公众的监督下，政府部门将不得不进一步改善预算管理，提高预算编制的完整性、预算科目的规范性、预算执行的严肃性和预算监督的有效性。预算公开是财政部门借助外力，积极破解改革中存在的难点问题，进一步深化财政综合预算改革，加强和改进财政管理的重要契机。

近年来，随着社会发展和民主法治的不断推进，以及公共财政体制的不断完善，在党中央、国务院的积极推动下，财政预决算公开工作正在有条不紊地稳步推进。从中央层面看，今年报送全国人大审议部门预算的98家中央部门，除需要保密的外，都向社会公开部门收支预算总表、财政拨款支出表，并附部门预算说明。2010年中央决算经全国人大常委会审议批准后，部门决算也参照部门预算公开的范围、格式和体例等，首次向社会公开。至目前，有94个中央部门按照国务院的要求，先后公开了“三公”经费账单。从地方层面看，今年27个省区市本级财政公开了本地区的一般预算和政府性基金预算，其中一些地区还公开了国有资本经营预算。20个省区市本级公开了省直部门的部门预算，其中北京、深圳等地还公开了部门预算的编制说明。我省省政府序列部门和省法院、省检察院等48个部门的部门预算也已于今年2月21日前公开。

应该看到，预算公开是近年来政府对公众财政知情权、表达权和监督权不断升温的一种尊重和回应。无论按高层宣示还是基层民意，预算公开都将是未来势不可挡的方向，不可逆转。它将伴随着政府信息公开工作的深入发展、民众民主意识和监督意识的不断增强、财政自身科学化精细化程度的逐步提高而持续推进，公开步伐越来越快，公开范围越来越大，公开内容越来越细。

2.预算公开要积极稳妥

预算公开是一种顺应形势需要、彰显时代精神的进步，是一件提高执政能力和利民惠民的好事。得改革开放风气之先的浙江人民精神、理念和视野极大解放，浙江的公民意识、参政议政意识和能力更为强化，对预算公开的要求更为迫切；同时近年来我省“三个子”的公共财政改革持续深化，公共财政管理的规范化科学化精细化程度不断提高，推行预算公开具有一定的基础。但是，预算公开工作系统性强，涉及面广，敏感度高，社会影响大，在有关配套制度尚未建立、行为已要求规范的情况下，预算公开工作面临的矛盾、困难和压力将集中体现。各地既要充分认识预算公开的重要性和紧迫性，提高工作主动性，未雨绸缪，做好准备；又要切实增强对预算公开工作复杂性、艰巨性的认识，统筹规划，周密部署，稳妥推进。

（1）健全工作机制。一是分级负责机制。一级政府一级预算，各级政府负责本级政府预算的公开。各地财政部门要牵头负责好本级政府预算公开事项，加强对本地区各部门预算公开工作的指导和辅导。二是发挥主体作用。要充分发挥各部门在预算公开中的主体作用，指导部门按照相关规定，有计划、按步骤，主动、稳妥地公开预算信息。三是沟通协调机制。要加强与同级政府信息公开主管部门、人大、审计、保密等部门的沟通协调，加强与部门间的沟通协调，加强上下级财政部门的沟通协调，有序推进预算公开工作。四是保密审查机制。要处理好预算公开与保密之间的关系，规范审查程序，落实审查责任，既保证依法公开，又确保国家秘密安全。

（2）夯实公开基础。一是深化预算管理改革。要继续加大"三个子"公共财政体制改革力度，认真做好预算编制工作，完善政府预算编制体系，健全预算定额标准体系，加强预算绩效目标管理，推进项目预算基础资料库建设。二是加强基础管理工作。要借助信息化手段，依托金财工程和地理信息平台，抓好财政数据平台建设；加快公务卡制度改革，全面完成县级国库集中支付制度改革；加强公务用车专项治理，深化"小金库"治理工作。三是做好公开数据统计工作。要准确把握有关基础数据口径，积极正面引导社会舆论。当前，特别要认真做好"三公"经费支出统计、分析和比较等工作，做实项目预算，为"三公"经费、部门公共支出项目和基建项目的预算公开做好准备。四是健全披露制度。要充分利用政府门户网站、12366财税服务热线、政府公告、新闻媒体、档案馆等多种途径，拓宽信息公开的渠道。创新和丰富政府预决算公开的形式和内容，使预决算更加公开透明、更加通俗易懂。五是做好应对预案。要充分估计预决算信息特别是"三公"经费公开后可能产生的影响，及早做好应对准备。密切关注社会各界的反响，根据情况及时作出回应，消除不良影响。

（3）准备专题询问。询问是人大对"一府两院"实施监督的法定形式之一，是人大常委会组成人员的法定职权。去年，全国人大常委会进行了历史上首次有组织、有计划的专题询问，对2009年中央决算报告涉及的社会普遍关注的问题进行了专题询问。今年，省人大常委会将结合我省2010年财政决算报告、审计报告，首次对财政工作开展专题询问，加大预算监督的力度。省厅为此开发了财政基础资料及政策数据资料暨人大专题询问数据库系统，按名词解释、政策说明、预算安排和执行、社会关注热点等四大类模拟问题并精心作答，确保应询工作圆满完成。各地也要积极做好有关准备工作，并以此为契机，进一步规范预算管理，不断提高决算管理水平，建立更公开透明规范的财政管理体系。

（二）创新财政转移支付制度

1.创新财政转移支付制度具有现实意义

随着公共财政越来越向民生倾斜，专项转移支付规模不断扩大，2006～2009年我省一般性转移支付与专项转移支付的比例分别为1.15：1、1.19：1、0.8：1、0.87：1，呈逐年降低趋势。财政转移支付结构的不尽合理，导致了一方面市县财政压力大、自主性不高，另一方面，专项转移支付集中程度不高，"小而散"现象不同程度存在，部分专项结余较多，财政资金使用效益未充分发挥。

在财政收入增长趋缓，支出压力刚性增强，收支矛盾突出的情况下，财政部门必须根据时间、环境和要求的变化，创新财政资金分配管理，推进转移支付制度改革，调整和优化财政专项资金的设置，统筹安排一般转移支付资金和专项转移支付资金，提高资金使用效益，以集中财力办大事，推进民生改善和社会建设，缓解社会矛盾，加强社会管理。

2.创新财政转移支付制度具有积极作用

从2009年起，省财政对一些体现均衡性、均等化，受益人群普惠性的转移支付资金，如义务教育阶段免学杂费和课本费、新型农村合作医疗制度、生态公益林补偿机制等民生项目，进行了转移支付方式的调整，从专项转移支付纳入一般性转移支付。从资金性质看，这类资金具有财力补助特点，属于一般性转移支付，但同时又具有特定政策目标和相对确定的使用范围，我们将这类资金称为专项性一般转移支付。同时，我们也相应进行了财政分配方式的改革，重点是实行"因素法"分配。2009年，省财政共将14项45亿元专项资金纳入专项性一般转移支付范畴，2010年增加到18项86亿元。近三年省委省政府出台的重大政策，如欠发达地区特别扶持资金，中心镇发展、海洋经济发展专项等，都采用了专项性一般转移支付办法。

同时，为提高一般性转移支付资金使用的规范性和有效性，省财政将一些市县必须完成的省委省政府布置的任务，在根据客观因素计算出省转移支付补助额后，除给予专项补助外，有些项目作为一般性转移支付的附列内容予以明确，确保省委省政府有关政策措施的落实。这类一般性转移支付资金具有一定的专项性。如2010年均衡性转移支付中单列了省级政法财力补助3.5亿元；生态环保财力转移支付中单列了农村环境连片整治补助0.64亿元；市县财政运行与发展补助中单列了林区道路建设补助1.53亿元。

从实践看，上述转移支付制度改革更加明晰了财政的分配主体地位，更加契合地方发展所需，同时加强了政策意图导向，缓解了市县财政压力，加快了预算执行进度，大大提高了财政分配的科学性和合理性，是解决一般性转移支付和专项性转移支付两者矛盾的有效途径。加快推进转移支付制度改革，既是完善财政体制、提升财政管理水平、提高财政资金使用效益的突破点，又是实现中央和省委省政府确定的特定政策目标，集中财力改善民生、促进经济发展方式转变提供强有力保障的重要抓手，符合中央和省的战略决策。

3.创新财政转移支付制度需要上下联动

转移支付制度改革是一场关系到省与地方、部门与部门之间利益分配格局再调整的重大改革。目前，财政部已出台办法建立均衡性转移支付稳定增长机制。下一步，省厅将进一步加快实施专项性一般转移支付改革，研究出台《省级专项性一般转移支付暂行办法》，加大分配方式改革的范围和力度，对专项性一般转移支付的预算编制、执行、绩效及监督等各个环节进行规范；加大专项资金清理整合力度，把符合条件的项目逐步调整成专项性一般转移支付，新增转移支付项目也将主要采取专项性一般转移支付下达，逐步扩大一般性转移支付资金的规模和比例；加大分配方式改革的范围和力度，大力推行“因素法”分配专项转移支付资金；加强专项性一般转移支付绩效管理，专项性一般转移支付要设置明确的绩效目标，确保专项性一般转移支付发挥应有效益。同时，继续完善一般性转移支付资金的使用，将省委省政府的政策目标、战略部署与市县贯彻落实、统筹安排有机地结合起来，将有些项目作为一般性转移支付的附列内容予以明确，提高转移支付资金的使用效益。各地要高度重视转移支付制度改革，整合和统筹财力，切实提高资金绩效；要结合本地实际，积极开展本级横向和纵向层面的转移支付制度改革，促进提高一般性转移支付规模和比例，规范转移支付资金管理，提高资金使用效益，推动建立统一、规范、透明的省以下转移支付制度。

（三）推进“大集中”工程

“大集中”工程自2010年1月份启动以来，各项工作稳步推进。目前，《税友龙版》开发已经基本完成，正在金华、义乌进行实地上线测试。从测试情况来看，经过办税大厅负荷压力测试、网络申报稳定性测试、管理系统查询运用分析测试，系统的各项业务功能和系统性能均经受了实际工作的检验，总体运行情况良好。从初步成效来看，一是经过前期大规模的数据清理，《税友龙版》的基础数据质量显著提升，为后续管理分析工作奠定了坚实的基础；二是契耕两税征收、房产评税等一批原来“体外运行”的业务，开始纳入地税核心征管软件统一管理，而且全省一种模式，在全国税务系统再创先河；三是在数据导入环节自动进行逻辑校验判断，同时自动计算纳税人税收风险分值，自动推送和应对，为实施税源监控提供了功能强大的风险管理工具；四是通过与社保的数据对接，实现了实时联网，可以自动完成自谋职业者的个人信息和费种登记信息，办税服务厅工作量大幅减少；五是所有实体办税业务均可以“足不出户”在网税系统发起，纳税人出具资料一次性告知，纳税人的实际办税时间进一步缩短。随着各项应用的深入，《税友龙版》对税收管理和纳税服务的重要价值仍将会逐步体现。

下一步，省地税局安排了12个单位第一批试运行，其中嘉兴市将携所辖5县市实现全覆盖。从2012年开始，其他单位将分批应用《税友龙版》。各单位一把手一定要亲自负责、率先垂范，抓紧开展上线准备工作，在人员、资金和工作安排上重点倾斜关注，确保《税友龙版》顺利推广应用。第一，《税友龙版》是省级大集中模式，业务设计时，从全省普遍性的层面，对工作流程进行了优化和重组，对业务模板、岗位模板进行了规范性设定，形成了统一的业务流程，各地要正确对待、主动适应，调整原来个性化的做法和流程。第二，大集中以后，从技术层面看，全省信息系统就是“一盘棋”，任何一个单位出现信息安全漏洞，都会不同程度地影响全省大集中系统的稳定性，因此各地要十分关注本地网络安全、设备安全和应用安全，进一步完善相关制度。第三，大集中是个系统工程，除了《税友龙版》外，还有其他一系列的配套改革措施。

目前，省地税局已下发《浙江省地税系统税源监控分析管理办法》，并正在抓紧起草《“抓大、评中、定小”税源专业化管理办法》《浙江地税税收风险管理试行办法》等一批文件，这些内容都是大集中工程的重要配套措施，事关扁平化管理体制的改革、税源管理体制的改进完善等。各地要深刻领会大集中的精髓，按照省地税局的统一部署，积极开展调查研究，按照大集中的要求，大胆探索，为提升管理和服务质量闯出一条富有浙江地税特色的新路。

三、统筹兼顾，扎实做好2011年后几个月重点工作

（一）抓好收入组织和管理工作。一是确保收入可持续增长。要重视经济税源调研和收入分析工作，增强组织收入的主动性、前瞻性和针对性，既要保持下半年税费收入的平稳增长，又要关注明年总体收入的可持续增长，未雨绸缪做好税源培植和加强征管的文章，努力保持收入持续平稳健康增长。二是做好预算外资金纳入预算管理工作。严格按照有关规定，将所有预算外资金纳入预算管理。纳入预算管理并不是单指纳入公共财政预算，也包括纳入政府性基金预算、国有资本经营预算等。要在遵守国家有关政策规定的前提下，做好界定预算外资金性质等基础性工作，区别不同情况，分别纳入相应预算管理。三是加强土地出让收支管理。近年来全省土地出让收入增长迅猛，为全省经济社会全面发展提供了强大的财力支持。最近，国家有关部门对土地出让收入不断提出新的管理意见，各地要以高度负责的精神，为党委、政府领导当好参谋，与有关部门一起管好、用好土地出让收入。从今年开始，土地出让收支预决算草案必须按法定程序报经同级人民代表大会或常务委员会审批。土地出让收入要严格按有关政策规定使用，按规定比例计提教育、水利、保障性住房资金。对已经计提的专项资金，要科学合理安排，督促有关部门加快支出使用进度，最大限度地发挥好资金的使用效益。

（二）切实保障重点支出。一是坚持教育优先发展。严格执行教育经费法定增长要求，确保教育经费依法实现"三个增长"。落实"按照土地出让收益的10%计提教育资金"政策，管好用好教育费附加和地方教育附加，拓宽教育资金来源渠道。省财政将分县核定比例，确保全省财政教育经费支出占一般预算支出比例高于中央核定的比例，到2012年超过21%。加快学前教育发展，重点扶持乡镇中心幼儿园建设和民办幼儿园发展；完善扶困助学机制，构建覆盖从幼儿园到所有学校教育阶段的困难学生资助体系；制定"十二五"时期职业教育财政投入与经费保障政策，促进职业教育学校布局、学生规模、专业设置与经济社会发展需求相适应；提高高校生均拨款水平，推动高等教育提高办学水平和增强竞争力。二是加大水利专项投入。贯彻落实今年中央1号文件和中央水利工作会议精神，切实加大水利投入，落实从土地出让收益中提取10%用于农田水利建设，新增建设用地土地有偿使用费等土地整治资金不低于20%用于农田水利基本建设和保护等政策。在发挥财政资金主导作用的同时，鼓励和引导社会资金投入水利建设，确保实现今后10年全社会水利年均投入水平比2010年高出一倍。进一步调整优化水利支出结构，强化对强塘工程、农田水利建设、水资源保障工程、农村饮用水安全、水生态保护和修复工程的支持力度。三是加快保障性住房建设。2011年省财政设立1.50亿元保障性住房专项资金，支持全省公共租赁住房建设和欠发达地区廉租住房保障任务；安排专项资金1.68亿元，支持4.2万户农村低保标准150%以下农村困难家庭危房改造任务；在今年地方政府债券资金中，还将优先安排资金用于保障性安居工程。各地要严格按照有关规定筹集和使用保障性住房资金，特别要在土地出让收入中及时足额计提廉租住房保障资金，在确保完成当年廉租住房保障任务的前提下，可统筹安排用于公共租赁住房、城市棚户区改造等保障性住房建设工程。四是支持海洋经济发展。2010年至2012年省财政每年安排10亿元省海洋经济发展专项资金，按照"资金跟着项目走"原则，对海岛和沿海市县项目采取政府直接投资、资本金注入、投资补助和贷款贴息等方式予以支持。以省政府出资10亿元为主设立海洋发展基金，通过直接投资、母基金、战略合作等模式对全省海洋经济重点项目和新兴产业进行投资。各地要抓住浙江海洋经济发展上升为国家战略的新机遇，以加快转变经济发展方式为主线，完善政策扶持体系，发挥资源禀赋优势，加快海洋经济发展。

（三）推进乡镇财政建设。乡镇财政是促进农村经济建设和社会事业和谐协调发展的重要保障。为进一步加强乡镇财政管理，目前，省政府已经下发《关于进一步加强乡镇财政建设的意见》（浙政发〔2011〕52号）。各地要按照文件精神，加强与编委办、人事等部门的协调配合工作，结合深化乡镇机构改革，进一步完善乡镇财政管理职责，指导乡镇财政管理机构设置，加强人员力量配备，并积极调整完善乡镇财政管理的方式。要按照"统一领导、分级管理和财权与事权相一致、财力与事权相匹配"的原则，合理划分乡镇收支范围，完善乡镇财政管理体制，进一步理顺县（市、区）与乡镇的财力分配关系，体现财力适度向基层倾斜，充分调动乡镇政府聚财理财积极性，确保乡镇收支平衡，促进乡镇经济社会事业发展。要按照"省级加强指导、市级大力推动、县级抓好落实"的要求，加强对乡镇财政的管理和业务指导，规范乡镇财政运行，增强公共服务意识。加强培训，提高乡镇财政干部业务素质，加大投入，改善乡镇财政机构办公条件，不断提高基层财政财务管理水平，更好地发挥乡镇财政就地、就近实施监管的优势。

（四）加强组织体系建设。一是深化"三位一体"改革。2011年，省财政厅在执行局、国库支付处、核算中心实行一体化运作的基础上，预算编制中心与总预算局、地方预算处的一体化运作工作也已启动，积极构建"财政大监督体系"。目前，省财政厅总预算局、执行局、监督局三个局高配已经省委同意。下一步，将进一步理顺预算编制、执行、监督职能，健全工作流程和运行机制，不断完善"三位一体"组织管理架构。市县"三位一体"组织管理机构改革也取得积极进展，截至目前，已有37个市、县（市、区）财政局经当地政府批准搭建了"三位一体"组织机构，其中，26个市、县（市、区）高配已获批准。还没完成"三位一体"组织机构改革的市县，要加强协调，加快推进，力争在年底前基本完成。二是推进地税系统机构改革。认真贯彻落实《市县地税部门"三定"工作有关问题的意见》要求，用足、用活、用好内设机构、领导职数等方面的有利政策，平稳有序推进机构改革。严格基层税务机构、编制管理，规范做好全省200个中心镇、27个小城市建设、14个产业集聚区以及各级经济技术开发区等基层税务机构设置和职责权限调整等工作。开展摸底调查，通过上下联动、逐个突破的方法，力争使基层单位非领导职务配备工作在全省全面推进。以市县机构改革为契机，平稳推进县（市）地税局基层分局正职领导高配工作。加强系统科级、处级非领导职务管理，力争配备比例方面有所突破，健全激励机制建设。

（五）加快预算执行进度。上半年全省预算支出执行在2010年取得较大进步的基础上又取得新的进展，值得充分肯定。各地要在保证资金安全、规范、高效使用的基础上加快预算执行进度，不断提高预算执行的均衡性和有效性。要继续加快推进经济发展方式转变、保障和改善民生、应对通胀压力等方面支出的执行进度。要全面梳理预算执行各项管理工作，完善财政资金内部管理，形成全省统一的预算执行管理业务规范操作流程，推动预算执行管理工作的运行效率和安全性的全面提高。加快预算执行动态监控体系构建，出台预算执行动态监控管理办法，规范运行机制、职责分工、业务流程，明确监控问题的发现、确定、处置等环节相关的职责分工。要严格预算执行，控制预算追加，进一步规范超收收入使用管理。完善预算执行管理措施，力争2011年12月当月一般预算支出占全年一般预算支出比重比上年压缩2~3个百分点。省财政厅将加大督导力度，按月通报各市县执行进度排名，并在年终对各市县支出执行进度进行考核。

（六）加强政府性债务管理。根据国务院国发〔2010〕19号文件及财政部等相关部委、省政府关于加强地方政府性债务和融资平台公司管理的有关文件精神，全省认真开展地方政府融资平台公司及其债务的清理核实和规范管理工作，摸清了债务底数。各地要严格执行地方政府性债务管理的各项制度，严格控制债务规模，积极防范财政潜在风险。按照区别对待、分类管理的原则，妥善处理债务偿还和在建项目后续融资问题。负债率、债务率、偿债率超过预警指标的市县，要严格控制新增债务，调整优化债务结构，科学编制政府性债务收支计划，并严格按照债务计划审批程序执行。要进一步规范政府融资平台公司管理，加强融资平台公司财务监督，完善地方政府性债务和融资平台公司债务信息管理系统、统计报告以及债务信息定期通报等制度，实现对地方政府性债务的全口径管理和动态监控，完善政府性债务风险预警制度。同时，加强对政府性债务还贷工作的管理，严格确定偿债责任单位，确保落实偿债资金来源，完善偿债准备金制度，强化偿债责任机制。

（七）深化干部队伍建设。干部队伍是财税事业可持续发展的根本，要常抓不懈。要以财税文化核心价值理念为统领，全面拓展财税文化建设，持续深入地推进系统班子建设、行风建设、作风建设和廉政建设，提升财政地税部门形象。一是加强班子建设。干部队伍好不好，领导班子是关键。各级财政地税部门要以提高执政能力为重点，以领导班子和领导干部年度考核结果应用为契机，切实加强思想政治建设、组织建设、作风建设和廉政建设，强化系统领导班子建设，不断提高领导班子的凝聚力、战斗力、执行力，提高应对突发情况、化解矛盾纠纷的能力，确保民生政策和财税改革举措的贯彻落实。积极关注、回应财税基层干部的呼声和要求，以激发活力、强化管理为重点，进一步加强基层建设，确保财税队伍稳定。二是深化行风建设。深入开展行风建设情况的明查暗访，立足服务发展、服务民生、服务基层，以“三解三评三创”为载体，深入自查、开展调查、强化督查，发挥财政地税一家的体制机制优势，共同营造和谐的征纳关系，进一步优化经济社会发展环境。三是优化作风建设。以治理庸、懒、散为突破口，以提能力、增效力、正风气为重点，优化工作流程，完善岗位责任制考核和问责制度，完善干部考核评价体系，建立健全作风建设长效机制。四是全面推进廉政建设。廉洁自律是财税干部的“生命线”。要不断探索个性化的廉政教育方式，以系统内发生的典型案例为素材，用“身边事”教育“身边人”。认真贯彻落实党风廉政建设责任制。开展廉政风险排查和等级评定，全面推进廉政风险防控机制建设。进一步深化具有财税特色的惩防体系建设，形成规范权力运行的长效机制，使勤政廉政善政成为财政地税干部的一种精神追求和自觉行动。

（在全省财政地税工作座谈会上的讲话，标题为编者加，2011年8月）

积极落实 规范管理 抓源治本
构建财政系统廉政风险防控长效机制（摘要）

省财政厅厅长 钱巨炎

全面推进廉政风险防控机制建设，是省委加强反腐倡廉建设的一项重要部署和创新之举。省财政厅党组高度重视并积极贯彻落实，从2009年开始，以规范权力运行为核心，以健全内控机制为重点，以创新管理改革为手段，以彰显人文关怀为切入点，积极开展以“风险排查、权力搜索、流程再造”为主要内容的规范权力运行工作，构建财政系统廉政风险防控新机制，促进反腐倡廉建设深入开展，推动全省财政事业又好又快发展。

一、落实责任、全员参与、突出重点，认真厘清廉政风险

（一）落实责任制，合力齐推进。2011年，省委、省政府《关于全面推进廉政风险防控机制建设的意见》下发后，厅党组立即组织专题学习，研究贯彻落实的措施。成立厅推进廉政风险防控机制建设领导小组及办公室，由厅党组书记负总责，班子成员分工负责，形成了齐抓共管、人人参与的工作格局。在深入调研和理性思考的基础上，出台《省财政厅全面推进廉政风险防控机制建设的实施细则》，明确工作的目标、任务、步骤和要求。及时召开由各部门（单位）主要负责人参加的动员部署会，统一思想，营造氛围，扎实推进。

（二）深入再排查，搜索"全覆盖"。在前两年开展的规范权力运行工作中，摸清权力底数，完善制度规程，固化运行流程，出台《工作运行规程》，形成了以权力为点、以业务流程为线、以制度建设为面的防控模式。2011年，按照省委、省政府的要求，又出台《关于进一步做好廉政风险排查的指导意见》，重点围绕岗位职责和工作流程，加强风险点的排查和风险等级的确定。全厅所有部门和干部职工结合职责特点，从个人岗位、内设机构、厅机关"三个层面"，采取"二上二下"的方式，深入排查工作流程、制度机制等五个方面存在的廉政风险，实施"地毯式"搜索，确保排查全覆盖。并细化风险内容、等级和表现形式，明确关键和薄弱环节，在厅内网进行公示评议。

（三）抓住关键点，防控不"留白"。厅领导小组多次召开会议，对排查出的风险点进行审查，对不按要求排查的退回重查，廓清"岗位廉政风险"与"个人廉政问题"的区别，让干部职工消除疑虑，找准风险点，提出防控措施。目前，厅32个部门（单位）排查出廉政风险点206个，从体制机制、岗位设置、流程监控、风险教育等多个方面，提出防控措施210条，绘制流程图432张，梳理制度659项。同时，领导小组对各部门（单位）工作开展情况进行督查，确保各项工作扎实有序推进。

二、文化引领、科技支撑、规范管理，着力推进廉政风险过程控制

（一）开展财税文化建设，树立财税核心价值观。总结提炼全省财税系统长期积淀的精神文化、行为文化、制度文化、物态文化和廉政文化，出台《全省财税系统开展财税文化建设的意见》，通过搭建"学习、制度、情感、宣传、激励、活动"六大平台，努力打造优秀的领导班子和干部队伍，形成良好的管理体系和工作氛围，展现财税的文化品牌，提升文化软实力。将教育作为财税文化建设的重要内容，创新形式和载体，扎实开展正面示范和反面警示教育活动，提升吸引力、感染力和渗透力，使"实、稳、优"的财税文化核心价值理念成为全省财税干部普遍认同的价值取向，并内化于心、外化于行。

（二）推行"五大控制"，规范内部权力运行。针对"人、财、物"管理，预算编制、执行、监督，项目审批、实施、验收，资金分配、拨付、管理等重要环节，推行"五大控制"，努力做到财政职能行使到哪里，风险防控措施就跟进到哪里。一是坚持不相容职务相分离控制。完善岗责体系，形成监督制约机制。二是坚持集体决策控制。认真执行民主集中制，对"三重一大"等重大事项，都由厅党组或厅长办公会议集体研究决定。三是坚持授权批准控制。严格按照"三定方案"和《工作运行规程》授权范围履行职责、办理业务、承担责任。四是坚持廉政风险预警控制。通过厅长信箱、信访投诉、电子监察、"12366"财税语音特服热线等渠道采集预警信息，在充分识别分析的基础上，及时作出预警处理，初步建立廉政风险信息收集、分析评估、重点预警、跟踪反馈"四位一体"的风险预警分析机制；对全省财政系统历年来的典型案例进行梳理分析，总结教训，举一反三，引以为戒，加强防控。五是坚持监督控制。认真落实省党内监督"十项制度"实施办法，利用专项检查、效能监察等手段，及时将倾向性、苗头性风险化解在萌芽状态。

（三）推进"金财工程"建设，提升防控机制科技含量。积极顺应信息化、网络化的时代潮流，以"金财工程"为依托，将现代信息化技术应用于财政管理业务，增强科技对廉政风险防控机制的支撑。按照我省第二个"金财工程"三年规划，着力构建以"一个公共平台、二级数据处理、三张网络、四大系统、五个统一"为主要内容和特征，管理与技术有机融合，公开透明、服务便捷、安全可靠的政府财政管理信息系统。围绕部门预算、国库集中支付、政府收支分类等各项财政改革，对财政业务进行梳理，对原有的业务流程进行重新设计和改造；完成预算编制、指标管理、资金申拨等财政主体业务的一体化开发，每笔预算从编制到执行全过程"痕迹化"跟踪和回溯，避免了人工操作带来的廉政风险。

三、改革推动、抓源治本、规范权力运行，建立健全廉政风险防控长效机制

（一）深化体制改革，形成有利于廉政风险防控的财政机制制度。一是完善省对市县财政体制，建立分类分档激励奖补机制。健全转移支付制度，加大一般性转移支付力度。二是深化部门预算改革，完善预算定额体系，精编细编预算，严格预算执行，建立健全由政府公共预算、政府性基金预算、国有资本经营预算、社会保障预算以及政府性债务计划组成的"全口径"政府预算体系。三是推进国库集中支付改革，初步建立以国库单一账户体系为基础，资金支付以国库集中支付为主要形式的财政国库管理运行机制。四是推进政府采购制度改革，扩大政府采购范围，规范政府采购运行和部门支出行为。五是加强预算绩效管理，增强政府部门绩效理念，提升财政资金使用效益。

（二）加强源头治理，完善有利于廉政风险防控的财政管理体系。一是深化财政组织机构改革，建立既相互分离，又相互制约、互为循环的预算编制、预算执行和预算监督“三位一体”的公共财政组织管理框架。二是夯实基础管理，严格“收支两条线”管理，推进专项性一般转移支付改革，加强乡镇财政建设，推进专项资金整合，开展“小金库”专项治理的全面复查。三是稳步推进预算信息公开，提高政务透明度。

通过构建廉政风险防控机制，财政干部依法行政、廉洁理财理念不断增强，财政权力运行不断规范，财政资金监管不断加强，财政管理规范化、科学化、精细化水平不断提升，促进了干部和资金“两个安全”，推动了全省财政事业健康持续平稳发展。下一步，我们将按照此次会议要求，积极抓好各项工作。一是抓落实。对已经出台的制度、已经采取的措施、已经布置的工作，不折不扣地贯彻落实好，力争抓出亮点和成效。二是抓深化。丰富工作内涵，健全防控机制，着力在抓预警、抓考核上下工夫。三是抓长效。以改革创新的精神，研究新办法，探索新举措，不断健全廉政风险防控长效机制，提升综合防控能力。（在全省廉政风险防控机制建设经验交流会上的发言，标题为编者加，2011年11月）

深化改革 创新机制 完善制度
推动省级预算管理改革和发展（摘要）

省财政厅副厅长 罗石林

一、2011年省级预算管理和改革成效

（一）优化结构、厉行节约，民生支出得到有力保障

一是继续加大民生事业投入。省本级社会保障和就业、医疗卫生、教育、科学技术、农林水事务等重点支出，预算安排分别比上年执行数增长18.7%、22.1%、7.7%、7.8%和6.6%；省财政新增财力三分之二以上用于民生事业投入；积极支持教育、科技、文化、医疗卫生、保障性住房建设等重点领域的改革，提高与部门履行职能密切相关的重点支出保障水平。二是围绕省委省政府中心工作，大力推进海洋经济、产业集聚区、中心镇、战略性新兴产业等重点建设。三是在保民生、保重点的同时，进一步加大厉行节约工作力度，大力压缩一般性支出。严格控制“三公”经费规模，连续三年在按规定压缩后规模的基础上实行“三公”经费零增长，按照中央统一部署，严格控制会议经费和庆典、论坛等活动，规范公务用车配备和资金使用管理。

（二）明确目标，强化措施，大力推进“三个子”公共财政管理改革

2010年8月，省政府下发了《关于推进公共财政管理改革的意见》，对今后一个时期公共财政管理改革的原则、目标、措施作了明确规定，其核心是建立完善“收入一个笼子、预算一个盘子、支出一个口子”（简称“三个子”）公共财政管理模式。这是浙江省财政和预算管理工作的纲领性指导文件。根据“三个子”公共财政管理改革要求，2011年着力进一步健全政府预算编制体系，继续完善省级“全口径”政府预算编制和管理，包括政府公共预算、政府性基金预算、国有资本经营预算、社会保险基金预算以及省级政府性债务计划。按照综合预算编制的要求，从2011年起将除教育收费之外的行政事业性收费等预算外资金全部纳入预算管理；进一步细化了基金预算编制，省级基金支出预算编制到款，部分主要科目已经细化到项级，基本全面反映了基金支出的总量、结构与方向；完善国资预算编制方法，稳步推进国资经营预算编制，对省本级各主管部门所属的国资企业进行了清理；深化社会保险基金预算编制改革，初步建立了财政与人力社保、地税等部门共同参与的联合工作机制，加强基础建设，完善编制方式方法，社保基金预算编制质量不断提高；强化省级政府性债务计划管理，抓好债务计划编制及债务统计两个环节，加强债务计划执行情况的监督，省级政府性债务规模得到有效控制。

（三）夯实基础、创新机制，提高部门预算管理的科学化、精细化水平

一是不断完善预算管理制度和标准体系。在基本支出方面，进一步完善基本支出定员定额标准体系。按照津贴补贴规范的整体方案，相应调整了2011年行政单位预算定额标准。在项目支出方面，一方面加快项目支出定额标准体系建设，2011年根据实际情况，对基建项目代建管理费标准作了适当调整完善，按全过程代建模式确定代建管理费。另一方面加强项目库管理，逐步完善项目库管理功能，发挥其在项目支出预算管理中的基础作用。

二是加大预算细化力度，提高年初预算到位率。要求省级部门将支出都分解落实到基层单位和具体用途，压缩待分配资金规模，2011年起部门机动资金从3%以内调减到2%以内，对个别资金额度较大的部门，机动资金进行总额限制，将

有预算分配权资金的年初分配率从70%提高到近80%。继续完善预算编制与预算执行、结转结余资金和资产管理有机结合的机制，提高了预算编制的科学性和准确性。

三是狠抓预算执行管理，确保年初既定的政策、资金落到实处。省财政完善了支出预拨制度，严格预算调整时限要求，加快预算审批流程和资金拨付进度，为预算执行节约了时间。继续强化预算执行的考核和约束机制，预算执行率作为下年度预算编制的重要依据。2011年已有9个省级部门因为上年预算执行率不到80%而被扣减了当年的预算。省级各部门也积极采取措施，加强执行计划和动态监控，一些部门还建立了预算执行目标责任制、定期通报等制度。经过努力，预算执行的均衡性和效率有了提高。加强财政拨款结转和结余资金管理，财政拨款结转结余资金规模得到了有效控制。

(四)积极稳妥、健全机制，推进财政预决算信息公开

预算公开是一件大事，社会各界比较关注，中央和省委省政府一直非常重视。一年来，浙江省预算公开的步伐明显加快。报送省人大审议的财政预算内容得到了进一步细化，经省人大审议通过的全省和省级财政总预算已向社会公开。省级部门预算公开工作取得重大突破，2011年报送省人大审议预算的48个省级部门，已全部在各自的网站上公布了部门预算。2011年9月份，省人大财经委还将组织开展财政决算专题询问，进一步加大对财政和部门资金使用情况的监督力度，督促预算信息的进一步公开。预算公开是大势所趋，各部门要切实承担起责任，按照省委、省政府的统一部署，扎实做好公开的各项准备工作。目前，中央各部门按照国务院要求，已陆续公开了部门“三公经费”的预决算信息，省级各部门要密切关注，随时做好公开和解释的准备。

二、当前经济财政形势

2011年以来，全省各级各部门认真贯彻省委省政府决策部署，落实促进经济社会发展的各项政策措施，全省经济保持平稳运行，经济增长质量有所改善，财政运行态势较好。1～6月份，全省地方财政收入1874.33亿元，比上年同期增长27.6%，其中，省本级收入154.40亿元，比上年同期增长15.6%。1～6月份，全省财政支出1646.18亿元，比上年同期增长29.4%，其中，省本级支出151.74亿元，比上年同期增长24.9%。社会保障和就业、医疗卫生、农林水事务、教育、科学技术等重点支出保障力度加大，增长较快。支出结构进一步优化，省本级用于民生事业的支出占总支出的比重达75.5%；同时，支出进度也有所加快，1～6月份，省本级一般预算支出进度为40.5%，虽仍落后序时进度9.5个百分点，但比2010年同期加快24.9个百分点，为近年同期最快。

从上半年的情况看，国内外环境依然极为复杂，不稳定、不确定性因素较多，随时有可能对中国经济产生新一轮的冲击。从国际看，虽然世界经济保持复苏态势，但发达国家复苏内生动力不足，金融体系还存在大量的呆坏账，欧洲主权债务危机的隐患仍未消除。同时，日本地震、海啸和核泄漏、中东及北非局势动荡、全球通胀压力加大等新情况，又使世界经济复苏增添较多变数。从国内看，虽然发展的有利条件较多，但面临的挑战也不少，比如农产品价格稳定的难度较大，通胀预期增强、物价上涨压力较大，房地产市场调控面临诸多挑战，转变经济发展方式和推进经济结构战略性调整的任务较重等。

根据宏观经济发展形势，结合浙江省财政实际情况分析，财政收支紧张的矛盾仍较为突出。收入方面，财政收入增速将回归正常。主要原因，一是宏观经济运行面临的不确定因素，将影响财政收入的持续快速增长；二是支撑全省财政增收的重点行业不容乐观，特别是房地产税收下行压力大，不可能再出现过去几年那样的高速增长。同时，由于2010年收入基数较高，加上实施个人所得税改革、调整增值税和营业税征收范围等国家税收政策会造成一定政策性减收。初步估计，下半年财政收入增幅还将逐月回落。支出方面，一是财政资金使用的公共性特征将进一步彰显，公共财政项目要满足普惠性特点，财政资金使用要公开透明，符合公共财政特征和要求。二是民生支出体系框架建设将加快步伐。为切实保障和改善民生，推进教育、科技、文化、医药卫生和社会保障等重点领域改革，应对通货膨胀压力，加大对低收入群体的补助力度，加强农业、水利设施建设等，都需要省财政进一步加强投入；为切实加快发展方式转变，完成扩内需的在建项目，扶持欠发达地区发展、支持海洋经济发展、援疆援藏等也需要大量财力，支出压力很大。

此外，随着社会主义民主政治的发展，预算公开力度不断加大，财政公开进程受到全社会极大关注，社会公众和媒体对财政资金的监督越来越严格。预算公开对财政管理工作的影响，一是财政管理规范性的要求将进一步提高，公共支出的使用都要有政策依据、标准和开支范围等，能够拿出来向社会公开。二是财政新旧制度的转型矛盾日益凸显，一些旧的、不规范的做法已不能满足预算公开的要求，从事财政财务工作的部门所面临的困难压力将集中显现。

三、目前省级预算管理中存在的主要问题

预算编制方面，虽然近几年省级部门预算编制质量不断提高，但仍有一些部门固守“基数加增长”的观念，对经费规模看得过重。预算编报不够全面和准确，一些部门对当年财政拨款之外的收入预计不准。预算编制不够规范、不够细化的问题依然存在，许多部门申报项目预算时，仍未真正做到“立

项有依据、计算有标准”。部分项目前期论证不充分,可行性和科学性较差。部分省级部门项目支出预算年初未落实到具体项目和单位,到执行中才细化,调整较多。绩效评价结果在预算编制中的应用还有待加强。

预算执行管理方面。近几年,省级部门预算执行进度明显加快,但预算执行的基础和工作机制还比较薄弱。预算执行工作主要靠人为推动,预算执行考核和激励约束的长效机制有待完善。虽然进度上来了,但预算调整频繁,追加预算过多、过晚,有的超过了规定的时限。审计部门每年审计都提出了这一问题,大家要引起高度重视。当然,这里面有财政部门的问题,如审核批复环节的工作效率需要提高等,但更多的是部门预算编制不够细致、合理,导致执行变更、随意性大等原因。

预算公开方面,一些部门对预算公开的认识不到位,顾虑较多,准备不充分,一些群众希望看到的信息难以全面公开,与省委省政府的要求和人民群众的呼声相比仍有一定的差距。

上述几个问题在当前预算管理中比较突出,涉及预算改革的各个环节,有些是属于操作层面的问题,有些是属于管理层面的问题,有些是属于机制层面的问题,还有些是属于财政新旧制度转型带来的矛盾和问题。随着经济社会发展和透明度的提高,社会各界对预算管理的要求越来越高,财政和各部门责任重大。大家要高度重视预算管理中存在的问题,千方百计地深化改革,加强管理,夯实基础性工作,在今后的改革中认真加以解决,推动部门预算管理和改革上一个新台阶。

四、2012年省级预算管理和改革工作重点

2012年是落实科学发展观、实施“十二五”规划的关键之年,预算编制工作要深化推进“三个子”公共财政管理改革,继续按照科学化、精细化管理的要求,进一步优化财政支出结构,控制和降低政府行政成本,健全预算决策机制,提高预算编制的规范性和准确性,为预算执行和预算公开奠定扎实的基础。

(一)加强领导,进一步提高对预算编制重要性的认识

预算编制是预算执行、公开等各项工作的基础,一些部门预算执行不到位,对预算公开存在顾虑,很大程度上是由预算编制不科学、不精细,管理不到位造成的。各部门一定要进一步提高依法理财的能力,进一步加强对预算编制工作的领导,扎扎实实地做好预算编制管理工作。领导的重视、关心、支持,是部门预算编制工作取得成功的关键。在座各位都是单位财务部门的负责人,是直接组织实施预算编制工作的主力军。希望各位能够积极主动地向本部门领导汇报本次会议的精神,讲清面临的形势、政策及预算编制的各项具体要求,争取获得单位领导最大限度的支持,确保预算编制工作顺利进行。

(二)加强管理,进一步提高预算编制科学化、精细化水平

要按照“三个子”的要求,完善综合预算编制体系。要继续加强对部门各项收入的管理,严格“收支两条线”管理,加强预算编制的完整性。要加大结转和结余资金统筹使用力度,2012年各部门在安排新增项目时,应首先动用历年结转资金。要扩大国资经营预算编制范围,2012年将对省本级国有资本经营预算编制范围进行扩面,并适当提高国有资本收益的收取比例。要进一步完善政府性基金和社会保障基金的编制,规范程序,细化科目,合理安排基金收支。继续强化省级政府性债务计划管理,经省政府批准的政府性债务收支计划,不得突破,未经批准,不得举债。要进一步完善预算编制与预算执行、支出绩效、资产配置相结合的机制。结合行政管理体制改革和事业单位分类改革,深入探索事业单位基本支出经费保障模式。

要切实做好预算管理的基础性工作。基础性工作抓得好坏,直接关系到预算编制的质量。要加强对人员、资产等基础数据的统计分析,并认真填报有关数据。财政要会同有关部门,根据政策和实际情况变化,继续完善各项定额标准,推进预算支出标准体系建设,逐步实现标准化管理。

要加强项目预算的编制管理。以“规范、细化”为原则,切实做到“立项有依据、计算有标准”。各部门要早着手,早准备,早谋划,提前做好项目评估和可行性论证,确保项目预算科学合理、切实可行;推进项目支出定额标准建设,逐步建立通用标准和行业专用标准相结合的项目定额标准体系,力争明年有所突破。改进项目库管理方式,完善项目信息,改进排序方式,切实发挥项目库在推动项目滚动管理方面的功能。为进一步强化政府公共支出项目管理,省财政将从今年开始建立财政项目预算地理信息系统,2011年重点实现强塘工程、河道建设、重点渔港建设、新型农村合作医疗、城乡居民社会养老保险、城镇廉租房补助、校安工程等项目的需求,初步建立项目预算基础资料库系统。3年内基本覆盖所有财政投入为主并落地的建设项目,并与预算编制、执行、监督有机结合。各部门要高度重视财政项目预算地理信息系统建设,按时提供相关项目的建设需求和基础资料,共同做好相关工作。

要细化预算编制,提高年初预算到位率。继续推进基本支出和项目支出预算细化工作,切实把预算落实到具体项目,逐项细化到经济科目。除特殊待分配项目外,年度执行中原则上不得调整预算级次和功能科目。加强待分配资金管理,压缩和控制年中二次分配资金规模,有预算分配权的部门要

提早准备，认真执行年初预算到位率的要求，及时向财政报送预算分配方案。

(三)强化约束，进一步提高预算执行的刚性和有效性

预算执行关系到党和国家方针政策的贯彻落实，关系到财政职能作用的有效发挥，关系到财政资金使用效益的提高。我们要从体制机制上下工夫，标本兼治，着力提高预算执行管理的针对性、有效性。

在预算编制时就要考虑到如何执行，做到预算编制、执行"一盘棋"，对执行进度缓慢或结转较多的项目，部门要主动核减预算。强化项目前期管理，充分考虑项目单位的执行能力合理申报预算，一年内做不完的项目要量力而行，编制分年预算。

要做好预算执行的前期工作。提前做好项目规划等前期工作，一些延续性的重大项目在"一下"预算控制数确定后即可开展前期准备工作，确保年初预算批复后项目就能够实施。加强预算执行分析，完善预算支出责任制度，将责任落实到项目实施单位，加强对基层单位预算执行情况的指导和督促，建立有效的控制机制和约束机制。

要强化预算约束，进一步规范预算调整行为。切实控制并减少执行中追加和调整事项，部门预算一经批复，原则上不得追加调整。因特殊原因确需追加调整的，须符合临时性、突发性的条件，具备充足的立项依据。

要强化预算执行和预算编制结合的机制。2011年的预算执行进度将作为2012年预算安排的重要依据之一。省级部门预算2011年执行率低于85%的，则该部门2012年的预算控制数按上年的95%安排；部门2011年1～11月支出执行进度争取比上年同期提高2至3个百分点；2011年度专项转移支付下达率低于90%的，省财政将相应核减该专项的预算安排数。

要在保证资金安全、规范、高效使用的基础上加快预算执行进度。坚持把提高资金使用效益作为加快预算执行进度的落脚点，严格按照国库集中支付管理有关规定拨付资金，防止库款"搬家"，防止"以拨代支"、虚列支出等违规行为，做到促进管理与提高效益相统一。

要切实做好2011年下半年的预算执行工作。从上半年的支出情况看，全年的预算执行任务仍非常艰巨。下半年，抓预算执行的这根弦不能放松，各部门要加快项目预算审核和资金下达进度，提高预算执行的均衡性和有效性。对尚未细化的支出，部门要及时报送细化方案。

(四)积极稳妥，进一步推进预算信息平稳有序公开

预算公开是近年来社会关注的热点，是发展社会主义民主法治和公共财政建设的必然要求。党中央、国务院十分重视预算公开工作，2011年上半年，国务院常务会议和廉政工作会议都对此提出了新的明确要求。在省政府统一部署下，全省2011年预算公开工作取得了突破性进展，48个上会部门都已公开了部门预算。下一步，各部门要继续按照统一部署，切实履行部门预算公开的主体责任，结合社会关注的热点问题，认真解释，自觉接受人民群众和社会舆论监督。

要继续主动接受人大、审计对部门预算的监督。充分发挥人大、审计对部门预算的监督作用，进一步细化报送人大审议的部门预算内容，2012年重点支出要细化到"项"级科目。各部门要高度重视并认真落实人大和审计提出的意见和建议，积极加以改进。

要进一步推动部门预算和决算公开透明。按照《政府信息公开条例》等规定的要求，进一步加大公开力度，从2012年起，除涉及国家秘密的内容外，向省人大报送预、决算的省级部门，都要向社会主动公开。目前尚未报送省人大审议部门预、决算的省级部门，也要结合自身情况，积极稳妥地做好部门预、决算公开工作各项准备。

在公开部门预算的基础上，2012年起，要积极推动基建支出和公共支出项目公开。推动与人民群众利益密切相关的教育、医疗卫生、社会保障和就业、住房保障支出、"三农"等民生转移支付项目预决算的公开，包括政策、分配办法和管理制度等。部门要建立健全信息发布和意见反馈等制度，保障公开工作有序开展。在预算编制时就要做到内容细化，明白易懂，能适应预算公开的要求。

当前预算公开的一个热点和重点是"三公"经费的公开。目前，中央机关已陆续公开部门的"三公经费"，社会各界十分关注。中央公开后，省级部门的公开已经是大势所趋。对此，大家要有高度的认识，做好充分的准备。

加强"三公经费"管理是厉行节约工作的重点，不仅关系到财政资金使用效益的高低，更影响到党和政府的形象。省委、省政府高度重视，专门对此做出部署。省级各部门要继续做好表率，严格按照厉行节约的要求编制"三公"经费预算，压缩行政经费，年度执行中原则上不追加、不调整。

各部门单位要做好"三公"经费支出公开的基础数据统计和分析，做到情况明晰、问题清楚、解释充分，为"三公"经费公开奠定良好基础，要密切关注中央机关"三公"经费和行政经费公开的情况和公开后社会各界的反响，加强风险分析，及早提出应对预案，做好解释说明准备，避免工作被动。"三公经费"支出情况要向省人大、省政府报告，要向社会公开，部门领导要高度重视，认真准备，及时按要求认真负责做好本部门的"三公"经费公开工作。（在2012年省级预算编制布置会上的讲话，标题为编者加，2011年8月）

总结经验 开拓创新 推进省级行政政法财务管理工作再上新台阶(摘要)

省财政厅副厅长 罗石林

一、一年来省级行政政法财务工作成效显著

(一)行政政法经费保障有力

行政政法单位涵盖党政领导机关、国家权力部门、政治协商机构、民主党派、社会群团等国家机器和社会组织的方方面面。行政政法经费保障是否到位,直接关系到各部门单位职能的履行。一年多来,大家充分认识做好经费保障工作的重要性,不断增强使命感、责任感,在财政收支矛盾突出的情况下,与财政部门通力协作,在保障各部门单位日常工作正常运转的基础上,努力调整优化支出结构,集中财力保障各项重点工作需要。省财政厅认真贯彻落实中央和省有关加强民主党派和工商联工作、统一战线工作、市县乡镇换届选举工作的意见精神,不断健全经费保障机制,完善经费保障措施,确保各部门职能履行所必须的工作经费。积极筹措落实首届世界浙商大会经费和我省赴台湾参访交流活动经费,确保活动顺利举行。大力支持县乡换届选举,对欠发达地区县乡换届选举工作省财政给予适当的经费补助。加大对旅游发展、人才建设、食品安全、标准化建设等领域的投入,推动实施"旅游强省""人才强省""质量强省"等战略,促进我省经济加快转型升级。进一步完善政法经费保障机制,制定出台县级政法机关基本业务装备配备实施标准,完善政法奖励性补助资金分配办法,推进"平安浙江"建设。支持健全和完善多元化矛盾纠纷解决机制,加大对法律援助、社区矫正、人民调解、司法救助、信访工作的支持力度,为营造和谐稳定的社会环境提供保障。

(二)预算信息公开稳步推进

财政预算公开是政府信息公开的重要内容和公共财政的本质要求,对于加强法治政府建设,发展社会主义民主具有重要意义。党中央、国务院十分重视预算公开工作,2011年上半年,国务院常务会议和廉政工作会议都提出了新要求。中央98个部门公开了部门预决算和"三公"经费。特别是"三公"经费的公开引起了社会的广泛关注和热烈讨论。浙江省在省政府统一部署下,2011年预算公开步伐明显加快,报送省人大审议的财政预算内容得到了进一步细化,经省人大审议通过的全省和省级财政总预算已向社会公开。省级部门预算公开工作也取得重大突破,是继北京、广东之后,比较早公开省级部门预算的省市,报送省人大审议的48个省级部门,全部按要求在各自的门户网站上公布了部门预算。2011年9月,省人大常委会还就财政决算开展了专题询问,内容涉及水利投入、支持高新科技产业发展、预算公开、完善转移支付制度、土地出让金管理、支持农业"两区"建设、政府性债务管理、困难群众基本生活保障、基本医疗卫生队伍建设、生态补偿、加快欠发达地区发展等11个问题。专题询问是人大及其常委会对政府工作特别是财政工作依法实施监督的一种重要方式,是监督方式的创新,有利于促进预算信息的进一步公开。

(三)"三公"经费得到有效控制

近年来,面对突出的"三公"经费指标的供需矛盾,财政部门与省级各部门积极创新举措、创新思路,在健全管理制度、强化管理措施上下工夫,通过加强管理挖潜力、增效益。2011年,浙江省"三公"经费继续实行"零"增长。为做好"三公"经费的控制,省财政采取预算总量控制、加强支出审核、规范会计核算等措施,将"三公"经费控制指标层层分解落实到各预算单位,努力降低行政成本。通过加快公务卡推广工作,规范公务消费行为。为鼓励单位少购车辆,降低行政成本,妥善解决当前用车供需矛盾突出的问题,对省级单位专题调研、考察、检查、举办大型活动等确因工作需要租车的,明确租车费用(含租用车辆的过路过桥费)在单位相关项目经费中开支,列"差旅费"或"委托业务费"科目。各行政政法单位也采取各种有效措施,加强对"三公"经费的控制,并取得积极成效。

(四)专项资金分配进一步完善

在2010年政法奖励性补助资金实行"因素法"分配并取得较好成效的基础上,2011年财政部门与各部门积极探索,进一步扩大"因素法"分配转移支付资金范围,完善转移支付制度,不断提高资金使用效益。政法转移支付资金在原公安、检察院、法院、司法四个部门的基础上,增加了公安边防部门,整合了公安交警经费,统一纳入到政法奖励性补助资金分配范围,并将单一层次的因素细化成复合层次,进一步完善了因素分配法;质监系统涉及市县分配的7个专项经费整合为一个专项,首次采用因素法进行分配;工商系统在原"两费停征补助经费"采用因素法分配的基础上,加大整合力度,将涉及

市县分配的三个专项整合为一个专项，采用因素法进行分配；统计系统根据统计调查经费的特点，选取各地承担省级统计调查任务的工作量、地方财力状况、人员机构状况、其他等四方面因素，采用“因素法”进行分配。通过“因素法”分配转移支付资金，一方面，减少了资金分配中的人为因素，使资金的分配做到科学、合理；另一方面，可以有效地调动地方各相关部门贯彻落实省级政策的积极性，使政策的执行力得到不断提高。目前，省级行政政法部门采用因素法分配的转移支付资金达90%以上，基本实现了一个部门一个转移支付项目。为进一步完善“因素法”分配转移支付资金，今年省财政厅继续联合省级政法部门开展了全省政法奖励性补助资金使用情况专项检查，根据检查情况调整了转移支付资金分配因素权重，将检查结果作为一个分配因素，加强资金使用结果的运用，以此引导各地各部门增强财政资金使用绩效意识，提高财务管理的规范化、精细化水平。

(五)部门财务管理水平不断提升

随着财政改革的逐步推进，财政财务管理的科学化、规范化、精细化的要求不断提高，加强和完善财务管理工作日益成为各部门单位的内在要求。近年来，各部门单位针对自身特点，探索建立了一套适合本部门单位的财务管理模式。如省委政研室为科学合理地编制部门预算，组成以室主任为组长的预算编制领导小组，预算编制坚持与本单位履行工作职能及事业发展计划相协调，科学合理安排经费预算，减少了预算调整随意性。省政协办公厅在财务管理制度方面提出了“三个一批”的建设思路：一批较为健全、完善的制度，要抓好贯彻落实工作；一批需进一步修改、补充的制度，要抓紧完善；一批应该有但目前还没有建立的制度，要抓紧制订。三年来，制订、修订了《政协浙江省委员会办公厅财务管理办法》等8项主要制度，并在全厅范围组织开展财务规章制度考试。同时，积极依托“金财工程”、会计电算化、GOA管理平台等“三大”财政财务管理技术平台，提升财务管理效率。省统计局结合统计工作特点，改革本部门预算编制方法，加强对专项资金的整合，将本级原50多个项目归并为2个项目。为强化预算执行刚性，改以项目经费预算额度控制为经费定额包干控制，对局机关的资料费、会议费、印刷费、差旅费、招待费等经费实行部门定额包干使用办法，调动了各部门与财务部门共同管理经费的积极性，增强了厉行节约意识，提高了预算执行率。省司法厅为实现财务管理的科学化、法治化、集约化，对预算编制、执行实行“勤沟通”“勤跟踪”，并通过不断强化制度建设、严格内部审批监督、实行经费归口管理、积极推行信息化等多种手段，提高了财务管理的透明度和效率，做到了依法、科学、高效理财。

(六)学习小组活动开展有声有色

2010年，省财政厅政法处创新服务形式，将省级行政政法单位按类别、性质分成五个财务研究小组，并确定组长和副组长单位，牵头负责小组活动的组织开展。一年来，各个小组围绕财政管理改革和财务管理工作中遇到的热点、难点问题，组织形式多样的专题学习、交流研讨活动，第四小组还举办专题讲座，由小组成员单位财务人员就预算编制、预算执行、会计核算等方面的问题进行讲解，取得了较好的效果。学习小组的建立，在促进省级各单位之间加强横向沟通联系和业务交流的同时，也为财政部门及时了解各单位的业务需求，听取单位的意见和建议，宣传解释财政政策，改进服务方式，提升管理水平发挥了重要的作用。此外，各部门单位财务人员也积极配合政法处，通过认真梳理本部门单位改革开放30年来财政财务政策制度的改革和发展历程，熟练掌握了本岗位的各项政策规定，提高了业务能力和工作水平。

二、当前财政经济形势

(一)宏观经济环境发生了复杂变化，对做好新形势下行政政法财务工作提出了新的更高要求。从国际形势看，世界经济增长缓慢，全球通胀压力加大，发达经济体失业率高企，欧洲主权债务危机愈演愈烈，西亚北非局势持续紧张，对世界经济的复苏增添较多变数。从国内看，我国经济发展形势总体较好，处于由政策刺激向自主增长有序转变的过程中，但经济增速缓慢回落与物价较快上涨交织在一起，宏观调控面临的“两难”问题增多，一些中小企业受多重因素挤压经营困难。从我省看，受国内外经济环境大背景的影响，经济运行下行态势渐趋明显，物价持续高位运行，一些企业面临用工紧张、资金紧缺等情况。经济连着民生，经济问题通常会转变为民生问题，进而直接或间接地对经济社会稳定带来影响。作为国家机器重要部分的行政政法部门，虽然不直接创造社会财富，但其运转状况和职能作用的发挥程度事关国家政权建设、事关经济发展、事关社会和谐稳定。这就要求行政政法财务部门的同志要紧紧把握宏观经济环境发生的变化，更加有效地找准行政政法财务工作的切入点、结合点和落脚点，切实承担起行政政法经费保障责任，确保本部门单位履行职能的基本需要。

(二)加强和创新社会管理，对做好新形势下行政政法财务工作提出了新的更高要求。改革开放30多年来，我国的经济建设取得了重大成就，但也积累了这样那样的社会矛盾和问题，过去被经济发展所遮蔽和冲淡的一系列社会矛盾和问题开始凸显，原有的社会管理方式已经不能完全适应新的发展需要。今年年初，胡锦涛总书记等中央领导同志在省部级主要领导干部专题研讨班上，深刻阐述了加强和创新社会管理的重大意义，明确提出了当前和今后一个时期加强和创新社会管理的指导思想、基本任务、重点工作。在庆祝中国共产党建党90周年大会上，胡锦涛总书记站在时代发展和战略全局的高度，提出了当前形势下党的建设的新任务、新要求，强调要加强和创新社会管理，完善党委领导、政府负责、社会协同、公众参与的社会管理格局。省委十二届九次全体（扩大）会议审议通过的《中共浙江省委关于加强和创新社会管理的决定》，对全省加强和创新社会管理作出了全面部署。行政政法部门在加强和创新社会管理中担负着重要使命，直接承担着最基本、最大量、最经常的社会管理任务。行政政法财务是保证各部门履行社会管理职能的物质基础。要站在党和国家工作大局的高度，充分认识行政政法财务工作肩负的重任，不断增强工作主动性和责任感，切实做好各项经费保障工作，努力为新形势下社会管理创新工作夯实基础、创造条件，为经济发展、社会进步提供更多更好的公共服务。

（三）行政政法财务管理工作中存在的薄弱环节，对做好新形势下行政政法财务工作提出了新的更高要求。近几年来，省财政与各部门积极深化改革，不断完善管理措施，围绕提高财政管理科学化、规范化、精细化水平做了很多工作，取得很大成绩，但当前行政政法财务管理中仍然存在一些薄弱环节。在部门预算编制中，仍有一些部门固守“基数加增长”的观念，对经费规模看得过重；有的部门预算编报不够全面和准确，未把当年财政拨款之外的收入纳入预算；预算编制不够规范、不够细化的问题依然存在，许多部门申报项目预算时，未真正做到“立项有依据、计算有标准”；有的部门项目支出预算年初未落实到具体项目和单位，到执行中才细化，调整较多；绩效评价结果在预算编制中的应用还有待加强；预算执行考核和激励约束的长效机制有待完善，等等。这里面有财政部门的问题，如审核批复环节的工作效率需要提高等，但更多的是部门财务基础工作不够扎实，财务管理不够规范，管理方式比较粗放等原因。这些问题的存在，说明深化改革、强化管理的任务还比较重，必须要进一步统一思想、提高认识，采取更加有效的措施，加快改革创新步伐，不断提高行政政法财务管理工作水平。

三、2012年省级行政政法财务工作主要任务

（一）提高认识，进一步做好重要部门经费保障工作

一是要充分认识省级党政机关、民主党派和工青妇联组织在政权建设和领导组织全省开展经济建设、社会发展中的重要作用，积极主动地安排好履职所需经费，绝不允许出现因经费问题而影响工作的情况；二是充分认识人才在政权建设、社会管理、经济建设中的突出作用，不断加大人才投入力度，大力支持“人才强省”建设；三是要充分认识司法、执法机关在伸张社会公平正义，维护社会和谐稳定中不可替代的作用，按中央和省委省政府的要求，积极做好政法经费保障工作，大力支持科技强警、强检和法院“两庭”建设。为此，财政和各部门要共同做好以下几项工作：

1.要切实做好预算管理的基础性工作。基础性工作抓得好坏，直接关系到预算编制的质量。各部门单位要加强对人员、资产等基础数据的统计分析，准确填报有关数据。省财政厅将会同有关部门，根据政策和实际情况变化，继续完善各项定额标准，推进预算支出标准体系建设，逐步实现标准化管理。

2.要加强项目预算的编制管理。以“规范、细化”为原则，切实做到“立项有依据、计算有标准”。强化项目前期管理，提前做好项目评估及项目的必要性、可行性论证，拟定好项目目标及具体实施规划，符合投资评审条件的，要先进行评审，切实提高项目预算编制的准确性、科学性。一年内做不完的项目要量力而行，要按节点编制分年预算。继续推进基本支出和项目支出预算细化工作，切实把预算落实到具体项目，逐项细化到经济科目。除特殊待分配项目外，年度执行中原则上不得调整预算级次和功能科目。

3.要强化预算执行的刚性。在预算编制时就必须要考虑到如何执行，要做到预算编制、执行“一盘棋”。2011年已有9个省级部门因为2010年度预算执行率不到80%而被扣减10%的预算，且在以后年度要继续扣减。2011年，省级部门预算执行率低于85%的，2012年的预算控制数按上年的95%安排即扣减5%；年度专项转移支付下达率低于90%的，省财政将相应核减该专项的预算安排数。各部门单位要采取积极措施，坚持把提高资金使用效益作为加快预算执行进度的落脚点，在保证资金安全、规范、高效使用的基础上提高预算执行进度，不断提高预算执行的均衡性和有效性。加强预算执行分析，完善预算支出责任制度，将责任落实到项目实施单位，加强对基层单位预算执行情况的指导和督促，建立有效的控制机制和约束机制。

（二）积极稳妥，推进财政预决算信息公开

公开是顺应时势的必然举措，预算公开不仅对廉政建设，加强财政监督管理，提高财政资金使用效益有着重要意义，而且对政治体制改革、促进民主政治建设也有极大的推动作用。2012年，全省将进一步加大公开力度，一是部门扩大，除涉及国家秘密的内容外，将新增21个部门，总数到69个部门；二是科目细化，功能科目细化到项级科目；三是内容增加，“三公”经费、会议费、培训费，行政成本、民生支出、项目支出、基建支出等都将逐步公开。其他尚未报送省人大审议的省级部门，要结合自身情况，积极稳妥地做好部门预、决算公开的各

项准备工作。“三公”经费的公开是预算公开的一个热点和重点，受到社会各界的广泛关注。目前，中央机关已陆续公开部门的“三公经费”，但基本上公布的是一个大数，明年公开时将更加细化。中央公开后，省级部门的公开已经是大势所趋。对此，各部门单位要按照中央和省委、省政府的统一部署，提高认识，积极主动，未雨绸缪，做好应对准备。在预算编制和执行时要充分考虑到公开的问题，严格按照厉行节约的要求细化“三公”经费预算。要加强对“三公”经费支出的基础数据统计和分析，做到情况明晰、问题清楚、解释充分，为“三公”经费公开奠定良好基础。

（三）强化管理，进一步加强行政经费控制

厉行节约、加强行政经费控制，是一个老生常谈的问题。2011年3月，中央下发《关于进一步做好党政机关厉行节约工作的通知》，这已是中央连续第三年就厉行节约工作发出指令。中央一而再、再而三下文件，连续多年就一个问题三令五申，不断调整部署，督促各级党政机关带头厉行节约，反对奢侈浪费，一方面折射出有些地方和部门在执行中央厉行节约要求方面仍存在不到位的问题；另一方面，也清晰地显现出中央加大控制行政经费支出的决心，要把有限的资金和资源更多用在发展经济、改善民生上。各部门单位要认真落实中央和省委、省政府切实做好党政机关厉行节约工作的有关要求，建立健全厉行节约的长效机制。加强机构编制和人员经费管理，推进事业单位供给方式改革。加强和规范公务用车配备使用管理，严格控制因公出国（境）团组数和规模，进一步规范公务接待工作，严格控制国际会议、论坛、庆典、节会等活动，举办庆典、研讨会、论坛活动应符合国家有关法律法规和我省文件规定，做到依据明确、规模适度、数量适当、经费合规。凡不符合规定的，要坚决予以撤销。进一步控制差旅、会议、文件等一般性支出，继续严格控制楼堂馆所建设。大力推进信息工程共建共享，按照资源共享、业务协同、安全可靠、节省资金的要求，建立健全信息化规划体系，降低信息工程建设和运行成本，切实提高资金使用效益，防止重复建设。

（四）深化改革，进一步完善专项资金分配

2012年浙江省要进一步加大专项转移支付资金改革的力度，将研究出台省级专项性一般转移支付办法。进行这项改革的紧迫性主要源于三方面的原因：一是预算编制完整性的需要，现在上级给下级的专项转移支付严重滞后预算编制周期，使下级财政无法编到当年的预算里，对此人大要求必须提前告知，编入当年预算；二是预算编制、执行公开性的需要，财政部已明文规定，对下的转移支付项目资金及分配办法都要及时向社会公开；三是统一规范的需要，专项转移支付的性质各不相同，但分配原则需一致，不能各行其事。政法口的专项性一般转移支付改革已经走在前列，但不能骄傲自满，要在政法奖励性补助资金实行因素法分配取得较好成效的基础上，积极总结经验，加强专项资金的整合归并，不断扩大专项性一般转移支付改革范围。积极完善现行各项转移支付制度，根据不同时期、阶段各部门的中心工作和重点工作的调整、业务管理需求和政策目标的变化，不断调整完善现有专项性一般转移支付资金分配的因素和权重，强化绩效考核和绩效评价结果的运用，进一步提高资金分配的科学性、规范性、合理性，使专项性一般转移支付真正成为各部门抓好本系统业务工作的有力抓手。同时，要加强监督检查，确保各地各部门按照规定的范围和方向统筹使用转移支付资金，确保专款专用。

（五）加强协作，不断提升财政财务管理水平

行政政法财务工作是财政工作的延伸和细化，说到底，财政和各部门的工作目标都是一致的。在新形势下，行政政法财务工作头绪多、困难大、任务重，更需要各部门单位齐心协力，加强配合，多沟通、多协调、多体谅。具体说，就是要以各财务学习小组为平台，建立部门之间互相交流、信息共享机制。通过学习小组活动的开展，财政部门及时将有关财政改革政策提前告知部门单位，让大家明晓政策，心里有底，提前做好准备。各部门也要经常跟财政部门通气，及时反馈情况和遇到的问题，加强沟通交流，共同推动工作。

（在省级行政政法财务工作会议上的讲话，标题为编者加，2011年11月）

全面推进廉政风险防控机制建设（摘要）

省财政厅纪检组长、监察专员 秦 忠

一、统一思想、深化认识，进一步增强全面推进廉政风险防控机制建设的责任感和自觉性

第一，国内外经济社会大环境要求我们必须加快建立健全廉政风险防控机制。从国际看，国际金融危机对世界经济、政治和社会方方面面的影响余波未尽。北非和中东地区政局持续动荡。探究这些国家动荡的原因主要有三个：一是经济发展缓慢，二是民生问题没有解决好，三是腐败问题严重。从国内环境看，我国正处在改革发展的关键时期、攻坚阶段，经济社会发展过程中长期积累的深层次矛盾和问题密集显现，利益需求矛盾尤为突出，社会不安定因素较多。我省作为对

外开放前沿地带和市场经济相当活跃的地区，使从政环境显得更为多样和复杂。在这样的背景下，财政干部滋生不正之风和腐败现象的现实风险性危险性在增加。因此，必须站在经济社会全局的高度，充分认识推进惩防体系建设、构建廉政风险防控机制的重要意义。

第二，财政事业的发展和队伍建设的要求促使我们必须加快建立健全廉政风险防控机制。财政是党委政府履行职能的物质基础，在我们围绕省委省政府中心工作，在优化资源配置，加快经济发展方式转变、推进转型升级，确保经济平稳健康运行中，发挥着支撑保障引导作用。我们不断深化财政管理改革，深入开展财税文化建设，全面加强干部队伍建设，促进财税事业实现持续平稳健康发展。应该说，在履行职责的过程中，有权就有廉政风险。为认真落实吕省长提出的“支撑、保障、引导，持续、平稳、健康”十二字方针，我们必须充分认识加强防控机制建设的重要意义。

近年来，我们要看到，我们不断深化财政管理改革，深入开展财税文化建设，全面加强干部队伍建设，促进财税事业实现持续平稳健康发展，财政干部总体上是一支优秀的队伍。但同时我们也要清醒地认识到，任何人对消极腐败问题都没有天然的“免疫力”，虽然全省财政系统多年来案件数量和受处分人数处于低位运行，但必须引起高度重视，党风廉政建设须臾不能放松，仍必须引起高度重视。

二、突出重点、全员参与，进一步体现财政特色和亮点

1.着力在风险排查上下工夫，突出一个“查”字

全面排查在行使财政分配管理监督权、行政管理权和其他权力时存在的廉政风险点。重点查找五类风险：一是思想道德风险，主要是由于个人思想认识、道德修养等方面的偏误，可能造成的行为规范或职业操守偏移、失控的风险；二是制度机制风险，主要是由于制度不健全或缺乏有效监督制约，可能造成的权力失控、行为失范的风险；三是岗位职责风险，主要是由于职责不明确或管理不到位，可能造成的不正确履行职责、失职渎职、以权谋私的风险；四是工作流程风险，主要是由于工作标准和程序的不规范、不透明，可能造成的违反程序、执纪不严不公的风险；五是外部环境风险，主要是由于来自所管人员、家属或社会其他方面的影响，可能造成的徇私枉法、权钱交易的风险。并将查找出的风险按细则要求划分出等级。

2.着力在风险防范上下工夫，突出一个“防”字

一是加强岗位廉政教育，引导干部职工牢固树立廉洁意识、风险意识和责任意识，扎牢拒腐防变的思想道德“篱笆”。对可能引发腐败的苗头性、倾向性问题，及时作出预警和提醒。二是要定期对廉政风险进行对比分析，不断完善制度，及时修正各部门(单位)的权力事项目录，更新完善工作流程图，确保每项工作行使过程可查可控。三是根据查找出的风险点和等级，对于权力过于集中的，要进行权力分解，做到既相互配合又相互制约，防止问题的发生。四是要加大对干部职工履行工作职责、执行规章制度的督查力度。五是扎实推进政务公开工作，让财政工作尽可能地在阳光下运行，保障群众的知情权、参与权、监督权。

三、加强领导、明确要求，落实廉政风险防控机制建设各项任务

1.加强组织领导。廉政风险防控机制建设能否取得实效，关键在领导。厅内成立了推进廉政风险防控机制建设领导小组，厅党组书记、厅长钱巨炎任组长，其他厅领导任副组长，厅各部门(单位)主要负责人任成员。下设办公室，办公室设在厅监察室，成员由监察室、办公室、人事处、机关党委、法规处、监督局主要负责人组成。厅机关各部门(单位)要确定一名副职领导担任本单位廉政风险防控机制建设联络员。各部门(单位)主要负责人要切实履行“一岗双责”，处以上干部要带头查找廉政风险，带头制定和落实防控措施。广大干部职工要树立“查不出风险点就是最大风险”的观念，认真负责地投入其中。做到组织到位、人员到位、措施到位、责任到位，形成一级抓一级，层层抓落实的工作格局。

2.认真抓好落实。廉政风险防控机制建设是一项系统工程，涉及面广，各部门(单位)要通过支部会议或专题学习会的形式学习赵洪祝、任泽民同志的讲话，学习省委《实施意见》和厅印发的《实施细

则》等材料，通过学习，进一步统一思想，提高认识，高度重视。从自身的实际情况和特点出发，制定本部门（单位）的工作计划和方案，并认真组织实施。要按照厅排定的时间表，完成各项任务，确保9月份在厅所有部门（单位）、所有岗位实现防控机制“全覆盖”。同时，要处理好与业务工作的关系，做到两不误、两促进。

3.强化督查考核。要加强对廉政风险防控机制建设推进工作情况，特别是廉政风险排查和廉政防控机制、制度、措施执行情况的督促检查。厅廉政风险防控机制建设工作领导小组将适时进行抽查，对思想认识不到位、风险排查不全面、防控措施不落实的部门（单位）和个人，要限期整改，并严格落实责任追究。各部门（单位）开展廉政风险防控机制建设的情况，列入年终目标责任制考核范围，作为评先评优的重要内容。同时，要把推进廉政风险防控机制建设作为深化财政惩防体系建设和落实党风廉政建设责任制的重要抓手，围绕财政中心业务抓好廉政风险防控工作，积极稳妥、循序渐进，做到长远目标与阶段性目标相结合，不断优化防控措施，建立健全长效机制。

（在省财政厅全面推进廉政风险防控机制建设动员会上的讲话，标题为编者加，2011年7月）

构建廉政风险防控机制 打造廉洁农发活力农发

省财政厅纪检组长、监察专员 秦 忠

农发系统的党风廉政建设很重要，这不仅是因为全省每年农发资金总量比较大，还因为农发事业涉及的是基层一线广大农民兄弟的切身利益，事关农村稳定发展大局，社会关注度高、敏感度高，农发工作稍有不妥，就容易被推到舆论的风口浪尖。全省农发系统多年来认真贯彻落实“依法治税、为民理财、务实创新、廉洁高效”的要求，高度重视党风廉政建设；坚持“标本兼治，综合治理，惩防并举、注重预防”的方针，扎实推进惩防体系建设，反腐倡廉建设取得了比较明显的成效，确保了农发事业又好又快发展。全省农发干部队伍总体上是好的，个别案件不影响总体评价。

但是近年来，在财政系统腐败案件中农发系统案发率比较高，这是客观事实。2010年上半年，按照财政部部署，浙江省对2005年到2010年财政系统发生的案件进行了梳理，全省在6年中共发生27件，和全国兄弟省市财政系统相比，浙江案发率比较低；和省内不同系统之间比较，财政系统案发率也不高。这说明我们财政干部队伍素质过硬，对工作比较珍惜。全省27个案件，其中有9件发生在农发系统，占三分之一。相对而言，农发系统是财政系统案件高发地，是财政系统内部的高危领域。原因是多方面的，既有个人素质的问题、制度机制的问题、监督不到位的问题，也有其他原因，比如人员队伍结构、专业要求特殊性等。农发工作涉及项目，与工程建设领域密切关联，是工程建设领域的组成部分。虽然项目工程不大，但性质类似，业主、建设单位、施工单位等之间的关联，还有工程质量、工期问题、资金拨付等，许多环节与其他工程建设领域差不多。而工程建设领域恰恰是反腐倡廉重点治理领域。农发系统这9个案件属于个别案件，这些个案折射出农发系统体制、机制不够完善，制度不够健全、落实不够到位、监督不够得力、教育不够扎实等情况客观存在，需要引起高度重视，不断加以解决，而不能坐视不理、听之任之。

总结近几年来全省农发系统发生的案件，主要有这么几个特点：一是案情简单，罪名集中。所谓案情简单，就是手段“低级”，都是农发干部利用职权，为工程老板、包工头等谋取利益，从中收受好处，是典型的权钱交易，罪名集中在“受贿罪”上。二是涉案金额不高。少的5万～6万元，多的几十万元。为了一点蝇头小利最终落得个身败名裂、倾家荡产的结局实在让人痛心，不值得。三是土地治理项目是“重灾区”。从案件发生的次数和案值比例上看，多数案件发生在土地治理项目。土地治理项目财政资金要求及时拨付、技术含量不高、进入门槛低，工程老板趋之若鹜。四是农发工作中不少环节都隐藏着廉政风险。在农发项目审批、实施、管理、验收的全过程，都隐藏着廉政风险，尤其在工程量变更、施工监督、质量监督、工程验收、工程款支付等敏感环节风险比较集中。

追究这些案件案发的深层次原因，最根本的在于制度不健全或执行不力，使权力过分集中于少数工程技术人员和领导干部手中，再加上监督制约机制不完善，进一步放大了他们在项目申报、工程量变更等环节上的话语权和自由裁量权，从而与工程老板之间发生权钱交易行为。当然，从根本上说，案发人员不注重世界观改造等主观因素是最主要的。所有案件的发生不外乎作案动机和作案条件两个因素，在机制健全、监督到位的情况下，没有作案条件，就算有作案动机也无缝可钻。但是，制度上毫无缝隙很难做到，所以主要还是要靠自身正确世界观、价值观、权力观的养成。一心一意做好工作，对公家的钱，个人决不能起贪心，这是主要的。主观因素还是第一位的，所以，要在健全制度的基础上，加强廉政教育，培养良好情操，不动歪心邪念。

分析农发系统腐败案件的具体原因，主要为：

一是权力高度集中。随着近几年来对“三农”投入的不断增加，农发工作涉及面越来越广、工作量逐年加大，但在现有工作体制机制下，市县农发部门人员编制往往捉襟见肘，精通业务的专才十分缺乏。人员力量不足势必造成岗位流程设计不够完备，管理链条较短，对权力的分解和制约不充分，使权力高度集中于个别人身上，并形成以工程技术人员意见为主导的决策机制。有个形象的说法是，工程老板“只要把科长和主任两个人，甚至科长一人搞定就可以了”。权力的高度集中对廉政风险防控显然十分不利。

二是制度不完善与执行不力并存。首先，外部制度不完善。当前工程招投标挂靠和层层转包现象严重，招标的陪标、围标、串标、泄标现象普遍，评审专家的立场也不一定十分公正。工程利润经过层层稀释已经非常稀薄，施工方为了获得更多利益，只能在工程量变更、验收计量等环节动“歪脑筋”，寻求补偿。监理制度同样存在问题，由于监理费较低，监理工作走过场，同时，监理人员本身素质参差不齐，很容易被工程老板买通。其次，项目和资金管理制度不完善。当前虽然中央和省对农发资金、项目管理都有相关制度规定，但市、县具体操作层面上弹性较大，有的地方没有及时细化和规范。如产业化经营项目提交专家评审以前，农发部门如何选择项目入库、管理、排序、筛选等都没有明确规定，操作空间很大。项目一定要按规定立项，经过层层筛选，业主不能越过层级直接申报。再次，内部管理制度不完善。最后，制度执行力不够，使有些制度形同虚设。

三是监督缺位。由于农发工作专业性较强，人员岗位少，从项目申报到验收常常只有科室里少数人员全程参与，形成了比较封闭的工作空间，外在监督难以渗透进来。很多地方是科长到主任（或副主任）两点之间的短线管理，如果上层领导疏于把关或过于“放权”，下级具体工作人员的权力就被放大很多。同时，归口主管部门的监督有待加强，主管部门内部的监督机构、纪检监察机构对农发工作的督查融入不够。今年全省农业综合开发专项检查时，省农发办邀请厅监察室一起参与，这种做法很好，值得各市、县（市、区）农发办借鉴。同时，同级审计等外部监督的作用亦不明显。因此，在内外监督不是很到位的情况下，使权力“寻租”的空间有所增加。

四是主观因素。个别干部主观上廉洁自律观念不强，拒腐防变、抵御风险的意识薄弱，经不住诱惑，滑入到贪腐的深渊。

亡羊补牢，犹未为晚。针对已经发生的案件，应该提高防范能力，保证项目、资金、干部的安全。要加强防范，在做好项目的同时，把干部保护好，防止“项目建起来，干部倒下去”。全省农发系统的案件一再说明，没有任何单位、任何人对腐败具有天然的“免疫力”，党风廉政建设必须常抓不懈。在今年初听取省农发办工作汇报会上，钱巨炎厅长指出：“农业综合开发直接实施项目，没有防弹玻璃，出了问题，直接影响财政形象。”全省各级农发办要进一步增强反腐倡廉建设的责任感和紧迫感，认真贯彻落实厅党组反腐倡廉各项工作部署，按照“实、稳、优”财税文化核心价值理念的要求，贯穿“分权、制衡、透明”这个核心理念，着力在“健制度、强监管、抓教育、严惩戒”上下工夫，构筑权力、制度、监督、思想道德四道“防弹玻璃”，形成“不能为、不敢为、不想为”的廉政风险防控新机制，从源头上解决反腐倡廉问题，打造廉洁农发、活力农发。

一、分解制衡权力，化有权为无权，构筑权力的“防弹玻璃”。可以说农发系统归口管理比较复杂、身份编制各异、人员配备不足，特别是工程技术人员严重不足，是导致农发案件频发的体制性根源。一是借助财政“三位一体”改革契机，梳理完善工作职责。积极争取编制，充实人员力量，加大对工程技术专业人才的引进力度，清理规范现有的临时工作人员。二是完善农发办领导体制，改变主管部门五花八门的情况，在推进归口财政部门管理的同时，进一步明晰财政部门的领导职责和管理职责。三是积极探索避免既管资金又管项目的途径和办法，有效增设“防弹玻璃”，避免有的农发办既当“裁判员”又当“运动员”。在此基础上，要科学分配工作岗位，合理设计工作流程，明确各环节的工作量、责任和时限，筑起上下监管督促、左右分权制约的岗位职责体系。2011年，省农发办根据新形势要求修订了《浙江省农业综合开发办公室工作规则》。最近，省财政厅颁布了《浙江省农业综合开发资金和项目管理实施办法》，有关配套制度正在修订。有两个突出亮点：一是完善了组织构架，使项目管理和项目评审相分离；同时特别增设了监督检查组，强化了监督制约功能。二是对项目评审、印章管理、廉政建设等内容单独设立章节，更加具体，更加细化，更加明确，操作性更强；从制度层面已经初步形成结构合理、配置科学、程序严密、制约有效的权力结构和运行机制。省农发办工作规程作为全省农发系统组织构架的“顶层设计”，具有推广价值，下一步的关键是要执行到位。

二、完善并严格执行制度，靠制度管人管事管权力，构筑制度的“防弹玻璃”。一是推进外部制度建设。完善招投标制度，规范挂靠行为，建立“黑名单”制度，对一些小工程的发包也要引入公平竞争机制。完善监理制度，提升监理人员综合素质。二是完善项目资金管理制度。对工程建设中技术审核、工程变更、资金拨付、工程验收等环节进一步细化和配套。要建立健全项目台账制、工程联系单制、现场施工检查工作记录制等；建立健全农业综合开发评审专家库（咨询委员会），引入第三方监督和决策力量；围绕关键环节建章立制，在项目规划设计环节，重点做细做实规划设计，防止频繁变动。项目申报环节，重点建立健全项目提交专家评审前的入库、排序、筛选规则，实施常态化管理。项目实施环节，重点建立全面有效的工程量变更审查制度。项目验收环节，重点建立对项目不同时间、不同层次以及不同主体的验收制度，主动引入外部、社会的审计。工程款拨付环节，重点加强资金预算把关，加大财务监管力度，完善拨付程序。三是完善内部管理制度。主要是建立健全内部重大事项议事规则、工作信息沟通交流制度等。通过完善议事规则，达到管理制度、程序的公开透明，防止个人、少数人独断和"暗箱操作"。四是加强对乡镇、行政村项目协助管理人员的培训和管理，他们处在项目实施、监管的最前沿，在充分发挥他们参与作用的同时，要加强对他们的监督和管理。同时，要强化制度执行力，加大责任追究力度，对有令不行、有禁不止的人要及时严肃处理，严惩不贷，对破坏程序、规则的行为零容忍，不给腐败有任何土壤，确保制度落到实处。

三、透明管理，阳光监督，构筑监督的"防弹玻璃"。一是认真执行民主集中制，对项目申报、项目资金安排和调整、项目建设重要变更、工程技术审核、工程量变更、资金拨付、工程验收等事项都要集体研究讨论，实现科学决策、民主决策。二是增加工作透明度。阳光是最好的防腐剂。对内，就重要工作事项互相通气、互相监督，避免个别人"暗箱操作"。对外，按规定积极推行政务公开和预算信息公开，做到透明管理、阳光监督。三是加大干部轮岗力度。干部长期在同一岗位工作，不利于廉政风险防范。长期在同一岗位工作固然对工作熟悉，有利于推动工作，但是会埋下廉政风险，造成某一个领域由某人说了算的现象，也会助长个人的侥幸心理。四是加强主管部门纪检监察、监督机构对农发办的监督检查，在农发办内部建立兼职监察（监督）员制度，强化党风廉政建设责任制考核。五是加大审计监督力度，聘请行风效能监督员，畅通举报投诉渠道，接受社会监督，保障群众的知情权和监督权。

四、加强廉政教育，增强拒腐防变、抵御风险的意识，构筑思想道德的"防弹玻璃"。在同样的体制机制制度环境中，有的人经受住了考验，有的人成为了贪欲的俘虏，关键看他是否具备一种内在的"定力"，而这种定力的源泉就在于对崇高理想信念的追求、对法纪的敬畏、对道德底线的坚守。要持之以恒地开展理想信念、党的优良传统和作风、法纪条规等教育；帮助干部牢固树立以人为本、执政为民的理念，增强法律至上、廉洁从政的意识，引导大家怀着回报父母的深厚感情和回馈组织的感恩之心投身于农发工作。要充分运用形式多样的教育方式，在开展正面典型示范教育的同时，注重开展反面典型警示教育，善于运用"身边人"最直接、最熟悉的反面教材来震慑心魄、触动思想。要注重从组织、个人、家庭的角度阐释腐败所带来的巨大灾难和沉重代价，帮助干部算好经济、法纪、家庭账，树立正确的幸福观，引导干部职工深刻认识到天下没有无缘无故的爱，天下没有免费的午餐，天下也没有不透风的墙，天下更没有后悔药可买。通过持之以恒的教育，引导干部职工牢固树立清正廉洁的意识，认真贯彻执行《廉政准则》"8个方面、52个不准"的各项要求，切实做到秉公用权、依法办事、廉洁自律，不做有悖于社会公德、职业道德、家庭美德的事情；不滥用职权，不随意报项目、选项目、批项目；不干预项目实施；不插手和指定项目工程建设施工单位；不违规违纪使用、拨付项目资金；不随意变更项目计划，不随意放宽验收条件和质量标准，不利用职务上的便利为自身和亲属谋取非法利益等。

（在全省农业综合开发工作会议上的讲话，标题为编者加，2011年11月）

落实政策 规范管理 提高现代农业生产发展资金使用效益

省财政厅副厅长 金慧群

中央财政设立现代农业生产发展资金，是创新财政支农方式的重大举措，也是强农惠农的重大政策。按照财政部关于财政支持现代农业生产发展政策的要求，结合浙江省主导产业发展的现状以及"两区"建设的要求，经省政府同意，2011年现代农业生产发展专项资金将重点支持水稻、鱼类和木本油料产业发展。各有关部门、各地方必须高度重视，密切配合，扎扎实实地抓好现代农业生产发展工作，建设好项目，管理好资金，并切实抓出成效，力争促进现代农业资金扶持的三大产业发展水平和产业竞争力再上一个台阶。

一、明确责任，提高认识，认真落实好财政支持现代农业生产发展政策

2008年以来，中央现代农业生产发展资金项目已经连续实施了3年，2011年是第4年。各有关单位要克服懈怠和麻痹思想，切实增强责任感。全省各级财政部门要进一步统一思想，提高认识，将现代农业项目作为财政支农的重点和资金整合的重要平台，将项目与"两区"建设紧密结合，进一步推动

农业转型升级。要把财政支持现代农业生产发展作为财政支农工作的重要工作，务必抓紧抓好、抓出成效，做成品牌。特别是2011年，时间紧、任务重，要加大工作力度，切实采取各种措施，选择好、实施好项目。

财政部一直高度关注现代农业发展项目，对现代农业发展资金的管理要求也很高。根据最近修订的资金管理办法，资金分配方式修改为“粮食产量(产区)、地方财力、绩效评价结果、上年资金分配结果和其他相关因素”。绩效评价是重要因素，也是今后财政资金分配的导向，这就要求我们要更加注重项目选择和项目实施质量，做好绩效评价工作。

2010年，在省政府的正确领导下，经省财政、农业、林业、海洋与渔业等部门和全省各有关市县的共同努力，中央财政支持现代农业生产发展资金项目经财政部组织绩效考评，总体成绩优良。2011年财政部下达浙江省2011年现代农业生产发展项目资金2.85亿元(其中县级资金整合奖励1500万元)，比上年增加2500万元。这一成绩是大家共同努力的结果，成绩取得不易，但要保持更难，希望各有关单位继续通力合作，百尺竿头更上层楼。

二、加强沟通，密切配合，做好项目实施方案的编报工作

按照财政部对现代农业生产发展专项资金申报的布置要求，此项工作由财政部门牵头，相关职能部门配合。根据中央要求，项目实施方案要立足本地实际，区分轻重缓急，加强研究论证，科学合理地确定支持关键环节、项目实施区域和资金支持方式。要突出支持粮食等主要优势农产品生产，突出解决制约立项主导产业发展的关键环节，突出支持优势产业带建设，积极创新资金使用机制和项目组织实施方式。

各地财政部门要按照中央的有关要求切实履行职责，增强工作的主动性，积极会同农业部门和渔业主管部门认真把关，做好项目实施方案的编制工作。根据加快资金进度的要求，2010年底省财政已经会同省级有关部门及时下拨了中央2011年现代农业生产资金提前通知部分，并对2011年的有关工作提出了基本要求，为加快项目实施创造了条件。会后，省里将马上下发一个项目申报的指南，对项目扶持的要求和实施方案的编制等工作进行具体明确。各地应根据要求，做好项目方案编制工作，各地上报的项目实施方案也是省对市县项目考评的依据，所以各地要高度重视项目实施方案的编报工作，提高方案质量，要把项目实施方案认真编实、编细。

各地要充分结合“两区”建设的实际，按照带动优势特色产业发展、带动财政支农资金整合的要求，在做好项目实施方案申报和项目实施工作的同时，积极考虑做好主导产业的规划编制工作，要认真组织力量编制主导产业发展的中长期规划和年度发展计划，分解落实年度工作任务，为以后年度现代农业生产发展专项资金支持的主导产业项目实施做好基础性工作。

三、加大整合，规范管理，切实提高资金使用效益

资金整合情况既是现代农业项目实施方案的一项重要内容，也是中央绩效考评的重要因素，请务必重视和抓好支农资金整合工作。中央出台这项资金，一方面为集中财力支持相关主导产业发展，同时也是创造了一个重要的支农资金整合平台。在编制方案时，要注重加强资金整合，将相关资金逐步归并，集中财力支持优势特色、安全高效农业发展，逐步形成各级财政共同支持现代农业生产发展的局面，扩大财政扶持政策的影响力和实施效果。

现代农业生产发展资金规模较大，加上资金投入范围比较广，因此强化和规范管理的任务显得更加繁重。2011年3月财政部驻浙江省财政监察专员办检查组对我省部分地区2010年中央立项现代农业生产发展资金项目进行了专项检查，检查中发现了一些问题，个别地方存在自筹资金不到位，一些项目单位财务管理不规范，超范围列支，甚至个别单位未按要求建立财务账。这些问题都要引以为戒，加强对资金的检查和监管。

财政支持现代农业生产发展，既关系到财政支农改革的成效，也关系到财政支农惠农政策的巩固和加强；既是对财政支农管理水平的检验，也是对财政支农能力的考验。因此，管好用好财政支持现代农业生产发展专项资金责任特别重大。各地要树立全局意识，站在全省的高度，切实做好项目的实施和资金的使用管理工作。

要注重加强基础工作，进一步提高现代农业生产发展资金科学化、精细化管理水平。各地要结合“两区”规划和现代农业生产发展资金的扶持重点和支持的环节等，做好项目前期准备工作，选准项目、选好项目，切实加强项目管理，落实项目实施的过程管理制度。

要注重加强和完善管理制度建设，用制度管人、管项目。堵住管理上的漏洞，实行阳光操作，规范管理，进一步提高项目立项公正性、公平性和透明性，确保资金和人员的安全。同时，要加强对项目的检查，对于以往审计、检查中发现的问题切实抓好整改落实，举一反三，进一步健全制度，规范管理，确保资金安全有效利用。

“两区”建设是省委、省政府的重大部署，也是“三农”工作的重大任务。现代农业发展资金要尽可能为“两区”提供支撑，既要培育主导产业，也要支持“两区”发展。关键是要把资金用好，把性质相同、用途相近的资金归并，通过相关项目整合来完成“两区”建设任务。希望财政部门牵好头，与部门积极配合，为当地政府当好参谋。

(在财政支持现代农业生产发展资金项目申报布置会上的讲话，标题为编者加，2011年7月)

强基础 重服务 推进政府非税收入依法征收

省财政厅副厅长 金慧群

一、"十一五"时期全省财政综合工作所取得的主要成绩

据统计，"十一五"期间，浙江省政府非税收入累计收缴13802.82亿元，相当于同期地方财政收入的143.3%、税收收入的154.04%，在实现了量的增长和质的提高的同时，有力地促进了地方经济社会各项事业的发展。

(一)政府非税收入立法工作成效显著

经过多年的努力，特别是2010年在省人大、省政府的重视和全省各级财政部门的共同努力下，浙江省政府非税收入立法工作终于取得重大突破，《浙江省政府非税收入管理条例》(以下简称《条例》)被列为一类地方性法规立法项目，并于2010年12月16日经省十一届人大常委会第二十二次会议审议通过，于今年1月1日起施行。《条例》分总则、立项管理、执收管理、资金管理、票据管理、监督检查、法律责任、附则等八章四十二条，重点从收入范围、管理原则、项目立项、执收行为、资金收缴、票据管理等方面系统全面地对政府非税收入进行了规范，有效解决了当前政府非税收入实际管理工作中存在的一些突出问题。《条例》可以说既是我省政府非税收入管理工作的经验总结，也是我省政府非税收入管理制度的重大创新，更是新时期我省政府非税收入依法征收、依法管理的主要法律依据。它的制定出台，是近年来我省财政立法领域取得的最重要成果之一，是我省财政工作的一件大事，标志着我省政府非税收入开始真正走上法制化管理的轨道，意义十分重大。

(二)政府非税收入信息化建设稳步推进

为规范执收单位政府非税收入收缴行为，健全完善政府非税收入征管体系，提高征管工作效率，解决执收单位、代收银行和财政部门之间数据信息共享、上下级财政部门之间数据互通问题，厅里于2006年组织力量开发，2010年完善升级了基于"金财工程"一体化版的新版政府非税收入征管信息系统。截至2011年上半年，省本级及全省33个市(县、区)实施应用了新版政府非税收入征管信息系统，实现了财政、单位、银行三方的信息共享，使我省政府非税收入征管效率和资金收缴信息化水平得以显著提高。丽水、衢州、嵊州、青田、萧山、磐安、普陀、三门、乐清等市、县(市、区)对推广应用工作比较重视，各项基础性工作做得比较扎实，系统运行效果比较理想。此外，为规范我省国有土地使用权出让收支管理工作，实现部门之间、上下级之间国有土地出让收支信息共享，切实提高土地出让数据的实时性和准确性，由省财政厅牵头，省国土资源厅和人民银行杭州中心支行共同参与，组织开发了涉及财政、国土、人行三个部门，省市县三级联网运行的"浙江省国有土地出让收支管理信息系统"。截至7月，全省75个有土地出让业务的市、县(市、区)财政、国土部门和人行机构均已安装部署系统，横向及纵向网络连接已经完成，61个市、县(市)开始应用统一软件核心业务子系统，基本实现了省对市县土地征收管理的网上实时监管。

(三)政府非税收入项目管理日趋规范

政府非税收入项目是政府非税收入管理工作的源头，只有把好项目关，才能从根本上规范政府非税收入管理工作。2006年和2009年，我们先后开展了两次大规模的行政事业性收费清理工作，取消和调整了部分收费项目和收费标准，对各部门经清理后保留的行政事业性收费项目和收费标准进行了重新审核确认，以目录形式向社会公布，自觉接受社会监督。近期根据《条例》的规定，向社会公布了截至2011年6月30日的《浙江省2011年政府非税收入项目目录》，对规范全省政府非税收入项目管理工作起到了重要作用。在着力规范行政事业性收费项目的同时，我们还直接制定或报请上级部门制定出台了大中型水库库区基金、散装水泥专项资金、小型水库移民扶助基金、地方水利建设基金、海域使用金、土地出让金、彩票公益金等其他类别政府非税收入项目的管理办法和制度。杭州、衢州、台州等地以及省级探索和尝试将城市道路停车泊位有偿使用收入、小型客车号牌号码公开竞价收入、公共户外广告经营权有偿使用收入、关停小火电机组容量费以及行政事业单位房屋出租收入等国有资源(资产)类有偿使用收入纳入或比照政府非税收入管理，在进一步规范不同类别政府非税收入项目管理的同时，也拓展了政府非税收入管理的新领域。

(四)政府非税收入收缴制度进一步完善

近年来，我们一直致力于推行旨在规范部门执收的政府非税收入收缴行为的收缴制度改革，不断完善和加强政府非税收入收缴制度建设，制定印发了《浙江省省级非税收入收缴管理暂行办法》《关于非税收入征管工作有关事项的补充通知》《关于全面建立政府非税收入收缴情况报告制度的通知》等办法，确立了以"执收单位开票、商业银行代收、财政部门监管"的收缴分离方式为主、以"双限"要求的集中汇缴方式为辅

的政府非税收入收缴制度体系，积极清理取消各执收单位在银行开设的各类收入过渡户，构建了政府非税收入结算账户与财政专户和国库有机结合的政府非税收入账户体系。同时，依托于三方联网的政府非税收入征管信息系统，做到了资金票据的网上结报，资金当天确认当天清算，票据流、资金流、信息流协调同步，确保了对账的准确高效和资金安全，实现了政府非税收入资金的动态管理。在此基础上，还建立了一套完整的政府非税收入收缴情况报告制度，对政府非税收入收缴计划、执行情况、分成资金划解和收缴管理业务基本情况等进行统计分析，全面准确地反映全省政府非税收入收缴管理基本情况。目前，宁波、嘉兴、金华、舟山、温州等地，在数据上报的准确及时和材料分析方面做得较好。

（五）"三金"管理工作不断深化

土地出让金管理方面。"十一五"时期，土地出让金管理方式发生了重大变化，国务院要求统一纳入政府性基金预算管理，收入全额缴入国库，支出通过基金预算予以安排，实行彻底的"收支两条线"管理和收支基金预算管理。我省各级财政部门统一思想，提高认识，转变观念，克服困难，按国家规定加强土地出让收支管理，征收管理工作不断完善，受到了财政部的好评，杭州、宁波、绍兴、诸暨和萧山等地这方面工作也做得较为突出。据统计，"十一五"期间，全省土地出让收入共计9132.6亿元，已经成为了各级地方政府经济社会发展的重要财力支撑。

住房资金管理方面。保障性住房建设是近年来国家确立的一项重大民心工程，也是我省全面建设惠及全省人民小康社会的重要目标。为此，全省各级财政部门立足本职，切实加强了对各类住房资金的筹集、使用和监督管理。据统计，2008～2010年，全省（不含宁波）累计筹集廉租住房保障资金110.33亿元，归集公积金(含宁波)732亿元，有力地促进了保障性住房的建设和职工住房条件的改善。这方面，湖州、金华、义乌、富阳等地较有特色。

彩票公益金管理方面。"十一五"时期，我省彩票事业取得长足进步，彩票市场安全平稳运行，彩票销量稳步增长，累计销售彩票439.29亿元，占全国总销量的7.46%，是"十五"期间彩票销量的3.6倍。累计筹集彩票公益金141.18亿元，地方留成70.59亿元，有力地支持了我省福利、体育等社会公益事业发展，社会效益十分显著。台州、衢州、湖州、嘉兴等地工作做得较为突出。

此外，认真落实海域使用金管理政策。2009年至2011年8月，共批准温台产业带157个项目缓缴海域使用金28.52亿元，有力地推进了温台产业带的产业升级和结构优化，增强了温台区域经济的竞争力。

（六）财政票据管理不断强化

为适应不断变化发展的政府非税收入征管需要和资金收缴改革要求，近年来，我们先后进行了两次大的财政票据改版工作，将财政票据种类由2004年的99种压缩合并到目前的36种，启用了套印全国统一的财政票据监制章的新版财政票据，开展了全省财政票据定点印刷企业招投标工作，并根据《条例》的要求，制定出台了《浙江省财政票据印制管理暂行办法》，规范承印企业印制、保管、运输财政票据行为，进一步提高财政票据印刷质量，有效保障财政票据的供给。同时，为了有效发挥财政票据的源头管控作用，我们坚持"三手抓"：一抓票据发放关，做到领购主体合法。二抓票据核销关，做到资金结报及时。三抓票据稽查关，做到票据使用合规。通过建立财政票据的全程动态管理制度，进一步强化了财政票据在整个政府非税收入征管工作中的重要地位和作用。杭州、宁波、金华、上虞、江山等地在财政票据管理上建章立制，工作领先。

二、正确认识当前财政综合工作所面临的新形势

浙江省政府非税收入持续增长的经济基础虽然比较稳固，政府非税收入规模增长也较为平稳，但存在的问题也不少。一方面，由于政府非税收入种类较多、政策涉及面广，现行政府非税收入征管体系还需继续完善，一些地方为增加收入，自立名目收费的情况依然存在，资金也没有全部严格按照国家规定及时上缴国库或财政专户。《条例》施行后，社会各界对加强政府非税收入依法管理的要求越来越高，但政府非税收入的法制化、规范化管理还有很多工作要做。另一方面，在现行税收收入增收难度不断加大，而各项刚性支出压力又在不断加大的情况下，对政府非税收入的征收管理提出了更高的要求，作为地方重要可用财力的政府非税收入，将发挥越来越重要的"支撑、保障、引导"作用，全省综合战线的同志们必须切实提高法治意识，增强使命意识，树立责任意识，务求顺势而为、有所作为。

三、今后一段时期财政综合工作主要任务

（一）强基础，推动自身建设上台阶

1.健全法规制度体系。我们要以《条例》的制定出台为契机，结合当前工作和地区实际，对照《条例》的有关规定，对各地现行的文件、制度和报表体系进行全面梳理，取消和废止一批与《条例》内容不符的政策办法，同时，抓紧制定和完善包括政府非税收入项目管理、资金收缴、票据管理等的相关配套制度，尽快建立起与《条例》相匹配的政府非税收入法规制度体系。

2.从严规范项目管理。一是项目设立管理关。各地要加大行政事业性收费和政府性基金项目的清理力度，正本清源，切实从源头上规范本地区收费基金项目。国有资源(产)有偿

使用收入和按照规定上缴财政的国有资本经营收入项目的设立，地方可以按照法律、法规和省级以上人民政府及其财政部门的规定执行，目前，省里已经公布的《浙江省2011年政府非税收入项目目录》中只列出了全省范围内普遍收取的国有资源有偿使用收入、国有资产有偿使用收入和按规定上缴财政的国有资本经营收入三类项目，地方要在此范围内，尽快将本地区收取的细化项目上报省厅备案，统一纳入明年公布的全省政府非税收入项目目录管理，自觉接受社会监督；对于应当纳入政府非税收入管理的其他资金，绝不是允许地方去新开征某项收入、给地方自立项目开口子，这类项目应该是体现政府公共管理职能而已经确实存在的收入，只不过原来没有纳入财政管理，现在根据《条例》的要求将其纳入政府非税收入进行统一管理，所以，大家必须准确把握政策界限，并将各地的此类项目尽快上报省厅备案。二是项目内容管理关。各地要按照科学化、精细化管理的要求，在规范本地区项目立项管理的基础上，着手进一步规范政府非税收入项目相关管理内容，包括重新核定具体执收部门、确定细化减免程序、严格报批委托执收、建立征管公示制度等，甚至可以对政府非税收入执收成本问题进行定性定量分析和测算，对一些不合理的政府非税收入项目向省厅提出取消或撤并等政策建议，真正树立财政综合部门政府非税收入项目管理的权威性、前瞻性，切实把政府非税收入项目管精、管细、管出水平！

3.加快推进信息化建设。各级财政部门要统一思想、高度重视，加快实施应用政府非税收入征管信息系统。设区市局要树立全局意识，带头实施应用信息系统，建立和完善促进本市辖区范围内系统实施应用的工作机制，指导并督促所属各县(市、区)局在规定的时间内将系统实施推广应用到位，确保今年年底前全省50%以上市(县、区)、明年年底前全省90%以上市(县、区)实施应用信息系统。省厅将对各地系统实施应用情况进行检查和验收，对推动系统实施应用工作措施得力、卓有成效的地区给予表彰，对未按规定开展系统实施应用工作的地区予以通报。同时，各地要根据省政府规定，抓紧布置落实浙江省国有土地出让收支管理信息系统应用相关工作，并在今年9月30日前全面推广实施。

4.扎实推进收缴改革。一是完善收缴方式。实行执收单位开票、商业银行代收、财政部门监管的执收方式，按照收缴分离要求，建立以直接缴款为主、集中汇缴为辅的政府非税收入收缴体系。二是规范账户管理。全面取消各执收单位的各类收入过渡户，对于那些业务手续简洁明了、款项结报清楚、具备直接缴库条件的政府非税收入项目，可以直接收缴国库；对于涉及面广、业务手续和款项结报比较复杂，需要进一步审核和清分结算的政府非税收入项目，应当通过政府非税收入结算账户收缴国库或财政专户，分成资金由财政部门通过政府非税收入结算账户上解下拨，各地要保证按照规范、统一的渠道解缴，将政府非税收入按规定纳入预算管理。三是创新收缴手段。各地要在加快实施政府非税收入征管信息系统的基础上，充分利用现代信息网络技术和银行先进结算工具，研究推行政府非税收入电子缴款、电子票据等新型收缴手段，支持POS机刷卡、自助终端和批量扣款等多种现代化缴款手段，提供多元化的缴款方式，尽可能方便缴款人，提高缴款效率，降低政府非税收入征缴成本。四是强化收缴监管。切实发挥财政票据的源头管控作用，有效发挥政府非税收入征管信息系统对政府非税收入收缴的动态监控作用，对政府非税收入收缴代理银行、财政票据、执收单位、执收项目等实施全方位监管，确保政府非税收入及时足额上缴财政，杜绝资金安全隐患。五是做好统计分析。要根据省厅出台的《关于全面建立政府非税收入收缴情况报告制度的通知》及其补充通知要求，全面加强政府非税收入收缴情况报表编制和分析工作，切实提高数据报送的准确及时性和分析报告质量，为领导决策提供重要参考。

5.切实强化票据管理。一是要加强领导。各级财政部门应切实加强对财政票据管理工作的领导，完善机构设置，加强人员配备，切实保障财政票据管理工作的正常开展。二是要强化服务。财政票据管理和改革要始终坚持“三个服务”的宗旨，即为规范经济秩序和推进部门预算管理改革服务，为政府非税收入收缴管理改革服务，为单位内部财务管理和会计核算服务。三是要加强管理。按照规范管理、加强监督、提高服务的要求，不断健全财政票据管理制度，完善财政票据的印制、发放、核销、稽查等各项基础性工作，明确票据使用范围，禁止串用、混用、借用票据，创新管理模式，提高监管水平。

(二)重服务，支持转型升级惠民生

1.用足用好收费政策，营造良好企业发展环境。当前和今后一段时期，面对日益复杂的国际国内形势，企业发展环境依旧不容乐观，这就要求我们收费政策的制定者，积极主动会同有关部门在继续开展收费清理特别是涉企收费清理的同时，及早谋划，结合实际情况，及时研究制定切实可行的收费减免政策、降低偏高的收费标准，给企业实实在在的优惠，帮助企业走出困境，渡过难关，为企业发展营造良好的政策环境。

2.研究完善资源政策，支持环境友好型社会建设。一是要以排污权交易试点为契机，根据省厅《浙江省排污权有偿使用收入和排污权储备资金管理暂行办法》的规定，全面推进省级和试点地区排污权有偿使用收入的征收，帮助企业树立减排增效意识，推进节能减排工作顺利实施。二是在认真总结杭州、嘉兴等地经验的基础上，研究制定全省的超计划超定额用水加价费征收政策，推动全省节水型城市建设。三是充分利用已经制定出台的关停小火电机组容量费、超限额标准用能电价加价费和燃煤发电机组脱硫电价扣减征收政策，大力推进节能降耗工作。

3.积极推进民生政策，惠及民生促和谐。

一是做好地方水利建设基金的筹集工作。各地要根据省政府下发的《浙江省地方水利建设基金筹集和使用管理实施细则》的要求，尽快细化、落实有关征收政策，同时，严把减免关，从严从紧掌握地方水利建设基金减免尺度，不折不扣地将地方水利建设基金及时足额征收起来，全力支持地方水利基础设施建设。

二是严格规范国有土地出让收支管理。土地问题是当前人大、政府和社会十分关心和关注的热点问题，必须引起高度重视，切实规范国有土地出让收支管理。收入方面主要是抓好进"笼子"问题，国有土地使用权出让收入要不折不扣地全额上缴地方国库，纳入地方基金预算管理。支出方面主要是抓好切"蛋糕"问题，要根据国家和省政府的规定，及时足额计提用于农业土地开发的土地出让金、廉租住房保障资金、农田水利建设资金、教育资金、社会保障资金等事关民生的各类专项资金，全力落实政策，支持新农村建设、中心镇建设、保障性住房建设等当前和今后一段时期的重点民生工程。同时，要加快推进资金使用进度，及早发挥计提专项资金的使用效益，防止专项资金提而不用，造成资金闲置或利用率偏低等问题。

三是完善政策制度，确保安居工程建设顺利实施。安居工程建设是当前中央主抓的一项重大民心工程，要全力参与其中，重点是要积极配合有关部门进一步制定和完善廉租住房、经济适用房、公共租赁房等保障性安居工程的相关政策，认真研究创新财政支持方式，积极引导社会力量参与保障性安居工程建设和运营，力求在制度设计上建立起保障性住房长期稳定可靠的资金来源渠道，为全省人民的安居乐业，实现"居者有其屋"，切实发挥财政综合部门应有的作用。

四是用好用足海域使用金减免政策，大力支持海洋经济发展。除了继续做好按规定可依法减免的用海项目的海域使用金减免工作外，要从思想深处深刻领会省委省政府关于"发展海洋经济，建设港航强省"的战略意图，认真研究落实支持温台沿海产业带和舟山海洋经济示范区的海域使用金征收政策，以实际行动支持我省海洋经济发展。

五是强化彩票监管，大力支持社会公益事业发展。要认真贯彻落实《彩票管理条例》和即将出台的《彩票管理条例实施细则》《彩票机构财务管理办法》等彩票管理法规制度，进一步加强彩票市场监管，维护彩票市场正常秩序。同时，要进一步完善措施，强化对彩票资金和彩票机构财务监管，确保彩票资金安全规范运行。要规范创新管理，积极探索彩票销量稳定增长机制，健全完善科学的彩票公益金分配机制，切实提高彩票公益金使用效益，大力支持社会福利、体育等公益事业发展。

四、几点要求

一是讲大局。财政综合部门是以制定政府非税收入政策为主的部门，更要具有大局观念，全局意识。为此，一要站得高。我们综合部门组织征收的政府非税收入是实实在在的地方可用财力，很多市地甚至已经超过了地方一般预算收入的规模，成为"支撑、保障、引导"经济社会发展的重要力量。因此，我们的综合工作不能停留在仅仅以业务论业务层面上，而要站在整个地方经济发展和财政全局的角度思考问题。二要看得远。要充分利用好现有的政府非税收入统计分析手段，紧紧围绕地方政府和整个财政工作大局，政策研究要有前瞻性、有高度、有深度，分析要透彻，不要就事论事，停留在简单的数字分析上，而要有针对性地提出切实可行的意见和建议供领导决策，这样，才能真正体现我们综合部门的水平和能力。

二是聚好财。财政部门的"五财"职能中，综合部门要发挥的是"聚财有法"的职能。"聚财有法"重在念好"三字诀"。一要坚持"实"字当头。政府非税收入切忌不能盲目攀比，过度追求数字上的漂亮，而是要实事求是，做实心球，做到依法征收，应收尽收不乱收。二要坚持"稳"字为先。就是要强化政府非税收入分析预测工作，坚持定性与定量分析相结合，短期和长期分析并重，结合宏观和微观变化趋势，认真研究政治、经济、政策等因素对政府非税收入的影响，切实提高政策的有效性和针对性，在职责范围内全力确保我们的政府非税收入保持平稳。三要坚持"优"字为要。要在《条例》和国家有关政策的框架内，认真研究探索政府非税收入的征收管理，尤其是要在国有资源、国有资产有偿使用收入方面进行探索和研究，积极挖掘增收潜力，不断优化政府非税收入结构。

三是有干劲。综合工作很忙很累，但也十分重要。希望全省财政综合部门的同志们振奋精神，充满信心，以更加激昂的斗志、更加饱满的热情，积极主动地迎接挑战、投入工作，共同做好"十二五"时期全省财政综合工作。

（在全省财政综合工作会议暨业务培训班上的讲话，标题为编者加，2011年10月）

落实财政支农政策 优化支农支出结构 完善财政支农资金管理机制(摘要)

省财政厅副厅长 金慧群

一、2011年以来的财政支农工作情况

(一)加大投入,强农惠农政策得到有效落实

2011年,全省各级财政部门努力克服国内外宏观经济形势的不利影响,积极应对自然灾害的各种困难,积极筹措资金,努力增加财政支农投入,确保财政支农支出高于法定增长比例,切实保障各项强农惠农政策的有效落实。尤其是各地积极贯彻中央一号文件和省委、省政府关于加大水利投入的政策意见,筹措落实水利建设资金,保障水利改革和发展各项政策的落实。全省预算安排农林水事务支出302.96亿元,比上年增长9.1%。如杭州市今年从土地出让金总额中提取2%用于全市水利事业发展,市级财政预算安排水利建设资金4.9亿元,同比增长17.5%。同时,各地积极发挥财政支农政策的导向作用,进一步创新财政支农投入机制,努力拓宽财政支农投入渠道,着力建立财政支农投入稳定增长机制。

2011年是"十二五"规划实施的第一年,支农的新政策比较多,各地在落实中既贯彻了中央和省委、省政府的决策部署,也充分考虑了地方的实际情况。在全面落实各项强农惠农政策的基础上,围绕农业"两区"建设、小型农田水利重点县建设、木本粮油产业发展、美丽乡村建设及重点欠发达县特别扶持政策等财政支农重点,充分发挥财政部门的职能作用,确保各项工作扎实有效推进。如台州市按照加快推进农业"两区"建设的要求,进一步优化财政支农资金结构和投向,全市新增投入现代农业园区建设资金2.17亿元,落实粮食功能区各类建设资金9578万元。湖州市切实加大对农民专业合作社、农业龙头企业和规模经营大户的扶持和培育,协调农业担保金融机构为42家农业龙头企业贷款担保,担保金额1.25亿元,同比增加86.5%。

(二)深化整合,支农支出结构得到有效优化

从2006年浙江省启动财政支农资金整合工作以来,经过五年的探索和总结,当前的支农资金整合工作正呈现出工作机制进一步健全和完善、整合的模式进一步创新和多样化、地方推进整合的积极性进一步提升以及深化整合的各项基础工作进一步夯实的局面。从今年支农资金整合工作开展情况看,各地能够按照省厅的总体要求和部署,进一步完善支农资金整合的机制建设,强化支农资金整合的工作基础,进一步加大相关支农专项资金的整合投入,优化支农支出结构,充分发挥支农资金使用的整体效益。舟山市在整合"千村示范万村整治工程""小康社区建设""暖人心、促发展"等资金的基础上,建立"美丽海岛"建设专项资金,市级财政安排专项资金6900万元,支持"美丽海岛"行动建设和"绿色生态舟山"建设。温州市各级财政调整农业专项资金投向,重点支持"两区"建设,市本级今年预计整合"两区"建设资金5000万元。

(三)加强管理,支农资金效益得到有效提升

加强支农资金管理是今年财政支农工作的主线,也是本次会议的主题。2011年,民盟省委会在省政协十届四次会议上提出的"关于提高我省支农资金管理效益"的提案被确定为重点提案,由省政府和省政协主要领导领办和督办。说明财政支农资金管理问题已成为政府和社会关注的重点。从调研掌握的情况看,各地对支农资金使用和管理工作比较重视,在制度建设、管理方式和机制创新以及管理的基础性工作等方面都有一些好的做好和经验,为确保财政支农资金的安全运行和使用效益的进一步提升发挥了积极的作用。如嘉兴市本级制定了《关于建立市区支农项目资金管理责任制的若干意见》等一系列制度,以制度规范约束项目资金分配、拨付、使用、管理行为,做到用制度管钱、靠制度管人、按制度办事,确保支农资金安全运行、支农项目顺利实施。绍兴市进一步加强支农资金使用监管,对支农资金使用中的违规行为进行责任追究,2011年取消了21个已立项但没有完成的项目单位财政扶持资金,同时还对财务管理不规范的15个项目单位扣减了财政扶持资金。

(四)夯实基础,支农管理工作得到有效增强

2011年,省厅对进一步加强财政支农管理的基础工作提出了专门的要求,建立了农业农村经济形势和财政支农政策落实情况分析制度,并将对各地支农工作进行考核。从执行情况看,各地普遍加强了支农管理的各项基础工作,项目和资金管理及人员的培训等方面都得到了进一步的强化,为增强财政支农工作能力,提升财政支农工作水平起到了积极的促进作用。如衢州市专门召开会议对农业农村经济形势和财政支农政策落实情况分析工作进行布置,在文字材料分析的基础上,设计了统一表式,按农作物良种补贴、现代农业园区、粮食功能区等43个项目分别进行统计,并组织全市相关农财工作人员进行培训。

二、当前财政支农工作面临的形势和存在的主要问题

2011年前三季度，全省财政收入实现较快增长，财政支出保障有力，财政运行总体较好。1～9月全省地方财政收入2602.54亿元，增长26.5%，完成年度预算的91.6%，其中：税收收入2429.31亿元，增长26.0%，非税收入173.23亿元，增长35.0%；全省财政支出2490.50亿元，增长25.1%，完成年度预算的73.7%，支出预算执行呈现出结构不断优化、民生保障继续改善、创新转型促进有力的显著特点。但当前和今后一段时期，国内外经济形势的不稳定和不确定性因素较多，宏观经济形势依然复杂严峻，我省经济增长将进一步放缓，保持经济平稳健康发展的难度还在加大。同时，由于经济运行中的诸多不确定因素以及政策性减税，将影响财政收入的持续快速增长。再加上加强农业、水利设施建设，推进教育、医药卫生、社会保障、事业单位绩效工资等重点领域改革，扶持中心镇和欠发达地区发展，支持保障性住房建设、海洋经济发展等需投入大量财力。总体上看，财政减收增支的压力依然很大。

从"三农"领域看，全省农业农村经济发展总体情况较好，上半年全省实现农业总产值952.07亿元，同比增长23.6%，农业增加值593.44亿元，同比增长3%；粮食生产保持稳中有升，实现春粮播种面积、单产、总产量"三增长"；农民收入保持较快增长，全省农民人均现金收入8439元，同比增长15.4%，扣除价格因素实际增长9.3%。但上半年我省旱涝急转灾害严重，对农业生产造成了一定的影响；2011年以来的农产品价格波动加剧，对农业生产及农民增收将产生不利的影响；受宏观经济形势影响，当前中小企业经营环境形势严峻，对农业农村经济发展造成一定的冲击；受今年村级组织换届选举等原因，农村建设的部分项目进度有所放缓。我们应该看到，当前的财政支农工作，既面临着挑战，更面临着新的机遇。我们应该认识到，财政支农工作特别是支农资金的使用和管理中还存在着一些突出问题，需要引起我们高度重视，并积极采取措施，切实加以解决。

（一）面临的机遇和挑战

从机遇看：一是各级党委、政府更加重视"三农"工作。近年来，各级党委、政府切实把"三农"作为各项工作的重中之重，制定并出台了一系列强农惠农政策。特别是中央一号文件和中央、省水利工作会议的召开，将"三农"工作提升到全局性和战略性的高度，这又是我们加强"三农"工作的契机。二是"三农"投入力度不断加大。"十一五"时期，各级政府坚持统筹城乡和区域发展，不断加大公共财政对农业农村的投入，全省财政"三农"投入从2006年的373.5亿元增加到2010年的944亿元，年均增幅24.8%，特别是去年的中央一号文件提出了财政对农业的投入要达到"总量持续增加，比重稳步提高"的要求，这对加快推进农业现代化和新农村建设提供了重要的资金保障。三是我省农业农村发展的基础较好。随着一系列强农惠农政策的落实，我省高效生态农业加快发展，现代农业经营主体加快成长，具备了农业产业转型升级的基础条件；同时我省农民人均纯收入长期名列全国省区之首、城乡居民收入差距居于全国最小行列的良好局面，也有利于我省城乡统筹发展的积极推进，再加上近年来农民文化素质的不断提升，也为加快农业农村发展提供了有利的条件。

从挑战看：一是农业发展方式转变势在必行。目前农业生产主体规模普遍较小，带动能力不强，农业的专业化、规模化和集约化水平不高；农业科技支撑薄弱，自主创新能力不强；可用于农业生产发展的土地、水资源等资源要素严重不足，农业的弱质性问题依然没有根本改变。二是农民增收面临结构性难题。受当前国内外经济形势变化，农民创业就业面临诸多制约因素；受农业经营规模较小的影响，单纯从事农业的农民生产收益仍然不高；更为突出的是，低收入农户要实现增收致富难度很大。三是公共服务均等化任务繁重。农村公共服务建设滞后问题仍然突出，主要表现在城乡公共服务资源配置的质量和水平差距较大，要形成城乡水平相当的公共产品供给机制存在较大难度。四是财政外部监督力度不断加强。2011年省人大推出了人大代表专题询问制度，对财政重点政策及执行、财政资金的使用和管理等方面的问题开展专题询问，这是人大代表行使监督权利的机制创新，也是加强财政预算执行外部监督的具体表现。同时，随着预算信息公开的加速推进，社会公众对财政预算及执行的知情权的诉求越来越强。财政支农工作和支农政策作为民生领域的重点内容，将成为人大代表和社会各界关注的重点之一。五是财政科学化精细化管理要求不断提升。随着财政改革的不断深入和到位，财政科学化精细化管理的要求也在不断提升。财政支农资金管理及财政支农工作本身要积极适应科学化精细化管理的要求，要客观分析财政支农资金管理与科学化精细化要求的差距，同时要积极创新管理方式，努力提高支农资金管理水平。

（二）支农资金管理中存在的主要问题

总体上看，全省财政支农资金使用和管理比较规范，制度建设比较完善，项目资金监管比较到位，资金分配拨付比较合规，资金使用绩效比较显著，对全省的"三农"发展起到了积极的促进和保障作用。但我们也要清醒地认识到在财政支农资金管理使用中还存在着一些比较突出的问题和薄弱环节，这在去年全省统一开展的强农惠农资金专项清查和今年的重点提案调研、"强塘"工程专项清查中体现比较明显。一是支农资金整合使用的力度还不够。部分支农项目安排"小而多"，资

金使用“广而散”，而且还存在交叉重复的现象；有些地方的资金整合主要体现在对上级专项转移支付资金的整合投入，对本级财政安排的支农资金整合还很不够。二是规划引领作用未能充分发挥。现行的农口相关规划没有很好进行统筹协调，而且有的规划缺乏稳定性和严肃性，这些都导致支农项目建设缺乏系统性和计划性。三是支农项目管理有待进一步加强。当前发生在项目立项和实施环节的问题仍然比较突出，如虚报、多报项目投资额，套取财政补助；前期工作不扎实，项目实施方案编制不规范，导致项目未能按进度实施；项目管理不规范，工作措施不力，导致工程进展缓慢，形成项目资金结余较多。四是支农资金和财务管理还不够规范。由于支农资金基础管理工作不够完善，再加上基层财务管理队伍较为薄弱，导致资金拨付和核算环节不规范，部分项目主管部门或项目实施单位会计制度不够健全，财务处理不符合规定要求，在一定程度上增加了违规使用资金的风险。五是骗取、截留、挤占和挪用支农资金的现象还时有发生。这类问题虽然在支农资金管理使用中比较少，但性质往往比较严重，产生的社会影响也比较大。

三、做好下一阶段财政支农工作的几点要求

（一）要切实抓好重大支农政策的落实

一是积极筹措资金，确保水利投入落实到位。2011年中央1号文件对水利进行了新的战略定位，特别是今年中央水利工作会议，更加凸现了水利改革发展的全局性和战略性。各级财政部门要不折不扣落实好中央和省委、省政府支持水利建设的政策部署，通过公共财政预算和政府性基金预算，积极筹措资金，明显提高财政性资金对水利投入的总量和增幅。要严格贯彻落实从土地出让收益中提取10%用于农田水利建设、新增建设用地土地有偿使用费用于农田水利基本建设和保护方面的支出不低于20%的政策，确保足额计提和专款专用。要根据《浙江省地方水利建设基金筹集和使用管理实施细则》规定，足额筹集并管好用好水利建设基金，有重点防洪任务和水资源严重短缺的城市，要认真落实从征收的城市维护建设税中划出不少于15%的资金用于城市防洪和水源工程建设。要有效利用市场机制，广泛吸引社会资金参与水利建设，推动实现今后10年全社会水利年平均投入水平比2010年高出1倍。

二是优化支出结构，突出抓好支持水利改革发展的重点领域。大幅度增加农田水利建设投入，全面提高农业旱涝保收稳产高产能力，加快推进小型农田水利重点县建设，大力支持高效节水灌溉项目，确保重点县建设目标如期实现。重点支持“强塘”工程，确保如期完成“强塘”工程责任书内的所有项目，完善区域防洪排涝工程和防汛抗旱监测预警体系建设，全面提高防汛防台抗旱综合能力。加快实施“水资源保障百亿工程”，推进水资源配置、农村饮水安全提升、沿海滩涂资源开发，全面提升水资源综合开发利用能力。加强水资源管理与保护，深化城乡河道水环境整治，全面改善水生态环境。着力支持深化重点领域的水利改革，特别是不断完善水资源管理体制、推进水价改革、健全水利工程长效管理机制，进一步增强水利发展活力。

三是进一步完善机制，确保农业“两区”建设的顺利推进。各地要认真落实省财政厅等五部门等联合下发的《关于进一步强化项目资金统筹 加快推进“两区”建设的通知》要求，加强相关支农资金整合和统筹，扎实推进“两区”项目建设。同时，要进一步加强“两区”项目的基础管理工作，切实采取措施加强对“两区”资金使用的监管。要通过总结商品粮基地建设和标准农田建设等项目的经验，逐步建立完善“两区”建设和管理的长效机制，确保“两区”建设取得实效。

四是进一步完善涉农补贴政策。进一步规范农机购置补贴操作办法和程序，不断完善管理制度和监管措施，加快补贴资金结算进度，确保农机购置补贴政策的顺利实施。进一步完善森林生态效益补偿制度，做好纳入补偿范围内省级以上公益林的扩面工作，积极开展省级以上森林类自然保护区集体租赁工作，加大森林抚育试点、造林补贴试点、林木良种补贴试点的工作力度。

五是落实好重点欠发达县特别扶持政策。针对特扶项目进度总体偏慢的现状，分析、查找原因，科学调度资金，加强与各职能部门的沟通协调，立足财政部门职能，积极推进特扶项目建设。要认真抓好年度特扶项目实施的绩效评价，切实提高特扶资金使用效益。要按照特扶项目三年总体规划，积极会同主管部门做好下一年度项目计划的编报工作，并做好与规划项目的有机衔接，确保特扶政策总体目标的顺利实现和特扶项目实施的圆满完成。

（二）要切实完善支农资金管理机制

一是完善支农投入机制。要按照法定要求和中央与省委、省政府政策规定，切实加大财政支农投入力度，积极落实各项强农惠农政策。同时，要着力于健全和完善支农投入稳定增长机制，既要力求财政对农业的投入总量和比重稳步提高，也要创新机制，吸引金融资本、工商资本和社会资金对农业的投入，建立多元化的支农投入机制。

二是完善支农资金整合机制。目前，大部分市县都建立了支农资金整合的工作机制，但真正有效运行的并不太多。完善支农资金整合机制是确保支农资金整合工作深入推进并真正取得实效的关键所在。各级财政部门要切实发挥牵头作用，积极争取地方党委、政府主要领导的支持，力争高位推进支农资金整合工作。要加强与涉农部门的沟通和协调，通过联席会议制度等形式，建立起部门间沟通协调和信息共享机

制，努力形成支农资金整合工作合力。同时，要建立和完善财政内部的统筹协商机制，积极配合支农资金整合工作的深入推进。

三是完善支农资金分配机制。首先要完善支农资金的分配方式。在规范支农项目立项补助制度的基础上，继续推广运用公式法、因素法等方法科学合理分配财政支农资金，并利用以奖代补、奖补结合等有效的激励引导手段，不断完善财政支农资金分配管理机制。其次要强化支农资金分配与检查结果、绩效考评及工作实绩的衔接，对绩效好、监管措施到位的地方和部门，在安排支农项目和分配财政支农资金时，给予适当倾斜，对有不良记录的地方和部门在安排支农项目补助资金时予以调减。近年来，省厅在因素法分配相关支农专项资金时，已经将各地项目绩效考评及支农工作情况等作为资金分配的因素予以考虑。

四是完善支农资金责任追究机制。当前，针对支农资金使用和管理中暴露出的问题，我们的责任追究机制比较缺乏，这在一定程度上降低了支农资金使用和管理违规行为的成本。各地要积极探索支农资金责任追究机制的有效形式，在明确职责、落实责任的基础上，做到奖罚分明，既要奖得心动，也要罚得心痛。要充分发挥责任追究机制的推动作用，不断规范支农资金的使用和管理，促进支农惠农政策的有效落实。

(三)要切实加强支农资金使用管理

一是加强管理制度体系建设。近年来，我省对支农资金的管理制度建设比较重视，省里分类制定了不少管理制度和办法，各地在加强制度建设方面也有一些好的做法值得推广和借鉴。但总体上看，各地遵照执行的比较多，结合实际制定实施细则或主动制定管理办法的比较少，具体操作层面的管理制度还比较欠缺。管理制度建设是加强支农资金管理的基础，也是规范财政支农工作的有效措施。各地要对照当前管理的支农专项资金，积极开展管理制度清理，进一步完善管理制度体系，杜绝支农资金管理上的制度缺失。同时，在严格执行中央、省有关资金管理制度的基础上，结合本地实际，制订相应的实施细则或操作规程。原则上要求每项支农资金都有相应的管理制度或办法，逐步建立覆盖所有财政支农资金的管理制度体系，保证各项支农资金管理都有章可循。

二是加强支农预算执行管理。支农预算执行管理一直以来都是财政支农工作中的难点，近年来省里对进一步加强支农预算执行管理提出了具体的要求，也采取了相应的措施，应该说取得了一定的成效。2011年1～9月份，全省农林水事务支出239.83亿元，完成年度预算79.2%，比上年同期增长35.9%，这个执行进度也是近年来最好的一年。但整个支农预算执行管理工作和预期的目标相比，还有一定的差距，我们应该在两个方面进一步加强。首先，要加强和规范支农资金的支付管理。要严格按照国库集中支付制度、县级报账制、政府采购制度、招投标制度等制度规定，拨付和使用支农资金；要改革和完善支农资金支付方式，简化程序，规范操作，确保支农资金安全运行和高效使用。其次，要规范支农预算执行，进一步加快支农支出进度。各地财政部门要积极会同农口部门，扎实做好支农项目立项等基础工作，做细、做实、做准预算，加强项目实施过程管理，切实加快支农资金拨付进度，杜绝滞留资金现象，确保各项支农惠农专项资金按时足额到位。

三是加强支农项目管理工作。按照支农资金管理的职责分工，项目管理的职能主要在主管部门，但财政部门要积极会同和配合主管部门抓好支农项目立项及实施管理等环节的相关工作。一是完善财政支农项目库管理制度。从今年开始，省里由财政部门牵头，开发并推广应用财政支农项目库管理系统。这项工作是进一步完善财政支农项目管理方式的重要举措，对于加强财政支农项目管理非常重要，各级财政部门要切实牵好头，会同主管部门抓好各项工作的落实。同时，要做好与地理信息系统的衔接，形成项目管理的长效机制。二是加强项目立项管理。对需要申报的支农项目，要及时制定、发布立项指南，明确资金的用途、补助标准、管理措施及工作要求等，提高项目申报工作的透明度，并对申报项目的真实性和合规性进行重点审查，杜绝无序申报、重复申报和随意争取财政支农资金的行为。三是要会同主管部门抓好项目的实施管理，逐步建立完善财政支农项目的绩效评价指标体系，加强项目绩效管理，建立项目问责机制。

四是加强支农资金整合和统筹。2011年是“十二五”的开局之年，也是支农资金整合工作有所作为的契机。各地要在巩固现有支农资金整合工作的基础上，建立和完善支农资金整合的工作机制，深入推进支农资金整合和统筹。当前要突出以中央和省委、省政府确定的农业“两区”建设、小型农田水利重点县建设、木本油料产业发展、美丽乡村建设及重点欠发达县特别扶持政策等重点支农项目为平台，通过规划和项目的整合，深化支农资金的整合和统筹安排，进一步优化支农支出结构，提高支农资金使用效益。同时，要按照“既要整合，又要管理”的要求，切实加强整合资金的使用管理，进一步理顺支农资金管理体制，合理界定财政与主管部门在支农政策执行方面的职能。加强对整合和统筹安排的支农资金的监管，避免出现借整合支农资金名义挪用支农资金的现象，切实提高整合资金使用效益。

五是加强财政支农基础工作。加强基础工作是推进支农资金科学化精细化管理、提升财政支农工作水平的前提。要进一步强化财政支农资金日常管理的基础工作，认真落实农业农村经济形势和财政支农政策落实情况分析工作，对支农预算执行情况进行经常性的监督检查和运行情况分析，切实掌握各项支农惠农资金的使用管理情况。做好全省农业综合开发财政资金拨款进度表和年度决算的编报工作。要进一步加强基层部门和项目单位财务管理培训，提高财务人员的业务素质和财务管理水平，使基层部门和项目单位树立“专项资金必须专款专用”的纪律观念，保证支农资金安全有效运行。

六是加强干部队伍建设和廉政风险防控机制建设。加强干部队伍建设是提升财政支农工作水平的决定性因素。各级财政部门要认真贯彻落实10月7日召开的加强政府自身建设电视电话会议精神，加强农财干部队伍建设，自觉践行“以人为本、执政为民”的理念，以治理“庸、懒、散”为突破口，进一步提能力、增效率、正风气。要按照开展廉政风险防控机制建设的要求，结合农业财政和财务管理岗位职责，排查岗位风险，完善工作流程，建立健全规章制度，提升风险化解能力，逐步形成廉政风险防控长效机制。 （在全省各市及部分县财政支农工作座谈会上的讲话，标题为编者加，2011年11月）

2012年省级农口部门财政支农工作的重点

省财政厅副厅长 金慧群

一、高度重视财政支农目标实现的路径选择

一是要注重多元化的筹资机制。要合理界定政府和社会的职责，并形成各级财政整合投入的机制，同时要切实发挥财政支农政策的引导和财政支农资金的杠杆作用，吸引社会资金投入“三农”。

二是全方位全过程的资金监管。加强支农资金使用监管是保障支农政策目标实现的有效措施，要在现行财政资金监管的总体框架内，实现对支农资金的全面监管。如通过将支农资金实行国库集中支付制度，进一步提高支农资金使用的安全性和有效性。

三是培育新型经营主体。培育新型经营主体是加快推进农业生产规模化经营，提高组织化程度的必然选择，也是我省农业产业发展的必由之路。把新型经营主体作为我们的支持对象是提高资金使用效益和监管水平的有效途径。

四是发展壮大村级集体经济。发展壮大村级集体经济是农村经济社会可持续发展和良性循环的重要保证，有利于农村社会稳定与和谐。这两项政策及目标在现行的政策框架内，可以通过支农政策的实现方式来调整，应该说对政策的制定者和收益者都是双赢的选择。希望在“十二五”期间这两项工作要力争有所突破，并努力将其打造成财政支农工作的亮点。

二、积极推进省级专项性一般转移支付管理改革

加快推进转移支付制度改革，既是完善财政体制、提升财政管理水平、提高财政资金使用效益的突破点，又是实现中央和省委省政府确定的特定政策目标，集中财力改善民生、促进经济发展方式转变提供强有力保障的重要抓手。为充分结合一般性转移支付和专项转移支付两类方式的优势，省级将推进转移支付管理制度改革，积极推行专项性一般转移支付制度。这是2012年开始到2015年的一项重点工作。通过加大专项资金清理整合力度，把符合条件的项目逐步调整成专项性一般转移支付；新增转移支付项目也将主要采取专项性一般转移支付下达，逐步扩大一般性转移支付资金的规模和比例。近期，省财政厅将制定下发相关的管理办法，农口各部门要做准备，按照要求抓紧做好相关基础工作，在对现有专项转移支付资金进行分类的基础上，研究提出归口本部门的专项性一般转移支付资金的方案。

三、积极稳妥地做好预算信息公开工作

预算公开社会各界十分关注，中央和省委、省政府非常重视，是当前财政和财务管理中的一件大事。2011年以来，全省预算公开的步伐明显加快，报送省人大审议的财政预算内容得到了进一步细化，经省人大审议通过的全省和省级财政总预算已向社会公开。省级部门预算公开工作取得重大突破，2011年报送省人大审议预算的48个省级部门，已全部在各自的网站上公布了部门预算，下一步还要对“三公”经费和部门决算进行公开。9月份，省人大财经委还组织开展了财政决算专题询问，进一步加大对财政和部门资金使用情况的监督力度，督促预算信息的进一步公开。预算公开是大势所趋，各部门要切实承担起责任，按照省委、省政府的统一部署，扎实做好公开的各项准备工作，对预决算及“三公”经费的有关情况要熟悉，对公开后可能出现的质疑要有准备，不能措手不及。

四、进一步强化支农资金预算编制及执行管理

支农预算执行管理一直以来都是财政支农工作中的难点，近年来对加强支农预算编制和执行管理方面提出了一些

具体的要求，也采取了相应的措施，应该说取得了一定的成效。但整个支农预算执行管理工作和预期的目标相比，还有一定的差距，我们应该在两个方面再进一步加强。首先是强化支农资金预算的编制工作。强化支农预算编制工作，做细、做实预算，是抓好支农预算执行管理的基础，也有利于发挥支农资金的使用效益。针对现行年度预算时间提前、要求不断提高的情况下，农口各部门要切实加强对预算编制工作的组织领导，完善工作机制，努力提升预算编制的质量和水平。其次是加快并规范支农预算执行。各部门要坚持加快支农预算执行进度与确保支农资金使用的安全性、规范性和有效性并重的原则，要在“好”和“快”上同时花大力气，既要确保各项强农惠农政策及时到位，也要切实提高财政资金使用效益。年底，按照财政部的有关规定，省财政厅将对预算执行中的资金结余等政策进行调整，项目完成后的结余资金将作为部门下一年度的项目资金安排来源，近期将对相关的规定进行明确。

五、进一步加强支农项目管理的基础工作

近年来，农口各部门积极采取措施，不断加强支农项目管理的基础工作，对进一步规范支农项目管理发挥了积极的作用。但当前发生在项目立项和实施环节的问题仍然比较突出，需要引起我们高度重视。新形势下，对于项目管理环节的要求越来越高、越来越细。从2011年开始，异地搬迁、千村示范万村整治、“强塘”工程、万里清水河道、重点渔港等项目已经纳入省财政重点民生项目基础资料库，随着地理信息系统建设的推进，涉及项目管理环节的工作要求还将进一步提高。因此，我们一方面要积极抓好已经开发的财政支农项目管理系统的应用，另一方面要做好财政支农项目管理系统与地理信息系统的衔接和共享，切实发挥两者在支农项目管理方面的作用。同时，部门的基础数据库可以与财政支农项目库管理系统、地理信息系统进行对接，实现部门现有的基础数据库系统与项目库管理系统、地理信息系统进行共享。

六、切实加强支农资金的使用和管理

2011年省政协第15号重点提案的领办、督办情况充分反映出当前省政府、省政协领导以及社会各界对支农资金使用和管理的关注程度，对支农资金监管也提出了更高、更具体的要求。对当前支农资金使用管理过程中存在的问题和薄弱环节，要有清醒的认识并给予足够的重视。要结合审计、专项检查等反映出的问题，认真分析和查找存在问题的原因，举一反三，进一步完善管理制度，切实采取针对性措施，加强和规范管理，健全支农资金监管的长效机制。同时，要进一步加强重点支农专项资金的监督检查和绩效评价工作，建立健全支农资金使用和管理的责任追究机制。

（在省级农口部门计财处长座谈会上的讲话，标题为编者加，2011年12月）

明确目标 把握机遇 大力推进一事一议财政奖补工作（摘要）

省财政厅副厅长 金慧群

一、三年财政奖补工作的主要成效和基本经验

为破解村级公益事业建设难题，促进农村经济社会健康发展，按照全国的部署，我省于2009年开展村级公益事业建设一事一议财政奖补试点，2010年国务院农村综合改革工作小组批准我省为全国扩大试点省份，2011年一事一议财政奖补工作迅速在全省推开。经过三年来的实践探索，在中央财政的大力支持和我省各级党委、政府的重视和指导下，在社会各界的积极支持下，特别是在财政和农业部门的共同努力下，一事一议财政奖补工作影响日益扩大，工作稳步深入，成效日益显现，赢得了广大基层干部和农民群众的热烈欢迎和衷心拥护，成为财政支农工作上的一个新亮点。

（一）改善了农村生产生活条件，扩大了基本公共服务的覆盖面。村级公益事业量大面广，群众需求多样。长期以来财政投入不足，村集体经济能力薄弱，特别是农村税费改革取消村提留和劳动积累工、义务工后，村级公益事业建设面临投入短缺局面，村级公益事业建设一时成为“三农”工作的难点和薄弱环节。中央财政及时推出一事一议财政奖补政策，把一事一议财政奖补定位在村级公益事业方面，将政府奖励与村民自筹相结合，直接投入到与村民群众关系最密切、需求最迫切、受益最直接的基本公共服务项目。三年来，全省各级财政投入奖补资金32.19亿元，实施项目8736个，修建村内道路及机耕路5000多千米，修筑水渠2400千米，兴建排灌设施1000多处，修建村内排污设施3000多个，兴建便民服务中心、老年活动中心、文化娱乐场所1920处，累计有1000多万村民群众从中受益。永嘉、青田通过一事一议开展村庄古村落保护，既保护了历史遗存，又发展了当地旅游；淳安、海宁、嘉善

等地修筑农民文化舞台，丰富了村民群众精神文化生活，提高了生活品质。更多的地方通过一事一议开展修路、建桥、引水、治污等一系列公益项目建设，极大地改善了村民群众生产生活条件，村民群众称之为“民生工程”“德政工程”。

（二）创新了财政资金使用方式，发挥了奖补资金“四两拨千斤”的作用。一事一议财政奖补改变了财政对村公益事业直接投入的模式，构建了“政府资金引导、农民筹资筹劳、社会捐赠赞助”的村级公益事业建设新机制，较好地发挥了财政奖补资金“黏合剂”、“催化剂”作用。如东阳、诸暨在这方面的效果较为明显，在财政资金的带动下，村民群众和社会力量积极地响应。2009～2011年，全省各级财政投入的奖补资金总规模达32亿元带动了村级公益事业总投入65亿元，村民筹资12.64亿元，投劳1282万工，村集体经济投入11.12亿元，社会捐资赞助7.37亿元。通过一事一议财政奖补项目投入，有力地改善了村内基础设施，方便了群众生产生活，拉动了农村社会消费，较好地发挥了财政奖补资金“乘数效应”。同时，积极推进支农资金整合，集中力量办大事，群策群力建家园，较好地发挥了财政支农资金的整体使用效益。

（三）发挥了农民主体作用，激发了村民群众参与公益事业建设的热情。一事一议财政奖补政策坚持以人为本，充分尊重农民群众的自主权，充分体现社情民意，倡导“村内事、村民议、村民定、村民建”，激发了村民群众参与公益事业建设的热情，村民们有钱出钱、有力出力，掀起了近年来少有的村级公益事业建设高潮。出现了村民自发地在项目现场拿着自家尺子测量道路建设水泥厚度，端着饭碗上工地监督施工质量的感人场景。为支持修建村内公益设施，有的村民主动降低甚至放弃赔偿，让出自家地面；村里的能工巧匠发挥专长，想方设法节约项目建设成本，提高工程质量；经商办企业的能人、老板、私营业主积极参与出资捐款，大力支持村内公益项目建设。

（四）密切了党群干群关系，推进了基层民主建设。一事一议财政奖补政策与村民最关心、利益最直接、需求最迫切的现实问题有了紧密的结合点，搭建了基层干部联系群众、为民服务的平台，成为乡村干部联系村民群众的桥梁和纽带。乡村工作有了抓手，群众得到了实惠，干部得到了锻炼，基层组织的凝聚力显著增强，基层干部的威信明显提高，党和政府形象普遍提升。不少地方出现了村村要求上项目、户户出力搞建设的场面。三年来，一事一议项目建设没有出现一封举报信，没有发生一起上访事件。一事一议议出了村民建设家园的积极性，议出了干群之间的融洽感情，议出了农村祥和喜气氛围。通过议事，增强了村民群众的主人翁意识，有效探索了适合我省农村实际的村民民主议事方式，有力地推进了以村民会议（村民代表会议）为核心的村级自治和农村基层民主政治建设。

通过三年的实践和探索，各地涌现出许多好的做法和经验，这些经验归结起来就是“四个坚持”：

一是坚持农民自愿、普遍受益为前提。一事一议财政奖补项目的决策主体、实施主体和受益主体都是村民群众，项目要不要建、怎么建，建成后怎么管，都要以充分尊重村民群众的意愿为前提，政府组织不能包办代替。在项目申核过程中，把村民参与度和项目受益面作为重要的衡量标准。把那些村民群众需求最迫切、反映最强烈、利益最直接，而且投资较省、见效较快，能广泛发动村民群众参与的村级公益事业建设项目优先列入各级财政奖补计划范围。

二是坚持多方投入、民办公助为基础。村级公益事业建设目的是解决基本公共服务“最后一公里”的问题，众多的“最后一公里”就汇成了一个庞大的数字。单靠政府投入，或村集体经济投入，或农民自筹，都难以从根本上解决问题。实践证明，多方投入、民办公助不失为一个好办法。通过一事一议财政奖补建成的村级公益事业项目，既凝聚了村民群众的集体智慧，又整合了各方的资源，使村民有能力办成早就想办的事，实现了多年的愿望。

三是坚持因地制宜、量力而行为特色。坚持在中央和省统一政策指导下，以县为主，积极稳妥地推进财政奖补工作，形成适合当地实际，各具特色的奖补方式。在筹资筹劳上，杭嘉湖绍等经济较发达的市县主要以村集体经济投入与村民筹资为主；金衢丽等山区市县以村民投劳居多；温台等民营经济发达市县以企业和个人捐助投入为一大特色。在项目类型上，经济发达地区以建设村民文化健身休闲场所、村级便民服务中心、村庄污水处理设施等提高村民生活质量的项目为主；经济相对欠发达地区以解决村内道路、村民饮用水等生产生活基础设施居多。安吉、新昌、瑞安、遂昌等市县紧密结合新农村建设规划、美丽乡村建设和生态县市建设，以一事一议财政奖补机制为平台，整合有关涉农专项资金集中使用，实现公共资源的有效整合，有力地推进了新农村建设。

四是坚持规范管理，阳光操作为关键。各地严格执行《浙江省村民一事一议筹资筹劳实施办法》，规范议事程序，保障村民权益，防止违反农民意愿，加重农民负担的情况发生。对农民筹资和财政奖补资金实行专户管理、专账核算、公开公示，确保专款专用，规范透明，阳光操作。

三年来的实践证明，村级公益事业建设一事一议财政奖补制度是一项得民心、顺民意、办实事的“民心工程”和“德政工程”，是扩内需、保增长、重民生、促稳定的一项具体的惠民政策，得到了我省广大乡村干部群众的拥护和支持。

在总结成绩和经验的同时，也要看到我省一事一议财政奖补工作还存在一些问题。一是财政奖补覆盖面还不够大，奖补范围与需求还有较大的差距。二是筹资筹劳偏少，虽然村民愿望强烈，但不少地方村级财力薄弱，筹资筹劳标准较低，项目自筹部分难以达到项目申报要求。三是地方财政专项安排不足，配套资金难以落实。四是资金监管工作需要进一步加强，有的地方资金管理还比较粗放。各地要高度重视这些问题，采取有力措施，切实加以解决。

二、明确目标，把握机遇，大力推进一事一议财政奖补工作

一事一议财政奖补是深化农村综合改革的一项重要措施，是对村内公共产品供给方式的改革创新。中央对这项工作十分重视，胡锦涛总书记、温家宝总理、李克强常务副总理、回良玉副总理先后对一事一议财政奖补工作做出重要批示，要求密切联系农村新情况，结合推进“十二五”规划，以一事一议财政奖补机制为平台，加强村级民主管理和制度建设，促进城乡基本公共服务均等化，务求取得更大的惠农效果。年初召开的十一届全国人大四次会议《政府工作报告》中明确指出，要大幅增加奖补资金规模，全面实施村级公益事业建设一事一议财政奖补。国务院农村综合改革工作小组每年都召开全国一事一议财政奖补工作会议，部署推进一事一议财政奖补工作。今年召开的全国一事一议财政奖补工作会议上，中央财政进一步明确了“十二五”时期一事一议财政奖补工作的总体目标任务：力争到“十二五”末，各级财政奖补资金五年累计达2500亿元以上，一事一议财政奖补项目覆盖全国所有行政村，村内基本生产生活条件有较大改善，人居环境有较大改观，基层民主管理水平有较大提高，城乡基本公共服务一体化有较大进展。

中央的部署要求为一事一议财政奖补工作展现了美好前景。同时，浙江省几年来的工作实践为一事一议财政奖补工作打下了良好的基础。当前推进一事一议财政奖补工作，可以说政治有保障、物质有支撑、实践有经验、工作有基础，村级公益事业建设面临着良好机遇。各级财政部门要充分认识和紧紧抓住这一难得的机遇，振奋精神，积极而为，加大投入，大力推进一事一议财政奖补工作。

（一）高度重视，充分认识一事一议财政奖补工作的重要意义。一事一议财政奖补工作之所以引起中央领导同志的关注和各级党委、政府的重视，不仅仅是财政支持建几个项目的问题，更为重要的，因为它是村级公益事业建设投入方面的一项体制机制创新，是顺应新形势下我国乡村治理模式和农村基层民主建设的新探索。通过财政奖补资金引导，唤起村民群众的主体意识，发挥主人翁作用，解决了切身利益问题。同时，通过一事一议搭建了基层干部为民服务的平台，激发了村民群众议事的热情，推进了以村民会议（村民代表会议）为核心的农村基层民主政治建设。一事一议财政奖补以解决村民群众最关心、最迫切、最直接的利益问题为切入点，有效地化解了村民之间、村民与干部之间的矛盾和纠纷，起到了“反映民意、化解民怨、集中民智、赢得民心”的作用。通过实施一事一议项目建设，群众的气顺了、心齐了，党和政府的形象得到提升，乡村干部的威望有了提高，农村的和谐稳定更有保障。因此，不仅要从经济层面来认识一事一议财政奖补，更要从政治高度拓宽我们的视野。大力实施一事一议财政奖补工作是各级财政努力推进基本公共服务均等化进程的应有之义。只有把我们的认识提升到这样的高度，才能自觉地把这项工作摆到财政部门的重要议事日程，不打折扣地将中央的政策要求落到实处。

（二）加大投入，做好一事一议财政奖补资金的年度预算安排工作。加大投入，发挥财政奖补资金的引导作用，是全面推进一事一议财政奖补工作的关键环节。当前，遇到的一个大好机遇是中央财政逐年加大对一事一议财政奖补的投入力度。根据中央财政的奖补政策，中央一事一议奖补资金既与地方财政安排的奖补资金挂钩，又与筹资筹劳投入规模挂钩。总的是，地方财政奖补支出越多，中央奖补也相应增加。厅党组对一事一议财政奖补工作十分重视，省厅在年初专项安排和积极整合支农资金基础上，最近又作了追加预算安排。一事一议财政奖补是一项以财政部门为主负责实施的工作。为争取中央财政的支持，推动我省一事一议财政奖补工作持续深入发展，省和地方各级政府要努力增加资金投入，力争“十二五”期间，我省一事一议财政奖补工作覆盖到所有的行政村。各级财政要根据这一目标任务要求，逐年增加投入，坚持以县为主，及时做好一事一议财政奖补资金的年度预算安排工作。各地要早作谋划、早作预算计划安排。各级财政要采取激励与约束相结合的措施，努力扩大奖补工作范围，将一事一议财政奖补项目覆盖到更多的村庄。对村民群众参与度高、自筹投入多的一事一议项目，财政要加大奖补力度。

（三）加强管理，切实提高财政奖补资金的使用效益。一要做好项目库建设。要在新农村建设规划框架下，做好一事一议财政奖补项目的建设规划，按照轻重缓急、量力而行的原则做好县级项目库建设。二要加强资金管理。县级要切实制订落实一事一议财政奖补资金和项目管理办法，积极推行财政奖补资金专户管理、项目报账制、筹资筹劳和社会捐助公示制、村民理财小组监督制和竣工验收制，提高财政奖补资金使用的有效性和项目透明度。三要充分发挥乡镇财政就地就近资金监管作用，积极推行一事一议奖补资金通过乡镇财政资金支付的办法。四要充分利用一事一议财政奖补信息管理系统平台，加强对项目和补助资金的精细化管理。五要建立考评激励机制。要定期组织开展一事一议财政奖补工作考评，对工作开展好的市县和乡村给予适当倾斜;对工作不力,效果不佳的,及时进行督导警示,没有完成年度计划任务的,要相应扣减下年度项目计划。六要努力节省项目建设支出。一事一议财政奖补项目的实施主体是村级组织,在保证项目质量前提下,积极鼓励村级组织对项目招投标采取议标或包工不包料(即"包清工")等办法,千方百计减少费用支出,降低项目建设成本,提高资金使用效益。

(四)发挥平台作用,有效整合其他支农资金。构建平台、整合资源,发挥支农资金整体效益是一事一议财政奖补的一项重要使命。在全国村级公益事业建设一事一议财政奖补工作会议上,财政部领导多次强调,要积极发挥财政奖补的桥梁纽带作用,不断探索一事一议财政奖补的多种实现形式。各级财政预算专项安排一事一议奖补资金是必须的,通过资金整合投入也是必要的。各地要在切实落实奖补资金专项安排的基础上,将一事一议财政奖补资金与新农村建设有关资金有机结合,按照"来源不变、权限不变、分别管理、各记其功"的原则,积极探索支农资金整合的途径和方式。特别是县级要建立统筹机制,加强资金的整合统筹安排,围绕村级公益事业建设项目,以一事一议财政奖补机制为平台,引导来源不同、投向相近、目标相似的相关新农村建设资金,包括美丽乡村建设、千村示范、万村整治工程、农村小型水利设施,以及其他用于村级公益设施建设的专项资金,统筹使用和规模投入。做到"多个渠道进水、一个池子蓄水、一个龙头放水",有效解决村内公益事业投入问题。

(五)完善制度和办法,努力构建一事一议财政奖补长效机制。建立健全奖补制度是做好财政奖补工作的重要保障。首先,要完善一事一议财政奖补资金的分配办法。省级要在总结经验的基础上,按照"鼓励先进,鞭策后进"的原则,进一步调整完善对市县区的奖补办法。这里需要特别指出的是,不能以简单的"三个三分之一"来理解省级财政的奖补政策。省奖补政策明确规定,财政奖补资金比例是项目总投资的三分之二以内,省与地方财政原则上按1∶1分担,但不是绝对的1∶1配套。总的原则是,地方配套越多,省对地方奖补力度越大。其次,要进一步扩大一事一议财政奖补政策的覆盖面。县级在项目选择上要始终坚持三点,一要坚持以公益性、公共性为主,强调受益面广;二要坚持以实体性项目为主,突出"短、平、快"要求,项目投资规模控制在100万元以内;三要以点带面,扩大范围,避免采取"星星点点"办法,一年只有少数几个项目。市县也不能停留在每年只申报省级立项,而是要根据本地实际和资金安排,自主实施范围更广泛、更有特色的地方财政一事一议奖补项目计划,不断推进一事一议财政奖补工作的覆盖面。第三,要建立健全奖补工作程序规范。各地可结合省下发的财政奖补工作规程基本要求,本着规范管理、简便易行的原则,制定切合地方实际的财政奖补工作具体操作办法。第四,要加强一事一议财政奖补工作的宣传。一要树立典型项目,以点带面推进其他村的工作;二要充分利用各类媒体宣传一事一议财政奖补工作;三要在项目完成后竖立一事一议财政奖补项目标志牌。

(在全省村级公益事业建设一事一议财政奖补工作推进会议上的讲话,标题为编者加,2011年12月)

建立奖罚机制 控制医疗费用 完善省级医院财政补偿机制(摘要)

省财政厅副厅长 魏跃华

2011年是全国医改的第三个年头。医改是一项系统工程,需要不断探索、有效推进。其中关键问题之一,是处理好政府财政与医疗卫生机构的关系。

医疗卫生机构总体是三个板块:公共卫生服务机构、基层医疗卫生机构和各类医院。三个板块的性质地位和功能作用都有很大不同,这就决定了财政与各个板块的关系也应当有所不同。在经常性收支问题上,我省医改已明确的财政政策是:公共卫生机构主要是承担政府公共卫生服务职能,实行"收支两条线"。基层医疗机构主要功能是基本医疗服务和部分公共卫生服务,并且全面实行基本药物制度和零差率销售,因此财政总体采取"核定收支,差额补助"办法。

公立医院的情况不同。第一,公立医院集满足各个层次医疗需求于一身,不仅需要承担基本医疗和公共卫生服务,还要满足中高端医疗需求,而满足不同层次的需求所费成本的高低是不一样的,收费政策和标准也不一样。第二,公立医院对基本药物的使用,无论品种还是数量,都只占较小的比例,而且也没有实行零差率销售。第三,财政在公立医院改革上是有限目标,财政的承受能力也有限。医改对增加财政投入呼声很高,财政也在努力增加投入。但不能片面强调财政投入,什么问题都归结为财政投入不足,比如药品、医疗器械及材料的采购底价问题,优化服务流程、方便群众看病问题和医德医风问题,都不简单是一个财政投入问题。总之,在这样的情况下,财政对公立医院既不能实行"收支两条线"的办法,也不宜实行"核定收支、差额补助"的办法,原则上只能采取以服务收费补偿为主、财政定项补助为辅的办法。

目前,省级医院实行以床位定额补助为主的财政定项补助办法。这个办法主要考虑了医院的工作量,有其合理的因素,主要问题是没有与控制医疗费用增长有效结合起来,就是说没有与公益性服务的价格挂上钩。所以,要根据医改政策精神,改进和完善这个办法。

一、基本原则

完善省级医院财政补偿机制,应当遵循以下基本原则:

(一)有利于控制医疗费用相对水平,缓解"看病贵、看病难"。随着就医人数和医疗需求的不断增加和提高,医疗费用的绝对增长是不可避免的。我们的目的是控制医疗费用相对水平的增长。

(二)有利于保护和调动相关各方积极性,促进公立医院改革平稳推进。要保护和调动医疗机构和医务人员改进服务、提高水平的合理正当的积极性,而不是鼓励和放任过度用药、过度检查,谋取不当利益的积极性。同时也要考虑财政承受能力,财政既要量力而行,更应尽力而为。

(三)有利于建立合理有效的财政补助激励约束机制,促进医院提高服务质量,降低服务成本。要以投入换机制,在合理增加财政投入的同时建立激励约束机制,倒逼医院强化内部管理,降低医疗成本,节约费用支出。

二、总体方法

设想的新的财政补偿办法,概括起来说就是:保持一个存量,安排两个增量;建立奖罚机制,控制医疗费用。

(一)保持一个存量,安排两个增量

"保持一个存量",即:省财政2010年对各省级医院的实际补助数额,从2011年起每年总量保持不变,但要拿出(暂扣)其中的30%与医改责任书中次均费用零增长的考核目标相挂钩。之所以保持这个"存量",是为了体现财政对公立医院已经承担的基本医疗和公共卫生服务等公益性服务工作量的基本补助。而之所以从中拿出30%与均次费用零增长挂钩,意图也很明白,就是要约束医院,促使医院控制医疗费用增长。凡是按责任书要求实现次均费用零增长的医院,经考核确认后暂扣的补助资金如数拨还医院。

"安排两个增量":第一个增量是新增床位补助,即从2011年起按各省级医院经核准的新增开放床位数和现行补助定额计算的新增财政补助数额。这主要考虑是病人住院一般是大病,还得上大医院,新增的开放床位多,一般而言医院的工作量就大一些,应当给予合理补偿。但不鼓励扩大一般门诊量,一般患者应更多地分流到社区服务中心就诊,所以我们不考虑门诊人次扩大而增加工作量的因素。

第二个增量是激励奖补资金,即从2011年起按各省级医院报告年度医疗费用水平比基期年度降低幅度和规定方法计算的新增财政补助。这项补助是属于奖励性质的补助,原则上是医院降低费用水平所减少收入的15%左右。

(二)建立奖罚机制,控制医疗费用

所谓"奖",即前述第二个增量(激励奖补)。凡经考核医院做到费用水平下降的,财政按医院降费水平所减少收入的15%奖补。费用水平没有降低的,财政不予奖补。

所谓"罚",即前述床位补助的30%部分(暂扣资金)。凡经考核未完成医改责任书规定目标,即次均费用超过零增长的,作为处罚,这部分补助由财政收回。次均费用零增长,是医院做出承诺、签了"军令状"的,做不到就应该接受处罚。在具体计算时,要兜底算账,即存量补助加上新增床位补助之和的30%。

这个奖罚机制的唯一指向,就是次均费用。希望通过这个机制,建立以结果为导向的财政定项补助制度,倒逼医院控制医疗费用水平。做到零增长甚至有所下降,医院不仅能拿回30%的补助,而且还可以拿到激励奖补资金。反之,两块补助一块也拿不着。

三、几点说明

(一)关于激励奖补比例的合理性问题

把财政补助资金与费用水平下降挂起钩来,是这次完善省级医院财政补偿机制试行办法的亮点、创新点,也是难点所在。

关于这个问题,我们是这样的逻辑思路:

第一,要计算医院降费减收额。次均费用及其降低幅度只是计算的结果,而费用水平降低的结果实际上反映了一年下来医院向患者少收取了多少费用,或者说医院因为让利与民而使自身收入减少了多少。所以,第一步是要把降费减收的数额算出来。

第二,要分析降费减收额对医院的实际利益影响有多大。这一点很关键。从财务角度看,医院的实际利益大体是两块:一是收支结余,二是费用开支。收支结余是医院的"利润",是既得利益。理论上说,如果不能把费用开支水平降下来,收入减少必然压缩收支结余,减少医院既得利益。可见,医院的既得利益不仅与收费水平有关,还与费用开支连在一起。而费用开支的情况比较复杂,有合理的因素,也有不合理的因素,要具体情况具体分析。大家知道,医院的总成本包括固定成本和可变成本两大类成本。在医院规模和人员开支标准基本不变的情况下,固定资产折旧、人员工资、管理费用等固定成本基本不构成对降低收费的直接影响,但其中的管理费用是有潜力可挖的。对降费直接影响的主要是药品、材料耗用等可变成本，这些可变成本大有潜力可挖。主要是两个方面，一是把过度、过量用药用材和各种不必要的检查减下来。什么叫“过度”“过量”“不必要”？医院最清楚，医生最清楚。这方面的因素基本可以归结为医院的主观努力。二是把药品和耗材的采购价格降下来。这方面的因素可能不完全取决于医院的主观努力。总之，无论是可变成本支出还是固定成本支出，现实中都存在着合理和不合理的因素，各大医院节约开支的潜力还是很大的。但到底有多大潜力可挖，这个账财政算不清，也不想算，应当由医院自己去算。财政要解决的首要问题是，用什么样的结果来引导和激励医院去算这个账，去挖掘这个潜力。

第三，要合理确定财政对医院降费减收后的补助水平。医院合理的既得利益应当考虑，因降费而影响的实际利益应当得到合理补偿。关键是财政补助的比例如何确定，能否在财政与医院之间找到一个平衡点。我们的设想是，以医药收入扣除专用材料成本之后的差额占医药收入的比率即边际贡献毛益率为参照，来设定财政补助比例。2009～2010年省级医院的实际边际贡献毛益率在38%左右。考虑到在计算这个边际贡献毛益率时，仅扣除了专用材料成本，其他有关因素没有计算，把这些因素打进去，实际的毛益率可能是在30%左右。更重要的是，医院也应当承担一定的经济责任。否则，把合理和不合理的因素财政全包了，医院就失去压力和动力，改革也就失去意义。所以，我们认为财政平均补一半左右是相对合理的，即财政补助比例拟原则确定为15%。

做这样的安排，从财政方面讲，补助的力度不可谓不大。动态测算，财政激励奖补资金一年将达5000万元左右（相当于医院要降费2个百分点左右）。如果大家能拿到这个5000万元，加上新增床位补助，要比2010年的基数1.7亿元增长30%左右，应该说财政是尽力而为了。从医院方面看，应得的收支结余可以基本保住，合理的开支也能基本满足，又能向老百姓让利2个百分点，为医改作出贡献。

当然，如果医院宁愿放弃财政挂钩的补助而仍然追求高收费、多收费，仍然热衷于开大处方，仍然过度用药用材，那么财政除了不给补助之外也不能把医院怎么样。财政的目标有限，手段也有限。但医院真要这样做，就要考虑你的形象和竞争力，因为你现有的收入中毕竟有很大一块来源于基本医疗服务，来源于普通患者。同时还要讲清楚一点，你可以不要激励奖补，但你如果做不到次均费用零增长，挂钩的30%补助财政仍然全部收回。否则，就不严肃，也不公平。

（二）关于考核数据的真实性问题

上述总体设想看起来挺完美，逻辑也挺严密。但这一切要建立在相关数据必须客观真实的基础上，没有掺假，没有水分。如果这个基础不存在，结果肯定走样。我们主要担心门诊和住院累计人次的统计会有水分。要防止数据“掺水”，我们不可能一家家一笔笔甄别核实，只能再从结果上做文章，即采取对财政激励奖补资金“打折”的办法。大体这样做：允许每年累计人次有一定增长，但必须有一个限度。可以以前几年（如前5年）的平均增长幅度为衡量尺度，如果报告期医院累计人次的增长幅度比前几年平均增长幅度超过较多，除非医院拿得出令人信服的理由和依据（比如经批准的开放床位大幅度增加等），否则就要对激励奖补资金分档打折计算，比如超过平均幅度10%以内的打7折，超过10%以上的打5折。

（三）关于政策性因素调整问题

据说我省次均费用水平高居全国各省之首。究竟是什么因素造成这样的结果，原因是多方面的，但不外乎以下几条：一是药品、器材等采购环节的问题较多（包括明里暗里的回扣之类），导致药品器材购进价格虚高。二是药品销售环节的加成不尽合理，导致药品销价水涨船高。三是开大处方、动不动就挂大瓶、重复检查等过度用药、过度用材，变相多收费。四是管理上的问题，跑冒滴漏等成本支出最终是要转嫁出去的。可能还有群众用药习惯问题。我们的关注点在药品器材的购进价格上。为了控制采购价格，省里建了集中采购平台，买了一批设备，养了一批人，财政也为此花了很大代价。由于集中采购而使医院药品降价较多，影响次均费用水平下降，这主要不是医院努力的结果，医院也没有一分钱成本支出，所以算账时要把这类政策性因素剔除计算。具体计算方法，可以考虑用报告期所有存货成本与基期对比，如果是下降的，按下降比例对降费额作必要扣除。财政按扣除后的余额计算补助。次均费用零增长的考核计算，也应依此办理。

（四）关于考核的基期年度问题

原则上与责任书的有关要求统一起来，即考核费用水平升降的标准是2009年的次均费用实际水平，定比计算。环比的办法不够科学，不尽合理。

（五）关于试行期限

这个新办法是试行办法。期限打算先定两年，即2011～2012年。这主要是考虑新办法中的一些考核挂钩指标的数值，今后会是什么变动趋势，我们还看不准、不托底。或者说，由于存在诸多不确定因素，财政和医院两个方面都可能有风险。先试一两年，探索一番，不行就推倒重来，行的话就延长期限。

（六）关于绩效评价

这个办法如果能够顺利试行，我们准备尝试做一个后评估，也就是绩效评价。现在财政比较重视对各类投资项目的绩效评价，但对一项政策、一个办法或一个制度的执行情况，目前还鲜有绩效评价。在我看来，后者的意义更为重要。可以先在这个办法上做些尝试。初步考虑设置两大评价指标：一是财政医保支出水平，二是医院满意程度。前一个指标用来评价医院得到激励奖补后次均费用有没有真正下降，反映到医保基金上，就是医保中心对医院的单位支付、财政对医保基金的单位支出，有没有真正减少。这是我们评价判断这个办法是否真正有效的最基本、最直接的标准之一。换句话说，就是要看一看财政是不是基本满意。后一个指标用来反映医院对这个办法的总体评价。可以设置"满意"、"基本满意"和"不满意"三个选项，由医院来打勾评判。用这两个指标来做后评估，目的就是为了验证一个结论：是不是同时做到了财政和医院两个基本满意。缺少哪一个基本满意，这个办法就有重大缺陷，就难以持续。

最后，借这个机会对医院总师和财务科长们说几句话。

第一，要发挥好财务部门的独特作用。在一个单位中，财务部门是综合性、专业性兼而有之并且两个性能都很强的部门，是地道的管家部门。这就是财务部门的独特性和重要性，其他部门无可替代。吕省长曾经对财政部门提出"平稳持续健康，支撑保障引导"的十二字要求。我认为，这"十二字"要求同样也适用于医院财务部门。为了医院的平稳、持续和健康发展，财务部门如何发挥支撑、保障和引导的作用？总会计师、财务科长作为医院管家部门的核心人物、领军人物，应当思考好并且回答好这个问题。

第二，既要眼睛向外更要眼睛向内。这虽是老话，但没有过时。比如这次财政补偿机制改革，我们的确是注重从结果上着手来设计制度，但这并不意味着我们忽视了过程。我们很清楚，争取外部支持固然重要，但更为重要的是内部管理，更有创新性挑战性、更加艰苦细致、更要付出心血的工作，实际上都贯穿在内部管理的过程之中。这个过程也就是眼睛向内、苦练内功的过程，是科学管理、精细操作的过程。我们也愿意参与到这个过程，和大家一道动脑子，想办法，出主意，定措施，共同为深化医院改革、强化内部管理做出努力，包括对改善管理在政策上、资金上和服务上给予支持。

第三，要紧密结合实际潜心钻研业务。大医院是专家云集、名医荟萃的地方，是功能齐全、结构复杂的大型组织系统，其财务活动的系统性、复杂性和工作难度不亚于一个大型企业。因此，大医院也应该成为培养顶级财务专家的摇篮。我们很高兴地看到，全省医疗卫生系统出了第一个教授级高级会计师。这说明权威机构对医院财务具有较高专业水平的认可。同时，这既是金玲同志本人的荣光，也是全省医院系统全体财务同仁的荣光。不用说，取得这个成果的背后是勤学善思、刻苦钻研。我们期盼着第二个、第三个甚至更多个正高的诞生，也十分愿意为更多医院财务人才的脱颖而出助上一臂之力。　（在完善省级公立医院财政补偿机制座谈会上的讲话，标题为编者加，2011年2月）

加大筹资力度 强化绩效管理
全力支持保障性安居工程建设（摘要）

省财政厅副厅长　魏跃华

一、2011年以来全省财政支持保障性安居工程建设情况

（一）积极筹措资金，全力支持保障性安居工程建设

认真贯彻执行中央及省有关文件精神，想方设法筹集落实保障性安居工程建设资金。据不完全统计，2011年全省财政部门计划筹集近110亿元资金大力支持保障性安居工程建设，资金来源主要有五类：公共预算安排21.26亿元(包括中央补助5.10亿元)，土地出让收入中计划安排64.30亿元，住房公积金增值收益中计提3.30亿元，地方政府债券资金计划安排13.66亿元，其他资金7.4亿元。

2011年，全省加大公共预算资金投入力度，安排用于各类保障性安居工程资金16.16亿元，比2010年4.60亿元增加11.56亿元，增长2.5倍。同时，还积极争取到中央保障性安居工程资金5.10亿元，比2010年1.99亿元增加3.11亿元，增长1.5倍。今年省财政预算安排各类保障性安居工程资金共4.30亿元，一是年初预算安排保障性住房专项补助资金1.50亿元，新增安排0.86亿元，支持全省公共租赁住房和欠发达地区廉租住房建设；二是安排1.68亿元专项资金，继续实施农村困难家庭危房改造救助政策，支持4.2万户农村低保标准150%以下农村困难家庭危房改造任务；三是安排2598万元专项资金，支持全省国有林场、农场的危旧房改造。

（二）落实财税政策，有力推进保障性安居工程建设

全面落实国家和省有关税费优惠政策，加快推进保障性安居工程建设。廉租住房、城市棚户区改造中的安置住房、经济适用住房以及面向经济适用住房对象供应的公共租赁住房建设用地，按规定免收土地出让收入。认真落实廉租住房、经济适用住房、公共租赁住房以及棚户区改造涉及的营业税、房产税、城镇土地使用税、土地增值税、印花税、契税等税收优惠政策，努力降低保障性安居工程建设和运营成本，切实减轻保障性安居工程建设和运营过程中的经济负担。

（三）强化制度建设，保障资金安全高效运行

保障性安居工程建设规模大、资金投入数量也大，为加强

和规范资金管理，确保资金安全有效使用，近年来，省财政厅会同相关部门先后出台了《浙江省廉租住房保障资金管理实施办法》《浙江省农村困难群众住房救助专项资金管理暂行办法》《浙江省中央补助公共租赁住房专项资金管理实施细则》《浙江省中央补助城市棚户区改造专项资金使用实施细则》等一系列制度、办法。今年又出台了《浙江省省级保障性安居工程专项资金管理办法》，规范资金的使用管理。

同时，认真贯彻执行相关专项资金管理办法，及时拨付资金，加快预算执行进度，大力支持保障性安居工程建设。及时会同相关部门研究建立有效的资金监管机制，切实加强资金的监督管理，实行专款专用，分账核算。

二、下一步工作重点

2011年，国家下达浙江省保障性安居工程目标任务18.5万套，同时，还要实施4.2万户农村困难家庭危旧房改造，住房保障任务艰巨。当前经济形势错综复杂，财政刚性支出需求快速增长，加上财政收入增长的不确定性，财政面临的压力相当大。全省各级财政部门要按照省委、省政府的决策部署，进一步深化思想认识，切实增强紧迫感、责任感和使命感，进一步强化与建设、发改、国土等部门的沟通协调，形成工作合力，进一步优化保障性安居工程建设和管理的长效机制，确保保障性安居工程建设顺利实施，圆满完成我省保障性安居工程建设任务，全面推进惠及全省人民的小康社会建设。

（一）多渠道筹措资金，创新资金投入机制

一是进一步加大政府筹资力度。为确保2011年全省建设目标任务的顺利完成，省财政将优先安排今年地方政府债券资金用于保障性安居工程建设，计划安排13.66亿元，比2010年实际安排数4.6亿元增加9.06亿元，增长2倍。还将预拨明年的省级保障性住房专项补助资金8600万元，进一步加大省级财政支持力度。

各地要根据当地目标任务，将保障性安居工程作为重点项目予以保障，切实加大投入力度，力争比上年实际安排的资金规模有较大幅度增加。应当由地方政府安排的资金不得留有缺口，资金仍有缺口的地区，在按规定程序使用年度超收收入时，要相应增加财政资金投入。要加大土地出让金筹措力度，严格按照国家和省有关规定及时足额计提廉租住房保障资金，特别要按“从土地出让金净收益中提取10%以上或从土地出让金总额中提取2%以上”规定筹足廉租住房保障资金，统筹安排用于公共租赁住房、城市棚户区改造等保障性安居工程建设工程。对于资金需求较大、公共预算难以满足相关资金需求的市县，可以根据当地实际情况，进一步提高土地出让收益用于保障性安居工程建设的比例。对不按规定及时足额提取和使用廉租住房保障资金的市县，省财政不予安排专项补助资金，并将视情在全省范围内进行通报批评。

二是创新财政资金支持方式。各地要积极研究财政资金支持方式，创新运作机制，充分发挥财政资金“四两拨千斤”的作用，拓宽筹资渠道，引导社会力量投入。要积极运用投资补助、财政贴息、资本金注入等方式，制定出台细化的政策措施，充分发挥政策引导作用，鼓励相关企业参与保障性安居工程建设和运营，有力促进全省保障性安居工程建设。

（二）加快预算执行进度，提高保障性住房投资效益

要将各类保障性安居工程补助资金尽快落实到具体项目，按规定及时拨付建设资金，确保建设资金专款专用，严禁截留、挤占、挪用。要定期报送预算执行和工作进展情况，省财政厅将定期通报各地保障性安居工程资金预算执行进度。相关部门要密切配合，积极做好项目前期准备和项目组织实施工作，提高建设项目投资完成率，确保顺利完成全年保障性安居工程建设任务。

（三）强化绩效管理，确保廉洁工程建设

健全保障性安居工程考核机制。年度考核结果与预算安排挂钩，实行“有奖有罚”制度。对于目标任务完成情况较好的地区，省财政给予适当奖励；对于目标任务完成情况较差的地区，核减下一年度专项补助资金。建立完善绩效评价制度。要切实抓好相关政策措施的落实，加强对保障性安居工程资金筹集和使用情况的监督检查，建立健全预算支出动态监控机制，确保每一笔钱都真正用在抒解群众住房困难上，把这项惠民工程真正建成廉洁工程。

（在全省保障性安居工程推进会上的讲话，标题为编者加，2011年9月）

服务中心 注重实效
提高财政部门依法行政依法理财能力（摘要）

省财政厅副厅长 魏跃华

一、充分肯定财政法制工作取得的成绩

（一）大力推动地方财政立法，服务财政中心工作

一是推动并完成《浙江省政府非税收入管理条例》立法工作。随着预算外资金管理模式与方法发生重大改变，政府非

税收入已经逐步取代预算外资金，而且收入规模越来越大，管理中的问题也比较多，需要通过地方立法加以规范。省厅自2005年起大力推进此项工作，但由于涉及部门利益调整、部分领导认识不统一而使立法进程缓慢。为加快进程，省厅主动与省人大法工委、省政府法制办沟通协调，以专报形式向省政府主要领导汇报并取得支持，将该条例列入2010年省人大常委会一类立法计划。2010年8月，省政府第56次常务会议讨论通过了省厅组织起草的《条例(草案)》，12月16日浙江省第十一届人民代表大会常务委员会第二十二次会议审议通过《浙江省政府非税收入管理条例》，自今年1月1日起施行。该《条例》是我省出台的第一部政府非税收入管理的地方性法律，是近年来我省财政立法领域取得的一项重要成果，对于推动我省政府非税收入管理工作的依法全面开展具有十分重大的意义。

二是地方性财政规章立法取得重大突破。为了加强政府投资预算管理，健全政府投资决策机制，提高政府投资效益，防范政府投资债务风险，省厅做好立法方面的组织协调工作，积极推动《浙江省政府投资预算管理办法》出台。该《办法》已经省人民政府第73次常务会议审议通过，并在2011年8月1日开始施行，填补了地方政府在政府投资预算管理立法上的空白。

(二)深化行政执法责任制工作，不断提高全省各级财政部门执法水平

深化行政执法责任制工作，主要从加强制度建设、开展专项检查、强化执法监督等方面加以推动。

一是为贯彻落实国务院《全面推进依法行政实施纲要》，推进“法治浙江”建设，促进依法行政，省厅出台实施了《省财政厅行政执法责任制实施方案》。省厅作为法定行政机关，共有32项主要法律依据；浙江省注册会计师协会作为法律、法规授权的组织，共有3项行政执法主要法律依据。省厅共涉及9项行政许可(包括法律、法规授权的浙江省注册会计师协会1项)；29项行政监管；146项行政处罚；7项行政强制；4项行政确认(登记)；5项行政征收；15项其他具体行政行为。出台《省财政厅依法行政考核办法》，建立健全依法行政考核机制，对厅机关各处室局进行依法行政考核，并将考核结果纳入到厅目标责任制考核中，强化了执法监督。

二是开展规范行政处罚裁量权工作。根据《省政府办公厅关于开展规范行政处罚裁量权工作的通知》的具体要求，结合我省财政执法实际，省厅制定了《浙江省财政行政处罚自由裁量权指导意见》和《浙江省财政行政处罚自由裁量权执行标准》，印发全省财政系统贯彻执行；完成对《政府采购法》等7部法律法规中行政处罚条款的细化和规范工作，并对市县财政部门开展财政行政处罚自由裁量权专题督导检查活动，进一步规范和监督财政执法机构公平、公正、合理行使裁量权。

三是严格执行《行政处罚法》和《行政许可法》，规范财政行政执法和行政许可行为。严格按照《行政处罚法》规定和《浙江省财政行政执法检查和行政处罚实施办法》《浙江省财政厅行政处罚案件会签、备案制度》的具体要求，认真做好财政行政处罚案件的审核会签工作，依法处罚，按法定程序办理。2010年全省财政系统共作出行政处罚决定94起，没有因为行政处罚引起的败诉案件。认真完成财政系统行政许可案卷评查工作。根据省法制办《关于开展行政许可案卷和行政处罚案卷评查工作的通知》要求，牵头组织行政许可事项处室进行自查，专门召集全省财政系统进行评查，进一步规范财政系统行政许可执法行为。

四是强化执法监督，做好行政复议和行政处理案件合法性审核工作。2010年，省厅办理行政复议案件3起，办理行政处理、法规交办件等56件。坚持以事实为依据，以法律为准绳，严格按法定程序办事，与有关处室密切配合，分工合作，具体行政行为没有引起对省厅的诉讼，也没有被法院撤销情况。及时做好行政复议、行政应诉和行政处罚、行政许可报表统计分析报告工作，不断强化财政行政执法监督。

五是加强规范性文件管理。认真做好财政规范性文件审核、会签和报送备案工作，提高规范性文件质量。2010年全年共审核行政规范性文件65件、按规定实行网上报送备案，及时纠正规范性文件存在的各种法律问题，提出针对性修改意见，有效提高了规范性文件的质量。根据省政府办公厅《关于做好规章和规范性文件清理工作的通知》的要求，及时对省政府及省政府办公厅行政规范性文件中涉及本厅职能的文件和财政行政规范性文件进行了认真的清理，提出相关的建议意见。

(三)全面总结验收“五五”普法，财政普法成效显著

经过组织开展考核验收工作，全面总结了财政“五五”普法工作。从总结验收的情况看，财政“五五”普法工作取得了显著成效，主要体现在：

一是加强普法基础“三个重点”建设。加强工作机构的建设，各地都成立了财政法制宣传教育和依法理财领导小组，还建立起财政普法联络员队伍，有力地促进了财政普法信息的传递和交流，从而形成了全省财政系统各司其职、互相协调、上下联动的“五五”普法工作体系；加强普法制度的制定，各地相继出台符合本地实际的普法规划，明确了财政“五五”普法的指导思想、工作目标等，并根据《规划》细化制定各年度的普法工作安排，各地还建立起法律知识考试考核制度、普法联络员工作制度等一系列的普法工作制度，为“五五”普法工作顺

利开展提供了制度保障;加强宣传阵地的建设,各地通过设立固定标牌、悬挂横幅、发放宣传材料等多种形式,扩大宣传面,增强宣传效果。同时,通过刊载财政法制新闻、开展财政法律法规咨询活动等不同形式,将财政普法活动渗透到人们的日常生活中去,提高财政普法的互动性。

二是学法、普法、用法做到"三个突出"。法制学习突出"实",各地落实党组(党委)中心组集体学法制度,每年至少集中学习法律法规知识两次以上。各地扎实深入开展公务员学法活动,如建立了"财税网络学校",并制定《考核办法》,对网络学校的法律学习情况进行阶段性考核和年终考核;组织兼职法制员和普法联络员参加行政诉讼案件审理旁听并组织讨论;出台《干部职工助学奖励办法》,对取得律师资格的公务员给予奖励。

法制宣传突出"新"。各地采取新形式、新载体开展普法宣传:"12366"语音服务已经成为财政普法的强大阵地;在报刊上开设专刊专栏、在电视台开辟"财税之窗"、成立财税服务志愿者组织、开展"财税灯谜有奖竞猜"活动,及时宣传最新财税政策文件,解疑答问;编发财政普法手机短信、编印《财政专项资金管理办法汇编》及《财政惠民政策简明手册》等资料宣传财政惠民政策。

法治实践突出"优"。各级财政部门领导干部和公务员依法行政依法理财的观念明显增强。各项财政管理改革不断推进,预算编制、执行、监督"三位一体"改革不断深化,逐步建立起运行有序、管理规范、约束有力、科学高效的财政运行机制。全社会遵守财政法律法规的自觉性和主动性得到提高,依法行政依法理财的社会环境不断优化。

三是普法实效注重"两个提高"。全面提高了财政干部的法律素质,各地将普法教育内容纳入各年度干部教育培训计划,既对纳入学习范围的法律法规系统全面学习,又对财政工作中涉及较多的法律法规知识重点学习。通过多种形式开展法制培训教育,全系统干部职工的法律素质、执法能力和水平有了显著提高,进一步树立了社会主义法治理念,形成了自觉学法、信法、用法的良好氛围。全面提高了财政管理法治化水平。各地法制建设不断发展,依法行政依法理财的水平日益提高,建立健全了覆盖财政收支各个层面的管理机制,逐步实现财政资金分配的规范化和法治化。同时,无论是加强财政收入管理、优化支出结构、加大财政监督力度,还是实施积极或稳健的财政政策,都严格执行法律规定,运用法律手段,将法治财政贯穿于财政管理的全过程。

我们在肯定成绩的同时,也要正视存在的问题。主要有:财政法律制度建设滞后,与财政事业的改革与发展不相适应;财政执法过程存在着重审批轻监管、重处罚轻引导、重结果轻程序的现象,因违法行政或执法不当所引发的行政复议、诉讼案件,还时有发生;财政法制宣传教育在方式方法上流于形式的多,注重实效的少;部分地方法制工作机构设置和人员配备,还不能满足实际工作的需要,法制队伍的素质特别是专业素质还有待提高。各级财政部门要高度重视这些问题,并在今后的实际工作中加以改进和完善。

二、抓住要点,谋划做好新时期财政法制工作

财政法制工作主要有以下几项:行政处罚案件审核会签,办理财政行政复议和行政诉讼案件应诉;提出财政地方性法规、规章的立法计划建议,组织立法项目的调研起草、审核和上报;参与审核其他部门起草的地方性法规和规章草案中涉及财政税收的条款;负责财政法制宣传教育工作;负责管理和监督使用国家赔偿金;负责规范性文件的审查和报送备案工作;负责财政行政执法监督工作;负责行政许可事项、非行政许可事项的政务公开工作。这些工作除国家赔偿金事项尚未发生外,其他事项的工作量均有大幅提高,2010年一年就有行政处罚决定94起,行政复议案件3起,办理行政处理、法规交办件56件,省级行政规范性文件65件,其他法律咨询、法律调解等事项不计其数。随着我省公共财政改革发展,财政法制工作内容越来越丰富。同时,随着经济社会改革发展,利益格局调整,以及社会公众法治意识提高,外部环境和社会各界对财政部门依法行政依法理财的要求和期望也越来越高。

财政部近日发布的《加快推进财政部门依法行政依法理财的意见》,对财政部门依法行政依法理财工作提出了六大方面30条具体要求。面对如此繁多的工作任务,各级财政部门法制工作者要鼓足干劲,增强信心,抓住要点,寻求突破,实现财政法制工作上新台阶。

(一)加强财政法律制度建设,为财政改革与发展提供强有力的法律支撑和保障

要积极参与国家财政立法工作,将我省在公共财政建设上的成功经验和做法加以提炼和总结,为国家财政立法提供高质量的立法建议,增加国家财政立法中的浙江元素,在公共财政建设中占得先机。

要积极推动地方财政立法工作,加强与有关立法工作机构的沟通,及时汇报财政改革发展形势和相关立法需求,争取各级人大和政府立法工作机构的支持,保证重要的财政立法项目适时列入地方人大及政府立法工作计划。要继续配合做好政府规章《浙江省实施〈政府采购法〉办法》的立法协调工作,争取早日出台。

要加强财政行政规范性文件制定管理。制定对公民、法人或者其他组织的权利义务直接影响的重要规范性文件以及涉及重大财政政策的规范性文件,要公开征求意见,未经公开

征求意见、合法性审查、集体讨论的，不得发布实施。

要加强规章和规范性文件的公开和清理工作。对不符合经济社会发展要求，与上位法相抵触、不一致，或者相互之间不协调的规章和规范性文件，要及时修改或废止。要建立规章和规范性文件清理制度，对规章一般每隔5年、规范性文件每隔2年清理一次，清理结果要向社会公布。

（二）控制和防范财政行政风险，有效应对财政行政复议和行政诉讼，维护财政部门的良好社会形象

行政复议、行政诉讼是行政执法中对公民、法人和其他组织的重要救济渠道。财政行政复议和应诉工作作为财政法制机构的一项重要日常工作，是执法监督的重要内容。财政行政复议和行政诉讼的成败，关系到财政部门的社会形象，也体现财政部门依法行政依法理财的能力和水平，各级财政部门对此要予以高度重视，认真细致地做好行政复议、诉讼过程中的各项工作。

要规范执法监督行为。要严格执行《浙江省财政厅行政复议和应诉工作规程》，统一财政行政复议和应诉法律文书格式。在对具体行政复议案件的审理过程中，要严格履行审理程序，要全面、准确地掌握行政复议、行政应诉和行政处罚、行政许可工作情况，进一步改进和完善财政立法和执法，建立行政复议、行政应诉和行政处罚、行政许可案件统计报告制度，定期进行案件总结分析。

要建立健全考核机制，确保工作实效。要将行政复议、应诉工作纳入目标责任制考核工作中。对发生具体行政行为违法的，或行政复议案件被上级机关依法撤销、变更、责令履行，或当年发生财政行政执法应诉案件被法院判决败诉的，要实行“一票否决”。通过建立健全行政复议应诉的考核机制，有效提高各部门各单位做好应对行政复议应诉工作的积极性、主动性，确保取得实效。

要做到关口前移，实行法制提前介入。法制机构作为部门和领导依法行政方面的参谋、助手和法律顾问，要积极做好知识和信息准备，研究相关法律问题，组织好财政决策、行政执法中合法性论证工作。法制机构在办案中要随时指导办案人员进行调查取证、及时取证、有效取证，达到提高办案质量、缩短办案时间、提高办案效率的目的。

要精心准备，做好答辩出庭工作。在办理行政应诉案件时，各级财政法制部门与业务部门要密切配合、合理分工，搜集具体行政行为证据依据，提交答辩文书，并及时组织法律顾问及其他相关工作人员召开案情讨论会，进行案件分析，精心准备应诉策略与辩论提纲。庭审中，指定具体工作机构作为行政应诉工作的承办机构，具体协调、组织本机关的行政应诉工作，并由有关律师事务所律师、公职律师和具体财政业务娴熟的专业人士作为案件的代理人，根据既定方案做好庭审应对工作，确保应诉工作体现较高水准。另外，还要注重案件剖析，包括年度分析、专题分析和典型案件分析，并有针对性地提出改进和加强财政立法与执法的工作建议，在实际工作中加以纠正，杜绝同类错误再次发生。

（三）推进财政法制工作体系建设，切实提高财政部门依法行政依法理财的能力和水平

要切实加强财政法制机构建设，重视财政法制干部的培养和使用，充分发挥财政法制机构在推进依法行政依法理财方面的组织协调、参谋和督促指导作用，确保依法行政依法理财工作的顺利开展。省厅将针对法制工作中的热点、难点，探索财政系统公职律师队伍建设，有些地方如杭州市、绍兴市已经在做这项工作。我们期望大家共同努力，早日建立起一支全省性的财政系统公职律师队伍，推进依法行政依法理财。

三、注重实效，确保完成财政“六五”普法工作任务

2011年是国家“六五”普法开局之年。这次会议也是财政“六五”普法启动会。加快推进依法行政依法理财，财政立法是前提，财政执法是关键，财政普法是基础。各级财政部门要深刻认识财政“六五”普法工作的重要性，把财政普法放到整个财政工作的全局中来思考、把握和运筹，努力完成财政“六五”普法规划确定的各项目标和任务。

财政“六五”普法规划确定的目标是：紧密结合国家财政改革发展和财政法制建设的新进展、新成果，围绕财政中心工作，通过深入扎实的财政法制宣传教育和法治实践，适应财政改革与发展需要，适应全社会和广大人民群众特别是财政干部和财务会计人员对法律知识特别是财政法律知识的现实需求，进一步增强广大财政干部法治理念和依法行政依法理财能力与水平，进一步增强各级财政部门依法行政依法理财观念和依法管理、服务水平，进一步增强全社会财政法律意识和法制观念，全面推进依法行政依法理财。围绕这一工作目标，我省财政“六五”普法工作主要有以下六项任务：深入学习宣传以宪法为统帅的中国特色社会主义法律体系；深入学习宣传行政法律制度；深入学习宣传财政法律法规和公共财政政策；组织开展财政法制宣传教育和廉政法制宣传教育主题活动；积极推进财政法治文化建设；深入推进依法行政依法理财。

各地要按照财政“六五”普法规划的工作目标和任务，总结和运用“五五”普法的成功经验，以社会主义法治理念为指导，深入开展财政法制宣传教育，确保“六五”普法规划得以全面贯彻实施。在具体工作中，要注意做到“五个结合”：

一是坚持秉承优良传统与不断创新相结合。因地制宜、因时制宜、因人制宜，积极推动工作创新，是法制宣传教育取得实效的关键。当前，随着经济社会发展和科技进步，人们的

思想观念、生活和行为方式都发生了深刻变化，单靠“照本宣科”“传声筒式”“填鸭式”的宣传教育，仅靠传统的方法和手段，很难取得令人满意的效果。这就要求法制宣传教育适应新形势，研究新问题，创造新方法，为法制宣传教育注入新的活力。要大力推动基层普法创新，不断丰富普法工作内容和形式，使法制宣传教育更具时代特点，满足人民群众需要。要在坚持行之有效的传统方法手段的同时，适应新的形势和不同对象的特点，不断创新法制宣传教育的方式方法。特别是要适应信息化迅速发展的新趋势，更加注重运用网络、手机等新兴媒体开展普法工作，努力增强普法工作的吸引力、感染力和影响力。

二是坚持加强配合协调与注重特色相结合。财政普法工作是一项全局性、基础性工程，需要各单位、各部门统一思想，提高认识、胸怀大局、密切配合、分工合作。要在省财政法制宣传教育和依法理财工作领导小组的统一指导下，按业务职责和层级分工，内重组织协调、外重资源整合，建立健全普法工作机制，推动全省各级财政部门形成普法合力，做到全省财政普法工作“一盘棋”。同时，各地也要继续发扬“五五”普法好的工作经验，充分发挥主观能动性，努力形成特色普法基地，让财政普法活动体现本地特色，成为展示工作风采、提升依法理财水平的大舞台。

三是坚持分类指导与突出重点相结合。财政“六五”普法规划根据实际明确提出全省各级财政部门干部、广大财务会计人员、其他财政行政相对人及一切有接受教育能力的公民四类普法对象，要根据不同普法对象的特点，有针对性地确定目标、提出要求，使财政法制宣传教育工作适应形势的变化和发展。同时，更要注意把握重点对象与重点内容，突出做好领导干部学法守法用法工作和重大财政普法活动组织工作，推动普法工作向纵深发展。

四是坚持典型示范与发挥示范效应相结合。各地要注意培养典型，做好典型经验、典型事迹和典型工作成效的宣传工作，同时又要注意充分发挥各类典型的示范作用，通过不断总结经验，进一步探索新时期财政普法工作的特点和规律，并大力推而广之，不断提高工作质量和工作水平。通过典型示范，不断强化正面教育，更加完善新形势下的财政法制宣传教育工作。

五是坚持法制教育与依法为民理财实践相结合。25年的普法历程启示我们，实践是普法最好的试金石。增强财政法制宣传教育的实效，很重要的一条就是将法律运用到解决财政管理中出现的实际问题中去。各地要注意普治结合，进一步完善普法考核制度和考核指标体系，加快推进财政部门依法行政依法理财，全面推进财政管理和各项财政工作的法治化、科学化、精细化，促进经济平稳较快发展。要按照公共财政法律制度，依法为民理财，建设民生财政、法治财政。

（在全省财政法制工作暨“六五”普法启动会上的讲话，标题为编者加，2011年9月）

在省级其他事业单位绩效工资工作会议上的讲话（摘要）

省财政厅副厅长 朱忠明

一、深刻认识省级其他事业单位实施绩效工资的重要意义

1.省级其他事业单位实施绩效工资是规范在职人员收入分配的重要举措

省级事业单位在职人员的津贴补贴水平差别较大。以2008年为例，按原补助方式分类，差额单位津贴补贴水平最高，全额单位次之，自收自支单位最低；按行业性质分类，农口单位和医院最高，文化广电系统较低，高校、科研及机关下属事业单位居中。统计显示，津贴补贴水平在7.8万元以上的单位有68家，在职人员21992人；在3.6万元以下的单位有44家，在职人员9092人，两者的收入水平相差一倍多。其中津贴补贴水平最高与最低的单位差距很大。事业单位职工收入分化现象严重，收入分配秩序失范的问题越来越凸显。为体现社会公平，加强收入分配领域的制度规范，在综合考虑省级事业单位工作人员平均工资水平的基础上，兼顾了公务员规范后的津贴补贴水平，最终以全额事业单位在职人员平均工资水平6万元作为绩效工资总水平和调控基准线，结合单位分类性质、财政保障力度等因素，建立限高、稳中、托低的绩效工资制度。对高收入的单位，规定一定的浮动比例和征收调节金双重措施进行规范；对低收入单位，确定托低线，并对困难单位给予财政补助，使事业单位职工的收入稳定在一个合理、恰当的水平。这是调整省级事业单位在职人员收入分配关系的重大举措，涉及最广大事业单位职工的切身利益，比先期实施的义务教育教师绩效工资等工作更系统、更复杂、更艰巨。

2.省级其他事业单位实施绩效工资是提高事业退休人员待遇水平的重要政策

2003年以后，国家和省对事业单位退休人员的待遇政策一直未作调整。近年来，随着企业退休人员养老金的提高，事业退休待遇与企业退休金已渐渐接近，甚至低于企业退休金

水平。以2008年为例，省级事业退休人员生活补贴的平均水平为1.2万多元，很多单位只有几千元，有的单位几乎没有给过退休人员生活补贴。退休人员待遇不到在职人员津贴补贴水平的1/3，对此，退休人员反响强烈。为缓解社会矛盾，协调平衡好退休人员与在职人员的收入分配关系，促进和谐社会建设，省政府要求，今后退休人员不论在什么行业、什么单位，待遇水平要大体相同，并达到在职人员平均津贴补贴水平的60%，并为将来出台事业单位养老保险制度做好衔接和准备。按在职人员平均水平6万元的60%计算即3.6万元，与退休人员原补贴水平比，提高幅度较大。因此，这次出台的事业单位绩效工资政策，也是提高退休人员待遇水平的重要政策。这样的制度安排，是让退休人员也能分享到改革开放的发展成果，充分体现了省委、省政府对事业退休人员的关怀。

二、省级其他事业单位实施绩效工资的经费保障政策

按照省政府规定的其他事业单位实施绩效工资所需经费的保障原则，经过详细测算和研究，制定了对各类人员实施绩效工资或提高待遇水平的经费保障政策，主要内容说明如下。

1.对在职人员实施绩效工资的经费保障

对事业在职人员，按照单位分类性质、津贴补贴水平和财政保障力度等因素，分类建立限高、稳中、托低的绩效工资制度。相应地，也按此要求建立经费保障机制：对财政保障比例为100%的单位，只允许按基准线水平发放，所需经费全部由省财政安排；对财政保障比例50%（含）以上的单位，允许按基准线水平的30%比例为浮动；对财政保障比例50%以下的单位，允许按基准线水平50%比例内浮动。对后两类单位，正常经费财政补助基数维持不变；实际发放水平若超出规定的浮动比例，将按超出基准线额度的100%比例征收调节金。对于低于基准线水平的财政补助单位，要确保其基础性绩效工资的发放，由此增加的经费，按财政保障比例分别由单位和省财政分担。

省属非义务教育学校绩效工资政策参照义务教育学校实施绩效工资的相关政策执行，经费保障按生均定额等原经费投入政策执行。

以规费收入支撑单位运行和执行收支两条线管理的单位参照财政补助单位的政策执行。其他经费自理单位在职人员绩效工资不作相关的调控，财政也不予托低补助。

需要说明的是，这里所说的关于财政保障力度，需以两个指标来综合反映：一是事业单位当年财政补助收入占其全部收入的比重；二是事业单位当年财政补助基本支出占全口径基本支出的比重。多数事业单位这两个指标值非常接近，但也有部分单位会有高低差距，如有差距，由财政部门分析判断后确定综合比例，作为该单位的财政保障比例。

2.对退休人员提高待遇水平的经费保障

根据省政府的决策，对退休人员的生活补贴水平确定为在职基准线的60%即3.6万元。根据目前退休人员的生活补贴水平，每人每年平均需增资2万多元。省级事业退休人员3.5万多人，仅这一项需要增加支出7亿多元。为保障事业单位退休人员生活补贴政策落实到位，省财政拟采用“花钱买机制”的办法，建立在职人员与退休人员的联动机制和措施，切实保障提高事业退休人员待遇的经费需要。

总的原则是，事业单位在职人员绩效工资发放水平较高的，退休人员提高待遇经费由单位负责；事业单位在职人员绩效工资发放水平较低的，退休人员增加补贴所需经费，按财政保障比例给予补助。经费自理事业的退休人员增加补贴先由单位和社保基金承担，确有困难的单位，财政再视具体情况给予部分社保基金统筹外的补贴，改制单位退休人员提高待遇经费按原渠道解决。

三、对组织实施和单位财务管理工作的要求

各主管部门要按照会议要求，准确领会政策，认真组织行业事业单位绩效工资的实施工作，结合本行业特点制定绩效考核指导意见，加强对事业单位内部考核的管理和指导，把事业单位奖励性绩效工资与绩效考核结果挂钩，进一步发挥绩效工资分配的激励导向作用，引导事业单位不断提高社会公益服务水平。对本系统、本行业事业单位实施绩效工资、提高退休人员生活补贴所需经费保障筹措要进行指导和适度平衡，缩小行业内职工绩效工资水平的差距，规范收入管理和经费渠道。

各事业单位要在主管部门的指导下，做好本单位的调查研究，广泛征求职工意见，统筹考虑离退休人员待遇和各方面的经费来源，制定合理可行的绩效工资发放水平和内部分配办法，采取灵活多样的分配方式，鼓励工作人员多干事业，多做实绩。同时，要按规定管理财政补助收入、事业收入、预算收入、国有资产处置或经营收入等各类收入来源，应上缴财政的要按收益收缴等制度规定及时足额上缴国库或财政专户，用于实施绩效工资和提高退休人员待遇水平的经费筹措须合理、规范。符合财政补助条件的，也要同步考虑自身收入来源和补助比例档次，提出经费筹措方案和补助申请，连同绩效工资方案一起报主管部门和人事、财政部门审核、审定。

实施绩效工资后，单位不得在绩效工资外自行发放任何津贴补贴或奖金，不得违反规定的程序和办法进行其他收入分配。我们将定期不定期地进行津贴补贴发放情况的抽查和单位财务的审计工作，确保绩效工资政策的规范实施。

（2011年7月）

设立专项资金 加大支持力度 加快推进全省农家书屋工程建设（摘要）

省财政厅副厅长 朱忠明

根据国家的统一部署，省委、省政府决定以现有村文化活动室等农村文化资源为基础，在全省推进农家书屋工程建设。为此，2010年12月，省新闻出版局、省财政厅等部门印发了《关于加快推进我省农家书屋工程建设的意见》，全面启动了该项工程。经过半年多的努力，浙江省农家书屋的覆盖面越来越广，已初步形成了有活力、可持续，具有浙江特色的农家书屋网络。

一、统一思想，充分认识农家书屋工程的重要意义

农家书屋工程是国家实施的五大重点文化惠民工程之一，是农村公共文化服务体系的重要组成部分，是为满足农村文化需要，在行政村建设、农民自己管理、能提供农民实用的书籍报刊和音像电子阅读视听条件下的公益性文化服务设施，是新时期新农村建设的“民心工程”“德政工程”。全省各级财政部门要深刻认识支持农家书屋工程建设的重要性，切实增强工作的责任感和紧迫感，牢牢把握农家书屋工程建设的新机遇，积极保障农家书屋建设的各项需求。

一是提高农村基层党组织执政能力的需要。在新形势下，加强农村基层党组织建设，需要为农村基层组织提供学习环境和基础条件，促进基层组织队伍优化知识结构，提高综合素质，增强工作能力。

二是推进社会主义新农村建设的需要。由于文化水平落后、价值观念落后、劳动者素质不高，影响了农村的改革和发展，只有促进广大农民加强文化学习、提高自身素质，成为有文化、懂技术、会经营的新型农民，社会主义新农村建设才具有坚实的基础。

三是健全农村公共文化服务体系的需要。努力满足农民的精神文化需求，推动农村公共文化服务均等化，是各级政府的重要任务，也是财政部门的重要使命所在。要像当年支持广播电视村村通工程和实施文化“三送下乡”工程那样，把农家书屋工程摆上重要议事日程，积极创造条件，从根本上解决广大农民群众借书难、看书难、看报难等问题，提高农民群众的谋生技能和文化素质，用先进的文化产品和思想占领农村文化阵地。

二、加大投入，明确农家书屋工程建设的财政政策

按照国家关于农家书屋工程的有关要求和验收标准，加快推进此项工程，必须明确各级政府的职责，确立省、市、县各级财政支持工程建设的资金保障机制，以及加强资源综合利用和优化整合的政策措施。省财政资金主要向欠发达地区倾斜，并建立对工程建设先进地区的激励机制。

一是加大省财政支持力度。从2007年开始，省财政每年安排1100万元，实际累计安排5525万元，用于村文化活动室建设。在此基础上，省政府决定，今、明两年，省财政设立农家书屋工程建设专项资金，共计安排近1亿元。其中新增投入5000万元，支持省新闻出版局牵头组织实施农家书屋工程，对未达标的书屋进行规范达标，对未启动建设的地区与文化资金共同使用，加快建设进程；持续安排村文化活动器材购置资金4000多万元，作为农家书屋工程建设专项资金的重要组成部分，由省文化厅组织对未完成村文化活动室建设的地区和行政村，按农家书屋的建设标准进行拼盘建设，同步达标。希望通过省级财政资金的投入和引导，进一步激发市、县的工作热情，加快推进该工程建设。

二是加大现有文化资源整合。为切实提高财政资金使用效益，提高农村文化资源的综合利用绩效，农家书屋工程的推进必须充分立足我省农村文化设施建设的实际情况，充分整合利用现有的文化资源，具体工作中要做到“四个结合”：农家书屋工程建设与新农村建设相结合，与党的基层政权组织（党员活动场所）建设相结合，与村文化活动室建设相结合，与文化资源信息共享工程建设相结合。市县财政部门要注意新增资金投入与原有的文化资金、文化项目紧密结合，未启动农家书屋工程建设的地区特别要注意集中精力、财力，整合资金、资源，加快建设，和其他地区一起共同完成国家和省委、省政府交给我们的光荣任务。

三是加大对欠发达地区的倾斜扶持。农村公共文化服务体系建设推进的重点和难点在于欠发达地区。从农家书屋建设的统计情况看，发达地区完成情况较好，其中杭州、宁波、嘉兴和舟山地区已基本实现全覆盖，湖州、绍兴地区已达到70%以上的覆盖面，金华地区正在加快推进，而丽水、台州、衢州、温州地区起步较迟，建设速度较慢。针对上述实际情况，省财政资金主要对欠发达的一类三档地区进行倾斜支持：一类一档地区的农家书屋建设成本主要由省财政承担；一类二档地区由省和市县各半承担；一类三档地区省财政给予适当补助，由市县财政为主承担。

四是建立对先进地区的激励机制。经济较发达的二类地区各市县，多数已完成农家书屋工程的建设任务，未完成地区新建农家书屋的建设资金与未达标农家书屋的达标经费由市县财政自筹。为了体现对工作先进、完成任务较快、农家书屋效益显著地区的表彰和鼓励，省财政将与省新闻出版局、省文化厅共同建立对自筹建设已达标地区的激励机制，结合中央的奖励资金对先进地区和行政村给予一定的奖励性补助。

三、强化管理，切实提高财政资金使用绩效

一是要规范财政专项资金管理。为切实加强和规范农家书屋工程财政专项资金的管理，提高资金使用效益，省财政厅、省新闻出版局和省文化厅制定了《浙江省农家书屋工程建设专项资金管理办法》，对省级农家书屋建设专项资金的使用范围、支出重点、申报审批程序等作了明确规定。各级财政部门要会同新闻出版行政管理部门建立市、县财政专项资金使用管理制度，切实加强对农家书屋建设资金的管理，建立和完善督查与考评机制，财政资金用到哪里，监督就要跟到哪里。农家书屋所配置的图书、音像制品及相关器材设施必须纳入政府采购，按规范程序配备，切实提高财政资金的使用效益。

二是要加强运行管理制度建设。农家书屋的建设内容要突出农民群众的需求和特色，体现实用性，这是书屋长效运行和持久发展的前提条件。书屋建成后的运行和服务由行政村自我管理、自我负责，因此在建设期就要同步考虑管理、运行与服务的规章制度建设，为书屋规范运行提供制度保障。市、县财政部门要积极配合相关主管部门负责建成后农家书屋图书资源的更新配置、设施维护及运行管理；省财政将有力配合相关部门对农家书屋运行管理的督导、检查，促进各地深入探索农家书屋健康运行的长效机制，使农家书屋保持长久活力，真正发挥其在农村文化建设中新抓手的作用，在农村精神文明建设中主阵地的作用。

（在全省农家书屋工程建设工作现场推进会上的讲话，标题为编者加，2011年8月）

以财税文化建设为统领
不断推进财政组织体系和干部队伍建设（摘要）

省财政厅副厅长 朱忠明

一、近两年来财政干部人事工作回顾

（一）财税文化建设深入开展

2008年12月，厅党组出台意见，决定在全省财政地税系统中广泛开展财税文化建设活动，各地以丰富多彩的财税文化活动为载体，积极开展“六大平台”建设，使财税核心价值理念深入人心。

1.财税文化建设载体丰富多彩

财税文化是财税干部职工在财税工作实践中长期积累，逐步发展形成的以价值取向、财税精神和理念、职业操守及行为准则等为主要内容的具有财税工作特色的思想体系，是指导财税系统思想建设、业务建设、组织建设、作风建设和党风廉政建设等各方面工作的核心理念，是全省各级财政地税部门共同认可、共同遵守、共同维护的价值体系和精神财富。近两年多来，全省财政系统紧密结合学习实践科学发展观活动，依托学习平台、制度平台、情感平台、激励平台、宣传平台和活动平台等六大平台，积极开展形式多样、内容丰富的文化建设活动。一是以财税文化核心价值为指导，创新财政管理。如创新“三位一体”财政组织体系，构建公共财政管理新框架；推出浙江财税12366语音特服系统，提升财税服务形象和服务质量；创造性地提出“专项性一般转移支付”，不断完善转移支付制度，提升财政管理水平。二是在系统内开展了创先争优活动。以沈浩同志为榜样，掀起以“学先进、讲责任、比贡献”为主题的学习先进、争做优秀财政干部的高潮，组织系统开展评选全国和全省财政系统先进集体、先进工作者的活动。推荐全国财政系统先进集体2个、先进工作者2名，评选全省财政系统先进集体22个、先进工作者21名，并通过《浙江日报》和《浙江财税与会计》等媒体大力宣传全国和全省财政系统先进集体、先进工作者的事迹，组织先进集体和先进个人开展专题研讨活动，弘扬先进、树立典型。三是成功举办了全省财政地税系统第三届文艺调演和第七届运动会，丰富了系统干部职工的文化生活。

各市县区财政局结合创先争优活动和各地工作实际，积极创新和探索财税文化建设载体，开展了丰富多彩的财税文化建设活动，如杭州市财政局坚持教育引导，提升执业意识；坚持制度约束，培养职业操守；坚持文化熏陶，注重人文关怀。金华市财政局将财政中心工作和财税文化建设有机结合，通过出台财税文化建设考评激励办法，通过考评激发内在动力，以活动凝聚文化力量。舟山市财政局坚持以师带徒，传承财税文化，以文化促进干部队伍建设。青田县财政局在财税文化建设过程中，坚持把“人”放在最突出的位置，全力做好关注人、尊重人、培养人、发展人的文章，共建和谐家园。余杭区财政局创新管理模式，对重点工作和创新工作实行项目化管理。

2.财税核心价值理念深入人心

财税文化建设的关键和目标，是要通过各种活动的开展，使财税核心价值理念深入到每个财政干部心中，成为其做好财政工作的指引。2008年以来，通过丰富多彩的财税文化建设活动，“依法治税、为民理财、务实创新、廉洁高效”，“实、稳、优”三字诀等财税文化建设核心理念和精神深入人心，五种文化形态和“六大平台”建设初成体系，厅党组提出的加强“三基”建设、“五财并举”等财政工作理念内化为每位财政干部的自觉行动，有力地促进了财税干部队伍“软实力”的提升，为财税各项工作任务的圆满完成注入了强大的活力和动力。如永康市财政局通过对涵盖各种关系的文化理念的倡导和规范，使“对上以敬、对下以爱、对己以严、对人以和、对事以真”的“五对文化”形成全局上下精神层面上的依据和共识。

(二)组织体系建设稳步推进

为推进“三个子”公共财政改革，适应经济社会的发展需要，我省启动了“三位一体”组织体系构建和乡镇财政管理体制改革，有力地推动了我省公共财政管理体制建设的进一步深化和完善。

1.构建“三位一体”组织体系

2009年10月，按照“三个子”和“三位一体”的改革思路，省政府批复了省财政厅的“三定方案”，对职责定位、内设机构和人员编制做了重新规定，强化了预算编制、执行、监督的职责，增加了复式预算编制和管理职责，凸显了总预算局、预算执行局、财政监督局分别牵头预算编制、执行和监督的职责。据此，省厅通过对内设机构、工作职责和人员配备进行明确、调整，初步搭建了预算编制、执行、监督相互分离、相互制衡，又相互联系、互为循环的“三位一体”财政组织体系。为使预算执行局的龙头作用得到较好的体现，省厅对承担预算执行职能的预算执行局、国库支付处和会计核算中心等三个部门实行一体化管理，把机构职能、岗位设置、人员配置进行统一的考虑和安排，归并了预算执行的职能，简化了预算执行的业务流程，以整合资源、减少环节、提高效率，实行扁平化管理。2010年7月，预算编制中心经省编委正式批复成立，为承担行政职能的事业单位；2011年1月，经省公务员局批准，预算编制中心为参照公务员法管理的事业单位。目前，总预算局、地方预算处和预算编制中心的一体化运作也已经启动。为进一步强化总预算局、预算执行局、财政监督局的牵头协调作用，2011年7月，三个局局长高配为副厅级已经省编委批复同意。

2010年8月，省政府出台了关于加快推进公共财政管理改革的意见，提出“创新财政预算管理方式，建立与财政‘三位一体’改革相适应的组织管理框架”，要求“各地要按公共财政新运行机制的要求，创新组织架构设置，加快推进预算编制、执行、监督‘三位一体’组织体系改革，为进一步推进‘三个子’公共财政管理改革提供强有力的组织保障。”在省厅的积极推动和各市县区财政部门的努力下，截至目前，已有37个市县区财政局搭建了“三位一体”组织机构，其中，26个市县区财政局的预算局、预算执行局、财政监督局局长高配。已经批复的市县区财政局机构改革方案中，三个局和其他内设机构的设置基本上与省厅相衔接，预算编制、执行、监督组织框架的“三只脚”即预算编制中心、会计核算中心、财政项目预算审核中心也基本同步到位。

2.加强乡镇财政建设

近几年来，在乡镇财政收支规模不断扩大的同时，乡镇财政管理工作有所弱化。存在的主要问题是：管理机构和人员力量薄弱、管理方式上存在部门化倾向、资金监管职能难以发挥。为夯实基层财政管理，切实加强乡镇财政建设，根据新“三定”规定，省厅成立了基层财政管理处(挂省农村综合改革办公室牌子)，指导乡镇财政工作，研究制定乡镇财政管理政策。各市县区财政部门也在积极采取措施，加强乡镇财政管理。上年以来，已有嘉善、仙居、东阳、文成、柯城区、衢江区、开化等7个县(市、区)新设立乡镇财政所或乡镇财政办；嘉兴市财政局单独设立基层财政处，嘉善、东阳、淳安、诸暨、磐安、泰顺、苍南等7个县(市)财政局设立了乡镇财政科，并已有效开展了工作。

针对当前乡镇财政管理中存在的机构和人员力量薄弱问题，7月15日，省政府下发了《关于进一步加强乡镇财政建设的通知》(浙政发〔2011〕52号)，对乡镇财政管理职能和工作任务作出了明确界定，对设立乡镇财政机构和县对乡镇财政管理方式作了总体要求。8月24日，钱厅长召集厅机关12个处室就贯彻落实省政府52号文件、切实抓好乡镇财政管理工作进行了专题研究和部署安排。

(三)干部队伍建设成效明显

干部成长成才，是干部队伍建设的主要内容，是发挥财政部门“五财”职能的重要保障。近两年来，全省财政系统结合干部队伍建设实际，积极探索干部成长规律，努力拓宽干部培养锻炼渠道，加强干部教育培训，促进干部成长成才，取得了良好的成效。

1.年轻干部培养锻炼渠道不断拓宽

厅党组对年轻干部的培养锻炼工作非常重视，2008年出台了进一步加强年轻干部培养锻炼实施办法，提出要采取学习培训、青年论坛、基层锻炼、下派锻炼、外派锻炼、上挂锻炼、交流锻炼和以师带徒等方式对年轻干部进行培养锻炼。厅主要领导多次强调：年轻干部的健康成长是财政事业后继有人的保证，确保年轻干部的健康成长是干部队伍建设的一项重要任务，是人事部门应该认真思考的问题。近两年来，组织部门对干部基层工作经历越来越重视，在去年省委组织部公开选拔省级机关处级领导干部时，对各个职位均设置了具有两年以上基层工作经历的资格条件。在这样的背景下，厅长办公会议专门研究了年轻干部基层锻炼事宜，提出要加大年轻干部的基层锻炼力度，根据岗位需求与实践锻炼的工作内容相对口的原则，多渠道安排缺乏基层工作经历的干部到基层财政部门、专业对口部门或省委组织部定点的实践锻炼基地进行锻炼。2011年8月份，省厅在已有13名干部在外面锻炼的基础上，又选派了6名科级干部挂职锻炼，根据基层锻炼与实际工作相结合的原则，除1名干部到省委组织部确定的定点实践锻炼基地外，首次选派5名干部到医院、高校和事务所等专业对口部门挂职锻炼，做到学习锻炼与业务工作的有机衔接。此外，省厅今年还安排了2名基层财政部门的干部到业务处室挂职。

在系统人才队伍建设方面，主要是通过全系统专业人才库建设，选拔优秀人才克难攻坚，并带动全省系统财政干部提升专业化水平，夯实科学化、精细化的专业化基础，培养一批专业人才骨干和职业权威。目前已经成立了"预算编制""预算执行""信息化管理"等5个专业人才库，选拔了270名优秀人才入库，并开展了多次人才库专题研讨活动，正在逐步发挥人才库"打造职业权威、引领队伍提升专业素养、解决实际问题"的作用。各市县区财政部门也积极开动脑筋，加强年轻干部的培养锻炼工作，如杭州市财政局通过设立"首问责任官""分局局长助理"等虚拟职位为年轻干部的成长搭建平台。绍兴市财政局积极推荐工作表现好、有发展潜质的干部到乡(镇、村)、大中型企业、市重点工程和窗口单位进行挂职锻炼，并建立优秀年轻干部人才库，实行定向重点培养。

2.教育培训工作取得新进展

近两年来，除完成省委组织部、省人力社保厅的规定动作外，省厅在教育培训工作上进行了一些有益的探索。一是制定了《厅机关处室局培训工作量化考核细则》，促进培训班主办单位明确培训目标、做足培训准备、评价培训效果，落实提高培训实际效果的各项措施。二是在"处长讲坛"的基础上扩大参与面，组织以"展示·交流·提升"为主题的"财政干部讲坛"，既给听课人员创造了学习财政业务的机会，也让讲课干部有了展示自我的平台。三是开展新进人员"入门教育"，建立"以师带徒"制度，明确师傅和徒弟在传承财税优良传统中的职责。

在系统干部教育培训工作的指导与服务方面，一是以五年规划为主线，推进"以能力提升为核心的分层次、分专业岗位培训"；二是举办培训管理者培训班提高培训管理者的整体水平；三是创造条件，为市县提供力所能及的优质服务。鉴于市县财政干部教育培训专业人员稀少、人员变动频繁、优质资源缺乏的实际，通过做精做细，着力提高师资库、观摩、评比三项常规工作的实际效果为市县服务。

全省财政系统贯彻落实中央"大规模培训干部，大幅度提高素质"的要求，努力做好干部教育培训工作。与财政改革和干部队伍需求相适应，全省财政系统保持着不小的培训规模。以2010年为例，全省财政系统共举办培训班1328期，培训财政干部和系统外财政业务相关人员52397人次，面向系统外培训班811期，培训学员49970人次。通过这些培训，有力地推动了财政各项改革的顺利进行。在一定培训规模的基础上，近几年来，各级财政部门积极创新，着力提升教育培训的实际效果。台州市财政局认真研究新任公务员群体的特点，采取"三明""三分"的措施，即对象明、目标明、岗位明，分层次、分类别、分需求，有针对性地开展新任公务员的初任培训。绍兴市财政局着力抓好地区财政干部大规模业务轮训工作，强调事前规划、事中控制、事后评估，提升培训实际效果。衢州市财政局组织财政干部讲坛，桐庐县、建德市财政局跨单位联合办班，温州财校加强师资队伍建设等，都取得了良好的实际效果。

二、扎实推进"十二五"期间财政系统干部人事工作

在庆祝中国共产党建党90周年大会上，胡锦涛总书记发表了重要讲话，总结回顾了建党90周年来团结带领人民完成和推进的"三件大事"，取得革命、建设、改革的"三大成就"，产生了毛泽东思想和中国特色社会主义理论体系"两大理论成果"；深刻分析了党面临的"四大考验"和"四种危险"，提出了"五个必须"：必须坚持解放思想、实事求是、与时俱进，大力推进马克思主义中国化时代化大众化，提高全党思想政治水平；必须坚持五湖四海、任人唯贤，坚持德才兼备、以德为先用人标准，把各方面优秀人才集聚到党和国家事业中来；必须坚持以人为本、执政为民理念，牢固树立马克思主义群众观点、自觉贯彻党的群众路线，始终保持党同人民群众的血肉联系；必须坚持标本兼治、综合治理、惩防并举、注重预防的方针，深入开展党风廉政建设和反腐败斗争，始终保持马克思主义政党的先进性和纯洁性；必须坚持用制度管权管事管人，健全民主集中制，不断推进党的建设制度化、规范化、程序化。"七一"重要讲话以很长的篇幅阐述人才队伍建设工作，充分体现了党对干部和人才工作的重视，是新形势下对干部队伍建设和人才强国战略的纲领性要求。近日，胡锦涛总书记为全国干部培训科学发展观主题案例教材作的《序言》中强调，要坚持用邓小平理论、"三个代表"重要思想和科学发展观教育和武装

干部,加快建设马克思主义学习型政党,培养造就善于推动科学发展、促进社会和谐的高素质干部队伍。胡锦涛总书记的“七一”讲话和《序言》中的要求针对性很强,对做好新形势下财政系统干部人事工作具有非常重要的指导意义。

2011年7月底,财政部在黑龙江召开了全国财政系统人事教育工作会议,强调随着财政系统干部队伍建设面临的形势和工作任务不断地发展变化,要充分利用党和组织赋予的人力资源、组织资源、制度保障和工作机制等资本和要素,不断对人事教育工作进行改革创新,把优秀人才集聚到财政事业中来,合理使用起来,不断培养造就大量应用型、复合型、创新型的优秀人才,让优秀人才脱颖而出、充分施展才华,让财政事业后继有人。

“十二五”期间,浙江省财政形势既有战略机遇,又面临重大挑战。一方面国内外宏观环境和我省自身经济形势总体向好,预期全省财政将继续保持良好运行态势,另一方面随着经济社会发展步入新的阶段,财政面临的困难和问题仍然不少。在收入上,不确定因素增加,可持续增长将面临更大挑战。在支出上,各种增支因素叠加,财政支出压力难以在短期内消化。在管理上,一些体制机制性障碍尚未完全突破,支撑“三个子”运行的“三位一体”组织体系改革尚在进行中,机构设置、干部队伍建设有待进一步完善和加强。在这样的背景下,全省财政系统人事部门要群策群力,认真学习贯彻胡锦涛总书记“七一”讲话,坚持把干部的德放在首要位置,形成以德修身、以德服众、以德领才、以德润才、德才兼备的用人导向;要按照全国财政系统人事教育工作会议的部署,以改革创新精神做好干部人事工作;要以财税文化建设为统领,进一步强化财税核心价值理念,不断推进财政组织体系和干部队伍建设,为“三基五财”财政工作思路提供组织保障和人力支撑。

(一)深化财税文化建设,进一步强化财税核心理念

2011年8月份,省厅人事处联合杭州市财政局、舟山市财政局和义乌市财政局做了个问卷调查,对财政干部的职业满意度、敬业度和工作激情等情况进行调研。调研的结果不是很乐观,财政干部的职业满意度不高,敬业度和工作激情也相对偏低。因此,如何通过财税文化建设对财政干部进行世界观、人生观、价值观的教育,提高其思想政治素质和职业道德意识,使财政干部深刻理解和把握以“为人民服务”为核心的行政职业道德要求,进一步强化财税核心价值理念是我们人事部门应该着重思考的问题。

1.以财税文化建设统领干部队伍建设

要努力把财税文化建设与财政业务工作、干部队伍建设紧密结合起来,形成合力,把财政业务工作和干部队伍建设的实践作为培育文化的基础和动力。财税文化建设要在财政业务工作和干部队伍建设的实践中不断探索、逐步形成,同时反过来引领业务工作和干部队伍建设不断深化。要充分发挥其在财政业务工作和干部队伍建设中的导向、凝聚和激励功能,使财税文化建设和财政业务建设、干部队伍建设互相促进、共同发展。要通过财税文化建设牢固树立干部队伍的理想信念和从政道德,使财政干部不断增强大局意识,能始终做到在大局下考虑问题,谋划工作。要大力加强财政系统先进集体和先进个人的宣传工作,注重弘扬和丰富先进财税文化,以先进文化引领人、感召人、凝聚人、激励人,让广大财政干部始终以饱满的热情投身工作,对照先进找差距,永葆蓬勃朝气、昂扬锐气和浩然正气,努力争创一流业绩。

2.建立财税文化建设长效机制

深化财税文化建设是一项系统工程,是一个长期、渐进的过程,需要整体规划、分布实施,长期培养、坚持不懈,潜移默化、持续推进。一是进一步完善财税文化建设的制度和规则。以制度和规则来保证财税文化建设的持续发展,确立干部队伍的行为规范。二是通过各种活动和外部视觉表现来体现财税文化,使财税文化常建常新,深入人心,真正做到“内化于心,外化于行”,成为每个财政人的自觉行动。三是坚持整体规划,个性发展,体现财税特色、地域特征、阶段特点,大力推进“六大平台”建设,努力创建学习、服务、管理、发展、廉政、形象等财税文化建设品牌。

(二)围绕“三基”建设,不断提升财政组织绩效

任何一个管理体制的有效运行,都必须有一套规范合理、结构严谨的组织体系。推进“三位一体”财政组织体系改革,完善乡镇财政管理机构,健全公共财政组织体系,不断提升财政组织绩效,是加快我省公共财政管理体制改革的重要保障。

1.全面推进“三位一体”财政组织体系改革

我们在调研中发现,有些市县对“三位一体”组织体系改革于财政管理全局的意义,认识不是很深刻、不是很到位,一定程度上影响了改革推进的积极性和改革的进一步深化。“三位一体”组织体系改革不仅是推进“三个子”财政管理模式改革,实现财政科学化、精细化管理的必然要求,也是当前财政干部队伍建设的一大创新和有效抓手。各地财政部门要利用这次政府机构改革的契机,全面推进“三位一体”组织体系改革。通过组织机构再造,提升财政部门的组织效能,更好地发挥市县预算编制、执行、监督的公共财政职能。同时,通过上下联动,加强省、市、县各条线的纵向管理和交流,使全省财政系统的组织效能得到充分发挥。机构改革方案还没批下来的,要充分发挥自身的优势,积极向当地党政主要领导汇报财政机构改革的重要性和必要性,争取他们的支持;在方案制订

过程中，要加强与当地组织部门、人事部门和机构编制部门的沟通联系，争取他们的认可和支持，争取“三位一体”组织体系改革方案早日获批；机构改革方案已经批准的，要梳理职能，重塑流程，建立健全运行机制，切实发挥“三位一体”组织体系的效能。各级财政人教部门要注重上下左右的信息沟通，及时进行信息反馈，在改革过程中碰到的问题和困难请及时反馈省厅，省厅会尽最大努力帮助大家协调解决；各地之间也要相互学习、相互借鉴，共同把这次机构改革工作做好，力争在2011年基本完成“三位一体”组织体系改革。

2.完善乡镇财政管理机构，加强人员力量配备

为贯彻落实省政府《关于进一步加强乡镇财政建设的通知》要求，省厅将在10月份召开全省乡镇财政工作会议，部署乡镇财政建设有关工作。具体到人事部门，我们的主要任务是完善乡镇管理机构，加强人员力量配备。一是建立健全乡镇财政管理机构。按照“一级政府、一级财政”的基本要求，要求乡镇政府设立乡镇财政管理机构。按照乡镇财政的职责任务，设置预算编制、预算执行、财政监督、总会计、出纳等若干管理岗位，配足配强人员力量。乡镇财政机构以乡镇管理为主，业务上接受县级财政部门指导。乡镇对财政管理机构负责人和总预算会计人员的调整应书面征得县级财政部门的同意。二是加强业务培训，提高乡镇财政人员业务水平。制订全省乡镇财政干部全员培训规划，以县为主，分层、分级开展培训。省厅计划从2011年开始，举办全省乡镇财政所长培训班，准备用3年左右时间对全省所有乡镇财政所长轮训一遍。通过多形式的培训活动，加快知识更新，努力提高乡镇财政人员业务水平，更好地适应科学化精细化管理要求。三是改善乡镇财政办公条件，实施乡镇财政所规范化建设推进计划。省厅从今年起安排乡镇财政所规范化建设专项资金，力争用3～5年时间，使我省乡镇财政管理机构的基础设施面貌有较大的改善。各级财政要专项安排乡镇财政业务费，从加强乡镇财政管理能力着眼，在组织建设、业务建设和基础设施建设三大方面，增加对乡镇财政软、硬件方面的投入。

（三）不断加强干部队伍建设，持续提高干部综合素质

干部队伍建设，贯穿于干部成长成才的全过程，是财政事业持续平稳健康发展的重要支撑和重要基础性工作，也是干部人事工作的主要任务，这里我主要强调要高度重视年轻干部的培养、使用和教育工作。

1.搭建年轻干部成长平台

胡锦涛总书记在“七一”讲话中指出，青年是祖国的未来、民族的希望，也是我们党的未来和希望；全党都要关注青年、关心青年，倾听青年声音，鼓励青年成长，支持青年创业；培养造就大批优秀年轻干部，是关系党和人民事业继往开来、薪火相传的根本大计。年轻干部是我们财政事业的接班人，各级财政人事部门要积极为年轻干部的成长搭建平台，提高年轻干部工作积极性，使他们的才华和能力得到展示和体现。一是结合“三位一体”组织机构改革，积极向当地党委、政府争取在干部职级、领导职数配备以及干部非领导职务等问题上创造条件，通过争取部分内设机构领导职位的高配以及部分承担行政职能的事业单位参公管理，多渠道帮助干部职工解决一些实际问题。二是坚持在多岗位的实践锻炼中培养年轻干部，促进年轻干部更好发展。切实加大年轻干部的交流轮岗力度，定期交流和有计划交流年轻干部，让他们得到多岗位锻炼培养。要善于准确把握组织需要和岗位需求，充分考虑年轻干部的知识结构、专业爱好、成才目标，为优秀年轻干部量身定制个性化培养方案，促使这些年轻干部在实践中提高，在锻炼中成长。三是加大年轻干部挂职锻炼力度。通过选派年轻干部下基层锻炼、挂职锻炼等多种形式，促使年轻干部深入基层，增强基层工作经历，让年轻干部更好地了解国情民意，增强对群众的感情，增长自身的见识和才干。四是注重加强年轻干部的选拔使用，要让优秀年轻干部脱颖而出。要认真研究高素质年轻干部的选拔源、选拔链建设工作，探索优秀年轻干部的选拔任用机制。

2.提高教育培训实际效果

我们在今年8月份的问卷调查中发现，基层干部普遍反映缺少培训机会，他们认为频繁的财政改革对财政干部提出更高的要求，但相应的教育培训工作却没有跟上。因此，要根据财政干部的需求扩大教育培训的覆盖面，同时大力提高教育培训的实际效果。一是要加强对财政系统基层干部和中层以下干部的教育培训，努力使各级各类干部都有接受培训的机会。同时倡导干部通过网络学校等渠道自学成才，有效促使个人自学与组织培训有机结合，全面提升干部的能力和素质。二是要在提高培训针对性、整合资源和质量控制上下工夫，全面推进“分层次、分专业岗位培训”，通过对“层次”和“专业”作进一步的细分，提高培训针对性。三是针对系统培训专业人员匮乏、资源有限、工学矛盾突出的实际，在总结有关单位经验的基础上，通过建立全系统联合开发培训模块、跨区域同类对象组班、省市带动县（市、区）的联动机制来整合培训资源。四是建立培训质量控制系统，在需求调查分析的基础上，制订培训计划，明确培训目的、对象、内容和预期效果，提高培训质量。通过扩大培训的覆盖面、提高培训的实际效果，努力使全系统各级各类财政干部的知识结构得到优化、能力水平得到提升、行为习惯得到改善，为财政事业的持续、平稳、健康发展打下扎实的基础。

（在全省财政系统人事工作会议上的讲话，2011年9月）

落实责任 加强管理 提高财政教育经费使用效益(摘要)

省财政厅副厅长 朱忠明

一、高度重视,充分认识加大教育投入的重要意义

一是实现国家教育经费投入战略目标的需要。1993年党中央、国务院颁布的《中国教育改革和发展纲要》最早提出了国家教育经费占GDP4%的战略目标。该纲要明确:"逐步提高国家财政性教育经费支出占国民生产总值的比例,在本世纪末(即20世纪末)达到4%"。教育事业一直以来都是我国各级政府优先保障、优先发展的重点内容,财政部门要充分认识中央确立4%目标的重大意义,主动克服困难,增强信心,努力为全国教育投入目标的顺利完成作出积极贡献。全省各个市县要以本次投入分析评价会议下达的指标为目标,进一步加大教育投入。

二是贯彻浙江省"十二五"规划纲要的需要。近些年来,浙江省各级财政积极保障教育事业发展,全省"两基"目标任务率先完成,普及十五年基础教育全面实现,高等教育实现大众化,各级各类教育办学条件有了显著改善。但与兄弟省市相比,浙江省在教育投入和教育办学水平等方面,还面临着"前有标兵、后有追兵"的压力。进一步加大财政教育投入,是全省"十二五"规划纲要对财政工作提出的具体约束性指标。财政部门作为党委政府的重要职能部门,必须坚决贯彻"十二五"规划纲要精神,不断加大教育投入,加强薄弱环节的改进,确保约束性指标的完成,从而进一步推动教育事业科学发展,使我省从教育大省向教育强省、人力资源强省迈进,不断促进教育和经济社会协调发展,实现浙江又好又快发展的目标。

三是民生发展和群众利益诉求的必然要求。随着我省经济社会的快速发展和人民生活水平的提高,教育已成为人民群众对社会公平的新诉求,已成为事关千家万户利益的重大民生问题。通过加大教育事业投入,能够缩小不同群体之间的发展差距,消除贫困家庭的代际传递,促进人的全面发展和社会文明进步。广大人民群众对加大教育投入,落实4%的目标的愿望和呼声很高。教育公平是社会公平的重要基础。加大教育投入,贯彻落实国家促进教育公平的各项政策,毫不动摇地坚持教育的公益性和普惠性,对于保障和改善民生、促进社会和谐稳定具有重大意义。

二、落实责任,全面完成全省财政教育投入任务

(一)责任主体要强化

1.明确投入责任主体。教育投入的责任主体是各级人民政府。根据现行体制和政策规定,教育的事权和支出责任主要在地方。从全省看,中央和省级的教育投入不到20%,市、县(市)两级安排的教育支出占全省财政教育支出80%以上。因此,仅靠中央和省级加大投入是远远不够的,必须科学合理地分解落实全省各级人民政府投入责任。省里对市县教育投入任务的分解,剔除了中央、省级的转移支付,考核的是市县本级教育投入。今后几年,中央和省级财政将不断加大对市县的教育转移支付力度。市县财政也要切实加大财政教育投入,这是完成全省教育投入目标任务的关键。

2.切实加强组织领导。省委、省政府高度重视教育投入工作,明确要求各市县要加强组织领导,健全工作规划,集中力量抓好各项目标任务的落实。这次会议之后,各市县财政局都要在第一时间向党委和政府主要负责同志进行汇报,要把教育投入任务汇报清楚,要把政策解释清楚。同时,也要及时向当地人大进行汇报,教育投入的预算安排及追加要严格履行预算审批程序。

3.发挥财政职能作用。全省的教育投入任务是按照现行财政管理体制分解的,责任的主体是财政部门,财政部门要切实履行职能,负起责任。这次的教育投入任务省里考核到63个市、县(市),设区市要对所辖区负责,任务领回去以后,要及时进行分解。市县财政部门作为落实教育投入任务的牵头部门,一定要做到任务清楚、政策清楚、投入清楚、支出清楚。同时,要充分发挥职能作用,当好党委和政府的参谋助手。

(二)理解政策要到位

1.正确理解宏观投入政策和教育经费概念。中央提出到2012年实现国家财政性教育经费支出占国内生产总值比例达到4%的目标,这是一个全国性指标,绝不是各省的目标,更不是各个市县的目标。在现行财政体制下,由于各地获得转移支付和返还性收入的水平不同,各地财政性教育经费支出占地区生产总值比例不能客观反映各地财政教育投入的实际水平和努力程度,不具可比性。因此,中央不是采取一刀切的办法,而是对各省投入任务进行分类核定。浙江省也比照中央做法,按照一定因素,将全省投入任务向市县进行了分解。

另外，“国家财政性教育经费”与“财政教育支出”不是一个概念，前者是教育经费统计口径，后者是财政决算口径，而且涵盖的内容也不尽相同。

2.落实法定增长要求，切实提高财政教育支出占公共财政支出比重。落实法定增长，是教育法提出的要求。国务院意见对此又进一步强调，要严格落实教育经费法定增长要求。同时，在年初安排公共财政支出预算时，保证教育支出增长幅度明显高于财政经常性收入增长幅度。对预算执行中超收部分，也要按照上述原则优先安排教育拨款，确保全年预算执行结果达到法定增长的要求。另外，新增财力要着力向教育倾斜，优先保障教育支出。各地区要切实做到2011年、2012年财政教育支出占公共财政支出的比重都有明显提高。

3.拓宽经费来源渠道，多方筹集财政性教育经费。一是要明显增加用于教育的预算内基建投资。要把支持教育事业发展作为公共投资的重点，确保用于教育的预算内基建投资明显增加，不断健全促进教育事业发展的长效保障机制。二是按规定及时足额征收教育费附加和地方教育附加。三是从2011年1月1日起，各市县要从当年的土地出让收入中，按照扣除征地和拆迁补偿、土地开发等规定支出后余额10%的比例，计提教育资金。2011年前三季度应计提的教育资金，请尽快足额补提。

（三）落实措施要具体

1.预算管理要强化。按照省核定的2011年目标比例，各市县财政教育投入的增量部分，需要各市县在最后一个多月中落实。相关预算调整、预算变动要履行好预算调整审批程序，及时调整支出结构，确保足额追加到位。

2012年各市县财政教育支出比例，总的原则是按不低于2011年目标比例进行。到2012年初再根据2011年有关情况进行微调。因此各市县要根据当地情况提前谋划。

2.任务分解要细化。这次任务核定到63个市、县（市），设区市要科学合理的将任务分解到所辖区，制定详细的任务分解落实方案。县（市）也要制定任务落实方案。教育投入不是简单拿钱的问题，在年底前确保支出同样重要，要在落实投入任务的基础上，制定详细的支出方案和计划。

3.科目使用要准确。据了解，近几年一些市县教育经费科目使用不准确，而且每年变动很大，缺乏连续性，不能真实反映各类教育投入水平。各市县在制定具体投入措施时，务必要讲究方法，仔细研究，并准确细化到科目，要经得起检查。

三、加强管理，切实提高财政资金使用效益

（一）使用方向要明晰

1.要优化结构。各市县要按照全省“十二五”规划和《教育规划纲要》要求，着力解决当前制约教育科学发展的突出矛盾和问题。既要体现教育改革发展的全局性、战略性要求，又要有很强的针对性和可操作性。要调整优化各教育阶段的经费投入结构，在落实国家关于义务教育和高等教育重大投入政策的同时，教育经费进一步向职业教育、学前教育倾斜，真正实现各类教育协调发展。

2.要突出重点。全年预算执行仅剩一个多月时间，各地在年底前完成投入目标并形成支出，压力较大。市县在教育经费安排上，要做到方向明确，重点突出，突出支持教育重大项目。市级要以高中教育、中等职业教育、高等教育为重点，集中财力化解高等院校债务和提高生均拨款水平，提高普通高中、中等职业教育生均经费保障水平。县级要本着先急后缓、循序渐进的原则，重点保障农村义务教育公用经费提标配套经费、校舍安全工程建设经费、乡镇中心幼儿园建设经费。关于使用方向方面，今年省里抓了几个方向，一是学前教育方面经多方调研听取意见，现在政策已经出台，省里的政策导向是要公办与民办并举，充分调动各地扶持民办幼儿园上等级规范管理。二是职业教育方面，职业教育现在总体比较薄弱，希望市县对中职要重视。省财政就中等职业教育将考虑出台大奖补和专项政策意见。请各地注意省里的政策导向。

（二）管理责任要明确

1.明确经费管理责任。财政部门要积极督促教育等有关部门采取有效措施，加强经费使用管理。要明确各级教育行政部门和各级各类学校在教育经费使用管理中负有主体责任，督促提高经费管理水平。

2.建立健全教育内部防控机制。要配合教育部门进一步完善教育财务管理制度，严格依照国家规定，健全财务管理规章，完善各项经费使用制度，规范学校经费行为，防范学校财务风险。同时，要加强经费稽查和审计监督，确保经费分配和使用规范、安全、有效。要加强学校国有资产管理，防止国有资产流失，提高使用效益。

3.切实加强管理基础工作和基层建设。充分发挥基层相关管理部门的职能作用，做好教育基础数据的收集、分析和信息化管理工作。

（三）监测督查要到位

1.加强经费使用管理监督检查。财政部门要积极配合有关部门加强教育经费的使用管理，强化监督检查，要配合审计部门定期开展经费使用和管理情况的专项审计。要联合教育等相关部门适时开展专项督查，并将有关情况及时报告，对检查中发现的问题，要依法依规督促整改。

2.建立过程监管和绩效评价机制。一是建立重大项目全过程监管机制。重大项目建设、重大资金使用，必须科学论证，集体决策。制定重大项目资金管理办法，严格项目资金使

用管理，形成全过程、全方位、常态化监督机制。二是建立科学合理的教育经费支出评价体系。采取定量分析与定性分析相结合的方式，进行权衡比较和综合判断。及时整理、归纳、分析、反馈绩效评价结果，并将其作为改进教育预算管理和安排以后年度预算的重要依据。

3.积极配合做好目标考核和监测分析。省财政建立了全省财政教育投入分析评价体系，并将按要求开展对各市、县(区)落实教育投入法定增长、提高财政教育支出比重、拓宽财政性教育经费来源渠道各项政策的监测分析和监督检查，并将分析评价结果作为省级财政安排转移支付的重要依据。同时，我们将建议省政府把各市、县(市)加大财政教育投入的贯彻落实情况纳入政府年度目标考核体系进行考核。各市县要切实做好相关数据的统计、分析和信息报送工作，积极配合省财政做好财政教育投入分析评价其他相关工作。

(在全省落实财政教育投入分析评价工作会议上的讲话，标题为编者加，2011年11月)

围绕财政中心工作 内外兼顾多管齐下 与时俱进 履行职责(摘要)

省财政厅副厅长　朱忠明

一、充分肯定2011年全省财政信息工作

2011年以来，全省财政部门以科学发展观为统领，紧紧把握经济社会发展大局，围绕财政中心工作，卓有成效地开展信息工作，信息质量和服务水平进一步提高，为服务领导决策、全面反映创新实践、推动财政事业改革发展发挥了重要作用。2011浙江财政信息年度，厅办公室共编发《浙江财政信息》(含增刊)160期计700余条，《财政动态参阅》20期计136条，向省委、省政府、财政部办公厅报送信息专报412条，分别被省委、省政府、财政部办公厅采用信息32条、110条、27条，得到中央领导批示1条，省领导批示5条，厅领导批示2条。其中，《浙江省义务教育债务全部化解》得到了温家宝总理等领导同志的高度关注和充分肯定，并作出重要批示；《省财政落实退役士兵职业技能教育培训经费》《省财政厅探索财政扶持经济薄弱村集体经济发展模式》等信息得到了省委书记赵洪祝等省主要领导的批示。财政信息工作取得了可喜的成绩。总体分析，全省财政信息工作呈现三大特点：

(一)供需对接，信息服务水平进一步提升

一年来，各地始终坚持把握大局、围绕中心、突出重点、服务决策，努力掌握领导意图，主动贴近领导需求，以领导时刻关注、正在思考、有待了解的问题，作为信息工作的着力点，积极开展财政信息的收集、调研、反馈和报送工作，使财政信息适应领导需求，有效发挥参谋助手作用。

一是重点信息重点报送。各地紧紧围绕中央、省委、省政府的决策部署和财政中心工作，突出信息报送重点，及时采编和报送各地贯彻落实上级决策部署和财政中心工作的信息。如针对今年以来经济社会形势，各级领导特别关注中小企业生产经营的情况，各地积极发挥信息“短平快”优势，及时反馈财政部门落实中央、省委、省政府扶持中小企业发展一揽子政策的情况。厅办公室通过整理上报了《全省各地多措并举支持中小企业发展》《全省财政安排7039万元资金撬动银行新增贷款支持小企业发展》《温州市再出政策组合拳帮扶企业渡难关》等时效性、针对性很强的动态信息。随着建设文化强省战略的提出，各地加大了财政支持文化建设力度的信息采编报送。如《衢州市大力支持文化产业发展》《海宁市加大投入推动文化事业转型发展》等一批信息相继上报省厅并被采用。省厅编发的《完善财政保障机制推进文化强省建设》被省政府采用并上报国办。

二是热点信息及时报送。随着经济转型升级步伐的加快和公共财政改革的不断深入，社会关注的热点、焦点问题不断涌现，成为领导关注的重点。各地围绕一些事关全局、事关财政改革、事关群众利益，带有苗头性、倾向性、前瞻性的问题，及时追踪反映并提出可操作性的建议。如养老、医药卫生体制改革是社会关注的热点，《绍兴市多项政策解决养老保障遗留问题》《临安市建立基层医疗机构财政补偿机制》《我省探索建立住院医师规范化培训制度》《基层反映实施医疗机构绩效工资改革引发的问题及建议》等信息均被上级部门录用，送有关领导参阅。

三是特色信息择优报送。及时总结上报财政工作的特色情况和典型经验，使财政信息成为反映我省各级财政部门工作亮点，推广浙江财政工作先进经验的重要窗口。如《永康市三年实现教育“零负债”》《杭州市启动大学生创业企业融资“风险池”基金项目》《金华财政引导科技创新投入实现40倍放大》《缙云县小额农贷首创“元古模式”》《温岭市推行“一元房”农村社会养老新模式》等信息被上级部门采用。其中，《永康市三年实现教育“零负债”》还得到省领导批示。

四是约稿信息针对报送。围绕经济社会形势和阶段性工

作重点，及时开展信息约稿，有针对性进行信息的收集、整理、综合，为领导掌握面上工作情况提供服务。2011年以来，厅办公室通过向全省财政系统约稿，向领导报送了《各地认真贯彻落实全省财政工作会议精神》《全省各地加大扶持战略性新兴产业发展力度》《我省各地积极发展总部经济》等信息。同时，厅办公室关注处室重点工作的进展情况，及时向处室约稿，综合采集了《我省加强海洋经济发展专项资金管理》《浙江省多举措加强保障性安居工程资金保障》《我省开展农房救助项目重点评价工作》等重点信息，被上级部门录用，有的还得到省领导批示。

（二）内外兼顾，信息整合效应进一步拓展

各地积极加强会议纪要、调研报告、综合文稿等内部多种材料的融合互动，并充分利用主流网站、专业网站等外部海量信息，不断拓宽信息来源，加大资源整合力度，做好做强信息宣传工作。

一是积极整合内部资源。加强调研成果的整合，深入挖掘调研价值。《浙江各地农业综合开发项目抗灾减灾作用明显》《浙江省加强乡镇财政管理情况》《浙江省积极加强城镇廉租住房保障制度建设》等信息都是通过对调研材料进行提炼整合而成的，并被上级部门采用。通过整合会议纪要及综合文稿资源，厅办公室采写的《浙江省：发挥财政作用　助推全省发展》、《省财政厅认真贯彻落实省政府第79次常务（扩大）会议精神》等信息，也均被上级部门采用。

二是有效利用外部资源。密切关注国内各大财经网站、财政部官网、兄弟省市财政门户网站，充分利用其讯息容量大、更新及时等特点，筛选、提炼、整理出有价值的信息，供厅领导借鉴和参阅，拓宽领导决策视野。如在省出台扶持中小企业政策前，及时收集、整理《部分省市相继出台政策缓解中小企业融资难》《上海市优化中小企业融资环境》《山东省建立中小企业信用融资平台》等一系列全面反映省内外情况的综合类信息。及时编发《央行报告警示地方融资债务风险》《财政部数据显示2010年地方政府外债保持适度水平》《江苏省出台省级文化企业重大事项管理实施办法》《广东省大力推进战略性新兴产业核心技术攻关》等信息送领导参阅。

三是切实加强内外联动。各地围绕全省财政中心工作，有重点地对信息资料进行统筹、提炼和丰富，有针对性地开展财政宣传。据厅办公室初步统计，近两年来，省厅在中央及省级媒体刊发新闻稿件100多篇，近30篇有分量的通讯类稿件占据了《中国财经报》《浙江日报》等报刊的头版头条和倒头条的重要位置，并被国内主流网站转载，有力地扩大了我省财政工作的影响面，提高了影响力。建立健全新闻发言人制度，2011年针对公众普遍关注的浙江省自行发债试点情况，省厅适时召开了新闻发布会，积极回应媒体，正确引导社会舆论，起到了较好的宣传效果。同时，厅办公室积极创新信息宣传平台，在汇集专报信息的基础上，按季度编发《浙江财政信息资料》白皮书，寄送省人大代表、政协委员，进一步加大财政政策宣传力度，推进各项惠民政策的落实，反响较好。

（三）多管齐下，信息工作基础进一步夯实

一是信息工作机制不断健全。各地不断完善信息工作考核办法，建立健全兼职信息员制度、定期交流制度、信息稿酬制度等，并普遍将信息工作纳入部门工作目标考核，完善全员办信息机制，信息目标量化分解落实到每个（处）科室、每位干部。如杭州市局办公室对各处室（单位）信息上报的数量、质量等情况进行计分，并定期通报考核结果，对报送信息数量未达标、或未按要求完成市局重要约稿任务的，取消年终先进单位评选资格。衢州市局编报信息实行个人署名制，稿酬按分值计算，并实行上级部门录用累计加分，同时对信息报送单位审稿负责人实行审稿报酬制度，提高信息员撰写积极性。

二是信息载体形式不断丰富。为便于厅领导及时了解财政部、省委省政府及外省市有关财政工作部署，全面掌握厅机关整体工作开展情况，厅办公室在原有《浙江财政信息》《财政信息增刊》《财政信息专报》等信息刊物的基础上，增加了《财政动态参阅》，专门印送厅领导参阅。内容包括上级部门涉及财政工作的重要会议精神、对财政工作的部署和要求，外省市新近出台的重大财经政策、创新工作等，提高信息服务的针对性和有效性。各地也纷纷创新思路、丰富载体，做好信息服务领导的工作。如今年杭州市局新设《杭州财税动态》刊物，发送对象是省厅省局的厅局领导，主要反映杭州市财税工作的最新动态、重要工作和经验探索等。嘉兴市局在编发《嘉兴财税信息》基础上，又先后创立了《调研与建议》《政府投资项目专刊》、《财政支出绩效评价专刊》等信息刊物，送市委、市政府主要领导及有关单位参阅，多数信息得到了市领导的批示肯定。衢州市局以《衢州财税信息》为主阵地，并结合阶段性重点工作编发专刊，及时反映各处室、基层单位工作中的好经验、好做法，为领导决策服务。

三是信息队伍建设不断加强。各地大力支持信息员开展信息工作，为他们提供参加重要活动、列席有关会议、阅读重要文件的机会，使信息员能及时准确地了解上级部门近期的中心工作和重点工作部署，多渠道获取信息源。同时，不断调整充实信息员队伍，选派信息员积极参加有关部门组织的信息、写作培训班，邀请信息工作业务骨干传授经验，开展经验交流活动，不断提高其捕捉信息的敏感性和主动性，提高信息采编的质量和水平。（在全省财政信息工作会议上的讲话，标题为编者加，2011年12月）

把握新形势 与时俱进做好办公室工作(摘要)

省财政厅副厅长 朱忠明

一、准确把握当前办公室工作新形势

办公室作为财政机关的综合办事部门和指挥协调中枢，要当好参谋助手，落实好领导决策，处理好各项事务，必须把握宏观经济大势，顺应社会环境，符合时代发展要求。比如说，起草文稿，要对财政经济形势有个准确的研判，围绕财政中心工作给领导当好参谋；财务管理，既要确保“有钱用”，保障工作的开展，更要“用好钱”，花钱符合预算管理要求；行政接待，要在政策许可的范围内，既节省费用，又服务到位，体现浙江的热情和人文特点；等等。因此，各地必须充分认识当前经济社会形势的深刻变化，准确把握财政部门办公室工作面临的新形势，保持高度的政治敏锐性和工作前瞻性，统筹谋划好各项工作。

一是经济形势起伏波动大。世界经济增长缓慢，全球通胀压力加大，发达经济体失业率高企，尤其是欧洲主权债务危机愈演愈烈，对世界经济的复苏增添较多变数，不确定性因素增多。国内经济发展形势总体较好，但经济增速缓慢回落与物价较快上涨交织在一起，宏观调控面临的“两难”问题增多。我省经济运行总体平稳，但也面临企业成本上升、效益下降，部分中小企业生产经营困难加剧，转型升级任务艰巨等困难和问题。这些都会对经济财政工作带来重大影响。

二是社会形势更趋复杂化。在经济社会深刻变革和利益格局深刻调整的现实下，在发展战略期和矛盾凸显期的交织下，社会管理面临更严峻复杂的局面。群体性事件时有发生，最近在民风淳朴的浙北等地域也发生一些较尖锐甚至极端的冲突，如近期发生的海宁环保事件、湖州市织里“抗税”事件等；仇官仇富现象普遍，社会对政府部门的关注度高，政府部门稍有不慎，极易引起舆论炒作，国税的游船事件就是一例。我们作为政府公职人员一定要有根弦，多做正面好事，不做负面坏事，特别是办公室常要直接面对信访、投诉、舆情应对等棘手事，更要如履薄冰、谨小慎微、稳重处事。

三是财政工作难度越来越大。受宏观经济走势影响，今年以来全省财政收入增幅逐月回落态势明显，加上政策性减收因素依然较多，后期财政增收不容乐观，收入形势存在较多变数。而一旦收入扭头向下，高幅增长难以维持，一般预算吃紧，综合预算盘子统筹余地不大，同时由于增支压力加大，支出刚性较强，以及市县换届后可能诱发新一轮政府投资冲动的影响，财政收支矛盾和平衡压力将更加突出。

四是办公室工作面临新情况新问题。随着预算信息公开步伐的不断加快，“三公”经费和行政经费的逐步公布于众，人大询问的制度化和常态化，财政管理是否规范透明，政府决策水平和政策实施效果如何，都将处在社会公众的密切关注和广泛监督下。办公室作为财政部门机关财务的管理者，要时刻准备拿出来被“晒”，时刻准备迎接如审计、专员办等各方面的检查，时刻准备着接受人大监督。各地要按照省里的统一部署，稳妥有序地做好“三公”经费公开的各项准备工作。

五是信息工作面临更大挑战。在这个被喻为“人人都是麦克风，人人都有话语权”的讯息时代，无论是信息公开载体渠道、信息发布容量，还是信息传播速度，都前所未有地更多元、更丰富、更快捷，领导获取信息的途径和方式也更加丰富快捷，办公室如何在信息“广度、深度、新鲜度”上求得进一步突破，为领导做好信息服务面临着更大的挑战和压力。

二、与时俱进做好办公室工作

(一)要善于老事新做

办公室工作职能繁杂，环节众多，且大多工作都有其基本规范和套路，时间长了容易造成“经验主义”和行为习惯的固化，使工作重复化、模式化、固定化。我们要处理好传承与创新的关系，不论是政务服务还是事务服务，都要以与时俱进的态度、务实创新的精神认真对待，及时总结经验做法，正确的要坚持，不足的要完善，错误的要改正，没有的要创新，使办公室在实践中提高，在创新中开拓，力争每年在几项工作中取得新进展，形成几个亮点工作，使办公室工作常做常新。

一是要有新思维。要敢于打破传统思维定式，大胆跳出经验主义的框框，提出新见解，探索新途径，取得新成果，实现由被动服务向主动服务转变，由粗放管理向精细管理转变，由重复劳动向创新工作转变。要学会换位思考，站在领导角度、全局高度、战略维度去想问题、办事情、当参谋、提建议。要认真研究现有工作内容，在重复中寻求规律，在重复中实现创新，提高工作效率和服务水平。比如说财政宣传，以往的老观念认为是很虚的东西，可有可无。而现在，不论是财政管理运行更公开透明、树立良好部门形象的内在需要，还是政府信息公开、回应公众关注的外在诉求，都需要我们打破固有思维，把财政宣传作为一项不但要做，而且要主动做好的工作。如办会，也要打破常规思维，要提倡有“严”有“简”。严，是要严格会场纪律，杜绝散漫；简，是会议程序删繁从简。办文也一样，文风要简洁，尽量说短话、说实话、说新话。

二是要有新举措。要围绕办公室“办文、办事、办会”主要工作职责，紧扣形势发展和工作重心变化，总结工作中好的经验和做法，挖掘出新途径、新方法。要对现有工作和环节认真分析，进行流程再造和优化设计。要根据形势变化，不断完善工作方法，充实工作内容。比如，要随着电子政务的建设和发展，不断完善FOA办公平台系统，借助信息化手段进一步提高政务运转水平和效率；要根据信息公开的要求，进一步完善财务、接待等管理办法，提高科学化规范化水平；要高度重视财税12366建设，牵头做好协调、督促、落实等工作，不断完善12366财税特服系统，确保顺畅运行。

三是要有新境界。办公室职能多、岗位多，工作千头万绪，而且有的事务涉及面广，往往牵一发而动全身。作为主任，要注意避免陷入疲于应付、顾此失彼的局面，做到轻重并举、游刃有余。一方面，要举重若轻。“每逢大事有静气”，担重任而不急，保持轻松的心态和冷静的头脑，把握好大局，分清轻重缓急，善于抓主要矛盾，抓重点工作，抓突破口，科学周全地制定方案，积极稳妥地开展工作。另一方面，要举轻若重。办公室有很多工作如日常的文件收发、盖章用印、会务接待、后勤服务等都很琐碎，看起来都是小事，但我们绝对不能轻慢，要把小事当大事来做。“风起于青萍之末”，有的小事中就可能交织着各种利害关系，若因其“小”而马虎对待，草率从事，就可能因小失大，误了大事，毁了大局。如印章管理、保密工作，看似小，一旦出差错，可能会捅大“娄子”。所以，一定要强化“细节”意识，要以认真细致、严谨踏实的态度，一丝不苟、精益求精的作风，善始善终地做好每一项工作。

（二）要注重虚实结合

财政部门一直秉承“实、稳、优”的传统，出政策、统盘子、筹资金、问绩效，都是实打实的。办公室作为单位的综合办事部门，大量做的也是“实事”，但同时办公室又是领导的参谋助手，一定意义上讲做的是“虚功”。办公室工作是虚中有实，实中有虚。我们要做到虚实结合，把虚功实做，实事做好。

一是要宏观着眼，微观入手。头脑思维可以务虚一点，可以宏观一点，更加开阔一点。既要身在兵位，胸为帅谋，善于从领导的角度和全局的高度去思考、策划和处理问题，做到参在点子上、谋在关键处、落到实效中；又要坚持低调务实、脚踏实地，注重调研，注重细节，增强工作的科学性和实效性，起草好每一份报告、组织好每一次调研，安排好每一次会议。

二是要立足当前，着眼长远。就是考虑问题要“风物长宜放眼量”。要善于由点及面、由近及远，关注事物发展态势和其背后蕴含的深远意义，把矛盾和困难充分估计在前，把意见和预案精心谋划在前，把应对工作做得更扎实。如政务信息公开，特别是预算信息公开是大势所趋，财政部门要顺势而为，起到表率作用，进一步编实编细自身的部门预算，加强“三公”经费支出管理。要在厉行节约和规范运作的前提下，研究如何做好接待工作。接待工作，其实花心思比花钱更重要，如礼品赠送，往往不需要花太多钱，但要有地方特色，特别要体现文化味，反倒更能给人留下深刻的印象。再如，财政信息公开工作，既要依法积极主动公开，更要特别考虑公开后果，注意程序上的合法合规，避免因公开产生的问题或法律纠纷，把风险降到最低。

（三）要做到刚柔相济

办公室是单位和部门的总枢纽和窗口，要与各个方面打交道，对统筹兼顾、综合协调的能力提出了更高要求。要提倡“刚柔相济”，即工作上严要求和高标准，管理上人性化和柔性化。既要依法依规，坚持原则，敢抓敢管，做到制度不能改，规矩不能变，原则不能退，同时又以人为本，实行人性化管理，确保政令畅通和各项工作的高效运转。

一要讲规矩。无规矩不成方圆。办公室工作政策性、程序性、规范性很强，必须强调按规矩办事，按程序办事。要加强制度建设，不断完善各项工作制度和流程设置，做到靠制度管人，靠制度管事。要根据形势发展和工作重心变化，适时梳理健全现有的规章制度，查漏补缺，使办公室工作忙而不乱，规范有序，高效运转。要以省政府加强政府自身建设电视电话会议上提出的“务实、高效、廉洁、公正”为目标，“六戒六要”为准则，抓好制度落实，规范权力运行，确保各项目标任务和决策部署的贯彻落实，确保干部和资金双安全。

二要创和谐。办公室犹如一个大家庭，团结和谐的团队才更有凝聚力，更具战斗力。办公室人员素质参差不齐，办公室领导既要充分了解办公室成员的个性，掌握其特征，知人善任，激发活力；又要民主公平，对人对事都要公道，不分远近亲疏，不厚此薄彼，锻造一支团结、和谐、融洽、同心协力的团体。政治上要关心，关心干部的成长和进步；工作上要引导，要交任务、压担子，使年轻干部得到全方位的锻炼和提升；生活上要关爱，要力所能及地解决干部职工的一些实际困难，增强干部职工的归属感，同时积极拓展服务空间，创新服务方式，为大家创造一个良好的工作生活环境，努力让大家在人人参与、其乐融融的“大家庭”财税文化氛围中，快乐地工作，认真地生活，每天把工作后的笑脸带回家，第二天把生活的快乐和智慧带回工作，成为有梦想、有激情、能实干又有生活情趣的人。 （在全省财政办公室工作会议上的讲话，标题为编者加，2011年12月）

落实责任 标本兼治
构建防治"小金库"长效工作机制(摘要)

省财政厅总会计师 赵立妙

一、2010年"小金库"治理工作回顾

第一,组织领导有力,治理工作有序推进。加强组织领导是"小金库"治理工作的重要保障。2009年初浙江省治理"小金库"工作领导小组及时增列民政、国资部门,注重协调配合、通力合作,进一步完善了多部门工作协调机制。省政府领导高度重视和关注"小金库"治理工作,陈敏尔常务副省长多次对"小金库"治理工作情况作出重要批示。各领导小组成员单位通力合作,发挥职能优势,通过领导小组工作会议等方式积极承担全省"小金库"治理领导职能,并认真做好督导巡查等工作。全省各地区、省直各部门主要领导亲自研究部署"小金库"治理工作,有的地区以市政府明电的形式第一时间传达中央、省委省府关于治理的政策精神,布置下一步治理工作。这对促进治理工作的深入开展起到了十分重要的作用。

第二,抓住关键环节,治理工作扎实有效。一是对党政机关和事业单位着力推进督导检查和全面排查。截至2010年底,全省共发现"小金库"1530个,涉及金额7.27亿元,其中:党政机关和事业单位共发现"小金库"1001个,涉及金额4.83亿元,其中2010年新发现"小金库"272个,涉及金额约7687万元。在深入推进党政机关和事业单位治理工作"回头看"的基础上,对有关县市开展督导检查,约谈自查自纠"零申报"、重点检查"零问题"县区领导小组组长,截至2009年8月底,所有县(市、区)均已消除了"自查自纠零申报、重点检查零问题"情况。2009年10月,为贯彻落实贺国强同志重要讲话和批示精神,又认真开展党政机关和事业单位"小金库"治理摸底排查,发现了一批瞒报、漏报的问题。

二是对社会团体和国有企业着力推进自查自纠和重点检查。2010年,全省共发现社会团体"小金库"133个,涉及金额3846万元;国有及国有控股企业"小金库"396个,涉及金额2.06亿元。为提高社会团体和国有企业自查自纠成效,全省各级治理机构通过摸清底数、广泛培训、政策解答和督促检查等方式,确保自查自纠工作动真格、出实效。在自查自纠的基础上,我省认真组织开展重点检查,坚持将社会团体重点检查与党政机关、事业单位"小金库"治理以及年检评估等日常监管工作相结合,将国有企业重点检查与会计信息质量检查、内部控制评价、企业负责人薪酬和职务消费检查等工作相结合整体推进,综合实施,努力提高检查效率。

三是本着"谁主管,谁负责"的原则,充分发挥主管部门的监管职责。各部门单位除了认真做好本级本单位的治理工作,还加强了对业务监管单位治理工作的督促辅导。主管部门对主管的事业单位重点检查面不得低于50%,对主管的社会团体、国有企业重点检查面不得低于20%,力求治理工作不留死角。

第三,坚持标本兼治,积极构建长效机制。标本兼治,源头治理,才是"小金库"治理的最终目标。从2009年起,浙江省就致力于长效机制研究,多次进部门、下市县调研,召开长效机制建设研讨会议,并将好的经验做法在全省范围内予以推广。吕省长提出的"三个子"是治理"小金库"的根本举措。为了落实好"三个子",切实构建防治"小金库"长效机制,省政府相继下发了《关于加快推进公共财政管理改革的意见》《关于清理整合和规范财政专项资金管理的意见》《关于进一步加强行政事业单位国有资产管理工作的意见》《浙江省行政事业单位国有资产管理暂行办法》等,省财政厅出台了《关于全面加强地方财政资金安全管理的通知》《关于预算单位公务卡制度改革的实施意见》《关于实施省级行政事业单位资产管理信息系统有关事项的通知》等,有力地推动部门预算、国库集中支付、行政事业单位资产管理等财政改革,努力从机制上、制度上铲除"小金库"滋生的土壤,真正达到从源头上防治"小金库"的目的。

二、2011年"小金库"治理工作安排

2011年,中央决定继续在全国全面深入推进党政机关、事业单位、社会团体和国有及国有控股企业"小金库"专项治理工作,并下发了《2011年"小金库"专项治理工作实施方案》,浙江省结合实际,提出了补充意见,希望大家认真贯彻执行。

(一)加强领导,提高认识,"小金库"专项治理工作再扎实抓一年

2011年"小金库"治理工作指导思想是:以邓小平理论和"三个代表"重要思想为指导,深入贯彻落实科学发展观,认真学习贯彻党的十七届四中全会和中央纪委第四次、第五次、第六次全会精神,特别是胡锦涛同志在中央纪委第六次全会上的重要讲话精神,切实把以人为本、执政为民贯彻落实到"小金库"治理工作中。按照中共中央办公厅、国务院办

公厅《关于深入开展“小金库”治理工作的意见》，省纪委、省财政厅、省审计厅、省民政厅、省国资委联合下发的《关于贯彻落实中央治理“小金库”工作领导小组2011年“小金库”专项治理实施方案的通知》的要求，落实综合治理、纠建并举、注重预防的原则，继续全面深入推进党政机关、事业单位、社会团体和国有及国有控股企业“小金库”治理工作，进一步巩固专项治理成果，构建和完善防治“小金库”长效工作机制，着力解决“小金库”这个反腐倡廉建设中人民群众反映强烈的突出问题。

（二）2011年“小金库”治理工作任务目标

在省委、省政府的领导下，按照彻底治理“小金库”的工作要求，分级负责，分口把关，统筹兼顾，整体推进，从不同领域、不同层级的实际出发，全面深入推进党政机关、事业单位、社会团体和国有企业的“小金库”专项治理工作。着力解决工作不重视、走过场以及工作不平衡的问题，坚决扫除专项治理工作死角，始终抓住构建和完善防治“小金库”长效机制这个根本任务。党政机关和事业单位要巩固成果、防止反弹，特别是对于自查自纠“零申报”的单位，要认真组织复查；社会团体和国有企业要加大力度，抓好整改落实。要注重总结专项治理经验，建立健全长效机制，探索从源头上根治的有效途径。年底前完成这次专项治理工作任务，以“小金库”专项治理的实际成效取信于民。

（三）2011年“小金库”专项治理的主要工作

一是深入开展复查，落实主管部门责任制。凡列入“小金库”专项治理范围的党政机关、事业单位、社会团体和国有企业，都要认真组织复查。在全面复查中，要再次确认治理对象，以保证复查的全面覆盖。复查面必须达到100%。党政机关和事业单位的复查要结合2010年摸底排查的整改和检查进行；社会团体和国有企业的复查可在2010年的基础上开展自查自纠“回头看”或全面的自查自纠。各单位负责人对全面复查工作负完全责任，在复查中要落实公示制、承诺制和问责制，将复查情况在单位内部进行公示和承诺，接受群众监督。各地区各部门治理机构负责组织本地区、本部门所属的党政机关、事业单位、社会团体和国有企业的全面复查，要加强对复查工作的组织领导和督促指导。

各部门、单位要把复查工作目标任务落实到岗位，明确具体责任，以责任促落实、以责任保成效，形成层层负责、环环相扣、行之有效的工作机制。各部门、单位不仅要认真开展本级的复查，还要继续加强对下属单位“小金库”治理工作的指导和督促，包括主管的事业单位、社会团体、国有及国有控股企业；不仅要布置下属单位做好复查工作，还要根据复查情况和日常管理情况抽查20%的下属单位。在复查、抽查过程中，各部门、单位要重点关注应纳入而未纳入“小金库”专项治理范围，以及组织过自查自纠但不重视、走过场的单位。

二是突出督导抽查，着力解决“走过场”问题。在全面复查的基础上，各地区、各部门“小金库”治理机构要抽调专门力量组织开展工作督导，并选取具有典型性的单位进行重点抽查。督导抽查过程中要认真梳理分析近年来治理工作中暴露出来的“小金库”突出问题和共性问题，主要包括以假发票套取资金设立“小金库”、虚列会议费和培训费套取资金设立“小金库”、以资产出租和处置收入设立“小金库”、以地方财政补助收入设立“小金库”、虚列成本费用转出资金设立“小金库”和使用“小金库”款项购买消费卡等。对有关地区的督导抽查应当重点关注成效不大、工作不力、举报较多的地区。对有关单位的督导抽查应当重点关注：(1)执收、执罚权相对集中的部门和单位；(2)与人民群众利益密切相关的教育、卫生等部门和单位；(3)宾馆、培训中心、招待所、出版社、报社、杂志社和社会团体等与党政机关和事业单位有隶属关系的单位；(4)供水、供气、供热、供电等与人民群众生活密切相关的单位；(5)管理链条长、分支机构多的单位；(6)以前检查发现存在“小金库”问题的单位；(7)有群众举报的单位；(8)2009年以来自查自纠“零申报”，特别是复查措施不得力、工作走过场的单位。

督导抽查工作应在治理工作领导机构的统一组织下，由各成员单位的领导带队，有关专业人员参与共同开展。省财政、审计、民政、国资部门将分别抽调15人，再按照1:2的比例配备中介机构专业人员对不低于10%的省级单位进行督导抽查。市地可参照省检查组组成方式进行检查，市地治理办对单位的抽查比例不得低于6%。对于督导检查发现的问题，应该给予党纪、政纪处分的，各级纪检监察机关要严格执纪执法，坚决查处。不仅要严肃责任追究，而且将内部通报或公开曝光。主要目的就是运用检查手段，促进解决不重视、走过场问题。在督导抽查阶段，省治理办还将对各地区进行督导抽查，对地区的抽查不强调比例，抽查为督导工作服务、强调促进作用。抽查工作除了与督导工作相结合，还将与举报件核查相结合、与其他专项治理和日常监督相结合。今年治理工作结束后，中央治理办将对各地区、各部门本次治理工作情况、取得的成效等进行全面评价验收。各地区、各部门也要按照要求，认真开展评价验收工作，评价验收结果不仅要在辖区或系统内部进行通报，还要上报主要领导。要通过评价验收，切实促进各单位高度重视治理工作，认真履行应尽职责，努力取得实际效果。

三要进一步加强整改落实工作。对于专项治理过程中发现的问题，要按照统一政策、集中审理、分别处理的原则，由各相关部门根据各自职能分工依法进行处理处罚和责任追究。各地区、各部门要抓好2010年发现的“小金库”问题的处理处罚和责任追究工作,并针对2011年全面复查和督导抽查工作中发现的问题,制定具体整改措施,做到资金资产处理到位、财务会计管理整改到位、违法违纪责任人员责任追究到位,确保治理工作成效。要杜绝重检查、轻处理,重财政财务处理、轻责任人纪律处分和组织处理的现象发生,真正将处理处罚工作落到实处。要坚持处理事和处理人相结合。在依法对单位违法违规问题做出行政处理处罚的同时,严格执纪执法,落实对相关责任人员特别是领导干部的党纪政纪追究。对触犯刑律的移送司法机关查处。对于检查中发现的其他违纪违法案件线索,要按有关规定和程序办理移交。各部门、单位不仅要按照中央规定的时间和要求上报报表及相关资料,还要签署《“小金库”治理工作责任承诺书》,于8月15日之前上报同级纪委,同时抄送同级治理办。

四是标本兼治,着力构建长效机制。防治“小金库”长效机制建设是“小金库”治理的根本任务。为巩固“小金库”治理成果,各地区各部门以及纳入治理范围的各单位要按照边治理、边研究、边总结、边完善的思路,将长效机制建设贯穿治理工作始终。要深入分析“小金库”专项治理工作中暴露出的突出问题,注重从实际出发,进一步推动完善和建立健全防治“小金库”长效机制。一方面,要充分利用党政机关和事业单位防治“小金库”长效机制研究成果,抓紧制定党政机关和事业单位防治“小金库”长效机制建设方案,将制度建设任务进一步分解落实,抓紧督促实施。另一方面,要积极开展社会团体和国有企业防治“小金库”长效机制研究工作,结合实际,将“小金库”治理工作与加强和完善社会团体、国有企业监管相结合,研究提出源头治理的措施,切实推动建立健全防治“小金库”长效机制。

各地区、各部门也要从本地区、本部门的实际出发,统筹考虑、系统研究、逐步推进长效机制建设,还要抓紧布置、积极指导、认真督促所属单位的长效机制建设工作。要加强调查研究和组织协调,制定本地区、本部门的长效机制建设计划,通过对“小金库”问题的深入剖析、系统研究,查明诱因、找准症结,有针对性地推进体制改革、加强机制建设、完善制度规定,尽快出台或完善一批具体制度办法。

(在全省“小金库”治理工作电视电话会议上的讲话,标题为编者加,2011年5月)

深化改革 凝聚共识 攻坚克难 构建预算执行管理新机制(摘要)

省财政厅总会计师 赵立妙

一、肯定成绩,浙江省预算执行管理工作取得显著成效

2010年全省预算执行管理工作按照预算编制、执行、监督“三位一体”的财政运行机制要求,积极转变预算执行管理理念,构建预算执行管理新机制,深化完善国库集中支付改革,切实加强财政资金安全管理,稳步推进预算执行管理动态监控机制建设,不断提升预算执行分析、预测水平,努力实现预算执行管理科学化、精细化,各项工作有序开展。概括地说,成效主要体现在“一个情况”“两项成果”“三个提升”上。

“一个情况”即财政收支运行情况总体良好,为全省经济社会发展奠定了坚实的基础。

2010年,全省各级财政部门认真贯彻落实科学发展观,积极发挥支撑、保障和引导作用,拓展和发挥公共财政职能作用,着力推动经济发展方式转变,努力优化收支结构,切实加强社会民生保障,财政收支运行情况总体良好。一是财政收入实现较快增长,实力规模跃上新台阶。2010年,全省地方财政收入2608.47亿元,完成年度预算的114.9%,增长21.7%,税收收入占地方财政收入比重首次超过上海,达94.5%,同比提高1.9个百分点。二是财政支出规模实现突破,资源配置更趋优化。2010年,全省财政支出3208.41亿元,完成年初预算的118.8%,增长20.9%,支出规模首次突破3000亿元大关。从全年预算执行情况来看,财政收入规模不断扩大,事关改善民生、推动经济转型发展等重点支出保障有力,财政收支结构不断优化,为全省经济社会发展奠定了坚实的基础。

“两项成果”即国库集中支付改革取得阶段性成果、公务卡改革取得阶段性成果。

(一)国库集中支付改革取得阶段性成果

我国自2001年推行国库集中支付改革试点以来,这项改革已深入财政管理领域的方方面面,成为财政财务管理的一项重要的基础性制度。目前,全国36个省(自治区、直辖市和计划单列市)本级,300多个地市,2500多个县(区),超过35万个基层预算单位实施了改革。改革的资金范围涵盖了一般预算资金、政府性基金、国有资本经营预算资金等各类财政性资

金。我省本级2005年在原会计集中核算单位率先实施国库集中支付制度，当年实现会计集中核算向国库集中支付转轨，2006年扩大到在杭以外的非集中核算单位，2007年1月在省级部门预算单位全面推开，实现了"横向到边、纵向到底"的改革。各市和部分县（市、区）也实施了集中支付改革。初步建立了以国库单一账户体系为基础，资金支付以国库集中支付为主要形式的财政国库管理运行机制。

1.省级改革不断深化。2010年省级集中支付支出累计金额达到323.06亿元，比上年增长15.38%。省级改革持续完善，如实施了专项资金结余财政收回的政策，提高资金使用效率；扩大省级国库集中支付直接支付范围，提高预算执行效率；优化预算单位零余额额度对账平台建设，提高集中支付信息的准确性和资金安全性；制定《浙江省省级财政国库集中支付银行代理业务综合考评暂行办法》等制度，加强对代理银行考核监督，改革工作进一步规范。

2.市县级改革有序推进。2010年，浙江省加快推进县级国库集中支付改革，41个县（市、区）启动实施了改革，完成省政府目标责任制考核任务137%，出色完成了年初设定的改革目标。截至目前，全省共有80个市、县（市、区）已实施改革，占应改革总数的85%，其中绍兴、嘉兴、湖州、舟山、丽水市所有县（市、区）均启动实施了国库集中支付改革。从2010年县级改革情况看，大多数县（市、区）能按省厅统一部署积极开展改革试点，稳步推进改革工作。

3.国库集中支付改革成效显现。一是促进了我省公共财政体制改革的深化完善。保证了"三个子"的公共财政管理模式在支出环节的顺利实施，为建立"三位一体"公共财政组织体系提供了有益的经验。二是政府对财政资金的综合调控能力大大增强。财政资金"一个口子"支出，解决了过度分散、闲置的问题，从整体上增强了政府财力，提高了政府调控能力。三是财政资金管理效率得到有效提高。从机制上优化了财政资金管理流程，部门预算的执行力得到增强，约束力得到改善，财政支出效率得到提高。四是提高了预算执行的透明度。强化了对财政资金使用的事前事中监控，能够及时发现并查处资金使用中违规或不规范操作的问题。五是促进了理财观念的转变。促进预算单位增强了财务管理的计划性、前瞻性，提高了预算申报的真实性、准确性和可执行性。

（二）公务卡改革取得阶段性成果

公务卡改革是国库集中支付改革的重要组成部分，也是加强和规范公务支出管理的重要制度创新。从全国范围看，目前所有中央预算部门、地方35个省（区、市）本级、250多个地市、600多个县（区）、9万多预算单位推行了公务卡改革，全国公务卡刷卡消费金额超过115亿元。浙江省自2008年开始实施公务卡改革，三年来取得了积极进展。截至2010年底，省级已有399家预算单位为公务人员办理了公务卡；18个市县已有969家预算单位纳入公务卡改革，特别是舟山市，全市（包括县、区）均已实施公务卡改革。全省累计发放6万多张公务卡，公务卡消费支出2.4亿元。自下发《关于在省级预算单位推行单位公务卡的通知》《关于深化省级预算单位公务卡改革有关事项的通知》等管理办法以来，省本级公务卡改革不断深化，通过持续摸索和完善，逐步建立了"银行授信额度，个人持卡支付，单位报销还款，财政实时监控"的公务卡运行管理新机制。同时，推出单位公务卡模式，取消现金预借制度，解决集中支付托收业务难题，实现了公务卡改革与国库集中支付改革的联动。

随着公务卡改革的快速推进，改革成效日益显现。一是增强了公务支出透明度，加强了财政监督。二是有效堵塞了管理漏洞，强化了财务监管。三是丰富了支付结算工具，方便了预算单位用款。四是发挥了政府示范作用，推动了银行卡产业的发展。

"三个提升"即财政预算执行基础工作水平、执行分析水平及预决算管理水平进一步提升。

（一）财政预算执行基础工作水平进一步提升

1.财政资金安全管理进一步加强。省本级财政资金安全管理保障机制不断完善，资金拨付、稽核会计、记账会计等岗位合理分设，形成了资金拨付、稽核、核算等环节的科学制衡机制。及时下发了《关于全面加强地方财政资金安全管理的通知》，要求全省各级财政部门从人员配备、操作流程规范、专项资金账户清理、金财工程一体化、会计集中核算转轨、推进预算执行管理机构一体化、干部队伍建设等六方面建立健全资金安全管理长效机制。

2.银行账户管理进一步规范。一是完善制度。研究出台了《浙江省省级预算单位银行账户管理暂行办法》，细化了《省级预算单位银行账户管理规范书》，规范预算单位账户管理。二是建立系统支撑。开发完成账户管理信息系统，并在省本级、丽水、绍兴和诸暨、遂昌等地进行了推广试点。三是开展财政专户专项清查。组织全省财政资金专户管理情况清查统计，了解财政资金专户管理总体情况，对省本级现有专户进行清理和规范，2010年清理撤销了政府采购专户、科技发展资金专户及财政周转金等3个专户。

（二）推进财税库银横向联网，预算执行分析水平进一步提升

1.财税库银横向联网稳步推进。2010年，与人行、国税、地税等部门的协调与沟通进一步加强，妥善解决横向联网系统存在的相关问题，完成财政部门财税库银横向联网联调测

试、系统操作培训等前期工作，顺利实现省级财政横向联网正式上线及数据下发。对横联接收数据进行了初步开发利用，开发收入分析报表、数据监控报表和市县数据下发软件，拓展了横向联网数据收集、汇总、分析功能。

2.预算执行分析水平不断提高。积极采集经济、税收运行信息，深入分析，提高分析准确性。定期召开预算执行分析会，及时了解、掌握、交流各地情况，提高分析及时性和前瞻性。加强专题分析工作，从公共财政建设、转变经济发展方式的财税对策、支出进度管理等方面进行专题分析，提高分析的质量和深度。在财政部地方预算执行分析工作评比中获第一名。

（三）加强财政总预算会计基础，预决算管理水平进一步提升

1.财政总预算会计管理不断完善。总预算会计岗位责任制和内部控制机制得到强化，业务运行程序和工作管理制度更加严密，进一步保障了总会计账务处理、报表报送、数据传输、资金缴拨等工作的顺利进行。全年安排市县调度款近365亿元，确保市、县财政平稳运行。及时完成2010年浙江省67亿元地方政府债券的发行、拨付、核算工作。

2.决算工作水平进一步提高。全省财政总决算审核工作中首次引入“总决算审核记录表”的形式，对审核项目、审核重点、审核记录按标准格式做出要求，提高我省财政总决算工作的科学化和标准化。加强财政总决算分析，对全省暂存款暂付款、省本级及相关市县结余规模等情况进行调研分析，为加强财政管理提供了依据。

虽然近年来预算执行管理工作取得了一定成绩，但改革和发展还存在一些不容忽视的问题，主要是：以国库集中支付制度为基本特征的预算执行管理新机制还没有覆盖到各级预算单位；公务卡改革推进偏慢；有效的动态监控体系尚未形成；一些地方财政资金管理基础薄弱，存在资金安全隐患，等等。对这些问题，我们必须有清醒的认识，并抓紧采取有力措施加以解决。

二、凝聚共识，准确把握预算执行管理工作的主要任务

按照公共财政的改革方向，要加快建立符合浙江实际的“三个子”和“三位一体”财政运行机制。预算执行管理处于中间环节，承担着财政资金运行、核算管理、资金监控等重要职能。随着财政支出规模进一步扩大及预算编制、预算执行的公开，预算执行管理的内涵和管理任务发生了新的变化。按照“三个子”和“三位一体”财政运行机制要求，建立与社会主义市场经济体制相适应的预算执行管理新机制，进而提高预算执行的透明度以及资金运行效率和使用效益，是当前财政预算执行管理工作的主要任务。而完善的预算执行管理应具备“安全、透明、规范、效益和监控”五个特征。因此，当前和今后一个时期，全省各级财政部门应当主要围绕以下几个方面认真做好预算执行管理工作：

第一，建立健全国库集中收付运行机制。完善国库单一账户体系，从账户分类设置、开设程序、监督管理等各方面规范管理，进一步明确体系内各类账户的功能和性质，以及设立程序。以国库单一账户体系为基础，规范财政资金收入和支付运行机制。财政收入，无论是税收收入还是非税收入，按规定的程序和缴库方式及时划入国库单一账户体系。支付则通过财政直接支付和财政授权支付方式，由国库单一账户体系将资金直接支付给商品和劳务供应者。扩大国库集中支付范围，按照要求使所有预算单位、所有财政资金都实施国库集中支付制度。

第二，建立财政资金安全管理长效机制。建立和加强财政国库内部控制机制，保障财政国库体系安全运行。制定财政总预算会计基础工作规范，加强财政资金管理关键岗位和风险点内部控制制度建设，强化岗位责任督查制度，建立靠制度约束人、管理人的财政资金安全管理长效机制。同时，利用现代支付清算工具，建立公务用卡制度，杜绝现金管理漏洞。

第三，建立预算执行动态监控机制。以信息化技术为支撑，逐步拓展国库动态监控范围，及时跟踪预算单位财政资金的支付过程，实时监控支付信息，及时督促纠正违规或不规范等问题。完善国库动态监控运行机制，通过综合核查、动态监控信息披露、监控检查通报、处理整改等手段综合运用，提升国库动态监控水平。建立国库动态监控分析报告制度，反映分析预算执行管理存在的问题和成因，有效解决财政资金运行中的信息不对称、风险控制以及透明度等问题。

第四，建立预算执行信息集成机制。运用国库集中支付信息系统和财税库银横向联网，建立财政总决算、部门决算、旬月报和国库集中支付信息的自动集成系统。综合分析宏观经济形势、财税政策、突发事件等对财政收支的影响，研究不同类型财政收支波动背后的影响，拓展预算执行分析深度和广度，更好地服务领导决策。总结国库现金流量的变动规律，着手预算执行收支数据库与预测模型的研究和开发工作，搭建起国库现金收支流量预测模型。

第五，建立预算执行管理机构一体化运作机制。按照权责清晰、运转有序、快捷高效的要求，以优化流程、提高效率为原则，整合国库部门与会计核算（支付）中心职能，统筹配置人力资源，建立一体化管理的预算执行管理机构，提高预算执行效率和服务水平。

三、攻坚克难，开创浙江省预算执行管理工作新局面

（一）深化国库管理制度改革，规范财政资金支付管理

温家宝总理在今年召开的国务院第四次廉政工作会议上提出："要全面推进国库集中收付制度和公务卡改革，两年内将这两项改革覆盖到各级政府及所属预算单位"。这是总理对国库改革成效的充分肯定，也是对财政部门提出的硬任务。

财政部财办〔2011〕1号文件明确提出："各级财政部门要进一步加大国库集中支付改革力度，要确保2012年底前，所有市县、所有预算单位和所有财政性资金全部实施到位。"浙江省也将推进省、市、县三级国库集中支付改革作为一项重要内容列入了2008～2012年惩防体系建设目标。

为加快推进全省国库集中支付及公务卡改革，省厅制定了2011年全省国库集中支付和公务卡改革目标：2011年底前全省所有市县（市、区）实施国库集中支付改革，2010年底未实施改革的县（市、区）全面启动国库集中支付改革；同时，要求各市实施国库集中支付改革的预算单位覆盖完成率不低于50%；各市本级公务卡改革完成率不低于60%，各县（市、区）启动公务卡改革并实现10%以上完成率。为落实中央要求和省财政厅部署的目标，明确任务、落实责任，省厅将与各市县财政部门签订改革目标责任书。同时将对各地国库集中支付改革完成情况和取得的成效进行全面督查验收，要通过签订目标责任书和督查验收，切实促进各级财政部门高度重视改革工作，认真履行应尽职责，努力取得实际效果。

1.全面深化国库集中支付改革。国库集中支付制度是一项涉及整个财政管理的基础性改革，贯穿于财政预算执行的全过程。省、市两级已经建立了较为规范的国库集中支付制度，县级改革也在平稳、扎实向前推进，国库集中支付改革在推动我省公共财政从功能型向管理型转变、促进预算执行管理机构和职能体系建设中发挥了作用。当前浙江省推进县级国库集中支付改革的总体势头良好，但是由于多种因素的影响，仍然存在改革进度偏慢、改革进展很不平衡的问题，部分县（市、区）尚未启动改革试点。由于多数县（市、区）尚处改革试点阶段，全省市县纳入改革的预算单位共4300多家，仅占应改革预算单位总数的28%。改革进程与中央要求存在较大差距，深化国库集中支付改革已刻不容缓。

第一，统一认识，增强工作的紧迫感。国库集中支付制度是构建与社会主义市场经济体制相适应的公共财政管理制度的客观需要，是稳步推进符合浙江实际的"三个子"财政运行机制的客观要求，是"三位一体"财政运行机制的重要组成部分，不仅有利于财政管理科学化、规范化、精细化，也有利于从源头上反腐倡廉。各级财政部门要充分认识国库集中支付改革的重要意义，克服畏难情绪，打消厌战思想，杜绝应付现象；要从政治和全局的高度，给予足够的重视，将改革工作列入日程，加强领导，精心组织，倒排时间，采取有力措施，务求取得新的进展。

第二，精心组织，切实按规范化要求实施改革。国库集中支付改革是一项政策性、技术性很强的工作，有标准化、规范化的要求。从改革推行情况来看，各地国库集中支付业务主要流程大致相同，但涉及到具体业务，做法不尽一致，业务规范也不够统一。各地要按照我省改革方案确定的原则和规范化流程认真梳理国库集中支付业务，对于一些不符合制度规定的业务操作方式要尽快进行规范。为切实规范、统一财政收支业务管理，要求各地按照"金财工程"五统一原则，统一使用由省财政厅开发的财政国库集中支付管理信息系统。

第三，真抓实干，确保完成改革目标任务。各级财政部门必须充分履行改革组织者的职能，一要做好政策宣传解释工作，为改革创造良好的舆论环境，赢得预算单位的理解和支持。要加强与人民银行、代理银行的联系，与改革各方建立起良性互动机制，使改革产生一种"共振"，共同推动改革。二要科学合理地确定业务流程，明确各岗位职责，避免职能交叉，切实提高工作效率。三要加强基础设施建设，在人员配备、经费、信息系统建设等方面给予必要的支持。四要加强培训指导，充分发挥省市业务指导小组的作用，做好业务培训，使有关各方掌握国库集中支付制度的基本原理和具体操作方法。

第四，认清形势，稳步推进会计集中核算向国库集中支付转轨工作。会计集中核算是浙江省在实行国库集中支付改革之前，为加强财政资金管理、强化会计监督、推进源头防治腐败工作等进行的一项有益探索，其成效应当给予充分肯定。财政部要求加快会计集中核算向国库集中支付转轨，目前省级已经顺利完成了转轨工作，今后一段时期，各级财政部门要结合当地实际，在保留原有一些好的经验和做法的基础上，稳步做好会计集中核算向国库集中支付转轨工作。具备条件的地区，要尽快转轨，恢复预算单位会计核算和财务管理的主体地位；条件尚不具备的，可在合理界定核算中心与预算单位职责的基础上，将核算中心负责的单位会计核算业务调整为代理记账业务，并完善业务流程。需要特别强调的是：资金支付要按照规范化要求实行国库集中支付管理，不得将财政性资金支付到核算中心实有资金账户，核算中心不能成为"第二国库"。

2.加快公务卡改革工作步伐。公务卡改革是深化国库集中支付改革的重要举措。推行公务卡改革，其核心就是通过制度、机制和管理工具创新，在预算单位公务支出领域引入银行卡管理，逐步减少预算单位现金支付，提高公共支出透明度和财政财务管理水平，打造"阳光财政"。

当前，中央建立公务卡制度和加快推行公务卡管理的方向已经明确，相关的硬件条件也基本成熟，但是我省公务卡改革形势不容乐观。从纵向看，省市本级改革的步伐较快，县级改革进展相对缓慢。截至2010年底，全省仅有18个市县实行了公务卡改革，仅占20%；从横向看，全省部门预算单位14589家，到2010年底，已实施公务卡改革的仅为6.6%。财政部在4月26日的全国财政国库管理制度改革座谈会上再次明确要求，2012年底所有预算单位都要推行公务卡改革，并将推行公务卡强制结算目录制度。对地方财政来说，公务卡改革也是一个硬任务，同样必须按要求完成。

浙江省的公务卡改革目标已经确定，各级财政部门要克服懈怠思想，迅速行动起来，抓紧采取有力措施加以推动，建立健全公务支出监管新机制。要加强组织领导，积极向领导汇报财政部和省厅对改革的硬指标要求，争取党政领导的重视和支持。要加强与改革相关部门的沟通，创造良好的政策环境，各司其职，形成合力。要强化宣传，使各级领导、预算单位都能了解和支持这项改革，打消思想疑虑，形成广泛共识。同时，要加大培训力度，确保各方都能熟练掌握公务卡的具体使用方法。

财政部将从2011年起建立对国库集中支付和公务卡改革的督办通报制度，要求地方财政部门定期报告两项改革进展情况，并在全国财政系统通报，奖励先进、鞭策后进。浙江省也要建立相应的督办通报制度，省厅于2010年实行的改革督查取得了良好的效果，今后我们还要继续实行改革督查制度，发挥督办、督查在促进改革推进方面的积极作用。

（二）切实抓好财政资金安全管理工作

通过前几年的努力，全省各级财政部门十分重视资金安全管理工作，基本上建立了国库资金拨付流程、岗位分工制度、对账制度和内部监督制约机制，有效地保障了财政资金安全。但是近期，媒体连续曝光“北京昌平杨立强案”、“江西鄱阳李华波案”等多起财政资金安全重大案件，严重影响了财政部门形象，也给我们敲响了警钟。对此，财政部非常重视，今年以来已经连续下发了3个文件，对加强资金安全管理工作进行了全面部署。各级财政部门务必要提高资金安全意识，采取有针对性的措施，牢牢守住安全防线。就资金安全管理，提出以下要求：

1.切实建立健全财政资金安全责任制。各级财政部门要始终把资金安全管理作为财政管理重中之重的工作，建立资金安全管理主要领导负总责、班子成员按工作分工各负其责的责任制度，全面自觉地落实资金安全管理的各项规定。

2.坚定不移地推进国库集中支付改革。近年来发生的财政资金被盗案件有一个共同特征，就是被盗资金的管理均未实施国库集中支付改革，被盗资金的账户均未纳入国库单一账户体系管理，被盗资金的支付未纳入规范化的业务流程。为此，各级财政部门必须坚定不移地推进国库集中支付改革。

3.坚决落实财政资金管理岗位责任制。必须健全财政国库岗位间相互独立、相互配合、相互制约的机制，在岗位设置和人员配备上要采取硬措施，做到规范设置岗位、足额配备人员，确保财政资金安全管理各环节无漏洞。

4.切实加强内部监督制衡。要建立健全重大事项的领导集体决策机制，建立高效顺畅的财政部门内部工作协调机制，确保能够及时发现和纠正存在的问题。要运用现代电子信息技术，将所有财政性资金收支纳入信息系统管理，实现资金支付各环节之间有效制衡。

5.进一步强化财政资金管理人员队伍建设。要健全选人用人制度，严把用人关。要坚持将财政资金安全管理作为党风廉政教育、法制法纪教育、职业道德教育的一项重要内容。要加强财政干部业务素质、风险防范教育，严格履行岗位职责，规范处理财政业务。要建立健全轮岗等制度。

6.切实规范各类账户管理。一是加强财政专户管理。要按照财政部和省厅有关要求，认真做好财政专户清理整顿工作。进一步规范财政专户开立、变更、撤销等审批管理程序。要由财政国库机构统一管理财政专户。要制定国库与财政专户之间资金调度、资金运行内控管理、档案资料保管以及定期检查报告等制度。二是加强预算单位银行账户管理。进一步清理预算单位银行账户，建立严格的财政部门审批制度。要加强对预算单位银行账户的监控，建立完善银行账户管理信息系统和年检制度。三是规范代理银行选择方式。要按照“集体决策、公平公开、确保安全、廉政高效”的原则，择优选择代理银行。国库集中支付代理银行的选择，原则上应实行招投标方式。要慎重选择财政专户开户银行，综合考虑银行资质、偿债能力、盈利能力、运营情况及内部控制水平、信息化管理水平、服务水平等因素，严格规范选择代理银行的审批程序，建立领导班子集体决策制度，有条件的可实行招投标方式。

（三）加强预算执行动态监控体系建设，提高执行分析水平

1.完善预算执行动态监控机制。要按照“完善操作、优化流程、提高效率、确保安全”的原则，加快建立预算执行动态监控运作机制。通过监控系统全面跟踪财政资金支付的申请、审核、支付、清算及核算的操作流程，动态监控每一笔财政资金支付的详细交易记录，及时核实预警疑点，迅速纠正查实问题，积极开展与预算管理及主管部门的联动协作，真正形成事

前事中有效控制、事后跟踪问效的资金支付使用监控模式。加强监控数据和信息的分析工作，完善国库集中支付动态数据库，通过建立包括指标体系、数据模型、评价体系等在内的分析系统，对国库集中支付的财政支出信息和运行情况进行分类梳理、综合分析，挖掘根源、提出对策、反馈情况，促进预算执行更加规范合理。

2.不断提高预算执行分析水平。在财政收支形势日益严峻的情况下，要积极探索预算执行分析的新思路、新办法，加强对财政收支形势的分析。一是要提高透过现象看本质的能力，力求从数据的变化中发现苗头性问题、发现趋势性问题，及早做出分析与预测，及早提出对策与建议。二是要加强宏观经济形势分析，重点分析预测进出口、楼市、车市走势及其对财政运行的影响。深入开展财政政策调整、基数变化等因素与财政收入增长的相关性分析，准确把握财政收入走势。三是要从财政收入和支出两个方面进行协同分析，不仅要分析收入的增减变化情况，还要结合当前国家陆续出台的一系列增支因素，统筹考虑财政收支政策，切实保证预算得到有效执行。

（四）积极推进预算执行管理机构一体化运行

目前，省厅已经设立了总预算局、预算执行局和财政监督局，初步搭建起了预算编制、执行、监督“三位一体”的财政组织框架。在预算执行管理机构建设上，整合了预算执行局、国库支付处、会计核算中心，实行了一体化运行。嘉善、景宁、云和、缙云、仙居、青田和衢江区等财政局按照“三位一体”财政组织机构改革要求制定的三定方案已获批准，为市县财政部门启动“三位一体”机构改革开了好头。2011年，省厅将加大“财政大监督”的构建和整合力度。各级财政部门要深入推进“三位一体”组织管理改革。逐步理顺预算编制、执行、监督等职能，进一步完善一体化运作机制，促进预算编制、执行和监督职能作用的更好发挥。已经当地政府或者机构编制部门批复的，要将预算编制、执行、监督“三位一体”的组织框架搭建好，理顺职能，优化流程，建立运行机制；机构改革方案还未批复的，要积极向当地党委、政府汇报，加强同机构编制和人事部门的沟通，力争在2011年全面完成“三位一体”组织机构建设。

预算执行管理机构一体化运行是加强财政资金安全管理，实现财政预算执行管理科学化精细化的组织保障；是推进“三个子”和“三位一体”财政运行机制改革的要求。希望各级财政部门高度重视预算执行机构建设，抓住政府机构改革的契机，设置预算执行管理机构，整合人力资源，加快推进预算执行管理机构一体化运行，充分发挥预算执行的龙头作用。

（在全省国库集中支付改革工作会议上的讲话，标题为编者加，2011年5月）

在省级预算单位银行账户年检工作会议上的讲话（摘要）

省财政厅总会计师　赵立妙

一、充分认识加强银行账户管理的重要意义

预算单位银行账户作为财政资金管理的载体，集中反映了财政性资金的流转和运行。随着公共财政管理体制的建立和财政国库管理制度改革的推进，银行账户管理的内涵更加丰实，其重要性日益凸显。加强预算单位银行账户管理，有利于增强财政资金活动透明度和加强预算执行管理，有利于完善国库集中支付运行机制，巩固国库集中支付改革成果，对保障财政资金安全有序运行起着举足轻重的作用。

目前，从中央到地方都将加强预算单位银行账户管理作为强化财政资金安全的重要内容给予高度重视。温家宝总理在今年国务院第四次廉政工作会议上明确要求：“要进一步清理部门银行账户，部门开设银行账户由财政部门严格审批，使部门所有账户都受到监控。”还指出：强化预算单位银行账户管理是遏制“小金库”产生的有效途径。2011年是“十二五”规划的开篇之年，是加快转变经济发展方式的关键之年，也是“小金库”专项治理工作的收官之年。继续深入开展“小金库”治理工作，对于维护全省经济发展秩序，促进全省经济持续健康发展，具有重要意义。银行账户是治理“小金库”的一个重要抓手，规范透明的账户管理，是铲除“小金库”滋生土壤，使“小金库”无处藏身的利器，有利于从源头上治理私设“小金库”的行为。同时，财政部年初连续下发了2个加强财政资金管理的文件，均要求强化预算单位银行账户管理。浙江省也于2011年3月份出台了《浙江省省级预算单位银行账户管理暂行办法》，为严格控制并规范省级预算单位的银行账户提供了更为具体、更具可操作性的规定。要充分认识加强银行账户管理对推进党风廉政建设、深化财政改革的重要意义，进一步提高对规范和加强预算单位银行账户管理重要性的认识，严肃执行银行账户管理的有关规定，认真负责地抓好银行账户管理工作，切实提高财政财务管理水平。

二、扎实推进银行账户规范化管理

近年来，省级各预算单位适应公共财政改革要求，不断强化财务管理，银行账户管理水平逐步提高，在加强财政资金安

全管理方面取得了一定成效。但是也存在一些不容忽视的问题,主要表现在以下几方面:

一是账户管理意识不到位。一些预算单位对银行账户管理的相关法律法规和制度不熟悉,其内部财务管理制度也缺乏银行账户管理的相关规定;部分预算单位对银行账户管理政策的认识还比较原始,错误地认为加强银行账户管理会妨碍其对资金的使用;部分单位对银行账户管理重视程度不够,未按规定将银行账户统一归由财务部门管理;有些主管部门缺乏对基层单位的监督管理和指导,对基层单位开户要求,基本是有求必应。

二是违规开户依然存在。少数单位未经财政审批擅自开立银行账户,使部分财政资金长期脱离财政监管,个别单位不顾国家有关规定,将财政资金存放多家银行,多头开户。治理"小金库",搞了多年,也下了很大功夫,收到了一定成效,但始终没有彻底解决,一个重要原因就是部门的"私房钱"有地方存,能随意花。违规开户问题不解决,就会成为治理"小金库"的一大障碍。商业银行为预算单位违规设立的银行账户性质多为一般存款户,由于人民银行对一般存款账户实行事后备案制而不是事前审批制,一些单位便利用这点违规乱开户。《省级预算单位银行账户管理暂行办法》对一般存款户的用途是有限定的,它仅适用于办理贷款转存、贷款归还等与贷款相关的业务,不得办理其他资金的收付结算,也不得办理现金支取。2011年省人行、监察厅、审计厅和财政厅出台《省级预算单位银行账户管理暂行办法》后,相关部门加大了对商业银行为预算单位开设账户的监督检查力度,查处了一些违规账户。

三是账户管理不够规范。部分单位开立、变更账户的随意性较大,片面认为只要本单位提出要求就可以办理,甚至为配合银行揽储而巧立名目开立、变更账户;部分单位未按规定及时办理账户开立、变更、撤销的备案手续;少数单位未将应撤销账户及时撤销,造成大量休眠账户。另外,由于财政部门、人民银行、商业银行、预算单位在账户管理方面未能实现网络化信息共享,账户使用与审批不一致,备案制度执行不力等种种原因,使得省财政厅作为账户管理的职能部门,没能全面掌握省级预算单位银行账户的基本情况。

这些问题给财政资金管理带来了较大负面影响,既影响全面掌握各项财政性资金的总量和运行状况,又影响预决算的真实性、完整性,同时也滋生了银行账户过多过滥、账外设账和私设"小金库"等现象。必须正视存在的问题,采取有力措施切实加以解决。一是要夯实银行账户管理的制度基础。积极查找管理制度和工作程序上的漏洞及薄弱环节,排查账户管理上的资金风险点,通过建立健全相关制度,形成较为完善的银行账户管理机制。二是要严格执行银行账户管理的各项规定。《浙江省省级预算单位银行账户管理暂行办法》及国家有关银行账户管理的其他规定,是省级预算单位银行账户管理的政策法规依据,请各单位认真组织学习、准确地理解和把握这些政策法规,并严格执行,切实加强对单位银行账户的管理。三是要建立银行账户管理责任制。《省级预算单位银行账户管理暂行办法》中明确规定单位负责人对本单位银行账户申请开立和使用的合法性、合规性、安全性负责,单位财务机构负责本单位银行账户的使用和管理。各单位要强化银行账户管理主体责任意识,转变观念,建立银行账户管理责任制,真正承担起严格银行账户管理的责任和义务,履行管理职责,提升管理水平。

三、准确把握银行账户年检工作要求

首次省级预算单位银行账户年检工作,是省财政厅、人行杭州中心支行、省监察厅联合作出的工作部署,主要目的是全面清理、规范省级预算单位银行账户,使财政部门和主管部门摸清并掌握本单位及所属基层单位的银行开户的基本情况,为省级预算单位银行账户管理信息系统的建立和应用提供基础资料,从而推进银行账户管理的科学化、精细化和效率化,确保财政资金安全。希望各单位统一思想,把这项工作摆在重要位置,增强工作的责任感和主动性,落实好银行账户年检的各项工作任务,具体要求是:

一是高度重视,加强领导。银行账户年检工作政策性强,涉及面广,情况复杂,难度较大。为切实做好此项工作,省财政厅成立了银行账户年检工作领导小组,负责领导和组织省级预算单位的银行账户年检工作。领导小组下设办公室,负责具体组织实施。请各单位高度重视本次银行账户年检工作,切实加强组织领导,认真部署本单位及所属基层单位的银行账户年检事宜,确保年检工作顺利完成。

二是落实责任,积极配合。本次年检工作,各单位负责人是第一责任人,各单位的财务部门是银行账户年检工作的管理和具体执行部门,大家要切实履行职责,财务部门要统一管理本单位的所有银行账户和资金,认真落实年检工作的各项任务,按时完成年检。同时,各单位要如实申报银行账户情况,积极配合财政部门对有关事项进行进一步核实、认证。主管部门在做好本级银行账户年检申报工作的同时,要指导、督促所属基层单位按规定及时做好年检工作,按照年检要求对下属单位的年检申请及时进行预审,协调好本部门各项年检有关工作。

三是把握步骤,认真清查。本次银行账户年检分四个阶段进行,第一阶段为动员部署阶段,今天省财政厅在这里对在座的主管部门进行年检动员部署,8月底前,各主管部门要完

成对所属基层单位年检工作的部署，确保年检工作顺利进行。第二阶段为自查清理阶段。各主管部门要对本单位及所属基层单位的银行开户情况组织全面彻底的清查，防止出现工作上的“死角”。在此基础上，各单位要严格按照有关政策规定，对现有银行账户进行撤销、归并或保留处理：对未按规定设立的银行账户，要一律撤销；能够归并的银行账户，要一律归并；申请保留的账户，要如实进行年检申报，说明有关情况。对单位自查过程中发现的违规违纪问题，要及时予以处理。第三阶段为预审申报阶段。10月底前，各主管部门对所属基层单位进行年检预审，各单位年检资料要申报到位。第四阶段为审核确认阶段，省财政厅年检办公室将对年检申报资料进行全面审核和确认。（2011年8月）

稳运行 优管理 强内控 推动全省财政决算管理上新台阶（摘要）

省财政厅总会计师 赵立妙

一、充分肯定一年来预算执行管理工作取得的成效

（一）群策群力，“三项”改革有序推进

1.国库集中支付改革全面深化。2011年是国库集中支付改革的攻坚之年。一年来，各地财政部门狠抓落实，成绩喜人。截至2011年10月底，全省93个市、县（区）中，已有88个实施国库集中支付改革，覆盖率95%；纳入改革的预算单位已达8126家，覆盖率55%。预计到年底，市、县（区）全部可以启动改革，各市纳入改革的预算单位覆盖率可以达到60%以上。同时，各地集中支付改革在规范运行、简化流程、系统支撑、加强监管等方面不断完善，改革进一步深化。通过几年来的国库集中支付改革，财政资金“一个口子”支出，从整体上增强了政府财力；优化财政资金管理流程，从机制上提高了资金支付效率；增强部门预算约束，从管理上强化财政资金的事前、事中监控。

2.公务卡制度改革加快推进。截至2011年10月底，全省31个市、县（区）已实施公务卡改革，覆盖率45%；已改革预算单位为3732家，覆盖率25%，完成目标任务的85%；累计发放公务卡92775张，消费额2.79亿元。公务卡改革极大地提高公务支出透明度，加强了财政监管，方便了预算单位用款。

3.预算执行管理一体化组织建设进一步加强。财政预算编制、执行、监督“三位一体”改革是我省财政管理的一项重大变革。自2009年底省厅预算执行局一体化以来，经近两年的运行，取得了很好的效果。市县财政部门也加快启动了“三位一体”机构改革，在去年景宁、云和、缙云、仙居、青田和衢江区等6个财政局基础上，2011年又有29个市、县（区）财政局“三位一体”组织体系改革一步到位，预算编制、执行、监督三个局局长职位高配，另有14个市、县（区）财政局初步搭建起“三位一体”的组织框架，设立了预算编制、执行、监督三个局。预算执行管理机构的一体化，为下一步财政管理改革以及精细化管理奠定了良好的组织基础。

（二）探索创新，“两项”试点工作取得成效

1.政府会计改革迈出重要步伐。实施政府会计改革，建立政府综合财务报告制度是推进财政中长期可持续发展的基本会计信息基础和重要管理手段。2011年财政部在部分省市开展了权责发生制政府综合财务报告试编工作，作为试点省之一，根据《2010年度权责发生制政府综合财务报告试编指南》的有关规定，认真制定试编实施方案，对总决算报表、部门决算报表、财政专户资金报表、基建决算报表、国有企业报表等相关报表进行汇总、抵销、调整、合并，目前已完成2010年度省级政府财务报告试编工作。通过试编政府综合财务报告，初步了解了省本级政府财务状况及运营情况，为下一步推进政府会计改革积累了经验。

2.顺利开展2011年自行发行地方政府债券试点工作。地方政府自行发债试点，是对地方财政管理体制和投融资管理体制的重大创新。经国务院批准，浙江省成为自行发行2011年地方政府债券试点四省市之一（其他三省市为上海、广东和深圳）。在工作时间紧、任务重的情况下，按财政部下发的《2011年地方政府自行发债试点管理办法》要求，积极做好发行我省政府债券的各项工作，拟定浙江省政府债券发行方案、发行兑付办法、发行现场管理办法和债券发行公告等，开设债券发行账户，会同主承销商组建我省政府债券发行承销团，签订承销协议，并研究分析市场利率发展趋势，选择市场利率相对较低时点发行我省（不含宁波）67亿元地方政府债券，顺利完成了自行发行地方政府债券试点工作，为全省经济发展提供了资金保障，树立并维护了经济强省形象。

（三）规范管理，财政资金监管进一步强化

1.进一步规范国库集中支付运行。根据预算执行科学化、精细化要求，做细做实预算执行审核和监控等基础管理工作，采取多举措规范日常预算执行。一是严格审核四项经费，督促单位加强行政成本控制；二是界定“三公”经济科目列支

范围，逐步规范尚未明确的项目经济科目；三是结合单位审计要求，加强往来款管理，对非往来款性质资金、房租收入、部门划拨经费等资金严格预算执行。2011年，省级财政直接支付实质比重达68.9%，比上年提高10.6个百分点，进一步提高了省级部门预算执行力。

2.进一步加强预算执行动态监控。继续做好国库集中支付资金关联账户支付的事前监控，按周期开展分析、核查、追踪等事后监控，初步形成在线与事后方式相结合的国库集中支付动态监控。同时，省厅组建了课题小组，积极探索构建预算执行动态监控机制，目前已初步制定了省级预算执行动态监控管理办法，明确动态监控职责、分工、内容、方法等，并已会同厅信息中心开发完成动态监控系统初步框架。

3.进一步规范财政资金专户管理。根据财政部要求，2011年全省开展了地方财政专户清理整顿工作。省厅牵头组织各设区市财政局成立核查小组，对各级财政部门清理整顿财政专户工作进行了交叉核查，共撤并财政专户997个。同时，根据检查中发现的问题，制定相应措施进行了整改，进一步消除财政资金安全隐患。主要举措有：统一制定了财政专户管理制度，对财政专户开设依据、归口管理、财政专户档案管理以及开立、撤销和变更的审批流程等事项进行明确规定；建立开户银行选择机制，严格履行规范审批程序；各级财政部门形成了本级财政专户管理情况定期报告制度和下级财政专户管理情况的定期检查制度；将财政专户相关资料纳入信息系统管理等。

4.进一步规范预算单位银行账户管理。2011年，省厅与人行杭州中心支行、省监察厅、省审计厅联合出台了《浙江省省级预算单位银行账户管理暂行办法》，从银行账户的设置、开立、变更、撤销和管理监督等方面对省级预算单位的银行账户管理使用进行了全面规范，并从2011年起开展预算单位银行账户年检工作。同时，开发账户管理信息系统，对预算单位账户的申请、审批及年检全过程动态管理，进一步推进账户管理科学化。

(四)夯实基础，预算执行管理基础工作进一步提升

1.财政决算管理水平不断提高。过去一年里，在各地的共同努力和相关部门的支持配合下，及时完成了各项财政决算编报任务，报表质量明显提高。同时，加强决算数据分析利用，2010年撰写《浙江省财政结余资金形成原因分析及对策》上报财政部及厅领导，相关对策被采纳，有效发挥了决算对预算执行和预算编制的促进作用。在财政部2010年度地方财政总决算工作考核评比中我省财政总决算获得三等奖。

2.预算执行基础数据共享平台不断完善。2011年以来，我省按照“积极稳妥、分步实施”的原则，积极做好全省国地税系统加入横向联网的协调工作，针对收集的主要问题多次向财政部反馈沟通，有序推进了横向联网。同时，做好现有横向联网数据的日常维护，进一步优化报表，加大数据开发利用，为建立预算执行分析基础数据平台打好基础。

3.预算执行分析支撑能力进一步提升。面对近年来日益复杂多变的国际国内财经形势，坚持抓好预算执行分析工作，努力拓展预算执行分析的深度与广度，重点分析对浙江省财政经济影响较大的进出口形势、房地产形势、政策调整、基数变化等对税收的影响，客观反映财政收支总体情况和态势，前瞻性和预判力进一步提升。在财政部2010年度地方预算执行分析工作考核评比中又喜获一等奖。

二、扎实工作，努力推动预算执行管理上台阶

虽然当前财政经济运行态势总体较好，但财政经济形势趋于复杂，财政平稳运行的不确定性加大，需要财税创新管理的压力日益紧迫。从预算执行领域看，推进和深化国库管理改革困难增多，预算执行情况社会关注度提高，政府会计改革和政府债务管理任务艰巨，预算执行管理工作面临诸多新情况、新问题、新挑战。

从财政经济运行态势看，形势不容乐观。当前世界经济复苏进一步放缓，国内调控政策的滞后效应和多种因素叠加影响逐步显现，财政收入增幅逐月回落，“前高、中平、后低”态势已成定局。支出方面，财政增支压力依然较大，加快经济结构调整和发展方式转变，加大统筹城乡发展力度，加强农业、水利设施建设，推进教育、医药卫生、社会保障、事业单位绩效工资等重点领域改革，扶持中心镇和欠发达地区发展，支持保障性住房建设、海洋经济发展、援疆援藏等需投入大量财力。清理规范地方政府融资平台，也将对后期地方基础设施融资带来较大压力，财政收支平衡的矛盾依然突出。

从社会法治环境看，财政信息公开已是大势所趋。随着民众对社会管理的参与意识、监督意识、责任意识和法律意识日益成熟，以及政府信息公开工作的逐步推进，各方对政府预决算公开的呼声日益高涨，预决算公开是大势所趋，且步伐将越来越快，范围将越来越大，内容将越来越细。预决算公开的推进对财政管理各方面工作提出了更高、更细的要求。

从财政理财职能看，财政筹融资体制出现重大创新。浙江省开展地方政府自行发债试点，是对地方财政管理体制和投融资管理体制的重大创新，将有效地增强地方财政筹集资金发展经济的能力，提高地方政府对经济运行的自主调控能力，对全省经济社会发展有重大的现实意义。但自行发行地方政府债券是一项专业性非常强的全新财政管理工作，在管理人才、管理方式、管理机制等方面对地方财政部门都提出了新的要求。

从财政长期发展看，财政管理改革方兴未艾。随着我国公共财政管理体制逐步建立完善，政府会计改革等基础性财政管理改革进一步提上日程。我国"十二五"发展规划中明确要求推进政府会计改革。2011年，财政部选择了包括我省在内的部分省市试编2010年度权责发生制政府综合财务报告，可以说政府会计改革已经拉开序幕。政府会计改革是一项系统性强、涉及面广、影响力深的重要财政管理改革，将对财政管理各方面产生深远影响。

面对诸多新情况、新问题，我们要以积极的姿态，认真应对，进一步明确工作目标任务，扎实做好各项工作。

（一）围绕"稳运行"，进一步提高财政收支管理的科学化水平

面对经济税收形势的发展变化，各级财政部门要正确研判形势，积极有为，继续按照"持续、平稳、健康"的总体原则，处理好当前与长远、速度与结构的关系，切实增强组织收入的主动性。要提高收入预测准确性，把握好组织收入的力度、节奏和方向，在完成全年财政收入任务的同时，更加注重收入结构和质量。同时，各地要在保证资金安全、规范、高效使用的基础上加快预算支出进度，严格预算执行，控制预算追加，进一步规范超收收入使用管理，完善预算执行管理制度和措施，不断提高预算执行的均衡性和有效性。

（二）围绕"优管理"，进一步深化完善国库管理改革

继续深化完善国库集中支付改革。根据财政部和我省惩防体系建设要求，2012年底省、市、县要全面实施国库集中支付改革。当前全省推进国库集中支付改革的总体势头良好，但改革的覆盖面仍需进一步扩展。各地要加大扩面步伐，将改革向纵深推进，要尽早谋划，力争在2012年底前完成目标任务。同时，要进一步深化完善相关制度，重点抓好政府投资项目、高校及科研单位科研经费等资金实施国库集中支付配套措施的制定。

加快推进公务卡制度改革。当前，推行公务卡管理的硬件条件已基本成熟，财政部明确要求，2012年底所有预算单位都要推行公务卡改革。但浙江省公务卡改革进展相对缓慢，各地要统一思想认识，克服懈怠思想，抓紧采取有力措施加以推动，按时完成改革任务，逐步减少预算单位现金支付，建立健全公务支出监管新机制。

（三）围绕"强内控"，进一步构建确保资金安全的长效机制

进一步加强财政资金安全管理。各级财政部门务必提高资金安全意识，采取有针对性的措施，牢牢守住安全防线。要切实制定财政总预算会计基础工作规范，加强财政资金管理关键岗位和风险点内部控制制度建设，强化岗位责任督查制度，建立靠制度约束人、管理人的财政资金安全管理长效机制。同时，利用现代支付清算工具，建立公务用卡制度，杜绝现金管理漏洞。

进一步加快预算执行动态监控机制建设。财政部提出："2012年全面建立起预警高效、反馈迅速、纠偏及时、控制有力的覆盖各级财政的预算执行动态监控体系。"地方财政部门要充分认识建立健全动态监控机制工作的重要性和紧迫性，切实加强组织领导，充实人员队伍，完善机构建设，加紧研究和制定预算执行动态监控机制建设的工作规划和具体实施步骤，要按照"完善操作、优化流程、提高效率、确保安全"的原则，加快建立预算执行动态监控运作机制。

（四）围绕"实基础"，进一步夯实预算执行管理基础

进一步加强财政总会计及财政决算工作。继续做好日常资金拨付和会计核算工作，全面清理整合财政专户，保证资金运行安全。同时，进一步加强财政决算编审，提高决算数据质量，注重日常积累，提高财政决算编制分析质量。加强决算数据的开发利用，开展专题分析，促进财政管理水平进一步提高。

进一步拓展预算执行分析深度和广度。加强基础数据管理，加快预算执行信息报送，进一步细化预算执行情况反映；完善预算执行分析报告制度，深入剖析财政收入增减变动的深层次原因，准确把握预算执行的特点和走势；深入开展专题调研，针对经济运行和预算执行中值得关注的新情况、新问题，分析原因，提出对策，更好地发挥预算执行分析服务决策的职能作用。同时，要逐步建立财政收支情况跟踪监测和滚动预测机制。

进一步推进财税库银横向联网。牵头组织国地税研究横联系统运行方案，力争2012年全省国地税系统全面加入横向网络。进一步研究当前横向联网数据向市县开放与转发模式，力争实现横联金库数据的自主下载，提高对横联数据的利用。同时，还要进一步研究横联数据利用方案，提高横联系统利用率。

（五）围绕"巧理财"，积极探索地方政府债券发行和国库现金管理

在完成我省2011年地方政府债券自行发行试点的基础上，积极培养专业人才，逐步建立并完善自行发行地方政府债券工作机制，开拓我省地方政府融资新渠道，培育地方政府债券市场。同时，进一步研究和探索地方国库现金管理及运作方式，在确保财政资金安全、有效防范财政风险的前提下，实现国库存款保值增值，促进我省经济又好又快发展。

三、夯实基础，着力开创财政决算工作新局面

决算是一项重要的基础管理工作，虽然我省财政决算工作取得了一些成效和进步，但跟兄弟省市比，仍存在较大差

距，我们自身也还存在不少问题，如：个别地区财务会计基础工作薄弱，财政部门审核把关不严；有的市、县、区预算管理不规范，预算执行不严格，科目调剂随意；决算分析报告仍停留在摆数字、写总结的层次，决算分析利用工作做得不够等。对于上述问题，一定要引起充分的重视并采取切实有效的措施加以解决。

当前财政决算工作面临很多新情况，特别是2011年以来，党中央国务院积极推行预算公开工作，人大和审计部门监督财政预算执行力度越来越大，社会公众日益关注预算收支信息，决算公开受到前所未有的关注。同时，2011年我省作为自行发行地方政府债券试点省市，今后财政决算信息将更加受到社会公众、债券持有人等各方的密切关注，决算工作面临着更高的要求和挑战。面对新的形势和新的任务，我们一定要增强责任感、使命感和紧迫感，抓住机遇，迎接挑战，不断开创财政决算工作全新局面。

（一）加强组织领导，建立协调高效的决算工作机制。决算牵涉财政工作的诸多环节，涉及财政部门内外很多单位。做好决算工作，需要相互间的支持与配合。因此，加强决算工作的组织领导，加大工作协调力度，非常重要。大家回去后，要及时将这次会议精神和决算工作开展情况向局领导汇报，争取局领导对决算工作的重视和支持，建立决算编审工作领导机制，制定并完善决算编审的相关制度规范，加大对决算工作人、财、物保障力度，及时解决决算工作中发现的问题。同时，要主动与预算、综合以及各归口业务处（科）沟通协调，建立分工明确、配合默契的工作机制，切实发挥好牵头组织决算编审的职能，与各相关处（科）相互配合，形成合力，共同把决算工作做好。

（二）加强培训和审核，严把决算数据质量。决算审核是决定财政决算质量的关键环节。决算审核不仅要做好数据表内表间勾稽关系的技术性审核，还要对超支、负结余等问题进行政策性审核，去年总决算报表和部门决算报表中都反映出了超支和负结余的问题，大家要引起重视，在2011年的决算工作中进一步加强审核工作。决算审核培训则是做好决算工作的基础环节，对提高决算报表质量有事半功倍的效果。为适应部门决算、“三公”经费公开的新形势，2011年部门决算报表有很大变化，增设了八张表，调整了部分指标和表式，并补充修订了部分指标。因此，我们将加大培训力度，会后将分头进行总决算和部门决算培训，讲解报表填报口径和要求，详细介绍总决算和部门决算软件的使用功能和操作技巧，各地要重视此次培训，保证决算工作的顺利开展。此外，2011年的决算工作布置会仍将开展决算工作交流座谈，针对我省决算审核中发现的问题和决算工作中的薄弱环节，请有关市县认真参与座谈，分析原因，并提出明确具体的解决措施。

（三）加强分析，进一步提高决算数据的利用。财政决算是对一年财政收支预算执行情况的全面总结，是国民经济活动在财政上的集中反映，是十分珍贵的综合信息资料。预算执行管理部门收集汇总后不能束之高阁，要及时加工整理，汇编成册，供领导参考和各方使用。同时也要开拓思路，加强分析，深入挖掘数据内在信息，对预算收支执行特点、结转结余资金变动、“三公”经费支出、权责发生制列报等热点进行重点分析，提出合理的意见和建议，使上年度决算成为下年度预算编制的参考数据，形成“预算编制-决算反映-预算规范”的预算管理链，完善预决算相互反映、相互促进的机制。

（四）加强决算批复和核查工作，维护决算工作的严肃性。对决算进行批复是财政部门依法行政、依法理财的体现。决算只有经过法定程序批复，才具有严肃性、权威性和法律效力。在此，对决算批复工作再强调三点：一是要全面开展部门决算批复工作。省财政厅已经发文要求各地启动这项工作，希望各地抓紧准备，争取明年全面开展决算批复工作。二是要规范批复主体。按照“谁批复预算，谁批复决算”的原则，由业务处（科）批复决算，预算执行管理部门做好相关配合支持工作。三是要规范批复内容。部门决算是单位预算执行情况的综合反映，应当与预算批复相衔接，口径相一致。

部门决算账表一致性核查工作还需要不断推进。一方面，要研究制订部门决算核查工作办法，明确决算核查的内容、程序和方法，加强决算核查与决算审核、批复工作的有效衔接。另一方面，要全面推进决算核查工作，还没有开展决算核查的市县，要尽快开展这项工作；已经开展的市县，要总结好的经验，继续加大力度。

（五）按照有关规定和要求，积极稳妥做好决算公开。预决算公开工作是党中央、国务院做出的重大决策。国务院常务会议明确要求，各地财政部门要比照中央财政做法，做好财政预决算公开工作。谢旭人部长在全国财政厅（局）长座谈会上明确要求要加快推进预决算公开，提出要进一步扩大公开范围、细化公开内容，做好相关解释说明工作。各地财政部门要根据省厅的安排，积极推动本地区决算公开工作。要高度重视，统筹安排，周密部署。加强与同级政府信息公开主管部门、人大、审计等部门的沟通协调，建立健全决算公开工作协调机制。要强化地方政府及其有关部门的公开主体责任，建立健全决算公开规程，完善决算公开保密审查制度。以决算公开为契机，积极采取有效措施，提高决算数据质量，夯实决算公开基础。要充分估计决算公开后可能产生的影响，及早准备应对预案。另外，各地应定期向省厅预算执行局报送决算公开情况，以便及时全面地掌握各地工作开展情况。

（在2011年全省财政决算工作会议上的讲话，标题为编者加，2011年11月）

处、县(市、区)领导议财政

推进浙江舟山群岛新区建设财税政策研究(摘要)

舟山市财政局局长 姜建明

自古以来,“兵马未动,粮草先行”为行军制胜的必要保障。舟山作为国家首个以群岛而设的新区,受自然条件的约束,一直以来基础设施建设相对较为落后,自身财力又较薄弱,如何适应新区建设需要争取国家及省的财税政策支持,保障群岛新区建设、引进投资、留住人才,在推进舟山群岛新区建设上将起到举足轻重的作用。

舟山市地处长三角中心区域,背依中国最发达的长三角经济带;是我国除台湾岛以外,唯一伸向西太平洋的突出部位,位于中国大陆向大洋延伸发展空间的最前沿;具有群岛优势,可以多点布局,满足发展需要;是全国海洋经济比重最高的地级市,已基本形成了以临港工业、港口物流、海洋旅游、海洋渔业等为支柱,风力发电、海水淡化、海洋生物、海洋医药等其他新兴海洋产业具备一定基础的开放型经济体系。2011年3月,国家“十二五”规划明确提出要重点推进建设浙江舟山群岛新区建设,7月国务院批复浙江舟山群岛新区发展规划。21世纪将是海洋的世纪,发展海洋经济是国家战略,舟山作为国家首个以群岛而设的新区,是我国发展海洋经济的主战场,承担着先行先试发展海洋经济的职责。目前,全球许多国家都在实施新一轮的海洋战略、“蓝海战略”,把海洋经济发展与国家海洋战略提升到综合国力竞争的高度,纷纷通过立法保障、财政投入、税收优惠、土地政策、金融政策等手段从国家层面大力推动战略实施。一些国家还专门成立了“海洋经济开发区”“海洋经济发展特区”“蓝色经济区”或实行离岛免税政策等,加快推动海洋、海岛经济发展。特别直接面向舟山的日本、韩国、新加坡等国家,在支持发展各类海洋产业和支持特定港口(岛屿)发展出台了一系列财税经济政策。我国要把浙江舟山群岛新区作为我国海洋经济发展和提升国家综合竞争力的“桥头堡”和“前沿阵地”,就必须在财税政策方面给予大力支持。对舟山群岛新区的财税政策支持,包括产业政策和区域政策,具体分为税收优惠政策、财政投入政策、非税收入优惠政策和融资政策四个方面。

一、税收优惠政策

1.对涉海基础设施建设类产业企业所得税“三免三减半”征收。对从事涉及海洋经济发展的交通、港口码头、电力、水利、邮政、广播电视等基础设施项目投资经营的所得,自项目取得第一笔生产经营收入所属年度起,第一年至第三年免征企业所得税,第四年至第六年减半征收企业所得税。

2.海洋经济发展相关类产业企业所得税减按15%征收。浙江舟山群岛新区范围内,包括仓储物流、海洋生物制药、海洋能源、海洋新材料、海水综合利用等高端海洋产业开发项目列入国家鼓励类产业,以及国家鼓励优先发展的海洋产业领域项目,减按15%征收企业所得税。

3.突出对涉海产业中高新技术企业的税收优惠。对浙江舟山群岛新区范围内当年高新技术产品产值加技术性收入达到年总产值60%以上企业,企业所得税实际税负不超过10%;对浙江舟山群岛新区范围内高新技术产业领域或战略性新兴产业领域的企业,从获利年度起三年内,按有关规定提取的风险补偿金(按当年利润额的3%~5%)可税前扣除。

4.对战略性新兴产业增值税予以全额即征即退。制定引导和扶持海洋战略性新兴产业发展的优惠政策,主要包括风力发电、潮汐发电以及跟电、水、油、环境等有关的产业。对风力发电产业、潮汐发电产业实行增值税100%即征即退。

5.支持舟山群岛新区开放开发的保税港区政策。在批复舟山保税港区建设的同时,赋予相关的保税港区优惠政策。同时,结合舟山特色,赋予舟山航运业营业税减免、实施启运港退税政策及实施船舶登记特案减免税办法等配套政策。

6.离岛免税政策。我国已在海南省实行离岛免税政策,舟山群岛具有丰富的旅游资源,且便于管理,为了鼓励舟山群

岛新区发展旅游产业，建议在舟山群岛新区实行离岛免税政策。

二、财政投入政策

1.设立专项海洋经济发展及保护资金，支持舟山先行先试发展海洋经济。在一定时期内，对舟山涉海企业产生的所有上缴中央的税费收入，由国家设立专项海洋经济发展及保护资金，全额返回舟山。以岛养岛，充分鼓励舟山群岛新区发展海洋经济，推进群岛新区建设，保障国家发展海洋经济战略的实施。在开放开发的同时，注重对海洋资源的保护。

2.在"十二五"期间对舟山群岛新区的基础设施建设给予每年一定额度的专项财力补助，重点用于区内国家大宗物资储备中转贸易中心和海岛集疏运等基础设施建设。根据舟山市"十二五"海洋经济发展重大建设项目规划，计划投入1090亿元用于国家大宗物资储备中转贸易中心和海岛集疏运等基础设施建设等。经初步测算舟山市"十二五"期间预算内外除去政府正常运行和教育、社保等刚性的民生支出外，净可用资金为70亿元左右，加土地出让净收益50亿元，总的地方财政可用资金在120亿元左右，整个"十二五"期间，舟山将面临严峻的基础设施建设资金压力。为此，需要国家对舟山群岛新区的基础设施建设予以专项补助，以推进舟山群岛新区建设。

3.加大国家现有的涉海产业扶持政策对群岛新区的支持力度。在安排中央预算内基建资金时，单列对舟山群岛新区的海洋基础设施建设资金；在安排"中央财政促进服务业发展专项资金"时，加大对舟山海洋港口现代服务业支持力度；增加浙江省地方特色产业中小企业发展资金的切块额度，专门预留一块资金用于支持舟山市海洋特色产业发展；在安排旅游发展专项资金时，加大对舟山海洋旅游基础设施建设的支持力度；在安排海洋保护资金时对舟山单列，并加大份额。同时在基础设施、生态建设、环境保护、社会事业和产业发展等方面安排中央预算内投资、其他有关中央专项投资和国债资金补助时，结合舟山实际，降低地方配套资金比例。

4.将战略物资储备国企税收收益的一定比例留在舟山。由央企主导的国家原油储备、矿砂和煤炭等大宗物资中转项目落户舟山，利用了舟山优质的深水岸线，占用了紧缺的土地资源，地方投入大量配套资金，但随着项目的投入运行，其对地方财政收入的贡献微乎其微。本着资源有偿占用原则，需要对大型储备项目实现的最终税收，比照企业所得税总分机构的做法，给予储备地适当分成。

5.加大海洋科技创新和人才培养支持力度。浙江海洋学院是我省唯一一所综合性海洋大学，对培训我省乃至我国中部海洋人才、建设海洋科技研发平台、科技创新引智载体、科技成果孵化园区、海洋文化研究中心等方面具有重要作用。浙江海洋学院正在加快实施从教学型大学向教学研究型大学的战略过渡，需要国家和省加大扶持力度，每年安排一定专项资金用于海洋大学建设。

6.将舟山海关收入的15%以财政转移支付的形式用于舟山口岸设施建设。舟山海关去年税收收入约200亿元，其中多为代征的增值税等，许多是由在舟山的企业产生，而对地方收入没有一点贡献，且地方还要承担大量的口岸配套设施建设费用，结合舟山群岛新区建设，要积极寻求国家切出部分用于支持群岛新区的口岸设施建设。

三、非税收入优惠政策

1.探索设立岸线使用金。舟山群岛是我国岸线资源最为丰富的区域，岸线资源具有稀缺性和不可再生性，本着使用和保护相结合的原则，可以探索在舟山先行先试设立岸线使用金，专项用于对岸线稀缺资源保护。

2.土地出让金优惠政策。借鉴日本、新加坡等国的土地出让政策以及国内新区土地出让方面的政策，可以寻求国家对舟山群岛新区发展的土地出让方面给予更大的优惠政策，支持舟山群岛新区发展港口、交通等基础设施以及吸引各类来舟山投资或船舶停留。对来舟山投资发展船舶、高新技术、港口物流、仓储等企业实行成本价供地，用地指标单列，不上缴新增建设用地有偿使用费或上缴后全额返回。

3.海域使用金优惠政策。国家在一定期限内，在舟山新区内收取的海域使用金、海岛使用金上缴国家的部分以项目形式全额返回给舟山新区，或者将涉及舟山新区建设的公益性项目的海域使用金减免权限下放给省财政厅，以加快舟山新区公共基础设施等建设。

4.港口建设费优惠政策。参照国际通行做法，对舟山群岛新区的港口建设实行"以港养港"政策，即对从舟山港口收取的港口建设费国家留成部分给予全额返回，专项用于港口公共基础设施建设，同时对从舟山港口口岸收取的其他税费每年按一定比例给予返回。

5.海岛博彩业试点。参照日本和海南国际旅游岛的做法，在舟山群岛新区试办一些海洋性旅游和体育娱乐项目，发展竞猜型体育彩票和大型国际赛事即开彩票，所筹资金用于支持基础设施建设、海洋产业技术改造以及生态保护等。

四、融资政策

1.政府融资平台优惠政策。目前国家对政府投融资平台贷款实行紧缩的政策，而舟山群岛新区建设又需要大量的资金，两者矛盾突出。需要国家给予舟山投融资平台优惠政策，由国开行等国内大型商业银行的总行直接给予舟山一定的贷款信用份额，保障新区建设的推进，充分发挥政府融资的先导作用。

2.中央代发地方政府债券对舟山单列，并加大份额，下一步允许舟山先行先试发行新区地方政府债券。中央代发地方政府债券作为国家缓解地方债的措施之一，舟山一直以来获得份额较小，2009年和2010年得到份额分别为1.5亿元和3.5亿元，与群岛新区建设投入差异很大，需积极要求中央对舟山的债券进行单列并加大份额。国家允许舟山群岛新区利用"先行先试"政策优势，尝试开展地方债的发行，既为舟山群岛新区发展提供资金，又为地方债券建设和管理积累经验。

加大对山区发展的财税扶持力度(摘要)

——以金华市沙畈、塔石、莘畈山区乡镇为例

金华市财政局局长 陈志身

金华市是典型的山地市，"七山一水二分田"是金华市的地理特征。目前金华共有47个山区乡镇，与平原地区的乡镇相比，山区乡镇地理位置较偏，交通成本较高，接受城区辐射能力较弱，经济社会发展相对滞后。金华市婺城区沙畈、塔石、莘畈是三个典型的山区欠发达乡镇，山多地少，人均耕地不足0.3亩。近年来，金华市、区两级党委政府紧紧抓住机遇，围绕"全面实现小康社会"的目标，加大财政投入，通过实施下山脱贫、结对帮扶、项目扶贫、效益农业开发、基础设施建设等措施，有效地推动了山区乡镇的经济社会发展。数据显示，自2003年省委、省政府实施"欠发达乡镇奔小康工程"以来，3个乡镇按年人均收入2500元以下的贫困人口到2010年减少了6307户20308人，农民人均纯收入从2003年的1794元提高到2010年的5182元(不包括外出劳务收入)。山区生存环境和农民生活条件明显改善，截至2010年底，3个山区乡镇71个行政村已全面完成乡村整治建设任务。目前村庄通电、通话率达到100%，通路率达到93%，通邮、通有线电视广播率达到94.5%，安全饮用水达到70%以上。

一、财税扶持山区发展概况

近年来，金华市各级政府坚持城乡统筹、区域统筹和山区与平原统筹原则，紧紧围绕"多予少取放活"的方针，根据山区经济社会发展趋势，严格把握政策扶持的节奏和力度，扶持重点从最初的"普降细雨式"到"画龙点睛式"，综合运用财政补助、贴息、担保、风险投资、税收优惠、政府采购政策等多种扶持方式，坚持两手抓，一手促经济发展，一手保民生投入，使山区得优惠、农民得实惠，真正体会到党的多予少取方针。近三年，市财政对3个山区乡镇投入各项资金3066.77万元，通过财政资金的投入和引导，有力地支持山区经济社会发展。目前，已实现城乡居民养老保险和医疗保险、城镇职工养老保险和医疗保险、被征地农民基本生活保障、新型农村合作医疗和城乡医疗救助等全覆盖。

1.大力扶持山区特色产业发展

各级财政对沙畈、塔石、莘畈三乡镇在特色农产品基地建设、毛竹林地产改造、农家乐补助、农业综合开发、小型农田水利建设、扶贫开发等项目上累计投入资金分别为55.5万元、59.2万元、55.4万元，通过财政资金的引导作用，山区乡镇特色产业得到有效发展。沙畈乡改造竹林6980多亩，改造山茶油500多亩，村民亩产收入提高了4倍多。塔石乡积极引导发展竹木加工业，形成了东店、高塘、塔石3个木制品加工专业村，年竹木加工产值3000多万元。同时充分发挥山区独特的小气候优势，培育了反季节高山蔬菜、笋竹两用林、茶叶、油

茶、香榧、莱黄牛及铁皮枫斛等一批基地建设。莘畈乡着力抓好效益农业基地建设，新增安吉白茶种植500亩，建成休闲生态农业观光园30亩；注重旅游强乡，与上海50多家旅行社建立发展生态乡村旅游合作关系，并加入“长三角乡村旅游合作联盟”，稳步推进生态旅游项目。通过政策的扶持和引导，山区乡镇的农业产业结构有了较大的调整，高效生态农业有了初步发展，旅游等第三产业有了明显效益，出现较有知名度的“莘畈土鸡养殖专业合作社”、“塔石高丰果蔬专业合作社”、“浙江采云间茶业有限公司”等一批龙头企业和专业合作社。

2.积极开展山区新农村建设

市财政对沙畈、塔石、莘畈三乡镇投入的农村饮用水改造、村庄整治、农村污染治理、下山搬迁补助等扶持资金分别为544.6万元、246.3万元、194.88万元。完成3个乡镇的村庄整治分别为29个、13个、11个，污水治理分别为18个、17个、15个。同时，全面落实农村环境卫生长效机制，建设了垃圾池、垃圾房等一批环卫设施；积极支持村庄美化、村庄绿化、城乡公交一体化改造、乡文化活动中心项目建设、乡村道路改造等项目，使山区新农村建设稳步推进，山区落后面貌有了较大的改观。

3.全力保障山区民生改善

构建覆盖城乡的居民社会养老保险制度，年满60周岁老年人享受每月60元基础养老金；扎实推进农村医疗卫生机构、人才队伍和管理体制建设，规划金华市区社区卫生服务站点405个，满足“20分钟服务圈”的基层医疗卫生服务要求；进一步推进基本医疗保障体系建设，新型农村合作医疗参保率90%以上，最高支付限额达到农民上年人均纯收入的6倍；提高城乡最低生活保障标准，农村居民从每人每月204元提高到每人每月236元，惠及金华市区农村低保对象10981人。

4.稳步推进下山脱贫工作

近年来，各级政府先后投入4000余万元资金，建立了琅琊、汤溪、长山、乾西等4个下山移民新村，移民新村的土地征用及基础设施建设全部由政府买单，无偿提供给山区移民每人30平方米的建房用地，现已组织实施了33个村4159户8743人的整村下山搬迁。从2003年开始，省、市、区三级有关部门和单位与山区46个村建立了结对帮扶，已投入各类帮扶资金2704万元，启动实施672个扶贫开发项目，有效促进了山区群众生产生活条件的改善。

5.有序引导农民创业就业

支持实施积极的就业政策，拓宽失业保险基金支出范围，将政策享受对象扩大到所有符合条件的城乡登记失业人员、参加失业保险的用人单位及其在职职工，支出项目扩大到职业介绍补贴、职业培训补贴、社会保险补贴等14个项目。为进一步增强农民就业创业能力，鼓励农民学习实用技术，从2003年开始，通过举办各类培训班，培训农村劳动力11.34万人(次)，其中农业技术培训14830人次，就业技能培训66325人(次)，实现转移就业48868人，为带动山区农民走出山区、走向城市就业创业打下了良好基础。

6.启动生态效益补偿机制

森林生态效益财政补偿机制正式启动，市区两级财政每年按规定对列入公益范围的244922亩森林进行补贴，对列入省级以上公益林范围的森林，财政每年每亩给予17元的补贴，从2010年开始，对市本级生态功能区范围的公益林补助，在规定标准的基础上对林农每亩增加7元，有效地保护了森林资源，也使金华市民的饮用水得到有效保障。

二、制约山区发展的原因剖析

虽然在一系列政策的支持下，山区的面貌发生了很大变化，但是由于自然条件、自身区位和历史等原因，山区生产、生活条件仍然较差，经济发展水平仍然较低，农民生活水平和质量落后于平原发达地区。近三年，农民人均纯收入分别为4515元、4839元、5182元，与城镇居民人均可支配收入21400元、22915元、25029元相比，差距有进一步拉大的趋势。而且发展山区经济，面临资源保护、环境污染等问题，进一步限制了山区发展空间。

(一)山区自身条件方面存在的问题

1.自然条件制约，经济基础比较薄弱

金华市山区乡镇的森林覆盖率达到了70%以上，在功能上被定位为地方的生态功能发展区，担负着涵养水源和生态屏障的重要职责，大片山林被划入了生态公益林，对工业和养殖业的限制要求较高。由于规范、完善的生态补偿机制尚未建立，山区乡镇对资金的需求缺口较大，很多山区乡镇财政收入只能维持正常的办公经费，沙畈乡甚至每年的正常开支都不能维持。因机关正常运转经费困难，对农村建设投资经费有限，基础设施建设远远落后于其他地区，因此也导致招商引资难度大，发展后劲不足的恶性循环。

2.缺乏产业支撑，农民增收难度很大

受地理位置和自然条件制约，山区农民收入来源主要是传统的种养业，靠天吃饭，产业结构单一，一旦遇到自然灾害或者农业生产资料价格的上涨，加大了农民生产费用开支，抵消了一部分利好政策给农民带来的实惠。由于山区乡镇缺少大项目、好项目支撑，生态效应未充分发挥，农业产业化进程不快，现有企业带动力不强，农产品增值空间不高，粗放、单一的经济结构，使农民很难致富。以服务业为主的第三产业增长相对缓慢，生态旅游资源未得到充分挖掘，农民增收渠道匮乏。

3.村级财力缺乏，社会公共事业发展缓慢

大部分村庄都没有建立起集体经济组织。近年来，为改变山区农村落后面貌，各村利用上级对农村及山区的优惠政策，积极开展新农村建设，但由于上级要求配套资金，造成越投入负债越多的现象。由于村级集体经济普遍比较落后，导致村里的自我投入能力不足，农村公共事业得不到有效发展，文教卫生等基础设施建设欠账较多，村级公共事业配套设施不足，村庄“脏、乱、差”的现象仍然比较突出，与统筹城乡发展、构建和谐社会的要求相比存在较大差距。

4.劳动力素质不高，外向转移比较困难

山区农民致富慢、就业难，一个重要因素是山区农村劳动力文化水平低、缺乏专业技能，投资发展意识弱。大量农村青年外出务工，更是加剧了人才短缺。

(二)财税政策扶持方面存在的问题

1.财政支农有效投入不高，财政资金使用绩效不明显

虽然财政支农支出的绝对量在逐年增加，但财政支农的有效投入却不高，支持山区发展的各种优惠政策，散含于一般的农村政策、林业政策、农业政策、扶贫政策中，不仅缺乏较强的针对性，而且对山区而言，撒“胡椒面”式的政策扶持力度也不够。同时，目前几乎所有的财政支农项目，都要求地方给予配套，实际上普遍难以到位，影响了项目的实施，更影响了财政投入的绩效。

2.部分政策针对性和可操作性不强，影响惠农政策“落地率”

近年来，中央和省出台了许多“三农”方面的优惠政策，有力地推进了农业增效、农民增收、农村发展。但在政策的实际落实过程中，部分政策条款过于原则，配套措施不够完善，没有细化为相关部门的操作性文件，加上部门认识不一致，致使很多政策在具体实施中难以完全到位。

3.财政支农渠道比较分散，资金运行环节相对偏多

目前，财政支农资金除由各级财政部门拨付外，省、市级政府各农、林、水等主管部门也可以层层下拨资金到区级对口部门，甚至直接下拨到乡镇、山村，造成资金来源渠道多、投入分散的局面，难以形成规模效应。而且资金管理成本过高，经常出现一个项目多个部门管理的局面。有些地方用一个项目同时向几个部门申报投资，出现一个项目使用几个条块资金的情况，结果有的项目因资金多余而被挪作他用。

4.山区生态保护压力较大，生态补偿机制尚未完善

山区多属于生态敏感区、生态脆弱区，为了保护生态环境，一方面，当地居民承担了部分生态建设费用；另一方面，当资源开发利用与生态保护发生冲突时，要以生态保护为重，放弃开发项目，而且原先的生产方式有背生态环境建设时，仍需停止或采用新技术加以解决，由此带来当地农民的失业、生产成本投入增加。而且，由于生态环境的改善，平原低地较山区获利更多，反哺山区、反哺上游的森林生态效益补偿机制尚未完善，也限制了山区经济社会的发展。

三、促进山区发展的财税扶持对策

(一)整合优化山区发展政策，加大扶持山区发展力度

1.努力增加山区资金投入。山区自身经济基础薄弱，要发展必须在千方百计增加财源的同时，想方设法加大财政资金投入，双管齐下促进山区发展。一方面，逐步加大对生态补偿的公共预算投入比例，重点投向重要生态功能区的生态恢复、环境治理与保护；生态移民安置及对不符合环保标准的当地企业进行搬迁补偿；扶贫帮困、发展生态农业、增加当地农民收入等方面。进一步强化山区税收征管，探索扩大资源税开征范围，对单位和个人开采建筑用砂、矿泉水、地下水、黏土等自然资源的征收资源税。通过增税政策，调控发达地区与山区之间的经营成本和效益，提高资源开采型企业对山区地方财政收入的贡献度。另一方面，加强相关职能部门的协作，用足用好中央、省、市帮扶政策和国家产业政策，共同争取上级对山区发展在政策、项目和资金上予以倾斜，争取得到上级更多的资金投入。同时，修改完善项目投入配套机制，细化项目投入操作办法，根据各地发展实际制定不同的配套政策：对经济条件好的，要求多配套；经济条件不好的，可以少配套；经济条件差的，完全不配套，要求山区重点督促检查项目落实到位情况，上下齐心把实事办实、好事办好。

2.整合财政现有支农资金。在政策制定完善过程中，多听取山区乡镇意见，尽量使政策支持与山区发展无缝对接。探索建立林权集中流转机制，采取“当地政府引导、龙头企业参与、山区农户抵押”的方式，实现林业发展由小规模分散经营向规模化、集约化、产业化经营转变。根据山区经济社会发展现状，对现有的财政支农资金，予以整合规范，探索以主导产业或重点建设项目作为资金整合平台办法，积极探索扶贫开发、农业生态建设、农村中小型基础设施等支农项目相配合、统筹安排的投入机制，根据轻重缓急，集中财力办大事，重点扶持农业发展的大项目、好项目，以此带动山区农业产业化，促进第三产业的发展，推动农民增收致富。

3.统筹安排山区项目建设。推行项目带动资金管理办法，改变过去一个项目多个部门管理、一个项目几个条块资金投入的现象，实行项目主体负责制，根据部门职能确定项目牵头单位，其他相关部门做好协调配合，财政部门按项目进度拨付资金，确保项目的进度和工程的质量。围绕国家产业政策，立足山区实际，财政投入的重点主要用于山区的重大农业项目、大型基础建设、农业新技术推广等项目上，创新项目谋划、

征集、推介机制，推动重大项目建设，形成产业项目不断发展壮大，基础设施项目不断接续，社会事业项目不断发展，每年都有一批项目投产，一批项目在建，一批项目开工，一批项目生成的滚动发展格局。

4.建立完善生态补偿机制。不断完善政府对生态补偿的调控手段，充分发挥市场机制作用，动员全社会积极参与，逐步建立公平公正、积极有效的生态补偿机制，加大补偿力度，努力实现生态补偿的法制化、规范化。充分发挥财政资金的杠杆作用和乘数效应，坚持“谁开发谁保护、谁受益谁补偿”的原则，综合运用贷款贴息、配套投入、民办公助、以物抵资等激励手段，因地制宜选择生态补偿模式，吸引民间资金对农村小型公益设施的投入，提高农业综合生产能力。

（二）发挥财政资金投入导向作用，大力发展特色产业经济

山区的优势在于资源，在确保生态效益的基础上，向森林要经济效益。山区有丰富的山林、山地资源，有丰富的水资源、生态旅游资源。要充分发挥财政资金投入“四两拨千斤”的导向作用，利用财政贴息、投资补贴、以奖代拨、税收优惠等措施，引导山区从自己的比较优势资源入手，通过整合资源，合理分工，发挥优势，发展山区特色产业经济。

1.引导山区发展现代特色农业。按照“效益农业特色化、种养殖业规模化”工作思路，积极调整财税扶持政策，引导山区大力发展特色生态高效农业。加大农产品市场信息的采集、整理和宣传力度，引导农民根据市场信息主动调整产品结构，加快无公害高山果蔬、速生丰产林和白茶等基地建设，重点加大对农业龙头企业、农民专业合作社和特色种养基地建设的扶持，积极实施品种创新、品质创优、品牌创响战略，进一步抓好名优农产品的宣传和原产地保护，建设一批特色农业示范基地、无公害农业示范基地和农业示范园区，促进农业增效、农民增收。同时采取相关财政优惠政策，鼓励农民做好农产品加工增值文章，进一步挖掘农业内部的增效增收潜力，以农产品增值促进农业增效，以农业增效促进农民增收。

2.大力扶持发展山区加工业。通过创新以奖代补、财政贴息、税收优惠等财税扶持政策，鼓励发展茶叶、油茶、毛竹、花卉、苗木生产大户和加工企业，积极扶持发展来料加工业，培育百姓经济，吸纳更多农村劳动力转移就业。鼓励发展劳动密集型农村生态工业，形成山村特色块状经济，走以工业化带动农业化的路子，延伸农业产业链，带动农产品加工业发展。探索建立大型超市与山区基地合作销售农产品模式，山区基地负责农产品的种植、供货，大型超市负责农产品的销售，同时发挥大型超市拥有的信息资源优势，指导农民种植受市场欢迎的农产品。通过内引外联，鼓励和支持有实力的企业通过资本运作、产业延伸、品牌嫁接投资山区加工业，发展农产品深加工、精加工，提高农产品附加值，增加农民收入。

3.鼓励农民积极开发生态旅游业。针对目前我国整体收入水平上升、生活节奏加快从而刺激较富裕地区对旅游休闲需求日益增长的现状，在保证生态环境的前提下，生态旅游资源丰富的山区乡镇可积极开发生态旅游业，政府主要负责整体规划景区，有序开发景点，采取财政补助、农业综合开发等形式，鼓励农民建设效益农业基地，以休闲生态农业观光园吸引游客。并通过举办生态旅游文化节等形式，加大宣传推介和包装力度，红色、绿色、古色三色并举，以此搞旺人气，推动“农家乐”等第三产业发展，带动农民农副产品的销售，促进农民增收。

浦江县外胡水库

（三）提高财政扶持资金绩效，加快发展山区社会公共事业

按照公共服务均等化和受益面最大化的原则，有选择地重点保障群众最关心、最直接、最现实的利益问题，建立健全向

山区倾斜的投入机制，规范和改进财政转移支付制度，对经济欠发达和承担重要生态功能地区的山区乡镇，通过财政转移支付等方式，使其财政支出可以支撑当地居民逐步享有均等化的基本公共服务。要逐步完善财政资金投入绩效评价体系，改变过去财政重投入、轻绩效的观念，为民管好财、理好财、用好财，确保财政投入真正用到群众最急需、最迫切的社会公共事业上。

1.加快发展山区文化教育事业。教育是百年大计，山区发展首先要重视文化教育事业，提升农民的素质。一是重点改善山区义务教育条件。根据山区符合义务教育条件学生分布情况，有序整合山区教学资源，在保证教学质量的前提下，重点保障人口密集生源较多的集中村、中心镇办学条件，促进城乡义务教育的均衡发展。二是强化农民实用技术的培训。以市场需求为导向，大力实施"农民素质工程"，组织农民参加来料加工、苗木种植、旅游开发等实用性强、就业率高、易于掌握的实用技术和劳务技能培训，使走出去的劳动力具有较强的务工技能，留下来的农村劳动力能够掌握科学种养技术。三是改善山区文化活动条件。加强重点村镇文化活动中心、村民健身休闲中心等建设，建设一批富有特色的文化名村，以此丰富农民业余生活。

2.提升山区公共卫生服务能力。按照合理布局、重点保障的原则，根据山区农民居住分布情况，科学规划公共卫生设施建设，重点保障乡镇卫生院和重点村卫生室投入，不断改善山区医疗卫生设施和农民就医条件，切实解决山区群众"看病难"、"看病贵"问题。加大山区医疗人员职业培训力度，不断提高医疗人员业务素质，培养一批能看病、会看病、善看病的山区医疗人员，使农民足不出山就可方便地看病治疗。稳步推进医药卫生体制改革，建立健全新型农村合作医疗制度，提升山区公共卫生服务能力。积极推动基本药物制度改革，落实好基本药物制度实施后的基层医疗卫生机构财政补助政策。建立合理的收支考核办法，充分调动基层医疗人员的积极性，更好地服务山区农民。

3.完善山村社会救助体系。发挥公共财政"阳光普照"的优势，让更多的山区农民享受经济社会进步带来的好处。进一步完善山村"五保户"供养、特困户生活救助和农村灾民补助等社会救助体系，积极探索并逐步建立农村社会养老保险、最低生活保障等制度，从根本上解决农民老有所养、困有所靠的问题。积极支持和鼓励外出务工人员参加城镇基本养老保险，健全征地农转非人员社会保障制度，逐步实现与城镇职工基本养老保险制度接轨。全面实施"低收入农户奔小康工程"，因户而异、分门别类地落实扶持政策，切实把帮扶工作做到村、做到户、做到人，促进低收入农户的持续增收。

支持战略性新兴产业发展的财税对策（摘要）

湖州市财政局局长　陈亚明

一、湖州市战略性新兴产业的现状

国务院决定加快培育和发展生物、高端装备制造、新能源、新材料等七大战略性新兴产业。我省将重点发展生物产业、新能源产业、高端装备制造业、节能环保产业、新材料产业等九大战略性新兴产业。

根据湖州市产业基础，湖州市确定了先进装备、新能源、生物医药、节能环保、新材料、新能源汽车等六个领域作为重点发展的战略性新兴产业。按重点突破、布局发展两个层次推进，其中近期重点培育发展先进装备、新能源、生物医药三大战略性新兴产业。

2009年全市规模以上工业总产值2198亿元，三大战略性新兴产业383.5亿元，占比17.4%；2010年2666.5亿元，增长21.3%，三大战略性新兴产业520.7亿元，增长35.8%，占比19.5%。

2010年全市共有三大战略性新兴产业590家企业，增长10.9%，主营业务收入为557.6亿元，增长33.8%，实现利税50.6亿元，增长34.6%，实现利润34.4亿元，增长37.5%。

从2010年情况分析，湖州市三大战略性新兴产业发展呈现以下特点：

1.三大战略性新兴产业呈现加快发展态势，规模、效益同步增长，总体运行质量较高。规模以上工业总产值三大战略性新兴产业增幅比全市总增幅高14.5个百分点，2010年占比增加2.1个百分点；本级三大战略性新兴产业增幅比本级总增幅高25.7个百分点，2010年占比增加2.8个百分点。2010年本级在制造业税收占比比2009年度减少约4个百分点的情况下，三大战略性新兴产业税收占比增加了0.5个百分点。

2.空间集聚初具规模。全市形成了以巨人通力、沃克斯为代表的南浔电梯产业基地，以贝盛光伏为代表的吴兴光伏产业集群已初具雏形，以天能、超威为代表的长兴蓄电池产业基地，以升华拜克、佐力药业为代表的德清生物医药产业园，并涌现了诺力机械、巨人通力、中机南方、德宏电器、镭宝机械等一批装备制造业行业骨干企业。

3.传统优势产业转型升级步伐明显加快。一些企业依托原有传统产业的资本积累，通过引进创新团队，积极发展装备制造、光伏等新兴产业。

4.发展环境持续改善。湖州市陆续出台了一系列政策措施，从科技创新、技改投入、融资担保、人才保障等方面鼓励支持新兴产业的发展，为新兴产业的快速发展提供良好的外部环境。

总体来说，我市三大战略性新兴产业具有一定的竞争优势，发展前景良好，但也存在一些制约因素：

1.产业规模小，缺乏龙头骨干企业。湖州市生物医药发展不快，新能源起步晚，装备制造中成套产品少，缺乏一批研发、支撑、引领能力较强、核心技术拥有自主知识产权、在产业链中处于高端、在各领域中具有引领作用的龙头骨干企业。

2.集聚度不高、互补性不强。市新兴产业集聚度不高、互补性不强，一些较大企业的产品由于高端技术产品不多，产业领域不宽，产业链不长，产品加工深度还不够，因而带动性和成长性不强，难以形成具有较强竞争力和影响力的战略性产业。

3.体制机制不健全，风险投资机制尚待完善。战略性新兴产业项目具有高投入、高风险的特点，但目前尚未形成统一的规划体系和支持支撑战略性新兴产业发展的一整套体制机制，风险投资机制尚待完善。处于初始启动阶段的企业缺乏风险基金和贷款担保基金的支持，融资较为困难，启动资金、创业资金尤其缺乏，影响了发展速度，容易错失良机。

4.缺乏自主创新能力，存在着技术、人才“瓶颈”。企业科技投入不足，从事新兴产业的专业人才缺乏，企业研发设计创新能力普遍较弱，同时，公共服务平台整合能力弱，缺少有效沟通渠道，社会科技资源与企业之间缺乏有效的互动联系机制，特别缺乏能为新兴产业提供关键技术服务的公共技术平台。

二、培育战略性新兴产业的财税对策与建议

加快培育和发展战略性新兴产业，必须健全财税政策支持体系，综合运用财政扶持方式，加大扶持力度，引导和鼓励社会资金投入，支持重点企业和重点项目快速成长，培育新的经济增长点。利用财税政策手段促进战略性新兴产业发展应该是以促进经济发展方式转变为主要目标，以财政资金的集中投入、竞争择优配置以及贯彻落实税收优惠政策、发挥税收激励作用为形式，从产业带动和财政贡献的角度，研究制定支持新兴产业发展的政策，突出战略性新兴产业发展的关键环节和重点领域，集中支持战略性新兴产业发展，进而实现对其他产业和领域的带动提升。

（一）扶优扶强，加大重点龙头企业培育

贯彻落实湖州市推动工业转型升级、加快生物医药产业发展等政策意见，对新兴产业重点龙头企业在财政补助、项目融资、土地供给等方面给予重点支持：对纳税大户给予分档奖励；鼓励行业龙头企业和中小企业的联合、兼并和重组，重组企业所涉及各项税费的市得部分，经审核批准后，给予一定比例的补助；工业行业龙头骨干企业投资战略性新兴产业、重点特色产业项目吸引创业风险投资的，按其吸收的风险投资金额给予一定财政补助；对新办的生物医药和新能源企业，在一定期限内按上缴税收给予一定奖励，纳税确有困难的企业，经批准，可优先减征或免征城镇土地使用税、房产税、水利建设专项资金。

（二）突出重点，着力支持项目建设

一是狠抓重点项目建设，夯实战略性新兴产业发展的微观基础。全面实施工业转型升级、科技创新，以重大项目投资拉动战略性新兴产业加快发展。引导企业和项目向重点产业园区和基地集中，形成较大的产业集群和较长的产业链条，增创产业新优势和竞争力，尽快形成规模。坚持“有所为有所不为”，对市具有较好基础和优势的先进装备制造、新能源、生物医药等，集中人力、物力、财力，优先扶持，率先取得突破，大幅提高对特别重大项目的最高补助额。

二是认真贯彻落实扶持战略性新兴产业发展的政策。在认真落实中央、省扶持政策的基础上，尤其是要注重发挥市工业转型升级专项资金的作用，突出重点，主要用于加快战略性新兴产业和重点特色产业的发展，对符合要求的新项目按投资额给予奖励，突出对三大战略性新兴产业“大好高”项目的支持。

（三）科技支撑，增强自主创新能力

一是进一步调动企业科技创新的积极性。全面推进高新技术企业认定工作，强化企业在科技创新中的主体地位；落实企业科技创新活动的各项优惠政策，鼓励和引导企业加大研发投入。

二是积极引进大院名校，鼓励企业建设高层次研发中心，推动企业组建国家、省市级技术中心、研发中心和博士后流动站等，建立产学研相结合的技术创新体系。

三是加大高层次人才引进力度。加速推进生物医药、新能源、装备制造等领域领军人才的引进和培养，引进科技创新创业领军人才和团队，在启动资金、注册登记、土地使用、个人所得税奖励、人才公寓入住等方面给予政策优惠。同时，完善人才分配激励机制，对做出突出贡献的科技人员予以奖励，支持技术作为生产要素参与分配，逐步建立以政府奖励为导向、社会和单位奖励为主体、激励自主创新的科技人才激励奖励

制度。

(四)改进融资,加大金融扶持力度

一是鼓励有条件的企业上市融资。支持企业进行股份制改造;扩大列入上市培育对象企业的数量,加大对上市培育对象的培育力度,支持科技型中小企业到创业板上市。支持符合债券发行条件的企业积极争取通过债券市场融资。

二是发挥现有融资机构的作用,促进新办、小企业的发展。目前湖州市已与多家金融机构组建平台,开展小企业信用贷款,缓解市区小企业资金短缺和贷款难的矛盾。

三是建立和健全信用担保体系。加大政府性资金对信用担保机构的投入,加强对担保的监管,提高信用担保机构的风险控制能力。

四是促进股权投资产业的发展。鼓励企业或个人等各类民间资本参与组建创业投资公司或其他股权投资机构;吸引境内外有实力的各类股权投资机构来湖州拓展股权投资业务。

五是加强监管和指导,督促各金融机构严格规范利率定价,提高收费透明度,主动让利给企业,对中小微企业贷款利率原则上不上浮或少上浮,切实降低企业的综合融资成本。

(五)搭建平台,促进产业集聚发展

一是择优重点扶持工业功能区(园区)建设。对全市工业功能区(园区)建设有引领示范作用的,按其基础设施建设项目实际投入额的一定比例给予补助。

二是促进科技公共服务平台建设。重点扶持南太湖科技创新中心建设和运行。对市本级按省级科技企业孵化器认定条件的科技企业孵化器,经市科技主管部门考核验收后,给予奖励。对组建区域科技创新平台和科技创新服务中心给予一定资金扶持,优先推荐申报省级重大科技创新平台和国家、省级区域科技创新服务中心,并在有关科技计划推荐申报立项方面给予倾斜支持。

三是积极争取中央和省里专项资金,集中土地、资金和品牌资源,支持建设南太湖科技创业园、新兴产业园、南太湖产业集聚区、工业园区(功能区)等公共服务平台建设。积极落实国家、省有关优惠政策,对重大招商引资项目,在土地使用税、城市建设配套费等税费上给予优惠,促进高技术人才、资金和技术等要素向优势区域集中。

(六)开拓市场,提高企业市场占有率

市场需求是拉动战略性新兴产业发展的根本力量,必须下大力气建立健全市场规制,营造良好的市场环境,将需求潜力转化为拉动产业发展的动力,从而更好地发挥市场的主导作用。

一是推动实施走出去战略。支持企业开拓国际市场,对高新技术产品出口给予补助,对出口信用保险、企业境外注册商标、产品国际认证等费用给予补助。

二是支持企业通过依法实施贸易救济措施来制止不公平贸易行为,对企业“两反一保”(反倾销、反补贴和保障措施)应诉、技术性贸易壁垒应对、知识产权境外保护诉讼等诉讼费用给予补助,鼓励和支持企业提高市场份额,提升产业和企业竞争力。

三是加大新兴行业企业品牌培育力度。支持企业申请注册商标、驰名商标、名牌产品、出口名牌,培育拥有自主品牌的新兴产业集群基地,放大示范效应,提高市场占有率。

(七)落实政策,发挥税收杠杆效应

针对战略性新兴产业人力资本、研发费用比例较高、产品发展初期进入市场难度较大的特征,贯彻落实税收激励政策,重点落实好现行高新技术企业申报和15%优惠税率、技术开发费加计扣除、技术转让所得免征或减半征收企业所得税,缩短固定资产折旧年限或加速折旧,符合资源综合利用条件的企业增值税即征即退等税收政策,并从激励自主创新、引导消费、鼓励发展新业态等角度,积极参与有关税收支持政策的调研,形成普惠性激励社会资源发展战略性新兴产业的政策手段。

(八)积极主动,支持企业项目申报

围绕国家制定和组织实施产业振兴规划的有利时机,认真谋划、储备一批重大新兴产业项目,积极组织申报国家高技术产业发展项目、中小企业创新基金等,扶持中小型科技企业发展,支持和鼓励其做大做强。建立全市重大新兴产业项目库,加强项目前期工作力度,加大对重点项目的调度和协调,及时掌握项目建设进展情况,推动项目快速落地建设。

(九)提升效能,增强服务经济能力

牢固树立大局意识、服务意识和责任意识,改进工作作风,提高服务意识,增强服务能力,切实优化发展软环境。

一是坚持依法行政。遵循依法行政和有效管理原则,创新管理模式和方法,以规范管理促企业健康发展。坚持以“宣传教育为主,行政处罚为辅”,合理使用执法手段,强化行政指导,提升企业法制意识。

二是提升服务效能。深化行政审批改革,创新破难,下大力气解决好审批事项多、办事程序复杂、办事效率不高、政策落实不到位等问题,切实提高办事效率。不断深化领导联系服务企业、部门联系重点骨干企业等成效明显的协调服务机制,并在实践中不断探索,形成针对性更强、实用性更好、效果更明显的长效机制。

财经工作大事记

浙江省

一月

1日《浙江省政府非税收入管理条例》正式施行。

7日 由省政协主席周国富带队的省委推进惩防体系建设和落实党风廉政建设第三检查组对省财政厅2010年推进惩防体系建设和落实党风廉政建设责任制情况进行检查。省财政厅党组书记、厅长钱巨炎作专题汇报。

13～14日 全省财政地税工作会议在杭州召开。会议总结2010年及"十一五"以来全省财政地税工作,全面分析当年的财税经济形势,明确"十二五"时期财政地税发展与改革的基本思路,部署2011年财政地税工作的主要任务。省长吕祖善讲话,常务副省长陈敏尔、省人大常委会副主任冯明出席会议。省财政厅党组书记、厅长兼省地税局局长钱巨炎作工作报告。

14日 省财政厅印发《浙江省财政农业专项资金管理办法》,旨在提高财政支农资金管理的科学性、安全性、规范性和有效性。

16日 省十一届人大四次会议审查批准省政府提出的2011年省级预算,同意省财政厅受省政府委托所作的《关于2010年全省和省级预算执行情况及2011年全省和省级预算草案的报告》。

25日 省财政厅党组召开省财政厅、省地税局领导班子和领导干部年度考核大会。省财政厅党组书记、厅长兼省地税局局长钱巨炎代表厅局领导班子述职述廉。

31日 根据省公务员局《关于同意省级部门预算编制中心参照公务员法管理的函》,浙江省省级部门预算编制中心参照公务员法管理。

二月

11～12日 省财政厅、省地税局处长会议在杭州召开。会议总结2010年工作,研究、落实2011年主要工作任务。省财政厅厅长兼省地税局局长钱巨炎就做好2011年工作讲话。

18～21日 省财政厅指导推动48个省级部门在各自门户网站公开2012年经人代会审查的部门预算,这是省级部门预算首次向社会公开。

21～23日 中纪委驻财政部纪检组长刘建华一行来浙江调研指导财政纪检监察和财政监督检查工作。

24日 国务院总理温家宝、国务委员刘延东分别对浙江省义务教育债务化解工作作出批示。

25日 省财政厅发布《浙江省财政发展"十二五"规划》,总结"十一五"以来财政发展取得的成就,明确"十二五"浙江财政发展的四项战略任务。

是日 根据《浙江省人民政府关于2010年度省政府直属单位工作目标责任制考核情况的通报》,省财政厅在2010年度省政府工作目标责任制考核中获优秀单位称号。这是自2003年以来省财政厅连续第8年获此称号。

三月

8日 全省财政经建管理工作会议在宁波召开。副厅长魏跃华出席会议并讲话。

9日 省财政厅成立政府综合财务报告试编工作领导小组,厅长钱巨炎任组长。

21日 省财政厅出台《浙江省级预算单位银行账户管理暂行办法》,对省级预算单位的银行账户使用管理进行全面规范。

22日《浙江财税与会计》2011年编委会会议在杭州召开。厅长钱巨炎出席会议并讲话。

是日 省财政学会六届二次常务理事会在杭州召开。厅长钱巨炎出席会议,并对2011年学会工作提出要求。

24日 省财政厅、省卫生厅联合下发《关于完善省级医院财政补偿机制的实施意见》,建立财政补偿资金与省级医院次均门诊、住院费用水平合理挂钩的奖罚考核机制。

25日 省财政厅成立财政专户清理整顿工作领导小组,厅长钱巨炎任组长。

四月

26～27日 全国财政国库管理制度改革座谈会在杭州召开。

常务副省长陈敏尔到会致辞，财政部部长助理王保安出席会议并讲话。

28日 省财政厅会同省发改委印发《关于印发浙江省海洋经济发展专项资金管理办法的通知》。

29日 省政府常务会议听取省财政厅厅长钱巨炎关于《2011年省级政府预算盘子及重点项目资金安排意见》的汇报。

五月

4日 根据省委、省委组织部文件，秦忠同志任省财政厅党组成员、省纪委派驻省财政厅纪检组组长。

9日 省财政厅会同省人力社保厅下发《浙江省促进就业资金管理办法》，对全省促进就业资金的筹集、使用、管理和监督等方面作出明确规定。

13日 省委、省政府召开全省“小金库”治理工作布置及经验交流电视电话会议。常务副省长陈敏尔出席会议并讲话，总会计师赵立妙代表省“小金库”治理工作领导小组发言。

17～21日 财政部部长助理刘红薇一行到浙江调研企业改革与发展。

18日 根据省政府文件，秦忠同志任省监察厅驻省财政厅监察专员。

是日 省财政厅召开全省国库集中支付改革工作会议。总会计师赵立妙出席会议并讲话。

23日 浙江省党政机关公务用车问题专项治理领导小组办公室在杭州召开“浙江省党政机关公务用车问题专项治理”动员部署培训会议，部署全省党政机关公务用车问题专项治理工作。总会计师、省公车治理办公室主任赵立妙出席会议并讲话。

31日 省财政厅出台《省级行政单位通用办公设备家具购置费预算标准》。

六月

7日 省政府印发《关于进一步加强国有土地使用权出让收支管理的通知》，对国有土地使用权出让收支预决算审批程序、预算管理、计提专项资金等予以明确。

13日 全国人大财经委副主任委员储波一行到浙江就县级基本财力保障、地方政府性债务管理情况进行调研。

是日 省级部门预决算公开工作会议召开。副厅长罗石林出席会议并讲话。

是日 省财政厅成立公务用车专项治理工作领导小组，厅长钱巨炎任组长。

15日 省财政厅出台《省财政厅全面推进廉政风险防控机制建设实施细则》，开展廉政风险排查，建立健全预防腐败长效机制。

是日 全省绩效管理处(科)长会议在杭州召开。总会计师赵立妙出席会议并讲话。

16日 省政府第73次常务会议审议通过《浙江省政府投资预算管理办法》，并自2011年8月1日起施行。

20日 省财政厅出台《浙江省省级行政事业单位国有资产配置管理暂行办法》，对省级行政事业单位资产配置的原则、条件、标准、定编管理、预算编制等作出规定。

23日 厅长钱巨炎赴舟山调研舟山群岛新区建设工作。

27日 省财政厅举办“永远跟党走”——红色经典歌曲演唱比赛，纪念中国共产党建党90周年。

七月

15日 省政府下发《关于进一步加强乡镇财政建设的意见》，对明确乡镇财政管理职责、完善县对乡镇财政的管理体制和管理方式、加强乡镇财政管理机构建设、加强对乡镇财政的指导和管理作出全面部署。

19日 省财政厅成立银行账户年检工作领导小组，厅长钱巨炎任组长。

20日 省财政厅对外公布《浙江省2011年政府非税收入项目目录》。对全省政府非税收入项目进行统一、全面、系统的公布。

八月

8～12日 全省财政地税系统局长培训班暨部分市县财政、地税局长座谈会在杭州举行。厅党组书记、厅长兼省地税局局长钱巨炎讲话。

9日 厅长钱巨炎赴衢州市指导和开展"双服务"工作。

12日 浙江省政府出台《浙江省地方水利建设基金筹集和使用管理实施细则》，水利建设基金征收期限延长至2020年12月31日。

24日 省政府下发《关于进一步做好省级部门预算公开工作的通知》，对预决算及"三公"经费公开等提出要求。

25日 省财政厅会同省卫生厅下发《浙江省医院财务制度实施办法》，自2012年1月1日起执行。

31日 省财政厅下发《关于完善省本级国有资本经营预算有关事项的通知》，将浙江省盐业集团等17家企业纳入省本级国有资本经营预算实施范围，省本级国有资本收益收取比例在原有基础上提高5个百分点。

九月

1日 省财政厅、省国税局、省地税局联合举行浙江财税12366语音特服系统开通仪式。常务副省长陈敏尔出席仪式并宣布系统正式开通。厅长钱巨炎出席仪式并讲话。

9日 省政府常务会议听取省财政厅厅长钱巨炎关于浙江省2010年财政决算、浙江省2010年度地方政府性债务情况等事项的汇报。

19日 省十一届人大常委会第67次主任会议听取和审议浙江省2010年财政总决算和省级财政决算的报告。

是日 全省财政系统人事工作会议在临安召开。副厅长朱忠明出席会议并讲话。

21日 全省财政综合工作会议在杭州召开。副厅长金慧群出席会议并讲话。

22日 全省财政法制工作暨"六五"普法启动会在杭州召开。副厅长魏跃华出席会议并讲话。

29日 省十一届人大常委会第28次会议就财政决算和审计工作报告开展专题询问。厅长钱巨炎参加并回答涉及财政方面的询问。

30日 省政府办公厅印发《转发省财政厅等部门关于清理化解基层医疗卫生机构债务实施意见的通知》，启动全省基层医疗卫生机构债务化解工作。

是日 省政府办公厅下发《关于建立健全基层医疗卫生机构补偿机制的实施意见》，明确基本药物制度实施后的基层医疗卫生机构补偿机制的总体要求、政策措施。

十月

17～18日 厅长钱巨炎赴嘉兴就2012年工作思路进行调研。其他厅领导也先后赴相关市县开展调研。

20日 省政府办公厅印发《关于从土地出让收益中计提农田水利建设资金有关事项的通知》，明确浙江省农田水利建设资金计提口径、比例等其他资金计提和使用规定。

21日 省财政厅印发《2011～2015年全省财政系统干部教育培训规划》，明确"十二五"期间全省财政系统干部教育培训工作的指导思想、总体要求、工作目标、主要任务和保障措施。

24日 全省财政预算工作会议暨预算科(处)长培训班在新昌召开。副厅长罗石林出席会议并讲话。

31日 根据省委组织部文件，邢自霞同志为副厅级干部。

是日 省财政厅会同省教育厅、人民银行杭州中心支行转发财政部、教育部《关于从土地出让收益中计提教育资金有关事项的通知》，要求各地从2011年1月1日开始按土地出让收益的10%计提教育资金。

十一月

4日 由省财政出资10亿元设立的省中小企业再担保公司举行成立仪式。代省长夏宝龙为公司授牌，常务副省长陈敏尔致辞。厅长钱巨炎、厅党组成员杜祖国参加仪式。

10日 省财政厅在临安召开省级单位行政政法财务管理工作会议。副厅长罗石林出席会议并讲话。

14日 省财政厅下发《浙江省农业综合开发资金和项目管理实施办法》。

15日 全省乡镇财政建设工作推进会议在嘉善召开。副厅长金慧群出席会议并讲话。

16日 省政府办公厅印发《浙江省无居民海岛使用金征收使用管理办法》,浙江省无居民海岛有偿使用制度正式实施。

16~17日 全省农业综合开发工作会议在湖州市召开。省财政厅纪检组长秦忠、副厅长金慧群分别就农发系统加强廉政建设和下一步工作安排讲话。

18日 省财政厅在杭州召开省级专项性一般转移支付改革布置会。副厅长罗石林出席会议并讲话。

21日 浙江省财政厅乡镇财政资金监管工作领导小组成立,厅长钱巨炎任组长。

是日 省财政厅出台《浙江省财政厅工作人员廉洁自律十项禁止性规定》,对厅机关及厅属单位在编工作人员行使资金分配管理、行政审批、监督检查等职权进行规范。

是日 浙江首次自行发行政府债券67亿元(不含宁波)。此次债券分两期发行,其中3年期33亿元,发行利率为3.01%;5年期34亿元,发行利率为3.24%。

24日 全省企业财政财务管理工作会议在湖州市召开。

25~26日 全省财政决算工作会议在嘉兴市召开。总会计师赵立妙出席会议并讲话。

十二月

6日 省财政厅下发《关于做好"十二五"时期财政支农工作的意见》。

7日 全省财政地税系统财税文化建设推进会在义乌召开。副厅长朱忠明出席会议并讲话。

8日 省财政厅下发《关于印发浙江省支持浙商创业创新 促进浙江发展的财税配套政策的通知》,明确推动浙商创业创新,促进浙江经济发展的一系列政策措施。

9日 省财政厅下发《关于实施省级专项性一般转移支付管理改革的通知》,明确实施专项性一般转移支付改革的指导思想和基本原则。

14日 省财政厅召开厅机关第四次党员代表大会,选举产生新一届中共浙江省财政厅直属机关委员会、纪律委员会,选举朱忠明同志为厅机关党委书记,姜明路同志为专职副书记,李文艳同志为纪委书记。

15日 全省村级公益事业建设一事一议财政奖补工作现场会暨推进会在东阳市召开。副厅长金慧群出席会议并讲话。

16日 根据财政部、教育部《关于减轻地方高校债务负担 化解高校债务风险的意见》,经省政府同意,召开省属高校化债工作会议,启动省属高校债务风险化解工作。

20日 省财政厅党组召开专题民主生活会。省委副书记、代省长夏宝龙到会并讲话。省纪委副书记马光明,省委组织部副部长、省编委办主任陈小恩等出席会议。厅党组书记、厅长钱巨炎主持会议,厅党组成员参加会议。

21日 省财政厅下发《关于开展乡镇财政管理规范化建设的通知》,在全省开展组织机构、基本业务、资金监管、队伍建设、基础设施建设等五个方面规范化建设活动,以提高全省乡镇财政管理水平,推进乡镇财政科学化规范化建设。

23日 根据省编委办《关于省财政厅内设机构更名的函》,省财政厅"外债金融处"更名为"金融处"。

27日 省财政厅会同省发改委下发《关于印发浙江省产业集聚区建设专项资金管理办法的通知》。

29日 省财政厅会同省人力社保厅下发《浙江省城乡居民社会养老保险基金财务管理暂行办法》,明确基金财务管理任务和责任。 (省财政厅办公室供稿 王 琛执笔)

杭州市

1月6日 省财政厅厅长兼省地税局局长钱巨炎率省财政厅、省地税局领导班子到市财政局新春慰问。

是日 市财政局和上海国家会计学院合作举办的"杭州市会计领军(后备)人才(企业类)培训项目"签约仪式在杭举行。省财政厅副厅长薛小杭应邀出席。

1月7日 第八届全国残疾人运动会杭州赛区筹资工作总结会在建德召开，全市248家单位和企业认捐金额2166万元，完成社会筹资任务。

1月28日 《杭州市及市本级2010年财政预算执行情况和2011年财政预算的决议》在杭州市第十一届人民代表大会第六次会议上审议通过。

2月15日 召开杭州市财政地税系统干部大会。市财政局党委书记、局长陈锦梅作工作报告，布置2011年杭州市财政地税工作。

3月9日 省财政厅厅长兼省地税局局长钱巨炎、省地税局常务副局长单美娟等领导，在市财政局班子成员及相关负责人的陪同下，走访调研杭州市高新技术企业。

3月14日 市财政局会计结算中心召开市级财政补助事业单位公务卡改革布置暨业务培训会议，杭州市级公务卡改革扩面工作全面启动。

3月24日 根据十届市委第一百二十七次常委会研究决定，金翔任杭州市财政局党委书记、局长。

是日 市财政局党委书记、局长金翔主持召开财政局创建全国文明城市工作专题部署会。

3月29日 市财政局召开预算公开第一次工作会议，启动“推进财政预算信息公开”重点项目。

4月7日 杭州市委常委、常务副市长杨戌标率党风廉政建设考核组对市财政局2010年度推进惩防体系建设和落实党风廉政建设责任制考核情况进行反馈，并对相关工作给予肯定。

4月12日 财政部税政司副司长王晓华率国务院房地产市场调控督查组，督查指导市财政局贯彻落实国务院房地产市场调控政策执行情况。

4月25日 杭州市提前完成2011年种粮农民农资综合补贴资金发放工作，10个区、县（市）的174个乡镇（街道）的864428户农户享受到1.10亿元的政府补贴。

4月26日 杭州市区、县（市）财政工作会议召开，局长金翔要求全市各级财政部门认清形势，厘清思路，确保财政任务完成。

5月5日 市财政局召开2010年度综合考评总结暨深化作风建设大会。局党委书记、局长金翔以《继往开来 乘势而上 以综合考评为抓手 全面提升财税绩效》为题，总结2010年度局综合考评情况并部署工作。

5月17日 市人大常委会副主任顾树森一行到杭州市财政局检查指导2011年市人大代表建议办理工作。

5月27日 市财政局率先在全省财政系统中成立财政重大案件合议论证委员会，对社会影响较大、案情复杂的投诉、信访、依申请公开、被复议、被诉讼案件实行集体合议论证制度。

是日 市财政局会计结算中心举行“全国巾帼文明岗”授牌暨庆祝中心成立10周年活动。

6月2日 市人大常委会副主任项勤一行到市公共资源交易中心视察政府采购工作。

6月7日 市财政局被市政府授予“2010年度杭州市依法行政示范单位”称号。

6月23日 市财政局在全省“五五”普法总结表彰暨“六五”普法动员电视电话会议上，获浙江省人民政府颁发的“浙江省法制宣传教育先进集体”称号。

6月29日 市财政局召开庆祝建党90周年大会。局党委书记、局长金翔出席会议并讲话。

7月6～7日 市财政（地税）局党委书记、局长金翔带领市财政局相关负责人做客杭州电台《民情热线》直播室，向杭州市民宣讲财税政策，解答听众问题。

7月15日 市财政局召开2011年书记（扩大）读书会，会议以学习贯彻胡锦涛总书记“七一”重要讲话精神为主题，进一步统一思想、明确任务，为推动财税事业科学发展凝心聚力。局党委书记、局长金翔在会上提出“继续解放思想要走在全省财税系统前列，财税各项工作要走在全省财税系统前列，干部队伍建设要走在全省财税系统前列”的三个“走在前列”工作要求。

7月20日 杭州市会计领军(后备)人才(企业类)培训班开班仪式在上海国家会计学院举行。

8月1日 市财政局召开局长办公(扩大)会议。局长金翔对确保收支平衡、政府债务管理、“三公”经费控制、安全生产等工作提出明确要求。

8月11日 市财政局财政项目预算审核中心获“全省财政项目审核工作综合考评先进单位”、“市级一等奖”荣誉。

8月16日 市财政局开展“公述民评”活动，由企业代表、党代表、人大代表、政协委员、效能与行风监督员等51人组成的民评代表参加评议。

8月25日 市财政局和市经信委联合发布《杭州市重点产业(工业和信息化专项)发展资金管理办法(试行)》，规定2011～2015年市财政每年安排不少于6亿元资金，建立杭州市重点产业发展资金，主要用于对七大重点产业的技术创新、产业化投资、公共平台建设、开拓市场等6大类21种项目的扶持。

8月31日 杭州市十一届人大常委会第三十四次会议审议通过市本级2010年财政决算报告草案。

9月1日 浙江财税12366语音特服系统在杭州市财政(地税)局正式开通。浙江省委常委、常务副省长陈敏尔，杭州市委常委、常务副市长杨戌标，浙江省财政厅党组书记、厅长兼省地方税务局局长钱巨炎，浙江省国家税务局党组书记邢幼平等领导出席开通仪式。

9月22日 市财政局获得全国财政“五五”法制宣传教育先进集体称号。

9月27日 杭州市召开2012年预算编制工作会议，启动杭州市本级2012年预算编制工作。杭州市委常委、常务副市长杨戌标出席会议并讲话，局党委书记、局长金翔作2012年预算编制工作部署。

9月28日 杭州市财政局举行产业发展投资基金启动暨首批合作意向机构签约仪式。市委常委、常务副市长杨戌标参加仪式并讲话，市财政局局长、市产业发展投资基金管委会副主任金翔介绍杭州产业发展投资基金的有关情况。

10月14日 市财政局召开全局中层干部大会，贯彻落实省政府关于加强政府自身建设电视电话会议精神。

10月26日 市人大常委会对杭州市蔬菜农药残留监督管理工作进行专题询问。市财政局金翔局长对2009年至2010年安排2000多万元蔬菜农药残留监管专项资金的使用情况作了公开应答。

11月18日 杭州市委副书记、市长邵占维在市政府秘书长陈新华陪同下到市财政局调研全市财政预算工作并提出要求。

11月24日 全市治理“小金库”工作领导小组召开电视电话会议，传达中央和省治理“小金库”工作会议精神，部署全市“小金库”专项治理下一阶段工作。市委常委、常务副市长、市治理“小金库”工作领导小组组长杨戌标出席会议并讲话。

12月21日 财政部条法司副司长祝向文一行到市财政局调研财政普法和依法理财的工作情况。

12月30日 市财政局和市物价局联合发文，决定自2012年1月1日起的3年内，免征小型、微型企业32项行政事业性收费。

12月31日 市人大常委会党组副书记、副主任于辉达一行到市财政局慰问指导。

是日 杭州市委副书记、市长邵占维，市委常委、常务副市长杨戌标等领导，到市财政(地税)局慰问干部职工。

(杭州市财政局供稿 徐岳军执笔)

宁波市

1月10日 宁波市财税工作会议召开，会议总结2010年及“十一五”时期财税工作，提出“十二五”时期财税改革发展总体要求，部署2011年财税工作任务。局长胡谟敦作题为《培育新优势 增强新能力 努力实现“十二五”财税发展良好开局》的主题工作报告。

1月26日 全国财政系统应用支撑平台推广与应用工作视频会议召开。作为试点省(市),宁波市完成市级平台一体化系统的构建和县(市)区平台的推广实施,其做法得到财政部通报表扬。

2月18日 市局召开全市财税系统“思进思变思发展,创业创新创一流”主题教育实践活动动员大会,传达市委、市政府有关决策部署。

2月22日 宁波市第十三届人民代表大会第六次会议审议市财政局受市政府委托提交的《宁波市2010年全市和市级预算执行情况及2011年全市和市级预算草案的报告》。

2月28日 召开全市财税系统党风廉政建设工作会议。局长胡谟敦作题为《以人为本 执政为民 扎实推进党风廉政建设和反腐败斗争》的讲话。

3月8日 全省财政经建管理工作会议在宁波召开。省财政厅副厅长魏跃华出席会议并讲话,全省各地市及部分县(市)区经建处(基建处)负责人参加。

3月10日 市财政局下发《关于印发〈宁波市级现代农业产业扶持资金整合使用实施意见〉(试行)的通知》,对市级现代农业产业扶持资金进行整合,集中财力对粮食功能区、现代农业园区的重点领域和重点项目给予支持,加快推进现代农业建设进程。

3月31日 市财政局、市监察局共同制定《关于加强重大活动专项经费预算决算管理(试行)的通知》,提高财政资金使用效益,推进党风廉政建设和重大项目保廉体系的实施。

4月13日 由财政部税政司副司长王晓华带队的国务院督察组到宁波指导检查房地产调控政策落实情况。副局长贺也贞从税收政策的执行、保障性住房资金来源和投入使用情况等方面向督察组作了汇报。

5月1日《宁波市道路交通事故社会救助基金管理试行办法》正式实施,市财政设立基金专户,加强对救助基金的管理和监督。

5月26日 财政部2010年度全国金融企业财务决算报表会审和绩效评价工作会议在宁波召开。中央直属金融企业财务业务负责人和地方厅局业务负责同志计150余人参加会议。

6月2~3日 财政部会计司副司长应唯等一行到宁波开展《企业内控规范体系》实施情况调研。

6月7日 市局被浙江省人力资源和社会保障厅、省人口和计划生育委员会评为“十一五”全省人口计生系统先进集体。

6月17日 全市党政机关公务用车专项治理动员部署培训会议召开,会议传达学习中央和省委关于开展党政机关公务用车问题专项治理工作有关文件精神,并就贯彻落实全市公务用车问题专项治理工作进行动员、部署和培训。市财政局副局长、市公务用车问题专项治理工作领导小组办公室主任杨军出席会议。

6月23日 刘奇市长、王仁洲副市长一行莅临市局视察指导财税工作。

6月27日 根据市政府文件,王跃鹏任宁波市财政局巡视员,范国伟任宁波市财政局副局长。

7月4日 全市财税系统举行庆祝中国共产党成立90周年暨第三届文艺汇演,25个代表队参加演出。

7月26日 市财政局、市总部经济发展领导小组办公室联合下发《关于印发宁波市总部经济发展专项资金使用管理暂行办法的通知》,加强总部企业扶持培育,促进总部经济发展,推动产业转型升级。

7月27日 省委常委、市委书记王辉忠莅临市局视察指导财税工作。

7月28日 市局被评为“2006~2010年全国财政法制宣传教育先进普法办”。

7月28~29日 市局召开全市财税工作座谈会。会议总结上半年财税工作,分析研究当前财税经济形势,部署安排下阶段财税工作任务。

8月23日 市政府下发《关于印发宁波市财政局主要职责内设机构和人员编制规定的通知》,对市财政局的主要职责进行调整和明确。

8月25日 市采购办组织召开新一届政府采购特邀监督员座谈会。本届政府采购特邀监督员由市人大代表、政协委员、纪委(监察局)、审计局、新闻媒体、社会中介代理机构等部门的17位同志组成,聘期两年。

9月9日 市财政局、市对外贸易经济合作局制定《关于印发促进外贸转型升级提升我市外贸发展竞争力的若干举措的通知》,促进宁波市对外贸易速度、质量、效益协调发展。

9月13日 市财政局、市发展和改革委员会联合颁发《关于印发〈宁波市发展卫星城市试点专项资金管理办法(试行)〉的通知》,加大对卫星城市试点镇的支持力度。

10月20日 省财政厅副厅长薛小杭就当前经济社会发展中存在的突出矛盾和问题,特别是中小企业生产经营困难等情况赴宁波进行调研。

11月4日 市财政局、市地方税务局制定《关于促进中小微企业平稳健康发展的若干意见》,加大对中小微企业的扶持力度,保持全市经济平稳健康发展。

12月9日 宁波市财税智能管理系统项目正式启动。财税智能管理系统建设立足于现有的“财政管理信息系统”、“税易”两大信息化应用系统,计划用三年的时间分三期建设完成。该系统建成后,将形成更加完整的信息化应用体系,这不仅能够更加高效地支撑各项财税业务的办理,而且能够为领导的科学化决策、各级管理人员的精细化管理提供更及时、更全面、更智能化的数据支撑,有利于提高财税管理水平,并为全市纳税人提供全方位更加贴心的技术服务。

12月12日 全市财政教育投入工作座谈会召开。各县(市、区)财政和教育部门相关负责人参加会议,部分县(市、区)财政部门就加大财政教育投入、管好用好财政教育资金作了交流。 (宁波市财政局供稿 高 朋执笔)

温州市

1月1日 市财政局组队参加全市元旦迎春长跑活动。

1月11日 温州市第十一届人民代表大会第六次会议主席团第四次会议审议通过《关于温州市2010年全市和市级预算执行情况及2011年全市和市级预算草案的报告》。

1月28日 市财政局组织2011年“慈善一日捐”活动,全局干部职工筹募爱心善款93170元。

是日 市局党组召开局党组领导班子民主生活会。市委副书记、市长赵一德出席会议。市纪委副书记、监察局局长周爱平,市委组织部常务副部长王益琪参加会议。

1月30日 浙江省建设学习型党组织工作协调小组通报表彰市局“网上党校”作为温州市直机关代表获得全省学习型党组织创建先进典型。

2月11日 市局召开全市财政地税工作会议。局长李步鸣作工作报告,总结2010年工作,布置2011年工作任务。市长赵一德出席会议并讲话。市人大常委会副主任卓高柱、市政协副主席高育厅等领导出席会议。

3月8日 印发《温州市财政局清理整顿财政专户工作案》。成立温州市财政局清理整顿财政专户工作领导小组,在全局范围内对2010年底保留的所有财政专户进行全面清理检查,明确清理整顿的范围、内容、方式、步骤和要求等事项。

5月4日 印发《2011年温州财政地税信息化建设工作要点》,规定在全市范围内做好推进金财工程一体化进程、强化信息安全保障、健全运维管理体系等工作。

5月30日 全省国库集中支付改革工作会议在温州召开。全省各市、县(市、区)财政局分管国库工作的领导、国库处(科)长参加会议。市局局长李步鸣在会上致辞。省财政厅总会计师赵立妙到会讲话。

5月31日 印发《温州市财政地税局考绩法(试行)》,成立温州市财政地税局考绩领导小组(下设考绩办公室),加强对市局各处室、直属单位的绩效考核工作。

6月15日 市局代表队参加由中共温州市委组织部、市直机关工委组织的“红歌飘过九十年”市直机关纪念建党90周年红歌大合唱比赛,并获得金奖。

6月20日 召开人大代表建议和政协委员提案办理面商会。

市人大代表工委、市政府提案委、市府办市长热线负责人，以及来自全市各地代表不同社会界层民意的12名代表、委员应邀出席面商会。局长李步鸣汇报2011年市局建议提案办理工作情况。

7月13日 全省财政系统案件分析座谈会在温州召开。全省各市财政局纪检组长、监察室主任参加。省财政厅纪检组长秦忠出席会议并讲话。

7月29日 温州生态园财政局正式挂牌，为市财政局派出机构。

8月15日 市局召开行风评议监督员座谈会。由人大代表、政协委员、党政机关干部、新闻媒体记者、纳税服务对象等组成的39位代表受聘成为市财政局行风监督员并参加会议。市局局长李步鸣讲话。

10月8日 市委副书记、代市长陈金彪一行到市局调研财政工作。市政府秘书长詹永枢等陪同调研。

10月13日 省财政厅副厅长薛小杭一行赴温州开展中小企业发展状况专题调研。

10月24日 印发《温州市财政地税局个人公务卡管理制度实施细则（试行）》。明确规定个人公务卡的开立、使用管理、使用范围、个人公务卡的报销流程及说明、实行个人公务卡结算方式后的现金管理等事项。

11月1日 省财政厅副厅长魏跃华率有关处室负责人赴温调研2012年财政工作思路，并在洞头县召开座谈会。市局班子成员及各县（市、区）局负责人参加会议。

11月10日 印发《温州市农业综合开发财政补助资金和项目管理实施办法》，明确设立农业资源综合开发利用专项资金，规定扶持重点、资金管理、项目管理等事项。

11月29日 市局会同市卫生局印发《温州市基层医疗卫生机构财政补偿机制暂行办法》，明确政府举办的基层医疗卫生机构财政补偿按经常性补助、建设发展补助、专项补助分别核定，并规定补偿机制、资金拨付和监督管理等事项。

12月8日 市局会同市供销合作社印发《温州市供销合作社财政扶持资金管理试行办法》，规定全年安排市级供销合作社财政扶持资金1000万元，明确其使用范围、重点和监管等事项。

12月16日 市局会同市民政局印发《温州市大中型水库移民后期扶持工作以奖代补专项资金管理办法》，明确在“十二五”期间每年安排财政资金150万元，对实施大中型水库移民后期扶持工作中特色鲜明、效果显著的项目予以奖励。

12月21日 市局会同市人力资源和社会保障局印发《温州市区促进就业资金管理办法》，办法明确促进就业资金的筹集、使用、管理和监督等事项。

12月30日 印发《温州市市级部门预算绩效管理工作考核办法（试行）》，规定从2012年度起，由市局统一组织对市级各部门和有关单位进行预算绩效管理工作考核，并明确考核范围、内容和结果应用等事项。

是日 印发《温州市中介机构参与绩效评价工作暂行办法（试行）》，规定评价组织机构委托中介机构按照绩效评价有关规定实施绩效评价相关工作，明确中介机构的必备条件、择取原则、工作内容、评价费用、监督管理、考评方法等事项。

（温州市财政局供稿 李 侠执笔）

嘉兴市

1月24日 嘉兴市代市长鲁俊对财政地税工作作出批示，肯定全市财税部门在稳增长、推转型、重民生、促和谐等方面作出的贡献，并要求全市财税工作者进一步振奋精神，开拓创新，发挥好财税的支撑、保障和引导作用，为加快建设惠及全市人民的小康社会再立新功。

1月28日 全市财政地税工作会议暨2010年度总结表彰会召开，会议传达全省财政地税工作会议精神，表彰2010年度财政地税工作先进集体和个人，总结2010年财政地税工作情况，部署2011年财政地税工作，局长马邦伟作题为《创新引领 深化提升 推进财税事业持续平稳健康发展》的主题报告。

2月14日 召开嘉兴市局领导班子成员述职述廉会议，中层以上干部参加并对领导班子成员进行民主评议。

2月19日 市六届人大六次会议审议通过《关于嘉兴市2010年全市和市本级预算执行情况及2011年全市和市本级预算草案的报告》。

2月28日 嘉兴市委、市政府联合发文公布2010年度市级机关工作目标责任制暨五型机关创建考核结果，嘉兴市财政局获一等奖。

3月4日 召开全市财政地税系统党风廉政建设工作会议，局长马邦伟、纪检组长朱天文分别讲话。会上市局领导与各处室签定《党风廉政建设责任书》。

3月10日 嘉兴市市长鲁俊到市局调研财政地税工作，并慰问机关干部职工，要求财税部门紧紧围绕党委政府中心工作，切实履行好财税职能作用，为经济社会事业发展作出新贡献。

3月28日 市局召开市"两会"建议提案交办会，布置2011年市"两会"建议提案办理工作，局长马邦伟、副局长吴贵敏到会并分别讲话。

3月29日 印发《2011年市级政府投资项目财政性资金收支计划》，规范政府投资项目管理，保障资金的合理使用，提高政府投资效率。

3月30日 组织举办红船论坛报告会，邀请全国政协委员，财政部财政科学研究所所长、研究员贾康作《我国分税制改革思路及政策安排——回顾与"十二五"前瞻》专题报告，市局中层以上干部参加。

5月9日 经市编办批复同意，市财政局农业税收征收管理局和市农税征管中心整合更名为基层财政管理处。

是日 接市政府和中共嘉兴市委通知，吴贵敏同志任市财政局调研员，金文荣同志任中共嘉兴市纪律检查委员会驻市财政局纪律检查组副处级纪检员。

5月13日 召开市财政局届末考察动员大会，全面启动届末考察工作，中层以上干部参加。

5月15日～8月31日 开展市级行政事业单位土地、房产专项清查，分自查自纠、核实检查、整改处理三个阶段实施清查工作。

6月20日 出台《嘉兴市本级美丽乡村建设资金补助办法》，支持推进生态文明和美丽乡村建设。

是日 市政府办公室印发《嘉兴市市级行政事业单位财政款结余资金管理暂行办法》，规范市级行政事业单位财政拨款结余资金管理，优化财政资源配置，提高财政资金使用效益。

7月1日 举办嘉兴市财税系统庆祝建党90周年表彰大会暨七一文艺汇演，市局全体干部职工、离退休党员代表、各县(市)局党员代表参加。

7月8日 印发《嘉兴市财政局地税局所属单位中层干部竞岗聘任管理办法》，加强对所属单位中层干部的管理。

7月12日 经市编办批复同意，市财政局机构编制作出调整，调整后市财政局内设20个处室，市财政局机关编制(含市地税局机关)123名(含纪检监察编制3名、后勤服务人员编制7名、港区财政分局编制5名)。其中局长1名，副局长3名，纪检组长1名；科级领导职数35名。

7月22日 省公务员局批准同意市财政局下属事业单位嘉兴市财政票据管理中心、嘉兴市财政项目预算审核中心为参照公务员法管理事业单位。

7月25日～8月5日 在上海财经大学举办全市财政地税系统中层干部培训班，培训内容包括宏观经济学、区域经济学、产业经济学和财政、税收知识以及儒家思想与管理方略等，市局各处室、各县(市、区)局负责人参加培训。

7月28日 出台《嘉兴市财政农业专项资金管理办法(试行)》，旨在加强财政农业专项资金管理，提高农业专项资金管理的科学性、安全性、规范性和有效性。

是日 市财政局被财政部评为2006～2010年全国财政法制宣传教育先进集体。

8月12日 嘉兴市委、市政府联合印发由市财政局起草的《关于加快推进公共财政管理改革的实施意见》，明确公共财政改革的指导思想、基本原则、主要任务和主要措施以及工作要求，加快推进"十二五"期间公共财政管理改革，深化财政科学化、精细化管理。

8月17日 印发《嘉兴市市级预算单位公务卡管理和使用情况考核暂行办法》，推进国库集中支付改革，加强财政资金支出管理。

8月23日 市府办转发市财政局、市教育局关于《嘉兴市学前教育专项资金管理暂行办法》，规范学前教育专项资金管理，加快学前教育事业发展。

8月26日 召开全市财政地税工作暨“三基”建设推进会，总结全市“十一五”期间财政地税工作，表彰全市财政地税系统先进集体和先进个人，部署“十二五”时期重点工作，嘉兴市市长鲁俊到会并讲话，局长马邦伟作题为《齐心协力 创新引领 突出重点 强化“三基” 推进全市财税事业持续平稳健康发展》的主题报告，市局中层以上干部、各县（市、区）局领导及科室、单位主要负责人，各镇（街道）财政所（财政办）主要负责人参加会议。

是日 出台《嘉兴市级战略性新兴产业发展专项资金管理办法》，建立市级战略性新兴产业发展专项资金，支持战略性新兴产业发展。

9月5日 印发《嘉兴市财政局事业单位岗位设置管理实施方案》，管理范围包括嘉兴市财政（地税）信息中心、嘉兴市财政税务干部学校、嘉兴市税务票证管理和会计服务中心3家事业单位，设置岗位总量64个。

9月19日 市政府印发由市财政局起草的《嘉兴市本级政府非税收入管理办法》，规范非税收入管理。

是日 与市政法委联合印发《嘉兴市司法救助专项资金使用管理办法》，规范司法救助专项资金管理。

9月28日 印发《嘉兴市地方金融企业财务监督管理实施细则》，加强对地方金融企业的监管。

9月30日 召开全市财政地税系统“六五”普法启动会，全面启动“六五”普法工作。

10月17日 省财政厅厅长钱巨炎率相关处室负责人赴嘉兴调研，专题调研扶持总部经济发展的财税政策，了解小企业融资担保公司业务开展情况，听取对财政工作的意见和建议。

10月25日 印发《嘉兴市本级2011年政府非税收入项目目录》，并向社会公布。

11月9日 与市农业和农村工作办公室、市农业经济局、市水利局联合印发《关于建立市区支农项目和资金管理责任制的若干意见》，明确各涉农部门支农项目和资金管理的责任。

11月25日 嘉兴市第六届人民代表大会常务委员会第40次会议审议通过《关于调整2011年度市本级财政收支预算的决议》，对2011年度市本级财政收支预算作出调整。

是日 印发《关于加强嘉兴市预算绩效管理工作的意见》，强化预算支出责任和效率，提高财政资金使用效益。

12月6日 印发《嘉兴市市级财政资金专户管理暂行办法》，加强和规范财政资金专户管理，提高财政资金安全性。

（嘉兴市财政局供稿 刘 俊执笔）

湖州市

2月17日 市政府第65次常务会议听取市财政局关于2010年全市和市本级预算执行情况及2011年全市和市本级预算草案的汇报，以及关于全省财政地税工作会议主要精神及贯彻意见的汇报。

2月28日 召开深化“三个年”（转型升级加速年、城乡建设提升年、作风建设加强年）活动推进会暨干部队伍建设大会。会议通报中层干部任免情况，部署深化“三个年”活动的具体工作，局长陈亚明到会讲话。

3月23日 召开2011年全市财政地税工作会议。市委副书记、市长马以参加会议并讲话。市局党组书记、局长陈亚明作题为《顺势而为 开拓进取 实现“十二五”财政地税事业良好开局》的工作报告。

4月6日 市政府第67次常务会议听取市财政局关于2010年市级政府性债务预算执行和2011年市级政府性债务预算编制有关情况的汇报。

4月21日 市人大主任会议听取市财政局关于2010年市级政府性债务预算执行和2011年市级政府性债务预算编制有关情况的汇报。

4月29日 与市农办、市“百村示范、千村整治”工程领导小组办公室联合颁发《湖州市美丽乡村建设以奖代补专项资金使用管理办法》，规范资金使用管理，推进新农村建设。

5月9日 与市农业局联合发文《湖州市粮食生产功能区建设专项资金管理办法》，规范资金使用管理，支持和保障粮食生产功能区建设。

5月19日 省会计学会在湖州召开企业财务管理经验交流座谈会。市财政局副局长、市会计学会会长屠培红参加会议。

5月30日 湖州市浙江财税12366服务热线正式开通运行。

是日 出台《湖州南太湖产业集聚区建设专项资金使用管理暂行办法》，规范资金使用管理，推进南太湖产业集聚区建设。

6月3日 市政府第70次常务会议听取市财政局关于2010年全市和市本级财政决算的汇报。

6月12日 举行2011年浙江国际珠心算"西湖蓝天杯"大奖赛(湖州赛区)。

6月20日 市人大主任会议听取市财政局关于2010年全市和市本级财政决算的报告。

6月27日 市政府第71次常务会议听取市财政局关于推进预决算信息公开有关情况的汇报。

6月29日 组队参加全市纪念中国共产党成立90周年暨"同心向党"歌咏大会。

6月30日 举办纪念建党90周年专题报告会，特邀市委党校副教授史淦宝作"中国共产党九十年奋斗历程和经验启示"的专题报告。

8月3日 出台《湖州市市级部门预算编制工作评比办法(试行)》，推进部门预算编制改革，提高部门预算编制质量。

8月9～14日 在厦门国家会计学院举办全市财政系统领导干部培训班。

8月24日 与市教育局联合出台《湖州市普通高中国家助学金管理实施细则》，加强财政资金使用管理。

9月2日 与市委宣传部联合出台《湖州市市级宣传文化发展专项资金使用管理办法》，规范资金使用管理，促进宣传文化事业发展。

10月12日 与湖州南太湖产业集聚区管理委员会联合出台《省级产业集聚区财政政策实施细则》，支持加快推进湖州南太湖产业集聚区建设。

10月25日 与市对外贸易经济合作局联合出台《湖州市开放型经济发展专项资金管理办法(试行)》，规范财政资金使用管理，促进开放型经济发展。

10月28日 与市林业局联合出台《湖州市市级松材线虫病防治资金使用管理办法(试行)》，规范财政资金使用管理。

10月29日 与市对口支援工作办公室联合出台《湖州市对口支援工作专项资金使用管理暂行办法》，规范援助资金使用管理。

11月8～11日 省财政厅在湖州举办湖州、嘉兴两地金财工程3.0版软件升级培训班。

11月16～17日 全省农业综合开发工作会议在湖州召开。会议交流全省各地农业综合开发工作经验，布置下一阶段农业综合开发工作。会议还组织与会人员到练市镇花林灌区(蔬菜基地)、练市镇西堡灌区、练市镇凌家堰灌区三个项目区进行现场参观交流。湖州市在会上作题为《与时俱进 创新求效 积极助推现代农业发展》的交流发言。

11月18日 与市经济与信息化委员会联合出台《湖州市工业转型升级财政专项资金管理办法》，规范财政资金使用管理，促进工业经济转型升级。

11月23～25日 全省财政企业财务管理工作及报表决算工作会议在湖州召开。会议交流、回顾前期相关工作，并对2011年国有、集体、外资企业年度决算工作进行布置和培训。

12月7日 市政府第79次常务会议听取市财政局关于2011年市本级财政预算预计完成情况及超收财力安排使用建议的汇报。

是日 市政府发布《关于从土地出让收益中计提教育、农田水利建设资金有关事项的通知》，明确从土地出让收益中计提教育、农田水利建设资金有关事项。

12月23日 与市农业局、市贸易与粮食局联合出台《湖州市"菜篮子"专项资金管理办法》，规范资金使用管理，推进"菜篮子"工程建设。

12月27～28日 召开全市财政系统党风廉政建设年度工作会议，交流2011年纪检监察及作风效能建设工作，研究部署2012年工作。

12月31日 与市文化建设领导小组办公室联合出台《湖州市文化产业发展专项资金管理办法（试行）》，规范财政资金使用管理，推动文化产业发展。

是日 出台《湖州市市级科学普及专项经费管理办法》，规范财政资金使用管理，推动科学普及工作开展。

（湖州市财政局供稿 陈洪全执笔）

绍兴市

1月12日 根据市委、市委组织部文件，沈志新同志任中共绍兴市财政税务局委员会委员。

1月20日 市财政局行政审批服务处(国地税窗口)被绍兴市行政服务中心评为"2010年度行政服务示范窗口"。

1月21日 市财政局综合档案室被命名为浙江省首批"示范数字档案室"。

1月23日 市财政局被命名为第三批"绍兴市依法行政示范单位"。

1月28日 市委书记张金如，市委副书记、市长钱建民，市委副书记谭志桂，市委常委、常务副市长陈长兴，市委常委、秘书长魏伟等市领导到市级机关财务结算中心慰问干部职工。

3月1日 召开全市财政地税工作会议。市委副书记、市长钱建民与会并讲话。局党委书记、局长阮坚勇代表局党委作主题为《科学理财 依法征税 着力推进绍兴经济社会持续平稳健康发展》的工作报告，并与各县（市、区）局局长签订2011年度党风廉政建设及行风效能建设责任书。

是日 绍兴市市级机关财务结算中心受到全国妇女"巾帼建功"活动领导小组通报表彰，被授予"全国巾帼文明岗"称号。

3月17日 市财政局开展全市政府采购法制培训，省人大立法专家委员、省财政厅常年法律顾问贺宝健就政府采购活动和政府监管活动中的争议问题开展专题讲解。

4月22日 市财政局出台《市级财政资金对账工作方案》，决定建立财政与单位、企业的定期对账制度，加强对财政资金的监管，确保财政资金安全有效。

4月26～27日 市财政局开展国库集中支付业务培训，市本级357家纳入国库集中支付的预算单位财务人员参加培训。

5月23日 浙江财税12366语音服务系统在绍兴开通运行。

5月27日 根据省财政厅《关于开展"提高支农资金管理效益"专题调研工作的紧急通知》要求，省农业厅、省发改委、省财政厅联合调研组一行到绍兴进行"提高支农资金管理效益"专题调研。

6月9日 市财政局被评为2010年度全省乡镇财政决算市级汇总先进单位。

6月10日 市编委明确原市发改委所属绍兴市农业综合开发办公室成建制划入市财政局。

6月27日 市财政局召开建党90周年先进表彰暨民主评议行风建设动员会。局党委书记、局长阮坚勇作动员讲话。

7月1日 全市正式启用金财工程银行账户管理系统。

7月15日 财政部财政科学研究所所长贾康到绍兴作题为《公共财政体系的建立与预算制度改革》的专题讲座。

是日 全市召开深入推进廉政风险防控机制建设工作会议，局长阮坚勇代表市财政局作题为《深化财税管理改革 强化廉政风险防控 确保财政资金和财税干部安全》的经验介绍。

8月17～18日 市财政地税系统读书会在诸暨市召开。会议就"三位一体"财政运行机制实施方案、市级"全口径"预算编制调整有关工作作了汇报交流和讨论。局党委书记、局长阮坚勇作主题报告。

8月26日 省财政厅信息中心派技术人员到绍兴进行财政大平台系统验收,绍兴市财政大平台系统建设进入日常运行阶段。

9月23日 根据《绍兴市机构编制委员会办公室关于同意调整市级预算编制中心等机构设置的批复》(绍市编办[2011]59号),同意调整绍兴市市级预算编制中心的挂牌机构,为相似正科级全民事业单位,经费自收自支;同意单设绍兴市财政投资管理中心,挂绍兴市农业综合开发审核中心、绍兴市财务开发中心牌子,为相似正科级全民事业单位,经费自收自支;同意绍兴市发票管理所更名为绍兴市税务票证管理中心。

10月15日 省财政厅中小企业发展状况调研组赴绍兴,与企业代表座谈,了解相关情况。

10月24~25日 省财政厅副厅长朱忠明到绍兴专题调研财政扶持总部经济、中小型科技企业发展情况,了解"三位一体"组织框架构建后内部流程的优化和再造情况,并召开绍兴市及所属县(市、区)财税工作座谈会,听取各地财政工作开展情况及相关意见和建议。

11月1日 市财政局印发《关于在全市财政地税系统开展"财税服务企业月"活动的通知》,决定在全市财政地税系统开展为期一个月的"财税服务企业月"活动。

11月15~18日 全省财政票据管理业务培训班在绍兴举办。培训班就财政票据管理政策及发展趋势、《浙江省非税收入管理条例》等有关政策进行讲解和辅导。

11月17日 市财政局与财政部财政科学研究所在北京正式签署协议共建财政科研基地,成为国内第七个、省内第一个与财政部科研所合作的地方财政机构。

11月28~30日 市财政局举办行政村支部书记财政支农政策培训班,市级8个乡镇100个行政村党支部书记参加培训。

12月11日,17日,23日 《浙广早新闻》、浙江卫视《浙江新闻联播》、《浙江日报》新闻版分别对绍兴市预算绩效管理的具体做法和成效作宣传报道。

12月31日 詹超任绍兴市财政局副调研员、中共绍兴市财政税务局委员会委员。 (绍兴市财政局供稿 裘立周执笔)

金华市

1月4日 金华市机构编委会发文批复,市预算外资金管理中心和税务票证管理中心合并,更名为金华市非税收入管理中心,性质为全额拨款正科级事业单位。

1月19日 市政府印发《金华市2011年度政府采购目录及标准》,明确分散采购限额标准和公开招标数额标准。

1月26日 召开全市财政地税工作会议。市局局长周益民作题为《改革创新,科学发展,为加速浙中崛起再立新功》的主题报告。市委副书记、市长徐加爱参加会议并讲话。

2月24日 金华市第五届人民代表大会常务委员会第四十次会议审议决定任命陈志身为金华市财政局局长,免去周益民的金华市财政局局长职务。

3月16日 市财政局与市文化广电新闻出版局联合下发《金华市区农家书屋工程建设专项资金管理办法》,市财政安排1800万元(其中2011年安排1000万元,2012年安排800万元),专项用于扶持金华市区农家书屋工程建设。

4月11日 市财政局会同物价局转发财政部、国家发改委联合下发的《关于取消部分涉企收费的通知》,自2011年2月1日起取消31项涉企行政事业性收费。

4月15日 市政府印发《关于完善市区被征地农民基本生活保障制度的通知》,对新产生被征地农民,实行即征即保,及时纳入市区被征地农民基本生活保障体系。

4月29日 市政府印发市财政局关于《金华市对口支援新疆阿克苏地区温宿县建设资金管理办法》,对口支援工作按照"计划管理,总量控制;分级管理,落实责任;专户管理,专款专用"的基本要求实行。

5月9日 市局召开"深化作风建设年"活动动员暨表彰大会,市委副书记、市长徐加爱参加会议并讲话。

是日 组织市局中层以上干部参观全国检察机关惩治和预防渎职侵权犯罪展览金华巡展，增强领导干部法纪意识和责任意识。

5月10日 根据金华市人事局和省公务员局批复同意，金华市非税收入管理中心列入参照公务员法管理单位。

是日 开发完善公务卡集中支付系统，实现全市所有预算单位公务卡统一结算。

5月17日 召开市本级推行公务卡制度改革动员暨培训会议，常务副市长劳红武参加会议并讲话。

5月26日 财政部部长助理刘红薇一行到义乌市调研国际贸易综合改革试点工作。

5月30日 市局与市教育局联合下发《金华市区学前教育专项资金使用管理办法》，规定专项资金补助范围为市区新建、改(扩)建幼儿园建设以奖代补、幼儿园“升等提质”奖励、幼儿园教师素质提升培训、经济困难家庭子女入园补助等。

6月17日 市局出台《金华市财政局党组选拔任用市局中层干部程序管理办法》，明确科级（含副科级）领导干部选拔任用程序。

6月22日 市政府印发《金华市工业发展引导资金管理办法》，将原有的8项工业类资金整合为市级工业发展引导资金。

6月21～22日 召开2011年全市财政地税系统法规工作会议暨法制业务培训会议。

6月24日 经金华市机构编制委员会批复，市财政局绩效评价处更名为绩效管理处。

7月11日 市财政局印发《关于开展廉政风险防控机制建设工作的通知》，组织开展廉政风险防控机制建设工作，全面排查出各类廉政风险点143个。

是日 市政府第五次常务会议上，市局局长陈志身作《关于市区企业养老保险费费率调整情况》的汇报，会议认为调整企业养老保险费费率是维持养老保险基金合理支付能力、保障企业职工合法权益和减轻企业负担的需要。

7月28日 市局印发《金华市本级会计人员继续教育培训机构管理办法》，规定财政会计管理部门对各培训机构实行量化考核。

8月12日 市局印发《金华市本级农业专项资金支出公开办法（试行）》，规定按照“分级公开、归口公开、逐步公开”的原则实行。

8月15日 市局联合市发改委、市卫生局印发《金华市区城市基层医疗卫生机构财政补助资金使用管理暂行办法》，补助范围为市区城区范围内政府举办的符合卫生区域规划设置的7家社区卫生服务中心和18家城市社区卫生服务站。

是日 市局出台《关于行政事业单位固定资产实行条形码管理的通知》，对市本级行政事业单位的固定资产从购入开始到资产退出的整个资产生命周期进行全程跟踪管理。

8月17日 市局联合市教育局印发《关于印发金华市本级普通高中国家助学金管理暂行办法的通知》，自2011年秋季学期起，市本级建立以国家助学金、困难学生免学费、学校奖助学金为主要内容的普通高中家庭经济困难学生资助制度。

8月22日 市局印发《金华市区公共交通专项资金管理暂行办法》，将公共交通专项资金纳入财政预算，实行专项计划管理。

8月26日 市局联合市政法委出台《金华市司法救助专项资金使用管理办法》，按照“专款专用、结余留用，管用分离、及时救助，数额适度、不重复救助”的原则实行。

8月30日 市政府印发《关于加快实施市区城乡居民社会养老保险制度的意见》，从7月1日起，市区城乡居民社会养老保险基础养老金从每人每月60元提高到每人每月70元，80岁以上老人每月给予30元高龄补贴。

9月16日 市政府第11次常务会议审议通过2011年金华市市本级国有资本经营预算草案，这是市本级试行国有资本经营预算管理工作以来编制的首个预算草案。

10月18日 市局印发《关于进一步规范市本级部门预算编制管理工作的意见》，加快推进“收入一个笼子、预算一个盘子、支出一个口子”公共财政管理改革。

11月3日 市政府出台《关于加强市本级部门财政拨款结余资金管理的意见》,按照"分类管理、规范程序、注重绩效、结合部门预算"的原则,优化财政资源配置,提高财政资金使用效益。

11月10日 全国政协经济委员会"加快财税体制改革"专题组到义乌市调研。

11月15日 市局印发《金华市财税系统法制宣传教育第六个五年规划(2011~2015年)》。

11月22日 省财政厅副厅长罗石林到金华调研财税经济情况,并听取2012年财政工作思路。

11月28日 财政部税政司副司长郑建新一行到义乌市调研国际贸易综合改革试点工作。

11月30日 与市人力资源和社会保障局联合下发《关于市直其他事业单位实施绩效工资有关问题处理的通知》,确定按国家规定执行事业单位岗位绩效工资制度的市直其他事业单位正式工作人员,从2010年1月1日起实施绩效工资。(注:其他事业单位是指除已经实施绩效工资的义务教育学校、公共卫生与基层医疗卫生事业单位以外的事业单位)

12月20日 市政府印发《关于调整完善市区财政体制的通知》,在以中央、省对地方分税制财政体制的基础上,实行"划定范围、核定收支、体制补助(或上解)、增收分成"的办法,该体制从2011年1月1日起开始执行,一定三年。

(金华市财政局供稿 陈玲颖执笔)

衢州市

1月12日 国家审计署驻长沙特派办检查组赴衢州检查中央转移支付资金使用管理情况。

2月25日 市五届人大常委会第48次会议决定,吴宝骏任市财政局局长。

2月28日 市财政局妇委会被评为"全国三八红旗集体"。

4月20~22日 全市财税系统年轻干部培训班在衢州学院举办,71名年轻干部参加培训。

4月29日 市六届人大一次会议审议通过市政府提出的2011年市本级预算,同意市财政局受市政府委托所作的《关于2010年全市和市级预算执行情况及2011年全市和市级预算草案的报告》。

5月12日 市财政局组织科级以上干部观看全国检察机关惩治和预防渎职侵权犯罪展览金华巡展。

6月9日 市财政局召开市级党政机关公务用车问题专项治理业务培训会。

6月17日 浙江财税12366衢州市语音特服系统开通运行。

6月23日 市财政局出台《衢州市政府非税收入收缴管理办法》。

7月1日 市财政局举办"永远跟党走 颂歌献给党"纪念中国共产党建党90周年文艺晚会。

7月26日 市财政局与市信访局联合出台《衢州市信访积案化解专项资金管理使用办法》,建立健全疑难复杂信访问题化解工作机制。

7月30日 省财政厅副厅长金慧群赴开化调研重点欠发达县三年特别扶持项目实施情况。

8月4日 市财政局"服务企业百日专项活动"正式启动。

8月9日 省财政厅厅长钱巨炎到衢州调研,并赴巨化集团公司座谈调研,副市长江汛波陪同。

8月19日 市财政局出台《衢州市市级预算单位公务卡管理办法》,加强预算执行监控管理,深化国库集中支付改革。

9月9日 市财政局出台《衢州市市级部门单位项目支出预算管理办法(试行)》,深化预算管理改革,提高资金使用效益。

9月14日 省财政厅总会计师赵立妙赴衢州检查指导公车治理工作。

10月18日 市财政局开展科级干部竞争上岗笔试,拉开2011

年度竞争性选拔科级干部的序幕。

10月26～28日 省财政厅副厅长罗石林到衢州开展2012年全省财政工作思路调研，并赴巨化集团、开化等地调研考察。

11月22日 国家农业综合开发综合检查组到衢州开展2010年度农业综合开发项目综合检查。

11月30日 省财政厅纪检组长、监察专员秦忠到衢州检查指导工作。

12月16日 市政府批复同意《衢州市财政局主要职能、内设机构和人员编制方案》。市财政局设办公室、政策法规处、人事教育处、预算局、预算执行局、综合处、会计处、行政事业处、社会保障处、经济建设处、农业处、基层财政管理处、市农业综合开发办公室、企业处、绩效管理处、行政事业资产管理处、政府投资营运处、财政监督局、政府采购监管处等19个职能处室，其中，预算局、预算执行局、财政监督局长高配副县级。

12月31日 市委副书记、市长尚清，副市长胡仲明到市财政局调研，并走访市财政国库支付中心。

是日 根据市委组织部文件，周卫云定为正县(处)级，周海土任市财政局预算局局长，王筱芳任预算执行局局长，胡智利任财政监督局局长。 (衢州市财政局供稿 王燕萍执笔)

舟山市

2月1日 舟山市委副书记、市长周国辉一行到市财政局调研工作。

2月20日 舟山市五届人大六次会议审议通过《2010年全市和市本级预算执行情况及2011年全市和市本级预算草案的报告》。

2月24日 市委任命姜建明担任中共舟山市财政局党组书记。

3月21日 市财政局召开“同心汇聚、争创一流、共建群岛新区”主题教育实践活动动员大会。

4月27日 财政部财政科学研究所副所长王朝才一行到舟山实地调研，研究支持浙江舟山群岛新区财税政策。

5月6日 市人大常委会副主任刘国土一行到市财政局调研养老保险基金管理情况。

5月14～15日 中国农业发展银行、国家农业综合开发办公室联合调研组到舟山调研农发办和农发行合作项目，省财政厅副厅长、省农发办主任金慧群陪同调研。

6月8日 市人大常委会副主任刘国土一行到市财政局就2010年市本级财政决算有关情况进行专题调研。

6月10日 市财政局、市商务局联合印发《舟山市使用2010年度浙江省扶持欠发达地区外向型经济发展专项资金管理办法》。

6月15日 浙江舟山群岛新区财税政策研讨会在舟山召开，财政部财政科学研究所副所长王朝才、省财政厅副厅长朱忠明、舟山市政府常务副市长马国华等参加研讨会。

6月18～29日 市财政局中层以上干部高级研修班在清华大学举办。

6月23日 省财政厅厅长钱巨炎一行赴舟山调研舟山群岛新区建设工作，并与舟山市委书记梁黎明、市长周国辉等就支持舟山群岛新区建设相关工作交换意见。

7月5日 举办全市财政地税系统“我心唱响 放飞梦想”庆祝建党90周年红歌会。

7月13日 市政府办公室印发舟山市财政局(地税局)主要职责内设机构和人员编制规定，市财政局预算处更名为预算局(挂财政税政处牌子)、国库处更名为预算执行局(挂国库支付处牌子)、监督检查局更名为财政监督局、会计管理处更名为会计处、政府采购管理办公室更名为政府采购监管处，新设基层财政管理处。“三位一体”组织机构改革到位。

8月4日 市人大常委会副主任刘国土一行到市财政局听取2011年上半年全市财政预算执行情况汇报。

8月17～18日 全省2011年度注册会计师考试实施工作布置

会在舟山召开。

8月31日 市财政局印发《舟山市本级行政事业单位国有资产处置管理暂行办法》，规范市本级行政事业单位国有资产处置行为，提高国有资产使用效率。

9月17日 市财政局、市新渔农办联合印发《舟山市低收入渔农户脱贫致富项目"以奖代补"资金管理办法》。

9月19日 市财政局印发《舟山市市本级政府采购预算管理办法》。

10月20～22日 省财政厅总会计师赵立妙一行到舟山调研财政工作。

10月24日 舟山市获批地方政府债券额度3.2亿元，主要用于保障性安居工程、大陆引水二期工程、新城综合医院工程等重点公益性基础设施项目建设。

10月25日 市财政局邀请财政部财政科学研究所所长贾康、北京大学中国公益彩票事业研究所执行所长王薛红等专家召开舟山群岛新区彩票业研究座谈会，就舟山群岛新区彩票业发展的规划和操作途径提出设想。

11月4日 市财政局、市科技局联合印发《舟山市专利专项资金管理办法》。

11月19日 财政部综合司副司长汪义达一行调研舟山市中小学素质教育实践学校建设情况，省财政厅副厅长金慧群等陪同调研。

11月22日 市财政局、市商务局联合印发《舟山市本级外贸发展专项资金管理办法》，加快推进外贸发展方式转变和结构调整。

11月28日 市五届人大常委会第三十八次会议听取并批准市人民政府关于2011年全市和市本级地方政府债券预算调整方案的报告。

12月16日 市委组织部、市财政局联合印发《舟山市人才发展专项资金管理暂行办法》，加快实施"人才强市"战略。

（舟山市财政局供稿 徐颖娜执笔）

台州市

2月11～12日 台州市财政地税工作会议在椒江召开。局长叶维军作题为《务实创新 科学理财 为台州全面建成小康社会努力奋斗》的工作报告。会议表彰2010年度全市财政地税系统先进集体、先进个人、市级青年文明号和市级基层文明单位。各县（市、区）局负责人与市局主要领导签订党风廉政建设责任书。市委副书记、市长吴蔚荣出席会议并讲话。

3月2日 印发《台州市财政性资金投资建设项目评审工作考核管理办法》，加强财政性资金投资建设项目委托社会中介机构评审管理工作，保证评审质量。

4月8日 印发《台州市本级财政专户清理整顿工作实施方案》，解决财政专户管理中存在的专户开设过多、管理不规范等问题，加强和规范财政专户的管理，堵塞财政专户资金安全管理漏洞。

5月10日 市局在椒江举行《台州市财政志》首发仪式。《台州市财政志》由中华书局出版，全志设概述、大事记、正文、表格索引和后记5个部分，6篇45章，共120万字。

6月8日 开通新版浙江财税12366服务热线。新版12366服务热线整合财政、国税、地税三家资源，实现资源共享。

6月9日 市人大常委会任命吕仁苗为台州市财政局局长。

6月29日 市局举办"光辉的历程、伟大的成就"红歌演唱比赛，纪念中国共产党建党90周年。

7月6日 印发《全面推进廉政风险防控机制建设实施文案》，围绕财政地税权力的行使，从容易滋生腐败的重要权力部位入手，查找风险点和薄弱环节，并有针对性地制定和完善相关制度，建立权力监督制约机制。

7月19日 全市财政地税局长会议在椒江召开。会议交流总结上半年全市财政地税工作，分析当前财税经济形势，全面部署下半年财政地税工作。

7月27日 市财政局与市旅游局联合印发《台州市市级旅游

发展专项资金使用管理办法》，规范和加强市级旅游发展专项资金管理，提高财政资金使用绩效，引导旅游业快速发展。

8月15日 印发《台州市村级公益事业建设一事一议市级财政奖补项目和资金管理暂行办法》，支持和推动村级公益事业建设一事一议财政奖补试点工作。

8月17日 印发《台州市市级部门财政拨款结余资金管理暂行办法》，规范市级部门财政拨款结余资金使用，优化财政资源配置，提高财政资金使用效益。

8月25日 市局召开市级预算编制布置会议。启动2012年部门预算编制工作，市级各有关行政事业单位分管财务负责人和预算编制人员参加会议。

9月20日 省财政厅总会计师赵立妙带队的省党政机关公务用车问题专项治理工作督导核查小组到台州督导调研公务用车专项治理工作。

9月27～28日 全市财政地税局长会议在玉环召开。会议分析前三季度财税经济发展态势，预测全年走势，交流总结前阶段开展民主评议行风活动工作情况，部署下阶段工作。

10月17～18日 全省各市及部分县财政支农工作座谈会在台州召开。省财政厅副厅长金慧群出席会议并讲话。

10月24～26日 省财政厅纪检组长秦忠带领调研组到台州就2012年全省财政工作思路开展调研。

11月9日 印发《部门决算编审工作指导书（试行）》，完善决算编审规程，提高部门决算质量和工作效率。

11月28日 市委书记陈铁雄到市局走访调研，局长吕仁苗作工作汇报。

12月8～9日 全省财政综合业务工作座谈会在台州市召开。

12月23日 市委市政府考核组对台州市局2011年度重点工作进行考核，结果为优秀。局长吕仁苗率局班子成员及全体干部参加汇报会。

12月26日 市依法行政工作考核组对台州市局2011年度依法行政工作进行考核，被评为示范单位。

12月29日 市财政局与市商务局联合印发《台州市市级外经贸扶持资金使用与管理办法》，规范和加强台州市市级外经贸扶持资金的使用和管理，提高资金使用绩效，引导全市开放型经济持续、快速、健康发展。

（台州市财政局供稿 卢云芬执笔）

丽水市

1月13日 市人大常委会印发《丽水市市级预算监督办法》，对预算执行的监督，预算调整、决算的审查和批准事项作出明确规定。

1月20日 召开局领导班子和领导干部年度考核述职评议会议，考核组组长、市委组织部常务副部长杜光旻作动员讲话，局党组书记、局长何赤峰作年度总结报告和个人述职报告。

2月10日 召开全局干部大会，传达贯彻全省财政地税工作会议、市委全会暨全市经济工作会议精神，总结2010年财政地税工作，部署2011年财政地税工作，表彰先进，局长何赤峰作工作报告。

是日 市人大常委会副主任占志妙等到市财政局调研财政预算工作。

2月25日 局长何赤峰到市广播电台《百姓热线》栏目和社会公众互动交流，宣传财政各项民生政策。

3月2日 在市直行政事业单位建立资产管理信息系统。

3月2～3日 省财政厅副厅长罗石林率省“全面小康六大行动计划”检查考核组到丽水市本级、青田等地检查指导“全面小康六大行动计划”工作。

3月14日 市委常委、常务副市长、莲都区委书记陈瑞商到市财政局调研财政工作。

3月23日 市财政局被市委、市政府授予2010年度综合考核优秀单位称号。

3月25～27日 财政部国库司司长翟钢到丽水、龙泉、松阳、缙云等地考察，省财政厅总会计师赵立妙陪同。

3月29日 召开市直预算单位公务卡改革扩面工作会议。至年底，市级220家预算单位全面实施公务卡改革，累计发卡4145张，通过公务卡结算报销1610笔，金额592万元。

3月30日 印发《丽水市农村财会人员支农政策培训考核评价办法》。2011年，丽水市财政局获全省首轮农村财会人员财政支农政策培训工作一等奖。

3月31日 丽水市二届人大七次会议审查批准《丽水市2010年全市和市级预算执行情况及2011年全市和市级预算草案的报告》。

3月～9月 在全市组织开展财政专户清理整顿，经过清理，全市共撤并财政专户44个，其中市级10个；保留财政专户399个，其中市级35个。

4月12日 全省财政会计管理工作会议在丽水召开。

4月13日 市委副书记、市长王永康，市委常委、常务副市长陈瑞商到市财政局调研指导工作。

4月15日 局长何赤峰到丽水网和网友开展以"抓好三基强发展，五财并举促民生"为主题的对话交流活动。

4月20日 市委常委会、市二届人大常委会主任会议听取2011年度丽水市直财政性基本建设预算报告和丽水市本级政府性债务收支计划。4月29日，市二届人大常委会第45次会议审议通过。

5月9日 市编委批复同意市财政局内设机构调整及其主要领导高配，内设相关机构总预算局、预算执行局、财政监督局（同时挂牌绩效管理处），同时撤销预算处、国库处、监督检查处（绩效管理处挂牌），财政"三位一体"组织机构改革到位。

5月16～17日 省财政厅总会计师赵立妙到松阳、青田调研国库集中支付改革工作。

5月17日 免去孙天宇的市财政局、地税局党组成员职务。5月27日，免去孙天宇的市财政局副局长职务。

5月17日～6月10日 省财政专员办组织检查组到纳爱斯集团公司开展会计信息质量检查。

5月27日 市政府第89次常务会议审议通过《市对莲都区财政体制完善意见》《市对开发区财政体制完善意见》，于6月3日印发实施。

5月31日 市委市政府成立公务用车问题专项治理工作领导小组，市委常委、常务副市长陈瑞商任组长，办公室设在市财政局。

5月～7月 组织开展"小金库"治理工作。2011年，全市"小金库"复查合计3217户，复查面100%，重点抽查222个单位，重点抽查面6.9%。其中市直"小金库"复查合计453户，复查面100%，重点抽查27个单位，重点抽查面6%。

6月8～9日 省财政专员办专员高伟明等到丽水纳爱斯集团公司、青田县指导会计信息质量检查工作。

6月15日 丽水市局"浙江财税12366"语音特服系统开通。

6月～7月 市委组织考察组到丽水市局开展领导班子和领导干部届末考察工作。

6月～12月 开展深化作风建设年暨民主评议行风活动。

7月5～6日 省财政厅厅长钱巨炎陪同省委主要领导到景宁调研。

7月11～12日 省财政厅副厅长薛小杭等领导参加省政府在丽水召开的全省工业经济分析会议。

7月12日 在丽水召开全市财政地税工作座谈会，市委常委、常务副市长陈瑞商出席会议并讲话。

7月15日 丽政干[2011]15号文件任命陈肇平任市财政局副局长、叶芳儿任市财政局总会计师。

7月18日 市政府印发《关于加强财政支出绩效管理工作的若干意见》，就加强财政支出绩效管理作出部署。

是日 市人大常委会副主任占志妙一行到市财政局调研财

政预决算工作。

7月25日 市二届人大常委会第103次主任会议审议通过丽水市2010年度决算草案的报告和丽水市2011年上半年预算执行情况的报告。8月25日，市二届人大常委会第48次会议审查批准丽水市2010年度市级财政决算。

是日 印发《丽水市区保障性住房资金管理暂行办法》，规范和加强保障性住房资金管理。

8月～12月 组织开展2011年财政支出绩效重点评价工作，对市直2010年度14个项目开展重点绩效评价，涉及财政资金5000万元。

8月15～16日 省财政厅在景宁召开部分县财政支农暨特别扶持项目资金管理工作座谈会，副厅长金慧群参加座谈会并提出要求。

8月17～18日 省财政厅副厅长金慧群一行在景宁调研低收入农户结对帮扶工作。

8月28日 市编委批复同意市财政局设立财务总监管理中心，为正科级公益一类事业单位，核定编制3名，科级领导职数1名。同意市财政局设立市级部门预算编制中心，为承担行政职能的正科级事业单位，核定编制8名，其中科级领导职数2名。

9月8日 印发《丽水市直国有资产收益收缴管理暂行办法》，规范和加强国有资产收益收缴管理工作。

9月13日 市财政局、人行、监察局、审计局联合制定《丽水市级预算单位银行结算账户管理办法》。

9月19～30日 市纠风办、财政局、农业局联合开展强农惠农资金（2009～2010）专项检查。

9月24日 省财政厅副厅长魏跃华到丽水出席第八届全国残运会火炬传递（丽水站）仪式。

9月27日 市政府批准《市财政局地税局主要职责内设机构和人员编制规定》，就市财政局、市地税局主要职责及其内部23个职能处室具体职能作出明确规定。

是日 制定《丽水市直行政事业单位办公设备、车辆配置、办公用房新建和办公用房扩改建装修标准》。

9月29日 市政府印发《关于进一步加强市本级企业分离发展服务业的若干意见》，加大对物流企业的政策扶持。

10月19日 市纪委、市委组织部、市财政局、市监察局、市人力社保局、市审计局联合印发《关于严肃财经纪律强化行政事业单位会计信息质量的通知》，建立治理“小金库”长效机制。

10月19～20日 省财政厅副厅长金慧群到丽水市本级调研2012年财政工作思路，召开座谈会，征求各界对财政工作的意见建议。

11月11日 市财政综合档案工作经省档案局、省财政厅、省地税局考评为省一级认定单位。

11月18日 丽干任[2011]54号文件任命王刚兼任市财政局、地税局党组副书记。

11月～12月 开展局直属机关党委领导班子“公推直选”工作。

11月29日 市人力社保局、财政局、地税局联合印发《关于实施困难中小企业社会保险“四减”政策的通知》，对困难中小企业2011年社会保险费实施临时性减征。全市5900余户企业享受社保费优惠政策，减征金额1725万元。

12月1日 市人力社保局、财政局联合印发《丽水市直其他事业单位绩效工资实施办法》，启动市直其他事业单位绩效工资改革工作。

12月5日 市委书记卢子跃、市长王永康、常务副市长陈瑞商、市政府秘书长梁忆南、局长何赤峰等赴省财政厅对接省财政扶持项目相关工作。

（丽水市财政局供稿 叶芳儿执笔）

财政机构人员

zhejiangcaizhengnianjian

浙江省财政厅厅领导

（2011年12月31日）

党组书记、厅长	钱巨炎
党组副书记、副厅长	罗石林
党组成员、纪检组长、监察专员	秦　忠*
党组成员、副厅长	金慧群
党组成员、副厅长	魏跃华
党组成员、副厅长	薛小杭
党组成员、副厅长	朱忠明
党组成员、总会计师	赵立妙
党组成员、省财务开发公司总经理	杜祖国
副巡视员	宋培军
副巡视员	罗跃琴

浙江省财政厅机构设置及中层干部

（2011年12月31日）

一、厅机关

办公室

主任：沈　磊*

副主任：周　瀛

副主任：莫红民

副主任：甘建辛

调研员：张胜凯

副调研员：祝新发

副调研员：梁顺敏

副调研员：朱军华

人事处(离退休干部处)、直属机关党委

处长：章忠良*

专职副书记:姜明路*

副处长：金洪根

副处长：金国荣

副处长：费　萍

副处长：赵　虹

调研员：叶承番*

调研员：童新元

副调研员：何小媛

副调研员：李亚东

省纪委派驻省财政厅纪检组、省监察厅驻省财政厅监察专员办公室

主任、副组长：李文艳

副主任：叶乃杰

调研员：胡荣兴

政策法规处

处长：周位标

副处长：富德荣

调研员：周斌舫

调研员：朱炳仁

总预算局、地方预算处

局长：邢自霞（副厅级）*

副局长兼预算编制中心主任：章启诚

副局长兼地方预算处处长：倪学军

地方预算处副处长：周爱明

地方预算处副处长：张远东

副调研员：杨格来

副调研员：翟晓真

税政处

处长：姚龙飞

副处长：邵　健

预算执行局、国库支付处

局长：侯余兴*

副局长兼国库支付处处长：赵利明

副局长兼核算中心主任：何新星

国库支付处副处长：陈丽君

国库支付处副处长：包尧兴

副调研员：吴月宝

副调研员：陈　珍
副调研员：蒋小聪

综合处

处长：沈江平
副处长：孙建苗
副处长：吴凤珍
副处长：邬达贵
副调研员：姚如华
副调研员：张　敏
副调研员：孙继霞

会计处

处长：蒋振成
副处长：杨树圣
副处长：周克俭
副处长：陈　孝
调研员：李雪萍
副调研员：郑肖亮
副调研员：程少春

行政政法处

处长：楼梅芳
副处长：童黛铭
副处长：姜建成
副处长：马　勇
副调研员：王志红

教科文处

处长：金　涛
副处长：董立国
副处长：傅彩莲

行政事业资产管理处

处长：陈百平
副处长：牟晨晖

农业处

处长：蒋建建
副处长：杜金良
副处长：王　静
副处长：李建斌
调研员：钱伟烈
副调研员：王小丽

基层财政管理处（省农村综合改革办公室）

处长：尹红平
副处长：李　鸣
调研员：崔华英
副调研员：许建全

企业处

处长：俞建人
副处长：叶光胜
副处长：肖艳菱
副处长：吴新芳
调研员：吴中秋
副调研员：朱　玲
副调研员：冯　洁
副调研员：张　卉

金融处

处长：陈建中*
副处长：洪小然*
副处长：郑可青*
副调研员：陈志仁*

社会保障处

副处长：王雯琳
副处长：张才德
副处长：赵雅玲
副调研员：幸春平
副调研员：王柳霞

经济建设处

处长：王　俭
副处长、调研员：戚国裕
副处长：郭定方
副处长：楼慧芬
副处长：马建胜
副处长：何喜平（援疆工作）
调研员：余逸美

财政监督局

局长：张杭平
副局长：金光对
副局长：王林尧
调研员：周炳森
副调研员：周学伟

绩效管理处

处长：江中亮
副处长：王向群

省农业综合开发办公室

主任：金慧群（兼）
常务副主任（正处长级）：徐来兴
副主任（正处长级）：张和杰
副主任（正处长级）：赵国瑛
副主任（副处长级）：魏治明

副调研员：何维君

副调研员：方优良

政府采购监管处

处长：钱国兴

副处长：费国炎

副处长：俞小青

副调研员：徐剑锋

二、厅直属单位

省财务开发公司

总经理：杜祖国

副总经理：姚 战

副总经理：祝云水

副总经理：叶 忠

省中小企业再担保有限公司总经理：倪一冰*

总经理办公室主任：黄志明

综合部经理：赵献平

财务内审部经理：柴会荣

投资管理一部经理：汪一兵

投资管理二部经理：於亚雄

投资管理三部经理：徐晓坚

投资管理四部经理：张宝健*

对外联络部经理：贺贤文*

部门经理级干部：徐炳权

省级机关会计核算中心

主任：何新星(兼)

副主任：叶时宝

副主任：宋万生

副主任：何玮富

副主任：杨慧芳

副主任：高 翔(援藏工作)

副调研员：和繁荣

副调研员：周小燕

省财政项目预算审核中心

主任：郑 耀

副主任：沈 湧

副主任：沈应庚

总工程师：俞富桥

副调研员：吴春桃

省财政票据管理中心

主任：张亚平

副主任：斯志洪

副调研员：刘 宁

省级部门预算编制中心

主任：章启诚(兼)

副主任：陈志光*

副主任：石琪琪*

省财税政策研究室

主任、《浙江财税与会计》杂志主编：余丽生

副主任：王非文

副主任、《浙江财税与会计》杂志副主编：刘东溟

副主任：冯 健

省财税信息中心

主任：李 军

副主任：寿建钢

副主任：金永勤

副主任：陈健东

总工程师：许智敏

省会计人员服务中心

主任：戴祥波

副主任：沈幼华

省农业综合开发项目审核中心

主任：陆龙泉

副主任：许锡田

副主任：张光敏

省财政干部教育中心(省中华会计函授学校)

校长：钱巨炎(兼)

副校长：金慧群(兼)

副校长：蒋振成(兼)

干教中心主任、专职副校长：何元福

干教中心副主任、专职副校长：汪国葆

干教中心副主任、专职副校长：吴小明

原部队副团：童联新

省注册会计师服务中心、省注册会计师协会(资产评估协会)

主任、秘书长：汤 淮

副主任、副秘书长：林金松

副主任、副秘书长：蒋文军

副主任、副秘书长：韩江南

浙江财政后勤服务中心

主任：祝新发(兼)

副处级：杨仁三

省财政厅招待所

所长：陈文斌(原部队副团)

副所长：马 骥(原部队副团)

省莫干山财政干部休养所

省世界银行业务培训中心(杭州金溪山庄)

董事长：解亚东

总经理：华山月

副总经理：方卫国

副总经理：朱 蕾

(注：有*标示者为当年职务有新变动)

浙江省各市、县(市、区)财政局领导

(2011年12月31日)

杭州市财政局

局长：金　翔

巡视员：陈锦梅* 陈国东

副局长：吴文兴　石连忠

纪委书记：汤军贤

财政监督检查局局长(副局级)：谢　永

党委委员、办公室主任：余田法

上城区财政局

局长：来剑波

副局长：卢　伟　欧阳杰

调研员：朱红卫

党委委员、办公室主任：孔　啸

下城区财政局

局长：沈凯波

副局长：宋震跃　朱　捷　陈琴箫

西湖区财政局

局长：陈　玮

副书记、副局长：何加新*

副书记：祝春霞

副局长：仰红英　袁　骏

江干区财政局

局长：项伟荣

副局长、纪检组长：周金虎

副局长：余　焱

拱墅区财政局

局长：孟三山

副局长：童　立

高新(滨江)区财政局

局长：余静漪

副局长：杨金水　胡银根　屠国平

纪检组长：邵　臻

萧山区财政局

局长：何兴良*

纪检组长：俞大明

副局长：金国升　孔富明　杨月万

余杭区财政局

局长：姚文华

国资办主任：施成华

党委副书记：尤士英

副局长：叶立新　梅建胜　袁俊军*

富阳市财政局

局长：华之江

副书记：潘国明

投融资办公室主任：李一力

副局长：史煜民　俞　杲

临安市财政局

局长：罗石荣

副局长：马泽华　周　佳

检组长：曾成华*

建德市财政局

局长：高建军

党委副书记、副局长：钱一军

副局长：何国良　程　霄

纪检组长：王江平*

桐庐县财政局

局长：俞　谷

纪检组长：黄亚琴

副局长：项丽珠　毕文浩　申屠逸清

淳安县财政局

局长：詹　韧

调研员：宋士中

副局长：叶建乐　王慧红

纪委书记：胡长文

宁波市财政局

局长：胡谟敦

副局长：王跃鹏　章翠飞　贺也贞　张镇岳　杨　军　王　晓　范国伟

纪检组长：陈仰家

海曙区财政局

局长：竺培楠

副局长：蔡　锐　金群辉

江东区财政局

局长：章月标

副局长：涂更生　叶良春　童　霞*

江北区财政局

局长：孙新土

副局长：邬文珍　李　斌

北仑区财政局

局长：朱晓雄*

副局长：孙军泽 桂 桦* 陈建平* 陆 伟 李 军

镇海区财政局

局长：唐东海*

副局长：蔡军国 孙 灵

纪检组长：胡志利

党组成员：王镇亮

大榭开发区财政局

局长：冯伟业

副局长：叶奇丹

鄞州区财政局

局长：钱 芳

副局长：金文耀 杨国定* 岑卢艳

象山县财政局

局长：陈柳松

副局长：姜乐平 赵承松* 郑 勇 陈忠祥 陈良宝*

党组成员：郑世敏

宁海县财政局

局长：柳正维*

副局长：王能选 邬茂俊* 叶亦利 丁建华 胡林法

纪检组长：陈知统

余姚市财政局

局长：俞剑清

副局长：杨水昌 王文益 许真如 施钧旻* 宋建忠

总经济师：周益忠

慈溪市财政局

局长：张炳华

副局长：范哲慰 马志灿 胡志远* 沈鸣学* 潘钊先

党委委员：史 军

奉化市财政局

局长：刘海华*

副局长：罗国锵 林 鑫 胡志春

纪检组长：奚际朗

党委委员：张成方*

温州市财政局

党组书记、局长：李步鸣

党组成员、副局长：朱定钧

党组成员、纪检组长：卢小平

党组成员、副局长：黄夏日 孙建伟 胡正武

党组成员、总会计师：林江帆

鹿城区财政局

局长：胡向阳*

副局长：陈宇开 渠 奕

纪检组长：孙丽娟

党组成员、预算科科长：陈 辉

龙湾区财政局

局长：王旭辉*

副局长：陈光伟 王晓春* 方 微*

纪检组长：林碧清

瓯海区财政局

局长：吴 强

党组副书记、副局长：项瞻文

党组副书记：薛永川

副局长：黄筱萍

总会计师：叶国蒙

党组成员：陈金凡

区国资办副主任、浙江瓯海城市建设投资限公司董事长：徐 教

开发区财政局

局长：潘 强*

副局长：黄伟杰 夏立芳*

纪检组长：徐定杰

瑞安市财政局

局长：陈迪海

副书记：项光浓* 余列平 林候发

副局长：陈胜泉 黄亚平

纪委书记：张爱芬*

总会计师：李建中

乐清市财政局

局长：叶乐安

党组书记、副局长：詹必华*

党组副书记、副局长：周庆耀 董法朗

副局长：孔庆元 钱乐洋

纪检组长：陈宣定

总会计师：郑清华

永嘉县财政局

局长：胡国强

党委副书记、副局长：叶雀娟

副局长、纪委书记：谢纯定

副局长：徐忠诚

总会计师：叶玉庭

党组成员：钱文锋 谢选年

平阳县财政局

局长：温从岳

党组副书记、纪检组长：叶友育

党组副书记、国资办副主任：薛文秀

副局长：陈钦斌 黄少斌 黄 佩 林 文*

党组成员、国投副总经理：王 炼

总会计师：余炳亮*

苍南县财政局

局长：徐象广

党组副书记；蔡勤旺

副局长：项延钢 池长辉 沈志安 黄朝晖*

纪检组长：陈碧芳

文成县财政局

局长：郑士钗

纪委书记：郑明进

副局长：张明林 胡希勒 林永熙 叶信钏*

泰顺县财政局

局长：胡昌迎

党委副书记：毛方酬

副局长：王官玉

党组成员：徐 光

洞头县财政局

局长：叶明理

党组副书记、副局长：陈后平

副局长：谢月英

纪检组长：颜跃平

总会计师：曾国雄

嘉兴市财政局

局长：马邦伟

副局长：吴贵敏 夏林生 张永红

纪委书记：朱天文

南湖区财政局

局长：叶涵初

副局长：马立申 张 磊 顾云祥

秀洲区财政局

局长：王爱根

副局长：徐坤荣 张惠明 张 军 成海明 陈 嵘

平湖市财政局

局长：唐华荣

党委副书记：吴小平*

副局长：梁晓军 全 骏 沈幼锋*

海盐县财政局

局长：贺伟民

党组书记：马建良

副局长：陈初霞 陆国华

嘉善县财政局

局长：沈建伟*

党组副书记、副局长：张红兵*

副局长：杨慧芳 蒋 健 徐金连 徐忠明

纪检组长：张小峰

海宁市财政局

党委书记：程培青

局长：陈金明

纪检组长：闵厚文

副局长：夏国平 蒋雪标 龙怡娟*

桐乡市财政局

局长：姜 玮

副局长：吴海燕 房治方 沈富春

党委委员：方 真

湖州市财政局

局长：陈亚明

副局长：屠培红 姚 温 钱汇丰

纪检组长：沈 蓓

副局长：张向阳 黄长泉 徐 辉*

党组成员：袁学平

总会计师：孙倩如*

副调研员：钟志铭 张从光 姚新加

吴兴区财政局

局长：汪胜富

副局长：滕玉文 沈国强 沈林林

南浔区财政局

局长：李 强

纪检组长：高登旺

副局长：沈为民 何琪虎 汪 骅*

总会计师：施海凤*

德清县财政局

局长：杨永林

副局长：徐黎娟 江洪波

纪检组长：沈 英

长兴县财政局

局长：冯梅山

副局长：李丰红 潘旭飞

纪检组长：吴淦良

总会计师：王佳平

安吉县财政局

局长：梁蕴伟

副局长、纪检组长：朱永桓

副局长：严明卯 俞土良

绍兴市财政局

局长：阮坚勇

副局长：潘旺明（正局级） 房 紧 楼 君 蔡文良 何俊杰

纪检组长：陈建光
总会计师：赵雄飞
总经济师：倪　兵
调研员：卢银银
党委委员、副调研员：詹　超*
党委委员：沈志新*

越城区财政局
局长：高玮民
副书记：唐关荣
副局长：俞谢家　丁　浩

绍兴县财政局
局长：喻光耀*
副书记、纪委书记：吕铁辉
副书记：赵亿怀
副局长：徐志方　徐利忠　宋朝忠　金国安
党委委员：张志华　来建祥

诸暨市财政局
局长：张建林
党组副书记、纪检组长：赵一平
副局长：杨胜新　周国新　赵章根　余龙凡

上虞市财政局
局长：茅国清
副书记、副局长、纪委书记：邵百尧
副局长：卢坚钢　陈　烽　陈鑫森
党委委员：李　军　金慧君

嵊州市财政局
局长：孙元东
党委委员、国资公司总经理：茹万红
副局长：孙作祥　叶　平
党委委员：张茂雄　吕霞光

新昌县财政局
局长：求国安
副书记：盛　青
副局长：谢立民　吴德祥　周少卿　求伟清
党委委员：张恺荣　陈东辉　竺志刚

金华市财政局
局长：陈志身*
副局长：杨晓明　马海清　李　俊　倪小波
纪检组长：严国鑫*
总会计师：徐佩琴

婺城区财政局
副局长：傅得樟（主持工作）章文志　顾再进
党组成员：施柯芬　胡京宏　金裕禄*

金东区财政局
局长：张有钢
副局长：陈春华　郑良模　姜韶军
党组成员：施杰明
局长助理：王丽华

兰溪市财政局
局长：陈玉祥（兼）
党组书记：陈根斗
副书记、国资办副主任：徐跃民
副局长、纪检组长：金　辉
副局长：周季容　邓培昌　朱益民
国资办副主任：陈冬红　潘燕红

东阳市财政局
局长：徐立刚
副局长：杜希庭　吴正华　徐跃卫
党组成员、开发区分局局长：林　斌
党组成员、人教科科长：单仲尧
党组成员、国资办副主任：韦俊图

义乌市财政局
局长：赵健明
副书记、副局长：陈忠强　赵绍辉
副局长：虞建民　毛新生　李晓玲　何愫洪　朱琴芳
党委委员：张其合　缪永明　杨成林

永康市财政局
局长：施建民
副书记、副局长：吕正时
国资办主任、副局长：程　伟*
副局长：杜奕铭
财政分局局长：吴美秀
纪检组长：谢毅清
总会计师：吕美红

浦江县财政局
局长：楼向阳*
副局长：许尔清
纪委书记：李国平
总会计师：黄英俊

武义县财政局
局长：陈进一（兼）
副书记、副局长，国资办党组书记、主任：程云庆
副局长：王柏宜　张李新
总会计师：徐国强
纪委书记：王献良

磐安县财政局
局长：周丽水

党组书记:陈国慧*
副书记:斯维仁 吕贤德*
副局长:葛精兵 羊荣华 施逢杰
纪检组长:郭德富
党组成员:陈忠明 施国萍

衢州市财政局

局长:吴宝骏
党组副书记:吴小聪
党组副书记、副局长:周卫云
党组成员、副局长:王德华 叶浙青 叶旭泉 翁文斌
党组成员:张 庆

柯城区财政局

党组书记、局长:楼林钱*
党组副书记、副局长:姚正锋
党组成员:朱泉水
党组成员、纪检组长:郑 虹

衢江区财政局

局长:李 青
副局长:秦 勇 罗永美
党组成员:黄晓春 徐 雁

龙游县财政局

党委书记、局长:徐志明
党委委员、副局长:洪士友 朱云峰 方巧娥 蒋澄宇

江山市财政局

局长:巫小雄
副书记:王智荣
副局长:郑宇星 张晓华 毛水芳
纪委书记:周金富
副局长:郑建青
党委委员:毛培泉

常山县财政局

局长:戴根林*
国资办主任、副局长:谢 诚
纪委书记:张庆华
副局长:钱志友 朱圣杰 徐光明 陈齐礼
党委委员:蒋淑萍

开化县财政局

局长:邹燕辉
副局长:汪 涌 傅剑钢 廖继军
党委委员:邱俊峰 廖建忠 汪福海 郑素珍 曹长洪

舟山市财政局

局长:姜建明*
副局长:曹国英 王志杰 竺群力 邬传统 韦晓红
莫红民*(省财政厅下派挂职)
纪检组长:张群伟
总会计师:邵裕龙*

定海区财政局

局长:陆赛波
副局长:姚洪波 贺松跃 朱巧星
总会计师:吴 鹰
党组成员:何 红*

普陀区财政局

局长:周志国*
党组副书记:孙文平
国资公司经理:周志国
副局长:张友夫 陈 峰 史海祥
党组成员:张雅雪

岱山县财政局

局长:方信伦
党组副书记:潘高平
副局长:王 挺 蒋伟若 柴忠堂
总会计师:翁燕敏

嵊泗县财政局

局长:王兴军
副书记、纪委书记:张菊花
副局长:徐国飞 何世光
总会计师:罗奇辉
党委委员:郭 华 王海儿

台州市财政局

局长:吕仁苗*
副书记:韩爱军
副局长:张卫平 王子剑
总会计师:余延龄
党组成员、纪检组长:孙 鑫

椒江区财政局

局长:邬美荣
副书记、纪检组长:陈忠贤
副书记、副局长:谷建斌
副局长:蔡建中 章光辉

黄岩区财政局

局长:陈灵平
党组成员:郭建明
副局长:陶慧敏*
党组成员:柯卫凌

路桥区财政局

书记:蔡志棠*
局长:陈明炜
副书记:管敏明*
副局长:许拓天* 池昌明

临海市财政局

局长:冯荷琴
副书记、副局长:胡寿坚
副局长:王礼福 方 虹

纪检组长：卢国富
总会计师：蒋向阳
副局长：沈国材

温岭市财政局
局长：江涌清
副书记、副局长：柳　敏
副局长：王春连　林作明
总会计师：江陶舜

玉环县财政局
局长：林仁斌*
副书记、副局长：郭显银
副局长：张素燕
纪委书记：唐丹华
副局长：姜仁武

天台县财政局
局长：余昌杰
副书记、副局长：戴敏华
副局长：方国耀　姜灵君
党组成员：丁伟生*

仙居县财政局
局长：姚文浩
副局长：潘海滨
副局长、总会计师：吕汝韦*
副局长：郑美金
纪检组长：潘天虎

三门县财政局
局长：奚建华
副书记、纪检组长：马加品
副书记、副局长：徐伟晖
副局长：尤福跳*
总会计师：章日胜*

丽水市财政局
局长：何赤峰
党组副书记：王　刚*
副局长：崔　军
纪检组长：李　嫔
副局长：刘小平　魏叶华　陈肇平*
总会计师：叶芳儿*

莲都区财政局
局长：赖志平
纪检组长：尹和平
副局长：黄于林

开发区财政局
局长：金雄鸥
副局长：陈卫媛
总经济师：吴坚平
副局长：吴应娟

青田县财政局
局长：周　雄*
纪检组长：周旭平
副局长：王伟伟　张红兵　季耀武
总会计师：陈升华*

云和县财政局
局长：柳少康
副局长：柯志宙　陈文平
纪检组长：蓝石花

龙泉市财政局
局长：徐东华
副局长：连浩松
纪检组长：吴树儿
副局长：商越敏　季志芬

庆元县财政局
局长：刘高深*
书记：江旭奎
副局长：陈本新　吴叶林
总会计师：杨小芬

缙云县财政局
局长：陈贵长
副局长：叶伟民
国资办主任：钭秀千
副局长：王伟民
总会计师：应文央
副局长：章一力

遂昌县财政局
局长：赵文明
副局长：单崇海　韦恩军
党组成员、国资公司董事长：金　飞

松阳县财政局
局长：林开武
国资办主任、副局长：周永跃
副书记：郑桂美
副书记、副局长：徐建农
纪检组长：冯汉饶
副局长：毛汇草*

景宁县财政局
局长：季晓伟
副书记、纪检组长：梅巧勤
副局长：蓝朝星　陈华星　胡晓斌*

（注：有*标示者为当年职务有变动）

浙江省财政系统职工基本情况统计

单位：人

项目		总计	性别		民族		学位			学历						
			男	女	汉	其他	博士	硕士	学士	研究生	大学本科	大学专科	中专	高中及以下学历		
														人数	其中35岁以下	其中36至45岁
总计	合计	12577	7202	5375	12527	50	5	516	1848	462	7997	2978	422	718	71	166
	厅（局）级	16	13	3	16		1	4		6	8	1		1		
	地市局（处）级	583	415	168	582	1	1	63	85	105	395	76	4	3		
	县局（科）级	3757	2259	1498	3742	15	2	267	465	190	2553	811	93	110	1	6
	一般干部	7038	3793	3245	7009	29	1	180	1279	159	4729	1697	195	258	38	42
	工勤人员	1183	722	461	1178	5		2	19	2	312	393	130	346	32	118
省（区、市）厅局	合计	1153	679	474	1149	4	5	216	270	187	769	120	20	57	3	17
	厅（局）级及以上	16	13	3	16		1	4		6	8	1		1		
	处（局）级	383	261	122	383		1	50	64	71	264	45	1	2		
	科级	429	231	198	426	3	2	128	126	82	321	23		3		
	一般干部	225	106	119	225		1	34	80	28	161	28	4	4	1	
	工勤人员	100	68	32	99	1					15	23	15	47	2	17
市（地、州）局	合计	2740	1497	1243	2732	8		183	560	159	1940	434	73	134	7	40
	局(处)级及以上	200	154	46	199	1		13	21	34	131	31	3	1		
	科级	1332	782	550	1327	5		100	213	70	1003	211	23	25		1
	一般干部	942	405	537	940	2		70	321	55	721	122	15	29	7	8
	工勤人员	266	156	110	266				5		85	70	32	79		31
县（市、区）局	合计	6534	3819	2715	6506	28		114	919	110	4457	1408	189	370	52	102
	局(科)级及以上	1996	1246	750	1989	7		39	126	38	1229	577	70	82	1	5
	股级	1536	1098	438	1535	1		41	206	25	1281	215	6	9	3	1
	一般干部	2266	1009	1257	2250	16		32	574	45	1757	349	41	74	20	26
	工勤人员	736	466	270	732	4		2	13	2	190	267	72	205	28	70
乡（镇）所	合计	2150	1207	943	2140	10		3	99	6	831	1016	140	157	9	7
	所(股)级及以上	810	562	248	807	3		1	7	3	295	412	33	67	1	2
	一般干部	1259	613	646	1252	7		2	91	3	514	571	96	75	6	5
	工勤人员	81	32	49	81				1		22	33	11	15	2	

（续表一）　　　　单位：人

项目		总计	政治面貌				年龄					
			中共党员	共青团员	民主党派	其他	25岁及以下	26岁至30岁	31岁至35岁	36岁至40岁	41岁至50岁	51岁至59岁
总计	合计	12577	8014	762	148	3653	500	1268	1700	2155	5203	1750
	厅（局）级	16	16							1	3	12
	地市局（处）级	583	528		7	48			10	51	340	182
	县局（科）级	3757	2744	41	68	904	2	104	288	619	1902	841
	一般干部	7038	4307	641	68	2022	453	1074	1265	1225	2511	510
	工勤人员	1183	419	80	5	679	45	90	137	259	447	205
省（区、市）厅局	合计	1153	812	59	16	266	18	102	156	223	461	193
	厅（局）级及以上	16	16							1	3	12
	处（局）级	383	335		6	42			9	38	228	108
	科级	429	318	14	8	89		56	97	124	125	27
	一般干部	225	110	41	2	72	18	44	43	43	58	19
	工勤人员	100	33	4		63		2	7	17	47	27
市（地、州）局	合计	2740	1769	172	51	748	83	283	425	530	1045	374
	局(处)级及以上	200	193		1	6			1	13	112	74
	科级	1332	986	22	34	290	1	30	133	293	665	210
	一般干部	942	481	145	14	302	82	246	259	153	163	39
	工勤人员	266	109	5	2	150		7	32	71	105	51
县（市、区）局	合计	6534	3930	425	80	2099	280	668	834	1123	2711	917
	局(科)级及以上	1996	1440	5	26	525	1	18	58	202	1112	604
	股级	1536	1233	21	35	247	3	52	168	349	887	77
	一般干部	2266	1020	337	16	893	241	536	518	405	447	119
	工勤人员	736	237	62	3	434	35	62	90	167	265	117
乡（镇）所	合计	2150	1503	106	1	540	119	215	285	279	986	266
	所(股)级及以上	810	695	2	1	112	3	16	43	83	516	149
	一般干部	1259	768	95		396	106	180	234	192	440	107
	工勤人员	81	40	9		32	10	19	8	4	30	10

（续表二）　　单位：人

项目		总计	参加工作时间						劳模（先进工作者）	
			1965年前	1966年至1970年	1971年至1980年	1981年至1990年	1991年至2000年	2001年以后	省（部）级	全国
总计	合计	12577		134	1886	4587	3636	2334	4	1
	厅（局）级	16		3	9	3	1			
	地市局（处）级	583		22	181	289	88	3	1	1
	县局（科）级	3757		78	944	1626	900	209	2	
	一般干部	7038		19	531	2319	2282	1887	1	
	工勤人员	1183		12	221	350	365	235		
省（区、市）厅局	合计	1153		24	189	400	337	203	1	
	厅（局）级及以上	16		3	9	3	1			
	处（局）级	383		11	110	194	65	3	1	
	科级	429		2	30	110	180	107		
	一般干部	225		1	12	51	69	92		
	工勤人员	100		7	28	42	22	1		
市（地、州）局	合计	2740		34	443	862	886	515	1	1
	局（处）级及以上	200		11	71	95	23			1
	科级	1332		19	249	564	423	77	1	
	一般干部	942		2	57	119	336	428		
	工勤人员	266		2	66	84	104	10		
县（市、区）局	合计	6534		67	1088	2278	1856	1245	2	
	局（科）级及以上	1996		57	665	952	297	25	1	
	股级	1536		1	151	757	541	86	1	
	一般干部	2266		6	154	378	787	941		
	工勤人员	736		3	118	191	231	193		
乡（镇）所	合计	2150		9	166	1047	557	371		
	所（股）级及以上	810		4	83	565	135	23		
	一般干部	1259		5	74	449	414	317		
	工勤人员	81			9	33	8	31		

（续表三）　　　　单位:人

项目		专业技术人员					特贴专家
		总计	高级职务	其中：正高级职务	中级职务	初级职务	
总计	合计	7674	1083	8	3804	2787	
	厅（局）级	13	8	2	5		
	地市局（处）级	433	207	3	171	55	
	县局（科）级	2625	463	2	1444	718	
	一般干部	4333	398	1	2050	1885	
	工勤人员	270	7		134	129	
省（区、市）厅局	合计	805	304	6	368	133	
	厅（局）级及以上	13	8	2	5		
	处（局）级	311	168	3	108	35	
	科级	314	98		173	43	
	一般干部	156	30	1	76	50	
	工勤人员	11			6	5	
市（地、州）局	合计	1691	283	2	959	449	
	局（处）级及以上	122	39		63	20	
	科级	923	192	2	549	182	
	一般干部	566	47		300	219	
	工勤人员	80	5		47	28	
县（市、区）局	合计	4070	477		2197	1396	
	局（科）级及以上	1388	173		722	493	
	股级	1230	209		698	323	
	一般干部	1284	93		697	494	
	工勤人员	168	2		80	86	
乡（镇）所	合计	1108	19		280	809	
	所（股）级及以上	478	16		104	358	
	一般干部	619	3		175	441	
	工勤人员	11			1	10	

附 录

zhejiangcaizhengnianjian

专题经验介绍

发挥财税支撑保障引导作用 全力支持中小企业发展(摘要)

温州市财政局

温州是民营经济的先发地区,中小企业是温州经济的基础和支柱。受国际宏观经济形势影响,部分中小企业生产经营困难加大,少数企业因盲目扩张、借贷高利资金等原因出现资金链断裂,甚至发生企业主出走,这一系列问题的出现引起各级党委政府高度重视,温家宝总理亲临温州调研指导工作。温州市财政地税部门围绕中心、服务大局,第一时间落实党委政府及上级财税部门决策部署,充分发挥财税支撑保障引导作用,以深入开展"企业服务季"活动为契机,落实多项帮扶措施,打出财税"组合拳",全力为中小企业排忧解难、化危为机,为稳定规范地方金融秩序和促进经济转型发展作出了积极贡献。

一、主要做法与成效

(一)迅速出招破难题。针对中小企业遇到的融资困难,我们特事特办,筹措资金,迅速设立了规模达10亿元的温州市区企业应急转贷专项资金,主要用于帮助发展基础良好,主营业务稳定,因对外提供担保履行担保义务而引发资金链断裂,或因融资余额较大、在多家银行融资、且担保链复杂、易引发连锁反应、对行业及龙头企业生产影响较大的企业,能及时获得银行的续贷支持。到2011年12月底,应急转贷专项资金运转效果良好,企业共申请转贷专项资金120多笔,运用转贷资金总计超过11亿元,月兔、信泰等近百家企业的还贷续贷问题得到解决。同时,为充分调动金融机构对中小企业贷款的积极性,我们进一步完善市级银行支持地方发展业绩考评奖励、中小企业信用担保财政扶持和中小企业贷款风险补偿等政策,特别是以"扶持小微企业力度、扩大贷款规模"等综合指标对银行机构进行奖励,并与新增地方财政性存款挂钩。此外,我们还积极参与制订加快地方金融业创新发展意见,认真落实财税扶持股权投资、股权交易及发展小额贷款公司、民间资本管理公司等政策,规范民间金融活动,引导民间资本投向,帮助解决中小企业融资难题。

(二)给足优惠帮减负。为切实减轻中小企业负担,提振企业发展信心,我们从企业融资、整合重组、项目投资、人才引进等方面仔细梳理16项财税优惠政策,确保政策"优在明处、惠在实处",为处于困境的中小企业送去"及时雨"。特别是针对企业收购、兼并、重组过程中出现的新问题,我们认真开展调查,摸清实情,积极研究,并充分利用现有的营业税、契税等减免政策规定,有针对性地将其整合成7条相关政策措施,引导企业用足用好,并将近期企业股权转让变动情况及时上报温州市委市政府。此外,针对小微企业面临的实际困难,积极研究落实小型微利企业所得税减征政策,以及符合规定的亏损小型微利企业、新办高新技术企业、先进制造业企业、资源综合利用企业、安置下岗失业人员及残疾人和自谋职业城镇退役士兵企业等有关水利建设专项资金减免政策;对按规定缴纳房产税和城镇土地使用税确有困难的纳税人,按照税收管理权限规定办理困难减免审批;对困难企业按规定程序报批税费缓缴手续;落实小微企业部分行政事业性收费减免政策;做好新个人所得税法贯彻实施。2011年全市落实各类税费减缓免政策帮助企业减负计12.10亿元。

(三)多管齐下促转型。加大财政专项资金整合力度,2011年市级整合并安排工贸类专项资金2.58亿元(其中开放型经济扶持资金1.20亿元),重点支持行业公共服务及商贸流通平台建设,帮助中小企业开拓国内外市场,促进产业转型发展。认真贯彻全省服务业发展大会精神,开展财税支持服务业加快发展专项行动,组织编写和发放支持服务业发展税费优惠政策读本1.8万册,全市累计分离发展服务性企业270户,全年新增地方税费收入1.30亿元。特别是我们以支持创建国家级高新园区为契机,安排市级科技类专项资金1.05亿元,加大对高新技术产业、特色产业及战略性新兴产业扶持力度,并安排重点人才奖励资助经费1713万元,认真落实人才住房保障政策,帮助解决产业转型过程中科技型人才短缺问题。2011年前三个季度,全市累计实现规模以上高新技术产业工业总产值885.73亿元,同比增长18.4%;高端设备、节能环保、生物医药、新材料、新能源等5大战略性新兴产业的70家企业共实现工业总产值122.27亿元,同比增长26.1%,呈现良好的发展态势。我们还参与制订《温州市人民政府关于促进市区楼宇经济和总部经济发展的若干意见》，明确市区楼宇经济和总部经济考核评定办法及财税奖励扶持政策，重点围绕“优、新、高、特”的产业导向，利用海内外温州人的互动作用，吸引高端产业、创新要素以及资金财富的回归。

（四）服务到家优环境。我们以“走入基层、服务企业”为主题，连续第三年开展“和风惠民”和“春雨帮扶”活动，全面推行“三十条纳税服务举措”，认真落实“即办制”和“绩效公开制”，梳理并公开143项财税“即办制”事项，对93项涉税事项实行“先办后审”，全面促进财税工作提速提质提效，为企业发展营造良好的“财税软环境”。同时，及时了解国家、省级项目申报条件、程序和财政资金的使用方向，帮助企业及时做好申报，争取上级资金和政策支持。特别是我们根据温州市委市政府“双百行动”的统一部署，组织开展“千名财税干部访千企”活动（全市财政地税系统共选派1000名精干力量，深入重点税源企业、高新技术企业、企业分离发展服务业企业、困难企业等1000户企业），建立“一对一”结对帮扶关系，帮助解决企业融资、整合重组、项目投资等方面的困难与问题。据统计，全市财税干部共计1811人次走访2133家企业，现场解答财税问题2376个，收集意见建议450条，提供个性化服务319项，共帮助企业解决涉及财税的问题921个，受到了广大企业和社会各界的好评。2011年全省地税系统纳税服务满意度调查温州市首次跃居第一名；民主评议行风成绩居全市十大执法部门之首；财税窗口为民服务创先争优活动得到中组部好评。

二、存在的困难与问题

（一）扶持力度有待进一步加强。“抓大放小”的传统观念和思维惯性在一些部门单位依然存在，政府各项扶持政策和资源要素习惯性地仍向大型企业和企业集团倾斜，一定程度上挤压了中小企业的发展机遇和空间。温州市支持中小企业发展的专项资金种类虽多，但由于受到财力的限制，用于支持中小企业发展的资金规模与杭州、宁波等兄弟城市相比相对偏小，资金总体规模不大，对中小企业支持还没有形成一个有效的财政支持体系。在税收政策方面，虽然国家加大了结构性减税力度，出台了一系列税费优惠政策，适用面很广，但实际优惠额度小，享受资格认定条件不适用于温州市大多数中小企业，因而也并未使温州市中小企业受益。从目前情况来看，中小企业生产经营中高成本、难融资等问题依然存在。

（二）财政资金的引导作用有待进一步发挥。财税部门采取的许多措施更多的是用于应急和解困，在帮助增强中小企业发展的内生动力上不够，鼓励中小企业进行技术创新、结构调整、产业转型升级等方面的重点还不够突出。特别是2011年全市对专项资金投向作了大幅度的调整，要求逐步将财政资金从过去扶持企业具体项目中跳出来，重点用于支持引导公共行业服务平台建设，一些行业主管部门单位对这一改革一时还难以适应，中小企业的公共服务体系有待完善。

（三）财政资金的支出绩效有待进一步提高。财政支持中小企业的资金还存在“政出多门”、多头管理、职能交叉等问题，缺乏统一的政策协调，难以将财政专项资金集中起来，进行组合安排、配套使用，导致财政专项资金支持中小企业的整体效果不明显，很难形成政策合力，降低了财政政策的影响力度。加之财政资金的绩效评价机制还不够健全，一些项目资金使用的实际效果欠佳，对企业发展的帮助不大。

运用财政地税手段 加快海洋经济发展（摘要）

舟山市财政局

舟山是陆域“小市”，却是海洋“大市”，推进经济发展方式转变，加快海洋经济发展，既是贯彻落实科学发展观和省委“两创”总战略的必然要求，又是“浙江舟山群岛新区”建设的战略任务。近年来，我们立足舟山优势，充分运用财政地税手段，多措并举，大力推进经济转型升级，加快海洋经济发展，取得了明显成效。

一、完善财政体制，发挥体制的激励作用

创新财政体制，对于加快海洋经济发展作用重大。为充分发挥财政体制的激励作用，凝聚全市各级合力，我们及时调整完善了有关财政体制。为规范市、区税收征管秩序，合理分配财政收入，创建良好的投资环境，我们在深入调研、充分征求意见的基础上，2010年实施了新的市区财政管理体制，实行以“属地征收、核定基数、比例分享、超收分成”为主的财政收入分成办法，并逐步建立和完善市对区转移支付制度；同时调整完善了市区地税征管体制，全面实行“属地征管”原则以及市区地税一级稽查体制。市区新的财政体制实施两年来，运行平稳顺利，成效比较明显，既调动了各级共同发展经济、培植财源的合力，又实现了市和两区地方财政收入同步较快增长。此外，我们还分别按照“保存量、放增量”思路和“核定基数、超收分成”办法，相继完善了新城管委会、

普陀山管委会的财政体制，充分调动管委会的积极性。为发挥乡镇财政职能作用，不断推进乡镇财政科学化、精细化管理，2011年9月市政府专门下发了《关于进一步加强乡镇财政建设的意见》。近年来各县（区）也对乡镇财政管理方式作了积极探索，相继调整完善了乡镇财政体制，基本理顺了与乡镇的财政分配关系，进一步调动乡镇转变经济发展方式、推进海洋经济发展的积极性，增强了乡镇可用财力。

二、制订财税政策，发挥政策的引导作用

近年来，舟山市围绕海洋经济产业，扶优扶强，制订完善了扶持现代港口物流业、大宗商品交易中心、现代服务业和楼宇经济、软件和创意产业、航运业、船舶工业、海洋旅游产业、水产品精深加工业、建筑业、经济强镇、重点工业园区和优势企业等一系列政策措施，扶持和引导海洋经济重点产业、重点企业发展。特别是把舟山保税港区、大宗商品交易中心等作为群岛新区先行启动的核心平台，把现代港航物流业、船舶与海洋工程业、海洋旅游业等作为经济转型升级的重点产业，会同国税部门研究制订了新型产业培育发展的财税政策，深化企业分离发展服务业实施意见。支持组建舟山保税港区管委会（筹）、舟山保税港区投资开发有限责任公司，确定了“一区两片”规划方案；支持组建浙江舟山大宗商品交易所，完成交易所二级营业机构一期全国布点工作，已有47家授权服务中心（会员）总部落户舟山，近期已正式开市。2011年，面对中小企业面临的新一轮融资困难，舟山市及时制订支持中小企业健康发展的实施意见，市财政扩大了工业转贷资金、航运业转贷资金的规模；当年市财政增量重点用于市中小企业信用担保公司注册资本金的扩大；并将市区中小企业专项信用贷款资金比例放大到2～3倍，努力缓解中小企业面临的困难，提振企业发展信心，帮扶中小企业健康发展。同时，我们认真贯彻落实上级有关各项财税政策，不折不扣落实上级结构性税费减免缓政策，取消和降低行政事业性收费，近五年全市累计减免各类税费13.53亿元，有力推进了海洋经济快速发展。为保护港口岸线和海洋资源，调整了城镇土地使用税等级，将与港口岸线相连的土地在调整区域土地等级的基础上，城镇土地使用税征收税额标准提高一个等级；还大幅提高了建筑用砂、用石资源税税额标准，充分发挥了财税等政策的引导作用。

三、加大资金投入，发挥财政的杠杆作用

加快海洋经济发展，需要财政资金的投入。我们通过整合财政专项资金，突出扶持重点，相继设立了扶持航运业、旅游业、船舶工业、中小企业、水产品精深加工业、经济强镇等发展专项资金，并不断增加数额。近五年全市累计安排促进海洋经济发展资金19.45亿元。其中：用于航运业发展资金5.46亿元，加快壮大运力，优化航运业结构，大力推进“三位一体”港航物流服务体系建设；用于旅游业发展资金3.44亿元，推进“舟山群岛·八大游”，支持开展船博会、渔博会、佛博会等会展活动，大力推进国家旅游综合改革试点城市和舟山群岛海洋旅游综合改革试验区建设；用于船舶工业发展资金2.61亿元，重点培育大型现代造船企业，加快发展船舶配件制造业；用于现代服务业发展资金1.57亿元，重点支持港航服务、研发设计、商贸金融等生产性服务业。此外，还加大对渔农业经济调整的资金投入，扎实推进渔业转型升级，推进国家级远洋渔业基地建设，做强做精水产品加工业，加快发展现代农业。加大对扶持大岛和经济强镇发展的投入，并通过市国资公司投资，组建了金塘、六横、普陀山三家开发建设投资有限公司，支持经济大岛加快发展，培育块状经济。同时，加大对招商引资工作的投入，制订出台进一步强化招商引资的政策，大力引进海洋经济重点企业、重点项目。

四、支持自主创新，发挥财税的保障作用

提升自主创新能力是海洋经济快速发展的重要支撑。我们切实加大对科技的投入，近五年全市财政累计科技支出10.50亿元，五年年均增长21.7%，其中安排科技专项资金4.03亿元；同时用足用好税费减免、加计扣除等税收政策。着力构建以“一城（中国舟山海洋科学城）、一园（舟山省级高新技术产业园区）、一岛（摘箬山岛海洋科技示范岛）、一院（浙江省海洋开发研究院）”为重点，多载体相结合的科技创新平台体系。积极推进高新技术产业园区建设，目前已入驻单位8家，科技部确定的国家海洋科技国际创新园以及一批高新产业项目相继落户。全面深化与浙江大学等的合作，组织实施国家、省级科技合作项目20多项，摘箬山岛海洋科技示范岛建设进展顺利。大力支持省海洋开发研究院建设，已建立了国家海洋食品质量监督检验中心等10多家科研机构，实施各类科技项目32项。2011年1～11月，全市规模以上工业中高新技术产业总产值增长46.2%。

五、缓解要素制约，发挥财政的支撑作用

要素保障是海洋经济可持续发展的重要保证。我们充分发挥财税职能作用，努力缓解基础设施、土地岸线、资金、人才等各种要素制约。一是加大基础设施建设的投入。近五年全市基础设施投资870亿元，相继建成舟山跨海大桥、大陆引水二期工程、舟山发电厂二期扩建工程、朱家尖大桥扩建工程等一大批路、桥、水、电重点工程项目，使全市基础设施条件明显改善。大力支持滩涂围垦，钓浪、钓梁一期、东港二期等一批围垦工程相继建成，全市新增围垦成陆面积6万亩，努力缓解土地要素制约。二是多渠道筹措建设资金。在国家、省给予大力支持的同时，努力增收节支，集中财力，推进新区建设和

海洋经济发展；创新投融资体制，支持投融资大平台建设，组建了舟山海洋综合开发投资有限公司，对接金融机构，作为新区开发建设的国有投融资平台和基础设施建设的实施主体。大力支持企业上市和发行债券，并积极引入其他各种投资主体，多渠道筹措建设资金。三是推进海洋人才高地建设。加大教育投入，大力支持浙江海洋学院迁建以及浙江国际海运职业技术学院发展。推进实施群岛“千人计划”，加强与浙大、大连海事大学等合作，并以重点学科项目、博士后工作站、海洋开发研究院等为载体，培养和引进高层次紧缺人才。支持开展海外高层次人才交流推介，全面启动海洋创新团队培育工程。已建立首批3个院士专家工作站，省海洋开发研究院已拥有高级职称科技人才345名、博士61名。2011年舟山市还成功举办首次全国海员技能大比武活动，并被交通部确定为全国海员技能大比武基地。四是支持环境保护和节能减排。加大环境保护投入，近五年全市财政累计环境保护支出8.76亿元，五年年均增长39.3%。支持“811”生态文明建设推进行动，建成了一批垃圾、污水处理设施，重点区域、重点企业和规模化畜禽养殖场治理成效明显。推进生态市建设，“四大林系”工程顺利完成，森林覆盖率达到50%，环境空气质量优良率保持98%以上。

积极有为　发挥作用　推动公立医院改革（摘要）

桐乡市财政局

根据全省公立医院改革的基本精神，桐乡被列为全省县级公立医院综合改革的试点县，并作为先行先试县市，要求在2011年底前实施。根据公立医院改革的要求，我们首先对全市范围内公立医院的基本情况进行了一次账面分析，并以2010年报表数据为基础进行测算，同时就有关内容对部分相关单位进行走访，在此基础上向市公立医院改革领导小组递交了公立医院改革方案（财政建议稿），基本得到认同。

一、基本情况

桐乡市现有独立核算的县级公立医院7家，非独立核算的医疗机构1家，其中综合性医院3家，专业性医疗机构5家。2010年县级公立医院核编人数1713人，现有在编在职1375人，编外894人，离退休391人。2010年医药总收入6.43亿元，其中医疗收入2.93亿元，药品收入3.40亿元，实现药品差价收入5800多万元（含中药差价收入577万元），药品差价率17.2%，医疗收入与药品收入的比例为46:54。2010年医疗收入中的五项服务费收入为1.13亿元，五项服务费收入占医疗收入的比例38.6%，药品实行零差率后，按“调整结构，内部消化”的基本精神，药品差价用调整医疗服务收费的办法弥补，经省物价局批复药品零差价影响的收入按90%的比例调整提高五项服务收费。

二、具体做法

（一）理顺思路，明确目标，把握原则

根据中央确立的医药卫生体制改革的方向和原则，并按照省对公立医院改革的要求，立足桐乡实际，我们提出了“理顺关系、整合资源、有效投入”的总体思路，并主动提出公立医院改革的目标——“群众就医负担有减轻、医疗事业发展增后劲、医疗队伍建设上水平”，旗帜鲜明地亮出了财政投入的前提和方向。在财政投入原则上确立起“改革在前、投入跟进”的主次之分，努力做到不被动投入，不盲目投入。财政投入把握三要点：1.符合改革方向和政策原则。2.财力保障可持续。3.财政投入以鼓励机制建设为主。

（二）主足全市，积极主动，当好参谋

根据桐乡医疗卫生分布、发展和管理现状，在调查摸底、掌握基本情况的基础上，客观公正地提出财政的意见和建议，为市领导正确决策提供素材。如：根据目前市级公立医院数量多、学科重复、重点不突出、专业性不强、公共卫生服务机构分散的现状，提出了整合资源、突出重点的建议。针对目前药品配送和医疗耗材管理上各医疗机构各自为政、多头分散、资源不集中的现状，提出了药品集中配送，医疗耗材集中采购的建议。针对目前医疗费用居高难下、两个医疗基金支出失控、医疗管理成本与民营医疗机构差距甚远的现状，提出了试行收支挂钩，绩效考核和医疗基金总额包干的建议。针对两个医疗基金管理资源配置上的重复和信息资源利用上的浪费现象，在嘉兴市局做出表率的前提下，提出了完善桐乡基本医疗与合作医疗管理办法的建议。通过努力，许多建议被采纳并付诸实施，有些建议尽管难以立即实施但也引起市领导的高度重视，将作为下一步工作来部署。

（三）分别轻重，建立机制，适度投入

按照公立医院改革的投入要求，同时根据桐乡公立医院现状和当前二代表一委员关注的重点，我们对财政保障的项目按重点、特点分为四个方面：一是负债问题，二是离退休人员支出问题，三是人才队伍建设问题，四是医疗机构内部管理问题，前三个问题一直以来是医疗机构作为收费居高难下的挡箭牌，从而成为社会各方要求财政加大投入的最大呼声。因此我们采取不同项目，分别保障，化解压力，推进改革的措施。

负债问题按照财政为主的要求，我们提出了"财政投入+存量资产处置+医疗机构历年积余+加强内部管理节约成本支出"的组合还本模式。

离退休人员支出问题，由于医疗机构离退休人员多，负担重，而且各医疗机构之间分布不平衡，有的医院确实存在运转困难的问题。因此，我们提出了离退休人员给予全额保障、事业在岗人员养老保险适当保障的办法，有效地缓解医疗机构营运负担重，医疗机构之间不可比的矛盾。

人才队伍建设问题，按照医技人才培养规划和要求，财政以在岗人员数每年安排一定的经费，建立人才队伍建设专项资金，封闭运行，制订具体管理办法，严格按办法使用。

医疗机构内部管理问题，财政主要采取以奖代补的办法，如建立：医疗费用控制考核奖励、内部成本控制奖励、药品及其耗材采购节约奖励等，有效地鼓励医疗机构加强管理控制医疗费用、控制成本支出。

同时，借公立医院改革的东风，对两个医疗基金的支付方式实行改革，具体改革方式分别由劳动和卫生部门制订，充分利用两个主管部门管理上的不同特色，鼓励求同，财政重点控制基数的确定和基金超支拨付的扣减比例，有效地把握关键节点，确保基金的安全运行。

（四）借助外力，搭建平台，提升管理

受市政府的委托，药品集中配送的改革将由财政牵头完成。在部门充分研讨的基础上，基本建立起桐乡市药品实行集中配送的基本模式和操作办法。基本意向是：1.大大减少药品配送商，由目前的33家减少为3家，实行全市集中统一配送，提高管理效率。2.实行医院药房零库存，物流外包，实现医药分离。3.建立全市统一的药品流转、管理的信息化平台。

桐乡市公立医院改革药品零差率已于2011年12月21日正式启动，其他相关的一系列改革也将同时实施。改革效果将有待实践的检验。

"五管"齐下 "用心"推动一事一议财政奖补工作（摘要）

玉环县财政局

玉环地处浙东南沿海，是全国十四个海岛县之一，交通不便，资源匮乏，农业生产基础设施年久失修、投入不足，广大农民群众对加大村级公益事业建设、改善农村生产生活条件的呼声十分强烈。一事一议财政奖补政策在2010年试点基础上，2011年全面推开，两年共实施项目52个，总投入近5787万元，其中：县级财政专项配套1683万元，村民筹资、社会捐助、村集体投入2541万元。

一、主要成效

一是推进了新农村建设。一事一议财政奖补项目涵盖的范围广，涉及村内道路、村民饮用水、污染治理、村庄绿化亮化美化、村民健身休闲设施等诸多方面，以共享性原则来选择实体性项目立项扶持。通过项目的实施，村庄道路硬化、环境美化、河道净化。一些长期困扰农村社会经济发展的难点、焦点问题因一事一议项目实施而解决，农民的生产生活条件明显改善，农民发家致富的信心倍受鼓舞。

二是促进了村级民主建设。自实行土地联产承包责任制以来，村民参加集体活动的机会大大减少，村级为主体的自建公益项目也不多，村民参政议事的积极性不高，除了选举村两委外，几乎没有什么活动可让村民参加。而一事一议财政奖补项目建设，遵循"村内事、村民议、村民定、村民建"原则，一下子调动村里的所有力量。村两委，村里能人、名人、老板、个体工商户以及全体村民踊跃参加，出谋划策，筹资捐款，共同参与项目建设，无形之中激发了村级民主政治建设热情。

三是密切了党群干群关系。我们在立项条件中明确提出，凡村两委班子不团结、村长书记不配合、村里矛盾多的村，其项目一般不予考虑。当先拿到项目抓紧完工后的村，新的村容村貌呈现在人们面前时，对其他村触动很大。一事一议财政奖补项目没选上的村，村两委特别是村长、书记会成为群众议论的对象。为了使一事一议财政奖补项目能尽快落地，一些原来有这样那样想法的村民也积极配合，有效地缓和了长期积累下来的矛盾。加上县、乡两级引导协调，一些长期困扰村级团结的问题得到解决，乡村干群关系也日趋融洽。

四是树立了政府特别是财政部门的良好形象。在当前众多的政府支农资金项目中，一事一议财政奖补是最受村民群众欢迎的项目之一。项目由财政牵头，农业部门、乡镇配合，村级为主体负责实施，无须增加不必要的经费开支，资金使用效率得以大大提高。一事一议财政奖补资金与村民筹资筹劳合着用，项目由村民自己选、工程自己建、建好自己用，村民当然会倍加关注、倍加上心、倍加负责。县、乡只有帮助指导、检查、督促的责任，没有干预、承包、吃拿卡要的私心，加上财政部门对项目资金管理严格、拨付及时，所以深受村民的拥护。

二、主要做法

在推进村级公益事业建设一事一议财政奖补工作过程中，在关键环节上着力做到五个"用心"：

一是在统一思想上用心。一事一议财政奖补工作是一项新生事物，资金来源多样，有省财政奖补的，有县级配套的，有村集体经济投入的，还有村民筹资筹劳和社会捐助的。而且实施方式也特别，由村民自愿、自选、自议、自定、自建、自用、有一套独特的运作模式，涉及方方面面，哪个环节出问题，项目都无法顺利实施。所以，统一好各方面的思想认识尤为关键。在广泛调研的基础上，我们主动向县领导及时汇报，积极争取支持，出台了《玉环县一事一议财政奖补工作实施意见》。通过新闻媒体进行专题宣传，做好试点项目的现场观摩，分期分批组织相关部门、乡镇、村居负责人开会培训，统一思想认识，营造良好工作氛围，为工作顺利开展奠定了基础。

二是在项目筛选上用心。我们按照先易后难、先急后缓、由点到面、逐步推开的原则，制定了《玉环县一事一议财政奖补资金与项目管理办法》，对所有申报一事一议财政奖补项目的可行性进行科学论证、实地勘察、严格筛选。对村两委班子强、村里矛盾较少，群众要求迫切、利益关系直接、社会反响强烈的事先做。实践证明，我们用心选择的第一批31个一事一议财政奖补项目在实施中都较顺利，群众满意。

三是在补偿处理上用心。在项目建设中，补偿处理可以说是个难点。一般的工程建设，赔偿标准都比较高，土地多少钱一亩、树多少钱一棵都是明码标价，如果按常规补偿，补偿处理这一块可能要占去整个项目资金的大头。因此我们要求一事一议财政奖补项目村在政策兑现时必须从“公益性、低标准、高姿态”的角度，把有限的资金用在关键环节，尽可能地降低补偿价格，节约成本费用。局干部和村镇干部一起深入村民家中做工作，动之以情，晓之以理，争取他们的支持。及时对项目村补偿处理得好的做法进行宣传交流，并把那些无偿捐献、主动要求降低补偿标准的好人好事通过村广播进行宣传表彰，或张榜公布。到目前为止，在村级一事一议项目中的补偿一直比较低，群众反响也比较好。

四是在项目管理上用心。一事一议财政奖补项目工程量不大，技术含量也不是很高，但村民关注度却极高。资金怎么花、工程谁来做、质量谁来管，这些看似平常事，却有大文章。我们的做法是：首先，村干部不能承包工程，只有这样村民才敢监督。其次，包工不包料，材料由村里组织采购，施工的人工费公开向社会招标，谁便宜谁来做。为保证工程质量，项目村一般选派3～5名经验丰富的内行人，全程监督，严格把关。

五是在制度落实上用心。在实施一事一议财政奖补工作过程中，我们认真贯彻中央、省市有关要求，不断建立健全相关规章制度，特别是项目选择、实施和验收，资金的筹措、管理和拨付，项目完工审计等制度。做到依章办事，阳光操作，公平公开，严守廉政纪律，防止问题发生。

地方政府性债务管理的探索与实践（摘要）

义乌市财政局

近年来，义乌市走出了一条富有自身特色的区域发展之路。在城乡面貌发生翻天覆地变化的同时，地方政府性债务（以下简称政府性债务）并没有快速增长，而是适度、有为、可控，既有效控制了财政风险，又有力促进了经济社会又好又快发展和民生持续改善。义乌市政府性债务管理的探索和实践，得到了浙江省政府、国内知名专家学者和国务院研究室领导的高度肯定。

2004年，通过全面清查后发现义乌市政府性债务负债总额高达28.30亿元，负债率12.2%，债务率136.7%，偿债率2.1%。其中：市级财政负债12.60亿元，全市13个镇、街道（以下简称镇街）中11个有负债，负债总额达15.70亿元，债务率达131%，个别镇街甚至靠借款发工资，财政风险显现。义乌市委、市政府对此高度重视，从2005年开始大力控制和化解政府性债务，经过几年努力，有效解决了负债规模过大、部门多头举债、镇街贷款失控、违规担保借贷等问题，确保了财政运行安全。截至2010年底，义乌市、镇两级政府负债总余额19.50亿元，其中乡镇3.88亿元。全市负债率3.2%，债务率24.3%，偿债率3.8%，完全控制在浙江省10%、100%和15%的警戒线之内，财政风险得到有效遏制。概括而言，义乌市主要采取了“三项改革”、“五大举措”、“四化保障”等举措。

一、深化三项改革，夯实政府性债务管理基础

一是着力深化财政“三个子”管理体制改革。义乌市较早构建了“收入一个笼子，预算一个盘子，支出一个口子，财政监督全过程”“三个子”的公共财政资金运行新机制，政府性债务全部纳入财政统筹管理。“收入一个笼子”，就是取消所有单位的收入账户，预算内、外收入全部进入财政“笼子”统一管理。“预算一个盘子”，就是所有支出预算以综合财政收入预算为基础，结合单位资金需求综合编审，实现部门支出与收入彻底脱钩。“支出一个口子”，就是所有政府性支出由国库单一账户一个“口子”拨付。“财政监督全过程”，就是实行事前防范、事中控制、事后监督的全过程管理。

二是着力深化国有资产管理体制改革。实行经营性和

非经营性国资改革双轮驱动。一方面,在关乎经济社会发展的市场建设、公路交通、物流场站、公用事业等关键领域,积极推动经营性国有资产管理改革,成立国有资产监督管理局和四家市属国资公司,形成了全面覆盖、权责明确、分类监管、流转顺畅的国资监督、管理和运营体系。另一方面,全面实施行政事业单位非经营性国有资产管理改革,实行"统一产权,集中管理,授权使用"的资产管理新体制,建立"财政局——公共资产管理中心——资产占有、使用单位"三个层次的管理模式,实现产权登记、监督管理、资产配置和资产处置的"四个统一"。

三是着力深化投融资管理体制改革。注重发挥市场资源配置功能,按照政府投资"有所为、有所不为"的原则,义乌市探索出一条"投资主体多元化、筹资方式市场化、投资项目业主化"的投融资途径,将某些投资规模大、回报周期长、效益比较稳定的项目实行多元化融资,促使国有经济和民营经济相辅相成地发展。

二、实行五大举措,构建政府性债务管理和风险控制体系

一是强化用途管制。义乌先后制定了《义乌市财政性负债管理办法》和《加强政府性债务管理的若干意见》,明确规定政府性负债资金只能用于公益性基础设施和公用设施项目。至2010年底,义乌市政府性债务余额中用于铁路、公路等重大基础设施建设19.30亿元。

二是强化项目管理。制定实施《加强基本建设项目和资金管理若干规定》《政府投资项目管理办法》《政府投资建设项目概算调整和工程变更管理办法》和《加强镇、街道基本建设项目和资金管理的若干意见》等一系列制度,全方位加强对政府投资项目的监管。对政府投资的基本建设项目,实行先由财政落实预算资金后发改局立项。

三是强化规模控制。依托"三个子"的财政管理体制,控制政府负债规模。(1)加强债务预算管理。凡政府性支出项目,一律全额纳入年度财政综合预算"盘子",由市财政统筹安排,对超出财力的项目,须结合负债风险进行严格控制、并编制负债支出预算计划。(2)建立偿债准备金制度,实行专项管理,专款专用。目前,全市共计提偿债准备金8000万元。(3)考核控制镇街负债规模。以2004年底的负债额为限,各镇街除新审批项目外,负债规模不得增加,只能逐步缩减并纳入年度考核。

四是强化源头约束。杜绝多头举债,从源头控制债务风险。(1)建立归口审批制度。(2)明确偿债责任。(3)规范债务担保制度。

五是强化基金筹集。每年从国有、集体股权投资收益和国有、集体股份转让收益中提取10%,从国有土地出让收入中提取一定比例,纳入社保专项基金,建立多渠道筹集社保基金的机制,并对基金的使用实行动态管理。

三、着力推进"四化",为政府性债务管理提供有效保障

一是推进项目决策科学化。健全科学决策机制,凡列入政府投资项目,须由项目业主报送申请报告、项目初步设计和可行性研究报告文本及概算等资料,组织相关职能部门和专家进行评审、论证后列入下年度政府投资项目计划。对关系群众切身利益和对经济、社会环境有重大影响的项目,在审批项目可行性研究报告时,则要进行社会公示和听证。

二是推进管理平台统一化。2005年以来,对各镇街和部门设立的融资平台进行全面清理,取消了所有隶属于镇街和部门的融资平台,明确政府性直接负债均实行市财政统一审批管理,并须由市财政全额注资的国有资产投资控股有限公司统一提供担保。

三是推进审批程序制度化。各镇街、市财政须每年编制本级政府性债务收支计划,明确政府性负债建设项目、投资规模、负债数额等,各镇街债务收支计划报市财政部门审核,报市政府批准后,方可纳入全市政府性债务收支计划,并按照《预算法》的要求报市人大审议、批准后,方可实施。

四是推进债务监管外部化。首先,强化财政监督管理。对政府性债务项目,严把设计变更审批关、现场签证关、工程资金申拨支付关。同时,开展项目绩效目标评审试点。其次,发挥监督部门作用,将政府性债务的使用管理纳入相关单位负责人的经济责任审计范围;将镇街负债管理考核结果与镇街干部职工的奖金挂钩。第三,强化人大监督。

探索预算绩效问责　提升绩效管理水平(摘要)

诸暨市财政局

2010年诸暨市纪委、财政、审计等部门经过认真的调研,在多次征求市人大、政协和市级机关意见的基础上,市政府出台《诸暨市财政专项资金使用绩效问责暂行规定》,到2011年11月已对5个项目实施了预算绩效问责,取得一定成效。

一、预算绩效问责工作开展情况

诸暨市预算绩效问责围绕加强预算绩效管理、提高财政资金使用绩效这一目标，从项目绩效目标的设定和完成情况、为完成绩效目标安排的财政资金使用情况、使用效益、财务管理状况和相关资源配置与使用等情况入手开展工作。其主要流程为：

1.确定问责对象。

2.制订工作方案。

3.下达《问责通知书》。

4.调取相关材料。

5.进行实地核实。

6.召开问责现场会。

7.综合评价。

8.问责整改。

二、主要特点

1.问责主体的权威性。诸暨市预算绩效问责工作立足全市层面，采取异体问责办法，即由市纪委、财政局、审计局等部门作为问责主体，对外部系统的被问责对象进行问责，体现了问责工作层次高、权威性强，形成了监督合力。

2.问责项目的针对性。诸暨市已经开展预算绩效问责的5个项目，包括土地复垦、环境整治、经济适用房、人防疏散基地等，这些项目与民生息息相关，具有较强的针对性。

3.项目确定的公开性。一是诸暨市在问责项目的确定过程中，采取由市纪委、财政、审计等牵头部门组织、列入预算绩效问责范围的单位参加、新闻媒体参与，并且用随机抽取的办法，确定具体的问责项目，体现了过程和手段的透明公开。二是在问责项目确定后，及时将问责的依据、主要内容、问责的方法、问责的程序和要求、问责人员的组成等信息提前告知被问责方，体现问责内容的公开。

4.问责人员的责任性。鉴于预算绩效问责的结果事关单位的责任界定，与单位的利益密切相关，诸暨市预算绩效问责人员全部从纪委、财政、审计部门的业务骨干和中介机构的专业人员中筛选，强调了问责人员具有较强的责任心、较高的职业操守和业务素养，有发现问题和准确评判的能力，有提出合理化建议的专业眼光，而且有敢于指出问题、不怕得罪人的责任性。

5.问责实施的全面性。一是要求问责人员要全面了解问责项目的政策精神，掌握问责项目的关键环节；二是要了解项目单位开展绩效评价的情况，了解评价工作的真实性和有效性；三是要全面了解项目的实施情况，包括立项、审批手续和可行性报告和项目具体实施进展、项目竣工验收资料；还要进行实地核实，并根据项目的不同特点，对掌握的资料进行实地勘测、核对、调查取证，确保资料的真实、可信。

6.主客体间的民主性。预算绩效问责过程设置现场质询，由主客体双方就问责内容进行互动，体现了民主性。一是问责小组邀请参加质询的公众代表可以就项目相关和关心的问题进行提问和质询，并要求项目单位进行认真作答；二是要给被问责对象以充分表达不同意见和对质询问题进行说明的机会。

三、取得的成效

预算绩效问责不应该仅仅局限于对财政资金使用过程中已经存在的违法违纪情况进行责任追究，更多的应该指向用行政的手段，主动从绩效目标的确定、具体实施以及项目实施绩效等方面来对项目单位进行责任界定，由此促进单位强化绩效管理，减少财政资金浪费，使有限的财政资金绩效最大化。

1.通过公开质询使项目单位财政资金使用及绩效情况、存在的问题等信息得到公开，同时问责结果通过惩防体系建设，纳入市委市政府对单位的岗位目标责任制考核，使被问责部门备感压力，感到使用财政资金责任重大，提高资金使用效益重任在肩；而且也带动了其他部门和镇乡领导重视预算绩效管理工作的主动性，单位加强资金使用绩效的自觉性得到增强。预算绩效问责工作开展以来，全市市级机关和镇乡街道中绝大多数单位将这项工作列入本单位年度工作计划和目标考核。

2.提高了财政专项资金使用的认知度、关注度和参与度。通过问责实施过程中的实地走访和问卷调查等工作，在一定程度上提高了农村基层组织的资金管理水平和广大受惠民众对财政涉农惠农资金的了解。在现场质询环节邀请项目所在地的代表参加，并就其关心的问题进行提问，便于公众了解财政资金使用真实情况，提高了公众对财政管理的参与度，拓宽了财政管理的民主监督渠道。

3.预算绩效问责是发现问题的过程，也是对存在问题进行督促整改的过程，更是总结存在问题、分析原因、提出改进意见建议的反思过程，从而为决策者提供改善和修正制度、提高绩效管理水平的参考。如次坞人防疏散工程项目问责，在下达的问责整改通知书中明确指出了项目存在的违规行为，包括在专项资金中列支公用经费、未按规定单独建账核算、部分办公室出租未办理租赁手续等问题。项目单位认真进行整改，按规定要求进行了账户调整，对专项资金设立专户核算，按要求重新办理租赁手续，并举一反三，重新梳理完善项目各项管理制度，核查资金使用情况，有效改进了管理。

预算绩效问责制度的建立，消除了绩效管理工作中的制约瓶颈，将预算绩效管理置于政府全局工作之中，改变了绩效管理只是财政部门或单位财务部门工作的狭隘认识，加强了工作的协同性，提升了工作的有效性。

调研报告精选

本栏目所摘要刊登的调研报告为2011年度浙江省财政系统业务调研课题一等奖作品。

专项性一般转移支付改革理论与实践(摘要)

省财政厅总预算局课题组

浙江省省以下分税制财政体制运行18年来,经历了多次改革、完善,财政转移支付体系日趋成熟,转移支付规模日益扩大,使用效益进一步发挥,但还存在结构不尽合理,专项资金项目设立过多,审批程序复杂,执行进度慢,资金使用效益不高等问题。为克服专项转移支付管理上存在的问题,近年来,我省财政在一些部门和专项上进行尝试,探索和实践一种能够发挥两类转移支付方式优势结合的新方式,我们把这种转移支付方式称为"专项性一般转移支付"。

本文(本文涉及市县部分不含宁波市及所属市县)结合浙江省财政转移支付制度现状和完善转移支付制度的探索实践,在分析一般性转移支付和专项转移支付存在优缺点的基础上,从理论与实践角度分析论证实施专项性一般转移支付改革的必要性、可行性,并对深入实施专项性一般转移支付改革提出建议。

一、现行财政转移支付情况及改革探索

(一)现行我省财政转移支付基本情况

1994年分税制改革以后,在保留原体制结算补助等转移支付项目的同时,省财政建立并逐步完善了省以下转移支付制度。与中央对地方转移支付制度相同,现行我省省对市县转移支付主要分为两类:一般性转移支付和专项转移支付。一般性转移支付是指上级政府为促进地区间基本公共服务均等化,一般按"因素法"分配,不规定具体用途,由地方政府统筹安排使用的转移支付形式。目前主要包括因灾财力补助、均衡性转移支付、生态环保财力转移支付、调整工资转移支付、欠发达地区财政运行与发展补助等。专项转移支付是指上级政府为实现特定的政策目标,以及对委托下级政府代理的一些事务进行补偿而设立的专项补助资金。目前,省对市县专项转移支付覆盖教育、医疗卫生、农林水利、公共安全、社会保障与就业、环境保护等几乎所有政府提供公共产品的领域。

1.结构

近年来,我省财政转移支付总量及一般性转移支付和专项转移支付规模都大幅增长。但专项转移支付的比重不断上升,一般性转移支付比重在逐步下降。2006~2010年,一般性转移支付占全部转移支付比重从2006年的53.6%下降到2010年的49.9%。

2.主要成效

一是有效缩小了地区间财政能力差异。2010年人均地方财政收入前5名的绍兴县、义乌市、平湖市、嵊泗县、富阳市人均地方财政收入为5650元/人,是全省平均水平的2.15倍。而后5名的开化县、松阳县、泰顺县、文成县、庆元县人均地方财政收入仅为960元/人,仅为全省平均水平的36.5%。加上税收返还后,前5名市县人均地方财政收入相对于全省平均水平的倍数下降到2.10,而后5名市县相对于全省平均水平的36.6%,基本持平。可见税收返还在财力均衡方面作用有限。加入省对市县一般性转移支付后,前5名的市县人均地方财政收入相对于全省平均水平的倍数进一步下降到1.82,而后5名的市县上升到71.5%,提高了34.9个百分点。加入省对市县专项转移支付后,前5名的市县人均地方财政收入相对于全省平均水平的倍数进一步下降到1.68,而后5名的市县上升到81.6%,差距进一步缩小。同时,2010年欠发达县与发达县人均地方财政收入比为1:2.32,比"十五"期末的1:2.28增加了0.04,说明收入差距在进一步扩大。2010年欠发达县与发达县人均财政支出比为1:1.1,基本持平,比"十五"期末的1:1.24下降了0.13,说明在财政转移支付制度作用下,财政均衡度大大提高。

二是有力保障了省委省政府促进经济转型升级、保障和改善民生等政策目标的实现。近年来,省财政安排大量专项转移支付资金推动经济转型升级,促进投资、消费、出口三大需求协调增长,为我省经济走出金融危机,重回快速发展轨道发挥了重要作用。同时,也出台了义务教育、社会保障、公共卫生、生态环保等覆盖各个民生领域的重大财政保障政策,安排了大量的专项转移支付资金。

三是有效发挥了支撑、引导作用。省对市县转移支付资金是地方政府财力的重要组成部分。在一些欠发达市县,省级财政转移支付资金占财政支出的比重达到80%以上。因

此，近年来省级财政转移支付资金在支撑市县经济、社会发展方面发挥了非常重要的作用。同时，财政转移支付资金在主体功能区建设、产业布局调整、产业结构转型升级、改善民生的着力点等方面也发挥了积极作用，引导机制日趋成熟并发挥作用。

3.存在的突出问题

一是专项转移支付管理成本高，资金使用效益难以发挥。专项资金需经申报、审核、分配、下拨、绩效评价等众多环节，每个环节都要耗费一定的人力、物力、财力，管理成本高。二是转移支付分配不够规范、透明。三是预算执行进度慢，财政资金使用效益难以充分发挥。

(二)完善现行转移支付制度的探索实践

1.具体做法

从2009年起，省财政对一些体现均衡性、均等化，受益人群普惠性的专项转移支付资金，如义务教育阶段免学杂费和课本费、新型农村合作医疗制度、生态公益林补偿机制等民生项目，进行了转移支付方式的调整，从专项转移支付纳入一般性转移支付。2009年，省财政共将14项45亿元专项资金纳入专项性一般转移支付范畴，2010年增加到18项86亿元。从资金性质看，这类资金有特定政策目标和相对确定的使用范围，属于专项，但同时这些资金又是财力性补助，其实质上就是专项性一般转移支付，这是我省专项性一般转移支付改革的起始。在将专项转移支付调整纳入一般性转移支付的同时，推进了财政分配方式改革，重点是实行“因素法”分配。如政法体制保障项目，省财政以各地业务量、工作绩效、地方财力状况、机构人员、当地经费保障努力程度、财务管理绩效等因素，确定权重系数后，对转移支付资金设置公式计算分配。近几年省委省政府出台的重大政策，如欠发达地区特别扶持资金，海洋经济发展专项资金等，都采用了专项性一般转移支付的“因素法”分配办法。

2.探索的经验

一是初步形成了有利于集中财力办大事的机制。专项性一般转移支付改革探索，把政法等部门多项的专项转移支付资金整合成一个专项性一般转移支付，大大减少专项资金项目数量。同时，通过分配因素的政策性、导向性作用，促使上下级政府形成合力，有效地推动了上级政府的政策意图、目标的落实。

二是初步创建了科学、客观、公平分配的方法。通过试点，“因素法”分配方法得到肯定和推广。“因素法”分配，既体现了机会的公平，又体现了结果的公平，可以有效防止“会哭的孩子多喝奶”和“跑部钱进”，也可避免多头申报、包装项目等现象，形成“只要努力就有收获”的分配导向，避免财政分配的随意性。

三是初步实现了加快支出进度，提高预算完整性和规范性的效果。预算经批准后，省财政厅在一定时间内按照事先与相关主管部门商量确定的分配办法下达资金，初步实现了早分配、早下达。譬如政法等部门的专项性一般转移支付资金比改革前提前了3个月左右。同时，调整转移支付方式，市县收到省专项性一般转移支付资金时，作为指定使用范围和方向的一般性转移支付收入，使用时按用途列报相应支出，有利于提高市县安排支出的调控能力。

3.需进一步解决的问题

一是缺乏制度保障。

二是专项性一般转移支付分配过程中的因素和权重的设置以及测算方法存在不合理之处。专项性一般转移支付在采用相关因素样表数据测算时，多采用数学公式对因素数据进行回归分析，从测算的结果来看，有些相关因素的权重会与实际情况存在一定的差异。并且，现有的公式化分配方式存在非均衡性因素，对地方的既得利益不作调整，仅调节了转移支付的增量部分。

三是缺失有效的控制和监管措施。专项性一般转移支付一定程度淡化了资金与具体项目的对应关系，因此必须加强监督检查，强化检查结果的应用，确保转移支付在指定的方向和范围内统筹使用。目前对地方政府使用专项性一般转移支付缺乏有效的监控手段，除了省级财政部门和相关省级主管部门对市县的监督检查、绩效管理以及相关专项资金管理办法的约束以外，缺少有效的控制和监管措施。

二、进一步推进专项性一般转移支付改革的建议

(一)改革目标

1.方法应更加科学。全面推行“因素法”分配，选取部门年度任务、工作目标、实施项目、绩效考核结果等专用因素，以及受益市县人口、财力等通用因素，设置分配因素的量化指标、权重系数和计算公式，并据此分配资金。

2.分配应更加公平。选取具有客观性、普适性和可比性的指标作为分配因素，设置科学的权重和公式进行分配，使符合支持范围、方向和条件的市县或项目都有相同的机会获得转移支付资金，确保分配对象的公平；同时也要使财力状况等因素指标同类的地区都能享受基本相同的转移支付资金支持，实现分配结果的公平。

3.管理应更加规范。提前拟定分配办法，分配办法一旦确定，年度内不得随意变更，确保预算管理的严肃性。预算一经批准，即在规定的时间内，按确定的分配办法分配、下达资金，做到早分配，早使用。

4.操作应更加透明。资金分配原则、办法等重要信息要

向社会公开，严格按规定方法和流程办理。应该让市县能早预测、早知道所能获得的转移支付资金支持额度，将上级转移支付资金尽量完整地编入本级预算。专项性一般转移支付资金支持的实施项目及绩效情况也要向社会公开，接受监督。

5.使用应更加有效。通过分配因素、权重系数的政策性、导向性，可以激发市县贯彻落实省委省政府特定政策的积极性、主动性。同时，调整和优化审批分配流程，有效加快预算执行进度，进一步提高财政资金使用效益。

（二）实施原则

1.增强政策主导性。实施专项性一般转移支付改革，应突出中央、省委、省政府的特定政策目标。资金整合、预算编制、资金分配都要集中体现中央、省委、省政府的方针政策，切实为实现中央、省委、省政府的决策目标提供财力保障。同时，应强化“因素法”分配的引导作用，充分发挥专项转移支付和一般性转移支付两者的优势，真正发挥财政转移支付制度的杠杆作用。

2.维护部门积极性。实施专项性一般转移支付改革，一定程度上是对现有利益格局的调整。因此，应该突出积极稳妥推进改革的方针，坚持专项政策性目标总体不变、使用范围和方向总体不变、资金分配建议权总体不变、资金规模总体不减的原则。同时，在改革实施过程中，应积极听取部门意见，及时总结经验，发现问题，加以完善。

3.注重资金绩效性。确保专项性一般转移支付发挥作用，真正解决专项转移支付管理中存在的问题，必须充分发挥绩效管理的作用。突出财政资金管理的过程控制，预算编制、分配、使用和监督各环节全过程都要以绩效目标为导向，实现公平、客观和科学分配，加快预算执行进度。

（三）具体措施

1.加快立法保障。我国目前政府间转移支付制度的法制建设滞后，财政部已按国务院立法计划启动《财政转移支付管理暂行条例》的起草工作。浙江在省以下财政转移支付改革过程中，应以制订相应的地方性法规或规章为抓手，把改革积累的经验、做法等以立法的形式加以固定。同时，在地方性法规或规章中明确专项性一般转移支付的地位、原则、目标及基本制度。在尚未完成立法的过渡阶段，可单独就推动专项性一般转移支付改革制定规范性文件，对专项性一般转移支付的预算编制、分配、执行、绩效管理及监督等各个环节进行规范。

2.明确改革范围。专项性一般转移支付重点是对专项转移支付的改革。除一次性、突发性、应急性以及为中央补助具体项目配套的省级专项转移支付资金外，其他专项转移支付都要调整纳入专项性一般转移支付，原则上一个部门设置一个专项性一般转移支付项目。省级各部门应结合职能，原则上将本部门现有专项转移支付项目，整合归并成一个专项性一般转移支付项目，并按照“因素法”分配。

3.完善分配方法。深化专项性一般转移支付改革应以完善“因素法”分配为突破口。“因素法”是专项性一般转移支付的主要分配方法。实行“因素法”，主要包括因素选择、权重确定、建立公式等三个步骤。要按客观原则选择因素，同时因素要具有普遍性，并对转移支付的分配具有有效性。因素可以分为通用因素和专用因素两类。通用因素包括分配对象的区域面积、人口、财力、体制分类、上期使用绩效等；专用因素包括政策目标、项目相关情况、标准、需求、实施难易程度等。权重的设计应以政策取向、轻重缓急、部门年度工作目标等为依据。公式的建立应以简便、可操作为原则。因素、权重、计算公式等可以采用公示、听证等方式广泛征求意见，并充分吸收合理意见，一经确定，就要在一定时期内保持稳定，以维护财政分配的严肃性。

4.优化分配程序。项目

申报审批周期前移一年，今后需扶持的项目需事先组织申报审核，符合要求的纳入项目库滚动管理，按照轻重缓急排序，充实完善项目预算地理信息。每年按照预算编制要求在"二上"时间以前，省级各部门要向省财政部门提出下一年度资金分配因素的量化指标、权重系数和公式等的建议，省财政部门审核后与省级有关部门商定分配办法。预算经批准后，省财政部门在1个月内按照确定的分配办法分配下达资金。预算批准后新增的转移支付资金，原则上要在其预算确定后3个月内分配下达完毕。

5.严格规范使用。按省委、省政府特定政策目标和部门职责规定专项性一般转移支付资金的使用范围和方向，并明确资金支持的条件。省级各部门和财政部门要强化具体实施项目资金的使用管理。市县应严格按照规定和要求，结合自身财力，按轻重缓急的原则，组织、管理具体项目的实施，及时按项目计划和进度拨付资金；在收到省级专项性一般转移支付资金时，作为指定使用范围和方向的一般性转移支付收入，使用时按具体用途列报相应的支出科目。

6.强化绩效管理。突出绩效管理是实施专项性一般转移支付改革的有力保障。只有从预算编制、执行、监督等全过程强化绩效管理，才能使专项性一般转移支付真正发挥作用。新设的专项性一般转移支付项目，要明确设置绩效目标，并进行详细、严格的可行性研究、实施计划、测算方案等材料审查。同时，强化省级主管部门在指导和监督具体项目的实施管理方面的责任。

7.把握推进节奏。实施专项性一般转移支付改革，将对财政部门、业务主管部门、市县政府多年来形成的行为方式产生重大影响。一是省财政部门对项目的审核重点将从项目内容和金额转变为项目的分配因素、权重和公式转变；二是省级业务主管部门将从按项目分钱转变为按项目设定因素、权重等方法转变；三是市县政府将从着眼于向上要钱转变为着眼于向下管理转变。这些转变需要有一个过程，改革也不能一步到位，用3～4年的时间推进改革，实现改革目标。

组长：钱巨炎

副组长：罗石林

成员：邢自霞、章启诚（执笔）、倪学军、周爱明、陈志光、张远东、石琪琪（执笔）、杨格来（执笔）、康国梁（执笔）、郭丽丽

完善市区财政管理体制研究（摘要）

省财政厅政研室课题组

随着"省管县"财政管理体制的逐步推进，寓示着规范和完善省以下财政体制改革迈出了坚实的一步。市对区财政管理体制作为省以下体制的重要组成部分，也应积极跟进完善。建立科学、合理、规范的市对区财政体制，理顺市与区之间的关系，不仅有利于增强城市调控能力、发挥中心城市的辐射带动作用，而且也有利于保护区级发展积极性，从根本上促进市、区经济社会的协调发展，推进城市区域基本公共服务均等化进程。但是由于目前市对区财政管理体制缺乏较为规范的指导，在实践中各地做法千差万别，存在的问题也较为突出，既影响了城市区域的协调发展，也成为影响省以下财政管理体制改革完善的一个重要环节。我们在对全省市区财政管理体制基本情况和存在的问题进行深入了解后，提出以下进一步完善市区财政管理体制的对策思路。

一、主要原则

1.统一稳定原则。市对各区体制要尽可能按统一的标准制定，不能因强调各区的特殊性而破坏财政体制的统一性。财政体制一经确立，就应在一定时期内保持相对稳定，尽量避免体制频繁变动而带来的负面效应。

2.简明规范原则。保证市区体制与中央对省、省对市县体制的衔接性，以分税制为主导原则建立规范的市对区财政管理体制。实施方案力求客观公正、简捷透明、便于操作。

3.协调发展原则。既要增强市级调控力度，以保证中心城市作为区域经济增长极的功能发挥；又要充分兼顾区级利益，确保基层政府提供公共服务的能力，积极推进区域基本公共服务均等化进程。

4.激励约束原则。体制在促进公平的前提下，必须着眼于提高财政效率，建立健全财政运行的激励与约束机制，充分调动区级政府依法理财、科学发展的积极性。

二、对策思路

1.合理界定事权

在完善省以下财政体制中，厘清各级政府之间的事权是逻辑起点，也是各级政府财力分配的主要依据。由于原有的体制改革偏重于收入划分，而较少涉及支出划分及支出背后的事权划分。因此，完善市区财政体制要将重点转向合理界定市区事权划分，建立权限明晰、各有侧重的两级责任机制。虽然说目前缺乏从中央开始自上而下的事权定量划分，省以下事权划分具有一定的不确定性，这也增加了改革难

度。但在当前可以首先梳理基层政府的事权责任，在已有的政府间事权框架不变的基础上对市与区之间的责任作一个初步清晰的界定。要按照效益成本补偿、受益范围、与收入筹集能力相适应、与调控能力相匹配等原则，合理界定市与区各自的事权与共有事权。作为市一级政府应突出中观调控、经济一体化发展、社会事业统筹发展、规划决策、城市化建设等事关全市长远发展的、全局性的事务；而区一级政府作为基层政府，直接面对社会公众，更了解辖区居民的公共服务需求，应突出其一般社会事务和公共服务的职能。对于共有事权，应在相应的财力配比范围内明确规定各自承担的具体比例。比如，绍兴市在今年新出台的市对区体制中，明确规定了医疗卫生及社会保障平台建设各项经费的市与区各自承担的比例，值得各地借鉴。结合国外州与地方政府事权分担范围和有关专家学者的已有研究成果，对部分市与区之间的事权配置作一个大致的划分。

部分共有事权的纵向配置

事权名称	市级职能	区级职能	支出责任	配置理由
城乡社区管理事务	制定政策	提供服务	以区为主	区级政府更贴近基层，了解居民需求，符合与辖区居民受益紧密结合原则
义务教育	监督	具体管理	以市为主	外溢性很强，应以更高级次政府进行正外部性项目成本补偿
基本养老保险	监督	提供服务	以市为主	最终目标实行全国统筹，有利于平衡各地企业负担水平和便利劳动力的全国流动，创造公平环境
医疗保险	监督	提供服务	以市为主	逐步提高统筹层次，实现提升基金抗风险能力和有利地方监督管理双赢
最低生活保障	制定政策	提供服务	以市为主	以地方居民实际生活水平为依据，但市区范围应同城同待遇
环境保护	监督	提供服务	以区为主	谁污染谁治理，符合负外部性内部化原则。但市级甚至更高层次政府应建立生态补偿转移支付制度
基础设施建设	规划管理	提供服务	以市为主	以区为主则会导致城市发展参差不齐，不利于城市一体化发展
农林水事务	监督	提供服务	以区为主	区级政府管辖乡镇，有利统筹城乡发展

从职能看，市级主要是侧重于制定政策、监督等职能，区级主要是侧重于提供服务和协助管理等职能；从支出责任来看，大部分是落在了市级层面，因为市区收入分配权主要是掌握在市级，市级可以根据支出责任来相应调整财力分配。

2.科学划分收入

分税制是市场经济国家通行的一种较为规范、科学的财政管理体制。自1994年中央对省实行分税制以来，我省对市县积极推进省以下财政管理制度改革，逐步形成了分税加分享的较为科学规范的省对市县财政管理体制。市区体制也应突破原有的按行政隶属关系或基数加分成的传统做法，逐步建立与事权范围相匹配、以税种划分为主导原则的收入划分机制。从省对市县体制看，除了电力企业、金融企业这两个行业涉及的所得税（40%）、营业税、增值税（25%）划为省级收入外，地方税种的大部分都划归市县，市与区有完全充足的税种进行分税分享。同时，由于我省块状经济发达，每个地区都有比较优势较显著的特色行业，因此建议市区体制可按税种与特色行业相结合的方式来划分收入。

一是对税收收入的划分，根据税种的功能和作用、税基的宽窄、流动性、征管效率等来科学划分市级固定收入、区级固定收入和市区共享收入，尽可能使得市与区都能拥有自己相对固定的税种。建议将实施调控所必需的、受政策影响波动较大、税基流动性较强的税种尽可能作为市级收入，比如个人所得税（流动性强、有利调控）、资源税（税源不均）、城建税（与城市建设密切相关）等可作为市级主体税种；同时为促进区域经济集聚发展，可将本地区特色行业的相关重要税收划为市级收入。建议将有利于地方征管、税源相对稳定的税种尽可能划为区级收入，比如房产税、车船使用税、土地使用税、契税、耕地占用税等流动性较低、信息要求较细的财产税类可作为区级主体税种。建议将与经济发展相关度高、增长稳定的税种划为市区共享收入，比如增值税（25%）、企业所得税（40%）、营业税等，具体分享比例可根据各区的财力状况合理划分，也可按区域特色明显的行业进行分享。设置共享税的主要目的是对各级政府税收比例进行调解。一般来说，税种设置不可过多、比重不宜过大，否则会影响各级政府的税源和税收体系。在划分税种前，各市应做好税种当前的收入数量及潜在能力的调研和分析，要使得收入划分的机制有利于区域资源的优化配置。

二是对于非税收入仍可按行政隶属关系进行划分，但要尽可能将符合条件的非税收入纳入体制收入“笼子”，使得收入划分范围覆盖整个政府性收入。这一方面能规范政府非税收入管理,真实反映政府的可用财力;另一方面通过扩大收入划分的覆盖面,为收入与支出匹配、调节地区间财力差异打下基础。对于教育费附加、土地出让金等具有专门用途的收入项目,应按照事权与财力相对应的原则确定分成比例。由于目前省对市县体制中,上缴国库的各项资金,都将参与省与市县体制分成,而实际上纳入国库的部分政府非税收入本身按规定已与部门进行了政策分成,进入"笼子"后又"一刀切"再按体制分成,影响了地方既得利益,削弱了市区将所有资金装进"笼子"的积极性。因此,要对非税收入分成项目进行整合,取消各部门的政策分成,由财政部门在体制内统一分成后,通过部门预算保证各部门履行政策职能的支出需求。

三是完善收入界定方法。对于因企业流动而导致的总分部、注册地与项目经营地的税源难界定等问题,各市应在充分调研论证的基础上,提出尽量兼顾双方利益的收入界定方法,是否也可按税种划分的方法来界定两者的收入关系。比如,嘉兴市财政局对于总分机构的财政收入,提出按"所得税归总部经营地,增值税按机构销售收入权重分配"的方法界定;对于建筑业及房地产业注册地与项目经营地的税收,提出按"所得税归公司经营地,营业税归项目地"的方法界定。这种方法的提出具有创新的意义,值得借鉴。

3.规范征管行为

事权界定、收入划分好后,如果征管行为不规范也会容易产生争拉税源、收入归属界定难等问题,从而扭曲体制执行的效果。因此规范征管行为是执行落实好体制的关键环节。

一是完善区财政金库和税务征管机构建设。一方面随着财政"三基"建设的推进,目前对于乡镇财政都要求设立相应的金库,市辖区作为相对独立的一级政府,更应当拥有相对完整的财政金库,这不仅有利于减轻区对市的依附性,理顺市区关系,建立权责明晰的市区财政体制,也有利于推进财政科学化、精细化管理,为国库集中支付改革"纵向到底"打下坚实的基础。另一方面对于税务征管机构,有些区未设立,这在统一政策、减少恶性竞争导致的税源无序流动方面发挥了积极作用,但同时也削弱了区级财政掌握收入的自主性。因此,区级也应设立与市辖区管辖范围相对应的税务征管机构,但为了加强管理、规范税源竞争,区级税务机构应实施由市税务与区政府双重管理的模式,这样既有利于由市税务统一政策、统一执法,创造公平合理的税收竞争环境,又有利于区级掌控收入进度,调动区抓好税源管理的积极性和主动性。在建立税收征收机构的基础上,执行税收属地征管制度,将企业尽量下放到各区,按属地原则划分企业管理级次,统一规范企业工商、税务登记,按照"属地征收、就地解缴、分级入库"的原则,做好税收征管、缴库工作。

二是加强税源管理。首先是建立由市财政、国税、地税等部门联合的税收协调机制,创建税源信息共享平台,加强各市辖区间税收信息的沟通,全面、及时、准确地了解税源的地区间流动与分布情况。其次是建立企业归属核定机制,对新增或注册地址变更的企业,定期由市级财政商同国税、地税等部门进行归属核定,并通过公共信息平台及时更新企业归属信息。再次是规范财税优惠政策,对各区自行制定的各类经济发展扶持政策进行清理规范,不符合中央、省、市有关政策规定的予以取消,新出台的政策要报市政府备案;并建立相应的奖惩措施,对税源争端较少、政策较规范的地区给予相应的奖励,对互挖税源搞恶性竞争的,按违规金额扣等量财力。

4.完善转移支付制度

作为市级政府应进一步加大对区级的转移支付力度,以增强基层政府的基本公共服务供给能力,同时还要规范转移支付形式和优化转移支付结构。

一是要建立规范的财力结算制度,要按照税收返还、一般性转移支付、专项转移支付、上解收入等规范性项目确立市与区之间的财力转移关系,由上级下达的转移支付补助根据与事权相匹配的原则尽可能向区级倾斜,并按照"三个子"要求,对上级专项补助资金通过体制结算的方式"一个口子"转移支付。

二是提高具有均等化作用的一般性转移支付比重,逐步扩大因素法的应用,选取科学合理的因素和公式计算标准收入和标准支出,按照标准收入减去标准支出的差额和各区的财政困难程度计算一般性转移支付数额,确保区级政府的正常运转和民生工程的顺利开展。采用"因素法"测算时不仅要选取一些不易受到人为控制的、能反映各地收入能力和支出需要的客观性因素,如人口数、城市化程度、人均GDP、人口密度、地域面积等,还要结合各地的实际情况,将各区提供基本公共服务的成本差异、财政收入努力程度考虑进去。在计算标准收入时,要将所有制度内外的收入都纳入统计范围。在计算标准支出中,要细化各区的支出需求,分门别类核定各区的公共服务标准支出。

三是整合专项转移支付。作为上级政策在出台增支政策时要充分考虑地方的承受能力,尽可能减少配套要求,提高基层政府事权的自主性;或者是对于承担上级政府委托事务或共同事务完成较好的区,采取"以奖代补"或"奖补结合"的方式确定专项补助。作为下级政府可以通过整合财力来更好地实现"财力与事权相匹配"。首先要将按相关人数计算的、具有相对固定的专项转移支付纳入一般性转移支付,相应缩减各类专项补助。其次是调整归并各类专项转移支付，将分散在各部门的用途大致相同或同一部门上下一条线的专项转移支付进行整合，发挥资金的集聚效应。再次是创新专项转移支付分配方法，参照省财政厅专项性一般转移支付的做法，改变原有资金分项目切块并要求配套的分配方法，在界定使用范围的基础上，由资金使用部门自行确定项目，这种分配方法既减轻了配套的负担，也让区级政府能有更大自主权来完成自己的支出责任。

四是完善激励与约束相结合的转移支付制度。大多数市参照省对市县实施的"分类分档激励奖补"政策，制定了相应的激励性转移支付，这是一种"输血"与"造血"相结合的做法，应予坚持。今后应根据科学发展观和经济发展方式转变的要求进一步完善这一制度，以便能进一步发挥好转移支付的政策导向作用。比如，对于"确保完成各项职责任务"抽象的提法，可以改为"确保提供基本公共服务和经济发展方式转变"更务实的约束条件，并建立衡量各项基本公共服务供给绩效、经济结构优化、收入支出结构优化、生态环境保护等明细化的指标体系，从民生建设、经济发展、财政运行健康等多角度全方位进行考核衡量，以指标量化的方法确定激励补助。温州市在2010年新体制调整中，从转型发展、控制财政供养人员、财政可持续发展等多角度建立了激励政策，值得借鉴。

5.积极探索新体制

从市级层面看，可以通过上述事权、收入、转移支付的规范等方式来完善市对区体制；从省级层面看，应积极探索新机制，引导市区资源的合理配置，推进中心城市发展和基层政府公共服务能力提升，实现城市区域的协调发展。

一是因地制宜，分类实施市区管理体制。可参照当前乡镇财政管理改革模式，根据财力的不同状况实施不同的管理方式。建议对经济发展水平较高、税源基础较好、自身财力能保证市区基本支出需要的市实行规范的分税制财政体制；对经济欠发达、财政收支规模小、自身财力不能保证市区基本支出需要的市，可实行市区财政一体化，在"预算管理权、资金所有权和使用权、财务审批权"三权不变的条件下，统筹市与区的收入和支出标准，这一方面可以相应缓解市与区之间财力分配不均的矛盾，另一方面也有利于上级统筹考虑市区困难加大转移支付力度。

二是创新市辖乡镇财政管理体制。我省的省直管县财政管理体制实现了提高省级调控能力和增强基层提供基本公共服务能力的双赢，成效显著并在全国得到了推广，对于这一改革模式是否也可延伸到市区财政管理体制中，取消区级政府，实施市直辖乡镇街道的扁平化的财政管理体制。从当前我省设区市的情况来看，有相当一部分的市区行政面积都不足2500平方公里、常住人口不足100万、市区所辖乡镇街道数量都不到30个，在这种管理幅度不宽的条件下完全可以不设市辖区，实施市直辖乡镇街道财政管理体制。目前这一模式已经在东莞、中山、三亚、嘉裕关等市得到了较好的实践运用，并取得了有目共睹的成效，不仅推动了城市经济的可持续发展，也极大地促进了小城镇发展。当然，从我省实际看，这一改革将有赖于行政管理体制改革的策应，具有一定难度。但是随着省直管县财政体制改革的推进，缩减层级、促进地方治理结构扁平化改革正酝酿在国家行政管理体制改革的进程中。我省作为省直管县财政管理体制改革的先驱者，完全有条件在创新行政管理体制改革中再先行一步。

三是探索建立有利于市区统筹协调发展的激励奖补机制。统筹区域协调发展是我省"十二五"期间的重要战略任务，市本级只能对市内辖区的统筹协调发展发挥作用，但对于不同市区之间的统筹协调发展，就应该充分发挥省级政府的调控作用。从前述总体财力分配格局的分析来看，确实存在着财力向发达地区市本级集聚的倾向，市区之间的财力均衡化也远不如全省各市县的财力均衡化程度高。因此，作为省级政府应积极发挥体制政策的激励作用，引导市加大对区级的转移支付力度，统筹市区经济社会的协调发展。一方面，省级政府可探索建立市区统筹发展的激励性奖补政策，对加大区转移支付力度、区级基本公共服务均等化程度较高的市，给予一定的奖励。比如是否可以选取市对区转移支付额的增长比例、转移支付占区级支出的比重、区级教育、社保、公共卫生等几项主要基本公共服务的人均支出数的增长比例为考核指标，实施挂钩奖励，并规定奖励的一定比例仍应用于区级基本公共服务均等化项目，以进一步促进市内区域的均衡发展。另一方面，要加大对中心城市的培育。我省县域经济较发达，但也由于县域经济分散化的产业布局和资源配置模式相对制约了中心城市作为区域经济增长极的功能发挥，难以形成更高层次更广区域的新型产业体系，客观上阻碍了我省经济转型升级的步伐。因此，有必要探索建立有利于中心城市发展的机制。比如可以选择几个经济实力、产业结构、对周边辐射能力和带动能力较强的城市，作为省重点培育的中心城市，出台中心城市升级发展的扶持政策，以对全省经济发展的贡献度、产业结构优化度、区域基本公共服务的均等化程度等为考量，对这些中心城市实施政策倾斜。

组长：朱忠明

成员：余丽生　冯　健(执笔)　陈优芳　虞　斌　卢名辉

城乡统筹发展之下的小城市财政制度选择(摘要)

嘉兴市财政局课题组

嘉兴市地处浙江省东北部,东接上海,北邻苏州,西连杭州,南濒杭州湾,陆域面积3915平方公里,现有户籍人口339万人,新居民200万人,下辖南湖、秀洲2个行政区,平湖、海宁、桐乡3个县级市和嘉善、海盐2个县,小城镇44个,其中省级中心镇19个。嘉兴市被列为全省统筹城乡综合配套改革试点市,是浙江省推进城乡一体化、构建和谐社会的先行之地。区域发展均衡,所辖5县(市)全部进入全国百强县前35位,三分之二的镇进入全国千强镇。城乡发展协调,在全省率先制定实施城乡一体化发展规划纲要,全面实施"1640"工程,深化"两分两换"推进"两新"工程建设,现代化网络型大城市框架基本形成。经过近几年的实践与探索,嘉兴市已基本建立起城乡一体化的推进体系和机制。《嘉兴市城乡一体化发展规划纲要》提出的阶段性工作目标任务已基本实现,总体上具备了向新阶段迈进的条件和基础。为适应新形势和发展新要求,嘉兴市于2007年在全省率先全面启动强镇扩权及培育现代新市镇工作。通过几年来的新市镇培育,嘉兴市各镇经济总量、建成区面积、人口集聚等已形成一定规模,开始步入城镇发展的新阶段,个别中心镇初步具备了小城市功能和全新社会内涵,具有推动区域经济和社会发展的综合功能。2010年,全市镇财政总收入104亿元,占全市财政总收入的31.2%,其中,超亿元镇37个,占镇个数84%;规模以上工业企业总产值3241亿元,占全市规模以上工业企业总产值的63.1%;限额以上固定资产投资额787亿元,占全市限额以上固定资产投资额的57.8%;建成区面积251平方公里,集聚户籍人口38万、流动人口43万。新市镇规划布局、工业功能区、融资平台、基本公共服务、人口集聚等呈现新气象,已成为嘉兴市现代化网络型田园城市发展的重要节点。

当前,嘉兴应以省级小城市培育试点工程为契机,在加快省级小城市培育的同时,选择经济基础好、集聚辐射能力强、发展潜力大、基础设施较为完善、带动作用大、产业特色明显的中心镇,作为市级小城市培育试点单位,通过体制机制创新,分批有序地培育为工业带动型、商贸流通型、旅游拉动型、居民富裕、环境优美、文明和谐、特色明显、辐射能力较强的现代化小城市,进而有效推进城乡统筹健康发展。

一、嘉兴市小城市发展模式选择

小城市的发展定位决定了小城市的发展方向。小城市所在区域的经济性质是决定小城市发展定位的根本因素。以小城市为其经济活动中心的一定区域为农村区域,由此决定了小城市的发展定位为一定范围农村区域的发展中心。具体表现为区域内农业发展中心、农村工业化中心、农业产业化发展中心、第三产业发展中心、农村城市化中心、农村外向型发展中心等。小城市诸中心的具体定位也就是城市的经济功能,而它的集合功能是通过对区域内农村的经济服务和生产力能量的辐射来促进农业、农村工业、农业产业化、农村城市化的发展,使农村逐步实现现代化。这也是小城市作为农村区域发展中心功能定位的基本含义。近年来,我省涌现出了一批初具规模的新型小城镇,值得借鉴的发展模式有:

企业主导型。此类小城镇,通常是立足当地的资金与资源优势,通过大力发展乡镇企业,并以此作为主导产业,逐步推进小城镇的健康发展。在其经济结构中,工业占有绝对优势,且发展速度较快、规模较大,具有较强的经济实力与辐射带动能力,对农村剩余劳动力转移以及城乡二元经济结构的改变具有较大的促进作用。

商贸流通型。此类小城镇,通常拥有较为发达的商品经济基础,而且一直是当地局部地区农副产品等的集散地。随着改革开放以来投资环境的不断改善及交易范围的日渐扩大,通过交通、通讯等基础设施和市场体系等的建设与改善,吸引大批客商前来贸易,进一步促进社会经济的健康快速发展。

交通枢纽型。此类小城镇,通常地处交通要道,主要凭借运输方便、成本低廉,以及流动人口多、信息通畅等优势,大力发展二、三产业,并由此推动小城镇的发展。逐步建成全省的物质集散地、信息交流中心和工业发达、商业繁荣的交通枢纽镇。

旅游开发型。此类小城镇,通常具有得天独厚的自然、历史及人文条件,创造性地开发设计独具特色的旅游产品,并加强餐饮、购物、娱乐、交通等配套设施建设,达到以游促农,带动农产品、工业品和第三产业的发展,逐步形成旅游特色很强的新型小城镇。通过旅游业的发展,促进基础设施以及相关产业和城镇建设的进一步发展。

资源优势型。此类小城镇,主要是从当地的资源优势出发,以市场为导向,通过外引内联,吸收现代科学技术和管理经验,大力发展以资源产品加工为主的乡镇企业,实现产品加工升值和生产要素的优化配置。

由于资源禀赋、社会历史以及交通、区位等条件不一，各地社会经济发展的动力与模式也各不相同。在选择小城市发展战略与模式时，应注意从本地实际出发，因地制宜。作为现代化网络型田园城市“1+6+X”总体格局中第三层次的重要节点，嘉兴市小城市发展的重点在于充分利用区位优势和地理人文条件，挖掘特色，完善设施，提升产业，同时通过建立基础设施、绿色生态、制度安排等连线，促进市域、县域之间的合理分工与协作。嘉兴市纳入第一批省级小城市培育试点的有秀洲区王江泾镇、嘉善县姚庄镇、桐乡市崇福镇。三镇结合现实基础、区域特色和可持续发展能力，于2011年初制定了三年行动计划并报经省发改部门批准。王江泾镇功能定位为“中国织造名镇、江南湿地新城、浙北商贸重镇”，姚庄镇功能定位为“城乡统筹全国样板、产业协调临沪新城、宜居宜业幸福小城”，崇福镇功能定位为“中国皮草之都、江南运河文化名城、杭州都市圈示范结点新市”。从三镇的发展定位来看，均体现了“以人为本+生态文化+产业集群”的有机融合，比较符合嘉兴市小城市发展模式的基本设想。

(一)以人为本

中心镇和其他小城镇未来将集中最多的居民，形成社会文明的主要空间状态和人文形态，肩负农村社区转变为城市社区、农民转变为市民的社会使命。因此，小城市建设必须立足于社会事业发展是小城市发展的最终目的，它与经济发展共同构成小城市持续发展的基础和内涵。社会事业发展表现为城镇居民的生存环境、就业条件、社会保障、教育水平与素质提升及个人发展条件的全面改善等方面，目的是促进人的全面发展。当前，嘉兴市小城市社会事业发展的具体任务是完善城镇人口集聚政策及措施，完善就业和社会保障制度，推进现代城镇文明建设。在具体建设上，要坚持以人为本，以安全、方便、舒适、优美为标准，创建良好的人文环境。

(二)生态文化

小城市的发展应更加注重城市品质的提升，挖掘和重塑地域文化特色。嘉兴市中心镇在向小城市发展的过程中，将逐步完善各项设施，更加注重周边保护以及城市与周边生态的渗透融合，对环境污染源的产生有更严格的控制，并且在污染治理方面将有更高技术含量的设施和更切实的措施。同时，要继承和发扬特色传统文化，积极进行历史文化名镇、名村的保护，使其逐步发展为旅游专业镇、村。大力发展文化产业和文化事业，打造小城市特有的文化魅力。

(三)企业集群

我国城市规模理论认为，100万左右人口规模的城市集聚效益最高，20万人口以上的城市才能发挥较好的规模效益和较低的开发成本。而以企业集群为主导的城镇发展方式，由于特定行业或产品集聚了优势的人力、技术、设备等资源，城镇集聚规模效应下降而企业集聚效率提高。嘉兴市的小城市建设，不可能要求每个城镇都成为20万人口的城市，应通过企业集群的方式，倡导“一镇一品”，提高生产效率，降低人口集聚成本。如：王江泾镇将大力建设嘉兴·中国南方纺织城，以产业集群增强纺织业综合竞争力，以生产性服务业打造织造名镇；姚庄镇将以光伏产业园为平台，大力发展以太阳能光伏为龙头，以精密机械、汽车配件、数码电子等特色产业为主体的先进制造业，促进工业产业集群化；崇福镇将着力皮草产业专业化协作体系与区域创新体系建设，推进皮草产业向产业链两端延伸，不断提升产业附加值，增强企业竞争力，打造中国皮草之都。

二、当前制约嘉兴市小城市发展的因素分析

(一)城镇规模总体偏小

近年来，嘉兴市各镇总体经济规模、建成区面积、常住人口等方面都有较快发展。尤其是王江泾镇等3个省级小城市培育试点镇，区域中心经济社会带动作用日趋明显。但也有部分镇，因历史、地理、工业基础等原因，无论是经济水平、城镇规模、区域面积，还是建成区面积、人口等，都明显偏小、偏散。而3个试点镇，在全省27个小城市培育试点镇中也处于中下游水平，与小城市的功能定位、发展目标等仍存在一定差距。从财政规模来看，王江泾镇、崇福镇、姚庄镇财政总收入分别位居全省(27个小城市培育试点镇，下同)第17、18、23，地方财政收入分别位居全省第24、22、19。以王江泾镇为例，土地面积127.3平方公里，2010年建成区面积10平方公里，总人口7.98万人，建成区户籍人口1.3万人，财政总收入4.49亿元，地方财政收入0.92亿元。按照小城市发展目标测算，财政总收入五年年均增长20%方能达到相应的发展规模。建成区户籍人口需增加4.7万人，是现有人口的3.6倍，年均增加9400人，人口集聚任务压力较大。

(二)放权机制有待完善

嘉兴市在推进“强镇扩权”，扩大小城市经济社会管理权限时，主要是通过委托、交办方式下放权限，其中委托下放权限对外以委托机关名义作出。根据法律规定，委托实施行政许可、执法等权限，必须要有法律、法规、规章等作为依据。发生行政争议时，可能会因实施主体原因存在一些被动因素。此外，放权部门在制定具体放权事项时，缺少相关规范程序，如下放权限未签订协议、明确期限，对下放权限运行情况，缺乏相关督查机制。

(三)资源要素制约是最大障碍

随着工业功能区扩容升级和“两分两换”工作的推进，资

源要素紧缺成为目前制约小城市培育发展最主要因素。其中，首当其冲的就是“缺地”。对于试点镇而言，挖掘存量建设用地潜力，既缺乏必要的资金，又遇到拆迁难的问题。王江泾镇2011年计划开工项目的总用地面积达1400亩，目前通过盘活闲置存量获得500亩土地，缺口900亩，导致一批重点项目、民生项目难以实施。姚庄镇由于新农村社区建设和宅基地复垦建设周期长等原因，在土地指标的使用和复垦上产生了矛盾。由于建设用地指标难以满足城镇拓展的需要，小城市发展空间受到制约。此外，融资困难、电力供应紧张等也是试点镇反映较为集中的问题。

（四）支出需求与财政收入矛盾突出

按照现行财政体制，镇级财政收入来源主要有税收体制留用收入、政府性基金留用收入、预算外资金收入和上级转移支付收入等。以王江泾镇为例，2010年财政可用资金2.13亿元，其中镇级可支配财力占60%，上级专项转移支付收入占40%。镇级可支配财力结构为：税收体制留用收入占33%，政府性基金留用收入占39%，专用基金留用收入占28%。近年来，预算外资金收入逐步纳入预算管理，行政性收费项目逐年减少，镇级财政收入渠道进一步收窄。随着小城市试点镇经济社会的加快发展，其基础设施投入、文教科卫等公共服务的需求越来越高，财政支出负担日益加重。在省管县财政体制下，地级市较难对各县（市）镇财政结算体制进行调整，各县（市）对超收分成的基数口径不统一，财政扶持政策的激励作用未能得到很好显现。

（五）人才匮乏不能满足扩权需求

随着小城市培育工作的推进，试点镇经济社会管理权限相应扩大。部门下放的部分管理权限，有些专业性较强，有些需具备相应执法资格，而试点镇专业人员相对匮乏。在工作量增加、人员编制紧张的前提下，要履行好下放的事权，势必要求试点镇加快提高人员素质，以使下放权限合理对接、机构维持正常运转。

（六）缺乏有效协调机制

由于缺乏协调机制，县域城镇之间各自为政，少有合作，往往导致低水平的重复投资，基础设施共享度不高，不能充分发挥效应。此外，“省管县”的财政管理体制一定程度上弱化了中心城市对周边城市的辐射作用。中心城市在协调不同层级行政主体时显得苍白无力，协调力弱，效果不佳，影响小城市建设效率。

三、嘉兴市小城市财政制度设计路径

新型城市化要求政府由规模导向逐步转为制度导向，以促进要素集聚和解决城市问题。根据与城市化相关程度，可以把制度体系分为核心、配套与关联三个层次。其中核心层次主要包括户籍与土地制度，其意义在于“解除束缚”；配套层次主要包括社保、就业、就学、城建等制度，其意义在于“促进发展”；关联层次主要包括行政、规划、产业、财政、环保等制度，其意义在于“解决问题”。作为关联层次的重要组成部分，当前应加快研究小城市财政制度的设计方式。小城市财政制度体系应包括机构设置、财政体制、专项政策、预算管理等方面，其具体设计应结合本地实际，从小城市发展模式入手，加大体制机制创新，充分发挥财政职能，促进小城市健康发展。

（一）指导思想

按照分税制原则建立新型的财政分配关系，理顺小城市财政管理体制和机制。统筹兼顾市、县（市、区）与试点镇的利益关系，财力分配向试点镇倾斜。依据市域城镇体系规划和小城市发展模式，充分发挥财政资源配置职能和杠杆效应，不断提升小城市的经济实力、城镇功能、人居环境，增强产业集聚能力和人口集聚能力。力争通过五年的扶持和努力，使试点镇具备自我良性发展能力。

海盐创新科技园鸟瞰

（二）基本原则

一是分类指导、区别对待。小城市建设应尊重各县（市、区）的现实基础，明确其发展定位、规划导向和建设要求。财政部门应加强对不同区域、不同类型小城市的分类指导。在政策制定上，要结合实际，区别对待，分区域、分类型细化扶持政策，防止一哄而起，遍地开花。

二是规划先行，共建共享。科学的规划是引导小城市健康发展的关键。财政部门要从统筹城乡和区域经济整体发展的要求出发，制定相关扶持政策，加强县域之间的合理分工与协作，通过对小城市适宜产

业、规模、发展模式等方面的规划引导，科学安排基础设施和公共服务设施布局，使全局和局部、整体和特色有机结合，实现资源共建共享，减少投资浪费，提高投资效益，促进小城市差别化、特色化发展。

三是突出产业、远近结合。建设发展小城市，必须把产业集聚摆到突出位置。要加强区域内城镇产业分工协作，根据各自特点，建设工业带动型、商贸流通型、旅游拉动型、特色资源型等各具特色的小城市。在城镇综合承载力建设上，既要特别关注长远产业发展和经济实力提升，也要非常注重近期公共服务设施建设，形成经济与建设、物质与文化良性互动、相互促进的发展态势。

（三）具体措施

一是完善小城市财税机构设置。小城市培育应赋予试点镇高于一般建制镇的经济社会管理权限。根据试点镇的人口规模、经济总量和管理任务，可在试点镇设立财政局和税务分局。财政局具备县级管理职能，与所在县（市、区）财政部门的管理关系为分局审批、县（市、区）备案，具体负责编制、实施镇财政收支预决算，制定各类产业发展扶持政策，统筹安排并核算、监督小城市建设资金等；税务分局为派出机构，主要负责辖区内各项税收的征收、管理、稽查等工作。同时精简办事程序和环节，推行一站式服务体系，创建“高效率，快节奏，低成本”的运行机制和“小政府，大服务”的管理体制。

二是完善小城市财政管理体制。按照分税制财政体制的总体要求，合理划分县（市、区）与试点镇的事权。按照财权与事权相匹配的原则，进一步理顺县（市、区）与试点镇的财力分配关系，建立试点镇一级财政体制。统筹兼顾市、县与试点镇的利益关系，建立新型的合作机制和长效激励型的财力分配制度，本着“多予、少取、放活”的原则，实现财力分配向试点镇倾斜。在厘清辖区内企业分片和财政收入级次的基础上，下放小额贷款公司地方财政收入，增加辖区内企业城市维护建设税、排污费等财政收入的镇分成比例，同时核定基数，新增镇级分成收入部分全额留镇。对于试点镇范围内的土地出让净收益，除按国家、省政策计提扣缴的税费及专项资金外，全额返还试点镇，用于小城市基础设施建设。

三是探索建立科学合理的转移支付制度。逐步建立以均等化转移支付为主、专项转移支付为辅的小城市财政转移支付体系，具体包括两个方面：一是建立以均等化为基本目标的财政转移支付制度，这是小城市转移支付体制的核心；二是健全作为辅助性质的专项转移支付制度，以解决一些难以纳入均等化范围的特殊事项。对专项转移支付项目的设置，要有利于上级财政特定形势下实现其特殊政策目标，专项转移支付的管理要坚持分散和统一相结合，专项转移支付的决策要民主、公开，专项转移支付的分配要有客观依据。通过归并专项转移支付项目，建立以奖代补考核体系等方式，逐步提高对试点镇一般性转移支付的比重，增加试点镇可统筹财力规模。同时加大财政资金整合力度，建立小城市培育财政补助资金筹措机制，为均等化转移支付建立稳定的资金来源。

四是充分发挥财政专项资金的杠杆作用。首先要加大对市场不能实现有效配置领域的财政投入，如公共基础设施建设、生态与环境保护、科技进步、基础教育、公共卫生、群众文化等公共社会事业的投入。建立科学合理的小城市社会事业资金投入增长机制，推进基本公共服务均等化，提升小城市社会事业发展水平，形成与城市规模相适应的社会发展体系。其次在产业扶持政策方面，要根据小城市功能定位，分类指导、区别对待，在支持方向、支持环节、支持方式上突出重点和特色，有针对性地制定扶持内容和导向目录，促进特色产业集聚，发挥企业集群效应，为小城市发展注入新的活力。

五是积极引导社会资金投入小城市建设。按照“谁投资，谁受益”原则，通过直接投资、投资补助、贴息补助等多种方式，进一步拓展民间投资渠道，引导社会资金参与小城市基础设施建设和文化、教育、卫生等社会事业发展。逐步推行小城市公用设施有偿使用改革，对有收益的基础设施和公共设施，合理确定服务价格，实行有偿使用。路、桥等公益性设施可鼓励通过拍卖冠名权、广告特许经营等形式，吸引社会各方面资金投入，缓解资金要素瓶颈制约。

六是强化小城市财政预算管理。按照科学化、精细化管理要求，完善试点镇财政预算管理制度，充分发挥镇级财政在小城市经济中的公共财政职能。财政部门要建立小城市培育财政动态评价机制，通过科学的评价体系，对试点镇财政综合发展情况进行考评。同时加大监督力度，加强对试点镇项目规划编制的审核，增强民众参与度，提高财政资金使用效益。要健全试点镇财务管理制度，加强财政信息化建设和业务培训，提高人员素质和工作效率，控制镇级财政风险，防止扩权后镇级财政失控现象的发生。

七是完善相关制度安排。改进小城市政绩考核制度，调整领导班子政绩考核指标，促进小城市健康发展。实行用地指标倾斜政策，充分考虑小城市发展需要，为试点镇预留发展空间。继续深化户籍管理制度改革，加快落实放宽落户条件，制定农业转移人口和外来人口在小城市落户、就业、社会保障等配套政策。完善公共信息通报制度，健全媒介组织机制，形成公开、透明的信息平台，构建效能监督及长效运行机制，广泛吸引各主体参与小城市治理。

组长：夏林生

成员：朱少白（执笔） 沈 岚 吴 萍 黄益良